COLEÇÃO
TRIBUNAIS
E MPU
Coordenador
HENRIQUE CORREIA

DIREITO
PENAL

PARA OS CONCURSOS DE TÉCNICO E ANALISTA

COLEÇÃO
TRIBUNAIS
E MPU
Coordenador
HENRIQUE CORREIA

Alexandre Salim

Marcelo André de Azevedo

DIREITO PENAL

PARA OS CONCURSOS DE TÉCNICO E ANALISTA

10ª edição
revista, atualizada e ampliada

2021

EDITORA JusPODIVM
www.editorajuspodivm.com.br

EDITORA *Jus*PODIVM
www.editorajuspodivm.com.br

Rua Território Rio Branco, 87 – Pituba – CEP: 41830-530 – Salvador – Bahia
Tel: (71) 3045.9051
• Contato: https://www.editorajuspodivm.com.br/sac

Copyright: Edições *Jus*PODIVM

Diagramação: Ana Paula Lopes Corrêa *(aninha_lopescorrea@hotmail.com)*

Capa: Ana Caquetti

ISBN: 978-65-5680-624-2

APRESENTAÇÃO DA COLEÇÃO

O objetivo da coleção é a preparação direcionada para os concursos de Técnico e Analista do TRT, TRE, TRF, Tribunais Superiores e MPU. Em todos os livros, o candidato irá encontrar teoria específica prevista nos editais, questões recentes comentadas e questões de concurso com gabarito fundamentado.

A ideia da coleção surgiu em virtude das reivindicações dos estudantes, que almejavam por obras direcionadas para os concursos de Técnico e Analista dos Tribunais e MPU. As apostilas específicas mostram-se, na maioria das vezes, insuficientes para o preparo adequado dos candidatos diante do alto grau de exigência das atuais provas, o que ocorre também com as obras clássicas do direito, por abordarem inúmeras matérias não exigidas no concurso.

Nesta coleção, o candidato encontrará desde as cinco matérias básicas exigidas em todos os concursos, como português, raciocínio lógico ou matemática, informática, direito constitucional e administrativo, até as matérias específicas de outras áreas (arquivologia e Administração Pública) e todas as matérias dos diferentes ramos do direito. Portanto, com os livros da coleção, o candidato conseguirá uma preparação direcionada e completa para os concursos de Técnico e Analista do TRT, TRE, TRF, Tribunais Superiores e MPU.

Além da linguagem clara utilizada, quadrinhos de resumo, esquemas e gráficos estão presentes em todos os livros da coleção, possibilitando ao leitor a memorização mais rápida da matéria. Temos certeza de que esta coleção irá ajudá-lo a alcançar o tão sonhado cargo público de Técnico ou Analista dos Tribunais e MPU.

HENRIQUE CORREIA

Site: www.henriquecorreia.com.br
Twitter: @profcorreia
Instagram: Prof_correia
Periscope: @henrique_correia

SUMÁRIO

PARTE GERAL

PARTE ESPECIAL

Capítulo I

Questões

Capítulo II

Capítulo V
CRIMES CONTRA O SENTIMENTO RELIGIOSO E CONTRA O RESPEITO AOS MORTOS 583

Capítulo VI
CRIMES CONTRA A DIGNIDADE SEXUAL 587

Capítulo IX

Capítulo X

PARTE GERAL

CAPÍTULO I

TEORIA GERAL DA NORMA PENAL

1. FONTES DO DIREITO PENAL

1.1. Conceito e distinção

Por fonte do Direito deve ser entendida a sua origem primária, relacionada com a própria gênese da lei, significando tudo aquilo que impulsiona o surgimento da norma jurídica. Distinguem-se as fontes do Direito Penal em **materiais** (ou de produção) e **formais** (ou de cognição ou conhecimento). As últimas podem, ainda, ser imediata (lei) ou mediatas (costumes, princípios gerais de direito, ato administrativo, tratados e convenções, equidade, doutrina, jurisprudência).

1.2. Fonte material ou de produção

Relaciona-se à produção da norma penal, com respeito ao órgão encarregado de sua elaboração. Fonte de produção é o Estado (não os Estados que compõem a Federação brasileira, mas sim esta última). Conforme preceitua o **art. 22, I, da CF**, compete privativamente à União legislar sobre direito penal. Assim, cabe tão-somente à União, como única fonte de produção, ditar normas gerais de Direito Penal, bem como proibir ou impor determinadas condutas (comissivas ou omissivas), sob a ameaça de sanção. A Constituição Federal, ao referir-se à competência privativa da União, quer dizer que somente a conjugação da vontade do povo, representado pelos seus deputados, com a vontade dos Estados, representados pelos seus senadores, e, ainda, com a sanção do Presidente da República, é que pode inovar em matéria penal.

Excepcionalmente, porém, prevê o **parágrafo único do artigo 22 da CF** que "lei complementar poderá autorizar os Estados a legislar sobre questões específicas das matérias relacionadas neste artigo". Objetivando a regionalização de determinadas questões penais, mostra-se, em tese, admissível que a União autorize os Estados-membros a criminalizar determinada conduta, prevendo delito peculiar a certa parte do País. Não obstante não se tenha notícia de tal prática, o certo é que a norma penal deve possuir alcance nacional, a fim de manter a integridade do sistema, sendo impensável a possibilidade de legislação, em matéria penal, por parte dos Estados-membros.

1.3. Fontes formais ou de cognição ou de conhecimento

Dizem respeito ao modo de exteriorização do Direito Penal e podem ser imediata (ou direta) e mediatas (ou indiretas ou secundárias).

1.3.1. Fonte formal imediata

A única fonte formal imediata é a **lei**, à qual se recorre para saber se determinada conduta praticada por alguém é proibida pelo Direito Penal. Observe-se que somente a lei, em sentido estrito, pode criar crimes e cominar penas.

Outras espécies legislativas:

a) **lei complementar:** pode legislar sobre matéria penal, uma vez que possui processo legislativo mais complexo do que a lei ordinária (ex.: art. 10 da Lei Complementar nº 105/2001, que instituiu o crime de quebra de sigilo fora das hipóteses autorizadas na mesma Lei). Há, no entanto, posição em contrário (como Cernicchiaro e Paulo José da Costa Jr., por exemplo) sustentando que o rol da lei complementar é exaustivo na Constituição, não incluindo nenhuma hipótese de criação de lei penal, além do que é exigido quorum qualificado para elaborar uma lei complementar, o que iria engessar o Congresso Nacional se houvesse necessidade de modificar lei penal que fosse criada pelo processo qualificado.

b) **lei delegada:** é aquela elaborada pelo Presidente da República, não podendo criar lei penal, pois o art. 68, § 1º, II, da CF veda a delegação em matéria de direitos individuais, entre os quais está o princípio da reserva legal (art. 5º, XXXIX, da CF). Além disso, o procedimento legislativo, que exige intenso debate dos congressistas sobre as propostas de alteração da legislação penal, restaria enfraquecido, sem trâmite pelas duas Casas Legislativas e sem apresentação de emendas.

c) **medida provisória:** não pode legislar sobre matéria penal em face de expressa previsão constitucional (art. 62, § 1º, I, b, da CF).

d) **emenda à constituição:** pode, em tese, criar lei penal, já que é fruto do Poder Constituinte Derivado ou Reformador, mesmo porque não há vedação expressa a respeito. No entanto, a teor do art. 60, § 4º, da CF, a EC não poderá restringir direitos e garantias individuais.

1.3.2. *Fontes formais mediatas*

São fontes formais mediatas o costume, os princípios gerais de direito e o ato administrativo, embora já tenham sido também elencados os tratados e convenções, a equidade, a doutrina e a jurisprudência.

1.3.2.1. *Costume*

É a repetição da conduta, de maneira constante e uniforme, em razão da convicção da sua obrigatoriedade jurídica. Em virtude do princípio da reserva legal, o costume não pode criar crimes e nem cominar penas, embora continue eficaz em outros ramos do Direito, principalmente naqueles pautados pela *common law*.

> ▶ **IMPORTANTE:**
>
> O costume não revoga a lei, em face do que dispõe o art. 2º da LINDB – Lei de Introdução às normas do Direito Brasileiro (antiga LICC, conforme alteração advinda da Lei nº 12.376/2010), segundo o qual uma lei só pode ser revogada por outra lei.

1.3.2.2. *Princípios gerais de direito*

Tratando das lacunas na lei e demonstrando a completude do direito, dispõe o **art. 4º da LINDB**: "Quando a lei for omissa, o juiz decidirá o caso de acordo com a analogia, os costumes e os princípios gerais de direito". Os princípios gerais de direito são premissas de cunho moral e ético retiradas do processo legislativo. Tais princípios não podem ser fontes de incriminação de condutas, embora, no campo das normas não-incriminadoras, haja a possibilidade de invocá-los para ampliar as causas de exclusão do delito.

1.3.2.3. *Ato administrativo*

Em algumas normas penais em branco, o complemento da definição da conduta criminosa dependerá de um ato da Administração Pública. No delito de omissão de notificação de doença, previsto no art. 269 do Código Penal, é um ato administrativo

– Portaria nº 204/2016 do Ministério da Saúde – que irá elencar o rol de doenças cuja notificação é compulsória, servindo, dessa forma, como fonte formal mediata do Direito Penal.

2. NORMA PENAL E LEI PENAL

2.1. Introdução

A lei é a única fonte imediata de conhecimento. Comumente, no entanto, usa-se o termo norma para exprimir toda categoria de princípios legais, não obstante a norma penal esteja contida na lei penal. **Norma** é o mandamento de uma conduta normal, advindo do sentido de justiça que possui determinado segmento social. **Lei,** por sua vez, é a regra escrita elaborada pelo legislador, possuindo o objetivo de positivar condutas consideradas nocivas à sociedade. **Lei, portanto, é o veículo pelo qual a norma se manifesta e torna obrigatória a sua observância.** Em toda lei penal incriminadora há duas partes distintas: o **preceito primário** (ou simplesmente preceito ou ainda *preceptum juris*) e o **preceito secundário** (ou sanção ou ainda *sanctio juris*). O preceito primário contém a definição da conduta criminosa; o preceito secundário contém a respectiva sanção penal.

2.2. Classificação das Leis Penais

As leis penais classificam-se em:

a) **Leis penais incriminadoras:** são as que criam crimes e impõem as respectivas sanções. Estão contidas na Parte Especial do Código Penal e na legislação penal extravagante.

b) **Leis penais não-incriminadoras:** são as que não criam crimes e nem cominam penas, subdividindo-se em:

b.1) ***Leis penais permissivas:*** são as que autorizam a prática de determinadas condutas típicas, presentes na Parte Geral do Código Penal (legítima defesa e estado de necessidade, por exemplo – art. 23 do CP) e, embora com escassez, na Parte Especial (arts. 128 e 142 do CP);

b.2) ***Leis penais exculpantes:*** são as que estabelecem a inculpabilidade do agente ou a impunidade de determinadas condutas típicas e ilícitas, presentes na Parte Geral do Código Penal, como a inimputabilidade por doença mental (art. 26, *caput*, do CP), a inimputabilidade pela menoridade do agente (art. 27 do CP) e a prescrição (art. 107, IV, do CP), e na Parte Especial, como no art. 312, § 3º, 1ª parte, do CP, e no art. 342, § 2º, do CP;

b.3) ***Leis penais interpretativas:*** são as que esclarecem o conteúdo de outras leis, direcionando a um determinado significado. Ex.: conceitos de causa (art. 13, *caput*, 2ª parte, do CP), casa (art. 150, § 4º, do CP) e funcionário público (art. 327 do CP).

b.4) ***Leis penais complementares ou de aplicação:*** são as delimitam o âmbito de sua incidência ou que traçam os princípios e orientações para sua aplicação (leis diretivas). Ex.: arts. 2º a 12 do CP e o princípio da reserva legal (art. 1º do CP);

c) **Leis penais de ampliação, de extensão ou integrativas:** são as que complementam a tipicidade do fato, como aquelas atinentes à tentativa (art. 14, II, do CP) e à participação (art. 29 do CP).

d) **Leis penais completas:** são as que definem todos os elementos da figura típica, como o homicídio doloso (art. 121, *caput*, do CP).

e) **Leis penais incompletas:** são as que reservam o complemento da figura típica a outra norma, a um ato administrativo ou ao juiz. São as leis penais em branco e os tipos penais abertos.

2.3. Leis Penais em Branco

A expressão "lei em branco" foi utilizada, pela primeira vez, por Binding, para chamar aquelas normas que, não obstante contenham sanção penal determinada, seu respectivo preceito primário não é formulado senão como proibição genérica, devendo ser complementado por outra lei (em sentido amplo).

2.3.1. *Classificação*

As leis penais em branco classificam-se em:

a) **Leis penais em branco homogêneas ou em sentido lato ou impróprias;**

b) **Leis penais em branco heterogêneas ou em sentido estrito ou próprias.**

> ▶ **ATENÇÃO:**
>
> O penalista espanhol Mir Puig cita, ainda, uma terceira classificação: **leis penais em branco ao avesso** (também chamadas de **normas penais em branco ao revés ou invertidas**), que existem quando, embora completo o preceito primário, o preceito secundário fica a cargo de norma complementar. Observe-se a Lei de Genocídio (Lei nº 2.889/56), que não traz pena específica para o genocídio, mas sim remete às sanções penais de outras infrações. Exemplo: quem, com a intenção de destruir, no todo ou em parte, grupo nacional, étnico, racial ou religioso, matar membros desse grupo, será punido com as penas do homicídio qualificado.

2.3.1.1. *Leis penais em branco homogêneas ou em sentido lato*

São aquelas em que o complemento provém da **mesma fonte formal** da norma incriminadora. O órgão encarregado de formular o complemento é o mesmo órgão elaborador da lei penal em branco. Ou seja, o complemento do tipo penal é dado por uma lei.

> ▶ **ATENÇÃO:**
>
> Luiz Flávio Gomes e Antonio Molina (Direito Penal – Parte Geral, Vol. 2, p. 50) sustentam que a lei penal em branco homogênea pode ser homovitelínea ou heterovitelínea. Será **homovitelínea, homovitelina ou homóloga** quando a norma que a complementa for da mesma instância legislativa (Poder Legislativo) e estiver na mesma estrutura normativa da descrição típica (lei penal complementando lei penal: art. 304 do CP, que é complementado pelo art. 297 do mesmo CP). Será **heterovitelínea, heterovitelina ou heteróloga** quando a norma complementar for da mesma instância legislativa (Poder Legislativo) e se encontrar em estrutura normativa diversa da descrição típica (lei extrapenal complementando lei penal: art. 235 do CP, que é complementado pelo art. 1.521 e segs. do CC).

2.3.1.2. *Leis penais em branco heterogêneas ou em sentido estrito*

São aquelas cujo complemento está contido em norma que procede de outra instância legislativa. A lei penal é complementada por ato normativo infralegal, como uma portaria ou um decreto. Ex.: o crime de porte ilegal de arma de fogo de uso permitido, previsto no art. 14, *caput*, do Estatuto do Desarmamento (Lei nº 10.826/03), é complementado pelo Decreto nº 9.847/19, cujo art. 2º, I, define o que é arma de fogo de uso permitido.

2.3.1.2.1. *Lei penal em branco na Lei de Drogas*

A Lei nº 11.343/06 passou a adotar terminologia diversa da usada pelas revogadas Leis 6.368/76 e 10.409/02. No lugar de substância entorpecente, utiliza a expressão **droga**. De acordo com o conceito legal, drogas são substâncias entorpecentes ou produtos capazes de causar dependência, e que estejam especificados em lei ou relacionados em listas atualizadas, de forma periódica, pelo Poder Executivo da União (parágrafo único do art. 1º). Trata-se de lei penal em branco, complementada por preceito administrativo (Portaria SVS-MS 344/98).

2.4. Tipos Penais Abertos

Não obstante devam propriamente ser estudados dentro da tipicidade, os tipos penais abertos são, igualmente, espécie de lei penal incompleta. Enquanto as leis penais em branco são complementadas por outra lei (leis penais em branco homogêneas) ou por ato administrativo (leis penais em branco heterogêneas), no tipo penal aberto a definição da conduta criminosa é complementada pelo magistrado, através de um juízo valorativo.

Exemplos: crimes culposos, rixa (art. 137 do CP), ato obsceno (art. 233 do CP).

2.5. Destinatários da Lei Penal

O preceito primário da lei penal tem valor erga omnes e dirige-se a todas as pessoas; por outro lado, como o dever de punir se dirige aos juízes, são eles os destinatários do preceito secundário. Este não pode se dirigir ao transgressor da norma, pois não existe um dever de autopunição.

3. ANALOGIA

3.1. Conceito, Natureza Jurídica e Fundamento

A analogia é a aplicação, a uma hipótese não prevista em lei, de lei reguladora de caso semelhante. É, pois, uma forma de autointegração da norma, e não de mera interpretação, que atende ao brocardo *ubi eadem legis ratio, ubi eadem legis dispositio*. Apesar de citada no **art. 4º da LINDB**, a analogia não é fonte do Direito, pois o juiz, ao utilizá-la para a solução de determinada questão, está apenas aplicando determinada disposição legal que irá resolver, por semelhança, casos não expressamente contemplados na lei. **A analogia não se confunde com a interpretação extensiva.** Com o emprego daquela, o exegeta parte da própria lei para elaborar a regra relativa ao caso não previsto pela legislação. Ou seja: ao contrário do que ocorre na interpretação extensiva, não há ampliação do texto legal, pois a mesma disposição será aplicada a casos semelhantes (não contemplados expressamente). O fundamento da analogia é o argumento pari ratione, da lógica dedutiva, que utiliza, para a solução do caso omisso, o mesmo raciocínio do caso semelhante.

3.2. Requisitos

O recurso à analogia, para que possa ser utilizado, exige a concorrência de três requisitos:

a) O fato considerado não pode ter sido regulado pelo legislador;

b) O legislador deve ter regulado situação que oferece relação de identidade com o caso não regulado; e

c) Deve haver o ponto comum às duas situações (a prevista e a não-prevista), constituindo sentido determinante na implantação do princípio referente à situação considerada pelo aplicador.

3.3. Analogia *in malam partem* e *in bonam partem*

3.3.1. Analogia in malam partem

É a que aplica, ao caso omisso, lei prejudicial ao réu, reguladora de caso semelhante. Torna-se impossível o emprego dessa analogia no Direito Penal moderno, que é pautado pelo princípio da reserva legal, mesmo porque, segundo a hermenêutica, lei que restringe direitos não admite analogia.

3.3.2. Analogia in bonam partem

É a que aplica, ao caso omisso, lei benéfica ao réu, reguladora de caso semelhante. Além de ser perfeitamente viável em matéria penal, a analogia benéfica é muitas vezes necessária para que, ao interpretar-se a lei penal, não se chegue a soluções absurdas. Portanto, se não é punível a subtração de coisa comum fungível, cujo valor não exceda a quota a que tem direito o agente (art. 156 do CP), igualmente não poderá ser punível o dano de coisa comum fungível nas mesmas circunstâncias.

▶ **ANALOGIA *IN MALAM* e *IN BONAM PARTEM***

"A expressão 'pessoa legalmente presa ou submetida a medida de segurança detentiva', contida no *caput* do art. 351 do Código Penal, não abrange os menores internados em razão do cumprimento de medida socioeducativa decorrente da prática de ato infracional. (...) 4. Forçoso reconhecer a impossibilidade de aplicação da lei incriminadora à hipótese por ela não abrangida, por caracterizar analogia *in malam partem*, o que não se admite em razão do princípio da estrita legalidade que rege o sistema penal pátrio. Por certo, não compete ao magistrado, sobrepondo-se ao legislador, ampliar o sentido da norma e o objeto material do crime, por entender que o tipo penal deveria ter previsto conduta assemelhada, de modo a prejudicar o réu. Precedentes" (STJ, 5ª T., RHC 86.991, j. 10/10/2017).

"A agravante genérica inserta no artigo 61, inciso II, alínea e, do Código Penal, incide tão somente em relação a cônjuge, de modo que esta Corte Superior tem entendido que não estão incluídos os concubinos e companheiros, tendo em vista a necessidade de operar com interpretação restritiva, de modo a não incidir nos crimes cometidos contra companheira ou companheiro. A equiparação do casamento à união estável, no direito penal, somente seria possível em *bonam partem*" (STJ, 5ª T., AgRg no HC 570436, j. 08/09/2020).

3.4. Analogia e processo penal

A utilização da analogia no âmbito do processo penal vem sendo admitida como regra. Isso porque a lei processual penal, de acordo com o **art. 3º do CPP**, "admitirá interpretação extensiva e aplicação analógica, bem como o suplemento dos princípios gerais de direito".

4. PRINCÍPIOS

4.1. Princípio da reserva legal

O art. 1º do Código Penal vigente enuncia o princípio da reserva legal nos seguintes termos: "Não há crime sem lei anterior que o defina. Não há pena sem prévia cominação legal". Igual disposição traz a Constituição Federal de 1988, em seu art. 5º, XXXIX, ao determinar que "não há crime sem lei anterior que o defina, nem pena sem prévia cominação legal".

Desdobramentos do Princípio da Reserva Legal:

a) ***Lex Stricta*** (inadmissibilidade da analogia in malam partem): é a proibição da aplicação da analogia para fundamentar ou agravar a pena.

b) ***Lex Scripta*** (inadmissibilidade do costume incriminador): como somente a lei pode criar crimes e definir sanções penais, resulta lógica a proibição de invocação do direito consuetudinário para a fundamentação ou agravamento da pena, como ocorreu no direito romano e medieval.

c) ***Lex Certa*** (taxatividade da lei penal): a reserva legal exige, ainda, a clareza do tipo, que não pode deixar margens a dúvidas nem abusar do emprego de normas muito gerais ou tipos incriminadores genéricos, vazios ou extremamente abrangentes. De nada adiantaria exigir a prévia definição da conduta na lei se fosse admitida a utilização de termos demasiadamente amplos. A lei penal somente poderá servir como função pedagógica e motivar o comportamento humano se facilmente acessível a todas as pessoas, e não apenas aos juristas.

d) ***Lex Praevia*** (anterioridade da lei penal): de acordo com o art. 1º do Código Penal, não há crime sem lei anterior que o defina e nem pena sem prévia cominação legal. A lei que institui o crime e a pena deve ser anterior ao fato que se quer punir. É, pois, lícita qualquer conduta que não se encontre definida em lei penal incriminadora.

4.2. Princípio da dignidade da pessoa humana

Com o advento da Constituição Federal de 1988, a dignidade da pessoa humana foi alçada à categoria de princípio fundamental (**art. 1º, III**), fazendo com que a preocupação com a proteção dos direitos humanos seja hoje um dos vetores de orientação do Direito Penal. Juridicamente, a noção da dignidade humana está ligada aos movimentos constitucionalistas modernos, sobretudo aos constitucionalismos francês e americano. Não é à toa que o valor moral da dignidade da pessoa humana foi consagrado como preceito constitucional na Declaração de Direitos de Virgínia, que precedeu a Constituição americana de 1787, e na Declaração dos Direitos do Homem e do Cidadão de 1789, que resultou da Revolução Francesa. Apesar de ser possível sua dedução dos textos constitucionais mais antigos que tutelavam as liberdades fundamentais, a positivação explícita do ideal da dignidade da pessoa humana é bastante recente. Com algumas exceções, somente após sua consagração na Declaração Universal da ONU de 1948 é que o princípio foi expressamente reconhecido na maioria das Constituições. Portanto, se uma norma violar tal dignidade, haverá flagrante inconstitucionalidade.

4.3. Princípio da intervenção mínima

Constitui a base do chamado direito penal mínimo. Como o Direito Penal representa a intervenção mais gravosa na esfera íntima do cidadão, já que tem como objetivo a imposição de pena, a sua aplicação deve ser fragmentária e subsidiária.

4.4. Princípio da fragmentariedade

Fragmento é parte de um todo. Isso significa que o Direito Penal, visto como fragmentário, somente poderá se ocupar de bens jurídicos relevantes. Ademais, apenas as condutas mais graves, consideradas socialmente intoleráveis e endereçadas a bens efetivamente valiosos, é que podem ser objeto de criminalização.

4.5. Princípio da subsidiariedade

Só haverá intervenção do Direito Penal quando outros ramos do Direito não resolverem de forma satisfatória o conflito. Direito Penal, portanto, é a *ultima ratio*.

4.6. Princípio da insignificância ou bagatela

Em face do princípio da insignificância (que Klaus Tiedmann chamou de princípio da bagatela), mínimas ofensas a interesses protegidos pela norma penal não justificam a incidência do Direito Penal, que se mostra desproporcionado ao castigar fatos de importância manifestamente insignificante.

▶ **OBSERVAÇÕES:**

- **Natureza jurídica:** é causa de exclusão da tipicidade material.
- **Quatro condições objetivas** para a aplicação do princípio da insignificância (STF e STJ): a) mínima ofensividade da conduta do agente; b) nenhuma periculosidade social da ação; c) reduzidíssimo grau de reprovabilidade do comportamento; e d) inexpressividade da lesão jurídica provocada.
- **Reincidência (STF):** "O Plenário do STF, no julgamento do HC 123.734, Rel. Min. Luís Roberto Barroso, explicitou as seguintes teses: (i) a reincidência não impede, por si só, que o juiz da causa reconheça a insignificância penal da conduta, à luz dos elementos do caso concreto; e (ii) na hipótese de o juiz da causa considerar penal ou socialmente indesejável a aplicação do princípio da insignificância por furto, em situações em que tal enquadramento seja cogitável, eventual sanção privativa de liberdade deverá ser fixada, como regra geral, em regime inicial aberto, paralisando-se a incidência do art. 33, § 2º, c, do CP no caso concreto, com base no princípio da proporcionalidade" (STF, 1ª T., HC 137425, j. 11/09/2018).
- **Reiteração delitiva (STJ):** "A jurisprudência desta Quinta Turma reconhece que o princípio da insignificância não tem aplicabilidade em casos de reiteração da conduta delitiva, salvo excepcionalmente, quando as instâncias ordinárias entenderem ser tal medida recomendável diante das circunstâncias concretas" (STJ, 5ª T., AgRg no HC 626351, j. 15/12/2020).
- **Súmula 589 do STJ:** "É inaplicável o princípio da insignificância nos crimes ou contravenções penais praticados contra a mulher no âmbito das relações domésticas".
- **Súmula 599 do STJ:** "O princípio da insignificância é inaplicável aos crimes contra a administração pública".
- **Súmula 606 do STJ:** "Não se aplica o princípio da insignificância a casos de transmissão clandestina de sinal de internet via radiofrequência, que caracteriza o fato típico previsto no art. 183 da Lei nº 9.472/1997".
- Não cabe em **crimes praticados com violência ou grave ameaça contra pessoa,** como o roubo. Nesse sentido: "Nos termos da jurisprudência pacífica desta Corte o princípio da insignificância não se aplica aos delitos cometidos mediante violência ou grave ameaça a pessoa, como é o caso do crime de roubo" (STJ, 6ª T., AgRg no AREsp 1450515, j. 17/10/2019). Ainda: "Mantida a condenação pelo delito de

roubo, não há falar na incidência do princípio da insignificância, porquanto não se aplica aos delitos cometidos mediante violência ou grave ameaça a pessoa" (STJ, 6ª T., AgRg no AREsp 1589938, j. 18/02/2020).

- Não cabe no crime de **moeda falsa**, pois o bem jurídico tutelado é a fé pública, e não o patrimônio. Nesse sentido: "Conforme reiterada jurisprudência desta Corte Superior, o princípio da insignificância é inaplicável ao delito de moeda falsa uma vez que o bem jurídico tutelado é a fé pública, sendo, independentemente do valor falsificado ou da quantidade de moeda expedida, malferida a credibilidade da moeda e a segurança da sua tramitação. Não há, portanto, falar em mínima ofensividade da conduta" (STJ, 5ª T., AgRg no REsp 1459167, j. 16/02/2016). No mesmo sentido: STJ, 5ª T., HC 439958, j. 26/06/2018.
- **Importação de semente de maconha:** existe divergência sobre a incidência do princípio da insignificância ou até mesmo se o fato constitui crime. Vejamos: "Tratando-se de pequena quantidade de sementes e inexistindo expressa previsão normativa que criminaliza, entre as condutas do artigo 28 da Lei de Drogas, a importação de pequena quantidade de matéria prima ou insumo destinado à preparação de droga para consumo pessoal, forçoso reconhecer a atipicidade do fato" (STJ, 6ª T., HC 473.250, j. 12/03/2019). Ainda: "... ainda que se entendesse pelo enquadramento da conduta na figura típica do art. 28 da Lei 11.343/2006, a importação de apenas 31 sementes de maconha não se apresenta relevante do ponto de vista penal, devendo ser considerada materialmente atípica, em aplicação do princípio da insignificância, consoante entendimento desta Corte" (STJ, 3ª Seção, RHC 115605, j. 14/10/2020).
- **Posse de munição:** o STJ não admitia o princípio da insignificância, sob a justificativa de que "são crimes de mera conduta e de perigo abstrato, em que se presume a potencialidade lesiva, sendo inaplicável o princípio da insignificância independentemente da quantidade apreendida" (AgRg no REsp n. 1682315). Porém, passou a reconhecê-lo: "Este Superior Tribunal de Justiça passou a reconhecer o princípio da insignificância em situações excepcionais, de posse de ínfima quantidade de munições e ausência do artefato capaz de dispará-las, aliadas a elementos acidentais da ação que evidenciem a total inexistência de perigo à incolumidade pública" (STJ, 6ª T., AgRg no HC 479.187/RJ, j. 06/08/2019). Ainda: "Permanece hígida a jurisprudência do Superior Tribunal de Justiça, bem como a do Supremo Tribunal Federal, no sentido de que a posse de munição, mesmo desacompanhada de arma apta a deflagrá-la, continua a preencher a tipicidade penal, não podendo ser considerada atípica a conduta. Todavia, o Superior Tribunal de Justiça, acompanhando o Supremo Tribunal Federal, passou a admitir a incidência do princípio da insignificância quando se tratar de posse de pequena quantidade de munição, desacompanhada de armamento capaz de deflagrá-la, uma vez que ambas as circunstâncias conjugadas denotam a inexpressividade da lesão jurídica provocada. Precedentes" (STJ, 5ª T., AgRg no HC 594431, j. 01/12/2020).

  Há decisões do STF em sentido contrário: "Os tipos penais de posse e de porte ilegal de arma de fogo, acessórios e ou munição, de uso permitido, são formais e, a fortiori, de mera conduta e de perigo abstrato, razão pela qual as características do seu objeto material são irrelevantes, porquanto independe do quantum para ofender a segurança e incolumidade públicas, bem como a paz social, bens jurídicos tutelados, sendo ainda despiciendo perquirir-se acerca da potencialidade lesiva das armas e munições eventualmente apreendidas, de modo que, não cabe cogitar quanto à aplicação do princípio da insignificância para fins de descaracterização da lesividade material da conduta" (STF, 1ª T., RHC 158087 AgR, j. 28/09/2018). Idem: STF, 2ª T., HC 148801 AgR, j. 07/08/2018.

4.7. Princípio da ofensividade ou lesividade

Segundo tal princípio, não se pode conceber a existência de qualquer crime sem ofensa ao bem jurídico (*nullum crimen sine iniuria*). O princípio da ofensividade do fato decorre de outro princípio geral de direito, que é o *neminem laedere*, e constitui a base de sustentação de um novo sistema penal, irradiando consequências tanto no sentido político-criminal (legislativo) como no dogmático-interpretativo e de aplicação da lei penal.

▶ **IMPORTANTE:**

- O bem jurídico atingido deve pertencer a terceira pessoa, ou seja, a prática criminosa pressupõe conduta que transcenda a esfera individual do agente. Por isso o princípio da ofensividade deve ser complementado pelo **princípio da alteridade** (altero: o outro) ou **transcendentalidade**, fazendo com que a autolesão e a própria tentativa de suicídio restem impuníveis.
- A **autolesão**, que em regra é fato atípico, configurará crime em duas hipóteses: a) se cometida com o fim de fraudar seguro caracterizará estelionato (art. 171, § 2º, V, do CP); b) se praticada para criar incapacidade física que inabilite o convocado para o serviço militar, poderá constituir-se em crime militar (art. 184 do CPM).
- **Porte de arma desmuniciada é conduta típica:** "A jurisprudência deste Tribunal Superior é firmada no sentido de que 'a posse de arma de fogo é crime de perigo abstrato, sendo irrelevante, portanto, aferir sua lesividade ou mesmo o fato de estar desmuniciada, porquanto o que se busca é a proteção da segurança pública e a paz social'" (STJ, 6ª T., AgRg no AgRg no AREsp 1644488, j. 27/10/2020).

4.8. Princípio da responsabilidade pessoal

Como o indivíduo só pode ser responsabilizado penalmente pelos próprios atos, descabe a aplicação de pena criminal por fato alheio.

4.9. Princípio da responsabilidade subjetiva

Para que o agente seja punido penalmente, não basta a mera prática material do fato, já que se requer, também, a presença do dolo ou da culpa. Isso significa que não há mais lugar, hodiernamente, para a chamada responsabilidade penal objetiva. Observe-se, a propósito, o **art. 19 do CP**: "Pelo resultado que agrava especialmente a pena, só responde o agente que o houver causado ao menos culposamente".

4.10. Princípio da proporcionalidade

→ **Princípio da proibição de excesso** (*Übermassverbot*) ou do **garantismo negativo:** a proporcionalidade é utilizada como proteção contra os excessos ou abusos do Estado (proibição da pena de morte, por exemplo).

→ **Princípio da proibição de proteção deficiente** (*Untermassverbot*) ou do **garantismo positivo:** a proporcionalidade é utilizada como proteção contra a omissão estatal diante dos direitos fundamentais (punir o crime homicídio com pena irrisória significa violação à necessária tutela do bem vida).

▶ **Importante:**

- **Arguição de inconstitucionalidade do preceito secundário do art. 273, § 1º-B, V, do CP em face de ofensa ao princípio da proporcionalidade:** "1. A intervenção estatal por meio do Direito Penal deve ser sempre guiada pelo princípio da proporcionalidade, incumbindo também ao legislador o dever de observar esse princípio como proibição de excesso e como proibição de proteção insuficiente. (...) 3. Em atenção ao princípio constitucional da proporcionalidade e razoabilidade das leis restritivas de direitos (CF, art. 5º, LIV), é imprescindível a atuação do Judiciário para corrigir o exagero e ajustar a pena cominada à conduta inscrita no art. 273, § 1º-B, do Código Penal. (...) 5. A ausência de relevância penal da conduta, a desproporção da pena em ponderação com o dano ou perigo de dano à saúde pública decorrente da ação e a inexistência de consequência calamitosa do agir convergem para que se conclua pela falta de razoabilidade da pena prevista na lei. A restrição da liberdade individual não pode ser excessiva, mas compatível e proporcional à ofensa causada pelo comportamento humano criminoso. 6. Arguição acolhida para declarar inconstitucional o preceito secundário da norma" (STJ, Corte Especial, AI no HC 239363, j. 26/02/2015).
- **Aplicação da pena do tráfico de drogas:** "(...) 3. A Corte Especial do Superior Tribunal de Justiça, no julgamento da Arguição de Inconstitucionalidade no HC 239.363/PR (...), considerou ser inconstitucional o preceito secundário do art. 273, § 1º-B, inciso V, do Código Penal. 4. Em consequência, firmou-se entendimento no sentido de aplicar, em substituição, o preceito secundário previsto para o crime de tráfico de drogas, previsto no art. 33 da Lei 11.343/2006, aos casos em que o acusado é condenado pelo crime previsto no art. 273, § 1º-B, do Código Penal, tendo em vista que ambos são considerados hediondos, de perigo abstrato e visam a proteção da saúde pública. Precedentes" (STJ, 5ª T., HC 438746, j. 24/05/2018). No mesmo sentido: "A Corte Especial deste Superior Tribunal de Justiça, no julgamento da Arguição de Inconstitucionalidade no Habeas Corpus n. 239.363/PR, declarou a inconstitucionalidade do preceito secundário do art. 273, § 1º-B, do Código Penal, autorizando a aplicação analógica das penas previstas para o crime de tráfico de drogas" (STJ, 5ª T., AgRg no AgRg no AREsp 1610153, j. 05/05/2020).

4.11. Princípio da adequação social

Introduzido no Direito Penal por Hans Welzel, trata-se de um princípio de hermenêutica. Pode-se dizer que uma **conduta socialmente adequada** não pode ser típica, de sorte que não será criminosa. Segundo assevera Francisco de Assis Toledo, "a adequação social exclui desde logo a conduta em exame do âmbito de incidência do tipo, situando-a entre os comportamentos normalmente permitidos, isto é, materialmente atípicos" (Princípios Básicos de Direito Penal, p. 132). Como exemplo, cita o autor as lesões corporais causadas por um pontapé em partidas de futebol.

Registre-se que o princípio da adequação social não afasta a tipicidade da conduta de expor à venda CDs e DVDs piratas. Nesse sentido é o enunciado da **Súmula 502 do STJ**: "Presentes a materialidade e a autoria, afigura-se típica, em relação ao crime previsto no art. 184, § 2º, do CP, a conduta de expor à venda CDs e DVDs piratas".

5. EFICÁCIA DA LEI PENAL

5.1. Lei penal no tempo

5.1.1. Nascimento da lei penal

A iniciativa do projeto de lei penal é comum ou concorrente, pois deferida a qualquer comissão ou membro do Poder Legislativo (deputado ou senador), bem como ao chefe do Poder Executivo (Presidente da República). **Os tribunais não possuem legitimidade para apresentação de projetos de lei penal.** Há, igualmente, ao menos em tese, possibilidade de criação de lei penal através da chamada iniciativa popular, prevista no art. 61, § 2º, da CF. Exemplo disso veio com a Lei nº 8.930/94, que, com a campanha iniciada pela novelista Glória Perez, tornou hediondo o homicídio qualificado (art. 1º, I, da Lei nº 8.072/90). Mas veja-se que, tecnicamente, não houve a iniciativa popular, já que o projeto, na origem, foi "adotado" pelo Poder Executivo, convertendo-se, posteriormente, em lei.

Seguem-se as deliberações parlamentares e a sanção presidencial, com posterior promulgação e publicação da lei penal. Nem sempre a lei entra em vigor na data da sua publicação. Aliás, no silêncio, "(...) a lei começa a vigorar em todo o País quarenta e cinco dias depois de oficialmente publicada", conforme preceitua o **art. 1º da LINDB.** Nos Estados estrangeiros, a obrigatoriedade da lei penal, quando admitida, inicia-se três meses depois de oficialmente publicada. O prazo existente entre a data da publicação da lei e a data da sua efetiva produção de efeitos é denominado *vacatio legis*, e possui dupla finalidade: possibilita o conhecimento da norma antes de ela tornar-se obrigatória e, às autoridades incumbidas de fazê-la executar, bem como às pessoas a que se endereça, a oportunidade de prepararem-se para a sua aplicação. A *vacatio legis* não é um princípio constitucional, tanto que as leis podem entrar em vigor na data da publicação, desde que haja cláusula expressa nesse sentido. Da mesma forma, o prazo de 45 dias pode ser reduzido ou ampliado, sempre com a já citada cláusula expressa.

5.1.2. Revogação da lei penal

Pelo **princípio da continuidade das leis,** a lei permanece em vigor até que outra lei a revogue. Revogação é a expressão genérica que traduz a ideia de cessação da existência da regra obrigatória, em virtude de manifestação, nesse sentido, do poder competente. É, portanto, a **perda de vigência da lei.** Toda e qualquer lei pode ser revogada, pois é vedada a edição de leis irrevogáveis. A revogação compreende a **derrogação** e a **ab-rogação,** sendo a primeira uma espécie de revogação parcial e a última uma espécie de revogação integral da lei. A revogação pode, ainda, ser expressa, tácita e global (v. **art. 2º, § 1º, da LINDB**). Na primeira, a nova lei, em seu próprio texto, já aponta os dispositivos legais revogados. A revogação tácita, também conhecida como implícita ou indireta, ocorre quando o novo texto, embora de forma não-expressa, é incompatível com o anterior (revogação tácita propriamente dita) ou regula inteiramente a matéria precedente (revogação global).

A lei, no entanto, pode trazer no seu respectivo texto o término de sua vigência. É a chamada **lei de vigência temporária** a que se refere a ressalva do **art. 2º, *caput*, da LINDB**. Essas leis são denominadas temporárias e excepcionais.

- **Lei temporária** é aquela que traz, de forma preordenada, a data de expiração de sua vigência.
- **Lei excepcional** é aquela que, não mencionando expressamente o seu prazo de vigência, condiciona a sua eficácia à duração das condições que a determinam (epidemia, guerra, estado de sítio etc.).

Nesse caso foge-se à regra geral, pois o término de vigência dessas leis não depende de revogação por lei posterior. Assim, consumado o lapso da lei temporária ou cessadas as circunstâncias determinadoras da lei excepcional, finda a sua respectiva vigência, falando-se, aqui, em **autorrevogação**.

5.1.3. Conflitos de leis penais no tempo

A eficácia da lei penal está situada, em regra, desde a sua entrada em vigor até a sua revogação, não alcançando fatos ocorridos antes ou depois desses limites extremos. É a consagração do princípio ***tempus regit actum***, ou seja, a regra é a lei penal não retroagir e nem possuir ultra-atividade. O princípio da irretroatividade vige, no entanto, apenas em relação à lei penal mais severa (lex gravior). Se a nova lei de qualquer forma beneficiar o réu (lex mitior) impõe-se a sua retroatividade. A irretroatividade da lex gravior constitui direito subjetivo de liberdade, encontrando fundamento no art. 5º, incs. XXXVI ("a lei não prejudicará o direito adquirido") e XL ("a lei penal não retroagirá, salvo para beneficiar o réu"), da Constituição Federal. Assim, se a lei nova define determinada conduta, antes lícita, como criminosa, os fatos cometidos antes da sua vigência não podem ser objeto de punição, vez que a retroprojeção encontra óbice no direito adquirido pelo cidadão.

Há, portanto, dois princípios que regem os conflitos de leis penais no tempo: o da **não-extra-atividade da lei mais severa** (*lex gravior*); e o da **extra-atividade da lei mais benigna** (*lex mitior*).

A *lex mitior* possui extra-atividade, que se constitui dos princípios da retroatividade e da ultra-atividade. **Retroatividade** significa a aplicação da lei a fatos ocorridos antes da sua vigência. **Ultra-atividade** é a qualidade da lei de manter a sua eficácia mesmo depois de cessada a sua vigência.

5.1.3.1. *Lex mitior*

Dá-se a extra-atividade da lei penal mais benéfica em duas hipóteses: ***abolitio criminis*** e ***novatio legis in mellius***.

a) Abolitio criminis

Opera-se quando a lei nova torna atípico fato antes incriminado. Como a conduta deixa de constituir infração penal, o Estado perde a pretensão de impor ao agente qualquer pena. Nos termos do art. 2º do CP, "Ninguém pode ser punido por fato que lei posterior deixa de considerar crime". A abolição do delito constitui fato jurídico extintivo da punibilidade, nos termos do **art. 107, III, do CP**. Além disso, segundo o ***caput* do art. 2º do CP** cessam, em consequência da *abolitio criminis*, a "execução e os efeitos penais da sentença condenatória". A nova lei descriminante, atuando retroativamente, exclui todos os efeitos jurídico-penais da conduta antes considerada delituosa.

Consequências: **a)** ainda não houve oferecimento de denúncia: o processo não pode ser iniciado; **b)** a ação penal está em andamento: deverá ser trancada mediante decretação de extinção da punibilidade; **c)** após a prolação de sentença condenatória com trânsito em julgado: a pretensão executória não pode ser efetivada, ou seja, a pena não poderá ser executada; **d)** o condenado está cumprindo a pena: deverá ser solto, mediante decretação da extinção da punibilidade. No entanto, deve-se atentar para os efeitos extrapenais da condenação.

Conforme o aludido art. 2º, *caput*, do CP, cessam os "efeitos **penais** da sentença condenatória", perdurando, evidentemente, os de natureza civil. Assim, a sentença condenatória transitada em julgado continua valendo como título executivo na esfera cível e o condenado continua obrigado a reparar o dano causado pelo delito (art. 91, I, do CP). Confrontando-se com a *abolitio criminis*, o juiz do processo deve, de ofício, declarar extinta a punibilidade, depois de ouvido o Ministério Público.

Se os autos, em virtude de recurso, estiverem em segundo grau, o próprio tribunal competente para apreciar a inconformidade deverá declarar extinta a punibilidade. Caso já exista sentença condenatória transitada em julgado, a declaração de extinção da punibilidade competirá ao juízo da execução, conforme **art. 66, I e II, da LEP** e **Súmula 611 do STF**.

▶ **Súmula 611 do STF:** "Transitada em julgado a sentença condenatória, compete ao juízo das execuções a aplicação de lei mais benigna".

Princípio da continuidade normativo-típica

Caso haja mera revogação formal de determinado tipo penal, que sofre uma readequação típica e consequente modificação do respectivo *nomen iuris*, não se falará em *abolitio criminis*, já que o fato continua previsto dentro do ordenamento jurídico-penal como delituoso. Exemplos:

- O rapto violento (art. 219 do CP) foi revogado pela Lei nº 11.106/05, mesma legislação que criou a figura do sequestro ou cárcere privado qualificado porque praticado com fins libidinosos (art. 148, § 1º, V, do CP). Portanto, **não há *abolitio criminis* de** rapto violento, já que a conduta ainda é prevista como delituosa dentro do Código Penal. Nesse sentido: STF, HC 101035, j. 26/10/2010, noticiado no **Informativo 606.**

- Também em respeito ao **princípio da continuidade normativo-típica**, não há que se falar em abolitio criminis do **atentado violento ao pudor**, já que a Lei nº 12.015/09 apenas revogou formalmente o art. 214 do CP, passando a modalidade delituosa ali prevista para dentro do art. 213. O crime, portanto, continua existindo, hoje com o nome de **estupro.**

b) *Novatio legis in mellius*

Outra hipótese de retroatividade da lei penal ocorre na *novatio legis in mellius*, disciplinada no **art. 2º, parágrafo único, do CP:** "A lei posterior, que de qualquer modo favorecer o agente, aplica-se aos fatos anteriores, ainda que decididos por sentença condenatória transitada em julgado". Ocorre a *novatio legis in mellius* quando a lei posterior, mantendo a incriminação do fato, torna menos gravosa a situação do réu. Exemplos: **a)** lei que comina pena menos gravosa; **b)** lei que cria causa extintiva da ilicitude, da culpabilidade ou da punibilidade; **c)** lei que facilita a obtenção do sursis ou do livramento condicional. Caso assim ocorreu quando da edição da Lei nº 9.714/98, que permitiu a aplicação de penas restritivas de direitos a todos os delitos cuja pena privativa de liberdade não superasse quatro anos de reclusão ou detenção, quando dolosos e não violentos. Não foram abolidas penalidades, mas apenas abrandada a punição e aumentados os benefícios.

5.1.3.2. *Lex gravior*

A lei mais severa é orientada pela irretroatividade e pela não-ultra-atividade, possuindo como espécies a ***novatio legis incriminadora*** e a ***novatio legis in pejus.***

a) *Novatio legis incriminadora*

É a lei posterior que torna típica conduta considerada irrelevante pela lei anterior. Prevalece, aqui, a máxima *tempus regit actum.* A lei que incrimina fatos novos é irretroativa, pois prejudicial ao agente. Como não há crime sem lei anterior que o defina, a lei nova incriminadora não pode retroagir para alcançar fatos praticados antes da sua vigência (art. 1º do CP). Exemplos:

* Incitação à automutilação: art. 122 do CP, com redação dada pela Lei 13.968/19.

* Dar causa à instauração de processo administrativo disciplinar contra alguém, imputando-lhe infração ético-disciplinar ou ato ímprobo de que o sabe inocente: art. 339 do CP, com redação dada pela Lei 14.110/20.

b) *Novatio legis in pejus*

É a lei posterior que, sem criar novas incriminações ou abolir outras precedentes, modifica o regime anterior, agravando de qualquer modo a situação do agente. Exemplos: **a)** exclusão de circunstâncias atenuantes ou de causas de diminuição de pena; **b)** inclusão de qualificadoras, agravantes ou causas de aumento de pena; **c)** agravação da pena ou da medida de segurança etc.

Caso assim ocorreu com o advento da Lei nº 11.106/05, que transferiu parte da conduta atinente ao rapto violento, previsto no revogado art. 219 do CP ("raptar mulher honesta, mediante violência, grave ameaça ou fraude, para fim libidinoso. Pena – reclusão, de 2 a 4 anos") para o art. 148, § 1º, inciso V, do CP ("privar alguém de sua liberdade, mediante sequestro ou cárcere privado, com pena de reclusão de 2 a 5 anos, se o crime é praticado com fins libidinosos"). Como o rapto era mesmo considerado, por grande parte da doutrina, como um sequestro para fins libidinosos, agora passou a figurar em capítulo adequado, **com pena máxima abstratamente cominada maior**, implicando verdadeira *novatio legis in pejus*. Dessa forma, se o agente, em data anterior à entrada em vigor da Lei nº 11.106/05, foi condenado por rapto, pois privou a liberdade de uma mulher honesta, para fim libidinoso, haverá a manutenção do decreto condenatório, devendo continuar o cumprimento da pena, já que a figura, como dito acima, permanece no sistema jurídico-penal brasileiro, hoje como sequestro para fins libidinosos (**continuidade normativo-típica)**. Incidindo o princípio da irretroatividade da *lex gravior*, a pena mais severa, no exemplo anterior, não poderá ser adotada se o fato foi praticado antes da entrada em vigor da Lei nº 11.106/05.

Outros exemplos:

- A pena do crime de concussão (art. 316 do CP) era de 2 a 8 anos e multa. Com o Pacote Anticrime (Lei 13.964/19), passou a ser de 2 a 12 anos e multa.
- **Emprego de arma branca no crime de roubo.** Desde a edição da Lei 13.654/18, tal circunstância não majorava a pena do roubo. Com o Pacote Anticrime (Lei 13.964/19), houve a inclusão da causa de aumento de pena (1/3 a 1/2) ao § 2º do art. 157 do CP.

5.1.4. Competência para aplicação da lei mais benéfica

Deve-se descobrir, em primeiro lugar, o momento em que a *lex mitior* surgiu. Se a lei nova mais benéfica (*abolitio criminis* ou *novatio legis in mellius*) surge antes de o juiz proferir a sentença, o caso não oferece dificuldade, cabendo a este fazer a necessária adequação penal. Se o feito, depois de sentenciado, está em grau de recurso, caberá ao tribunal referido mister. Quando, no entanto, a sentença condenatória já estiver transitada em julgado, a posição majoritária diz que a competência será do juízo da execução, conforme dispõem o **art. 66, I e II, da LEP** e a **Súmula 611 do STF**.

5.1.5. Dúvida quanto à lei mais benéfica

Havendo dúvida quanto à aplicação da lei que melhor atenda aos interesses do agente, o réu, por intermédio de seu advogado, deverá ser consultado a fim de que faça a escolha daquela que, segundo sua particular situação, seja tida como a mais benéfica.

5.1.6. *Combinação de leis (lex tertia)*

A lex tertia, ou combinação de leis, significa, na determinação da lei mais benigna aplicável, tomar o juiz os preceitos mais favoráveis da lei anterior e, ao mesmo tempo, os da lei posterior, combinando-os e aplicando-os ao caso concreto, de forma a extrair o maior benefício resultante da aplicação conjunta só dos aspectos mais favoráveis das duas leis. Diverge a doutrina a respeito.

→ **Contrários** à possibilidade de combinação de leis encontram-se Nélson Hungria, Aníbal Bruno, Heleno Cláudio Fragoso, Paulo José da Costa Júnior, José Henrique Pierangeli e Guilherme de Souza Nucci, entre outros. Argumenta-se que o juiz estaria criando uma terceira lei, o que não é permitido.

→ **Favoráveis** à tese estão Basileu Garcia, José Frederico Marques, Magalhães Noronha, Julio Fabbrini Mirabete, Damásio de Jesus e Rogério Greco. Sustenta-se, aqui, que se estaria diante de um processo de integração da lei penal, visando à fiel aplicação do preceito "que de qualquer modo favorecer", contido no **parágrafo único do artigo 2º do Código Penal**. Além disso, se o juiz pode aplicar o todo de uma ou de outra lei para favorecer o agente, não haveria óbice de que aplicasse parte de uma e de outra para o mesmo fim. Somente assim, defende-se, estaria sendo obedecido o preceito constitucional.

▶ **LEI DE DROGAS**

Os Tribunais Superiores posicionaram-se no sentido da inadmissibilidade da combinação de normas penais envolvendo a Lei de Drogas.

- **Súmula 501 do STJ:** "É cabível a aplicação retroativa da Lei 11.343, desde que o resultado da incidência das suas disposições, na íntegra, seja mais favorável ao réu do que o advindo da aplicação da Lei nº 6.368, sendo vedada a combinação de leis".
- No mesmo sentido foi decidido pelo **Plenário do STF** no RE 600.817 (decisão por maioria), julgado em 07/11/2013.

5.1.7. *Lei Intermediária*

Pode acontecer de o agente praticar o fato sob a vigência de uma determinada lei, surgindo, após, sucessivamente, outras duas, regulando a mesma conduta, sendo a intermediária a mais benigna. Trata-se, na verdade, de um conflito intertemporal entre duas leis apenas, a segunda e a terceira, já que a primeira, por ser mais severa, é ab-rogada pela intermediária. Esta, portanto, mais favorável que as outras duas, retroage em relação à primeira e possui ultra-atividade em relação à terceira.

5.1.8. *Lei Processual*

Por norma processual deve-se entender aquela cujos efeitos repercutem diretamente sobre o processo, sem qualquer relação com o *jus puniendi* do Estado. É, por exemplo, o caso das normas que disciplinam a prisão provisória, vez que dizem respeito a exigências de conveniência ou necessidade do próprio processo. A lei processual penal não se submete ao princípio da retroatividade em favor do agente. Isso porque, de acordo com o **art. 2º do CPP**, a norma de conteúdo processual terá incidência imediata a todos os processos em andamento, pouco importando se o delito foi cometido antes ou após a sua entrada em vigor ou mesmo se a inovação é, ou não, mais benéfica ao sujeito. É o que se denomina **princípio da imediatidade**.

Exemplo: o acordo de não persecução penal (art. 28-A do CPP) está valendo desde o dia 23/01/2020, data em que entrou em vigor o "pacote anticrime" (Lei 13.964/2019).

5.1.9. Ultra-atividade das leis penais temporárias e excepcionais

Nos termos do art. 3º do CP, "a lei excepcional ou temporária, embora decorrido o período de sua duração ou cessadas as circunstâncias que a determinaram, aplica-se ao fato praticado durante sua vigência". Assim, o dispositivo permite que em relação a essas leis seja aplicada a **ultra-atividade gravosa**, devido à sua finalidade.

A ultra-atividade das leis penais temporárias e excepcionais vem consagrada no **art. 3º do CP** e significa a possibilidade de uma lei ser aplicada a um fato praticado durante a sua vigência, mesmo depois da sua revogação. Não obstante a regra do artigo 2º, § 1º, da LINDB, no sentido de que uma lei somente pode ser revogada por outra lei, posterior, de modo expresso ou tácito, **as leis penais temporárias e excepcionais constituem exceção e são autorrevogáveis**. A lei penal temporária se autorrevoga na data fixada no seu próprio texto; a excepcional, quando se encerra o período de anormalidade.

5.1.10. Tempo do crime

É importante a fixação do tempo em que o delito se considera praticado para, entre outras coisas, sabermos a lei que deve ser aplicada e estabelecermos a imputabilidade do sujeito. Sobre o momento do crime existem várias teorias. As principais são:

a) **Teoria da atividade**: também chamada de teoria da ação ou da conduta, reputa praticado o crime no momento da prática da ação ou da omissão;

b) **Teoria do resultado**: igualmente conhecida como teoria do evento ou do efeito, refere que o crime é praticado no momento da produção do resultado;

c) **Teoria mista ou da ubiquidade**: tempus delicti é, indiferentemente, o momento da conduta ou o da produção do resultado.

- **Tempo do crime:** o Código Penal brasileiro adotou a **teoria da atividade** (art. 4º do CP).
- **Crimes continuados e permanentes:** aplica-se a inteligência da **Súmula 711 do STF:** "A lei penal mais grave aplica-se ao crime continuado ou ao crime permanente, se a sua vigência é anterior à cessação da continuidade ou da permanência".

5.2. Lei penal no espaço

5.2.1. *Introdução*

Existem cinco princípios que procuram solucionar os conflitos de leis penais no espaço, a saber: territorialidade, nacionalidade, defesa, justiça penal universal e representação. O Código Penal brasileiro adotou, como regra, o princípio da territorialidade, sendo os demais acolhidos como exceção.

5.2.2. *Territorialidade*

a) Princípio da territorialidade

Aplica-se a lei penal somente no Estado que a determinou, desimportando a nacionalidade do sujeito ativo do crime ou a titularidade do bem jurídico ofendido. **Divide-se em *territorialidade absoluta* e *territorialidade temperada*.** Para o primeiro, só a lei penal brasileira é aplicável aos crimes cometidos no território nacional. Segundo a territorialidade temperada, a lei brasileira é aplicada, como regra, ao crime cometido no território nacional. No entanto, excepcionalmente, a lei estrangeira poderá ser aplicada a delitos cometidos no território nacional, total ou parcialmente, quando houver determinação em tratado ou convenção internacional. Está-se diante do instituto conhecido como **intraterritorialidade**, vez que a lei estrangeira estaria sendo aplicada dentro do território nacional.

> O princípio adotado no Brasil é o da **territorialidade temperada**, como se observa no art. 5º, *caput*, do CP.

b) Conceito de território nacional

- ***Sentido jurídico:*** espaço sujeito à soberania do Estado.
- ***Sentido material, efetivo ou real:*** o território abrange a superfície terrestre (solo e subsolo), as águas interiores, o mar territorial (12 milhas marítimas a partir da baixa-mar do litoral continental e insular – Lei nº 8.617/93, art. 1º) e o espaço aéreo correspondente (teoria da soberania sobre a coluna atmosférica). No caso de território neutro, aplica-se a lei do país do agente.
- ***Território por extensão ou flutuante:*** para os efeitos penais, consideram-se como extensão do território nacional:

  → As embarcações e aeronaves brasileiras, de natureza pública ou a serviço do governo brasileiro onde quer que se encontrem (CP, art. 5º, § 1º, 1ª parte).

  → As aeronaves e as embarcações brasileiras (matriculadas no Brasil), mercantes ou de propriedade privada, que se achem, respectivamente, no espaço aéreo correspondente ao alto-mar ou em alto-mar (CP, art.

5º, § 1º, 2ª parte). O dispositivo está de acordo com a "lei da bandeira" ou o "princípio do pavilhão, da representação, da substituição ou subsidiário".

5.2.3. Lugar do crime

A exata determinação do lugar em que o crime se considera praticado (*locus commissi delicti*) é decisiva em relação à competência penal internacional.

Para a solução do problema a doutrina distingue três teorias: **a) teoria da atividade** (da ação ou da conduta): considera-se cometido o crime onde tiver sido executada a conduta; **b) teoria do resultado** (do evento ou do efeito): locus delicti é o lugar da produção do resultado; **c) teoria da ubiquidade** (ou mista ou unitária): o crime se considera praticado em qualquer dos momentos do iter, seja no lugar da prática dos atos executórios, seja no lugar da consumação.

> ▶ **Lugar do crime:** o Código Penal brasileiro adotou a **teoria da ubiquidade** (CP, art. 6º).

5.2.4. Extraterritorialidade

É a aplicação da lei penal brasileira aos crimes praticados no exterior (**art. 7º do CP**). **A extraterritorialidade pode ser incondicionada ou condicionada.**

> ▶ **Contravenções penais:** é inaplicável o princípio da extraterritorialidade nas contravenções penais. Isso porque, nos termos do **art. 2º da LCP**, "a lei brasileira só é aplicável à contravenção praticada no território nacional".

a) Extraterritorialidade incondicionada

Está prevista nas hipóteses do inciso I do artigo 7º do Código Penal, que tratam: dos crimes cometidos no estrangeiro contra a vida ou a liberdade do Presidente da República; contra o patrimônio ou a fé pública da União, do Distrito Federal, de Estado, de Território, de Município, de empresa pública, sociedade de economia mista, autarquia ou fundação estatuída pelo Poder Público; contra a administração pública, por quem está a seu serviço; e de genocídio, quando o agente for brasileiro ou domiciliado no Brasil. Diz-se incondicionada a extraterritorialidade excepcional da lei penal brasileira, em tais casos, porque a sua aplicação não depende de qualquer requisito, em face da importância dos bens jurídicos tutelados.

b) Extraterritorialidade condicionada

Aplica-se a lei nacional a determinados crimes cometidos fora do território, desde que haja o concurso de algumas condições (art. 7º, II, e §§ 2º e 3º, do CP). São os delitos: a) que, por tratado ou convenção, o Brasil se obrigou a reprimir; b) praticados por brasileiros; c) praticados em aeronaves ou embarcações brasileiras, mercante ou de propriedade privada, quando em território estrangeiro e aí não sejam julgados.

Nestes crimes, a aplicação da lei brasileira depende do concurso das seguintes condições: a) entrar o agente no território nacional; b) ser o fato punível também no país em que foi praticado; c) estar o crime incluído entre aqueles pelos quais a lei brasileira autoriza a extradição; d) não ter sido o agente absolvido no estrangeiro ou não ter aí cumprido a pena; e) não ter sido o agente perdoado no estrangeiro ou, por outro motivo, não estar extinta a punibilidade, segundo a lei mais favorável.

O § 3º do art. 7º dispõe acerca de mais outra hipótese de extraterritorialidade condicionada, qual seja, crime cometido por estrangeiro contra brasileiro fora do Brasil. Nesta situação, além das condições previstas no § 2º, deve-se ainda observar se: a) não foi pedida ou foi negada a extradição; b) houve requisição do Ministro da Justiça.

> O art. 2º da **Lei de Tortura** (Lei nº 9.455/97) traz mais uma hipótese de extraterritorialidade: "O disposto nesta Lei aplica-se ainda quando o crime não tenha sido cometido em território nacional, sendo a vítima brasileira ou encontrando-se o agente em local sob jurisdição brasileira".

5.2.5. Princípios norteadores da extraterritorialidade

a) Princípio da nacionalidade

Também chamado de **princípio da personalidade**, ensina que é aplicada a lei penal do Estado a seus cidadãos, onde quer que se encontrem. Divide-se em nacionalidade ativa e nacionalidade passiva. Para o ***princípio da nacionalidade ou personalidade ativa***, o agente é punido de acordo com a lei do seu país independentemente da nacionalidade do sujeito passivo. O ***princípio da nacionalidade ou personalidade passiva*** exige que o fato praticado pelo nacional no estrangeiro atinja um bem jurídico do seu próprio Estado ou um cocidadão.

b) Princípio da defesa

Também conhecido como **princípio real ou de proteção**, determina a aplicação da lei penal a que pertencer o bem jurídico lesado ou exposto a perigo de lesão com a prática do crime, independentemente do *locus delicti* ou da nacionalidade do sujeito ativo. A lei penal brasileira, de acordo com esse princípio, seria aplicada sempre que o fato criminoso, cometido no estrangeiro, lesasse interesse nacional.

c) Princípio da justiça penal universal (ou da justiça penal cosmopolita ou da universalidade)

Determina a aplicação da lei penal do país em que se encontrar o criminoso, qualquer que seja a nacionalidade do agente, o *locus delicti* ou o bem jurídico atingido, fundamentando-se no dever de solidariedade na repressão de certos delitos, cuja punição interessa a todos os povos.

d) Princípio da representação

Também conhecido como **princípio da substituição, subsidiário, da bandeira ou do pavilhão.** De acordo com tal princípio, a lei penal de determinado país é aplicável aos delitos cometidos em embarcações e aeronaves privadas, quando realizados no estrangeiro e lá não sejam julgados.

6. CONFLITO APARENTE DE NORMAS

Na hipótese de determinado fato apresentar dificuldade para a correta adequação típica, tendo em vista que aparentemente se mostra subsumido a mais de um tipo penal, surge o conflito aparente de normas. Assim, (i) a unidade de fato, (ii) a pluralidade de normas (de tipos penais) e (iii) a vigência contemporânea de todas essas normas são os pressupostos desse conflito.

Para solucionar a questão, evitando o *bis in idem*, há quatro princípios: especialidade, subsidiariedade, consunção (ou absorção) e alternatividade.

6.1. Princípio da especialidade (*lex specialis derogat legi generali*)

Uma norma é considerada especial em relação a outra (geral) quando, referindo-se as duas ao mesmo fato, a primeira possui uma particular condição (objetiva ou subjetiva) e apresenta, por isso mesmo, um *plus* ou um *minus* de severidade. Realizada tal condição (elemento especializante), fica excluída a aplicação da norma geral.

Lei especial (tipo penal especial), portanto, é a que contém todos os elementos da lei geral (tipo penal geral) e ainda acrescenta outros, chamados de elementos especializantes. Fica afastado, dessa forma, o *bis in idem*, uma vez que o comportamento do agente somente é enquadrado na norma incriminadora especial, embora também descrito pela geral. Exemplos nítidos de especialidade são as relações existentes entre delitos simples, qualificados e privilegiados: o tipo fundamental será excluído pelo qualificado ou privilegiado, que deriva daquele. Assim, o art. 121, § 1º, do CP é especial em relação ao art. 121, *caput*, do mesmo Código. Outro exemplo é o infanticídio (delito específico), que exclui a aplicação do homicídio (delito genérico).

A escolha pela lei especial deve ser determinada pela **comparação abstrata**, ou seja, da leitura da lei especial percebe-se também a lei geral. Enquanto o homicídio possui como descrição típica "matar alguém", o infanticídio agrega a essas elementares outros elementos especializantes: "matar, sob influência do estado puerperal, o próprio filho, durante o parto ou logo após". Veja-se que os elementos da lei geral ("matar alguém") já estão contidos na lei especial.

6.2. Princípio da subsidiariedade (*lex primaria derogat legi subsidiariae*)

Conforme o princípio da subsidiariedade, a norma que prevê uma ofensa maior a um determinado bem jurídico exclui a aplicação da norma que prevê uma ofensa menor a esse mesmo bem jurídico. A relação de primariedade e subsidiariedade existe, portanto, entre normas que descrevem graus de violação distintos do mesmo bem jurídico, de modo que o delito descrito pela lei subsidiária, por ser de menor gravidade que o da lei principal, é absorvido por esta. A norma dita subsidiária é considerada, na expressão de Hungria, como um **soldado de reserva**, ou seja, na ausência ou impossibilidade de aplicação da norma principal mais grave deverá ser aplicada a norma subsidiária menos grave. **A subsidiariedade pode ser expressa ou tácita.**

A) *Subsidiariedade expressa ou explícita*

A própria lei declara formalmente que somente será aplicada se o fato não constituir crime mais grave. Ex.: na lesão corporal seguida de morte, prevista no art. 129, § 3º, do CP, há necessidade de que o agente não queira o resultado (morte) nem assuma o risco de produzi-lo. A norma é subsidiária, pois somente será aplicada quando ausente o dolo do homicídio.

B) *Subsidiariedade tácita ou implícita*

O respectivo tipo penal, embora não se referindo expressamente ao seu caráter subsidiário, somente terá aplicação nas hipóteses de não-ocorrência de um crime mais grave, o qual, nesse caso, afastará a aplicação da norma subsidiária. Ex.: a ameaça (art. 147 do CP), funcionando como elementar típica do constrangimento ilegal (art. 146 do CP), apresenta-se na hipótese como norma subsidiária.

6.3. Princípio da consunção ou absorção (*lex consumens derogat legi consumptae*)

Incide quando um fato definido por uma norma incriminadora, sendo mais amplo e mais grave, absorve outros fatos, menos amplos e menos graves, que funcionam como fase normal de preparação ou de execução ou como mero exaurimento. Os fatos, aqui, não se apresentam em relação de gênero e espécie, mas de *minus a plus*, de meio a fim, de fração a inteiro. Atente-se para a nomenclatura: no conflito, o **crime consuntivo** é que absorve o de menor gravidade; o **crime consunto** é o absorvido. Pode apresentar-se nas seguintes hipóteses: crime complexo, crime progressivo, progressão criminosa, fato anterior impunível e fato posterior impunível.

> Em regra, o crime menos grave (crime consunto) é absorvido por outro mais grave (crime consuntivo). No entanto, tanto a doutrina quanto a jurisprudência admitem que um crime mais grave (considerando a pena abstrata) seja absorvido por outro menos grave. Por exemplo, pode-se citar o crime de falsidade material de documento público (art. 297) ser absorvido pelo crime de estelionato (art. 171).

a) *Crime progressivo*

Existe crime progressivo quando o agente, para atingir determinado resultado, necessariamente passa por uma conduta inicial que produz um evento menos grave que aquele. Veja-se que o sujeito, desde a origem, deseja produzir o resultado mais grave, desenvolvendo fases sucessivas, as quais constituem, de per si, infrações penais. O crime é plurissubsistente, pois compreendido por diversos atos, embora uma única vontade comande a conduta do agente. O último ato, mais grave e causador do resultado inicialmente pretendido pelo sujeito, absorve todos os anteriores, que ocasionam violações menos severas ao bem jurídico tutelado. O homicídio, por exemplo, pressupõe um resultado anterior, que é a lesão corporal causadora da morte. Não há morte (*plus*) sem a precedente lesão corporal (*minus*), ficando esta absorvida pelo crime doloso contra a vida.

b) *Progressão criminosa (em sentido estrito)*

Ocorre quando o dolo do agente, no mesmo contexto fático, sofre mutação. O agente que, após envolver-se em discussão de bar, começa a injuriar a vítima, resolvendo depois agredi-la e terminando por matá-la, deve responder apenas pelo homicídio. Há, como se vê, uma multiplicidade do dolo. Veja-se que o crime progressivo pressupõe um único fato; a progressão criminosa, por sua vez, pressupõe uma pluralidade de fatos cometidos de forma continuada.

c) *Fato anterior não punível*

Ocorre o antefactum impunível quando um fato anterior menos grave precede a outro mais grave, funcionando como meio necessário ou normal de realização. Observe-se que o fato anterior, integrante da fase de preparação ou de execução, somente será consumido se for de menor gravidade. O porte ilegal de arma de fogo ficará absorvido pelo homicídio, a menos que a arma não seja utilizada pelo agente ou não se trate do mesmo contexto fático. O mesmo ocorre em relação à falsificação de documento, que será absorvida pelo estelionato, desde que não haja maior potencialidade lesiva (**Súmula 17 do STJ:** "Quando o falso se exaure no estelionato, sem mais potencialidade lesiva, é por este absorvido").

A propósito: "Quando o falso se exaure no descaminho, sem mais potencialidade lesiva, é por este absorvido, como crime-fim, condição que não se altera por ser menor a pena a este cominada" (tese jurídica delimitada em Recurso Repetitivo – STJ, 3ª Seção, REsp 1378053, j. 10/08/2016).

d) *Fato posterior não punível*

Dá-se o *postfactum* impunível quando o agente, depois de realizar a conduta, torna a atacar o mesmo bem jurídico, desta vez visando a obter vantagem em relação à prática anterior. Assim, após o furto, o agente destrói a res furtiva; o moedeiro falso põe em circulação a moeda que acabou de fabricar. O fato posterior deverá ser considerado como mero exaurimento.

> ▶ **Crime complexo (puro ou em sentido estrito)**
>
> Existe quando a lei considera como elemento ou circunstâncias do tipo legal fatos que, por si mesmos, constituem crimes. A definição vem disposta no **art. 101 do CP**. Delito

complexo, portanto, é o que resulta da soma de dois ou mais crimes autônomos, que passam a funcionar como elementares ou circunstâncias no tipo complexo. No latrocínio, por exemplo, que é constituído pelo roubo + homicídio, aplicando-se o princípio da consunção os fatos integrantes do tipo complexo ficarão absorvidos pelo crime-fim, ou seja, aquele que resulta da fusão dos delitos autônomos. O agente responderá apenas pelo latrocínio, ficando o roubo e o homicídio consumidos pelo primeiro.

6.4. Princípio da alternatividade

Ocorre quando a norma penal descreve várias formas de realização da figura típica, todas modalidades de um mesmo delito, em que a realização de um verbo nuclear ou de vários configura infração penal única. O princípio da alternatividade serve, na verdade, para resolver conflitos nos chamados tipos mistos alternativos, que descrevem crimes de ação múltipla ou de conteúdo variado, como a incitação ao suicídio ou à automutilação, o tráfico de drogas, o porte ilegal de arma de fogo, o escrito ou objeto obsceno, a supressão de documento etc. Dessa forma, se o agente, no mesmo contexto fático, oculta a arma de fogo de uso permitido em casa, e depois a transporta no seu veículo, para, finalmente, portá-la em via pública e cedê-la a terceiro, só responderá por um crime: aquele previsto no art. 14, *caput*, do Estatuto do Desarmamento (Lei nº 10.826/03).

7. DISPOSIÇÕES FINAIS ACERCA DA APLICAÇÃO DA LEI PENAL

7.1. Eficácia da sentença estrangeira

Nos termos do **art. 9º do CP**, a sentença estrangeira, quando a aplicação da lei brasileira produz na espécie as mesmas consequências, pode ser homologada no Brasil para: I – obrigar o condenado à reparação do dano, a restituições e a outros efeitos civis; II – sujeitá-lo a medida de segurança. Compete ao STJ a homologação de sentença estrangeira (CF, art. 105, I, i, de acordo com a EC nº 45/2004).

A homologação depende: a) para os efeitos previstos no inciso I, de pedido da parte interessada; b) para os outros efeitos, da existência de tratado de extradição com o país de cuja autoridade judiciária emanou a sentença, ou, na falta de tratado, de requisição do Ministro da Justiça.

Segundo salientado no MANUAL DE COOPERAÇÃO JURÍDICA INTERNACIONAL E RECUPERAÇÃO DE ATIVOS (elaborado pelo Ministério da Justiça), "A preocupação do Estado brasileiro com a cooperação jurídica internacional tem aumentado em função dos novos contornos da inserção internacional do país e, em especial, do combate ao crime de caráter transnacional. Ademais, cada dia é maior o contingente de brasileiros que estão no exterior e de estrangeiros que ingressam no país, seja de forma temporária ou permanente. Como exemplo da crescente relevância conferida internamente à matéria, destaca-se, no plano administrativo, a criação do Departamento de Recuperação de

Ativos e Cooperação Internacional, em 2004. Em decorrência direta da atuação desse órgão, tivemos a internacionalização de uma série de tratados internacionais nos últimos anos". Nesse ponto, o CPC (Lei nº 13.105/2015) inovou para regulamentar a matéria *cooperação internacional*, a qual é tratada nos artigos 26 a 41.

7.2. Contagem de prazo (art. 10 do CP)

O dia do começo inclui-se no cômputo do prazo. Saliente-se que o prazo no direito penal (**prazo de direito material**), cuja importância relaciona-se ao cumprimento da pena, favorece o acusado, uma vez que o primeiro dia é computado e, também, por ser improrrogável. Os dias, os meses e os anos contam-se pelo calendário comum (gregoriano). Exemplo: uma pena de 1 ano iniciada no dia 04 de janeiro de 2021, às 18 horas, terá seu término no dia 03 de janeiro de 2022, às 24 horas.

Não confunda prazo de direito material com prazo de direito processual. A **Súmula 310 do STF** dispõe sobre a contagem do prazo de direito processual: "Quando a intimação tiver lugar na sexta-feira, ou a publicação com efeito de intimação for feita nesse dia, o prazo judicial terá início na segunda-feira imediata, salvo se não houver expediente, caso em que começará no primeiro dia útil que se seguir".

7.3. Frações não computáveis de pena

Na aplicação das penas privativas de liberdade e nas restritivas de direitos, desprezam-se as frações de dia. Na aplicação da pena de multa, desprezam-se as frações da unidade monetária vigente (**art. 11 do CP**).

7.4. Aplicação das normas gerais do Código Penal

Nos termos do **art. 12 do CP**, as suas regras gerais (previstas na parte geral e na parte especial) possuem aplicação subsidiária em relação às leis especiais. Observe-se que não se aplicarão as regras gerais do CP na hipótese de a legislação especial regular a matéria de forma diversa. Exemplo: não se aplica a regra do crime tentado (CP, art. 14, II, e parágrafo único) às contravenções penais, uma vez que a legislação específica dispõe que não se pune a tentativa de contravenção (art. 4º da LCP).

8. SÚMULAS E ORIENTAÇÕES JURISPRUDENCIAIS DO STF E DO STJ

DANO AO PATRIMÔNIO PÚBLICO E ANALOGIA *IN MALAM PARTEM*: O DISTRITO FEDERAL NÃO ESTÁ PREVISTO NO ART. 163, PARÁGRAFO ÚNICO, III, DO CÓDIGO PENAL

- "1. O Direito Penal é regido pelo princípio da legalidade, não havendo crime sem lei anterior que o defina, nem pena sem prévia cominação legal, nos termos do artigo 5º, inciso XXXIX, da Constituição Federal, e do artigo 2º do Código Penal. 2. Em observância ao mencionado postulado, não se admite o recurso à analogia em matéria penal quando esta for utilizada de modo a prejudicar o réu. Doutrina. Precedentes. 3. No caso dos autos, o recorrente teria danificado patrimônio do Distrito Federal, ente federativo cujos bens não se encontram expressamente abrangidos nos previstos no inciso III do parágrafo único do artigo 163 do Código Penal. 4. Ainda que com a previsão da forma qualificada do dano o legislador tenha pretendido proteger o patrimônio público de forma geral, e mesmo que a destruição ou a inutilização de bens distritais seja tão prejudicial quanto as cometidas em face das demais pessoas jurídicas de direito público interno mencionadas na norma penal incriminadora em exame, o certo é que, como visto, não se admite analogia in malam partem no Direito Penal, de modo que não é possível incluir o Distrito Federal no rol constante do dispositivo em apreço" (STJ, 5ª T., HC 308441, j. 23/08/2016). Nesse sentido: "O inciso III do parágrafo único do art. 163 do Código Penal, ao qualificar o crime de dano, não faz menção aos bens do Distrito Federal. Dessa forma, o entendimento desta Corte perfilha no sentido de que ausente expressa disposição legal nesse sentido, é vedada a interpretação analógica in malem partem, devendo os prejuízos causados ao patrimônio público distrital configurarem apenas crime de dano simples, previsto no *caput* do referido artigo" (STJ, 5ª T., AgInt no REsp 1585531, j. 02/02/2017).

ANALOGIA

- "A expressão 'pessoa legalmente presa ou submetida a medida de segurança detentiva', contida no *caput* do art. 351 do Código Penal, não abrange os menores internados em razão do cumprimento de medida socioeducativa decorrente da prática de ato infracional. (...) 4. Forçoso reconhecer a impossibilidade de aplicação da lei incriminadora à hipótese por ela não abrangida, por caracterizar analogia in malam partem, o que não se admite em razão do princípio da estrita legalidade que rege o sistema penal pátrio. Por certo, não compete ao magistrado, sobrepondo-se ao legislador, ampliar o sentido da norma e o objeto material do crime, por entender que o tipo penal deveria ter previsto conduta assemelhada, de modo a prejudicar o réu. Precedentes" (STJ, 5ª T., RHC 86.991, j. 10/10/2017).

- "A agravante genérica inserta no artigo 61, inciso II, alínea e, do Código Penal, incide tão somente em relação a cônjuge, de modo que esta Corte Superior tem entendido que não estão incluídos os concubinos e companheiros, tendo em vista a necessidade de operar com interpretação restritiva, de modo a não incidir nos crimes cometidos contra companheira ou companheiro. A equiparação do casamento à união estável, no direito penal, somente seria possível em bonam partem" (STJ, 5ª T., AgRg no HC 570436, j. 08/09/2020).

PRINCÍPIO DA INSIGNIFICÂNCIA

- **Quatro condições objetivas:** "Sedimentou-se a orientação jurisprudencial no sentido de que a incidência do princípio da insignificância pressupõe a concomitância de quatro vetores: a) mínima ofensividade da conduta do agente; b) nenhuma periculosidade social da ação; c) reduzidíssimo grau de reprovabilidade do comportamento; e d) inexpressividade da lesão jurídica provocada" (STJ, 6ª T., AgRg no AREsp 1587768, j. 04/02/2020).); "O princípio da insignificância - que deve ser analisado em conexão com os postulados da fragmentariedade e da intervenção mínima do Estado em matéria penal - tem o sentido de excluir ou de afastar a própria tipicidade penal, examinada na perspectiva de seu caráter material. [...] Tal postulado - que considera necessária, na aferição do relevo material da tipicidade penal, a presença de certos vetores, tais como (a) a mínima ofensividade da conduta do agente, (b) nenhuma periculosidade social da ação, (c) o reduzidíssimo grau de reprovabilidade do comportamento e (d) a inexpressividade da lesão jurídica provocada - apoiou-se, em seu processo de formulação teórica, no reconhecimento de que o caráter subsidiário do sistema penal reclama e impõe, em função dos próprios objetivos por ele visados, a intervenção mínima do Poder Público" (STJ, 5ª T., AgRg no HC 626351, j. 15/12/2020).

- **Reincidência:** "I - A decisão ora atacada não merece reforma ou qualquer correção, pois os seus fundamentos harmonizam-se estritamente com a jurisprudência desta Suprema Corte que orienta a matéria em questão. II - Veja-se que '(i) a reincidência não impede, por si só, que o juiz da causa reconheça a insignificância penal da conduta, à luz dos elementos do caso concreto; e (ii) na hipótese de o juiz da causa considerar penal ou socialmente indesejável a aplicação do princípio da insignificância por furto, em situações em que tal enquadramento seja cogitável, eventual sanção privativa de liberdade deverá ser fixada, como regra geral, em regime inicial aberto, paralisando-se a incidência do art. 33, § 2º, c, do CP no caso concreto, com base no princípio da proporcionalidade' (HC 123.108/MG, Rel. Min. Roberto Barroso, Plenário)" (STF, 2ª T., RHC 189694 AgR, j. 07/12/2020).

- **Reiteração delitiva:** "Na linha da jurisprudência desta Corte Superior, a reiteração no cometimento de infrações penais se reveste de relevante reprovabilidade e inviabiliza a aplicação do princípio da insignificância" (STJ, 6ª T., AgRg no AREsp 1484552, j. 22/10/2019); "A jurisprudência desta Quinta Turma reconhece que o princípio da insignificância não tem aplicabilidade em casos de reiteração da conduta delitiva, salvo excepcionalmente, quando as instâncias ordinárias entenderem ser tal medida recomendável diante das circunstâncias concretas" (STJ, 5ª T., AgRg no HC 626351, j. 15/12/2020).

- **Súmula 589 do STJ:** "É inaplicável o princípio da insignificância nos crimes ou contravenções penais praticados contra a mulher no âmbito das relações domésticas".

- **Súmula 599 do STJ:** "O princípio da insignificância é inaplicável aos crimes contra a administração pública".

- **Súmula 606 do STJ:** "Não se aplica o princípio da insignificância a casos de transmissão clandestina de sinal de internet via radiofrequência, que caracteriza o fato típico previsto no art. 183 da Lei nº 9.472/1997".

- **Crimes praticados com violência ou grave ameaça contra pessoa:** "Nos termos da jurisprudência pacífica desta Corte, o princípio da insignificância não se aplica aos delitos cometidos mediante violência ou grave ameaça a pessoa, como é o caso do crime de roubo" (STJ, 6ª T., AgRg no AREsp 1450515, j. 17/10/2019); "Mantida a condenação pelo delito de roubo, não há falar na incidência do princípio da insignificância, porquanto não se aplica aos delitos cometidos mediante violência ou grave ameaça a pessoa" (STJ, 6ª T., AgRg no AREsp 1589938, j. 18/02/2020).

- **Importação de semente de maconha:** existe divergência sobre a incidência do princípio da insignificância ou até mesmo se o fato constitui crime. Vejamos: "Tratando-se de pequena quantidade de sementes e inexistindo expressa previsão normativa que criminaliza, entre as condutas do artigo 28 da Lei de Drogas, a importação de pequena quantidade de matéria prima ou insumo destinado à preparação de droga para consumo pessoal, forçoso reconhecer a atipicidade do fato (STJ, 6ª T., HC 473.250, j. 12/03/2019). Ainda: "Embora a semente seja um pressuposto necessário para a primeira ação, e a planta para as demais, a importação (ou qualquer dos demais núcleos verbais) da semente não está descrita como conduta típica na Lei de Drogas. 5. A conduta de importar pequena quantidade de sementes de maconha é atípica, consoante precedentes do STF: HC 144161 ..." (STJ, 3ª Seção, EREsp 1624564, j. 14/10/2020).

- **Posse de munição:** o STJ não admitia o princípio da insignificância, sob a justificativa de que "são crimes de mera conduta e de perigo abstrato, em que se presume a potencialidade lesiva, sendo inaplicável o princípio da insignificância independentemente da quantidade apreendida" (AgRg no REsp n. 1.682.315). Porém, passou a reconhecê-lo: "Este Superior Tribunal de Justiça passou a reconhecer o princípio da insignificância em situações excepcionais, de posse de ínfima quantidade de munições e ausência do artefato capaz de dispará-las, aliadas a elementos acidentais da ação que evidenciem a total inexistência de perigo à incolumidade pública" (STJ, 6ª T., AgRg no HC 479.187/RJ, j. 06/08/2019). O STF manifestou-se em sentido contrário: "Os tipos penais de posse e de porte ilegal de arma de fogo, acessórios e ou munição, de uso permitido, são formais e, a fortiori, de mera conduta e de perigo abstrato, razão pela qual as características do seu objeto material são irrelevantes, porquanto independe do quantum para ofender a segurança e incolumidade públicas, bem como a paz social, bens jurídicos tutelados, sendo ainda despiciendo perquirir-se acerca da potencialidade lesiva das armas e munições eventualmente apreendidas, de modo que, não cabe cogitar quanto à aplicação do princípio da insignificância para fins de descaracterização da lesividade material da conduta" (STF, 1ª T., RHC 158087 AgR, j. 28/09/2018). Idem: "Nada obstante, esta Corte acompanhou a nova diretriz jurisprudencial do Supremo Tribunal Federal que passou a admitir a incidência do princípio da insignificância na hipótese da posse de pequena quantidade de munição, desacompanhada de armamento hábil a deflagrá-la" (STJ, 5ª T., HC 619747, j. 17/11/2020).

PRINCÍPIO DA OFENSIVIDADE

- **Porte de arma de fogo desmuniciada:** "A posse de arma de fogo é crime de perigo abstrato, sendo irrelevante, portanto, aferir sua lesividade ou mesmo o fato de estar desmuniciada, porquanto o que se busca é a proteção da segurança pública e a paz social" (STJ, 6ª T., AgRg no AREsp 1475991/SP, j. 05/11/2019). Ainda: "A jurisprudência deste Tribunal Superior é firmada no sentido de que 'a posse de arma de fogo é crime de perigo abstrato, sendo irrelevante, portanto, aferir sua lesividade ou mesmo o fato de estar desmuniciada, porquanto o que se busca é a proteção da segurança pública e a paz social'" (STJ, 6ª T., AgRg no AgRg no AREsp 1644488, j. 27/10/2020).

PRINCÍPIO DA PROPORCIONALIDADE E INCONSTITUCIONALIDADE DO PRECEITO SECUNDÁRIO DO CRIME PREVISTO NO ART. 273, § 1º-B, DO CÓDIGO PENAL

- "1. A intervenção estatal por meio do Direito Penal deve ser sempre guiada pelo princípio da proporcionalidade, incumbindo também ao legislador o dever de observar esse princípio como proibição de excesso e como proibição de proteção insuficiente. (...) 3. Em atenção ao princípio constitucional da proporcionalidade e razoabilidade das leis restritivas de direitos (CF, art. 5º, LIV), é imprescindível a atuação do Judiciário para corrigir o exagero e ajustar a pena cominada à conduta inscrita no art. 273, § 1º-B, do Código Penal. (...) 5. A ausência de relevância penal da conduta, a desproporção da pena em ponderação com o dano ou perigo de dano à saúde pública decorrente da ação e a inexistência de consequência calamitosa do agir convergem para que se conclua pela falta de razoabilidade da pena prevista na lei. A restrição da liberdade individual não pode ser excessiva, mas compatível e proporcional à ofensa causada pelo comportamento humano criminoso. 6. Arguição acolhida para declarar inconstitucional o preceito secundário da norma" (STJ, Corte Especial, AI no HC 239363, j. 26/02/2015). No mesmo sentido: STJ, 6ª T., AgRg no REsp 1888831, j. 15/12/2020.

CRIME DO ART. 1º, XIII, DO DECRETO DE PREFEITOS: NORMA PENAL EM BRANCO HOMOGÊNEA HETERÓLOGA

- "O art. 1º, XIII, do Decreto-lei nº 201/1967 é norma penal em branco homogênea heteróloga, pois condiciona a adequação típica ao disposto no ordenamento jurídico acerca da investidura em cargo ou emprego público, que varia em cada ordem jurídica que compõe a Federação, limitadas pelas normas constitucionais extensíveis e estabelecidas da Constituição da República" (STJ, 5ª T., HC 370.824, j. 10/10/2017).

LEI PENAL NO TEMPO

- **Súmula 611 do STF:** "Transitada em julgado a sentença condenatória, compete ao Juízo das execuções a aplicação de lei mais benigna".

- **Lei processual penal:** "O artigo 2º do Estatuto Processual Repressivo estabelece o princípio tempus regit actum, segundo o qual a lei processual penal tem eficácia tão logo seja publicada ou decorrido o período de vacatio legis, devendo ser respeitados, entretanto, os atos processuais praticados sob a égide da legislação modificada" (STJ, 5ª T., AgRg no REsp 1530130, j. 11/10/2016).

IMPOSSIBILIDADE DE COMBINAÇÃO DE LEIS (*LEX TERTIA*) NO CASO DO TRÁFICO DE DROGAS

- **Súmula 501 do STJ:** "É cabível a aplicação retroativa da Lei nº 11.343/2006, desde que o resultado da incidência das suas disposições, na íntegra, seja mais favorável ao réu do que o advindo da aplicação da Lei nº 6.368/1976, sendo vedada a combinação de leis".

- **STF:** "I – É inadmissível a aplicação da causa de diminuição prevista no art. 33, § 4º, da Lei 11.343/2006 à pena relativa à condenação por crime cometido na vigência da Lei 6.368/1976. Precedentes. II – Não é possível a conjugação de partes mais benéficas das referidas normas, para criar-se uma terceira lei, sob pena de violação aos princípios da legalidade e da separação de Poderes. III – O juiz, contudo, deverá, no caso concreto, avaliar qual das mencionadas leis é mais favorável ao réu e aplicá-la em sua integralidade" (STF, Pleno, RE 600817, j. 07/11/2013).

TEMPO DO CRIME E *LEX GRAVIOR*

- **Súmula 711 do STF:** "A lei penal mais grave aplica-se ao crime continuado ou ao crime permanente, se a sua vigência é anterior à cessação da continuidade ou da permanência".

LEI PENAL NO ESPAÇO

- "1. A competência internacional é regulada ou pelo direito internacional ou pelas regras internas de determinado país acerca da matéria, tendo por fontes os costumes, os tratados normativos e outras regras de direito internacional. 2. Em matéria penal adota-se, em regra, o princípio da territorialidade, desenvolvendo-se na justiça pátria o processo e os respectivos incidentes, não se podendo olvidar, outrossim, de eventuais tratados ou outras normas internacionais a que o país tenha aderido, nos termos dos artigos 1º do Código de Processo Penal e 5º, *caput*, do Código Penal. Doutrina. 3. No caso dos autos, inexiste qualquer ilegalidade na quebra do sigilo bancário dos acusados, uma vez que a medida foi realizada para a obtenção de provas em investigação em curso nos Estados Unidos da América, tendo sido implementada de acordo com as normas do ordenamento jurídico lá vigente, sendo certo que a documentação referente ao resultado da medida invasiva foi posteriormente compartilhada com o Brasil por meio de acordo existente entre os países" (STJ, 5ª T., HC 231633, j. 25/11/2014).

CONFLITO APARENTE DE NORMAS (PRINCÍPIO DA CONSUNÇÃO)

- **Súmula 17 do STJ:** "Quando o falso se exaure no estelionato, sem mais potencialidade lesiva, é por este absorvido".

- **STJ:** "Quando o falso se exaure no descaminho, sem mais potencialidade lesiva, é por este absorvido, como crime-fim, condição que não se altera por ser menor a pena a este cominada" (tese jurídica delimitada em Recurso Repetitivo – STJ, 3ª Seção, REsp 1378053, j. 10/08/2016).

DISPOSIÇÕES FINAIS ACERCA DA APLICAÇÃO DA LEI PENAL

- **Súmula 310 do STF:** "Quando a intimação tiver lugar na sexta-feira, ou a publicação com efeito de intimação for feita nesse dia, o prazo judicial terá início na segunda-feira imediata, salvo se não houver expediente, caso em que começará no primeiro dia útil que se seguir".

- **STJ:** "Consoante jurisprudência consolidada nesta Superior Instância, o prazo de 15 dias autorizado para a interceptação telefônica inicia-se com a efetivação da medida, tendo por parâmetro de contagem o art. 10 do Código Penal por envolver a restrição de uma garantia constitucional. Verificando-se a existência de captação de áudio fora do período autorizado, por certo que nula é a prova colhida, devendo ser extraída dos autos da ação penal" (STJ, 6ª T., RHC 63005, DJe 01/02/2016).

9. LEGISLAÇÃO RELACIONADA AO CAPÍTULO

FONTE MATERIAL OU DE PRODUÇÃO

» **CONSTITUIÇÃO FEDERAL**

Art. 22 – Compete privativamente à União legislar sobre: I – direito civil, comercial, penal, processual, eleitoral, agrário, marítimo, aeronáutico, espacial e do trabalho; (...) Parágrafo único – Lei complementar poderá autorizar os Estados a legislar sobre questões específicas das matérias relacionadas neste artigo.

FONTE FORMAL IMEDIATA

» **CONSTITUIÇÃO FEDERAL**

Art. 5º, XXXIX – não há crime sem lei anterior que o defina, nem pena sem prévia cominação legal.

Art. 60, § 4º – Não será objeto de deliberação a proposta de emenda tendente a abolir: I – a forma federativa de Estado; II – o voto direto, secreto, universal e periódico; III – a separação dos Poderes; IV – os direitos e garantias individuais.

Art. 62, § 1º, I, *b* – É vedada a edição de medidas provisórias sobre matéria: I – relativa a: (...) b) direito penal, processual penal e processual civil.

Art. 68, § 1º, II – Não serão objeto de delegação os atos de competência exclusiva do Congresso Nacional, os de competência privativa da Câmara dos Deputados ou do Senado Federal, a matéria reservada à lei complementar, nem a legislação sobre: (...) II – nacionalidade, cidadania, direitos individuais, políticos e eleitorais.

» **SIGILO DAS OPERAÇÕES DE INSTITUIÇÕES FINANCEIRAS (LC 105/01)**

Art. 10 – A quebra de sigilo, fora das hipóteses autorizadas nesta Lei Complementar, constitui crime e sujeita os responsáveis à pena de reclusão, de um a quatro anos, e multa, aplicando-se, no que couber, o Código Penal, sem prejuízo de outras sanções cabíveis. Parágrafo único. Incorre nas mesmas penas quem omitir, retardar injustificadamente ou prestar falsamente as informações requeridas nos termos desta Lei Complementar.

FONTES FORMAIS MEDIATAS

» **CÓDIGO PENAL**

Omissão de notificação de doença

Art. 269 – Deixar o médico de denunciar à autoridade pública doença cuja notificação é compulsória: Pena – detenção, de seis meses a dois anos, e multa.

» **LEI DE INTRODUÇÃO ÀS NORMAS DO DIREITO BRASILEIRO (LINDB)**

Art. 2º – Não se destinando à vigência temporária, a lei terá vigor até que outra a modifique ou revogue.

Art. 4º – Quando a lei for omissa, o juiz decidirá o caso de acordo com a analogia, os costumes e os princípios gerais de direito.

» **PORTARIA 204/2016 DO MINISTÉRIO DA SAÚDE**

"Define a Lista Nacional de Notificação Compulsória de doenças, agravos e eventos de saúde pública nos serviços de saúde públicos e privados em todo o território nacional, nos termos do anexo, e dá outras providências".

CLASSIFICAÇÃO DAS LEIS PENAIS

» **CÓDIGO PENAL**

Anterioridade da Lei

Art. 1º – Não há crime sem lei anterior que o defina. Não há pena sem prévia cominação legal.

Lei penal no tempo

Art. 2º – Ninguém pode ser punido por fato que lei posterior deixa de considerar crime, cessando em virtude dela a execução e os efeitos penais da sentença condenatória.

Parágrafo único – A lei posterior, que de qualquer modo favorecer o agente, aplica-se aos fatos anteriores, ainda que decididos por sentença condenatória transitada em julgado.

Relação de causalidade

Art. 13 – O resultado, de que depende a existência do crime, somente é imputável a quem lhe deu causa. Considera-se causa a ação ou omissão sem a qual o resultado não teria ocorrido.

Art. 14 – Diz-se o crime:

(...)

Tentativa

II – tentado, quando, iniciada a execução, não se consuma por circunstâncias alheias à vontade do agente.

Inimputáveis

Art. 26 – É isento de pena o agente que, por doença mental ou desenvolvimento mental incompleto ou retardado, era, ao tempo da ação ou da

LEGISLAÇÃO

omissão, inteiramente incapaz de entender o caráter ilícito do fato ou de determinar-se de acordo com esse entendimento.

Menores de dezoito anos

Art. 27 – Os menores de 18 (dezoito) anos são penalmente inimputáveis, ficando sujeitos às normas estabelecidas na legislação especial.

Concurso de Pessoas

Art. 29 – Quem, de qualquer modo, concorre para o crime incide nas penas a este cominadas, na medida de sua culpabilidade.

Homicídio simples

Art. 121. Matar alguém:

Pena – reclusão, de seis a vinte anos.

Art. 128 – Não se pune o aborto praticado por médico:

Aborto necessário

I – se não há outro meio de salvar a vida da gestante;

Aborto no caso de gravidez resultante de estupro

II – se a gravidez resulta de estupro e o aborto é precedido de consentimento da gestante ou, quando incapaz, de seu representante legal.

Exclusão do crime

Art. 142 – Não constituem injúria ou difamação punível:

I – a ofensa irrogada em juízo, na discussão da causa, pela parte ou por seu procurador;

II – a opinião desfavorável da crítica literária, artística ou científica, salvo quando inequívoca a intenção de injuriar ou difamar;

III – o conceito desfavorável emitido por funcionário público, em apreciação ou informação que preste no cumprimento de dever do ofício.

Parágrafo único – Nos casos dos ns. I e III, responde pela injúria ou pela difamação quem lhe dá publicidade.

Art. 150, § 4º – A expressão 'casa' compreende: I – qualquer compartimento habitado; II – aposento ocupado de habitação coletiva; III – compartimento não aberto ao público, onde alguém exerce profissão ou atividade.

Art. 312, § 3º – No caso do parágrafo anterior, a reparação do dano, se precede à sentença irrecorrível, extingue a punibilidade; se lhe é posterior, reduz de metade a pena imposta.

Art. 342, § 2º – O fato deixa de ser punível se, antes da sentença no processo em que ocorreu o ilícito, o agente se retrata ou declara a verdade.

LEIS PENAIS EM BRANCO

» CÓDIGO PENAL

Bigamia

Art. 235 – Contrair alguém, sendo casado, novo casamento: Pena – reclusão, de dois a seis anos,

Falsificação de documento público

Art. 297 – Falsificar, no todo ou em parte, documento público, ou alterar documento público verdadeiro: Pena – reclusão, de dois a seis anos, e multa.

Uso de documento falso

Art. 304 – Fazer uso de qualquer dos papéis falsificados ou alterados, a que se referem os arts. 297 a 302: Pena – a cominada à falsificação ou à alteração.

» CÓDIGO CIVIL

Art. 1.521 – Não podem casar: I – os ascendentes com os descendentes, seja o parentesco natural ou civil; II – os afins em linha reta; III – o adotante com quem foi cônjuge do adotado e o adotado com quem o foi do adotante; IV – os irmãos, unilaterais ou bilaterais, e demais colaterais, até o terceiro grau inclusive; V – o adotado com o filho do adotante; VI – as pessoas casadas; VII – o cônjuge sobrevivente com o condenado por homicídio ou tentativa de homicídio contra o seu consorte.

» LEI DO GENOCÍDIO (LEI 2.889/56)

Art. 1º – Quem, com a intenção de destruir, no todo ou em parte, grupo nacional, étnico, racial ou religioso, como tal: a) matar membros do grupo; b) causar lesão grave à integridade física ou mental de membros do grupo; c) submeter intencionalmente o grupo a condições de existência capazes de ocasionar-lhe a destruição física total ou parcial; d) adotar medidas destinadas a impedir os nascimentos no seio do grupo; e) efetuar a transferência forçada de crianças do grupo para outro grupo.

Será punido: Com as penas do art. 121, § 2º, do Código Penal, no caso da letra a; Com as penas do art. 129, § 2º, no caso da letra b; Com as penas do art. 270, no caso da letra c; Com as penas do art. 125, no caso da letra d; Com as penas do art. 148, no caso da letra e.

» ESTATUTO DO DESARMAMENTO (LEI 10.826/03)

Art. 14. Portar, deter, adquirir, fornecer, receber, ter em depósito, transportar, ceder, ainda que gratuitamente, emprestar, remeter, empregar, manter sob guarda ou ocultar arma de fogo, acessório ou munição, de uso permitido, sem autorização e em desacordo com determinação legal ou regulamentar: Pena – reclusão, de 2 (dois) a 4 (quatro) anos, e multa.

TIPOS PENAIS ABERTOS

» **CÓDIGO PENAL**

Rixa

Art. 137 – Participar de rixa, salvo para separar os contendores: Pena – detenção, de quinze dias a dois meses, ou multa.

Ato obsceno

Art. 233 – Praticar ato obsceno em lugar público, ou aberto ou exposto ao público: Pena – detenção, de três meses a um ano, ou multa.

ANALOGIA *IN MALAM PARTEM*

» **CÓDIGO PENAL**

Furto de coisa comum

Art. 156 – Subtrair o condômino, coerdeiro ou sócio, para si ou para outrem, a quem legitimamente a detém, a coisa comum: Pena – detenção, de seis meses a dois anos, ou multa.

Fuga de pessoa presa ou submetida a medida de segurança

Art. 351 – Promover ou facilitar a fuga de pessoa legalmente presa ou submetida a medida de segurança detentiva: Pena – detenção, de seis meses a dois anos.

ANALOGIA E PROCESSO PENAL

» **CÓDIGO DE PROCESSO PENAL**

Art. 3º – A lei processual penal admitirá interpretação extensiva e aplicação analógica, bem como o suplemento dos princípios gerais de direito.

PRINCÍPIO DA RESERVA LEGAL

» **CONSTITUIÇÃO FEDERAL**

Art. 5º, XXXIX – não há crime sem lei anterior que o defina, nem pena sem prévia cominação legal.

» **CÓDIGO PENAL**

Anterioridade da Lei

Art. 1º – Não há crime sem lei anterior que o defina. Não há pena sem prévia cominação legal.

PRINCÍPIO DA DIGNIDADE DA PESSOA HUMANA

» **CONSTITUIÇÃO FEDERAL**

Art. 1º – A República Federativa do Brasil, formada pela união indissolúvel dos Estados e Municípios e do Distrito Federal, constitui-se em Estado Democrático de Direito e tem como fundamentos:

(...)

III – a dignidade da pessoa humana.

PRINCÍPIO DA OFENSIVIDADE OU LESIVIDADE

» **CÓDIGO PENAL**

Art. 171, § 2º – Nas mesmas penas incorre quem:

(...)

V – destrói, total ou parcialmente, ou oculta coisa própria, ou lesa o próprio corpo ou a saúde, ou agrava as consequências da lesão ou doença, com o intuito de haver indenização ou valor de seguro.

» **CÓDIGO PENAL MILITAR**

Art. 184. Criar ou simular incapacidade física, que inabilite o convocado para o serviço militar: Pena – detenção, de seis meses a dois anos.

PRINCÍPIO DA RESPONSABILIDADE SUBJETIVA

» **CÓDIGO PENAL**

Agravação pelo resultado

Art. 19 – Pelo resultado que agrava especialmente a pena, só responde o agente que o houver causado ao menos culposamente.

LEI PENAL NO TEMPO

» **CONSTITUIÇÃO FEDERAL**

Art. 5º, XXXVI – a lei não prejudicará o direito adquirido, o ato jurídico perfeito e a coisa julgada;

Art. 5º, XL – a lei penal não retroagirá, salvo para beneficiar o réu.

Art. 61, § 2º – A iniciativa popular pode ser exercida pela apresentação à Câmara dos Deputados de projeto de lei subscrito por, no mínimo, um por cento do eleitorado nacional, distribuído pelo menos por cinco Estados, com não menos de três décimos por cento dos eleitores de cada um deles.

» **CÓDIGO PENAL**

Anterioridade da Lei

Art. 1º – Não há crime sem lei anterior que o defina. Não há pena sem prévia cominação legal.

Art. 44. As penas restritivas de direitos são autônomas e substituem as privativas de liberdade, quando: I – aplicada pena privativa de liberdade não superior a quatro anos e o crime não for cometido com violência ou grave ameaça à pessoa ou, qualquer que seja a pena aplicada, se o crime for culposo (...).

Efeitos genéricos e específicos

Art. 91 – São efeitos da condenação:

I – tornar certa a obrigação de indenizar o dano causado pelo crime;

II – a perda em favor da União, ressalvado o direito do lesado ou de terceiro de boa-fé: a) dos instrumentos do crime, desde que consistam em coisas cujo fabrico, alienação, uso, porte ou detenção constitua fato ilícito; b) do produto do crime ou de qualquer bem ou valor que constitua proveito auferido pelo agente com a prática do fato criminoso.

Extinção da punibilidade

Art. 107 – Extingue-se a punibilidade:

(...)

III – pela retroatividade de lei que não mais considera o fato como criminoso.

Induzimento, instigação ou auxílio a suicídio ou a automutilação (Redação dada pela Lei nº 13.968, de 2019)

Art. 122 – Induzir ou instigar alguém a suicidar-se ou a praticar automutilação ou prestar-lhe auxílio material para que o faça:

Pena – reclusão, de 6 (seis) meses a 2 (dois) anos.

Sequestro e cárcere privado

Art. 148, § 1º – A pena é de reclusão, de dois a cinco anos:

(...)

V – se o crime é praticado com fins libidinosos.

Roubo

Art. 157 – Subtrair coisa móvel alheia, para si ou para outrem, mediante grave ameaça ou violência a pessoa, ou depois de havê-la, por qualquer meio, reduzido à impossibilidade de resistência:

Pena – reclusão, de quatro a dez anos, e multa.

(...)

§ 2º A pena aumenta-se de 1/3 (um terço) até metade:

(...)

VII - se a violência ou grave ameaça é exercida com emprego de arma branca.

§ 2º-A A pena aumenta-se de 2/3 (dois terços):

I - se a violência ou ameaça é exercida com emprego de arma de fogo.

Estupro

Art. 213. Constranger alguém, mediante violência ou grave ameaça, a ter conjunção carnal ou a praticar ou permitir que com ele se pratique outro ato libidinoso: Pena – reclusão, de 6 (seis) a 10 (dez) anos.

Art. 214 – Revogado pela Lei nº 12.015, de 2009.

Divulgação de cena de estupro ou de cena de estupro de vulnerável, de cena de sexo ou de pornografia

Art. 218-C. Oferecer, trocar, disponibilizar, transmitir, vender ou expor à venda, distribuir, publicar ou divulgar, por qualquer meio – inclusive por meio de comunicação de massa ou sistema de informática ou telemática –, fotografia, vídeo ou outro registro audiovisual que contenha cena de estupro ou de estupro de vulnerável ou que faça apologia ou induza a sua prática, ou, sem o consentimento da vítima, cena de sexo, nudez ou pornografia: Pena – reclusão, de 1 (um) a 5 (cinco) anos, se o fato não constitui crime mais grave (incluído pela Lei nº 13.718/2018).

Art. 219 – Revogado pela Lei nº 11.106, de 2005.

» **LEI DE INTRODUÇÃO ÀS NORMAS DO DIREITO BRASILEIRO (LINDB)**

Art. 1º – Salvo disposição contrária, a lei começa a vigorar em todo o país quarenta e cinco dias depois de oficialmente publicada.

Art. 2º – Não se destinando à vigência temporária, a lei terá vigor até que outra a modifique ou revogue.

» **LEI DE EXECUÇÃO PENAL (LEI 7.210/84)**

Art. 66. Compete ao Juiz da execução:

I – aplicar aos casos julgados lei posterior que de qualquer modo favorecer o condenado;

II – declarar extinta a punibilidade.

LEI PROCESSUAL PENAL NO TEMPO

Art. 28-A – Não sendo caso de arquivamento e tendo o investigado confessado formal e circunstancialmente a prática de infração penal sem violência ou grave ameaça e com pena mínima inferior a 4 (quatro) anos, o Ministério Público poderá propor acordo de não persecução penal, desde que necessário e suficiente para reprovação e prevenção do crime, mediante as seguintes condições ajustadas cumulativa e alternativamente: **(Incluído pela Lei nº 13.964, de 2019)**

I - reparar o dano ou restituir a coisa à vítima, exceto na impossibilidade de fazê-lo;

II - renunciar voluntariamente a bens e direitos indicados pelo Ministério Público como instrumentos, produto ou proveito do crime;

III - prestar serviço à comunidade ou a entidades públicas por período correspondente à pena mínima cominada ao delito diminuída de um a dois terços, em local a ser indicado pelo juízo da execução, na forma do art. 46 do Decreto-Lei nº 2.848, de 7 de dezembro de 1940 (Código Penal);

IV - pagar prestação pecuniária, a ser estipulada nos termos do art. 45 do Decreto-Lei nº 2.848, de 7 de dezembro de 1940 (Código Penal), a entidade pública ou de interesse social, a ser indicada pelo juízo da execução, que tenha, preferencialmente, como função proteger bens jurídicos iguais ou semelhantes aos aparentemente lesados pelo delito; ou

V - cumprir, por prazo determinado, outra condição indicada pelo Ministério Público, desde que proporcional e compatível com a infração penal imputada.

§ 1º Para aferição da pena mínima cominada ao delito a que se refere o *caput* deste artigo, serão consideradas as causas de aumento e diminuição aplicáveis ao caso concreto.

§ 2º O disposto no *caput* deste artigo não se aplica nas seguintes hipóteses:

I - se for cabível transação penal de competência dos Juizados Especiais Criminais, nos termos da lei;

II - se o investigado for reincidente ou se houver elementos probatórios que indiquem conduta criminal habitual, reiterada ou profissional, exceto se insignificantes as infrações penais pretéritas;

III - ter sido o agente beneficiado nos 5 (cinco) anos anteriores ao cometimento da infração, em acordo de não persecução penal, transação penal ou suspensão condicional do processo; e

IV - nos crimes praticados no âmbito de violência doméstica ou familiar, ou praticados contra a mulher por razões da condição de sexo feminino, em favor do agressor.

§ 3º O acordo de não persecução penal será formalizado por escrito e será firmado pelo membro do Ministério Público, pelo investigado e por seu defensor.

§ 4º Para a homologação do acordo de não persecução penal, será realizada audiência na qual o juiz deverá verificar a sua voluntariedade, por meio da oitiva do investigado na presença do seu defensor, e sua legalidade.

§ 5º Se o juiz considerar inadequadas, insuficientes ou abusivas as condições dispostas no acordo de não persecução penal, devolverá os autos ao Ministério Público para que seja reformulada a proposta de acordo, com concordância do investigado e seu defensor.

§ 6º Homologado judicialmente o acordo de não persecução penal, o juiz devolverá os autos ao Ministério Público para que inicie sua execução perante o juízo de execução penal.

§ 7º O juiz poderá recusar homologação à proposta que não atender aos requisitos legais ou quando não for realizada a adequação a que se refere o § 5º deste artigo.

§ 8º Recusada a homologação, o juiz devolverá os autos ao Ministério Público para a análise da necessidade de complementação das investigações ou o oferecimento da denúncia.

§ 9º A vítima será intimada da homologação do acordo de não persecução penal e de seu descumprimento.

§ 10. Descumpridas quaisquer das condições estipuladas no acordo de não persecução penal, o Ministério Público deverá comunicar ao juízo, para fins de sua rescisão e posterior oferecimento de denúncia.

§ 11. O descumprimento do acordo de não persecução penal pelo investigado também poderá ser utilizado pelo Ministério Público como justificativa para o eventual não oferecimento de suspensão condicional do processo.

§ 12. A celebração e o cumprimento do acordo de não persecução penal não constarão de certidão de antecedentes criminais, exceto para os fins previstos no inciso III do § 2º deste artigo.

§ 13. Cumprido integralmente o acordo de não persecução penal, o juízo competente decretará a extinção de punibilidade.

§ 14. No caso de recusa, por parte do Ministério Público, em propor o acordo de não persecução penal, o investigado poderá requerer a remessa dos autos a órgão superior, na forma do art. 28 deste Código.

COMBINAÇÃO DE LEIS (*LEX TERTIA*)

» **CÓDIGO PENAL**

Lei penal no tempo

Art. 2º - Ninguém pode ser punido por fato que lei posterior deixa de considerar crime, cessando

LEGISLAÇÃO

em virtude dela a execução e os efeitos penais da sentença condenatória.

Parágrafo único – A lei posterior, que de qualquer modo favorecer o agente, aplica-se aos fatos anteriores, ainda que decididos por sentença condenatória transitada em julgado.

» **LEI DE DROGAS (LEI 11.343/06)**

Art. 33, § 4º – Nos delitos definidos no caput e no § 1º deste artigo, as penas poderão ser reduzidas de um sexto a dois terços, vedada a conversão em penas restritivas de direitos, desde que o agente seja primário, de bons antecedentes, não se dedique às atividades criminosas nem integre organização criminosa.

ULTRA-ATIVIDADE DAS LEIS PENAIS TEMPORÁRIAS E EXCEPCIONAIS

» **CÓDIGO PENAL**

Lei excepcional ou temporária

Art. 3º – A lei excepcional ou temporária, embora decorrido o período de sua duração ou cessadas as circunstâncias que a determinaram, aplica-se ao fato praticado durante sua vigência.

TEMPO DO CRIME

» **CÓDIGO PENAL**

Art. 4º – Considera-se praticado o crime no momento da ação ou omissão, ainda que outro seja o momento do resultado.

LEI PENAL NO ESPAÇO

» **CÓDIGO PENAL**

Territorialidade

Art. 5º – Aplica-se a lei brasileira, sem prejuízo de convenções, tratados e regras de direito internacional, ao crime cometido no território nacional.

§ 1º – Para os efeitos penais, consideram-se como extensão do território nacional as embarcações e aeronaves brasileiras, de natureza pública ou a serviço do governo brasileiro onde quer que se encontrem, bem como as aeronaves e as embarcações brasileiras, mercantes ou de propriedade privada, que se achem, respectivamente, no espaço aéreo correspondente ou em alto-mar.

§ 2º – É também aplicável a lei brasileira aos crimes praticados a bordo de aeronaves ou embarcações estrangeiras de propriedade privada, achando-se aquelas em pouso no território nacional ou em voo no espaço aéreo correspondente, e estas em porto ou mar territorial do Brasil.

» **MAR TERRITORIAL (LEI 8.617/93)**

Art. 1º – O mar territorial brasileiro compreende uma faixa de doze milhas marítima de largura, medidas a partir da linha de baixa-mar do litoral continental e insular, tal como indicada nas cartas náuticas de grande escala, reconhecidas oficialmente no Brasil.

LUGAR DO CRIME

» **CÓDIGO PENAL**

Art. 6º – Considera-se praticado o crime no lugar em que ocorreu a ação ou omissão, no todo ou em parte, bem como onde se produziu ou deveria produzir-se o resultado.

EXTRATERRITORIALIDADE

» **CÓDIGO PENAL**

Art. 7º – Ficam sujeitos à lei brasileira, embora cometidos no estrangeiro:

I – os crimes:

a) contra a vida ou a liberdade do Presidente da República;

b) contra o patrimônio ou a fé pública da União, do Distrito Federal, de Estado, de Território, de Município, de empresa pública, sociedade de economia mista, autarquia ou fundação instituída pelo Poder Público;

c) contra a administração pública, por quem está a seu serviço;

d) de genocídio, quando o agente for brasileiro ou domiciliado no Brasil;

II – os crimes:

a) que, por tratado ou convenção, o Brasil se obrigou a reprimir;

b) praticados por brasileiro;

c) praticados em aeronaves ou embarcações brasileiras, mercantes ou de propriedade privada, quando em território estrangeiro e aí não sejam julgados.

§ 1º – Nos casos do inciso I, o agente é punido segundo a lei brasileira, ainda que absolvido ou condenado no estrangeiro.

§ 2º – Nos casos do inciso II, a aplicação da lei brasileira depende do concurso das seguintes condições:

a) entrar o agente no território nacional;

b) ser o fato punível também no país em que foi praticado;

c) estar o crime incluído entre aqueles pelos quais a lei brasileira autoriza a extradição;

d) não ter sido o agente absolvido no estrangeiro ou não ter aí cumprido a pena;

e) não ter sido o agente perdoado no estrangeiro ou, por outro motivo, não estar extinta a punibilidade, segundo a lei mais favorável.

§ 3º – A lei brasileira aplica-se também ao crime cometido por estrangeiro contra brasileiro fora do Brasil, se, reunidas as condições previstas no parágrafo anterior:

a) não foi pedida ou foi negada a extradição;

b) houve requisição do Ministro da Justiça.

» **LEI DAS CONTRAVENÇÕES PENAIS (LCP)**

Art. 2º – A lei brasileira só é aplicável à contravenção praticada no território nacional.

» **LEI DE TORTURA (LEI 9.455/97)**

Art. 2º – O disposto nesta Lei aplica-se ainda quando o crime não tenha sido cometido em território nacional, sendo a vítima brasileira ou encontrando-se o agente em local sob jurisdição brasileira.

CONFLITO APARENTE DE NORMAS

» **CÓDIGO PENAL**

Ação penal no crime complexo

Art. 101 – Quando a lei considera como elemento ou circunstâncias do tipo legal fatos que, por si mesmos, constituem crimes, cabe ação pública em relação àquele, desde que, em relação a qualquer destes, se deva proceder por iniciativa do Ministério Público.

Homicídio simples

Art. 121. Matar alguém:

Pena – reclusão, de seis a vinte anos.

Caso de diminuição de pena

§ 1º – Se o agente comete o crime impelido por motivo de relevante valor social ou moral, ou sob o domínio de violenta emoção, logo em seguida a injusta provocação da vítima, o juiz pode reduzir a pena de um sexto a um terço.

Infanticídio

Art. 123 – Matar, sob a influência do estado puerperal, o próprio filho, durante o parto ou logo após:

Pena – detenção, de dois a seis anos.

Lesão corporal seguida de morte

Art. 129, § 3° – Se resulta morte e as circunstâncias evidenciam que o agente não quis o resultado, nem assumiu o risco de produzi-lo:

Pena – reclusão, de quatro a doze anos.

Constrangimento ilegal

Art. 146 – Constranger alguém, mediante violência ou grave ameaça, ou depois de lhe haver reduzido, por qualquer outro meio, a capacidade de resistência, a não fazer o que a lei permite, ou a fazer o que ela não manda:

Pena – detenção, de três meses a um ano, ou multa.

Ameaça

Art. 147 – Ameaçar alguém, por palavra, escrito ou gesto, ou qualquer outro meio simbólico, de causar-lhe mal injusto e grave:

Pena – detenção, de um a seis meses, ou multa.

Estelionato

Art. 171 – Obter, para si ou para outrem, vantagem ilícita, em prejuízo alheio, induzindo ou mantendo alguém em erro, mediante artifício, ardil, ou qualquer outro meio fraudulento:

Pena – reclusão, de um a cinco anos, e multa, de quinhentos mil réis a dez contos de réis.

Falsificação de documento público

Art. 297 – Falsificar, no todo ou em parte, documento público, ou alterar documento público verdadeiro:

Pena – reclusão, de dois a seis anos, e multa

» **ESTATUTO DO DESARMAMENTO (LEI 10.826/03)**

Art. 14. Portar, deter, adquirir, fornecer, receber, ter em depósito, transportar, ceder, ainda que gratuitamente, emprestar, remeter, empregar, manter sob guarda ou ocultar arma de fogo, acessório ou munição, de uso permitido, sem autorização e em desacordo com determinação legal ou regulamentar:

Pena – reclusão, de 2 (dois) a 4 (quatro) anos, e multa.

DISPOSIÇÕES FINAIS ACERCA DA APLICAÇÃO DA LEI PENAL

» **CONSTITUIÇÃO FEDERAL**

Art. 105. Compete ao Superior Tribunal de Justiça:

I – processar e julgar, originariamente:

LEGISLAÇÃO

(...)

i) a homologação de sentenças estrangeiras e a concessão de exequatur às cartas rogatórias.

» **CÓDIGO PENAL**

Eficácia de sentença estrangeira

Art. 9º – A sentença estrangeira, quando a aplicação da lei brasileira produz na espécie as mesmas consequências, pode ser homologada no Brasil para:

I – obrigar o condenado à reparação do dano, a restituições e a outros efeitos civis;

II – sujeitá-lo a medida de segurança.

Parágrafo único – A homologação depende:

a) para os efeitos previstos no inciso I, de pedido da parte interessada;

b) para os outros efeitos, da existência de tratado de extradição com o país de cuja autoridade judiciária emanou a sentença, ou, na falta de tratado, de requisição do Ministro da Justiça.

Contagem de prazo

Art. 10 – O dia do começo inclui-se no cômputo do prazo. Contam-se os dias, os meses e os anos pelo calendário comum.

Frações não computáveis da pena

Art. 11 – Desprezam-se, nas penas privativas de liberdade e nas restritivas de direitos, as frações de dia, e, na pena de multa, as frações de cruzeiro.

Legislação especial

Art. 12 – As regras gerais deste Código aplicam-se aos fatos incriminados por lei especial, se esta não dispuser de modo diverso.

» **LEI DAS CONTRAVENÇÕES PENAIS (LCP)**

Art. 4º Não é punível a tentativa de contravenção.

QUESTÕES

CAPÍTULO I

Sumário • 1. Questões com gabarito comentado – 2. Questões de concursos.

1. QUESTÕES COM GABARITO COMENTADO

01. (CESPE - 2020 - TJ-PA - Analista Judiciário – Direito) Com relação ao tempo e ao lugar do crime, o Código Penal brasileiro adotou, respectivamente, as teorias do(a):

a) resultado e da ação
b) consumação e do resultado.
c) atividade e da ubiquidade.
d) ubiquidade e da atividade.
e) ação e da consumação.

COMENTÁRIOS

Gabarito: c. Para o tempo do crime é adotada a teoria da atividade (art. 4º do CP). Já para o lugar do crime, é adotada a teoria da ubiquidade (art. 6º do CP).

02. (IBFC - 2020 - EBSERH – Advogado) A delimitação da extensão territorial de determinado Estado é de extrema importância para a aplicação das normas, inclusive as normas penais. Sobre a lei penal no espaço, assinale a alternativa incorreta.

a) Aplica-se a lei brasileira, sem prejuízo de convenções, tratados e regras de direito internacional, ao crime cometido no território nacional
b) Aplica-se a lei brasileira aos crimes praticados a bordo de aeronaves ou embarcações estrangeiras de propriedade privada, achando-se aquelas em pouso no território nacional ou em vôo no espaço aéreo correspondente, e estas em porto ou mar territorial do Brasil
c) Os casos de extraterritorialidade incondicional referem-se apenas a crimes de genocídio, quando o agente for brasileiro ou domiciliado no Brasil
d) Para os efeitos penais, consideram-se como extensão do território nacional as embarcações e aeronaves brasileiras, de natureza pública ou a serviço do governo brasileiro onde quer que se encontrem, bem como as aeronaves e as embarcações brasileiras, mercantes ou de propriedade privada, que se achem, respectivamente, no espaço aéreo correspondente ou em alto-mar
e) Ficam sujeitos à lei brasileira, embora cometidos no estrangeiro, os crimes praticados por brasileiro

COMENTÁRIOS

Gabarito c (assertiva incorreta). Como na questão se deve assinalar a "alternativa incorreta", os comentários serão realizados levando em consideração a "assertiva" de cada item.

Alternativa "a". A assertiva está correta, pois o artigo 5º, *caput*, do Código Penal dispõe exatamente que "Aplica-se a lei brasileira, sem prejuízo de convenções, tratados e regras de direito internacional, ao crime cometido no território nacional". Ou seja, em regra, se um crime for praticado no território nacional, aplica-se a lei brasileira. É possível que, por tratado ou convenção, uma pessoa cometa crime em nosso território e seja julgado e processado em outro (ex.: imunidade diplomática).

Alternativa "b". A assertiva está correta, conforme § 2º do artigo 5º do Código Penal: "É também aplicável a lei brasileira aos crimes praticados a bordo de aeronaves ou embarcações estrangeiras de propriedade privada, achando-se aquelas em pouso no território nacional ou em vôo no espaço aéreo correspondente, e estas em porto ou mar territorial do Brasil".

Alternativa "c". A assertiva está incorreta. Os casos de extraterritorialidade incondicional (crimes cometidos no estrangeiro, mas sujeitos à lei brasileira) não se referem "apenas a crimes de genocídio, quando o agente for brasileiro ou domiciliado no Brasil". O art. 7º, inciso I, do CP elenca outros casos.

Alternativa "d". A assertiva está correta, consoante § 1º do artigo 5º do CP: "Para os efeitos penais, consideram-se como extensão do território nacional as embarcações e aeronaves brasileiras, de natureza pública ou a serviço do governo brasileiro onde quer que se encontrem, bem como as aeronaves e as embarcações brasileiras, mercantes ou de propriedade privada, que se achem, respectivamente, no espaço aéreo correspondente ou em alto-mar".

Alternativa "e". A assertiva está correta, conforme art. 7º, inciso II, *b*, do CP: Ficam sujeitos à lei brasileira, embora cometidos no estrangeiro: II - os crimes: b) praticados por brasileiro". Como se trata de hipótese de extraterritorialidade incondicionada, é necessário o preenchimento das condições do § 2º do art. 7º do CP.

03. (INSTITUTO AOCP - 2020 - Analista Jurídico) A lei posterior, que de qualquer modo favorecer o agente, aplica-se aos fatos anteriores, salvo se decididos por sentença condenatória transitada em julgado.

COMENTÁRIOS

Gabarito: errado. Consoante art. 2º, parágrafo único, do CP: "A lei posterior, que de qualquer modo favorecer o agente, aplica-se aos fatos anteriores, ainda que decididos por sentença condenatória transitada em julgado". Conforme a Súmula 611 do STF: "Transitada em julgado a sentença condenatória, compete ao juízo das execuções a aplicação de lei mais benigna".

04. (CESPE – 2019 – PGE-PE – Analista Judiciário de Procuradoria) Com relação ao tempo e ao lugar do crime e à aplicação da lei penal no tempo, julgue o item seguinte. A superveniência de lei penal mais gravosa que a anterior não impede que a nova lei se aplique aos crimes continuados ou ao crime permanente, caso o início da vigência da referida lei seja anterior à cessação da continuidade ou da permanência.

COMENTÁRIOS

Gabarito: *correta.* O fundamento está na Súmula 711 do STF: "A lei penal mais grave aplica-se ao crime continuado ou ao crime permanente, se a sua vigência é anterior à cessação da continuidade ou da permanência".

05. (CESPE – 2019 – PRF – Policial Rodoviário Federal) O art. 1.º do Código Penal brasileiro dispõe que "não há crime sem lei anterior que o defina. Não há pena sem prévia cominação legal". Considerando esse dispositivo legal, bem como os princípios e as repercussões jurídicas dele decorrentes, julgue o item que se segue. O presidente da República, em caso de extrema relevância e urgência, pode editar medida provisória para agravar a pena de determinado crime, desde que a aplicação da pena agravada ocorra somente após a aprovação da medida pelo Congresso Nacional.

COMENTÁRIOS

Gabarito: *errada.* Medidas provisórias não podem criar crimes ou cominar/agravar penas. Além do citado art. 1º do Código Penal, deve-se lembrar que a Constituição Federal, no art. 62, § 1º, I, *b*, refere: "§ 1º É vedada a edição de medidas provisórias sobre matéria: I - relativa a: (...) b) direito penal, processual penal e processual civil".

06. (CESPE – 2019 – PGE-PE – Analista Judiciário de Procuradoria) Com relação ao tempo e ao lugar do crime e à aplicação da lei penal no tempo, julgue o item seguinte. O Código Penal adota a teoria da atividade, segundo a qual o delito deverá ser considerado praticado no momento da ação ou da omissão e o local do crime deverá ser aquele onde tenha ocorrido a ação ou a omissão.

COMENTÁRIOS

Gabarito: *errada.* Para o tempo do crime é adotada a teoria da atividade (art. 4º do CP). Já para o lugar do crime, é adotada a teoria da ubiquidade (art. 6º do CP).

07. (VUNESP – 2018 – MPE-SP – Analista Jurídico do Ministério Público) Sobre o conflito aparente de normas penais e os princípios dirimentes, é correto afirmar que: A) a norma especial prevalece sobre a norma geral e, necessariamente, descreve um tipo penal apenado mais severamente. B) o conflito aparente de normas penais tem por requisito a unidade fática; a pluralidade de normas aplicáveis ao mesmo fato (aparente) e a vigência contemporânea de todas elas. C) a norma subsidiária descreve um grau maior de lesividade ao bem jurídico e, necessariamente, um tipo penal apenado mais severamente. D) a consunção, pela qual uma conduta absorve outra, é possível no crime progressivo, no crime complexo e na progressão criminosa. Em todos, necessariamente, há unidade de desígnios do sujeito ativo, desde o primeiro ato. E) pelo princípio da subsidiariedade, prescinde-se do caso concreto para se saber qual a norma aplicável. A análise é feita de forma abstrata, confrontando-se as normas.

COMENTÁRIOS

Gabarito: *b*. Na hipótese de determinado fato apresentar dificuldade para a correta adequação típica, tendo em vista que aparentemente se mostra subsumido a mais de um tipo penal, surge o conflito aparente de normas. Assim, a unidade de fato e a pluralidade de normas (de tipos penais) são os pressupostos desse conflito, bem como a vigência das leis ao tempo do crime.

Alternativa a: errada. Quando incide o princípio da especialidade, a norma especial prevalece sobre a norma geral, mas pode descrever um tipo penal apenado mais severamente ou não. Exemplo: o crime de infanticídio é uma norma especial em relação ao homicídio e possui pena menor.

Alternativa c: errada. A norma subsidiária descreve uma grau menor de lesividade ao bem jurídico e, necessariamente, um tipo penal apenado menos severamente.

Alternativa d: errada. A consunção, pela qual uma conduta absorve outra, é possível no crime progressivo, no crime complexo e na progressão criminosa. Porém, não há, em todos, necessariamente, unidade de desígnios do sujeito ativo, desde o primeiro ato. Por exemplo, na progressão criminosa, o agente tem um desígnio inicialmente e no curso da execução altera seu propósito. Ex.: no mesmo contexto fático, o agente que, após envolver-se em discussão de bar, resolve apenas agredir a vítima, mas depois termina por matá-la. Deve responder apenas por homicídio.

Alternativa e: errada. O princípio que dispensa uma aferição do caso concreto para se saber qual a norma aplicável é o da especialidade. A análise é feita de forma abstrata, confrontando-se as normas.

08. (FGV – 2018 – TJ-AL – Técnico Judiciário) Julia, primária e de bons antecedentes, verificando a facilidade de acesso a determinados bens de uma banca de jornal, subtrai duas revistas de moda, totalizando o valor inicial do prejuízo em R$15,(quinze reais). Após ser presa em flagrante, é denunciada pela prática do crime de furto simples, vindo, porém, a ser absolvida sumariamente em razão do princípio da insignificância. De acordo com a situação narrada, o magistrado, ao reconhecer o princípio da insignificância, optou por absolver Julia em razão da: A) atipicidade da conduta; B) causa legal de exclusão da ilicitude; C) causa de exclusão da culpabilidade; D) causa supralegal de exclusão da ilicitude; E) extinção da punibilidade.

COMENTÁRIOS

Gabarito: *a* (atipicidade da conduta). Segundo jurisprudência consolidada nos Tribunais superiores, o princípio da insignificância exclui a tipicidade material.

Alternativas b, c, d: erradas. O princípio da insignificância afeta o primeiro elemento do crime (fato típico), especificamente a tipicidade material, de modo que dispensa a analise dos demais elementos do delito, como a ilicitude e a culpabilidade.

Alternativa e: errada. Como mencionado, princípio da insignificância afeta a tipicidade material e não a punibilidade.

09. (NUCEPE – 2017 – SEJUS-PI – Agente) Em relação à aplicação da lei penal, marque a alternativa CORRETA.

a) Não há crime sem lei ou decreto anterior que o defina. Não há pena sem prévia cominação legal.

b) Ninguém pode ser punido por fato que lei ou decreto posterior deixa de considerar crime, cessando em virtude dela a execução e os efeitos penais e civis da sentença condenatória.

c) A lei posterior, que de qualquer modo favorecer o agente, aplica-se aos fatos anteriores, com exceção se houver sentença condenatória transitada em julgado.

d) A lei excepcional ou temporária, uma vez decorrido o período de sua duração ou cessadas as circunstâncias que a determinaram não se aplica ao fato praticado durante a sua vigência.

e) Considera-se praticado o crime no momento da ação ou omissão, ainda que outro seja o momento do resultado.

COMENTÁRIOS

Gabarito: e. De acordo com o art. 4º do Código Penal, "Considera-se praticado o crime no momento da ação ou omissão, ainda que outro seja o momento do resultado". É acolhida, para o tempo do crime, a teoria da atividade.

Alternativa a: incorreta. Conforme disposto no art. 1º do Código Penal, e também no art. 5º, XXXIX, da Constituição Federal, não há crime sem lei anterior que o defina e nem pena sem prévia cominação legal. O decreto (ato administrativo) não pode criar crime e cominar penas.

Alternativa b: incorreta. O art. 2º do Código Penal refere que "Ninguém pode ser punido por fato que lei posterior deixa de considerar crime, cessando em virtude dela a execução e os efeitos penais da sentença condenatória". Como referido na assertiva anterior, o decreto não cria e nem extingue crimes. Ademais, somente cessam os efeitos penais da sentença condenatória (e não também os civis).

Alternativa c: incorreta. De acordo com o art. 2º, parágrafo único, do Código Penal, "A lei posterior, que de qualquer modo favorecer o agente, aplica-se aos fatos anteriores, ainda que decididos por sentença condenatória transitada em julgado". Dessa forma, não há exceção se houver sentença condenatória transitada em julgado.

Alternativa d: incorreta. Conforme o art. 3º do Código Penal, a lei excepcional ou temporária, embora decorrido o período de sua duração ou cessadas as circunstâncias que a determinaram, aplica-se ao fato praticado durante sua vigência.

10. (TRF2 – 2017 – Juiz Federal) PEDRO, pai de cinco filhos menores, responde a ação penal como incurso no artigo 34 da Lei nº 9.605/("Pescar em período no qual a pesca seja proibida ou em lugares interditados por órgão competente"). Ele foi flagrado na posse de 28 Kg de camarão e, em seu interrogatório, admitiu ter sido o responsável pela pesca do crustáceo, já que tem por hábito aproveitar o período da proibição para lucrar com o valor elevado e que a quantidade apreendida decorreu do somatório das ações praticadas ao longo de 60 dias. Provou que cada dia de pesca não lhe rendeu mais do que 500 gramas do crustáceo. Assinale a opção correta:

a) De acordo com a orientação predominante no STJ, não é possível aplicar o princípio da insignificância aos crimes contra o meio ambiente.

b) Nos delitos de acumulação, que são aqueles que resultam do acúmulo de condutas individualmente inofensivas, a aplicação da teoria da bagatela não leva em conta o resultado do somatório das condutas, mas sim cada uma delas isoladamente.

c) O entendimento dominante aponta que o princípio da insignificância afasta a culpabilidade penal e pressupõe a primariedade do agente, além da mínima ofensividade da conduta, a nenhuma periculosidade social da ação e a inexpressividade da lesão jurídica provocada.

d) A reconhecida habitualidade na prática da conduta criminosa constitui obstáculo para o reconhecimento da insignificância.

e) Como o artigo 34 da Lei nº 9.605/98 é uma norma penal em branco, caso o julgamento ocorra depois do término do período de proibição da pesca, deve ser reconhecida a abolitio criminis, com a extinção da punibilidade.

COMENTÁRIOS

Gabarito: d. De acordo com a jurisprudência majoritária do Supremo Tribunal Federal, "(...) 2. A pertinência do princípio da insignificância deve ser avaliada considerando os aspectos relevantes da conduta imputada. 3. A habitualidade delitiva revela reprovabilidade suficiente a afastar a aplicação do princípio da insignificância" (STF, 1ª T., HC 106292, j. 18/10/2016).

Alternativa a: incorreta. Conforme a jurisprudência majoritária do Superior Tribunal de Justiça, "Esta Corte entende ser possível a aplicação do princípio da insignificância aos delitos ambientais, quando demonstrada a ínfima ofensividade ao bem ambiental tutelado" (STJ, 5ª T., RHC 59507, j. 04/05/2017).

Alternativa b: incorreta. Compreensão dos crimes de acumulação ou crimes cumulativos: certos tipos penais tutelam bens jurídicos supraindividuais (ex.: meio ambiente). Em alguns casos somente se constatará a lesão ao bem jurídico se levarmos em consideração não somente a conduta de um agente, mas o acúmulo dos resultados de várias condutas (ex.: uma pessoa que pesca sem autorização legal um determinado peixe não lesa expressivamente o bem jurídico (meio ambiente), mas a soma de várias pessoas pescando poderá causar lesão. Por isso é punida uma conduta isolada, mesmo que sem lesividade aparente. Decidiu o STF: "(...) 11. Diante das especificidades que regem a proteção ambiental, a descaracterização do aspecto material da tipicidade não se baseia apenas numa valoração econômica do objeto do crime. A análise da relevância ou não da conduta em relação ao bem jurídico tutelado é conduzida sob uma perspectiva ecológica, em defesa do direito fundamental ao meio ambiente ecologicamente equilibrado, previsto no art. 225 da Constituição Federal. 12. Isso porque, além da possibilidade de ser irreversível, o dano ambiental nem sempre é resultado de uma ação em um único período de tempo, mas de uma sucessão de atos integrantes de uma cadeia complexa. Devido ao potencial de provocar um conjunto de danos, a cumulatividade de atos pode resultar em uma lesão maior do que a soma de cada um individualmente (...)" (STF, HC 137.652, j. 08/06/2017). No caso citado, o Ministro Luís Roberto Barroso rejeitou a aplicação do princípio da insignificância em condenação por pesca proibida.

Alternativa c: incorreta. Conforme o entendimento dominante, o princípio da insignificância exclui a tipicidade material. A propósito: "princípio da insignificância – que deve ser analisado em conexão com os postulados da fragmentariedade e da intervenção mínima do Estado em matéria penal – tem o sentido de excluir ou de afastar a própria tipicidade penal, examinada na perspectiva de seu caráter material. (...) Tal postulado – que considera necessária, na aferição do relevo material da tipicidade penal, a presença de certos vetores, tais como (a) a mínima ofensividade da conduta do agente, (b) nenhuma periculosidade social da ação, (c) o reduzidíssimo grau de reprovabilidade do comportamento e (d) a inexpressividade da lesão jurídica provocada – apoiou-se, em seu processo de formulação teórica, no reconhecimento de que o caráter subsidiário do sistema penal reclama e impõe, em função dos próprios objetivos por ele visados, a intervenção mínima do Poder Público" (STJ, 5ª T., HC 415384, j. 05/10/2017).

Alternativa e: incorreta. Deve ser considerada a teoria da atividade prevista no art. 4º do Código Penal: "Considera-se praticado o crime no momento da ação ou omissão, ainda que outro seja o momento do resultado". Assim, se o comportamento criminoso ocorreu durante o período de proibição da pesca, o agente será responsabilizado por ele, ainda que o julgamento ocorra em momento posterior.

11. (TRF2 – 2017 – Juiz Federal) Assinale a opção correta: (...) Se vigorava lei mais benéfica, depois substituída por lei mais grave, hoje vigente, é a lei mais grave que será aplicada ao crime continuado ou ao crime permanente, se a sua vigência foi iniciada antes da cessação da continuidade.

COMENTÁRIOS

Gabarito: correta. O fundamento está na Súmula 711 do STF: "A lei penal mais grave aplica-se ao crime continuado ou ao crime permanente, se a sua vigência é anterior à cessação da continuidade ou da permanência".

12. (UFMT – 2016 – TJ-MT – Analista Judiciário) Em relação à lei penal no tempo, marque V para as afirmativas verdadeiras e F para as falsas.

( ) Considera-se praticado o crime no lugar em que ocorreu a ação ou omissão, no todo ou em parte, bem como onde se produziu ou deveria produzir-se o resultado.

( ) O criminoso pode ser punido por fato que lei posterior deixa de considerar crime, sem cessar em virtude dela a execução e os efeitos penais da sentença condenatória.

( ) A lei excepcional ou temporária, embora decorrido o período de sua duração ou cessadas as circunstâncias que a determinaram, aplica-se ao fato praticado durante sua vigência.

( ) Aplica-se a lei brasileira, sem prejuízo de convenções, tratados e regras de direito internacional, ao crime cometido no território nacional.

Assinale a sequência correta.

a) F, V, F, V
b) V, F, F, F
c) F, F, V, F
d) V, F, V, V

COMENTÁRIOS

Gabarito: d. A primeira afirmativa é verdadeira de acordo com o art. 6º do CP. Lembre-se que foi adotada a teoria da ubiquidade. A segunda afirmativa é falsa porque, nos termos do art. 2º do CP, "ninguém pode ser punido por fato que lei posterior deixa de considerar crime, cessando em virtude dela a execução e os efeitos penais da sentença condenatória" (abolitio criminis). A terceira afirmativa está em consonância com o art. 4º do CP. Por fim, a quarta afirmativa está correta e de acordo com o princípio da territorialidade temperada.

13. (CESPE – 2016 – TRT8 – Analista Judiciário) Na aplicação dos princípios da insignificância e da lesividade, as condutas que produzam um grau mínimo de resultado lesivo devem ser desconsideradas como delitos e, portanto, não ensejam a aplicação de sanções penais aos seus agentes.

COMENTÁRIOS

Gabarito: correta. No momento da interpretação e aplicação da lei penal os princípios da insignificância e da lesividade se tornaram importantes instrumentos, em especial para a análise da tipicidade material. Segundo o STF, para a incidência do princípio da insignificância, devem estar presentes os seguintes requisitos objetivos: (1) mínima ofensividade da conduta do agente, (2) ausência de periculosidade social da ação, (3) reduzido grau de reprovabilidade do comportamento e (4) inexpressividade da lesão jurídica causada.

14. (VUNESP – 2015 – MP-SP – Analista de Promotoria) Sobre a aplicação da lei penal, é correto afirmar que:

a) em relação ao tempo do crime, o Código Penal, no artigo 4º, adotou a teoria da ubiquidade.
b) para os crimes permanentes, aplica-se a lei nova, ainda que mais severa, pois é considerado tempo do crime todo o período em que se desenvolver a atividade criminosa.
c) em relação ao lugar do crime, o Código Penal, no artigo 6°, adotou a teoria da atividade.
d) a nova lei, que deixa de considerar criminoso determinado fato, cessa, em favor do agente, todos os efeitos penais e civis.
e) o princípio da retroatividade da lei penal mais benéfica é absoluto, previsto constitucionalmente, sobrepondo-se até mesmo à ultra-atividade das leis excepcionais ou temporárias.

COMENTÁRIOS

Gabarito: b. Crimes permanentes são aqueles cuja consumação se prolonga no tempo. O acerto da questão tem como fundamento a ***Súmula 711 do STF***: "A lei penal mais grave aplica-se ao crime continuado ou ao crime permanente, se a sua vigência é anterior à cessação da continuidade ou da permanência".

Alternativa a: errada. O Código Penal, para o tempo do crime, adotou a teoria da atividade (art. 4º do CP).

Alternativa c: errada. O Código Penal, para o lugar do crime, adotou a teoria da ubiquidade (art. 6º do CP).

Alternativa d: errada. A abolitio criminis faz cessar apenas os efeitos penais. O fundamento é o art. 2º, *caput*, do CP: "Ninguém pode ser punido por fato que lei posterior deixa de considerar crime, cessando em virtude dela a execução e os ***efeitos penais*** da sentença condenatória".

Alternativa e: errada. Predomina na doutrina que a ultra-atividade das leis temporárias ou excepcionais (art. 3º do CP) não infringe o princípio constitucional da retroatividade da lei mais benéfica, pois não há duas leis em conflito no tempo, tendo em vista que as leis excepcionais ou temporárias versam sobre matéria distinta, já que trazem no tipo dados específicos. A questão relaciona-se com tipicidade, e não com direito intertemporal.

15. (FGV – 2015 – DPE-RO – Analista da Defensoria Pública) Carlos, primário e de bons antecedentes, subtraiu, para si, uma mini barra de chocolate avaliada em R$ 2,(dois reais e cinquenta centavos). Denunciado pela prática do crime de furto, o defensor público em atuação, em sede de defesa prévia, requereu a absolvição sumária de Carlos com base no princípio da insignificância.

De acordo com a jurisprudência dos Tribunais Superiores, o princípio da insignificância:

a) funciona como causa supralegal de exclusão de ilicitude;
b) afasta a tipicidade do fato;
c) funciona como causa supralegal de exclusão da culpabilidade;
d) não pode ser adotado, por não ser previsto em nosso ordenamento jurídico;
e) funciona como causa legal de exclusão da culpabilidade.

COMENTÁRIOS

Gabarito: b. Como visto anteriormente, o princípio da insignificância ou bagatela funciona como causa de exclusão da tipicidade material.

16. (FGV – 2015 – TJ-RO – Técnico Judiciário) Henrique, não aceitando o fim do relacionamento, decide matar Paola, sua ex-namorada. Para tanto, aguardou na rua a saída da vítima do trabalho e, após, desferiu-lhe diversas facadas na barriga, sendo estas lesões a causa eficiente de sua morte. Foi identificado por câmeras de segurança, porém, e denunciado pela prática de homicídio consumado. Em relação ao crime de lesão corporal, é correto afirmar que Henrique não foi denunciado com base no princípio da:

a) especialidade;
b) subsidiariedade expressa;
c) alternatividade;
d) subsidiariedade tácita;
e) consunção.

COMENTÁRIOS

Gabarito: e. Com efeito, como não se pode matar sem antes ferir, o princípio aplicável no caso proposto é o da consunção ou absorção. Isso porque o crime de lesão corporal funciona como delito de passagem obrigatória para o homicídio. Aplica-se o instituto do crime progressivo.

17. (VUNESP – 2015 – Prefeitura de Caieiras-SP – Assessor Jurídico) De acordo com a teoria da aplicação da lei penal, pode-se afirmar:

a) A lei penal, em razão das suas consequências, não retroage.
b) A analogia, uma das fontes do direito, é vetada, no direito penal, em razão do princípio da legalidade.
c) Considera-se o crime praticado no momento do resultado, e não da ação ou omissão (artigo 4º, CP).
d) Considera-se o crime praticado no lugar em que ocorreu a ação ou omissão, bem como onde se produziu ou deveria produzir-se o resultado.
e) No Brasil, os efeitos da lei penal não podem ultrapassar seus limites territoriais para regular fatos ocorridos além da sua soberania.

COMENTÁRIOS

Gabarito: d. A resposta está no art. 6º do CP: "Considera-se praticado o crime no lugar em que ocorreu a ação ou omissão, no todo ou em parte, bem como onde se produziu ou deveria produzir-se o resultado".

Alternativa a: errada. A lei penal, se for para beneficar o réu, retroagirá (art. 5º, XL, da CF).

Alternativa b: errada. Somente é proibida em Direito Penal a analogia in malam partem, sendo permitida a analogia in bonam partem.

Alternativa c: errada. O tempo do crime está disposto no art. 4º do CP: "Considera-se praticado o crime no momento da ação ou omissão, ainda que outro seja o momento do resultado" (teoria da atividade).

Alternativa e: errada. A lei brasileira poderá ser aplicada a fatos praticados no estrangeiro nas hipóteses do art. 7º do Código Penal (instituto da extraterritorialidade penal).

18. (VUNESP – 2015 – Câmara Municipal de Itatiba-SP – Advogado) De acordo com o Código Penal:

a) considera-se lugar do crime aquele em que o resultado se produziu.
b) no cômputo do prazo, não se inclui o dia do começo, mas sim o do vencimento.
c) aplica-se a lei brasileira aos crimes praticados a bordo de embarcações estrangeiras, de propriedade privada, que estejam em porto ou mar territorial do Brasil.
d) a sentença estrangeira não pode ser homologada no Brasil para obrigar o condenado à reparação do dano.
e) em se tratando de pena cumprida no estrangeiro pelo mesmo crime, caso sejam diferentes as penas impostas, aquela cumprida no estrangeiro não atenuará a imposta no Brasil.

COMENTÁRIOS

Gabarito: c. O fundamento está no art. 5º, § 2º, do CP: "É também aplicável a lei brasileira aos crimes praticados a bordo de aeronaves ou embarcações estrangeiras de propriedade privada, achando-se aquelas em pouso no território nacional ou em vôo no espaço aéreo correspondente, e estas em porto ou mar territorial do Brasil".

Alternativa a: errada. No que se refere ao lugar do crime, o Código Penal não adotou a teoria do resultado, mas sim a teoria da ubiquidade: "Considera-se praticado o crime no lugar em que ocorreu a ação ou omissão, no todo ou em parte, bem como onde se produziu ou deveria produzir-se o resultado" (art. 6º).

Alternativa b: errada. Conforme o art. 10 do CP, "O dia do começo inclui-se no cômputo do prazo".

Alternativa d**: **errada. O art. 9º, I, do CP refere: "A sentença estrangeira, quando a aplicação da lei brasileira produz na espécie as mesmas consequências, pode ser homologada no Brasil para: I – obrigar o condenado à reparação do dano, a restituições e a outros efeitos civis".

Alternativa e**: **errada. De acordo com o art. 8º do CP, "A pena cumprida no estrangeiro atenua a pena imposta no Brasil pelo mesmo crime, quando diversas, ou nela é computada, quando idênticas".

19. (FUNIVERSA – 2015 – SEAP-DF – Agente) As leis temporárias, diversamente das leis excepcionas, têm ultra-atividade.

COMENTÁRIOS

Gabarito: errada. Tanto as leis temporárias quanto as leis excepcionais são providas de ultra-atividade. O fundamento está no ***art. 3º do CP***: "A lei excepcional ou temporária, embora decorrido o período de sua duração ou cessadas as circunstâncias que a determinaram, aplica-se ao fato praticado durante sua vigência".

20. (CESPE – 2015 – TRE-GO – Analista Judiciário) A revogação expressa de um tipo penal incriminador conduz a abolitio criminis, ainda que seus elementos passem a integrar outro tipo penal, criado pela norma revogadora.

COMENTÁRIOS

Gabarito: errada. A abolitio criminis pressupõe não apenas a revogação formal do tipo penal, mas também a sua revogação substancial, ou seja, a sua descontinuidade normativo-típica. Se os elementos de determinado tipo penal incriminador (ex.: atentado violento ao pudor – art. 214 do CP, revogado pela Lei nº 12.015/09) passam a integrar outro tipo penal (ex.: art. 213 do CP, com redação dada pela Lei nº 12.015/09), não se fala em abolitio criminis. Trata-se do princípio da continuidade normativo-típica.

21. (VUNESP – 2014 – TJ-PA – Auxiliar Judiciário) É correto afirmar que a pena cumprida no estrangeiro:

a) não é nela computada, quando de natureza idêntica.

b) não produz qualquer efeito, para os fins de atenuação ou de agravação de penas no Brasil pelo mesmo crime.

c) agrava a pena imposta no Brasil pelo mesmo crime, quando de natureza idêntica.

d) atenua a pena imposta no Brasil pelo mesmo crime, quando de natureza diversa.

e) é nela computada, quando de natureza diversa.

COMENTÁRIOS

Gabarito: d. De acordo com o art. 8º do CP, "A pena cumprida no estrangeiro atenua a pena imposta no Brasil pelo mesmo crime, quando diversas, ou nela é computada, quando idênticas".

Alternativa a: Errada, pois as penas têm idêntica natureza, aquela cumprida no estrangeiro é computada naquela imposta no Brasil pelo mesmo crime.

Alternativa b: Errada, já que produz o efeito de atenuar a pena imposta no Brasil pelo mesmo crime, quando as sanções penais forem diversas.

Alternativa c: Errada, porque o art. 8º do CP não fala em agravamento da pena.

Alternativa e: Errada, pois somente há comutação quando as penas têm idêntica natureza.

22. **(FCC – 2014 – TRF3 – Analista Judiciário)** Dentre as ideias estruturantes ou princípios abaixo, todos especzialmente importantes ao direito penal brasileiro, NÃO tem expressa e literal disposição constitucional o da:

a) legalidade.
b) proporcionalidade.
c) individualização.
d) pessoalidade.
e) dignidade humana.

COMENTÁRIOS

Gabarito: b. O princípio da proporcionalidade, dentre os citados na questão, é o único que não possui expressa previsão constitucional.

Alternativa a: Errada, pois o princípio da legalidade (ou reserva legal) está expressamente previsto no art. 5º, XXXIX, da CF.

Alternativa c: Errada, já que o princípio da individualização da pena está expressamente previsto no art. 5º, XLVI, da CF.

Alternativa d: Errada, porque o princípio da pessoalidade (personalidade ou intranscendência) está expressamente previsto no art. 5º, XLV, da CF.

Alternativa e: Errada, pois o princípio da dignidade da pessoa humana está expressamente previsto no art. 1º, III, da CF.

23. **(Aroeira – 2014 – Polícia Civil-TO)** Para os efeitos penais, consideram-se como extensão do território nacional as embarcações brasileiras, mercantes ou de propriedade privada,

a) que se achem em alto-mar.
b) onde quer que estejam ancoradas.
c) que se achem no mar territorial brasileiro.
d) onde quer que estejam navegando.

COMENTÁRIOS

Gabarito: a. A resposta está na parte final do § 1º do art. 5º do CP: "Para os efeitos penais, consideram-se como extensão do território nacional as embarcações e aeronaves brasileiras, de natureza pública ou a serviço do governo brasileiro onde quer que se encontrem, bem como as aeronaves e as embarcações brasileiras, mercantes ou de propriedade privada, que se achem, respectivamente, no espaço aéreo correspondente ou em alto-mar".

24. **(CESPE – 2013 – STF – Analista Judiciário)** Considere que Manoel, penalmente imputável, tenha sequestrado uma criança com o intuito de receber certa quantia como resgate. Um mês depois, estando a vítima ainda em cativeiro, nova lei entrou em vigor, prevendo pena mais severa para o delito. Nessa situação, a lei mais gravosa não incidirá sobre a conduta de Manoel.

COMENTÁRIOS

Gabarito: errada. Em se tratando de crime permanente, a lex gravior deverá incidir sobre a conduta do agente, desde que tenha entrado em vigor antes de cessada a permanência. O fundamento está na ***Súmula 711 do STF***: "A lei penal mais grave aplica-se ao crime continuado ou ao crime permanente, se a sua vigência é anterior à cessação da continuidade ou da permanência".

25. **(CESPE – 2013 – PG-DF – Procurador)** Segundo a jurisprudência do STF e do STJ, a aplicação do princípio da insignificância no direito penal está condicionada ao atendimento, concomitante, dos seguintes requisitos: primariedade do agente, valor do objeto material da infração inferior a um salário mínimo, não contribuição da vítima para a deflagração da ação criminosa, ausência de violência ou grave ameaça à pessoa.

COMENTÁRIOS

Gabarito: errada. De acordo com os Tribunais Superiores, os requisitos objetivos para o reconhecimento do princípio da insignificância são: a) mínima ofensividade da conduta do agente; b) nenhuma periculosidade social da ação; c) grau reduzido de reprovabilidade do comportamento; e d) inexpressividade da lesão jurídica provocada.

26. **(FMP – 2013 – MPE-AC – Analista)** Em matéria de lei penal, assinale a afirmativa correta.

a) O princípio da legalidade é a regra, mas admite-se a edição de medidas provisórias em matéria penal, em caso de relevância e urgência.
b) Adota o Código Penal brasileiro a teoria da atividade relativamente ao tempo do crime.
c) Adota o Código Penal brasileiro a teoria do resultado relativamente ao tempo do crime.
d) Adota o Código Penal brasileiro a teoria da ubiquidade relativamente ao tempo do crime.
e) A lei posterior, que de qualquer modo favorecer o agente, não se aplica aos fatos anteriores,

quando decididos por sentença condenatória transitada em julgado.

COMENTÁRIOS

Gabarito: b. De acordo com o art. 4º do CP, "Considera-se praticado o crime no momento da ação ou omissão, ainda que outro seja o momento do resultado". Foi adotada, como se vê, a teoria da atividade.

Alternativa a: Errada, pois a edição de medidas provisórias em matéria penal é expressamente vedada pela Constituição Federal (art. 62, § 1º, I, b).

Alternativa c: Errada, já que o Código Penal brasileiro, quanto ao tempo do crime, adota a teoria da atividade, e não a teoria do resultado.

Alternativa d: Errada, porque a teoria da ubiquidade é acolhida pelo CP em relação ao lugar do crime (art. 6º), e não quanto ao tempo do crime.

Alternativa e: Errada, pois "A lei posterior, que de qualquer modo favorecer o agente, aplica-se aos fatos anteriores, ainda que decididos por sentença condenatória transitada em julgado" (art. 2º, par. único, do CP).

27. (CESPE – TJ-DF – Técnico Judiciário – 2013) De acordo com o Código Penal, considera-se praticado o crime no momento em que ocorreu seu resultado.

COMENTÁRIOS

Errada. O Código Penal, no art. 4º, adotou a ***teoria da atividade***, segundo a qual se considera praticado o crime no momento da ação ou da omissão, ainda que outro seja o momento do resultado.

28. (COPESE – 2012 – UFT – DPE-TO – Analista) Nos termos do Código Penal, leia os itens seguintes e marque a opção CORRETA:

I. Ninguém pode ser punido por fato que lei posterior deixa de considerar crime, cessando em virtude dela a execução e os efeitos penais da sentença condenatória;

II. Considera-se praticado o crime no momento da ação ou omissão, ainda que outro seja o momento do resultado;

III. A lei excepcional ou temporária, uma vez decorrido o período de sua duração ou cessadas as circunstâncias que a determinaram, não se aplica ao fato praticado durante sua vigência;

IV. Lei posterior, que de qualquer modo favorecer o agente, aplica-se aos fatos anteriores, ainda que decididos por sentença condenatória transitada em julgado;

a) Apenas os itens I, II e III estão corretos.
b) Apenas os itens II, III e IV estão corretos.
c) Apenas os itens I, II e IV estão corretos.
d) Apenas os itens I, III e IV estão corretos.

COMENTÁRIOS

Gabarito: c.

O item I está correto e decorre do disposto no art. 2º, *caput*, do CP: "Ninguém pode ser punido por fato que lei posterior deixa de considerar crime, cessando em virtude dela a execução e os efeitos penais da sentença condenatória".

O item II está correto e decorre do disposto no art. 4º do CP: "Considera-se praticado o crime no momento da ação ou omissão, ainda que outro seja o momento do resultado".

O item III está incorreto, já que o art. 3º refere: "A lei excepcional ou temporária, embora decorrido o período de sua duração ou cessadas as circunstâncias que a determinaram, aplica-se ao fato praticado durante sua vigência"

O item IV está correto e decorre do disposto no art. 2º, par. único, do CP: "A lei posterior, que de qualquer modo favorecer o agente, aplica-se aos fatos anteriores, ainda que decididos por sentença condenatória transitada em julgado".

29. (CESPE – 2012 – Polícia Civil-AL) A lei penal mais severa aplica-se ao crime continuado ou ao crime permanente iniciados antes da referida lei, se a continuidade ou a permanência não tiverem cessado até a data da entrada em vigor da lex gravior.

COMENTÁRIOS

Gabarito: correta. O fundamento está na ***Súmula 711 do STF***: "A lei penal mais grave aplica-se ao crime continuado ou ao crime permanente, se a sua vigência é anterior à cessação da continuidade ou da permanência".

30. (CESPE - 2012 - TJ-RO - Técnico Judiciário) Com relação à aplicação da lei penal, assinale a opção correta.

a) A lei penal admite a realização de interpretação analógica pelo legislador, como, por exemplo, ao dispor que os crimes serão qualificados se cometidos com o emprego de veneno, fogo, explosivo, asfixia, tortura ou outro meio insidioso ou cruel.

b) De acordo com o princípio da territorialidade, crimes cometidos contra o patrimônio de empresa pública instituída pelo poder público brasileiro sujeitam-se à lei brasileira, se cometidos dentro do território nacional, e à lei do respectivo país estrangeiro, se cometidos no estrangeiro.

c) A lei temporária, decorrido o período de sua duração, não mais se aplica aos fatos praticados durante sua vigência.

d) Não há crime ou contravenção penal sem que decreto ou lei os definam anteriormente, devendo a imputação de pena ser anterior à cominação legal.

e) Na contagem do prazo penal, incluem-se o dia do início e o dia do final; por essa razão, incluem-se no cômputo das penas privativas de liberdade as frações de dia.

COMENTÁRIOS

Gabarito: a. Na interpretação analógica (chamada de intra legem) o texto da lei traz uma fórmula casuística seguida de uma fórmula genérica, sendo que esta deve ser interpretada e compreendida segundo os casos análogos tratados pela primeira. Ex.: art. 121, § 2º, IV, do CP ("Se o homicídio é cometido: ... IV – à traição, de emboscada, ou mediante dissimulação ou outro recurso que dificulte ou torne impossível a defesa do ofendido"). Matar alguém de emboscada qualifica o homicídio (fórmula casuística). Ocorre que na parte final do dispositivo consta "ou outro recurso que dificulte ou torne impossível a defesa do ofendido" (fórmula genérica – ex.: surpresa).

Alternativa b: Errada, já que retrata caso de ***extraterritorialidade incondicionada***. Assim, ficam sujeitos à lei brasileira, embora cometidos no estrangeiro, os crimes "contra o patrimônio ou a fé pública da União, do Distrito Federal, de Estado, de Território, de Município, de empresa pública, sociedade de economia mista, autarquia ou fundação instituída pelo Poder Público" (art. 7º, I, b, do CP).

Alternativa c: Errada, porque a lei excepcional ou temporária, embora decorrido o período de sua duração ou cessadas as circunstâncias que a determinaram, aplica-se ao fato praticado durante sua vigência (art. 3º do CP).

Alternativa d: Errada, pois somente lei em sentido estrito – e não também o decreto – pode criar crimes e contravenções penais.

Alternativa e: Errada. De acordo com o art. 10 do CP, na contagem do prazo penal inclui-se o dia do começo (e não também o dia do final). Já o art. 11 do CP prevê que as frações de dia são desprezadas nas penas privativas de liberdade.

31. (CESPE - 2012 - TJ-AC - Técnico Judiciário) Na cidade de Rio Branco-AC, Caio, brasileiro, atirou em João, que, ferido, fugiu em seu veículo para um país vizinho, onde morreu em decorrência dos ferimentos produzidos pelo projétil. O pai de João, Mário, brasileiro, revoltado com a morte do filho, decidiu matar a família de Caio, que morava em outro país. Mário, então, sabendo que a esposa de Caio e seu filho recém-nascido estavam internados em uma maternidade, sufocou-os com um travesseiro. Ao encontrar seus familiares mortos, Caio atirou em Mário, matando-o, e resolveu suicidar-se, tendo, para isso, contado com a ajuda de uma enfermeira, que lhe administrou veneno.

Considerações para análise:

I. Como a família de Caio foi morta em outro país, a lei penal brasileira não poderia ser aplicada ao crime cometido por Mário.

II. Ainda que João tenha morrido posteriormente e em outro país, considera-se praticado o crime no momento em que Caio atirou contra ele.

III. Tanto o local onde Caio atirou em João quanto o local onde João morreu podem ser considerados o lugar do crime praticado por Caio.

COMENTÁRIOS

Item I: errado. De acordo com o art. 7º II, b, do CP, ficam sujeitos à lei brasileira, embora cometidos no estrangeiro, os crimes praticados por brasileiro (extraterritorialidade condicionada). No entanto, a aplicação da lei brasileira depende do concurso das condições dispostas no art. 7º, § 2º, do Código Penal.

Item II: correto. Aplica-se a teoria da atividade (considera-se praticado o crime no momento da conduta), conforme disposto no art. 4º do Código Penal.

Item III: correto. Aplica-se a teoria da ubiquidade (considera-se praticado o crime tanto no lugar da conduta quanto no lugar da produção do resultado), conforme disposto no art. 6º do CP.

32. (CESPE – 2012 – TRE-RJ – Analista Judiciário) Considere que Paul, cidadão britânico domiciliado no Brasil, em visita à Argentina, tenha praticado o delito de genocídio contra vítimas de nacionalidade daquele país e fugido, logo em seguida, para o Brasil. Nesse caso, será possível a aplicação da lei penal brasileira.

COMENTÁRIOS

Gabarito: correta. De acordo com o art. 7º, I, d, do Código Penal, o crime de genocídio fica sujeito à lei brasileira, embora cometido no estrangeiro, quando o agente for brasileiro ou, como Paul, simplesmente domiciliado no Brasil. Trata-se de caso relativo à extraterritorialidade incondicionada.

33. (CESPE – 2012 – TJ-AC – Técnico Judiciário) Considere que Maria seja condenada ao pagamento de multa por crime praticado no estrangeiro, e, pelo mesmo delito, seja igualmente condenada no Brasil a pena privativa de liberdade. Nessa situação, a pena de multa executada no estrangeiro tem o condão de atenuar a pena imposta pela justiça brasileira.

COMENTÁRIOS

Gabarito: correta. O fundamento está no art. 8º do Código Penal: "A pena cumprida no estrangeiro atenua a pena imposta no Brasil pelo mesmo crime, quando diversas, ou nela é computada, quando idênticas".

34. (CESPE – 2012 – Polícia Civil-CE) Se o presidente do STF, em viagem oficial à Itália, for agredido por manifestante contrário à sua presença naquele país, resultando-lhe ferimentos graves, a essa hipótese aplicar-se-á a lei penal brasileira de forma incondicionada, com base no princípio da universalidade, ou da justiça universal.

COMENTÁRIOS

Gabarito: errada. A hipótese retratada na questão não se enquadra em nenhum dos casos de extraterritorialidade incondicionada do art. 7º, I, do Código Penal. Ademais, a alínea 'a' do referido dispositivo fala no ***Presidente da República*** (e não do STF), bem como nos bens jurídicos ***vida*** e ***liberdade*** (e não integridade corporal).

35. (CESPE – 2012 – TJ-AL – Analista Judiciário) Assinale a opção correta no que diz respeito à lei penal no tempo, à lei penal no espaço e ao conflito aparente de normas.

a) Pelo princípio da bandeira, ficam sujeitos à lei penal brasileira os crimes praticados a bordo de embarcações e aeronaves brasileiras de natureza pública ou privada, quando em território estrangeiro e aí não sejam julgados.

b) A irretroatividade da lei penal mais grave é decorrência direta do princípio constitucional da humanidade.

c) Entre o roubo e o furto é possível estabelecer uma relação de especialidade, em que a violência contra a pessoa ou a grave ameaça funcionam como elementos especiais ou especializantes.

d) Para o princípio da consunção não é importante a relação entre meio e fim, mas o grau de violação do mesmo bem jurídico.

e) A requisição do ministro da Justiça é condição indispensável para aplicação da lei penal brasileira aos crimes cometidos contra brasileiro fora do Brasil.

COMENTÁRIOS

Gabarito: c. O crime de furto, no exemplo fornecido na questão, é "tipo penal genérico". Com o elemento especializante grave ameaça ou violência a pessoa, o furto torna-se roubo ("tipo penal específico" em relação ao furto). Trata-se do chamado ***princípio da especialidade***, que, junto com os demais princípios, resolve o conflito aparente de normas penais.

Alternativa a: Errada, pois as embarcações e aeronaves brasileiras de natureza pública não se submetem à extraterritorialidade do art. 7º, II, c, do CP, já que são consideradas território nacional ficto ou por extensão.

Alternativa b: Errada, porque a irretroatividade da lex gravior decorre do princípio da não-extra-atividade.

Alternativa d: Errada, uma vez que a relação entre crime-meio e crime-fim importa, sim, para o princípio da consunção, como no caso da Súmula 17 do STJ (o crime-meio é absorvido pelo crime-fim).

Alternativa e: Errada, pois a requisição do Ministro da Justiça é condição indispensável se o crime for cometido por estrangeiro contra brasileiro fora do Brasil.

36. (CESPE - 2012 - TJ-AC - Técnico Judiciário) A medida de segurança não constitui pena, mas medida terapêutica ou pedagógica destinada aos inimputáveis e, excepcionalmente, aos semi-imputáveis, autores de fatos típicos e ilícitos. Dessa forma, rege-se a medida de segurança pela lei vigente ao tempo da sentença.

COMENTÁRIOS

Gabarito: errada. Isso porque tanto as penas quanto as medidas de segurança submetem-se ao princípio da reserva legal (posição amplamente majoritária). Assim, tal qual a pena, também a medida de segurança rege-se pela lei vigente ao tempo do fato, e não ao tempo da sentença.

37. (CESPE - 2012 - Polícia Civil-AL) Cessado o estado de guerra, as leis excepcionais editadas para valer durante o referido período tornam-se ineficazes, devido à abolitio criminis.

COMENTÁRIOS

Gabarito: errada. Isso porque as leis excepcionais são ***ultra-ativas***, conforme disposto no art. 3º do Código Penal: "A lei excepcional ou temporária, embora decorrido o período de sua duração ou cessadas as circunstâncias que a determinaram, aplica-se ao fato praticado durante sua vigência".

38. (CESPE - 2012 - TJ-AL - Auxiliar Judiciário) Acerca dos princípios da legalidade e da anterioridade, da lei penal no tempo e no espaço e da contagem de prazo, assinale a opção correta.

a) Conforme previsão do Código Penal, o tempo do crime é o momento da ação ou omissão que coincida com o momento do resultado.

b) Considera-se praticado o crime no lugar em que ocorreu a ação ou omissão, sendo irrelevante o lugar onde ocorreu o resultado.

c) Se determinada pessoa tiver sido vítima de homicídio no dia 1º/8/2012, a contagem dos prazos penais, nesse caso, terá iniciado em 1º/8/2012.

d) Segundo o princípio da legalidade, no ordenamento jurídico brasileiro determinada conduta só será considerada crime caso seja publicada lei posterior definindo-a como tal.

e) Exceto se já decididos por sentença transitada em julgado, a lei posterior que de qualquer modo favorecer o agente aplica-se aos fatos anteriores.

COMENTÁRIOS

Gabarito: c. Isso porque o dia do começo inclui-se no cômputo do prazo, conforme dispõe o art. 10 do CP.

Alternativa a: Errada, pois o tempo do crime orienta-se exclusivamente pela teoria da atividade (art. 4º do CP - momento da ação ou omissão), e não, também, pela teoria do resultado.

Alternativa b: Errada, já que para o lugar do crime importam tanto o local da conduta quanto o local da produção do resultado (teoria da ubiquidade - art. 6º do CP).

Alternativa d: Errada, porque pelo princípio da legalidade, ou da reserva legal, exige-se lei anterior ao fato que se quer punir.

Alternativa e: Errada, pois a lei posterior, se mais benéfica, também é aplicada aos casos já decididos por sentença transitada em julgado (art. 2º, par. único, do CP).

39. (CESPE - 2012 - PF - Agente da Polícia Federal) Será submetido ao Código Penal brasileiro o agente, brasileiro ou não, que cometer, ainda que no estrangeiro, crime contra administração pública, estando a seu serviço, ou cometer crime contra o patrimônio ou a fé pública da União, de empresa pública ou de sociedade de economia mista. A circunstância de a conduta ser lícita no país onde foi praticada ou de se encontrar extinta a punibilidade será irrelevante para a responsabilização penal do agente no Brasil.

COMENTÁRIOS

Gabarito: correta. As hipóteses constam do art. 7º, I, 'b' e 'c', do CP. Como se trata de extraterritorialidade incondicionada, o fato de a conduta ser lícita ou estar extinta no país onde foi praticada, ou mesmo de o agente ser absolvido ou condenado no estrangeiro (art. 7º, § 1º), são irrelevantes para a aplicação da lei penal brasileira.

2. QUESTÕES DE CONCURSOS

01. (VUNESP - 2020 - EBSERH – Advogado) Ficam sujeitos à lei brasileira, sem a necessidade do concurso de nenhuma condição, os seguintes crimes cometidos no estrangeiro:

a) praticados por brasileiro.

b) aqueles que, por tratado ou convenção, o Brasil se obrigou a reprimir.

c) de genocídio, quando o agente for brasileiro ou domiciliado no Brasil.

d) praticados em aeronaves brasileiras, mercantes ou de propriedade privada, quando em território estrangeiro e aí não sejam julgados.

e) praticados em embarcações brasileiras, mercantes ou de propriedade privada, quando em território estrangeiro e aí não sejam julgados.

02. (CESPE - 2020 - TJ-PA - Oficial de Justiça – Avaliador) Com relação ao tempo e ao lugar do crime, o Código Penal brasileiro adotou, respectivamente, as teorias do(a)

a) resultado e da ação.

b) consumação e do resultado.

c) atividade e da ubiquidade.

d) ubiquidade e da atividade.

e) ação e da consumação.

03. (CESPE – 2019 – CGE-CE – Auditor de Controle Interno) A respeito da lei penal no tempo e no espaço, julgue os seguintes itens, tendo como referência o Código Penal e a jurisprudência dos tribunais superiores.

I. A lei penal mais benéfica retroagirá em benefício do réu, de acordo com o princípio da retroatividade benéfica penal.

II. Em relação ao tempo do crime, o direito penal brasileiro adota a teoria da atividade.

III. Em relação ao lugar do crime, o direito penal brasileiro adota a teoria do resultado.

IV. A lei penal mais benéfica aplica-se ao crime continuado ou ao crime permanente, ainda que ocorra superveniência de lei penal mais gravosa ao longo da atividade delitiva.

Estão certos apenas os itens:

a) I e II.

b) I e IV.

c) II e III.

d) I, III e IV.

e) II, III e IV.

04. (CONSULPLAN – 2019 – TJ-MG – Titular de Serviços de Notas e de Registros) "Pode-se afirmar que constitui verdadeira barreira ao abuso da intervenção punitiva do Estado, evitando-se o exagero da utilização desmedida do Direito Penal como agente solucionador de conflitos e panaceia de todos os males. Busca restringir o âmbito de atuação do Direito Penal às situações realmente relevantes, em que a ação do Estado seja necessária e outros ramos do Direito não sejam capazes de dar solução adequada ao conflito." Tal assertiva relaciona-se com o Princípio da:

a) Lesividade.

b) Legalidade.

c) Culpabilidade.

d) Intervenção mínima.

05. (INAZ do Pará – 2019 – CORE-SP – Assistente Jurídico) Marque a alternativa correta que representa o princípio da territorialidade:

a) Aplica-se a lei brasileira, sem prejuízo de convenções, tratados e regras de direito internacional, ao crime cometido no território internacional.

b) Aplica-se a lei estrangeira, sem prejuízo de convenções, tratados e regras de direito internacional, ao crime cometido no território nacional.

c) Aplica-se a lei brasileira, sem prejuízo de convenções, tratados e regras de direito internacional, ao crime cometido no território nacional.

d) Aplica-se a lei brasileira, com prejuízo de convenções, tratados e regras de direito internacional, ao crime cometido no território nacional.

e) Aplica-se a lei brasileira, sem prejuízo de convenções, tratados e regras de direito nacional, ao crime cometido no território nacional.

06. (IDIB – 2019 – Prefeitura de Petrolina-PE – Guarda Civil) A respeito da contagem dos prazos penais, assinale a alternativa incorreta com base no disposto no Código Penal:

a) Contam-se os anos pelo calendário comum.

b) O prazo que terminar em domingo ou dia feriado considerar-se-á prorrogado até o dia útil imediato.

c) Os meses são contados pelo calendário comum.

d) O dia do começo inclui-se no cômputo do prazo.

e) Os dias são contados pelo calendário comum.

07. (CESPE – 2019 – TJ-DFT – Titular de Serviços de Notas e de Registros) Aplicado no direito penal brasileiro, o princípio da alteridade:

a) determina que o juiz analise as especificidades do fato e do autor do fato durante o processo dosimétrico.

b) assevera que a pena não passará da pessoa do condenado.

c) afasta a tipicidade material de fatos criminosos, ao definir que não haverá crime sem ofensa significativa ao bem tutelado.

d) reconhece que o direito penal deve abarcar o máximo de bens possíveis para promover a paz.

e) assinala que, para haver crime, a conduta humana deve colocar em risco ou lesar bens de terceiros, e é proibida a incriminação de atitudes que não excedam o âmbito do próprio autor.

08. (CESPE – 2018 – EMAP – Analista Portuário – Área Jurídica) A respeito da aplicação da lei penal, julgue o item a seguir: A analogia constitui meio para suprir lacuna do direito positivado, mas, em direito penal, só é possível a aplicação analógica da lei penal in bonam partem, em atenção ao princípio da reserva legal, expresso no artigo primeiro do Código Penal.

09. (CESPE – 2018 – EMAP – Analista Portuário – Área Jurídica) A respeito da aplicação da lei penal, julgue o item a seguir: Aplica-se a lei penal brasileira a crimes cometidos dentro de navio que esteja a serviço do governo brasileiro, ainda que a embarcação esteja ancorada em território estrangeiro.

10. (CESPE – 2018 – EMAP – Analista Portuário – Área Jurídica) A respeito da aplicação da lei penal, julgue o item a seguir. Situação hipotética: João cometeu crime permanente que teve início em fevereiro de 2011 e fim em dezembro desse mesmo ano. Em novembro de 2011, houve alteração legislativa que agravou a pena do crime por ele cometido. Assertiva: Nessa situação, deve ser aplicada a lei que prevê pena mais benéfica em atenção ao princípio da irretroatividade da lei penal mais gravosa.

11. (FGV – 2018 – TJ-AL – Analista Judiciário – Área Judiciária) No dia 02.01.2018, Jéssica, nascida em 03.01.2000, realiza disparos de arma de fogo contra Ana, sua inimiga, em Santa Luzia do Norte, mas terceiros que presenciaram os fatos socorrem Ana e a levam para o hospital em Maceió. Após três dias internada, Ana vem a falecer, ainda no hospital, em virtude exclusivamente das lesões causadas pelos disparos de Jéssica. Com base na situação narrada, é correto afirmar que Jéssica: A) não poderá ser responsabilizada criminalmente, já que o Código Penal adota a Teoria da Atividade para definir o momento do crime e a Teoria da Ubiquidade para definir o lugar; B) poderá ser responsabilizada criminalmente, já que o Código Penal adota a Teoria do Resultado para definir o momento do crime e a Teoria da Atividade para definir o lugar; C) poderá ser responsabilizada criminalmente, já que o Código Penal adota a Teoria da Ubiquidade para definir o momento do crime e a Teoria da Atividade para definir o lugar; D) não poderá ser responsabilizada criminalmente, já que o Código Penal adota a Teoria da Atividade para definir o momento do crime e apenas a Teoria do Resultado para definir o lugar; E) poderá ser responsabilizada criminalmente, já que o Código Penal adota a Teoria do Resultado para definir o momento do crime e a Teoria da Ubiquidade para definir o lugar.

12. (FGV – 2018 – TJ-AL – Técnico Judiciário – Área Judiciária) Paulo, funcionário público do governo brasileiro, quando em serviço no exterior, vem a praticar um crime contra a administração pública. Descoberto o fato, foi absolvido no país em que o fato foi praticado. Diante desse quadro, é correto afirmar que Paulo: A) não poderá ser julgado de acordo com a lei penal brasileira por já ter sido absolvido no estrangeiro; B) somente poderá ser julgado de acordo com a legislação penal brasileira se entrar no território nacional; C) não poderá ter contra si aplicada a lei penal brasileira porque o fato não ocorreu no território nacional; D) poderá, por força do princípio da defesa real ou proteção, ser julgado de acordo com a lei penal brasileira; E) poderá, com fundamento no princípio da representação, ser julgado de acordo com a lei penal brasileira.

13. (CONSULPLAN – 2017 – TRF2 – Analista Judiciário) Sobre a aplicação da lei penal, analise as afirmativas a seguir. I. Considera-se praticado o crime no momento da ação ou omissão, ainda que outro seja o momento do resultado. II. Considera-se praticado o crime no lugar em que ocorreu a ação ou omissão, no todo ou em parte, bem como onde se produziu ou deveria produzir-se o resultado. III. O dia do começo inclui-se no cômputo do prazo. Contam-se os dias, os meses e os anos pelo calendário comum. Estão corretas as afirmativas:

a) I, II e III.
b) I e II, apenas.
c) I e III, apenas.
d) II e III, apenas.

14. (IBEG – 2017 – IPREV – Procurador Previdenciário) Considerando o disposto no Código Penal brasileiro quanto à aplicação da lei penal, indique a alternativa incorreta:

a) Não há crime sem lei anterior que o defina, tampouco pena sem prévia cominação legal;
b) Ninguém pode ser punido por fato que lei posterior deixa de considerar crime, cessando em virtude dela a execução e os efeitos penais da sentença condenatória;
c) A lei excepcional ou temporária, se decorrido o período de sua duração ou cessadas as circunstâncias que a determinaram, não retroage ao fato praticado durante sua vigência;
d) Considera-se praticado o crime no momento da ação ou omissão, ainda que outro seja o momento do resultado;
e) Considera-se praticado o crime no lugar em que ocorreu a ação ou omissão, no todo ou em parte,

bem como onde se produziu ou deveria produzir-se o resultado.

15. **(FAURGS – 2016 – TJ-RS – Assessor Judiciário)** Sobre a aplicação da lei penal, assinale alternativa correta.

a) Em se tratando de crimes temporários e excepcionais, a nova lei penal mais benéfica deverá ser aplicada retroativamente em benefício do réu, desde que encerrado o período de vigência da norma especial.

b) Em se tratando de crimes permanentes, a nova lei penal mais gravosa não poderá retroagir em relação aos fatos já realizados pelo agente; todavia, esta deverá ser utilizada pelo juiz no momento da prolação da sentença, caso se verifique a permanência delitiva após a sua entrada em vigor.

c) Segundo dispõe a legislação penal brasileira atualmente em vigor, em obediência ao princípio do ne bis in idem, não se admite que um cidadão brasileiro venha a ser processado novamente no território nacional caso tenha praticado um crime contra o patrimônio da União ou de empresa pública em um país estrangeiro e lá tenha sido absolvido.

d) Em se tratando de crimes praticados por estrangeiros contra brasileiros fora do território nacional, aquele poderá ser punido pela legislação brasileira mesmo que a conduta imputada não seja tipificada como ilícito penal no local dos fatos.

e) Segundo estabelece a Constituição Federal, vereadores, deputados estaduais, deputados federais e senadores gozam de imunidade penal absoluta por todo e qualquer crime decorrente da manifestação de opiniões, palavras e votos praticado no exercício do mandato eletivo, desde que a realização da conduta delitiva tenha ocorrido nos limites territoriais do estado pelo qual foram eleitos.

16. **(UFMT – 2016 – TJ-MT – Técnico Judiciário)** Sobre a aplicação da lei penal, de acordo com o Decreto Lei nº 2.848, de 7 de dezembro de 1940, Código Penal, marque V para as afirmativas verdadeiras e F para as falsas.

( ) Não há crime sem lei posterior que o defina.

( ) Considera-se praticado o crime no momento da omissão, ainda que outro seja o momento do resultado.

( ) Considera-se como extensão do território nacional, para efeitos penais, a aeronave de propriedade privada, que se ache no espaço aéreo correspondente.

( ) Não fica sujeito à lei brasileira, embora cometido no estrangeiro, o crime contra a liberdade do Presidente da República.

Assinale a sequência correta.

a) V, F, F, V

b) F, V, V, F

c) V, V, F, F

d) F, F, V, V

17. **(FGV – 2015 – TJ-RO – Técnico Judiciário)** No dia 25 de fevereiro de 2014, na cidade de Ariquemes, Felipe, nascido em 03 de março de 1996, encontra seu inimigo Fernando na rua e desfere diversos disparos de arma de fogo em seu peito com intenção de matá-lo. Populares que presenciaram os fatos, avisaram sobre o ocorrido a familiares de Fernando, que optaram por transferi-lo de helicóptero para Porto Velho, onde foi operado. No dia 05 de março de 2014, porém, Fernando não resistiu aos ferimentos causados pelos disparos e veio a falecer ainda no hospital de Porto Velho. Considerando a situação hipotética narrada e as previsões do Código Penal sobre tempo e lugar do crime, é correto afirmar que, em relação a estes fatos, Felipe será considerado:

a) inimputável, pois o Código Penal adota a Teoria da Atividade para definir o tempo do crime, enquanto que o lugar do crime é definido pela Teoria da Ubiquidade;

b) inimputável, pois o Código Penal adota a Teoria da Atividade para definir o tempo do crime, enquanto que o lugar é definido pela Teoria do Resultado;

c) imputável, pois o Código Penal adota a Teoria do Resultado para definir tanto o tempo quanto o lugar do crime;

d) imputável, pois o Código Penal adota a Teoria da Ubiquidade para definir o momento do crime, enquanto que a Teoria da Atividade determina o lugar;

e) inimputável, pois o Código Penal adota a Teoria da Atividade para definir tanto o tempo quanto o local do crime.

18. **(CESPE – 2015 – TCU – Auditor Federal de Controle Externo)** Em consequência da fragmentaridade do direito penal, ainda que haja outras formas de sanção ou outros meios de controle social para a tutela de determinado bem jurídico, a criminalização, pelo direito penal, de condutas que invistam contra esse bem será adequada e recomendável.

19. **(FUNIVERSA – 2015 – SAPeJUS-GO – Agente)** Acerca do emprego da analogia no âmbito do Direito Penal brasileiro, assinale a alternativa correta.

a) A regra é a proibição do emprego da analogia no âmbito penal, por força do princípio da reserva legal, todavia a doutrina é remansosa em admitir esse recurso quando se apresentar in bonam partem.

b) A analogia in malam partem ocorre quando se aplica, ao caso omisso, uma lei considerada prejudicial ao réu que, segundo o Código Penal, excepcionalmente, poderá ser admitida, uma vez que deverá ser salvaguardado o direito da coletividade em face do direito do agressor.

c) O Direito Penal brasileiro não admite aplicação da analogia.

d) Segundo a doutrina, analogia legal, ou legis, é aquela em que se aplica ao caso omisso um princípio geral do Direito.

e) Estabelece o Código Penal que a analogia somente poderá ser aplicada aos réus que não sejam reincidentes.

20. (VUNESP – 2015 – Câmara Municipal de Itatiba-SP – Advogado) Acerca da aplicação da lei penal, assinale a alternativa correta:

a) A lei excepcional ou temporária aplica-se ao fato praticado durante sua vigência, ainda que decorrido o período de sua duração ou cessadas as circunstâncias que a determinaram.

b) A lei posterior, que de alguma forma favorecer o agente, será aplicada aos fatos anteriores, desde que não decididos por sentença condenatória transitada em julgado.

c) Considera-se praticado o crime no momento do resultado.

d) Um crime praticado contra a vida ou a liberdade do Presidente da República, se cometido no estrangeiro, ficará sujeito à legislação do país em que tenha ocorrido.

e) Ao crime cometido no território nacional aplica-se a lei brasileira, sem possibilidade de aplicação de qualquer tratado ou regra de direito internacional.

21. (FUNIVERSA – 2015 – SEAP-DF – Agente) De acordo com o princípio da territorialidade da lei penal, se um crime for cometido dentro de um navio público brasileiro, ainda que em alto-mar, o delito deverá ser julgado pela justiça brasileira.

22. (VUNESP – 2014 – TJ-PA – Auxiliar Judiciário) A respeito da contagem de prazo no Código Penal, é correto afirmar que:

a) o ano penal é composto de apenas trezentos e sessenta dias.

b) o dia do começo inclui-se no cômputo do prazo.

c) os dias, os meses e os anos não são contados pelo calendário comum.

d) o dia do fim não se inclui no cômputo do prazo.

e) os sábados e domingos são desprezados no cômputo do prazo.

23. (FUNCAB – 2014 – Polícia Civil-MT) O princípio da fragmentariedade do Direito Penal significa:

a) que, uma vez escolhidos aqueles bens fundamentais, comprovada a lesividade e a inadequação das condutas que os ofendem, esses bens passarão a fazer parte de uma pequena parcela que é protegida pelo Direito Penal.

b) que o legislador valora as condutas, cominando-lhes penas que variam de acordo com a importância do bem a ser tutelado.

c) que apesar de uma conduta se subsumir ao modelo legal não será considerada típica se for socialmente adequada ou reconhecida, isto é, se estiver de acordo com a ordem social da vida historicamente condicionada.

d) que as proibições penais somente se justificam quando se referem a condutas que afetem gravemente direitos de terceiros.

e) que a lei é a única fonte do Direito Penal quando se quer proibir ou impor condutas sob a ameaça de sanção.

24. (Aroeira – 2014 – Polícia Civil-TO) Ainda que absolvido ou condenado no estrangeiro, o agente brasileiro será punido segundo a lei brasileira, caso pratique, no exterior, crime:

a) que, por tratado ou convenção, o Brasil se obrigou a reprimir.

b) que ocorra em aeronaves brasileiras, mercantes ou de propriedade privada.

c) de genocídio.

d) de qualquer espécie.

25. (CESPE – 2013 – MPU – Analista) A homologação de sentença estrangeira para obrigar condenado à reparação de dano requer a existência de tratado de extradição com o país de cuja autoridade judiciária emanou a sentença.

26. (FEPESE – 2013 – DPE-SC – Técnico) Assinale a alternativa correta de acordo com o Direito Penal.

a) A lei penal é irretroativa.

b) Na contagem de prazo no Direito Penal computa-se o dia de início e exclui-se o dia final.

c) Não se admite a ultra-atividade da lei no direito penal.

d) O dia de início é excluído no Direito Penal, devendo-se na contagem do prazo ser considerado o dia final

e) As frações de dias, e, na pena de multa, as frações de pecúnia, deverão sempre ser consideradas para fins de execução da pena.

27. (FEPESE – 2013 – DPE-SC – Analista) O Código Penal brasileiro adotou qual teoria para definir o local do crime?

a) Teoria da ação

b) Teoria do resultado

c) Teoria da ação mista

d) Teoria do resultado objetivo
e) Teoria mista ou da ubiquidade

28. (CESPE – 2012 – MPE-PI – Analista Ministerial) O princípio da consunção, consoante posicionamento doutrinário e jurisprudencial, resolve o conflito aparente de normas penais quando um crime menos grave é meio necessário, fase de preparação ou de execução de outro mais nocivo, respondendo o agente somente pelo último. Há incidência desse princípio no caso de porte de arma utilizada unicamente para a prática do homicídio.

29. (TJ-PR – 2012 – Assessor Jurídico) No que concerne à lei penal no tempo e no espaço, assinale a alternativa correta.

a) O Código Penal, no que concerne ao local do crime, adotou aquela que se chama de teoria da atividade ou de teoria da ação.
b) O Código Penal, no que concerne ao tempo do crime, adotou aquela que se chama de teoria da ubiquidade ou de teoria mista.
c) O Código Penal, no que concerne ao local do crime, adotou aquela que se chama de teoria da ubiquidade ou de teoria mista.
d) O Código Penal, no que concerne ao tempo do crime, adotou aquela que se chama de teoria do resultado.

30. (CESPE – 2012 – PF – Agente da Polícia Federal) Conflitos aparentes de normas penais podem ser solucionados com base no princípio da consunção, ou absorção. De acordo com esse princípio, quando um crime constitui meio necessário ou fase normal de preparação ou execução de outro crime, aplica-se a norma mais abrangente. Por exemplo, no caso de cometimento do crime de falsificação de documento para a prática do crime de estelionato, sem mais potencialidade lesiva, este absorve aquele.

31. (CESPE – 2012 – TJ-RO – Técnico Judiciário) Considere que um homem tenha sido denunciado pela prática de estelionato e que, durante a ação penal, tenha entrado em vigor uma nova lei que prevê diminuição da pena aplicável ao referido crime. Nessa situação hipotética, consoante disposições do Código Penal, a lei nova:

a) não se aplica ao crime em tela, uma vez que o fato criminoso que originou a ação penal foi praticado anteriormente à vigência da nova lei.
b) aplica-se ao crime em tela, independentemente do conteúdo material, dado que a lei penal obedece ao princípio da retroatividade.
c) aplica-se ao crime em tela, visto que a lei penal obedece ao princípio da retroatividade, caso caracterize-se situação em que o acusado será beneficiado.
d) pode ser aplicada ao crime em tela, desde que não tenha ocorrido o trânsito em julgado de sentença penal condenatória, situação que impede a retroatividade da lei nova.
e) não se aplica ao crime em tela, conforme o princípio da irretroatividade, visto que a ação penal já estava em curso quando a nova lei passou a vigorar.

32. (CESPE – 2012 – TRE-RJ – Analista Judiciário) Em relação ao tempo do crime, o Código Penal brasileiro adotou a teoria do resultado.

33. (CESPE – 2012 – TJ-AC – Técnico Judiciário) Considere que um dos integrantes de determinada quadrilha especializada em desviar dinheiro público tenha contribuído para a prisão de seus comparsas e que, após sua prisão, o Congresso Nacional tenha aprovado uma lei que estabelecesse a isenção de pena para partícipes em crimes contra a administração pública que contribuíssem para a prisão de seus comparsas. Nesse caso, dado o princípio da irretroatividade da lei penal, o referido integrante da quadrilha não seria beneficiado pela isenção de pena.

34. (FCC – 2012 – MPE-PE – Analista Ministerial) NÃO se aplica, em regra, a lei brasileira aos crimes praticados a bordo de:

a) barco mercante estrangeiro de propriedade privada em águas territoriais brasileiras.
b) navio de cruzeiro de propriedade de empresa estrangeira em águas territoriais brasileiras.
c) aeronave brasileira a serviço do governo brasileiro em espaço aéreo estrangeiro.
d) barco pesqueiro brasileiro de propriedade particular em águas territoriais estrangeiras.
e) aeronave comercial estrangeira em voo no espaço aéreo brasileiro.

35. (CESPE – 2012 – TJ-AC – Técnico Judiciário) De acordo com o que dispõe o Código Penal acerca de lei excepcional ou temporária, a conduta de um comerciante que tenha criminalmente transgredido os preços estipulados em tabela fixada por órgão do Poder Executivo deve ser avaliada pelo juiz com base na tabela vigente ao tempo da transgressão, porquanto constitui complemento da norma penal em branco, com efeito ultra-ativo.

36. (CESPE – 2012 – Polícia Civil-AL) A teoria da atividade, adotada pelo Código Penal Brasileiro, considera praticado o crime no momento em que ocorre o resultado.

37. (TJ-PR – 2012 – Assessor Jurídico) Relativamente à lei penal no tempo, considere as seguintes afirmativas:

1. Ninguém pode ser punido por fato que lei posterior deixa de considerar crime, cessando em virtude dela a execução e os efeitos penais da sentença condenatória.
2. A lei posterior, que de qualquer modo favorecer o agente, aplica-se aos fatos anteriores, ainda que decididos por sentença condenatória transitada em julgado.
3. A lei posterior, que de qualquer modo favorecer o agente, aplica-se aos fatos anteriores, desde que não decididos por sentença condenatória transitada em julgado.
4. Ninguém pode ser punido por fato que lei posterior deixa de considerar crime, não cessando em virtude dela, entretanto, a execução e os efeitos penais da sentença condenatória.

Assinale a alternativa correta.

a) Somente as afirmativas 1 e 2 são verdadeiras.
d) Somente as afirmativas 3 e 4 são verdadeiras.
c) Somente as afirmativas 1, 2 e 3 são verdadeiras.
d) Somente as afirmativas 2, 3 e 4 são verdadeiras.

GABARITO		FUNDAMENTAÇÃO
1	C	Art. 7º, inciso I, CP
2	C	Arts. 4º e 6º CP
3	A	Art. 5º, XL, CF e Art. 4º CP
4	D	Item 4.3
5	C	Art. 5º CP
6	B	Art. 10 CP
7	E	Item 4.7
8	C	Art. 1º CP
09	C	Art. 5º, § 1º, CP
10	E	Súmula 711 STF
11	A	Arts. 4º e 27 CP
12	D	Art. 7º, I, *c*, CP

GABARITO		FUNDAMENTAÇÃO
13	A	Arts. 4º, 6º e 10 CP
14	C	Art. 3º CP
15	B	Súmula 711 STF
16	B	Arts. 1º; 4º; 5º, § 2º; 7º, I, *a* CP
17	A	Arts. 4º e 6º CP
18	E	Item 4.4
19	A	Item 3
20	A	Art. 3º CP
21	C	Art. 5º, § 1º, CP
22	B	Art. 10 CP
23	A	Item 4.4
24	C	Art. 7º, I, *d*, CP
25	E	Art. 9º, I e par. único, CP
26	B	Art. 10 CP
27	E	Art. 6º CP
28	C	Item 6
29	C	Art. 6º CP
30	C	Súm. 17 STJ
31	C	Art. 2º, par. único, CP
32	E	Art. 4º CP
33	E	Art. 2º, par. único, CP
34	D	Art. 5º, §§ 1º e 2º, CP
35	C	Art. 3º CP
36	E	Art. 4º CP
37	A	Art. 2º CP

CAPÍTULO II
TEORIA GERAL DO CRIME

1. INTRODUÇÃO

1.1. Conceitos de crime

a) **Legal:** "Considera-se crime a infração penal que a lei comina pena de reclusão ou de detenção, quer isoladamente, quer alternativa ou cumulativamente com a pena de multa" (art. 1º, 1ª parte, da Lei de Introdução ao Código Penal).

b) **Material (substancial):** refere-se ao conteúdo do ilícito penal, com análise da conduta danosa e sua consequência social. Nesse sentido, crime é o comportamento humano que causa lesão ou perigo de lesão ao bem jurídico.

c) **Formal (formal sintético):** conceito sob o aspecto da contradição do fato à norma penal. Nesse sentido, crime é a conduta humana proibida pela lei penal.

d) **Analítico (dogmático ou formal analítico):** enfoca os elementos ou requisitos do crime. O delito é concebido como conduta típica, ilícita e culpável (conceito tripartido), ou apenas como conduta típica e ilícita (conceito bipartido).

CRIME (conceito tripartido)		
Fato típico	Ilicitude	Culpabilidade

CRIME (conceito bipartido)	
Fato Típico	Ilicitude

Pelo conceito bipartido, a culpabilidade não é elemento do crime, mas sim pressuposto de aplicação da pena. Portanto, pode ter ocorrido o crime (fato típico + ilicitude) e mesmo assim ser o agente isento de pena.

▶ **IMPORTANTE:**

- No Brasil foi adotada a **teoria dicotômica**, segundo a qual INFRAÇÃO PENAL é o gênero, para as espécies crime e contravenção penal.
- Crime é sinônimo de delito no nosso País.

Não existe diferença ontológica entre as duas espécies de infração penal, tanto é que pode uma contravenção se tornar crime e vice-versa. A diferença entre crime e contravenção penal, em termos legais, vem disposta no já referido **art. 1º da Lei de Introdução ao Código Penal**: considera-se **crime** a infração penal a que a lei comina pena de reclusão ou de detenção, quer isoladamente, quer alternativa ou cumulativamente com a pena de multa; **contravenção**, a infração penal a que a lei comina, isoladamente, pena de prisão simples ou de multa, ou ambas, alternativa ou cumulativamente.

No que se refere a certos institutos jurídicos (ação penal, tentativa, extraterritorialidade), bem como a efeitos penais (qualidade e quantidade de pena a ser aplicada), há algumas diferenças entre crimes (ou delitos) e contravenções penais. Confira o quadro abaixo:

CRIME	CONTRAVENÇÃO PENAL
Ação penal pública ou privada	Ação penal pública incondicionada (art. 17 da LCP)
Tentativa: é em regra punível (art. 14, II, do CP)	Não se pune tentativa de contravenção (art. 14, II, da LCP)
É possível a extraterritorialidade (art. 7º do CP)	Não é possível a extraterritorialidade (art. 2º da LCP)
Reclusão ou detenção (art. 33 do CP)	Prisão simples (art. 5º da LCP)
Cumprimento máximo de pena: 40 anos (art. 75 do CP)	Cumprimento máximo de pena: 5 anos (art. 10 da LCP)

1.2. Classificação doutrinária dos crimes

a) **crime simples:** é o tipo penal básico (ex.: art. 121, *caput* – homicídio), sem conter circunstância no tipo penal que modifique a pena; **crime qualificado:** possui circunstância que torna a pena mais elevada do que a do tipo básico (ex.: art. 121, § 2º – homicídio qualificado); **crime privilegiado**: possui circunstância que torna a pena menos grave do que a do tipo básico (ex.: art. 242, parágrafo único).

b) **crime comum:** qualquer pessoa poderá praticá-lo (ex.: homicídio, lesão corporal, furto, roubo, estelionato); **crime próprio**: exige uma qualidade especial do sujeito ativo (ex.: art. 312 – peculato, que requer a qualidade de funcionário público); **crime de mão própria**: a conduta típica somente pode ser realizada por uma única pessoa, não admitindo coautoria direta (ex.: art. 342 – falso testemunho).

c) **crime político**: pune-se uma conduta que causa um dano ou perigo de dano a bem jurídico de interesse da segurança do Estado. Pode ser: ***político próprio***: tutela interesse do Estado (ex.: artigos 8º, 10 e 13 da Lei nº 7.170/83); ***político impróprio***: além de tutelar interesse do Estado, protege bens jurídicos individuais (ex.: artigos 15, 18 e 20 da Lei nº 7.170/83).

d) **crime militar próprio**: previsto apenas no Código Penal Militar (ex.: art. 187 – deserção); **crime militar impróprio**: a mesma figura típica do CPM é prevista no CP ou em outras leis especiais (ex.: o crime de furto é previsto no CPM e no CP).

e) **crime instantâneo**: a consumação é imediata (ex.: art. 121 – homicídio); **crime permanente**: a consumação protrai no tempo (ex.: art. 148 – sequestro); **crime instantâneo com efeito permanente**: a consumação é imediata, mas o resultado se prolonga no tempo independente da vontade do agente (ex.: art. 235 – bigamia); **crime a prazo**: a consumação exige a fluência de determinado lapso de tempo (ex.: art. 129, § 1º, I – lesão corporal grave, resultando na vítima incapacidade para as ocupações habituais por mais de 30 dias).

f) **crime habitual**: depende de vários atos habituais para configurar a infração (ex.: art. 284 – curandeirismo).

g) **crime comissivo**: o tipo penal descreve uma ação proibida (ex.: art. 121). A norma penal é proibitiva; **crime omissivo próprio**: o tipo penal descreve uma conduta omissiva, ou seja, um não fazer proibido. A norma penal nesse caso é preceptiva ou mandamental (ex.: art. 135 – omissão de socorro); **crime omissivo impróprio** (comissivo por omissão): em certas situações, mesmo o tipo penal descrevendo uma ação, pode haver a sua execução por omissão. O agente deixa de evitar o resultado quando podia e devia agir (ex.: art. 121, c/c art. 13, § 2º, do CP).

h) **crime monossubjetivo**: o tipo exige apenas um agente realizando a conduta típica, mas pode haver concurso de pessoas; **crime plurissubjetivo**: o tipo exige dois ou mais agentes para a configuração do crime. Pode ser por conduta paralela (mesmo objetivo – ex.: associação criminosa, art. 288), conduta divergente (ações são dirigidas de uns contra os outros – ex.: rixa, art. 137) e conduta convergente (ex.: bigamia, art. 235).

i) **crime unissubsistente**: consuma-se com a prática de um só ato (ex.: injúria verbal); **crime plurissubsistente**: consuma-se com a prática de um ou vários atos (ex.: art. 121 – homicídio).

j) **crime consumado**: ocorre quando se reúnem todos os elementos de sua definição legal (art. 14, I); **crime tentado**: ocorre quando, iniciada a execução, não se consuma por circunstâncias alheias à vontade do agente (art. 14, II); **crime exaurido**: consequência mais lesiva após a consumação (ex.: recebimento da vantagem após a extorsão mediante sequestro).

k) **crime de ação única**: o tipo prevê apenas uma forma de conduta (um verbo); **crime de ação múltipla**: o tipo prevê várias formas de conduta (ex.: art. 122 – induzimento, instigação ou auxílio ao suicídio ou à automutilação). Os crimes de ação múltipla podem ser de ação alternativa ou cumulativa. No caso dessa última, se o agente pratica mais de uma ação, terá praticado mais de um crime.

l) **crime material**: o tipo descreve a conduta e o resultado naturalístico. Para consumar o delito é necessário o resultado naturalístico (ex.: homicídio, furto, roubo); **crime formal** (consumação antecipada): o tipo descreve uma conduta que possibilita a produção de um resultado naturalístico, mas não exige a realização deste (ex.: no crime de extorsão mediante sequestro o tipo descreve a conduta de sequestrar, bem como descreve o resultado, que é o recebimento da vantagem, mas para a sua consumação basta o sequestro com o fim de alcançar o resultado); **crime de mera conduta**: o tipo descreve apenas a conduta, da qual não decorre nenhum resultado naturalístico externo a ela (ex.: porte ilegal de arma de fogo). **Obs.**: para alguns autores, não existe diferença entre crimes formais e de mera conduta, já que em ambos não é exigida a produção de nenhum resultado naturalístico.

▶ **SÚMULAS:**

- **Crimes materiais:** "Não se tipifica crime material contra a ordem tributária, previsto no art. 1º, incisos I a IV, da Lei nº 8.137/90, antes do lançamento definitivo do tributo" (Súmula Vinculante 24 do STF).
- **Crimes formais:** "O crime de extorsão consuma-se independentemente da obtenção da vantagem indevida" (Súmula 96 do STJ); "A configuração do crime do art. 244-B do ECA independe da prova da efetiva corrupção do menor, por se tratar de delito formal" (Súmula 500 do STJ).

m) **crime de dano**: consuma-se com a efetiva lesão ao bem jurídico (ex.: art. 121 – homicídio); **crime de perigo**: consuma-se com a possibilidade de lesão ao bem jurídico (ex.: art. 132 – periclitação). Subdivide-se em: ***perigo concreto***, i.e., necessita de comprovação do perigo (ex.: No art. 309 do CTB não basta dirigir veículo automotor sem habilitação, sendo necessário que o agente gere perigo de dano; no crime do art. 250 do CP não basta causar incêndio, devendo haver efetivo perigo à vida, a integridade física ou ao patrimônio de outrem); ***perigo abstrato/presumido***, que dispensa a comprovação do perigo de dano (ex.: art. 130 – perigo de contágio venéreo; tráfico de drogas). Parte da doutrina critica a criação de crimes de perigo abstrato sob a justificativa de haver violação do princípio da ofensividade.

n) **crime complexo**: 1) ***sentido estrito (ou complexo puro)***: reunião de condutas típicas distintas (ex.: art. 159 – extorsão mediante sequestro, que consiste na fusão dos crimes de extorsão e sequestro); 2) ***sentido amplo (ou complexo impuro)***: reunião de uma conduta típica e outras circunstâncias. Ex.: constrangimento ilegal (ameaça + outro fato não tipificado).

o) **crime pluriofensivo**: protege mais de um bem jurídico no mesmo tipo penal (ex.: art. 157 – roubo, que tutela os bens jurídicos patrimônio e integridade corporal).

p) **crime vago**: possui como sujeito passivo entidades sem personalidade jurídica (ex.: violação de sepultura – art. 210).

q) **crime funcional**: possui como agente o funcionário público. Pode ser ***funcional próprio***: a condição de funcionário público é essencial para configuração do crime, de forma que, sem ela, não há outro delito (ex.: prevaricação – art. 319). ***Funcional impróprio***: a ausência da condição de funcionário público desclassifica a infração (ex.: a ausência da qualidade de funcionário público desclassifica o crime, de peculato-apropriação para apropriação indébita).

1.3. Sujeitos do crime

O **sujeito ativo** pode ser tanto quem realiza o verbo típico (autor executor) ou possui o domínio finalista do fato (autor funcional, segundo a teoria do domínio do fato), como quem de qualquer outra forma concorre para o crime (partícipe, que concorre induzindo, instigando ou prestando auxílio ao autor).

A Constituição Federal admitiu a responsabilização penal da pessoa jurídica no art. 173, § 5º (crimes contra a ordem econômica e financeira e contra a economia popular) e no art. 225, § 3º (crimes contra o meio ambiente). Regulamentando as disposições constitucionais, foi editada a Lei nº 9.605/98, que trouxe expressamente em seu texto a possibilidade de a pessoa jurídica ser sujeito ativo de infração penal contra o meio ambiente (art. 3º).

▶ **TEORIA DA DUPLA IMPUTAÇÃO:**

No que tange ao **sujeito passivo**, distingue-se em:

a) material ou eventual: titular do bem jurídico violado ou ameaçado;

b) formal ou constante: titular do mandamento proibitivo, ou seja, o Estado.

Observações:

a) a pessoa jurídica pode ser vítima de crime contra a honra, desde que o delito seja difamação (atribuição de fato ofensivo à reputação) ou calúnia (atribuição de fato falso, definido como crime ambiental).

b) O morto não pode ser sujeito passivo, pois não é titular de direitos; entretanto, é punível a calúnia contra os mortos – art. 138, § 2º, do CP (aqui o sujeito passivo é a família do morto).

c) Considera-se prejudicado aquele que sofreu algum prejuízo com a prática do delito.

d) Ninguém pode ser ao mesmo tempo sujeito ativo e passivo diante de sua própria conduta; a **autolesão**, no entanto, pode configurar estelionato, desde que o agente tenha o intuito de haver indenização ou valor de seguro (art. 171, § 2º, V, do CP).

e) No crime de maus-tratos a animais (art. 32 da Lei nº 9.605/98), sujeito passivo é a coletividade. *Obs.:* tratando-se de **cão ou gato**, incidirá a forma qualificada do crime (§ 1º-A = 2 a 5 anos, multa e proibição da guarda), incluída pela Lei nº 14.064, de 29/09/2020.

1.4. Objetos do crime

O objeto do crime subdivide-se em objeto jurídico e objeto material:

a) **Objeto jurídico:** bem ou interesse tutelado pela norma. Exemplos: no crime de homicídio é a vida; no crime de furto é o patrimônio; no crime de estupro é a liberdade sexual.

b) **Objeto material:** pessoa ou coisa atingida pela conduta criminosa. Exemplos: no crime de homicídio o objeto material é a pessoa; no crime de furto é a coisa subtraída.

2. CONDUTA

2.1. Noção

A doutrina diverge acerca de quais elementos compõem o crime. Observe-se:

a) **CRIME = FATO TÍPICO + ILICITUDE**

<table>
<tr><td rowspan="5">CRIME (CONCEITO BIPARTIDO)</td><td rowspan="4">Fato típico</td><td>1. Conduta</td></tr>
<tr><td>2. Resultado</td></tr>
<tr><td>3. Nexo causal</td></tr>
<tr><td>4. Tipicidade</td></tr>
<tr><td>Ilicitude</td><td>Fato contrário ao ordenamento jurídico</td></tr>
</table>

<table>
<tr><td rowspan="3">PRESSUPOSTO DE APLICAÇÃO DA PENA</td><td rowspan="3">Culpabilidade</td><td>1. Imputabilidade</td></tr>
<tr><td>2. Potencial consciência da ilicitude</td></tr>
<tr><td>3. Exigibilidade de conduta diversa</td></tr>
</table>

b) **CRIME = FATO TÍPICO + ILICITUDE + CULPABILIDADE**

<table>
<tr><td rowspan="8">CRIME (CONCEITO TRIPARTIDO)</td><td rowspan="4">Fato típico</td><td>1. Conduta</td></tr>
<tr><td>2. Resultado</td></tr>
<tr><td>3. Nexo causal</td></tr>
<tr><td>4. Tipicidade</td></tr>
<tr><td>Ilicitude</td><td>Fato contrário ao ordenamento jurídico</td></tr>
<tr><td rowspan="3">Culpabilidade</td><td>1. Imputabilidade</td></tr>
<tr><td>2. Potencial consciência da ilicitude</td></tr>
<tr><td>3. Exigibilidade de conduta diversa</td></tr>
</table>

Independentemente dessa divergência sobre a culpabilidade (se é pressuposto de aplicação da pena ou elemento do crime), o **fato típico** é o primeiro elemento do crime. Entretanto, não se deve confundir **fato** com **conduta,** uma vez que aquele é mais abrangente que esta. Isto porque o fato pode abranger não só a conduta humana, mas também o resultado naturalístico (modificação do mundo exterior) causado pela conduta.

Desse modo, analisaremos separadamente a conduta, o resultado e o nexo causal.

2.2. Conceito

Conduta é um agir humano, ou um deixar de agir, de forma consciente e voluntária, dirigido a determinada finalidade. A conduta deve ser concebida como um **ato de vontade com conteúdo** (finalidade/querer interno). Segundo predomina na doutrina, o Código Penal (reformado em 1984) adotou a **teoria finalista da conduta de Hans Welzel.** Para que a conduta seja típica deverá ser dolosa ou culposa. Ou seja, o dolo e a culpa figuram no fato típico (primeiro elemento do crime).

- Para as **teorias causais**, o delito constitui-se de elementos objetivos (fato típico e ilicitude) e subjetivos (culpabilidade). A conduta é tida como um movimento corporal voluntário que produz uma modificação no mundo exterior. Integram a conduta: a vontade, o movimento corporal e o resultado. A vontade é despida de conteúdo (finalidade/querer-interno). Esse conteúdo (finalidade visada pela ação) figura na culpabilidade. Ou seja, o dolo e a culpa estão na culpabilidade.
- Para a **teoria social**, a conduta é considerada sob o aspecto causal e finalístico, mas acrescenta o fator social. Concebe-se a conduta como um comportamento humano socialmente relevante. A preocupação é a significação social da conduta humana do ponto de vista da sociedade (conceito valorado de ação).

2.3. Características e elementos da conduta

São **características** da conduta:

a) comportamento humano, consistente num movimento ou abstenção de movimento corporal;

b) voluntariedade.

Como **elementos ou aspectos**, temos: a) aspecto interno ou ato de vontade com finalidade: abrange proposição de um fim ou o objetivo pretendido pelo agente; seleção dos meios para obtenção do objetivo e a representação dos resultados concomitantes; b) aspecto externo ou manifestação dessa vontade: consiste na exteriorização da conduta, com o desencadeamento da causalidade em direção à produção do resultado pretendido. Registre-se que ato voluntário não implica que seja livre, uma vez que o agente pode ter agido diante de uma coação moral irresistível.

2.4. Ausência de conduta

Conduta humana é um ato de **consciência** e **vontade**, de sorte que inexistente a consciência ou a vontade não há que se falar em conduta. Nessa situação, não haverá crime por ausência de seu primeiro elemento (fato típico). Temos as seguintes hipóteses:

a) **Inconsciência:** é a falta de capacidade psíquica de vontade, que faz desaparecer a conduta. Exemplo: movimentos praticados em estados de sonambulismo, hipnose, desmaio, crise epiléptica, estado de coma etc.

b) **Coação física irresistível:** ocorre força física irresistível nas hipóteses em que opera sobre o homem uma força de tal proporção que o faz intervir como uma mera massa mecânica. Exemplo: A domina totalmente B e coloca uma faca em sua mão. Em seguida, segura o braço e mão de B e empurra a faca no coração de C. Nesse caso, B não praticou nenhuma conduta, mas sim A.

▶ **COAÇÃO FÍSICA IRRESISTÍVEL x COAÇÃO MORAL IRRESISTÍVEL**

- Não confunda **coação *física* irresistível** (excludente da conduta do coagido) com **coação *moral* irresistível** (excludente da culpabilidade do coagido). Se a coação irresistível for apenas moral, não fica afastada a vontade, mas apenas viciada, de sorte que, segundo o art. 22 do CP, o coagido, embora tenha praticado um fato típico e ilícito, será isento de pena, afastando-se a culpabilidade.
- Se a **coação (física ou moral) for *resistível***, não será considerada como excludente da conduta ou da culpabilidade, mas sim como circunstância atenuante (considerada na sentença condenatória no momento da fixação da pena) prevista no art. 65, III, c, do CP.

2.5. Formas de conduta

Duas são as formas de conduta:

a) **Ação:** movimento corpóreo ou comportamento positivo (ex.: matar, subtrair, constranger);

b) **Omissão:** abstenção de um comportamento.

Os delitos que descrevem uma ação proibida são denominados **crimes comissivos**. Os que descrevem uma omissão proibida são os **crimes omissivos próprios ou puros** (ex.: omissão de socorro – CP, art. 135).

- As normas proibitivas (implícitas na lei penal) correspondem aos crimes comissivos.
- As normas preceptivas ou mandamentais correspondem aos crimes omissivos.

Assim, para configurar um crime omissivo o agente deve violar a norma mandamental, deixando de fazer o que a norma determina (obrigação de fazer).

Ex.: no crime de omissão de socorro, temos como norma mandamental (implícita) "prestará socorro".

Já nos tipos comissivos, o delito restará configurado quando o agente violar a norma de proibição, fazendo o que a norma proíbe (obrigação de não-fazer).

Ex.: no crime de homicídio temos como norma proibitiva "não matará".

Porém, pode ocorrer que os delitos comissivos sejam praticados mediante uma omissão. Isso ocorre nas hipóteses em que o agente pode e deve agir (dever jurídico especial) para impedir o resultado e se omite (CP, art. 13, § 2º – posição de "garante"). São os chamados **crimes comissivos por omissão (omissivos impróprios, omissivos impuros, omissivos espúrios).**

3. RESULTADO

<table>
<tr><td rowspan="8">CRIME (CONCEITO TRIPARTIDO)</td><td rowspan="4">Fato Típico</td><td>1. Conduta</td></tr>
<tr><td>2. Resultado</td></tr>
<tr><td>3. Nexo causal</td></tr>
<tr><td>4. Tipicidade</td></tr>
<tr><td>Ilicitude</td><td>Fato contrário ao ordenamento jurídico</td></tr>
<tr><td rowspan="3">Culpabilidade</td><td>1. Imputabilidade</td></tr>
<tr><td>2. Potencial consciência da ilicitude</td></tr>
<tr><td>3. Exigibilidade de conduta diversa</td></tr>
</table>

Art. 13. O resultado, de que depende a existência do crime, somente é imputável a quem lhe deu causa. (...)

3.1. Resultado naturalístico (físico ou material)

Segundo a **teoria naturalística**, resultado é modificação do mundo exterior causada pela conduta. Essa modificação pode ser física (ex.: destruição de objeto – art. 163), fisiológica (ex.: lesão corporal – art. 129) ou psicológica (ex.: percepção da ofensa – art. 140).

▶ **Para a teoria naturalística, há crimes sem resultado (naturalístico)**, como ocorre com os crimes de mera conduta (ex.: violação de domicílio) e com os crimes formais (ex.: extorsão mediante sequestro).

De acordo com o resultado naturalístico, as infrações penais classificam-se em:

a) **crime material:** o tipo descreve conduta e resultado naturalístico, sendo este necessário para a consumação. Exemplo: no art. 121, o tipo exige como resultado naturalístico a morte da vítima.

▶ **Súmula Vinculante 24 do STF:** "Não se tipifica crime material contra a ordem tributária, previsto no art. 1º, incisos I a IV, da Lei nº 8.137/90, antes do lançamento definitivo do tributo".

b) **crime formal:** o tipo descreve conduta e resultado naturalístico, mas este não é necessário para a consumação. Exemplo: extorsão mediante sequestro (art. 159). O tipo descreve a conduta (sequestro) e um resultado naturalístico externo à conduta (recebimento de qualquer vantagem como condição ou preço do resgate), mas não exige para a consumação que esse resultado se produza.

▶ **Súmula 96 do STJ**: "O crime de extorsão consuma-se independentemente da obtenção da vantagem indevida".

c) **crime de mera conduta:** o tipo descreve apenas uma conduta, sem mencionar qualquer resultado naturalístico. Não exige para a sua consumação um resultado naturalístico externo à ação. Exemplo: violação de domicílio (art. 150).

3.2. Resultado normativo

Além da teoria naturalística, existe a chamada **teoria normativa ou jurídica** no que tange ao conceito de resultado do crime. Segundo essa teoria, resultado é a lesão ou a possibilidade de lesão a um bem jurídico tutelado pela norma penal.

▶ **Para a teoria normativa ou jurídica, todos os crimes possuem resultado** (normativo ou jurídico).

Atualmente, esta concepção de resultado vem sendo analisada no campo da tipicidade em seu aspecto material (desvalor do resultado).

Exemplo: no crime de homicídio (art. 121), o resultado naturalístico é a morte de uma pessoa, ao passo que o resultado normativo é a lesão ao bem jurídico vida. No crime de violação de domicílio (art. 150), não existe resultado naturalístico, mas sim resultado normativo, que é a lesão ao bem jurídico inviolabilidade domiciliar e à privacidade do morador.

3.3. Resultado previsto no art. 13, *caput*, do Código Penal

Muito embora no art. 13, *caput*, do CP conste que para a existência de um crime é necessário um **resultado**, predomina na doutrina que se trata do **resultado *naturalístico***. Entretanto, como visto, nem todo crime possui resultado naturalístico, como os crimes formais e os de mera conduta. Com efeito, nesse sentido, o dispositivo necessita de uma interpretação restritiva, a fim de considerar que apenas os crimes materiais necessitam de resultado para sua existência.

Por outro lado, parcela minoritária da doutrina (Luiz Flávio Gomes e Rogério Greco, por exemplo) entende que se deve interpretar o dispositivo no sentido que o resultado referido se trata do **resultado *normativo***, dispensando, assim, uma interpretação restritiva, tendo em vista que todo crime possui resultado no sentido normativo (lesão efetiva ou potencial ao bem jurídico tutelado).

4. NEXO DE CAUSALIDADE

CRIME (CONCEITO TRIPARTIDO)	**Fato Típico**	1. Conduta
		2. Resultado
		3. Nexo causal
		4. Tipicidade
	Ilicitude	Fato contrário ao ordenamento jurídico
	Culpabilidade	1. Imputabilidade
		2. Potencial consciência da ilicitude
		3. Exigibilidade de conduta diversa

> **Art. 13.** O resultado, de que depende a existência do crime, somente é imputável a quem lhe deu **causa**. Considera-se **causa** a ação ou omissão sem a qual o resultado não teria ocorrido.

4.1. Conceito

Nexo causal, no campo naturalístico (físico ou material), é a ligação entre uma **conduta** (causa) e o **resultado naturalístico** (modificação do mundo exterior).

O nexo causal (naturalístico, físico ou material) possui relevância apenas aos **crimes materiais**, pois estes exigem para a sua consumação a produção do resultado naturalístico (modificação do mundo exterior), ao contrário dos crimes formais e de mera conduta, que não exigem a produção desse resultado.

Exemplo: no delito de homicídio (crime material), é necessário averiguar a relação entre a conduta praticada com o resultado naturalístico (morte). No crime de extorsão (art. 158), o tipo penal não exige a produção do resultado naturalístico (obtenção da indevida vantagem econômica), de sorte que não há de se falar em nexo causal naturalístico.

4.2. Teoria da equivalência dos antecedentes causais

Nos termos do art. 13, *caput*, do CP, considera-se causa a conduta sem a qual o resultado não teria ocorrido. Foi adotada a **teoria da equivalência dos antecedentes causais (*conditio sine qua non*)**, uma vez que se considera causa qualquer condição que contribua para a produção do resultado naturalístico. Trata-se de análise de dados referentes ao plano físico (naturalístico), por isso se diz que é uma teoria sobre o nexo causal físico. Por esta teoria não há diferença entre as causas e entre causa e condição, independentemente do grau de contribuição. Não se fala em condições essenciais ou não essenciais. Assim, qualquer antecedente que tenha contribuído, no plano físico, para o resultado, é considerado causa.

Segundo o denominado **procedimento hipotético de eliminação de Thyrén**, causa é todo antecedente que, suprimido mentalmente, impediria a produção do resultado como ocorreu.

Exemplo: o agente desfere uma facada (conduta de matar) na vítima. Em decorrência dos ferimentos causados pela facada (nexo causal) resulta a morte (resultado), ou seja, o agente deu causa ao resultado morte. Se suprimirmos mentalmente a facada (antecedente), o resultado não teria ocorrido "como ocorreu".

4.3. Limites ao regresso *ad infinitum* ou complemento à teoria *conditio sine qua non*

A teoria da equivalência dos antecedentes causais é muito extensa, uma vez que permite o regresso ao infinito (*regressus ad infinitum*) na investigação do que seja causa. Exemplificando, pode-se dizer que o fabricante e o comerciante da faca utilizada em um homicídio deram causa física (naturalística ou material) ao resultado morte, pois se não fossem a fabricação e venda da faca o resultado morte não teria ocorrido "como ocorreu".

Entretanto, para evitar a responsabilização de certas condutas antecedentes que contribuíram para o resultado (segundo a teoria da equivalência dos antecedentes causais), a legislação e a doutrina apontam certos limites ou complementos, como a análise de dolo e culpa, bem como os critérios de imputação objetiva.

Assim, embora o agente tenha praticado a conduta e causado o resultado, resta afastada a tipicidade diante da ausência de dolo ou culpa, ou mesmo pelo não preenchimento dos critérios acerca da imputação objetiva.

a) *Análise de dolo ou culpa*

Não basta que a conduta tenha causado o resultado naturalístico para que exista imputação e, por consequência, configure o fato típico (primeiro elemento do crime). **É ainda necessário que a conduta seja dolosa ou culposa.** Em outras palavras, somente haverá tipicidade se o comportamento do agente for doloso ou culposo.

Exemplo: o fabricante da faca utilizada para matar alguém, pela teoria da equivalência dos antecedentes causais, deu causa ao resultado, uma vez que se não fosse a fabricação da faca, a vítima não teria morrido "como morreu". Entretanto, apesar de ter causado o resultado morte com sua conduta antecedente (fabricação da faca), não responderá pelo resultado morte (não haverá tipicidade), uma vez que sua conduta não é dolosa ou culposa.

Existe divergência doutrinária acerca do conteúdo do nexo causal. Conforme acima exposto, entendemos que ocorrerá o nexo causal (**causação ou nexo causal material**) entre o ato de fabricar uma faca e o resultado morte decorrente da utilização dessa faca, independentemente de análise de dolo ou culpa. O que não haverá é a realização do tipo (tipicidade), uma vez que o agente não agiu com dolo ou culpa. A imputação típica é matéria relativa à tipicidade e não ao nexo causal (causação física, naturalística ou material).

Por outro lado, alguns autores entendem que, se a conduta não for dolosa ou culposa, não haverá nexo causal. Para tal posição doutrinária, na análise do nexo causal, além da relação causal física (naturalística ou material), é necessária a existência de um nexo causal "subjetivo" (dolo ou culpa).

Em síntese, tomando o exemplo do fabricante da faca em relação ao homicídio:

1ª posição: houve nexo causal. Isto porque a análise do nexo causal é restrita a dados físicos (naturalísticos ou materiais). Entretanto, apesar de haver nexo causal, o fabricante da faca não responde pelo resultado (ausência de tipicidade), uma vez que a conduta não foi dolosa nem culposa. Como bem salientam ZAFFARONI e PIERANGELI, o nexo causal não é um problema de Direito Penal, mas sim físico (naturalístico). O problema passa a ser jurídico quando o Direito Penal releva o nexo de causalidade para efeito de proibição legal da conduta.

2ª posição: não houve nexo causal. Para essa corrente, existem limites visando a uma interrupção do nexo causal. Assim, apesar de existir uma relação de causa e efeito no plano físico, faltou uma relação causal subjetiva (dolo ou culpa), de sorte que a ausência de dolo ou culpa interrompe o nexo causal. Conforme ASSIS TOLEDO, o nexo causal não é puramente naturalístico, pois deve ser valorado, aferido, conjuntamente com o elemento subjetivo do agente. Em outras palavras, a causalidade relevante para o Direito Penal é aquela que foi ou pelo menos deveria ter sido visualizada, prevista, antecipada em mente pelo agente. Com isso, o dolo e a culpa limitam na cadeia causal, que pode ser infinita.

> Nos crimes materiais, para que ocorra o **fato típico,** não basta que alguém tenha com sua conduta dado causa a um resultado naturalístico (causação física, material ou naturalística). É também indispensável a análise de dolo ou culpa, sob pena de responsabilidade penal objetiva.

b) Noções breves sobre a teoria da imputação objetiva

Como visto, não basta que a conduta tenha causado o resultado naturalístico para que exista imputação e, por consequência, configure o fato típico (primeiro elemento do crime). Para a **teoria da imputação objetiva**, segundo a concepção de ROXIN, um resultado causado pelo agente só pode lhe ser imputado quando:

a) A conduta cria ou incrementa um risco não permitido para o objeto da ação;

b) O risco se realiza no resultado concreto;

c) O resultado se encontra dentro do alcance do tipo.

A teoria da imputação objetiva, na verdade, não é uma teoria, mas um conjunto de princípios orientadores que visa a delimitar e complementar o nexo de causalidade físico (causação material). Isto quer dizer que, mesmo havendo conduta, resultado naturalístico e nexo causal físico, é necessária a análise de outros requisitos para se afirmar a ocorrência de um fato típico. São critérios relacionados ao tipo objetivo (elementos objetivos do tipo) e não ao tipo subjetivo; são critérios de ***imputação* (âmbito normativo)** e não de ***causação* (nexo causal físico, naturalístico ou material).**

Com efeito, para se falar em fato típico, é necessário analisar se a conduta criou ou incrementou um risco proibido relevante e se esse risco materializou-se no resultado jurídico, dentro do alcance do tipo.

IMPUTAÇÃO OBJETIVA	1) Criação ou incremento de um risco não permitido para o objeto da ação
	2) O risco se realiza no resultado concreto
	3) O resultado se encontra dentro do alcance do tipo

A jurisprudência adota a teoria da imputação objetiva como critério de interpretação e aplicação da lei penal. Veja-se: "É certo que o dolo opera diretamente no tipo penal, que na hodierna estrutura funcionalista da teoria do crime, leva em consideração, também, os aspectos formais (conduta, resultado jurídico, nexo de causalidade e subsunção legal) e os materiais (**imputação objetiva**, desvalor da conduta e desvalor do resultado)" (STJ, 5ª T., AgRg no REsp 1243193, j. 22/05/2012).

Vejamos os seguintes exemplos para compreensão:

O fabricante da faca utilizada para matar alguém, pela teoria da equivalência dos antecedentes causais, deu causa ao resultado, uma vez que, se não fosse a fabricação da faca, a vítima não teria morrido "como morreu". Entretanto, apesar de ter causado o resultado morte com sua conduta antecedente (fabricação da faca), não responderá pelo resultado morte (o tipo objetivo não se realizou), uma vez que **sua conduta não criou um risco proibido.**

'A', desejando matar 'B', presenteia-o com um pacote turístico a uma localidade com alto índice de violência, inclusive de homicídio, esperando que 'B' seja uma das vítimas. 'B' viaja e por azar vem a realmente ser vítima de crime doloso contra vida. Pela teoria da equivalência dos antecedentes causais (adotada pelo art. 13, *caput*, do CP), 'A' deu causa ao resultado, pois se não fosse seu presente (pacote turístico) 'B' não teria viajado e morrido. Por sua vez, para a **teoria da imputação objetiva**, pode-se dizer também que 'A' causou o resultado (causação/nexo causal naturalístico). Entretanto, a conduta de doar um pacote turístico **não criou um risco proibido**, de sorte que o tipo objetivo (elementos objetivos do tipo) não se realiza. O fato, portanto, será atípico. Observe-se que para essa conclusão sequer se chegou a mencionar o dolo (tipo subjetivo).

Como exposto, para que ocorra o fato típico (conduta, resultado, nexo causal e tipicidade) não basta que alguém tenha, com sua conduta, dado causa a um resultado (causação material). Isto porque é indispensável a análise de outras questões no **âmbito da tipicidade**, como, por exemplo, a presença de dolo (imputação subjetiva) ou culpa, ou ainda de outros critérios relacionados ao risco (imputação objetiva – que será objeto de estudo mais adiante).

Segundo nossa posição e conforme veremos, a tipicidade é compreendida da seguinte forma:

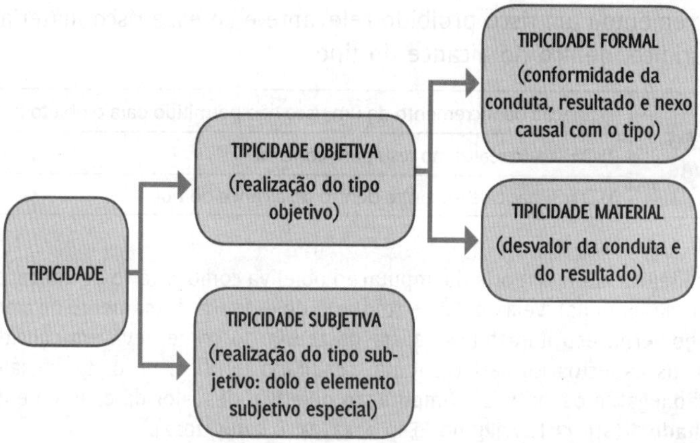

4.4. Superveniência de causa independente

> ▶ **Art. 13, § 1º.** A superveniência de causa relativamente independente exclui a imputação quando, por si só, produziu o resultado; os fatos anteriores, entretanto, imputam-se a quem os praticou.

a) *Causa superveniente relativamente independente que causa, por si só, o resultado*

O agente pratica uma conduta, causando um determinado resultado. Posteriormente, surge outra causa que possui relação com a conduta do agente. Se essa causa superveniente, **por si só**, produzir determinado resultado, este não será imputado ao agente, que responderá apenas pelo que fez com sua conduta inicial antes da ocorrência da causa superveniente.

> Conforme alguns autores, a teoria aplicada aqui é a da **causalidade adequada**.

Exemplo 1: com intenção de matar, 'A' golpeia 'B' com uma faca, ferindo-o na região abdominal. Um terceiro impede que 'A' prossiga na execução. Observe que até esse momento temos uma tentativa de homicídio, uma vez que não houve a consumação por circunstâncias alheias à vontade do agente. 'B' é levado a um hospital e vem a falecer exclusivamente em virtude dos ferimentos oriundos de um desabamento. Nesse caso, os ferimentos decorrentes do desabamento (causa superveniente), por si só, deram causa ao resultado morte. Com efeito, o **resultado naturalístico morte não será *imputado* ao agente.** Entretanto, o sujeito **deverá responder pelos atos anteriormente praticados.** Como 'A' iniciou a execução do crime de homicídio, que não se consumou por circunstâncias alheias à sua vontade, já que foi impedido de prosseguir na execução, responderá por tentativa de homicídio. Se no exemplo acima a intenção de 'A' fosse apenas de causar lesões corporais, responderia por lesão corporal consumada (leve, grave ou gravíssima, dependendo do caso).

Exemplo 2: com intenção de matar, 'A' golpeia 'B', ferindo-o na região abdominal. Um terceiro impede que 'A' prossiga na execução. 'B' é colocado em uma ambulância. No caminho para o hospital o veículo se envolve em um acidente. Em virtude do acidente, 'B' sofre graves ferimentos na cabeça, que, por si só, causam a sua morte. Da mesma forma que no exemplo anterior, 'A' responderá por tentativa de homicídio.

b) *Causa superveniente relativamente independente que não causa, por si só, o resultado*

Segundo se deflui do disposto no art. 13, § 1º, c/c art. 13, *caput*, pode ocorrer que a **causa superveniente *não* produza, por si só, o resultado.** Ou seja, o evento causado está na mesma linha de desdobramento da conduta do agente. Existe uma conjugação de causas (conduta do agente + causa superveniente), sendo que o resultado será imputado a quem o produziu. É o que ocorre com a **infecção hospitalar.**

Exemplo: com intenção de matar, 'A' golpeia 'B' com uma faca, ferindo-o na região abdominal. Um terceiro impede que 'A' prossiga na execução. 'B' é levado a um hospital e vem a falecer em virtude de ter contraído broncopneumonia durante o tratamento, em virtude de seu precário estado de saúde causado pelos ferimentos produzidos pela facada. Nesse caso, o resultado morte será imputado ao agente.

Em resumo, no que tange às causas supervenientes relativamente independentes:

CAUSA SUPERVENIENTE RELATIVAMENTE INDEPENDENTE EM RELAÇÃO À CONDUTA DO AGENTE	
	1) que, por si só, produziu o resultado: o resultado não será imputado ao agente (art. 13, 1º)
	2) que, aliada à causa antecedente, produziu o resultado: o resultado será imputado ao agente (art. 13, *caput*)

4.5. Nexo de causalidade nos crimes omissivos

Nos **crimes omissivos,** segundo argumenta parcela da doutrina, **não existe *nexo causal físico (causação material)*,** pois o agente não pratica nenhuma ação. O sujeito responde pelo delito não porque sua omissão causou o resultado, mas porque deixou de realizar a conduta a que estava obrigado, a fim de evitar o resultado. Verifica-se, assim, que a estrutura da conduta omissiva é essencialmente normativa e não naturalística, ou seja, **nos crimes omissivos não foi adotada a teoria dos**

antecedentes causais (que possui relação com o plano físico), mas sim uma teoria normativa. Desse modo, mesmo o agente não tendo causado (causação material) o resultado, este lhe será imputado (imputação).

O art. 13, § 2º, do CP trata dos chamados **crimes comissivos por omissão (omissivos impróprios, omissivos impuros, omissivos espúrios)**. Certas pessoas possuem um dever jurídico especial de agir para evitar o resultado. A omissão será penalmente relevante quando o omitente **devia** (hipóteses descritas nas letras a, b e c) e **podia** (possibilidade física) agir para evitar o resultado. Deve ser analisado quando o agente efetivamente estiver exercendo a função de garantidor.

Hipóteses de **dever** jurídico de agir (art. 13, § 2º):

a) **tenha por lei obrigação de cuidado, proteção ou vigilância.** Exemplo: a mãe que deixa de alimentar o filho está descumprindo uma obrigação imposta por lei (CC, artigos 1.566, IV e 1.634, I). Assim, no caso de falecimento do menor, a genitora responderá por homicídio doloso ou culposo, dependendo do caso. Há também o dever legal de agir nas atividades desempenhadas por certas pessoas, como policiais e bombeiros.

b) **de outra forma, assumiu a responsabilidade de impedir o resultado.** O agente assume a responsabilidade da não ocorrência do resultado, haja contrato ou não. Exemplo: um salva-vidas particular assume a responsabilidade de evitar afogamentos. Caso perceba que um nadador esteja se afogando, deve agir para evitar o resultado morte. Se podia agir e se omitiu, responderá pelo resultado que deixou de evitar. Se a omissão foi voluntária, e sobrevier a morte, responderá por homicídio doloso.

c) **com seu comportamento anterior, criou o risco da ocorrência do resultado (ingerência).** Em um primeiro momento a pessoa cria um risco com seu comportamento (ação ou omissão). Por ter criado o risco, fica obrigada a evitar o resultado. O dolo e a culpa têm relevância no instante em que o autor passa a ter o dever de agir (segundo momento), ou seja, após ter criado o risco. Exemplo: A, por imprudência, desfere uma pancada no ventre de B (gestante), iniciando fortes dores e sangramento. Entretanto, ciente da necessidade de socorrer B, A deixa de agir, assumindo o risco de ocorrer um aborto, o que de fato acontece. Nesse caso, o dolo (eventual) está na sua omissão, de sorte que responderá por aborto (art. 125 c/c art. 13, § 2º, "c"). Observe-se que, no momento da pancada, A não agiu com dolo, mas com culpa.

Erro e crimes omissivos impróprios: não basta o dever jurídico de agir para se imputar o resultado ao agente. Deve ser analisado se ele podia agir, verificando-se, para isso, a possibilidade real e física. É necessário, ainda, que o agente tenha consciência da situação de fato e do dever de agir. Se não possui consciência da situação de fato, incide em erro de tipo. Se não tem a possibilidade de conhecer o dever de agir, incide em erro de proibição, decorrente de erro mandamental.

5. TIPICIDADE

CRIME (CONCEITO TRIPARTIDO)	Fato Típico	1. Conduta
		2. Resultado
		3. Nexo causal
		4. Tipicidade
	Ilicitude	Fato contrário ao ordenamento jurídico
	Culpabilidade	1. Imputabilidade
		2. Potencial consciência da ilicitude
		3. Exigibilidade de conduta diversa

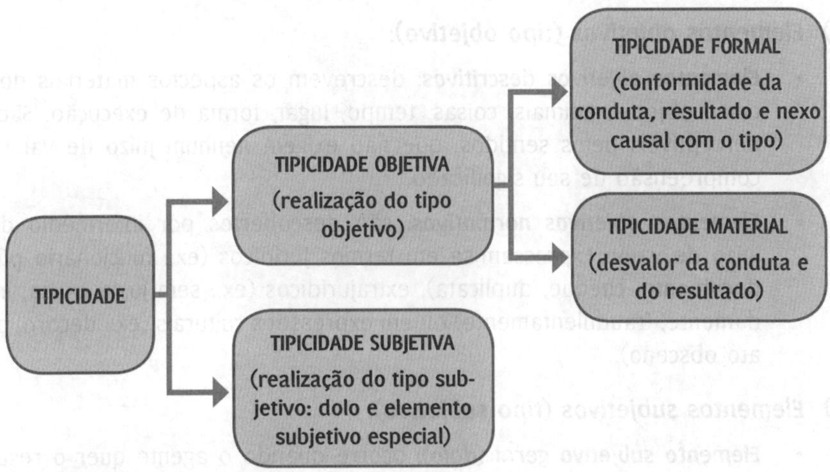

5.1. Tipicidade formal (legal)

5.1.1. *Conceito*

Segundo nossa posição, a tipicidade penal é compreendida pela **tipicidade objetiva** e pela **tipicidade subjetiva**. Na tipicidade objetiva verifica-se a **tipicidade formal (conformidade do fato ao tipo penal)** e a **tipicidade material** (desvalor da conduta e do resultado). A **tipicidade subjetiva** é a realização do tipo subjetivo, consistente no dolo e, quando o tipo exigir, no elemento subjetivo especial (dolo específico).

▶ ***RATIO COGNOSCENDI***

Conforme orientação adotada pela doutrina pátria, **verificando-se a tipicidade presume-se a ilicitude** (a tipicidade possui caráter indiciário: é a *ratio cognoscendi* da ilicitude). Essa presunção será afastada com a existência de alguma das causas de exclusão (ex.: legítima defesa, estado de necessidade).

5.1.2. Elementos do tipo penal incriminador

O **tipo penal** descreve uma conduta (ação ou omissão) proibida, possuindo elementos objetivos (aspectos materiais e normativos) e subjetivos (dados relacionados à consciência e vontade do agente).

TIPO PENAL	
Tipo objetivo	**Tipo Subjetivo**
Elementos objetivos descritivos	Dolo
Elementos objetivos normativos	Elementos subjetivos especiais

a) Elementos objetivos (tipo objetivo):

- ***Elementos objetivos descritivos***: descrevem os aspectos materiais do fato, como objetos, animais, coisas, tempo, lugar, forma de execução. São atos perceptíveis pelos sentidos, que não exigem nenhum juízo de valor para compreensão de seu significado.
- ***Elementos objetivos normativos:*** são descobertos por intermédio de um juízo de valor. Expressam-se em termos jurídicos (ex.: funcionário público, documento, cheque, duplicata), extrajurídicos (ex.: sem justa causa, indevidamente, fraudulentamente) ou em expressões culturais (ex.: decoro, pudor, ato obsceno).

b) Elementos subjetivos (tipo subjetivo):

- ***Elemento subjetivo geral (dolo):*** ocorre quando o agente quer o resultado ou assume o risco de produzi-lo.
- ***Elementos subjetivos especiais*** (elemento subjetivo do injusto): são dados que se referem ao estado anímico do autor (intenção específica distinta do dolo). O tipo contém como elemento uma finalidade específica do agente. Exemplos: para si ou para outrem; com o fim de obter; em proveito próprio ou alheio; por motivo de; para fim libidinoso etc.

Para alguns autores, os elementos do tipo classificam-se da seguinte forma:

1) Elementos objetivos;

2) Elementos normativos;

3) Elementos subjetivos especiais.

5.1.3. Funções do tipo

O tipo penal, por sua vez, possui certas funções: **a) função indiciária:** com a prática de um fato típico presume-se a antijuridicidade, que poderá ser excluída diante de uma das justificativas; **b) função de garantia:** o sujeito só poderá ser punido pela prática de fato incriminado pela lei penal; **c) função diferenciadora do erro:** como o dolo do agente deve abranger todos os elementos do tipo objetivo, somente poderá ser punido pela prática de um fato doloso quando conhecer as circunstâncias fáticas que o constituem. O desconhecimento de um ou outro elemento do tipo objetivo afasta o dolo, constituindo-se em erro de tipo.

5.1.4. *Formas de adequação típica*

a) **Adequação típica por subordinação imediata ou direta:** o fato se amolda ao tipo penal de forma imediata, independente de outra norma. Exemplo: A desfecha um tiro em B, que vem a falecer em virtude dos ferimentos. O fato (conduta, resultado, nexo causal) se amolda diretamente ao art. 121 do CP (matar alguém).

b) **Adequação típica por subordinação mediata ou indireta:** o fato não se amolda ao tipo penal de forma imediata, sendo necessária a aplicação de outra norma, chamada de **norma de extensão ou ampliação.** A figura típica se estende para abranger este fato. Temos a **ampliação temporal**, como no caso de tentativa (art. 14, II), e a **ampliação espacial e pessoal do tipo,** na hipótese de participação (concurso de pessoas – art. 29). Exemplo: A desfecha um tiro em B, que não vem a falecer em virtude de interferência de circunstâncias alheias à vontade do agente. O fato (conduta, resultado, nexo causal) não se amolda diretamente ao art. 121 do CP (matar alguém), pois não houve a morte, mesmo sendo essa a intenção de A. Para haver a devida adequação típica é necessária a aplicação do art. 14, II, do CP. Pode ainda ser citado como norma de extensão o art. 13, § 2º, do CP (omissão relevante).

5.2. Tipicidade material

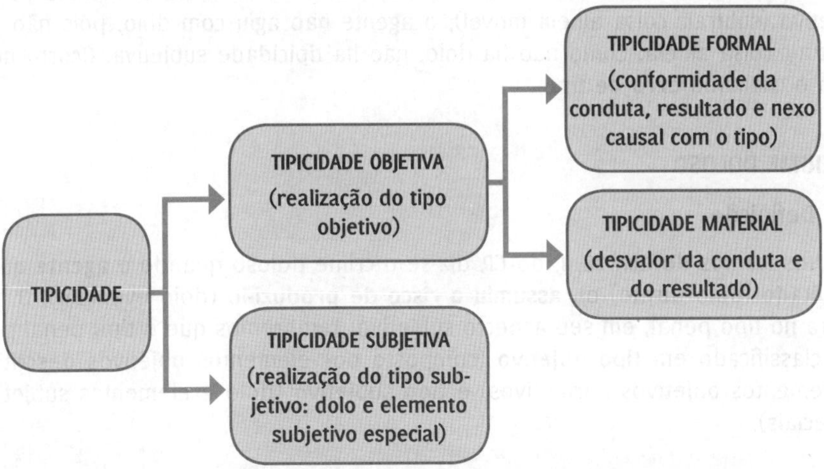

Na análise da tipicidade objetiva não basta a mera tipicidade formal, sendo também indispensável a valoração da conduta e do resultado causado. Com efeito, tem-se nesse aspecto a chamada **tipicidade material**, a qual passa a ser um critério de restrição da incidência do tipo penal.

Nesse sentido: "A conduta narrada nos autos se amolda tanto à tipicidade formal e subjetiva, quanto à tipicidade material, que consiste na relevância jurídico-penal da ação (...)" (STJ, 5ª T., HC 387.465, j. 02/05/2017).

Exemplo **(ausência de tipicidade material – princípio da insignificância):** o agente subtrai, para si, um pacote de bolachas (no valor de R$ 10,00) de um grande supermercado. O fato se amolda formalmente ao art. 155 do CP (**tipicidade formal/legal**). Entretanto, em razão da inexpressividade da lesão causada ao patrimônio da vítima, bem como pela mínima ofensividade da conduta, pela ausência de periculosidade da ação e pelo reduzido grau de reprovabilidade do comportamento, pode incidir o princípio da insignificância, afastando a **tipicidade material.**

5.3. Tipicidade subjetiva

O tipo subjetivo é composto pelo **dolo** e, em alguns tipos, pelo **elemento subjetivo especial.** A **tipicidade subjetiva** é a realização desses elementos subjetivos. Exemplos:

* Art. 155 do CP: quando o agente "subtrai coisa alheia móvel" realiza-se o tipo objetivo (tipicidade objetiva). Verificado que o agente possui a "vontade de subtrair coisa alheia móvel" (dolo) "para si" (elemento subjetivo especial), realiza-se o tipo subjetivo.

* Ausência de tipicidade subjetiva: o sujeito subtrai coisa **alheia** móvel pensando que a coisa é própria. Ocorre o erro sobre a elementar **alheia** (CP, art. 155). Não responderá por furto por não haver dolo, pois o sujeito não possuía a consciência e vontade de subtrair coisa **alheia**. Assim, apesar de realizar os elementos do tipo objetivo (subtrair coisa alheia móvel), o agente não agiu com dolo, pois não quis subtrair coisa **alheia.** Como não há dolo, não há tipicidade subjetiva. Ocorre neste caso o chamado **erro de tipo**.

6. CRIME DOLOSO

6.1. Definição

Nos termos do art. 18, I, do CP, diz-se o crime doloso quando o **agente quis o resultado** (dolo direto) ou **assumiu o risco de produzi-lo** (dolo eventual). O dolo figura no tipo penal, em seu aspecto subjetivo. Lembremos que o tipo penal pode ser classificado em **tipo objetivo** (composto por elementos objetivos descritivos e elementos objetivos normativos) e **tipo subjetivo** (dolo e elementos subjetivos especiais).

TIPO PENAL	
Tipo objetivo	**Tipo subjetivo**
Elementos objetivos descritivos	Dolo
Elementos objetivos normativos	Elementos subjetivos especiais

6.2. Elementos do dolo

a) **Elemento cognitivo ou intelectual:** consciência (previsão ou representação) da conduta, do resultado e do nexo de causalidade. No dolo o agente possui a consciência dos elementos objetivos do tipo.

> De acordo com o nosso Código Penal (art. 18, I), o dolo não possui como elemento a consciência da ilicitude, por isso é chamado de dolo natural. A consciência da ilicitude (resquício do dolo normativo) é elemento da culpabilidade.

b) **Elemento volitivo:** vontade de realizar a conduta típica (ação ou omissão). No dolo direto, além da vontade de realizar a conduta, o agente possui a vontade de produzir o resultado. No dolo eventual, apesar de o agente possuir a vontade de praticar a conduta, não possui a vontade de produzir o resultado, mas assume o risco de produzi-lo (aceitação do resultado).

6.3. Teorias sobre o dolo

a) **Teoria da vontade:** dolo é a consciência e vontade dirigida ao resultado. Para que uma conduta seja considerada dolosa, o agente deve ter consciência e vontade de produzir o resultado. **Foi adotada pelo Código Penal em relação ao dolo direto (art. 18, I, 1ª parte).**

b) **Teoria da representação:** para a existência do dolo é suficiente a previsão do resultado (não foi adotada pelo CP, pois confunde dolo com culpa consciente).

c) **Teoria do assentimento ou consentimento ou anuência:** é necessária a consciência ou previsão do resultado, mas não se exige a vontade dirigida à sua realização. É suficiente a assunção do risco da produção do resultado. Ou seja, o agente, sabendo que a sua conduta tem a possibilidade de causar o resultado, não deixa de agir, aceitando a sua produção. **Foi adotada pelo Código Penal em relação ao dolo eventual (art. 18, I, 2ª parte).**

Em resumo:

DOLO DIRETO	DOLO EVENTUAL
Teoria da vontade	Teoria do consentimento

Apesar de grande parte da doutrina afirmar que para o dolo eventual foi adotada a teoria do assentimento ou consentimento – o que de fato é correto –, não podemos deixar de registrar que, na verdade, a teoria do assentimento é uma vertente da teoria da vontade (conforme Roxin), pois quem consente possui um nível volitivo quanto ao resultado. O agente não pratica o comportamento com vistas à produção direta do resultado, mas sabe que sua conduta tem a possibilidade de causar um evento como efeito colateral e, mesmo assim, não deixa de agir, assumindo o risco de sua produção.

6.4. Espécies de dolo

6.4.1. Dolo direto e dolo indireto

a) **DOLO DIRETO (DETERMINADO OU IMEDIATO):** o agente "quer a produção do resultado" (CP, art. 18, I, 1ª parte). Subdivide-se em:

- *Dolo direto de primeiro grau:* o agente tem a consciência (representação) que sua conduta causará um resultado e a vontade de praticar a conduta e produzir o resultado. O dolo abrange a produção do fim em si. Refere-se ao fim proposto e aos meios escolhidos. Exemplo: A efetua disparo de arma de fogo (conduta consciente e voluntária) em direção a B, desejando produzir a sua morte (resultado consciente e voluntário).

- *Dolo direto de segundo grau (dolo de consequências necessárias):* previsão dos efeitos colaterais (resultado típico) como **consequência necessária** do meio escolhido. O agente prevê e deseja o delito como consequência inevitável para atingir outro fim proposto. Exemplo: o agente, para matar seu inimigo (fim proposto), coloca uma bomba no avião em que ele se encontra, vindo a atingir, além do alvo visado (dolo direto de primeiro grau), todos os demais que estavam a bordo como consequência necessária do meio escolhido (dolo direto de segundo grau).

b) **DOLO INDIRETO (INDETERMINADO):** subdivide-se em dolo eventual e dolo alternativo:

- *Dolo eventual (dolo de consequências possíveis):* o agente não quer o resultado, mas, representando como possível a sua produção, não deixa de agir, assumindo o risco de produzi-lo. O agente deseja praticar uma conduta para atingir um fim proposto. Entretanto, prevê (representa/está consciente/antevê) que sua conduta tem a possibilidade de produzir, além do resultado desejado, outro resultado. Mesmo assim, não deixa de agir, assumindo o risco da produção desse outro resultado. O agente prevê esse outro resultado como **consequência possível** de sua conduta. Exemplo: o agente arremessa um saco de entulho do 10º andar do seu apartamento (conduta) visando a acertar a caçamba que se encontra na rua (fim proposto). Entretanto, o agente prevê que pode atingir o pedestre que se encontra nas proximidades da caçamba (consciência da possibilidade de produzir o resultado), já que nos dez últimos arremessos errou o alvo. Mesmo assim, não deixa de agir e pratica o arremesso, assumindo o risco de produzir o resultado, que realmente ocorre (morte do pedestre). Nesse caso, em relação à morte do pedestre, houve dolo eventual.

- *Dolo alternativo:* ocorre quando a vontade do sujeito se dirige a um ou outro resultado. Ex.: o agente desfere golpe de faca na vítima com intenção alternativa: ferir ou matar.

6.4.2. Dolo genérico e dolo específico

a) **DOLO GENÉRICO:** trata-se do dolo (art. 18, I, do CP).

b) **DOLO ESPECÍFICO:** conforme já mencionado, ao lado do dolo, alguns tipos são constituídos por elementos subjetivos especiais, que são denominados pela doutrina clássica (escola causalista) de dolo específico. Porém, apesar da ampliação da esfera subjetiva do tipo, esse fim especial não integra o dolo, devendo existir na consciência do agente, sem a necessidade da sua concretização (o dolo, ao contrário, concretiza-se no tipo objetivo). Exemplo: a expressão "para satisfazer interesse ou sentimento pessoal" no crime de prevaricação (art. 319 do CP).

6.4.3. Dolo natural e dolo normativo

a) **DOLO NATURAL**: é um aspecto da conduta (teoria finalista da ação) e possui como elementos:
   - Consciência da conduta, do resultado e do nexo causal (elemento cognitivo);
   - Vontade de praticar a conduta e produzir o resultado (elemento volitivo).

Não integra o dolo natural a consciência da ilicitude do fato (elemento normativo), mas sim a culpabilidade (teoria normativa pura). Atualmente, segundo o art. 18, I, do CP, o dolo não mais possui o elemento normativo e figura no fato típico.

b) **DOLO NORMATIVO:** integra a culpabilidade (teoria causal da ação) e possui como elementos:
   - Consciência da conduta, do resultado e do nexo causal (elemento cognitivo);
   - Consciência da ilicitude do fato (elemento normativo);
   - Vontade de praticar a conduta e produzir o resultado (elemento volitivo).

Exemplo: uma pessoa simples do interior (um lavrador, por exemplo) pratica conjunção carnal com sua noiva de 13 anos, sem ter a mínima possibilidade de saber que se trata de um fato ilícito (proibido pelo nosso ordenamento jurídico). No caso, adotando o conceito de dolo normativo, o agente **não** teria praticado uma conduta dolosa, pois apesar de ter a consciência e vontade de praticar o fato, não possuía a consciência de sua ilicitude.

6.4.4. Dolo geral (dolus generalis) ou erro sucessivo

Trata-se de um erro acerca do nexo causal ("desvio" do nexo causal). O agente pratica uma conduta e imagina que alcançou o resultado desejado. Em seguida, pratica nova conduta, sendo esta a causadora do resultado pretendido inicialmente.

Exemplo: o sujeito desfere facadas na vítima. Após, pensando que ela se encontrava morta, empurra seu corpo no rio, causando-lhe a morte por afogamento. Segundo o postulado do dolo geral, o agente responderá por homicídio doloso consumado, uma vez que o erro do curso causal é irrelevante.

> Não podemos confundir essa hipótese específica com outra situação tratada de erro sobre o nexo causal em que há uma única conduta. Exemplo: o agente empurra a vítima do alto de um prédio com a intenção de matá-la com a queda na rua, mas a vítima morre ao bater a cabeça na quina de uma janela. Neste exemplo, o agente praticou apenas uma conduta, ao passo que no dolo geral há necessariamente duas condutas.

7. CRIME CULPOSO

7.1. Conceito

Nos termos do **art. 18, II, do CP**, diz-se o crime culposo quando o agente dá causa ao resultado por imprudência, negligência ou imperícia. No crime culposo, o agente não quer o resultado nem assume o risco de produzi-lo. O que existe é o cometimento de um comportamento visando a determinado fim, mas o meio utilizado é descuidado (conduta mal dirigida), acarretando um resultado não desejado.

> Em regra, os tipos penais são dolosos. Os tipos culposos devem ser previstos expressamente. É o que se conhece como **princípio da excepcionalidade do tipo culposo**, previsto no art. 18, parágrafo único, do CP.

Exemplo: no art. 121, *caput*, do CP consta apenas matar alguém, sem que haja referência sobre dolo ou culpa. Desse modo, entende-se que o tipo é doloso, pois esta é a regra. No art. 121, § 3º, do CP, entretanto, foi prevista expressamente a modalidade culposa. O legislador, não tendo como prever todas as condutas descuidadas, cria o chamado **tipo aberto**, deixando para o juiz a análise se a conduta foi culposa. Trata-se de uma valoração judicial para fechar (completar) o tipo.

7.2. Elementos do tipo culposo

a) **Conduta voluntária:** no delito culposo o agente possui vontade de praticar a conduta (ação ou omissão), mas o resultado é causado involuntariamente. Não se deve confundir a voluntariedade da conduta com a voluntariedade ou não em relação ao resultado. No crime culposo, a conduta não é dirigida para um fim ilícito. Ela é geralmente dirigida para uma finalidade sem qualquer relevância penal, mas, entretanto, é **mal dirigida.** Exemplo: ao dirigir imprudentemente seu veículo (com velocidade acima do permitido) o agente possui consciência e vontade de praticar essa conduta, mas não possui a finalidade de produzir um resultado danoso (atropelamento e morte de pedestre).

b) **Resultado naturalístico involuntário:** para que ocorra um crime culposo é necessário que a conduta cause um resultado naturalístico, isto é, deve haver a modificação do mundo exterior. Entretanto, esse resultado é causado de forma involuntária. Lembre-se que o agente não quer nem assume o risco da produção do resultado.

c) **Nexo causal:** liame entre a conduta e o resultado naturalístico.

d) **Tipicidade:** adequação do fato com a lei penal. Em regra, os crimes são dolosos. O tipo penal culposo deve estar previsto em lei de forma expressa. Recorde-se que **os crimes culposos são tipos penais abertos,** ou seja, incompletos, cuja complementação é conferida pelo juiz.

e) **Inobservância do dever objetivo de cuidado (desvalor da ação):** na vida em sociedade o homem possui o dever de praticar condutas com as cautelas necessárias a fim de evitar a causação de danos a terceiros. Assim, tem o **dever de observar certas regras de agir (normas de cuidado)** de modo a evitar lesões a bens jurídicos. Essas normas podem ser jurídicas (normas de cuidado previstas em lei – ex.: condução do veículo de acordo com a prescrição do Código de Trânsito Brasileiro), profissionais (ex.: normas médicas) ou se basearem em pautas de condutas oriundas da experiência.

No entanto, nem sempre o dever de cuidado é observado, como ocorre nas hipóteses de **imprudência, negligência e imperícia,** que são as três **modalidades da culpa**:

- **Imprudência**: é uma atitude precipitada, sem a devida ponderação, de forma perigosa. Trata-se de um fazer indevido. Ex.: dirigir com excesso de velocidade.
- **Negligência**: inatividade material, ausência de precaução. É o deixar de fazer o devido. Ex.: deixar arma de fogo próxima a uma criança.
- **Imperícia**: é a inaptidão para o exercício de arte ou profissão. É necessário que o fato seja praticado pelo sujeito no exercício de sua atividade profissional.

No delito culposo deve haver uma relação entre a inobservância do dever de cuidado com a lesão ao bem jurídico (desvalor do resultado). Ou seja, não basta que a conduta tenha violado o dever de cuidado. É necessário que o resultado causado esteja vinculado com essa não observância. Trata-se da chamada **relação de determinação** ou **conexão interna.**

f) **Previsibilidade:** previsível é o que se pode prever (possibilidade de representação do resultado como consequência de sua conduta nas circunstâncias em que o agente se encontrava). Não se deve confundir previsível com previsto. Previsto é o que se previu, ao passo que previsível é o que pode ser previsto. No crime culposo, em regra, não há previsão/representação/consciência do resultado, mas sim previsibilidade. **Apesar da ausência de *previsão* do resultado (na culpa inconsciente), é exigível que este seja *previsível*.** Ex.: é previsível, pelo conhecimento comum, a causação de um acidente por quem dirige em excesso de velocidade em uma pista molhada e escorregadia. Justamente por ser previsível o resultado (acidente), o dever de cuidado nesse caso concreto seria diminuir a velocidade.

Existe uma culpa com previsão, que é a culpa consciente.

Para fins de tipicidade do crime culposo, predomina que deve haver a **previsibilidade objetiva (previsibilidade do *homo medius*)**. Não se perquire se o agente podia prever o resultado, mas sim se coloca o homem médio diante do caso concreto. Substitui-se hipoteticamente o agente pelo homem médio (homem prudente).

Se ao homem médio fosse possível prever o resultado (previsibilidade objetiva), conclui-se que sua conduta seria distinta da conduta do agente, pois agiria de acordo com o dever de cuidado exigido para evitar o resultado. No caso, haveria tipicidade, uma vez que o agente não observou tal dever de cuidado objetivo.

Caso não fosse possível ao homem médio prever o resultado (ausência de previsibilidade objetiva), sua conduta seria idêntica à do agente, de forma que não haveria violação ao dever de cuidado. Com efeito, não haveria tipicidade, tendo em vista a ausência de previsibilidade objetiva.

Por seu turno, a **previsibilidade subjetiva (capacidade individual do agente)** não deve ser descartada, mas sim ser objeto de análise no campo da culpabilidade. Ou seja, se restar demonstrado que o resultado não era previsível pelo agente (ausência de previsibilidade subjetiva), apesar de ser previsível para o homem médio, não haverá juízo de reprovação, excluindo-se, assim, a culpabilidade..

7.3. Culpa inconsciente e culpa consciente

Na **culpa inconsciente (culpa ex *ignorantia*)** o agente, ao praticar a conduta, não prevê o resultado, nem mesmo representa a sua possibilidade, i.e., não tem consciência do perigo gerado. Embora não tenha sido previsto pelo agente, o resultado era previsível para o homem médio (previsibilidade objetiva).

Na **culpa consciente (culpa *ex lascivia*)** o agente representa a possibilidade de ocorrer o resultado, mas não assume o risco de produzi-lo, pois confia sinceramente que não ocorrerá. Ou seja, o resultado causado foi previsto pelo sujeito, mas este esperava leviana e sinceramente que não iria ocorrer ou que poderia evitá-lo. Ressalte-se que, no dolo eventual, o resultado também é previsto, mas o agente assume o risco de sua produção.

7.4. Compensação e concorrência de culpas

Diversamente do campo civil, na esfera penal não é cabível a compensação de culpas. A parcela de culpa do ofendido não exclui a do agente. É possível a concorrência de crimes culposos, como ocorre na hipótese de acidente automobilístico decorrente de culpa de dois motoristas que não observaram os sinais de trânsito, acarretando lesão corporal em cada condutor. Nesse caso, cada condutor praticou um crime culposo.

- Se houver culpa exclusiva da vítima, não haverá imputação do resultado ao autor.
- Se a vítima concorrer para o resultado, tal circunstância pesará em benefício do autor quando da fixação da pena-base (art. 59 do CP).

7.5. Diferença entre dolo e culpa

Segue quadro diferenciando dolo de culpa nos crimes materiais:

	CONDUTA		RESULTADO	
Dolo direto	Consciente (prevista)	Voluntária	Consciente (previsto)	– o agente quis o resultado (voluntário)
Dolo eventual	Consciente (prevista)	Voluntária	Consciente (previsto)	– o agente não quis o resultado – o agente assumiu o risco de produzi-lo
Culpa consciente	Consciente (prevista)	Voluntária	Consciente (previsto)	– o agente não quis o resultado – o agente não assumiu o risco de produzi-lo – o agente acreditou que poderia evitá-lo
Culpa inconsciente	Consciente (prevista)	Voluntária	Inconsciente (previsível)	– o agente não teve sequer previsão do resultado – o resultado deve ser previsível

▶ **DIVERGÊNCIA**

- Discute-se se **dirigir embriagado causando a morte de alguém** configura homicídio culposo (CTB, art. 302) ou homicídio doloso (CP, art. 121). Na verdade, conduzir veículo embriagado, por si só, não significa que tenha havido a assunção do risco de matar alguém. O fato deve ser analisado com outras circunstâncias a fim de verificar se a conduta do agente configura assunção do risco de produzir o resultado ou se este foi causado por culpa.
- Nesse sentido: "A embriaguez não foi a única circunstância externa configuradora do dolo eventual. Assim, na espécie, a Corte de origem entendeu, com base nas provas dos autos, que 'o recorrente não está sendo processado em razão de uma simples embriaguez ao volante da qual resultou uma morte, mas sim de dirigir em velocidade incompatível com o local, à noite, na contramão de direção em rodovia' (fl. 69). Tais circunstâncias indicam, em tese, terem sido os crimes praticados com dolo eventual" (STJ, 6ª T., HC 303.872, j. 15/12/2016); "Admitindo a Corte local que o réu conduzia o automóvel, embriagado, acima da velocidade permitida para a via e ainda fugiu do local do acidente, tem-se, portanto, a presença de indícios de dolo eventual do homicídio, com justa causa para a pronúncia, não sendo juridicamente admissível a certeza jurídica de culpa consciente, para fins de desclassificação, nos termos do art. 419 do Código de Processo Penal" (STJ, 6ª T., REsp 1848841, j. 15/09/2020).
- A Lei nº 13.546/17 acrescentou um § 3º ao crime de homicídio culposo na direção de veículo automotor (art. 302 do CTB), nos seguintes termos: "Se o agente conduz veículo automotor sob a influência de álcool ou de qualquer outra substância psicoativa que determine dependência: Penas – reclusão, de cinco a oito anos, e suspensão ou proibição do direito de se obter a permissão ou a habilitação para dirigir veículo automotor". Essa alteração vem em harmonia com a jurisprudência no sentido de que a embriaguez, por si só, não tem o condão de presumir o dolo eventual. Ressalte-se, porém, que mesmo com a alteração legislativa, será possível ocorrer dolo no caso de homicídio na direção de veículo automotor, seja direto ou eventual, hipótese em que o fato se amoldará ao art. 121 do Código Penal.

8. CRIME PRETERDOLOSO

Ocorre o **crime preterdoloso ou preterintencional** quando o agente quer produzir um resultado (age com dolo), mas, além deste, causa um resultado mais grave que não havia desejado. Esse resultado mais grave é causado a título de culpa, ou seja, o agente não desejou nem assumiu o risco de produzi-lo, mas deu causa por imprudência, negligência ou imperícia.

CRIME PRETERDOLOSO	=	**DOLO** *no antecedente* *(conduta e resultado menos grave pretendido)*	+	**CULPA** *no consequente* *(resultado qualificador não pretendido, mas previsível).*

Exemplo: art. 129, § 3º, do CP. O agente possui dolo apenas de ferir a vítima, mas esta, em face das lesões, vem a falecer, sendo que as circunstâncias evidenciam que o agente não quis nem assumiu o risco de matá-la, embora fosse previsível o resultado morte.

▶ **IMPORTANTE:**

- Segundo predomina na doutrina, **não é cabível a tentativa de crime preterdoloso,** uma vez que o resultado agravador não é pretendido pelo agente.
- O crime preterdoloso é uma **espécie de crime qualificado pelo resultado.**

9. ERRO DE TIPO

ERRO DE TIPO ESSENCIAL (art. 20, *caput*)	O erro sobre elemento constitutivo do tipo legal de crime exclui o dolo, mas permite a punição por crime culposo, se previsto em lei.
DESCRIMINANTES PUTATIVAS (art. 20, § 1º)	É isento de pena quem, por erro plenamente justificado pelas circunstâncias, supõe situação de fato que, se existisse, tornaria a ação legítima. Não há isenção de pena quando o erro deriva de culpa e o fato é punível como crime culposo.
ERRO PROVOCADO POR TERCEIRO (art. 20, § 2º)	Responde pelo crime o terceiro que determina o erro.
ERRO SOBRE A PESSOA (art. 20, § 3º)	Não isenta de pena. Não se consideram, neste caso, as condições ou qualidades da vítima, senão as da pessoa contra quem o agente queria praticar o crime.

9.1. Erro de tipo essencial

Art. 20 – O erro sobre elemento constitutivo do tipo legal de crime exclui o dolo, mas permite a punição por crime culposo, se previsto em lei.

Erro de tipo essencial é aquele que recai sobre os elementos constitutivos do tipo penal (art. 20, *caput*) ou sobre as suas circunstâncias. O sujeito possui uma falsa representação da realidade, ou seja, não possui consciência de sua conduta, vindo a praticar um comportamento que, objetivamente, possui previsão em um tipo penal, mas sem ter consciência desse seu comportamento. Quando um sujeito, por exemplo, por descuido, toma como próprio um livro de uma biblioteca, que estava em cima da mesa na qual se sentava (imaginemos que é idêntico ao que realmente possui), não sabe que está se apossando de coisa alheia. Apesar de saber que está retirando um livro da biblioteca, não tem consciência de que o livro não é da sua propriedade. Se analisarmos o fato apenas pelo aspecto objetivo, o agente "subtraiu coisa alheia móvel". Entretanto, ele desconhecia que a coisa era alheia.

No erro de tipo o sujeito não possui consciência e vontade de realizar o tipo objetivo. Ante a ausência desse querer, não haverá o dolo. Na verdade, existe a

tipicidade objetiva (os elementos objetivos do tipo se realizam), não havendo a ***tipicidade subjetiva*** (elementos subjetivos do tipo).

Exemplo: o caçador, desejando apanhar o bicho, vem a matar uma pessoa imaginando ter disparado contra o animal. Ocorre o erro sobre a elementar alguém (art. 121). Não responderá por homicídio doloso, pois não possuía consciência e vontade de matar alguém. No entanto, poderá responder por homicídio culposo caso o erro seja evitável (inescusável/vencível).

Sobre as formas e efeitos, observe:

a) **Erro de tipo inevitável (invencível ou escusável):** não podia ser evitado, mesmo o sujeito sendo diligente. Como consequência haverá a **exclusão do dolo e da culpa;**

b) **Erro de tipo evitável (vencível ou inescusável):** podia ser evitado pelo sujeito se tivesse maior diligência. Houve a inobservância do dever de cuidado. Como consequência haverá a **exclusão do dolo, podendo subsistir o crime culposo,** desde que seja prevista a forma culposa no tipo penal.

ERRO DE TIPO ESSENCIAL	INEVITÁVEL ou ESCUSÁVEL: exclui o dolo e culpa
	EVITÁVEL ou INESCUSÁVEL: exclui dolo, mas permite a punição por crime culposo

9.2. Descriminantes putativas por erro de tipo (art. 20, § 1º)

Art. 20, § 1º – É isento de pena quem, por erro plenamente justificado pelas circunstâncias, supõe situação de fato que, se existisse, tornaria a ação legítima. Não há isenção de pena quando o erro deriva de culpa e o fato é punível como crime culposo.

Trata-se de uma das hipóteses de **descriminantes putativas,** ou seja, de causas de exclusão da ilicitude imaginárias (ex.: legítima defesa putativa, estado de necessidade putativo).

Inicialmente cumpre ressaltar que, segundo a teoria limitada da culpabilidade (adotada pelo CP), as descriminantes putativas podem ser por erro de tipo (erro sobre a situação fática de uma descriminante – art. 20, § 1º) ou por erro de proibição (erro sobre a existência ou limites da descriminante – art. 21). Observe:

DESCRIMINANTES PUTATIVAS	**ERRO DE TIPO (erro de tipo permissivo)**	Erro sobre os PRESSUPOSTOS FÁTICOS de uma descriminante
	ERRO DE PROIBIÇÃO (erro de proibição indireto)	Erro sobre a EXISTÊNCIA de uma descriminante
		Erro sobre os LIMITES de uma descriminante

A modalidade em estudo (art. 20, § 1º) trata da descriminante putativa que recai sobre os pressupostos fáticos de uma causa de exclusão da ilicitude (estado de necessidade, legítima defesa etc.). É chamada de **erro de tipo permissivo.** As demais modalidades de descriminantes putativas, por se tratarem de erro de proibição, serão estudadas no tópico sobre a potencial consciência da ilicitude.

No erro de tipo permissivo (art. 20, § 1º), o agente pratica uma conduta supondo situação de fato que, se existisse, tornaria a ação legítima (amparada por uma descriminante real).

Exemplo: A, de madrugada, para seu veículo diante de um semáforo, ocasião em que B (lavador de para-brisa) vem em sua direção segurando um puxador de água (rodinho), o qual, pelas suas características, assemelha-se com um instrumento cortante. A, imaginando que está diante de uma situação de agressão (situação fática), haja vista a suposição de que B estivesse segurando uma arma, saca seu revólver e efetua um disparo contra B.

Na realidade, neste exemplo, sequer havia uma situação de agressão (pressuposto fático para que houvesse a legítima defesa), de sorte que não ocorreu legítima defesa real, pois para a reação ser legítima deve haver uma situação de agressão humana. Trata-se, no entanto, de legítima defesa putativa (imaginária).

São as seguintes formas e efeitos:

a) **Inevitável, invencível ou escusável (CP, art. 20, § 1º, primeira parte):** não podia ser evitado, mesmo o sujeito sendo diligente. O erro foi plenamente justificado pelas circunstâncias. Segundo consta no referido artigo, o agente fica **isento de pena.**

> ▶ **DIVERGÊNCIA:**
>
> Parte da doutrina, justificando que o Código Penal adotou a chamada **teoria limitada,** afirma que a consequência do erro inevitável seria a **exclusão do dolo e da culpa.** Ou seja, apesar de constar que o agente fica **isento de pena,** a consequência seria a **exclusão da tipicidade (ausência de dolo e culpa).**

b) **Evitável, vencível ou inescusável (art. 20, § 1º, segunda parte, do CP):** podia ser evitado pelo sujeito se tivesse maior diligência. Segundo o CP, não há isenção de pena quando o erro deriva de culpa e o fato é punível como crime culposo. Trata-se da hipótese denominada de ***culpa imprópria***.

> - De acordo com os itens 17 e 19 da Exposição de Motivos da Nova Parte Geral do Código Penal, foi adotada no Brasil a **teoria limitada da culpabilidade** (art. 20, § 1º, do CP = erro de tipo permissivo).
> - Há autores, no entanto, que adotam a **teoria extremada da culpabilidade** (art. 20, § 1º, do CP = erro de proibição indireto). Para essa corrente doutrinária, todas as hipóteses de descriminantes putativas seriam erro de proibição. É o que o se conhece como **teoria unitária do erro.**
> - Grande parcela doutrinária admite **tentativa na culpa imprópria,** por se tratar, na realidade, de fato doloso punido culposamente a título de política criminal.

ERRO DE TIPO PERMISSIVO (ART. 20, § 1º)	É isento de pena quem, por erro plenamente justificado pelas circunstâncias, supõe situação de fato que, se existisse, tornaria a ação legítima. Não há isenção de pena quando o erro deriva de culpa e o fato é punível como crime culposo.

9.3. Erro provocado por terceiro

Art. 20, § 2º – Responde pelo crime o terceiro que determina o erro.

O erro de tipo pode ser espontâneo (cometido pelo sujeito sem provocação de terceiro) ou provocado por terceiro (art. 20, § 2º).

Efeitos:

a) **Situação do provocador:** responde pelo crime na forma culposa ou dolosa, dependendo do caso.

b) **Situação do provocado:** se o erro for inevitável, não responde pelo crime, havendo exclusão de dolo e culpa; se for evitável, não responde pelo crime a título de dolo, subsistindo a modalidade culposa, se prevista em lei.

Exemplo: o diretor (A), querendo matar um dos atores (B) durante a gravação do filme, entrega arma com munição verdadeira ao responsável pelos tiros na cena (C), afirmando que se trata de munição de festim. C dispara e mata B. Soluções: **1)** A será **autor mediato** de crime doloso (no exemplo de homicídio doloso); **2)** se o erro de C for inevitável, haverá a exclusão do crime para ele; **3)** se o erro de C for evitável, ele responderá por homicídio culposo.

9.4. Erro de tipo acidental

Refere-se a dados acessórios ou secundários do crime. Não exclui o dolo e nem a culpa. Hipóteses:

a) **Erro sobre a pessoa – *error in persona*.** Nos termos do art. 20, § 3º, "O erro quanto à pessoa contra a qual o crime é praticado não isenta de pena. Não se consideram, neste caso, as condições ou qualidades da vítima, senão as da pessoa contra quem o agente queria praticar o crime". O sujeito pratica a conduta prevendo o resultado contra a vítima virtual (pretendida) e acaba produzindo o resultado contra outra pessoa, ou seja, a vítima efetiva. Serão consideradas as condições ou qualidades pessoais da vítima virtual. Exemplos: 1) o sujeito mata A, irmão gêmeo de B, supondo que estaria matando B. De acordo com o art. 20, § 3º, esse erro não exclui o crime; 2) a mãe, sob a influência do estado puerperal, logo após o parto, mata um recém-nascido imaginando que era seu próprio filho: responde como se tivesse matado seu filho, ou seja, por infanticídio.

b) **Erro sobre o objeto – *error in objecto*.** Como foi visto, objeto material é a pessoa ou a coisa sobre a qual recai a conduta do agente. Incide em erro a conduta do sujeito que recai sobre determinado objeto (coisa) supondo se tratar de outro. Exemplo: o agente, desejando subtrair um aparelho de televisão, acaba subtraindo um monitor de computador. Independente do erro, o sujeito responderá pelo crime de furto, uma vez que violou o patrimônio de terceiro ao subtrair coisa alheia móvel.

c) **Erro acerca do nexo causal (desvio do nexo causal ou *aberratio causae*).** Trata-se do equívoco em relação ao meio de execução do crime, que acaba por determinar o resultado almejado pelo agente. Exemplo: A, com o desejo de matar B, o encurrala no alto de um prédio, proferindo disparos de arma de fogo na direção da vítima. Na fuga dos projetis, B cai e morre em função da queda (traumatismo craniano). O agente A responderá por homicídio doloso consumado, uma vez que o erro do curso causal é irrelevante.

Há entendimento doutrinário no sentido de que a *aberratio causae* e o *dolus generalis* (dolo geral ou erro sucessivo) são institutos sinônimos. Por outro lado, há quem defenda que na aberratio causae há uma única conduta; já no *dolus generalis* há necessariamente duas condutas.

d) **Erro na execução – *aberratio ictus* (art. 73).** Vide capítulo atinente ao concurso de crimes.

e) **Resultado diverso do pretendido – *aberratio criminis* ou *delicti* (art. 74).** Vide capítulo atinente ao concurso de crimes.

9.5. Erro de tipo e delito putativo

No **erro de tipo** o agente não possui a vontade de cometer o delito, ou seja, realiza a tipicidade objetiva sem ter a vontade de realizá-la (não há tipicidade subjetiva).

No **delito putativo,** o agente possui vontade de cometer o delito, mas, em face do erro, comete conduta atípica.

O delito putativo pode ser:

a) **Por erro sobre elemento do tipo:** o agente possui consciência e vontade de cometer o delito, mas, em face do erro acerca dos elementos da figura típica, comete conduta atípica. Exemplo: Maria, imaginando-se grávida e com a intenção de provocar autoaborto, ingere pílula abortiva. Trata-se de conduta atípica, pois não estava realmente grávida. Não se trata de erro de proibição (Maria possuía consciência da proibição da prática do aborto).

b) **Por erro de proibição (erro de proibição invertido):** o agente pratica um fato que entende ser criminoso, mas, como não existe norma de proibição (incriminadora), comete conduta atípica. Exemplo: João e Maria praticam incesto, imaginando que se trata de crime. No entanto, não existe norma de proibição para esse fato.

c) **Por obra de agente provocador:** Súmula 145 do STF – "Não há crime, quando a preparação do flagrante pela polícia torna impossível a sua consumação".

10. *ITER CRIMINIS*

O crime passa por quatro fases: 1ª) cogitação; 2ª) preparação; 3ª) execução; 4ª) consumação. Alguns autores, em posicionamento minoritário, ainda acrescentam uma quinta fase, que seria a do exaurimento.

COGITAÇÃO → **PREPARAÇÃO** → **EXECUÇÃO** → **CONSUMAÇÃO**

FASES:

1ª) **COGITAÇÃO:** intenção de praticar o delito. A simples cogitação não é punida, pois não há ofensa ao bem jurídico.

2ª) **PREPARAÇÃO:** atos necessários para o agente iniciar a execução do delito. São impuníveis, salvo quando, por si só, configurarem outro delito. Ex.: portar arma de fogo na procura do desafeto para matá-lo trata-se de fase de preparação do iter criminis referente ao homicídio. Mas, por outro lado, a simples conduta de portar arma de fogo sem autorização legal já configura o crime de porte ilegal de arma de fogo.

> A Lei de Terrorismo prevê, excepcionalmente, a punição de atos preparatórios: "Realizar atos preparatórios de terrorismo com o propósito inequívoco de consumar tal delito: Pena – a correspondente ao delito consumado, diminuída de um quarto até a metade" (art. 5º da Lei nº 13.260/2016).

3ª) **EXECUÇÃO:** no *iter criminis*, o fato somente passa a ser punido com o início da execução. Isso porque, se iniciada a execução, pode ocorrer: a) que o crime venha a se consumar (art. 14, I); b) uma tentativa de crime, caso não haja consumação por circunstâncias alheias à vontade do agente (art. 14, II); c) a desistência voluntária ou o arrependimento eficaz, caso não ocorra a consumação por ato voluntário do agente (art. 15).

4ª) **CONSUMAÇÃO:** art. 14, I, do CP. Ex.: o crime de homicídio se consuma com a morte da vítima; o estelionato com a obtenção da vantagem ilícita em prejuízo alheio.

Teorias que explicam a passagem dos atos preparatórios para os atos executórios:

a) **Teoria subjetiva:** como o que interessa é a vontade do agente, não há transposição dos atos preparatórios para os atos executórios. Pune-se tanto a preparação quanto a execução. Não é adotada no Brasil.

b) **Teorias objetivas:** o agente deve iniciar, objetivamente, a praticar o verbo nuclear do tipo. Vários são os critérios objetivos adotados:

→ **Critério objetivo-formal**: a execução é iniciada quando começa a conduta típica, que ocorre com o início da realização do verbo nuclear (ex.: início da subtração no furto).

→ **Critério objetivo-individual**: considera o plano delitivo do agente. A execução se inicia quando é colocado em prática o plano delitivo do autor, que é imediatamente anterior ao início da execução da conduta típica.

→ **Critério objetivo-material**: haverá início da execução tanto com a prática do verbo nuclear do tipo quanto com a prática de atos imediatamente anteriores, segundo o critério de um **terceiro observador**, imparcial e alheio aos fatos.

→ **Critério da hostilidade ao bem jurídico**: haverá início da execução o bem jurídico começa a ser ofendido pelo agente.

O critério objetivo-formal ainda é o preferido pelos doutrinadores no Brasil, embora, segundo a nossa posição, o critério objetivo-individual seja o que melhor explica o início da execução. Exemplo: o agente, querendo furtar, ingressa na casa da vítima, momento em que é flagrado e preso. Para o critério objetivo-formal, ainda não haveria início de execução do crime de furto; para o critério objetivo-individual estaria configurado o *conatus*.

11. CRIME CONSUMADO

Nos termos do art. 14, I, do Código Penal, diz-se o crime consumado quando nele se reúnem todos os elementos de sua definição legal. Desse modo, quando o fato praticado pelo agente corresponde a todos os elementos de um tipo penal, diz-se que o crime está consumado. Ou seja, o crime se consuma quando o tipo penal se encontra realizado.

Observações quanto ao **momento da consumação**:

a) **Crimes materiais:** ocorre a consumação com a produção do resultado naturalístico.

b) **Crimes formais:** com a prática da conduta típica, independentemente da produção do resultado naturalístico.

c) **Crimes de mera conduta:** com a prática da conduta, pois o tipo não prevê a produção de resultado naturalístico.

d) **Crimes de perigo:** a consumação se dá com a exposição do bem a perigo de dano.

e) **Crimes permanentes:** a consumação se protrai no tempo até que o agente cesse sua conduta.

f) **Crimes habituais:** com a reiteração de atos que revelam um estilo ou modo de vida do agente.

g) **Crimes qualificados pelo resultado:** com a produção do resultado agravador.

h) **Crime omissivo próprio (ou omissivo puro):** ocorre a consumação no momento em que o agente deixou de realizar a conduta devida.

i) **Crime omissivo impróprio (ou omissivo impuro ou comissivo por omissão):** com a produção do resultado naturalístico.

j) **Crimes culposos:** com a produção do resultado naturalístico (art. 18, II, do CP: "Diz-se o crime culposo quando o agente deu **causa ao resultado** por imprudência, negligência ou imperícia").

> Não se deve confundir consumação do crime com o seu **exaurimento (esgotamento).** O conceito de crime consumado (art. 14, I) deve ser entendido como consumação em seu sentido técnico, pois alguns crimes podem se consumar mesmo que não ocorra o resultado pretendido pelo agente. *Exemplo*: o crime de extorsão mediante sequestro (art. 159) se consuma com a conduta de sequestrar a vítima com o fim específico descrito no tipo (recebimento da vantagem). O efetivo recebimento da vantagem como condição ou preço do resgate (resultado naturalístico) será mero exaurimento/esgotamento. Nesse sentido a **Súmula 96 do STJ**.

12. TENTATIVA OU *CONATUS*

12.1. Conceito e natureza

Ocorre o crime tentado, conforme art. 14, II, do Código Penal, quando, **iniciada a execução,** não se consuma por circunstâncias alheias à vontade do agente.

São **elementos da tentativa**:

a) a prática de um ato de execução (realiza-se parte do tipo objetivo);

b) a presença dos elementos subjetivos do tipo doloso (realiza-se o tipo subjetivo);

c) a não-consumação do crime por circunstâncias alheias à vontade do agente.

Exemplo: A, com a intenção de matar B (realização do tipo subjetivo), desfere uma facada em seu tórax, ocasião em que um terceiro impede que prossiga na execução (houve a realização parcial do tipo objetivo). B é levado a um hospital e sobrevive. Nesse caso, iniciada a execução, não ocorreu a consumação por circunstâncias alheias à vontade do agente.

O art. 14, II, do CP é uma **norma de extensão temporal da figura típica**. Como visto anteriormente, no crime tentado ocorre a adequação típica por subordinação indireta/mediata. Não há um crime específico para a tentativa (existe exceção, como o art. 352 do CP), de sorte que se deve referir a um crime autônomo em que incidirá a norma de extensão (art. 14, II). No exemplo acima, não se tem um crime autônomo de homicídio tentado, mas sim uma tentativa do crime de homicídio. A responderá por tentativa do crime de homicídio em razão do art. 14, II. A tipicidade do fato seria **art. 121, *caput*, c/c art. 14, II.**

12.2. Pena da tentativa

> **Art. 14, parágrafo único** – Salvo disposição em contrário, pune-se a tentativa com a pena correspondente ao crime consumado, diminuída de um a dois terços.

No que tange à pena do crime tentado, **o CP adotou, como regra, a teoria objetiva (teoria realística)**, a qual sustenta que a punição do crime tentado se fundamenta no perigo de dano acarretado ao bem jurídico e não na intenção do agente. No entanto, a pena deve ser inferior à do crime consumado, pois o crime tentado causa menor ofensa ao bem jurídico. Assim, como efeito do reconhecimento da tentativa, incidirá a aplicação de uma **causa de diminuição de pena** em relação à pena do crime consumado.

Como critério de fixação, deve-se levar em consideração a proximidade da consumação, caso em que se aproximará do dano ao bem jurídico, ou seja, **quanto maior a proximidade da consumação menor será a diminuição, e vice-versa**. Assim, leva-se em conta o iter criminis percorrido pelo agente.

Exemplo: a redução de pena na tentativa de homicídio em que a vítima sequer tenha sido atingida deve ser maior do que no caso de a vítima ser gravemente lesionada.

> **Como exceção, o Código adotou a teoria subjetiva**, conforme se observa na expressão "salvo disposição em contrário". Essa exceção, segundo a doutrina, refere-se às hipóteses em que o legislador prevê no próprio tipo penal a forma tentada. Ex.: Código Eleitoral (Lei nº 4.737/65), art. 309. *Votar* ou *tentar votar* mais de uma vez, ou em lugar de outrem: Pena – reclusão até três anos.

12.3. Classificação

a) **Em relação ao caminho percorrido durante a fase de execução:**

→ ***Tentativa imperfeita (inacabada)***: a **fase executória é interrompida** antes de ser esgotada por circunstâncias alheias à vontade do agente. Exemplo: o sujeito dispara um tiro na vítima e é logo imobilizado por terceiro antes de efetuar outro disparo.

→ ***Tentativa perfeita (acabada ou crime falho)***: a **fase de execução planejada pelo agente é esgotada**, mas não ocorre a produção do resultado por circunstâncias alheias à sua vontade. Exemplo: o agente dispara seis tiros na vítima e abandona o local, imaginando que consumou o delito. No entanto, a vítima é salva em face do pronto e eficaz atendimento médico.

b) **Em relação ao objeto do crime:**

→ ***Tentativa incruenta (branca):*** o objeto material não sofre dano. Exemplo: iniciados os atos executórios (disparos de arma de fogo), a vítima não chega a ser atingida em face do erro de pontaria do atirador.

→ ***Tentativa cruenta (vermelha):*** o objeto material sofre dano. Exemplo: iniciados os atos executórios (disparos de arma de fogo), a vítima é atingida.

- O crime impossível (art. 17 do CP) é chamado de **tentativa inidônea.**
- A desistência voluntária e o arrependimento eficaz (art. 15 do CP) são chamados de **tentativa abandonada.**
- Quando a tentativa engloba outro delito, já consumado, de menor gravidade, é chamada de **tentativa qualificada.** Isso significa que o agente será responsabilizado pelos atos já praticados (parte final do artigo 15).

12.4. Infrações que não admitem a tentativa

a) **Crimes culposos:** são incompatíveis com a tentativa, uma vez que o agente não deseja o resultado, isto é, não se pode tentar o que não se quer.

b) **Crimes preterdolosos ou preterintencionais:** como o resultado agravador é causado culposamente, é impossível imaginar a tentativa de um resultado não desejado.

c) **Contravenções penais:** não se pune a tentativa de contravenção por expressa disposição legal (LCP, art. 4º).

d) **Crimes unissubsistentes:** não há como fracionar a fase de execução. Basta a prática de apenas um ato para que ocorra a consumação do crime unissubsistente. Exemplo: injúria verbal.

e) **Crimes omissivos próprios:** se o agente não realizar a conduta devida, o crime se consuma; caso a realize, não haverá o delito.

f) **Crimes habituais:** é necessária a reiteração de atos descritos no tipo para que ocorra a consumação. Se houver a reiteração dos atos típicos o crime se consuma; se não houver, trata-se de um indiferente penal. Exemplo: curandeirismo (art. 284).

g) **Crimes de atentado:** não se pode imaginar tentativa de tentativa. Exemplo – art. 352 do CP: "Evadir-se ou tentar evadir-se o preso ou o indivíduo submetido a medida de segurança detentiva, usando de violência contra a pessoa".

13. DESISTÊNCIA VOLUNTÁRIA E ARREPENDIMENTO EFICAZ

Art. 15 – O agente que, voluntariamente, desiste de prosseguir na execução ou impede que o resultado se produza, só responde pelos atos já praticados.

É o que se chama de tentativa abandonada.

A **desistência voluntária** ocorre quando o agente desiste voluntariamente de prosseguir nos atos executórios, o que possibilita a não consumação do crime inicialmente almejado (art. 15, 1ª parte).

Exemplo: o agente, desejando matar a vítima, desfere três facadas no corpo dela. Em seguida, podendo prosseguir na execução com novos golpes, desiste do seu intento, permitindo que o ofendido sobreviva.

Por sua vez, o **arrependimento eficaz** (**arrependimento ativo** ou **resipiscência**) se dá quando o agente, depois de realizados os atos executórios, pratica uma ação impedindo a produção do resultado, não consumando, assim, o crime inicialmente pretendido. O agente se arrepende depois de esgotados os atos executórios. Frise-se que, se ocorrer a consumação, o arrependimento não será eficaz.

Exemplo: o agente, desejando matar a vítima, ministra veneno na comida dela (esgota a fase de execução). Em seguida, o autor arrepende-se e entrega o antídoto ao ofendido antes dos efeitos letais.

Ressaltando a matéria:

DESISTÊNCIA VOLUNTÁRIA	A fase de execução se inicia e é interrompida pelo próprio agente.
	A fase de execução planejada não se esgota.
ARREPENDIMENTO EFICAZ	A fase de execução se inicia e se esgota.
	O agente, depois de esgotar a fase de execução, pratica novo ato para evitar a consumação.

Deflui-se do art. 15 os seguintes requisitos: 1) início de execução; 2) não-consumação; 3) voluntariedade.

O ato voluntário pode ser espontâneo (a vontade de desistir ou de evitar a consumação surgiu da ideia do próprio agente) ou não espontâneo (a vontade surge após o agente ser induzido por circunstância externa que não impossibilitaria a consumação do crime). Exemplo: o agente, no interior da casa da vítima, desiste do furto em virtude de um conselho de terceiro. O ato não foi espontâneo, mas sim voluntário. Saliente-se que o agente, se quisesse, poderia ter prosseguido com a execução do crime.

Nas hipóteses de arrependimento eficaz e desistência voluntária, **o agente responde pelos atos já praticados** (art. 15, parte final). Ocorre, de acordo com o magistério de Hungria, uma **tentativa qualificada**, uma vez que o agente, retirada a tentativa do crime inicialmente desejado, deve responder pelos atos executórios praticados, ou mesmo pelos próprios atos preparatórios incriminados por si mesmos. Exemplos:

* O agente responde pelos atos executórios praticados: A, desejando matar B, desfere uma facada no corpo deste (início da execução do crime de homicídio). Até esse momento havia uma tentativa de homicídio. Em seguida, podendo prosseguir na execução e matar o ofendido, desferindo outras facadas, A desiste voluntariamente do seu intento e, com isso, permite que B sobreviva. A deve responder pelos atos executórios anteriormente praticados (lesão corporal leve, grave ou gravíssima, dependendo do resultado) e não por tentativa de homicídio;

* O agente responde pelos atos preparatórios incriminados por si mesmos: A invade a casa de B desejando praticar um furto de uma TV. No interior da residência, ao iniciar a subtração da coisa, desiste voluntariamente de prosseguir na execução. Deve responder pelo crime de violação de domicílio (art. 150 do CP), que, no iter criminis planejado, era uma mera fase de preparação. Observe que se houvesse a consumação do furto, o crime de violação de domicílio teria sido absorvido (princípio da consunção).

Natureza jurídica da desistência voluntária e do arrependimento eficaz: não há unanimidade entre os autores.

Orientações:

1ª) **São causas de extinção da punibilidade ou de isenção de pena** (Hungria, Noronha, Zaffaroni e Pierangeli, Dotti, Costa Jr., Luiz Flávio Gomes, Nucci, Luiz Regis Prado);

2ª) **São causas de exclusão da adequação típica indireta, ou seja, ausência de tipicidade** (Fragoso, Basileu Garcia, Damásio, Mirabete, Capez, Reale Júnior, Rogério Greco).

▶ **Nossa posição:** somos partidários do segundo entendimento, uma vez que a tentativa de um crime é punida em razão da norma de extensão (art. 14, II). Na hipótese do art. 15, essa norma de extensão está sendo afastada, de sorte que também estará afastada a tipicidade da tentativa. Ou seja, não haverá adequação típica indireta ou mediata.

Diferenças entre tentativa perfeita/imperfeita (art. 14, II) e desistência voluntária/arrependimento eficaz (art. 15):

	FASE DE EXECUÇÃO	CONSEQUÊNCIA
TENTATIVA IMPERFEITA (INACABADA)	Interrompida por ato involuntário	Causa de diminuição de pena

	FASE DE EXECUÇÃO	CONSEQUÊNCIA
DESISTÊNCIA VOLUNTÁRIA	Interrompida por ato voluntário	Responde pelos atos anteriormente praticados
TENTATIVA PERFEITA (ACABADA)	Fase de execução não é interrompida e se esgota. A consumação não ocorre por circunstâncias alheias à vontade do agente	Causa de diminuição de pena
ARREPENDIMENTO EFICAZ	Fase de execução não é interrompida e se esgota. A consumação não ocorre por ato voluntário do agente	Responde pelos atos anteriormente praticados

14. ARREPENDIMENTO POSTERIOR

> Art. 16 – Nos crimes cometidos sem violência ou grave ameaça à pessoa, reparado o dano ou restituída a coisa, até o recebimento da denúncia ou da queixa, por ato voluntário do agente, a pena será reduzida de um a dois terços.

Trata-se de uma **causa obrigatória de redução de pena**. Constitui providência de política criminal e sua primordial finalidade é incentivar a reparação do dano.

Requisitos:

1º) **Reparação do dano ou restituição do objeto material:** deve, como regra, ser total. (Nesse sentido: "A aplicação do art. 16 do Código Penal exige a comprovação da integral reparação do dano ou a restituição da coisa até o recebimento da denúncia, devendo o ato ser voluntário" (STJ, 6ª T., AgRg no AREsp 828.271, j. 19/04/2016). Entretanto, o STF já decidiu que a reparação do dano não precisa ser integral, de sorte que a extensão da reparação deve ser levada em consideração (HC 98.658, j. 09/11/2010).

2º) **Ato voluntário:** a reparação ou restituição não precisa ser espontânea (sincera), basta ser voluntária (livre). Isso significa que o agente pode ter reparado o dano por orientação de um advogado, por exemplo.

3º) **Reparação até o recebimento da denúncia ou da queixa:** caso seja posterior, será considerada circunstância atenuante genérica (art. 65, III, *b*, do CP).

4º) **Que o crime tenha sido cometido sem violência ou grave ameaça à pessoa:** aplica-se aos crimes dolosos, tentados e consumados, simples, privilegiados e qualificados. Não impedem o reconhecimento do benefício: a) violência contra a coisa (ex.: furto qualificado pela destruição de obstáculo); e b) violência culposa (ex.: lesão corporal culposa na direção de veículo).

Diverge a doutrina acerca da extensão dessa causa de diminuição de pena no caso de concurso de pessoas quando apenas um dos agentes reparou o dano. Orientações: 1ª) estende-se, uma vez que a reparação do dano, prevista no art. 16 do Código Penal, é circunstância objetiva. Nesse sentido Rogério Greco e Damásio de Jesus. Ainda: STJ, 6ª T., REsp 1578197, j. 26/04/2016; STJ, 6ª T., REsp 1187976, j. 07/11/2013; STJ, REsp 264283, j. 19/03/2001. **2ª)** não se comunica por se tratar de circunstância pessoal do agente, visando à reparação do dano. Nesse sentido: Guilherme de Souza Nucci, Luis Régis Prado e Luiz Flávio Gomes. Ainda: STJ, HC 92.004, j. 05/05/2009.

Em alguns casos específicos de reparação do dano não terá aplicação o art. 16 do CP:

a) pode ensejar a extinção da punibilidade (art. 312, § 3º, do CP);

b) pode impedir a instauração da ação penal por falta de justa causa, nos termos da **Súmula 554 do STF:** "O pagamento de cheque emitido sem provisão de fundos, após o recebimento da denúncia, não obsta ao prosseguimento da ação penal".

Arrependimento eficaz	Arrependimento Posterior
Art. 15 do CP	Art. 16 do CP
Causa de atipicidade (entendimento majoritário)	Causa obrigatória de redução de pena
Antes da consumação do crime	Após a consumação do crime

15. CRIME IMPOSSÍVEL

Art. 17 – Não se pune a tentativa quando, por ineficácia absoluta do meio ou por absoluta impropriedade do objeto, é impossível consumar-se o crime.

O crime impossível é também chamado de quase crime, tentativa inidônea, tentativa inadequada, tentativa inútil, crime oco.

A primeira hipótese é a **ineficácia absoluta do meio de execução.** O meio utilizado não possui nenhuma aptidão para ofender ou gerar perigo de lesão ao bem jurídico.

Exemplos: o sujeito, desejando matar a vítima, aciona o gatilho com a arma sem munição; falsificação grosseira, facilmente perceptível.

- **Súmula 73 do STJ:** "A utilização de papel moeda grosseiramente falsificado configura, em tese, o crime de estelionato, da competência da Justiça Estadual".
- **Súmula 567 do STJ:** "Sistema de vigilância realizado por monitoramento eletrônico ou por existência de segurança no interior de estabelecimento comercial, por si só, não torna impossível a configuração do crime de furto".

A segunda modalidade de crime impossível ocorre por **absoluta impropriedade do objeto material.** O objeto material é a pessoa ou a coisa sobre a qual recai a conduta do agente. Ocorre absoluta impropriedade em certas circunstâncias em que ele se encontra (ex.: não se pode matar quem já esteja morto) ou pela própria inexistência do objeto material (ex.: mulher ingere remédio abortivo supondo estar grávida, hipótese em que inexiste o feto). Esta modalidade de crime impossível caracteriza o que a doutrina denomina de **delito putativo por erro de tipo.** Isto porque o agente possui a intenção de praticar o delito, que não ocorre ante a ausência de um dos elementos do tipo.

Há, ainda, uma terceira modalidade de crime impossível, prevista na **Súmula 145 do STF**: "Não há crime, quando a preparação do flagrante pela polícia torna impossível a sua consumação". Aqui se está diante do flagrante preparado ou provocado (outros sinônimos: crime de ensaio, delito de laboratório, crime putativo por obra do agente provocador).

> ▶ **NATUREZA JURÍDICA:**
>
> Não obstante conste na lei referência à não punição do agente (art. 17: "Não se pune a tentativa quando..."), a doutrina, de forma amplamente majoritária, identifica no crime impossível uma **causa de exclusão da tipicidade.**

Acerca da **punibilidade**, o **CP adotou a teoria objetiva temperada**, uma vez que a ineficácia do meio e a impropriedade do objeto devem ser ***absolutas***. Não haverá punição em razão de não ter sido o bem jurídico exposto a perigo de lesão. Caso sejam ***relativas***, o bem jurídico terá sido exposto a perigo, permitindo-se a punição.

Exemplo: a arma de fogo defeituosa não pode ser utilizada como tal para a prática de homicídio, mas pode ser eficaz para o cometimento de roubo.

16. ILICITUDE

<table>
<tr><td rowspan="9">CRIME (CONCEITO TRIPARTIDO)</td><td rowspan="4">Fato típico</td><td>1. Conduta</td></tr>
<tr><td>2. Resultado</td></tr>
<tr><td>3. Nexo causal</td></tr>
<tr><td>4. Tipicidade</td></tr>
<tr><td>Ilicitude</td><td>Fato contrário ao ordenamento jurídico</td></tr>
<tr><td rowspan="3">Culpabilidade</td><td>1. Imputabilidade</td></tr>
<tr><td>2. Potencial consciência da ilicitude</td></tr>
<tr><td>3. Exigibilidade de conduta diversa</td></tr>
</table>

16.1. Introdução

Ilicitude é a contrariedade do fato ao ordenamento jurídico. **Praticado um fato típico presume-se a ilicitude**, que poderá ser afastada diante de alguma descriminante ou justificante (causa de exclusão de ilicitude). A ilicitude é o segundo elemento do crime (crime em seu conceito formal analítico).

Nos termos do art. 23 do CP (exclusão de ilicitude), **não há crime** quando o agente pratica o fato: I – em estado de necessidade; II – em legítima defesa; III – em estrito cumprimento de dever legal ou no exercício regular de direito.

Há também outras causas de exclusão da ilicitude previstas na Parte Especial do Código Penal. Havendo alguma dessas causas de exclusão não haverá o delito, embora haja o fato típico.

Além das hipóteses previstas na legislação, a doutrina cita como exemplo de exclusão da ilicitude (causa não prevista em lei) certos casos de **consentimento do ofendido.**

Requisitos do consentimento do ofendido	1. Bem jurídico disponível
	2. Sujeito com capacidade de consentir (18 anos, em regra)
	3. Ausência de vício de vontade
	4. Deve se dar até a consumação do crime

Ressalte-se, porém, que em alguns casos o consentimento do ofendido pode funcionar como causa excludente da tipicidade formal. Isso ocorre quando a norma penal pressupõe o dissenso da vítima (ex.: art. 150 – "Entrar ou permanecer, clandestina ou astuciosamente, ou **contra a vontade expressa ou tácita de quem de direito,** em casa alheia ou em suas dependências").

CONSENTIMENTO DO OFENDIDO	
Dissenso da vítima: é elemento constitutivo do tipo	Dissenso da vítima: não é elemento constitutivo do tipo
Exclui tipicidade	Exclui ilicitude (como causa supralegal)
ex.: art. 213 do CP (estupro)	ex.: art. 163 do CP (dano)

16.2. Estado de necessidade

Art. 24 – Considera-se em estado de necessidade quem pratica o fato para salvar de perigo atual, que não provocou por sua vontade, nem podia de outro modo evitar, direito próprio ou alheio, cujo sacrifício, nas circunstâncias, não era razoável exigir-se.

16.2.1. *Requisitos*

REQUISITOS DO ESTADO DE NECESSIDADE	**Situação de perigo**	▪ Perigo atual ▪ Ameaça a direito próprio ou alheio ▪ Situação não causada voluntariamente pelo sujeito ▪ Inexistência de dever legal de enfrentar o perigo
	Fato lesivo	▪ Inevitabilidade da prática do fato lesivo ▪ Razoabilidade

a) **Perigo atual:** é o perigo que está ocorrendo, presente, concreto, ou seja, é a probabilidade de se efetivar um dano ao bem jurídico tutelado. A lei não menciona expressamente o perigo iminente, mas no perigo atual está abrangido o perigo iminente, tendo em vista que perigo é probabilidade de dano. O que não se aceita é um perigo remoto ou incerto. A situação de perigo pode ser oriunda de conduta humana, de fato de um ser irracional ou de força da natureza.

b) **Ameaça a direito próprio ou alheio:** a palavra direito abrange qualquer bem ou interesse protegido pelo ordenamento jurídico. Cabe estado de necessidade de terceiro.

c) **Situação de perigo não causada voluntariamente pelo sujeito:** não haverá a excludente na hipótese de ter o agente causado a situação de perigo por sua própria vontade (dolo).

d) **Inexistência de dever legal de enfrentar o perigo (§ 1º):** determinados sujeitos têm o dever legal de enfrentar situações de perigo, como o caso de bombeiros e policiais, de forma que não podem alegar estado de necessidade no exercício dessas atividades.

e) **Inevitabilidade da prática do fato lesivo (nem podia de outro modo evitar):** deve-se analisar se era possível ao agente salvaguardar o direito sem que tivesse de praticar a conduta lesiva. O estado de necessidade é subsidiário, isto é, somente se configura se o agente não podia afastar o perigo sem causar lesão ao bem jurídico de terceiro.

f) **Inexigibilidade de sacrifício do direito ameaçado (cujo sacrifício, nas circunstâncias, não era razoável exigir-se):** a lei não estabelece que o bem protegido deva ser maior, igual ou de menor valor que o bem lesado, mas impõe como requisito a razoabilidade.

De acordo com o **art. 24, § 2º, do CP**, "embora seja razoável exigir-se o sacrifício do direito ameaçado, a pena poderá ser reduzida de um a dois terços". Exemplo: supondo que em razão do perigo atual, não causado voluntariamente, o agente, para salvar seu patrimônio de pequeno valor, mate uma pessoa. Mesmo que se mostrasse inevitável a conduta lesiva, no caso seria razoável exigir do agente o sacrifício do seu patrimônio. Com efeito, não será reconhecida a excludente da ilicitude, mas o juiz deverá diminuir a pena de um a dois terços.

Por fim, existe um **requisito subjetivo**, segundo a teoria finalista (Welzel). O sujeito precisa ter consciência da situação justificante, ou seja, deve ter conhecimento que sua conduta lesiva visa a salvar de perigo atual direito próprio ou alheio.

16.2.2. *Formas de estado de necessidade*

a) **Próprio e de terceiro.** Estado de necessidade próprio: proteção de direito do próprio agente. Estado de necessidade de terceiro: proteção de direito de terceiro.

b) **Real e putativo.** Estado de necessidade real: é o disposto no art. 24 do Código Penal, ou seja, existe uma real situação de perigo. Estado de necessidade putativo: pode ocorrer segundo o art. 20, § 1º, do CP, ou nos termos do art. 21, *caput*, do CP (erro quanto à ilicitude).

c) **Agressivo e defensivo.** Estado de necessidade agressivo: a conduta lesiva recai sobre direito de quem não concorreu para a produção da situação de perigo (terceiro inocente). Estado de necessidade defensivo: a conduta lesiva recai sobre direito de quem concorreu para a produção da situação de perigo.

16.2.3. Teorias

a) **Unitária (adotada pelo CP):** nos termos do art. 24, o estado de necessidade sempre será **causa de exclusão da ilicitude** (estado de necessidade ***justificante***). Muito embora o CP não preveja estado de necessidade exculpante (excludente de culpabilidade), a jurisprudência aceita essa hipótese como sendo uma causa supralegal de inexigibilidade de conduta diversa.

b) **Diferenciadora:** o estado de necessidade poderá ser **causa de exclusão da ilicitude** ou de **exclusão da culpabilidade**. Considera a variação de valor dos bens em conflito (balanço dos bens). Se o bem protegido pelo agente for de valor superior ao bem sacrificado haverá exclusão da ilicitude (estado de necessidade ***justificante***). Exemplo: para salvaguardar a vida (maior valor) o sujeito vem a lesar o patrimônio (menor valor). Caso o bem protegido seja de valor inferior ou igual ao bem sacrificado poderá haver a exclusão da culpabilidade (estado de necessidade ***exculpante***). Exemplo: A, para proteger a sua vida, vem a matar B (bens de igual valor).

O Código Penal Militar, por exceção, adota a teoria diferenciadora.

16.3. Legítima defesa

Art. 25 – Entende-se em legítima defesa quem, usando moderadamente dos meios necessários, repele injusta agressão, atual ou iminente, a direito seu ou de outrem.

Parágrafo único. Observados os requisitos previstos no *caput* deste artigo, considera-se também em legítima defesa o agente de segurança pública que repele agressão ou risco de agressão a vítima mantida refém durante a prática de crimes.

16.3.1. Requisitos

a) **Agressão:** conduta humana que expõe a perigo ou lesa direitos. A agressão pode se dar por omissão, como no caso de quem está obrigado a agir e não age (o carcereiro que mantém o sujeito preso ilicitamente). Matar animais para se proteger não configura legítima defesa, mas pode configurar estado de necessidade. Isto porque não existe agressão humana. Entretanto, se o animal for açulado por alguém, pode configurar legítima defesa, pois nesse caso existe uma agressão humana.

b) **Agressão injusta:** é a agressão ilícita, dolosa ou culposa, mesmo que não seja um injusto penal, sendo necessário apenas que a agressão constitua contrariedade ao direito (ilicitude genérica). É apurada de forma objetiva, independentemente da consciência da ilicitude do agressor.

c) **Agressão atual ou iminente:** atual é a presente. Iminente é a que está prestes a ocorrer. Cessada a agressão, não há que se falar mais em reação (repulsa) por parte do agredido. Por outro lado, se houver a prenunciação de uma agressão (ameaça de agressão futura), o ameaçado deve adotar as providências junto às autoridades competentes.

d) **Defesa de direito próprio ou alheio:** a expressão "direito" abrange qualquer bem tutelado pelo ordenamento jurídico.

e) **Repulsa com os meios necessários:** meio necessário é aquele que estava à disposição do agredido e que menor dano causará. Se não houver a possibilidade da escolha do meio que menor dano causará, será necessário aquele disponível pelo sujeito no momento da agressão. Assim, o meio necessário será verificado de acordo com o caso concreto.

f) **Uso moderado dos meios necessários:** uma vez escolhido o meio necessário, seu uso deve ser moderado, ou seja, o suficiente para repelir a agressão.

> **▶ INEVITABILIDADE:**
>
> Ao contrário do estado de necessidade, não se exige na legítima defesa que a conduta lesiva (repulsa) seja inevitável, bastando que exista uma agressão humana injusta e atual ou iminente, para que legitime a repulsa, ou seja, o agredido injustamente não é obrigado, em regra, a se acovardar. A doutrina aponta, entretanto, algumas hipóteses em que é recomendado o *commodus discessus*, como no caso de agressão injusta oriunda de um inimputável. Nesse caso, deve o agente procurar evitar a reação, mesmo podendo reagir para cessar a agressão.

É necessário, ainda, um **elemento subjetivo**, que consiste em ter o agente a consciência de estar repelindo uma agressão injusta.

16.3.2. Espécies de legítima defesa

a) **Legítima defesa sucessiva:** é a reação do agressor contra a repulsa excessiva da vítima.

b) **Legítima defesa putativa:** trata-se de uma legítima defesa imaginária. O sujeito imagina que está diante dos pressupostos da legítima defesa (agressão humana, injusta, atual ou iminente), o que justificaria a sua reação. Pode decorrer dos casos de erro de tipo permissivo (art. 20, § 1º) ou erro de proibição indireto (art. 21), conforme explicado no capítulo sobre erro.

Exemplo (erro de tipo permissivo/erro sobre a situação fática – art. 20, § 1º): A ameaça B, prometendo matá-lo no primeiro encontro. Ao se encontrarem posteriormente, A põe a mão no bolso, aparentando que irá sacar uma arma de fogo. De imediato, B saca sua arma e mata A. Verifica-se, entretanto, que não havia nenhuma agressão, pois A não se encontrava armado. Não existe agressão atual ou iminente (não ocorre uma situação de legítima defesa real). Nesse exemplo, haverá a exclusão do dolo e da culpa, sendo o fato atípico (apesar de constar a expressão isento de pena), caso se entenda que o erro foi inevitável (art. 20, § 1º, 1ª parte). Em caso de erro evitável (art. 20, § 1º, 2ª parte), permite-se a aplicação da pena do crime culposo (hipótese denominada de **culpa imprópria**). Lembremos que no caso de legítima defesa (real), aplicam-se os arts. 23, II e 25, de sorte que haverá a exclusão da ilicitude. Exemplo (erro de proibição indireto): o sujeito, ao ser preso, em virtude de uma ordem legal, vem a agredir o policial imaginando que está sofrendo uma agressão injusta. Imagina, assim, que está agindo em legítima defesa. Veja-se que a agressão realmente existe, mas se trata de uma agressão lícita. A reação do agente, para ser reconhecida como legítima, deveria ser em relação a uma agressão injusta. Se o erro de proibição for inevitável (art. 21, *caput*), o agente será isento de pena (exclui-se a culpabilidade). Se o erro de proibição for evitável, vencível ou inescusável (art. 21, parágrafo único), não haverá isenção de pena (não exclui a culpabilidade), constituindo-se em uma causa de diminuição da pena (1/6 a 1/3).

c) **Legítima defesa subjetiva:** é o excesso na repulsa de uma agressão decorrente de erro de apreciação da situação fática (art. 20, § 1º, 1ª parte). Logo depois de cessada a agressão que justificou a reação (houve a legítima defesa real até um dado momento), o agente, por erro plenamente justificável, supõe persistir a agressão inicial e, por isso, acaba excedendo-se em sua reação (repulsa).

Na **legítima defesa subjetiva** existirá uma agressão em um primeiro momento, ao passo que na **legítima defesa putativa** sequer haverá uma agressão inicial.

16.3.3. Principais diferenças entre legítima defesa e estado de necessidade

LEGÍTIMA DEFESA	ESTADO DE NECESSIDADE
Repulsa contra uma agressão injusta	Conflito entre bens jurídicos
O bem jurídico sofre uma agressão	O bem jurídico é exposto a perigo
A agressão deve ser humana	O perigo pode decorrer de conduta humana, de animal ou da força da natureza
A conduta é dirigida contra o agressor	A conduta pode ser dirigida contra terceiro inocente

16.3.4. Legítima defesa no caso de agente de segurança pública

> **Art. 25.** (...)
> **Parágrafo único.** Observados os requisitos previstos no *caput* deste artigo, considera-se também em legítima defesa o agente de segurança pública que repele agressão ou risco de agressão a vítima mantida refém durante a prática de crimes.

O Pacote Anticrime (Lei nº 13.964/19, com vigência a partir do dia 23/01/2020) incluiu o parágrafo único no art. 25 do Código Penal. Surgem duas posições:

a) A alteração se mostra desnecessária, pois devem ser observados "os requisitos previstos no caput deste artigo". Ou seja, se observados os requisitos da legítima defesa, não resta mais especificar qualquer outra situação, de sorte que o agente de segurança pública que repele agressão ou risco de agressão a vítima mantida refém durante a prática de crimes somente estará acobertado pela excludente da legítima defesa se preenchidos os seus requisitos.

b) Há diferença entre "iminente agressão" (caput) e "risco de agressão" (parágrafo único). A inovação legislativa destinada aos agentes de segurança pública pode incidir em duas hipóteses: (i) a agressão já está ocorrendo; (ii) há risco de agressão a uma vítima mantida refém durante a prática de crimes. A primeira situação não inova em relação ao que já era previsto no caput do art. 25 do CP. Já a segunda situação traz o "risco de agressão" à vítima mantida refém, o que denota inovação no ordenamento jurídico pátrio. Parcela da doutrina entende que "agressão iminente" não é sinônimo de "risco de agressão".

16.4. Estrito cumprimento do dever legal

O sujeito que cumpre determinação legal não pratica conduta ilícita, ou seja, contrária ao ordenamento jurídico. **Dever legal** é aquele emanado de norma jurídica, como leis, decretos, regulamentos etc. Essa excludente não se aplica às obrigações sociais, morais ou religiosas. O sujeito deve agir em observância aos limites impostos (estrito cumprimento), sob pena de responder pelo excesso, doloso ou culposo (art. 23, parágrafo único, do CP). Não cabe o cumprimento de dever legal nos crimes culposos, já que a lei não obriga ninguém a ser imprudente, negligente ou imperito.

Exemplo de cumprimento de dever legal é o caso de servidores públicos no exercício de suas funções, como policiais efetuando prisões e oficiais de justiça realizando arrombamentos e buscas e apreensões. A justificativa também deve ser aplicada aos particulares no cumprimento de um dever legal, como no caso de exercerem função pública de jurado, perito etc.

Como as demais justificativas, o sujeito deve ter consciência de que a conduta praticada se dá em virtude do cumprimento de lei. No caso de concurso de agentes, se reconhecida a justificativa para um autor, os demais não poderão ser responsabilizados.

16.5. Exercício regular de direito

Se o agente pratica a conduta em exercício a um direito (penal ou extrapenal) não há de se falar que essa atuação é contrária à ordem jurídica (ilícita). O que é permitido não pode, ao mesmo tempo, ser proibido. Porém, o exercício deve ser **regular**, ou seja, deve obedecer às condições objetivas estabelecidas, sob pena de ser abusivo, caso em que o agente poderá responder pelo excesso, doloso ou culposo (art. 23, parágrafo único, do CP). Por outro lado, o sujeito deve ter consciência de que está exercendo um direito.

Exemplos: prisão em flagrante por particular; direito de retenção permitido; a notitia criminis levada à autoridade policial de fato que, em tese, constitui crime, desde que não demonstrada a má-fé de quem assim agiu; lesões corporais causadas na prática de esportes, desde que dentro das regras; fabricação autorizada de medicamentos que causam possíveis efeitos colaterais etc.

16.6. Excesso

> **Art. 23, parágrafo único –** O agente, em qualquer das hipóteses deste artigo, responderá pelo excesso doloso ou culposo.

16.6.1. Excesso voluntário (excesso doloso)

O agente voluntariamente excede no meio utilizado e/ou no uso do meio para repelir a agressão. Responde pelo crime doloso que causou com o excesso. Entretanto, se o agente, por erro, se excedeu sem ter a consciência da ilicitude do excesso, aplicam-se as regras do erro de proibição (art. 21), ou seja, se inevitável o erro, é isento de pena; se evitável o erro, aplica-se uma causa de diminuição de pena.

16.6.2. Excesso involuntário

O agente involuntariamente se excede. Exemplo: na legítima defesa excede no meio utilizado e/ou no uso do meio para repelir a agressão. Se for evitável o erro, responde a título de culpa (excesso culposo). Entretanto, se for inevitável, afasta-se a culpa, de sorte que o agente não responde pelo excesso.

16.6.3. Excesso exculpante

Excesso derivado da perturbação de ânimo, medo ou susto. Conforme ensinamento doutrinário, o agente **não responde pelo excesso**, apesar de o fato ser típico e ilícito, em virtude da inexigibilidade de conduta diversa (causa supralegal).

17. CULPABILIDADE

CRIME (CONCEITO TRIPARTIDO)	**Fato típico**	1. Conduta (dolo/culpa)
		2. Resultado
		3. Nexo causal
		4. Tipicidade
	Ilicitude	Fato contrário ao ordenamento jurídico
	Culpabilidade	**1. Imputabilidade**
		2. Potencial consciência da ilicitude
		3. Exigibilidade de conduta diversa

17.1. Introdução

Como anteriormente explicado, na concepção bipartida, o crime possui dois elementos (fato típico e ilicitude). Para esta concepção, a culpabilidade não é elemento do crime, mas sim pressuposto de aplicação da pena. Por outro lado, na concepção tripartida, o crime possui três elementos (fato típico, ilicitude e culpabilidade).

Em relação à culpabilidade, **o Código Penal adotou a teoria normativa pura**, baseada na teoria finalista da conduta. Para essa concepção, a culpabilidade mostra-se como um **juízo de censura ou de reprovação** que recai sobre a imputabilidade, o conhecimento do caráter ilícito do fato e a exigibilidade de agir de outro modo. Assim, a culpabilidade é composta dos seguintes elementos: 1) imputabilidade; 2) potencial consciência da ilicitude; 3) exigibilidade de conduta diversa.

17.2. Teorias da Culpabilidade

TEORIA PSICOLÓGICA	**TEORIA PSICOLÓGICO-NORMATIVA**	**TEORIA NORMATIVA PURA**
Relacionada ao causalismo	Relacionada ao causalismo valorativo	Relacionada ao finalismo
Nexo psíquico entre o fato (parte objetivo do crime) e o agente. A doutrina, para facilitar a compreensão, aduz que *"a culpabilidade está somente na cabeça do réu"*	A culpabilidade passa a ter um juízo de reprovação. Nesse sentido, *"a culpabilidade está tanto na cabeça do réu quanto na cabeça do juiz"*	A culpabilidade passa a ser exclusivamente um juízo de reprovação. Assim, *"a culpabilidade está somente na cabeça do juiz"*
– Imputabilidade: *pressuposto* da culpabilidade – Dolo e culpa: *espécies* de culpabilidade	**Elementos da culpabilidade**: – Imputabilidade – Dolo e culpa – Exigibilidade de conduta diversa	**Elementos da culpabilidade**: – Imputabilidade – Potencial consciência da ilicitude – Exigibilidade de conduta diversa

O Código Penal não menciona diretamente quais são os elementos da culpabilidade, mas sim as suas **causas de exclusão**, também chamadas de **dirimentes ou exculpantes**. Na parte geral, estão previstas nos artigos 21, 22, 26, *caput*, 27 e 28, § 1º.

CULPABILIDADE	
ELEMENTOS	**EXCLUDENTES LEGAIS (DIRIMENTES)**
Imputabilidade	Art. 26, *caput* Art. 27 Art. 28, § 1º
Potencial consciência da ilicitude	Art. 21
Exigibilidade de conduta diversa	Art. 22

Em regra, quando o legislador dispõe acerca da uma dessas dirimentes, utiliza-se da expressão é isento de pena. Quando, ao contrário, trata das excludentes da ilicitude (art. 23 do CP), refere que não há crime.

17.3. Imputabilidade

Imputabilidade consiste na **atribuição de capacidade para o agente ser responsabilizado criminalmente**. O agente é considerado imputável quando, ao tempo da conduta, for capaz de entender, mesmo que não inteiramente, o caráter ilícito do fato e de determinar-se de acordo com esse entendimento, e tenha completado 18 anos. O Código Penal define apenas as situações de inimputabilidade (artigos 26, *caput*, 27 e 28, § 1º). A imputabilidade encontra fundamento na dirigibilidade do ato humano e na possibilidade de sua intimidação pela ameaça de pena.

São distintos os conceitos de imputabilidade e responsabilidade. O primeiro é a capacidade de culpabilidade; já a responsabilidade funda-se no princípio de que toda pessoa imputável (dotada de capacidade de culpabilidade) deve responder pelos seus atos.

17.3.1. Excludentes de imputabilidade

a) Doença mental ou desenvolvimento mental incompleto ou retardado

Nos termos do **art. 26, *caput*, do CP** é isento de pena o agente que, por doença mental ou desenvolvimento mental incompleto ou retardado, era, ao tempo da ação ou da omissão, inteiramente incapaz de entender o caráter ilícito do fato ou de determinar-se de acordo com esse entendimento.

O art. 26, *caput* adotou o **sistema biopsicológico ou misto**. Dessa forma, para ser reconhecida a inimputabilidade devem ser analisados os seguintes pressupostos:

1º) Existência de doença mental ou desenvolvimento mental incompleto ou retardado (pressuposto causal);

2º) Manifestação da doença mental no momento da conduta (pressuposto cronológico);

3º) O agente deve ser inteiramente incapaz de entender o caráter ilícito do fato ou ser inteiramente incapaz de determinar-se de acordo com esse entendimento (pressuposto consequencial).

Exemplo: A, portador de doença mental, subtrai, para si, um DVD de uma loja. Verifica-se posteriormente que João, apesar de ter consciência e vontade de ter praticado o fato (que é típico e ilícito), não possuía, em razão de sua doença mental, nenhuma capacidade de entender que esse fato era ilícito. Observe que João praticou um fato típico e ilícito (crime para a teoria bipartida). Evidenciada a inimputabilidade (art. 26, *caput*), a sentença será absolutória, mas será aplicada a medida de segurança adequada (CP, art. 96). Trata-se, portanto, de **sentença absolutória imprópria.**

b) Menoridade

De acordo com os **arts. 27 do CP e 228 da CF**, os menores de 18 anos são penalmente inimputáveis, ficando sujeitos às normas estabelecidas na legislação especial. Foi adotado o **sistema biológico**, considerando a menoridade como presunção absoluta de inimputabilidade. A legislação especial é a Lei nº 8.069/90 (Estatuto da Criança e do Adolescente).

> O sujeito será considerado maior (imputável, portanto) a partir do primeiro momento do dia do seu 18º aniversário.

c) Embriaguez completa acidental

Nos moldes do **art. 28, § 1º, do CP** é isento de pena o agente que, por embriaguez completa, proveniente de caso fortuito ou força maior, era, ao tempo da ação ou da omissão, inteiramente incapaz de entender o caráter ilícito do fato ou de determinar-se de acordo com esse entendimento.

A embriaguez é uma intoxicação causada pela ingestão de álcool. Possui três fases, a saber: 1ª) excitação; 2ª) depressão; 3ª) sono. Durante a primeira fase a embriaguez é considerada **incompleta**, ao passo que nas demais se considera como de **embriaguez completa.**

A **embriaguez acidental ou involuntária** é aquela oriunda de caso fortuito (o agente não conhece o efeito inebriante da substância que ingere ou desconhece a sua própria condição fisiológica) ou força maior (o agente ingere álcool sob coação física irresistível). Essa é a embriaguez a que se refere o art. 28, § 1º.

Exemplo: o agente se embriagou completamente após ingerir bebida sob coação física irresistível (força maior). Nessa situação, mesmo que venha praticar um fato típico e ilícito, não haverá culpabilidade se era, ao tempo da conduta, inteiramente incapaz de entender o caráter ilícito do fato ou de determinar-se de acordo com esse entendimento.

17.3.2. *Não excludentes de imputabilidade*

a) *Emoção e paixão*

De acordo com o **art. 28, I, do CP**, a emoção e a paixão **não excluem** a imputabilidade penal. **Emoção** é uma forma de perturbação da consciência de curta duração (ex.: angústia, medo, ira etc.). **Paixão** é uma perturbação crônica e duradoura (ex.: amor, ódio, ciúme etc.).

Esses estados aliados a outros requisitos podem servir como **circunstâncias atenuantes** (art. 65, III, c, do CP) ou como **causas de diminuição de pena**, mas não como causa de isenção de pena. Ex.: matar alguém sob o domínio de violenta emoção (art. 121, § 1º, do CP – causa especial de diminuição de pena).

b) *Semi-imputabilidade*

Dispõe o **art. 26, par. único, do CP** que **a pena pode ser reduzida de um a dois terços** se o agente, em virtude de perturbação de saúde mental ou por desenvolvimento mental incompleto ou retardado, não era inteiramente capaz de entender o caráter ilícito do fato ou de determinar-se de acordo com esse entendimento.

Nesse caso, o agente possui certa capacidade de entender a ilicitude do fato e de autodeterminar-se de acordo com esse entendimento. Não haverá exclusão da culpabilidade, mas sim a incidência de uma causa de diminuição de pena. O agente terá praticado um fato típico e ilícito, e não será afastada a culpabilidade. A sentença será **condenatória**, mas o juiz diminuirá a pena no momento de sua fixação.

Por outro lado, o Código Penal, seguindo o **sistema vicariante ou unitário**, prevê a hipótese de **substituição da pena por medida de segurança** para o semi-imputável. Nos termos do **art. 98**, ocorrendo a semi-imputabilidade, e necessitando o condenado de especial tratamento curativo, a pena privativa de liberdade pode ser substituída pela internação, ou tratamento ambulatorial, pelo prazo mínimo de 1 a 3 anos.

c) *Embriaguez acidental incompleta*

O **§ 2º do art. 28** prevê a possibilidade de redução de pena de um a dois terços se o agente, **por embriaguez proveniente de caso fortuito ou força maior**, ao tempo da ação ou omissão (da conduta), não possuía a plena capacidade de entender o caráter ilícito do fato ou de determinar-se de acordo com esse entendimento.

d) *Embriaguez não-acidental (voluntária ou culposa)*

Nos termos do **art. 28, II, do CP**, não fica excluída a imputabilidade penal pela embriaguez, voluntária ou culposa, decorrente do álcool ou de substâncias de efeitos análogos. A embriaguez voluntária se dá quando o agente ingere bebidas alcoólicas com a intenção de embriagar-se; a culposa, quando o agente se embriaga de forma imprudente, sem a devida intenção.

Espécies de embriaguez:

EMBRIAGUEZ NÃO ACIDENTAL (voluntária ou culposa)	EMBRIAGUEZ ACIDENTAL	EMBRIAGUEZ PATOLÓGICA	EMBRIAGUEZ PREORDENADA
– Voluntária: o agente consome a substância para ficar embriagado – Culposa: o agente quer consumir a substância mas não quer ficar embriagado, o que acaba ocorrendo por imprudência	A embriaguez decorre do caso fortuito ou da força maior	É o caso dos alcoolistas e dos dependentes químicos	O agente coloca-se voluntariamente em estado de embriaguez para, assim, praticar crimes
Não exclui a imputabilidade penal (art. 28, II, do CP)	– Completa: exclui a imputabilidade penal (art. 28, § 1º, do CP) – Incompleta: é causa de diminuição de pena (art. 28, § 2º, do CP)	É penalmente comparável à doença mental, podendo excluir a imputabilidade penal (art. 26, *caput*, do CP)	Não exclui a imputabilidade penal, funcionando como agravante (art. 61, II, "l", do CP)

17.4. Potencial consciência da ilicitude

Art. 21 – O desconhecimento da lei é inescusável. O erro sobre a ilicitude do fato, se inevitável, isenta de pena; se evitável, poderá diminuí-la de um sexto a um terço.

Parágrafo único. Considera-se evitável o erro se o agente atua ou se omite sem a consciência da ilicitude do fato, quando lhe era possível, nas circunstâncias, ter ou atingir essa consciência.

17.4.1. *Introdução*

Para que haja o juízo de reprovação é necessário que o agente possua a consciência da ilicitude do fato ou que ao menos, nas circunstâncias, tenha a possibilidade de conhecê-la.

Desse modo, a potencial consciência da ilicitude é um dos elementos da culpabilidade. Para ser imputada a pena é necessário que o agente tenha praticado o fato sabendo, ou tendo a possibilidade de sabê-lo, que sua conduta é proibida.

Não se deve confundir desconhecimento da lei penal incriminadora com o desconhecimento da ilicitude do fato (erro de proibição). No momento em que a lei é publicada no Diário Oficial presume-se que todos passam a conhecê-la. No entanto, é óbvio que se trata de uma ficção, pois na realidade muitas pessoas não irão ter o conhecimento da lei. O que deve ser avaliado é se o agente possuía o conhecimento do profano, diga-se, do homem leigo na sociedade. Trata-se da chamada **valoração paralela na esfera do profano.**

Se o agente atua ou se omite sem ter a consciência da ilicitude do fato, surge o **erro de proibição.** Apesar de o agente possuir a consciência e vontade de praticar o fato, não possui a consciência da ilicitude desse fato. Não se trata de conhecer ou não os mandamentos ou proibições da esfera penal, mas sim o que é certo ou errado segundo as normas do ordenamento jurídico.

Exemplo: mulher pratica aborto (de forma consciente e voluntária) sem ter conhecimento de que tal conduta é proibida (erro sobre a norma proibitiva "não abortarás" ou "é proibido abortar").

> ▶ **ERRO DE TIPO x ERRO DE PROIBIÇÃO:**
>
> - O erro de tipo afeta a tipicidade (o agente não possui a consciência do fato que praticou).
> - O erro de proibição afeta a culpabilidade (o agente possui a consciência do fato, mas não da ilicitude desse fato).

Figuram como hipótese de exclusão da potencial consciência da ilicitude os casos de **erro de proibição inevitável**. Por outro lado, o **erro de proibição evitável** não exclui a culpabilidade, mas é causa de diminuição de pena.

17.4.2. Excludente da potencial consciência da ilicitude (erro de proibição inevitável ou escusável)

O **erro de proibição ou erro sobre a ilicitude do fato *inevitável, invencível ou escusável*** (art. 21, *caput*) ocorre quando o agente atua ou se omite sem a consciência da ilicitude do fato, quando, pelas circunstâncias, não lhe era possível ter ou atingir essa consciência. É o erro em que qualquer pessoa prudente incidiria. Possui o efeito de **isentar o agente de pena (é causa de exclusão da culpabilidade).**

> ▶ **ERRO DE PROIBIÇÃO x DELITO PUTATIVO:**
>
> - No erro proibição o agente pratica um delito sem ter a consciência da ilicitude.
> - No delito putativo por erro de proibição (ou **erro de proibição invertido**), o agente pratica um fato que entende ser criminoso mas, como não existe norma incriminadora, sua conduta é atípica. Exemplo: o agente, nos dias atuais, pratica adultério, imaginando que se trata de crime. Não sabe, no entanto, que com a Lei nº 11.106/05 houve incidência de abolitio criminis sobre a então figura típica do art. 240 do CP.

17.4.3. *Não excludente da potencial consciência da ilicitude (erro de proibição evitável)*

O **erro de proibição ou erro sobre a ilicitude do fato evitável,** ***vencível ou inescusável*** (art. 21, parágrafo único) ocorre quando o agente atua ou se omite sem a consciência da ilicitude do fato, quando lhe era possível, nas circunstâncias, ter ou atingir essa consciência.

Assim, caracteriza erro de proibição evitável quando é possível ao agente alcançar a consciência da ilicitude com esforço da inteligência e com base na experiência de vida comum, ou ainda quando, na dúvida, propositadamente deixa de informar-se, para não ter que se abster. Observe-se que o agente, mesmo nessa hipótese, não possui a consciência da ilicitude, mas era possível conhecê-la se não fosse a sua falta de zelo. Não possui o efeito de isentar o agente de pena (não exclui a culpabilidade), tratando-se de uma **causa de diminuição da pena (1/6 a 1/3).**

17.4.4. *Erro de proibição direto*

O agente pratica a conduta desconhecendo (ignorância) ou interpretando de forma errônea a **norma de proibição** (crimes comissivos) ou a **norma mandamental** (crimes omissivos).

Exemplo: registro de menor abandonado como filho próprio praticado por motivo de reconhecida nobreza e não ocultado pelo agente que tinha a plena convicção de estar atuando licitamente (erro sobre a norma de proibição "não registrarás filho de outrem como próprio"). Observe-se que o sujeito não erra sobre o fato, mas sim sobre a ilicitude do fato.

Alguns autores classificam o erro de proibição relativo à **norma mandamental** como **erro de proibição mandamental.**

Exemplo: o sujeito deixa de prestar socorro porque acredita que não está obrigado, uma vez que não tem nenhum vínculo com a vítima, ou porque acredita que não está obrigado a socorrê-la (erro sobre a norma mandamental "prestarás socorro").

17.4.5. *Erro de proibição indireto ou erro de permissão (descriminantes putativas por erro de proibição)*

Trata-se de erro sobre as causas de exclusão da ilicitude (descriminantes) e não sobre as normas proibitivas ou mandamentais. Por isso se fala em descriminantes putativas (imaginárias).

Pode ocorrer nas seguintes hipóteses:

a) **Erro sobre a existência de uma causa de exclusão da ilicitude não reconhecida juridicamente:** o sujeito supõe que o fato praticado encontra amparo em uma causa de justificação. Porém, esta norma não existe. Exemplo: o agente pratica eutanásia supondo que a lei prevê essa situação como sendo uma causa de exclusão da ilicitude (descriminante). Observe-se que o sujeito conhece a norma de proibição "não matarás", mas imagina que se encontra amparado por uma causa de exclusão da ilicitude, a qual, na realidade, não é prevista em lei. O sujeito sabe que praticou um fato típico, mas pensa que é lícito.

b) **Erro sobre os limites de uma causa de exclusão da ilicitude:** o agente supõe que sua conduta está de acordo com os limites de uma causa de exclusão da ilicitude. Aqui o sujeito possui conhecimento da existência da causa de exclusão da ilicitude, mas seu erro incide acerca de seus limites. Exemplo: o sujeito, ao ser preso, em virtude de uma ordem legal, vem a agredir o policial imaginando que está sofrendo uma agressão injusta. Imagina, assim, que está agindo em legítima defesa. Veja-se que a agressão realmente existe, mas se trata de uma agressão lícita. A reação do agente, para ser reconhecida como legítima, deveria ser em relação a uma agressão injusta. Não houve erro sobre a existência da causa de exclusão da ilicitude, mas sim sobre os seus limites.

17.5. Exigibilidade de conduta diversa

Para que o comportamento seja reprovável, além dos elementos acima, deve-se verificar se o agente poderia ter praticado a conduta, em situação de normalidade, conforme o ordenamento jurídico. No entanto, em situações anormais, poderá ser inexigível conduta diversa, hipótese em que não haverá a culpabilidade.

17.5.1. Exclusão da exigibilidade de conduta diversa

Não haverá reprovação em face de circunstâncias anormais que se apresentam. São elas:

a) Coação moral irresistível

Nos termos do **art. 22, 1ª parte, do CP**, se o fato é cometido sob coação irresistível, só é punível o autor da coação. A coação descrita no art. 22 é a **moral**, consistente no emprego de grave ameaça para que alguém faça ou deixe de fazer alguma coisa. O coator é chamado de **autor mediato**, pois se serve de um agente instrumento (coagido ou coato) para a prática de seu crime.

A ameaça deve ser grave e irresistível. Grave é a ameaça de o coagido sofrer um mal. Esse mal pode ser contra o próprio coagido (sua pessoa ou seus bens) ou contra uma pessoa de sua família ou com quem possua relação afetiva. Irresistível é ameaça que não pode ser evitada pelo coagido, mesmo com a ajuda de terceiros.

Na **coação moral irresistível** é necessária a **presença de três pessoas: o coator, o coagido e a vítima**. O que não se aceita é a situação de o coator ser a própria vítima, pois teríamos uma hipótese de autor e vítima na mesma pessoa.

Exemplo: A, mediante emprego de arma de fogo, ameaça matar B, caso este deixe de praticar um furto contra C. B, ao furtar C, estará praticando um fato típico e ilícito (art. 155 do CP), mas não haverá reprovação de sua conduta (culpabilidade).

- Se a coação for resistível, o coagido responderá pelo crime, mas de forma atenuada (art. 65, III, c, 1ª parte, do CP)
- Se a coação irresistível for **física**, anula-se a vontade do coagido, resultando, assim, na exclusão da própria conduta (o fato é atípico)

Quadro explicativo:

COAÇÃO MORAL IRRESISTÍVEL (Art. 22)	COAÇÃO RESISTÍVEL	COAÇÃO FÍSICA IRRESISTÍVEL
O fato é típico e antijurídico, mas em relação ao coagido exclui-se a *culpabilidade* (isenção de pena) em virtude da ausência de um de seus elementos (exigibilidade de conduta diversa). O coator responde pelo crime praticado pelo coagido, com a pena agravada (art. 62, II, do CP). É chamada de *vis relativa* ou *vis compulsiva*.	O fato é típico, ilícito e o agente (coagido) culpável. Na fixação da pena, deverá o juiz reconhecer uma *circunstância atenuante* (art. 65, III, *c*, do CP). O coator, por sua vez, responde pelo crime praticado pelo coagido, com a pena agravada (art. 62, II, do CP).	Não há *conduta* por parte do coagido em virtude da ausência de voluntariedade. Assim, o coagido sequer praticou um crime. O coator responde pelo seu próprio delito. É chamada de *vis absoluta* ou *vis corporalis*.

b) Obediência hierárquica (art. 22, 2ª parte)

A segunda parte do art. 22 estabelece que se o fato é cometido em estrita obediência a ordem, não manifestamente ilegal (ordem que não aparente ser ilegal), de superior hierárquico (**relações de direito administrativo**), só é punível o autor da ordem.

Exemplo: o juiz determina que o oficial de justiça prenda em flagrante delito um promotor de justiça pela prática de um crime afiançável (hipótese em que não caberia o flagrante de um promotor de justiça). Verificando-se que o oficial de justiça realmente não possuía o conhecimento de que recebera uma ordem ilegal, ficará ele isento de pena.

A obediência hierárquica **não se aplica às relações de direito privado**, como as familiares (pai e filho) e de emprego (patrão e empregado).

Dependendo da ordem, poderá ocorrer uma exclusão da ilicitude ou da culpabilidade, ou mesmo não incidir qualquer excludente. Isso porque a ordem pode ser:

ORDEM	**Legal**	Não há crime (exclui-se a ilicitude pelo estrito cumprimento de dever legal)
	Ilegal	Manifestamente ilegal: ocorre o fato típico, a ilicitude e a culpabilidade. O subordinado não fica isento de pena.
		Não manifestamente ilegal: ocorre o fato típico e a ilicitude, mas o subordinado fica isento de pena (art. 22)

18. SÚMULAS E ORIENTAÇÕES JURISPRUDENCIAIS DO STF E DO STJ

CLASSIFICAÇÃO DOUTRINÁRIA DOS CRIMES

- **Súmula Vinculante 24 do STF:** "Não se tipifica crime material contra a ordem tributária, previsto no art. 1º, incisos I a IV, da Lei nº 8.137/90, antes do lançamento definitivo do tributo".
- **Súmula 96 do STJ:** "O crime de extorsão consuma-se independentemente da obtenção da vantagem indevida".
- **Súmula 500 do STJ:** "A configuração do crime do art. 244-B do ECA independe da prova da efetiva corrupção do menor, por se tratar de delito formal".
- **O tráfico de drogas é crime formal:** "O tráfico ilícito de entorpecentes, crime plurinuclear ou de condutas múltiplas, formal, consuma-se com a prática de qualquer um de seus verbos. No caso em comento, remetida a droga de um Estado para outro, dentro do próprio território nacional, restou consumado o delito, embora interceptada a droga antes de alcançar o seu destino final" (STJ, 3ª Seção, CC 147802, j. 28/09/2016); "O tráfico ilícito de entorpecentes, crime plurinuclear ou de condutas múltiplas, formal, consuma-se com a prática de qualquer um de seus verbos (importar, exportar, remeter, preparar, produzir, fabricar, adquirir, vender, expor à venda, oferecer, ter em depósito, transportar, trazer consigo, guardar, prescrever, ministrar, entregar a consumo ou fornecer drogas, ainda que gratuitamente, sem autorização ou em desacordo com determinação legal)" (STJ, 5ª T., AgRg no AgRg no AREsp 1740701, j 09/12/2020).

CRIME AMBIENTAL PRATICADO POR PESSOA JURÍDICA: DESNECESSIDADE DE DUPLA IMPUTAÇÃO

- "1. O art. 225, § 3º, da Constituição Federal não condiciona a responsabilização penal da pessoa jurídica por crimes ambientais à simultânea persecução penal da pessoa física em tese responsável no âmbito da empresa. A norma constitucional não impõe a necessária dupla imputação. 2. As organizações corporativas complexas da atualidade se caracterizam pela descentralização e distribuição de atribuições e responsabilidades, sendo inerentes, a esta realidade, as dificuldades para imputar o fato ilícito a uma pessoa concreta. 3. Condicionar a aplicação do art. 225, § 3º, da Carta Política a uma concreta imputação também a pessoa física implica indevida restrição da norma constitucional, expressa a intenção do constituinte originário não apenas de ampliar o alcance das sanções penais, mas também de evitar a impunidade pelos crimes ambientais frente às imensas dificuldades de individualização dos responsáveis internamente às corporações, além de reforçar a tutela do bem jurídico ambiental. 4. A identificação dos setores e agentes internos da empresa determinantes da produção do fato ilícito tem relevância e deve ser buscada no caso concreto como forma de esclarecer se esses indivíduos ou órgãos atuaram ou deliberaram no exercício regular de suas atribuições internas à sociedade, e ainda para verificar se a atuação se deu no interesse ou em benefício da entidade coletiva. Tal esclarecimento, relevante para fins de imputar determinado delito à pessoa jurídica, não se confunde, todavia, com subordinar a responsabilização da pessoa jurídica à responsabilização conjunta e cumulativa das pessoas físicas envolvidas. Em não raras oportunidades, as responsabilidades internas pelo fato estarão diluídas ou parcializadas de tal modo que não permitirão a imputação de responsabilidade penal individual" (STF, 1ª T., RE 548.181, j. 06/08/2013).
- "Abandonada a teoria da dupla imputação necessária, eventual ausência de descrição pormenorizada da conduta dos gestores da empresa não resulta no esvaziamento do elemento volitivo do tipo penal (culpa ou dolo) em relação à pessoa jurídica" (STJ, 5ª T., AgRg no RMS 48.085, j. 05/11/2015).

RESULTADO

- **Súmula Vinculante 24 do STF:** "Não se tipifica crime material contra a ordem tributária, previsto no art. 1º, incisos I a IV, da Lei nº 8.137/90, antes do lançamento definitivo do tributo".
- **Súmula 96 do STJ:** "O crime de extorsão consuma-se independentemente da obtenção da vantagem indevida".

NEXO CAUSAL

- "Não é inepta a denúncia que descreve, com todos os elementos indispensáveis, a existência do crime em tese e a participação dos réus, com indícios suficientes para a deflagração da persecução penal, possibilitando-lhes o pleno exercício do direito de defesa. II – No caso sob apreciação, a inicial expõe o nexo de causalidade entre a conduta do acusado e o resultado tipificado como peculato-desvio, ao indicar que o recorrido, na qualidade de Secretário Estadual de Infraestrutura do Estado do Tocantins, reconheceu como saldo a pagar valores correspondentes a serviços não prestados à Administração Pública, contribuindo, assim, para esquema de desvio de dinheiro público" (STJ, 5ª T., AgRg no REsp 1592801, j. 15/09/2016).

- "A denúncia que descreve as circunstâncias do crime (conduta, resultado e nexo de causalidade), os indícios de autoria e a materialidade, na forma do art. 41 do Código de Processo Penal – CPP, é suficiente para a instauração da persecução penal, pois permite que o réu exercite o direito de defesa" (STJ, 5ª T., AgRg no AREsp 1038365, j. 06/04/2017).

- "Realmente, tem esta Turma entendido que, não sendo o caso de grande pessoa jurídica, onde variados agentes poderiam praticar a conduta criminosa em favor da empresa, mas sim de pessoa jurídica de pequeno porte, em que as decisões são unificadas no gestor e vem o crime da pessoa jurídica em seu favor, pode então admitir-se o nexo causal entre o resultado da conduta constatado pela atividade da empresa e a responsabilidade pessoal, por culpa subjetiva, de seu gestor" (STJ, 6ª T., AgRg no HC 607229, j. 07/12/2020).

TIPICIDADE MATERIAL

- "O princípio da insignificância – que deve ser analisado em conexão com os postulados da fragmentariedade e da intervenção mínima do Estado em matéria penal – tem o sentido de excluir ou de afastar a própria tipicidade penal, examinada na perspectiva de seu caráter material" (STJ, 5ª T., AgRg no REsp 1746644, DJe 03/12/2018).

- "O 'princípio da insignificância - que deve ser analisado em conexão com os postulados da fragmentariedade e da intervenção mínima do Estado em matéria penal - tem o sentido de excluir ou de afastar a própria tipicidade penal, examinada na perspectiva de seu caráter material. [...] Tal postulado - que considera necessária, na aferição do relevo material da tipicidade penal, a presença de certos vetores, tais como (a) a mínima ofensividade da conduta do agente, (b) nenhuma periculosidade social da ação, (c) o reduzidíssimo grau de reprovabilidade do comportamento e (d) a inexpressividade da lesão jurídica provocada - apoiou-se, em seu processo de formulação teórica, no reconhecimento de que o caráter subsidiário do sistema penal reclama e impõe, em função dos próprios objetivos por ele visados, a intervenção mínima do Poder Público' (HC n. 84.412-0/SP, STF, Rel. Ministro CELSO DE MELLO, DJU 19/11/2004)" (STJ, 5ª T., AgRg no HC 626351, j. 15/12/2020).

APROPRIAÇÃO INDÉBITA PREVIDENCIÁRIA: DESNECESSIDADE DE DOLO ESPECÍFICO

- "O delito de apropriação indébita previdenciária constitui crime omissivo próprio, que se perfaz com a mera omissão de recolhimento da contribuição previdenciária dentro do prazo e das formas legais, prescindindo, portanto, do dolo específico" (STJ, 6ª T., AgRg no AREsp 1332809, j. 06/11/2018). Idem: STJ, 6ª T., AgRg nos EDcl no REsp 1646760/SP, j. 27/08/2019.

- "É certo que 'Nos termos da jurisprudência desta Corte Superior, os crimes de sonegação fiscal e apropriação indébita previdenciária prescindem de dolo específico, sendo suficiente, para a sua caracterização, a presença do dolo genérico consistente na omissão voluntária do recolhimento, no prazo legal, dos valores devidos'" (STJ, AgRg no AREsp 1729321, j. 09/12/2020).

CRIME CULPOSO NO TRÂNSITO

- "1. Não é inepta a denúncia que descreve a conduta configuradora dos crimes de homicídio e lesão corporal culposos na direção de veículo automotor, consistente no fato de o agente por imprudência conduzir seu veículo na contramão da direção dando causa à colisão que culminou com a morte e lesão corporal das vítimas. 2. O recebimento da denúncia é na jurisprudência desta Corte admitido de modo sucinto, somente na posterior decisão de absolvição sumária sendo exigível o exame das teses relevantes e urgentes alegadas pela defesa" (STJ, 6ª T., RHC 47209, j. 28/06/2016).

- "A Corte *a quo*, após análise das provas constantes dos autos, reconheceu a culpa do agravante pelo crime de homicídio culposo, por ter sido imprudente ao não obedecer a sinalização de parada obrigatória constante na via em que trafegava, vindo a colidir com a bicicleta guiada pela vítima" (STJ, 5ª T., AgRg no REsp 1508314, j. 17/08/2017).

- "Não é inepta a denúncia que descreve indícios de autoria e prova da materialidade dos crimes culposos (homicídio e lesões corporais na direção de veículo automotor). Alegações de ausência de demonstração de culpa, pela imprudência e pela imperícia, são o próprio mérito da acusação e, por isso mesmo, deverão ser aferidas na instrução criminal" (STJ, 6ª T., RHC 86.855, j. 21/09/2017).

- "No caso, consta do acórdão recorrido que o §3º acrescido pela Lei n. 11.546/2017 ao art. 302 do CTB apenas previu que, se o agente, por ocasião do acidente, estiver sob influência de álcool ou outra substância psicoativa, a pena será mais grave - 5 a 8 anos de reclusão. Não significa, por isso, dizer que aqueles que dirigiam embriagados ou sob efeito de substâncias psicoativas e se envolveram em homicídio no trânsito (dolo eventual) tenham que, de pronto, ser beneficiados com a desclassificação do delito para a modalidade culposa" (STJ, 5ª T., EDcl no AgRg no AREsp 1166037, j. 19/05/2020).

REDUÇÃO DA PENA EM RAZÃO DA TENTATIVA: *ITER CRIMINIS* PERCORRIDO PELO AGENTE

- "O Código Penal, em seu art. 14, II, adotou a teoria objetiva quanto à punibilidade da tentativa, pois, malgrado semelhança subjetiva com o crime consumado, diferencia a pena aplicável ao agente doloso de acordo com o perigo de lesão ao bem jurídico tutelado. Nessa perspectiva, a jurisprudência desta Corte adota critério de diminuição do crime tentado de forma inversamente proporcional à aproximação do resultado representado: quanto maior o iter criminis percorrido pelo agente, menor será a fração da causa de diminuição. In concreto, tal critério foi observado, pois o Magistrado de primeiro grau e a Corte de origem aplicaram a redução pela tentativa em 1/2 (metade), ressaltando que a vítima sofreu lesões no pescoço" (STJ, 5ª T., HC 457597, j. 18/10/2018).

- "Quanto à fração aplicada para a redução da pena, em razão do delito tentado, sua modulação é inversamente proporcional ao iter criminis percorrido. É dizer: quanto maior o caminho percorrido pela conduta do agente, antes de efetivamente violar o bem juridicamente tutelado pela norma, maior o perigo ao qual o bem jurídico resultou exposto e maior será o desvalor da conduta, a ensejar uma menor redução da pena" (STJ, 5ª T., AgRg no HC 604895, j. 22/09/2020).

ARREPENDIMENTO POSTERIOR

- **Súmula 554 do STF**: "O pagamento de cheque emitido sem provisão de fundos, após o recebimento da denúncia, não obsta ao prosseguimento da ação penal".

- **Não incidência do arrependimento posterior no crime de homicídio culposo:** "1. O Superior Tribunal de Justiça possui entendimento de que, para que seja possível aplicar a causa de diminuição de pena prevista no art. 16 do Código Penal, faz-se necessário que o crime praticado seja patrimonial ou possua efeitos patrimoniais. 2. As Turmas especializadas em matéria criminal do Superior Tribunal de Justiça firmaram a impossibilidade material do reconhecimento de arrependimento posterior nos crimes não patrimoniais ou que não possuam efeitos patrimoniais. 3. *In casu*, a composição pecuniária da autora do homicídio culposo na direção de veículo automotor (art. 302 do CTB) com a família da vítima, por consectário lógico, não poderá surtir proveito para a própria vítima, morta em decorrência da inobservância do dever de cuidado da recorrente" (STJ, 6ª T., REsp 1561276, j. 28/06/2016); "1. Esta Corte possui firme entendimento de que, para que seja possível aplicar a causa de diminuição de pena prevista no art. 16 do Código Penal, faz-se necessário que o crime praticado seja patrimonial ou possua efeitos patrimoniais. Precedentes. 2. Inviável o reconhecimento do arrependimento posterior na hipótese de homicídio culposo na direção de veículo automotor, uma vez que o delito do art. 302 do Código de Trânsito Brasileiro não pode ser encarado como crime patrimonial ou de efeito patrimonial. Na espécie, a tutela penal abrange o bem jurídico mais importante do ordenamento jurídico, a vida, que, uma vez ceifada, jamais poderá ser restituída, reparada. Precedente" (STJ, 6ª T., AgRg no HC 510052, DJe 04/02/2020).

- **Pagamento do débito oriundo do furto de energia elétrica e arrependimento posterior:** "(...) II – Este Superior Tribunal de Justiça se posicionava no sentido de que o pagamento do débito oriundo do furto de energia elétrica, antes do oferecimento da denúncia, configurava causa de extinção da punibilidade, pela aplicação analógica do disposto no art. 34 da Lei nº 9.249/95 e do art. 9º da Lei nº 10.684/03. III – A Quinta Turma desta Corte, entretanto, no julgamento do AgRg no REsp nº 1.427.350/RJ, modificou a posição anterior, passando a entender que o furto de energia elétrica não pode receber o mesmo tratamento dado aos crimes tributários, considerando serem diversos os bens jurídicos tutelados e, ainda, tendo em vista que a natureza jurídica da remuneração pela prestação de serviço público, no caso de fornecimento de energia elétrica, é de tarifa ou preço público, não possui caráter tributário, em relação ao qual a legislação é expressa e taxativa. IV – 'Nos crimes patrimoniais existe previsão legal específica de causa de diminuição da pena para os casos de pagamento da 'dívida' antes do recebimento da denúncia. Em tais hipóteses, o Código Penal, em seu art. 16, prevê o instituto do arrependimento posterior, que em nada afeta a pretensão punitiva, apenas constitui causa de diminuição da pena'" (STJ, 5ª T., HC 412208, j. 20/03/2018); "1. A Terceira Seção do STJ, no julgamento do RHC n. 101.299/RS, firmou a orientação de que é inviável o reconhecimento da extinção da punibilidade pela quitação de débito no caso de crime de furto de energia elétrica. 2. A causa extintiva de punibilidade decorrente do previsto nos arts. 34 da Lei n. 9.249/1995 e 9º da Lei n. 10.684/2003 não pode ser aplicada, por analogia, aos crimes contra o patrimônio, notadamente no que tange ao furto de energia elétrica" (STJ, 6ª T., AgRg no REsp 1799613, j. 28/04/2020).

CRIME IMPOSSÍVEL

- **Súmula 145 do STF:** "Não há crime, quando a preparação do flagrante pela polícia torna impossível a sua consumação".

- **Súmula 73 do STJ:** "A utilização de papel moeda grosseiramente falsificado configura, em tese, o crime de estelionato, da competência da Justiça Estadual".

- **Súmula 567 do STJ:** "Sistema de vigilância realizado por monitoramento eletrônico ou por existência de segurança no interior de estabelecimento comercial, por si só, não torna impossível a configuração do crime de furto".

- **Teoria objetiva temperada:** "(...) 6. O crime impossível, também denominado tentativa inadequada, inidônea ou impossível, caracteriza-se pela impossibilidade de ocorrência da consumação, seja em razão da absoluta ineficácia do meio ou absoluta impropriedade do objeto, em observância da teoria objetiva temperada, adotada pelo art. 17 do Código Penal. Entrementes, dentro da sistemática da referida teoria, se os meios empregados ou o objeto do crime forem apenas relativamente inidôneos a produzir o resultado representado pelo agente, haveria tentativa, uma vez que o resultado somente não teria ocorrido por circunstância alheias à vontade do agente (CP, art. 14, II). 7. Adotando a teoria objetiva temperada, a Terceira Seção deste Superior Tribunal de Justiça, no julgamento de recurso especial processado sob a forma do art. 543-C do Código de Processo Civil, consagrou a tese de que, embora os sistemas eletrônicos de vigilância e de segurança tenham por objetivo a evitação de furtos, sua eficiência apenas minimiza as perdas dos comerciantes, visto que não impedem, de modo absoluto, a ocorrência de subtrações no interior de estabelecimentos comerciais. Nesse sentido, no mesmo julgamento, foi consolidado o entendimento de que somente se configura a hipótese de delito impossível quando, na dicção do art. 17 do Código Penal, por ineficácia absoluta do meio ou por absoluta impropriedade do objeto, é impossível consumar-se o crime. 8. O caso concreto amolda-se perfeitamente à *ratio decidendi* dos precedentes invocados, porquanto o sistema de vigilância, de fato, apenas reduz a possibilidade de consumação dos furtos. Trata-se apenas de medida preventiva dos empresários na proteção de seus estabelecimentos, ante a ineficiência estatal, sendo completamente descabido cogitar conferir o benefício da excludente de tipicidade à criminalidade ocorrida contra aqueles que investem na segurança de seu patrimônio e, reflexamente, dos próprios clientes" (STJ, 5ª T., HC 351194, j. 02/06/2016).

- "O Superior Tribunal de Justiça adotou o entendimento de que a vigilância por câmera apenas dificulta a prática do crime de furto, o que não torna a consumação impossível. A questão foi discutida, inclusive, aplicando-se a sistemática dos processos repetitivos (art. 543-C do CPC), sob o Tema 924. A legislação pátria adotou a teoria objetiva temperada de forma que o sistema de vigilância configura, apenas, inidoneidade relativa do meio empregado para a prática do crime" (STJ, 5ª T., HC 336.850, j. 16/02/2017).

- "A simples presença de câmeras de vigilância no local dos fatos não é suficiente para tornar impossível a consumação do delito. A legislação pátria adotou a teoria objetiva temperada de forma que o sistema de vigilância configura, apenas, inidoneidade relativa do meio empregado para a prática do crime" (STJ, 5ª T., AgRg no AREsp 1336985, j. 19/03/2019).

19. LEGISLAÇÃO RELACIONADA AO CAPÍTULO

CONCEITOS DE CRIME

» **CÓDIGO PENAL**

Extraterritorialidade

Art. 7º – Ficam sujeitos à lei brasileira, embora cometidos no estrangeiro:

I – os crimes: a) contra a vida ou a liberdade do Presidente da República; b) contra o patrimônio ou a fé pública da União, do Distrito Federal, de Estado, de Território, de Município, de empresa pública, sociedade de economia mista, autarquia ou fundação instituída pelo Poder Público; c) contra a administração pública, por quem está a seu serviço; d) de genocídio, quando o agente for brasileiro ou domiciliado no Brasil;

II – os crimes: a) que, por tratado ou convenção, o Brasil se obrigou a reprimir; b) praticados por brasileiro; c) praticados em aeronaves ou embarcações brasileiras, mercantes ou de propriedade privada, quando em território estrangeiro e aí não sejam julgados.

§ 1º – Nos casos do inciso I, o agente é punido segundo a lei brasileira, ainda que absolvido ou condenado no estrangeiro.

§ 2º – Nos casos do inciso II, a aplicação da lei brasileira depende do concurso das seguintes condições: a) entrar o agente no território nacional; b) ser o fato punível também no país em que foi praticado; c) estar o crime incluído entre aqueles pelos quais a lei brasileira autoriza a extradição; d) não ter sido o agente absolvido no estrangeiro ou não ter aí cumprido a pena; e) não ter sido o agente perdoado no estrangeiro ou, por outro motivo, não estar extinta a punibilidade, segundo a lei mais favorável.

§ 3º – A lei brasileira aplica-se também ao crime cometido por estrangeiro contra brasileiro fora do Brasil, se, reunidas as condições previstas no parágrafo anterior: a) não foi pedida ou foi negada a extradição; b) houve requisição do Ministro da Justiça.

Art. 14 – Diz-se o crime:

(...)

Tentativa

II – tentado, quando, iniciada a execução, não se consuma por circunstâncias alheias à vontade do agente.

Legítima Defesa

Art. 25 – (...)

Parágrafo único. Observados os requisitos previstos no caput deste artigo, considera-se também em legítima defesa o agente de segurança pública que repele agressão ou risco de agressão a vítima mantida refém durante a prática de crimes (redação dada pela Lei nº 13.964/19).

Reclusão e detenção

Art. 33 – A pena de reclusão deve ser cumprida em regime fechado, semiaberto ou aberto. A de detenção, em regime semiaberto, ou aberto, salvo necessidade de transferência a regime fechado.

Limite das penas

Art. 75 – O tempo de cumprimento das penas privativas de liberdade não pode ser superior a 40 (quarenta) anos.

» **LEI DE INTRODUÇÃO DO CÓDIGO PENAL (LICP)**

Art. 1º – Considera-se crime a infração penal que a lei comina pena de reclusão ou de detenção, quer isoladamente, quer alternativa ou cumulativamente com a pena de multa; contravenção, a infração penal a que a lei comina, isoladamente, pena de prisão simples ou de multa, ou ambas, alternativa ou cumulativamente.

» **LEI DAS CONTRAVENÇÕES PENAIS**

Art. 2º – A lei brasileira só é aplicável à contravenção praticada no território nacional.

Art. 5º – As penas principais são:

I – prisão simples;

II – multa.

Art. 10 – A duração da pena de prisão simples não pode, em caso algum, ser superior a cinco anos, nem a importância das multas ultrapassar cinquenta contos.

Art. 17 – A ação penal é pública, devendo a autoridade proceder de ofício.

CLASSIFICAÇÃO DOUTRINÁRIA DOS CRIMES

» **CÓDIGO PENAL**

Relevância da omissão

Art. 13, § 2º – A omissão é penalmente relevante quando o omitente devia e podia agir para evitar o resultado. O dever de agir incumbe a quem:

a) tenha por lei obrigação de cuidado, proteção ou vigilância;

b) de outra forma, assumiu a responsabilidade de impedir o resultado;

c) com seu comportamento anterior, criou o risco da ocorrência do resultado.

Art. 14 – Diz-se o crime:

Crime consumado

I – consumado, quando nele se reúnem todos os elementos de sua definição legal;

Tentativa

II – tentado, quando, iniciada a execução, não se consuma por circunstâncias alheias à vontade do agente

Homicídio simples

Art. 121. Matar alguém:

Pena – reclusão, de seis a vinte anos.

Caso de diminuição de pena

§ 1º – Se o agente comete o crime impelido por motivo de relevante valor social ou moral, ou sob o domínio de violenta emoção, logo em seguida a injusta provocação da vítima, o juiz pode reduzir a pena de um sexto a um terço.

Homicídio qualificado

§ 2° – Se o homicídio é cometido: I – mediante paga ou promessa de recompensa, ou por outro motivo torpe; II – por motivo fútil; III – com emprego de veneno, fogo, explosivo, asfixia, tortura ou outro meio insidioso ou cruel, ou de que possa resultar perigo comum; IV – à traição, de emboscada, ou mediante dissimulação ou outro recurso que dificulte ou torne impossível a defesa do ofendido; V – para assegurar a execução, a ocultação, a impunidade ou vantagem de outro crime: Pena – reclusão, de doze a trinta anos; VI – contra a mulher por razões da condição de sexo feminino; VII – contra autoridade ou agente descrito nos arts. 142 e 144 da Constituição Federal, integrantes do sistema prisional e da Força Nacional de Segurança Pública, no exercício da função ou em decorrência dela, ou contra seu cônjuge, companheiro ou parente consanguíneo até terceiro grau, em razão dessa condição; VIII – com emprego de arma de fogo de uso restrito ou proibido: (Redação dada pela Lei nº 13.964, de 2019, vetada pelo Presidente da República e mantida pelo Congresso Nacional):

Pena – reclusão, de doze a trinta anos.

Induzimento, instigação ou auxílio a suicídio ou a automutilação

Art. 122 – Induzir ou instigar alguém a suicidar-se ou a praticar automutilação ou prestar-lhe auxílio material para que o faça:

Pena – reclusão, de 6 (seis) meses a 2 (dois) anos. (Redação dada pela Lei nº 13.968, de 2019)

Perigo para a vida ou saúde de outrem

Art. 132 – Expor a vida ou a saúde de outrem a perigo direto e iminente:

Pena – detenção, de três meses a um ano, se o fato não constitui crime mais grave.

Omissão de socorro

Art. 135 – Deixar de prestar assistência, quando possível fazê-lo sem risco pessoal, à criança abandonada ou extraviada, ou à pessoa inválida ou ferida, ao desamparo ou em grave e iminente perigo; ou não pedir, nesses casos, o socorro da autoridade pública:

Pena – detenção, de um a seis meses, ou multa.

Rixa

Art. 137 – Participar de rixa, salvo para separar os contendores: Pena – detenção, de quinze dias a dois meses, ou multa.

Sequestro e cárcere privado

Art. 148 – Privar alguém de sua liberdade, mediante sequestro ou cárcere privado:

Pena – reclusão, de um a três anos.

Furto

Art. 155 – Subtrair, para si ou para outrem, coisa alheia móvel:

Pena – reclusão, de um a quatro anos, e multa.

Roubo

Art. 157 – Subtrair coisa móvel alheia, para si ou para outrem, mediante grave ameaça ou violência a pessoa, ou depois de havê-la, por qualquer meio, reduzido à impossibilidade de resistência:

Pena – reclusão, de quatro a dez anos, e multa.

Extorsão mediante sequestro

Art. 159 – Sequestrar pessoa com o fim de obter, para si ou para outrem, qualquer vantagem, como condição ou preço do resgate:

Pena – reclusão, de oito a quinze anos.

Violação de sepultura

Art. 210 – Violar ou profanar sepultura ou urna funerária:

Pena – reclusão, de um a três anos, e multa.

Bigamia

Art. 235 – Contrair alguém, sendo casado, novo casamento:

Pena – reclusão, de dois a seis anos.

Parto suposto. Supressão ou alteração de direito inerente ao estado civil de recém-nascido

Art. 242 – Dar parto alheio como próprio; registrar como seu o filho de outrem; ocultar recém-nascido ou substituí-lo, suprimindo ou alterando direito inerente ao estado civil:

Pena – reclusão, de dois a seis anos.

Parágrafo único – Se o crime é praticado por motivo de reconhecida nobreza: Pena – detenção, de um a dois anos, podendo o juiz deixar de aplicar a pena.

LEGISLAÇÃO

Incêndio

Art. 250 – Causar incêndio, expondo a perigo a vida, a integridade física ou o patrimônio de outrem:

Pena – reclusão, de três a seis anos, e multa.

Associação criminosa

Art. 288. Associarem-se 3 (três) ou mais pessoas, para o fim específico de cometer crimes:

Pena – reclusão, de 1 (um) a 3 (três) anos.

Falso testemunho ou falsa perícia

Art. 342 – Fazer afirmação falsa, ou negar ou calar a verdade como testemunha, perito, contador, tradutor ou intérprete em processo judicial, ou administrativo, inquérito policial, ou em juízo arbitral:

Pena – reclusão, de 2 (dois) a 4 (quatro) anos, e multa.

» LEI DOS CRIMES CONTRA A SEGURANÇA NACIONAL (LEI 7.170/83)

Art. 8º – Entrar em entendimento ou negociação com governo ou grupo estrangeiro, ou seus agentes, para provocar guerra ou atos de hostilidade contra o Brasil.

Pena: reclusão, de 3 a 15 anos.

Art. 10 – Aliciar indivíduos de outro país para invasão do território nacional.

Pena: reclusão, de 3 a 10 anos.

Art. 13 – Comunicar, entregar ou permitir a comunicação ou a entrega, a governo ou grupo estrangeiro, ou a organização ou grupo de existência ilegal, de dados, documentos ou cópias de documentos, planos, códigos, cifras ou assuntos que, no interesse do Estado brasileiro, são classificados como sigilosos.

Pena: reclusão, de 3 a 15 anos.

Art. 15 – Praticar sabotagem contra instalações militares, meios de comunicações, meios e vias de transporte, estaleiros, portos, aeroportos, fábricas, usinas, barragem, depósitos e outras instalações congêneres.

Pena: reclusão, de 3 a 10 anos.

Art. 18 – Tentar impedir, com emprego de violência ou grave ameaça, o livre exercício de qualquer dos Poderes da União ou dos Estados.

Pena: reclusão, de 2 a 6 anos.

Art. 20 – Devastar, saquear, extorquir, roubar, sequestrar, manter em cárcere privado, incendiar, depredar, provocar explosão, praticar atentado pessoal ou atos de terrorismo, por inconformismo político ou para obtenção de fundos destinados à manutenção de organizações políticas clandestinas ou subversivas.

Pena: reclusão, de 3 a 10 anos.

» CÓDIGO PENAL MILITAR (CPM)

Art. 187. Ausentar-se o militar, sem licença, da unidade em que serve, ou do lugar em que deve permanecer, por mais de oito dias:

Pena – detenção, de seis meses a dois anos; se oficial, a pena é agravada.

CÓDIGO DE TRÂNSITO (CTB)

Art. 309. Dirigir veículo automotor, em via pública, sem a devida Permissão para Dirigir ou Habilitação ou, ainda, se cassado o direito de dirigir, gerando perigo de dano:

Penas – detenção, de seis meses a um ano, ou multa.

SUJEITOS DO CRIME

» CONSTITUIÇÃO FEDERAL

Art. 173, § 5º – A lei, sem prejuízo da responsabilidade individual dos dirigentes da pessoa jurídica, estabelecerá a responsabilidade desta, sujeitando-a às punições compatíveis com sua natureza, nos atos praticados contra a ordem econômica e financeira e contra a economia popular.

Art. 225, § 3º – As condutas e atividades consideradas lesivas ao meio ambiente sujeitarão os infratores, pessoas físicas ou jurídicas, a sanções penais e administrativas, independentemente da obrigação de reparar os danos causados.

» CÓDIGO PENAL

Art. 138, § 2º – É punível a calúnia contra os mortos.

Art. 171, § 2º – Nas mesmas penas incorre quem: (...) V – destrói, total ou parcialmente, ou oculta coisa própria, ou lesa o próprio corpo ou a saúde, ou agrava as consequências da lesão ou doença, com o intuito de haver indenização ou valor de seguro.

» LEI DOS CRIMES AMBIENTAIS (LEI 9.605/98)

Art. 3º – As pessoas jurídicas serão responsabilizadas administrativa, civil e penalmente conforme o disposto nesta Lei, nos casos em que a infração seja cometida por decisão de seu representante legal ou contratual, ou de seu órgão colegiado, no interesse ou benefício da sua entidade.

Parágrafo único – A responsabilidade das pessoas jurídicas não exclui a das pessoas físicas, autoras, coautoras ou partícipes do mesmo fato.

Art. 32 – Praticar ato de abuso, maus-tratos, ferir ou mutilar animais silvestres, domésticos ou domesticados, nativos ou exóticos:

Pena – detenção, de três meses a um ano, e multa.

§ 1º – Incorre nas mesmas penas quem realiza experiência dolorosa ou cruel em animal vivo, ainda que para fins didáticos ou científicos, quando existirem recursos alternativos.

§ 1º-A – Quando se tratar de cão ou gato, a pena para as condutas descritas no caput deste artigo será de reclusão, de 2 (dois) a 5 (cinco) anos, multa e proibição da guarda (incluído pela Lei nº 14.064/2020).

§ 2º – A pena é aumentada de um sexto a um terço, se ocorre morte do animal.

RESULTADO

» **CÓDIGO PENAL**

Relação de causalidade

Art. 13 – O resultado, de que depende a existência do crime, somente é imputável a quem lhe deu causa. Considera-se causa a ação ou omissão sem a qual o resultado não teria ocorrido.

Homicídio simples

Art. 121 – Matar alguém:

Pena – reclusão, de seis a vinte anos.

Lesão corporal

Art. 129 – Ofender a integridade corporal ou a saúde de outrem:

Pena – detenção, de três meses a um ano.

Injúria

Art. 140 – Injuriar alguém, ofendendo-lhe a dignidade ou o decoro:

Pena – detenção, de um a seis meses, ou multa.

Violação de domicílio

Art. 150 – Entrar ou permanecer, clandestina ou astuciosamente, ou contra a vontade expressa ou tácita de quem de direito, em casa alheia ou em suas dependências:

Pena – detenção, de um a três meses, ou multa.

Extorsão mediante sequestro

Art. 159 – Sequestrar pessoa com o fim de obter, para si ou para outrem, qualquer vantagem, como condição ou preço do resgate:

Pena – reclusão, de oito a quinze anos.

Dano

Art. 163 – Destruir, inutilizar ou deteriorar coisa alheia:

Pena – detenção, de um a seis meses, ou multa.

NEXO CAUSAL

» **CÓDIGO PENAL**

Relação de causalidade

Art. 13 – O resultado, de que depende a existência do crime, somente é imputável a quem lhe deu causa. Considera-se causa a ação ou omissão sem a qual o resultado não teria ocorrido.

Superveniência de causa independente

§ 1º – A superveniência de causa relativamente independente exclui a imputação quando, por si só, produziu o resultado; os fatos anteriores, entretanto, imputam-se a quem os praticou.

Relevância da omissão

§ 2º – A omissão é penalmente relevante quando o omitente devia e podia agir para evitar o resultado. O dever de agir incumbe a quem:

a) tenha por lei obrigação de cuidado, proteção ou vigilância;

b) de outra forma, assumiu a responsabilidade de impedir o resultado;

c) com seu comportamento anterior, criou o risco da ocorrência do resultado.

Extorsão

Art. 158 – Constranger alguém, mediante violência ou grave ameaça, e com o intuito de obter para si ou para outrem indevida vantagem econômica, a fazer, tolerar que se faça ou deixar de fazer alguma coisa:

Pena – reclusão, de quatro a dez anos, e multa.

» **CÓDIGO CIVIL**

Art. 1.566 – São deveres de ambos os cônjuges:

(...)

IV – sustento, guarda e educação dos filhos.

Art. 1.634 – Compete a ambos os pais, qualquer que seja a sua situação conjugal, o pleno exercício do poder familiar, que consiste em, quanto aos filhos:

I – dirigir-lhes a criação e a educação.

TIPICIDADE

» **CÓDIGO PENAL**

Relevância da omissão

Art. 13, § 2º – A omissão é penalmente relevante quando o omitente devia e podia agir para evitar o resultado. O dever de agir incumbe a quem:

a) tenha por lei obrigação de cuidado, proteção ou vigilância;

b) de outra forma, assumiu a responsabilidade de impedir o resultado;

c) com seu comportamento anterior, criou o risco da ocorrência do resultado.

Art. 14 – Diz-se o crime:

LEGISLAÇÃO

(...)

Tentativa

II – tentado, quando, iniciada a execução, não se consuma por circunstâncias alheias à vontade do agente.

Concurso de Pessoas

Art. 29 – Quem, de qualquer modo, concorre para o crime incide nas penas a este cominadas, na medida de sua culpabilidade.

Homicídio simples

Art. 121 – Matar alguém:

Pena – reclusão, de seis a vinte anos.

Furto

Art. 155 – Subtrair, para si ou para outrem, coisa alheia móvel:

Pena – reclusão, de um a quatro anos, e multa.

CRIME DOLOSO

» **CÓDIGO PENAL**

Art. 18 – Diz-se o crime:

Crime doloso

I – doloso, quando o agente quis o resultado ou assumiu o risco de produzi-lo.

Prevaricação

Art. 319 – Retardar ou deixar de praticar, indevidamente, ato de ofício, ou praticá-lo contra disposição expressa de lei, para satisfazer interesse ou sentimento pessoal:

Pena – detenção, de três meses a um ano, e multa.

CRIME CULPOSO

» **CÓDIGO PENAL**

Art. 18 – Diz-se o crime:

(...)

Crime culposo

II – culposo, quando o agente deu causa ao resultado por imprudência, negligência ou imperícia.

Parágrafo único – Salvo os casos expressos em lei, ninguém pode ser punido por fato previsto como crime, senão quando o pratica dolosamente.

Homicídio simples

Art. 121. Matar alguém:

Pena – reclusão, de seis a vinte anos.

Homicídio culposo

Art. 121, § 3º – Se o homicídio é culposo:

Pena – detenção, de um a três anos.

» **CÓDIGO DE TRÂNSITO**

Homicídio culposo na direção de veículo automotor

Art. 302 – Praticar homicídio culposo na direção de veículo automotor:

Penas – detenção, de dois a quatro anos, e suspensão ou proibição de se obter a permissão ou a habilitação para dirigir veículo automotor.

§ 3º – Se o agente conduz veículo automotor sob a influência de álcool ou de qualquer outra substância psicoativa que determine dependência:

Penas – reclusão, de cinco a oito anos, e suspensão ou proibição do direito de se obter a permissão ou a habilitação para dirigir veículo automotor.

CRIME PRETERDOLOSO

» **CÓDIGO PENAL**

Lesão corporal seguida de morte

Art. 129, § 3º – Se resulta morte e as circunstâncias evidenciam que o agente não quis o resultado, nem assumiu o risco de produzi-lo:

Pena – reclusão, de quatro a doze anos.

ERRO DE TIPO

» **CÓDIGO PENAL**

Erro sobre elementos do tipo

Art. 20 – O erro sobre elemento constitutivo do tipo legal de crime exclui o dolo, mas permite a punição por crime culposo, se previsto em lei.

Descriminantes putativas

§ 1º – É isento de pena quem, por erro plenamente justificado pelas circunstâncias, supõe situação de fato que, se existisse, tornaria a ação legítima. Não há isenção de pena quando o erro deriva de culpa e o fato é punível como crime culposo.

Erro determinado por terceiro

§ 2º – Responde pelo crime o terceiro que determina o erro.

Erro sobre a pessoa

§ 3º – O erro quanto à pessoa contra a qual o crime é praticado não isenta de pena. Não se consideram, neste caso, as condições ou qualidades da vítima, senão as da pessoa contra quem o agente queria praticar o crime.

Erro sobre a ilicitude do fato

Art. 21 – O desconhecimento da lei é inescusável. O erro sobre a ilicitude do fato, se inevitável, isenta de pena; se evitável, poderá diminuí-la de um sexto a um terço.

Parágrafo único – Considera-se evitável o erro se o agente atua ou se omite sem a consciência da ilicitude do fato, quando lhe era possível, nas circunstâncias, ter ou atingir essa consciência.

Erro na execução

Art. 73 – Quando, por acidente ou erro no uso dos meios de execução, o agente, ao invés de atingir a pessoa que pretendia ofender, atinge pessoa diversa, responde como se tivesse praticado o crime contra aquela, atendendo-se ao disposto no § 3º do art. 20 deste Código. No caso de ser também atingida a pessoa que o agente pretendia ofender, aplica-se a regra do art. 70 deste Código.

Resultado diverso do pretendido

Art. 74 – Fora dos casos do artigo anterior, quando, por acidente ou erro na execução do crime, sobrevém resultado diverso do pretendido, o agente responde por culpa, se o fato é previsto como crime culposo; se ocorre também o resultado pretendido, aplica-se a regra do art. 70 deste Código.

» **EXPOSIÇÃO DE MOTIVOS DA NOVA PARTE GERAL DO CÓDIGO PENAL**

Item 17: "É, todavia, no tratamento do erro que o princípio nullum crimen sene culpa vai aflorar com todo o vigor no direito legislativo brasileiro. Com efeito, acolhe o Projeto, nos artigos 20 e 21, as duas formas básicas de erro construídas pela dogmática alemã: erro sobre elementos do tipo (Tatbestandsirrtum) e erro sobre a ilicitude do fato (Verbotsirrtum). Definiu-se a evitabilidade do erro em função da consciência potencial da ilicitude (parágrafo único do artigo 21), mantendo-se no tocante às descriminantes putativas a tradição brasileira, que admite a forma culposa, em sintonia com a denominada 'teoria limitada da culpabilidade'".

Item 19: "Repete o Projeto as normas do Código de 1940, pertinentes às denominadas 'descriminantes putativas'. Ajusta-se, assim, o Projeto à teoria limitada pela culpabilidade, que distingue o erro incidente sobre os pressupostos fáticos de uma causa de justificação do que incide sobre a norma permissiva. Tal como no Código vigente, admite-se nesta área a figura culposa (artigo 17, § 1º)".

ITER CRIMINIS

» **CÓDIGO PENAL**

Art. 14 – Diz-se o crime:

Crime consumado

I – consumado, quando nele se reúnem todos os elementos de sua definição legal;

Tentativa

II – tentado, quando, iniciada a execução, não se consuma por circunstâncias alheias à vontade do agente.

Pena de tentativa

Parágrafo único – Salvo disposição em contrário, pune-se a tentativa com a pena correspondente ao crime consumado, diminuída de um a dois terços.

Art. 18 – Diz-se o crime:

(...)

Crime culposo

II – culposo, quando o agente deu causa ao resultado por imprudência, negligência ou imperícia.

Extorsão mediante sequestro

Art. 159 – Sequestrar pessoa com o fim de obter, para si ou para outrem, qualquer vantagem, como condição ou preço do resgate:

Pena – reclusão, de oito a quinze anos.

» **LEI DO TERRORISMO (LEI 13.260/16)**

Art. 5º – Realizar atos preparatórios de terrorismo com o propósito inequívoco de consumar tal delito:

Pena – a correspondente ao delito consumado, diminuída de um quarto até a metade.

TENTATIVA OU *CONATUS*

» **CÓDIGO PENAL**

Art. 14 – Diz-se o crime:

(...)

Tentativa

II – tentado, quando, iniciada a execução, não se consuma por circunstâncias alheias à vontade do agente.

Pena de tentativa

Parágrafo único – Salvo disposição em contrário, pune-se a tentativa com a pena correspondente ao crime consumado, diminuída de um a dois terços.

Desistência voluntária e arrependimento eficaz

Art. 15 – O agente que, voluntariamente, desiste de prosseguir na execução ou impede que o resultado se produza, só responde pelos atos já praticados.

Crime impossível

Art. 17 – Não se pune a tentativa quando, por ineficácia absoluta do meio ou por absoluta impropriedade do objeto, é impossível consumar-se o crime.

Homicídio simples

Art. 121 – Matar alguém:

Pena – reclusão, de seis a vinte anos.

Induzimento, instigação ou auxílio a suicídio ou a automutilação

Art. 122 – Induzir ou instigar alguém a suicidar-se ou a praticar automutilação ou prestar-lhe auxílio material para que o faça: (Redação dada pela Lei nº 13.968, de 2019)

Pena – reclusão, de 6 (seis) meses a 2 (dois) anos.

Curandeirismo

Art. 284 – Exercer o curandeirismo: I – prescrevendo, ministrando ou aplicando, habitualmente, qualquer substância; II – usando gestos, palavras ou qualquer outro meio; III – fazendo diagnósticos:

Pena – detenção, de seis meses a dois anos.

Evasão mediante violência contra a pessoa

Art. 352 – Evadir-se ou tentar evadir-se o preso ou o indivíduo submetido a medida de segurança detentiva, usando de violência contra a pessoa:

Pena – detenção, de três meses a um ano, além da pena correspondente à violência.

» **LEI DAS CONTRAVENÇÕES PENAIS (LCP)**

Art. 4º – Não é punível a tentativa de contravenção.

» **CÓDIGO ELEITORAL (LEI 4.737/65)**

Art. 309 – Votar ou tentar votar mais de uma vez, ou em lugar de outrem:

Pena – reclusão até três anos.

DESISTÊNCIA VOLUNTÁRIA E ARREPENDIMENTO EFICAZ

» **CÓDIGO PENAL**

Art. 14 – Diz-se o crime:

(...)

Tentativa

II – tentado, quando, iniciada a execução, não se consuma por circunstâncias alheias à vontade do agente.

Desistência voluntária e arrependimento eficaz

Art. 15 – O agente que, voluntariamente, desiste de prosseguir na execução ou impede que o resultado se produza, só responde pelos atos já praticados.

ARREPENDIMENTO POSTERIOR

» **CÓDIGO PENAL**

Desistência voluntária e arrependimento eficaz

Art. 15 – O agente que, voluntariamente, desiste de prosseguir na execução ou impede que o resultado se produza, só responde pelos atos já praticados.

Arrependimento posterior

Art. 16 – Nos crimes cometidos sem violência ou grave ameaça à pessoa, reparado o dano ou restituída a coisa, até o recebimento da denúncia ou da queixa, por ato voluntário do agente, a pena será reduzida de um a dois terços.

Art. 312, § 3º – No caso do parágrafo anterior, a reparação do dano, se precede à sentença irrecorrível, extingue a punibilidade; se lhe é posterior, reduz de metade a pena imposta.

CRIME IMPOSSÍVEL

» **CÓDIGO PENAL**

Art. 17 – Não se pune a tentativa quando, por ineficácia absoluta do meio ou por absoluta impropriedade do objeto, é impossível consumar-se o crime.

ILICITUDE

» **CÓDIGO PENAL**

Descriminantes putativas

Art. 20, § 1º – É isento de pena quem, por erro plenamente justificado pelas circunstâncias, supõe situação de fato que, se existisse, tornaria a ação legítima. Não há isenção de pena quando o erro deriva de culpa e o fato é punível como crime culposo.

Erro sobre a ilicitude do fato

Art. 21 – O desconhecimento da lei é inescusável. O erro sobre a ilicitude do fato, se inevitável, isenta de pena; se evitável, poderá diminuí-la de um sexto a um terço.

Exclusão de ilicitude

Art. 23 – Não há crime quando o agente pratica o fato:

I – em estado de necessidade;

II – em legítima defesa; I

II – em estrito cumprimento de dever legal ou no exercício regular de direito.

Estado de necessidade

Art. 24 – Considera-se em estado de necessidade quem pratica o fato para salvar de perigo atual, que não provocou por sua vontade, nem podia de outro modo evitar, direito próprio ou alheio, cujo sacrifício, nas circunstâncias, não era razoável exigir-se.

§ 1º – Não pode alegar estado de necessidade quem tinha o dever legal de enfrentar o perigo.

§ 2º – Embora seja razoável exigir-se o sacrifício do direito ameaçado, a pena poderá ser reduzida de um a dois terços.

Legítima defesa

Art. 25 – Entende-se em legítima defesa quem, usando moderadamente dos meios necessários, repele injusta agressão, atual ou iminente, a direito seu ou de outrem.

Parágrafo único – Observados os requisitos previstos no *caput* deste artigo, considera-se também em legítima defesa o agente de segurança pública que repele agressão ou risco de agressão a vítima mantida refém durante a prática de crimes. (Incluído pela Lei nº 13.964, de 2019)

Violação de domicílio

Art. 150 – Entrar ou permanecer, clandestina ou astuciosamente, ou contra a vontade expressa ou tácita de quem de direito, em casa alheia ou em suas dependências:

Pena – detenção, de um a três meses, ou multa.

Dano

Art. 163 – Destruir, inutilizar ou deteriorar coisa alheia: Pena – detenção, de um a seis meses, ou multa.

Estupro

Art. 213 – Constranger alguém, mediante violência ou grave ameaça, a ter conjunção carnal ou a praticar ou permitir que com ele se pratique outro ato libidinoso:

Pena – reclusão, de 6 (seis) a 10 (dez) anos.

CULPABILIDADE

» CONSTITUIÇÃO FEDERAL

Art. 228 – São penalmente inimputáveis os menores de dezoito anos, sujeitos às normas da legislação especial.

» CÓDIGO PENAL

Erro sobre a ilicitude do fato

Art. 21 – O desconhecimento da lei é inescusável. O erro sobre a ilicitude do fato, se inevitável, isenta de pena; se evitável, poderá diminuí-la de um sexto a um terço.

Parágrafo único – Considera-se evitável o erro se o agente atua ou se omite sem a consciência da ilicitude do fato, quando lhe era possível, nas circunstâncias, ter ou atingir essa consciência.

Coação irresistível e obediência hierárquica

Art. 22 – Se o fato é cometido sob coação irresistível ou em estrita obediência a ordem, não manifestamente ilegal, de superior hierárquico, só é punível o autor da coação ou da ordem.

Exclusão de ilicitude

Art. 23 – Não há crime quando o agente pratica o fato:

I – em estado de necessidade;

II – em legítima defesa;

III – em estrito cumprimento de dever legal ou no exercício regular de direito.

Excesso punível

Parágrafo único – O agente, em qualquer das hipóteses deste artigo, responderá pelo excesso doloso ou culposo.

Inimputáveis

Art. 26 – É isento de pena o agente que, por doença mental ou desenvolvimento mental incompleto ou retardado, era, ao tempo da ação ou da omissão, inteiramente incapaz de entender o caráter ilícito do fato ou de determinar-se de acordo com esse entendimento.

Redução de pena

Parágrafo único – A pena pode ser reduzida de um a dois terços, se o agente, em virtude de perturbação de saúde mental ou por desenvolvimento mental incompleto ou retardado não era inteiramente capaz de entender o caráter ilícito do fato ou de determinar-se de acordo com esse entendimento.

Menores de dezoito anos

Art. 27 – Os menores de 18 (dezoito) anos são penalmente inimputáveis, ficando sujeitos às normas estabelecidas na legislação especial.

Emoção e paixão

Art. 28 – Não excluem a imputabilidade penal:

I – a emoção ou a paixão;

Embriaguez

II – a embriaguez, voluntária ou culposa, pelo álcool ou substância de efeitos análogos.

§ 1º – É isento de pena o agente que, por embriaguez completa, proveniente de caso fortuito ou força maior, era, ao tempo da ação ou da omissão, inteiramente incapaz de entender o caráter ilícito do fato ou de determinar-se de acordo com esse entendimento.

§ 2º – A pena pode ser reduzida de um a dois terços, se o agente, por embriaguez, proveniente de caso fortuito ou força maior, não possuía, ao tempo da ação ou da omissão, a plena capacidade de entender o caráter ilícito do fato ou de determinar-se de acordo com esse entendimento.

Circunstâncias atenuantes

Art. 65 – São circunstâncias que sempre atenuam a pena: (...) III – ter o agente: (...) c) cometido o crime sob coação a que podia resistir, ou em cumprimento de ordem de autoridade superior, ou sob a influência de violenta emoção, provocada por ato injusto da vítima.

Caso de diminuição de pena

Art. 121, § 1º – Se o agente comete o crime impelido por motivo de relevante valor social ou moral, ou sob o domínio de violenta emoção, logo em seguida a injusta provocação da vítima, o juiz pode reduzir a pena de um sexto a um terço.

Furto

Art. 155 – Subtrair, para si ou para outrem, coisa alheia móvel:

Pena – reclusão, de um a quatro anos, e multa.

Adultério

Art. 240 – Revogado pela Lei nº 11.106, de 2005.

LEGISLAÇÃO

QUESTÕES

CAPÍTULO II

Sumário • 1. Questões com gabarito comentado – 2. Questões de concursos

1. QUESTÕES COM GABARITO COMENTADO

01. (CESPE / CEBRASPE - 2021 - TCE-RJ - Analista de Controle Externo) Considerando aspectos gerais do direito penal brasileiro, julgue o item subsecutivo. Caracteriza o arrependimento eficaz aquele no qual o agente, voluntariamente, repara o dano ou restitui a coisa até o recebimento da denúncia.

COMENTÁRIOS

Gabarito: assertiva errada. O arrependimento eficaz (arrependimento ativo ou resipiscência), previsto no art. 15, 2ª parte, do CP se dá quando o agente, depois de realizados os atos executórios, pratica uma ação impedindo a produção do resultado, não consumando, assim, o crime inicialmente pretendido. O agente se arrepende depois de esgotados os atos executórios. Frise-se que, se ocorrer a consumação, o arrependimento não será eficaz. A assertiva constou elementos do arrependimento posterior (art. 16 do CP).

02. (CESPE - 2020 - TJ-PA - Analista Judiciário) Na confraternização de final de ano de um tribunal de justiça, Ulisses, servidor do órgão, e o desembargador ganharam um relógio da mesma marca – em embalagens idênticas –, mas de valores diferentes, sendo consideravelmente mais caro o do desembargador. Ao ir embora, Ulisses levou consigo, por engano, o presente do desembargador, o qual, ao notar o sumiço do relógio e acreditando ter sido vítima de crime, acionou a polícia civil. Testemunhas afirmaram ter visto Ulisses com a referida caixa. No dia seguinte, o servidor tomou conhecimento dos fatos e dirigiu-se espontaneamente à autoridade policial, afirmando que o relógio estava na casa de sua namorada, onde fora apreendido.

Nessa situação hipotética, a conduta de Ulisses na festa caracterizou:

a) erro de tipo.
b) excludente de ilicitude.
c) arrependimento posterior.
d) erro de proibição.
e) crime impossível.

COMENTÁRIOS

Gabarito: a. Conforme explicado no capítulo, no erro de tipo, o sujeito possui uma falsa representação da realidade, ou seja, não possui consciência de sua conduta. A pessoa vem a praticar uma conduta que, objetivamente, possui previsão em um tipo penal, mas sem ter consciência desse seu comportamento. Quando um sujeito, por exemplo, por descuido, toma como próprio uma coisa de outrem, imaginando que é própria, não sabe que está se apossando de coisa alheia. Se analisarmos o fato apenas pelo aspecto objetivo, o agente "subtraiu coisa alheia móvel". Entretanto, o agente desconhecia que a coisa era alheia. Essa situação configura erro de tipo (art. 20, *caput*, do CP).

03. (CESPE - 2020 - MPE-CE - Técnico Ministerial) Mário, após ingerir bebida alcoólica em uma festa, agrediu um casal de namorados, o que resultou na morte do rapaz, devido à gravidade das lesões. A moça sofreu lesões leves. A partir dessa situação hipotética, julgue o item a seguir. Porque estava embriagado, Mário deve ser considerado inimputável.

COMENTÁRIOS

Gabarito: assertiva errada. Nos termos do art. 28, II, do CP não fica excluída a imputabilidade penal pela embriaguez, voluntária ou culposa, decorrente do álcool ou de substâncias de efeitos análogos. A embriaguez voluntária se dá quando o agente ingere bebidas alcoólicas com a intenção de embriagar-se; a culposa, quando o agente se embriaga de forma imprudente, sem a devida intenção. Ressalte-se que, para ser inimputável, nos termos do § 1º do art. 26 do CP, a embriaguez deve ser completa e proveniente de caso fortuito ou força maior, e, desde que o agente estivesse, ao tempo da ação ou da omissão, inteiramente incapaz de entender o caráter ilícito do fato ou de determinar-se de acordo com esse entendimento.

04. (IBFC – 2020 – TRE-PA – Analista Judiciário) Quanto ao "erro sobre elementos do tipo" e "erro sobre a ilicitude do fato", analise as afirmativas abaixo e dê valores Verdadeiro (V) ou Falso (F):

( ) Não cabe a incidência de erro de tipo nos crimes omissivos espúrios, em face do dever de agir para evitar o resultado, levando-se em conta a relação de normalidade ou perigo do caso concreto.

( ) O erro relativo à existência de uma causa de exclusão de ilicitude consiste em descriminante putativa por erro de proibição. Nesse caso, se inescusável o erro, afasta-se o dolo, subsistindo a responsabilidade por crime culposo, se previsto em lei.

( ) Ao agente provocador que atua dolosamente deverá ser imputado, na forma dolosa, o crime cometido pelo provocado. Já o agente provocado ficará impune, desde que escusável o seu erro.

( ) Incide sobre o 'error in persona´ a teoria da equivalência do bem jurídico atingido. Nesse caso, o agente responderá pelo crime praticado, porém, no momento da aplicação da pena, serão consideradas as condições da vítima virtual.

Assinale a alternativa que apresenta a sequência correta de cima para baixo.

a) V, F, F, V

b) F, F, V, V

c) F, V, V, F

d) V, V, V, V

COMENTÁRIOS

Gabarito b. Comentário segundo a sequência de cima para baixo das alternativas.

Assertiva errada. Não basta o dever jurídico de agir para se imputar o resultado ao agente. Deve ser analisado se ele podia agir, verificando-se, para isso, a possibilidade real e física. É necessário, ainda, que o agente tenha consciência da situação de fato e do dever de agir. Se não possui consciência da situação de fato, incide em erro de tipo. Se não tem a possibilidade de conhecer o dever de agir, incide em erro de proibição, decorrente de erro mandamental.

Assertiva errada. Segundo a teoria limitada da culpabilidade (adotada pelo CP), as descriminantes putativas podem ser por erro de tipo (erro sobre a "situação fática" de uma descriminante – art. 20, § 1º) ou por erro de proibição (erro sobre a "existência" ou "limites" da descriminante – art. 21). Quando por erro de proibição, não se afasto o dolo. Se o erro for inevitável, isenta de pena; se evitável, poderá diminuí-la de um sexto a um terço.

Assertiva correta. De fato, ao agente provocador que atua dolosamente deverá ser imputado, na forma dolosa, o crime cometido pelo provocado. No entanto, o agente provocado ficará poderá responder ou não pelo delito. Se o erro for inescusável (evitável), afasta-se o dolo do agente e responde a título de culpa, se houver previsão legal. Se o erro for escusável (inevitável), não responderá (caso de afastamento de dolo e culpa).

Assertiva correta. O 'error in persona´ (erro quanto à pessoa contra a qual o crime é praticado) não isenta de pena. Não se consideram, neste caso, as condições ou qualidades da vítima, senão as da pessoa contra quem o agente queria praticar o crime (art. 20, § 3º).

05. (FGV – 2019 – DPE-RJ – Técnico Superior Jurídico) Ao final das comemorações da noite de Natal com sua família, Paulo, quando deixava o local, acabou por levar consigo o presente do seu primo Caio, acreditando ser o seu, tendo em vista que as caixas dos presentes eram idênticas. Após perceber o sumiço do seu presente e acreditando ter sido vítima de crime patrimonial, Caio compareceu à Delegacia para registrar o ocorrido, ocasião em que foram ouvidas testemunhas presenciais, que afirmaram ter visto Paulo sair com aquele objeto. Paulo, ao tomar conhecimento da investigação, compareceu em sede policial e indicou onde o objeto estava, sendo o bem apreendido no dia seguinte em sua residência. Preocupado com sua situação jurídica, Paulo procurou a Defensoria Pública. Sob o ponto de vista jurídico, sua conduta impõe o reconhecimento de que:

a) ocorreu erro de proibição, afastando a culpabilidade ou gerando causa de redução de pena, a depender de ser considerado vencível ou invencível;
b) foi praticado crime de furto, mas deverá ser reconhecida a causa de diminuição de pena do arrependimento posterior;
c) houve erro sobre a pessoa, devendo ser consideradas as características daquele que se pretendia atingir;
d) ocorreu erro de tipo, o que faz com que, no caso concreto, sua conduta seja considerada atípica;
e) houve erro na execução (aberratio ictus), logo a conduta deverá ser considerada atípica.

COMENTÁRIOS:

Gabarito: d. Há erro de tipo essencial, ou seja, aquele que incide sobre elemento constitutivo do tipo. No caso proposto, o erro incide sobre a elementar "alheia" (art. 155 do CP), pois Paulo achava que o presente era seu. Partindo-se do pressuposto que o erro em questão é escusável ou inevitável, haverá exclusão do dolo e da culpa. O fundamento está no art. 20, *caput*, do Código Penal.

Alternativa a: errada. Não há erro de proibição (art. 21 do CP), mas erro de tipo.

Alternativa b: errada. Paulo não praticou crime, já que o erro de tipo essencial escusável exclui dolo e culpa (o fato é atípico).

Alternativa e: errada. Não houve erro na execução (art. 73 do CP), que é espécie de erro de tipo acidental, mas, como dito, erro de tipo essencial.

06. (CESPE – 2019 – PRF – Policial Rodoviário Federal) Quanto ao sujeito ativo da prisão, o flagrante narrado é classificado como obrigatório, hipótese em que a ação de prender e as eventuais consequências físicas dela advindas em razão do uso da força se encontram abrigadas pela excludente de ilicitude denominada exercício regular de direito.

COMENTÁRIOS

Gabarito: errada. De acordo com o art. 301 do CPP, "Qualquer do povo poderá e as autoridades policiais e seus agentes deverão prender quem quer que seja encontrado em flagrante delito". Assim, para o povo em geral, prender quem está em flagrante delito caracteriza exercício regular de direito; no entanto, para os policiais, caracteriza estrito cumprimento de dever legal (art. 23, III, do CP).

07. (CESPE – 2019 – TJ-DFT – Titular de Serviços de Notas e de Registros) No que concerne ao crime impossível, à tentativa, à desistência voluntária, aos arrependimentos eficaz e posterior e à teoria do tipo, assinale a opção correta.

a) O Código Penal brasileiro adotou a teoria objetiva pura para a caracterização do crime impossível, em razão da inidoneidade do objeto ou do meio para a prática do crime.
b) A tentativa incruenta ou branca ocorre quando, iniciados os atos executórios, o agente não consegue a consumação do delito, por força alheia à sua vontade, e nem atinge o objeto material do crime.
c) A resipiscência ocorre quando o agente, durante os atos executórios, abandona a empreitada criminosa, deixando o seu intento inicial, embora com a superveniência do resultado lesivo idealizado.
d) O arrependimento posterior ocorre quando o agente, mesmo em crimes cometidos com violência ou grave ameaça à pessoa ou ao bem tutelado, repara o dano à pessoa ou restitui o bem até a prolação da sentença, por ato voluntário próprio.
e) A elementar normativa do tipo penal incriminador consiste na descrição de elemento que dispensa valoração no caso concreto, porquanto a própria norma se mostra compreensível abstratamente.

COMENTÁRIOS:

Gabarito: b. Na tentativa branca ou incruenta o objeto material do crime não é atingido. Exemplo é o erro de pontaria numa tentativa de homicídio.

Alternativa a: errada. Para a caracterização do crime impossível, o Código Penal brasileiro adotou a teoria objetiva temperada (art. 17 do CP).

Alternativa c: errada. Resipiscência, ou arrependimento eficaz, ocorre quando o agente impede que o resultado se produza, ocasião em que responderá pelos atos já praticados (art. 15 do CP).

Alternativa d: errada. O arrependimento posterior somente incide quando o crime é praticado sem violência ou grave ameaça à pessoa (art. 16 do CP).

Alternativa e: errada. Os elementos normativos do tipo pressupõem um juízo axiológico (valorativo) por parte do magistrado.

08. (IESES – 2019 – TJ-SC – Titular de Serviços de Notas e de Registros) A respeito das causas excludentes de culpabilidade e de ilicitude previstas no Código Penal, é INCORRETO afirmar:

a) Entende-se em legítima defesa apenas quem, usando moderadamente dos meios necessários, repele injusta agressão, atual ou iminente, à sua integridade física ou de outrem.

b) A embriaguez, mesmo completa, não exclui a imputabilidade penal, se voluntária ou mesmo culposa. Se preordenada, enseja ainda a aplicação de agravante genérica na segunda fase da dosimetria da pena.

c) A coação moral irresistível exclui completamente a culpabilidade do agente que pratica a conduta típica, sendo punível apenas o autor da coação, embora, no caso de coação resistível, seja punível o agente que, coagido, praticou a conduta, cabendo, nessa segunda hipótese, a aplicação de atenuante genérica na segunda fase de dosimetria da pena.

d) Considera-se em estado de necessidade, o qual exclui a ilicitude, apenas quem pratica o fato típico para salvar de perigo atual, que não provocou por sua vontade, nem podia de outro modo evitar, direito próprio ou alheio, cujo sacrifício, nas circunstâncias, não era razoável exigir-se. Se, porém, era razoável exigir-se o sacrifício do direito ameaçado, a pena poderá ser reduzida de um a dois terços.

COMENTÁRIOS:

Gabarito: a. De acordo com o art. 25 do Código Penal, "Entende-se em legítima defesa quem, usando moderadamente dos meios necessários, repele injusta agressão, atual ou iminente, **a direito seu ou de outrem**".

Alternativa b: correta. Conforme o art. 28, II, do Código Penal, a embriaguez, voluntária ou culposa, pelo álcool ou substância de efeitos análogos, não exclui a imputabilidade penal. Se preordenada (o agente coloca-se voluntariamente em estado de embriaguez para, assim, praticar crimes), está prevista como agravante genérica (art. 61, II, *l*, CP).

Alternativa c: correta. A coação moral irresistível exclui a culpabilidade do coagido, sendo punível somente o coator (art. 22 do CP). Se a coação é resistível, há previsão de atenuante genérica no art. 65, III, *c*, CP.

Alternativa d: correta. O estado de necessidade está previsto no Código Penal como causa de exclusão da ilicitude ou antijuridicidade (art. 23, I, CP). De acordo com o art. 24 do Código Penal, "Considera-se em estado de necessidade quem pratica o fato para salvar de perigo atual, que não provocou por sua vontade, nem podia de outro modo evitar, direito próprio ou alheio, cujo sacrifício, nas circunstâncias, não era razoável exigir-se. § 1º - Não pode alegar estado de necessidade quem tinha o dever legal de enfrentar o perigo. § 2º - Embora seja razoável exigir-se o sacrifício do direito ameaçado, a pena poderá ser reduzida de um a dois terços".

09. (FGV – Técnico Judiciário – TJ-SC – 2018) Durante uma tragédia causada pela natureza, Júlio, que caminhava pela rua, é arrastado pela força do vento e acaba se chocando com uma terceira pessoa, que, em razão do choque, cai de cabeça ao chão e vem a falecer. Sobre a consequência jurídica do ocorrido, é correto afirmar que: a) a tipicidade do fato restou afastada por ausência de tipicidade formal, apesar de haver conduta por parte de Júlio; b) a tipicidade do fato restou afastada, tendo em vista que não houve conduta penal por parte de Júlio; c) o fato é típico, ilícito e culpável, mas Júlio será isento de pena em razão da ausência de conduta; d) a conduta praticada por Júlio, apesar de típica e ilícita, não é culpável, devendo esse ser absolvido; e) a conduta praticada por Júlio, apesar de típica, não é ilícita, devendo esse ser absolvido.

COMENTÁRIOS

Gabarito: b. Trata-se de hipótese de ausência de conduta, tendo em vista que não houve vontade por parte do agente diante da força física irresistível.

Alternativa a, c, d, e: erradas. Como explicado, não houve conduta por parte do agente, de modo que as demais alternativas estão incorretas ao afirmarem haver conduta.

10. **(FGV - 2018 - TJ-SC - Analista Jurídico)** Flavio, pretendendo matar seu pai Leonel, de 59 anos, realiza disparos de arma de fogo contra homem que estava na varanda da residência do genitor, causando a morte deste. Flavio, então, deixa o local satisfeito, por acreditar ter concluído seu intento delitivo, mas vem a descobrir que matara um amigo de seu pai, Vitor, de 70 anos, que, de costas, era com ele parecido. A Flavio poderá ser imputada a prática do crime de homicídio doloso, com erro: A) sobre a pessoa, considerando a agravante de crime contra ascendente, mas não a causa de aumento em razão da idade da vítima; B) sobre a pessoa, considerando a causa de aumento em razão da idade da vítima, mas não a agravante de crime contra ascendente; C) de execução, considerando a agravante de crime contra ascendente, mas não a causa de aumento em razão da idade da vítima; D) de execução, considerando a agravante de crime contra ascendente e a causa de aumento em razão da idade da vítima; E) de execução, considerando a causa de aumento da idade da vítima, mas não a agravante de crime contra ascendente.

COMENTÁRIOS

Gabarito: *a*. Trata-se da situação em que o agente confunde a pessoa contra a qual dirige a sua conduta e atinge pessoa diversa. Segundo o art. 20, § 3º, do CP, não se consideram, neste caso, as condições ou qualidades da vítima, senão as da pessoa contra quem o agente queria praticar o crime.

Alternativa b: errada. Segundo o art. 20, § 3º, do CP, não se consideram, na situação apresentada, as condições ou qualidades da vítima, senão as da pessoa contra quem o agente queria praticar o crime.

Alternativa c, d e e: erradas. No erro de execução o agente erra o alvo, ao passo que no erro sobre a pessoa ele confunde a vítima com outra.

11. **(CESPE - 2018 - STJ - Analista Judiciário - Oficial de Justiça Avaliador Federal)** Acerca do crime doloso e do arrependimento posterior, julgue o item seguinte. O arrependimento posterior incide apenas nos crimes patrimoniais e sua caracterização depende da existência de voluntariedade e espontaneidade do agente.

COMENTÁRIOS

Gabarito: *errada*. A espontaneidade não é requisito. O ato voluntário pode ser espontâneo (a vontade de desistir ou de evitar a consumação surge da ideia do próprio agente) ou não espontâneo (a vontade surge após o agente ser induzido por circunstância externa). Exemplo: o agente, no interior da casa da vítima, desiste do furto em virtude de um conselho de terceiro. No exemplo, o ato não foi espontâneo, mas sim voluntário. Saliente-se que o agente, se quisesse, poderia ter prosseguido com a execução do crime.

12. **(FCC - 2017 - DPE-RS - Analista)** Considere trechos do poema abaixo.

(...) Meu leiteiro tão sutil de passo maneiro e leve, antes desliza que marcha.

É certo que algum rumor sempre se faz: passo errado, vaso de flor no caminho, cão latindo por princípio, ou um gato quizilento.

E há sempre um senhor que acorda, resmunga e torna a dormir.

Mas este acordou em pânico (ladrões infestam o bairro), não quis saber de mais nada.

O revólver da gaveta saltou para sua mão. Ladrão? se pega com tiro.

Os tiros na madrugada liquidaram meu leiteiro.

Se era noivo, se era virgem, se era alegre, se era bom, não sei, é tarde para saber.

Mas o homem perdeu o sono de todo, e foge pra rua. Meu Deus, matei um inocente.

Bala que mata gatuno também serve pra furtar a vida de nosso irmão.

Quem quiser que chame médico, polícia não bota a mão neste filho de meu pai.

Está salva a propriedade.

A noite geral prossegue, a manhã custa a chegar, mas o leiteiro estatelado, ao relento, perdeu a pressa que tinha.

Da garrafa estilhaçada, no ladrilho já sereno escorre uma coisa espessa que é leite, sangue... não sei.

Por entre objetos confusos, mal redimidos da noite, duas cores se procuram, suavemente se tocam, amorosamente se enlaçam, formando um terceiro tom a que chamamos aurora.

Diante destes trechos derradeiros do poema Morte do Leiteiro, de Carlos Drummond de Andrade (A rosa do povo. Rio de Janeiro: Record, 1996, p. 110-111), é correto tecnicamente afirmar:

a) considerada a topografia do direito brasileiro positivado, cuida-se de um argumento clássico de erro de tipo que bem se tributa à chamada teoria limitada da culpabilidade.
b) considerada a topografia do direito brasileiro positivado, cuida-se de um argumento clássico de erro de proibição, com a subsequente exclusão do dolo.
c) tem-se, nesse poema, um argumento clássico da denominada aberratio ictus.
d) tem-se, nesse poema, um argumento clássico da denominada aberratio criminis.
e) tem-se, nesse poema, um argumento clássico de advento de causa relativamente independentemente.

COMENTÁRIOS

Gabarito: a. De acordo com os itens 17 e 19 da Exposição de Motivos da Nova Parte Geral do Código Penal, adotou-se, com a reforma penal de 1984, a teoria limitada da culpabilidade. Assim, há hipótese de erro de tipo permissivo no art. 20, § 1º, do CP: "É isento de pena quem, por erro plenamente justificado pelas circunstâncias, supõe situação de fato que, se existisse, tornaria a ação legítima. Não há isenção de pena quando o erro deriva de culpa e o fato é punível como crime culposo". O atirador agiu em legítima defesa putativa, pois supôs uma situação de fato (agressão) que, na verdade, não existia.

Alternativa b: incorreta. Ainda que o Código Penal tivesse adotado a teoria extremada da culpabilidade no caso de erro sobre a situação fática e, assim, houvesse erro de proibição, não haveria exclusão do dolo, mas sim da culpabilidade.

Alternativa c: incorreta. A aberratio ictus (erro na execução) ocorre quando, por acidente ou erro no uso dos meios de execução, o agente, ao invés de atingir a pessoa que pretendia ofender, atinge pessoa diversa, respondendo como se tivesse praticado o crime contra aquela, atendendo-se ao disposto no § 3º do art. 20 deste Código. No caso de ser também atingida a pessoa que o agente pretendia ofender, aplica-se a regra do art. 70 deste Código (art. 73 do CP). Trata-se de erro de pontaria (de pessoa para pessoa), o que não ocorreu na hipótese narrada.

Alternativa *d*: incorreta. A aberratio criminis ou delicti (resultado diverso do pretendido) ocorre quando, por acidente ou erro na execução do crime, sobrevém resultado diverso do pretendido, respondendo o agente por culpa, se o fato é previsto como crime culposo; se ocorre também o resultado pretendido, aplica-se a regra do art. 70 deste Código (art. 74 do CP). Também se trata de um erro de pontaria (de pessoa para coisa ou de coisa para pessoa), o que não ocorreu na hipótese narrada.

Alternativa e: incorreta. Não se trata de causa independente (aquela que escapa do desdobramento causal da conduta, produzindo, por si só, o resultado). Na hipótese existiu nexo causal entre a conduta e o resultado.

13. (IBFC – 2017 – Polícia Científica-PR – Odontolegista) Considere as regras básicas aplicáveis ao Direito Penal e ao Direito Processual Penal para assinalar a alternativa correta sobre as espécies de infração penal:

a) Crime e contravenção penal são sinônimos.
b) No caso de contravenção penal, admitem-se penas de reclusão e detenção, enquanto que, para os crimes, admite-se prisão simples.
c) No caso de crime, admitem-se penas de reclusão e detenção, enquanto que, para as contravenções penais, admite-se prisão simples.
d) No caso de contravenção penal, admite-se pena de reclusão, enquanto que, para os crimes, admite-se detenção.
e) No caso de contravenção penal, admite-se pena de detenção, enquanto que, para os crimes, admite-se reclusão.

COMENTÁRIOS

Gabarito: c. O fundamento está no art. 1º da LICP (Lei de Introdução do Código Penal): "Considera-se crime a infração penal que a lei comina pena de reclusão ou de detenção, quer isoladamente, quer alternativa ou cumulativamente com a pena de multa; contravenção, a infração penal a que a lei comina, isoladamente, pena de prisão simples ou de multa, ou ambas, alternativa ou cumulativamente".

Alternativa a: incorreta. Adota-se no Brasil a teoria dicotômica, razão pela qual crime e contravenção são espécies do gênero infração penal.

Alternativa b: incorreta. De acordo com o art. 1º da LICP, acima referido, o crime é punido com reclusão e detenção, e a contravenção penal é punida com prisão simples.

Alternativa d: incorreta. Não se admite a pena de reclusão para a contravenção penal.

Alternativa e: incorreta. Não se admite a pena de detenção para a contravenção penal.

14. (FCC - 2017 - TJ-SC - Juiz de Direito) Conforme a redação do Código Penal,

a) configurada a tentativa, pela falta de completude do injusto, a pena sempre deverá ser reduzida de um a dois terços.

b) o crime impossível é tentativa impunível.

c) a desistência voluntária permite a interrupção do nexo causal sem a consideração da vontade.

d) o arrependimento eficaz, quando pleno, exclui a pena, e quando parcial permite a redução de um a dois terços.

e) pelo resultado que agrava especialmente a pena, só responde o agente que o houver causado dolosamente.

COMENTÁRIOS

Gabarito: b. O fundamento está no art. 17 do Código Penal: "Não se pune a tentativa quando, por ineficácia absoluta do meio ou por absoluta impropriedade do objeto, é impossível consumar-se o crime".

Alternativa a: incorreta. Diz-se o crime tentado quando, quando, iniciada a execução, não se consuma por circunstâncias alheias à vontade do agente (art. 14, II, do CP). Neste caso, salvo disposição em contrário, pune-se a tentativa com a pena correspondente ao crime consumado, diminuída de um a dois terços (art. 14, par. único, do CP).

Alternativa c: incorreta. De acordo com o art. 15 do CP, leva-se em consideração a vontade do agente no momento da desistência de prosseguir nos atos executórios.

Alternativa d: incorreta. No arrependimento eficaz o agente responderá pelos atos já praticados.

Alternativa e: incorreta. O fundamento está no art. 19 do Código Penal: "Pelo resultado que agrava especialmente a pena, só responde o agente que o houver causado ao menos culposamente".

15. (FAURGS - 2016 - TJ-RS - Assessor Judiciário) Considere as afirmações abaixo sobre a teoria do delito.

I. A coação irresistível, desde que física, exclui o fato típico em relação ao coagido.

II. O erro de tipo inevitável sobre os elementos objetivos do homicídio (art. 121, CP) e o erro de tipo evitável sobre elementos objetivos do crime de aborto provocado pela gestante (art. 124, CP) afastam a possibilidade de responsabilização criminal de seus autores.

III. O erro relativo à pessoa, sendo acidental, não isenta de pena, não se considerando na apreciação do fato concreto as condições da vítima que o agente pretendia atingir, mas sim as condições daquela efetivamente atingida.

Quais estão corretas?

a) Apenas I.

b) Apenas II.

c) Apenas III.

d) Apenas I e II.

e) I, II e III.

COMENTÁRIOS

Gabarito. d.

Afirmativa I. Está correta porque, segundo predomina na doutrina, a coação física irresistível é uma hipótese de ausência da conduta em razão da involuntariedade do coagido. Não se deve confundir com a coação moral irresistível, a qual exclui a culpabilidade do coagido em razão da inexigibilidade de conduta diversa (art. 22 do CP).

Afirmativa II. Correta. No erro de tipo o sujeito não possui consciência e vontade de realizar o tipo objetivo (elementos objetivos do tipo). Ante a ausência desse querer, não haverá o dolo. Na verdade, existe a tipicidade objetiva (os elementos objetivos do tipo se realizam), não havendo a tipicidade subjetiva (elementos subjetivos do tipo). Se o erro for inevitável, além do dolo, exclui-se também a punição por eventual crime culposo. Por outro lado, se o erro for evitável, e houver previsão de crime culposo, poderá ser o agente responsabilizado pela forma culposa. Na afirmativa apresentada, em relação ao homicídio, havendo erro inevitável, afasta-se dolo e culpa e, assim, a responsabilidade criminal. No caso do aborto provocado pela gestante, mesmo havendo erro evitável, não haverá responsabilização, tendo em vista que o Código Penal não prevê a modalidade culposa do delito.

Afirmativa III. Incorreta. Nos termos do art. 20, § 3º, do CP, o erro quanto à pessoa contra a qual o crime é praticado não isenta de pena. Não se consideram, neste caso, as condições ou qualidades da vítima, senão as da pessoa contra quem o agente queria praticar o crime.

16. **(FGV – 2016 – MP-RJ – Analista do Ministério Público)** Diz-se que o crime é doloso quando o agente quis o resultado ou assumiu o risco de produzi-lo, e que o crime é culposo, quando o agente deu causa a resultado previsível por imprudência, negligência ou imperícia. Sobre o tema, é correto afirmar que:

a) o dolo direto de segundo grau também é conhecido como dolo de consequências necessárias;

b) para a teoria finalista da ação, o dolo e a culpa integram a culpabilidade;

c) no crime culposo, a imprudência se caracteriza por uma conduta negativa, enquanto a negligência, por um comportamento positivo;

d) o crime culposo admite como regra a forma tentada;

e) na culpa consciente, o agente prevê o resultado como possível, mas com ele não se importa.

COMENTÁRIOS

Gabarito: a. Isto porque o agente representa um resultado como consequência necessária do meio escolhido para atingir o fim proposto.

Alternativa b. Para a teoria finalista da ação, o dolo e a culpa integram o fato típico. Para o sistema clássico do delito (também conhecido como causal), o dolo e a culpa figuram como espécies da culpabilidade.

Alternativa c. No crime culposo, a imprudência se caracteriza por uma conduta positiva (fazer), enquanto a negligência por um comportamento negativo (não fazer).

Alternativa d. O crime culposo não admite a forma tentada. Registre-se, entretanto, que a chamada "culpa imprópria" admite, mas na verdade o agente pratica um comportamento doloso em que se aplica a pena do crime culposo.

Alternativa e. Na culpa consciente, o agente prevê o resultado como possível, e confia que ele não se produzirá.

17. **(CESPE – 2016 – TRE-PI – Analista judiciário)** Conforme o entendimento do Supremo Tribunal Federal, é possível a condenação de pessoa jurídica pela prática de crime ambiental, mesmo que absolvidas as pessoas físicas ocupantes de cargos de presidência ou direção.

COMENTÁRIOS

Gabarito: correta. Conforme explicado no item 1.3., a decisão abaixo esclarece o tema: "1. A Primeira Turma do Supremo Tribunal Federal, no julgamento do RE 548.181/PR, de relatoria da em. Ministra Rosa Weber, decidiu que o art. 225, § 3º, da Constituição Federal não condiciona a responsabilização penal da pessoa jurídica por crimes ambientais à simultânea persecução penal da pessoa física em tese responsável no âmbito da empresa. 2. Abandonada a teoria da dupla imputação necessária, eventual ausência de descrição pormenorizada da conduta dos gestores da empresa não resulta no esvaziamento do elemento volitivo do tipo penal (culpa ou dolo) em relação à pessoa jurídica. 3. De acordo com o entendimento deste Tribunal, a Lei de Crimes Ambientais deve ser interpretada à luz dos princípios do desenvolvimento sustentável e da prevenção, indicando o acerto da análise que a doutrina e a jurisprudência têm conferido à parte inicial do art. 54, da Lei nº 9.605/1998, de que a mera possibilidade de causar dano à saúde humana é suficiente para configurar o crime de poluição, dada a sua natureza formal ou, ainda, de perigo abstrato. 4. Concretização do dano que evidencia a potencialidade preexistente. 5. Responsabilidade que não se afasta em razão de culpa ou dolo de terceiros, considerando-se a existência de laudo técnico que atesta diversos vícios referentes à segurança da estrutura utilizada pela empresa para o transporte de minério destinado à sua atividade econômica. 6. Agravo regimental desprovido" (STJ, 5ª T., AgRg no RMS 48.085, j. 05/11/2015).

18. **(CESPE – 2015 – TRE-GO – Analista Judiciário)** Configura-se tentativa incruenta no caso de o agente não conseguir atingir a pessoa ou a coisa contra a qual deveria recair sua conduta.

COMENTÁRIOS

Gabarito: correta. A tentativa incruenta, ou branca, ocorre quando o objeto material do crime (pessoa ou coisa sobre a qual recai a conduta do agente) não sofre dano. Exemplo é o homicídio tentado em face do erro de pontaria do atirador.

19. **(VUNESP - 2015 - MP-SP - Analista de Promotoria)** Assinale a alternativa correta a respeito da imputabilidade penal.

a) Comprovada a doença mental ou o desenvolvimento mental incompleto ou retardado, o agente será considerado inimputável para os efeitos legais.

b) Aos inimputáveis e aos semi-imputáveis, comprovada essa condição por perícia médica, será substituída a pena por medida de segurança consistente em internação em hospital de custódia e tratamento psiquiátrico.

c) A imputabilidade é um dos elementos da culpabilidade, ao lado da potencial consciência sobre a ilicitude do fato e a exigibilidade de conduta diversa.

d) A imputabilidade, de acordo com o Código Penal, pode se dar por doença mental, imaturidade natural ou embriaguez do agente.

e) A emoção e a paixão, além de não afastarem a imputabilidade penal do agente, podem ser consideradas como circunstâncias agravantes no momento da fixação da pena.

COMENTÁRIOS

Gabarito: c. Como consequência do finalismo, a teoria normativa pura passa a estruturar a culpabilidade a partir de três elementos: a) imputabilidade; b) potencial consciência da ilicitude; e c) exigibilidade de conduta diversa.

Alternativa a: errada. Com exceção dos menores de 18 anos (CP, art. 27), o critério puramente objetivo (ex.: a mera existência de doença mental) é insuficiente para aferição da inimputabilidade no Brasil. De acordo com o art. 26, *caput*, do Código Penal, o critério para dizer-se que o agente é inimputável é biopsicológico, exigindo três requisitos: a) a causa (ex.: desenvolvimento mental retardado) deve estar prevista em lei; b) a causa deve atuar no momento da ação ou omissão; c) a causa deve retirar totalmente a capacidade de entendimento do caráter ilícito do fato ou de autodeterminação do agente.

***Alternativa b*: *errada*.** Os inimputáveis receberão medida de segurança, que poderá ser de internação ou de tratamento ambulatorial (CP, art. 26, *caput*). Já os semi-imputáveis, de acordo com o sistema vicariante, poderão receber pena diminuída (CP, art. 26, par. único) ou medida de segurança substitutiva (CP, art. 98).

***Alternativa d*: *errada*.** A imputabilidade é elemento da culpabilidade. O que pode se dar pela doença mental, pela menoridade do agente aquém de 18 anos ou pela embriaguez acidental completa é a inimputabilidade.

***Alternativa e*: *errada*.** A emoção e a paixão efetivamente não excluem a imputabilidade do agente (CP, art. 28, I). No entanto, elas não são, por si sós, circunstâncias agravantes. Obs.: a violenta emoção pode ser uma privilegiadora (CP, art. 121, § 1º) ou uma atenuante (CP, art. 65, III, 'c').

20. **(CESPE - 2015 - TCU - Auditor)** Situação hipotética: Cléber, com trinta e quatro anos de idade, pretendia matar, durante uma festa, seu desafeto, Sérgio, atual namorado de sua ex-noiva. Sem coragem para realizar a conduta delituosa, Cléber bebeu grandes doses de vodca e, embriagado, desferiu várias facadas contra Sérgio, que faleceu em decorrência dos ferimentos provocados pelas facadas. Assertiva: Nessa situação, configura-se embriaguez voluntária dolosa, o que permite ao juiz reduzir a pena imputada a Cléber, uma vez que ele não tinha plena capacidade de entender o caráter ilícito de seus atos no momento em que esfaqueou Sérgio.

COMENTÁRIOS

Gabarito: errada. No caso houve a embriaguez preordenada, a qual não afasta a culpabilidade e nem reduz a pena. Ademais, a embriaguez preordenada deve ser considerada na dosimetria da pena como circunstância agravante (art. 61, II, 'l', do CP).

21. **(FCC - 2015 - TCM-GO - Procurador do Ministério Público de Contas)** A consumação se dá nos crimes:

a) de mera conduta, com a ocorrência do resultado naturalístico.

b) omissivos impróprios com a prática de conduta capaz de produzir o resultado naturalístico.

c) permanentes, no momento em que cessa a permanência.
d) omissivos próprios, com a simples omissão.
e) culposos, com a prática da conduta imprudente, imperita ou negligente.

COMENTÁRIOS

Gabarito: d. Nos crimes omissivos próprios ou puros (ex.: omissão de socorro), a consumação efetivamente ocorre com a simples omissão, ou seja, no momento em que o agente deixa de realizar a conduta devida.

Alternativa a: errada. Os crimes de mera conduta (ex.: violação de domicílio) consumam-se com a prática da conduta, pois o tipo não prevê a produção do resultado naturalístico.

Alternativa b: errada. Os crimes omissivos impróprios, impuros ou comissivos por omissão (art. 13, § 2º, do CP) consumam-se com a produção do resultado naturalístico.

Alternativa c: errada. Nos crimes permanentes (ex.: cárcere privado) a consumação se protrai no tempo até que o agente cesse sua conduta.

Alternativa e: errada. Os crimes culposos consumam-se com a produção do resultado naturalístico. Nesse sentido o art. 18, II, do CP: "Diz-se o crime: (...) II – culposo, quando o agente deu causa ao resultado por imprudência, negligência ou imperícia".

22. (FCC – 2015 – TCE-AM – Auditor) O erro sobre a pessoa contra a qual o crime é praticado:

a) não isenta de pena o agente.
b) exclui o dolo.
c) exclui o dolo, mas prevalece a culpa.
d) não isenta de pena o agente, porém deve sempre ser considerado na sentença.
e) é um crime impossível.

COMENTÁRIOS

Gabarito: a. O fundamento está no art. 20, § 3º, do CP: "O erro quanto à pessoa contra a qual o crime é praticado não isenta de pena. Não se consideram, neste caso, as condições ou qualidades da vítima, senão as da pessoa contra quem o agente queria praticar o crime".

23. (FCC – 2015 – TCM-RJ – Auditor) A respeito da relação de causalidade, é INCORRETO afirmar que:

a) o resultado, de que depende a existência do crime, só é imputável a quem lhe deu causa.
b) não há fato típico decorrente de caso fortuito.
c) não há crime sem resultado.
d) a omissão também pode ser causa do resultado.
e) o Código Penal adotou a teoria da equivalência das condições.

COMENTÁRIOS

Gabarito: c (afirmativa incorreta). Todos os crimes possuem resultado jurídico ou normativo, mas há crimes sem resultado naturalístico, como os delitos de mera conduta (ex.: porte ilegal de arma de fogo).

Alternativa a (afirmativa correta). O fundamento está no art. 13, *caput*, 1ª parte, do CP: "O resultado, de que depende a existência do crime, somente é imputável a quem lhe deu causa".

Alternativa b (afirmativa correta). O fato típico é formado (nos crimes materiais) por conduta, resultado, nexo causal e tipicidade. Entre as várias causas de exclusão da conduta está o caso fortuito. Assim, não havendo conduta, também não haverá fato típico.

Alternativa d (afirmativa correta). O fundamento está no art. 13, *caput*, 2ª parte, do CP: "Considera-se causa a ação ou omissão sem a qual o resultado não teria ocorrido".

Alternativa e (afirmativa correta). No que se refere ao nexo causal, o Código Penal efetivamente adotou a teoria da equivalência das condições ou da conditio sine qua non.

24. (CESPE – 2015 – TRE-GO – Analista Judiciário) A mãe que, apressada para fazer compras, esquecer o filho recém-nascido dentro de um veículo responderá pela prática de homicídio doloso no caso de o bebê morrer por sufocamento dentro do veículo fechado, uma vez que ela, na qualidade de agente garantidora, possui a obrigação legal de cuidado, proteção e vigilância da criança.

COMENTÁRIOS

Gabarito: errada. Se a morte da criança decorreu do esquecimento da mãe, que estava apressada para fazer compras, haverá homicídio culposo em virtude da negligência da autora. A mãe realmente é garantidora na hipótese (art. 13, § 2º, 'a', do CP). Ocorre que o garante não responde necessariamente a título de dolo; o garante responde a título de dolo ou de culpa, pelo resultado que deveria ter evitado e não evitou.

25. (CESPE - 2014 - Câmara dos Deputados - Analista Legislativo) A partir da teoria tripartida do delito e das opções legislativas adotadas pelo Código Penal, é correto afirmar que o dolo integra a culpabilidade e corrobora a aplicação concreta da pena.

COMENTÁRIOS

Errada. Em face da reforma penal de 1984, a nova parte geral do Código Penal passou a adotar a teoria finalista. Isso significa que o dolo não mais integra a culpabilidade (teoria causalista), mas sim o fato típico (teoria finalista). Tal conclusão é obtida da análise do art. 20, *caput*, do CP.

26. (FCC - 2014 - TRF3 - Técnico Judiciário) Não há crime sem:

a) dolo.
b) resultado naturalístico.
c) imprudência.
d) conduta.
e) lesão.

COMENTÁRIOS

Gabarito: d. O fato típico, nos crimes materiais, é formado por conduta + resultado + nexo causal + tipicidade. Já nos crimes formais, fato típico é igual a conduta + tipicidade. Como se vê, a conduta é sempre elemento integrante do crime.

Alternativa a: Errada, já que o crime pode ser culposo.

Alternativa b: Errada, porque há crimes sem resultado naturalístico, como os delitos de mera conduta (ex.: porte ilegal de arma de fogo).

Alternativa c: Errada, pois o crime pode ser doloso.

Alternativa e: Errada, uma vez que existem os crimes de perigo (não há efetiva lesão ao bem jurídico).

27. (CESPE - 2014 - Câmara dos Deputados - Analista Legislativo) Ricardo, com o objetivo de matar Maurício, detonou, por mecanismo remoto, uma bomba por ele instalada em um avião comercial a bordo do qual sabia que Maurício se encontrara, e, devido à explosão, todos os passageiros a bordo da aeronave morreram. Nessa situação hipotética, Ricardo agiu com dolo direto de primeiro grau no cometimento do delito contra Maurício e dolo direto de segundo grau no do delito contra todos os demais passageiros do avião.

COMENTÁRIOS

Correta. Em relação a Maurício, Ricardo agiu com dolo direto de primeiro grau: teve a consciência que sua conduta causaria um resultado e a vontade de praticar a conduta e produzir o resultado (o dolo abrangeu a produção do fim em si). Já em relação aos demais passageiros, Ricardo agiu com dolo direto de segundo grau: houve a previsão dos efeitos colaterais como consequência necessária do meio escolhido (Ricardo previu e desejou o delito como consequência inevitável para atingir o outro fim proposto).

28. (CESPE - 2014 - TJ-CE - Analista Judiciário) Acerca do arrependimento posterior, da culpa, dos crimes qualificados pelo resultado, das excludentes de ilicitude e das excludentes de culpabilidade, assinale a opção correta.

a) Para a doutrina majoritária, aquele que, para salvar-se de perigo iminente, sacrifica direito de outrem não atua em estado de necessidade.
b) O instituto do arrependimento posterior pode ser aplicado ao crime de lesão corporal culposa.
c) O direito penal admite a compensação de culpas.
d) Todo crime qualificado pelo resultado é um crime preterdoloso.

e) A coação física irresistível é capaz de excluir a culpabilidade pelo cometimento de um crime.

COMENTÁRIOS

Gabarito: b. Desde que presentes os demais requisitos do art. 16 do CP ("Nos crimes cometidos sem violência ou grave ameaça à pessoa, reparado o dano ou restituída a coisa, até o recebimento da denúncia ou da queixa, por ato voluntário do agente, a pena será reduzida de um a dois terços"), o instituto do arrependimento posterior pode ser aplicado ao crime de lesão corporal culposa. A vedação relacionada à violência contra a pessoa diz respeito à violência dolosa, e não culposa.

Alternativa a: Errada, pois a doutrina majoritária entende que na expressão "perigo atual" também está incluído o "perigo iminente".

Alternativa c: Errada, porque o Direito Penal não admite a compensação de culpas. É possível, no entanto, a concorrência de culpas.

Alternativa d: Errada, já que o crime preterdoloso (dolo na conduta antecedente + culpa no resultado consequente) é uma espécie de crime qualificado pelo resultado. Há outras espécies (ex.: dolo na conduta antecedente + dolo no resultado consequente) que não são chamadas de delito preterdoloso ou preterintencional.

Alternativa e: Errada, uma vez que a coação física irresistível exclui a conduta do coagido. O que exclui a sua culpabilidade é a coação moral irresistível.

29. (CESPE – 2013 – CNJ – Analista Judiciário) Nos crimes culposos, é dispensável a produção do resultado naturalístico involuntário.

COMENTÁRIOS

Errada. De acordo com o art. 18, II, do CP, o crime é culposo quando o agente, por imprudência, negligência ou imperícia, "deu causa ao resultado". Trata-se, portanto, de delito material, no qual é necessária a produção do resultado naturalístico para a sua consumação.

30. (FEPESE – DPE-SC – Técnico Administrativo – 2013) De acordo com o Direito Penal, não comete crime aquele que age:

a) por culpa.
b) em embriaguez fortuita.
c) no exercício regular do direito.
d) em embriaguez completa.
e) sob violenta emoção.

COMENTÁRIOS

Gabarito: c. De acordo com o art. 23 do CP, "Não há crime quando o agente pratica o fato: (...) III – em estrito cumprimento de dever legal ou no exercício regular de direito". Trata-se de causa legal de exclusão da ilicitude.

Alternativa a: Errada, pois aquele que age por culpa responde por crime culposo, desde que previsto em lei (parágrafo único do art. 18 do CP).

Alternativa b: Errada, porque a embriaguez fortuita isentará de pena o agente somente quando completa (art. 28, § 1º, do CP).

Alternativa d: Errada, já que foi omitida a espécie de embriaguez, ou seja, se é voluntária ou culposa (embriaguez não-acidental), ou se proveniente de caso fortuito ou força maior (embriaguez acidental). Somente a embriaguez acidental e, ainda, se for completa, tem o condão de excluir a imputabilidade penal, isentando o agente de pena, e, como tal, figurando como causa de exclusão da culpabilidade.

Alternativa e: Errada, pois a violenta emoção não exclui a imputabilidade penal (art. 28, I, do CP), podendo atenuar a pena (art. 65, III, c, do CP) ou minorá-la (art. 121, § 1º, do CP).

31. (FEPESE – 2013 – DPE-SC – Técnico Administrativo) Assinale a alternativa correta de acordo com o Direito Penal.

a) Diz-se tentado o crime, quando nele se reúnem todos os elementos de sua definição legal.
b) O crime é tentado quando o agente causa o resultado por imprudência.
c) O crime é consumado quando o agente assumiu o risco de produzi-lo.
d) O crime é culposo quando o agente assumiu o risco de produzi-lo.

e) O crime é culposo, quando o agente deu causa ao resultado por imprudência, negligência ou imperícia.

COMENTÁRIOS

Gabarito: e. A resposta advém do disposto no art. 18, II, do Código Penal.

Alternativa a: errada, pois quando nele se reúnem todos os elementos de sua definição legal, o crime é "consumado" (art. 14, I, do CP).

Alternativa b: errada, porque quando o agente causa o resultado por imprudência, o crime é "culposo" (art. 18, II, do CP).

Alternativa c: errada, pois quando o agente assumiu o risco de produzi-lo, o crime é praticado por "dolo eventual" (art. 18, I, do CP).

Alternativa d: errada, conforme referido na letra c.

32. (FMP-RS – 2013 – MPE-AC – Analista) Assinale a alternativa correta.

a) No conceito analítico do crime, a imputabilidade penal constitui elemento autônomo do crime.
b) A adequação social constitui, segundo doutrina majoritária, excludente de ilicitude.
c) Para a doutrina finalista, o princípio da insignificância constitui causa exculpante.
d) De acordo com a doutrina finalista, a consciência da ilicitude é elemento do dolo.
e) O erro de tipo sempre exclui o dolo.

COMENTÁRIOS

Gabarito: e. De acordo com o art. 20, *caput*, do CP, "O erro sobre elemento constitutivo do tipo legal de crime exclui o dolo, mas permite a punição por crime culposo, se previsto em lei". Ou seja, o erro sobre o elemento do tipo ("erro de tipo") sempre exclui o dolo, seja evitável ou inevitável. Se o agente não tem consciência do fato que está realizando (ausência do elemento cognitivo), não há dolo. Lembre-se que para a existência de dolo é indispensável o seu elemento cognitivo (consciência/previsão/representação do fato).

Alternativa a: Errada, pois o conceito analítico de crime, para a corrente majoritária (concepção finalista tripartida), é formado por fato típico, ilicitude e culpabilidade. A imputabilidade penal, nesse contexto, não é elemento autônomo do crime, mas sim um dos elementos estruturantes da culpabilidade.

Alternativa b: Errada, porque o princípio da adequação social, para a corrente majoritária, é causa de exclusão da tipicidade material. Nesse sentido: "A 'adequação social' exclui desde logo a conduta em exame do âmbito de incidência do tipo, situando-a entre os comportamentos normalmente permitidos, isto é, materialmente atípicos" (TOLEDO, Francisco de Assis. Princípios Básicos de Direito Penal, São Paulo: Saraiva, 1994, p. 132).

Alternativa c: Errada, já que o princípio da insignificância, para a doutrina finalista e também para as Cortes Superiores, é causa de exclusão da tipicidade material.

Alternativa d: Errada, pois a consciência da ilicitude, potencial, é elemento da culpabilidade para a teoria finalista.

33. (FCC – 2012 – TRE-PR – Analista Judiciário) Os crimes que encerram dois ou mais tipos em uma única descrição legal denominam-se crimes

a) de mão própria
b) complexos.
c) plurissubjetivos.
d) qualificados.
e) de ação múltipla.

COMENTÁRIOS

Gabarito: b. De acordo com o art. 101 do CP (que trata da ação penal no crime complexo), "Quando a lei considera como elemento ou circunstâncias do tipo legal fatos que, por si mesmos, constituem crimes, cabe ação pública em relação àquele, desde que, em relação a qualquer destes, se deva proceder por iniciativa do Ministério Público". O crime complexo pode ser: ***a)*** puro ou em sentido estrito: quando reúne duas ou mais condutas típicas distintas (fato típico + fato típico), como ocorre com o crime de extorsão mediante sequestro (art. 159 do CP), que consiste na reunião dos delitos de extorsão e sequestro; ***b)*** impuro ou em sentido amplo: quando reúne uma conduta típica e outras circunstâncias (fato típico + fato atípico), como ocorre com o crime de estupro (art. 213 do CP), que consiste na reunião do delito de constrangimento ilegal com a prática de relação sexual. A questão comentada refere-se ao crime complexo em sentido estrito.

Alternativa a: Errada, pois os crimes de mão própria são aqueles que exigem do sujeito ativo uma qualidade específica, bem como que ele, pessoalmente, realize a conduta descrita no tipo. Ex.: delito de autoaborto, previsto no art. 124, 1ª parte, do CP.

Alternativa c: Errada, já que os crimes plurissubjetivos são aqueles cujo tipo penal exige dois ou mais agentes para a sua configuração. Ex.: art. 288 do CP, que exige no mínimo 4 agentes.

Alternativa d: Errada, porque os crimes qualificados são aqueles cujo tipo penal possui circunstância que torna a pena mais elevada do que a do tipo básico. Ex.: art. 121, § 2º, do CP (homicídio qualificado).

Alternativa e: Errada, pois os crimes de ação múltipla são aqueles cujo tipo penal prevê várias formas de conduta. Ex.: art. 122 do CP (induzimento, instigação ou auxílio ao suicídio).

34. (FCC – 2012 – TJ-PE – Oficial de Justiça) A respeito do crime tentado e do crime consumado, é correto afirmar que:

a) a consumação do crime de concussão ocorre com o recebimento da vantagem indevida.

b) a interrupção da execução do delito por desistência do agente caracteriza o crime tentado.

c) a consumação do crime de corrupção passiva ocorre com o recebimento da vantagem indevida.

d) os atos preparatórios fazem parte da execução do delito, caracterizando o crime tentado.

e) a ocorrência do resultado é indispensável para a caracterização do crime culposo.

COMENTÁRIOS

Gabarito: e. De acordo com o art. 18, II, do CP, "Diz-se o crime: (...) culposo, quando o agente deu causa ao resultado por imprudência, negligência ou imperícia". Assim, o crime culposo caracteriza-se como delito ***material***, sendo a superveniência do resultado naturalístico necessária para a consumação.

Alternativa a: Errada, porque o crime de concussão (art. 316 do CP) é ***formal***, consumando-se no momento da exigência da vantagem indevida. O recebimento desta, portanto, é exaurimento do delito.

Alternativa b: Errada, pois a tentativa pressupõe que o agente não consiga consumar o crime por circunstâncias alheias à sua vontade. Se o autor, ao contrário, não consumar o delito por circunstâncias próprias, desistindo de prosseguir na execução, ele não responderá pela tentativa, mas somente pelos atos já praticados (art. 15 do CP).

Alternativa c: Errada, já que, tal qual ocorre com o delito de concussão, também o crime de corrupção passiva (art. 317 do CP) é ***formal***, consumando-se no momento da conduta. O recebimento da vantagem indevida configura exaurimento.

Alternativa d: Errada, pois os atos preparatórios antecedem os atos executórios e somente estes (executórios) fazem parte da execução do delito. Assim, se iniciada a execução (prática de atos executórios) e o delito não se consumar por circunstâncias alheias à vontade do agente, o crime é tentado.

35. (CESPE – 2012 – STJ – Analista Judiciário) O médico que, por imprudência, prescrever a determinado paciente dose excessiva de medicamento que causa dependência química estará sujeito à pena de advertência, e o juiz que apreciar o caso deverá comunicar o fato ao Conselho Federal de Medicina.

COMENTÁRIOS

Gabarito: errada. De acordo com o art. 38 da Lei de Drogas (Lei nº 11.343/06), é crime "Prescrever ou ministrar, culposamente, drogas, sem que delas necessite o paciente, ou fazê-lo em doses excessivas ou em desacordo com determinação legal ou regulamentar". Assim, no caso da questão comentada, o médico estaria sujeito não à pena de advertência, mas a uma sanção penal detentiva de 6 meses a 2 anos, além de multa. Ademais, conforme disposto no respectivo parágrafo único, o juiz comunicará a condenação ao Conselho Federal da categoria profissional a que pertença o agente.

36. (FCC – 2012 – TJ-PE – Técnico Judiciário) A respeito do dolo e da culpa, é certo que:

a) a negligência é o comportamento doloso realizado com precipitação ou insensatez.
b) o dolo eventual tem previsão legal diferente do dolo direto para fins de aplicação da pena.
c) a imprudência é a modalidade da culpa em que o agente, por descuido ou desatenção, deixa de tomar o cuidado que determinada atividade exigia.
d) ninguém pode ser punido por fato previsto como crime, salvo os casos expressos em lei, senão quando o pratica dolosamente.
e) se o agente e o ofendido agiram com culpa, a culpa de um compensa a do outro, excluindo a conduta delituosa.

COMENTÁRIOS

Gabarito: d. O fundamento está no parágrafo único do artigo 18 do Código Penal: "Salvo os casos expressos em lei, ninguém pode ser punido por fato previsto como crime, senão quando o pratica dolosamente". Trata-se do ***princípio da excepcionalidade do crime culposo*** (os tipos penais, em regra, são dolosos).

Alternativa a: Errada, já que negligência não é comportamento doloso, mas modalidade de culpa (trata-se do "omitir-se culposamente").

Alternativa b: Errada, pois o dolo eventual tem a mesma previsão legal do dolo direto (art. 18, I, do CP). O art. 18 do Código Penal não faz distinção, para fins de aplicação da pena, se o dolo é direto ou eventual, embora parte da doutrina, ao interpretar as normas sobre aplicação da pena, sustente a possibilidade de considerar a intensidade do dolo, se direto ou eventual, na sua dosimetria.

Alternativa c: Errada, porque a imprudência é a modalidade de culpa em que o agente toma uma atitude precipitada, ou seja, é um "fazer culposo".

Alternativa e: Errada, uma vez que não há compensação de culpas no Direito Penal brasileiro. Assim, eventual parcela de culpa da vítima não exclui a responsabilização do agente.

2. QUESTÕES DE CONCURSOS

01. (CESPE - 2020 - TJ-PA - Oficial de Justiça) Na confraternização de final de ano de um tribunal de justiça, Ulisses, servidor do órgão, e o desembargador ganharam um relógio da mesma marca – em embalagens idênticas –, mas de valores diferentes, sendo consideravelmente mais caro o do desembargador. Ao ir embora, Ulisses levou consigo, por engano, o presente do desembargador, o qual, ao notar o sumiço do relógio e acreditando ter sido vítima de crime, acionou a polícia civil. Testemunhas afirmaram ter visto Ulisses com a referida caixa. No dia seguinte, o servidor tomou conhecimento dos fatos e dirigiu-se espontaneamente à autoridade policial, afirmando que o relógio estava na casa de sua namorada, onde fora apreendido.

Nessa situação hipotética, a conduta de Ulisses na festa caracterizou:

a) erro de tipo.
b) excludente de ilicitude.
c) arrependimento posterior.
d) erro de proibição.
e) crime impossível.

02. (CESPE - 2020 - TJ-PA - Auxiliar Judiciário) A respeito da imputabilidade penal, julgue os itens a seguir.

I. Os maiores de dezesseis anos de idade que ainda não tiverem alcançado a maioridade são considerados relativamente incapazes no que tange à responsabilidade criminal.
II. Emoção ou paixão não são causas de exclusão a imputabilidade penal.
III. A embriaguez culposa anterior à prática de crime é causa de diminuição de pena, mas não torna o agente inimputável.
IV. O deficiente mental inteiramente incapaz de entender o caráter ilícito do fato é inimputável.

Estão certos apenas os itens

a) I e II.
b) I e III.
c) II e IV.
d) I, III e IV.
e) II, III e IV.

03. (CESPE - 2020 - TJ-PA - Auxiliar Judiciário) *Iter criminis* corresponde ao percurso do crime, compreendido entre o momento da cogitação pelo agente até os efeitos após sua consumação. Há relevância no estudo do iter criminis porque, conforme o caso, podem incidir institutos como desistência voluntária, princípio da consunção e tentativa. Considera-se punível o crime tentado no caso de:

a) o agente ser flagrado elaborando os planos para a prática do crime.
b) o agente ser flagrado realizando atos de preparação para o crime.
c) o crime, iniciada a execução, não se consumar por ineficácia absoluta do meio empregado para sua prática.

d) o agente, iniciada a execução, desistir de prosseguir com a ação, impedindo seu resultado.

e) o crime, iniciada a execução, não se consumar por circunstâncias alheias à vontade do agente.

04. (FCC – 2020 – TJ-MS – Juiz Substituto) Em relação à tipicidade penal, correto afirmar que:

a) é excluída pelos chamados princípios da insignificância e adequação social, ausentes tipicidade formal e material, respectivamente.

b) o consentimento do ofendido, às vezes, pode afastar a própria tipicidade da conduta e, em outras, constituir causa supralegal de exclusão da ilicitude, segundo entendimento doutrinário.

c) o erro sobre elemento do tipo exclui o dolo e, por isso, incide sobre a ilicitude do comportamento, refletindo na culpabilidade, de modo a excluí-la ou atenuá-la.

d) é afastada nas hipóteses de crime impossível e arrependimento posterior.

e) o dolo, segundo a teoria finalista, constitui elemento normativo do tipo.

05. (INSTITUTO AOCP – 2020 – Analista Jurídico) A pena pode ser reduzida em um sexto, se o agente, em virtude de perturbação de saúde mental ou por desenvolvimento mental incompleto ou retardado, não era inteiramente capaz de entender o caráter ilícito do fato ou de determinar-se de acordo com esse entendimento.

06. (GUALIMP – 2020 – Procurador) O Código Penal Brasileiro define que o crime se consuma quando nele se reúnem todos os elementos de sua definição legal e que será tentado, quando, iniciada a execução, não se consuma por circunstância alheias à vontade do agente. Nesse sentido, salvo disposição em contrário, é CORRETO afirmar que se pune a tentativa com a pena correspondente ao crime consumado, diminuída de:

a) Um a dois terços.

b) Um a dois quintos.

c) Dois a três sextos.

d) Um a três sextos.

07. (CONSULPLAN – 2019 – TJ-MG – Titular de Serviços de Notas e de Registros) Qual a consequência jurídica do erro de tipo permissivo (erro sobre a descriminante putativa) plenamente justificado pelas circunstâncias?

a) Exclui a culpabilidade.

b) Reduz a pena de 1/6 a 1/3.

c) Exclui o dolo, mas permite punição por culpa.

d) Permite a punição por crime culposo, sem exclusão do dolo.

08. (VUNESP – 2019 – Prefeitura de Guarulhos-SP – Inspetor Fiscal de Rendas) Assinale a alternativa correta, no que tange ao tratamento que o CP dá à imputabilidade penal (arts. 26 a 28).

a) Aplicar-se-á exclusivamente medida de segurança se, em virtude de perturbação de saúde mental ou por desenvolvimento mental incompleto ou retardado o agente não era inteiramente capaz de entender o caráter ilícito do fato ou de determinar-se de acordo com esse entendimento.

b) É isento de pena o agente que, por doença mental ou desenvolvimento mental incompleto ou retardado, era, ao tempo da ação ou da omissão, inteiramente incapaz de entender o caráter ilícito do fato ou de determinar-se de acordo com esse entendimento.

c) Os menores de 21 (vinte e um) anos são penalmente inimputáveis, ficando sujeitos às normas estabelecidas na legislação especial.

d) A emoção ou a paixão excluem a imputabilidade penal para os delitos que exigem especial fim de agir.

e) A embriaguez culposa, pelo álcool ou substância de efeitos análogos, exclui a imputabilidade penal.

09. (INSTITUTO AOCP – 2019 – PC-ES – Escrivão de Polícia) Classifica-se como crime tentado quando, iniciada a execução, não se consuma:

a) por circunstâncias alheias à vontade do agente.

b) por inabilidade do agente.

c) por desistência do agente.

d) pela deterioração do objeto.

e) em razão da atipicidade da conduta.

10. (INAZ do Pará – 2019 – CORE-PE – Assistente Jurídico) "Quando a ação dirigida à realização de um tipo penal não pode, por razões objetivo-reais ou jurídicas, alcançar a consumação, quer devido à inidoneidade do meio, quer devido à impropriedade do objeto". Trata-se de:

a) Delito putativo.

b) Crime improbitivo.

c) Delito absoluto.

d) Crime impossível.

e) Infração inversa.

11. (CESPE – 2019 – SEFAZ-RS – Auditor Fiscal da Receita Estadual) A conduta típica será inteiramente desculpável e será excluída a culpabilidade quando o erro inevitável recair sobre:

a) a lei.

b) a pessoa.

c) a ilicitude do fato.

d) a eficácia do meio empregado.

e) as condições pessoais da vítima.

12. (VUNESP – 2018 – MPE-SP – Analista Jurídico do Ministério Público) Tício, decidido a se matar, mas sem coragem, embebeda-se completamente, tornando-se totalmente incapaz de entendimento. Acreditando que estava na sacada de seu apartamento, no 20° andar, Tício se joga. Contudo, ele pulou da janela do quarto do sobrado da casa de sua irmã, onde se encontrava, passando férias. Muito embora não tenha tido êxito no intento de por fim à própria vida, Tício, por infelicidade, caiu bem em cima da sobrinha Mévia, de oito meses, que estava no quintal, tomando o banho de sol matinal. A criança não resistiu aos ferimentos, e morreu. Diante da situação hipotética, considerando a Parte Geral e Especial do Código Penal, assinale a alternativa correta. A) Tício, em razão da embriaguez completa voluntária, não terá a culpabilidade excluída, mas poderá ter a pena perdoada judicialmente, pelo homicídio culposo da sobrinha. B) Tício, em razão da embriaguez completa voluntária, não terá a culpabilidade excluída. Poderá ser judicialmente perdoado do homicídio culposo da sobrinha, mas responderá pelo suicídio tentado. C) Tício, em razão da embriaguez completa voluntária, não terá a culpabilidade excluída, respondendo tanto pela tentativa de suicídio quanto pelo homicídio da sobrinha. D) Tício, em razão da embriaguez completa voluntária, não terá a culpabilidade excluída, respondendo pelo feminicídio culposo da sobrinha. E) Tício, em razão da embriaguez completa voluntária, é isento de pena relativamente ao crime de homicídio que deu causa.

13. (FGV – 2018 – TJ-AL – Técnico Judiciário) Leandro, pretendendo causar a morte de José, o empurra do alto de uma escada, caindo a vítima desacordada. Supondo já ter alcançado o resultado desejado, Leandro pratica nova ação, dessa vez realiza disparo de arma de fogo contra José, pois, acreditando que ele já estaria morto, desejava simular um ato de assalto. Ocorre que somente na segunda ocasião Leandro obteve o que pretendia desde o início, já que, diferentemente do que pensara, José não estava morto quando foram efetuados os disparos. Em análise da situação narrada, prevalece o entendimento de que Leandro deve responder apenas por um crime de homicídio consumado, e não por um crime tentado e outro consumado em concurso, em razão da aplicação do instituto do: A) crime preterdoloso; B) dolo eventual; C) dolo alternativo; D) dolo geral; E) dolo de 2º grau.

14. (FGV – 2018 – MPE-AL – Analista do Ministério Público) Durante uma festa rave, Bernardo, 19 anos, conhece Maria, e, na mesma noite, eles vão para um hotel e mantém relações sexuais. No dia seguinte, Bernardo é surpreendido pela chegada de policiais militares no hotel, que realizam sua prisão em flagrante, informando que Maria tinha apenas 13 anos. Bernardo, então, é encaminhado para a Delegacia, apesar de esclarecer que acreditava que Maria era maior de idade, devido a seu porte físico e pelo fato de que era proibida a entrada de menores de 18 anos na festa rave. Diante da situação narrada, Bernardo agiu em: A) erro de tipo, tornando a conduta atípica. B) erro de tipo, afastando o dolo, mas permitindo a punição pelo crime de estupro de vulnerável culposo. C) erro de proibição, afastando a culpabilidade do agente pela ausência de potencial conhecimento da ilicitude. D) erro sobre a pessoa, tornando a conduta atípica. E) Erro de tipo permissivo, gerando causa de redução de pena.

15. (FGV – 2018 – TJ-AL – Técnico Judiciário) Gabriel, 25 anos, desferiu, de maneira imotivada, diversos golpes de madeira na cabeça de Fábio, seu irmão mais novo. Após ser denunciado pelo crime de lesão corporal gravíssima, foi realizado exame de insanidade mental, constatando-se que, no momento da agressão, Gabriel, em razão de desenvolvimento mental incompleto, não era inteiramente capaz de entender o caráter ilícito do fato. Diante da conclusão do laudo pericial, deverá ser reconhecida a: A) inimputabilidade do agente, afastando-se a culpabilidade; B) semi-imputabilidade do agente, afastando-se a culpabilidade; C) inimputabilidade do agente, afastando-se a tipicidade; D) semi-imputabilidade do agente, que poderá funcionar como causa de redução de pena; E) semi-imputabilidade do agente, afastando-se a tipicidade.

16. (FGV – 2018 – TJ-SC – Analista Administrativo) A doutrina majoritária conceitua crime como o fato típico, ilícito e culpável. Por sua vez, o fato típico envolve o elemento subjetivo do tipo, que pode ser o dolo ou a culpa. Sobre o tema, é correto afirmar que: A) o agente que pretende causar determinado resultado e tem conhecimento de que, com sua conduta, causará, necessariamente, um segundo resultado e, ainda assim, atua, responderá por dolo eventual em relação ao segundo resultado; B) os tipos culposos estão sujeitos ao princípio da tipicidade, somente podendo ser punidos quando devidamente prevista em lei a punição a título de culpa; C) o agente que não quer diretamente o resulto, mas o prevê e aceita sua ocorrência a partir de sua conduta, poderá ser responsabilizado pelo tipo culposo; D) o tipo culposo exige a previsibilidade objetiva, mas se houver efetiva previsão, haverá dolo, ainda que eventual; E) o tipo culposo próprio, se presentes todos os demais elementos, admite a punição na modalidade tentada.

17. (FGV – 2017 – TRT12 – Analista Judiciário) Oficial de Justiça ingressa em comunidade no interior do Estado de Santa Catarina para realizar intimação de morador do local. Quando chega à rua, porém, depara-se com a situação em que um inimputável em razão de doença mental está atacando com um pedaço de madeira uma jovem de 22 anos que apenas caminhava pela localidade. Verificando que a vida da jovem estava em risco e não havendo outra forma de protegê-la, pega um outro pedaço de pau que estava no chão e desfere golpe no inimputável, causando lesão corporal de natureza grave. Com base apenas nas informações narradas, é correto afirmar que, de acordo com a doutrina majoritária, a conduta do Oficial de Justiça:

a) não configura crime, em razão da atipicidade;
b) não configura crime, em razão do estado de necessidade;
c) configura crime, mas o resultado somente poderá ser imputado a título de culpa, em razão do estado de necessidade;
d) não configura crime, em razão da legítima defesa;
e) configura crime, tendo em vista que não havia direito próprio do Oficial de Justiça em risco para ser protegido.

18. (CESPE – 2017 – TRE-BA – Analista Judiciário) Considera-se inimputável aquele que comete crime:

a) antes de completar dezoito anos de idade.
b) em estado de embriaguez preordenada
c) agindo em legítima defesa, o que o isenta de pena.
d) sem ser inteiramente capaz de entender o caráter ilícito de sua conduta, o que o isenta de pena.
e) sob forte emoção ou paixão.

19. (IDECAN – 2017 – SEJUC-RN – Agente Penitenciário) Majoritariamente entende-se que, de acordo com o conceito analítico, crime é um:

a) Fato típico e antijurídico.
b) Fato antijurídico e culpável.
c) Fato típico, antijurídico e culpável.
d) Fato típico, antijurídico, culpável e punível.

20. (FCC – 2017 – DPE-SC – Defensor Público) Sobre o iter criminis, é correto afirmar:

a) A aferição do início do ato de execução do crime independe do elemento subjetivo do tipo.
b) O Código Penal brasileiro adota a teoria subjetiva pura na aferição do início do ato de execução.
c) A Lei Antiterrorismo (Lei n° 13.260/2016) prevê a punição de atos preparatórios de terrorismo quando realizado com o propósito inequívoco de consumar o delito.
d) A punição da tentativa de crime culposo depende de expressa previsão legal.
e) Em verdadeira regressão garantista, o Superior Tribunal de Justiça firmou entendimento de que a posse mansa e pacífica é necessária à consumação do roubo.

21. (UFMT – 2016 – TJ-MT – Técnico Judiciário) Segundo o Decreto Lei nº 2.848 de 7 de dezembro de 1940, Código Penal, começa a imputabilidade penal aos:

a) dezesseis anos.
b) dezoito anos.
c) quatorze anos.
d) doze anos.

22. (CESPE – 2015 – TRE-GO – Analista Judiciário) Aquele que for fisicamente coagido, de forma irresistível, a praticar uma infração penal cometerá fato típico e ilícito, porém não culpável.

23. (FGV – 2015 – DPE-RO – Analista da Defensoria Pública) Joana foi para a festa de aniversário de sua melhor amiga em uma boate e, feliz pela comemoração, passou a ingerir bebida alcoólica em quantidade exagerada. Ao final da festa, Joana estava completamente alcoolizada, apesar de ela não ter tido intenção de ficar nesse estado. Saindo da boate, deparou-se com sua inimiga Gabriela e, alterada pela bebida, jogou um copo de vidro na cabeça desta, causando-lhe lesões graves. Diante dessa situação, considerando apenas os fatos narrados e que esses foram provados, é correto afirmar que Joana:

a) deverá ser absolvida impropriamente, com aplicação de medida de segurança, pois estava inimputável no momento dos fatos;
b) deverá ser condenada, pois houve embriaguez voluntária e apenas a embriaguez culposa exclui a imputabilidade;
c) deverá ser condenada, pois a embriaguez culposa não exclui a imputabilidade;
d) deverá ser absolvida, pois houve embriaguez completa e decorrente de caso fortuito ou força maior;
e) deverá ser absolvida por ausência de culpabilidade, sem aplicação de medida de segurança, já que a inimputabilidade era apenas momentânea.

24. (FCC – 2015 – TCE-CE – Auditor) São elementos da tentativa:

a) início de execução do tipo penal; falta de consumação por circunstâncias alheias à vontade do agente; dolo e culpa.
b) início de execução do tipo penal; falta de consumação por circunstâncias alheias à vontade do agente; dolo.
c) início de execução do tipo penal; falta de consumação por circunstâncias alheias à vontade do agente; culpa consciente.

d) atos preparatórios; Início de execução do tipo penal; falta de consumação por circunstâncias alheias à vontade do agente; dolo e culpa.
e) atos preparatórios; Início de execução do tipo penal; falta de consumação por circunstâncias alheias à vontade do agente; dolo.

25. (FGV - 2015 - TCE-RJ - Auditor) A embriaguez provocada pelo uso do álcool pode excluir a culpabilidade quando:

a) for preordenada;
b) decorrer de força maior e diminuir a capacidade de entender a ilicitude do fato;
c) for culposa;
d) for patológica;
e) for habitual.

26. (CESPE - 2015 - AGU - Advogado da União) João, empregado de uma empresa terceirizada que presta serviço de vigilância a órgão da administração pública direta, subtraiu aparelho celular de propriedade de José, servidor público que trabalha nesse órgão. A respeito dessa situação hipotética, julgue o item que se segue. Se devolver voluntariamente o celular antes do recebimento de eventual denúncia pelo crime, João poderá ser beneficiado com redução de pena justificada por arrependimento posterior.

27. (FCC - 2015 - TCE-CE - Procurador) A diferença entre erro sobre elementos do tipo e erro sobre a ilicitude do fato reside na circunstância de que:

a) o erro de tipo exclui a culpabilidade, o de fato a imputabilidade.
b) o erro de tipo exclui o dolo, o de fato a culpabilidade.
c) o erro de tipo exclui a reprovabilidade da conduta, o de fato o elemento do injusto.
d) o erro de tipo exclui o dolo, o de fato a invencibilidade do erro.
e) a discriminante putativa é o que distingue o erro de tipo do erro de fato.

28. (CESPE - 2015 - TCU - Auditor) No que diz respeito às causas de exclusão da ilicitude, é possível alegar legítima defesa contra quem pratica conduta acobertada por uma dirimente de culpabilidade, como, por exemplo, coação moral irresistível.

29. (FGV - 2015 - TCM-SP - Agente) Dois prefeitos de cidades vizinhas, Ricardo e Bruno, encontram-se em um bar, após uma reunião cansativa de negócios. Ricardo bebia doses de whisky e, mesmo não sendo essa sua intenção, acabou ficando embriagado. Enquanto isso, Bruno bebia apenas refrigerante, mas foi colocado em seu copo um comprimido de substância psicotrópica por um eleitor de sua cidade, que também o deixou completamente embriagado. Após, ainda alterados, cada um volta para a sede de sua prefeitura e apropriam-se de bens públicos para proveito próprio. Considerando o fato narrado, é correto afirmar que:

a) Ricardo e Bruno são isentos de pena, pois a embriaguez de ambos decorreu de força maior;
b) Ricardo deverá responder pelo crime praticado, enquanto Bruno é isento de pena;
c) Ricardo e Bruno deverão responder pelos crimes praticados, pois a embriaguez nunca exclui a imputabilidade penal;
d) Ricardo e Bruno, caso sejam denunciados, responderão criminalmente perante a Câmara de Vereadores;
e) Ricardo e Bruno são isentos de pena, pois a embriaguez do primeiro foi culposa e do segundo decorreu de força maior.

30. (FCC - 2014 - TRF4 - Analista Judiciário) No direito brasileiro legislado, desde que subtraia por completo o entendimento da ilicitude ou a determinação por ela, a embriaguez terá, genericamente, o condão de excluir total ou parcialmente a imputabilidade penal quando for:

a) não premeditada.
b) não preordenada.
c) oriunda de culpa consciente.
d) oriunda de culpa inconsciente.
e) oriunda de caso fortuito.

31. (CESPE - 2014 - TJ-SE - Técnico Judiciário) É isento de pena o agente que, por embriaguez voluntária completa, era, ao tempo da ação ou da omissão, inteiramente incapaz de entender o caráter ilícito do fato.

32. (CESPE - 2014 - TJ-CE - Analista Judiciário) A respeito da inimputabilidade penal, do erro, da desistência voluntária, do arrependimento eficaz, do crime impossível e da relevância da omissão, assinale a opção correta.

a) Crime impossível e delito putativo são considerados pela doutrina como expressões sinônimas.
b) Aquele que causa um acidente e, sem justo motivo, deixa de socorrer a vítima, que falece no local, comete crime de omissão de socorro.
c) De acordo com o entendimento do STJ, aquele que pratica um crime no mesmo dia em que tenha completado dezoito anos é considerado inimputável.
d) Aquele que porta carteira nacional de habilitação falsa, acreditando ser ela um documento legítimo, não pratica o delito de uso de documento falso, uma vez que incide em erro de tipo acidental.

e) O agente que tenha desistido voluntariamente de prosseguir na execução ou, mesmo depois de tê-la esgotado, atue no sentido de evitar a produção do resultado, não poderá ser beneficiado com os institutos da desistência voluntária e do arrependimento eficaz caso o resultado venha a ocorrer.

33. (FCC – 2014 – TRF3 – Técnico Judiciário) Paulo, sabendo que seu desafeto Pedro não sabia nadar e desejando matá-lo, jogou-o nas águas, durante a travessia de um braço de mar. Todavia, ficou com pena da vítima, mergulhou e a retirou, antes que se afogasse. Nesse caso, ocorreu:

a) crime putativo.
b) crime impossível.
c) desistência voluntária.
d) arrependimento eficaz.
e) crime tentado.

34. (FUNCAB – 2014 – Polícia Civil-MT – Escrivão de Polícia) As elementares "relações sexuais", "ato libidinoso" e "moléstia venérea" descritas no artigo 130 do Código Penal são classificadas, sucessivamente, como:

a) objetiva, objetiva e normativa.
b) normativa, normativa e normativa.
c) objetiva, subjetiva e normativa.
d) normativa, objetiva e objetiva.
e) objetiva, objetiva e objetiva.

35. (MP-RS – 2014 – Secretário de Diligências) Assinale a alternativa correta.

a) O erro quanto à pessoa contra a qual o crime é praticado determina que se considerem as condições ou qualidades da vítima da infração.
b) As circunstâncias agravantes não são consideradas para o cálculo da prescrição da pretensão punitiva propriamente dita.
c) Para o reconhecimento da causa legal de exclusão de ilicitude, identificada pelo estado de necessidade, deve existir uma situação de perigo atual que ameace direito próprio ou alheio, causado ou não voluntariamente pelo agente que não tem o dever de enfrentar o perigo.
d) A prescrição retroativa antecipada ou em perspectiva tem previsão legal e serve de fundamento para a extinção da punibilidade.
e) No concurso material de crimes, a extinção da punibilidade pela prescrição incidirá sobre a soma das penas dos delitos.

36. (Aroeira – 2014 – PC-TO – Agente de Polícia) Para salvar sua vida, M. C. mata um cão feroz que, por instinto, o atacava. Neste caso, M. C. agiu acobertado pela seguinte excludente da ilicitude:

a) legítima defesa.
b) estado de necessidade.
c) estrito cumprimento do dever legal
d) exercício regular de direito.

37. (IBFC – 2014 – TRE-AM – Analista Judiciário) Assinale a alternativa INCORRETA:

a) Nos crimes cometidos sem violência ou grave ameaça à pessoa, reparado o dano ou restituída a coisa, até o recebimento da denúncia ou da queixa, por ato voluntário do agente, a pena será reduzida até um terço.
b) O resultado, de que depende a existência do crime, somente é imputável a quem lhe deu causa.
c) Diz-se o crime tentado, quando, iniciada a execução, não se consuma por circunstâncias alheias à vontade do agente.
d) Não se pune a tentativa quando, por ineficácia absoluta do meio ou por absoluta impropriedade do objeto, é impossível consumar-se o crime.

38. (CESPE – 2013 – TJ-DF – Técnico Judiciário) Em relação à menoridade penal, o Código Penal adotou o critério puramente biológico, considerando penalmente inimputáveis os menores de dezoito anos de idade, ainda que cabalmente demonstrado que entendam o caráter ilícito de seus atos.

39. (CESPE – 2013 – TJ-DF – Técnico Judiciário) Considera-se crime toda ação ou omissão típica, antijurídica e culpável.

40. (FEPESE – 2013 – DPE-SC – Analista) Assinale a alternativa correta de acordo com Código Penal brasileiro.

a) A embriaguez, voluntária ou culposa, pelo álcool ou substância de efeitos análogos é causa excludente de culpabilidade.
b) Excluem a imputabilidade penal o cometimento de crime em estrito cumprimento de dever legal ou no exercício regular de direito.
c) É isento de pena o agente que, por embriaguez completa, proveniente de caso fortuito ou força maior, era, ao tempo da ação ou da omissão, inteiramente incapaz de entender o caráter ilícito do fato ou de determinar-se de acordo com esse entendimento.
d) Não há crime quando o agente pratica o fato impelido de forte emoção ou paixão.
e) É isento de pena o agente acometido por perturbação de saúde mental ou por desenvolvimento mental incompleto ou retardado.

41. (TJ-PR – 2012 – Assessor Jurídico) Acerca das contravenções penais, com principal previsão no Decreto-Lei nº 3.688, de 03 de outubro de 1941, assinale a alternativa correta.

a) Não é punível a tentativa de contravenção; apenas a contravenção consumada, portanto.
b) A pena de prisão simples deve ser cumprida com rigor penitenciário e em regime fechado.
c) A lei brasileira é aplicável à contravenção praticada em território estrangeiro.
d) O condenado à pena de prisão simples deverá cumprir pena junto dos condenados apenados com reclusão ou detenção.

42. (FAURGS - 2012 - TJ-RS - Analista Judiciário) Sobre a classificação dos delitos como dolosos ou culposos, considere as afirmações abaixo.

I. Diz-se que o crime é doloso quando o agente quis o resultado ou assumiu o risco de produzi-lo.
II. O elemento diferenciador entre o dolo eventual e a culpa consciente é a previsão concreta e subjetiva do resultado.
III. As penas abstratamente previstas para os delitos praticados com dolo direto são mais gravosas do que as previstas para os delitos praticados com dolo eventual, porquanto no primeiro caso o agente tem a intenção de produzir o resultado, enquanto que, no segundo, o agente apenas assume o risco da sua ocorrência.
IV. O elemento diferenciador entre a culpa consciente e a culpa inconsciente é a previsibilidade objetiva do resultado.
V. O ordenamento jurídico brasileiro adota o princípio da excepcionalidade do crime culposo.

Estão corretas?

a) Apenas I e II.
b) Apenas I e V.
c) Apenas III e V.
d) Apenas I, II e IV.
e) Apenas I, IV e V.

43. (FCC - 2012 - TJ-PE - Oficial de Justiça) Na culpa consciente, o agente:

a) prevê o resultado, mas não se importa que o mesmo venha a ocorrer.
b) não prevê o resultado, mas lhe dá causa por imprudência.
c) prevê o resultado, mas espera, sinceramente, que não ocorrerá.
d) não prevê o resultado, mas lhe dá causa por negligência.
e) não prevê o resultado, mas lhe dá causa por imperícia.

44. (CESPE - 2012 - TJ-AL - Analista Judiciário) A coação moral irresistível e a obediência à ordem não manifestamente ilegal de superior hierárquico são causas de exclusão da:

a) imputabilidade.
b) tipicidade subjetiva.
c) ilicitude.
d) culpabilidade.
e) tipicidade objetiva.

45. (CESPE - 2012 - TC-DF - Auditor de Controle Externo) No quadro geral das teorias do delito, a consciência da ilicitude ora pertence à estrutura do dolo, ora, à estrutura da culpabilidade; no entanto, sua eventual ausência, desde que inevitável, conduz à isenção de pena.

GABARITO		FUNDAMENTAÇÃO
1	A	Art. 20, *caput*, CP
2	C	Arts. 28, II e 26, *caput*, CP
3	E	Art. 14, II, CP
4	B	Arts. 1º e 23 CP / item 16.1
5	E	Art. 26, *caput*, CP
6	A	art. 14 CP
7	A	Art. 20, § 1º, CP
8	B	Art. 26, *caput*, CP
9	A	Art. 14, II, CP
10	D	Art. 17 CP
11	C	Art. 21 CP
12	A	Art. 28, II, CP e item 17.3.2, letra *d*
13	D	item 6.4.4
14	A	Art. 20, *caput*, CP
15	D	Art. 26, parágrafo único, CP
16	B	item 7.1
17	D	Art. 25 CP
18	A	Art. 27 CP
19	C	Item 1.1
20	C	Art. 5º, Lei 13.260/16
21	B	Art. 27 CP
22	E	Item 17.5.1
23	C	Art. 28, II, CP
24	B	Item 12.1
25	D	Item 17.3.1
26	C	Art. 16 CP
27	B	Art. 20, *caput*, CP + Art. 21 CP

GABARITO		FUNDAMENTAÇÃO
28	**C**	Item 16.3
29	**B**	Item 17.3.1
30	**E**	Art. 28, § 1º, CP
31	**E**	Art. 28, II e § 1º, CP
32	**E**	Art. 15 CP
33	**D**	Art. 15 CP
34	**B**	Item 5.1.2
35	**B**	Súm. 220 STJ
36	**B**	Art. 24 CP
37	**A**	Art. 16 CP
38	**C**	Art. 27 CP
39	**C**	Item 1
40	**C**	Art. 28, § 1º, CP
41	**A**	Art. 4º LCP
42	**B**	Art. 18, I e par. único, CP
43	**C**	Item 7.3
44	**D**	Art. 22 CP
45	**C**	Art. 21 CP

CAPÍTULO III

CONCURSO DE PESSOAS

Sumário • 1. Introdução – 2. Autoria – 3. Participação: 3.1. Formas; 3.2. Natureza jurídica da participação; 3.3. Participação de menor importância; 3.4. Crime culposo; 3.5. Crimes de mão própria (de conduta infungível ou de atuação pessoal – 4. Requisitos do concurso de pessoas – 5. Cooperação dolosamente distinta – 6. Circunstâncias incomunicáveis – 7. Casos de impunibilidade – 8. Súmulas e orientações jurisprudenciais do STF e do STJ – 9. Legislação relacionada ao capítulo.

Art. 29 – Quem, de qualquer modo, concorre para o crime incide nas penas a este cominadas, na medida de sua culpabilidade.

1. INTRODUÇÃO

O concurso de pessoas consiste no cometimento da mesma infração penal por dois ou mais indivíduos. As pessoas que **concorrem** para o crime são chamadas de: **a) autor/coautor; b) partícipe.**

Na hipótese em que o crime pode ser praticado por apenas uma única pessoa (crimes monossubjetivos), mas que, eventualmente, é praticado por duas ou mais, teremos um **concurso eventual de pessoas.**

Exemplo: um crime de homicídio pode ser praticado por apenas uma pessoa ou por várias, como no caso de duas pessoas desferirem facadas na vítima.

Entretanto, existem crimes em que o próprio tipo penal exige a pluralidade de agentes (crimes plurissubjetivos, que podem ser de condutas paralelas, divergentes ou convergentes). Nesse caso, fala-se em **concurso necessário de pessoas.**

Exemplos: crimes de rixa (art. 137) e associação criminosa (art. 288).

2. AUTORIA

Existem várias concepções acerca do conceito de autor.

a) **Teoria unitária:** todo aquele que concorre de alguma forma para o fato é autor. Não distingue autor de partícipe. Possui fundamento na teoria da equivalência dos antecedentes causais (*conditio sine qua non*). Exemplo: no crime de homicídio, são considerados autores tanto aquele que efetua o disparo (ato de matar) como aquele que fornece a arma desejando auxiliar na execução do crime, ou seja, não há diferença entre autor e partícipe, pois todos são autores, já que deram causa ao resultado. Lembremos que causa é toda conduta sem a qual o resultado não teria ocorrido (art. 13 do CP).

b) **Teoria extensiva e teoria subjetiva (não adotadas pelo CP):** a teoria extensiva também possui fundamento na teoria da equivalência dos antecedentes causais. Do ponto de vista objetivo, todos os concorrentes dão causa ao crime e são, portanto, autores. No entanto, a teoria extensiva foi complementada pela teoria subjetiva da participação. Segundo essa concepção, no plano subjetivo há de se distinguir autor de partícipe. O autor atua com *animus auctoris* e o partícipe com *animus socii*. Assim, partícipe é aquele que concorre em um crime alheio. As formas de participação (em sentido estrito) funcionam como causas de restrição da pena. Caso contrário, todos os concorrentes deveriam ser punidos como autores.

c) **Teoria restritiva:** faz distinção entre autor e partícipe. Sustenta que nem todo aquele que dá causa ao crime pode ser considerado autor. Isto porque alguém pode contribuir (dar causa) para a realização de um fato, mas não realizar diretamente o tipo penal. Assim, a concorrência do autor é distinta da concorrência do partícipe, sendo que só haverá a responsabilização do partícipe por haver uma "causa de extensão da pena", de sorte que, se não existisse essa norma de extensão, a conduta do partícipe seria impune.

Para a teoria restritiva (critério objetivo-formal), **autor** é aquele que realiza todos ou alguns elementos do tipo (realiza o núcleo do tipo), como quem mata no homicídio, quem subtrai no furto. **Partícipe** é aquele que contribui sem realizar os elementos do tipo.

Exemplo: A mata B após ser instigado por C. Este não praticou o ato executório de matar, tendo apenas instigado, mas, mesmo assim, concorreu para o crime. Ambos respondem pelo delito descrito no art. 121 do CP, sendo A **autor** e C **partícipe**.

Segundo parte da doutrina, é a teoria adotada pelo CP. Esse critério possui o defeito de não explicar as questões que envolvem a autoria mediata.

d) **Teoria do domínio do fato:**

Na concepção de Roxin, autor é a figura central do acontecer típico. Essa figura central se expressa: *a) Pela violação de um dever especial nos delitos de violação de dever*. São crimes que pressupõem o descumprimento de um dever, como os delitos funcionais, os crimes culposos e os crimes comissivos por omissão. Nestes, autor é aquele que está sujeito a esse dever, qualquer que seja a sua contribuição na conduta típica; *b) Pela elementar que exige a prática da conduta pelas próprias mãos*. Refere-se aos delitos de mão própria. Autor é aquele que realiza pessoalmente a ação típica; *c) Pelo domínio do fato nos delitos comuns comissivos dolosos*. Nestes, o autor (figura central do acontecer típico) é aquele possui o domínio do fato. Por sua vez, o **domínio do fato** pode se dar de três formas:

1) Domínio da ação (autor imediato): considera-se autor imediato aquele que possui domínio sobre a própria ação. O autor realiza pessoalmente os elementos do tipo;

2) Domínio da vontade (autor mediato): também é autor aquele que domina a vontade de um terceiro que é utilizado como instrumento. O domínio da vontade se dá mediante erro, coação ou por aparatos organizados de poder. Trata-se de autoria mediata;

3) Domínio funcional do fato (autor funcional): em uma atuação conjunta (divisão de tarefas) para a realização de um fato, é autor aquele que pratica um ato relevante na execução (não na fase preparatória) do plano delitivo global. Existem decisões de nossos tribunais adotando a teoria do domínio do fato. Saliente-se que a **teoria do domínio do fato** tem a função de diferenciar autor de partícipe, não servindo para imputar a responsabilidade penal.

▶ **COAUTORIA: FASES PREPARATÓRIA E EXECUTÓRIA**

- **1ª Posição:** parcela da doutrina entende que basta a intervenção do agente na fase preparatória, com um ato relevante no plano global, para fundamentar a COAUTORIA. O STJ já admitiu coautoria na fase preparatória: "Aplicável a teoria do domínio do fato para a delimitação entre coautoria e participação, sendo coautor aquele que presta contribuição independente, essencial à prática do delito, não obrigatoriamente em sua execução" (STJ, 5ª T., REsp 1068452, j. 02/06/2009).
- **2ª Posição (Roxin):** aquele que contribui na fase preparatória deve ser excluído da posição de domínio do fato. Ou seja, o coautor deve ter uma intervenção na **execução** do delito, ainda que não pratique a conduta estritamente típica. Assim, por exemplo, o líder dos agentes ou aquele que idealiza todo o delito, mas que não contribui na fase executória, será PARTÍCIPE e não COAUTOR. **Obs.:** o líder ou chefe do grupo, entretanto, pode figurar como AUTOR, mas na figura da AUTORIA MEDIATA, quando, por exemplo, utilizar *um aparato organizado de poder* para executar o seu comando (autoria mediata pelo *domínio da organização*) (*in* Autoría y dominio del hecho en Derecho Penal. 7ª ed. Barcelona: Marcial Pons, 2000, p. 734).

A propósito: "Nem se diga que o caso viria a encontrar solução na denominada teoria do domínio do fato, pois esta não deve ser utilizada como elemento de imputação de responsabilidade, mas apenas para distinguir entre autores e partícipes" (STJ, Corte Especial, trecho do voto na APn 439/MG, Rel. Min. Castro Meira, j. 04/09/2013). Ainda: "1. A teoria do domínio do fato funciona como uma ratio, a qual é insuficiente, por si mesma para aferir a existência do nexo de causalidade entre o crime e o agente. É equivocado afirmar que um indivíduo é autor porque detém o domínio do fato se, no plano intermediário ligado à realidade, não há nenhuma circunstância que estabeleça o nexo entre sua conduta e o resultado lesivo. 2. Não há, portanto, como considerar, com base na teoria do domínio do fato, que a posição de gestor, diretor ou sócio administrador de uma empresa implica a presunção de que houve a participação no delito, se não houver, no plano fático-probatório, alguma circunstância que o vincule à prática delitiva. 3. Na espécie, as instâncias ordinárias concluíram que o acusado era o responsável pela administração da empresa e, muito embora tenha contratado um escritório de contabilidade para cuidar das questões financeiras, recebia, ou ao menos deveria receber, todas as informações relativas ao planejamento contábil. 4. Diante desse quadro, não há como imputar-lhe o delito de sonegação de tributo com base, única e exclusivamente, na teoria do domínio do fato, máxime porque não houve descrição de nenhuma circunstância que indique o nexo de causalidade, o qual não pode ser presumido. 5. O delito de sonegação fiscal, previsto no art. 1º, I, da Lei n. 8.137/1990, exige, para sua configuração, que a conduta seja dolosa e consistente na omissão de informação ou prestação de declaração falsa às autoridades fazendárias. Há uma diferença inquestionável entre aquele que não paga tributo por circunstâncias alheias à sua vontade de pagar (dificuldades financeiras, equívocos no preenchimento de guias etc.) e quem, dolosamente, sonega o tributo, com a utilização de expedientes espúrios e motivado por interesses pessoais. 6. Na hipótese, o quadro fático descrito na imputação é mais indicativo de conduta negligente ou imprudente. A constatação disso é reforçada pela delegação das operações contábeis sem a necessária fiscalização, situação que não se coaduna com o dolo, mas se aproxima da culpa em sentido estrito, não prevista no tipo penal em questão" (STJ, 6ªT., AgRg no REsp 1874619, j. 24/11/2020).

Obs.: a teoria do domínio do fato, na concepção de Roxin, somente se aplica aos crimes comissivos dolosos. Não se aplica aos delitos funcionais, crimes culposos, crimes comissivos por omissão e crimes de mão própria.

▶ **IMPORTANTE:**

Autoria mediata	O sujeito utiliza uma pessoa, que atua sem dolo ou de forma não-culpável (*innocent agent*), como instrumento para praticar o delito. O domínio do fato pertence exclusivamente ao autor e não ao executor (autor imediato). Pode resultar de: a) erro de tipo provocado por terceiro (art. 20, § 2º); b) coação moral irresistível (art. 22); c) obediência hierárquica (art. 22); d) inimputabilidade (art. 26, *caput*). *Exemplo: A*, desejando subtrair para si o veículo de seu vizinho, utiliza uma pessoa que não possui nenhuma capacidade de entender o caráter ilícito do fato em virtude de doença mental (inimputável – isento de pena) para realizar a subtração. *A* é considerado autor mediato. Na *autoria mediata*, embora haja pluralidade de sujeitos, prevalece o entendimento no sentido de que **não há concurso de pessoas**, pois o executor do crime é mero instrumento. Assim, o autor mediato não é partícipe (adequação típica indireta), mas sim autor principal da conduta (adequação típica direta), apesar de não agir diretamente, mas pelas mãos de outro.
Autoria mediata por meio de aparatos organizados de poder	A doutrina alemã trata de certos casos em que o domínio do fato se dá por meio de aparatos organizados de poder (organização verticalmente estruturada que rompeu com a ordem jurídica). O agente se serve deste aparato para realizar o fato. Ou seja, ocorre quando, dentro de uma "máquina de poder", o agente (autor de escritório) ordena que outrem execute determinada conduta. O próprio agente não realiza atos na fase executória. Em razão da fungibilidade dos membros, esse executor pode ser substituído a qualquer momento por outro integrante da organização criminosa. Trata-se da **teoria do domínio da organização.**
Autoria colateral	Ocorre na hipótese em que duas (ou mais) pessoas, desconhecendo a conduta uma da outra, praticam determinada conduta visando ao mesmo resultado, que ocorre em razão do comportamento de apenas uma delas. **Não há concurso de pessoas pela ausência do vínculo subjetivo.** Cada uma responde pela sua conduta. *Exemplo*: *A* e *B*, sem que cada um conhecesse a intenção do outro, efetuam, ao mesmo tempo, disparos em direção à vítima, que recebe um tiro na cabeça (o fatal), e outro no pé

Autoria colateral	(que não concorreu para a morte). A perícia aponta que o tiro na cabeça do ofendido (causa da morte) foi provocado por *A*, e que o tiro no pé dele partiu da arma de *B*. Como na autoria colateral cada agente responde por aquilo que praticou, *A* responderá por homicídio consumado e *B* por homicídio tentado.
Autoria incerta	Ocorre quando, na autoria colateral, não se sabe qual dos autores causou o resultado. *Exemplo*: se no caso acima não se descobrisse quem efetivamente foi o autor do disparo fatal, cada um dos atiradores responderia por homicídio tentado. Aplica-se, aqui, o princípio *in dubio pro reo*. A autoria incerta não deve ser confundida com *autoria ignorada*, que ocorre quando se desconhece o autor do crime.

3. PARTICIPAÇÃO

A participação (propriamente dita) consiste em contribuir na conduta criminosa do autor ou coautores, praticando atos que não se amoldam diretamente à figura típica e que não tenham o domínio final do fato. O partícipe responde pelo crime em virtude do disposto no art. 29 do Código Penal, a saber: "Quem, de qualquer modo, concorre para o crime incide nas penas a este cominadas, na medida de sua culpabilidade".

O partícipe não realiza diretamente a conduta típica, mas concorre **induzindo, instigando** ou **auxiliando** o autor.

3.1. Formas

a) **Participação moral (induzimento e instigação):**

→ ***Determinação ou induzimento:*** agir sobre a vontade do autor, fazendo nascer o propósito delituoso. Exemplo: A comenta com B que C está tecendo maldosos comentários sobre a sua vida. Como se não bastasse o comentário, A ainda diz: "se eu fosse você eu mataria C". B, aceitando a ideia, realmente mata C. Nesse caso, B não pensava em matar C, mas foi induzido por A. Pode-se dizer que A **plantou a ideia** na mente de B.

→ ***Instigação:*** agir sobre a vontade do autor, reforçando ou estimulando a ideia criminosa já existente. Exemplo: B comenta com A que está pensando em matar C, mas que ainda está com dúvidas sobre isso. A convence B a levar adiante o seu plano, o que de fato ocorre. Nesse caso, A **não plantou a ideia** na mente de B, mas sim **reforçou** a ideia que B já possuía.

b) **Participação material (cumplicidade):**

→ ***Auxílio*** na realização do crime. Trata-se de uma contribuição por meio de um comportamento, tanto na preparação quanto na execução do delito. Exemplos: permanecer na vigilância durante a execução de um crime; no crime de homicídio, emprestar arma ciente da finalidade (que será utilizada para matar).

> ▶ **A PARTICIPAÇÃO OCORRE ANTES DA CONSUMAÇÃO DO CRIME**
>
> Se a contribuição for depois da consumação, poderá configurar um crime autônomo, como, por exemplo, favorecimento real, favorecimento pessoal, receptação. Exemplo (não haverá concurso de pessoas): A, sem nada combinar com B, furta um veículo. Após o crime, A solicita a B a garagem da sua casa emprestada para ocultar o carro furtado. B, pela amizade com A, atende o desejo e esconde o carro. Nesse caso, B praticou o crime de favorecimento real (CP, art. 349. Prestar a criminoso, fora dos casos de coautoria ou de receptação, auxílio destinado a tornar seguro o proveito do crime).

Entretanto, excepcionalmente, a concorrência (coautoria ou participação) pode ser prestada **depois da consumação do crime**, mas desde que tenha havido **ajuste prévio.** Nesse sentido: STJ, HC 39.732, j. 26/06/2007.

Exemplo (haverá concurso de pessoas): A combina com B, antes da prática do crime, que irá furtar um carro, mas que precisará escondê-lo na garagem da casa de B. Explica, ainda, que o crime só seria praticado com essa contribuição de B, caso contrário haveria um risco muito grande de ser descoberto o delito. B, pela amizade com A, atende o desejo e esconde o carro em sua garagem. Nesse caso, mesmo B tendo prestado auxílio após a consumação da infração, houve um **ajuste prévio** antes da consumação, de sorte que passa a ser partícipe do crime de furto.

3.2. Natureza jurídica da participação

Trata-se de uma das formas de **adequação típica por subordinação mediata/ indireta**. Inicialmente a conduta do partícipe é atípica, pois seu fato não se subsome ao tipo penal. Mas, aplicando-se a norma de ampliação espacial e pessoal da figura típica (**art. 29 do CP**), o tipo passa a abranger a sua conduta (acessória). Trata-se de uma forma de acessão ao fato praticado pelo executor.

Exemplo: A mata B (conduta principal) após ser induzido por C (conduta acessória).

Assim, para haver participação (conduta acessória) é necessária uma conduta principal praticada pelo autor ou coautores (fato principal).

Doutrinariamente, diz-se que há quatro classes de acessoriedade (**teorias da acessoriedade**):

a) **Teoria da acessoriedade mínima:** é necessário que a conduta principal constitua fato típico.

b) **Teoria da acessoriedade limitada:** é necessário que a conduta principal constitua fato típico e ilícito.

c) **Teoria da acessoriedade máxima ou extrema:** é necessário que a conduta principal constitua fato típico, ilícito e culpável.

d) **Teoria da hiperacessoriedade:** é necessário que a conduta principal constitua fato típico, ilícito e culpável, e que o autor seja efetivamente punido no caso concreto; além disso, incidem sobre o partícipe todas as agravantes e atenuantes de caráter pessoal relativas ao autor principal.

> ▶ **TEORIA PREDOMINANTE**
>
> Na doutrina pátria predomina o entendimento de que o CP adotou a **teoria da acessoriedade limitada**, de sorte que o fato principal deve ser típico e ilícito para que o partícipe possa responder pelo crime.

3.3. Participação de menor importância

Conforme **o art. 29, § 1º, do CP**, se a participação for de menor importância a pena pode ser diminuída de um sexto a um terço. **Possui aplicação apenas ao partícipe**, haja vista que é incompatível com a conduta do coautor, que realiza o verbo típico ou possui o domínio do fato.

Uma vez evidenciada a contribuição de menor importância para o delito, a redução da pena se torna obrigatória. A expressão "pode" refere-se ao quantum da diminuição. Em sentido contrário, existe o entendimento de que a redução é facultativa, podendo o juiz deixar de aplicá-la, mesmo convencido da participação de pouca importância.

O critério para fixação do quantum deve variar de acordo com a maior ou menor contribuição do partícipe na prática delituosa: quanto mais a conduta se aproximar do núcleo do tipo, maior deverá ser a pena, ao passo que quanto mais distante a conduta restar do núcleo, menor será a sanção.

3.4. Crime culposo

De acordo com a doutrina amplamente majoritária, admite coautoria, mas não participação (figura do partícipe). Tratando-se de culpa, não se cogita da cooperação no resultado, mas sim na conduta (falta do dever de cuidado). Aqueles que não observam o cuidado objetivo necessário são coautores. Existe um liame subjetivo entre os coautores no momento da prática da conduta, independentemente do resultado não ser pretendido. Nesse sentido: STJ, HC 40474, j. 06/12/2005.

3.5. Crimes de mão própria (de conduta infungível ou de atuação pessoal)

Os crimes de mão própria são aqueles nos quais o tipo penal exige do sujeito ativo uma qualidade específica, e, ainda, que ele realize a conduta pessoalmente. Portanto, segundo predomina, nos delitos de mão própria não se admite nem a coautoria e nem a autoria mediata. Ex.: autoaborto (art. 124, 1ª parte, CP), falso testemunho (art. 342 CP).

É possível, no entanto, a participação. Nesse sentido: "O Superior Tribunal de Justiça firmou compreensão de que, apesar de o crime de falso testemunho ser de mão própria, pode haver a participação do advogado no seu cometimento" (STJ, 6ª T., HC 30858, j. 12/06/2006); "A Corte local assentou que 'os Tribunais Superiores têm entendimento pacificado no sentido de que advogado pode ser partícipe em crime de falso testemunho'. De fato, é 'perfeitamente admissível, na modalidade de participação, o concurso de agentes. Nada impede, tecnicamente, que uma pessoa induza, instigue ou auxilie outra a mentir em juízo ou na polícia'. (NUCCI, Guilherme de Souza. Código Penal Comentado. 14. ed. rev., atual. e ampl. Rio de Janeiro: Forense, 2014. p. 1384). Precedentes" (STJ, 5ª T., RHC 106395, j. 26/03/2019).

4. REQUISITOS DO CONCURSO DE PESSOAS

a) **Pluralidade de condutas:** existência de duas ou mais pessoas realizando a conduta típica ou concorrendo de algum outro modo para que outrem a realize (ex: induzimento, instigação ou auxílio).

b) **Relevância causal e jurídica de cada uma das ações:** relação de causa e efeito entre cada conduta com o resultado (teoria da equivalência dos antecedentes causais). Em relação ao partícipe, sua conduta deve ter provocado ou facilitado a conduta principal.

c) **Liame subjetivo entre os agentes:** vontade de colaborar para o mesmo crime (**princípio da convergência**). Exige-se homogeneidade de elemento subjetivo (participação dolosa em crime doloso ou concorrência culposa em crime culposo). Ou seja, não há participação culposa em crime doloso ou participação dolosa em crime culposo.

No entanto, **é desnecessária a prévia combinação** (*pactum sceleris*), mas deve o participante saber que está aderindo ao crime (*scientia sceleris* ou *scientia maleficci*).

Exemplo (inexistência de prévia combinação): empregada doméstica, percebendo que alguém está desejando invadir a residência de seu empregador para praticar um furto, abre a porta da casa (participação mediante auxílio) visando a facilitar a subtração. Nesse caso, a empregada responde pelo furto, não obstante o executor desconhecer que houve o auxílio.

d) **Identidade de fato:** todos os concorrentes devem responder pelo mesmo crime (teoria unitária ou monista do concurso de pessoas).

Nessa seara, a doutrina pátria e estrangeira traz algumas teorias sobre o concurso de agentes, as quais buscam estabelecer se os concorrentes, na realização do fato, respondem por crimes distintos ou por apenas um único delito. Vejamos:

- **Teoria monística, monista, unitária ou igualitária** (*concursus plurium ad idem delictum*): como os concorrentes visam ao mesmo resultado, todos (independentemente da distinção entre coautores e partícipes) respondem pelo mesmo crime. **Adotada pelo Código Penal como regra no art. 29, caput, do CP (v. item 25 da Exposição de Motivos da Nova Parte Geral).** Respondem pelo mesmo crime, mas a pena concreta (aplicada) poderá ser diversa, pois cada agente responde na medida de sua culpabilidade.

- **Teoria pluralista** ("da cumplicidade-delito distinto" ou "da autonomia da participação"): cada um dos agentes pratica um crime distinto. Segundo a doutrina nacional, esta teoria foi adotada em certas hipóteses, como exceção, pelo Código Penal.

  Exemplo: artigos 124, 2ª parte, e 126, ambos do Código Penal. Nessa hipótese, a gestante que se submete ao aborto responde pelo delito descrito no art. 124, sendo que o sujeito que provoca o aborto responde pelo crime descrito no art. 126. Outras hipóteses: art. 235 e seu § 1º; art. 317 e art. 333; art. 342 e art. 343; art. 29, *caput*, parte final, e seu § 2º.

- **Teoria dualística ou dualista**: há dois delitos, sendo um crime único entre os chamados autores principais (coautores) e outro crime único entre os autores secundários (partícipes), que teria punição menos severa.

5. COOPERAÇÃO DOLOSAMENTE DISTINTA

O **art. 29, § 2º** cuida da hipótese em que um dos agentes quis participar de delito menos grave, mas acabou concorrendo para um crime mais grave. No caso de **não ser previsível o resultado mais grave**, o concorrente que não quis participar do crime mais grave responderá apenas pelo delito menos grave, ou seja, pelo crime que quis participar.

Exemplo: A induz B a praticar um furto na casa de sua vizinha C, que se encontra em viagem há mais de um ano. B, achando fácil e quase sem risco a prática do crime, resolve cometê-lo. No entanto, ao entrar na residência, se depara com a vítima, que inesperadamente acabara de retornar de viagem. B resolve subtrair uma TV da mesma forma, mas é preciso utilizar violência para conseguir a subtração. Nesse caso, A responderá apenas pelo crime menos grave (furto), pois não era previsível o resultado mais grave (roubo). Isso porque A sequer tinha conhecimento que a vítima iria retornar da viagem.

Entretanto, **se o crime mais grave era previsível**, o agente continuará respondendo pelo crime menos grave, mas com a pena elevada até metade. Observação: no caso acima, se A desconfiasse que a vítima estivesse prestes a retornar de viagem, pode-se dizer que o crime mais grave era previsível. Nessa hipótese, A continuará respondendo pelo crime menos grave (furto), mas com o aumento de pena. A pena do crime menos grave, mesmo com o aumento, não pode ser superior àquela que seria aplicada ao crime mais grave.

Por fim, **se o crime mais grave era previsto e aceito como possível**, o concorrente por ele responderá, uma vez que haverá **dolo eventual**.

Exemplo do mandato criminoso: A contrata B para dar uma surra em C, ciente de que B é pessoa violenta e, em todas as oportunidades anteriores quando foi contratado para tal mister criminoso, ocasionou a morte das suas vítimas. Caso B mate C, ambos, A e B, deverão responder pelo crime de homicídio, o primeiro a título de dolo eventual e o último a título de dolo direto.

6. CIRCUNSTÂNCIAS INCOMUNICÁVEIS

> **Art. 30** – Não se comunicam as circunstâncias e as condições de caráter pessoal, salvo quando elementares do crime.

Todos os tipos penais são integrados por suas elementares. Alguns tipos contam também com as circunstâncias.

- **Elementares** (*essentialia delicti*) são dados que constituem o tipo penal, ou seja, são os elementos constitutivos do crime.

  Exemplo: o crime de furto traz quatro elementares (art. 155, *caput* = subtrair + para si ou para outrem + coisa alheia + móvel).

- **Circunstâncias** (*accidentalia delicti*) são dados acessórios ao crime, dispensáveis para a configuração da figura penal básica, embora causem influência sobre a quantidade de pena.

  Exemplo: art. 155, § 1º: no crime de furto a pena é aumentada de 1/3 se o crime é praticado durante o período de repouso noturno.

QUESTÃO: além das elementares e das circunstâncias, existem as circunstâncias elementares?

> *1ª posição: não.* Isto porque os dados que integram o tipo podem ser chamados de (a) elementares e (b) circunstâncias (causas de aumento e de diminuição, privilégios e qualificadoras). Para essa corrente, não existe a circunstância elementar, pois se um dado é elementar (elemento constitutivo do crime) não pode ser ao mesmo tempo uma circunstância (o que está ao redor dos elementos).
>
> *2ª posição: sim.* Os dados que integram o tipo podem ser chamados de (a) elementares, (b) circunstâncias e (c) circunstâncias elementares (circunstâncias com pena própria – Ex.: as qualificadoras, como as do art. 121, § 2º e do art. 155, § 4º). Como as qualificadoras possuem pena própria, elas são consideradas um tipo qualificado, de sorte que possuem seus elementos (= elementares do tipo qualificado). Seguindo essa 2ª orientação, as condições e circunstâncias objetivas e/ou pessoais formam as elementares dos tipos, tanto dos tipos básicos como dos tipos qualificados.

As circunstâncias ou elementares podem ter:

a) **Caráter não pessoal (objetivas):** são as que se relacionam com aspectos objetivos do crime (relacionam-se com o fato), como os meios (emprego de fogo, veneno ou explosivo) e modos (emboscada, traição, dissimulação, surpresa) de execução, tempo, ocasião e lugar, bem como qualidades da vítima (mulher grávida, criança, idoso, enfermo).

b) **Caráter pessoal (subjetivas):** são dados referentes ao agente e não ao fato, como os motivos do crime (motivo fútil, motivo de relevante valor moral), qualidades específicas do autor (seus antecedentes, sua conduta social, sua personalidade) e relações pessoais que possua com a vítima (cônjuge, ascendente, descendente, irmão).

REGRAS DO ART. 30 DO CP	**Elementares**	Sempre comunicáveis, tanto as objetivas como as de caráter pessoal, desde que sejam do conhecimento do outro agente.
	Circunstâncias objetivas	Sempre comunicáveis, desde que sejam do conhecimento do outro agente.
	Circunstâncias subjetivas	São incomunicáveis, salvo quando elementares do crime e de conhecimento do outro agente.

Exemplo de comunicabilidade de elementar: o funcionário público comete peculato (art. 312 do CP) após ser induzido pelo particular. Os dois responderão por peculato, uma vez que "funcionário público" é elementar do tipo penal.

Exemplo de comunicabilidade de circunstância: 'A' instiga 'B' a matar a vítima com emprego de fogo, o que efetivamente ocorre. Os dois agentes responderão por homicídio qualificado (art. 121, § 2º, III, do CP).

Exemplo de incomunicabilidade: o homicídio privilegiado (art. 121, § 1º, do CP) não é comunicável ao outro sujeito que não agiu diante de uma de suas hipóteses.

7. CASOS DE IMPUNIBILIDADE

> **Art. 31** – O ajuste, a determinação ou instigação e o auxílio, salvo disposição expressa em contrário, não são puníveis, se o crime não chega, pelo menos, a ser tentado.

O **ajuste** (acordo celebrado para cometer o delito), a **determinação** (agir sobre a vontade do autor, fazendo nascer o propósito delituoso), a **instigação** (agir sobre a vontade do autor, estimulando a ideia criminosa já existente) e o **auxílio** (contribuição por meio de um comportamento positivo ou negativo, tanto na preparação quanto na execução do delito) são impuníveis se o fato principal não alcança a fase executória. Se o autor não iniciar a execução do crime, o fato será atípico tanto para este como para o partícipe. Entretanto, em alguns casos, o ajuste pode ser punido, como no crime de associação criminosa (art. 288 do CP).

8. SÚMULAS E ORIENTAÇÕES JURISPRUDENCIAIS DO STF E DO STJ

COAUTORIA EM CRIME CULPOSO

- "(...) 2. A doutrina majoritária admite a coautoria em crime culposo. Para tanto, devem ser preenchidos os requisitos do concurso de agentes: a) pluralidade de agentes, b) relevância causal das várias condutas, c) liame subjetivo entre os agentes e d) identidade de infração penal. In casu, a conduta do pai não teve relevância causal direta para o homicídio culposo na direção de veículo automotor. Outrossim, não ficou demonstrado o liame subjetivo entre pai e filho no que concerne à imprudência na direção do automóvel, não podendo, por conseguinte, atribuir-se a pai e filho a mesma infração penal praticada pelo filho. 3. Não há qualquer elemento nos autos que demonstre que o pai efetivamente autorizou o filho a pegar as chaves do carro na data dos fatos, ou seja, tem-se apenas ilações e presunções, destituídas de lastro fático e probatório. Ademais, o crime culposo, ainda que praticado em coautoria, exige dos agentes a previsibilidade do resultado. Portanto, não sendo possível, de plano, atestar a conduta do pai de autorizar a saída do filho com o carro, muito menos se pode a ele atribuir a previsibilidade do acidente de trânsito causado. 4. Habeas corpus não conhecido. Ordem concedida de ofício, ratificando-se em parte a liminar, apenas para restabelecer a sentença absolutória, no que concerne ao delito do art. 302, c/c o art. 298, inciso I, do Código de Trânsito Brasileiro" (STJ, 5ª T., HC 235827, j. 03/09/2013).

TEORIA DO DOMÍNIO DO FATO

- "1. A teoria do domínio do fato funciona como uma ratio, a qual é insuficiente, por si mesma para aferir a existência do nexo de causalidade entre o crime e o agente. É equivocado afirmar que um indivíduo é autor porque detém o domínio do fato se, no plano intermediário ligado à realidade, não há nenhuma circunstância que estabeleça o nexo entre sua conduta e o resultado lesivo. 2. Não há, portanto, como considerar, com base na teoria do domínio do fato, que a posição de gestor, diretor ou sócio administrador de uma empresa implica a presunção de que houve a participação no delito, se não houver, no plano fático-probatório, alguma circunstância que o vincule à prática delitiva. 3. Na espécie, as instâncias ordinárias concluíram que o acusado era o responsável pela administração da empresa e, muito embora tenha contratado um escritório de contabilidade para cuidar das questões financeiras, recebia, ou ao menos deveria receber, todas as informações relativas ao planejamento contábil. 4. Diante desse quadro, não há como imputar-lhe o delito de sonegação de tributo com base, única e exclusivamente, na teoria do domínio do fato, máxime porque não houve descrição de nenhuma circunstância que indique o nexo de causalidade, o qual não pode ser presumido. 5. O delito de sonegação fiscal, previsto no art. 1º, I, da Lei n. 8.137/1990, exige, para sua configuração, que a conduta seja dolosa e consistente na omissão de informação ou prestação de declaração falsa às autoridades fazendárias. Há uma diferença inquestionável entre aquele que não paga tributo por circunstâncias alheias à sua vontade de pagar (dificuldades financeiras, equívocos no preenchimento de guias etc.) e quem, dolosamente, sonega o tributo, com a utilização de expedientes espúrios e motivado por interesses pessoais. 6. Na hipótese, o quadro fático descrito na imputação é mais indicativo de conduta negligente ou imprudente. A constatação disso é reforçada pela delegação das operações contábeis sem a necessária fiscalização, situação que não se coaduna com o dolo, mas se aproxima da culpa em sentido estrito, não prevista no tipo penal em questão" (STJ, 6ªT., AgRg no REsp 1874619, j. 24/11/2020).

PARTICIPAÇÃO DOLOSAMENTE DISTINTA

- "O reconhecimento, pelo Conselho de Sentença, da participação da recorrente para a prática do delito doloso contra a vida, indicando ao executor o local onde se encontrava a vítima e fornecendo a arma de fogo, não constitui óbice à conclusão de que quis participar de delito menos grave, em atenção ao disposto no artigo 29, § 2º, do Código Penal, que prevê exceção à teoria monista no concurso de pessoas ao tratar do desvio subjetivo de conduta ou da denominada cooperação dolosamente distinta" (STJ, 6ª T., REsp 1501270, j. 01/10/2015).

ADVOGADO PARTÍCIPE DE FALSO TESTEMUNHO

- "A Corte local assentou que 'os Tribunais Superiores têm entendimento pacificado no sentido de que advogado pode ser partícipe em crime de falso testemunho'. De fato, é 'perfeitamente admissível, na modalidade de participação, o concurso de agentes. Nada impede, tecnicamente, que uma pessoa induza, instigue ou auxilie outra a mentir em juízo ou na polícia'. (NUCCI, Guilherme de Souza. Código Penal Comentado. 14. ed. rev., atual. e ampl. Rio de Janeiro: Forense, 2014. p. 1384). Precedentes" (STJ, 5ª T., RHC 106395, j. 26/03/2019).

COMUNICABILIDADE DE ELEMENTARES E CIRCUNSTÂNCIAS

▶ "O art. 30 do Código Penal, dita que: 'Não se comunicam as circunstâncias e as condições de caráter pessoal, salvo quando elementares do crime'. Nessa linha, há determinadas circunstâncias ou condições de caráter pessoal que são integrantes do tipo penal incriminador, de modo que, pela expressa disposição legal se comunicam aos demais coautores e partícipes. Assim, ajustada a prática de furto, a utilização do abuso de confiança, necessário à sua consumação, como no presente caso, comunica-se ao coautor, quando do conhecimento deste, mesmo quando não seja este o executor direto do delito, pois elementar do crime. Dessa forma, nos termos do artigo 30 do Código Penal, pela leitura do acórdão recorrido, há a comunicação da circunstância do abuso de confiança, pois L.F. tinha plena consciência da relação subjetiva de confiança de C. com as vítimas" (STJ, 5ª T., AgRg no REsp 1331942, j. 17/05/2016).

▶ "1. "A teor do art. 30 do Código Penal, não se comunicam as circunstâncias e as condições de caráter pessoal, salvo quando elementares do crime. Já as circunstâncias de caráter objetivo, por sua vez, não são, em princípio, incomunicáveis, a menos que fique comprovado que o coautor não tenha a elas anuído, nem mesmo assumido o risco de sua produção" (HC nº 101.219/RJ, Rel. Ministra Laurita Vaz, 5ª T., DJe 8/11/2010). 2. Ao afastar as qualificadoras do meio insidioso ou cruel e do motivo torpe, a Corte estadual explicitou não haver indícios de saber o recorrente que o corréu portava uma faca e nem de sua intenção de desferir inúmeros golpes contra a vítima. Também evidenciou não estar demonstrado conhecer o acusado a motivação que levou seu comparsa a matar a vítima" (STJ, 6ª T., AgRg no REsp 1391675, j. 03/08/2017).

▶ "O art. 313-A do CP é norma especial em relação ao art. 171, § 3º, do CP, porquanto acrescenta circunstâncias elementares à descrição típica do estelionato, as quais se comunicam a todos os coautores do delito delas cientes, nos termos do art. 30 do CP" (STJ, 6ª T., AgRg no REsp 1625256, j. 05/05/2020).

9. LEGISLAÇÃO RELACIONADA AO CAPÍTULO

» **CÓDIGO PENAL**

Erro determinado por terceiro

Art. 20, § 2º – Responde pelo crime o terceiro que determina o erro.

Coação irresistível e obediência hierárquica

Art. 22 – Se o fato é cometido sob coação irresistível ou em estrita obediência a ordem, não manifestamente ilegal, de superior hierárquico, só é punível o autor da coação ou da ordem.

Inimputáveis

Art. 26 – É isento de pena o agente que, por doença mental ou desenvolvimento mental incompleto ou retardado, era, ao tempo da ação ou da omissão, inteiramente incapaz de entender o caráter ilícito do fato ou de determinar-se de acordo com esse entendimento.

Concurso de Pessoas

Art. 29 – Quem, de qualquer modo, concorre para o crime incide nas penas a este cominadas, na medida de sua culpabilidade.

§ 1º – Se a participação for de menor importância, a pena pode ser diminuída de um sexto a um terço.

§ 2º – Se algum dos concorrentes quis participar de crime menos grave, ser-lhe-á aplicada a pena deste; essa pena será aumentada até metade, na hipótese de ter sido previsível o resultado mais grave.

Circunstâncias incomunicáveis

Art. 30 – Não se comunicam as circunstâncias e as condições de caráter pessoal, salvo quando elementares do crime.

Casos de impunibilidade

Art. 31 – O ajuste, a determinação ou instigação e o auxílio, salvo disposição expressa em contrário, não são puníveis, se o crime não chega, pelo menos, a ser tentado.

Homicídio simples

Art. 121 – Matar alguém:

Pena – reclusão, de seis a vinte anos.

Caso de diminuição de pena

§ 1º – Se o agente comete o crime impelido por motivo de relevante valor social ou moral, ou sob o domínio de violenta emoção, logo em seguida a injusta provocação da vítima, o juiz pode reduzir a pena de um sexto a um terço.

Homicídio qualificado

§ 2º – Se o homicídio é cometido: I – mediante paga ou promessa de recompensa, ou por outro motivo torpe; II – por motivo fútil; III – com emprego de veneno, fogo, explosivo, asfixia, tortura ou outro meio insidioso ou cruel, ou de que possa resultar perigo comum; IV – à traição, de emboscada, ou mediante dissimulação ou outro recurso que dificulte ou torne impossível a defesa do ofendido; V – para assegurar a execução, a ocultação, a impunidade ou vantagem de outro crime; VI – contra a mulher por razões da condição de sexo feminino; VII – contra autoridade ou agente descrito nos arts. 142 e 144 da Constituição Federal, integrantes do sistema prisional e da Força Nacional de Segurança Pública, no exercício da função ou em decorrência dela, ou contra seu cônjuge, companheiro ou parente consanguíneo até terceiro grau, em razão dessa condição:

Pena – reclusão, de doze a trinta anos.

Aborto provocado pela gestante ou com seu consentimento

Art. 124 – Provocar aborto em si mesma ou consentir que outrem lho provoque:

Pena – detenção, de um a três anos.

Aborto provocado por terceiro

Art. 126 – Provocar aborto com o consentimento da gestante:

Pena – reclusão, de um a quatro anos.

Furto

Art. 155 – Subtrair, para si ou para outrem, coisa alheia móvel:

Pena – reclusão, de um a quatro anos, e multa.

§ 1º – A pena aumenta-se de um terço, se o crime é praticado durante o repouso noturno.

(...)

Furto qualificado

§ 4º – A pena é de reclusão de dois a oito anos, e multa, se o crime é cometido: I – com destruição ou rompimento de obstáculo à subtração da coisa; II – com abuso de confiança, ou mediante fraude, escalada ou destreza; III – com emprego de chave falsa; IV – mediante concurso de duas ou mais pessoas.

Bigamia

Art. 235 – Contrair alguém, sendo casado, novo casamento:

Pena – reclusão, de dois a seis anos.

§ 1º – Aquele que, não sendo casado, contrai casamento com pessoa casada, conhecendo essa circunstância, é punido com reclusão ou detenção, de um a três anos.

Peculato

Art. 312 – Apropriar-se o funcionário público de dinheiro, valor ou qualquer outro bem móvel, público ou particular, de que tem a posse em razão do cargo, ou desviá-lo, em proveito próprio ou alheio:

Pena – reclusão, de dois a doze anos, e multa.

§ 1º – Aplica-se a mesma pena, se o funcionário público, embora não tendo a posse do dinheiro, valor ou bem, o subtrai, ou concorre para que seja subtraído, em proveito próprio ou alheio, valendo-se de facilidade que lhe proporciona a qualidade de funcionário.

Corrupção passiva

Art. 317 – Solicitar ou receber, para si ou para outrem, direta ou indiretamente, ainda que fora da função ou antes de assumi-la, mas em razão dela, vantagem indevida, ou aceitar promessa de tal vantagem:

Pena – reclusão, de 2 (dois) a 12 (doze) anos, e multa.

Corrupção ativa

Art. 333 – Oferecer ou prometer vantagem indevida a funcionário público, para determiná-lo a praticar, omitir ou retardar ato de ofício:

Pena – reclusão, de 2 (dois) a 12 (doze) anos, e multa.

Falso testemunho ou falsa perícia

Art. 342. Fazer afirmação falsa, ou negar ou calar a verdade como testemunha, perito, contador, tradutor ou intérprete em processo judicial, ou administrativo, inquérito policial, ou em juízo arbitral:

Pena – reclusão, de 2 (dois) a 4 (quatro) anos, e multa.

Art. 343. Dar, oferecer ou prometer dinheiro ou qualquer outra vantagem a testemunha, perito, contador, tradutor ou intérprete, para fazer afirmação falsa, negar ou calar a verdade em depoimento, perícia, cálculos, tradução ou interpretação:

Pena – reclusão, de três a quatro anos, e multa.

» EXPOSIÇÃO DE MOTIVOS DA NOVA PARTE GERAL DO CÓDIGO PENAL

Item 25: "Ao reformular o Título IV, adotou-se a denominação 'Do Concurso de Pessoas', decerto mais abrangente, já que a coautoria não esgota as hipóteses do *concursus delinquentium*. O Código de 1940 rompeu a tradição originária do Código Criminal do Império, e adotou neste particular a teoria unitária ou monística do Código italiano, como corolário da teoria da equivalência das causas (Exposição de Motivos do Ministro Francisco Campos, item 22). Sem completo retorno à experiência passada, curva-se, contudo, o Projeto aos críticos dessa teoria, ao optar, na parte final do artigo 29, e em seus dois parágrafos, por regras precisas que distinguem a autoria de participação. Distinção, aliás, reclamada com eloquência pela doutrina, em face de decisões reconhecidamente injustas".

QUESTÕES

CAPÍTULO III

Sumário • 1. Questões com gabarito comentado – 2. Questões de concursos

1. QUESTÕES COM GABARITO COMENTADO

01. (CESPE – 2020 – TJ-PA – Auxiliar Judiciário) Em regra, consideram-se autores de um delito aqueles que praticam diretamente os atos de execução, e partícipes aqueles que atuam induzindo, instigando ou auxiliando a ação dos autores principais. No entanto, é possível que um agente, ainda que não participe diretamente da execução da ação criminosa, possa ter o controle de toda a situação, determinando a conduta de seus subordinados. Nessa hipótese, ainda que não seja executor do crime, o agente mandante poderá ser responsabilizado criminalmente. Essa possibilidade de responsabilizar o mandante pelo crime decorre da teoria:

a) da acessoriedade limitada.
b) do favorecimento.
c) do domínio do fato.
d) pluralística da ação.
e) da causação.

COMENTÁRIOS

Gabarito: c. Consoante Roxin, o domínio do fato pode se dar de três formas: 1) Domínio da ação (autor imediato); 2) Domínio da vontade (autor mediato); 3) Domínio funcional do fato (autor funcional). No caso de AUTORIA MEDIATA, por exemplo, pode se dar por aparatos organizados de poder (organização verticalmente estruturada que rompeu com a ordem jurídica). O agente se serve deste aparato para realizar o fato. Ou seja, ocorre quando, dentro de uma "máquina de poder", o agente (autor de escritório) ordena que outrem execute determinada conduta. O próprio agente não realiza atos na fase executória. Assim, é possível, por exemplo, que um agente, líder de uma organização criminosa, ainda que não preste contribuição diretamente na execução da ação criminosa, possa ter o controle de toda a situação, determinando a conduta de seus subordinados. Nesse caso, será AUTOR (autor mediato), e não partícipe.

02. (FCC – 2020 – TJ-MS – Juiz Substituto) Em matéria de concurso de pessoas: "Haverá único crime para os coautores e partícipes, segundo a teoria monista adotada pelo Código Penal, todos por ele respondendo em absoluta igualdade de condições".

COMENTÁRIOS

Alternativa errada. Segundo teoria monística, monista, unitária ou igualitária (concursus plurium ***ad idem delictum***), como os concorrentes visam ao mesmo resultado, todos (independentemente da distinção entre coautores e partícipes) respondem pelo mesmo crime. Adotada pelo Código Penal como regra no art. 29, *caput*, do CP. Respondem pelo mesmo crime, mas a pena concreta (aplicada) poderá ser diversa, pois cada agente responde na medida de sua culpabilidade.

03. (INSTITUTO AOCP – 2019 – PC-ES – Escrivão de Polícia) Em relação ao concurso de agentes estabelecido no Código Penal, é correto afirmar que:

a) todos respondem igualmente para o delito, independente da conduta realizada.
b) as circunstâncias de caráter pessoal, como a menor idade, serão comunicadas a todos os integrantes da atividade delitiva.
c) se a participação for de menor importância, a pena pode ser diminuída de um sexto a um terço.
d) não há distinção entre partícipe e coautoria.
e) o coautor que primeiro confessar o delito está isento de pena, independente do delito praticado.

COMENTÁRIOS

Gabarito: c. O fundamento está no art. 29, § 1º, do Código Penal: "Se a participação for de menor importância, a pena pode ser diminuída de um sexto a um terço".

Alternativa a: errada. O concurso de pessoas, dentre outros requisitos, pressupõe que haja relevância causal na conduta realizada pelo agente.

Alternativa b: errada. As circunstâncias pessoais ou subjetivas não se comunicam no concurso de pessoas (art. 30 do CP).

Alternativa d: errada. Coautoria significa divisão de atos executórios entre dois ou mais autores. Participação é um comportamento acessório atinente a induzir, instigar ou auxiliar alguém à prática de um delito.

Alternativa e: errada. Não existe tal previsão no ordenamento jurídico brasileiro.

04. (IDIB – 2019 – Prefeitura de Petrolina-PE – Guarda Civil) Sobre o Concurso de Pessoas, analise os itens abaixo:

I. Quem, de qualquer modo, concorre para o crime incide nas penas a este cominadas, na medida de sua culpabilidade.

II. Se algum dos concorrentes quis participar de crime menos grave, ser-lhe-á aplicada a pena deste; essa pena será aumentada até metade, na hipótese de ter sido previsível o resultado mais grave;

III. Se a participação for de menor importância, a pena pode ser diminuída de um a dois terços.

Analisados os itens, pode-se afirmar corretamente que:

a) Apenas o item I está correto.
b) Apenas o item II está correto.
c) Apenas o item III está correto.
d) Apenas os itens I e II estão corretos.
e) Apenas os itens II e III estão corretos.

COMENTÁRIOS

Gabarito: d. O item I tem fundamento no art. 29, *caput*, do Código Penal: "Quem, de qualquer modo, concorre para o crime incide nas penas a este cominadas, na medida de sua culpabilidade". Já o item II tem fundamento no § 2º do artigo 29 do Código Penal: "Se algum dos concorrentes quis participar de crime menos grave, ser-lhe-á aplicada a pena deste; essa pena será aumentada até metade, na hipótese de ter sido previsível o resultado mais grave".

Item III: errado. De acordo com o art. 29, § 1º, do Código Penal, "Se a participação for de menor importância, a pena pode ser diminuída **de um sexto a um terço**".

05. (CESPE – 2019 – Prefeitura de Boa Vista-RR – Procurador Municipal) Juan González, estrangeiro, enfermeiro, residente havia dois anos em Boa Vista-RR, apresentava-se como médico no Brasil e atendia pacientes gratuitamente em um posto de saúde da rede pública municipal, embora não fosse funcionário público. Seu verdadeiro objetivo com essa prática era retirar medicamentos do local e revendê-los para obter lucro. Em razão de denúncia anônima a respeito do desvio de medicamentos, Juan, portando caixas de remédios retiradas do local, foi abordado em seu automóvel por policiais logo após ter saído do posto e foi, então, conduzido à delegacia. Para que seu verdadeiro nome não fosse descoberto, Juan identificou-se à autoridade policial como Pedro Rodríguez, buscando, assim, evitar o cumprimento de mandado de prisão expedido por ter sido condenado pelo crime de moeda falsa no Brasil. Questionado sobre a propriedade do veículo no qual se encontrava no momento da abordagem, Juan informou tê-lo comprado de uma pessoa desconhecida, em Boa Vista. Durante a investigação policial, verificou-se que o veículo havia sido furtado por outra pessoa no Brasil e que a placa estava adulterada. Verificou-se, ainda, que a placa identificava um veículo registrado no país de origem de Juan e em seu nome, embora Juan tivesse alegado ter adquirido o veículo já com a referida placa. Considerando essa situação hipotética, julgue o item que se segue. Juan deverá responder por participação no crime de furto do veículo que adquiriu, apesar de o autor do crime ter sido outra pessoa.

COMENTÁRIOS

Gabarito: errada. Não estão presentes os requisitos do concurso de pessoas, razão pela qual Juan não deverá responder por furto, e sim por receptação.

06. (FGV – 2018 – TJ-AL – Técnico Judiciário) No Direito Penal, a doutrina costuma reconhecer o concurso de pessoas quando a infração penal é cometida por mais de uma pessoa, podendo a cooperação ocorrer através de coautoria ou participação. Sobre o tema, de acordo com o Código Penal, é correto afirmar que: A) o auxílio material é punível se o crime chegar, ao menos, a ser cogitado; B) as circunstâncias de caráter pessoal, diante de sua natureza, não se comunicam, ainda que elementares do crime; C) em sendo de menor importância a participação ou coautoria, a pena poderá ser reduzida de um sexto a um terço; D) a teoria sobre concurso de agentes adotada pela legislação penal brasileira, em regra, é a dualista; E) se algum dos concorrentes quis participar de crime menos grave, ser-lhe-á aplicada a pena deste.

COMENTÁRIOS

Gabarito: *e*. A alternativa está correta conforme redação do próprio artigo 29, § 2º, do CP.

Alternativa a: errada. Segundo o art. 30, o ajuste, a determinação ou instigação e o auxílio, salvo disposição expressa em contrário, não são puníveis, se o crime não chega, pelo menos, a ser tentado.

Alternativa b: errada. Não se comunicam as circunstâncias e as condições de caráter pessoal, salvo quando elementares do crime. as circunstâncias e as condições de caráter pessoal, quando elementares do crime (art. 30 do CP).

Alternativa c: errada. Conforme o art. 29, § 1º, do CP, se a participação for de menor importância a pena pode ser diminuída de um sexto a um terço. Segundo interpretação dominante na doutrina, possui aplicação apenas ao partícipe.

Alternativa d: errada. A teoria sobre o concurso de agentes adotada pela legislação penal brasileira, em regra, é a monista.

07. (CESPE - 2018 - STM - Analista Judiciário) Inexiste, no ordenamento jurídico, a possibilidade de as condições e circunstâncias de caráter pessoal de um agente se comunicarem com as de outro agente que seja coautor de um crime.

COMENTÁRIOS

Gabarito: *errada*. Nos termos do art. 30 do CP, não se comunicam as circunstâncias e as condições de caráter pessoal, salvo quando elementares do crime. Assim, as elementares, mesmo as de natureza pessoal, se comunicam. Exemplo: o funcionário público comete peculato (art. 312 do CP) após ser induzido pelo particular. Os dois responderão por peculato, uma vez que "funcionário público" é elementar do tipo penal.

08. (IDECAN - 2017 - SEJUC-RN - Agente Penitenciário) Sobre o Concurso de Pessoas estabelece o Código Penal que quem, de qualquer modo, concorre para o crime incide nas penas a este cominadas, na medida de sua culpabilidade. Sobre o tema, assinale a alternativa INCORRETA.

a) Se a participação for de menor importância, a pena pode ser diminuída de um sexto à metade.

b) Não se comunicam as circunstâncias e as condições de caráter pessoal, salvo quando elementares do crime.

c) O ajuste, a determinação ou instigação e o auxílio, salvo disposição expressa em contrário, não são puníveis, se o crime não chega, pelo menos, a ser tentado.

d) Se algum dos concorrentes quis participar de crime menos grave, ser-lhe-á aplicada a pena deste; essa pena será aumentada até metade, na hipótese de ter sido previsível o resultado mais grave.

COMENTÁRIOS

Gabarito: *a*. O fundamento está no art. 29, § 1º, do Código Penal: "Se a participação for de menor importância, a pena pode ser diminuída de um sexto a um terço".

Alternativa *b*: o fundamento está no art. 30 do Código Penal: "Não se comunicam as circunstâncias e as condições de caráter pessoal, salvo quando elementares do crime".

Alternativa *c*: o fundamento está no art. 31 do Código Penal: "O ajuste, a determinação ou instigação e o auxílio, salvo disposição expressa em contrário, não são puníveis, se o crime não chega, pelo menos, a ser tentado".

Alternativa *d*: o fundamento está no art. 29, § 2º, do Código Penal: "Se algum dos concorrentes quis participar de crime menos grave, ser-lhe-á aplicada a pena deste; essa pena será aumentada até metade, na hipótese de ter sido previsível o resultado mais grave".

09. (TRF2 - 2017 - Juiz Federal) Assinale a opção correta: (...) Se "A" determina que "B" aplique uma surra em "C", e este, ao executar a ação, excede-se, causando a morte de "C", o Código Penal Brasileiro determina que ambos respondam por homicídio, em decorrência da adoção do sistema monista no concurso de pessoas.

COMENTÁRIOS

Gabarito: incorreta. Caso "B" se exceda durante a execução da ação, se estará diante da cooperação dolosamente distinta, prevista no art. 29, § 2º, do CP ("Se algum dos concorrentes quis participar de crime menos grave, ser-lhe-á aplicada a pena deste; essa pena será aumentada até metade, na hipótese de ter sido previsível o resultado mais grave"), também conhecido como desvio subjetivo de conduta. Neste caso haverá exceção à teoria monista no concurso de pessoas.

10. (CESPE – 2016 – TRT8 – Analista Judiciário) A respeito do concurso de pessoas, assinale a opção correta.

a) As circunstâncias objetivas se comunicam, mesmo que o partícipe delas não tenha conhecimento.

b) Em se tratando de peculato, crime próprio de funcionário público, não é possível a coautoria de um particular, dada a absoluta incomunicabilidade da circunstância elementar do crime.

c) A determinação, o ajuste ou instigação e o auxílio não são puníveis.

d) Tratando-se de crimes contra a vida, se a participação for de menor importância, a pena aplicada poderá ser diminuída de um sexto a um terço.

e) No caso de um dos concorrentes optar por participar de crime menos grave, a ele será aplicada a pena referente a este crime, que deverá ser aumentada mesmo na hipótese de não ter sido previsível o resultado mais grave.

COMENTÁRIOS

Gabarito: d. Nos termos do art. 29, § 1º, do CP, "Se a participação for de menor importância, a pena pode ser diminuída de um sexto a um terço".

Alternativa a. As circunstâncias objetivas somente se comunicam se o partícipe delas tiver conhecimento.

Alternativa b. Em se tratando de peculato, crime próprio (exige a qualidade de funcionário público), é possível a coautoria ou a participação de um particular, dada a comunicabilidade da circunstância elementar do crime (art. 30 do CP).

Alternativa c. O ajuste, a determinação ou instigação e o auxílio, salvo disposição expressa em contrário, não são puníveis, se o crime não chega, pelo menos, a ser tentado (art. 31 do CP).

Alternativa e. No caso de um dos concorrentes optar por participar de crime menos grave, ser-lhe-á aplicada a pena deste; essa pena será aumentada até metade, na hipótese de ter sido previsível o resultado mais grave (art. 29, § 2º, do CP).

11. (CESPE – 2016 – TRE-PI – Analista Judiciário) O particular não pode responder pela prática do crime de abuso de autoridade, nem mesmo como partícipe.

COMENTÁRIOS

Gabarito: incorreta. Particular pode responder por crimes em que o tipo penal exige a presença de funcionário público. Isso porque, nos termos do art. 30 do CP as elementares do crime se comunicam. Frise-se, no entanto, que o particular deve ter consciência e vontade de estar concorrendo para o crime.

12. (FCC – 2015 – CNMP – Analista) No concurso de pessoas:

a) se algum dos concorrentes quis participar de crime menos grave, ser-lhe-á aplicada a pena deste, essa pena será aumentada de 1/3 a 2/3, na hipótese de ter sido previsível o resultado mais grave.

b) quem, de qualquer modo, concorre para o crime incide nas penas a este cominadas, na medida de sua periculosidade.

c) não se comunicam as circunstâncias e as condições de caráter pessoal, salvo quando elementares do crime.

d) o ajuste, a determinação ou instigação e o auxílio, salvo disposição expressa em contrário, não são puníveis, se o crime não chega a ser consumado.

e) se a participação for de menor importância, a pena pode ser diminuída até metade.

COMENTÁRIOS

Gabarito: c. O fundamento está no art. 30 do CP: "Não se comunicam as circunstâncias e as condições de caráter pessoal, salvo quando elementares do crime".

Alternativa a: errada. De acordo com o art. 29, § 2º, do CP, se algum dos concorrentes quis participar de crime menos grave, ser-lhe-á aplicada a pena deste; essa pena será aumentada até metade, na hipótese de ter sido previsível o resultado mais grave.

Alternativa b: errada. Conforme o art. 29, *caput*, do CP, quem, de qualquer modo, concorre para o crime incide nas penas a este cominadas, na medida de sua culpabilidade.

Alternativa d: errada. Refere o art. 31 do CP: "O ajuste, a determinação ou instigação e o auxílio, salvo disposição expressa em contrário, não são puníveis, se o crime não chega, pelo menos, a ser tentado".

Alternativa e: errada. O art. 29, § 1º, do CP dispõe que "Se a participação for de menor importância, a pena pode ser diminuída de um sexto a um terço".

13. (FGV - 2015 - TCE-RJ - Auditor) Sobre o tema concurso de agentes, é correto afirmar que:

a) em regra, aquele que instiga terceira pessoa à prática de um crime, por este responde, ainda que o instigado não tenha iniciado a execução do delito;

b) não se comunicam as circunstâncias e as condições de caráter pessoal, mesmo quando elementares do crime;

c) na teoria da acessoriedade limitada, somente haverá a punição do partícipe se o autor houver praticado uma conduta que seja típica, ilícita e culpável;

d) se um dos concorrentes quis participar de crime menos grave, a pena deste lhe será aplicada, com o aumento de metade na hipótese de ter sido previsível o resultado mais grave;

e) não se exige homogeneidade de elemento subjetivo no concurso de pessoas, admitindo-se participação culposa em crime doloso.

COMENTÁRIOS

Gabarito: d. O fundamento está no art. 29, § 2º, do CP: "Se algum dos concorrentes quis participar de crime menos grave, ser-lhe-á aplicada a pena deste; essa pena será aumentada até metade, na hipótese de ter sido previsível o resultado mais grave".

Alternativa a: errada. Isso porque o ajuste, a determinação ou instigação e o auxílio, salvo disposição expressa em contrário, não são puníveis, se o crime não chega, pelo menos, a ser tentado (CP, art. 31). E, de acordo com o art. 14, II, do CP, o crime estará tentado quando, iniciada a execução, não se consuma por circunstâncias alheias à vontade do agente.

Alternativa b: errada. O fundamento está no art. 30 do CP: "Não se comunicam as circunstâncias e as condições de caráter pessoal, salvo quando elementares do crime".

Alternativa c: errada. Pela teoria da acessoriedade limitada, haverá fundamento para a punição do partícipe se o autor praticar fato típico e ilícito apenas.

Alternativa e: errada. Para que exista concurso de pessoas, é necessária a homogeneidade do elemento subjetivo (princípio da convergência de vontades), ou seja, não há participação dolosa em crime culposo, ou participação culposa em crime doloso.

14. (CONSULPLAN - 2015 - TJ-MG - Titular de Serviços de Notas e de Registro) Tícia, na qualidade de ordenadora de despesas de órgão público, emitiu cheques para pagamento de serviços fictícios de empresa particular pertencente a Fraudelina. Atendendo ao prévio ajuste, os valores foram repartidos entre ambas. Segundo as disposições aplicáveis ao concurso de pessoas, é correto afirmar:

a) Tícia responderá por peculato e Fraudelina responderá por corrupção ativa, pois as circunstâncias e as condições de caráter pessoal não se comunicam.

b) Tícia responderá por peculato e Fraudelina responderá por estelionato, pois as circunstâncias e as condições de caráter pessoal não se comunicam.

c) Ticia e Fraudelina responderão, respectivamente, por corrupção passiva e corrupção ativa.

d) Tícia e Fraudelina responderão por peculato.

COMENTÁRIOS

Gabarito: d. A regra, no Brasil, é a teoria monista. Isso significa que todos os concorrentes respondem pelo mesmo crime. Para tanto, deve-se lembrar que, conforme disposição do art. 30 do Código Penal, as elementares se comunicam no concurso de pessoas, desde que ingressem na esfera de conhecimento de todos os agentes. No caso proposto, Fraudelina (que é particular) também responderá por crime funcional, já que, como dito, a elementar "funcionário público" (relativa a Tícia) se comunica.

15. (FUNIVERSA - 2015 - PC-DF - Delegado de Polícia) Assinale a alternativa correta acerca do concurso de pessoas.

a) De acordo com a teoria pluralística, há um crime para os autores, que realizam a conduta típica emoldurada no ordenamento positivo, e outro crime para os partícipes, que desenvolvem uma atividade secundária.
b) O ajuste, a determinação ou instigação e o auxílio são puníveis ainda que o crime não tenha sido tentado.
c) O CP adotou, como regra, a teoria dualística.
d) Segundo a teoria monista ou unitária, a cada participante corresponde uma conduta própria, um elemento psicológico próprio e um resultado igualmente particular.
e) São requisitos do concurso de pessoas a pluralidade de participantes e de condutas, a relevância causal de cada conduta, o vínculo subjetivo entre os participantes e a identidade de infração penal.

COMENTÁRIOS

Gabarito: e. Os requisitos do concurso de pessoas são efetivamente quatro: a) pluralidade de condutas e agentes; b) relevância causal de cada um das condutas; c) liame subjetivo entre os agentes; e d) unidade de fato.

Alternativa a: errada. Para a teoria pluralista ou pluralística, cada agente pratica um delito próprio. Ou seja, para uma pluralidade de agentes, haverá uma pluralidade de crimes: um delito para cada agente.

Alternativa b: errada. De acordo com o art. 31 do CP, "O ajuste, a determinação ou instigação e o auxílio, salvo disposição expressa em contrário, não são puníveis, se o crime não chega, pelo menos, a ser tentado".

Alternativa c: errada. O Código Penal adotou, como regra, a teoria monista, monística, unitária ou igualitária (v. item 25 da Exposição de Motivos da Nova Parte Geral do Código Penal).

Alternativa d: errada. Para a teoria monista, como os concorrentes visam ao mesmo resultado, todos (independentemente da distinção entre coautores e partícipes) respondem pelo mesmo crime.

16. (IADES – 2014 – TRE-PA – Analista Judiciário) Em relação ao tema concurso de pessoas no Código Penal Brasileiro (CPB), prevê o art. 29, in verbis prevê: "Quem, de qualquer modo, concorre para o crime incide nas penas a este cominadas, na medida de sua culpabilidade." A teoria adotada pelo CPB referente ao concurso de pessoas é a:

a) dualista.
b) monista sem exceções.
c) pluralista.
d) monística, admitindo-se a exceção pluralista à teoria monista.
e) universalista.

COMENTÁRIOS

Gabarito: correta. A adoção da teoria monista (monística, unitária ou igualitária) vem disposta no item 25 da Exposição de Motivos da Nova Parte Geral do Código Penal: "Ao reformular o Título IV, adotou-se a denominação "Do Concurso de Pessoas" decerto mais abrangente, já que a co-autoria não esgota as hipóteses do concursus delinquentium. O Código de 1940 rompeu a tradição originária do Código Criminal do Império, e adotou neste particular a teoria unitária ou monástica do Código italiano, como corolário da teoria da equivalência das causas (Exposição de Motivos do Ministro Francisco Campos, item 22). Sem completo retorno à experiência passada, curva-se, contudo, o Projeto aos críticos dessa teoria, ao optar, na parte final do art. 29, e em seus dois parágrafos, por regras precisas que distinguem a autoria da participação. Distinção, aliás, reclamada com eloquência pela doutrina, em face de decisões reconhecidamente injustas". Assim, regra geral, todos respondem pelo mesmo crime (teoria monista), sejam autores, coautores ou partícipes. No entanto, há exceções pluralistas à teoria monista, tanto da parte geral (ex.: art. 29, § 2º) quanto na parte especial (ex.: art. 124, 2ª parte x art. 126) do Código Penal.

17. (CESPE – 2014 – TJ-SE – Técnico Judiciário) Em se tratando de autoria colateral, não existe concurso de pessoas.

COMENTÁRIOS

Gabarito: correta. A autoria colateral existe quando duas ou mais pessoas, desconhecendo a conduta umas das outras, praticam determinado comportamento visando ao mesmo resultado, que ocorre em razão da conduta de apenas uma delas. Não há concurso de pessoas pela ausência do vínculo subjetivo entre os agentes. Cada agente responderá por aquilo que praticou.

18. (CESPE - 2014 - TJ-SE - Analista Judiciário) Para um coautor cujas ações tiverem resultado em crime mais grave, apesar de ele ter desejado participar de crime de menor gravidade, a pena aplicada deve ser a referente ao crime menos grave, que deve ser aumentada até a metade no caso de o resultado mais grave ter sido previsível quando as ações foram realizadas.

COMENTÁRIOS

Gabarito: correta. Trata-se da "cooperação dolosamente distinta", prevista no art. 29, § 2º, do CP: "Se algum dos concorrentes quis participar de crime menos grave, ser-lhe-á aplicada a pena deste; essa pena será aumentada até metade, na hipótese de ter sido previsível o resultado mais grave".

19. (FCC - 2014 - TJ-CE - Juiz) Em tema de concurso de pessoas, é possível afirmar que:

a) o concorrente, na chamada cooperação dolosamente diversa, responderá pelo crime menos grave que quis participar, mas sempre com aumento da pena.

b) indispensável a adesão subjetiva à vontade do outro, embora desnecessária a prévia combinação.

c) o ajuste, a determinação ou instigação e o auxílio nunca são puníveis, se o crime não chega, pelo menos, a ser tentado.

d) não se comunicam as circunstâncias e as condições de caráter pessoal, ainda que elementares do crime.

e) a participação de menor importância constitui causa geral de diminuição da pena, incidindo na segunda etapa do cálculo.

COMENTÁRIOS

Gabarito: b. Para a caracterização do concurso de pessoas, mostra-se indispensável o liame subjetivo entre os agentes, ou seja, a vontade de colaborar para o mesmo crime. No entanto, é desnecessária a prévia combinação (pactum sceleris), mas deve o participante saber que está aderindo ao crime (scientia sceleris ou scientia maleficci).

Alternativa a: Errada, já que o aumento de pena (até metade) previsto no art. 29, § 2º, do CP somente incidirá "na hipótese de ter sido previsível o resultado mais grave".

Alternativa c: Errada, pois "o ajuste, a determinação ou instigação e o auxílio, salvo disposição expressa em contrário, não são puníveis, se o crime não chega, pelo menos, a ser tentado" (art. 31 do CP). Como se vê, o ajuste pode excepcionalmente ser punido, como no crime de associação criminosa (art. 288 do CP).

Alternativa d: Errada, porque as elementares, desde que conhecidas, se comunicam. O fundamento está no art. 30 do CP: "Não se comunicam as circunstâncias e as condições de caráter pessoal, salvo quando elementares do crime".

Alternativa e: Errada, uma vez que a participação de menor importância, sendo uma minorante genérica (causa geral de diminuição), incide na terceira (e não na segunda) fase de aplicação da pena.

20. (FEPESE - 2013 - DPE-SC - Analista) Assinale a alternativa correta, de acordo com o Código Penal brasileiro.

a) O Código Penal brasileiro adota, no concurso de pessoas, a teoria monista.

b) No concurso de pessoas, cada um dos agentes responde por um tipo de infração diversa.

c) Praticado o crime em concurso de pessoas a pena será aumentada de um a dois terços.

d) Na teoria dualista, adotada pelo Código Penal brasileiro para casos de concurso de pessoas, o autor e o partícipe respondem por infrações penais autônomas.

e) Verificada a pluralidade de agentes e de condutas estará configurado o concurso de pessoas.

COMENTÁRIOS

Gabarito: a. O CP brasileiro adota a teoria monista, como se observa a disposição do ***item 25*** da Exposição de Motivos da Nova Parte Geral.

Alternativa b: Errada, pois o CP brasileiro, em seu art. 29, dispõe que "quem, de qualquer modo, concorre para o crime incide nas penas a este cominadas, na medida de sua culpabilidade". Ou seja, em regra, todos respondem pelo mesmo crime (teoria monista).

Alternativa c: Errada, já que cada concorrente responderá pelo crime "na medida de sua culpabilidade" (art. 29 do CP). Em regra, não há previsão de causa de aumento em razão de o crime ser praticado em concurso de pessoas, embora em alguns delitos o próprio tipo penal comine a majorante (ex.: roubo majorado pelo concurso de pessoas – art. 157, § 2º, II, do CP).

Alternativa d: Errada, porque a teoria dualista não foi adotada pelo CP brasileiro, segundo predomina na doutrina.

Alternativa e: Errada, pois os requisitos do concurso de pessoas são: pluralidade de condutas, a relevância causal e jurídica de cada uma das ações, o liame subjetivo entre os agentes e a identidade de fato.

21. (CESPE – 2013 – MPU – Analista) Tratando-se de concurso de agentes, quando comprovada a vontade de um dos autores do fato em participar de crime menos grave, a pena será diminuída até a metade, na hipótese de o resultado mais grave ter sido previsível, não podendo, contudo, ser inferior ao mínimo da pena cominada ao crime efetivamente praticado.

COMENTÁRIOS

Errada. De acordo com o § 2º do art. 29 do CP, "Se algum dos concorrentes quis participar de crime menos grave, ser-lhe-á aplicada a pena deste; essa pena será aumentada até metade, na hipótese de ter sido previsível o resultado mais grave".

22. (CESPE – 2013 – TJ-DF – Técnico Judiciário) Se determinada pessoa, querendo chegar rapidamente ao aeroporto, oferecer pomposa gorjeta a um taxista para que este dirija em velocidade acima da permitida e, em razão disso, o taxista atropelar e, consequentemente, matar uma pessoa, a pessoa que oferecer a gorjeta participará de crime culposo.

COMENTÁRIOS

Errada. Como visto no item 3.4, a doutrina pátria, de forma amplamente majoritária, não admite a participação (figura do partícipe) nos crimes culposos. Trata-se de coautoria, pois tanto o taxista como o cliente não observaram o dever de cuidado, dando causa ao resultado.

23. (FCC – 2012 – TRF5 – Analista Judiciário) Indivíduos que são alcançados pela lei penal, não porque tenham praticado uma conduta ajustável a uma figura delitiva, mas porque, executando atos sem conotação típica, contribuíram, objetivamente e subjetivamente, para a ação criminosa de outrem:

a) não são punidos por atipicidade da conduta.
b) são coautores e incidem na mesma pena cabível ao autor do crime.
c) são concorrentes de menor importância e têm a pena diminuída de um sexto a um terço.
d) são considerados partícipes e incidem nas penas cominadas ao crime, na medida de sua culpabilidade.
e) podem ser coautores ou partícipes e a pena, em qualquer caso, é diminuída de um terço.

COMENTÁRIOS

Gabarito: d. A participação consiste em contribuir na conduta criminosa do autor praticando atos que não se amoldam diretamente à figura típica, e que não representem o domínio final do fato. O partícipe responde pelo delito na forma do art. 29, *caput*, do CP: "Quem, de qualquer modo, concorre para o crime incide nas penas a este cominadas, na medida de sua culpabilidade".

Alternativa a: Errada, pois os partícipes são punidos na medida da sua culpabilidade.

Alternativa b: Errada. Se os agentes executaram atos sem conotação típica (não realizaram os elementos do tipo), contribuindo para a ação criminosa de outrem, não há coautoria, mas participação.

Alternativa c: Errada, porque a questão não descreve participação de menor importância (art. 29, § 1º, do CP).

Alternativa e: Errada, pois os agentes são partícipes, e não coautores, não havendo previsão de diminuição da pena de um terço.

24. (CONSULPLAN – 2012 – TSE – Analista Judiciário) As afirmativas fazem menção ao instituto do concurso de pessoas no direito penal. Assinale a correta.

a) Quem, de qualquer modo, concorre para o crime incide nas penas a este cominadas. No entanto, o julgador poderá isentar de pena um dos concorrentes se entender que sua participação foi de menor importância.

b) Se algum dos concorrentes quis participar de crime menos grave, ser-lhe-á aplicada a pena deste; essa pena será aumentada até metade, na hipótese de ter sido previsível o resultado mais grave.
c) De acordo com o código penal pátrio, o ajuste, a determinação, a instigação e o auxílio serão sempre impuníveis se o crime não chegar, pelo menos, a ser tentado.
d) Não se comunicam entre os concorrentes as circunstâncias e as condições de caráter pessoal, ainda que tais circunstâncias e condições sejam reconhecidas como elementares do crime.

COMENTÁRIOS

Gabarito: b. O fundamento está no art. 29, § 2º, do Código Penal.

Alternativa a: Errada, conforme disposição do art. 29, *caput*, do CP: "Quem, de qualquer modo, concorre para o crime incide nas penas a este cominadas, na medida de sua culpabilidade". No entanto, se a participação for de menor importância, a pena pode ser diminuída de um sexto a um terço. Ou seja, a participação de menor importância é causa de diminuição de pena e não de sua isenção.

Alternativa c: Errada, conforme disposição do art. 31 do CP: "O ajuste, a determinação ou instigação e o auxílio, salvo disposição expressa em contrário, não são puníveis, se o crime não chega, pelo menos, a ser tentado".

Alternativa d: Errada, conforme disposição do art. 30 do CP: "Não se comunicam as circunstâncias e as condições de caráter pessoal, salvo quando elementares do crime".

25. (FCC - 2012 - TCE-AP - Analista) A respeito do concurso de pessoas, é correto afirmar:

a) Para fins de aplicação da pena no concurso de pessoas é irrelevante que a participação tenha sido de menor importância.
b) Se algum dos concorrentes quis participar de crime menos grave, ser-lhe-á aplicada a pena do crime mais grave.
c) É possível a participação em crime comissivo puro.
d) As condições e circunstâncias pessoais comunicam-se entre os coautores e partícipes quando não forem elementares do crime.
e) Pode ocorrer participação culposa em crime doloso ou participação dolosa em crime culposo.

COMENTÁRIOS

Gabarito: c. Os crimes comissivos são aqueles cujo tipo penal descreve uma ação proibida, admitindo tanto a coautoria quanto a participação.

Alternativa a: Errada, pois a participação de menor importância não é irrelevante para a fixação da pena, já que poderá diminuí-la de um sexto a um terço.

Alternativa b: Errada, porque se algum dos concorrentes quis participar de crime menos grave, ser-lhe-á aplicada a pena deste (do menos grave), conforme disposição do § 2º do art. 29 do CP.

Alternativa d: Errada, uma vez que o Código Penal, no art. 30, determina a incomunicabilidade das circunstâncias e condições pessoais, salvo quando elementares do crime (ex.: "funcionário público").

Alternativa e: Errada, pois para que se configure o concurso de pessoas é necessária a ***homogeneidade do elemento subjetivo***, não sendo admitida a participação culposa em crime doloso e nem a participação dolosa em crime culposo.

2. QUESTÕES DE CONCURSOS

01. (INSTITUTO AOCP - 2020 - Analista Jurídico) No concurso de pessoas, se a participação for de menor importância, a pena pode ser diminuída de um a dois terços.

02. (VUNESP - 2019 - TJ-RS - Titular de Serviços de Notas e de Registros) Considere a seguinte situação hipotética e assinale a alternativa correta. Pedro e Paulo combinam de furtar uma quitanda. Acertam que, dentro do estabelecimento, um deles distrairá o dono do estabelecimento, fingindo um desmaio, enquanto o outro, sem ser visto, aproximar-se-á da caixa registradora e subtrairá, sorrateiramente, as cédulas de dinheiro que lá se encontram. No dia da ação criminosa, sem que Pedro saiba, Paulo carrega uma arma de fogo consigo. Quando Paulo finge o desmaio o dono da quitanda percebe que ele portava uma arma de fogo e foge, levando consigo a chave da caixa registradora. Paulo, então, dispara e mata o dono da quitanda. Em seguida, Paulo pega a chave, recolhe o dinheiro da caixa registradora e foge, acompanhado de Pedro.

a) Pedro será punido com a pena do furto simples, pois quis participar de crime menos grave.

b) Pedro será punido por roubo qualificado pelo resultado morte, com pena aumentada pelo uso de arma de fogo.
c) Pedro será punido com a pena do furto qualificado, pois quis participar de crime menos grave.
d) Paulo responderá por roubo impróprio, com pena aumentada pelo uso de arma de fogo e pelo resultado morte.
e) Pedro e Paulo, unidos pelo liame subjetivo do concurso de pessoas, estarão sujeitos à mesma pena corporal.

03. (INSTITUTO AOCP – 2019 – PC-ES – Perito Oficial Criminal) Considerando as disposições do Código Penal em relação ao concurso de pessoas, assinale a alternativa INCORRETA.

a) Quem, de qualquer modo, concorre para o crime incide nas penas a este cominadas, na medida de sua culpabilidade.
b) Se a participação for de menor importância, a pena pode ser diminuída de um sexto a um terço.
c) Se algum dos concorrentes quis participar de crime menos grave, ser-lhe-á aplicada a pena deste; essa pena será aumentada até metade, na hipótese de ter sido previsível o resultado mais grave.
d) Não se comunicam as circunstâncias e as condições de caráter pessoal, ainda que elementares do crime.
e) O ajuste, a determinação ou instigação e o auxílio, salvo disposição expressa em contrário, não são puníveis, se o crime não chega, pelo menos, a ser tentado.

04. (Crescer Consultorias – 2019 – Prefeitura de Jijoca de Jericoacoara-CE – Procurador do Município) A teoria do domínio de fato:

a) Não reconhece a figura da autoria meditada.
b) Impede a aceitação da figura do partícipe.
c) Foi adotada expressamente no Código Penal.
d) É adotada apenas nos crimes dolosos.

05. (Instituto AOCP – 2018 – TRT1 – Técnico Judiciário) Três indivíduos que são amigos reúnem-se para fazer uso de narcóticos. Porém, em dado momento, os entorpecentes acabam e eles não têm mais dinheiro para reabastecer o vício. Um deles, chamado Ronaldo, propõe que se dirijam a um ponto de ônibus para roubar algum transeunte que lá esteja aguardando a chegada do veículo de lotação. Contudo, ao se aproximarem do referido ponto de ônibus, uma viatura policial passa por eles, inibindo-lhes a vontade de praticar o delito. Se o crime de roubo planejado pelo trio não chegou pelo menos a ser tentado, qual é a consequência penal para Ronaldo, aquele que havia sugerido a prática desse delito contra o patrimônio? A) Nenhuma, pois tais atos são relativamente nulos. B) Ele responderá por participação de menor importância. C) Ele responderá por tentativa de roubo, nos termos do art. 14 do Código Penal. D) Nenhuma, pois tais atos são impuníveis. E) Ele responderá por roubo com aplicação de causa de diminuição de pena por arrependimento eficaz, nos termos do art. 15 do Código Penal.

06. (VUNESP – 2018 – PC-SP – Investigador de Polícia) No que diz respeito ao concurso de pessoas e às expressas regras do CP (arts. 29 a 31): A) não se comunicam as circunstâncias e as condições de caráter pessoal, salvo quando elementares do crime. B) quem, de qualquer modo, concorre para o crime incide nas penas a este cominadas, na medida de sua punibilidade. C) aplica-se a mesma pena a todos os coautores, ainda que a participação seja de menor importância. D) quem, de qualquer modo, concorre para o crime incide nas penas a este cominadas, na medida de sua voluntariedade. E) mesmo que o crime sequer seja tentado, o ajuste, a determinação ou a instigação e o auxílio sempre são puníveis.

07. (FCC – 2018 – ALESE – Analista Legislativo) É certo que um crime pode ser praticado por uma ou mais pessoas. Quando isso acontece, está-se diante da hipótese de concurso de pessoas, também conhecido como concurso de agentes. Nesse caso: A) ainda que algum dos concorrentes tenha querido participar de crime menos grave, ser-lhe-á, obrigatoriamente, aplicada a pena idêntica do crime praticado pelo seu comparsa, ante a adoção pelo Código Penal da teoria monista. B) em hipótese alguma se comunicam as circunstâncias e as condições de caráter pessoal na coautoria. C) o ajuste, a determinação ou instigação e o auxílio são sempre puníveis, ainda que o crime não venha a ser tentado. D) os crimes plurissubjetivos não admitem a coautoria e a participação. E) se a participação for de menor importância, a pena pode ser diminuída de um sexto a um terço.

08. (CESPE – 2017 – TRE-BA – Analista Judiciário) Pedro, José e Alfredo integram uma organização criminosa que opera com tráfico de drogas e comete vários crimes na periferia de uma grande cidade brasileira. José ocupa uma posição mais alta na organização, sendo responsável por punir quem não correspondesse às expectativas do grupo. Certo dia, tendo Alfredo falhado na cobrança de uma dívida do tráfico, José, com a ajuda de Pedro, deu-lhe uma surra. Com o objetivo de se vingar de ambos, Alfredo armou um plano para acabar com a vida de José e atribuir a responsabilidade a Pedro. Assim, durante um tiroteio entre integrantes da organização criminosa e policiais, Alfredo, apontando na direção de José, que estava atrás de um arbusto, orientou Pedro a atirar nele, sob a alegação de que se tratava de um policial. O tiro atingiu José e Alfredo fugiu. Tendo percebido o erro, Pedro levou José ao hospital, o que evitou sua morte. Considerando que, conforme o Código Penal, o crime de homicídio consiste em matar alguém e o crime de lesão corporal em ofender a integridade corporal ou a saúde de outrem, assinale a opção correta a respeito da responsabilização de Alfredo e Pedro na situação hipotética apresentada.

a) Pedro não será responsabilizado pela prática de crime, em razão do erro sobre pessoa, e Alfredo responderá por tentativa de homicídio.
b) Alfredo será responsabilizado por tentativa de homicídio e Pedro por lesão corporal.
c) Nem Alfredo nem Pedro serão responsabilizados pela prática de crime, já que Pedro impediu a morte de José.
d) Tanto Pedro quanto Alfredo responderão por tentativa de homicídio.
e) Pedro não será responsabilizado pela prática de crime, por estar configurada discriminante putativa, e Alfredo responderá por lesão corporal.

09. (FCC – 2017 – PC-AP – Agente) Mário e Mauro combinam a prática de um crime de furto a uma residência. Contudo, sem que Mário saiba, Mauro arma-se de um revólver devidamente municiado. Ambos, então, ingressam na residência escolhida para subtrair os bens ali existentes. Enquanto Mário separava os objetos para subtração, Mauro é surpreendido com a presença de um dos moradores que, ao reagir a ação criminosa, acaba sendo morto por Mauro. Nesta hipótese:

a) Mário e Mauro responderão pela prática de latrocínio.
b) Mário e Mauro responderão pela prática de furto.
c) Mário responderá pela prática de furto simples e Mauro responderá pela prática de furto qualificado.
d) Mário responderá apenas pelo furto e Mauro responderá pela prática dos crimes de porte ilegal de arma de fogo, furto e homicídio.
e) Mário responderá pela prática de furto e Mauro pelo crime de latrocínio.

10. (VUNESP – 2017 – Prefeitura de Porto Ferreira-SP – Procurador Jurídico) Sobre o concurso de pessoas, assinale a alternativa correta.

a) Quem, de qualquer modo, concorre para o crime incide nas penas a este cominadas, na medida de sua personalidade.
b) Se a participação for de maior importância, a pena pode ser majorada de um sexto a um terço.
c) Se algum dos concorrentes quis participar de crime menos grave, ser-lhe-á aplicada a pena deste; essa pena será aumentada até o dobro, na hipótese de ter sido previsível o resultado mais grave.
d) Não se comunicam as circunstâncias e as condições de caráter pessoal, salvo quando elementares do crime.
e) O ajuste, a determinação, a sedição ou instigação e o auxílio ou cooperação material não são puníveis, se o crime não chega, pelo menos, a ser executado.

11. (FCC – 2016 – TRF3 – Analista Judiciário) Particular pode ser coautor do crime de concussão.

12. (CESPE – 2015 – TRE-GO – Analista Judiciário) Caso um indivíduo obtenha de um amigo, por empréstimo, uma arma de fogo, dando-lhe ciência de sua intenção de utilizá-la para matar outrem, o amigo que emprestar a arma será considerado partícipe do homicídio se o referido indivíduo cometer o crime pretendido, ainda que este não utilize tal arma para fazê-lo e que o amigo não o estimule a praticá-lo.

13. (FUNIVERSA – 2015 – PC-DF – Delegado de Polícia) No que se refere à teoria do domínio do fato, é correto afirmar que:

a) a teoria do domínio do fato objetiva oferecer critérios para a diferenciação entre autor e partícipe, sem a pretensão de fixar parâmetros sobre a existência, ou não, de responsabilidade penal.
b) um agente criminoso que dirija o automóvel essencial e imprescindível para a fuga de um grupo de criminosos que rouba um banco, de acordo com a teoria do domínio do fato, pratica roubo, em coautoria, por domínio da vontade.
c) a teoria do domínio do fato equivale à teoria objetivo-formal de autoria.
d) o domínio do fato se manifesta em três diferentes formas: domínio da ação, na modalidade autoria mediata; domínio da vontade, na forma de autoria imediata; e domínio funcional do fato, como coautoria.
e) a teoria do domínio do fato contribui para a diferenciação entre autor e partícipe no caso de crimes omissivos próprios e de crimes culposos.

14. (FCC – 2015 – SEFAZ-PE – Julgador Administrativo Tributário do Tesouro Estadual) Pessoa empresta seu nome e sua qualificação para sonegador constituir uma empresa e efetivar negócios fraudulentos que resultam em lesão ao erário. Nesse caso, poderá responder criminalmente, segundo a teoria do domínio do fato:

a) como coautor, pois integra o fato criminoso com conduta condizente com o verbo do tipo penal, sonegação, e, por isso, responde igualmente com o comparsa.
b) como coautor, pois integra o fato criminoso com conduta imprescindível para sua realização, ou seja, a constituição da empresa, que viabilizou o desenvolvimento da atividade criminosa.

c) como partícipe, pois apenas assessorou o coautor para que este pudesse efetivar a prática criminosa com o empréstimo de seu nome e qualificação para a constituição da empresa, recebendo, todavia, a mesma pena.

d) como partícipe, pois apenas assessorou o coautor para que este pudesse efetivar a prática criminosa com o empréstimo de seu nome e qualificação para a constituição da empresa, recebendo a pena proporcional à sua participação.

e) apenas na condição de testemunha, por sua conduta se tratar de fato atípico, ou seja, não previsto no tipo penal.

15. (VUNESP – 2015 – PC-CE – Inspetor de Polícia) No que diz respeito ao concurso de pessoas, segundo as disposições previstas no Código Penal, é correto afirmar que:

a) não se comunicam as circunstâncias e as condições de caráter pessoal, mesmo quando elementares do crime.

b) quem, de qualquer modo, concorre para o crime incide nas penas a este cominadas, independentemente se quis participar de crime menos grave

c) o ajuste, a determinação ou instigação e o auxílio, salvo disposição expressa em contrário, não são p uníveis, se o crime, apesar de iniciada a execução, não chega a ser consumado.

d) quem, de qualquer modo, concorre para o crime incide nas penas a este cominadas, na medida de sua culpabilidade.

e) se algum dos concorrentes quis participar de crime menos grave, a pena pode ser diminuída de um sexto a um terço.

16. (FCC – 2014 – TRF3 – Analista Judiciário) Segundo a jurisprudência dominante no âmbito do Tribunal Regional Federal da 3ª Região, bem como do Superior Tribunal de Justiça, aliás em sintonia com segmento importante da doutrina brasileira mais contemporânea, no crime de falso testemunho ou falsa perícia,

a) é possível participação e autoria mediata.

b) é possível participação, mas não autoria mediata.

c) não é possível participação, mas sim autoria mediata.

d) é impossível participação ou autoria mediata.

e) é possível autoria indireta, mas não autoria mediata.

17. (FEPESE – 2014 – MP-SC – Promotor de Justiça) Quem, de qualquer modo, concorre para o crime incide nas penas a este cominadas, na medida de sua culpabilidade. Entretanto, se algum dos concorrentes quis participar de crime menos grave, ser-lhe-á aplicada a pena deste, não cabendo qualquer espécie de aumento.

18. (VUNESP – 2014 – Câmara Municipal de São José dos Campos-SP – Analista Legislativo) CP, art. 30: quando se verifica o concurso de pessoas em matéria penal, não se comunicam as circunstâncias e as condições de caráter pessoal,

a) salvo nos crimes contra a Administração Pública.

b) salvo no caso de extinção da punibilidade.

c) salvo nos crimes contra a Fé Pública.

d) salvo quando elementares do crime.

e) em hipótese alguma.

19. (ACAFE – 2014 – PC-SC – Agente de Polícia) De acordo com as disposições do Código Penal relativas ao concurso de pessoas, analise as afirmações a seguir e assinale a alternativa correta.

I. Quem, de qualquer modo, concorre para o crime, incide nas penas a este cominadas, na medida de sua culpabilidade.

II. As circunstâncias e as condições de caráter pessoal se comunicam, salvo quando elementares do crime.

III. O ajuste, a determinação ou instigação e o auxílio, são puníveis, como se o crime fosse tentado.

IV. Se algum dos concorrentes quis participar de crime menos grave, ser-lhe-á aplicada a pena deste.

a) Todas as afirmações estão corretas.

b) Apenas I, II e III estão corretas.

c) Apenas II e IV estão corretas.

d) Apenas I e IV estão corretas.

e) Todas as afirmações estão incorretas.

20. (VUNESP – 2014 – PC-SP – Delegado de Polícia) Segundo o conceito restritivo, é autor aquele que:

a) tem o domínio do fato.

b) realiza a conduta típica descrita na lei.

c) contribui com alguma causa para o resultado.

d) age dolosamente na prática do crime.

e) pratica o fato por interposta pessoa que atua sem culpabilidade.

21. (Aroeira – 2014 – PC-TO – Escrivão de Polícia) No caso do concurso de pessoas, se algum dos concorrentes quis participar de crime menos grave, ser-lhe-á aplicada a pena deste; na hipótese de ter sido previsível o resultado mais grave, essa pena será aumentada até:

a) um terço.

b) a metade.

c) dois terços.

d) o dobro.

22. (CESPE – 2013 – SERPRO – Analista) Havendo concurso de pessoas para a prática de crime, caso um dos agentes participe apenas de crime menos grave, será aplicada a ele a pena relativa a esse crime, desde que não seja previsível resultado mais grave.

23. **(CESPE - 2013 - TJ-DF - Técnico Judiciário)** Aquele que se utiliza de menor de dezoito anos de idade para a prática de crime é considerado seu autor mediato.

24. **(CESPE - 2013 - TJ-DF - Analista Judiciário)** Em 18/2/2011, às 21 horas, na cidade X, João, que planejara detalhadamente toda a empreitada criminosa, Pedro, Jerônimo e Paulo, de forma livre e consciente, em unidade de desígnios com o adolescente José, que já havia sido processado por atos infracionais, decidiram subtrair para o grupo uma geladeira, um fogão, um botijão de gás e um micro-ondas, pertencentes a Lúcia, que não estava em casa naquele momento. Enquanto João e Pedro permaneceram na rua, dando cobertura à ação criminosa, Paulo, Jerônimo e José entraram na residência, tendo pulado um pequeno muro e utilizado grampos para abrir a porta da casa. Antes da subtração dos bens, Jerônimo, arrependido, evadiu-se do local e chamou a polícia. Ainda assim, Paulo e José se apossaram de todos os bens referidos e fugiram antes da chegada da polícia. Dias depois, o grupo foi preso, mas os bens não foram encontrados. Na delegacia, verificou-se que João, Pedro e Paulo já haviam sido condenados anteriormente pelo crime de estelionato, mas a sentença não havia transitado em julgado e que Jerônimo tinha sido condenado, em sentença transitada em julgado, por contravenção Penal. Como o crime foi executado por Paulo e por José, menor de idade, e, por isso, inimputável, não incidirá a qualificadora do concurso de pessoas.

25. **(CESPE - 2012 - TJ-RO - Analista)** Em relação ao concurso de pessoas, assinale a opção correta.

a) Os requisitos para o concurso de pessoas incluem a pluralidade de agentes e de condutas, identidade da infração penal e a existência de prévio acordo entre os agentes.
b) No concurso de pessoas, comunicam-se as circunstâncias e as condições de caráter pessoal, ainda que não sejam elementares do crime.
c) Em sede de concurso de pessoas, o simples ajuste, a instigação ou o auxílio são puníveis a título de participação, mesmo que o autor não tenha iniciado a execução do delito.
d) O servidor público somente será processado por crime funcional próprio se desconhecia, quando do crime, a condição de servidor público do comparsa.
e) Aquele que se serve de pessoa inimputável ou inconsciente para realizar ação delituosa é responsável pelo evento na condição de autor indireto ou mediato.

26. **(FCC - 2012 - TRE-CE - Analista Judiciário)** José, João e Mario praticam um determinado delito. Contudo, José, um dos concorrentes, queria participar de delito menos grave daquele cometido pelos agentes. Neste caso, para José, será aplicada a pena do crime:

a) menos grave, aumentada de 1/6 a 2/3, independentemente da previsibilidade do resultado mais grave.
b) mais grave diminuída de 1/6 a 1/3.
c) mais grave em qualquer hipótese.
d) menos grave, que será aumentada até metade, na hipótese de ter sido previsível o resultado mais grave.
e) menos grave, em qualquer hipótese, sem nenhuma majoração ou redução.

GABARITO		FUNDAMENTAÇÃO
1	E	Art. 29, § 1º, CP
2	C	Art. 29, § 2º, CP
3	D	Art. 30 CP
4	D	Item 2
5	D	Art. 31 CP
6	A	Art. 30 CP
7	E	Art. 29, § 1º, CP
8	B	Arts. 29, *caput*, e 15 CP
9	E	Art. 29, § 2º, CP
10	D	Art. 30 CP
11	V	Arts. 29 e 30 CP
12	E	Item 4
13	A	Item 2
14	B	Item 2
15	D	Art. 29, *caput*, CP
16	B	Item 3.5
17	E	Art. 29, § 2º, CP
18	D	Art. 30 CP
19	D	Arts. 29 a 31 CP
20	B	Item 2
21	B	Art. 29, § 2º, CP
22	C	Art. 29, § 2º, CP
23	C	Item 2

GABARITO		FUNDAMENTAÇÃO
24	E	Art. 155, § 4º, IV, CP
25	E	Item 2
26	D	Art. 29, § 2º, CP

CAPÍTULO IV

PENAS

1. CONCEITO

Segundo o princípio *nulla poena sine crimine*, a pena é uma **consequência jurídica** da infração penal (crime ou contravenção penal). Desse modo, praticado um fato típico, ilícito e culpável, surge a possibilidade de aplicação da pena.

A pena é a espécie de sanção penal consistente na privação de determinados bens jurídicos, cujo pressuposto é a culpabilidade do agente. Entretanto, não se deve confundir pena com sanção penal. Isso porque **a pena é uma das espécies de sanção penal**. A outra é a **medida de segurança** aplicada aos inimputáveis e aos semi-imputáveis.

SANÇÃO PENAL	
	Penas
	Medidas de segurança

2. FINALIDADES DA PENA

Existe uma relação dinâmica entre o Estado e a visão dos fins da pena, de sorte que as teorias que justificam a pena encontram sua motivação em conformidade com a estrutura política do Estado. Apesar da histórica discussão acerca dos fins da pena, duas teorias se destacam: as **teorias absolutas** (pena como forma de retribuição pelo crime cometido) e as **teorias relativas** (pena como meio para se realizar o fim utilitário da prevenção de crimes). Dessas duas teorias existem outras variantes denominadas **teorias mistas, unitárias ou ecléticas**, mas sempre procurando uma combinação das duas primeiras posições.

TEORIA ABSOLUTA	**Finalidade retributiva**	A pena é a retribuição estatal justa ao mal injusto causado pelo crime
TEORIA RELATIVA	**Finalidade preventiva**	Prevenção geral positiva: objetiva-se demonstrar a vigência da lei penal
		Prevenção especial positiva: objetiva-se a ressocialização do apenado
		Prevenção geral negativa: objetiva-se criar um desestímulo aos potenciais criminosos
		Prevenção especial negativa: objetiva-se evitar a reincidência
TEORIA MISTA OU UNITÁRIA OU ECLÉTICA	**Finalidades retributiva e preventiva**	Adotada pelo Código Penal (art. 59): *O juiz, atendendo à culpabilidade, aos antecedentes, à conduta social, à personalidade do agente, aos motivos, às circunstâncias e consequências do crime, bem como ao comportamento da vítima, estabelecerá, conforme seja necessário o suficiente para* ***reprovação e prevenção do crime:*** *(...)*

3. PRINCÍPIOS FUNDAMENTAIS

a) **Princípio da legalidade estrita ou da reserva legal:** vem insculpido no art. 5º, XXXIX, da CF, e art. 1º do CP: "não há crime sem lei anterior que o defina, nem pena sem prévia cominação legal" (*nullum crimen, nulla poena sine lege*).

b) **Princípio da anterioridade:** do postulado básico do princípio da legalidade decorre o princípio da anterioridade: "não há crime sem lei anterior que o defina, nem pena sem ***prévia*** cominação legal" (*nullum crimen, nulla poena sine lege praevia*). Isto quer dizer que não pode haver punição de fatos praticados antes da vigência da lei penal.

c) **Princípio da aplicação da lei mais favorável:** em regra, os fatos praticados na vigência de uma lei devem ser por ela regidos (*tempus regit actus*). Como exceção à regra, é prevista a extra-atividade da lei penal mais benéfica (art. 5º, XL, da CF e art. 2º do CP), possibilitando a sua retroatividade (aplicação da lei penal a fato ocorrido antes de sua vigência) ou a ultra-atividade (aplicação da lei após a sua revogação), desde que ainda não esgotadas as consequências jurídicas do fato.

d) **Princípio da individualização da pena:** a lei regulará a individualização da pena (art. 5º, XLVI, 1ª parte, da CF e art. 59 do CP). Três são os momentos da individualização da pena, a saber:

→ **Cominação legal** (pena abstrata): nesse momento o legislador estabelece as penas mínima e máxima dentro dos critérios de necessidade e adequação;

→ **Aplicação judicial** (pena concreta): nessa etapa compete ao magistrado a fixação da pena de acordo com as circunstâncias referentes ao fato, ao agente e à vítima;

→ **Execução penal**, a qual tem por objetivo efetivar as disposições de sentença ou decisão criminal e proporcionar condições para a harmônica integração social do condenado e do internado (art. 1º da LEP).

e) **Princípio da humanidade:** nenhuma pena pode atentar contra a dignidade da pessoa humana, de sorte que é vedada a aplicação de penas cruéis e infamantes. A pena deve ser cumprida de forma a efetivamente ressocializar o condenado. Isso significa que se ela criasse um impedimento físico permanente ao agente (como a morte ou a amputação de membro) ou um efeito jurídico inapagável a ele (como a obrigatoriedade de constar, do seu documento de identificação, os dados sobre sua condenação), haveria flagrante inconstitucionalidade.

f) **Princípio da pessoalidade ou personalidade ou intranscendência da pena:** nos termos do art. 5º, XLV, da CF, nenhuma pena passará da pessoa do condenado, podendo a obrigação de reparar o dano e a decretação do perdimento de bens ser, nos termos da lei, estendidas aos sucessores e contra eles executadas, até o limite do valor do patrimônio transferido. Com a morte, a sanção penal se resolve (*mors omnia solvit*). **Para a maioria da doutrina, resolve-se inclusive a *pena de multa*.** No entanto, os efeitos civis da sentença penal condenatória subsistem, de sorte que os herdeiros respondem até o limite da herança.

g) **Princípio da suficiência da pena:** o juiz estabelecerá a espécie de pena e sua quantidade conforme seja necessária e suficiente para reprovação e prevenção do crime (art. 59, CP).

h) **Princípio da proporcionalidade da pena:** enfoques: 1) ***subprincípio da necessidade***: a pena privativa de liberdade deve ser aplicada de forma subsidiária, isto é, quando as outras espécies de penas não se mostrarem suficientes; 2) ***subprincípio da adequação***: a pena deve ser adequada (apta) para alcançar os fins (prevenção e retribuição); 3) ***subprincípio da proporcionalidade em sentido estrito***: os meios utilizados para consecução dos fins não devem extrapolar os limites do tolerável. Os benefícios a serem alcançados (tutela eficaz do bem jurídico) devem ser maiores que os custos (sacrifício do autor do crime ou da própria sociedade). Deve haver uma relação de proporcionalidade da pena com a gravidade da infração, ou seja, quanto mais grave o delito maior a pena.

4. PENAS PRIVATIVAS DE LIBERDADE

4.1. Espécies

O Código Penal prevê a **reclusão** e a **detenção** como as duas espécies de penas privativas de liberdade. A Lei das Contravenções Penais prevê a **prisão simples** como pena privativa de liberdade (art. 6º da LCP).

4.2. Regimes de cumprimento da pena

4.2.1. *Espécies de regimes*

O Código Penal, no **art. 33, § 1º**, prevê três espécies de regimes:

a) **Regime fechado (§ 1º, *a*)**: a pena é cumprida em estabelecimento de segurança máxima ou média;

b) **Regime semiaberto (§ 1º, *b*)**: pena é cumprida em colônia agrícola, industrial ou estabelecimento similar;

c) **Regime aberto (§ 1º, *c*)**: a pena é cumprida em casa de albergado ou estabelecimento adequado.

▶ **RDD**

- A Lei nº 10.792/2003 alterou a Lei de Execução Penal (LEP) e criou o regime disciplinar diferenciado (RDD), art. 52 da Lei nº 7.210/84.
- O "Pacote Anticrime" (Lei nº 13.964/2019) deu nova redação ao art. 52 da LEP: "A prática de fato previsto como crime doloso constitui falta grave e, quando ocasionar subversão da ordem ou disciplina internas, sujeitará o preso provisório, ou condenado, nacional ou estrangeiro, sem prejuízo da sanção penal, ao regime disciplinar diferenciado, com as seguintes características: I - duração máxima de até 2 (dois) anos, sem prejuízo de repetição da sanção por nova falta grave de mesma espécie; II - recolhimento em cela individual; III - visitas quinzenais, de 2 (duas) pessoas por vez, a serem realizadas em instalações equipadas para impedir o contato físico e a passagem de objetos, por pessoa da família ou, no caso de terceiro, autorizado judicialmente, com duração de 2 (duas) horas; IV - direito do preso à saída da cela por 2 (duas) horas diárias para banho de sol, em grupos de até 4 (quatro) presos, desde que não haja contato com presos do mesmo grupo criminoso; V - entrevistas sempre monitoradas, exceto aquelas com seu defensor, em instalações equipadas para impedir o contato físico e a passagem de objetos, salvo expressa autorização judicial em contrário; VI - fiscalização do conteúdo da correspondência; VII - participação em audiências judiciais preferencialmente por videoconferência, garantindo-se a participação do defensor no mesmo ambiente do preso".

4.2.2. *Fixação do regime inicial*

No momento da sentença condenatória, o juiz, após analisar as circunstâncias judiciais, as circunstâncias atenuantes e agravantes, bem como as causas de diminuição (ou minorantes) e de aumento (ou majorantes), estabelecerá: as penas aplicáveis dentre as cominadas; a quantidade de pena aplicável, dentro dos limites previstos; o **regime inicial** de cumprimento da pena privativa de liberdade; a substituição da pena privativa da liberdade aplicada, por outra espécie de pena, se cabível (CP, art. 59 c/c art. 68).

Segundo o **art. 33, § 2º**, as penas privativas de liberdade deverão ser executadas em forma progressiva, segundo o mérito do condenado, observados os seguintes critérios e ressalvadas as hipóteses de transferência a regime mais rigoroso: a) o condenado a pena superior a 8 (oito) anos deverá começar a cumpri-la em regime fechado; b) o condenado não reincidente, cuja pena seja superior a 4 (quatro) anos e não exceda a oito (oito), poderá, desde o princípio, cumpri-la em regime semiaberto; c) o condenado não reincidente, cuja pena seja igual ou inferior a 4 (quatro) anos, poderá, desde o início, cumpri-la em regime aberto. O **§ 3º** do referido artigo ainda dispõe que a determinação do regime inicial de cumprimento da pena far-se-á com observância dos critérios previstos no artigo 59 do Código Penal (análise das circunstâncias judiciais para fixação da pena necessária e suficiente para a reprovação e prevenção do crime).

Desse modo, vislumbra-se que o regime inicial será fixado em observância aos seguintes critérios: **quantidade e espécie da pena, reincidência** e análise das **circunstâncias judiciais.**

Devem ser observadas as seguintes regras:

1ª) Pena superior a 8 anos:

a) O condenado a pena de ***reclusão*, reincidente ou não,** e independentemente das circunstâncias judiciais, deverá começar a cumpri-la em regime fechado.

b) O condenado a pena de ***detenção*, reincidente ou não,** iniciará no regime semiaberto. A pena de detenção não se iniciará no regime fechado, mesmo se a quantidade da pena for superior a oito anos. Entretanto, no curso da execução é possível a transferência para o regime fechado.

2ª) Pena superior a 4 anos e não excedente de 8 anos:

a) O condenado a pena de ***reclusão*** e **não reincidente** poderá, desde o princípio, cumpri-la em regime semiaberto. Entretanto, o juiz, em análise das circunstâncias judiciais, poderá fixar o regime fechado, desde que haja motivação idônea. Segundo predomina na jurisprudência, não constitui motivação idônea a mera opinião do juiz sobre a gravidade em abstrato do crime (ex.: não pode o juiz, no crime de roubo, fixar o regime fechado constando apenas que se trata de delito grave).

> **Súmula 719 do STF:** "A imposição do regime de cumprimento mais severo do que a pena aplicada permitir exige motivação idônea".
>
> **Súmula 718 do STF:** "A opinião do julgador sobre a gravidade em abstrato do crime não constitui motivação idônea para a imposição de regime mais severo do que o permitido segundo a pena aplicada".
>
> **Súmula 440 do STJ:** "Fixada a pena-base no mínimo legal, é vedado o estabelecimento de regime prisional mais gravoso do que o cabível em razão da sanção imposta, com base apenas na gravidade abstrata do delito".

b) O condenado a pena de **reclusão** e **reincidente** deverá cumpri-la em regime fechado.

c) O condenado a pena de detenção, **reincidente ou não reincidente**, deverá cumpri-la em regime semiaberto.

3ª) Pena igual ou inferior a 4 anos:

a) O condenado a pena de ***reclusão*** ou ***detenção*** e **não reincidente** poderá, desde o início, cumpri-la em regime aberto. Entretanto, conforme enunciado da Súmula 719 do STF, poderá ser fixado regime mais severo, desde que haja motivação idônea.

b) O condenado a pena de ***reclusão*** e **reincidente** cumprirá em regime fechado. Segundo a jurisprudência, poderá iniciar no semiaberto, dependendo das circunstâncias judiciais.

> **Súmula 269 do STJ**: "É admissível a adoção do regime prisional semiaberto aos reincidentes condenados a pena igual ou inferior a quatro anos se favoráveis as circunstâncias judiciais".

c) O condenado a pena de ***detenção*** e **reincidente** cumprirá em regime semiaberto.

Por fim, cumpre ressaltar que quando houver condenação por mais de um crime, no mesmo processo ou em processos distintos, a determinação do regime de cumprimento será feita pelo resultado da soma ou unificação das penas, observada, quando for o caso, a detração ou remição (art. 111 da LEP).

> ▶ **CRIMES HEDIONDOS E EQUIPARADOS**
>
> - Na redação original da Lei dos Crimes Hediondos (Lei nº 8.072/90) constava que "A pena por crime previsto neste artigo será cumprida **integralmente** em regime fechado" (art. 2, § 1º). Ou seja, o regime era necessariamente o fechado, independentemente da quantidade da pena aplicada.
> - Em 2006, o STF declarou, de forma incidental, a sua inconstitucionalidade. Posteriormente, surgiu a Lei nº 11.464/07, dando nova redação ao art. 2º, § 1º, da Lei nº 8.072/90: "A pena por crime previsto neste artigo será cumprida **inicialmente** em regime fechado". O STF, mais uma vez, declarou, de forma incidental, a sua inconstitucionalidade, agora com a redação dada pela Lei nº 11.464/07. Isso ocorreu no julgamento do HC nº 111.840 (Pleno, j. 27/06/2012). No caso, foi reconhecida a **inconstitucionalidade da obrigatoriedade de fixação do regime fechado para o início do cumprimento de pena decorrente da condenação por crime hediondo ou equiparado.**
> - Nesse sentido: "O art. 2º, § 1º, da Lei 8.072/90 foi declarado inconstitucional pelo Plenário do STF no julgamento do HC 111.840/ES (Rel. Min. DIAS TOFFOLI), sendo, a partir de então, afastada a obrigatoriedade de imposição de regime inicial fechado aos condenados por crimes hediondos ou equiparados, que se submetem às regras do art. 33 do CP" (STJ, 6ª T., AgRg no HC 593052, j. 25/08/2020).
> - A **Lei nº 9.455/97 (Lei de Tortura)** estabelece que o condenado por crime de tortura, salvo a hipótese do § 2º do art. 1º, iniciará o cumprimento da pena em regime

fechado (art. 1º, § 7º). No entanto, "O Superior Tribunal de Justiça alinhou-se ao entendimento do Supremo Tribunal Federal sobre a inconstitucionalidade da norma disposta no § 1º do art. 2º da Lei nº 8.072/1990 (STF, HC 111.840/ES, Rel. Ministro Dias Toffoli, Tribunal Pleno, julgado em 27/6/2012), passando a inadmitir a fixação do regime inicial fechado com base na mera fundamentação ope legis, aos condenados por crimes hediondos ou a ele assemelhados. Em analogia a esse entendimento, de rigor a sua aplicação para que a fixação do regime inicial do crime de tortura ocorra nos moldes do art. 33, §§ 2º e 3º, do Código Penal, porquanto o art. 1º, § 7º, da Lei nº 9.455/1997 expõe norma idêntica à do § 1º do art. 2º da Lei nº 8.072/1990" (STJ, 5ª T., HC 378456, j. 03/10/2017).

4.2.3. Direito de cumprir a pena no estabelecimento penal adequado

Segundo a Lei de Execuções Penais (artigos 82 a 104), a sanção penal deverá ser cumprida nos seguintes estabelecimentos penais:

a) **Penitenciária:** destina-se ao condenado à pena de reclusão, em regime fechado. A União Federal, os Estados, o Distrito Federal e os Territórios poderão construir Penitenciárias destinadas, exclusivamente, aos presos provisórios e condenados que estejam em regime fechado, sujeitos ao regime disciplinar diferenciado, nos termos do art. 52 da LEP;

b) **Colônia Agrícola, Industrial ou similar:** destina-se ao cumprimento da pena em regime semiaberto;

c) **Casa do Albergado:** destina-se ao cumprimento de pena privativa de liberdade, em regime aberto, e da pena de limitação de fim de semana;

d) **Hospital de Custódia e Tratamento Psiquiátrico:** destina-se aos inimputáveis e semi-imputáveis referidos no artigo 26 e seu parágrafo único do Código Penal.

- **Cadeia pública:** destina-se ao recolhimento de presos provisórios.
- **Falta de vagas:** "2. Cumprimento de pena em regime fechado, na hipótese de inexistir vaga em estabelecimento adequado a seu regime. Violação aos princípios da individualização da pena (art. 5º, XLVI) e da legalidade (art. 5º, XXXIX). A falta de estabelecimento penal adequado não autoriza a manutenção do condenado em regime prisional mais gravoso. (...) 4. Havendo déficit de vagas, deverão ser determinados: (i) a saída antecipada de sentenciado no regime com falta de vagas; (ii) a liberdade eletronicamente monitorada ao sentenciado que sai antecipadamente ou é posto em prisão domiciliar por falta de vagas; (iii) o cumprimento de penas restritivas de direito e/ou estudo ao sentenciado que progride ao regime aberto. Até que sejam estruturadas as medidas alternativas propostas, poderá ser deferida a prisão domiciliar ao sentenciado" (STF, Pleno, RE 641320, j. 11/05/2016). No mesmo sentido: "1. A falta de estabelecimento penal adequado não autoriza a manutenção do condenado em regime prisional mais gravoso. Esse o teor da Súmula Vinculante 56, a qual se ofende com a imposição de permanência do apenado em unidade incompatível com o regime a

que fez jus, porque inviabilizada a sua transferência em razão da pandemia de Covid-19. 2. O Plenário da Corte, no julgamento do RE 641.320/RS, reconheceu a impossibilidade de excesso de execução penal e assentou o dever de o Estado-Juiz, em havendo déficit de vagas, adotar medidas alternativas, consentâneas com as particularidades do caso concreto, como (i) a saída antecipada de sentenciados em regimes menos graves ou mais antigos; (ii) a liberdade eletronicamente monitorada; (iii) o cumprimento de penas restritivas de direito e/ou estudo, para aquele que progrediu ao regime aberto; (iv) ou mesmo a prisão domiciliar, até que haja estrutura para aplicação das demais providências. 3. Agravo regimental provido, para julgar procedente a reclamação, a fim de determinar a inclusão imediata do reclamante no regime semiaberto ou a adoção, pelo Juízo da Execução Penal, das medidas alternativas, conforme os parâmetros estabelecidos no RE 641.320/RS" (STF, 2ª T., Rcl 40761 AgR, j. 29/06/2020).

- **Súmula Vinculante 56 do STF:** "A falta de estabelecimento penal adequado não autoriza a manutenção do condenado em regime prisional mais gravoso, devendo-se observar, nessa hipótese, os parâmetros fixados no RE 641.320/RS".

4.3. Progressão de regime

Nos termos do art. 33, § 2º, do CP e do art. 112 da LEP, a pena privativa de liberdade será executada em forma progressiva com a transferência para regime menos rigoroso. A atual redação do art. 112 da LEP foi dada pelo Pacote Anticrime (Lei nº 13.964/19, com vigência a partir de 23/01/2020):

Art. 112. A pena privativa de liberdade será executada em forma progressiva com a transferência para regime menos rigoroso, a ser determinada pelo juiz, quando o preso tiver cumprido ao menos:

I – 16% (dezesseis por cento) da pena, se o apenado for primário e o crime tiver sido cometido sem violência à pessoa ou grave ameaça;

II – 20% (vinte por cento) da pena, se o apenado for reincidente em crime cometido sem violência à pessoa ou grave ameaça;

III – 25% (vinte e cinco por cento) da pena, se o apenado for primário e o crime tiver sido cometido com violência à pessoa ou grave ameaça;

IV – 30% (trinta por cento) da pena, se o apenado for reincidente em crime cometido com violência à pessoa ou grave ameaça;

V – 40% (quarenta por cento) da pena, se o apenado for condenado pela prática de crime hediondo ou equiparado, se for primário;

VI – 50% (cinquenta por cento) da pena, se o apenado for:

a) condenado pela prática de crime hediondo ou equiparado, com resultado morte, se for primário, vedado o livramento condicional;

b) condenado por exercer o comando, individual ou coletivo, de organização criminosa estruturada para a prática de crime hediondo ou equiparado; ou

c) condenado pela prática do crime de constituição de milícia privada;

VII – 60% (sessenta por cento) da pena, se o apenado for reincidente na prática de crime hediondo ou equiparado;

VIII – 70% (setenta por cento) da pena, se o apenado for reincidente em crime hediondo ou equiparado com resultado morte, vedado o livramento condicional.

§ 1º Em todos os casos, o apenado só terá direito à progressão de regime se ostentar boa conduta carcerária, comprovada pelo diretor do estabelecimento, respeitadas as normas que vedam a progressão.

§ 2º A decisão do juiz que determinar a progressão de regime será sempre motivada e precedida de manifestação do Ministério Público e do defensor, procedimento que também será adotado na concessão de livramento condicional, indulto e comutação de penas, respeitados os prazos previstos nas normas vigentes.

(...)

§ 5º Não se considera hediondo ou equiparado, para os fins deste artigo, o crime de tráfico de drogas previsto no § 4º do art. 33 da Lei nº 11.343, de 23 de agosto de 2006.

§ 6º O cometimento de falta grave durante a execução da pena privativa de liberdade interrompe o prazo para a obtenção da progressão no regime de cumprimento da pena, caso em que o reinício da contagem do requisito objetivo terá como base a pena remanescente.

§ 7º O bom comportamento é readquirido após 1 (um) ano da ocorrência do fato, ou antes, após o cumprimento do requisito temporal exigível para a obtenção do direito.

4.3.1. *Regra geral*

a) Requisito objetivo

Com a redação anterior, salvo nos crimes hediondos, a progressão se dava após o cumprimento de mais de 1/6 de pena (aproximadamente 16%), desde que atendidos outros requisitos. A lei anterior não diferenciava criminoso primário do reincidente, nem se o crime era cometido com ou sem violência ou grave ameaça à pessoa. A regra do requisito objetivo de 1/6 era para todos, salvo nos delitos hediondos. Com a alteração dada pela Lei n. 13.964, de 24/12/2019 (vigência a partir de 23/01/2020), essa quantidade de pena (16%) legitimará a progressão apenas se o apenado for primário e o crime tiver sido cometido sem violência à pessoa ou grave ameaça.

LEI REVOGADA	LEI NOVA
LEP, Art. 112. A pena privativa de liberdade será executada em forma progressiva com a transferência para regime menos rigoroso, a ser determinada pelo juiz, quando o preso tiver cumprido ao menos um sexto da pena no regime anterior e ostentar bom comportamento carcerário, comprovado pelo diretor do estabelecimento, respeitadas as normas que vedam a progressão.	LEP, Art. 112. A pena privativa de liberdade será executada em forma progressiva com a transferência para regime menos rigoroso, a ser determinada pelo juiz, quando o preso tiver cumprido ao menos:

LEI REVOGADA	LEI NOVA
	Sem violência/grave ameaça + primário I – 16% (dezesseis por cento) da pena, se o apenado for primário e o crime tiver sido cometido sem violência à pessoa ou grave ameaça;
	Sem violência/grave ameaça + reincidente II – 20% (vinte por cento) da pena, se o apenado for reincidente em crime cometido sem violência à pessoa ou grave ameaça;
	Com violência/grave ameaça + primário III – 25% (vinte e cinco por cento) da pena, se o apenado for primário e o crime tiver sido cometido com violência à pessoa ou grave ameaça;
	Com violência/grave ameaça + reincidente IV – 30% (trinta por cento) da pena, se o apenado for reincidente em crime cometido com violência à pessoa ou grave ameaça;
	Constituição de milícia VI – 50% (cinquenta por cento) da pena, se o apenado for: (...) c) condenado pela prática do crime de constituição de milícia privada;

b) Requisito subjetivo

Boa conduta. Além do tempo de cumprimento de pena, o apenado só terá direito à progressão de regime se ostentar boa conduta carcerária, comprovada pelo diretor do estabelecimento.

▶ **IMPORTANTE**

- ***Decisão do juiz.*** A decisão do juiz que determinar a progressão de regime será sempre motivada e precedida de manifestação do Ministério Público e do defensor, procedimento que também será adotado na concessão de livramento condicional, indulto e comutação de penas, respeitados os prazos previstos nas normas vigentes (art. 112, § 2º, da LEP).
- ***Falta grave.*** Nos termos do § 6º do art. 112 da LEP, o cometimento de falta grave durante a execução da pena privativa de liberdade interrompe o prazo para a obtenção da progressão no regime de cumprimento da pena, caso em que o reinício da contagem do requisito objetivo terá como base a pena remanescente.
- ***Exame criminológico.*** Desde a Lei nº 10.792/03, que alterou o art. 112 da Lei de Execução Penal, não mais se exige o **exame criminológico**, mas pode o juiz determinar a sua realização, desde que haja motivação.

  → **Súmula 439 do STJ:** "Admite-se o exame criminológico pelas peculiaridades do caso, desde que em decisão motivada".

→ **Súmula Vinculante 26 do STF:** "Para efeito de progressão de regime no cumprimento de pena por crime hediondo, ou equiparado, o juízo da execução observará a inconstitucionalidade do art. 2º da Lei n. 8.072, de 25 de julho de 1990, sem prejuízo de avaliar se o condenado preenche, ou não, os requisitos objetivos e subjetivos do benefício, podendo determinar, para tal fim, de modo fundamentado, a realização de exame criminológico"

- ***Bom comportamento.*** O § 7º do art. 112 da LEP, incluído pela Lei 13.964 de 2019, estabelece que o bom comportamento é readquirido após 1 (um) ano da ocorrência do fato, ou antes, após o cumprimento do requisito temporal exigível para a obtenção do direito.
- ***Crime contra a administração pública.*** Nos termos do art. 33, § 4º, do CP o condenado por crime contra a administração pública terá a progressão de regime do cumprimento da pena condicionada à **reparação do dano** que causou, ou à devolução do produto do ilícito praticado, com os acréscimos legais.
- ***Colaboração premiada.*** De acordo com o art. 4º, § 5º, da Lei 12.850/13, "Se a colaboração for posterior à sentença, a pena poderá ser reduzida até a metade ou será admitida a progressão de regime ainda que ausentes os requisitos objetivos".
- **Súmula Vinculante 56 do STF:** "A falta de estabelecimento penal adequado não autoriza a manutenção do condenado em regime prisional mais gravoso, devendo-se observar, nessa hipótese, os parâmetros fixados no RE 641.320/RS".
- **Súmula 717 do STF**: "Não impede a progressão de regime de execução da pena, fixada em sentença não transitada em julgado, o fato de o réu se encontrar em prisão especial".
- **Súmula 716 do STF**: "Admite-se a progressão de regime de cumprimento da pena ou a aplicação imediata de regime menos severo nela determinada, antes do trânsito em julgado da sentença condenatória".
- **Súmula 491 do STJ**: "É inadmissível a chamada progressão *per saltum* de regime prisional". Obs.: é obrigatório o cumprimento do requisito temporal no regime intermediário.
- O **art. 387, § 2º, do CPP** admite que o próprio juiz da condenação conceda a progressão e fixe o regime menos severo nos casos de prisão provisória, prisão administrativa ou internação no curso do processo.
- **Súmula 493 do STJ**: "É inadmissível a fixação de pena substitutiva (art. 44 do CP) como condição especial ao regime aberto".

De acordo com o § 3º do artigo 112 da Lei de Execução Penal (LEP – Lei nº 7.210/84), incluído pela Lei nº 13.769/18, "No caso de **mulher gestante ou que for mãe ou responsável por crianças ou pessoas com deficiência**, os requisitos para progressão de regime são, cumulativamente: I - não ter cometido crime com violência ou grave ameaça a pessoa; II - não ter cometido o crime contra seu filho ou dependente; III - ter cumprido ao menos 1/8 (um oitavo) da pena no regime anterior; IV - ser primária e ter bom comportamento carcerário, comprovado pelo diretor do estabelecimento; V - não ter integrado organização criminosa.

4.3.2. Progressão de regime e preso provisório

A progressão de regime é admitida para o preso provisório. Segundo a **Súmula 716 do STF**: "Admite-se a progressão de regime de cumprimento da pena ou a aplicação imediata de regime menos severo nela determinada, antes do trânsito em julgado da sentença condenatória". Por sua vez, conforme **Súmula 717 do STF**, "Não impede a progressão de regime de execução da pena, fixada em sentença não transitada em julgado, o fato de o réu se encontrar em prisão especial".

Atenção: por maioria, **o Plenário do STF decidiu que é constitucional a regra do Código de Processo Penal que prevê o esgotamento de todas as possibilidades de recurso (trânsito em julgado da condenação) para o início do cumprimento da pena.** No dia 07/11/2019 a Corte concluiu o julgamento das Ações Declaratórias de Constitucionalidade 43, 44 e 54, que foram julgadas procedentes. Votaram a favor desse entendimento os ministros Marco Aurélio (relator), Rosa Weber, Ricardo Lewandowski, Gilmar Mendes, Celso de Mello e Dias Toffoli. Para a corrente vencedora, o art. 283 do CPP está de acordo com o princípio da presunção de inocência, garantia prevista no artigo 5º, inciso LVII, da Constituição Federal. Ficaram vencidos os ministros Alexandre de Moraes, Edson Fachin, Luís Roberto Barroso, Luiz Fux e Carmen Lúcia, que entendiam que a execução da pena após a condenação em segunda instância não viola o princípio da presunção de inocência. A decisão não veda a prisão antes do esgotamento dos recursos, mas estabelece a necessidade de que a situação do réu seja individualizada, com a demonstração da existência dos requisitos para a prisão preventiva previstos no artigo 312 do CPP – para a garantia da ordem pública e econômica, por conveniência da instrução criminal ou para assegurar a aplicação da lei penal.

4.3.3. Progressão de regime e crime hediondo

a) Redação original

De acordo com o texto original da Lei nº 8.072/90, a pena para os crimes hediondos e equiparados deveria ser cumprida *integralmente* em regime fechado, ou seja, sem a possibilidade de progressão (art. 2º, § 1º, da Lei nº 8.072/90). De maneira distinta, a Lei nº 9.455/97 (tortura) dispôs que o condenado por crime de tortura, salvo a hipótese do § 2º do art. 1º, *iniciará* o cumprimento da pena em regime fechado (art. 1º, § 7º). Desse modo, passou-se a admitir a progressão, já que a pena não seria cumprida *integralmente* em regime fechado. Mesmo com essa nova legislação, o STF havia se posicionado no sentido de que essa regra não se estenderia aos crimes hediondos e aos demais equiparados (Súmula 698). Posteriormente, no dia 23/02/2006, por seis votos a cinco, o Plenário do Supremo Tribunal Federal reconheceu a inconstitucionalidade do artigo 2º, § 1º, da Lei 8.072/90 (HC 82.959/SP).

b) Redação dada pela Lei nº 11.464/07

Por sua vez, a Lei nº 11.464/07 deu nova redação ao artigo 2º da aludida legislação, determinando que a pena se *inicie* em regime fechado (§ 1º). Possibilitou, ainda, a progressão de regime (§ 2º).

Obs.: como acima dito, o Plenário do STF, em controle incidental, declarou a inconstitucionalidade do § 1º do artigo 2º da Lei n.º 8.072/90, com redação dada pela Lei n.º 11.464/07 (HC 111.840). Ou seja, o regime inicial pode, atualmente, ser diverso do fechado.

Apesar de a lei atual possibilitar a progressão de regime (art. 2º, § 2º), estabeleceu critérios mais rígidos do que os anteriormente dispostos na Lei de Execução Penal (art. 112). Pela regra geral (LEP), basta o cumprimento de um 1/6 (um sexto) da pena, ao passo que, pela redação dada pela Lei nº 11.464/07 ao art. 2º, § 2º, é necessário *o cumprimento de 2/5 (dois quintos) da pena, se o apenado for primário*, e *de 3/5 (três quintos), se reincidente*. Com isso, surgiram dois posicionamentos acerca da progressão de regime em relação aos **crimes praticados antes da vigência da Lei 11.464/07**:

1º) Considera que a lei antiga (art. 2º da Lei nº 8.072/90) é inconstitucional (seguindo o HC 82.959). Desse modo, a lei da época do fato a ser aplicada passa a ser a Lei de Execução Penal (art. 112), que permite a progressão com o cumprimento de 1/6 da pena. Assim, a lei nova é mais severa do que a lei anterior a ser considerada (Lei de Execução Penal) em relação ao tempo de cumprimento de pena para fins de progressão (2/5 ou 3/5 da pena, e não 1/6), de sorte que se aplica o princípio da irretroatividade da lei mais gravosa.

2º) Considera que a lei antiga (art. 2º, § 1º, da Lei nº 8.072/90) é constitucional e não reconhece efeito *erga omnes* da decisão do STF (HC 82.959). Desse modo, a lei nova é mais benéfica, pois permite a progressão (a anterior não permitia), de sorte que deve retroagir, mas observando para progressão o cumprimento de 2/5 ou 3/5 da pena e não de 1/6.

Para solucionar a divergência instaurada, o STF editou a **Súmula Vinculante 26**: "Para efeito de progressão de regime no cumprimento de pena por crime hediondo, ou equiparado, o juízo da execução observará a inconstitucionalidade do art. 2º da Lei n. 8.072, de 25 de julho de 1990, sem prejuízo de avaliar se o condenado preenche, ou não, os requisitos objetivos e subjetivos do benefício, podendo determinar, para tal fim, de modo fundamentado, a realização de exame criminológico".

No mesmo sentido a **Súmula 471 do STJ**: "Os condenados por crimes hediondos ou assemelhados cometidos antes da vigência da Lei n. 11.464/2007 sujeitam-se ao disposto no art. 112 da Lei n. 7.210/1984 (Lei de Execução Penal) para a progressão de regime prisional".

c) Redação dada pela Lei nº 13.964/19 (Pacote Anticrime)

Com a redação anterior, a progressão de regime no caso de crimes hediondos e equiparados se dava após o cumprimento de 2/5 de pena no caso de apenado primário (40%) e de 3/5 (60%) no caso de apenado reincidente A lei anterior não diferenciava se do crime resultava morte.

LEI REVOGADA	LEI NOVA (CRIMES HEDIONDOS)
LCH, Art. 2, § 2º A progressão de regime, no caso dos condenados pelos crimes previstos neste artigo, dar-se-á após o cumprimento de 2/5 (dois quintos) da pena, se o apenado for primário, e de 3/5 (três quintos), se reincidente, observado o disposto nos §§ 3º e 4º do art. 112 da Lei nº 7.210, de 11 de julho de 1984 (Lei de Execução Penal).	LEP, Art. 112. A pena privativa de liberdade será executada em forma progressiva com a transferência para regime menos rigoroso, a ser determinada pelo juiz, quando o preso tiver cumprido ao menos:
	Hediondo + primário V – 40% (quarenta por cento) da pena, se o apenado for condenado pela prática de crime hediondo ou equiparado, se for primário; VI – 50% (cinquenta por cento) da pena, se o apenado for:
	Hediondo + morte + primário (vedado o livramento condicional) a) condenado pela prática de crime hediondo ou equiparado, com resultado morte, se for primário, vedado o livramento condicional; **Comando de Orcrim para crime hediondo** b) condenado por exercer o comando, individual ou coletivo, de organização criminosa estruturada para a prática de crime hediondo ou equiparado; ou
	Hediondo + reincidente VII – 60% (sessenta por cento) da pena, se o apenado for reincidente na prática de crime hediondo ou equiparado;
	Hediondo + morte + reincidente (vedado o livramento condicional) VIII – 70% (setenta por cento) da pena, se o apenado for reincidente em crime hediondo ou equiparado com resultado morte, vedado o livramento condicional.

4.3.4. Organização criminosa

O Pacote Anticrime (Lei 13.964/19, com vigência a partir de 23/01/2020) alterou a Lei do Crime Organizado, estabelecendo que: (i) as lideranças de organizações criminosas armadas ou que tenham armas à disposição deverão iniciar o cumprimento da pena em estabelecimentos penais de segurança máxima, e (ii) o condenado expressamente em sentença por integrar organização criminosa ou por crime praticado por meio de organização criminosa não poderá progredir de regime de cumprimento de pena ou obter livramento condicional ou outros benefícios prisionais se houver elementos probatórios que indiquem a manutenção do vínculo associativo (§§ 8º e 9º do artigo 2º da Lei 12.850/13).

4.3.5. Regressão

Nos termos do **art. 118 da Lei de Execução Penal**, a execução da pena privativa de liberdade ficará sujeita à forma regressiva, com a transferência para qualquer dos regimes mais rigorosos, quando o condenado: **1)** praticar fato definido como crime doloso ou falta grave; **2)** sofrer condenação, por crime anterior, cuja pena, somada ao restante da pena em execução, torne incabível o regime (art. 111). Além dessas hipóteses, o condenado será transferido do regime aberto se frustrar os fins da execução ou não pagar, podendo, a multa cumulativamente imposta.

De acordo com a **Súmula 526 do STJ**, "O reconhecimento de falta grave decorrente do cometimento de fato definido como crime doloso no cumprimento da pena **prescinde do trânsito em julgado de sentença penal condenatória** no processo penal instaurado para apuração do fato". É também a posição do STF: 1ª T., HC 110881, j. 20/11/2012. Obs.: foi reconhecida a repercussão geral no RE 776823 RG, j. 28/08/2014.

4.4. Regras do regime fechado (art. 34 do CP)

a) **local de cumprimento:** Penitenciária (arts. 87 a 90 da LEP).

b) **classificação:** art. 34 do CP e arts. 5º a 9º da LEP.

c) **trabalho interno:** o condenado fica sujeito a trabalho no período diurno e a isolamento durante o repouso noturno (art. 34, § 1º, do CP). O trabalho será em comum dentro do estabelecimento, na conformidade das aptidões ou ocupações anteriores do condenado, desde que compatíveis com a execução da pena (art. 34, § 2º, do CP). Vide: artigos 31 a 35 da LEP; art. 5º, XLVII, da CF (não haverá trabalhos forçados).

d) **trabalho externo:** é admissível, no regime fechado, em serviço ou obras públicas realizadas por órgãos da administração direta ou indireta, ou entidades privadas (arts. 36 e 37 da LEP).

4.5. Regras do regime semiaberto (art. 35 do CP)

a) **local de cumprimento:** Colônia Agrícola, Industrial ou similar (arts. 91 e 92 da LEP).

b) **classificação:** art. 35 do CP e arts. 5º ao 9º da LEP.

c) **trabalho:** o condenado fica sujeito a trabalho em comum durante o período diurno, em colônia agrícola, industrial ou estabelecimento similar (§ 1º); o trabalho externo é admissível, bem como a frequência a cursos supletivos profissionalizantes, de instrução de segundo grau ou superior (§ 2º). Segundo o STJ, é desnecessário o cumprimento mínimo de 1/6 da pena para a concessão do benefício do trabalho externo ao condenado a cumprir a reprimenda no regime semiaberto, desde que satisfeitos os demais requisitos necessários, de natureza subjetiva. A propósito: "A jurisprudência do Superior Tribunal de Justiça é firme no sentido de que, para os apenados que cumprem pena em regime semiaberto, afigura-se prescindível o adimplemento de requisito temporal para a autorização de trabalho externo, desde que verificadas condições pessoais favoráveis pelo Juízo das Execuções Penais. Precedentes. Assim, constitui constrangimento ilegal a negativa do trabalho externo ao apenado com fundamento somente na ausência de cumprimento de 1/6 (um sexto) da pena pelo condenado em regime semiaberto, como in casu" (STJ, 5ª T., HC 355674, j. 10/11/2016).

d) **monitoração eletrônica e saída temporária:** nos termos do art. 122 da LEP, os condenados que cumprem pena em regime semiaberto poderão obter autorização para saída temporária do estabelecimento, sem vigilância direta, nos seguintes casos: I – visita à família; II – frequência a curso supletivo profissionalizante, bem como de instrução do 2º grau ou superior, na Comarca do Juízo da Execução; III – participação em atividades que concorram para o retorno ao convívio social. O Pacote Anticrime (Lei 13.964/19, com vigência a partir de 23/01/2020) deu nova redação ao § 1º e incluiu o § 2º: "§ 1º A ausência de vigilância direta não impede a utilização de equipamento de monitoração eletrônica pelo condenado, quando assim determinar o juiz da execução. § 2º Não terá direito à saída temporária a que se refere o caput deste artigo o condenado que cumpre pena por praticar crime hediondo com resultado morte".

   A monitoração eletrônica é uma hipótese de vigilância, mas de forma indireta. Conforme disposto no art. 146-C da LEP, o condenado será instruído acerca dos cuidados que deverá adotar com o equipamento eletrônico e dos seguintes deveres: I – receber visitas do servidor responsável pela monitoração eletrônica, responder aos seus contatos e cumprir suas orientações; II – abster-se de remover, de violar, de modificar, de danificar de qualquer forma o dispositivo de monitoração eletrônica ou de permitir que outrem o faça.

- Não há previsão legal para a monitoração eletrônica no regime aberto, nas penas restritivas de direito, no livramento condicional e na suspensão condicional da pena.
- **Súmula 520 do STJ**: "O benefício de saída temporária no âmbito da execução penal é ato jurisdicional insuscetível de delegação à autoridade administrativa do estabelecimento prisional".

4.6. Regras do regime aberto (art. 36 do CP)

a) **local de cumprimento:** Casa do Albergado (arts. 93 a 95 da LEP). Vide artigos 113 a 119 da LEP.

b) **fundamento:** o regime aberto baseia-se na autodisciplina e senso de responsabilidade do condenado (art. 36, *caput*).

c) ***trabalho externo (art. 36, § 1º):*** o condenado deverá, fora do estabelecimento e sem vigilância, trabalhar, frequentar curso ou exercer outra atividade autorizada, permanecendo recolhido durante o período noturno e nos dias de folga.

d) **regressão (art. 36, § 2º):** o condenado será transferido do regime aberto se praticar fato definido como crime doloso, se frustrar os fins da execução ou se, podendo, não pagar a multa cumulativa aplicada.

- **Súmula 493 do STJ:** "É inadmissível a fixação de pena substitutiva (art. 44 do CP) como condição especial ao regime aberto".

4.7. Regime especial para mulher (art. 37 do CP)

Art. 37. As mulheres cumprem pena em estabelecimento próprio, observando-se os deveres e direitos inerentes à sua condição pessoal, bem como, no que couber, o disposto neste Capítulo.

a) **Garantia constitucional:** art. 5º, XLVIII – a pena será cumprida em estabelecimentos distintos, de acordo com a natureza do delito, a idade e o sexo do apenado; art. 5º, L – às presidiárias serão asseguradas condições para que possam permanecer com seus filhos durante o período de amamentação.

b) **Ensino profissional:** art. 19 da LEP – o ensino profissional será ministrado em nível de iniciação ou de aperfeiçoamento técnico. Parágrafo único. A mulher condenada terá ensino profissional adequado à sua condição.

c) **Idosas:** art. 82, § 1º, da LEP – a mulher e o maior de sessenta anos, separadamente, serão recolhidos a estabelecimento próprio e adequado à sua condição pessoal.

d) **Estabelecimento penal e outros direitos:** berçário: art. 83, § 2º, da LEP – os estabelecimentos penais destinados a mulheres serão dotados de berçário, onde as condenadas possam cuidar de seus filhos, inclusive amamentá-los, no mínimo, até 6 (seis) meses de idade. Tais estabelecimentos deverão possuir, exclusivamente, agentes do sexo feminino na segurança de suas dependências internas (§ 3º do referido artigo); creche: art. 89 da LEP – (...) a penitenciária de mulheres poderá ser dotada de seção para gestante e parturiente e de creche com a finalidade de assistir ao menor desamparado cuja responsável esteja presa; regime domiciliar: art. 117 da LEP – somente se admitirá o recolhimento do beneficiário de regime aberto em residência particular quando se tratar de: (...) III – condenada com filho menor ou deficiente físico ou mental; IV – condenada gestante; pré-natal e pós-parto: art. 14, § 3º, da LEP – Será assegurado acompanhamento médico à mulher, principalmente no pré-natal e no pós-parto, extensivo ao recém-nascido.

e) **Mulheres gestantes ou mães de crianças de até 12 anos ou com deficiência:** a 2ª Turma do STF decidiu, em 20/02/2018, por maioria de votos, conceder ordem de Habeas Corpus coletivo (HC 143641) para determinar a substituição da prisão preventiva por domiciliar de mulheres presas, em todo o território nacional, que sejam gestantes ou mães de crianças de até 12 anos ou de pessoas com deficiência, sem prejuízo da aplicação das medidas alternativas previstas no artigo 319 do CPP.

A Lei n. 13.769/2018 inseriu o art. 318-A no CPP: A prisão preventiva imposta à mulher gestante ou que for mãe ou responsável por crianças ou pessoas com deficiência será substituída por prisão domiciliar, desde que: I - não tenha cometido crime com violência ou grave ameaça a pessoa; II - não tenha cometido o crime contra seu filho ou dependente.

f) **Progressão de regime especial:** de acordo com o § 3º do art. 112 da LEP, incluído pela Lei nº 13.769, de 19/12/2018, "No caso de mulher gestante ou que for mãe ou responsável por crianças ou pessoas com deficiência, os requisitos para progressão de regime são, cumulativamente: I – não ter cometido crime com violência ou grave ameaça a pessoa; II – não ter cometido o crime contra seu filho ou dependente; III – ter cumprido ao menos 1/8 (um oitavo) da pena no regime anterior; IV – ser primária e ter bom comportamento carcerário, comprovado pelo diretor do estabelecimento; V – não ter integrado organização criminosa.

4.8. Direitos do preso

Nos termos do art. 38 do CP, o preso conserva todos os direitos não atingidos pela perda da liberdade, impondo-se a todas as autoridades o respeito à sua integridade física e moral. O art. 5º, XLIX, da CF dispõe que "é assegurado aos presos o respeito à integridade física e moral".

4.9. Trabalho do preso

De acordo com o art. 39 do CP, o trabalho do preso será sempre remunerado, sendo-lhe garantidos os benefícios da Previdência Social. O trabalho do condenado, como dever social e condição de dignidade humana, terá finalidade educativa e produtiva (art. 28 da LEP). A Lei de Execução Penal dispõe sobre o trabalho do preso nos artigos 28 a 37.

4.10. Remição

A Lei nº 12.433, de 29 de junho de 2011, alterou de forma significativa o instituto. De acordo com a nova redação do **art. 126 da LEP**, o condenado que cumpre a pena em regime **fechado** ou **semiaberto** poderá remir, pelo **trabalho** ou por **estudo**, parte do tempo de execução da pena.

Observe-se a regra:

→ 1 dia de pena a cada 12 horas de frequência escolar (atividade de ensino fundamental, médio, inclusive profissionalizante, ou superior, ou ainda de requalificação profissional), divididas, no mínimo, em 3 dias;

→ 1 dia de pena a cada 3 dias de trabalho.

- **Trabalho fora do estabelecimento penitenciário:** "RECURSO REPETITIVO (Tema: 917). TESE: É possível a remição de parte do tempo de execução da pena quando o condenado, em regime fechado ou semiaberto, desempenha atividade laborativa extramuros" (STJ, 3ª Seção, REsp 1381315, j. 13/05/2015).
- **Súmula 562 do STJ:** "É possível a remição de parte do tempo de execução da pena quando o condenado, em regime fechado ou semiaberto, desempenha atividade laborativa, ainda que extramuros".
- **Remição pela leitura e resenha de livros:** possível, de acordo com a Resolução 44/2013 do CNJ. Nesse sentido: "(...) 2. A jurisprudência deste Superior Tribunal de Justiça, como resultado de uma interpretação analógica in bonam partem da norma inserta no art. 126 da LEP, possui entendimento de que é possível a hipótese de abreviação da reprimenda em razão de atividades que não estejam expressas no texto legal. 3. O entendimento desta Corte está consolidado no sentido de admitir a remição da pena pela leitura nos termos da Portaria conjunta nº 276/2012, do Departamento Penitenciário Nacional/MJ e do Conselho da Justiça Federal, bem como da Recomendação nº 44/2013 do Conselho Nacional de Justiça. Dos termos da portaria conjunta e da recomendação anteriormente citadas, verifica-se que a comissão deverá apresentar análise da resenha apresentada pelo reeducando, observando 'os aspectos relacionados à compreensão e compatibilidade do texto com o livro trabalhado' e, posteriormente, encaminhar ao Juízo da Execução competente para que 'este decida sobre o aproveitamento da leitura realizada'" (STJ, 5ª T., HC 413501, j. 26/06/2018). Ainda: "O Superior Tribunal de Justiça fixou posicionamento mediante o qual se admite a remição da pena pela leitura, nos termos da Portaria conjunta n. 276/2012, do Departamento Penitenciário Nacional/ MJ e do Conselho da Justiça Federal, bem como da Recomendação n. 44/2013 do Conselho Nacional de Justiça. Assim, na análise do pedido, 'a comissão deverá apresentar análise da resenha apresentada pelo reeducando, observando 'os aspectos relacionados à compreensão e compatibilidade do texto com o livro trabalhado' e, posteriormente, encaminhar ao Juízo da Execução competente para que 'este decida sobre o aproveitamento da leitura realizada'" (STJ, 6ª T., AgRg no HC 589363, j. 04/08/2020).

As atividades de estudo poderão ser desenvolvidas de forma presencial ou por metodologia de ensino a distância e deverão ser certificadas pelas autoridades educacionais competentes dos cursos frequentados. Para fins de cumulação dos casos de remição, as horas diárias de trabalho e de estudo serão definidas de forma a se compatibilizarem. O preso impossibilitado, por acidente, de prosseguir no trabalho ou nos estudos continuará a beneficiar-se com a remição. O tempo a remir em função das horas de estudo será acrescido de 1/3 no caso de conclusão do ensino fundamental, médio ou superior durante o cumprimento da pena, desde que certificada pelo órgão competente do sistema de educação.

> ▶ **ESTUDO NOS REGIMES ABERTO E SEMIABERTO, BEM COMO NO LIVRAMENTO CONDICIONAL:** O condenado que cumpre pena em regime aberto ou semiaberto e o que usufrui liberdade condicional poderão remir, pela frequência a curso de ensino regular ou de educação profissional, parte do tempo de execução da pena ou do período de prova, observado o disposto no inciso I do § 1º do artigo 126 da Lei de Execução Penal.

Tais regras são aplicadas às hipóteses de prisão cautelar. A remição será declarada pelo juiz da execução, ouvidos o Ministério Público e a defesa.

O art. 127 da LEP também recebeu substancial alteração. Agora, **em caso de falta grave, o juiz poderá revogar até 1/3 do tempo remido** (antes o condenado perdia todo o remido), observado o disposto no art. 57, recomeçando a contagem a partir da data da infração disciplinar.

A Lei nº 12.245, de 24 de maio de 2010, alterou o art. 83 da LEP para autorizar a instalação de salas de aulas nos presídios. Foi acrescentado o § 4º: "Serão instaladas salas de aulas destinadas a cursos do ensino básico e profissionalizante". Assim, facilitou o acesso à educação e a possibilidade da remição.

REMIÇÃO	
Trabalho	**Estudo**
Regime fechado	Regime fechado
Regime semiaberto	Regime semiaberto
	Regime aberto
	Liberdade condicional

4.11. Superveniência de doença mental

Conforme o art. 41 do CP, o condenado a quem sobrevém doença mental deve ser recolhido a hospital de custódia e tratamento psiquiátrico ou, à falta, a outro estabelecimento adequado.

4.12. Detração

Nos termos do art. 42 do CP, deve ser abatido na pena privativa de liberdade e na medida de segurança o tempo de prisão provisória, no Brasil ou no estrangeiro, e o de internação em qualquer dos estabelecimentos referidos no artigo anterior.

Exemplo: o agente pratica homicídio, permanecendo preso em flagrante por seis meses. No final, foi condenado a 12 anos de prisão. Deve ser abatido na pena o período de 6 meses em que esteve preso provisoriamente.

5. APLICAÇÃO DAS PENAS PRIVATIVAS DE LIBERDADE

O Código Penal adotou o modelo trifásico (de Nélson Hungria) na aplicação da pena privativa de liberdade. A pena-base será fixada atendendo-se ao critério do art. 59 do Código Penal; em seguida serão consideradas as circunstâncias atenuantes e agravantes; por último, as causas de diminuição e de aumento (art. 68 do CP).

1ª FASE	2ª FASE	3ª FASE
Fixação da pena-base considerando as circunstâncias judiciais (art. 59).	Aplicação das circunstâncias atenuantes e agravantes.	Aplicação das causas de diminuição e aumento.

Após a fixação da pena privativa de liberdade, observando as três fases acima descritas, o juiz estabelecerá o regime inicial de cumprimento da pena (art. 59, III) e, em seguida, verificará a possibilidade da substituição da pena privativa de liberdade aplicada por outra espécie de pena (art. 59, IV).

5.1. Pena-base (1ª fase)

> **Art. 59** – O juiz, atendendo à culpabilidade, aos antecedentes, à conduta social, à personalidade do agente, aos motivos, às circunstâncias e consequências do crime, bem como ao comportamento da vítima, estabelecerá, conforme seja necessário e suficiente para reprovação e prevenção do crime: I – as penas aplicáveis dentre as cominadas; II – a quantidade de pena aplicável, dentro dos limites previstos (...).

5.1.1. Considerações preliminares

Na primeira fase o juiz fixará a **pena-base** dentro dos limites legais e segundo as **circunstâncias judiciais**. Exemplos de limites legais: Furto simples (art. 155, *caput*, do CP): de 1 a 4 anos de reclusão; furto qualificado (art. 155, § 4º, do CP): de 2 a 8 anos de reclusão; homicídio simples (art. 121, *caput*, do CP): de 6 a 20 anos de reclusão; homicídio qualificado (art. 121, § 2º, do CP): de 12 a 30 anos de reclusão.

Se nenhuma das circunstâncias judiciais for desfavorável, deve o juiz fixar a pena no mínimo previsto, ao passo que qualquer circunstância judicial desfavorável tem o condão de afastar a pena-base do mínimo. A lei não dispõe sobre o montante do aumento de cada circunstância. Fica a critério do juiz, mas deve haver proporcionalidade e a sentença deve ser fundamentada.

5.1.2. Circunstâncias judiciais

a) **Culpabilidade:** juízo de censurabilidade que recai sobre o fato típico e ilícito realizado pelo agente.

b) **Antecedentes:** vida pregressa em relação a outros crimes praticados. Discute-se se inquéritos policiais e ações penais em andamento ensejam maus antecedentes. Segundo posicionamento do Superior Tribunal de Justiça, essa situação violaria o princípio da presunção da inocência. Nesse sentido é o enunciado da **Súmula 444 do STJ:** "É vedada a utilização de inquéritos policiais e ações penais em curso para agravar a pena-base".

Saliente-se que só poderão ser consideradas como antecedentes as condenações que não gerarem reincidência. Isto porque a reincidência é utilizada como circunstância agravante (2ª fase), de sorte que não poderá ser utilizada, ao mesmo tempo, como circunstância judicial (1ª fase). Nesse sentido a **Súmula 241 do STJ:** "A reincidência penal não pode ser considerada como circunstância agravante e, simultaneamente, como circunstância judicial".

c) **Conduta social:** relacionamento na família, no trabalho, nas atividades de lazer, filantrópicas e comunitárias etc. São os antecedentes sociais do agente.

d) **Personalidade:** caráter, individualidade do agente.

e) **Motivos:** causa que inspirou o delito. Os motivos podem ser nobres ou não.

f) **Circunstâncias:** relacionadas com o tempo e lugar do crime, bem como com a maneira de sua execução.

g) **Consequências do crime:** mensuração do dano ocasionado pelo delito, principalmente para a vítima e seus familiares.

h) **Comportamento da vítima:** verifica-se na participação da vítima tanto no momento da inspiração do agente à prática do delito como na facilitação de sua execução.

5.2. Circunstâncias atenuantes e agravantes (2ª fase)

As denominadas circunstâncias agravantes e atenuantes são dados que não alteram o crime (tipo penal básico), mas sim a pena. Estão previstas nos artigos 61 a 66 do CP e somente serão aplicadas se não forem utilizadas como **elementares** do crime ou como **forma qualificada** (qualificadoras e causas de aumento de pena) ou **privilegiada** (privilegiadoras e causas de diminuição).

Exemplos: **a)** no crime de infanticídio não se aplicará a circunstância agravante de crime praticado contra descendente (art. 61, II, e), haja vista que o parentesco é elementar do delito. Caso contrário, haveria bis in idem; **b)** no crime de homicídio doloso é prevista a causa de aumento de pena de 1/3 se o crime é praticado contra pessoa menor de 14 ou maior de 60 anos. Desse modo, ocorrendo uma dessas hipóteses, não se aplicará a circunstância agravante descrita no art. 61, II, *h*, do CP (se o crime é praticado contra criança ou maior de 60 anos), uma vez que uma dessas circunstâncias já foi utilizada como causa de aumento na parte especial; **c)** no crime de furto, a circunstância de ser criança ou maior de 60 anos como vítima não integra o tipo (não é elementar) e nem qualifica o delito. Desse modo, poderão incidir as agravantes descritas no art. 61, II, *h*, do CP.

A lei não dispõe sobre o montante do aumento de cada agravante ou da redução de cada atenuante. Fica a critério do juiz, mas deve haver proporcionalidade. Na prática, o juiz agrava ou atenua a pena em 1/6 (tendo como parâmetro a pena-base). Nesse sentido: "Em se tratando de atenuantes e agravantes, a lei não estabelece os percentuais de fração de diminuição e de aumento que devem ser utilizados. Em decorrência, a jurisprudência desta Corte firmou-se no sentido de que a fração de 1/6, mínima prevista para as majorantes e minorantes, deve guiar o julgador no momento da dosimetria da pena, de modo que, em situações específicas, é permitido o aumento superior a 1/6, desde que haja fundamentação concreta" (STJ, 5ª T., HC 291414, j. 22/09/2016). Ainda: "Segundo a jurisprudência do Superior Tribunal de Justiça, embora não estabelecida pelo Código Penal a quantidade de aumento de pena em decorrência das agravantes genéricas, deve ela se pautar pelo patamar mínimo fixado para as majorantes, que é de 1/6 (um sexto). Não obstante, pode ser fixada fração superior mediante fundamentação concreta e específica para justificar o incremento em maior extensão" (STJ, 6ª T., AgRg no HC 612769, j. 01/12/2020).

- As circunstâncias **agravantes** têm como limite a pena máxima cominada.
- **Súmula 231 do STJ:** "A incidência da circunstância atenuante não pode conduzir à redução da pena abaixo do mínimo legal". No mesmo sentido posiciona-se o Pretório Excelso: "O Pleno reafirmou o entendimento jurisprudencial e concluiu pela impossibilidade de a circunstância atenuante genérica conduzir à fixação da pena abaixo do mínimo legal" (STF, ARE 836295 AgR, j. 25/11/2014). Idem: "Agravo regimental no recurso extraordinário. 2. Penal e Processual Penal. 3. Roubo circunstanciado com concurso de agentes. 4. Dosimetria da pena. 5. Alegação de direito à redução da pena-base aquém do mínimo legal ante a atenuante da confissão espontânea. Inadmissibilidade. 6. Jurisprudência reafirmada desta Corte e repercussão geral reconhecida. Circunstância atenuante genérica não pode conduzir à redução da pena abaixo do mínimo legal. Precedente: RE 597.270-QO-RG/RS, Rel. Min. Cezar Peluso. 7. Agravo improvido" (STF, 2ª T., RE 1269051 AgR, j. 20/10/2020).
- **Mais de uma qualificadora:** "Havendo pluralidade de qualificadoras, utiliza-se uma delas para justificar o tipo penal qualificado, podendo as demais serem empregadas na segunda fase de aplicação da pena, como agravantes, ou, residualmente, na primeira fase, como circunstâncias judiciais, não havendo falar em bis in idem ou ilegalidade na utilização de uma das qualificadoras do crime do art. 148, § 1º, I e IV, do Código Penal, como circunstância judicial" (STJ, 6ª T., AgRg no HC 592265, j. 15/09/2020).

5.2.1. *Circunstâncias agravantes*

Conforme o **art. 61 do CP**, são circunstâncias que sempre agravam a pena, quando não constituem ou qualificam o crime:

I – a reincidência (será vista a seguir);

II – ter o agente cometido o crime:

a) **por motivo fútil ou torpe:** motivo torpe é o repugnante, ignóbil, vil. Motivo fútil é o insignificante, desproporcional, desarrazoado.

b) **para facilitar ou assegurar a execução, a ocultação, a impunidade ou vantagem de outro crime:** execução de outro crime (conexão teleológica): pratica-se um primeiro crime para garantir a execução de um delito posterior;

ocultação (conexão consequencial): pratica-se um segundo crime para que o primeiro delito fique desconhecido; impunidade (conexão consequencial): pratica-se um segundo crime para que fique desconhecida a autoria do primeiro delito. O crime é conhecido, mas não a autoria; vantagem de outro crime (conexão consequencial): pratica-se um delito para que assegurar a vantagem de outro.

c) **à traição, de emboscada, ou mediante dissimulação, ou outro recurso que dificultou ou tornou impossível a defesa do ofendido:** traição é a agressão súbita e sorrateira, atingindo a vítima desprevenida; emboscada é a espreita, tocaia, ou seja, esperar às escondidas para agir; dissimulação é a ocultação da intenção para atacar a vítima desprevenida, é a falsa demonstração de amizade; outro recurso que dificulte ou torne impossível a defesa da vítima: é, por exemplo, a surpresa, mas é necessário que a vítima não tenha motivo para desconfiar do ataque e que o agente possua a consciência e vontade de utilizar esse modo de execução.

d) **com emprego de veneno, fogo, explosivo, tortura ou outro meio insidioso ou cruel, ou de que podia resultar perigo comum.** *Ex.*: tortura: prolongamento desnecessário dos atos executórios, causando angústia e sofrimento na vítima. Na verdade, é um meio cruel mais prolongado. Pode caracterizar crime autônomo (Lei nº 9.455/97); outro meio insidioso: astúcia, estratégia, perfídia; outro meio cruel: o agente deve agir sem piedade, com a intenção de causar sofrimento desnecessário à vítima.

e) **contra ascendente, descendente, irmão ou cônjuge:** justifica-se a maior reprovação em razão da ausência de afetividade e solidariedade.

f) **com abuso de autoridade ou prevalecendo-se de relações domésticas, de coabitação ou de hospitalidade, ou com violência contra a mulher na forma da lei específica:** abuso de autoridade: uso imoderado da autoridade em relações privadas. Alguns autores sustentam que se aplica também às relações públicas; relações domésticas: pessoas que visitam habitualmente a casa ou mesmo empregados; coabitação: convivência na mesma casa; hospitalidade: convivência passageira, como pernoites e visitas; a agravante "com violência contra a mulher na forma da lei específica" foi acrescentada pela Lei nº 11.340/06 (Lei Maria da Penha).

g) **com abuso de poder ou violação de dever inerente a cargo, ofício, ministério ou profissão:** abuso de poder: relações de direito público; cargo: relativo a serviço público; ofício: atividade de habilidade manual; ministério: atividade religiosa; profissão: atividade que visa a lucro.

h) **contra criança, maior de 60 anos, enfermo ou mulher grávida:** justifica-se pela inferioridade física das vítimas e pela covardia do agente. Criança: menor de 12 anos (prevalece), na forma do art. 2º do Estatuto da Criança e do Adolescente (Lei nº 8.069/90). Idoso: pessoa com idade igual ou superior a

60 anos, conforme art. 1º do Estatuto do Idoso (Lei nº 10.741/03). A agravante mulher grávida não se aplica ao crime de aborto, pois esse dado constitui o crime.

i) **quando o ofendido estava sob a imediata proteção da autoridade. Ex.**: a vítima do crime, desejando se vingar do ladrão que acabara de ser preso em flagrante pela polícia, pratica contra este lesão corporal durante o período em que estava sendo transportado para a Delegacia de Polícia.

j) **em ocasião de incêndio, naufrágio, inundação ou qualquer calamidade pública, ou de desgraça particular do ofendido:** justifica-se pela ausência de solidariedade do agente e pela facilidade da execução do delito. Exemplo de incidência da agravante da *calamidade pública*: praticar o crime durante a pandemia causada pelo novo coronavírus.

k) **em estado de embriaguez preordenada:** o agente se embriaga a fim de encorajar-se para a prática do crime.

Por fim, segundo **art. 62 do CP**, a pena será ainda agravada em relação ao agente que: I – promove, ou organiza a cooperação no crime ou dirige a atividade dos demais agentes; II – coage ou induz outrem à execução material do crime; III – instiga ou determina a cometer o crime alguém sujeito à sua autoridade ou não-punível em virtude de condição ou qualidade pessoal; IV – executa o crime, ou nele participa, mediante paga ou promessa de recompensa.

5.2.2. Reincidência (circunstância agravante)

Nos termos do **art. 63**, verifica-se a reincidência quando o agente comete novo crime, depois de transitar em julgado a sentença que, no País ou no estrangeiro, o tenha condenado por crime anterior.

Requisitos: **1)** prática de crime anterior (no Brasil ou no estrangeiro). O crime anterior ou o crime posterior podem ser dolosos ou culposos, tentados ou consumados. Ex.: lesão culposa (crime 1) e tentativa de homicídio (crime 2); **2)** sentença condenatória transitada em julgado; **3)** cometimento de novo crime depois de transitar em julgado a sentença condenatória (no País ou no estrangeiro) por crime anterior.

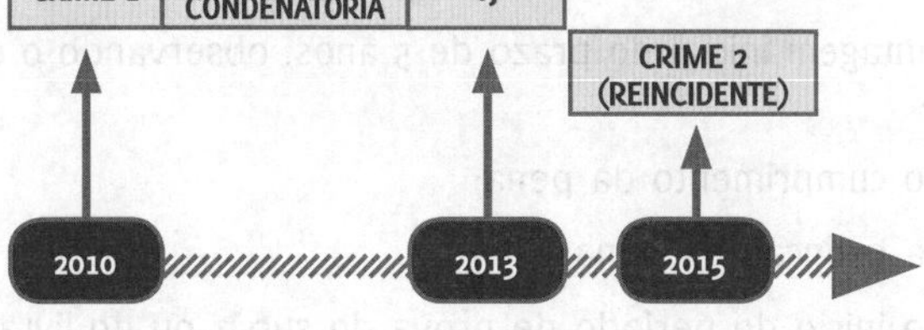

- **Anistia e *abolitio criminis*:** tanto a anistia quanto a abolitio criminis cessam os efeitos penais da sentença condenatória, razão pela qual o agente que vier a praticar novo delito não poderá ser considerado reincidente.
- **Perdão judicial:** nos termos do art. 120 do CP, a sentença que concede o perdão judicial não gera a reincidência.
- **Porte de drogas para consumo pessoal (art. 28 da Lei 11.343/2006).** Nos termos da legislação, a condenação irrecorrível pelo crime de posse de drogas do art. 28 possui o condão de gerar reincidência. As duas turmas do STJ até 2018 seguiam essa orientação: "Conforme entendimento pacífico desta Corte Superior, alinhado ao posicionamento firmado pelo Supremo Tribunal Federal na questão de ordem no RE nº 430.105/RJ, a condenação definitiva anterior pela prática da conduta de porte de substância entorpecente para consumo próprio, prevista no art. 28 da Lei nº 11.343/2006, gera reincidência, porquanto essa conduta foi apenas despenalizada pela nova Lei de Drogas, mas não descriminalizada (abolitio criminis)" (STJ, 6ª T., AgRg no HC 312.955, j. 16/03/2017). Idem: STJ, 5ª T., HC 354.997, j. 28/03/2017. **Entretanto o STJ passou a decidir que essa posição é desproporcional:** "A Sexta Turma deste Superior Tribunal de Justiça, no julgamento do REsp n. 1.672.654/SP, consignou que se a contravenção penal, punível com pena de prisão simples, não configura reincidência, resta inequivocamente desproporcional a consideração, para fins de reincidência, da posse de droga para consumo próprio, que conquanto seja crime, é punida apenas com "advertência sobre os efeitos das drogas", "prestação de serviços à comunidade" e "medida educativa de comparecimento a programa ou curso educativo" (STJ, 5ª T., HC 536.802, j. 19/11/2019). Para o STJ, a condenação anterior pelo porte de drogas sequer gera maus antecedentes: "(...) se os efeitos da reincidência decorrentes de anterior condenação por posse de drogas para uso próprio devem ser afastados, com mais razão ainda, os relativos à circunstância judicial dos maus antecedentes, razão pela qual essa vetorial deve ser decotada das penas-base do paciente, para ambos os delitos" (STJ, 5ª T., AgRg no HC 520.151, j. 19/09/2019)); "A jurisprudência desta Corte Superior entende que o prévio apenamento do agente pela conduta de porte de drogas para consumo próprio (art. 28 da Lei de Drogas) não constitui causa geradora de reincidência e adequado, também, afastar a sua incidência como fundamento para negativar os antecedentes do réu. Precedentes" (STJ, 6ª T., AgRg no HC 480011, j. 15/12/2020).

Foi adotado o **sistema da temporariedade da reincidência,** pois, segundo dispõe o art. 64, inciso I, para efeito de reincidência não prevalece a condenação anterior se entre a data do cumprimento ou extinção da pena e a infração posterior tiver decorrido período de tempo superior a **5 anos**, computado o período de prova da suspensão ou do livramento condicional, se não ocorrer revogação.

Assim, a contagem inicial do prazo de 5 anos, observando o disposto no art. 10 do CP, será da:

a) data do cumprimento da pena;

b) data da extinção da pena;

c) data do início do período de prova do sursis ou do livramento condicional (inicia-se na audiência admonitória), se não ocorrer revogação.

Nos termos do art. 63 do CP e art. 7º da LCP:

Crime (Brasil/exterior)	➔	**Crime**	➔	**Reincidente**
Crime (Brasil/exterior)	➔	**Contravenção**	➔	**Reincidente (art. 7º da LCP)**
Contravenção (Brasil)	➔	**Crime**	➔	**Não reincidente**
Contravenção (Brasil)	➔	**Contravenção**	➔	**Reincidente (art. 7º da LCP)**
Contravenção (exterior)	➔	**Contravenção**	➔	**Não reincidente**

O **art. 64, inciso II, do CP** estabelece que para efeito de reincidência não se consideram os crimes militares próprios e políticos.

- **Comprovação da reincidência.** De acordo com a **Súmula 636 do STJ**, "A folha de antecedentes criminais é documento suficiente a comprovar os maus antecedentes e a reincidência".
- De acordo com a **Súmula 241 do STJ**, "A reincidência penal não pode ser considerada como circunstância agravante e, simultaneamente, como circunstância judicial". Nada impede a valoração dos maus antecedentes e da reincidência na mesma condenação, desde que existam condenações distintas. Nesse sentido: "Na espécie, a sentença e o acórdão recorridos consignaram que o paciente registra três condenações definitivas, sendo que duas delas foram utilizadas para exasperar a pena-base, ao passo em que a remanescente embasou o reconhecimento da reincidência, na segunda etapa da dosimetria, de modo que inexiste a alegada ofensa ao princípio do ne bis in idem, pois foram utilizadas condenações distintas para fins diversos" (STJ, 5ª T., HC 332531, j. 06/10/2016). Idem: "Uma vez constatada a existência de 2 (duas) condenações distintas transitadas em julgado e sendo utilizada uma delas para valorar negativamente a circunstância judicial dos antecedentes e a outra para agravar a pena a título de reincidência, não se verifica a ocorrência de bis in idem" (STJ, 5ª T., AgRg no AREsp 1734238, j. 15/12/2020).
- Não há reincidência quando o agente comete crime depois de transitar em julgado a sentença que aplicou medida de segurança ao inimputável (**art. 26, *caput*, do CP**). Isto porque a sentença que aplica a medida de segurança nessa hipótese não é condenatória, mas sim absolutória (absolvição imprópria).
- **Maus antecedentes após o prazo de cinco anos referido no art. 64, I, do CP.** O Plenário do STF, no Tema 150 da Repercussão Geral, fixou a seguinte tese: "Não se aplica para o reconhecimento dos maus antecedentes o prazo quinquenal de prescrição da reincidência, previsto no art. 64, I, do Código Penal". Nesse sentido: "1. A jurisprudência do Supremo Tribunal Federal só considera maus

antecedentes condenações penais transitadas em julgado que não configurem reincidência. Trata-se, portanto, de institutos distintos, com finalidade diversa na aplicação da pena criminal. 2. Por esse motivo, não se aplica aos maus antecedentes o prazo quinquenal de prescrição previsto para a reincidência (art. 64, I, do Código Penal). 3. Não se pode retirar do julgador a possibilidade de aferir, no caso concreto, informações sobre a vida pregressa do agente, para fins de fixação da pena-base em observância aos princípios constitucionais da isonomia e da individualização da pena. 4. Recurso extraordinário a que se dá parcial provimento, mantida a decisão recorrida por outros fundamentos, fixada a seguinte tese: **Não se aplica ao reconhecimento dos maus antecedentes o prazo quinquenal de prescrição da reincidência, previsto no art. 64, I, do Código Penal**" (STF, Plenário, RE 593818, j. 18/08/2020).

5.2.3. *Circunstâncias atenuantes*

Nos termos do **art. 65 do CP**, são circunstâncias que sempre atenuam a pena:

a) **ser o agente menor de 21, na data do fato, ou maior de 70 anos, na data da sentença (inciso I):** para efeitos penais, o reconhecimento da menoridade do réu requer prova por documento hábil (Súmula 74 do STJ).

A menoridade relativa, de acordo com a jurisprudência dos Tribunais Superiores, é circunstância preponderante. No entanto, discute-se se prepondera sobre as demais circunstâncias preponderantes do art. 67 do CP ou não:

- Algumas decisões do STJ autorizam **a compensação da atenuante da menoridade com a agravante da reincidência**, afirmando serem elas igualmente preponderantes: "A jurisprudência desta Corte é reiterada no sentido de que a atenuante da menoridade relativa, por estar relacionada à personalidade do agente, e a agravante da reincidência, por expressa disposição legal, são circunstâncias preponderantes, razão pela qual devem ser integralmente compensadas, na esteira do disposto no art. 67 do Código Penal" (STJ, 5ª T., HC 467028, j. 04/10/2018). Idem: "No julgamento do Recurso Especial Representativo de Controvérsia n. 1.341.370/MT, em 10/4/2013, a Terceira Seção firmou o entendimento de que, observadas as especificidades do caso concreto, 'é possível, na segunda fase da dosimetria da pena, a compensação da atenuante da confissão espontânea com a agravante da reincidência'" (STJ, 5ª T., HC 556397, j. 23/06/2020).
- Outras decisões consideram as **atenuantes da menoridade e da senilidade preponderantes em relação às demais**, inclusive em relação às circunstâncias preponderantes do art. 67 do CP: "Conforme o entendimento consolidado desta Corte, a atenuante da menoridade é sempre considerada preponderante em relação às demais agravantes de caráter subjetivo e também em relação às de caráter objetivo. Essa conclusão decorre da interpretação acerca do art. 67 do Código Penal, que estabelece a escala de preponderância entres

as circunstâncias a serem valoradas na segunda etapa do modelo trifásico. Dentro dessa sistemática, a menoridade relativa, assim como a senilidade, possuem maior grau de preponderância em relação àquelas igualmente preponderantes, decorrentes dos motivos determinantes do crime e reincidência, nos termos do art. 67 do Código Penal, e, *a fortiori*, em relação às circunstâncias objetivas" (STJ, 5ª T., HC 441341, j. 22/05/2018).

b) **o desconhecimento da lei (inciso II):** no momento em que a lei é publicada no diário oficial presume-se que todos passam a conhecê-la. Embora se trate de uma ficção, a presunção é juris et de jure, ou seja, absoluta.

c) **ter o agente cometido o crime por motivo de relevante valor social ou moral.** Valor social é aquele que atende aos anseios da sociedade, como matar o traidor da pátria. Valor moral é aquele relacionado ao próprio agente, atendendo aos princípios morais e éticos dominantes, como o pai que mata o estuprador da sua filha.

d) **procurado, por sua espontânea vontade e com eficiência, logo após o crime, evitar-lhe ou minorar-lhe as consequências, ou ter, antes do julgamento, reparado o dano:** preenchendo os requisitos do art. 16 do CP (arrependimento posterior), aplica-se este e não a atenuante.

e) **cometido o crime sob coação a que podia resistir, ou em cumprimento de ordem de autoridade superior, ou sob a influência de violenta emoção, provocada por ato injusto da vítima.** Se a coação é moral irresistível, ou se a ordem do superior hierárquico não é manifestamente ilegal, aplica-se o art. 22 do CP. Caso haja, no homicídio, domínio de violência emoção logo depois de injusta provocação da vítima, aplica-se o art. 121, § 1º, do CP.

f) **confessado espontaneamente, perante a autoridade, a autoria do crime:** justifica a atenuante em razão da colaboração do agente com a instrução processual. Para incidir a lei traz dois requisitos: 1) espontaneidade (espontâneo = livre de coação); 2) que seja realizada perante a autoridade (ex.: delegado, juiz).

- **Súmula 545 do STJ:** "Quando a confissão for utilizada para a formação do convencimento do julgador, o réu fará jus à atenuante prevista no art. 65, III, d, do Código Penal".
- **Súmula 630 do STJ:** "A incidência da atenuante da confissão espontânea no crime de tráfico ilícito de entorpecentes exige o reconhecimento da traficância pelo acusado, não bastando a mera admissão da posse ou propriedade para uso próprio".

▶ **Confissão qualificada.** Ocorre na hipótese em que o agente confessa o fato, mas alega alguma tese defensiva, como ausência de dolo, causas excludentes de ilicitude ou de culpabilidade. Há divergência doutrinária e jurisprudencial sobre a sua possibilidade de incidência como atenuante:

→ **STF (não atenua):** "A confissão qualificada não é suficiente para justificar a atenuante prevista no art. 65, III, 'd', do Código Penal (...) A aplicação da atenuante da confissão espontânea prevista no art. 65, III, 'd', do Código Penal não incide quando o agente reconhece sua participação no fato, contudo, alega tese de exclusão da ilicitude" (STF, 1ª T., HC 119671, j. 05/11/2013). No mesmo sentido: STF, 1ª T., AP 892 ED, j. 06/09/2019.

→ **STJ (atenua):** "O Superior Tribunal de Justiça tem entendimento firmado na Súmula nº 545/STJ de que, 'quando a confissão for utilizada para a formação do convencimento do julgador, o réu fará jus à atenuante prevista no art. 65, III, 'd', do Código Penal', sendo indiferente que a admissão da autoria criminosa seja parcial, qualificada ou acompanhada de alguma causa excludente de ilicitude ou culpabilidade" (AgRg no HC 461977, j. 25/09/2018). Idem: "Nos termos da jurisprudência do Superior Tribunal de Justiça, o fato de se tratar de confissão qualificada não afasta o direito à incidência da atenuante do art. 65, inciso III, alínea d, do Código Penal, devendo ser aplicada a orientação da Súmula n. 545 desta Corte Superior, quando é utilizada para formar a convicção do Julgador que profere a condenação" (STJ, 6ª T., AgRg no REsp 1796095, j. 01/12/2020).

▶ **Compensação entre confissão e reincidência: duas posições.**

→ **STJ (é possível):** "No julgamento do Recurso Especial Representativo de Controvérsia n. 1.341.370/MT, em 10/4/13, a Terceira Seção firmou o entendimento de que, observadas as especificidades do caso concreto, 'é possível, na segunda fase da dosimetria da pena, a compensação da atenuante da confissão espontânea com a agravante da reincidência'. Do mesmo modo, no julgamento do Habeas Corpus 365.963/SP, foi firmada jurisprudência no sentido de que a especificidade da reincidência não obstaculiza sua compensação com a atenuante da confissão espontânea" (STJ, 5ª T., PExt no HC 594593, j. 09/12/2020). **Ressalte-se que no caso de multirreincidente não há compensação:** "1. A jurisprudência desta Corte, no julgamento do EREsp n. 1.154.752/RS, apreciado sob o rito dos recursos repetitivos, em 23/5/2012, pacificou o entendimento de que a agravante da reincidência deve ser compensada com a atenuante da confissão espontânea, porquanto ambas envolvem a personalidade do agente, sendo, por consequência, igualmente preponderantes. 2. Tal entendimento sofre alteração quando reconhecida a situação de réu multirreincidente, hipótese na qual, como regra, não será devida a compensação integral entre a confissão e a reincidência" (STJ, 6ª T., AgRg no REsp 1870086, j. 15/09/2020).

→ **STF (não é possível):** "CONFISSÃO – REINCIDÊNCIA – COMPENSAÇÃO – IMPROPRIEDADE – PRECEDENTES. Prepondera sobre a confissão a reincidência, no que esta última revela a necessidade de observar-se apenação substancial, não se colocando no mesmo nível o reincidente e o primário" (1ª T., RHC 135819, j. 29/05/2018). Ainda: "A agravante reincidência prevalece sobre a confissão" (STF, 1ª T., RHC 141519, j. 31/08/2020).

g) **cometido o crime sob a influência de multidão em tumulto, se não o provocou:** o agente que provocou o tumulto, além de não fazer jus à atenuante, ainda responde pela contravenção penal do art. 40 da LCP.

Consoante o **art. 66 do CP**, a pena poderá ser ainda atenuada em razão de circunstância relevante, anterior ou posterior ao crime, embora não prevista expressamente em lei. Como exemplo pode ser citado o caso da **coculpabilidade** da sociedade organizada, que não consegue garantir a todos os homens as mesmas oportunidades, gerando nos menos favorecidos um menor âmbito de autodeterminação, condicionado por causas sociais (Zaffaroni).

5.2.4. *Concurso entre circunstâncias atenuantes e agravantes*

Pode haver concurso entre circunstâncias agravantes e atenuantes. Nesse caso, nos termos do **art. 67 do CP**, a pena deve aproximar-se do limite indicado pelas **circunstâncias preponderantes**, entendendo-se como tais as que resultam dos motivos determinantes do crime (ex.: relevante valor moral ou social), da personalidade do agente (ex.: menor de 21 anos na data do fato) e da reincidência. Observa-se que as circunstâncias subjetivas (atenuantes ou agravantes) preponderam sobre as circunstâncias objetivas (atenuantes ou agravantes).

Uma circunstância agravante pode ser compensada com uma atenuante, desde que uma não seja preponderante em relação à outra. Havendo uma circunstância agravante (ex.: crime cometido contra ascendente) e uma atenuante (ex.: reparação do dano), uma poderá ser compensada com a outra, isto é, elas se anulam.

Entretanto, se uma circunstância for preponderante em relação à outra, não haverá anulação. A reparação do dano (circunstância atenuante não preponderante) não pode, por exemplo, ser compensada com a reincidência (circunstância agravante preponderante).

Por outro lado, uma circunstância preponderante pode ser compensada com outra circunstância preponderante. A reincidência (circunstância agravante preponderante) pode ser compensada com o motivo de relevante valor moral (circunstância atenuante preponderante).

5.3. Causas de aumento e de diminuição (3ª fase)

Causas de aumento ou majorantes são circunstâncias que elevam a pena. O legislador, diante de uma circunstância, estabelece um determinado aumento a incidir sobre a pena cominada. Exemplo: art. 155, § 1º, do CP (a pena ***aumenta-se de um terço***, se o crime é praticado durante o repouso noturno).

Não deve ser confundida com a qualificadora, já que nesta a lei não estabelece um valor a incidir sobre determinada pena, mas sim comina diretamente uma pena autônoma, estabelecendo o mínimo e o máximo. Exemplo: art. 155, § 4º, do CP (pena de 2 a 8 anos).

As **causas de diminuição ou minorantes**, por sua vez, são circunstâncias que diminuem a pena. A lei estabelece um valor a incidir sobre a pena cominada. Exemplo: art. 155, § 2º, do CP (se o criminoso é primário, e é de pequeno valor a coisa furtada, o juiz pode substituir a pena de reclusão pela de detenção, ***diminuí-la de um a dois terços***, ou aplicar somente a pena de multa).

A causa de aumento pode superar o máximo da pena abstrata e a causa de diminuição pode reduzir a pena abaixo do mínimo previsto. Exemplo: O homicídio simples prevê uma pena mínima de seis anos de reclusão. Aplicando a causa de diminuição de pena prevista no art. 121, § 1º (diminuição de 1/6 a 1/3), a pena mínima poderá ser reduzida abaixo dos seis anos. Por outro lado, aplicando a causas de aumento previstas na parte final do § 4º (homicídio doloso contra menor de 14 ou contra maior de 60 anos), a pena poderá superar os vinte anos.

Pode ocorrer **concurso de causas de aumento ou de diminuição** da pena. No concurso de causas de aumento ou de diminuição previstas na **parte especial**, pode o juiz limitar-se a um só aumento ou a uma só diminuição, prevalecendo, todavia, a causa que mais aumente ou diminua (**art. 68, parágrafo único, do CP**). Exemplo: causa de aumento prevista nos arts. 250, § 1º, e 258, 1ª parte.

Se houver concurso de causas de aumento ou diminuição previstas na **parte geral**, o juiz deverá aplicar todas elas.

6. PENAS RESTRITIVAS DE DIREITOS

6.1. Classificação

> **Art. 43.** As penas restritivas de direitos são:
>
> I – prestação pecuniária;
>
> II – perda de bens e valores;
>
> III – (...);
>
> IV – prestação de serviço à comunidade ou a entidades públicas;
>
> V – interdição temporária de direitos;
>
> VI – limitação de fim de semana.

As penas restritivas de direitos são chamadas de penas **alternativas**. Isto porque são alternativas à pena privativa de liberdade.

As penas restritivas de direitos são classificadas como: a) comuns ou genéricas: aplicação em quaisquer infrações (ex.: limitação de fim de semana, prestação de serviços à comunidade, prestação pecuniária); b) específicas ou especiais: aplicação em apenas alguns crimes (ex.: interdição de direito, como a suspensão de habilitação para dirigir).

As penas restritivas de direitos (de prestação de serviços comunitários, interdição temporária de direitos e limitação de fim de semana) terão a **mesma duração das penas privativas de liberdade**, segundo o art. 55 do CP, ressalvado o disposto no § 4º do art. 46.

6.2. Penas restritivas de direitos em espécie

6.2.1. Prestação pecuniária (art. 45, § 1º)

Conceito: a prestação pecuniária consiste no pagamento em dinheiro à vítima, a seus dependentes ou a entidade pública ou privada com destinação social, de importância fixada pelo juiz, não inferior a 1 salário-mínimo nem superior a 360 salários-mínimos. O valor pago será deduzido do montante de eventual condenação em ação de reparação civil, se coincidentes os beneficiários.

Finalidade: reparação do dano causado.

Destinatários: vítima ou seus dependentes (e não os herdeiros) ou entidade pública ou privada com destinação social.

Valor: não inferior a um salário-mínimo nem superior a trezentos e sessenta salários-mínimos.

Possibilidade de dedução: o valor pago será deduzido do montante de eventual condenação em ação de reparação civil, se coincidentes os beneficiários.

6.2.2. Prestação inominada (art. 45, § 2º)

Consentimento: deve haver consentimento de quem irá receber a prestação.

Outra natureza: como a obrigação de fazer e a doação de cestas básicas.

Constitucionalidade: pela sua incerteza e imprecisão, há quem entenda que esta pena infringe o princípio da legalidade ou da reserva legal (art. 5º, XXXIX, da CF e art. 1º do CP).

6.2.3. Perda de bens e valores (art. 45, § 3º)

Conceito: consiste na perda de bens e valores pertencentes aos condenados.

Previsão constitucional: art. 5º, XLVI, b.

Destinatário: em favor do Fundo Penitenciário Nacional, ressalvada a legislação especial.

Limite: seu valor terá como teto – o que for maior – o montante do prejuízo causado ou do provento obtido pelo agente ou por terceiro, em consequência da prática do crime.

6.2.4. Prestação de serviços à comunidade ou a entidades públicas (art. 46)

Conceito: consiste na atribuição de tarefas gratuitas ao condenado.

Previsão constitucional: art. 5º, XLVI, d (prestação social alternativa).

Aplicação: penas superiores a seis meses de privação da liberdade.

Local de cumprimento: a prestação de serviço à comunidade dar-se-á em entidades assistenciais, hospitais, escolas, orfanatos e outros estabelecimentos congêneres, em programas comunitários ou estatais (§ 2º).

Aptidões pessoais: as tarefas a que se refere o § 1º serão atribuídas conforme as aptidões do condenado.

Tempo de cumprimento das tarefas: devem ser cumpridas à razão de uma hora de tarefa por dia de condenação, fixadas de modo a não prejudicar a jornada normal de trabalho (§ 3º).

Cumprimento antecipado: se a pena substituída for superior a um ano, é facultado ao condenado cumprir a pena substitutiva em menor tempo (artigo 55), nunca inferior à metade da pena privativa de liberdade fixada (§ 4º).

LEP: arts. 149 e 150.

6.2.5. Interdição temporária de direitos (art. 47)

Previsão constitucional: art. 5º, XLVI, e (interdição de direitos).

Espécies: a) proibição do exercício de cargo, função ou atividade pública, bem como de mandato eletivo; b) proibição do exercício de profissão, atividade ou ofício que dependam de habilitação especial, de licença ou autorização do poder público; c) suspensão de autorização ou de habilitação para dirigir veículo; d) proibição de frequentar determinados lugares; e) proibição de inscrever-se em concurso, avaliação ou exame públicos.

A Lei nº 12.550/11, além de criar o crime de 'cola eletrônica' (art. 311-A do CP), acrescentou ao art. 47 do Código Penal mais uma pena de interdição temporária de direitos: "proibição de inscrever-se em concurso, avaliação ou exame públicos".

Distinções com os efeitos da condenação: não deve ser confundido o art. 47 com o art. 92, ambos do CP.

Pena específica (art. 56): aplicadas a crimes cometidos com abuso ou violação dos deveres inerentes ao cargo, função, ofício, profissão ou atividade.

Autorização ou habilitação para dirigir: se o delito for praticado com veículo automotor, aplica-se a Lei nº 9.503/97, de sorte que a pena de interdição prevista no Código Penal só pode ser aplicada ao agente que, habilitado para dirigir veículo, pratica crime culposo de trânsito na condução de veículo de tração humana ou animal (bicicletas, carroças etc.). Como a suspensão da habilitação está hoje prevista no Código de Trânsito, essa modalidade de interdição aplica-se somente à suspensão de autorização.

Proibição de frequentar determinados lugares: somente se justifica quando o lugar tiver alguma relação com o crime.

LEP: arts. 154 e 155.

Duração: segundo art. 55 do CP, terá a mesma duração da pena privativa de liberdade substituída.

6.2.6. *Limitação de fim de semana (art. 48)*

Conceito: consiste na obrigação de permanecer, aos sábados e domingos, por 5 horas diárias, em casa de albergado ou outro estabelecimento adequado.

Atividades: durante a permanência poderão ser ministrados ao condenado cursos e palestras ou atribuídas atividades educativas.

LEP: arts. 151 a 153.

Duração: segundo art. 55 do CP, terá a mesma duração da pena privativa de liberdade substituída.

6.3. Características, requisitos e formas de aplicação

6.3.1. *Autonomia e substitutividade das penas alternativas*

As penas restritivas de direitos podem ser aplicadas sem que sejam cumuladas com a pena privativa de liberdade, ou seja, elas são ***autônomas***. Por outro lado, nos termos do Código Penal, possuem o caráter de ***substitutividade***, uma vez que em primeiro lugar é fixada a pena privativa de liberdade, para, em seguida, haver a substituição por pena restritiva de direitos.

Existem **exceções** na legislação especial, tanto à autonomia das penas restritivas de direitos (no CTB há vários tipos penais – como o art. 302 – prevendo a cumulação entre pena privativa de liberdade e pena restritiva de direitos) quanto ao seu caráter de substitutividade (no art. 28 da Lei de Drogas há previsão autônoma de penas alternativas).

6.3.2. *Requisitos (objetivos e subjetivos)*

1º) **aplicada pena privativa de liberdade não superior a 4 anos nos crimes dolosos (art. 44, I):** trata-se de pena aplicada (concreta) e não da pena cominada (abstrata);

2º) crime cometido sem violência ou grave ameaça à pessoa (art. 44, I);

3º) qualquer que seja a pena aplicada, se o crime for culposo (art. 44, I);

4º) réu não reincidente em crime doloso (art. 44, II), salvo se a medida for socialmente recomendável e não ocorra a reincidência específica (art. 44, § 3º);

5º) a culpabilidade, os antecedentes, a conduta social e a personalidade do condenado, bem como os motivos e as circunstâncias indicarem que essa substituição seja suficiente (art. 44, III).

Na hipótese de **concurso de crimes**, a substituição deverá observar o total da pena imposta pelos delitos dolosos.

▶ **MARIA DA PENHA**

- Nos termos da **Lei Maria da Penha**, "é vedada a aplicação, nos casos de violência doméstica e familiar contra a mulher, de penas de cesta básica ou outras de prestação pecuniária, bem como a substituição de pena que implique o pagamento isolado de multa" (art. 17 da Lei nº 11.340/06).
- **Súmula 588 do STJ:** "A prática de crime ou contravenção penal contra a mulher com violência ou grave ameaça no ambiente doméstico impossibilita a substituição da pena privativa de liberdade por restritiva de direitos". No mesmo sentido, o STF (HC 137888, j. 31/10/2017) decidiu que é vedada a substituição da pena privativa de liberdade por restritiva de direitos em caso de contravenção penal envolvendo violência doméstica.

6.3.3. Penas alternativas e crimes hediondos

A Lei nº 8.072/90 não veda expressamente a possibilidade de substituição da pena privativa de liberdade por penas restritivas de direitos em crimes hediondos e equiparados, de sorte que se admite a sua aplicação.

No caso do tráfico minorado ou privilegiado (art. 33, § 4º, da Lei 11.343/06), há expressão vedação de substituição da pena privativa de liberdade por penas restritivas de direitos. Entretanto, o STF, no julgamento do HC 97.256 (submetido ao Plenário), de 1º/09/2010, reconheceu a **inconstitucionalidade** de tal proibição.

▶ **Resolução 05/2012 do Senado Federal:** "É suspensa a execução da expressão 'vedada a conversão em penas restritivas de direitos' do § 4º do art. 33 da Lei nº 11.343/06, declarada inconstitucional por decisão definitiva do Supremo Tribunal Federal nos autos do Habeas Corpus nº 97.256/RS".

6.3.4. Formas de aplicação

a) **condenação igual ou inferior a 1 ano:** a substituição pode ser feita por multa ou por uma pena restritiva de direitos.

b) **condenação superior a 1 ano:** a pena privativa de liberdade pode ser substituída por uma pena restritiva de direitos e multa ou por duas restritivas de direitos (substituição cumulativa).

6.4. Conversão (art. 44, §§ 4º e 5º)

A pena restritiva de direitos pode ser convertida em privativa de liberdade. Vejamos as hipóteses:

6.4.1. Descumprimento injustificado da restrição imposta

a) **Multa:** a pena de multa não pode ser convertida em privativa de liberdade, pois o art. 51 do CP, que permitia a conversão, foi alterado pela Lei nº 9.268/96.

b) **Interdição temporária de direitos:** há quem entenda que, além da conversão em pena privativa de liberdade, ocorrerá o delito descrito no art. 359 do CP.

c) **Princípio da detração penal:** no cálculo da pena privativa de liberdade a executar será deduzido o tempo cumprido da pena restritiva de direitos, respeitado o saldo mínimo de 30 (trinta) dias de detenção ou reclusão.

d) **Contraditório:** a conversão de pena restritiva de direitos em privativa de liberdade deve obediência ao princípio constitucional do contraditório e da ampla defesa (art. 5º, LV, da CF), sob pena de nulidade da decisão.

6.4.2. *Nova condenação*

a) **Sobrevindo condenação irrecorrível a pena privativa de liberdade, por outro crime**, o juiz da execução penal decidirá sobre a conversão, podendo deixar de aplicá-la se for possível ao condenado cumprir a pena substitutiva anterior.

b) **Tempo do crime:** é indiferente o tempo da prática do crime. A nova condenação pode ter sido por crime cometido antes ou durante o cumprimento da pena restritiva de direitos.

c) **Conversão obrigatória:** impossibilidade de cumprimento simultâneo da pena substitutiva anterior com a nova pena.

d) **Conversão facultativa:** possibilidade de cumprimento simultâneo da pena substitutiva anterior com a nova pena.

e) **Contravenção:** não se aplica a conversão. O art. 44, § 5º se refere a crime.

> ▶ **LEP:** A Lei de Execução Penal (Lei nº 7.210/84) dispõe sobre outras causas de conversão no artigo art. 181, §§ 1º a 3º.

7. PENA DE MULTA

7.1. Conceito

A pena de multa consiste no pagamento ao Fundo Penitenciário de certa quantia em dinheiro. A quantia é fixada na sentença e calculada em dias-multas. Será no mínimo de 10, e no máximo de 360 dias-multa.

7.2. Cominação

a) **Multa abstrata (sanção principal – CP, arts. 32, III, e 58):** pena de multa cominada no tipo penal (pena abstrata). Na sentença condenatória, a pena de multa é aplicada diretamente pelo juiz, ou seja, não é substitutiva da pena privativa de liberdade.

b) **Multa substitutiva ou vicariante (CP, arts. 44, § 2º e 60, § 2º):** na sentença condenatória, primeiro aplica-se a pena privativa de liberdade para depois realizar a substituição pela multa. Assim, mesmo que o tipo não tenha previsto a pena de multa (multa abstrata), pode o juiz aplicá-la (multa substitutiva).

▶ **Súmula 171 do STJ**: "Cominadas cumulativamente, em lei especial, penas privativa de liberdade e pecuniária, é defeso a substituição da prisão por multa".

7.3. Legitimidade ativa da execução da multa

Art. 51. Transitada em julgado a sentença condenatória, a multa será executada perante o juiz da execução penal e será considerada dívida de valor, aplicáveis as normas relativas à dívida ativa da Fazenda Pública, inclusive no que concerne às causas interruptivas e suspensivas da prescrição.

O Pacote Anticrime (Lei nº 13.964/19, com vigência a partir do dia 23/01/2020) deu nova redação ao art. 51 do Código Penal. Foi inserida a expressão "a multa será executada perante o juiz da execução penal". Antes da alteração havia divergência sobre qual seria o juízo competente.

▶ **MP COMO PRINCIPAL LEGITIMADO PARA EXECUTAR A PENA DE MULTA**

O Plenário do STF definiu que o Ministério Público é o principal legitimado para executar a cobrança das multas pecuniárias fixadas em sentenças penais condenatórias. Na ocasião, os ministros entenderam que, por ter natureza de sanção penal, a competência da Fazenda Pública para executar essas multas se limita aos casos de inércia do MP (STF, Pleno, ADI 3150, j. 13/12/2018). O tema também foi debatido na 12ª Questão de Ordem apresentada na AP 470 ("Mensalão").

A controvérsia dizia respeito à antiga redação do artigo 51 do Código Penal (dada pela Lei n. 9.268/96), que estabelecia a conversão da multa pecuniária em dívida de valor após o trânsito em julgado da sentença condenatória, e determinava que a cobrança se dê conforme as normas da legislação relativa à dívida ativa. A Procuradoria-Geral da República ajuizou a ADI 3150 pedindo que o texto seja interpretado de forma a conferir legitimidade exclusiva ao MP para executar essas dívidas. A União, por sua vez, argumentou que a competência seria da Fazenda Pública.

Conforme o voto do ministro Roberto Barroso, Relator, o fato de a redação do artigo 51 do Código Penal (dada pela Lei n. 9.268/96) transformar a multa em dívida de valor não retira a competência do MP para efetuar sua cobrança. Ele lembrou que a multa pecuniária é uma sanção penal prevista na Constituição Federal (artigo 5º, inciso XLVI, alínea c), o que torna impossível alterar sua natureza jurídica por meio de lei. Ressaltou, também, que a Lei de Execuções Penais (LEP), em dispositivo expresso, reconhece a atribuição do MP para executar a dívida. Segundo Barroso, o fato de o MP cobrar a dívida, ou seja, executar a condenação, não significa que ele estaria substituindo a Fazenda Pública. O ministro destacou que a condenação criminal é um título executivo judicial, sendo incongruente sua inscrição em dívida ativa, que é um título executivo extrajudicial. Reafirmando seu voto na 12ª Questão de Ordem na AP 470, o ministro salientou que, caso o MP não proponha a execução da multa no prazo de 90 dias após o trânsito em julgado da sentença, o juízo da vara criminal comunicará ao órgão competente da Fazenda Pública para efetuar a cobrança na vara de execução fiscal. "Mas a prioridade é do Ministério Público, pois, antes de ser uma dívida, é uma sanção criminal", reiterou. A maioria dos ministros seguiu essa orientação.

Obs.: encontra-se superada a **Súmula 521 do STJ:** "A legitimidade para a execução fiscal de multa pendente de pagamento imposta em sentença condenatória é exclusiva da Procuradoria da Fazenda Pública".

7.4. Fases da fixação da pena de multa

Enquanto o critério para a fixação da pena privativa de liberdade é **trifásico**, o critério para a fixação da pena de multa é **bifásico**. Veja-se:

> **1ª fase: fixação da quantidade de dias-multa (art. 49, *caput*, do CP):** será fixada no mínimo de 10 e no máximo de 360 dias-multa. Existe divergência em relação ao que se deve levar em consideração para a fixação da quantidade de dias-multa: 1ª posição: somente as circunstâncias judiciais; 2ª posição: as circunstâncias judiciais (art. 59), as agravantes e atenuantes e, por fim, as causas de aumento e de diminuição; 3ª posição: somente a situação econômica do réu.
>
> **2ª fase: fixação do valor do dia-multa:** será fixado pelo juiz, não podendo ser inferior a um trigésimo do salário-mínimo mensal vigente ao tempo do fato, nem superior a cinco vezes esse salário (art. 49, § 1º). Na fixação do valor deve ser considerada a situação econômica do réu (art. 60).

Observe-se que, nos termos do art. 60, § 1º, "A multa pode ser aumentada até o triplo, se o juiz considerar que, em virtude da situação econômica do réu, é ineficaz, embora aplicada no máximo".

8. SÚMULAS E ORIENTAÇÕES JURISPRUDENCIAIS DO STF E DO STJ

PENAS PRIVATIVAS DE LIBERDADE

- **Súmula 643 do STJ:** "A execução da pena restritiva de direitos depende do trânsito em julgado da condenação."
- **Súmula 716 do STF:** "Admite-se a progressão de regime de cumprimento da pena ou a aplicação imediata de regime menos severo nela determinada, antes do trânsito em julgado da sentença condenatória".
- **Súmula 717 do STF:** "Não impede a progressão de regime de execução da pena, fixada em sentença não transitada em julgado, o fato de o réu se encontrar em prisão especial".
- **Súmula 718 do STF:** "A opinião do julgador sobre a gravidade em abstrato do crime não constitui motivação idônea para a imposição de regime mais severo do que o permitido segundo a pena aplicada".
- **Súmula 719 do STF:** "A imposição do regime de cumprimento mais severo do que a pena aplicada permitir exige motivação idônea".
- **Súmula Vinculante 26 do STF:** "Para efeito de progressão de regime no cumprimento de pena por crime hediondo, ou equiparado, o juízo da execução observará a inconstitucionalidade do art. 2º da Lei

nº 8.072, de 25 de julho de 1990, sem prejuízo de avaliar se o condenado preenche, ou não, os requisitos objetivos e subjetivos do benefício, podendo determinar, para tal fim, de modo fundamentado, a realização de exame criminológico".

- **Súmula 231 do STJ:** "A incidência da circunstância atenuante não pode conduzir à redução da pena abaixo do mínimo legal".
- **Súmula 241 do STJ:** "A reincidência penal não pode ser considerada como circunstância agravante e, simultaneamente, como circunstância judicial".
- **Súmula 269 do STJ:** "É admissível a adoção do regime prisional semiaberto aos reincidentes condenados a pena igual ou inferior a quatro anos se favoráveis as circunstâncias judiciais".
- **Súmula 439 do STJ:** "Admite-se o exame criminológico pelas peculiaridades do caso, desde que em decisão motivada".
- **Súmula 440 do STJ:** "Fixada a pena-base no mínimo legal, é vedado o estabelecimento de regime prisional mais gravoso do que o cabível em razão da sanção imposta, com base apenas na gravidade abstrata do delito".
- **Súmula 444 do STJ:** "É vedada a utilização de inquéritos policiais e ações penais em curso para agravar a pena-base".
- **Súmula 491 do STJ:** "É inadmissível a chamada progressão per saltum de regime prisional".
- **Súmula 493 do STJ:** "É inadmissível a fixação de pena substitutiva (art. 44 do CP) como condição especial ao regime aberto".
- **Súmula 520 do STJ:** "O benefício de saída temporária no âmbito da execução penal é ato jurisdicional insuscetível de delegação à autoridade administrativa do estabelecimento prisional".
- **Súmula 526 do STJ:** "O reconhecimento de falta grave decorrente do cometimento de fato definido como crime doloso no cumprimento da pena prescinde do trânsito em julgado de sentença penal condenatória no processo penal instaurado para apuração do fato".
- **Súmula 545 do STJ:** "Quando a confissão for utilizada para a formação do convencimento do julgador, o réu fará jus à atenuante prevista no art. 65, III, *d*, do Código Penal".
- **Súmula 562 do STJ:** "É possível a remição de parte do tempo de execução da pena quando o condenado, em regime fechado ou semiaberto, desempenha atividade laborativa, ainda que extramuros".
- **Súmula 630 do STJ:** "A incidência da atenuante da confissão espontânea no crime de tráfico ilícito de entorpecentes exige o reconhecimento da traficância pelo acusado, não bastando a mera admissão da posse ou propriedade para uso próprio".

INCONSTITUCIONALIDADE DO § 1º DO ARTIGO 2º DA LEI DOS CRIMES HEDIONDOS

- "Habeas corpus. Penal. Tráfico de entorpecentes. Crime praticado durante a vigência da Lei nº 11.464/07. Pena inferior a 8 anos de reclusão. Obrigatoriedade de imposição do regime inicial fechado. Declaração incidental de inconstitucionalidade do § 1º do art. 2º da Lei nº 8.072/90. Ofensa à garantia constitucional da individualização da pena (inciso XLVI do art. 5º da CF/88). Fundamentação necessária (CP, art. 33, § 3º, c/c o art. 59). Possibilidade de fixação, no caso em exame, do regime semiaberto para o início de cumprimento da pena privativa de liberdade. Ordem concedida" (STF, Pleno, HC 111.840, j. 27/06/2012).
- "O Plenário do Supremo Tribunal Federal, em 27/7/2012, ao julgar o HC n. 111.840/ES, por maioria, declarou incidentalmente a inconstitucionalidade do art. 2º, § 1º, da Lei n. 8.072/1990, com a redação que lhe foi dada pela Lei n. 11.464/2007, afastando, dessa forma, a obrigatoriedade do regime inicial fechado para os condenados por crimes hediondos e equiparados. Assim, não é mais obrigatório o cumprimento da pena em regime fechado, seja integral, seja inicialmente, aos condenados pela prática de crime hediondo e/ou equiparados" (STJ, 5ª T., AgRg no HC 536584, j. 17/12/2019).

► "O art. 2º, § 1º, da Lei 8.072/90 foi declarado inconstitucional pelo Plenário do STF no julgamento do HC 111.840/ES (Rel. Min. DIAS TOFFOLI), sendo, a partir de então, afastada a obrigatoriedade de imposição de regime inicial fechado aos condenados por crimes hediondos ou equiparados, que se submetem às regras do art. 33 do CP" (STJ, 6ª T., AgRg no HC 593052, j. 25/08/2020).

A FALTA DE VAGAS NAS CASAS PRISIONAIS NÃO AUTORIZA A MANUTENÇÃO DO CONDENADO EM REGIME PRISIONAL MAIS GRAVOSO

► "O Tribunal, por maioria e nos termos do voto do Relator, deu parcial provimento ao recurso extraordinário, apenas para determinar que, havendo viabilidade, ao invés da prisão domiciliar, observe-se: (i) a saída antecipada de sentenciado no regime com falta de vagas; (ii) a liberdade eletronicamente monitorada do recorrido, enquanto em regime semiaberto; (iii) o cumprimento de penas restritivas de direito e/ou estudo ao recorrido após progressão ao regime aberto, vencido o Ministro Marco Aurélio, que desprovia o recurso. **Em seguida, o Tribunal, apreciando o tema 423 da repercussão geral, fixou tese nos seguintes termos**: a) a falta de estabelecimento penal adequado não autoriza a manutenção do condenado em regime prisional mais gravoso; b) os juízes da execução penal poderão avaliar os estabelecimentos destinados aos regimes semiaberto e aberto, para qualificação como adequados a tais regimes. São aceitáveis estabelecimentos que não se qualifiquem como 'colônia agrícola, industrial' (regime semiaberto) ou 'casa de albergado ou estabelecimento adequado' (regime aberto) (art. 33, § 1º, alíneas 'b' e 'c'); c) havendo déficit de vagas, deverá determinar-se: (i) a saída antecipada de sentenciado no regime com falta de vagas; (ii) a liberdade eletronicamente monitorada ao sentenciado que sai antecipadamente ou é posto em prisão domiciliar por falta de vagas; (iii) o cumprimento de penas restritivas de direito e/ou estudo ao sentenciado que progride ao regime aberto. Até que sejam estruturadas as medidas alternativas propostas, poderá ser deferida a prisão domiciliar ao sentenciado" (STF, Pleno, RE 641.320, j. 11/05/2016).

► "O Tribunal de Justiça decidiu a controvérsia em consonância com a Súmula Vinculante nº 56, a qual determina que "A falta de estabelecimento penal adequado não autoriza a manutenção do condenado em regime prisional mais gravoso, devendo-se observar nessa hipótese os parâmetros fixados no RE 641.320". 2. Consoante o registro do acórdão, existe vaga para o agravante em estabelecimento destinado ao cumprimento da pena em regime fechado, mas que é compatível com o regime semiaberto, uma vez que há separação física entre os detentos, possibilidade de realização de trabalho externo e, quando preenchidos os requisitos legais, de fruição de saídas temporárias. 3. O acórdão analisou inspeção judicial realizada no estabelecimento prisional e mencionou apenas irregularidades na arquitetura da edificação e nas ligações entre as galerias e os cubículos, o que não comprova desrespeito às regras do regime intermediário" (STJ, 6ª T., AgInt no HC 402.765, j. 15/08/2017).

► "1. A falta de estabelecimento penal adequado não autoriza a manutenção do condenado em regime prisional mais gravoso. Esse o teor da Súmula Vinculante 56, a qual se ofende com a imposição de permanência do apenado em unidade incompatível com o regime a que fez jus, porque inviabilizada a sua transferência em razão da pandemia de Covid-19. 2. O Plenário da Corte, no julgamento do RE 641.320/RS, reconheceu a impossibilidade de excesso de execução penal e assentou o dever de o Estado-Juiz, em havendo déficit de vagas, adotar medidas alternativas, consentâneas com as particularidades do caso concreto, como (i) a saída antecipada de sentenciados em regimes menos graves ou mais antigos; (ii) a liberdade eletronicamente monitorada; (iii) o cumprimento de penas restritivas de direito e/ou estudo, para aquele que progrediu ao regime aberto; (iv) ou mesmo a prisão domiciliar, até que haja estrutura para aplicação das demais providências. 3. Agravo regimental provido, para julgar procedente a reclamação, a fim de determinar a inclusão imediata do reclamante no regime semiaberto ou a adoção, pelo Juízo da Execução Penal, das medidas alternativas, conforme os pa-râmetros estabelecidos no RE 641.320/RS" (STF, 2ª T., Rcl 40761 AgR, j. 29/06/2020).

TRABALHO FORA DA CASA PRISIONAL E REMIÇÃO DA PENA

► "É possível a remição de parte do tempo de execução da pena quando o condenado, em regime fechado ou semiaberto, desempenha atividade laborativa extramuros" (Tese fixada em Recurso Repetitivo: STJ, 3ª Seção, REsp 1381315, j. 13/05/2015).

- **Súmula 562 do STJ:** "É possível a remição de parte do tempo de execução da pena quando o condenado, em regime fechado ou semiaberto, desempenha atividade laborativa, ainda que extramuros".

A FOLHA DE ANTECEDENTES CRIMINAIS É DOCUMENTO VÁLIDO PARA COMPROVAR A REINCIDÊNCIA

- **Súmula 636 do STJ:** "A folha de antecedentes criminais é documento suficiente a comprovar os maus antecedentes e a reincidência".

- "A jurisprudência desta Corte tem posicionamento firme no sentido de considerar a folha de antecedentes criminais documento hábil e suficiente para comprovar os antecedentes maculados e a reincidência, dispensando a apresentação de certidão cartorária" (STJ, 5ª T., HC 411.246, j. 19/10/2017).

NÃO HÁ REINCIDÊNCIA ESPECÍFICA ENTRE O TRÁFICO NA FORMA BÁSICA (*CAPUT*) E O TRÁFICO PRIVILEGIADO OU MINORADO (§ 4º)

- "(...) 2. Ademais, 'esta Corte Superior de Justiça consolidou entendimento no sentido de afastar a reincidência específica em relação ao tráfico privilegiado e o tráfico previsto no *caput* do art. 33 da Lei de Drogas'" (STJ, 6ª T., AgRg no HC 455227, j. 13/11/2018).

- "Imperioso o afastamento da reincidência específica em relação ao tráfico privilegiado e o tráfico previsto no caput do art. 33 da Lei de Drogas, nos termos do consolidado entendimento jurisprudencial, para fins da concessão do livramento condicional" (STJ, 6ª T., AgRg no HC 604376, j. 15/09/2020).

O PRÉVIO APENAMENTO POR POSSE DE DROGAS PARA CONSUMO PESSOAL NÃO CONSTITUI CAUSA GERADORA DE REINCIDÊNCIA

- "(...) 4. Ademais, a atual jurisprudência deste Tribunal Superior está firmada no sentido de que, se contravenções penais, puníveis com prisão simples, não têm o condão de gerar reincidência (art. 63 do Código Penal), também o crime de posse de drogas para consumo próprio, punível com medidas muito mais brandas, não deve gerar tal efeito. Nesse passo, se a condenação não se presta para configurar reincidência, também não pode, pelo mesmo raciocínio, configurar antecedente criminal desfavorável" (STJ, 6ª T., AgRg no HC 520646, j. 08/10/2019).

- "A jurisprudência desta Corte Superior entende que o prévio apenamento do agente pela conduta de porte de drogas para consumo próprio (art. 28 da Lei de Drogas) não constitui causa geradora de reincidência e adequado, também, afastar a sua incidência como fundamento para negativar os antecedentes do réu. Precedentes" (STJ, 6ª T., AgRg no HC 480011, j. 15/12/2020).

O PRAZO DE CINCO ANOS REFERIDO NO ART. 64, I, DO CP NÃO É APLICADO AOS MAUS ANTECEDENTES

- **O Plenário do STF, no Tema 150 da Repercussão Geral, fixou a seguinte tese:** "Não se aplica para o reconhecimento dos maus antecedentes o prazo quinquenal de prescrição da reincidência, previsto no art. 64, I, do Código Penal". Nesse sentido: "1. A jurisprudência do Supremo Tribunal Federal só considera maus antecedentes condenações penais transitadas em julgado que não configurem reincidência. Trata-se, portanto, de institutos distintos, com finalidade diversa na aplicação da pena criminal. 2. Por esse motivo, não se aplica aos maus antecedentes o prazo quinquenal de prescrição previsto para a reincidência (art. 64, I, do Código Penal). 3. Não se pode retirar do julgador a possibilidade de aferir, no caso concreto, informações sobre a vida pregressa do agente, para fins de fixação da pena-base em observância aos princípios constitucionais da isonomia e da individualização da pena. 4. Recurso extraordinário a que se dá parcial provimento, mantida a decisão recorrida por outros fundamentos, fixada a seguinte tese: Não se aplica ao reconhecimento dos maus antecedentes o prazo quinquenal de prescrição da reincidência, previsto no art. 64, I, do Código Penal" (STF, Plenário, RE 593818, j. 18/08/2020).

LEGISLAÇÃO

PENAS RESTRITIVAS DE DIREITOS E LEI MARIA DA PENHA

- **Súmula 588 do STJ:** "A prática de crime ou contravenção penal contra a mulher com violência ou grave ameaça no ambiente doméstico impossibilita a substituição da pena privativa de liberdade por restritiva de direitos".

PENAS RESTRITIVAS DE DIREITOS E IMPOSSIBILIDADE DE EXECUÇÃO PROVISÓRIA

- **Súmula 643 do STJ:** "A execução da pena restritiva de direitos depende do trânsito em julgado da condenação."

- "I – Consoante o Supremo Tribunal Federal: "A execução provisória de acórdão penal condenatório proferido em grau de apelação, ainda que sujeito a recurso especial ou extraordinário, não compromete o princípio constitucional da presunção de inocência afirmado pelo artigo 5º, inciso LVII da Constituição Federal" (HC nº 126.292/SP, Tribunal Pleno, Rel. Min. Teori Zavascki, DJe de 17/5/2016). II – Entretanto, no caso das penas restritivas de direitos, malgrado a ressalva do entendimento deste Relator, a Corte Especial deste Superior Tribunal de Justiça manteve o entendimento de que não cabe execução provisória antes do trânsito em julgado, nos termos do art. 147 da Lei de Execução Penal (...)" (STJ, 5ª T., AgRg no AREsp 1322989, j. 02/10/2018). OBS.: em decisão monocrática, o Ministro Edson Fachin autorizou a execução provisória da pena restritiva de direito (STF, RE 1161548, julgado em 14/02/2019).

- "É descabida a execução provisória de penas restritivas de direitos. Precedentes da Terceira Seção" (STJ, 6ª T., REsp 1815123, j. 15/12/2020).

PENA DE MULTA

- **Súmula 171 do STJ:** "Cominadas cumulativamente, em lei especial, penas privativa de liberdade e pecuniária, e defeso a substituição da prisão por multa".

- Por maioria de votos, o Plenário do STF definiu que o Ministério Público é o principal legitimado para executar a cobrança das multas pecuniárias fixadas em sentenças penais condenatórias. Na ocasião, os ministros entenderam que, por ter natureza de sanção penal, a competência da Fazenda Pública para executar essas multas se limita aos casos de inércia do MP (STF, Pleno, ADI 3150, j. 13/12/2019). O tema também foi debatido na 12ª Questão de Ordem apresentada na AP 470 ("Mensalão").

9. LEGISLAÇÃO RELACIONADA AO CAPÍTULO

PRINCÍPIOS FUNDAMENTAIS

» **CONSTITUIÇÃO FEDERAL**

Art. 5º, XXXIX – não há crime sem lei anterior que o defina, nem pena sem prévia cominação legal.

Art. 5º, XL – a lei penal não retroagirá, salvo para beneficiar o réu.

Art. 5º, XLV – nenhuma pena passará da pessoa do condenado, podendo a obrigação de reparar o dano e a decretação do perdimento de bens ser, nos termos da lei, estendidas aos sucessores e contra eles executadas, até o limite do valor do patrimônio transferido.

Art. 5º, XLVI – a lei regulará a individualização da pena e adotará, entre outras, as seguintes: a) privação ou restrição da liberdade; b) perda de bens; c) multa; d) prestação social alternativa; e) suspensão ou interdição de direitos.

Art. 5º, XLVII – não haverá penas: a) de morte, salvo em caso de guerra declarada, nos termos do art. 84, XIX; b) de caráter perpétuo; c) de trabalhos forçados; d) de banimento; e) cruéis;

Art. 5º, XLVIII – a pena será cumprida em estabelecimentos distintos, de acordo com a natureza do delito, a idade e o sexo do apenado.

Art. 5º, XLIX – é assegurado aos presos o respeito à integridade física e moral.

Art. 5º, L – às presidiárias serão asseguradas condições para que possam permanecer com seus filhos durante o período de amamentação.

» **CÓDIGO PENAL**

Anterioridade da Lei

Art. 1º – Não há crime sem lei anterior que o defina. Não há pena sem prévia cominação legal.

Lei penal no tempo

Art. 2º – Ninguém pode ser punido por fato que lei posterior deixa de considerar crime, cessando em virtude dela a execução e os efeitos penais da sentença condenatória.

Parágrafo único – A lei posterior, que de qualquer modo favorecer o agente, aplica-se aos fatos anteriores, ainda que decididos por sentença condenatória transitada em julgado.

Fixação da pena

Art. 59 – O juiz, atendendo à culpabilidade, aos antecedentes, à conduta social, à personalidade do agente, aos motivos, às circunstâncias e consequências do crime, bem como ao comportamento da vítima, estabelecerá, conforme seja necessário e suficiente para reprovação e prevenção do crime:

I – as penas aplicáveis dentre as cominadas;

II – a quantidade de pena aplicável, dentro dos limites previstos;

III – o regime inicial de cumprimento da pena privativa de liberdade;

IV – a substituição da pena privativa da liberdade aplicada, por outra espécie de pena, se cabível.

» **LEI DE EXECUÇÃO PENAL (LEI 7.210/84)**

Art. 1º – A execução penal tem por objetivo efetivar as disposições de sentença ou decisão criminal e proporcionar condições para a harmônica integração social do condenado e do internado.

PENAS PRIVATIVAS DE LIBERDADE

» **CONSTITUIÇÃO FEDERAL**

Art. 5º, XLVI – a lei regulará a individualização da pena e adotará, entre outras, as seguintes: a) privação ou restrição da liberdade; b) perda de bens; c) multa; d) prestação social alternativa; e) suspensão ou interdição de direitos.

Art. 5º, XLVII – não haverá penas: a) de morte, salvo em caso de guerra declarada, nos termos do art. 84, XIX; b) de caráter perpétuo; c) de trabalhos forçados; d) de banimento; e) cruéis.

Art. 5º, XLVIII – a pena será cumprida em estabelecimentos distintos, de acordo com a natureza do delito, a idade e o sexo do apenado.

Art. 5º, L – às presidiárias serão asseguradas condições para que possam permanecer com seus filhos durante o período de amamentação.

» **CÓDIGO PENAL**

Contagem de prazo

Art. 10 – O dia do começo inclui-se no cômputo do prazo. Contam-se os dias, os meses e os anos pelo calendário comum.

Arrependimento posterior

Art. 16 – Nos crimes cometidos sem violência ou grave ameaça à pessoa, reparado o dano ou restituída a coisa, até o recebimento da denúncia ou da queixa, por ato voluntário do agente, a pena será reduzida de um a dois terços.

Inimputáveis

Art. 26 – É isento de pena o agente que, por doença mental ou desenvolvimento mental incompleto ou retardado, era, ao tempo da ação ou da omissão, inteiramente incapaz de entender o caráter ilícito do fato ou de determinar-se de acordo com esse entendimento.

Parágrafo único – A pena pode ser reduzida de um a dois terços, se o agente, em virtude de perturbação de saúde mental ou por desenvolvimento mental incompleto ou retardado não era inteiramente capaz de entender o caráter ilícito do fato ou de determinar-se de acordo com esse entendimento.

Reclusão e detenção

Art. 33 – A pena de reclusão deve ser cumprida em regime fechado, semiaberto ou aberto. A de detenção, em regime semiaberto, ou aberto, salvo necessidade de transferência a regime fechado.

§ 1º – Considera-se: a) regime fechado a execução da pena em estabelecimento de segurança máxima ou média; b) regime semiaberto a execução da pena em colônia agrícola, industrial ou estabelecimento similar; c) regime aberto a execução da pena em casa de albergado ou estabelecimento adequado.

§ 2º – As penas privativas de liberdade deverão ser executadas em forma progressiva, segundo o mérito do condenado, observados os seguintes critérios e ressalvadas as hipóteses de transferência a regime mais rigoroso:

a) o condenado a pena superior a 8 (oito) anos deverá começar a cumpri-la em regime fechado;

b) o condenado não reincidente, cuja pena seja superior a 4 (quatro) anos e não exceda a 8 (oito), poderá, desde o princípio, cumpri-la em regime semiaberto;

c) o condenado não reincidente, cuja pena seja igual ou inferior a 4 (quatro) anos, poderá, desde o início, cumpri-la em regime aberto.

§ 3º – A determinação do regime inicial de cumprimento da pena far-se-á com observância dos critérios previstos no art. 59 deste Código.

§ 4º – O condenado por crime contra a administração pública terá a progressão de regime do cumprimento da pena condicionada à reparação do dano que causou, ou à devolução do produto do ilícito praticado, com os acréscimos legais.

Regras do regime fechado

Art. 34 – O condenado será submetido, no início do cumprimento da pena, a exame criminológico de classificação para individualização da execução.

§ 1º – O condenado fica sujeito a trabalho no período diurno e a isolamento durante o repouso noturno.

§ 2º – O trabalho será em comum dentro do estabelecimento, na conformidade das aptidões ou ocupações anteriores do condenado, desde que compatíveis com a execução da pena.

§ 3º – O trabalho externo é admissível, no regime fechado, em serviços ou obras públicas.

Regras do regime semiaberto

Art. 35 – Aplica-se a norma do art. 34 deste Código, caput, ao condenado que inicie o cumprimento da pena em regime semiaberto.

§ 1º – O condenado fica sujeito a trabalho em comum durante o período diurno, em colônia agrícola, industrial ou estabelecimento similar.

§ 2º – O trabalho externo é admissível, bem como a frequência a cursos supletivos profissionalizantes, de instrução de segundo grau ou superior.

Regras do regime aberto

Art. 36 – O regime aberto baseia-se na autodisciplina e senso de responsabilidade do condenado.

§ 1º – O condenado deverá, fora do estabelecimento e sem vigilância, trabalhar, frequentar curso ou exercer outra atividade autorizada, permanecendo recolhido durante o período noturno e nos dias de folga.

§ 2º – O condenado será transferido do regime aberto, se praticar fato definido como crime doloso, se frustrar os fins da execução ou se, podendo, não pagar a multa cumulativamente aplicada.

Regime especial

Art. 37 – As mulheres cumprem pena em estabelecimento próprio, observando-se os deveres e direitos inerentes à sua condição pessoal, bem como, no que couber, o disposto neste Capítulo.

Direitos do preso

Art. 38 – O preso conserva todos os direitos não atingidos pela perda da liberdade, impondo-se a todas as autoridades o respeito à sua integridade física e moral.

Detração

Art. 42 – Computam-se, na pena privativa de liberdade e na medida de segurança, o tempo de prisão provisória, no Brasil ou no estrangeiro, o de prisão administrativa e o de internação em qualquer dos estabelecimentos referidos no artigo anterior.

Fixação da pena

Art. 59 – O juiz, atendendo à culpabilidade, aos antecedentes, à conduta social, à personalidade do agente, aos motivos, às circunstâncias e consequências do crime, bem como ao comportamento da vítima, estabelecerá, conforme seja necessário e suficiente para reprovação e prevenção do crime:

I – as penas aplicáveis dentre as cominadas;

II – a quantidade de pena aplicável, dentro dos limites previstos;

III – o regime inicial de cumprimento da pena privativa de liberdade;

IV – a substituição da pena privativa da liberdade aplicada, por outra espécie de pena, se cabível.

Circunstâncias agravantes

Art. 61 – São circunstâncias que sempre agravam a pena, quando não constituem ou qualificam o crime:

I – a reincidência;

II – ter o agente cometido o crime: a) por motivo fútil ou torpe; b) para facilitar ou assegurar a execução, a ocultação, a impunidade ou vantagem de outro crime; c) à traição, de emboscada, ou mediante dissimulação, ou outro recurso que dificultou ou tornou impossível a defesa do ofendido; d) com emprego de veneno, fogo, explosivo, tortura ou outro meio insidioso ou cruel, ou de que podia resultar perigo comum; e) contra ascendente, descendente, irmão ou cônjuge; f) com abuso de autoridade ou prevalecendo-se de relações domésticas, de coabitação ou de hospitalidade, ou com violência contra a mulher na forma da lei específica; g) com abuso de poder ou violação de dever inerente a cargo, ofício, ministério ou profissão; h) contra criança, maior de 60 (sessenta) anos, enfermo ou mulher grávida; i) quando o ofendido estava sob a imediata proteção da autoridade; j) em ocasião de incêndio, naufrágio, inundação ou qualquer calamidade pública, ou de desgraça particular do ofendido; l) em estado de embriaguez preordenada.

Agravantes no caso de concurso de pessoas

Art. 62 – A pena será ainda agravada em relação ao agente que:

I – promove, ou organiza a cooperação no crime ou dirige a atividade dos demais agentes;

II – coage ou induz outrem à execução material do crime;

III – instiga ou determina a cometer o crime alguém sujeito à sua autoridade ou não-punível em virtude de condição ou qualidade pessoal;

IV – executa o crime, ou nele participa, mediante paga ou promessa de recompensa.

Reincidência

Art. 63 – Verifica-se a reincidência quando o agente comete novo crime, depois de transitar em julgado a sentença que, no País ou no estrangeiro, o tenha condenado por crime anterior.

Art. 64 – Para efeito de reincidência:

I – não prevalece a condenação anterior, se entre a data do cumprimento ou extinção da pena e a infração posterior tiver decorrido período de tempo superior a 5 (cinco) anos, computado o período de prova da suspensão ou do livramento condicional, se não ocorrer revogação;

II – não se consideram os crimes militares próprios e políticos.

Circunstâncias atenuantes

Art. 65 – São circunstâncias que sempre atenuam a pena:

I – ser o agente menor de 21 (vinte e um), na data do fato, ou maior de 70 (setenta) anos, na data da sentença;

II – o desconhecimento da lei;

III – ter o agente: a) cometido o crime por motivo de relevante valor social ou moral; b) procurado, por sua espontânea vontade e com eficiência, logo após o crime, evitar-lhe ou minorar-lhe as consequências, ou ter, antes do julgamento, reparado o dano; c) cometido o crime sob coação a que podia resistir, ou em cumprimento de ordem de autoridade superior, ou sob a influência de violenta emoção, provocada por ato injusto da vítima; d) confessado espontaneamente, perante a autoridade, a autoria do crime; e) cometido o crime sob a influência de multidão em tumulto, se não o provocou.

Art. 66 – A pena poderá ser ainda atenuada em razão de circunstância relevante, anterior ou posterior ao crime, embora não prevista expressamente em lei.

Concurso de circunstâncias agravantes e atenuantes

Art. 67 – No concurso de agravantes e atenuantes, a pena deve aproximar-se do limite indicado pelas circunstâncias preponderantes, entendendo-se como tais as que resultam dos motivos determinantes do crime, da personalidade do agente e da reincidência.

Cálculo da pena

Art. 68 – A pena-base será fixada atendendo-se ao critério do art. 59 deste Código; em seguida serão consideradas as circunstâncias atenuantes e agravantes; por último, as causas de diminuição e de aumento.

Parágrafo único – No concurso de causas de aumento ou de diminuição previstas na parte especial, pode o juiz limitar-se a um só aumento ou a uma só diminuição, prevalecendo, todavia, a causa que mais aumente ou diminua.

Homicídio simples

Art. 121 – Matar alguém:

Pena – reclusão, de seis a vinte anos.

Caso de diminuição de pena

§ 1º – Se o agente comete o crime impelido por motivo de relevante valor social ou moral, ou sob o domínio de violenta emoção, logo em seguida a injusta provocação da vítima, o juiz pode reduzir a pena de um sexto a um terço.

Homicídio qualificado

§ 2º – Se o homicídio é cometido: I – mediante paga ou promessa de recompensa, ou por outro motivo torpe; II – por motivo fútil; III – com emprego de veneno, fogo, explosivo, asfixia, tortura ou outro meio insidioso ou cruel, ou de que possa resultar perigo comum; IV – à traição, de emboscada, ou mediante dissimulação ou outro recurso que dificulte ou torne impossível a defesa do ofendido; V – para assegurar a execução, a ocultação, a impunidade ou vantagem de outro crime; VI – contra a mulher por razões da condição de sexo feminino; VII – contra autoridade ou agente descrito nos arts. 142 e 144 da Constituição Federal, integrantes do sistema prisional e da Força Nacional de Segurança Pública, no exercício da função ou em decorrência dela, ou contra seu cônjuge, companheiro ou parente consanguíneo até terceiro grau, em razão dessa condição; VIII – com emprego de arma de fogo de uso restrito ou proibido: *(Redação dada pela Lei nº 13.964, de 2019, vetada pelo Presidente da República e mantida pelo Congresso Nacional)*:

Pena – reclusão, de doze a trinta anos.

Furto

Art. 155 – Subtrair, para si ou para outrem, coisa alheia móvel:

Pena – reclusão, de um a quatro anos, e multa.

§ 1º – A pena aumenta-se de um terço, se o crime é praticado durante o repouso noturno.

§ 2º – Se o criminoso é primário, e é de pequeno valor a coisa furtada, o juiz pode substituir a pena de reclusão pela de detenção, diminuí-la de um a dois terços, ou aplicar somente a pena de multa.

§ 3º – Equipara-se à coisa móvel a energia elétrica ou qualquer outra que tenha valor econômico.

Furto qualificado

§ 4º – A pena é de reclusão de dois a oito anos, e multa, se o crime é cometido: I – com destruição ou rompimento de obstáculo à subtração da coisa; II – com abuso de confiança, ou mediante fraude, escalada ou destreza; III – com emprego de chave falsa; IV – mediante concurso de duas ou mais pessoas.

Incêndio

Art. 250 – Causar incêndio, expondo a perigo a vida, a integridade física ou o patrimônio de outrem:

Pena – reclusão, de três a seis anos, e multa.

Aumento de pena

§ 1º – As penas aumentam-se de um terço:

I – se o crime é cometido com intuito de obter vantagem pecuniária em proveito próprio ou alheio;

II – se o incêndio é: a) em casa habitada ou destinada a habitação; b) em edifício público ou destinado a uso público ou a obra de assistência social ou de cultura; c) em embarcação, aeronave, comboio ou veículo de transporte coletivo; d) em estação ferroviária ou aeródromo; e) em estaleiro, fábrica ou oficina; f) em depósito de explosivo, combustível ou inflamável; g) em poço petrolífico ou galeria de mineração; h) em lavoura, pastagem, mata ou floresta.

Incêndio culposo

§ 2º – Se culposo o incêndio, é pena de detenção, de seis meses a dois anos.

Formas qualificadas de crime de perigo comum

Art. 258 – Se do crime doloso de perigo comum resulta lesão corporal de natureza grave, a pena privativa de liberdade é aumentada de metade; se resulta morte, é aplicada em dobro. No caso de culpa, se do fato resulta lesão corporal, a pena aumenta-se de metade; se resulta morte, aplica-se a pena cominada ao homicídio culposo, aumentada de um terço.

» **LEI DE EXECUÇÃO PENAL (LEI 7.210/84)**

Da Classificação

Art. 5º – Os condenados serão classificados, segundo os seus antecedentes e personalidade, para orientar a individualização da execução penal.

Art. 6º – A classificação será feita por Comissão Técnica de Classificação que elaborará o programa individualizador da pena privativa de liberdade adequada ao condenado ou preso provisório.

Art. 7º – A Comissão Técnica de Classificação, existente em cada estabelecimento, será presidida pelo diretor e composta, no mínimo, por 2 (dois) chefes de serviço, 1 (um) psiquiatra, 1 (um) psicólogo e 1 (um) assistente social, quando se tratar de condenado à pena privativa de liberdade.

Parágrafo único. Nos demais casos a Comissão atuará junto ao Juízo da Execução e será integrada por fiscais do serviço social.

Art. 8º – O condenado ao cumprimento de pena privativa de liberdade, em regime fechado, será submetido a exame criminológico para a obtenção dos elementos necessários a uma adequada classificação e com vistas à individualização da execução.

Parágrafo único. Ao exame de que trata este artigo poderá ser submetido o condenado ao cumprimento da pena privativa de liberdade em regime semiaberto.

Art. 9º – A Comissão, no exame para a obtenção de dados reveladores da personalidade, observando a ética profissional e tendo sempre presentes peças ou informações do processo, poderá: I – entrevistar pessoas; II – requisitar, de repartições ou estabelecimentos privados, dados e informações a respeito do condenado; III – realizar outras diligências e exames necessários.

Art. 9º-A – O condenado por crime doloso praticado com violência grave contra a pessoa, bem como por crime contra a vida, contra a liberdade sexual ou por crime sexual contra vulnerável, será submetido, obrigatoriamente, à identificação do perfil genético, mediante extração de DNA (ácido desoxirribonucleico), por técnica adequada e indolor, por ocasião do ingresso no estabelecimento prisional. *(Redação dada pela Lei nº 13.964, de 2019, vetada pelo Presidente da República e mantida pelo Congresso Nacional)*

§ 1º – A identificação do perfil genético será armazenada em banco de dados sigiloso, conforme regulamento a ser expedido pelo Poder Executivo.

§ 1º-A – A regulamentação deverá fazer constar garantias mínimas de proteção de dados genéticos, observando as melhores práticas da genética forense. (Incluído pela Lei nº 13.964, de 2019)

§ 2º – A autoridade policial, federal ou estadual, poderá requerer ao juiz competente, no caso de inquérito instaurado, o acesso ao banco de dados de identificação de perfil genético. (Incluído pela Lei nº 12.654, de 2012)

§ 3º – Deve ser viabilizado ao titular de dados genéticos o acesso aos seus dados constantes nos bancos de perfis genéticos, bem como a todos os documentos da cadeia de custódia que gerou esse dado, de maneira que possa ser contraditado pela defesa. (Incluído pela Lei nº 13.964, de 2019)

§ 4º – O condenado pelos crimes previstos no *caput* deste artigo que não tiver sido submetido à identificação do perfil genético por ocasião do ingresso no estabelecimento prisional deverá ser submetido ao procedimento durante o cumprimento da pena. (Incluído pela Lei nº 13.964, de 2019)

§ 5º – A amostra biológica coletada só poderá ser utilizada para o único e exclusivo fim de permitir a identificação pelo perfil genético, não estando autorizadas as práticas de fenotipagem genética ou de busca familiar. *(Redação dada pela Lei nº 13.964, de 2019, vetada pelo Presidente da República e mantida pelo Congresso Nacional)*

§ 6º – Uma vez identificado o perfil genético, a amostra biológica recolhida nos termos do *caput*

LEGISLAÇÃO

deste artigo deverá ser correta e imediatamente descartada, de maneira a impedir a sua utilização para qualquer outro fim. (*Redação dada pela Lei nº 13.964, de 2019, vetada pelo Presidente da República e mantida pelo Congresso Nacional*)

§ 7º – A coleta da amostra biológica e a elaboração do respectivo laudo serão realizadas por perito oficial. (*Redação dada pela Lei nº 13.964, de 2019, vetada pelo Presidente da República e mantida pelo Congresso Nacional*)

§ 8º – Constitui falta grave a recusa do condenado em submeter-se ao procedimento de identificação do perfil genético.

§ 2º – A autoridade policial, federal ou estadual, poderá requerer ao juiz competente, no caso de inquérito instaurado, o acesso ao banco de dados de identificação de perfil genético.

Da Assistência à Saúde

Art. 14 – A assistência à saúde do preso e do internado de caráter preventivo e curativo, compreenderá atendimento médico, farmacêutico e odontológico.

§ 1º (Vetado).

§ 2º – Quando o estabelecimento penal não estiver aparelhado para prover a assistência médica necessária, esta será prestada em outro local, mediante autorização da direção do estabelecimento.

§ 3º – Será assegurado acompanhamento médico à mulher, principalmente no pré-natal e no pós-parto, extensivo ao recém-nascido.

Art. 19 – O ensino profissional será ministrado em nível de iniciação ou de aperfeiçoamento técnico.

Parágrafo único – A mulher condenada terá ensino profissional adequado à sua condição.

Do Trabalho

Art. 28 – O trabalho do condenado, como dever social e condição de dignidade humana, terá finalidade educativa e produtiva.

§ 1º – Aplicam-se à organização e aos métodos de trabalho as precauções relativas à segurança e à higiene.

§ 2º – O trabalho do preso não está sujeito ao regime da Consolidação das Leis do Trabalho.

Art. 29 – O trabalho do preso será remunerado, mediante prévia tabela, não podendo ser inferior a 3/4 (três quartos) do salário-mínimo.

§ 1º – O produto da remuneração pelo trabalho deverá atender: a) à indenização dos danos causados pelo crime, desde que determinados judicialmente e não reparados por outros meios; b) à assistência à família; c) a pequenas despesas pessoais; d) ao ressarcimento ao Estado das despesas realizadas com a manutenção do condenado, em proporção a ser fixada e sem prejuízo da destinação prevista nas letras anteriores.

§ 2º – Ressalvadas outras aplicações legais, será depositada a parte restante para constituição do pecúlio, em Caderneta de Poupança, que será entregue ao condenado quando posto em liberdade.

Art. 30 – As tarefas executadas como prestação de serviço à comunidade não serão remuneradas.

Do Trabalho Interno

Art. 31 – O condenado à pena privativa de liberdade está obrigado ao trabalho na medida de suas aptidões e capacidade.

Parágrafo único. Para o preso provisório, o trabalho não é obrigatório e só poderá ser executado no interior do estabelecimento.

Art. 32 – Na atribuição do trabalho deverão ser levadas em conta a habilitação, a condição pessoal e as necessidades futuras do preso, bem como as oportunidades oferecidas pelo mercado.

§ 1º – Deverá ser limitado, tanto quanto possível, o artesanato sem expressão econômica, salvo nas regiões de turismo.

§ 2º – Os maiores de 60 (sessenta) anos poderão solicitar ocupação adequada à sua idade.

§ 3º – Os doentes ou deficientes físicos somente exercerão atividades apropriadas ao seu estado.

Art. 33. A jornada normal de trabalho não será inferior a 6 (seis) nem superior a 8 (oito) horas, com descanso nos domingos e feriados.

Parágrafo único. Poderá ser atribuído horário especial de trabalho aos presos designados para os serviços de conservação e manutenção do estabelecimento penal.

Art. 34. O trabalho poderá ser gerenciado por fundação, ou empresa pública, com autonomia administrativa, e terá por objetivo a formação profissional do condenado.

§ 1º – Nessa hipótese, incumbirá à entidade gerenciadora promover e supervisionar a produção, com critérios e métodos empresariais, encarregar-se de sua comercialização, bem como suportar despesas, inclusive pagamento de remuneração adequada.

§ 2º – Os governos federal, estadual e municipal poderão celebrar convênio com a iniciativa privada, para implantação de oficinas de trabalho referentes a setores de apoio dos presídios.

Art. 35 – Os órgãos da Administração Direta ou Indireta da União, Estados, Territórios, Distrito Federal e dos Municípios adquirirão, com dispensa de concorrência pública, os bens ou produtos do trabalho prisional, sempre que não for possível ou recomendável realizar-se a venda a particulares. Parágrafo único. Todas as importâncias arrecadadas com as vendas reverterão em favor da fundação ou empresa pública a que alude o artigo anterior ou, na sua falta, do estabelecimento penal.

Do Trabalho Externo

Art. 36 – O trabalho externo será admissível para os presos em regime fechado somente em serviço ou obras públicas realizadas por órgãos da Administração Direta ou Indireta, ou entidades privadas, desde que tomadas as cautelas contra a fuga e em favor da disciplina.

§ 1º – O limite máximo do número de presos será de 10% (dez por cento) do total de empregados na obra.

§ 2º – Caberá ao órgão da administração, à entidade ou à empresa empreiteira a remuneração desse trabalho.

§ 3º – A prestação de trabalho à entidade privada depende do consentimento expresso do preso.

Art. 37 – A prestação de trabalho externo, a ser autorizada pela direção do estabelecimento, dependerá de aptidão, disciplina e responsabilidade, além do cumprimento mínimo de 1/6 (um sexto) da pena.

Parágrafo único – Revogar-se-á a autorização de trabalho externo ao preso que vier a praticar fato definido como crime, for punido por falta grave, ou tiver comportamento contrário aos requisitos estabelecidos neste artigo.

Dos Deveres

Art. 38 – Cumpre ao condenado, além das obrigações legais inerentes ao seu estado, submeter-se às normas de execução da pena.

Art. 39 – Constituem deveres do condenado: I – comportamento disciplinado e cumprimento fiel da sentença; II – obediência ao servidor e respeito a qualquer pessoa com quem deva relacionar-se; III – urbanidade e respeito no trato com os demais condenados; IV – conduta oposta aos movimentos individuais ou coletivos de fuga ou de subversão à ordem ou à disciplina; V – execução do trabalho, das tarefas e das ordens recebidas; VI – submissão à sanção disciplinar imposta; VII – indenização à vítima ou aos seus sucessores; VIII – indenização ao Estado, quando possível, das despesas realizadas com a sua manutenção, mediante desconto proporcional da remuneração do trabalho; IX – higiene pessoal e asseio da cela ou alojamento; X – conservação dos objetos de uso pessoal. Parágrafo único – Aplica-se ao preso provisório, no que couber, o disposto neste artigo.

Das Faltas Disciplinares

Art. 52 – A prática de fato previsto como crime doloso constitui falta grave e, quando ocasionar subversão da ordem ou disciplina internas, sujeitará o preso provisório, ou condenado, nacional ou estrangeiro, sem prejuízo da sanção penal, ao regime disciplinar diferenciado, com as seguintes características: (Redação dada pela Lei nº 13.964, de 2019)

I – duração máxima de até 2 (dois) anos, sem prejuízo de repetição da sanção por nova falta grave de mesma espécie;

II – recolhimento em cela individual;

III – visitas quinzenais, de 2 (duas) pessoas por vez, a serem realizadas em instalações equipadas para impedir o contato físico e a passagem de objetos, por pessoa da família ou, no caso de terceiro, autorizado judicialmente, com duração de 2 (duas) horas;

IV – direito do preso à saída da cela por 2 (duas) horas diárias para banho de sol, em grupos de até 4 (quatro) presos, desde que não haja contato com presos do mesmo grupo criminoso;

V – entrevistas sempre monitoradas, exceto aquelas com seu defensor, em instalações equipadas para impedir o contato físico e a passagem de objetos, salvo expressa autorização judicial em contrário;

VI – fiscalização do conteúdo da correspondência;

VII – participação em audiências judiciais preferencialmente por videoconferência, garantindo-se a participação do defensor no mesmo ambiente do preso.

Dos Estabelecimentos Penais

Art. 82 – Os estabelecimentos penais destinam-se ao condenado, ao submetido à medida de segurança, ao preso provisório e ao egresso.

§ 1° – A mulher e o maior de sessenta anos, separadamente, serão recolhidos a estabelecimento próprio e adequado à sua condição pessoal.

§ 2º – O mesmo conjunto arquitetônico poderá abrigar estabelecimentos de destinação diversa desde que devidamente isolados.

Art. 83 – O estabelecimento penal, conforme a sua natureza, deverá contar em suas dependências com áreas e serviços destinados a dar assistência, educação, trabalho, recreação e prática esportiva.

§ 1º – Haverá instalação destinada a estágio de estudantes universitários.

§ 2º – Os estabelecimentos penais destinados a mulheres serão dotados de berçário, onde as condenadas possam cuidar de seus filhos, inclusive amamentá-los, no mínimo, até 6 (seis) meses de idade.

§ 3º – Os estabelecimentos de que trata o § 2º deste artigo deverão possuir, exclusivamente, agentes do sexo feminino na segurança de suas dependências internas.

§ 4º – Serão instaladas salas de aulas destinadas a cursos do ensino básico e profissionalizante.

§ 5º – Haverá instalação destinada à Defensoria Pública.

Art. 83-A – Poderão ser objeto de execução indireta as atividades materiais acessórias, instrumentais ou complementares desenvolvidas em estabelecimentos penais, e notadamente: I – serviços de conservação, limpeza, informática, copeiragem, portaria, recepção, reprografia, telecomunicações, lavanderia e manutenção de prédios, instalações e equipamentos internos e externos; II – serviços relacionados à execução de trabalho pelo preso. (Incluído pela Lei nº 13.190, de 2015)

§ 1º – A execução indireta será realizada sob supervisão e fiscalização do poder público.

§ 2º – Os serviços relacionados neste artigo poderão compreender o fornecimento de materiais, equipamentos, máquinas e profissionais.

Art. 83-B – São indelegáveis as funções de direção, chefia e coordenação no âmbito do sistema penal, bem como todas as atividades que exijam o exercício do poder de polícia, e notadamente: I – classificação de condenados; II – aplicação de sanções disciplinares; III – controle de rebeliões; IV – transporte de presos para órgãos do Poder Judiciário, hospitais e outros locais externos aos estabelecimentos penais. (Incluído pela Lei nº 13.190, de 2015)

Art. 84 – O preso provisório ficará separado do condenado por sentença transitada em julgado.

§ 1º – Os presos provisórios ficarão separados de acordo com os seguintes critérios: I – acusados pela prática de crimes hediondos ou equiparados; II – acusados pela prática de crimes cometidos com violência ou grave ameaça à pessoa; III – acusados pela prática de outros crimes ou contravenções diversos dos apontados nos incisos I e II. (Redação dada pela Lei nº 13.167, de 2015)

§ 2º – O preso que, ao tempo do fato, era funcionário da Administração da Justiça Criminal ficará em dependência separada.

§ 3º – Os presos condenados ficarão separados de acordo com os seguintes critérios: I – condenados pela prática de crimes hediondos ou equiparados; II – reincidentes condenados pela prática de crimes cometidos com violência ou grave ameaça à pessoa; III – primários condenados pela prática de crimes cometidos com violência ou grave ameaça à pessoa; IV – demais condenados pela prática de outros crimes ou contravenções em situação diversa das previstas nos incisos I, II e III. (Incluído pela Lei nº 13.167, de 2015)

§ 4º – O preso que tiver sua integridade física, moral ou psicológica ameaçada pela convivência com os demais presos ficará segregado em local próprio. (Incluído pela Lei nº 13.167, de 2015)

Art. 85 – O estabelecimento penal deverá ter lotação compatível com a sua estrutura e finalidade.

Parágrafo único – O Conselho Nacional de Política Criminal e Penitenciária determinará o limite máximo de capacidade do estabelecimento, atendendo a sua natureza e peculiaridades.

Art. 86 – As penas privativas de liberdade aplicadas pela Justiça de uma Unidade Federativa podem ser executadas em outra unidade, em estabelecimento local ou da União.

§ 1º – A União Federal poderá construir estabelecimento penal em local distante da condenação para recolher os condenados, quando a medida se justifique no interesse da segurança pública ou do próprio condenado.

§ 2º – Conforme a natureza do estabelecimento, nele poderão trabalhar os liberados ou egressos que se dediquem a obras públicas ou ao aproveitamento de terras ociosas.

§ 3º – Caberá ao juiz competente, a requerimento da autoridade administrativa definir o estabelecimento prisional adequado para abrigar o preso provisório ou condenado, em atenção ao regime e aos requisitos estabelecidos.

Da Penitenciária

Art. 87 – A penitenciária destina-se ao condenado à pena de reclusão, em regime fechado.

Parágrafo único – A União Federal, os Estados, o Distrito Federal e os Territórios poderão construir Penitenciárias destinadas, exclusivamente, aos presos provisórios e condenados que estejam em regime fechado, sujeitos ao regime disciplinar diferenciado, nos termos do art. 52 desta Lei.

Art. 88 – O condenado será alojado em cela individual que conterá dormitório, aparelho sanitário e lavatório.

Parágrafo único – São requisitos básicos da unidade celular: a) salubridade do ambiente pela concorrência dos fatores de aeração, insolação e condicionamento térmico adequado à existência humana; b) área mínima de 6,00m2 (seis metros quadrados).

Art. 89 – Além dos requisitos referidos no art. 88, a penitenciária de mulheres será dotada de seção para gestante e parturiente e de creche para abrigar crianças maiores de 6 (seis) meses e menores de 7 (sete) anos, com a finalidade de assistir a criança desamparada cuja responsável estiver presa.

Parágrafo único – São requisitos básicos da seção e da creche referidas neste artigo: I

– atendimento por pessoal qualificado, de acordo com as diretrizes adotadas pela legislação educacional e em unidades autônomas; e II – horário de funcionamento que garanta a melhor assistência à criança e à sua responsável.

Art. 90 – A penitenciária de homens será construída, em local afastado do centro urbano, à distância que não restrinja a visitação.

Da Colônia Agrícola, Industrial ou Similar

Art. 91 – A Colônia Agrícola, Industrial ou Similar destina-se ao cumprimento da pena em regime semiaberto.

Art. 92 – O condenado poderá ser alojado em compartimento coletivo, observados os requisitos da letra a, do parágrafo único, do artigo 88, desta Lei.

Parágrafo único. São também requisitos básicos das dependências coletivas: a) a seleção adequada dos presos; b) o limite de capacidade máxima que atenda os objetivos de individualização da pena.

Da Casa do Albergado

Art. 93 – A Casa do Albergado destina-se ao cumprimento de pena privativa de liberdade, em regime aberto, e da pena de limitação de fim de semana.

Art. 94 – O prédio deverá situar-se em centro urbano, separado dos demais estabelecimentos, e caracterizar-se pela ausência de obstáculos físicos contra a fuga.

Art. 95 – Em cada região haverá, pelo menos, uma Casa do Albergado, a qual deverá conter, além dos aposentos para acomodar os presos, local adequado para cursos e palestras.

Parágrafo único – O estabelecimento terá instalações para os serviços de fiscalização e orientação dos condenados.

Do Centro de Observação

Art. 96 – No Centro de Observação realizar-se-ão os exames gerais e o criminológico, cujos resultados serão encaminhados à Comissão Técnica de Classificação.

Parágrafo único – No Centro poderão ser realizadas pesquisas criminológicas.

Art. 97 – O Centro de Observação será instalado em unidade autônoma ou em anexo a estabelecimento penal.

Art. 98 – Os exames poderão ser realizados pela Comissão Técnica de Classificação, na falta do Centro de Observação.

Do Hospital de Custódia e Tratamento Psiquiátrico

Art. 99 – O Hospital de Custódia e Tratamento Psiquiátrico destina-se aos inimputáveis e semi-imputáveis referidos no artigo 26 e seu parágrafo único do Código Penal.

Parágrafo único – Aplica-se ao hospital, no que couber, o disposto no parágrafo único, do artigo 88, desta Lei.

Art. 100 – O exame psiquiátrico e os demais exames necessários ao tratamento são obrigatórios para todos os internados.

Art. 101 – O tratamento ambulatorial, previsto no artigo 97, segunda parte, do Código Penal, será realizado no Hospital de Custódia e Tratamento Psiquiátrico ou em outro local com dependência médica adequada.

Da Cadeia Pública

Art. 102 – A cadeia pública destina-se ao recolhimento de presos provisórios.

Art. 103 – Cada comarca terá, pelo menos 1 (uma) cadeia pública a fim de resguardar o interesse da Administração da Justiça Criminal e a permanência do preso em local próximo ao seu meio social e familiar.

Art. 104 – O estabelecimento de que trata este Capítulo será instalado próximo de centro urbano, observando-se na construção as exigências mínimas referidas no artigo 88 e seu parágrafo único desta Lei.

Dos Regimes

Art. 112 – A pena privativa de liberdade será executada em forma progressiva com a transferência para regime menos rigoroso, a ser determinada pelo juiz, quando o preso tiver cumprido ao menos:

I – 16% (dezesseis por cento) da pena, se o apenado for primário e o crime tiver sido cometido sem violência à pessoa ou grave ameaça;

II – 20% (vinte por cento) da pena, se o apenado for reincidente em crime cometido sem violência à pessoa ou grave ameaça;

III – 25% (vinte e cinco por cento) da pena, se o apenado for primário e o crime tiver sido cometido com violência à pessoa ou grave ameaça;

IV – 30% (trinta por cento) da pena, se o apenado for reincidente em crime cometido com violência à pessoa ou grave ameaça;

V – 40% (quarenta por cento) da pena, se o apenado for condenado pela prática de crime hediondo ou equiparado, se for primário;

VI – 50% (cinquenta por cento) da pena, se o apenado for:

a) condenado pela prática de crime hediondo ou equiparado, com resultado morte, se for primário, vedado o livramento condicional;

b) condenado por exercer o comando, individual ou coletivo, de organização criminosa estruturada para a prática de crime hediondo ou equiparado; ou

c) condenado pela prática do crime de constituição de milícia privada;

VII – 60% (sessenta por cento) da pena, se o apenado for reincidente na prática de crime hediondo ou equiparado;

VIII – 70% (setenta por cento) da pena, se o apenado for reincidente em crime hediondo ou equiparado com resultado morte, vedado o livramento condicional.

§ 1º Em todos os casos, o apenado só terá direito à progressão de regime se ostentar boa conduta carcerária, comprovada pelo diretor do estabelecimento, respeitadas as normas que vedam a progressão.

§ 2º A decisão do juiz que determinar a progressão de regime será sempre motivada e precedida de manifestação do Ministério Público e do defensor, procedimento que também será adotado na concessão de livramento condicional, indulto e comutação de penas, respeitados os prazos previstos nas normas vigentes.

§ 3º – No caso de mulher gestante ou que for mãe ou responsável por crianças ou pessoas com deficiência, os requisitos para progressão de regime são, cumulativamente:

I – não ter cometido crime com violência ou grave ameaça a pessoa;

II – não ter cometido o crime contra seu filho ou dependente;

III – ter cumprido ao menos 1/8 (um oitavo) da pena no regime anterior;

IV – ser primária e ter bom comportamento carcerário, comprovado pelo diretor do estabelecimento;

V – não ter integrado organização criminosa.

§ 4º – O cometimento de novo crime doloso ou falta grave implicará a revogação do benefício previsto no § 3º deste artigo.

§ 5º – Não se considera hediondo ou equiparado, para os fins deste artigo, o crime de tráfico de drogas previsto no § 4º do art. 33 da Lei nº 11.343, de 23 de agosto de 2006.

§ 6º – O cometimento de falta grave durante a execução da pena privativa de liberdade interrompe o prazo para a obtenção da progressão no regime de cumprimento da pena, caso em que o reinício da contagem do requisito objetivo terá como base a pena remanescente.

§ 7º – O bom comportamento é readquirido após 1 (um) ano da ocorrência do fato, ou antes, após o cumprimento do requisito temporal exigível para a obtenção do direito. *(Redação dada pela Lei nº 13.964, de 2019, vetada pelo Presidente da República e mantida pelo Congresso Nacional)*

Art. 113 – O ingresso do condenado em regime aberto supõe a aceitação de seu programa e das condições impostas pelo Juiz.

Art. 114 – Somente poderá ingressar no regime aberto o condenado que: I – estiver trabalhando ou comprovar a possibilidade de fazê-lo imediatamente; II – apresentar, pelos seus antecedentes ou pelo resultado dos exames a que foi submetido, fundados indícios de que irá ajustar-se, com autodisciplina e senso de responsabilidade, ao novo regime.

Parágrafo único – Poderão ser dispensadas do trabalho as pessoas referidas no artigo 117 desta Lei.

Art. 115 – O Juiz poderá estabelecer condições especiais para a concessão de regime aberto, sem prejuízo das seguintes condições gerais e obrigatórias: I – permanecer no local que for designado, durante o repouso e nos dias de folga; II – sair para o trabalho e retornar, nos horários fixados; III – não se ausentar da cidade onde reside, sem autorização judicial; IV – comparecer a Juízo, para informar e justificar as suas atividades, quando for determinado.

Art. 116 – O Juiz poderá modificar as condições estabelecidas, de ofício, a requerimento do Ministério Público, da autoridade administrativa ou do condenado, desde que as circunstâncias assim o recomendem.

Art. 117 – Somente se admitirá o recolhimento do beneficiário de regime aberto em residência particular quando se tratar de: I – condenado maior de 70 (setenta) anos; II – condenado acometido de doença grave; III – condenada com filho menor ou deficiente físico ou mental; IV – condenada gestante.

Art. 118 – A execução da pena privativa de liberdade ficará sujeita à forma regressiva, com a transferência para qualquer dos regimes mais rigorosos, quando o condenado: I – praticar fato definido como crime doloso ou falta grave; II – sofrer condenação, por crime anterior, cuja pena, somada ao restante da pena em execução, torne incabível o regime (artigo 111).

§ 1º – O condenado será transferido do regime aberto se, além das hipóteses referidas nos incisos anteriores, frustrar os fins da execução ou não pagar, podendo, a multa cumulativamente imposta.

§ 2º – Nas hipóteses do inciso I e do parágrafo anterior, deverá ser ouvido previamente o condenado.

Art. 119 – A legislação local poderá estabelecer normas complementares para o cumprimento da pena privativa de liberdade em regime aberto (artigo 36, § 1º, do Código Penal).

Da Saída Temporária

Art. 122 – Os condenados que cumprem pena em regime semiaberto poderão obter autorização para saída temporária do estabelecimento, sem vigilância direta, nos seguintes casos: I – visita à família; II – frequência a curso supletivo profissionalizante, bem como de instrução do 2º grau ou superior, na Comarca do Juízo da Execução; III – participação em atividades que concorram para o retorno ao convívio social.

§ 1º – A ausência de vigilância direta não impede a utilização de equipamento de monitoração eletrônica pelo condenado, quando assim determinar o juiz da execução. (Redação dada pela Lei nº 13.964, de 2019)

Parágrafo único. A ausência de vigilância direta não impede a utilização de equipamento de monitoração eletrônica pelo condenado, quando assim determinar o juiz da execução.

Da Remição

Art. 126 – O condenado que cumpre a pena em regime fechado ou semiaberto poderá remir, por trabalho ou por estudo, parte do tempo de execução da pena. (Redação dada pela Lei nº 12.433, de 2011)

§ 1º – A contagem de tempo referida no *caput* será feita à razão de:

I – 1 (um) dia de pena a cada 12 (doze) horas de frequência escolar – atividade de ensino fundamental, médio, inclusive profissionalizante, ou superior, ou ainda de requalificação profissional – divididas, no mínimo, em 3 (três) dias;

II – 1 (um) dia de pena a cada 3 (três) dias de trabalho.

§ 2º – As atividades de estudo a que se refere o § 1º deste artigo poderão ser desenvolvidas de forma presencial ou por metodologia de ensino a distância e deverão ser certificadas pelas autoridades educacionais competentes dos cursos frequentados.

§ 3º – Para fins de cumulação dos casos de remição, as horas diárias de trabalho e de estudo serão definidas de forma a se compatibilizarem.

§ 4º – O preso impossibilitado, por acidente, de prosseguir no trabalho ou nos estudos continuará a beneficiar-se com a remição.

§ 5º – O tempo a remir em função das horas de estudo será acrescido de 1/3 (um terço) no caso de conclusão do ensino fundamental, médio ou superior durante o cumprimento da pena, desde que certificada pelo órgão competente do sistema de educação.

§ 6º – O condenado que cumpre pena em regime aberto ou semiaberto e o que usufrui liberdade condicional poderão remir, pela frequência a curso de ensino regular ou de educação profissional, parte do tempo de execução da pena ou do período de prova, observado o disposto no inciso I do § 1º deste artigo.

§ 7º – O disposto neste artigo aplica-se às hipóteses de prisão cautelar. § 8º A remição será declarada pelo juiz da execução, ouvidos o Ministério Público e a defesa.

Art. 127 – Em caso de falta grave, o juiz poderá revogar até 1/3 (um terço) do tempo remido, observado o disposto no art. 57, recomeçando a contagem a partir da data da infração disciplinar.

Da Monitoração Eletrônica

Art. 146-C – O condenado será instruído acerca dos cuidados que deverá adotar com o equipamento eletrônico e dos seguintes deveres: I – receber visitas do servidor responsável pela monitoração eletrônica, responder aos seus contatos e cumprir suas orientações; II – abster-se de remover, de violar, de modificar, de danificar de qualquer forma o dispositivo de monitoração eletrônica ou de permitir que outrem o faça; III – (Vetado).

Parágrafo único – A violação comprovada dos deveres previstos neste artigo poderá acarretar, a critério do juiz da execução, ouvidos o Ministério Público e a defesa: I – a regressão do regime; II – a revogação da autorização de saída temporária; III – (Vetado); IV – (Vetado); V – (Vetado); VI – a revogação da prisão domiciliar; VII – advertência, por escrito, para todos os casos em que o juiz da execução decida não aplicar alguma das medidas previstas nos incisos de I a VI deste parágrafo.

» **LEI DAS CONTRAVENÇÕES PENAIS (LCP)**

Art. 6º – A pena de prisão simples deve ser cumprida, sem rigor penitenciário, em estabelecimento especial ou seção especial de prisão comum, em regime semiaberto ou aberto.

§ 1º – O condenado a pena de prisão simples fica sempre separado dos condenados a pena de reclusão ou de detenção.

§ 2º – O trabalho é facultativo, se a pena aplicada, não excede a quinze dias.

Art. 7º – Verifica-se a reincidência quando o agente pratica uma contravenção depois de passar em julgado a sentença que o tenha condenado, no Brasil ou no estrangeiro, por qualquer crime, ou, no Brasil, por motivo de contravenção.

LEGISLAÇÃO

» **LEI DOS CRIMES HEDIONDOS (LEI 8.072/90)**

Art. 2º – Os crimes hediondos, a prática da tortura, o tráfico ilícito de entorpecentes e drogas afins e o terrorismo são insuscetíveis de:

I – anistia, graça e indulto;

II – fiança.

§ 1º – A pena por crime previsto neste artigo será cumprida inicialmente em regime fechado. (Redação dada pela Lei nº 11.464, de 2007)

PENAS RESTRITIVAS DE DIREITOS

» **CONSTITUIÇÃO FEDERAL**

Art. 5º, XXXIX – não há crime sem lei anterior que o defina, nem pena sem prévia cominação legal.

Art. 5º, XLVI – a lei regulará a individualização da pena e adotará, entre outras, as seguintes: a) privação ou restrição da liberdade; b) perda de bens; c) multa; d) prestação social alternativa; e) suspensão ou interdição de direitos.

» **CÓDIGO PENAL**

Penas restritivas de direitos

Art. 43 – As penas restritivas de direitos são:

I – prestação pecuniária;

II – perda de bens e valores;

III – (Vetado);

IV – prestação de serviço à comunidade ou a entidades públicas;

V – interdição temporária de direitos;

VI – limitação de fim de semana.

Art. 44. As penas restritivas de direitos são autônomas e substituem as privativas de liberdade, quando:

I – aplicada pena privativa de liberdade não superior a quatro anos e o crime não for cometido com violência ou grave ameaça à pessoa ou, qualquer que seja a pena aplicada, se o crime for culposo;

II – o réu não for reincidente em crime doloso;

III – a culpabilidade, os antecedentes, a conduta social e a personalidade do condenado, bem como os motivos e as circunstâncias indicarem que essa substituição seja suficiente.

§ 1º (Vetado).

§ 2º – Na condenação igual ou inferior a um ano, a substituição pode ser feita por multa ou por uma pena restritiva de direitos; se superior a um ano, a pena privativa de liberdade pode ser substituída por uma pena restritiva de direitos e multa ou por duas restritivas de direitos.

§ 3º – Se o condenado for reincidente, o juiz poderá aplicar a substituição, desde que, em face de condenação anterior, a medida seja socialmente recomendável e a reincidência não se tenha operado em virtude da prática do mesmo crime.

§ 4º – A pena restritiva de direitos converte-se em privativa de liberdade quando ocorrer o descumprimento injustificado da restrição imposta. No cálculo da pena privativa de liberdade a executar será deduzido o tempo cumprido da pena restritiva de direitos, respeitado o saldo mínimo de trinta dias de detenção ou reclusão.

§ 5º – Sobrevindo condenação a pena privativa de liberdade, por outro crime, o juiz da execução penal decidirá sobre a conversão, podendo deixar de aplicá-la se for possível ao condenado cumprir a pena substitutiva anterior.

Conversão das penas restritivas de direitos

Art. 45 – Na aplicação da substituição prevista no artigo anterior, proceder-se-á na forma deste e dos arts. 46, 47 e 48.

§ 1º – A prestação pecuniária consiste no pagamento em dinheiro à vítima, a seus dependentes ou a entidade pública ou privada com destinação social, de importância fixada pelo juiz, não inferior a 1 (um) salário mínimo nem superior a 360 (trezentos e sessenta) salários-mínimos. O valor pago será deduzido do montante de eventual condenação em ação de reparação civil, se coincidentes os beneficiários.

§ 2º – No caso do parágrafo anterior, se houver aceitação do beneficiário, a prestação pecuniária pode consistir em prestação de outra natureza.

§ 3º – A perda de bens e valores pertencentes aos condenados dar-se-á, ressalvada a legislação especial, em favor do Fundo Penitenciário Nacional, e seu valor terá como teto – o que for maior – o montante do prejuízo causado ou do provento obtido pelo agente ou por terceiro, em consequência da prática do crime.

§ 4º (Vetado).

Prestação de serviços à comunidade ou a entidades públicas

Art. 46 – A prestação de serviços à comunidade ou a entidades públicas é aplicável às condenações superiores a seis meses de privação da liberdade.

§ 1º – A prestação de serviços à comunidade ou a entidades públicas consiste na atribuição de tarefas gratuitas ao condenado.

§ 2º – A prestação de serviço à comunidade dar-se-á em entidades assistenciais, hospitais, escolas, orfanatos e outros estabelecimentos congêneres, em programas comunitários ou estatais.

§ 3º – As tarefas a que se refere o § 1º serão atribuídas conforme as aptidões do condenado, devendo ser cumpridas à razão de uma hora de tarefa por dia de condenação, fixadas de modo a não prejudicar a jornada normal de trabalho.

§ 4º – Se a pena substituída for superior a um ano, é facultado ao condenado cumprir a pena substitutiva em menor tempo (art. 55), nunca inferior à metade da pena privativa de liberdade fixada.

Interdição temporária de direitos

Art. 47 – As penas de interdição temporária de direitos são:

I – proibição do exercício de cargo, função ou atividade pública, bem como de mandato eletivo;

II – proibição do exercício de profissão, atividade ou ofício que dependam de habilitação especial, de licença ou autorização do poder público;

III – suspensão de autorização ou de habilitação para dirigir veículo;

IV – proibição de frequentar determinados lugares;

V – proibição de inscrever-se em concurso, avaliação ou exame públicos.

Limitação de fim de semana

Art. 48 – A limitação de fim de semana consiste na obrigação de permanecer, aos sábados e domingos, por 5 (cinco) horas diárias, em casa de albergado ou outro estabelecimento adequado.

Parágrafo único – Durante a permanência poderão ser ministrados ao condenado cursos e palestras ou atribuídas atividades educativas.

Pena de multa

Art. 51 – Transitada em julgado a sentença condenatória, a multa será executada perante o juiz da execução penal e será considerada dívida de valor, aplicáveis as normas relativas à dívida ativa da Fazenda Pública, inclusive no que concerne às causas interruptivas e suspensivas da prescrição. (Redação dada pela Lei nº 13.964, de 2019)

Fraudes em certames de interesse público (Incluído pela Lei 12.550, de 2011)

Art. 311-A – Utilizar ou divulgar, indevidamente, com o fim de beneficiar a si ou a outrem, ou de comprometer a credibilidade do certame, conteúdo sigiloso de: I – concurso público; II – avaliação ou exame públicos; III – processo seletivo para ingresso no ensino superior; ou IV – exame ou processo seletivo previstos em lei:

Pena – reclusão, de 1 (um) a 4 (quatro) anos, e multa.

Desobediência a decisão judicial sobre perda ou suspensão de direito

Art. 359 – Exercer função, atividade, direito, autoridade ou múnus, de que foi suspenso ou privado por decisão judicial:

Pena – detenção, de três meses a dois anos, ou multa.

» **LEI DE EXECUÇÃO PENAL (LEI 7.210/84)**

Das Penas Restritivas de Direitos

Art. 147 – Transitada em julgado a sentença que aplicou a pena restritiva de direitos, o Juiz da execução, de ofício ou a requerimento do Ministério Público, promoverá a execução, podendo, para tanto, requisitar, quando necessário, a colaboração de entidades públicas ou solicitá-la a particulares.

Art. 148 – Em qualquer fase da execução, poderá o Juiz, motivadamente, alterar, a forma de cumprimento das penas de prestação de serviços à comunidade e de limitação de fim de semana, ajustando-as às condições pessoais do condenado e às características do estabelecimento, da entidade ou do programa comunitário ou estatal.

Da Prestação de Serviços à Comunidade

Art. 149 – Caberá ao Juiz da execução: I – designar a entidade ou programa comunitário ou estatal, devidamente credenciado ou convencionado, junto ao qual o condenado deverá trabalhar gratuitamente, de acordo com as suas aptidões; II – determinar a intimação do condenado, cientificando-o da entidade, dias e horário em que deverá cumprir a pena; III – alterar a forma de execução, a fim de ajustá-la às modificações ocorridas na jornada de trabalho.

§ 1º – O trabalho terá a duração de 8 (oito) horas semanais e será realizado aos sábados, domingos e feriados, ou em dias úteis, de modo a não prejudicar a jornada normal de trabalho, nos horários estabelecidos pelo Juiz.

§ 2º – A execução terá início a partir da data do primeiro comparecimento.

Art. 150 – A entidade beneficiada com a prestação de serviços encaminhará mensalmente, ao Juiz da execução, relatório circunstanciado das atividades do condenado, bem como, a qualquer tempo, comunicação sobre ausência ou falta disciplinar.

Da Limitação de Fim de Semana

Art. 151 – Caberá ao Juiz da execução determinar a intimação do condenado, cientificando-o do local, dias e horário em que deverá cumprir a pena.

Parágrafo único. A execução terá início a partir da data do primeiro comparecimento.

LEGISLAÇÃO

Art. 152 – Poderão ser ministrados ao condenado, durante o tempo de permanência, cursos e palestras, ou atribuídas atividades educativas. Parágrafo único – Nos casos de violência doméstica contra a mulher, o juiz poderá determinar o comparecimento obrigatório do agressor a programas de recuperação e reeducação.

Art. 153 – O estabelecimento designado encaminhará, mensalmente, ao Juiz da execução, relatório, bem assim comunicará, a qualquer tempo, a ausência ou falta disciplinar do condenado.

Da Interdição Temporária de Direitos

Art. 154 – Caberá ao Juiz da execução comunicar à autoridade competente a pena aplicada, determinada a intimação do condenado.

§ 1º – Na hipótese de pena de interdição do artigo 47, inciso I, do Código Penal, a autoridade deverá, em 24 (vinte e quatro) horas, contadas do recebimento do ofício, baixar ato, a partir do qual a execução terá seu início.

§ 2º – Nas hipóteses do artigo 47, incisos II e III, do Código Penal, o Juízo da execução determinará a apreensão dos documentos, que autorizam o exercício do direito interditado.

Art. 155 – A autoridade deverá comunicar imediatamente ao Juiz da execução o descumprimento da pena.

Parágrafo único. A comunicação prevista neste artigo poderá ser feita por qualquer prejudicado.

Das Conversões

Art. 181 – A pena restritiva de direitos será convertida em privativa de liberdade nas hipóteses e na forma do artigo 45 e seus incisos do Código Penal.

§ 1º – A pena de prestação de serviços à comunidade será convertida quando o condenado: a) não for encontrado por estar em lugar incerto e não sabido, ou desatender a intimação por edital; b) não comparecer, injustificadamente, à entidade ou programa em que deva prestar serviço; c) recusar-se, injustificadamente, a prestar o serviço que lhe foi imposto; d) praticar falta grave; e) sofrer condenação por outro crime à pena privativa de liberdade, cuja execução não tenha sido suspensa.

§ 2º – A pena de limitação de fim de semana será convertida quando o condenado não comparecer ao estabelecimento designado para o cumprimento da pena, recusar-se a exercer a atividade determinada pelo Juiz ou se ocorrer qualquer das hipóteses das letras "a", "d" e "e" do parágrafo anterior.

§ 3º – A pena de interdição temporária de direitos será convertida quando o condenado exercer, injustificadamente, o direito interditado ou se ocorrer qualquer das hipóteses das letras "a" e "e", do § 1º, deste artigo.

» **CÓDIGO DE TRÂNSITO (CTB)**

Art. 302 – Praticar homicídio culposo na direção de veículo automotor:

Penas – detenção, de dois a quatro anos, e suspensão ou proibição de se obter a permissão ou a habilitação para dirigir veículo automotor.

» **LEI MARIA DA PENHA (LEI 11.340/06)**

Art. 17 – É vedada a aplicação, nos casos de violência doméstica e familiar contra a mulher, de penas de cesta básica ou outras de prestação pecuniária, bem como a substituição de pena que implique o pagamento isolado de multa.

» **LEI DE DROGAS (LEI 11.343/06)**

Art. 33, § 4º – Nos delitos definidos no *caput* e no § 1º deste artigo, as penas poderão ser reduzidas de um sexto a dois terços, vedada a conversão em penas restritivas de direitos, desde que o agente seja primário, de bons antecedentes, não se dedique às atividades criminosas nem integre organização criminosa.

» **RESOLUÇÃO 05/2012 DO SENADO FEDERAL**

Art. 1º – É suspensa a execução da expressão "vedada a conversão em penas restritivas de direitos" do § 4º do art. 33 da Lei nº 11.343, de 23 de agosto de 2006, declarada inconstitucional por decisão definitiva do Supremo Tribunal Federal nos autos do Habeas Corpus nº 97.256/RS.

PENA DE MULTA

» **CÓDIGO PENAL**

Das espécies de pena

Art. 32 – As penas são:

I – privativas de liberdade;

II – restritivas de direitos;

III – de multa.

Art. 44, § 2º – Na condenação igual ou inferior a um ano, a substituição pode ser feita por multa ou por uma pena restritiva de direitos; se superior a um ano, a pena privativa de liberdade pode ser substituída por uma pena restritiva de direitos e multa ou por duas restritivas de direitos.

Multa

Art. 49 – A pena de multa consiste no pagamento ao fundo penitenciário da quantia fixada na sentença e calculada em dias-multa. Será, no mínimo, de 10 (dez) e, no máximo, de 360 (trezentos e sessenta) dias-multa.

§ 1º – O valor do dia-multa será fixado pelo juiz não podendo ser inferior a um trigésimo do maior salário-mínimo mensal vigente ao tempo do fato, nem superior a 5 (cinco) vezes esse salário.

§ 2º – O valor da multa será atualizado, quando da execução, pelos índices de correção monetária.

Pagamento da multa

Art. 50 – A multa deve ser paga dentro de 10 (dez) dias depois de transitada em julgado a sentença. A requerimento do condenado e conforme as circunstâncias, o juiz pode permitir que o pagamento se realize em parcelas mensais.

§ 1º – A cobrança da multa pode efetuar-se mediante desconto no vencimento ou salário do condenado quando: a) aplicada isoladamente; b) aplicada cumulativamente com pena restritiva de direitos; c) concedida a suspensão condicional da pena.

§ 2º – O desconto não deve incidir sobre os recursos indispensáveis ao sustento do condenado e de sua família.

Conversão da multa e revogação

Art. 51 – Transitada em julgado a sentença condenatória, a multa será executada perante o juiz da execução penal e será considerada dívida de valor, aplicáveis as normas relativas à dívida ativa da Fazenda Pública, inclusive no que concerne às causas interruptivas e suspensivas da prescrição.

Pena de multa

Art. 58 – A multa, prevista em cada tipo legal de crime, tem os limites fixados no art. 49 e seus parágrafos deste Código.

Critérios especiais da pena de multa

Art. 60 – Na fixação da pena de multa o juiz deve atender, principalmente, à situação econômica do réu.

§ 1º – A multa pode ser aumentada até o triplo, se o juiz considerar que, em virtude da situação econômica do réu, é ineficaz, embora aplicada no máximo.

§ 2º – A pena privativa de liberdade aplicada, não superior a 6 (seis) meses, pode ser substituída pela de multa, observados os critérios dos incisos II e III do art. 44 deste Código.

Questões

CAPÍTULO IV

Sumário • 1. Questões com gabarito comentado – 2. Questões de concursos

1. QUESTÕES COM GABARITO COMENTADO

01. (CESPE – 2020 – TJ-PA – Analista Judiciário) No que concerne às penas previstas no Código Penal brasileiro, assinale a opção correta.

a) O trabalho externo não é admissível para os condenados em regime fechado.

b) A pena de multa deve ser paga no prazo máximo de um mês após o trânsito em julgado da sentença.

c) São espécies de penas restritivas de direitos: interdição temporária de direitos, prestação de serviço à comunidade e pagamento de multa.

d) As penas restritivas de direitos apenas serão aplicáveis em substituição à pena privativa de liberdade fixada em quantidade inferior a dois anos.

e) A limitação de final de semana é uma das penas restritivas de direitos, devendo o condenado permanecer em casa de albergado por cinco horas diárias aos finais de semana.

COMENTÁRIOS

Gabarito e: A limitação de final de semana é uma das espécies de penas restritivas de direitos (art. 43, VI). Consiste na obrigação de permanecer, aos sábados e domingos, por 5 (cinco) horas diárias, em casa de albergado ou outro estabelecimento adequado (art. 48).

Alternativa a: Errada. Nos termos do art. 34, § 3º, do CP, "O trabalho externo é admissível, no regime fechado, em serviços ou obras públicas.

Alternativa b: Errada. Consoante o art. 50 do CP, "A multa deve ser paga dentro de 10 (dez) dias depois de transitada em julgado a sentença. A requerimento do condenado e conforme as circunstâncias, o juiz pode permitir que o pagamento se realize em parcelas mensais".

Alternativa c: Errada. Nos moldes do art. 43 do CP, "As penas restritivas de direitos são: I - prestação pecuniária; II - perda de bens e valores; III - limitação de fim de semana; IV - prestação de serviço à comunidade ou a entidades públicas; V - interdição temporária de direitos; VI - limitação de fim de semana.

Alternativa d: Errada. As penas restritivas de direitos apenas serão aplicáveis em substituição à pena privativa de liberdade fixada em quantidade não superior a quatro anos e o crime não for cometido com violência ou grave ameaça à pessoa ou, qualquer que seja a pena aplicada, se o crime for culposo, dentre outros requisitos (art. 44 do CP).

02. (CESPE – 2020 – MPE-CE – Promotor de Justiça) Cada um dos itens a seguir apresenta uma situação hipotética, seguida de uma assertiva a ser julgada, acerca da aplicação de pena e do livramento condicional, considerando-se o entendimento dos tribunais superiores.

I. Flávio, processado e condenado pela prática de delito de tráfico ilícito de entorpecentes, confessou, em interrogatório judicial, que possuía a droga para consumo próprio. Nesse caso, a confissão feita por Flávio em juízo, ainda que parcial, não deve servir como circunstância atenuante da confissão espontânea para fins de diminuição de pena.

II. Pela prática de delitos de vias de fato e ameaça em contexto de violência doméstica e familiar contra sua ex-esposa, Joana, José foi condenado às penas de vinte dias de prisão simples e um mês e cinco dias de detenção, ambas em regime aberto. Nesse caso, é cabível a substituição da pena restritiva de liberdade por restritiva de direitos apenas em relação à contravenção penal de vias de fato.

III. Pela prática de delito de homicídio culposo no trânsito, na forma qualificada, por conduzir veículo sob influência de bebida alcoólica, Marcos foi condenado à pena de cinco anos de reclusão, a ser cumprida inicialmente em regime semiaberto. Nesse caso, em que pese o quantum da pena, é cabível a substituição da pena privativa de liberdade por restritiva de direitos.

IV. Pela prática de delito de porte ilegal de arma de fogo de uso restrito, Pedro, reincidente por crime de roubo simples, foi condenado à pena privativa de liberdade de quatro anos de reclusão, em regime fechado. Nesse caso, ante a prática de crime hediondo e a reincidência, Pedro não fará jus ao livramento condicional.

Estão certos apenas os itens

a) I e III.
b) I e IV.
c) II e IV.
d) I, II e III.
e) II, III e IV.

COMENTÁRIOS

Gabarito: a.

Alternativa I: correta. Flávio fez a chamada confissão qualificada (confessa o fato, mas alega alguma tese defensiva). Consoante parte da jurisprudência, "o fato de se tratar de confissão qualificada não afasta o direito à incidência da atenuante do art. 65, inciso III, alínea d, do Código Penal, devendo ser aplicada a orientação da Súmula n. 545 desta Corte Superior, quando é utilizada para formar a convicção do Julgador que profere a condenação" (STJ, 6ª T., AgRg no REsp 1796095, j. 01/12/2020).

Alternativa II: incorreta. Conforme a **Súmula 588 do STJ:** "A prática de crime ou contravenção penal contra a mulher com violência ou grave ameaça no ambiente doméstico impossibilita a substituição da pena privativa de liberdade por restritiva de direitos". No mesmo sentido, o STF (HC 137888, j. 31/10/2017) decidiu que é vedada a substituição da pena privativa de liberdade por restritiva de direitos em caso de contravenção penal envolvendo violência doméstica.

Alternativa III: correta. Para os crimes culposos, o art. 44 do CP não estabelece limite de pena aplicada para fim de substituição da pena de prisão em penas restritivas de direitos apenas.

Alternativa IV: incorreta. **O Pacote Anticrime** (Lei nº 13.964/19) alterou o art. 112 da LEP, passando a vedar a concessão de livramento condicional ao condenado pela prática de crime hediondo ou equiparado, com resultado morte, seja ele primário ou reincidente (art. 112, VI, *a*, e VIII). Não se trata do caso da alternativa.

03. (CESPE – 2019 – PGE-PE – Analista Judiciário de Procuradoria) A respeito de ação penal, espécies e cominação de penas, julgue o item a seguir. Inquéritos policiais e ações penais em curso podem servir para agravar a pena-base do condenado a título de maus antecedentes e de personalidade desajustada ou voltada para a criminalidade.

COMENTÁRIOS:

Gabarito: errada. Conforme a Súmula 444 do STJ, "É vedada a utilização de inquéritos policiais e ações penais em curso para agravar a pena-base".

04. (FGV – 2019 – DPE-RJ – Técnico Superior Jurídico) Foi oferecida denúncia em face de Roberto, imputando-lhe o crime previsto no Art. 217-A do Código Penal, em razão da suposta prática de estupro de vulnerável contra a vítima Maria, de 13 anos, por fato ocorrido em 12 de junho de 2016, quando foi preso em flagrante delito. Após o devido trâmite processual, Roberto veio a ser condenado nos termos da denúncia. Sua pena base foi fixada em 8 (oito) anos de reclusão, ou seja, no mínimo legal. Na segunda fase da dosimetria, foi reconhecida a agravante da reincidência, já que o réu possuía condenação definitiva por crime anterior também de estupro de vulnerável, sendo elevada a pena para 9 (nove) anos, a qual restou definitiva ante a ausência de outras circunstâncias incidentes sobre a pena intermediária. O regime inicial fixado foi o inicialmente fechado e foi negado a Roberto o direito de recorrer em liberdade, tendo permanecido preso preventivamente ao longo de todo o processo. Considerando a situação narrada, quanto à execução da pena de Roberto, é correto afirmar que:

a) deverá Roberto, de acordo com jurisprudência dos Tribunais Superiores, aguardar o trânsito em julgado para a acusação para requerer os benefícios previstos na Lei de Execuções Penais;
b) poderá, diante da ausência de vedação legal, ser concedido indulto da pena para Roberto após o implemento dos requisitos previstos em decreto presidencial de indulto;

c) será indispensável a realização de exame criminológico de cessação da periculosidade diante da previsão legal do referido exame como requisito subjetivo obrigatório;
d) será necessário o cumprimento de 3/5 da pena imposta para que Roberto tenha direito à progressão ao regime semiaberto;
e) poderá Roberto requerer o livramento condicional com o cumprimento de 2/3 da pena a ele fixada.

COMENTÁRIOS:

Gabarito: d. Roberto é reincidente e praticou crime hediondo (estupro de vulnerável). Assim, deve incidir a segunda parte do § 2º do artigo 2º da Lei dos Crimes Hediondos (Lei nº 8.072/90): "A progressão de regime, no caso dos condenados pelos crimes previstos neste artigo, dar-se-á após o cumprimento de 2/5 (dois quintos) da pena, se o apenado for primário, **e de 3/5 (três quintos), se reincidente**, observado o disposto nos §§ 3º e 4º do art. 112 da Lei nº 7.210, de 11 de julho de 1984 (Lei de Execução Penal)".

Alternativa a: errada. Não há necessidade de trânsito em julgado conforme as Súmulas 716 ("Admite-se a progressão de regime de cumprimento da pena ou a aplicação imediata de regime menos severo nela determinada, antes do trânsito em julgado da sentença condenatória") e 717 ("Não impede a progressão de regime de execução da pena, fixada em sentença não transitada em julgado, o fato de o réu se encontrar em prisão especial") do STF.

Alternativa b: errada. Os crimes hediondos são insuscetíveis de indulto, conforme art. 2º, I, da Lei nº 8.072/90 (Lei dos Crimes Hediondos).

Alternativa c: errada. O requisito subjetivo para a progressão de regime é o atestado de bom comportamento carcerário (art. 112 da LEP), e não o exame criminológico. Este poderá (é uma faculdade) ser determinado pelo juiz no caso concreto, desde que haja decisão motivada (Súmula Vinculante 26 do STF e Súmula 439 do STJ).

Alternativa e: errada. Roberto não tem direito a livramento condicional, pois é reincidente específico em crime hediondo (art. 83, V, CP).

05. (CESPE - 2019 - PGE-PE - Analista Judiciário de Procuradoria) A respeito de ação penal, espécies e cominação de penas, julgue o item a seguir. A reincidência em qualquer crime na modalidade dolosa impede a substituição da pena privativa de liberdade por restritiva de direitos.

COMENTÁRIOS:

Gabarito: errada. O art. 44, II, do Código Penal veda a substituição da pena privativa de liberdade por restritiva de direitos quando o réu é reincidente em crime doloso. No entanto, o § 3º do mesmo artigo refere que "Se o condenado for reincidente, o juiz poderá aplicar a substituição, desde que, em face de condenação anterior, a medida seja socialmente recomendável e a reincidência não se tenha operado em virtude da prática do mesmo crime".

06. (FGV - 2018 - TJ-SC - Analista Jurídico) Juarez, 72 anos de idade, primário e de bons antecedentes, em situação de desespero, praticou um crime de roubo simples, não restando o delito consumado por circunstâncias alheias à vontade do agente. Considerando as circunstâncias do fato e o iter criminis percorrido, foi aplicada pena de 2 anos e 8 meses de reclusão. Considerando as informações narradas, no momento da aplicação da pena: A) não poderá ser reconhecida a substituição da pena privativa de liberdade por restritiva de direitos e nem suspensão condicional da pena, mas poderá ser fixado regime aberto, apesar de o crime envolver violência ou grave ameaça à pessoa; B) não poderá ser reconhecida a substituição da pena privativa de liberdade por restritiva de direitos e nem suspensão condicional da pena, mas caberá concessão, imediata, de prisão albergue domiciliar; C) poderá ser substituída a pena privativa de liberdade por duas restritivas de direito e, em caso de descumprimento, a pena deve ser cumprida em regime inicial aberto; D) poderá ser substituída a pena privativa de liberdade por duas restritivas de direito e, em caso de descumprimento, a pena deve ser cumprida em regime inicial semiaberto; E) não poderá ser substituída a pena privativa de liberdade por restritiva de direitos, mas caberá suspensão condicional da pena.

COMENTÁRIOS

Gabarito: *e*. Para a pena privativa de liberdade ser substituída por restritiva de direitos existem requisitos legais (art. 44 do CP), dentre eles não ter sido o crime cometido com violência ou grave ameaça à pessoa, de modo que não se aplica ao roubo simples. Por sua vez, a suspensão condicional da pena (sursis da pena) pode ser reconhecida a crimes cometidos com violência ou grave ameaça à pessoa. Os requisitos do sursis da pena estão elencados no art. 77 do CP. A questão envolve condenado maior de setenta anos de idade, de sorte que um dos requisitos é que a pena privativa de liberdade aplicada não seja superior a quatro anos (art. 77, § 2º) e no enunciado constou 2 anos e 8 meses de reclusão. Assim, verifica-se que foram preenchidas as demais exigências do art. 77, I a III (não reincidente em crime doloso, circunstâncias favoráveis e não cabimento da pena restritiva de direitos), de modo que é possível a suspensão condicional da pena.

Alternativas a e b: erradas. Não poderá ser reconhecida a substituição da pena privativa de liberdade por restritiva de direitos, mas poderá ser concedida a suspensão condicional da pena, conforme acima explicado. No caso, poderá ser fixado regime inicial aberto (art. 33, § 2º, c, do CP).

Alternativas c e d: erradas. Não poderá ser substituída a pena privativa de liberdade por nenhuma pena restritiva de direitos pelo não preenchimento dos requisitos legais (crime cometido com violência ou grave ameaça à pessoa).

07. (FCC – 2018 – ALESE – Analista Legislativo) Acerca das penas, suas espécies e sua cominação, o Código Penal dispõe que: A) o condenado à pena privativa de liberdade superior a 7 anos deverá, obrigatoriamente, começar a cumpri-la em regime fechado. B) o condenado não reincidente, cuja pena privativa de liberdade seja superior a 6 anos e não exceda a 7, deverá, desde o princípio, cumpri-la em regime semiaberto. C) o condenado não reincidente, cuja pena privativa de liberdade seja superior a 5 anos e não exceda a 7, deverá, desde o início, cumpri-la em regime aberto. D) as penas privativas de liberdade deverão ser executadas em forma regressiva, segundo o mérito do condenado. E) o condenado por crime contra a Administração pública terá a progressão de regime do cumprimento da pena condicionada à reparação do dano que causou, ou à devolução do produto do ilícito praticado, com os acréscimos legais.

COMENTÁRIOS

Gabarito: *e*. A alternativa correta transcreve exatamente o art. 33, § 4º, do CP.

Alternativa a: errada. Conforme o art. 33, § 2º, a, do CP, o condenado a pena superior a 8 anos deverá começar a cumpri-la em regime fechado.

Alternativa b: errada. Segundo o art. 33, § 2º, b, do CP, o condenado não reincidente, cuja pena seja superior a 4 (quatro) anos e não exceda a 8 (oito), poderá, desde o princípio, cumpri-la em regime semiaberto.

Alternativa c: errada. Nos moldes do art. 33, § 2º, c, do CP o condenado não reincidente, cuja pena seja igual ou inferior a 4 (quatro) anos, poderá, desde o início, cumpri-la em regime aberto.

Alternativa d: errada. Dispõe o art. 33, § 2º, do CP que as penas privativas de liberdade deverão ser executadas em forma progressiva, segundo o mérito do condenado, observados os seguintes critérios e ressalvadas as hipóteses de transferência a regime mais rigoroso.

08. (CESPE – 2017 – TRE-BA – Analista Judiciário) Depois de finalizado o devido processo legal, um indivíduo foi condenado à pena concreta mínima de um ano de reclusão e de dez dias-multa por ter praticado crime de estelionato. De acordo com o Código Penal e com o entendimento dos tribunais superiores, nesse caso é permitido ao juiz, na sentença condenatória:

a) converter a pena de reclusão aplicada em duas penas restritivas de direitos, sendo uma de prestação de serviços comunitários e outra de prestação pecuniária.
b) estabelecer prestação de serviços comunitários como condição do regime aberto.
c) aplicar o regime aberto, ainda que o condenado seja reincidente.
d) estabelecer regime mais severo que o permitido em lei, ainda que a pena base tenha se mantido no mínimo legal.
e) converter a pena de reclusão aplicada em uma pena de multa.

COMENTÁRIOS

Gabarito: *e*. O fundamento está no art. 44, § 2º, do Código Penal: "Na condenação igual ou inferior a um ano, a substituição pode ser feita por multa ou por uma pena restritiva de direitos; se superior a um ano, a pena privativa de liberdade pode ser substituída por uma pena restritiva de direitos e multa ou por duas restritivas de direitos".

Alternativa *a*: incorreta. De acordo com o citado art. 44, § 2º, do Código Penal, a pena privativa de liberdade somente pode ser substituída por duas penas restritivas de direitos quando for aplicada em patamar superior a um ano, o que não é o caso da questão proposta.

Alternativa *b*: incorreta. O fundamento está na Súmula 493 do STJ: "É inadmissível a fixação de pena substitutiva (art. 44 do CP) como condição especial ao regime aberto".

Alternativa *c*: incorreta. Conforme o art. 33, § 2º, "c", do Código Penal, é possível o regime aberto no caso de condenado não reincidente, cuja pena seja igual ou inferior a 4 (quatro) anos.

Alternativa *d*: incorreta. O fundamento está na Súmula 440 do STJ: "Fixada a pena-base no mínimo legal, **é vedado** o estabelecimento de regime prisional mais gravoso do que o cabível em razão da sanção imposta, com base apenas na gravidade abstrata do delito".

09. (Consulplan - 2017 - TJ-MG - Cartórios) São circunstâncias atenuantes, a serem consideradas na aplicação da pena, EXCETO:

a) Ser o agente menor de 21 anos e maior de setenta anos na data do fato.

b) Circunstância relevante, anterior ou posterior ao crime, embora não prevista expressamente em lei.

c) O desconhecimento da lei.

d) Ter o agente cometido o crime sob a influência de multidão em tumulto, se não o provocou.

COMENTÁRIOS

Gabarito: *a*. De acordo com o art. 65, I, do CP, é circunstância que sempre atenua a pena ser o agente menor de 21 (vinte e um), na data do fato, ou maior de 70 (setenta) anos, na data da sentença.

Alternativa *b*. O art. 66 do Código Penal refere que "A pena poderá ser ainda atenuada em razão de circunstância relevante, anterior ou posterior ao crime, embora não prevista expressamente em lei". Não é o gabarito, já que o enunciado pediu a alternativa incorreta.

Alternativa c. Conforme o art. 65, II, do CP, é circunstância que sempre atenua a pena o desconhecimento da lei. Não é o gabarito, já que o enunciado pediu a alternativa incorreta.

Alternativa d. De acordo com o art. 65, III, "e", do CP, atenua a pena ter o agente cometido o crime sob a influência de multidão em tumulto, se não o provocou. Não é o gabarito, já que o enunciado pediu a alternativa incorreta.

10. (VUNESP - 2017 - TJ-SP - Juiz de Direito) No que concerne às penas restritivas de direitos, é correto afirmar que:

a) a prestação pecuniária consiste no pagamento à vítima, a seus dependentes ou a entidade pública ou privada com destinação social, de importância não inferior a 10 (dez) nem superior a 360 (trezentos e sessenta) dias-multa.

b) a interdição temporária de direitos, nos crimes ambientais, pode consistir em proibição de participar de licitações, pelo prazo de 5 (cinco) anos, no caso de crimes dolosos, e de 3 (três) anos, no de crimes culposos.

c) são autônomas e substituem as privativas de liberdade quando, entre outros requisitos legais, o réu não for reincidente em crime doloso, a culpabilidade, os antecedentes, a conduta social e personalidade do agente, bem como os motivos e circunstâncias autorizarem a concessão do benefício, e não for indicada ou cabível a suspensão condicional da pena.

d) a prestação de serviços à comunidade ou a entidades públicas é aplicável a qualquer condenação a privação de liberdade, facultado ao condenado cumprir a pena em menor tempo, nunca inferior à metade da sanção corporal imposta.

COMENTÁRIOS

Gabarito: *b*. O fundamento está no art. 10 da Lei dos Crimes Ambientais (Lei nº 9.605/98): "As penas de interdição temporária de direito são a proibição de o condenado contratar com o Poder Público, de receber incentivos fiscais ou quaisquer outros benefícios, bem como de participar de licitações, pelo prazo de cinco anos, no caso de crimes dolosos, e de três anos, no de crimes culposos".

Alternativa *a*: incorreta. De acordo com o art. 45, § 1º, do CP, a prestação pecuniária consiste no pagamento em dinheiro à vítima, a seus dependentes ou a entidade pública ou privada com destinação social, de importância fixada pelo juiz, não inferior a 1 (um) salário mínimo nem superior a 360 (trezentos e sessenta) salários mínimos.

Alternativa *c*: incorreta. Conforme o art. 44 do Código Penal, "As penas restritivas de direitos são autônomas e substituem as privativas de liberdade, quando: I – aplicada pena privativa de liberdade não superior a quatro anos e o crime não for cometido com violência ou grave ameaça à pessoa ou, qualquer que seja a pena aplicada, se o crime for culposo; II – o réu não for reincidente em crime doloso; III – a culpabilidade, os antecedentes, a conduta social e a personalidade do condenado, bem como os motivos e as circunstâncias indicarem que essa substituição seja suficiente".

Alternativa *d*: incorreta. De acordo com o art. 46, *caput*, do Código Penal, a prestação de serviços à comunidade ou a entidades públicas é aplicável às condenações superiores a seis meses de privação da liberdade. Ademais, conforme o art. 46, § 4º, do CP, se a pena substituída for superior a um ano, é facultado ao condenado cumprir a pena substitutiva em menor tempo (art. 55), nunca inferior à metade da pena privativa de liberdade fixada.

11. (VUNESP – 2017 – TJ-SP – Juiz de Direito) No tocante às penas privativas de liberdade, é correto afirmar que:

a) o condenado por crime hediondo ou assemelhado, independentemente da data de cometimento da infração, só poderá obter a progressão de regime após o cumprimento de 2/5 (dois quintos) da pena, se primário, admitindo-se a determinação de exame criminológico, desde que em decisão motivada.

b) o benefício de saída temporária no âmbito da execução penal, cabível para os condenados que cumprem pena em regime fechado ou semiaberto, é ato jurisdicional insuscetível de delegação à autoridade administrativa do estabelecimento prisional.

c) o reconhecimento de falta grave decorrente do cometimento de fato definido como crime doloso no cumprimento da pena prescinde do trânsito em julgado da sentença penal condenatória no processo penal instaurado para apuração do fato e interrompe a contagem do prazo para a progressão de regime, o qual se reinicia a partir da decisão judicial que identificar a infração.

d) é admissível a adoção do regime prisional fechado aos reincidentes condenados a pena igual ou inferior a 4 (quatro) anos de reclusão, se desfavoráveis as circunstâncias judiciais, bem como vedado o estabelecimento de regime prisional mais gravoso do que o cabível em razão da sanção imposta, com base apenas na gravidade abstrata do delito, se fixada a pena-base no mínimo legal.

COMENTÁRIOS

Gabarito: *d*. De acordo com o art. 33, § 2º, "c", do Código Penal, "As penas privativas de liberdade deverão ser executadas em forma progressiva, segundo o mérito do condenado, observados os seguintes critérios e ressalvadas as hipóteses de transferência a regime mais rigoroso: (...) o condenado não reincidente, cuja pena seja igual ou inferior a 4 (quatro) anos, poderá, desde o início, cumpri-la em regime aberto", sendo que a determinação do regime inicial de cumprimento da pena far-se-á com observância dos critérios previstos no art. 59 do CP (§ 3º do art. 33 do CP). Ademais, conforme a Súmula 269 do STJ, "É admissível a adoção do regime prisional semiaberto aos reincidentes condenados a pena igual ou inferior a quatro anos se favoráveis as circunstâncias judiciais". Assim, se desfavoráveis as circunstâncias judiciais, é admissível a adoção do regime fechado ainda que a pena não passe de quatro anos. Por fim, deve-se recordar da Súmula 440 do STJ: "Fixada a pena-base no mínimo legal, é vedado o estabelecimento de regime prisional mais gravoso do que o cabível em razão da sanção imposta, com base apenas na gravidade abstrata do delito".

Alternativa *a*: incorreta. O fundamento está na Súmula 471 do STJ: "Os condenados por crimes hediondos ou assemelhados cometidos antes da vigência da Lei nº 11.464/2007 sujeitam-se ao disposto no art. 112 da Lei nº 7.210/1984 (Lei de Execução Penal) para a progressão de regime prisional". O exame criminológico é admitido em face das peculiaridades do caso, desde que em decisão motivada (Súmula 439 do STJ).

Alternativa *b*: incorreta. De acordo com a Súmula 520 do STJ, "O benefício de saída temporária no âmbito da execução penal é ato jurisdicional insuscetível de delegação à autoridade administrativa do estabelecimento prisional". No entanto, o instituto somente é cabível para os condenados que cumprem pena no regime semiaberto (art. 122 da LEP).

Alternativa *c*: incorreta. De acordo com a Súmula 526 do STJ, "O reconhecimento de falta grave decorrente do cometimento de fato definido como crime doloso no cumprimento da pena prescinde do trânsito em julgado de sentença penal condenatória no processo penal instaurado para apuração do fato". Ademais, conforme a Súmula 534 do STJ, "A prática de falta grave interrompe a contagem do prazo para a progressão de regime de cumprimento de pena, o qual se reinicia a partir do cometimento dessa infração".

12. (FAURGS – 2016 – TJ-RS – Psicólogo Judiciário) Considere as afirmações abaixo, tendo em vista as disposições do Código Penal.

I. A prestação de serviços à comunidade ou a entidades públicas é aplicável às condenações superiores a seis meses de privação da liberdade.

II. A prestação de serviços à comunidade ou a entidades públicas consiste na atribuição, ao condenado, de tarefas que serão remuneradas.

III. A prestação de serviço à comunidade dar-se-á exclusivamente em entidades assistenciais estatais.

Quais estão corretas?

a) Apenas I.
b) Apenas II.
c) Apenas III.
d) Apenas I e II.
e) I, II e III.

COMENTÁRIOS

Gabarito a. O item I está correto, conforme art. 46, *caput*: "A prestação de serviços à comunidade ou a entidades públicas é aplicável às condenações superiores a seis meses de privação da liberdade".

O item II está errado. A prestação de serviços à comunidade ou a entidades públicas consiste na atribuição de tarefas gratuitas ao condenado.

O item III está errado. A prestação de serviço à comunidade dar-se-á em entidades assistenciais, hospitais, escolas, orfanatos e outros estabelecimentos congêneres, em programas comunitários ou estatais.

13. (VUNESP – 2015 – MP-SP – Analista de Promotoria) Sobre as espécies de pena e regime previstos no Código Penal, tem-se que:

a) os condenados por crime hediondo, em razão do princípio da igualdade, iniciarão o cumprimento da pena de acordo com as disposições do parágrafo 2° do artigo 33 do Código Penal.

b) as penas de reclusão e detenção podem ter cumprimento iniciado no regime aberto, semiaberto e fechado, conforme o caso.

c) para a determinação do regime inicial de cumprimento, devem ser considerados os critérios previstos no artigo 59 do Código Penal.

d) tem o condenado o direito de não ter agravado o seu regime de pena (regressão), podendo, no máximo, ter indeferida a sua progressão de regime.

e) se condenado ao cumprimento de pena maior que 4 anos e menor que 8 anos, tem direito o réu, em qualquer hipótese, de iniciá-la no regime semiaberto.

COMENTÁRIOS

Gabarito: c. O fundamento está no art. 33, § 3º, do CP: "A determinação do regime inicial de cumprimento da pena far-se-á com observância dos critérios previstos no art. 59 deste Código".

Alternativa a: errada. Conforme o art. 2º, § 1º, da Lei 8.072/90, a pena por crime hediondo ou equiparado será cumprida inicialmente em regime fechado. Ocorre que o Pleno do STF, no julgamento do HC 111.840/ES, DJe de 17/12/12, decidiu que é ilegal a estipulação do regime inicial fechado quando ela está amparada exclusivamente na vedação legal contida no art. 2º, § 1º, da Lei dos Crimes Hediondos. Assim, é efetivamente o Código Penal, e não mais a Lei 8.072/90, que fixará as regras para a determinação do regime inicial de cumprimento de pena no caso dos crimes hediondos e equiparados. O erro da questão está no princípio invocado: não se trata de ofensa à igualdade, mas à garantia constitucional da individualização da pena (CF, art. 5º, XLVI).

Alternativa b: errada. Na pena de detenção o regime inicial somente poderá ser o aberto ou o semiaberto. O fundamento está no art. 33, *caput*, do Código Penal: "A pena de reclusão deve ser cumprida em regime fechado, semiaberto ou aberto. A de detenção, em regime semiaberto, ou aberto, salvo necessidade de transferência a regime fechado".

Alternativa d: errada. A regressão é possível e está disposta no art. 118 da LEP (Lei 7.210/84): "A execução da pena privativa de liberdade ficará sujeita à forma regressiva, com a transferência para qualquer dos regimes mais rigorosos, quando o condenado: I – praticar fato definido como crime doloso ou falta grave; II – sofrer condenação, por crime anterior, cuja pena, somada ao restante da pena em execução, torne incabível o regime (artigo 111)". ***Atenção***: "O reconhecimento de falta grave decorrente do cometimento de fato definido como crime doloso no cumprimento da pena prescinde do trânsito em julgado de sentença penal condenatória no processo penal instaurado para apuração do fato" (Súmula 526 do STJ).

Alternativa e: errada. Além do critério objetivo (pena superior a 4 anos e que não exceda 8 anos), há ainda um requisito subjetivo, qual seja, não ser o réu reincidente. O fundamento está no art. 33, § 2º, b, do CP: "As penas privativas de liberdade deverão ser executadas em forma progressiva, segundo o mérito do condenado, observados os seguintes critérios e ressalvadas as hipóteses de transferência a regime mais rigoroso: (...) b) o condenado não reincidente, cuja pena seja superior a 4 (quatro) anos e não exceda a 8 (oito), poderá, desde o princípio, cumpri-la em regime semiaberto".

14. (CESPE – 2015 – TRE-GO – Analista Judiciário) É possível que réu primário portador de circunstâncias judiciais desfavoráveis condenado à pena de quatro anos de reclusão inicie o cumprimento da reprimenda em regime semiaberto.

COMENTÁRIOS

Gabarito: certa. Conforme o art. 33, § 3º, do CP, "A determinação do regime inicial de cumprimento da pena far-se-á com observância dos critérios previstos no art. 59 deste Código".

15. (CONSULPLAN – 2015 – TJ-MG – Titular de Serviços de Notas e de Registro) Quanto às penas e à extinção da punibilidade, assinale a alternativa correta.

a) Constitui pena privativa de liberdade a limitação de fim de semana.

b) Para efeito de reincidência são considerados os crimes militares próprios e políticos.

c) A sentença que conceder perdão judicial não será considerada para efeitos de reincidência.

d) O fato de receber o ofendido a indenização do dano causado pelo crime importa em renúncia tácita ao direito de queixa.

COMENTÁRIOS

Gabarito: c. O fundamento está no art. 120 do Código Penal: "A sentença que conceder perdão judicial não será considerada para efeitos de reincidência".

Alternativa a: errada. A limitação de final de semana não é pena privativa de liberdade, mas pena restritiva de direitos (CP, art. 43, VI).

Alternativa b: errada. O fundamento está no art. 64, II, do CP: "Para efeito de reincidência: (...) II – não se consideram os crimes militares próprios e políticos".

Alternativa d: errada. De acordo com o art. 104, par. único, do Código Penal, "Importa renúncia tácita ao direito de queixa a prática de ato incompatível com a vontade de exercê-lo; não a implica, todavia, o fato de receber o ofendido a indenização do dano causado pelo crime".

16. (VUNESP – 2015 – MP-SP – Analista de Promotoria) No momento da fixação da pena, deverá o juiz:

a) relegar a fixação do regime inicial da pena, depois de fixado o seu quantum, para o juiz da execução, a quem compete fiscalizá-la.

b) remeter os autos à Fazenda Pública para cálculo, fixação e cobrança da pena de multa, posto tratar-se de dívida de valor.

c) seguir o critério trifásico da aplicação da pena que é dividido em: pena base, circunstâncias atenuantes e agravantes e qualificadoras do delito.

d) considerar a menoridade relativa do agente na segunda fase do cálculo da pena (circunstâncias atenuantes e agravantes).

e) considerar a reincidência do agente na primeira fase do cálculo, no momento da análise dos seus antecedentes.

COMENTÁRIOS

Gabarito: d. A menoridade relativa do agente é, efetivamente, uma circunstância atenuante a ser considerada na segunda fase do critério trifásico de fixação da pena privativa de liberdade. O fundamento está no art. 65, I, do CP: "São circunstâncias que sempre atenuam a pena: I – ser o agente menor de 21 (vinte e um), na data do fato, ou maior de 70 (setenta) anos, na data da sentença".

Alternativa a: errada. De acordo com o art. 59, III, do CP, "O juiz, atendendo à culpabilidade, aos antecedentes, à conduta social, à personalidade do agente, aos motivos, às circunstâncias e consequências do crime, bem como ao comportamento da vítima, estabelecerá, conforme seja necessário e suficiente para reprovação e prevenção do crime: (...) III – o regime inicial de cumprimento da pena privativa de liberdade". A competência, portanto, é do juiz do processo, e não do juiz da execução.

Alternativa b: errada. A legitimidade da Procuradoria da Fazenda Pública diz respeito, apenas, à execução fiscal de multa pendente de pagamento, imposta em sentença condenatória (Súmula 521 do STJ). O cálculo e a fixação da pena de multa são de competência do juiz.

Alternativa c: errada. O critério trifásico de aplicação da pena privativa de liberdade é assim dividido: a) primeira fase (pena-base): circunstâncias judiciais do art. 59 do CP (na qual já são valoradas as qualificadoras); b) segunda fase (pena provisória): agravantes e atenuantes; c) terceira fase (pena definitiva): majorantes e minorantes.

Alternativa e: errada. A reincidência é uma agravante e, como tal, será valorada pelo juiz na segunda fase do critério trifásico. A propósito: "A reincidência penal não pode ser considerada como circunstância agravante e, simultaneamente, como circunstância judicial" (Súmula 241 do STJ).

17. (FCC – 2014 – TRF4 – Analista Judiciário) Segundo entendimento jurisprudencial hoje estabelecido no âmbito do Superior Tribunal de Justiça, a detração penal (Código Penal, art. 42):

a) pode ser aplicada sobre pena de prestação de serviços à comunidade, primeiramente, descontando um dia da pena privativa de liberdade originária por cada dia de prisão provisória efetivamente cumprida pelo réu, para, afinal, substituir-se o saldo restante de pena originária pela pena restritiva de direitos, à razão de 1 (uma) hora de tarefa por dia de condenação.

b) pode ser aplicada quando a prisão provisória decorreu de fato diverso, desde que o mesmo tenha antecedido o fato que gerou a pena a ser detraída.

c) é computável, também, para redução dos marcos temporais da prescrição executória, analogamente às hipóteses de evasão do condenado ou de revogação do livramento condicional já catalogadas no art. 113 do Código Penal.

d) não pode ser aplicada quando a prisão provisória ocorreu por fato diverso daquele em que se deu a condenação.

e) pode ser aplicada sobre pena de prestação de serviços à comunidade, descontando-se 24 (vinte e quatro) horas de tarefa comunitária por cada dia de prisão provisória efetivamente cumprida pelo réu.

COMENTÁRIOS

Gabarito: a. Assim vem decidindo o STJ: "(...) 2. Conforme se extrai do art. 42 do Código Penal, o período de pena cautelar deve ser descontado do total da pena privativa, e não computado com base no total obtido da conversão integral do tempo de segregação provisória em horas de prestação de serviços à comunidade. Precedentes do STJ. 3. Recurso especial provido para determinar que a substituição da pena privativa por prestação de serviços à comunidade seja feita à razão de 1 hora de tarefa por cada dia do remanescente da condenação, a ser obtido após a detração de todo o período de prisão cautelar, nos termos dos arts. 42 e 46, § 3º, do CP" (5ª T., REsp 1332686, j. 20/11/2014).

Alternativa b: Errada. Admite-se que a detração seja realizada em processo distinto do qual ocorreu a prisão provisória. No entanto, o abatimento (detração) somente se procederá em relação à condenação por crime anterior ao período em que ocorreu a prisão provisória. Nesse sentido: STJ, 6ª T., HC 276391, j. 27/06/2014.

Alternativa c: Errada, pois "Não é possível a aplicação extensiva ou analógica do art. 113 do Código Penal, uma vez que o referido artigo especifica as situações de cabimento (evasão de condenado ou revogação de livramento condicional). Assim, o período de prisão provisória do réu é considerado somente para o desconto da pena a ser cumprida e não para contagem do prazo prescricional, o qual será analisado a partir da pena definitiva aplicada, não sendo cabível a detração para fins prescricionais" (STJ, 6ª T., AgRg no REsp 1474294, j. 02/10/2014).

Alternativa d: Errada. Como referido, é possível a detração quando a prisão provisória ocorreu por fato diverso daquele em que se deu a condenação. No entanto, o abatimento somente é admitido em relação à condenação por crime anterior ao período em que ocorreu a prisão provisória. Isso significa que não se admite a detração em outro processo cuja data do crime seja posterior ao período em que ocorreu a prisão provisória, justamente para evitar uma "conta corrente" em favor do réu.

Alternativa e: Errada, pois o desconto se dá na forma explicitada na letra 'a'.

18. (FGV - 2014 - DPE-DF - Analista) Osvaldo foi condenado pela prática do crime de estelionato. Ao aplicar a pena, o magistrado majorou a pena base indicando, entre as circunstâncias judiciais previstas no Artigo 59 do Código Penal brasileiro, os antecedentes de Osvaldo. Para tanto, o magistrado observou que a Folha de Antecedentes Criminais de Osvaldo trazia 5 anotações, entre elas uma condenação não transitada em julgado pela prática do crime de falsidade ideológica. As demais anotações referiam-se a inquéritos policiais em andamento para a apuração de suposta prática do crime de estelionato. Quanto à decisão do magistrado, é correto afirmar que:

a) a pena base não poderia ter sido majorada com fundamento nos antecedentes de Osvaldo, uma vez que não há condenação transitada em julgado na Folha de Antecedentes Criminais do acusado.

b) a pena base foi majorada corretamente, uma vez que algumas anotações constantes da Folha de Antecedentes Criminais de Osvaldo se referem ao crime de estelionato.

c) a pena base foi majorada corretamente, uma vez que há condenação, ainda que não transitada em julgado, na Folha de Antecedentes Criminais de Osvaldo.

d) a pena base poderia ter sido majorada caso a condenação constante da Folha de Antecedentes Criminais de Osvaldo dissesse respeito ao crime de estelionato.

e) a pena base foi majorada corretamente, uma vez que qualquer anotação em Folha de Antecedentes Criminais pode justificar o incremento da pena base com fundamento nos antecedentes do acusado.

COMENTÁRIOS

O gabarito correto é a ***letra a***, pois a configuração da má antecedência, para a jurisprudência amplamente majoritária dos Tribunais Superiores, pressupõe trânsito em julgado de sentença penal condenatória. Nesse sentido a ***Súmula 444 do STJ***: "É vedada a utilização de inquéritos policiais e ações penais em curso para agravar a pena-base".

19. (IBFC - 2014 - SEDS-MG - Agente) Indique o estabelecimento prisional destinado à execução da pena privativa de liberdade em regime aberto:

a) Penitenciária.

b) Casa do albergado.

c) Colônia agrícola e a colônia industrial.

d) Cadeia Pública.

COMENTÁRIOS

Gabarito: b. O fundamento está no art. 93 da LEP: "A Casa do Albergado destina-se ao cumprimento de pena privativa de liberdade, em regime aberto, e da pena de limitação de fim de semana".

Alternativa a: Errada, pois a penitenciária destina-se ao condenado à pena de reclusão, em regime fechado (art. 87 da LEP).

Alternativa c: Errada, já que a Colônia Agrícola, Industrial ou Similar destina-se ao cumprimento da pena em regime semiaberto (art. 91 da LEP).

Alternativa d: Errada, porque a cadeia pública destina-se ao recolhimento de presos provisórios (art. 102 da LEP).

20. (FEPESE - 2014 - MP-SC - Promotor de Justiça) Para a doutrina dominante, o Código Penal Brasileiro, ao disciplinar o cálculo da pena, adotou o sistema trifásico, sendo observado na primeira fase da individualização as agravantes e atenuantes legais, circunstâncias estas inseridas nos artigos 61 a 66 daquele diploma legal.

COMENTÁRIOS

Gabarito: errada. O Código Penal realmente adotou o sistema trifásico (CP, art. 68), mas na primeira fase são observadas as circunstâncias judiciais do art. 59. As agravantes e atenuantes são analisadas na segunda fase.

21. (FCC - 2014 - TRT18 - Juiz do Trabalho) No tocante às circunstâncias atenuantes, é correto afirmar que:

a) permitem a redução da pena abaixo do mínimo previsto na lei, segundo entendimento sumulado do Superior Tribunal de Justiça.
b) incidem na terceira etapa do cálculo da pena.
c) são inaplicáveis se não previstas expressamente em lei.
d) o desconhecimento da lei, embora inescusável, pode ser empregado para atenuar a pena.
e) a reparação do dano não a configura, constituindo apenas causa geral de diminuição da pena.

COMENTÁRIOS

Gabarito: d. O fundamento está no art. 65, II, do CP: "São circunstâncias que sempre atenuam a pena: (...) II – o desconhecimento da lei".

Alternativa a: Errada, pois "A incidência da circunstância atenuante não pode conduzir à redução da pena abaixo do mínimo legal" (Súmula 231 do STJ).

Alternativa b: Errada, já que as atenuantes incidem na segunda etapa do cálculo da pena (art. 68 do CP).

Alternativa c: Errada, em face do que dispõe o art. 66 do CP: "A pena poderá ser ainda atenuada em razão de circunstância relevante, anterior ou posterior ao crime, embora não prevista expressamente em lei".

Alternativa e: Errada, pois a reparação do dano está expressamente prevista, como atenuante, no art. 65, III, b, do CP: "(...) procurado, por sua espontânea vontade e com eficiência, logo após o crime, evitar-lhe ou minorar-lhe as consequências, ou ter, antes do julgamento, reparado o dano".

22. (FEPESE - 2013 - DPE-SC - Analista Técnico) Assinale a alternativa correta de acordo o Código Penal brasileiro.

a) O trabalho externo é admissível, no regime fechado, em serviços ou obras públicas.
b) A pena de detenção deve ser cumprida em regime fechado, semiaberto ou aberto.
c) No regime fechado é admissível a frequência do apenado a cursos supletivos profissionalizantes, de instrução de segundo grau ou superior.
d) O condenado por crime contra o patrimônio terá a progressão de regime do cumprimento da pena condicionada à reparação do dano que causou, ou à devolução do produto do ilícito praticado, com os acréscimos legais.
e) É vedado o trabalho externo ao preso em regime fechado.

COMENTÁRIOS

Gabarito: a. Conforme dispõe o § 3º do art. 34 do Código Penal, "O trabalho externo é admissível, no regime fechado, em serviços ou obras públicas".

Alternativa b: Errada, pois a pena de detenção deve ser cumprida em regime semiaberto ou aberto, salvo necessidade de transferência ao regime fechado (art. 33, *caput*, do CP).

Alternativa c: Errada, já que a frequência do apenado a cursos supletivos profissionalizantes, de instrução de segundo grau ou superior é prerrogativa do regime semiaberto, e não do regime fechado (art. 35, § 2º, do CP).

Alternativa d: Errada, porque a condição registrada na questão diz respeito ao condenado por crime contra a Administração Pública, e não contra o patrimônio (§ 4º do art. 33 do CP).

Alternativa e: Errada, conforme referido acima (art. 34, § 3º, do CP).

23. (CESPE - 2012 - TJ-RR - Analista) Alberto, que já ostentava condenação anterior transitada em julgado por crime de furto, praticou outro crime de furto, foi preso em flagrante, confessou o delito e, posteriormente, foi condenado a pena privativa de liberdade de um ano e três meses de reclusão sob o regime fechado. Ao prolatar a sentença, o juiz agravou a pena base tão somente por força da condenação anterior. Afirmativa: o juiz poderia ter aplicado pena privativa de liberdade inferior a um ano de reclusão porque a confissão é preponderante à reincidência.

COMENTÁRIOS

Gabarito: errada. De acordo com o art. 67 do Código Penal, as circunstâncias preponderantes, em caso de concurso de agravantes e atenuantes, são: a) motivos determinantes do crime; b) personalidade do agente; e c) reincidência.

Importante: "No julgamento dos EREsp nº 1.154.752/RS, ocorrido em 23/5/2012 (DJe 4/9/2012), a Terceira Seção deste Superior Tribunal pacificou o entendimento de que é possível, na segunda fase da dosimetria da pena, a compensação da agravante da reincidência com a atenuante da confissão espontânea, por serem igualmente preponderantes, de acordo com o art. 67 do Código Penal" (STJ, 5ª T., HC 312912, j. 11/10/2016).

24. (CESPE – 2012 – TJ-RO – Analista) Assinale a opção correta, a respeito dos crimes de tortura, das espécies, cominação e aplicação de penas.

a) Na fixação da pena, as únicas circunstâncias judiciais consideradas, como previstas no Código Penal, são as seguintes: a culpabilidade, os antecedentes, a conduta social do agente, as agravantes e as atenuantes.

b) A perda da função pública e a interdição de seu exercício pelo dobro do prazo da condenação decorrente da prática de crime de tortura previsto em lei especial são de imposição facultativa do julgador, tratando-se de efeito genérico da condenação.

c) O réu com menos de vinte e um anos de idade à época da prática do crime tem direito à redução da pena; a menoridade constitui circunstância que sempre atenua a pena, desde que documentalmente comprovada.

d) Se o condenado vier a falecer antes de pagar a multa que lhe foi imposta em sentença condenatória transitada em julgado, o pagamento será exigido dos respectivos herdeiros, nos limites da herança.

e) O Código Penal em vigor determina que a pena seja aplicada observando-se o critério bifásico, estabelecido em duas fases distintas: inicialmente, fixa-se a pena-base e, em seguida, aplicam-se as circunstâncias atenuantes e agravantes.

COMENTÁRIOS

Gabarito: c. O fundamento está no ***art. 65, I, do CP***: "São circunstâncias que sempre atenuam a pena: I – ser o agente menor de 21 (vinte e um), na data do fato (...)". Ademais, de acordo com a ***Súmula 74 do STJ***, "Para efeitos penais, o reconhecimento da menoridade do réu requer prova por documento hábil".

Alternativa a: Errada, pois a fixação da pena segue o critério trifásico referido no ***art. 68 do Código Penal***: "A pena-base será fixada atendendo-se ao critério do art. 59 deste Código; em seguida serão consideradas as circunstâncias atenuantes e agravantes; por último, as causas de diminuição e de aumento".

Alternativa b: Errada. De acordo com o ***art. 1º, § 5º, da Lei de Tortura*** (Lei nº 9.455/97), "A condenação acarretará a perda do cargo, função ou emprego público e a interdição para seu exercício pelo dobro do prazo da pena aplicada". Não obstante exista posição em contrário, recentemente decidiu o STJ que "A perda do cargo, função ou emprego público é ***efeito automático*** da condenação pela prática do crime de tortura, não sendo necessária fundamentação concreta para a sua aplicação" (6ª T., AgRg no Ag 1388953/SP, j. 20/06/2013).

Alternativa d: Errada, pois a morte do réu é causa de extinção da punibilidade (art. 107, I, do CP). Aliás, conforme dispõe o ***art. 5º, XLV, da CF***, "nenhuma pena passará da pessoa do condenado, podendo a obrigação de reparar o dano e a decretação do perdimento de bens ser, nos termos da lei, estendidas aos sucessores e contra eles executadas, até o limite do valor do patrimônio transferido".

Alternativa e: Errada. Como dito anteriormente, o critério adotado no Brasil, para a fixação da pena, é o trifásico ("método Hungria"), previsto no ***art. 68 do Código Penal***

25. (FCC – 2012 – MP-AP – Analista Ministerial) José, primário, foi condenado a cumprir pena de 20 anos de reclusão pelo crime hediondo de latrocínio cometido no dia 20 de Abril de 2007. Neste caso, José deverá cumprir a pena

a) inicialmente em regime fechado e terá direito à progressão para o regime semiaberto após o cumprimento de, no mínimo, 12 anos da pena cominada.

b) integralmente em regime fechado.

c) inicialmente em regime fechado e terá direito à progressão para o regime semiaberto após o cumprimento de, no mínimo, 8 anos da pena cominada.

d) inicialmente em regime fechado e terá direito à progressão para o regime semiaberto após o cumprimento de, no mínimo, 6 anos e 6 meses da pena cominada.

e) inicialmente em regime fechado e terá direito à progressão para o regime semiaberto após o cumprimento de, no mínimo, 10 anos da pena cominada.

COMENTÁRIOS

Gabarito: c.

De acordo com a Súmula 471 do STJ, "os condenados por crimes hediondos ou assemelhados cometidos antes da vigência da Lei nº 11.464/2007 sujeitam-se ao disposto no art. 112 da Lei nº 7.210/1984 (Lei de Execução Penal) para a progressão de regime prisional". A Lei nº 11.464/07, que alterou o art. 2º da Lei dos Crimes Hediondos (Lei nº 8.072/90), entrou em vigor em 29/03/2007, data em que foi publicada. Como o fato praticado por José – que é primário – ocorreu em abril de 2007, a progressão ocorrerá depois do cumprimento de 2/5 da pena, ou, no exemplo proposto na questão, 8 anos (2/5 de 20 anos).

2. QUESTÕES DE CONCURSOS

01. (CESPE – 2020 – TJ-PA – Oficial de Justiça) No que concerne às penas previstas no Código Penal brasileiro, assinale a opção correta.

a) O trabalho externo não é admissível para os condenados em regime fechado.

b) A pena de multa deve ser paga no prazo máximo de um mês após o trânsito em julgado da sentença.

c) São espécies de penas restritivas de direitos: interdição temporária de direitos, prestação de serviço à comunidade e pagamento de multa.

d) As penas restritivas de direitos apenas serão aplicáveis em substituição à pena privativa de liberdade fixada em quantidade inferior a dois anos.

e) A limitação de final de semana é uma das penas restritivas de direitos, devendo o condenado permanecer em casa de albergado por cinco horas diárias aos finais de semana.

02. (FCC – 2020 – TJ-MS – Juiz Substituto) Na aplicação da pena,

a) incidindo as causas de diminuição da tentativa e do arrependimento posterior, pode o juiz limitar-se a uma só diminuição, prevalecendo, todavia, a causa que mais diminua.

b) o juiz, na terceira fase do cálculo, ao fixar a fração de acréscimo pela causa de aumento identificada, sempre atentará à culpabilidade, aos antecedentes, à conduta social, à personalidade do agente, aos motivos, às circunstâncias e consequências do crime, bem como ao comportamento da vítima.

c) as qualificadoras, representando fatores de acréscimo assinalados em quantidades fixas ou em limites, incidem na terceira fase do cálculo, não permitindo, contudo, a fixação da pena acima do máximo legal.

d) se concorrerem duas qualificadoras em um mesmo crime, aceita a jurisprudência que só uma delas incida como tal, podendo a outra servir como circunstância agravante, se cabível.

e) se reconhecido o crime continuado específico, aplica-se a pena de um só dos delitos, se idênticas, ou a mais grave, se diversas, aumentada, em qualquer caso, de um sexto a dois terços, considerado o número de infrações cometidas, incidindo a extinção da punibilidade sobre o total da pena imposta.

03. (GUALIMP – 2020 – Procurador) O Código Penal Brasileiro define que as penas privativas de liberdade deverão ser executadas de forma progressiva, segundo o mérito do condenado, observados determinados critérios e ressalvadas as hipóteses de transferência a regime mais rigoroso, poderá, desde o início, cumprir sua pena em regime semiaberto, o condenado:

a) Não reincidente, cuja pena seja igual ou inferior a 4 (quatro) anos.

b) A pena superior a 8 (oito) anos.

c) Não reincidente, cuja pena seja igual ou inferior a 2 (dois) anos.

d) Não reincidente, cuja pena seja superior a 4 (quatro) anos e não exceda a 8 (oito) anos.

04. (GUALIMP – 2020 – Procurador Municipal) O Código penal Brasileiro prevê as penas de multa, privativas de liberdade e restritivas de direitos. Estabelece ainda que as penas privativas de liberdade deverão ser executadas em forma progressiva, segundo o mérito do condenado, observado determinados critérios e ressalvadas as hipóteses de transferência a regime mais rigoroso, deverá começar a cumpri-la em regime fechado, o condenado a pena superior a:

a) 06 (seis) anos.

b) 08 (oito) anos.

c) 04 (quatro) anos.

d) 05 (cinco) anos.

05. (FGV – 2019 – DPE-RJ – Técnico Superior Jurídico) Lúcio, reincidente em razão de condenação definitiva anterior pela prática de crime de uso de documento falso, foi denunciado pela suposta prática de dois crimes de furto simples tentados, em concurso formal. Encerrada a instrução, após confissão do réu em interrogatório, e estando o processo com o juiz para a sentença, Lúcio procura o Defensor Público para esclarecimentos acerca do processo dosimétrico e da forma como será executada a pena no caso de procedência da pretensão punitiva, esclarecendo que os fatos ocorreram dois anos antes e que, atualmente, encontra-se casado, com filho bebê e trabalhando com carteira assinada. Considerando apenas as informações expostas, na oportunidade, deverá ser esclarecido por sua defesa técnica que:

a) o aumento da pena em razão do concurso formal de crimes deve ocorrer antes da redução realizada pela tentativa, e a definição do quantum a ser majorado em razão dessa causa de aumento deve ter por base as circunstâncias judiciais do Art. 59 do Código Penal;

b) a aplicação da pena privativa de liberdade e de multa, em não havendo desígnios autônomos, no concurso formal de crimes, de acordo com as previsões do Código Penal, se dará com base no princípio da exasperação;

c) a sua condição de tecnicamente reincidente, por si só, não impede de forma absoluta a substituição da pena privativa de liberdade por pena restritiva de direitos;

d) a presença de uma circunstância agravante e de uma causa de diminuição da pena faz com que o juiz deva compensá-las na segunda fase do processo dosimétrico;

e) a reincidência, como circunstância agravante preponderante, não poderá ser compensada com eventual confissão.

06. (INSTITUTO AOCP – 2019 – PC-ES – Escrivão de Polícia) Supondo que um indivíduo fora condenado a uma pena restritiva de liberdade de 1 ano e 8 meses de reclusão e ao pagamento de 166 dias-multas, havendo o cumprimento integral da pena privativa de liberdade, mas não havendo o pagamento da multa, é correto afirmar que:

a) a extinção da punibilidade está condicionada ao cumprimento da pena privativa de liberdade, bem como à quitação da multa imposta.

b) o cumprimento da pena privativa de liberdade ou a quitação da multa extinguem a punibilidade.

c) o juiz, não havendo o pagamento da pena de multa, determinará a penhora de bens do condenado, visando garantir a extinção da punibilidade.

d) cumprida integralmente a pena privativa de liberdade e quitado ao menos 1/3 da multa, o juiz poderá declarar extinta a punibilidade do condenado.

e) o não pagamento da pena de multa não impede a extinção da punibilidade, desde que a pena privativa de liberdade tenha sido integralmente cumprida.

07. (INSTITUTO AOCP – 2019 – PC-ES – Escrivão de Polícia) Para efeitos de reincidência em conformidade com o disposto no Código Penal, considera-se reincidente o sujeito que tenha cometido novo crime:

a) depois de transitar em julgado a sentença que, no País ou no estrangeiro, o tenha condenado por crime anterior, cujo período entre o cumprimento ou a extinção da pena não exceda a 5 anos em relação ao novo delito.

b) depois de transitar em julgado a sentença que, no País ou no estrangeiro, o tenha condenado por crime anterior, cujo período entre o cumprimento ou a extinção da pena não exceda a 10 anos em relação ao novo delito.

c) antes de transitar em julgado a sentença que, no País ou no estrangeiro, o tenha condenado por crime anterior, cujo período entre o cumprimento ou a extinção da pena não exceda a 5 anos em relação ao novo delito.

d) depois de transitar em julgado a sentença que, no País ou no estrangeiro, o tenha condenado por crime anterior, cujo período entre o cumprimento ou a extinção da pena não exceda a 3 anos em relação ao novo delito.

e) depois de transitar em julgado a sentença que, no País ou no estrangeiro, o tenha condenado por crime anterior, independentemente do tempo que tenha ocorrido entre o cumprimento ou a extinção da pena em relação ao novo delito.

08. (CESPE – 2019 – DPE-DF – Defensor Público) Com base no entendimento do STJ, julgue o próximo item, a respeito de aplicação da pena. Condenação anterior por delito de porte de substância entorpecente para consumo próprio não faz incidir a circunstância agravante relativa à reincidência, ainda que não tenham decorrido cinco anos entre a condenação e a infração penal posterior.

09. (CESPE – 2018 – STJ – Analista Judiciário) Em se tratando de crimes de violência doméstica e familiar contra a mulher, se a condenação for privativa de liberdade por até um ano, poderá o juiz substituí-la por pena de prestação pecuniária ou pagamento isolado de multa.

10. (FCC – 2018 – DPE-AM – Analista Jurídico de Defensoria) Sobre os regimes de cumprimento de pena: A) A pena de detenção deve ser cumprida em regime inicial aberto, enquanto a de reclusão permite os regimes aberto, semiaberto e fechado. B) O crime de roubo não permite o início de cumprimento de pena em regime aberto em razão da gravidade do delito. C) A reincidência possui relevância na progressão de regime, mas não influencia a determinação do regime inicial de cumprimento de pena. D) O Código Penal impede a avaliação negativa das circunstâncias judiciais para aplicação da pena-base e para agravar o regime inicial de cumprimento de pena no mesmo caso, pois configuraria bis in idem. E) O condenado não reincidente, cuja pena seja superior a quatro anos e não exceda a oito, poderá, desde o princípio, cumpri-la em regime semiaberto.

11. (FCC – 2017 – DPE-RS – Analista) Quanto à aplicação da pena:

a) na condenação pelo tráfico, entende o Supremo Tribunal Federal que a maior quantidade de drogas pode incrementar a pena-base, sem prejuízo de adiante igualmente fundamentar o indeferimento do redutor legal específico de pena disposto para a situação do chamado tráfico privilegiado (artigo 33, § 4°, da Lei n° 11.343/2006).

b) entendem o Supremo Tribunal Federal e o Superior Tribunal de Justiça ser impossível aplicar a substituição da pena privativa de liberdade por penas restritivas de direitos em condenações por tráfico de drogas.

c) em condenação por crime cometido com violência doméstica, em princípio é cabível aplicar a multa isolada quando a pena final for de até seis meses de detenção e desde que satisfeitos os demais pressupostos e requisitos legais para a substituição.

d) não há reincidência quando o agente pratica uma contravenção depois de transitar em julgado uma sentença que, no Brasil, o tenha definitivamente condenado por um crime, mas, diversamente, verifica-se, no entanto, a reincidência quando o agente pratica um crime depois de passar em julgado uma sentença que, no Brasil, o tenha condenado por uma contravenção.

e) segundo o Superior Tribunal de Justiça, praticando um roubo com adolescente inimputável desde antes já moralmente corrompido, o agente poderá ser condenado em concurso de crimes.

12. (Consulplan – 2017 – TJ-MG – Cartórios) Senhor X está preso e denunciado por crime do art. 157, *caput*, do Código Penal (roubo simples), cometido em 20/12/2016. Considerando-se que Senhor X possui outras três condenações por crimes praticados anteriormente (Sentença 01, proferida em 07/05/2015 e trânsito em julgado em 21/05/2015, enquanto a Sentença 02, proferida em 22/12/2016, ainda não transitada em julgado, e na terceira condenação, Sentença 03, proferida em 20/06/2016, não transitada em julgado), na data da sentença, em 01/03/2017, será considerado para fins de aplicação da pena, nos termos do art. 61, I do Código Penal:

(A) sem antecedentes.
(B) reincidente.
(C) sem antecedentes e reincidente.
(D) com maus antecedentes e reincidente.

13. (Consulplan – 2017 – TJ-MG – Cartórios) Senhor X foi denunciado por crime do art. 171, *caput*, do Código Penal (estelionato), cometido em 21.02.2016. Considerando-se que Senhor X possui outras três condenações (Sentença 01, por crime praticado em 07.05.2015 e trânsito em julgado em 21.05.2015; Sentença 02, por crime praticado em 23.06.2016, sentença proferida em 22.12.2016, ainda não transitada em julgado; Sentença 03, por crime cometido em 15.10.2009, proferida sentença em 24.01.2010, e extinta a punibilidade, pelo cumprimento da pena, em 20.02.2011), na data da sentença, em 01.03.2017, será considerado, para fins de aplicação da pena, nos termos do art. 61, I do Código Penal:

a) com maus antecedentes e reincidente.
b) sem antecedentes e reincidente.
c) reincidente.
d) sem antecedentes.

14. (FCC – 2017 – TJ-SC – Juiz de Direito) "A" praticou o crime de tráfico de drogas (art. 33 da Lei n2 11.343/06) depois de haver sido condenado, com trânsito em julgado, pelo delito previsto no artigo 28 do mesmo estatuto. Na sentença, a condenação anterior:

a) não poderá ser considerada para fins de reincidência, porquanto tal delito não possui cominada a pena de prisão.

b) poderá ser considerada para fins de reincidência, mesmo não tendo o réu recebido pena privativa de liberdade.

c) somente poderá ser considerada como maus antecedentes.

d) não poderá gerar qualquer efeito por não ser crime nos termos da lei de introdução ao código penal.

e) somente poderá ser considerada como circunstância judicial na primeira fase do cálculo da pena.

15. (TRF2 – 2017 – Juiz Federal) Assinale a opção correta:

a) Fixada a pena em seu mínimo legal, é possível estipular regime prisional mais gravoso do que o previsto em razão da sanção imposta, desde que presente a gravidade abstrata do delito e a perturbação causada à ordem pública.

b) Fixada a pena-base em seu mínimo legal, é possível compensar a atenuante da confissão espontânea e o aumento referente à continuidade delitiva.

c) Reconhecida a incidência de duas ou mais causas de qualificação, ambas serão utilizadas para qualificar o delito, influenciando a fixação da pena-base que, nesse caso, será necessariamente definida acima do mínimo previsto no preceito secundário do tipo qualificado.

d) É possível, na segunda fase da dosimetria da pena, a compensação da atenuante da confissão espontânea com a agravante da reincidência, não havendo preponderância.

e) O tempo de prisão provisória, no Brasil ou no estrangeiro, não deverá ser computado para fins de determinação do regime inicial de pena privativa de liberdade.

16. (FAURGS – 2016 – TJ-RS – Psicólogo Judiciário) Assinale a alternativa que NÃO é considerada pena restritiva de direitos pelo Código Penal.

a) Perda de bens e valores.

b) Prestação pecuniária.

c) Prestação de serviço à comunidade ou a entidades públicas.

d) Interdição definitiva de direitos.

e) Limitação de fim de semana.

17. (UFMT – 2016 – TJ-MT – Técnico Judiciário) NÃO é Pena Restritiva de Direito, em conformidade com o Decreto Lei nº 2.848, de 7 de dezembro de 1940, Código Penal:

a) Prestação pecuniária.

b) Prestação de serviço à comunidade.

c) Interdição temporária de direitos.

d) Detenção.

18. (VUNESP – 2015 – MP-SP – Analista de Promotoria) As penas privativas de liberdade serão substituídas por penas restritivas de direito, observando que:

a) nos crimes de lesão corporal, concordando a vítima e desde que preenchidos os demais requisitos do artigo 44, do Código Penal, a pena corporal poderá ser substituída por pena restritiva de direitos.

b) a conversão da pena corporal em prestação de serviços à comunidade ou à entidades públicas somente poderá ocorrer nas condenações superiores a seis meses de privação de liberdade.

c) ao condenado reincidente, em nenhuma hipótese, poderá a pena corporal ser substituída por penas restritivas de direitos.

d) a prestação pecuniária consiste no pagamento em dinheiro à entidade pública ou privada, com destinação social, de importância fixada pelo juiz, não inferior a 01 salário-mínimo e nem superior a 360 salários-mínimos, vedando-se, contudo, o pagamento à vítima, que deverá buscar reparação civil pelos seus prejuízos acaso suportados.

e) nas condenações superiores a um ano, a pena privativa de liberdade pode ser substituída por duas penas restritivas de direito, vedando-se a conversão por multa.

19. (CESPE – 2015 – DPU – Defensor Público Federal de Segunda Categoria) No que tange ao entendimento sumulado do STJ a respeito das espécies, da cominação e da aplicação de penas e do regime de execução de penas em espécie, julgue o item subsecutivo. A gravidade abstrata do delito justifica o estabelecimento de regime prisional mais gravoso do que o cabível em razão da sanção imposta, independentemente de a pena-base ter sido fixada no mínimo legal.

20. (FUNIVERSA – 2015 – SEAP-DF – Agente) Não são computadas, nas penas privativas de liberdade e nas restritivas de direito, as frações de dias, isto é, as horas e os minutos dessas penas.

21. (FMP – 2015 – DPE-PA – Defensor Público) Assinale a alternativa INCORRETA.

a) A prestação pecuniária somente se aplica em substituição à pena privativa de liberdade.

b) A prestação pecuniária consiste em quantia fixada pelo juiz que é paga à vítima, a seus dependentes ou a entidade pública ou privada com destinação social.

c) A quantia estipulada a título de prestação pecuniária deve variar entre um e trezentos e sessenta salários mínimos.

d) A prestação pecuniária pode ser aplicada em substituição à pena privativa de liberdade ou cumulativamente com ela.

e) É vedada a aplicação, nos casos de violência doméstica e familiar contra a mulher, de penas de cesta básica ou outras de prestação pecuniária.

22. (FCC – 2014 – TRF4 – Analista Judiciário) No cômputo da pena, estima-se o:

a) acréscimo decorrente da continuidade genérica à vista da gravidade das circunstâncias judiciais verificadas.

b) abatimento decorrente da semi-imputabilidade à vista da perspectiva de cura do quadro médico-psiquiátrico do agente.

c) abatimento decorrente da tentativa à vista da aptidão concreta da conduta para ofender o bem jurídico tutelado.

d) acréscimo decorrente do concurso formal heterogêneo à vista do número de infrações praticadas.

e) acréscimo decorrente do concurso formal homogêneo à vista da identidade objetivo-subjetiva das infrações praticadas.

23. (FGV – 2014 – DPE-RJ – Técnico Superior Jurídico) De acordo com o Código Penal, a pena-base será fixada atendendo-se ao critério do art. 59, considerando-se, em seguida, as circunstâncias atenuantes e agravantes, e, por último, as causas de diminuição e aumento. À luz dos critérios de aplicação da pena, é correto afirmar que:

a) viola o princípio da individualização da pena a fixação da mesma pena-base para corréus quando as circunstâncias judiciais são comuns.
b) no delito de tráfico de drogas, a propagação do mal e busca de lucro fácil são elementos autorizadores da exasperação da pena-base.
c) no delito de roubo, a não restituição dos bens à vítima é elemento autorizador da exasperação da pena-base.
d) no delito de receptação qualificada, a busca do lucro fácil é elemento autorizador da exasperação da pena-base.
e) descabe considerar como circunstância judicial negativa, na primeira fase de fixação da pena, o bem protegido pelo próprio tipo penal.

24. (FCC – 2014 – TRF3 – Analista Judiciário) Quanto ao regime prisional fechado, é INCORRETO dizê-lo passível de:

a) ser cumprido por quem, primário, foi condenado somente por um crime de peculato culposo.
b) ser inicialmente aplicado a quem, primário, foi condenado somente por um crime de peculato mediante erro de outrem.
c) progressão na reincidência específica de crimes hediondos ou assemelhados.
d) comportar exame criminológico somente quando concretamente necessário, à vista de fundada decisão judicial.
e) passível de trabalho externo, salvo no início de cumprimento da pena.

25. (TRF2 – 2014 – Juiz Federal) Assinale a opção correta à luz da orientação dominante e/ou do texto legal expresso:

a) Existente o concurso de crime, a aplicação da pena de multa observa as regras pertinentes à modalidade de concurso que incidiu ao caso.
b) A incidência de circunstância atenuante pode conduzir, à luz da ponderação e da razoabilidade, à redução da pena para abaixo do mínimo legal.
c) As causas de aumento e de diminuição da pena devem ser computadas na primeira fase da operação pelo sistema trifásico.
d) Majorante é sinônimo de qualificadora, vale dizer, a pena abstratamente cominada será distinta da aplicada ao tipo simples.
e) A reincidência não pode ser considerada como agravante e, simultaneamente, como circunstância judicial.

26. (ACAFE – 2014 – PC-SC – Agente) Observadas as disposições do Código Penal referentes à aplicação da pena, analise as afirmações a seguir.

I. No concurso de crimes, as penas de multa são aplicadas distinta e integralmente.
II. São circunstâncias que sempre atenuam a pena, ter o agente desconhecimento da lei, bem como cometido o crime por motivo de relevante valor social ou moral.
III. Quando forem aplicadas penas restritivas de direitos, o condenado cumprirá simultaneamente as que forem compatíveis entre si e sucessivamente às demais.
IV. Quando, por acidente ou erro no uso dos meios de execução, o agente, ao invés de atingir a pessoa que pretendia ofender, atinge pessoa diversa, responde como se tivesse praticado o crime na forma culposa.

Assinale a alternativa correta.

a) Apenas I, II e III estão corretas.
b) Apenas I, II e IV estão corretas.
c) Apenas II e IV estão corretas.
d) Apenas II e III estão corretas.
e) Todas as afirmações estão corretas.

27. (Aroeira – 2014 – PC-TO – Delegado de Polícia) Nos crimes cometidos sem violência ou grave ameaça à pessoa, o agente que voluntariamente repara o dano, depois do recebimento da denúncia ou da queixa, mas antes do julgamento,

a) ficará com sua pena inalterada.
b) terá a pena reduzida de um a dois terços
c) terá a pena atenuada.
d) ficará isento de pena.

28. (CESPE – 2013 – CNJ – Analista Judiciário) A prestação pecuniária é uma pena restritiva de direitos e consiste no pagamento em dinheiro à vítima, seus dependentes ou entidade pública ou privada com destinação social, de importância fixada pelo juiz, não inferior a um salário mínimo nem superior a trezentos e sessenta salários mínimos.

29. (FCC – 2012 – TRF5 – Analista Judiciário) No concurso entre causas de aumento e de diminuição de pena, previstas na parte geral do Código Penal, o juiz, ao aplicar a pena,

a) desconsiderará a causa que não tiver relação com o liame subjetivo da conduta do agente.
b) poderá limitar-se a um só aumento ou a uma só diminuição, prevalecendo, todavia, a causa que mais aumente ou a que mais diminua a pena.
c) deverá obrigatoriamente considerar ambas as causas.
d) considerará preponderante a reincidência sobre qualquer outra.
e) resolverá o concurso aparente aplicando o princípio da consunção.

30. (FCC – 2012 – TJ-PE – Técnico Judiciário) Para as contravenções penais, a lei prevê a aplicação isolada ou cumulativa das penas de:

a) prisão simples e detenção.
b) reclusão e detenção.
c) multa e prisão simples.
d) detenção e multa.
e) reclusão e prisão simples.

31. (CESPE – 2012 – TJ-AC – Técnico Judiciário) É inconstitucional lei que preveja a condenação à morte ou à execução de trabalhos forçados, dado que a Constituição Federal de (CF) proíbe, expressamente, essas modalidades de pena.

32. (COPESE – 2012 – DPE-TO – Analista Jurídico) Nos termos do Código Penal, acerca das penas privativas de liberdade, é INCORRETO afirmar:

a) Deverão ser executadas em forma progressiva, de acordo com o mérito do condenado.
b) Deverão ser executadas em forma progressiva, independente do mérito do condenado.
c) O condenado a pena superior a 8 (oito) anos deverá começar a cumpri-la em regime fechado.
d) O condenado não reincidente, cuja pena seja igual ou inferior a 4 (quatro) anos, poderá, desde o início, cumpri-la em regime aberto.

GABARITO		FUNDAMENTAÇÃO
1	E	Arts. 43 e 48 CP
2	D	Item 5.2
3	D	Art. 33, §2º, CP
4	B	Art. 33, §2º, CP
5	C	Art. 44, § 3º, CP
6	E	Art. 51 CP
7	A	Arts. 63 e 64 CP
8	C	Item 5.2.2
9	E	Art. 17 Lei 11.340/06
10	E	Art. 33, § 2º, *b*, CP
11	E	Súm. 500 STJ
12	C	Art. 63 CP
13	A	Art. 63 CP
14	B	Art. 63 CP
15	D	Art. 67 CP
16	D	Art. 43 CP
17	D	Art. 43 CP
18	B	Art. 46 CP
19	E	Súm. 440 STJ
20	C	Art. 11 CP
21	D	Art. 44 CP
22	D	Art. 70, *caput*, CP
23	E	Art. 59 CP
24	D	Súm. 439 STJ + Súm. Vinc. 26 STF
25	E	Súm. 241 STJ
26	A	Arts. 72; 65, II e III, *a*; e 69, § 2º, CP
27	C	Art. 65, III, *b*, CP
28	C	Art. 45, § 1º, CP
29	C	Art. 68, par. único, CP
30	C	Art. 5º LCP
31	C	Art. 5º, XLVII, CF
32	B	Art. 33 CP

CAPÍTULO V

CONCURSO DE CRIMES

Sumário • 1. Concurso material ou real: 1.2. Espécies; 1.3. Aplicação das penas – 2. Concurso formal ou ideal; 2.1. Espécies; 2.2 Aplicação das penas – 3. Crime continuado: 3.1. Requisitos; 3.2. Natureza jurídica; 3.3. Espécies; 3.4. Aplicação das penas (sistema da exasperação) – 4. Concurso de penas de multa – 5. Erro na execução – *aberratio ictus* (art. 73 do CP) – 6. Resultado diverso do pretendido – *aberratio criminis* ou *delicti* (art. 74 do CP) – 7. Limites das penas – 8. Súmulas e orientações jurisprudenciais do STF e do STJ – 9. Legislação relacionada ao capítulo.

1. CONCURSO MATERIAL OU REAL

Caracteriza-se o concurso material quando o agente, mediante **mais de uma ação ou omissão**, pratica dois ou mais crimes, idênticos ou não (**art. 69 do CP**).

Exemplo: o agente pratica extorsão mediante sequestro. Durante o tempo em que a vítima está sequestrada, vem a praticar o crime de estupro. São duas condutas e dois delitos (arts. 159 e 213 do CP).

> ▶ **CONDUTA x ATO**
>
> Não se deve confundir conduta com ato, já que uma única conduta pode conter vários atos. Ex.: o sujeito subtrai vários pertences da mesma vítima. Neste caso, houve a prática de uma conduta com vários atos, de tal forma que não se fala em concurso material ante a inexistência de mais de uma conduta.

1.2. Espécies

a) Concurso homogêneo: crimes idênticos.

b) Concurso heterogêneo: crimes de espécies distintas.

1.3. Aplicação das penas

As penas devem ser somadas (**sistema do cúmulo material**). No caso dos crimes serem apreciados no mesmo processo (conexão), deve ser fixada a sanção para cada crime, para depois ser realizada a soma.

Nos termos do **art. 69, § 1º, do CP**, quando ao agente tiver sido aplicada pena privativa de liberdade, não suspensa, por um dos crimes, para os demais será incabível a substituição por penas restritivas de direitos.

Por sua vez, conforme o **§ 2º**, quando forem aplicadas penas restritivas de direitos, o condenado cumprirá simultaneamente as que forem compatíveis entre si e sucessivamente as demais.

2. CONCURSO FORMAL OU IDEAL

Caracteriza-se o concurso formal quando o agente, mediante **uma só ação ou omissão**, pratica dois ou mais crimes, idênticos ou não (**art. 70 do CP**).

Em relação à natureza dos delitos, tem-se a seguinte classificação:

a) **Concurso homogêneo:** crimes idênticos. Ex.: o sujeito, em um acidente, causa lesões corporais em várias pessoas.

b) **Concurso heterogêneo:** crimes de espécies distintas. Ex.: o sujeito, em um acidente, mata várias pessoas e causa lesões corporais em várias outras.

De acordo com o Supremo Tribunal Federal, "Na aplicação de pena privativa de liberdade, o aumento decorrente de concurso formal ou de crime continuado não incide sobre a pena-base, mas sobre a pena acrescida por circunstância qualificadora ou causa especial de aumento" (STF, 1ª T., RHC 86080, j. 06/06/2006).

2.1. Espécies

a) **Concurso formal perfeito ou próprio (art. 70, *caput*, 1ª parte):** ocorre quando o agente, mediante uma só ação ou omissão, pratica dois ou mais crimes, idênticos ou não (art. 70, *caput*, 1ª parte). Pode ocorrer nas seguintes situações:

I) **Crimes culposos: o** agente não quis nem assumiu o risco de cometer nenhum crime, mas os praticou por culpa. Ex.: um motorista causa culposamente um acidente de trânsito e mata 10 pessoas.

II) **Crime doloso e crime(s) culposo(s):** o agente quis ou assumiu o risco de praticar apenas um único crime, mas, além deste, praticou outro ou outros crimes por culpa. Ex.: o agente quis matar alguém, mas, além deste, causa a morte de outras três pessoas por culpa.

III) **Crimes dolosos sem desígnios autônomos:** o agente quis praticar apenas um único crime. Seu propósito é único, mas, na realidade, praticou mais de um delito no mesmo contexto fático, tendo em vista a diversidade das vítimas. Ex.: o agente, com intenção de praticar um único crime de roubo, invade a casa de alguém e comete a subtração de pertences de várias pessoas que ali se encontravam. Nesse sentido: STF: "A prática do crime de roubo com ofensa a vítimas diversas, com prejuízo psíquico e físico para ambas, configura hipótese de concurso formal, com espeque no art. 70 do Código Penal" (STF, 1ª T., RHC 112871, j. 16/04/2013); STJ: "É assente nesta Corte Superior que o roubo perpetrado contra diversas vítimas, ainda que ocorra em um único evento, configura o concurso formal e não o crime único, ante a pluralidade de bens jurídicos tutelados ofendidos" (STJ, 6ª T., AgRg nos EDcl no AREsp 1155424, j. 23/10/2018); "Conforme a iterativa jurisprudência desta Corte, não há que se falar em crime único quando, num mesmo contexto fático, são subtraídos bens pertencentes a vítimas distintas, caracterizando concurso formal, por terem sido atingidos patrimônios diversos, nos moldes do art. 70 do Código Penal" (STJ, 5ª T., HC 608932, j. 06/10/2020).

b) **Concurso formal imperfeito ou impróprio (art. 70, *caput*, 2ª parte):** ocorre quando o agente, mediante uma só ação ou omissão, pratica dois ou mais crimes dolosos (idênticos ou não) com desígnios autônomos (propósitos ou planos independentes). Mesmo tendo praticado apenas uma conduta, o agente atua com a intenção específica de realizar mais de um crime. Para o STJ, "A expressão 'desígnios autônomos' refere-se a qualquer forma de dolo, seja ele direto ou eventual" (STJ, 6ª T., HC 191.490, j. 27/09/2012).

Exemplo: o sujeito, com o intuito de matar duas pessoas, coloca uma bomba no veículo no qual se encontram as vítimas. Ocorre uma conduta e dois crimes. Vejamos a jurisprudência:

▶ **SITUAÇÕES IMPORTANTES:**

→ **Uma ação e bens de pessoas distintas:** "(...) 2. Tendo o roubo atingido, além do patrimônio comum de duas vítimas casadas, proprietárias de estabelecimento comercial, também bens pessoais, é imperioso reconhecer-se o concurso formal de delitos. Precedentes. 3. Nos termos da jurisprudência desta Corte Superior, não há falar em crime único quando, em um mesmo contexto fático, são subtraídos bens pertencentes a pessoas diferentes, ainda que da mesma família, incidindo, na espécie, a regra prevista no art. 70, primeira parte, do CP" (STJ, 6ª T. , AgRg no AREsp 1651955/GO, j. 23/06/2020).

→ **Concurso formal próprio e o impróprio:** "A distinção entre o concurso formal próprio e o impróprio relaciona-se com o elemento subjetivo do agente, ou seja, a existência ou não de desígnios autônomos" (STJ, 5ª T., AgRg no REsp 1493534, j. 04/08/2015); "É assente neste Superior Tribunal de Justiça que a 'A distinção entre o concurso formal próprio e o impróprio relaciona-se com o elemento subjetivo do agente, ou seja, a existência ou não de desígnios autônomos. Precedente' (AgRg no REsp 1.299.942, DJe 21/06/2013)" (STJ, 6ª T., AgRg no AREsp 1131742, j. 21/09/2017); "A distinção entre o concurso formal próprio e o impróprio relaciona-se com o elemento subjetivo do agente, ou seja, a existência ou não de desígnios autônomos" (STJ, 5ª T., AgRg no HC 612147, j. 13/10/2020).

2.2. Aplicação das penas

a) **Concurso formal perfeito:** é adotado o **sistema da exasperação** em relação às penas privativas de liberdade. Aplica-se a mais grave das penas cabíveis ou, se iguais, somente uma delas, mas aumentada, em qualquer caso, de um sexto até metade.

- Mesmos crimes (homogêneo): aplica-se uma pena com o aumento de 1/6 até 1/2.
- Crimes distintos (heterogêneo): aplica-se a pena mais grave com o aumento de 1/6 até 1/2.

O **critério de aumento** varia de acordo com a **quantidade de crimes**, sendo utilizada a seguinte técnica:

→ 2 crimes: aumento de 1/6; 3 crimes: aumento de 1/5; 4 crimes: aumento de 1/4; 5 crimes: aumento de 1/3; 6 ou mais crimes: aumento de 1/2. Assim:

2 crimes	aumento de 1/6
3 crimes	aumento de 1/5
4 crimes	aumento de 1/4
5 crimes	aumento de 1/3
6 ou mais crimes	aumento de 1/2

▶ **CONCURSO MATERIAL BENÉFICO OU FAVORÁVEL**

Nos termos do art. 70, parágrafo único, não poderá a pena exceder a que seria cabível pela regra do artigo 69 do Código Penal. O sistema da exasperação utilizado no concurso formal próprio visa a beneficiar o agente. Trata-se do chamado ***concurso material benéfico***. *Exemplo:* o agente, com uma ação, praticou dois crimes. A mais grave das penas foi fixada em 12 anos de reclusão, ao passo que a outra em 1 ano de detenção. Se aplicado o sistema da exasperação, levando em consideração o aumento mínimo (1/6), a pena será 14 de anos (12 anos + 1/6 de 12 anos). Se aplicarmos o sistema do cúmulo material, a pena será de 13 anos. Isso significa que, no caso citado, o teto será de 13 anos. A propósito: "O concurso formal próprio ou perfeito (CP, art. 70, primeira parte), cuja regra para a aplicação da pena é a da exasperação, foi criado com intuito de favorecer o réu nas hipóteses de pluralidade de resultados não derivados de desígnios autônomos, afastando-se, pois, os rigores do concurso material (CP, art. 69). Por esse motivo, o parágrafo único do art. 70 do Código Penal impõe o afastamento da regra da exasperação, se esta se mostrar prejudicial ao réu, em comparação com o cúmulo material. Trata-se, portanto, da regra do concurso material benéfico como teto do produto da exasperação da pena" (STJ, 5ª T., HC 526.809, j. 07/11/2019).

b) **Concurso formal imperfeito:** Foi adotado o **sistema do cúmulo material**. As penas são aplicadas cumulativamente.

▶ **LATROCÍNIO E MAIS DE UMA MORTE**

Nem sempre é fácil interpretar se nos crimes dolosos houve unidade de desígnio ou desígnios autônomos. Neste último caso ocorrerá concurso formal impróprio (as penas serão somadas). Ex.: crime de latrocínio em que há uma única subtração e mais de um resultado morte

- *1ª posição:* "Nos crimes de latrocínio, a prática de uma subtração, com dois resultados morte, é hipótese de reconhecimento do concurso formal impróprio. Precedentes" (STJ, 3ª Seção, AgRg na RvCr 4109, j. 22/02/2018). Idem: "há concurso formal impróprio na prática de latrocínio quando a conduta do agente tenha por escopo mais de um resultado morte, ainda que a subtração recaia sobre os bens de uma única vítima, na medida em que ficam evidenciados desígnios autônomos, atraindo, portanto, o comando legal disposto no art. 70, segunda parte, do Código Penal" (STJ, 5ª T., AgRg no HC 531.133, j. 12/11/2019); "A jurisprudência desta Corte, ao analisar o tema, firmou-se no sentido de que, configurado o crime de latrocínio, com o objetivo de única subtração patrimonial, mas com a presença de desígnios autônomos de obter mais de um resultado morte, fica caracterizado o concurso formal impróprio, previsto no art. 70, parte final, do Código Penal, segundo o qual as penas cominadas serão aplicadas cumulativamente, seguindo a previsão do concurso material de crimes" (STJ, 5ª T., AgRg no HC 612147, j. 13/10/2020).

- 2ª posição: "A pluralidade de vítimas em crime de latrocínio não enseja a conclusão de ocorrência de concurso formal impróprio" (STF, 1ª T., RHC 133575, j. 21/02/2017). Ainda: STF, 2ª T., HC 140368 AgR, j. 07/08/2018.

3. CRIME CONTINUADO

Caracteriza-se o crime continuado quando o agente, mediante mais de uma ação ou omissão, pratica dois ou mais crimes da mesma espécie e, pelas condições de tempo, lugar, maneira de execução e outras semelhantes, devem os subsequentes ser havidos como continuação do primeiro (**art. 71 do CP**).

Exemplo: A trabalha como caixa em um banco, tendo planejado a subtração de dez mil reais. Para que a gerência não perceba, A furta quinhentos reais por semana, até completar a quantia visada. Observe-se que o agente, na realidade, praticou vinte crimes de furto, os quais, por ficção jurídica, serão reunidos em um só. Esta é a regra do crime continuado.

3.1. Requisitos

1º) **Pluralidade de condutas**

2º) **Pluralidade de crimes da mesma espécie:** 1º posicionamento (dominante): crimes da mesma espécie são os previstos no mesmo tipo penal, seja entre as formas simples, privilegiada e qualificada, seja entre as formas tentada e consumada; 2º posicionamento: crimes da mesma espécie são os que tutelam o mesmo bem jurídico.

▶ **ROUBO e EXTORSÃO**

- Para o segundo posicionamento poderia haver crime continuado entre roubo e extorsão
- No entanto, prevalece que, apesar de serem da mesma natureza, roubo e extorsão são de espécies diversas. Vejamos: "É firme o entendimento desta Corte Superior de que ficam configurados os crimes de roubo e extorsão, em concurso material, se o agente, após subtrair bens da vítima, mediante emprego de violência ou grave ameaça, a constrange a entregar o cartão bancário e a

respectiva senha, para sacar dinheiro de sua conta corrente" (STJ, 6ª T., AgRg no REsp 1702185, j. 13/03/2018); "É firme o entendimento desta Corte Superior de que ficam configurados os crimes de roubo e extorsão, em concurso material, se o agente, após subtrair bens da vítima, mediante emprego de violência ou grave ameaça, a constrange a entregar o cartão bancário e a respectiva senha, para sacar dinheiro de sua conta corrente. Precedentes" (STJ, 6ª T., AgRg no HC 579446, j. 25/08/2020).

- Há decisão do STF reconhecendo o concurso formal perfeito de crimes, quando praticados contra a mesma vítima e no mesmo contexto fático: STF, 1ª T., HC 98.960, j. 25/10/2011. Trata-se de posição minoritária.

3º) **Similitude de circunstâncias objetivas:**

→ Tempo: não superior a trinta dias (orientação jurisprudencial);

→ Lugar: mesma cidade ou cidades próximas;

→ Modo de execução: mesmo modus operandi (ex.: não há continuidade delitiva se o primeiro furto é praticado mediante escalada e o segundo com emprego de chave falsa);

→ Outras semelhantes: existem decisões no sentido de ser exigida a conexão ocasional, sendo que, para haver crime continuado, deve o agente aproveitar as mesmas oportunidades ou as relações surgidas com o crime anterior.

▶ **UNIDADE DE DESÍGNIO:**

- **Teoria puramente objetiva.** O crime continuado é verificado apenas da análise de elementos objetivos, como tempo, lugar, maneira de execução e outros semelhantes.
- **Teoria objetivo-subjetiva ou mista.** Para configurar o crime continuado deverão estar reunidos os elementos objetivos, como tempo, lugar, maneira de execução, bem como o elemento subjetivo, consistente na ***unidade de desígnio***. Deve haver uma **relação subjetiva entre os crimes.** Inexistente, ocorrerá a 'reiteração criminosa' e não a 'continuidade criminosa'. É a posição dos Tribunais Superiores: "O crime continuado é benefício penal, modalidade de concurso de crimes, que, por ficção legal, consagra unidade incindível entre os crimes parcelares que o formam, para fins específicos de aplicação da pena. Para a sua aplicação, a norma extraída do art. 71, *caput*, do Código Penal exige, concomitantemente, três requisitos objetivos: I) pluralidade de condutas; II) pluralidade de crime da mesma espécie; III) condições semelhantes de tempo lugar, maneira de execução e outras semelhantes (conexão temporal, espacial, modal e ocasional); IV) e, por fim, adotando a teoria objetivo-subjetiva ou mista, a doutrina e jurisprudência inferiram implicitamente da norma um requisito da unidade de desígnios na prática dos crimes em continuidade delitiva, exigindo-se, pois, que haja um liame entre os crimes, apto a evidenciar de imediato terem sido esses delitos subsequentes continuação do primeiro, isto é, os crimes parcelares devem resultar de um plano previamente elaborado pelo agente" (5ª T., HC 408842, j. 22/05/2018). No mesmo sentido: "De acordo com a Teoria Mista, adotada pelo Código Penal, mostra-se imprescindível, para a aplicação da regra do crime continuado, o preenchimento de requisitos

não apenas de ordem objetiva - mesmas condições de tempo, lugar e forma de execução - como também de ordem subjetiva - unidade de desígnios ou vínculo subjetivo entre os eventos" (STJ, 6ª T., HC 606628, j. 07/12/2020).

3.2. Natureza jurídica

Segundo a teoria da ficção jurídica (adotada pelo Código Penal), por determinação legal, os vários crimes consideram-se apenas um único delito.

3.3. Espécies

a) **Crime continuado comum**: crimes cometidos sem violência ou grave ameaça contra a pessoa (art. 71, *caput*); ou com violência ou grave ameaça contra a mesma vítima.

b) **Crime continuado específico ou qualificado:** crimes dolosos cometidos com violência ou grave ameaça contra vítimas diferentes (art. 71, parágrafo único). Com a redação dada ao art. 71 (Lei nº 7.209/84), é possível a continuidade delitiva em crimes de homicídio, de forma que **a Súmula 605 do STF se encontra superada.**

3.4. Aplicação das penas (sistema da exasperação)

a) **Crime continuado comum**: aplica-se a pena de um só dos crimes, se idênticas, ou a mais grave, se diversas, aumentada, em qualquer caso, de um sexto a dois terços. **O critério de aumento varia de acordo com a quantidade de crimes, segundo a jurisprudência do STJ:** "Pacificou-se neste Sodalício o entendimento de que a fração de aumento em razão da prática de crime continuado deve ser fixada de acordo com o número de delitos cometidos, aplicando-se 1/6 pela prática de 2 infrações; 1/5 para 3 infrações; 1/4 para 4 infrações; 1/3 para 5 infrações; 1/2 para 6 infrações; e 2/3 para 7 ou mais infrações" (STJ, 5ª T., HC 442.316, j. 26/11/2019). No mesmo sentido: STJ, 3ª Seção, AgRg nos EAREsp 1629001, j. 28/10/2020.

2 crimes	aumento de 1/6
3 crimes	aumento de 1/5
4 crimes	aumento de 1/4
5 crimes	aumento de 1/3
6 crimes	aumento de 1/2
7 ou mais crimes	aumento de 2/3

b) **Crime continuado específico ou qualificado:** considerando a culpabilidade, os antecedentes, a conduta social e a personalidade do agente, bem como os motivos e as circunstâncias, deve-se aumentar a pena de um só dos crimes, se idênticas, ou a mais grave, se diversas, **até o triplo**. Apesar de não haver previsão legal, o aumento mínimo deve ser de 1/6.

A propósito: "A fração de aumento pela continuidade delitiva específica, prevista no art. 71, parágrafo único, do Código Penal, pressupõe a análise de requisitos objetivos, extraídos da quantidade de crimes praticados, e subjetivos, estes consistentes na análise da culpabilidade, dos antecedentes, da conduta social, da personalidade do agente, dos motivos e das circunstâncias do crime. Assim, presentes ambos os requisitos de natureza objetiva e subjetiva, a regra da continuidade delitiva específica ou qualificada, diferentemente da continuidade delitiva comum ou simples – capitulada no *caput* do mesmo artigo, cujo aumento varia de 1/6 à metade –, permite o aumento das penas até o triplo" (STJ, 5ª T., AgRg no HC 405582, j. 23/08/2018). Ainda: "1. Segundo entendimento firmado por esta Corte Superior, estabelecido o espectro de exasperação entre 1/6 (um sexto) e o triplo, infere-se da norma que a fração de aumento da continuidade delitiva específica, descrita no art. 71, parágrafo único, do Código Penal, é determinada pela combinação de elementos objetivos - quantidade de crimes dolosos praticados contra vítimas diferentes, com violência ou grave ameaça à pessoa - e subjetivos, consistentes na análise da culpabilidade, dos antecedentes, da conduta social, da personalidade do agente, dos motivos e das circunstâncias do crime (HC n. 293.130/SP, Quinta Turma, Rel. Min. RIBEIRO DANTAS, DJe de 12/12/2016). 2. Verifica-se, na espécie, que o acusado praticou os delitos dos artigos 217-A e 213, §1º, c/c 226, inciso II, do CP contra duas vítimas, suas irmãs, mediante grave ameaça real, em semelhantes condições de tempo, lugar e maneira de execução, por diversas vezes, entre os anos de 2006 e 2015, sem interrupções, configurando, assim, o crime continuado específico, previsto no parágrafo único do art. 71 do CP" (STJ, 5ª T., AgRg no AREsp 1433781, j. 07/05/2019).

- Na aplicação do crime continuado, a pena não poderá exceder a que seria cabível pela regra do concurso material.
- **Súmula 711 do STF:** "A lei penal mais grave aplica-se ao crime continuado ou ao crime permanente, se a sua vigência é anterior à cessação da continuidade ou da permanência".
- **Suspensão condicional do processo (art. 89 da Lei 9.099/95):** "O benefício da suspensão do processo não é aplicável em relação às infrações penais cometidas em concurso material, concurso formal ou continuidade delitiva, quando a pena mínima cominada, seja pelo somatório, seja pela incidência da majorante, ultrapassar o limite de um (01) ano" (**Súmula 243 do STJ**). "Não se admite a suspensão condicional do processo por crime continuado, se a soma da pena mínima da infração mais grave com o aumento mínimo de um sexto for superior a um ano" (**Súmula 723 do STF**).
- **Prescrição:** "Quando se tratar de crime continuado, a prescrição regula-se pela pena imposta na sentença, não se computando o acréscimo decorrente da continuação" (**Súmula 497 do STF**); "No caso de concurso de crimes, a extinção da punibilidade incidirá sobre a pena de cada um, isoladamente" (**art. 119 do CP**).

4. CONCURSO DE PENAS DE MULTA

No concurso material e no concurso formal, as penas de multa são aplicadas distinta e integralmente (**art. 72 do CP**). O critério, portanto, é o do **cúmulo material**. Porém, a jurisprudência predominante posiciona-se no sentido de sua aplicação apenas ao concurso material e ao concurso formal, não incidindo sobre o crime continuado. Neste, aplica-se o sistema da exasperação. A propósito: "A jurisprudência desta Corte assentou compreensão no sentido de que o art. 72 do Código Penal é restrito às hipóteses de concursos formal ou material, não sendo aplicável aos casos em que há reconhecimento da continuidade delitiva. Desse modo, a pena pecuniária deve ser aplicada conforme o regramento estabelecido para o crime continuado, e não cumulativamente, como procedeu a Corte de origem" (STJ, 5ª T., AgRg no AREsp 484057, j. 27/02/2018).

5. ERRO NA EXECUÇÃO – *ABERRATIO ICTUS* (ART. 73 DO CP)

Ocorre erro na execução (*aberratio ictus*) quando, por acidente ou erro no uso dos meios de execução, o agente, ao invés de atingir a pessoa que pretendia ofender, atinge pessoa diversa (por culpa).

Exemplo: A, pretendendo matar B, por erro de pontaria vem a atingir e matar C (culposamente), que estava nas proximidades. De acordo com o art. 73, A responde como se tivesse praticado o crime contra B, sendo consideradas as condições ou qualidades pessoais da vítima pretendida. Assim, A responderá apenas por homicídio doloso consumado, apesar de ter praticado dois delitos: tentativa de homicídio e homicídio culposo.

Nos termos do art. 73 do CP, pode ocorrer erro na execução com **resultado único** (art. 73, 1ª parte) ou **duplo** (art. 73, 2ª parte). Assim, além da vítima efetiva, caso seja atingida também a pessoa que o agente pretendia ofender, será aplicada a mais grave das penas cabíveis ou, se idênticas, somente uma delas, mas com o aumento, em qualquer caso, de um sexto até metade (concurso formal, primeira parte).

Exemplo: A, com intenção de matar B, efetua um disparo de arma de fogo. Além de atingir e matar B, atinge culposamente o motorista de um ônibus, provocando um acidente, do qual resulta a morte de 10 pessoas. A responde pelo crime de homicídio doloso consumado e aplica-se o aumento de 1/6 a 1/2 em relação aos demais delitos.

6. RESULTADO DIVERSO DO PRETENDIDO – *ABERRATIO CRIMINIS* OU *DELICTI* (ART. 74 DO CP)

Ocorre a *aberratio criminis ou delicti* (art. 74 do CP) quando, por acidente ou erro na execução do crime, sobrevém resultado diverso do pretendido. O agente responde por culpa, se o fato é previsto como crime culposo; se ocorre também o resultado pretendido, aplica-se a regra do art. 70 do Código Penal.

No erro de execução (art. 73) ocorre erro de pessoa para pessoa. Por sua vez, no resultado diverso do pretendido (art. 74) existe erro de coisa para pessoa ou de pessoa para coisa.

Exemplo: A, desejando quebrar uma janela (crime de dano), acaba provocando lesões corporais em B. De acordo com o art. 74, o sujeito responderá pelo delito de lesão corporal culposa. Fica excluída a tentativa de dano.

Se além do resultado não visado ocorrer também o resultado pretendido, será aplicada a mais grave das penas cabíveis ou, se idênticas, somente uma delas, mas com o aumento, em qualquer caso, de um sexto até metade (concurso formal, primeira parte).

Caso o sujeito tenha previsto e assumido o risco de produzir o resultado no bem jurídico diverso, aplica-se a segunda parte do art. 70, com cumulação de penas. Restando provado que o resultado em relação ao outro bem jurídico não foi decorrente de dolo eventual ou culpa, o sujeito não poderá responder pelo crime, sob pena de caracterizar responsabilidade objetiva.

Não se aplica o dispositivo no caso de o resultado não desejado ser menos grave que o resultado pretendido, ou quando não houver a previsão da forma culposa no resultado não pretendido.

Exemplo: o agente, com a intenção de matar a vítima, erra o alvo (pessoa) e deteriora um bem especialmente protegido por lei. Não seria razoável o agente responder pelo crime culposo (art. 62, parágrafo único, da Lei nº 9.605/98) e deixar de responder pelo crime de homicídio tentado.

7. LIMITE DAS PENAS

> **Art. 75.** O tempo de cumprimento das penas privativas de liberdade não pode ser superior a 40 (quarenta) anos.
>
> **§ 1º** Quando o agente for condenado a penas privativas de liberdade cuja soma seja superior a 40 (quarenta) anos, devem elas ser unificadas para atender ao limite máximo deste artigo.
>
> **§ 2º** Sobrevindo condenação por fato posterior ao início do cumprimento da pena, far-se-á nova unificação, desprezando-se, para esse fim, o período de pena já cumprido

De acordo com o **art. 5º, XLVII, da CF**, não haverá pena de caráter perpétuo, de tal forma que uma condenação a 300 anos de prisão infringiria este dispositivo. De outra parte, uma das finalidades da pena é a ressocialização, o que seria inócuo se não houvesse um limite, já que o condenado não voltaria a viver em sociedade.

A redação original do art. 75 do Código Penal estabelecia que o tempo de **cumprimento** das penas privativas de liberdade **não podia ser superior a 30 anos**. O Pacote Anticrime (Lei nº 13.964/19, com vigência a partir do dia 23/01/2020) deu nova redação ao art. 75, *caput* e seu § 1º, do Código Penal. O legislador optou por aumentar o tempo de cumprimento das penas privativas de liberdade, **de 30 para 40 anos**. Como se trata de lei nova mais severa, somente possui aplicação aos fatos praticados durante a sua vigência, não podendo operar a retroação.

Quando o agente for condenado a penas privativas de liberdade cuja soma seja superior a 40 anos, devem elas ser **unificadas** para atender ao limite máximo deste artigo (art. 75, § 1º).

Sobrevindo nova condenação por **fato 'posterior' ao início do cumprimento da pena**, far-se-á nova unificação, desprezando-se, para esse fim, o período de pena já cumprido (art. 75, § 2º).

Exemplo 1 (fatos praticados antes da alteração da lei): o agente é condenado por vários crimes, cuja soma das penas resulte em 100 anos. Unificando as penas, inicia o seu cumprimento. Após cumprir 18 anos de prisão, vem a ser condenado à pena de 10 anos de reclusão por crime praticado durante a execução penal. Desprezam-se os 18 anos, de sorte que faltarão 12 anos a cumprir da pena anteriormente unificada. Assim, somam-se os 12 anos restantes com a nova condenação (10 anos), de modo que deverá o condenado cumprir mais 22 anos de prisão. Registre-se que a melhor interpretação é no sentido de se somar a nova pena com o restante que faltava para o cumprimento dos 30 anos (pena unificada), e não do restante da soma total das penas sem unificação.

Exemplo 2 (fatos praticados na vigência da nova lei): o agente é condenado por vários crimes, cuja soma das penas resulte em 100 anos. Unificando as penas, inicia o seu cumprimento. Após cumprir 28 anos de prisão, vem a ser condenado à pena de 20 anos de reclusão por crime praticado durante a execução penal. Desprezam-se os 28 anos, de sorte que faltarão 12 anos a cumprir da pena anteriormente unificada. Assim, somam-se os 12 anos restantes com a nova condenação (20 anos), de modo que deverá o condenado cumprir mais 32 anos de prisão. Registre-se que a melhor interpretação é no sentido de se somar a nova pena com o restante que faltava para o cumprimento dos 40 anos (pena unificada), e não do restante da soma total das penas sem unificação.

Exemplo 3 (fatos praticados antes da alteração da lei): o agente é condenado por vários crimes, cuja soma das penas resulte em 100 anos. Unificando as penas, inicia o seu cumprimento. Após cumprir 18 anos de prisão, vem a ser condenado à pena de 20 anos de reclusão por crime praticado durante a execução penal. Desprezam-se os 18 anos, de sorte que faltarão 12 anos a cumprir da pena anteriormente unificada. Assim, depois de somados os 12 anos restantes com a nova condenação (20 anos), chega-se a um total de 32 anos. Nesse caso, deve-se fazer uma nova unificação, de sorte que o condenado cumprirá mais 30 anos de prisão.

Exemplo 4 (fatos praticados na vigência da nova lei): o agente é condenado por vários crimes, cuja soma das penas resulte em 100 anos. Unificando as penas, inicia o seu cumprimento. Após cumprir 18 anos de prisão, vem a ser condenado à pena de 20 anos de reclusão por crime praticado durante a execução penal. Desprezam-se os 18 anos, de sorte que faltarão 22 anos a cumprir da pena anteriormente unificada. Assim, depois de somados os 22 anos restantes com a nova condenação (20 anos), chega-se a um total de 42 anos. Nesse caso, deve-se fazer uma nova unificação, de sorte que o condenado cumprirá mais 40 anos de prisão.

Por outro lado, se a nova condenação for por **fato 'anterior' ao início do cumprimento da pena**, a nova pena deve ser somada ao montante e não ao total unificado. No exemplo acima, se a nova condenação for por crime anterior, a pena será acrescentada aos 100 anos.

Discute-se se a unificação prevalece para os efeitos da concessão de benefícios, tais como livramento condicional e progressão de regime. Existem duas orientações:

1ª) Os benefícios são calculados com base na pena total aplicada. Nesse sentido: "A pena unificada para atender ao limite de trinta anos de cumprimento, determinado pelo art. 75 do Código Penal, não é considerada para a concessão de outros benefícios, como o livramento condicional ou regime mais favorável de execução" (**Súmula 715 do STF**). Obs.: com a nova redação do art. 75, leia-se **40 anos**.

2ª) Os benefícios são calculados com base na pena unificada. Como argumento, pode-se dizer que essa orientação observa o princípio da individualização da pena.

Assim, um condenado a uma pena total de 60 anos poderia conseguir o livramento condicional com 10 anos de cumprimento de pena (1/3 de 30 anos) ou 20 anos (1/3 de 60 anos), dependendo do entendimento.

8. SÚMULAS E ORIENTAÇÕES JURISPRUDENCIAIS DO STF E DO STJ

CONCURSO DE CRIMES

- **Súmula 497 do STF:** "Quando se tratar de crime continuado, a prescrição regula-se pela pena imposta na sentença, não se computando o acréscimo decorrente da continuação".
- **Súmula 605 do STF:** "Não se admite continuidade delitiva nos crimes contra a vida".
- **Súmula 711 do STF:** "A lei penal mais grave aplica-se ao crime continuado ou ao crime permanente, se a sua vigência é anterior à cessação da continuidade ou da permanência".
- **Súmula 723 do STF:** "Não se admite a suspensão condicional do processo por crime continuado, se a soma da pena mínima da infração mais grave com o aumento mínimo de um sexto for superior a um ano".
- **Súmula 243 do STJ:** "O benefício da suspensão do processo não é aplicável em relação às infrações penais cometidas em concurso material, concurso formal ou continuidade delitiva, quando a pena mínima cominada, seja pelo somatório, seja pela incidência da majorante, ultrapassar o limite de um (01) ano".

DELITO CONTRA A MESMA VÍTIMA E NO MESMO CONTEXTO FÁTICO: CRIME ÚNICO

- "(...) 2. Nos termos da jurisprudência desta Corte, o crime único se caracteriza quando há identidade de contexto fático e quando o delito é cometido contra a <u>mesma vítima</u>. Precedentes. 3. O furto cometido na mesma residência, na qual agente adentra por duas vezes, num curto período de tempo, com diferença de alguns minutos, para retirar todos os pertences que pretendia subtrair, constitui hipótese de crime único e não de crime continuado" (STJ, 6ª T., HC 338532, j. 27/09/2016).

UMA CONDUTA E DOIS PATRIMÔNIOS ATINGIDOS: CONCURSO FORMAL DE CRIMES

- "DUAS VÍTIMAS PERTENCENTES À MESMA FAMÍLIA. PATRIMÔNIOS DISTINTOS. CONCURSO FORMAL CONFIGURADO. "Nos termos da jurisprudência deste Sodalício, ainda que as vítimas façam parte da mesma família, não há que se falar em crime único quando no mesmo contexto fático são subtraídos bens pertencentes a patrimônios distintos, incidindo, neste caso, a regra do concurso formal, prevista no art. 70 do Código Penal" (STJ, 5ª T., AgRg no HC 520.815, j. 17/12/2019).

- "Hipótese na qual o réu, mediante uma só conduta, terminou por atingir o patrimônio de duas vítimas distintas, o que denota a ocorrência de concurso formal. Porém, para que seja reconhecido o cúmulo formal impróprio, mister se faz a comprovação dos desígnios distintos, ou seja, que o agente tinha consciência de que estava subtraindo bens de ofendidos diversos. In casu, malgrado haja prova de que o réu subtraiu bens do estabelecimento comercial e o celular de um dos funcionários da empresa, a Corte de origem apenas reconheceu ter sido comprovado que o telefone celular pertencia a outra vítima, sem nada mencionar acerca da existência de desígnios autônomos, devendo ser reconhecido o concurso formal próprio" (STJ, 5ª T., HC 205706, j. 18/08/2016).

- "Conforme a iterativa jurisprudência desta Corte, não há que se falar em crime único quando, num mesmo contexto fático, são subtraídos bens pertencentes a vítimas distintas, caracterizando concurso formal, por terem sido atingidos patrimônios diversos, nos moldes do art. 70 do Código Penal" (STJ, 5ª T., HC 403.558, j. 05/10/2017).

- "Conforme a iterativa jurisprudência desta Corte, não há que se falar em crime único quando, num mesmo contexto fático, são subtraídos bens pertencentes a vítimas distintas, caracterizando concurso formal, por terem sido atingidos patrimônios diversos, nos moldes do art. 70 do Código Penal" (STJ, 5ª T., HC 435792, j. 24/05/2018).

- "Nos termos da jurisprudência desta Corte Superior, não há falar em crime único quando, em um mesmo contexto fático, são subtraídos bens pertencentes a pessoas diferentes, ainda que da mesma família, incidindo, na espécie, a regra prevista no art. 70, primeira parte, do CP" (STJ, 6ª T., AgRg no AREsp 1651955, j. 23/06/2020).

ROUBO E CONTINUIDADE DELITIVA

- "Diante da ocorrência de dois fatos (roubo circunstanciado contra duas vítimas e roubo circunstanciado tentado contra uma terceira vítima), a aplicação de concurso formal, quanto à primeira situação, e continuidade delitiva, no tocante à segunda, revela constrangimento ilegal identificado pela incidência de bis in idem. De rigor o reconhecimento apenas da continuidade delitiva, cujo acréscimo do quantum de pena resulta na fração de 1/5 (um quinto) por serem consideradas três infrações, conforme entendimento pacificado por esta Corte" (STJ, 6ª T., HC 357746, j. 30/06/2016).

- "Continuidade delitiva entre os roubos não reconhecida, uma vez que a Corte estadual consignou expressamente que os crimes foram cometidos em datas distintas, contra vítimas distintas, e com modus operandi distintos, o que, inclusive, reverberou nas penas-base e nas majorantes de cada um dos roubos, caracterizando, portanto, reiteração delitiva" (STJ, 5ª T., AgRg no HC 616743, DJe 04/02/2021).

LATROCÍNIO E MAIS DE UMA MORTE

- *1ª posição:* "Nos crimes de latrocínio, a prática de uma subtração, com dois resultados morte, é hipótese de reconhecimento do concurso formal impróprio. Precedentes" (STJ, 3ª Seção, AgRg na RvCr 4109, j. 22/02/2018). Idem: "há concurso formal impróprio na prática de latrocínio quando a conduta do agente tenha por escopo mais de um resultado morte, ainda que a subtração recaia sobre os bens de uma única vítima, na medida em que ficam evidenciados desígnios autônomos, atraindo, portanto, o comando legal disposto no art. 70, segunda parte, do Código Penal" (STJ, 5ª T., AgRg no HC 531.133, j. 12/11/2019). Ainda: "Prevalece, no Superior Tribunal de Justiça, o entendimento no sentido de que, nos delitos de latrocínio - crime complexo, cujos bens jurídicos protegidos são o patrimônio e a vida -, ainda que o réu objetive apenas uma subtração, se mais de uma vítima for atingida pela violência no crime de roubo com resultado morte ou lesão grave, configurado a prática de mais de um delito, impossibilitando o reconhecimento de crime único" (STJ, 6ª T., AgRg no HC 567824, j. 09/06/2020).

- *2ª posição:* "A pluralidade de vítimas em crime de latrocínio não enseja a conclusão de ocorrência de concurso formal impróprio" (STF, 1ª T., RHC 133575, j. 21/02/2017). Ainda: STF, 2ª T., HC 140368 AgR, j. 07/08/2018.

CRIME CONTINUADO: NECESSIDADE DO REQUISITO SUBJETIVO (UNIDADE DE DESÍGNIOS ENTRE AS CONDUTAS PRATICADAS)

- STF: "O reconhecimento da continuidade delitiva, prevista no art. 71 do Código Penal, está condicionado ao preenchimento dos seguintes requisitos: (a) a pluralidade de condutas; (b) a pluralidade de crimes da mesma espécie; (c) que os crimes sejam praticados em continuação, tendo em vista as circunstâncias objetivas (mesmas condições de tempo, lugar, modo de execução e outras semelhantes); e, por fim, (d) a unidade de propósitos" (1ª T., HC 106982, j. 28/11/2017). Ainda: "A unidade de desígnios é requisito para a caracterização da continuidade delitiva, uma vez que foi adotada por este Tribunal a teoria mista (objetivo-subjetiva). Precedentes" (STF, 2ª T., RHC 150666 ED-AgR, j. 28/06/2019).

- STJ: "O crime continuado é benefício penal, modalidade de concurso de crimes, que, por ficção legal, consagra unidade incindível entre os crimes parcelares que o formam, para fins específicos de aplicação da pena. Para a sua aplicação, a norma extraída do art. 71, *caput*, do Código Penal exige, concomitantemente, três requisitos objetivos: I) pluralidade de condutas; II) pluralidade de crime da mesma espécie; III) condições semelhantes de tempo lugar, maneira de execução e outras semelhantes (conexão temporal, espacial, modal e ocasional); IV) e, por fim, adotando a teoria objetivo-subjetiva ou mista, a doutrina e jurisprudência inferiram implicitamente da norma um requisito da unidade de desígnios na prática dos crimes em continuidade delitiva, exigindo-se, pois, que haja um liame entre os crimes, apto a evidenciar de imediato terem sido esses delitos subsequentes continuação do primeiro, isto é, os crimes parcelares devem resultar de um plano previamente elaborado pelo agente" (5ª T., HC 408842, j. 22/05/2018). Idem: "De acordo com a Teoria Mista, adotada pelo Código Penal, mostra-se imprescindível, para a aplicação da regra do crime continuado, o preenchimento de requisitos não apenas de ordem objetiva - mesmas condições de tempo, lugar e forma de execução - como também de ordem subjetiva - unidade de desígnios ou vínculo subjetivo entre os eventos" (STJ, 6ª T., HC 606628, j. 07/12/2020).

CRIME CONTINUADO: CRITÉRIO PARA O AUMENTO DA PENA

- Pacificou-se neste Sodalício o entendimento de que a fração de aumento em razão da prática de crime continuado deve ser fixada de acordo com o número de delitos cometidos, aplicando-se 1/6 pela prática de 2 infrações; 1/5 para 3 infrações; 1/4 para 4 infrações; 1/3 para 5 infrações; 1/2 para 6 infrações; e 2/3 para 7 ou mais infrações" (STJ, 5ª T., HC 442.316, j. 26/11/2019).
- "Esta Corte Superior firmou a compreensão de que a fração de aumento no crime continuado é determinada em função da quantidade de delitos cometidos, aplicando-se a fração de aumento de 1/6 pela prática de 2 infrações; 1/5, para 3 infrações; 1/4, para 4 infrações; 1/3, para 5 infrações; 1/2, para 6 infrações; e 2/3, para 7 ou mais infrações" (STJ, 5ª T., AgRg no HC 468063, j. 18/10/2018).
- "Relativamente à exasperação da reprimenda procedida em razão do crime continuado, é imperioso salientar que esta Corte Superior de Justiça possui o entendimento consolidado de que, cuidando-se aumento de pena referente à continuidade delitiva, aplica-se a fração de aumento de 1/6 pela prática de 2 infrações; 1/5, para 3 infrações; 1/4, para 4 infrações; 1/3, para 5 infrações; 1/2, para 6 infrações e 2/3, para 7 ou mais infrações" (STJ, 6ª T., AgRg no REsp 1874085, j. 22/09/2020).

ROUBO E EXTORSÃO NO MESMO CONTEXTO FÁTICO: HÁ CONCURSO MATERIAL, E NÃO CONTINUIDADE DELITIVA

- "A jurisprudência desta Corte Superior e do Supremo Tribunal Federal é firme em assinalar que se configuram os crimes de roubo e extorsão, em concurso material, se o agente, após subtrair, mediante emprego de violência ou grave ameaça, bens da vítima, a constrange a entregar o cartão bancário e a respectiva senha, para sacar dinheiro de sua conta corrente" (STJ, 6ª T., AgRg no AREsp 323029, j. 01/09/2016).
- "O entendimento há muito sedimentado nesta Casa é o de que as condutas de subtração de bens móveis mediante violência ou grave ameaça e exigência de entrega de cartão bancário e senha, ainda que materializadas numa mesma conjuntura fática, configuram, respectivamente, os delitos de roubo e extorsão, em concurso material, já que distintas e autônomas" (STJ, 6ª T., AgRg no REsp 1254007, j. 03/08/2017).
- "É firme o entendimento desta Corte Superior de que ficam configurados os crimes de roubo e extorsão, em concurso material, se o agente, após subtrair bens da vítima, mediante emprego de violência ou grave ameaça, a constrange a entregar o cartão bancário e a respectiva senha, para sacar dinheiro de sua conta corrente" (STJ, 6ª T., AgRg no REsp 1702185, j. 13/03/2018).
- "É firme o entendimento desta Corte Superior de que ficam configurados os crimes de roubo e extorsão, em concurso material, se o agente, após subtrair bens da vítima, mediante emprego de violência ou grave ameaça, a constrange a entregar o cartão bancário e a respectiva senha, para sacar dinheiro de sua conta corrente. Precedentes" (STJ, 6ª T., AgRg no HC 579446, j. 25/08/2020).

CRIME CONTINUADO COMUM OU SIMPLES x CRIME CONTINUADO ESPECÍFICO OU QUALIFICADO

▶ "A fração de aumento pela continuidade delitiva específica, prevista no art. 71, parágrafo único, do Código Penal, pressupõe a análise de requisitos objetivos, extraídos da quantidade de crimes praticados, e subjetivos, estes consistentes na análise da culpabilidade, dos antecedentes, da conduta social, da personalidade do agente, dos motivos e das circunstâncias do crime. Assim, presentes ambos os requisitos de natureza objetiva e subjetiva, a regra da continuidade delitiva específica ou qualificada, diferentemente da continuidade delitiva comum ou simples – capitulada no *caput* do mesmo artigo, cujo aumento varia de 1/6 à metade –, permite o aumento das penas até o triplo" (STJ, 5ª T., AgRg no HC 405582, j. 23/08/2018).

LIMITE DAS PENAS

▶ **Súmula 715 do STF**: "A pena unificada para atender ao limite de trinta anos de cumprimento, determinado pelo art. 75 do Código Penal, não é considerada para a concessão de outros benefícios, como o livramento condicional ou regime mais favorável de execução".

A SÚMULA 715 DO STF APLICA-SE AOS CASOS DE REMIÇÃO DA PENA

▶ "A tese da defesa de inaplicabilidade da Súmula nº 715 do STF aos casos de remição da pena não encontra respaldo na jurisprudência desta Corte, segundo a qual esse instituto deve incidir sobre o total da reprimenda, sem o limite de 30 anos estipulado no art. 75 do Código Penal" (STJ, 5ª T., HC 328548, j. 16/06/2016).

▶ "Firmou-se nesta Corte Superior de Justiça entendimento no sentido de que os dias remidos devem descontados da totalidade da penalidade imposta, a teor da Súmula nº 715 do STF. Portanto, eventual período a ser remido não é descontado da pena unificada a que se refere o art. 75 do Código Penal, mas do total da pena aplicada ao sentenciado" (STJ, 5ª T., AgRg no HC 430196, j. 05/04/2018).

O CÁLCULO PARA A CONCESSÃO DE QUALQUER BENEFÍCIO DEVE TER POR BASE O SOMATÓRIO DAS PENAS

▶ "(...) 2. 'A pena unificada para atender ao limite de trinta anos de cumprimento, determinado pelo art. 75 do Código Penal, não é considerada para a concessão de outros benefícios, como o livramento condicional ou regime mais favorável de execução' (Súmula 715/STF). 3. O cálculo para a concessão de qualquer benefício, por ocasião da execução penal, deve ter por base o somatório das penas privativas de liberdade efetivamente impostas ao condenado" (STJ, 5ª T., HC 347031, j. 16/06/2016).

OS BENEFÍCIOS SÃO CALCULADOS SOBRE O TOTAL DA CONDENAÇÃO

▶ "A unificação das penas, prevista no art. 75 do Código Penal, diz respeito ao tempo de duração da pena privativa de liberdade, que não pode exceder ao limite de 30 (trinta) anos. Quanto aos benefícios (livramento condicional, progressão, remição, etc.), todavia, o cálculo deverá ser executado sobre o total da condenação. Nesse sentido a jurisprudência consolidada desta Corte e do eg. Supremo Tribunal Federal, onde a matéria, inclusive, encontra-se sumulada com o seguinte teor: 'A pena unificada para atender ao limite de 30 (trinta) anos de cumprimento, determinado pelo art. 75 do Código Penal, não é considerada para a concessão de outros benefícios, como o livramento condicional ou regime mais favorável da execução' (Súmula 715/STF)" (STJ, 5ª T., HC 333735, j. 23/02/2016).

9. LEGISLAÇÃO RELACIONADA AO CAPÍTULO

CONCURSO DE CRIMES

» **CÓDIGO PENAL**

Concurso material

Art. 69 – Quando o agente, mediante mais de uma ação ou omissão, pratica dois ou mais crimes, idênticos ou não, aplicam-se cumulativamente as penas privativas de liberdade em que haja incorrido. No caso de aplicação cumulativa de penas de reclusão e de detenção, executa-se primeiro aquela.

§ 1º – Na hipótese deste artigo, quando ao agente tiver sido aplicada pena privativa de liberdade, não suspensa, por um dos crimes, para os demais será incabível a substituição de que trata o art. 44 deste Código.

LEGISLAÇÃO

§ 2º – Quando forem aplicadas penas restritivas de direitos, o condenado cumprirá simultaneamente as que forem compatíveis entre si e sucessivamente as demais.

Concurso formal

Art. 70 – Quando o agente, mediante uma só ação ou omissão, pratica dois ou mais crimes, idênticos ou não, aplica-se-lhe a mais grave das penas cabíveis ou, se iguais, somente uma delas, mas aumentada, em qualquer caso, de um sexto até metade. As penas aplicam-se, entretanto, cumulativamente, se a ação ou omissão é dolosa e os crimes concorrentes resultam de desígnios autônomos, consoante o disposto no artigo anterior.

Parágrafo único – Não poderá a pena exceder a que seria cabível pela regra do art. 69 deste Código.

Crime continuado

Art. 71 – Quando o agente, mediante mais de uma ação ou omissão, pratica dois ou mais crimes da mesma espécie e, pelas condições de tempo, lugar, maneira de execução e outras semelhantes, devem os subsequentes ser havidos como continuação do primeiro, aplica-se-lhe a pena de um só dos crimes, se idênticas, ou a mais grave, se diversas, aumentada, em qualquer caso, de um sexto a dois terços.

Parágrafo único – Nos crimes dolosos, contra vítimas diferentes, cometidos com violência ou grave ameaça à pessoa, poderá o juiz, considerando a culpabilidade, os antecedentes, a conduta social e a personalidade do agente, bem como os motivos e as circunstâncias, aumentar a pena de um só dos crimes, se idênticas, ou a mais grave, se diversas, até o triplo, observadas as regras do parágrafo único do art. 70 e do art. 75 deste Código.

Multas no concurso de crimes

Art. 72 – No concurso de crimes, as penas de multa são aplicadas distinta e integralmente.

Erro na execução

Art. 73 – Quando, por acidente ou erro no uso dos meios de execução, o agente, ao invés de atingir a pessoa que pretendia ofender, atinge pessoa diversa, responde como se tivesse praticado o crime contra aquela, atendendo-se ao disposto no § 3º do art. 20 deste Código. No caso de ser também atingida a pessoa que o agente pretendia ofender, aplica-se a regra do art. 70 deste Código.

Resultado diverso do pretendido

Art. 74 – Fora dos casos do artigo anterior, quando, por acidente ou erro na execução do crime, sobrevém resultado diverso do pretendido, o agente responde por culpa, se o fato é previsto como crime culposo; se ocorre também o resultado pretendido, aplica-se a regra do art. 70 deste Código.

Extorsão mediante sequestro

Art. 159 – Sequestrar pessoa com o fim de obter, para si ou para outrem, qualquer vantagem, como condição ou preço do resgate:

Pena – reclusão, de oito a quinze anos.

Estupro

Art. 213 – Constranger alguém, mediante violência ou grave ameaça, a ter conjunção carnal ou a praticar ou permitir que com ele se pratique outro ato libidinoso:

Pena – reclusão, de 6 (seis) a 10 (dez) anos.

» **LEI DOS CRIMES AMBIENTAIS (LEI 9.605/98)**

Art. 62 – Destruir, inutilizar ou deteriorar:

I – bem especialmente protegido por lei, ato administrativo ou decisão judicial;

II – arquivo, registro, museu, biblioteca, pinacoteca, instalação científica ou similar protegido por lei, ato administrativo ou decisão judicial:

Pena – reclusão, de um a três anos, e multa.

Parágrafo único – Se o crime for culposo, a pena é de seis meses a um ano de detenção, sem prejuízo da multa.

LIMITE DAS PENAS

» **CONSTITUIÇÃO FEDERAL**

Art. 5º, XLVII – não haverá penas: a) de morte, salvo em caso de guerra declarada, nos termos do art. 84, XIX; b) de caráter perpétuo; c) de trabalhos forçados; d) de banimento; e) cruéis.

» **CÓDIGO PENAL**

Limite das penas

Art. 75. O tempo de cumprimento das penas privativas de liberdade não pode ser superior a 40 (quarenta) anos.

§ 1º Quando o agente for condenado a penas privativas de liberdade cuja soma seja superior a 40 (quarenta) anos, devem elas ser unificadas para atender ao limite máximo deste artigo.

§ 2º – Sobrevindo condenação por fato posterior ao início do cumprimento da pena, far-se-á nova unificação, desprezando-se, para esse fim, o período de pena já cumprido.

Questões

CAPÍTULO V

Sumário • 1. Questões com gabarito comentado – 2. Questões de concursos.

1. QUESTÕES COM GABARITO COMENTADO

01. (IBFC – 2020 – TRE-PA – Analista Judiciário) Por concurso de crimes se entende a prática de duas ou mais infrações penais, mediante a unidade ou pluralidade de condutas. Quanto às espécies do referido instituto, analise as afirmativas abaixo:

I. Segundo jurisprudência dos tribunais superiores, não há continuidade delitiva entre os crimes de roubo e extorsão, ainda que praticados em conjunto, uma vez que os referidos crimes, apesar de serem da mesma natureza, são de espécies diversas.

II. Ocorre concurso material quando o agente, mediante uma só ação, pratica crimes de roubo contra vítimas diferentes, ainda que da mesma família, eis que caracterizada a violação a patrimônios distintos.

III. Segundo decisão do Superior Tribunal de Justiça, os desígnios autônomos que caracterizam o concurso formal próprio ou perfeito referem-se a qualquer forma de dolo, direto ou eventual.

IV. Dentre as espécies de crime continuado, o parágrafo único do artigo 71 do Código Penal prevê o crime continuado qualificado, segundo a doutrina, o qual se verifica nos crimes dolosos, contra vítimas diferentes, cometidos com violência ou grave ameaça à pessoa.

Assinale a alternativa correta.

a) Apenas as afirmativas I, III e IV estão corretas
b) Apenas as afirmativas I e IV estão corretas
c) Apenas as afirmativas II e III estão corretas
d) Apenas a afirmativa I está correta

COMENTÁRIOS

Gabarito: d.

Afirmativa I: correta. Existe posição jurisprudencial no sentido de que, apesar de serem da mesma natureza, os crimes são de espécies diversas. Vejamos: "É firme o entendimento desta Corte Superior de que ficam configurados os crimes de roubo e extorsão, em concurso material, se o agente, após subtrair bens da vítima, mediante emprego de violência ou grave ameaça, a constrange a entregar o cartão bancário e a respectiva senha, para sacar dinheiro de sua conta corrente" (STJ, 6ª T., AgRg no REsp 1702185, j. 13/03/2018); "É firme o entendimento desta Corte Superior de que ficam configurados os crimes de roubo e extorsão, em concurso material, se o agente, após subtrair bens da vítima, mediante emprego de violência ou grave ameaça, a constrange a entregar o cartão bancário e a respectiva senha, para sacar dinheiro de sua conta corrente. Precedentes" (STJ, 6ª T., AgRg no HC 579446, j. 25/08/2020).

Afirmativa II: incorreta. Consoante precedentes do STJ: "Tendo o roubo atingido, além do patrimônio comum de duas vítimas casadas, proprietárias de estabelecimento comercial, também bens pessoais, é imperioso reconhecer-se o concurso formal de delitos (...) Nos termos da jurisprudência desta Corte Superior, não há falar em crime único quando, em um mesmo contexto fático, são subtraídos bens pertencentes a pessoas diferentes, ainda que da mesma família, incidindo, na espécie, a regra prevista no art. 70, primeira parte, do CP" (STJ, 6ª T. , AgRg no AREsp 1651955/GO, j. 23/06/2020).

Afirmativa III: incorreta. Na realidade, os "desígnios autônomos" são características do concurso formal impróprio ou imperfeito. Para o STJ, ao tratar do concurso forma impróprio, "A expressão 'desígnios autônomos' refere-se a qualquer forma de dolo, seja ele direto ou eventual (STJ, 6ª T., HC 191.490, j. 27/09/2012).

Afirmativa IV. No gabarito constou como assertiva incorreta. Entretanto, o art. 71, parágrafo único, traz uma espécie de crime continuado, chamado de "crime continuado específico". Porém, também é denominado pela doutrina e jurisprudência (STJ, 6ª T., HC 314.091/SP, j. 24/05/2016) de "crime continuado qualificado". Assim, sustentamos a assertiva como correta.

02. (FCC – 2020 – TJ-MS – Juiz Substituto) Na aplicação da pena, se reconhecido o crime continuado específico, aplica-se a pena de um só dos delitos, se idênticas, ou a mais grave, se diversas, aumentada, em qualquer caso, de um sexto a dois terços, considerado o número de infrações cometidas, incidindo a extinção da punibilidade sobre o total da pena imposta.

COMENTÁRIOS

Gabarito: Assertiva errada. Na aplicação da pena, se reconhecido o crime continuado específico, poderá o juiz, considerando a culpabilidade, os antecedentes, a conduta social e a personalidade do agente, bem como os motivos e as circunstâncias, aumentar a pena de um só dos crimes, se idênticas, ou a mais grave, se diversas, até o triplo, observadas as regras do parágrafo único do art. 70 e do art. 75 do CP (art. 71, parágrafo único, do CP).

03. (VUNESP – 2019 – Prefeitura de Cerquilho-SP – Procurador Jurídico) Quando se tratar de crime continuado, a prescrição regula-se pela pena imposta na sentença e compreende o acréscimo decorrente da continuação.

COMENTÁRIOS:

Gabarito: errada. O acréscimo decorrente da continuação não é computado para fins de prescrição. Nesse sentido o art. 119 do Código Penal: "No caso de concurso de crimes, a extinção da punibilidade incidirá sobre a pena de cada um, isoladamente". Na mesma esteira a Súmula 487 do STF: "Quando se tratar de crime continuado, a prescrição regula-se pela pena imposta na sentença, não se computando o acréscimo decorrente da continuação".

04. (IDIB – 2019 – Prefeitura de Petrolina-PE – Guarda Civil) O Código Penal trouxe diversas regras sobre o concurso material ou formal de crimes, orientando o juiz no momento de aplicação da pena. Sobre o tema em questão, assinale a alternativa correta:

a) Quando o agente, mediante uma só ação ou omissão, pratica dois ou mais crimes, idênticos ou não, aplica-se-lhe a mais grave das penas cabíveis ou, se iguais, somente uma delas, mas aumentada, em qualquer caso, de até dois terços

b) No caso de aplicação cumulativa de penas de detenção e de reclusão, executa-se primeiro aquela.

c) No concurso formal, aplicam-se cumulativamente as penas privativas de liberdade em que haja incorrido o agente, se a ação ou omissão, dolosa ou culposa, resultar de desígnios autônomos.

d) No concurso de crimes, as penas de multa são aplicadas distinta e integralmente.

e) No concurso material, aplica-se a mais grave das penas cabíveis ou, se iguais, somente uma delas, mas aumentada, em qualquer caso, de um sexto até dois terços.

COMENTÁRIOS:

Gabarito: d. O fundamento está no art. 72 do Código Penal: "No concurso de crimes, as penas de multa são aplicadas distinta e integralmente".

Alternativa a: errada. De acordo com o art. 70 do Código Penal, "Quando o agente, mediante uma só ação ou omissão, pratica dois ou mais crimes, idênticos ou não, aplica-se-lhe a mais grave das penas cabíveis ou, se iguais, somente uma delas, mas aumentada, em qualquer caso, **de um sexto até metade**".

Alternativa b: errada. Executa-se primeiro a pena de reclusão, a teor do art. 69, *caput*, 2ª parte, do Código Penal: "No caso de aplicação cumulativa de penas de reclusão e de detenção, executa-se primeiro aquela".

Alternativa c: errada. No concurso formal impróprio ou imperfeito, a conduta é necessariamente dolosa. Diz o art. 70, *caput*, 2ª parte, do Código Penal: "As penas aplicam-se, entretanto, cumulativamente, se a ação ou omissão é **dolosa** e os crimes concorrentes resultam de desígnios autônomos, consoante o disposto no artigo anterior".

Alternativa e: errada. No concurso material aplica-se o sistema do cúmulo material (soma das penas).

05. (IBFC – 2018 – TRF2 – Juiz Federal) Assinale a afirmação certa: A) Para o Supremo Tribunal Federal, é possível a suspensão condiciona] do processo em crime continuado, sendo irrelevante o somatório da pena mínima da infração mais grave com o aumento de um sexto a dois terços, considerando-se a pena de cada crime para a suspensão. B) Para o Superior Tribunal de Justiça, não cabe a suspensão condicional do processo para as infrações penais cometidas em concurso material ou em concurso formal, quando a pena mínima cominada ultrapassar um ano em razão do somatório ou da fração incidente. C) No denominado erro na execução, quando por acidente sobrevêm resultado diverso do que era pretendido pelo agente, este responde por culpa, se o fato é previsto como crime culposo. Mas se ocorre também o resultado pretendido, este, por ser doloso, absorve o primeiro. D) Quando o sujeito ativo, por acidente ou erro no uso dos meios de execução, atinge pessoa diversa da que pretendia ofender, responde como se tivesse praticado o crime contra esta, em virtude do erro sobre a pessoa. Mas, se atingir também a pessoa que pretendia ofender, responderá pelos dois crimes em concurso material. E) No concurso material de crimes; no concurso ideal próprio; no concurso formal imperfeito; e no crime continuado, a dogmática jurídico-penal adotou, indistintamente, a regra do cúmulo de penas, haja vista que, em todos eles, prevalece o entendimento de que constituem delitos por acumulação.

COMENTÁRIOS

Gabarito: *b*. O Superior Tribunal de Justiça tem a sua jurisprudência consolidada nesse sentido, objeto da Súmula 243: "O benefício da suspensão do processo não é aplicável em relação às infrações penais cometidas em concurso material, concurso formal ou continuidade delitiva, quando a pena mínima cominada, seja pelo somatório, seja pela incidência da majorante, ultrapassar o limite de um (01) ano".

Alternativa a: errada. Para o Supremo Tribunal Federal, "Não se admite a suspensão condicional do processo por crime continuado, se a soma da pena mínima da infração mais grave com o aumento mínimo de um sexto for superior a um ano" (Súmula 723 do STF).

Alternativa c: errada. A alternativa confunde a situação do erro da execução (quando, por acidente ou erro no uso dos meios de execução, o agente, ao invés de atingir a pessoa que pretendia ofender, atinge pessoa diversa) com a situação do resultado diverso do pretendido (fora dos casos de erro na execução, quando, por acidente ou erro na execução do crime, sobrevém resultado diverso do pretendido), bem como consta erroneamente as consequentes implicações legais das situações.

Alternativa d: errada. A alternativa coloca uma situação de erro na execução (quando o sujeito ativo, por acidente ou erro no uso dos meios de execução, atinge pessoa diversa da que pretendia ofender), mas traz como consequência uma afirmação errada. Na verdade, o agente responde como se tivesse praticado o crime contra a vítima que pretendia atingir, inclusive deve-se levar em consideração condições ou qualidades dessa vítima. Ainda, dispõe o art. 73 que no caso de ser também atingida a pessoa que o agente pretendia ofender, aplica-se a regra do art. 70 do CP (concurso formal).

Alternativa e: errada. No concurso material de crimes e no concurso formal imperfeito o Código Penal adotou o sistema do cúmulo material de penas, ao passo que no concurso ideal/formal próprio e no crime continuado, adotou o sistema da exasperação.

06. (VUNESP – 2018 – PC-SP – Escrivão de Polícia Civil) Tendo em vista as normas referentes ao concurso de crimes, previstas no Código Penal, assinale a alternativa correta. A) No crime continuado, que se caracteriza quando o agente, mediante uma só ação ou omissão, pratica dois ou mais crimes, aplicar-se-á a pena de um só dos crimes, se idênticas, ou a mais grave, se diversas, aumentada, em qualquer caso, de 1/6 (um sexto) a 2/3 (dois terços). B) No concurso formal, que se caracteriza quando o agente, mediante duas ou mais ações, pratica 2 (dois) ou mais crimes, aplicar-se-á a mais grave das penas cabíveis ou, se iguais, somente uma delas, mas aumentada, em qualquer caso, de 1/6 (um sexto) até a metade. C) No crime continuado, tratando-se de crimes dolosos, contra vítimas diferentes, cometidos com violência ou grave ameaça à pessoa, a pena de um só dos crimes, se idênticas, ou a mais grave, se diversas, será aumentada, até o dobro. D) No concurso material, que se caracteriza quando o agente, mediante uma só ação ou omissão, pratica 2 (dois) ou mais crimes, aplicar-se-á a mais grave das penas cabíveis ou, se iguais, somente uma delas, mas aumentada, em qualquer caso, de 1/6 (um sexto) até a metade. E) No concurso formal, que se caracteriza quando o agente, mediante uma só ação ou omissão, pratica 2 (dois) ou mais crimes, aplicar-se-á a pena dos crimes, cumulativamente, se se tratar de ação ou omissão dolosa e os crimes concorrentes resultem de desígnios autônomos.

COMENTÁRIOS

Gabarito: *e*. Ocorre o concurso formal (art. 70 do CP) na situação em que o agente, mediante uma só ação ou omissão, pratica dois ou mais crimes, idênticos ou não. No que tange à aplicação da penas, a primeira parte do *caput* do dispositivo determina: "aplica-se-lhe a mais grave das penas cabíveis ou, se iguais, somente uma delas, mas aumentada, em qualquer caso, de um sexto até metade" (sistema da exasperação). Trata-se do chamado concurso formal próprio ou perfeito. Na parte final do *caput* do art. 70, consta que "As penas aplicam-se, entretanto, cumulativamente, se a ação ou omissão é dolosa e os crimes concorrentes resultam de desígnios autônomos, consoante o disposto no artigo anterior" (sistema do cúmulo material), tendo aqui o chamado concurso formal impróprio ou imperfeito.

Alternativa a: errada. O crime continuado (art. 71 do CP) ocorre quando o agente, mediante mais de uma ação ou omissão, pratica dois ou mais crimes da mesma espécie e, pelas condições de tempo, lugar, maneira de execução e outras semelhantes, devem os subsequentes ser havidos como continuação do primeiro, aplica-se-lhe a pena de um só dos crimes, se idênticas, ou a mais grave, se diversas, aumentada, em qualquer caso, de um sexto a dois terços.

Alternativa b: errada. Explicação na resposta do gabarito.

Alternativa c: errada. No crime continuado, conforme art. 71, parágrafo único, tratando-se de crimes dolosos, contra vítimas diferentes, cometidos com violência ou grave ameaça à pessoa, poderá o juiz, considerando a culpabilidade, os antecedentes, a conduta social e a personalidade do agente, bem como os motivos e as circunstâncias, aumentar a pena de um só dos crimes, se idênticas, ou a mais grave, se diversas, até o triplo, observadas as regras do parágrafo único do art. 70 e do art. 75 deste Código.

Alternativa d: errada. A questão errou em relação à situação do concurso material (constou "quando o agente, mediante uma só ação ou omissão, pratica 2 (dois) ou mais crimes", quando o certo é "mediante mais de uma ação ou omissão, pratica dois ou mais crimes, idênticos ou não"), bem como na consequência, pois é adotado o sistema do cúmulo material de penas e não o da exasperação.

07. (FCC – 2017 – DPE-RS – Analista Processual) No concurso de crimes, cuidando-se de infrações de espécies diversas cometidos por condutas distintas, ambas com violência física real, dos institutos legais abaixo em princípio pode-se postular em favor do imputado:

a) concurso formal heterogêneo.
b) concurso formal impróprio.
c) crime continuado genérico.
d) crime continuado específico.
e) prescrição isoladamente considerada.

COMENTÁRIOS

Gabarito: *e*. O fundamento está no art. 119 do Código Penal: "No caso de concurso de crimes, a extinção da punibilidade incidirá sobre a pena de cada um, isoladamente". No mesmo sentido a Súmula 497 do STF: "Quando se tratar de crime continuado, a prescrição regula-se pela pena imposta na sentença, não se computando o acréscimo decorrente da continuação".

Alternativa *a*: incorreta. O concurso formal pressupõe uma única conduta, conforme disposto no art. 70 do Código Penal.

Alternativa *b*: incorreta. O concurso formal, como dito acima, pressupõe uma única conduta (unidade de conduta + pluralidade de resultados).

Alternativa *c*: incorreta. O crime continuado pressupõe (a) pluralidade de crimes da mesma espécie, (b) condições objetivas de tempo, lugar e maneira de execução semelhantes e (c) unidade de desígnio ou liame subjetivo entre os eventos, conforme disposto no art. 71, *caput*, do Código Penal e exigido pela jurisprudência dos Tribunais Superiores.

Alternativa *d*: incorreta. O crime continuado específico pressupõe os requisitos referidos acima e também que haja (i) crimes dolosos, (ii) contra vítimas diferentes e (iii) cometidos com violência ou grave ameaça à pessoa, conforme disposto no art. 71, parágrafo único, do Código Penal.

08. (VUNESP – 2017 – TJ-SP – Juiz de Direito) Quanto ao concurso de crimes, é correto afirmar:

a) há concurso formal próprio quando o agente, mediante uma só ação ou omissão, pratica dois ou mais crimes, idênticos ou não, aplicando-se a mais grave das penas cabíveis ou, se iguais, somente uma delas, mas aumentada, em qualquer caso, de um sexto a dois terços, considerado o número de infrações cometidas.

b) há concurso formal impróprio ou imperfeito quando a ação ou omissão, dolosa ou culposa, resultar de desígnios autônomos, hipótese em que a pena será aplicada pela regra do concurso material.

c) nos crimes dolosos, cometidos com violência ou grave ameaça contra a mesma vítima, poderá o juiz, considerando a culpabilidade, os antecedentes, a conduta social e a personalidade do agente, bem como os motivos e as circunstâncias, aumentar a pena de um só dos crimes, se idênticas, ou a mais grave, se diversas, até o triplo.

d) no crime continuado comum, aplica-se a pena de um só dos crimes, se idênticas, ou a mais grave, se diversas, aumentada, em qualquer caso, de um sexto a dois terços, considerado o número de infrações cometidas, incidindo a extinção da punibilidade sobre a pena de cada uma, isoladamente.

COMENTÁRIOS

Gabarito: *d*. O fundamento está no art. 71, *caput*, do Código Penal: "Quando o agente, mediante mais de uma ação ou omissão, pratica dois ou mais crimes da mesma espécie e, pelas condições de tempo, lugar, maneira de execução e outras semelhantes, devem os subsequentes ser havidos como continuação do primeiro, aplica-se-lhe a pena de um só dos crimes, se idênticas, ou a mais grave, se diversas, aumentada, em qualquer caso, de um sexto a dois terços". **Conforme a jurisprudência dos Tribunais Superiores, deve ser considerado o número de infrações cometidas para o aumento da pena:** "O entendimento jurisprudencial firmado por esta Corte acerca do tema é no sentido de considerar o número de infrações cometidas como fator determinante para o cálculo da fração de aumento a ser imposta. Dessa maneira, aplica-se 1/6 pela prática de 2 infrações; 1/5, para 3 infrações; 1/4, para 4 infrações; 1/3, para 5 infrações; 1/2, para 6 infrações; e 2/3, para 7 ou mais infrações" (STJ, 5ª T., HC 393466, j. 26/09/2017). Finalmente, conforme o art. 119 do Código Penal, "No caso de concurso de crimes, a extinção da punibilidade incidirá sobre a pena de cada um, isoladamente". Neste sentido, ainda, a Súmula 497 do STF: "Quando se tratar de crime continuado, a prescrição regula-se pela pena imposta na sentença, não se computando o acréscimo decorrente da continuação".

Alternativa *a*: incorreta. De acordo com o art. 70, *caput*, 1ª parte, do Código Penal, "Quando o agente, mediante uma só ação ou omissão, pratica dois ou mais crimes, idênticos ou não, aplica-se-lhe a mais grave das penas cabíveis ou, se iguais, somente uma delas, mas aumentada, em qualquer caso, de um sexto até metade".

Alternativa *b*: incorreta. Conforme o art. 70, *caput*, 2ª parte, do Código Penal, "As penas aplicam-se, entretanto, cumulativamente, se a ação ou omissão é dolosa e os crimes concorrentes resultam de desígnios autônomos, consoante o disposto no artigo anterior".

Alternativa *c*: incorreta. De acordo com o art. 71, parágrafo único, do Código Penal, "Nos crimes dolosos, contra vítimas diferentes, cometidos com violência ou grave ameaça à pessoa, poderá o juiz, considerando a culpabilidade, os antecedentes, a conduta social e a personalidade do agente, bem como os motivos e as circunstâncias, aumentar a pena de um só dos crimes, se idênticas, ou a mais grave, se diversas, até o triplo, observadas as regras do parágrafo único do art. 70 e do art. 75 deste Código".

09. (FGV – 2016 – MP-RJ – Analista do Ministério Público) Mauro e Fernando, mediante emprego de simulacro de arma de fogo, abordaram o casal Paulo e Lucia, que conversavam na porta de um caixa eletrônico. Após anunciarem o assalto, subtraíram os relógios de cada uma das vítimas, bem como a bolsa de Lucia e a mochila de Paulo. Empreenderam os agentes fuga de imediato, vindo a ser presos 30 minutos após os fatos, tendo em vista que os policiais saíram à procura dos agentes a partir da descrição de suas características pelas vítimas. Diante desse quadro fático, o Ministério Público, atento à jurisprudência atualmente prevalente nos Tribunais Superiores, deverá denunciar Mauro e Fernando pela prática de:

a) um crime de roubo majorado pelo concurso de agentes, consumado;
b) dois crimes de roubo majorados pelo concurso de agentes, consumados;
c) dois crimes de roubo duplamente majorados pelo concurso de agentes e pelo emprego de arma de fogo, tentados;
d) dois crimes de roubo majorados pelo concurso de agentes, tentados;
e) dois crimes de roubo duplamente majorados pelo concurso de agentes e pelo emprego de arma de fogo, consumados.

COMENTÁRIOS

Gabarito: b. Segundo entendimento do STJ, "Praticado o crime de roubo em um mesmo contexto fático, mediante uma só ação, contra vítimas diferentes, tem-se configurado o concurso formal de crimes, e não a ocorrência de crime único, visto que violados patrimônios distintos" (STJ, 6ª T., HC 223723, j. 19/05/2016). Por sua vez, não incide a majorante nos casos de arma de brinquedo (simulacro), arma descarregada ou de arma de fogo sem a possibilidade do disparo. De acordo com a Súmula 582 do STJ, DJe 19/09/2016: "Consuma-se o crime de roubo com a inversão da posse do bem mediante emprego de violência ou grave ameaça, ainda que por breve tempo e em seguida à perseguição imediata ao agente e recuperação da coisa roubada, sendo prescindível a posse mansa e pacífica ou desvigiada".

10. (CESPE – 2015 – DPE-PE – Defensor Público) Tales foi preso em flagrante delito quando transportava, sem autorização legal ou regulamentar, dois revólveres de calibre 38 desmuniciados e com numerações raspadas. Acerca dessa situação hipotética, julgue o item que se segue, com base na jurisprudência dominante dos tribunais superiores relativa a esse tema. A apreensão das armas de fogo configurou concurso formal de crimes.

COMENTÁRIOS

Gabarito: errada. A jurisprudência do STJ consolidou-se no sentido da existência de um delito único quando apreendidas mais de uma arma, munição, acessório ou explosivo em posse do mesmo agente, dentro do mesmo contexto fático, não havendo que se falar em concurso material ou formal entre as condutas, pois se vislumbra uma só lesão de um mesmo bem tutelado (STJ, 5ª T., HC 228231, j. 12/06/2012). No entanto, é possível que o juiz, em face do número de armas apreendidas, exaspere a pena-base quando avaliar as circunstâncias judiciais do art. 59 do CP.

11. (FCC – 2015 – TJ-AL – Juiz) Em matéria de crime continuado, é correto afirmar que:

a) é admissível apenas se idênticos os crimes, segundo expressa previsão legal.
b) é admissível a suspensão condicional do processo, se a soma da pena mínima da infração mais grave com o aumento mínimo de um sexto for superior a um ano.
c) aplica-se a lei penal mais grave, se a sua vigência é anterior à cessação da continuidade.
d) a pena pode ser aumentada até o triplo nos crimes dolosos, contra a mesma vítima, cometidos com violência ou grave ameaça à pessoa.
e) a prescrição regula-se pela pena imposta na sentença, computando-se o acréscimo decorrente da continuação.

COMENTÁRIOS

Gabarito: c. O fundamento está na Súmula 711 do STF: "A lei penal mais grave aplica-se ao crime continuado ou ao crime permanente, se a sua vigência é anterior à cessação da continuidade ou da permanência".

Alternativa a: errada. De acordo com o art. 71 do CP, "Quando o agente, mediante mais de uma ação ou omissão, pratica dois ou mais crimes da mesma espécie e, pelas condições de tempo, lugar, maneira de execução e outras semelhantes, devem os subsequentes ser havidos como continuação do primeiro, aplica-se-lhe a pena de um só dos crimes, se idênticas, ou a mais grave, se diversas, aumentada, em qualquer caso, de um sexto a dois terços". Como se observa, de acordo com o referido dispositivo legal, os crimes devem ser da mesma espécie, e não idênticos.

Alternativa b: errada. O sursis processual (art. 89 da Lei nº 9.099/95) não é admissível, conforme Súmula 723 do STF: "Não se admite a suspensão condicional do processo por crime continuado, se a soma da pena mínima da infração mais grave com o aumento mínimo de um sexto for superior a um ano".

Alternativa d: errada. O art. 71, par. único, do CP não faz referência à mesma vítima, mas sim a vítimas diferentes: "Nos crimes dolosos, contra vítimas diferentes, cometidos com violência ou grave ameaça à pessoa, poderá o juiz, considerando a culpabilidade, os antecedentes, a conduta social e a personalidade do agente, bem como os motivos e as circunstâncias, aumentar a pena de um só dos crimes, se idênticas, ou a mais grave, se diversas, até o triplo, observadas as regras do parágrafo único do art. 70 e do art. 75 deste Código".

Alternativa e: errada. De acordo com a Súmula 497 do STF, "Quando se tratar de crime continuado, a prescrição regula-se pela pena imposta na sentença, não se computando o acréscimo decorrente da continuação". No mesmo sentido o art. 119 do Código Penal.

12. (CESPE - 2014 - TJ-SE - Analista Judiciário) Na hipótese de crime continuado ou permanente, deve ser aplicada a lei penal mais grave se esta tiver entrado em vigor antes da cessação da continuidade ou da permanência.

COMENTÁRIOS

Gabarito: correta. O fundamento está na ***Súmula 711 do STF***: "A lei penal mais grave aplica-se ao crime continuado ou ao crime permanente, se a sua vigência é anterior à cessação da continuidade ou da permanência".

13. (FEPESE - 2014 - MP-SC - Promotor de Justiça) Trata-se de concurso material quando o agente, mediante uma só ação ou omissão, pratica dois ou mais crimes, idênticos ou não, incidindo, assim, a exasperação da pena.

COMENTÁRIOS

Gabarito: errada. Quando o agente, mediante uma só conduta, pratica dois ou mais crimes, há concurso formal, e não concurso material. Para o primeiro (concurso formal - art. 70 do CP), o sistema de aplicação da pena é da exasperação; para o último (concurso material - art. 69 do CP), o sistema de aplicação da pena é do cúmulo material.

14. (FCC - 2014 - MP-PE - Promotor de Justiça) No concurso formal impróprio ou imperfeito,

a) aplica-se a mais grave das penas cabíveis ou, se iguais, somente uma delas, mas aumentada, em qualquer caso, de um sexto até a metade, se a ação ou omissão é dolosa e os crimes concorrentes resultam de desígnios autônomos.

b) as penas são aplicadas cumulativamente se a ação ou omissão é dolosa e os crimes concorrentes resultam de desígnios autônomos.

c) aplica-se a mais grave das penas cabíveis ou, se iguais, somente uma delas, mas aumentada, em qualquer caso, de um sexto até a metade, se ação é dolosa ou culposa, independentemente de os crimes concorrentes resultarem de desígnios autônomos.

d) aplica-se a mais grave das penas cabíveis ou, se iguais, somente uma delas, mas aumentada, em qualquer caso, de um sexto até dois terços, se a ação ou omissão é dolosa e os crimes concorrentes resultam de desígnios autônomos.

e) as penas são aplicadas cumulativamente se a ação é dolosa ou culposa e os crimes concorrentes resultam de desígnios autônomos.

COMENTÁRIOS

Gabarito: b. O fundamento está na segunda parte do *caput* do art. 70 do Código Penal: "As penas aplicam-se, entretanto, cumulativamente, se a ação ou omissão é dolosa e os crimes concorrentes resultam de desígnios autônomos, consoante o disposto no artigo anterior".

Alternativa a: Errada, pois no concurso formal impróprio ou imperfeito não é aplicada a regra da exasperação, mas do concurso material (CP, art. 70, *caput*, 2ª parte).

Alternativa c: Errada, já que, como dito, não é aplicado o sistema da exasperação no concurso formal imperfeito.

Alternativa d: Errada. Como referido nos itens anteriores, não é aplicada a regra da exasperação no concurso formal impróprio ou imperfeito.

Alternativa e: Errada, porque, para a configuração do concurso formal imperfeito, a conduta do agente deve ser dolosa apenas, e não "dolosa ou culposa".

15. (CESPE – 2013 – STF – Analista Judiciário) Considere que Armando, penalmente imputável, no dia 25/3/2013, mediante grave ameaça, tenha constrangido Maria, de dezesseis anos de idade, à prática de conjunção carnal e ato libidinoso diverso, no mesmo cenário fático. Nessa situação, Armando responderá por dois delitos – estupro e atentado violento ao pudor – em concurso material, devendo ser condenado a pena equivalente à soma das sanções previstas para cada um desses crimes.

COMENTÁRIOS

Errada. STJ: (...) 3. A reforma promovida pela Lei 12.015/2009 condensou num só tipo penal as condutas anteriormente tipificadas nos arts. 213 e 214 do CP. Assim, constranger alguém, mediante violência ou grave ameaça, a ter conjunção carnal ou a praticar ou permitir que com ele se pratique outro ato libidinoso, na hipótese em que a conduta tenha sido praticada em um mesmo contexto fático e contra a mesma vítima, configura a prática de crime único. 4. Na espécie, deve ser reconhecida a prática de crime único, pois a vítima teve a sua dignidade sexual violada pela prática de três atos sucessivos, ocorridos no interior do apartamento do paciente, mas em um mesmo contexto fático, sendo sexo oral no banheiro, conjunção carnal na sala após alguns minutos e, depois de algumas indagações, nova conjunção carnal no quarto. 5. Não obstante o reconhecimento da prática de crime único, o maior desvalor da ação, consistente na prática de atos sucessivos e que importam em maior ofensa à dignidade sexual da vítima não pode ser desconsiderado, devendo ser valorado na fixação da pena-base" (STJ, 5ª T., HC 320306, j. 04/10/2016). ***STF:*** "A figura penal prevista na nova redação do art. 213, do CP, é do tipo penal misto alternativo. Logo, se o agente pratica, no mesmo contexto fático, conjunção carnal e outro ato libidinoso contra uma só vítima, pratica um só crime do art. 213, do CP"(STF, 1ª T., HC 118284, j. 04/08/2015).

16. (CESPE – TRE-RJ – Analista Judiciário – 2012) Segundo a jurisprudência do Superior Tribunal de Justiça, é inidônea a utilização do critério do número de infrações penais praticadas para calcular o percentual de aumento da pena fundado no crime continuado.

COMENTÁRIOS

Errada. Como visto acima (item 3.4), o STJ pacificou o entendimento segundo o qual o aumento da pena pela continuidade delitiva, dentro do intervalo de 1/6 a 2/3, previsto no art. 71 do Código Penal, deve adotar o critério da quantidade de infrações praticadas. Assim, aplica-se o aumento de 1/6 pela prática de 2 infrações; 1/5, para 3 infrações; 1/4, para 4 infrações; 1/3, para 5 infrações; 1/2, para 6 infrações; e 2/3, para 7 ou mais infrações.

17. (FCC – MP-AP – Analista Ministerial – 2012) Henrique, primário e de bons antecedentes, com 19 anos de idade praticou, no dia 10 de Janeiro de 2012, durante a madrugada, quatro roubos consumados, com emprego de arma de fogo, contra estabelecimentos comerciais do tipo Posto de Gasolina, situados em bairros diversos na cidade de Macapá. Henrique foi denunciado pelo Ministério Público pelos quatro crimes cometidos naquela data e o Magistrado impôs ao réu a pena de 05 anos e 04 meses de reclusão para cada um dos crimes cometidos. Neste caso, o Magistrado deverá reconhecer o:

a) concurso formal e aplicar as penas cumulativamente, totalizando 21 anos e 4 meses de reclusão.

b) concurso material e aplicar as penas dos crimes cometidos cumulativamente, totalizando 21 anos e 4 meses de reclusão.

c) concurso formal e aplicar a pena de um só dos crimes cabíveis, aumentada de um sexto até metade.

d) crime continuado e aplicar a pena de um só dos crimes, aumentada de um sexto a dois terços.

e) crime continuado e aplicar a pena de um só dos crimes, aumentada até o triplo.

COMENTÁRIOS

Gabarito: e. Henrique praticou infrações penais da mesma espécie (quatro roubos majorados consumados), em semelhantes condições de tempo, lugar e maneira de execução. Como se está diante de delitos dolosos, contra vítimas diferentes e cometidos com grave ameaça à pessoa, poderá o juiz, considerando a primariedade e boa antecedência de Henrique, aumentar a pena de um só dos crimes até o triplo. Fundamento: art. 71, par. único, do Código Penal. No entanto, apesar de constar no gabarito a letra "e" como correta, entendemos que na situação apresentada não seria o caso de reconhecimento do crime continuado pela ausência do requisito subjetivo (unidade de desígnios). Com efeito, seria o caso de concurso material.

Alternativa a: Errada, pois não há uma só conduta (art. 70 do CP), mas quatro.

Alternativa b: Errada, porque sendo os crimes da mesma espécie e cometidos em semelhantes condições objetivas, Henrique faz jus ao benefício da continuidade delitiva. ***Obs.:*** como ressaltamos na explicação anterior, entendemos que se trata de concurso material e não de crime continuado.

Alternativa c: Errada, já que, como dito, não há concurso formal (art. 70 do CP).

Alternativa d: Errada, pois se trata de ***crime continuado específico***, previsto não no *caput*, mas no parágrafo único do art. 70, uma vez que as infrações são dolosas e cometidas com grave ameaça contra vítimas diferentes.

18. (FCC – TRE-PR – Analista Judiciário – 2012) Tício amarrou dois inimigos juntos num poste e os matou com um único disparo. Nesse caso, houve:

a) crime continuado, aplicando-se a pena de um dos crimes aumentada de dois terços até o dobro.

b) crime continuado, aplicando-se as penas de um dos crimes aumentada de um sexto a dois terços.

c) concurso formal próprio, aplicando-se as penas de um dos crimes, aumentada de um sexto até a metade.

d) concurso formal impróprio e as penas aplicam-se cumulativamente.

e) concurso formal próprio, aplicando-se as penas de um dos crimes aumentada até o triplo.

COMENTÁRIOS

Gabarito: d. Com uma só ação, Tício causou dois crimes, que resultaram de desígnios autônomos. Trata-se, portanto, de concurso formal imperfeito ou impróprio, previsto no art. 70, *caput*, 2ª parte, do Código Penal.

Alternativa a: Errada, pois não se trata de continuidade delitiva, já que há apenas uma única conduta.

Alternativa b: Errada, conforme dito acima (não há crime continuado).

Alternativa c: Errada, porque não se trata de concurso formal perfeito ou próprio, já que o agente atuou com desígnios autônomos.

Alternativa e: Errada, pois, como dito, não há concurso formal próprio ou perfeito.

19. (CESPE – Analista Judiciário/ES – 2011 – adaptada) Erro de pessoa é o mesmo que erro na execução ou aberratio ictus.

COMENTÁRIOS

Errada. O chamado **erro sobre a pessoa** (error in persona) ocorre quando o agente confunde a sua vítima com outra. "A" quer matar o próprio irmão. Vê a pessoa de costas e pensa que é o irmão. Atira e mata a vítima. Depois se dá conta que matou pessoa desconhecida, muito parecida com o irmão. "A" não só responde pelo homicídio, mas responde igualmente por fratricídio, ou seja, incide a agravante de crime praticado contra irmão. Já o ***erro na execução*** (aberratio ictus) ocorre quando o agente, por acidente ou erro no uso dos meios de execução, ao invés de atingir a pessoa que pretendia ofender, atinge pessoa diversa.

▶ **IMPORTANTE:**

Error in persona (não há erro de pontaria, mas mera confusão entre as vítimas) – art. 20, § 3º, do CP: "O erro quanto à pessoa contra a qual o crime é praticado não isenta de pena. Não se consideram, neste caso, as condições ou qualidades da vítima, senão as da pessoa contra quem o agente queria praticar o crime".

Aberratio ictus (há erro de pontaria, e não confusão entre as vítimas) – art. 73 do CP: "Quando, por acidente ou erro no uso dos meios de execução, o agente, ao invés de atingir a pessoa que pretendia ofender, atinge pessoa diversa, responde como se tivesse praticado o crime contra aquela, atendendo-se ao disposto no § 3º do art. 20 deste Código. No caso de ser também atingida a pessoa que o agente pretendia ofender, aplica-se a regra do art. 70 deste Código".

2. QUESTÕES DE CONCURSOS

01. (FCC – 2020 – TJ-MS – Juiz Substituto) Na aplicação da pena, se reconhecido o crime continuado específico, aplica-se a pena de um só dos delitos, se idênticas, ou a mais grave, se diversas, aumentada, em qualquer caso, de um sexto a dois terços, considerado o número de infrações cometidas, incidindo a extinção da punibilidade sobre o total da pena imposta.

02. (CESPE – 2019 – DPE-DF – Defensor Público) Acerca da ação penal, das causas extintivas da punibilidade e da prescrição, julgue o seguinte item. Nos casos de concurso formal ou de continuidade delitiva, a extinção da punibilidade pela prescrição regula-se pela pena imposta a cada um dos crimes isoladamente, afastando o acréscimo decorrente dos respectivos aumentos de pena.

03. (VUNESP – 2019 – TJ-AC – Juiz de Direito) Considerada a hipótese de reconhecimento probatório de um agente ter praticado um roubo com emprego de arma de fogo contra duas vítimas que caminhavam na rua e, posteriormente, passados três meses do crime anteriormente noticiado, em cidade diversa daquela onde ocorrera o crime anterior, veio a praticar roubo simples contra vítima diversa da anterior, a fixação da pena deverá observar o concurso:

a) formal pela primeira conduta e concurso material entre esta e a segunda.
b) formal pelas duas condutas.
c) material na primeira conduta e formal entre esta e a última.
d) material na primeira conduta e crime continuado entre esta e a segunda.

04. (FUMARC – 2018 – PC-MG – Delegado de Polícia) Com relação ao concurso de crimes, é CORRETO afirmar: A) Não se admite a aplicação da suspensão condicional do processo ao crime continuado. B) No caso hipotético em que Gioconda, ao dirigir seu automóvel de maneira imprudente, perde o controle do carro, matando três pessoas e lesionando gravemente outras cinco, deve ser reconhecido o concurso formal próprio de crimes pelo qual lhe será aplicada somente uma pena, a mais grave, aumentada de um sexto até a metade. C) No concurso de crimes, a aplicação da pena de multa observa as regras pertinentes à modalidade de concurso que incide no caso concreto. D) No concurso formal, aplica-se a mais grave das penas cabíveis ou, se iguais, somente uma delas, mas aumentada, em qualquer caso, de um sexto até a metade, ainda que os crimes concorrentes resultem de desígnios autônomos.

05. (VUNESP – 2018 – PC-BA – Investigador de Polícia) Quando o agente, mediante mais de 1 (uma) ação ou omissão, pratica 2 (dois) ou mais crimes, verifica-se o instituto do concurso de crimes, que pode ser formal ou material, a depender da unidade ou da pluralidade de condutas. Sobre o tema, o Código Penal estabelece que: A) na hipótese de concurso material, quando ao agente tiver sido aplicada pena privativa de liberdade, não suspensa, por um dos crimes, para os demais crimes será cabível a substituição de pena privativa de liberdade por pena restritiva de direitos. B) na hipótese de concurso formal imperfeito ou impróprio, aplica-se o sistema de exasperação da pena, independentemente da quantidade de condenação. C) quando forem aplicadas penas restritivas de direitos, será possível ao condenado cumpri-las de forma simultânea, desde que compatíveis entre si. D) se entende por concurso formal próprio ou perfeito aquele em que o agente pratica mais de uma conduta, mas na presença de desígnios autônomos, ou seja, a vontade de atingir mais de um resultado. E) no caso de concurso material, sendo o agente condenado cumulativamente a pena de reclusão e detenção, executa-se primeiro a de detenção.

06. (NUCEPE – 2017 – SEJUS-PI – Agente) Marque a alternativa CORRETA em relação ao concurso de crimes.

a) Ocorre o concurso material, quando o agente, mediante uma só ação ou omissão, pratica dois ou mais crimes, idênticos ou não, aplicam-se cumulativamente as penas privativas de liberdade em que haja incorrido.
b) Há concurso formal, quando o agente, mediante duas ou mais ações, pratica dois ou mais crimes, idênticos ou não, aplica-se-lhe a mais grave das penas cabíveis ou, se iguais, somente uma delas,

mas aumentada, em qualquer caso, de 1/6 (um sexto) até 1/2 (metade).

c) Há crime continuado quando o agente, mediante uma só ação ou omissão, pratica dois ou mais crimes da mesma espécie e, pelas condições de tempo, lugar, maneira de execução e outras semelhantes, devem os subsequentes ser havidos como continuação do primeiro, aplica-se-lhe a pena de um só dos crimes, se idênticas, ou a mais grave, se diversas, aumentada, em qualquer caso, de 1/6 (um sexto) a 2/3 (dois terços).

d) No concurso de crimes, as penas de multa são aplicadas distinta e integralmente.

e) Quando, por acidente ou erro no uso dos meios de execução, o agente, ao invés de atingir a pessoa que pretendia ofender, atinge pessoa diversa, responde como se tivesse praticado o crime contra esta.

07. (VUNESP – 2017 – TJ-SP – Juiz de Direito) Quanto ao concurso de crimes, é correto afirmar:

a) há concurso formal próprio quando o agente, mediante uma só ação ou omissão, pratica dois ou mais crimes, idênticos ou não, aplicando-se a mais grave das penas cabíveis ou, se iguais, somente uma delas, mas aumentada, em qualquer caso, de um sexto a dois terços, considerado o número de infrações cometidas.

b) há concurso formal impróprio ou imperfeito quando a ação ou omissão, dolosa ou culposa, resultar de desígnios autônomos, hipótese em que a pena será aplicada pela regra do concurso material.

c) nos crimes dolosos, cometidos com violência ou grave ameaça contra a mesma vítima, poderá o juiz, considerando a culpabilidade, os antecedentes, a conduta social e a personalidade do agente, bem como os motivos e as circunstâncias, aumentar a pena de um só dos crimes, se idênticas, ou a mais grave, se diversas, até o triplo.

d) no crime continuado comum, aplica-se a pena de um só dos crimes, se idênticas, ou a mais grave, se diversas, aumentada, em qualquer caso, de um sexto a dois terços, considerado o número de infrações cometidas, incidindo a extinção da punibilidade sobre a pena de cada uma, isoladamente.

08. (VUNESP – 2016 – TJ-RJ – Juiz de Direito) José adentra a um bar e pratica roubo contra dez pessoas que ali estavam presentes em dois grupos distintos de amigos, subtraindo para si objetos de valor a elas pertencentes. Nesta hipótese, segundo a jurisprudência dominante mais recente do Superior Tribunal de Justiça, José praticou

a) os crimes (dez crimes de roubo) em concurso material.

b) um único crime de roubo.

c) os crimes (dez crimes de roubo) em concurso formal.

d) os crimes (dez crimes de roubo) em continuidade delitiva.

e) dois crimes de roubo em concurso material.

09. (FCC – 2015 – TJ-SC – Juiz de Direito) Na hipótese de concurso de pessoas instantâneo, entre um adulto e um adolescente, para a prática de roubo, sem que o adulto esteja animado por desígnio autônomo para corromper especificamente o adolescente para a prática do roubo, estabelece-se entre os delitos de roubo e corrupção de menores a seguinte modalidade de concurso de crimes:

a) Não há concurso de crimes entre os delitos de roubo e corrupção de menores.

b) Concurso formal impróprio.

c) Concurso formal.

d) Concurso material.

e) Crime continuado.

10. (FUNIVERSA – 2015 – PC-DF – Delegado de Polícia) Giordano, ao dirigir seu automóvel de maneira negligente, perdeu o controle do carro, matando cinco pessoas e lesionando gravemente outras cinco. Considerando a situação hipotética apresentada, assinale a alternativa correta.

a) Giordano agiu em continuidade delitiva, devendo ser-lhe aplicada a pena mais grave, aumentada de um sexto até a metade.

b) Atualmente, considera-se que tais situações devem ser entendidas como crime único, aplicando-se apenas uma das penas, ou seja, a mais leve.

c) Giordano praticou crimes em concurso material e responderá pela pena de cada um deles.

d) Giordano praticou crimes em concurso formal, devendo a pena dos crimes ser somada, visto que, nesse caso, o cúmulo material é mais favorável que a exasperação.

e) Giordano praticou crimes em concurso formal, devendo ser – lhe aplicada a pena mais grave, aumentada de um sexto até a metade.

11. (CESPE – 2015 – DPE-PE – Defensor Público) O concurso formal próprio distingue-se do concurso formal impróprio pelo elemento subjetivo do agente, ou seja, pela existência ou não de desígnios autônomos.

12. (VUNESP – 2015 – PC-CE – Escrivão) Sobre o concurso material de crimes, o Código Penal estabelece que:

a) quando o agente, mediante mais de uma ação ou omissão, pratica dois ou mais crimes, idênticos ou não, aplicam-se cumulativamente as penas privativas de liberdade em que haja incorrido.

b) quando o agente, mediante uma só omissão, pratica dois ou mais crimes, idênticos ou não, aplicam-se cumulativamente as penas privativas de liberdade em que haja incorrido.

c) quando o agente, mediante mais de uma ação ou omissão, pratica dois ou mais crimes, idênticos ou não, aplica-se a mais grave das penas cabíveis ou, se iguais, somente uma delas, mas aumentada, em qualquer caso, de um sexto até dois terços.

d) quando o agente, mediante uma só ação, pratica dois ou mais crimes, idênticos ou não, aplicam-se cumulativamente as penas privativas de liberdade em que haja incorrido.

e) quando o agente, mediante mais de uma ação ou omissão, pratica dois ou mais crimes, idênticos ou não, aplica-se a mais grave das penas cabíveis ou, se iguais, somente uma delas, mas aumentada, em qualquer caso, de um sexto até metade.

13. (FGV – 2014 – DPE-DF – Analista) Maria foi condenada pela prática do crime de estelionato cometido contra entidade de direito público (§ 3º do Artigo 171 do CP) em concurso material com o crime de falsidade documental (Art. 298 do CP). De acordo com a sentença condenatória, Maria teria apresentado declaração falsa com assinatura atribuída a determinado servidor público em que este último reconheceria a existência de união estável entre ambos. Com isso, Maria passou a receber pensão por morte, como dependente do aludido funcionário público. Exclusivamente sob o prisma do concurso de crimes, a sentença:

a) está incorreta, pois o magistrado deveria ter reconhecido a existência de concurso formal entre as condutas atribuídas a Maria, já que ela não as teria realizado com desígnios autônomos.

b) está incorreta, pois o magistrado deveria ter reconhecido a existência de crime continuado entre as condutas atribuídas a Maria, já que ela as teria realizado nas mesmas circunstâncias de tempo, lugar e modo de execução.

c) está correta ao condenar Maria pela prática de ambos os crimes, em concurso material, pois a conduta realizada ofendeu dois bens jurídicos distintos.

d) está incorreta, pois o magistrado deveria ter reconhecido a absorção do crime de falsidade documental pelo crime de estelionato, uma vez que aquele se exauriu neste último, sem mais potencialidade lesiva.

e) está incorreta, pois o magistrado deveria ter condenado Maria apenas pela prática do crime de falsidade documental, já que o crime de estelionato, neste caso, configura mero exaurimento do falso.

14. (FGV – 2014 – DPE-RJ – Técnico Superior Jurídico) Quanto ao âmbito de incidência do crime continuado e sua caracterização, é correto afirmar que:

a) a lei penal mais grave não se aplica ao crime continuado ou ao crime permanente, mesmo se a sua vigência é anterior à cessação da continuidade ou da permanência.

b) a superveniência da Lei nº 12.015/2009 não tornou possível o reconhecimento da continuidade delitiva dos antigos delitos de estupro e atentado violento ao pudor, ainda que praticados nas mesmas circunstâncias de tempo, modo e local e contra a mesma vítima.

c) na aplicação da pena privativa de liberdade, o aumento decorrente de concurso formal ou de crime continuado não incide sobre a pena-base, mas sobre a pena acrescida por circunstância qualificadora ou causa especial de aumento.

d) a majoração derivada de concurso formal ou ideal de delitos deve incidir sobre a pena-base, e não sobre aquela a que já se ache acrescido o quantum resultante da aplicação das causas especiais de aumento.

e) no crime continuado, a redução do prazo de prescrição por causa da menoridade se dá quanto a todos os crimes que compõem a ficção jurídica, ainda que seu reconhecimento alcance delitos praticados depois de completar vinte e um anos de idade.

15. (FGV – 2014 – DPE-DF – Analista) Chico furtou duas camisas em determinada loja de departamentos. Ao deixar a loja, o alarme soou e Chico acabou sendo preso, processado e condenado pela prática do crime tipificado no Artigo 155 do Código Penal. O magistrado, ao realizar a dosimetria da pena, fixou a pena base em 2 (dois) anos de reclusão e, considerando que as duas camisas foram furtadas nas mesmas circunstâncias de tempo, lugar e modo de execução, aplicou a regra prevista no Artigo 71 do Código Penal e aumentou a pena em mais 6 (seis) meses, tornando-a definitiva em 2 (dois) anos e 4 (quatro) meses de reclusão. Entre a data do recebimento da denúncia e a da sentença condenatória passaram-se mais de 4 (quatro) anos, e o magistrado acabou por reconhecer, na própria sentença condenatória, a extinção da punibilidade pela prescrição. Sobre a sentença, pode-se afirmar que:

a) está incorreta quanto à continuidade delitiva, porque Chico praticou crime único, mas a prescrição deve ser reconhecida.

b) está incorreta, porque Chico praticou dois crimes, em concurso material.

c) está correta quanto à continuidade delitiva, mas incorreta quanto ao reconhecimento da prescrição.

d) está correta quanto à continuidade delitiva e quanto ao reconhecimento da prescrição.

e) está incorreta, porque Chico praticou dois crimes, em concurso formal, mas a prescrição deve ser reconhecida.

16. (UFMT - 2014 - MP-MT - Promotor de Justiça) Em relação ao concurso de crimes, assinale a afirmativa correta.

a) Há concurso formal quando o agente, com mais de uma ação, pratica dois ou mais crimes; já o concurso material ocorre quando há unidade de ação e pluralidade de infrações penais.

b) Na hipótese da aberratio ictus com unidade complexa, aplica-se a regra do concurso material, pois é este sempre mais benéfico.

c) O Código Penal adota para o crime continuado a teoria da unidade real, pela qual os vários delitos constituem um único crime.

d) Não poderá a pena fixada em concurso formal exceder a que seria cabível em caso de concurso material.

e) No crime continuado, são irrelevantes as condições de tempo, lugar, maneira de execução e outras semelhantes.

17. (CESPE - 2012 - MP-PI - Analista Ministerial) O roubo perpetrado com violação de patrimônios de diferentes vítimas da mesma família, em um único evento delituoso, configura concurso formal de crimes.

GABARITO		FUNDAMENTAÇÃO
1	E	Art. 71, parágrafo único, CP
2	C	Art. 119 CP e Súm. 497 STF
3	A	Arts. 69 e 70 CP
4	B	Art. 70, *caput*, 1ª parte, CP
5	C	Art. 69, § 2º, CP
6	D	Art. 73 CP
7	D	Arts. 71 e 119 CP
8	C	Item 2.1
9	C	Art. 70, *caput*, 1ª parte, CP + Súm. 500 STJ
10	E	Art. 70, *caput*, 1ª parte, CP
11	C	Art. 70 CP
12	A	Art. 69 CP
13	D	Súm. 17 STJ
14	C	Item 2
15	A	Arts. 71 e 109, V, do CP
16	D	Art. 70, par. único, CP
17	C	Item 2.1

CAPÍTULO VI
SUSPENSÃO CONDICIONAL DA PENA

Sumário • 1. Introdução – 2. Requisitos – 3. Condições – 4. Período de prova – 5. Revogação obrigatória (art. 81, I a III) – 6. Revogação facultativa (art. 81, § 1º) – 7. Cassação – 8. Prorrogação do período de prova – 9. Extinção da pena – 10. Súmulas e orientações jurisprudenciais do STF e do STJ – 11. Legislação relacionada ao capítulo.

1. INTRODUÇÃO

A **suspensão condicional da pena**, ou ***sursis***, diz respeito à possibilidade de o juiz liberar o condenado do cumprimento da pena privativa de liberdade desde que preenchidos certos requisitos. O condenado não iniciará o cumprimento da pena, ficando em liberdade durante certo lapso de tempo denominado período de prova. Após o transcurso desse período, e cumpridas as condições estabelecidas, a pena privativa de liberdade suspensa será extinta. Havendo a revogação do *sursis* (suspensão condicional da pena), o condenado iniciará o cumprimento da pena.

Nos termos do **art. 80 do CP**, a suspensão não se estende às penas restritivas de direitos nem à multa.

Não se pode confundir *sursis* da pena com *sursis* do processo:

***Sursis* da pena**	***Sursis* processual**
Suspende-se a pena mediante condições (art. 77 do CP)	Suspende-se o processo mediante condições (art. 89 da Lei nº 9.099/95)

2. REQUISITOS

a) **Pena privativa de liberdade aplicada não superior a 2 anos (art. 77, *caput*).** Há exceções: 1ª) art. 77, § 2º, do CP: pena não superior a 4 anos, no caso de ser o condenado maior de setenta anos de idade (*sursis* etário), ou por razões de saúde que justifiquem a suspensão (*sursis* humanitário); 2ª) art. 16 da Lei nº 9.605/98 (Lei dos Crimes Ambientais): a pena aplicada não pode ser superior a 3 anos.

b) **Não ser o réu reincidente em crime doloso, salvo se na condenação anterior foi aplicada somente a pena de multa (art. 77, I, e § 1º).** Assim, a reincidência em crime culposo não impede a aplicação da suspensão da pena, desde que presentes os demais requisitos legais.

c) **A culpabilidade, os antecedentes, a conduta social e personalidade do agente, bem como os motivos e as circunstâncias autorizem a concessão do benefício (art. 77, II).** Se na fixação da pena-base o juiz considerou as circunstâncias judiciais favoráveis, não poderá, no momento da análise do sursis, alterar esse enfoque.

d) **Não ser indicada ou cabível a substituição da pena privativa de liberdade por restritiva de direitos (art. 77, III).** O *sursis* tem aplicação subsidiária em relação à pena restritiva de direitos.

e) **Reparação do dano no *sursis* especial, salvo impossibilidade de fazê-lo.**

▶ **CRIMES HEDIONDOS E EQUIPARADOS**

- **Lei nº 8.072/90 (Crimes Hediondos):** não existe vedação legal para a concessão do sursis.
- **Lei nº 11.343/06 (Lei de Drogas):** proíbe expressamente a concessão do sursis aos crimes previstos no art. 33, *caput*, § 1º, e 34 a 37. Nesse sentido: "Consoante entendimento deste Superior Tribunal de Justiça, a vedação ao sursis (prevista no artigo 44 da Lei nº 11.343/06) não foi objeto de controle de constitucionalidade pelo Supremo Tribunal Federal, razão pela qual mantém-se em plena vigência, ainda que a reprimenda definitiva fixada não seja superior a 2 (dois) anos de reclusão" (STJ, 5ª T., AgRg no REsp 1615201, j. 08/08/2017).

3. CONDIÇÕES

As condições são legais e judiciais e devem ser observadas durante o período de prova, sob pena de revogação do *sursis*.

a) **Condições legais (art. 78 do CP):**

→ No primeiro ano do prazo, deverá o condenado prestar serviços à comunidade ou submeter-se à limitação de fim de semana (art. 78, § 1º). Trata-se do ***sursis* simples.**

→ Se o condenado houver reparado o dano, salvo impossibilidade de fazê-lo, e se as circunstâncias do art. 59 deste Código lhe forem inteiramente favoráveis, o juiz poderá substituir a exigência do parágrafo anterior pelas seguintes condições, aplicadas cumulativamente: *a)* proibição de frequentar determinados lugares; *b)* proibição de ausentar-se da comarca onde reside, sem autorização do juiz; *c)* comparecimento pessoal e obrigatório ao juízo, mensalmente, para informar e justificar suas atividades (art. 78, § 2º). Trata-se do ***sursis* especial.**

b) **Condições judiciais (art. 79):** a sentença poderá especificar outras condições a que fica subordinada a suspensão, desde que adequadas ao fato e à situação pessoal do condenado.

4. PERÍODO DE PROVA

Período de prova é o tempo em que o condenado deverá observar as condições estabelecidas. Inicia-se com a audiência admonitória ou de advertência, realizada após o trânsito em julgado.

No caso de crime, o período de prova é de 2 a 4 anos. Se a condenação for pela prática de contravenção, o período será de 1 a 3 anos (art. 11 da LCP).

Há exceção no *sursis* etário e o humanitário, em que o prazo do período de prova será de 4 a 6 anos (art. 77, § 2º).

5. REVOGAÇÃO OBRIGATÓRIA (ART. 81, I A III)

A suspensão será revogada se, no curso do prazo, o beneficiário:

a) ***é condenado, em sentença irrecorrível, por crime doloso:*** o crime pode ter sido cometido antes ou durante o período de prova. O que interessa é a condenação durante o período de prova. A sentença que concede o perdão judicial durante o período de prova não revoga o *sursis*. Entende-se que não se revoga o *sursis* se a pena aplicada for de multa. Isso porque, se condenação anterior a pena de multa não impede o *sursis*, também não pode ser causa de revogação.

b) ***frustra, embora solvente, a execução de pena de multa ou não efetua, sem motivo justificado, a reparação do dano.***

c) ***descumpre a condição do § 1º do artigo 78 deste Código.*** No caso de *sursis* especial, deve o condenado prestar serviços à comunidade ou sujeitar-se à limitação de fim de semana. Se descumprir essas condições, o sursis será revogado.

6. REVOGAÇÃO FACULTATIVA (ART. 81, § 1º)

a) ***descumprimento de qualquer outra condição imposta.***

b) ***o agente é irrecorrivelmente condenado, durante o período de prova, por crime culposo ou por contravenção, a pena privativa de liberdade ou restritiva de direitos***: exclui-se a pena de multa.

Nessas hipóteses, o juiz pode, ao invés de decretar a revogação, prorrogar o período de prova até o máximo, se este não foi o fixado (art. 81, § 3º) ou exacerbar as condições (CPP, art. 707, parágrafo único).

7. CASSAÇÃO

Considera-se **cassado** o sursis quando ocorre alguma hipótese que impede o início do período de prova, tais como:

a) O condenado não comparece sem justificativa à audiência admonitória;

b) O condenado não aceita as condições do sursis;

c) Condenação a pena privativa de liberdade (não suspensa) antes do período de prova;

d) A pena é aumentada pelo Tribunal em grau de recurso.

8. PRORROGAÇÃO DO PERÍODO DE PROVA

A primeira hipótese de prorrogação vem descrita no **art. 81, § 2º, do CP: *se o beneficiário está sendo processado por outro crime ou contravenção, considera-se prorrogado o prazo da suspensão até o julgamento definitivo.*** O processo pode ser por infração penal praticada antes ou durante o período de prova. O termo inicial é o início da ação penal e não a prática da infração. Durante a prorrogação não perduram mais as condições fixadas na sentença.

Essa prorrogação não está sujeita a decisão judicial, pois é automática (STJ, 5ª T., HC 175.758, j. 04/10/2011; STJ, REsp 1107269, j. 02/06/2009).

A segunda hipótese de prorrogação se dá nos ***casos de revogação facultativa***, sendo que o juiz pode, ao invés de decretar a revogação, prorrogar o período de prova até o máximo, se este não foi o fixado (**art. 81, § 3º**).

9. EXTINÇÃO DA PENA

Terminado o período de prova sem que haja motivo para sua revogação, a pena privativa de liberdade é extinta. A extinção da pena se dá com o término do período de prova e não na data da sentença que declara a extinção da punibilidade. Observe-se que, se houver a prorrogação (art. 81, § 1º), não haverá a extinção.

O juiz pode **revogar o *sursis*** em razão de uma causa de revogação incidente durante o período de prova, **desde que ainda não tenha sido extinta a punibilidade** mediante sentença transitada em julgado. Nesse sentido: STJ, 5ª T., HC 175.758, j. 04/10/2011; STJ, HC 97.702, j. 27/05/2008; STF, HC 91562, j. 09/10/2007.

10. SÚMULAS E ORIENTAÇÕES JURISPRUDENCIAIS DO STF E DO STJ

INAPLICABILIDADE DO *SURSIS* QUANDO A PENA PRIVATIVA DE LIBERDADE FOI SUBSTITUÍDA POR RESTRITIVA DE DIREITOS

- "Inviável a suspensão condicional da pena imposta ao paciente, uma vez que a sua reprimenda privativa de liberdade foi substituída por restritiva de direitos, o que impede a incidência da benesse em questão, nos termos do artigo 77, inciso III, do Código Penal" (STJ, 5ª T., AgRg no AREsp 499369, j. 25/10/2016).
- "De rigor a concessão do sursis, nos termos do art. 77 do Código Penal, haja vista que a pena imposta é de dois anos, o paciente não é reincidente, possui circunstâncias judiciais favoráveis e não é cabível a substituição da pena privativa de liberdade por restritiva de direitos, porquanto o crime foi cometido mediante violência, consoante restrição do art. 44, I, primeira parte, do Código Penal" (STJ, 5ª T., HC 433033, j. 03/04/2018).

INAPLICABILIDADE DO *SURSIS* POR AUSÊNCIA DE REQUISITO SUBJETIVO

▶ "(...) 2. Segundo dispõe o art. 77 do Código Penal, que trata sobre a suspensão condicional da pena, o benefício exige o preenchimento cumulativo dos seguintes requisitos: I) o condenado não seja reincidente em crime doloso, II) a culpabilidade, os antecedentes, a conduta social e a personalidade do agente, bem como os motivos e as circunstâncias autorizem a concessão do benefício; III) não seja indicada ou cabível a substituição prevista no art. 44 deste Código. 3. No presente caso, a Corte local não concedeu o sursis da pena ao acusado pela existência de circunstância judicial desfavorável referente à maior reprovabilidade de sua conduta. O réu agrediu a vítima, sua sogra com mais de 60 anos de idade, mediante chutes nas costelas e pauladas na cabeça, causando-lhe 10 pontos na cabeça. Dessa forma, a situação demonstra não ser cabível o benefício pela ausência de preenchimento do requisito do inciso II do art. 77 do Código Penal" (STJ, 5ª T., HC 370181, j. 11/10/2016).

▶ 1. Os requisitos de admissibilidade da suspensão condicional do processo encontram-se taxativamente elencados no art. 89, *caput*, da Lei nº 9.099/95, a saber: (I) pena mínima cominada igual ou inferior a um ano; (II) inexistência de outro processo em curso ou condenação anterior por crime; (III) presença dos requisitos elencados no art. 77 do Código Penal: não reincidência em crime doloso aliada à análise favorável da culpabilidade, dos antecedentes, da conduta social, da personalidade do agente, bem como dos motivos e circunstâncias do delito que autorizem a concessão do benefício. 2. A existência de condenação pretérita, ainda que alcançada pelo período depurador, é apta a inviabilizar a concessão do sursis processual" (STJ, 6ª T., RHC 91575, j. 19/06/2018).

▶ "É legítima a negativa de substituição da pena privativa de liberdade por restritivas de direitos na ocasião em que não preenchido o requisito subjetivo. Devidamente fundamentado o indeferimento da suspensão condicional da pena pelo reconhecimento dos maus antecedentes, a teor do art. 77, II, do Código Penal" (STJ, 6ª T., AgRg no HC 508825, j. 01/10/2019).

AFASTAMENTO DA SUBSTITUIÇÃO DA PENA PRIVATIVA DE LIBERDADE POR RESTRITIVA DE DIREITOS: POSSIBILIDADE DE O *SURSIS* SER RETOMADO

▶ "1. Quanto à impossibilidade de se afastar a substituição da pena privativa de liberdade quanto às contravenções penais, notadamente nas hipóteses de violência no âmbito doméstico, o Superior Tribunal de Justiça tem manifestado entendimento acerca da ampliação dos efeitos do art. 44, I, do Código Penal, por força do art. 17 da Lei nº 11.340/2006. Precedentes. 2. A jurisprudência do Superior Tribunal de Justiça tem se firmado no sentido de que a prática de delito ou contravenção cometido com violência ou grave ameaça no ambiente doméstico impossibilita a substituição da pena privativa de liberdade por restritiva de direitos. Precedentes (AgRg no REsp nº 1.459.909/MS, Ministra Maria Thereza de Assis Moura, Sexta Turma, DJe 5/9/2014). 3. O Tribunal a quo, ao autorizar a substituição da pena privativa de liberdade por restritivas de direitos, acabou por desconstituir o sursis concedido na sentença condenatória, sucede que, por consectário lógico, ao ser afastada a substituição da pena por esta Corte Superior, retornam os efeitos do édito condenatório singular na parte em que concedera o sursis, uma vez que, no recurso especial, não se postulou a cassação deste último" (STJ, 6ª T., AgRg no REsp 1607382, j. 27/09/2016).

CONCURSO DE CRIMES: CONSIDERA-SE A SOMA OU A EXASPERAÇÃO

▶ "Em caso de concurso material de crimes, a análise do preenchimento dos requisitos objetivos para a concessão da permuta da pena privativa de liberdade por restritiva de direitos ou do sursis deve considerar a soma das penas fixadas, nos termos da Jurisprudência desta Corte Superior" (STJ, 5ª T., AgRg no AREsp 780522, j. 14/08/2018).

11. LEGISLAÇÃO RELACIONADA AO CAPÍTULO

SUSPENSÃO CONDICIONAL DA PENA

» **CÓDIGO PENAL**

Fixação da pena

Art. 59 – O juiz, atendendo à culpabilidade, aos antecedentes, à conduta social, à personalidade do agente, aos motivos, às circunstâncias e consequências do crime, bem como ao comportamento da vítima, estabelecerá, conforme seja necessário e suficiente para reprovação e prevenção do crime:

I – as penas aplicáveis dentre as cominadas;

II – a quantidade de pena aplicável, dentro dos limites previstos;

III – o regime inicial de cumprimento da pena privativa de liberdade;

IV – a substituição da pena privativa da liberdade aplicada, por outra espécie de pena, se cabível.

Requisitos da suspensão da pena

Art. 77 – A execução da pena privativa de liberdade, não superior a 2 (dois) anos, poderá ser suspensa, por 2 (dois) a 4 (quatro) anos, desde que:

I – o condenado não seja reincidente em crime doloso;

II – a culpabilidade, os antecedentes, a conduta social e personalidade do agente, bem como os motivos e as circunstâncias autorizem a concessão do benefício;

III – Não seja indicada ou cabível a substituição prevista no art. 44 deste Código.

§ 1º – A condenação anterior a pena de multa não impede a concessão do benefício.

§ 2º – A execução da pena privativa de liberdade, não superior a quatro anos, poderá ser suspensa, por quatro a seis anos, desde que o condenado seja maior de setenta anos de idade, ou razões de saúde justifiquem a suspensão.

Art. 78 – Durante o prazo da suspensão, o condenado ficará sujeito à observação e ao cumprimento das condições estabelecidas pelo juiz.

§ 1º – No primeiro ano do prazo, deverá o condenado prestar serviços à comunidade (art. 46) ou submeter-se à limitação de fim de semana (art. 48).

§ 2º – Se o condenado houver reparado o dano, salvo impossibilidade de fazê-lo, e se as circunstâncias do art. 59 deste Código lhe forem inteiramente favoráveis, o juiz poderá substituir a exigência do parágrafo anterior pelas seguintes condições, aplicadas cumulativamente:

a) proibição de frequentar determinados lugares;

b) proibição de ausentar-se da comarca onde reside, sem autorização do juiz;

c) comparecimento pessoal e obrigatório a juízo, mensalmente, para informar e justificar suas atividades.

Art. 79 – A sentença poderá especificar outras condições a que fica subordinada a suspensão, desde que adequadas ao fato e à situação pessoal do condenado.

Art. 80 – A suspensão não se estende às penas restritivas de direitos nem à multa.

Revogação obrigatória

Art. 81 – A suspensão será revogada se, no curso do prazo, o beneficiário:

I – é condenado, em sentença irrecorrível, por crime doloso;

II – frustra, embora solvente, a execução de pena de multa ou não efetua, sem motivo justificado, a reparação do dano;

III – descumpre a condição do § 1º do art. 78 deste Código.

Revogação facultativa

§ 1º – A suspensão poderá ser revogada se o condenado descumpre qualquer outra condição imposta ou é irrecorrivelmente condenado, por crime culposo ou por contravenção, a pena privativa de liberdade ou restritiva de direitos.

Prorrogação do período de prova

§ 2º – Se o beneficiário está sendo processado por outro crime ou contravenção, considera-se prorrogado o prazo da suspensão até o julgamento definitivo.

§ 3º – Quando facultativa a revogação, o juiz pode, ao invés de decretá-la, prorrogar o período de prova até o máximo, se este não foi o fixado.

Cumprimento das condições

Art. 82 – Expirado o prazo sem que tenha havido revogação, considera-se extinta a pena privativa de liberdade.

» **SUSPENSÃO CONDICIONAL DO PROCESSO (ART. 89 DA LEI 9.099/95)**

Art. 89 – Nos crimes em que a pena mínima cominada for igual ou inferior a um ano, abrangidas ou não por esta Lei, o Ministério Público, ao oferecer a denúncia, poderá propor a suspensão do processo, por dois a quatro anos, desde que o acusado não esteja sendo processado ou não tenha sido condenado por outro crime, presentes os demais requisitos que autorizariam a suspensão condicional da pena (art. 77 do Código Penal).

§ 1º – Aceita a proposta pelo acusado e seu defensor, na presença do Juiz, este, recebendo a denúncia, poderá suspender o processo, submetendo o acusado a período de prova, sob as seguintes condições:

I – reparação do dano, salvo impossibilidade de fazê-lo;

II – proibição de frequentar determinados lugares;

III – proibição de ausentar-se da comarca onde reside, sem autorização do Juiz;

IV – comparecimento pessoal e obrigatório a juízo, mensalmente, para informar e justificar suas atividades.

» LEI DOS CRIMES HEDIONDOS (LEI 8.072/90)

Art. 2º – Os crimes hediondos, a prática da tortura, o tráfico ilícito de entorpecentes e drogas afins e o terrorismo são insuscetíveis de:

I – anistia, graça e indulto;

II – fiança.

» LEI DE DROGAS (LEI 11.343/06)

Art. 44. Os crimes previstos nos arts. 33, *caput* e § 1º, e 34 a 37 desta Lei são inafiançáveis e insuscetíveis de sursis, graça, indulto, anistia e liberdade provisória, vedada a conversão de suas penas em restritivas de direitos.

CAPÍTULO VII

LIVRAMENTO CONDICIONAL

1. CONCEITO

O livramento condicional é uma forma de antecipação da liberdade do condenado antes do término do cumprimento da pena. Denomina-se **período de prova** o tempo em que o condenado fica liberado (restante da pena), interregno em que deverá observar certas condições.

> ▶ **IMPORTANTE:**
>
> No ***sursis***, o condenado não inicia o cumprimento da pena; no **livramento condicional**, o condenado começa a cumprir a pena e poderá obter a sua liberdade condicional.

2. REQUISITOS (ART. 83 DO CP)

2.1. Requisitos objetivos

a) a pena privativa de liberdade fixada na sentença deve ser igual ou superior a 2 anos. As penas que correspondem a infrações diversas devem somar-se para efeito do livramento (art. 84 do CP).

b) cumprimento de mais de um terço da pena se o condenado não for reincidente em crime doloso e tiver bons antecedentes (art. 81, I).

c) cumprimento de mais da metade se o condenado for reincidente em crime doloso (art. 83, II).

d) reparação do dano causado pela infração, salvo efetiva impossibilidade de fazê-lo (art. 83, IV).

e) cumprimento de mais de dois terços da pena, nos casos de condenação por crime hediondo, prática de tortura, tráfico ilícito de entorpecentes e drogas afins, tráfico de pessoas e terrorismo, se o apenado não for reincidente específico em crimes dessa natureza. Obs.: a atual redação do inciso V do artigo 83 do Código Penal foi dada pela Lei nº 13.344/16, tendo sido incluído o crime de tráfico de pessoas (art. 149-A do CP).

▶ **TRÁFICO DE DROGAS**

Art. 44 da Lei nº 11.343/06. Os crimes previstos nos arts. 33, *caput* e § 1º, e 34 a 37 desta Lei são inafiançáveis e insuscetíveis de sursis, graça, indulto, anistia e liberdade provisória, vedada a conversão de suas penas em restritivas de direitos.

Parágrafo único. Nos crimes previstos no *caput* deste artigo, dar-se-á o livramento condicional após o cumprimento de dois terços da pena, vedada sua concessão ao reincidente específico.

2.2. Requisitos subjetivos

a) Segundo o art. 83, III, do CP, deve ser comprovado: i) bom comportamento durante a execução da pena; ii) não cometimento de falta grave nos últimos 12 (doze) meses; iii) bom desempenho no trabalho que lhe foi atribuído; e iv) aptidão para prover a própria subsistência mediante trabalho honesto.

O Pacote Anticrime (Lei nº 13.964/19, com vigência a partir do dia 23/01/2020) deu nova redação ao art. 83, inciso III, do Código Penal. A redação anterior trazia três requisitos, tendo a nova redação incluído um outro, além de alterar a condição sobre o comportamento, substituindo a palavra "satisfatório" por "bom". Vejamos:

LEI REVOGADA (ART. 83)	LEI NOVA (ART. 83)
III - comprovado comportamento satisfatório durante a execução da pena, bom desempenho no trabalho que lhe foi atribuído e aptidão para prover à própria subsistência mediante trabalho honesto.	III – comprovado: a) bom comportamento durante a execução da pena; b) não cometimento de falta grave nos últimos 12 (doze) meses; c) bom desempenho no trabalho que lhe foi atribuído; d) aptidão para prover a própria subsistência mediante trabalho honesto.

O requisito inserido trata do "não cometimento de falta grave nos últimos 12 meses". Conforme jurisprudência consolidada, "A falta grave não interrompe o prazo para obtenção de livramento condicional" (**Súmula 441 do STJ**).

Não havia previsão legal nesse sentido. Entretanto, era possível utilizar a falta grave para fundamentar o **indeferimento** do pedido de livramento condicional. Assim: "A jurisprudência desta Corte é firme no sentido de que a prática de falta grave pelo apenado no curso da execução penal constitui motivo idôneo para indeferir o livramento condicional, por ausência do preenchimento do requisito subjetivo previsto no art. 83, III, do Código Penal - CP (...)" (STJ, 5ª T., AgRg no REsp 1834964/RS, j. 21/11/2019). Ainda: "1. A concessão do livramento condicional exige, além do requisito objetivo (percentual de cumprimento da pena), o preenchimento do requisito subjetivo (mérito do sentenciado). 2. No caso, o Juízo das execuções e o Tribunal de origem, em virtude da prática de duas faltas graves no curso da execução, concluíram que o paciente não cumpriu o requisito subjetivo para a progressão de regime prisional, o que afasta o apontado constrangimento ilegal. 3. Assim, é inviável, em sede de habeas corpus, desconstituir a conclusão a que chegaram as instâncias ordinárias sobre o não preenchimento do requisito subjetivo, uma vez que tal providência implica o reexame do conjunto fático-probatório dos autos da execução, procedimento incompatível com os estreitos limites da via eleita. 4. O fato de que a última falta grave fora praticada pelo paciente há mais de quatro anos, por si só, não autoriza a concessão do benefício" (STJ, 5ª T., AgRg no HC 536.197, j. 19/11/2019).

Com a alteração, a lei trouxe maior segurança ao prever que a falta grave impede o livramento condicional, mas desde que praticada nos últimos 12 meses.

Atenção: o Pacote Anticrime (Lei nº 13.964/19) alterou o art. 112 da LEP, passando a **vedar a concessão de livramento condicional ao condenado pela prática de crime hediondo ou equiparado, com resultado morte, seja ele primário ou reincidente** (art. 112, VI, *a*, e VIII).

b) Para o condenado por crime doloso, cometido com violência ou grave ameaça à pessoa, a concessão do livramento ficará também subordinada à constatação de condições pessoais que façam presumir que o liberado não voltará a delinquir (art. 83, parágrafo único, do CP). Trata-se de uma perícia médico-psiquiátrica.

Com o advento da Lei 10.792/03, que alterou o art. 112 da LEP, o exame criminológico deixou de ser obrigatório. Desse modo, também não mais justifica a obrigatoriedade dessa perícia para a concessão do livramento condicional. Apesar de não ser obrigatório, nada impede que o juiz determine a realização do exame criminológico no caso concreto, desde que fundamente a sua decisão. Nesse sentido a **Súmula 439 do STJ**: "Admite-se o exame criminológico pelas peculiaridades do caso, desde que em decisão motivada". A propósito: "Para a concessão do benefício do livramento condicional, nos termos do art. 83 do Código Penal, deve o reeducando preencher, além do requisito de natureza objetiva, os de natureza subjetiva (comportamento satisfatório durante a execução da pena, bom desempenho no trabalho que lhe foi atribuído e aptidão para prover ao próprio sustento de maneira lícita), podendo as instâncias ordinárias, excepcionalmente, diante das peculiaridades do caso concreto, determinar a realização de exame criminológico para aferir o mérito do apenado, desde que essa decisão seja adequadamente motivada. (Súmula n. 439/STJ; Súmula vinculante n. 26/STF; v.g.)" (STJ, 5ª T., HC 386.558, j. 18/04/2017).

Ademais, o STJ pacificou entendimento no sentido de que fatores relacionados ao crime praticado são determinantes da pena aplicada, mas não justificam diferenciado tratamento para a progressão de regime ou livramento condicional, de modo que **o exame criminológico somente poderá fundar-se em fatos ocorridos no curso da própria execução penal.** Nesse sentido: STJ, 5ª T., AgRg no HC 340787, j. 28/06/2016. Ainda: "Conforme reiterada orientação jurisprudencial deste Superior Tribunal de

Justiça – STJ, a **gravidade abstrata** dos delitos praticados e a longevidade da pena a cumprir não podem servir, por si sós, como fundamento para a determinação de prévia submissão do apenado a exame criminológico para fins de concessão do benefício do livramento condicional. Precedentes" (STJ, 5ª T., AgRg no HC 467980, j. 06/11/2018).

▶ **OBSERVAÇÕES:**

- **Súmula 439 do STJ**: "Admite-se o exame criminológico pelas peculiaridades do caso, desde que em decisão motivada".
- **Súmula Vinculante 26 do STF**: "Para efeito de progressão de regime no cumprimento de pena por crime hediondo, ou equiparado, o juízo da execução observará a inconstitucionalidade do art. 2º da Lei nº 8.072, de 25 de julho de 1990, sem prejuízo de avaliar se o condenado preenche, ou não, os requisitos objetivos e subjetivos do benefício, podendo determinar, para tal fim, de modo fundamentado, a realização de exame criminológico".
- A falta grave não interrompe o prazo para obtenção de livramento condicional (**Súmula 441 do STJ**).
- A lei não trata do **não reincidente portador de maus antecedentes**. Há dois entendimentos: 1º) deve cumprir 1/3 da pena, pois o cumprimento de 1/2 é aplicável somente aos reincidentes em crime doloso; 2º) deve cumprir 1/2 da pena. A primeira posição tem sido a preferida na jurisprudência. Nesse sentido: "No caso de paciente primário, de maus antecedentes, como o Código não contemplou tal hipótese, ao tratar do prazo para concessão do livramento condicional, não se admite a interpretação em prejuízo do réu, devendo ser aplicado o prazo de um terço. O paciente primário com maus antecedentes não pode ser equiparado ao reincidente, em seu prejuízo" (STJ, HC 102278, j. 03/04/2008).
- O livramento condicional pode ser concedido a crimes cometidos com violência ou grave ameaça à pessoa.
- A partir da vigência do Pacote Anticrime, proíbe-se a concessão do livramento condicional no caso de condenação por crime hediondo ou equiparado com resultado morte (nova redação do art. 112 da LEP).

3. PROCEDIMENTO

O livramento condicional poderá ser concedido mediante requerimento do sentenciado, de seu cônjuge ou de parente em linha reta, ou por proposta do diretor do estabelecimento penal, ou por iniciativa do Conselho Penitenciário (art. 712 do CPP). O livramento condicional poderá ser concedido pelo juiz da execução, presentes os requisitos do artigo 83, incisos e parágrafo único, do Código Penal, ouvidos o Ministério Público e o Conselho Penitenciário (art. 131 da LEP).

4. CONDIÇÕES

a) ***Condições obrigatórias (art. 132, § 1º, da LEP):*** obter ocupação lícita, dentro de prazo razoável se for apto para o trabalho; comunicar periodicamente ao juiz sua ocupação; não mudar do território da comarca do Juízo da Execução, sem prévia autorização deste.

b) ***Condições facultativas (art. 132, § 2º, da LEP)***: não mudar de residência sem comunicação ao juiz e à autoridade incumbida da observação cautelar e de proteção; recolher-se à habitação em hora fixada; não frequentar determinados lugares. Segundo entendimento do STJ, o juiz poderá fixar outras condições que não aquelas elencadas no § 2º do artigo 132 da Lei de Execuções Penais (STJ, 6ª T., RHC 16.196, j. 18/11/2004).

5. REVOGAÇÃO OBRIGATÓRIA

a) Se o liberado vem a ser condenado a pena privativa de liberdade, em sentença irrecorrível, por crime cometido durante a vigência do período de prova.

Revogado o livramento, os **efeitos** são os seguintes:

→ Não poderá ser novamente concedido em relação à mesma pena. Nada impede o livramento em relação à nova pena imposta;

→ Não se computará como tempo de cumprimento da pena o período de prova (tempo em que esteve solto o condenado);

→ Não será permitida, para a concessão de novo livramento, a soma do tempo das duas penas.

Exemplo: o sujeito foi condenado a 6 anos de reclusão. Após o cumprimento de 4 anos, consegue o livramento condicional. Com 1 ano de período de prova, vem a ser novamente condenado a pena privativa de liberdade de 5 anos, em sentença irrecorrível, por crime cometido durante o período de prova. Da primeira pena (6 anos), havia cumprido 4 anos de prisão. O tempo de 1 ano correspondente ao período de prova não será computado, restando, assim, 2 anos de pena a ser cumprida (primeira condenação). Como a segunda condenação foi por crime cometido durante o período de prova, as penas não se somam para efeito de nova concessão. Em relação ao restante da pena (primeira condenação) não caberá novo livramento condicional. No tocante à segunda pena, poderá haver a concessão do livramento.

b) Se o liberado vem a ser condenado a pena privativa de liberdade, em sentença irrecorrível, por crime anterior ao período de prova, observado o disposto no artigo 84 deste Código.

Revogado o livramento, os **efeitos** são os seguintes:

→ Poderá ser novamente concedido em relação à mesma pena;

→ Computar-se-á como tempo de cumprimento da pena o período de prova (tempo em que esteve solto o condenado);

→ Será permitida, para a concessão de novo livramento, a soma do tempo das duas penas.

Exemplo: o sujeito foi condenado a 6 anos de reclusão. Após o cumprimento de 2 anos, consegue o livramento condicional. Com 1 ano de período de prova, vem a ser novamente condenado a pena privativa de liberdade de 5 anos, em sentença irrecorrível, por crime anterior ao período de prova. Da primeira pena (6 anos), havia cumprido 2 anos de prisão + 1 ano de período de prova (que será computado), restando, assim, 3 anos de pena a ser cumprida (primeira condenação). Como a segunda condenação foi por crime anterior ao período de prova, somam-se as penas, isto é, o restante da primeira (3 anos) com a segunda pena (5 anos). No caso, teremos uma pena de 8 anos a ser cumprida. Preenchidos os pressupostos, poderá novamente ser concedido o livramento condicional.

6. REVOGAÇÃO FACULTATIVA

Nas hipóteses de revogação facultativa, poderá o juiz revogar o livramento ou mantê-lo. Nesse caso, deve advertir o liberado ou agravar as condições (art. 140, par. único, da LEP).

a) Se o liberado deixar de cumprir qualquer das obrigações constantes da sentença.

Revogado o livramento, os **efeitos** são os seguintes:

→ Não poderá ser novamente concedido em relação à mesma pena;

→ Não se computará como tempo de cumprimento da pena o período de prova (tempo em que esteve solto o condenado).

b) Se o liberado for irrecorrivelmente condenado, por crime ou contravenção, a pena de multa ou restritiva de direitos (não pode ser privativa de liberdade).

Em relação aos **efeitos**, vai depender se o crime foi praticado antes ou durante o período de prova, conforme acima explicado.

> ▶ **CONTRAVENÇÃO PENAL**
>
> A lei não tratou da hipótese de ser o liberado condenado a pena privativa de liberdade em razão da prática de contravenção penal.

7. PRORROGAÇÃO/SUSPENSÃO/EXTINÇÃO

Como acima visto, se o liberado for condenado em sentença irrecorrível por crime praticado durante o período de prova, o livramento condicional será revogado. No entanto, a simples prática do crime durante a vigência do livramento condicional não é causa de revogação, mas poderá o juiz decretar a prisão do liberado e **suspender** o curso do livramento (LEP, art. 145 - *Praticada pelo liberado outra infração penal, o Juiz poderá ordenar a sua prisão, ouvidos o Conselho Penitenciário e o Ministério Público, suspendendo o curso do livramento condicional, cuja revogação, entretanto, ficará dependendo da decisão final*). Ressalte-se que a suspensão não é automática (existência da prática do crime), e depende de uma decisão judicial: "1. Compete ao Juízo das Execuções Criminais determinar a suspensão do livramento condicional, cautelarmente, quando cometido novo delito durante a sua vigência para depois, se for o caso, revogá-lo (art. 145 da Lei de Execução Penal). 2. Consoante entendimento consolidado nesta Corte Superior, não ocorrendo o sobrestamento durante o período de prova, descabida é a sua revogação posterior, devendo ser declarada a extinção da pena, nos termos do art. 90 do Código Penal. 3. No caso, o ora agravado foi beneficiado com o livramento condicional com término do período de prova previsto para 23-5-2016. No dia 27-2-2016, praticou novo delito. Entretanto, o Juízo da Execução não procedeu à suspensão cautelar do benefício, tão somente o fazendo em data posterior ao seu transcurso, no dia 11-8-2016" (STJ, 5ª T., AgRg no HC 394.664, j. 19/10/2017). Ainda: "Esta Corte Superior de Justiça firmou posicionamento jurisprudencial no sentido de que, uma vez praticado crime durante o gozo do livramento condicional, **não há se falar em revogação automática do benefício**, devendo o Juízo Executório determinar a suspensão cautelar da benesse, por meio de decisão judicial, a qual deve ser prolatada durante a vigência do período de prova, sob pena de, após tal lapso temporal, ser declarada extinta a punibilidade do beneficiado. Precedentes" (STJ, 5ª T., AgRg no HC 444239, j. 18/09/2018).

Nos termos do art. 89 do CP, o juiz não poderá declarar extinta a pena enquanto não passar em julgado a sentença em processo a que responde o liberado, por crime cometido na vigência do livramento. Após o período de prova não perduram as condições fixadas.

Se até o seu término o livramento não é revogado, considera-se extinta a pena privativa de liberdade (CP, art. 90). O juiz, de ofício, a requerimento do interessado, do Ministério Público ou mediante representação do Conselho Penitenciário, julgará extinta a pena privativa de liberdade se expirar o prazo do livramento sem revogação (LEP, art. 146). A sentença é declaratória, tendo como marco da extinção da punibilidade a data do término do período de prova.

Conforme a **Súmula 617 do STJ**, "A ausência de suspensão ou revogação do livramento condicional antes do término do período de prova enseja a extinção da punibilidade pelo integral cumprimento da pena".

8. SÚMULAS E ORIENTAÇÕES JURISPRUDENCIAIS DO STF E DO STJ

LIVRAMENTO CONDICIONAL

- **Súmula Vinculante 26 do STF:** "Para efeito de progressão de regime no cumprimento de pena por crime hediondo, ou equiparado, o juízo da execução observará a inconstitucionalidade do art. 2º da Lei nº 8.072, de 25 de julho de 1990, sem prejuízo de avaliar se o condenado preenche, ou não, os requisitos objetivos e subjetivos do benefício, podendo determinar, para tal fim, de modo fundamentado, a realização de exame criminológico".
- **Súmula 439 do STJ:** "Admite-se o exame criminológico pelas peculiaridades do caso, desde que em decisão motivada".

- **Súmula 441 do STJ:** "A falta grave não interrompe o prazo para obtenção de livramento condicional".
- **Súmula 617 do STJ:** "A ausência de suspensão ou revogação do livramento condicional antes do término do período de prova enseja a extinção da punibilidade pelo integral cumprimento da pena".

EXAME CRIMINOLÓGICO

- "Conforme reiterada orientação jurisprudencial deste Superior Tribunal de Justiça – STJ, a gravidade abstrata dos delitos praticados e a longevidade da pena a cumprir não podem servir, por si sós, como fundamento para a determinação de prévia submissão do apenado a exame criminológico para fins de concessão do benefício do livramento condicional. Precedentes" (STJ, 5ª T., AgRg no HC 467980, j. 06/11/2018).

HAVENDO INFRAÇÕES DIVERSAS, AS PENAS SÃO SOMADAS PARA FINS DE LIVRAMENTO CONDICIONAL

- "II – Por determinação expressa do art. 84 do Código Penal, as penas que correspondem a infrações diversas devem somar-se para efeito do livramento condicional. III – Na hipótese, sendo o apenado reincidente em crime doloso, e consistindo a reincidência em condição pessoal que, uma vez adquirida pelo sentenciado, influi sobre o requisito objetivo dos benefícios da execução, com relação a todas as sanções a ele aplicadas, deve o percentual de 1/2 (metade), exigido como lapso temporal para o livramento condicional, nos termos do art. 83, inciso II, do Código Penal, incidir sobre a totalidade das reprimendas unificadas" (STJ, 5ª T., HC 379.007, j. 16/02/2017).
- "2. A jurisprudência do Superior Tribunal de Justiça é pacífica no sentido de que, para efeito de livramento condicional, as penas que correspondem a delitos diversos devem ser somadas, nos termos do artigo 84 do Código Penal. E, tratando-se de execução conjunta de penas por crime hediondo e crime comum, o preenchimento do requisito objetivo se dá com o cumprimento de 2/3 (dois terços) da pena referente ao delito hediondo, e ainda o cumprimento de mais de 1/3 (um terço) do restante da pena relativamente ao delito comum se o condenado não for reincidente em crime doloso e tiver bons antecedentes, nos termos do art. 83, I e V, do Código Penal.
- 3. No caso dos autos, o Tribunal a quo manteve a decisão de primeiro grau, que indeferiu o livramento condicional formulado em favor do paciente por ausência do requisito objetivo, em razão do não cumprimento de mais de 2/3 (dois terços) da pena referente aos delitos hediondos, além de 1/3 (um terço) do restante da pena relativamente aos crimes comuns, em consonância com o entendimento do Superior Tribunal de Justiça. Constrangimento ilegal não configurado" (STJ, 6ª T., HC 378.502, j. 21/02/2017).

LIVRAMENTO CONDICIONAL E ASSOCIAÇÃO PARA O TRÁFICO: APLICAÇÃO DA LEI ESPECIAL (ART. 44 DA LEI DE DROGAS)

- "O crime de associação para o tráfico não é considerado hediondo ou equiparado, contudo o art. 44, parágrafo único, da Lei 11.343/2006 estabelece prazo mais rigoroso para a concessão de livramento condicional, qual seja, 2/3 do cumprimento da pena, vedando a sua concessão ao reincidente específico" (STJ, 6ª T., AgInt no AREsp 532.666, j. 27/06/2017).
- "Em razão do Princípio da Especialidade, para a concessão do livramento condicional ao delito de associação para o tráfico, exige-se o cumprimento de 2/3 (dois terços) da pena, requisito objetivo previsto no parágrafo único do art. 44 da Lei nº 11.343/06. Precedentes" (STJ, 5ª T., HC 467215, j. 23/10/2018).
- "O tema encontra-se pacificado nesta Corte no sentido de que o delito de associação para o tráfico de drogas, embora não seja equiparado aos hediondos, exige, em razão do princípio da especialidade, o cumprimento da fração de 2/3 para concessão do livramento condicional, nos termos do art. 44, parágrafo único, da Lei n. 11.343/06" (STJ, 5ª T., AgRg no HC 566686, j. 18/08/2020).

9. LEGISLAÇÃO RELACIONADA AO CAPÍTULO

LIVRAMENTO CONDICIONAL

» **CÓDIGO PENAL**

Requisitos do livramento condicional

Art. 83 – O juiz poderá conceder livramento condicional ao condenado a pena privativa de liberdade igual ou superior a 2 (dois) anos, desde que:

I – cumprida mais de um terço da pena se o condenado não for reincidente em crime doloso e tiver bons antecedentes;

II – cumprida mais da metade se o condenado for reincidente em crime doloso;

III – comprovado:

a) bom comportamento durante a execução da pena;

b) não cometimento de falta grave nos últimos 12 (doze) meses;

c) bom desempenho no trabalho que lhe foi atribuído; e

d) aptidão para prover a própria subsistência mediante trabalho honesto;

IV – tenha reparado, salvo efetiva impossibilidade de fazê-lo, o dano causado pela infração;

V – cumpridos mais de dois terços da pena, nos casos de condenação por crime hediondo, prática de tortura, tráfico ilícito de entorpecentes e drogas afins, tráfico de pessoas e terrorismo, se o apenado não for reincidente específico em crimes dessa natureza.

Parágrafo único – Para o condenado por crime doloso, cometido com violência ou grave ameaça à pessoa, a concessão do livramento ficará também subordinada à constatação de condições pessoais que façam presumir que o liberado não voltará a delinquir.

Soma de penas

Art. 84 – As penas que correspondem a infrações diversas devem somar-se para efeito do livramento.

Especificações das condições

Art. 85 – A sentença especificará as condições a que fica subordinado o livramento.

Revogação do livramento

Art. 86 – Revoga-se o livramento, se o liberado vem a ser condenado a pena privativa de liberdade, em sentença irrecorrível:

I – por crime cometido durante a vigência do benefício;

II – por crime anterior, observado o disposto no art. 84 deste Código.

Revogação facultativa

Art. 87 – O juiz poderá, também, revogar o livramento, se o liberado deixar de cumprir qualquer das obrigações constantes da sentença, ou for irrecorrivelmente condenado, por crime ou contravenção, a pena que não seja privativa de liberdade.

Efeitos da revogação

Art. 88 – Revogado o livramento, não poderá ser novamente concedido, e, salvo quando a revogação resulta de condenação por outro crime anterior àquele benefício, não se desconta na pena o tempo em que esteve solto o condenado.

Extinção

Art. 89 – O juiz não poderá declarar extinta a pena, enquanto não passar em julgado a sentença em processo a que responde o liberado, por crime cometido na vigência do livramento.

Art. 90 – Se até o seu término o livramento não é revogado, considera-se extinta a pena privativa de liberdade.

Tráfico de pessoas

Art. 149-A – Agenciar, aliciar, recrutar, transportar, transferir, comprar, alojar ou acolher pessoa, mediante grave ameaça, violência, coação, fraude ou abuso, com a finalidade de: I – remover-lhe órgãos, tecidos ou partes do corpo; II – submetê-la a trabalho em condições análogas à de escravo; III – submetê-la a qualquer tipo de servidão; IV – adoção ilegal; ou V – exploração sexual.

Pena – reclusão, de 4 (quatro) a 8 (oito) anos, e multa.

§ 1º – A pena é aumentada de um terço até a metade se: I – o crime for cometido por funcionário público no exercício de suas funções ou a pretexto de exercê-las; II – o crime for cometido contra criança, adolescente ou pessoa idosa ou com deficiência; III – o agente se prevalecer de relações de parentesco, domésticas, de coabitação, de hospitalidade, de dependência econômica, de autoridade ou de superioridade hierárquica inerente ao exercício de emprego, cargo ou função; ou IV – a vítima do tráfico de pessoas for retirada do território nacional.

§ 2º – A pena é reduzida de um a dois terços se o agente for primário e não integrar organização criminosa.

» **CÓDIGO DE PROCESSO PENAL**

Art. 712 – O livramento condicional poderá ser concedido mediante requerimento do sentenciado, de seu cônjuge ou de parente em linha reta, ou por proposta do diretor do estabelecimento penal, ou por iniciativa do Conselho Penitenciário. Parágrafo único – No caso do artigo anterior, a concessão do livramento competirá ao juiz da execução da pena que o condenado estiver cumprindo.

» **LEI DE EXECUÇÃO PENAL**

Art. 112. A pena privativa de liberdade será executada em forma progressiva com a transferência para regime menos rigoroso, a ser determinada pelo juiz, quando o preso tiver cumprido ao menos:

I – 16% (dezesseis por cento) da pena, se o apenado for primário e o crime tiver sido cometido sem violência à pessoa ou grave ameaça;

II – 20% (vinte por cento) da pena, se o apenado for reincidente em crime cometido sem violência à pessoa ou grave ameaça;

III – 25% (vinte e cinco por cento) da pena, se o apenado for primário e o crime tiver sido cometido com violência à pessoa ou grave ameaça;

IV – 30% (trinta por cento) da pena, se o apenado for reincidente em crime cometido com violência à pessoa ou grave ameaça;

V – 40% (quarenta por cento) da pena, se o apenado for condenado pela prática de crime hediondo ou equiparado, se for primário;

VI – 50% (cinquenta por cento) da pena, se o apenado for:

a) condenado pela prática de crime hediondo ou equiparado, com resultado morte, se for primário, vedado o livramento condicional;

b) condenado por exercer o comando, individual ou coletivo, de organização criminosa estruturada para a prática de crime hediondo ou equiparado; ou

c) condenado pela prática do crime de constituição de milícia privada;

VII – 60% (sessenta por cento) da pena, se o apenado for reincidente na prática de crime hediondo ou equiparado;

VIII – 70% (setenta por cento) da pena, se o apenado for reincidente em crime hediondo ou equiparado com resultado morte, vedado o livramento condicional.

§ 1º Em todos os casos, o apenado só terá direito à progressão de regime se ostentar boa conduta carcerária, comprovada pelo diretor do estabelecimento, respeitadas as normas que vedam a progressão.

§ 2º A decisão do juiz que determinar a progressão de regime será sempre motivada e precedida de manifestação do Ministério Público e do defensor, procedimento que também será adotado na concessão de livramento condicional, indulto e comutação de penas, respeitados os prazos previstos nas normas vigentes.

§ 3º No caso de mulher gestante ou que for mãe ou responsável por crianças ou pessoas com deficiência, os requisitos para progressão de regime são, cumulativamente:

I – não ter cometido crime com violência ou grave ameaça a pessoa;

II – não ter cometido o crime contra seu filho ou dependente;

III – ter cumprido ao menos 1/8 (um oitavo) da pena no regime anterior;

IV – ser primária e ter bom comportamento carcerário, comprovado pelo diretor do estabelecimento;

V – não ter integrado organização criminosa.

§ 4º O cometimento de novo crime doloso ou falta grave implicará a revogação do benefício previsto no § 3º deste artigo.

§ 5º Não se considera hediondo ou equiparado, para os fins deste artigo, o crime de tráfico de drogas previsto no § 4º do art. 33 da Lei nº 11.343, de 23 de agosto de 2006.

§ 6º O cometimento de falta grave durante a execução da pena privativa de liberdade interrompe o prazo para a obtenção da progressão no regime de cumprimento da pena, caso em que o reinício da contagem do requisito objetivo terá como base a pena remanescente.

§ 7º O bom comportamento é readquirido após 1 (um) ano da ocorrência do fato, ou antes, após o cumprimento do requisito temporal exigível para a obtenção do direito. *(Redação dada pela Lei nº 13.964, de 2019, vetada pelo Presidente da República e mantida pelo Congresso Nacional)*

Art. 131 – O livramento condicional poderá ser concedido pelo Juiz da execução, presentes os requisitos do artigo 83, incisos e parágrafo único, do Código Penal, ouvidos o Ministério Público e Conselho Penitenciário.

Art. 132 – Deferido o pedido, o Juiz especificará as condições a que fica subordinado o livramento.

§ 1º – Serão sempre impostas ao liberado condicional as obrigações seguintes: a) obter ocupação lícita, dentro de prazo razoável se for apto para o trabalho; b) comunicar periodicamente ao Juiz sua ocupação; c) não mudar do território da comarca do Juízo da execução, sem prévia autorização deste.

§ 2º – Poderão ainda ser impostas ao liberado condicional, entre outras obrigações, as seguintes: a) não mudar de residência sem comunicação ao Juiz e à autoridade incumbida da observação cautelar e de proteção; b) recolher-se à habitação em hora fixada; c) não frequentar determinados lugares. d) (Vetado).

Art. 133 – Se for permitido ao liberado residir fora da comarca do Juízo da execução, remeter-se-á cópia da sentença do livramento ao Juízo do lugar para onde ele se houver transferido e à autoridade incumbida da observação cautelar e de proteção.

Art. 134 – O liberado será advertido da obrigação de apresentar-se imediatamente às autoridades referidas no artigo anterior.

Art. 135 – Reformada a sentença denegatória do livramento, os autos baixarão ao Juízo da execução, para as providências cabíveis.

Art. 136 – Concedido o benefício, será expedida a carta de livramento com a cópia integral da sentença em 2 (duas) vias, remetendo-se uma à autoridade administrativa incumbida da execução e outra ao Conselho Penitenciário.

Art. 137 – A cerimônia do livramento condicional será realizada solenemente no dia marcado pelo Presidente do Conselho Penitenciário, no estabelecimento onde está sendo cumprida a pena, observando-se o seguinte: I – a sentença será lida ao liberando, na presença dos demais condenados, pelo Presidente do Conselho Penitenciário ou membro por ele designado, ou, na falta, pelo Juiz; II – a autoridade administrativa chamará a atenção do liberando para as condições impostas na sentença de livramento; III – o liberando declarará se aceita as condições.

§ 1º – De tudo em livro próprio, será lavrado termo subscrito por quem presidir a cerimônia e pelo liberando, ou alguém a seu rogo, se não souber ou não puder escrever.

§ 2º – Cópia desse termo deverá ser remetida ao Juiz da execução.

Art. 138 – Ao sair o liberado do estabelecimento penal, ser-lhe-á entregue, além do saldo de seu pecúlio e do que lhe pertencer, uma caderneta, que exibirá à autoridade judiciária ou administrativa, sempre que lhe for exigida.

§ 1º – A caderneta conterá: a) a identificação do liberado; b) o texto impresso do presente Capítulo; c) as condições impostas.

§ 2º – Na falta de caderneta, será entregue ao liberado um salvo-conduto, em que constem as condições do livramento, podendo substituir-se a ficha de identificação ou o seu retrato pela descrição dos sinais que possam identificá-lo.

§ 3º – Na caderneta e no salvo-conduto deverá haver espaço para consignar-se o cumprimento das condições referidas no artigo 132 desta Lei.

Art. 139 – A observação cautelar e a proteção realizadas por serviço social penitenciário, Patronato ou Conselho da Comunidade terão a finalidade de: I – fazer observar o cumprimento das condições especificadas na sentença concessiva do benefício; II – proteger o beneficiário, orientando-o na execução de suas obrigações e auxiliando-o na obtenção de atividade laborativa.

Parágrafo único – A entidade encarregada da observação cautelar e da proteção do liberado apresentará relatório ao Conselho Penitenciário, para efeito da representação prevista nos artigos 143 e 144 desta Lei.

Art. 140 – A revogação do livramento condicional dar-se-á nas hipóteses previstas nos artigos 86 e 87 do Código Penal.

Parágrafo único – Mantido o livramento condicional, na hipótese da revogação facultativa, o Juiz deverá advertir o liberado ou agravar as condições.

Art. 141 – Se a revogação for motivada por infração penal anterior à vigência do livramento, computar-se-á como tempo de cumprimento da pena o período de prova, sendo permitida, para a concessão de novo livramento, a soma do tempo das 2 (duas) penas.

Art. 142 – No caso de revogação por outro motivo, não se computará na pena o tempo em que esteve solto o liberado, e tampouco se concederá, em relação à mesma pena, novo livramento.

Art. 143 – A revogação será decretada a requerimento do Ministério Público, mediante representação do Conselho Penitenciário, ou, de ofício, pelo Juiz, ouvido o liberado.

Art. 144 – O Juiz, de ofício, a requerimento do Ministério Público, da Defensoria Pública ou mediante representação do Conselho Penitenciário, e ouvido o liberado, poderá modificar as condições especificadas na sentença, devendo o respectivo ato decisório ser lido ao liberado por uma das autoridades ou funcionários indicados no inciso I do *caput* do art. 137 desta Lei, observado o disposto nos incisos II e III e §§ 1º e 2º do mesmo artigo.

Art. 145 – Praticada pelo liberado outra infração penal, o Juiz poderá ordenar a sua prisão, ouvidos o Conselho Penitenciário e o Ministério Público, suspendendo o curso do livramento condicional, cuja revogação, entretanto, ficará dependendo da decisão final.

Art. 146 – O Juiz, de ofício, a requerimento do interessado, do Ministério Público ou mediante representação do Conselho Penitenciário, julgará extinta a pena privativa de liberdade, se expirar o prazo do livramento sem revogação.

LEGISLAÇÃO

» **LEI DE DROGAS (LEI 11.343/06)**

Art. 44 – Os crimes previstos nos arts. 33, *caput* e § 1º, e 34 a 37 desta Lei são inafiançáveis e insuscetíveis de sursis, graça, indulto, anistia e liberdade provisória, vedada a conversão de suas penas em restritivas de direitos.

Parágrafo único. Nos crimes previstos no *caput* deste artigo, dar-se-á o livramento condicional após o cumprimento de dois terços da pena, vedada sua concessão ao reincidente específico.

LEGISLAÇÃO

CAPÍTULO VIII

EFEITOS DA CONDENAÇÃO E REABILITAÇÃO

1. EFEITOS DA CONDENAÇÃO

<table>
<tr><td rowspan="8">EFEITOS</td><td rowspan="5">Principais</td><td rowspan="5">Sanção penal</td><td rowspan="3">Pena</td><td>Privativa de liberdade</td></tr>
<tr><td>Restritiva de direitos</td></tr>
<tr><td>Multa</td></tr>
<tr><td rowspan="2">Medida de segurança (semi-imputável)</td><td>Internação</td></tr>
<tr><td>Tratamento ambulatorial</td></tr>
<tr><td rowspan="3">Secundários</td><td>Penais</td><td>–</td><td>–</td></tr>
<tr><td rowspan="2">Extrapenais</td><td>Confisco alargado (art. 91-A)</td><td>–</td></tr>
<tr><td>Específicos (art. 92)</td><td>–</td></tr>
</table>

De acordo com a **Súmula 631 do STJ**, "O indulto extingue os efeitos primários da condenação (pretensão executória), mas não atinge os efeitos secundários, penais ou extrapenais".

1.1. Efeitos principais

O principal efeito da **condenação** é a imposição de sanção penal (pena ou medida de segurança):

1º) Penas: aplicadas ao imputável ou semi-imputável.

- Penas privativas de liberdade
- Restritivas de direitos
- Multa

2º) Medidas de segurança: aplicadas ao semi-imputável.

1.2. Efeitos secundários de natureza penal

a) Enseja reincidência, se houver crime posterior (CP, art. 63);

b) Revogação facultativa ou obrigatória do sursis anteriormente concedido (CP, art. 81);

c) Revogação facultativa ou obrigatória do livramento condicional (CP, arts. 86 e 87);

d) Aumento ou interrupção do prazo de prescrição da pretensão executória quando caracterizada a reincidência (CP, arts. 110, *caput*, e 117, VI);

e) Revogação da reabilitação (CP, art. 95), quando se tratar de reincidente;

f) Impede a concessão de certos privilégios, tais como: CP, arts. 155, § 2º; 170, 171, § 1º;

g) Impossibilidade de eventual concessão de suspensão condicional do processo (Lei nº 9.099/95, art. 89).

1.3. Efeitos secundários de natureza extrapenal

A condenação produz efeitos secundários **genéricos (art. 91)** e **específicos (arts. 91-A e 92)**. Os genéricos são de aplicação automática, independente de declaração na sentença, ao passo que os específicos precisam ser motivadamente declarados na sentença.

1.3.1. Efeitos secundários genéricos (art. 91 do CP)

a) **Obrigação de reparação do dano (art. 91, I):** com a sentença penal condenatória não mais se discute o fato ilícito e a obrigação de indenizar. De acordo com o art. 515, VI, do CPC, "São títulos executivos judiciais, cujo cumprimento dar-se-á de acordo com os artigos previstos neste Título: (...) VI – a sentença penal condenatória transitada em julgado".

▶ VALOR MÍNIMO PARA REPARAÇÃO DOS DANOS

Não se deve confundir o art. 91, I, do CP (efeito da condenação) com o art. 387, IV, do CPP, o qual determina que na sentença condenatória o juiz fixará valor mínimo para reparação dos danos causados pela infração, considerando os prejuízos sofridos pelo ofendido. Por ser norma de Direito Penal, não se aplica aos crimes praticados antes da vigência da Lei nº 11.719/08. A propósito: "1. Consoante dispõe o art. 91, I, do Código Penal: "são efeitos da condenação: I - tornar certa a obrigação de indenizar o dano causado pelo crime". Referido dispositivo trata do efeito extrapenal genérico da condenação, de efeito automático, pois não necessita ser expressamente pronunciado pelo juiz na sentença condenatória para se tornar título executivo judicial a embasar eventual propositura da ação civil ex delicto. 2. Com a alteração instituída pela Lei Federal n. 11.719/08, o inciso IV do art. 387 do Código de Processo Penal - CPP possibilitou que o juiz, ao proferir a sentença condenatória, fixe valor mínimo para reparação dos danos causados pela infração, considerando os prejuízos sofridos pelo ofendido. Assim, o aludido dispositivo apenas permitiu a antecipação do momento processual para fixação de um valor mínimo para reparação de danos causados por uma infração penal. 3. Esta Corte Superior de Justiça entende que "a aplicação do instituto disposto no art. 387, IV, do CPP, referente à reparação de natureza cível, na prolação da sentença condenatória, requer a dedução de um pedido expresso do querelante ou do Ministério Público, em respeito às garantias do contraditório e da ampla defesa (...)" (STJ, 5ª T., AgRg nos EDcl no AREsp 1296627, DJe 01/02/2019). Ademais, segundo o STJ, **deve haver pedido formal, a fim de que haja o contraditório**: "A jurisprudência do Superior Tribunal de Justiça é no sentido de que 'a fixação de valor mínimo para reparação dos danos materiais causados pela infração exige, além de pedido expresso na inicial, a indicação de valor e instrução probatória específica, de modo a possibilitar ao réu o direito de defesa com a comprovação de inexistência de prejuízo a ser reparado ou a indicação de quantum diverso' (...)" (STJ, 6ª T., AgRg no REsp 1785526, j. 25/06/2019). Ainda, nos casos de violência contra a mulher praticados no âmbito doméstico e familiar, 'é possível a fixação de valor mínimo indenizatório a título de dano moral, desde que haja pedido expresso da acusação ou da parte ofendida, ainda que não especificada a quantia, e independentemente de instrução probatória' (...)" (STJ, 5ª T., AgRg no REsp 1813825, j. 18/06/2019). Idem: "Nos termos do entendimento desta Corte Superior a reparação civil dos danos sofridos pela vítima do fato criminoso, prevista no art. 387, IV, do Código de Processo Penal, inclui também os danos de natureza moral, e para que haja a fixação na sentença do valor mínimo devido a título de indenização, é necessário pedido expresso, sob pena de afronta à ampla defesa" (STJ, 6ª T., AgRg no REsp 1820918, j. 27/10/2020).

b) **Confisco (art. 91, II)**: perda em favor da União, ressalvado o direito do lesado ou de terceiro de boa-fé: a) dos instrumentos do crime, desde que consistam em coisa cujo fabrico, alienação, uso, porte ou detenção constitua fato ilícito; b) do produto do crime ou de qualquer bem ou valor que constitua proveito auferido pelo agente com a prática do fato criminoso. O confisco tem como propósitos: impedir a difusão de instrumentos idôneos à prática de infrações penais; vedar o enriquecimento ilegal por parte do agente. Só caberá o confisco se não houver a restituição do produto do crime ao lesado ou terceiro de boa-fé.

A alínea a faz referência ao **instrumento do crime** (*instrumenta sceleris*), que é o meio utilizado na execução do delito.

Por outro lado, o **produto do crime** (*producta sceleris*) abrange: a) a coisa adquirida diretamente com o crime (ex.: coisa objeto do furto ou roubo); b) a coisa adquirida mediante especificação (ex.: joia feita com o ouro roubado); c) a coisa adquirida mediante alienação (ex.: dinheiro obtido da venda da coisa roubada).

A Lei n.º 12.694/12 – que, entre outras providências, dispõe sobre o processo e o julgamento colegiado em primeiro grau de jurisdição de crimes praticados por organizações criminosas –, acrescentou dois parágrafos ao **art. 91 do CP**. Conforme o **§ 1º (perda de bens pelo equivalente)**, "Poderá ser decretada a perda de bens ou valores equivalentes ao produto ou proveito do crime quando estes não forem encontrados ou quando se localizarem no exterior". **Já o § 2º (sequestro pelo equivalente) possui a seguinte redação:** "Na hipótese do § 1º, as medidas assecuratórias previstas na legislação processual poderão abranger bens ou valores equivalentes do investigado ou acusado para posterior decretação de perda". A propósito: "O sequestro é medida assecuratória cujo deferimento acarreta a indisponibilidade dos bens móveis ou imóveis adquiridos pelo agente como proveito da infração penal ou produto indireto (*fructus sceleris*). Em interpretação *contrario sensu* do art. 132 do CPP, no caso de imóveis, igualmente possível o sequestro do produto direto da infração (*producta sceleris*), porquanto incabível apreensão (CPP, art. 240, § 1º, b), somente aplicável ao produto direto de bens móveis. **A finalidade precípua do sequestro é garantir a reparação do dano causado pelo delito e a perda do produto ou proveito auferido pelo agente com a prática do crime, evitando-se, pois, benefício decorrente da própria torpeza.** (...) Ademais, a Lei 12.694/2012 alargou o espectro de incidência das medidas cautelares assecuratórias, ao inserir os §§ 1º e 2º do art. 91 do CP. Desse modo, o sequestro pode abranger, igualmente, **bens ou valores de origem lícita**, equivalentes ao produto ou proveito da infração, se estes não forem encontrados ou se localizarem no exterior" (STJ, 5ª T., RMS 49.540, j. 12/09/2017).

▶ **ALTERAÇÕES DO CPP**

A Lei n. 13.964, de 24/12/2019 (vigência a partir de 23/01/2020), incluiu o art. 124-A e deu nova redação ao art. 133 do Código de Processo Penal:

Bens de relevante valor cultural ou artístico: "Art. 124-A. Na hipótese de decretação de perdimento de obras de arte ou de outros bens de relevante valor cultural ou artístico, se o crime não tiver vítima determinada, poderá haver destinação dos bens a museus públicos".

Procedimento para venda dos bens. "Art. 133. Transitada em julgado a sentença condenatória, o juiz, de ofício ou a requerimento do interessado ou do Ministério Público, determinará a avaliação e a venda dos bens em leilão público cujo perdimento tenha sido decretado. § 1º Do dinheiro apurado, será recolhido aos cofres públicos o que não couber ao lesado ou a terceiro de boa-fé. § 2º O valor apurado deverá ser recolhido ao Fundo Penitenciário Nacional, exceto se houver previsão diversa em lei especial".

c) **Suspensão dos direitos políticos enquanto durarem os efeitos da condenação criminal transitada em julgado (art. 15, III, da CF).** Nos termos do art. 15, III, da CF a suspensão se dará nos casos de condenação criminal transitada em julgado, enquanto durarem seus efeitos. Trata-se de efeito secundário de natureza extrapenal. Ainda: "1. A regra de suspensão dos direitos políticos prevista no art. 15, III, é autoaplicável, pois trata-se de consequência imediata da sentença penal condenatória transitada em julgado. 2. A autoaplicação independe da natureza da pena imposta. 3. A opção do legislador constituinte foi no sentido de que os condenados criminalmente, com trânsito em julgado, enquanto durar os efeitos da sentença condenatória, não exerçam os seus direitos políticos" (STF, Pleno, RE 601182, j. 08/05/2019).

1.3.2. *Confisco alargado (art. 91-A do CP)*

Art. 91-A – Na hipótese de condenação por infrações às quais a lei comine pena máxima superior a 6 (seis) anos de reclusão, poderá ser decretada a perda, como produto ou proveito do crime, dos bens correspondentes à diferença entre o valor do patrimônio do condenado e aquele que seja compatível com o seu rendimento lícito.

§ 1º Para efeito da perda prevista no *caput* deste artigo, entende-se por patrimônio do condenado todos os bens:

I - de sua titularidade, ou em relação aos quais ele tenha o domínio e o benefício direto ou indireto, na data da infração penal ou recebidos posteriormente; e

II - transferidos a terceiros a título gratuito ou mediante contraprestação irrisória, a partir do início da atividade criminal.

§ 2º O condenado poderá demonstrar a inexistência da incompatibilidade ou a procedência lícita do patrimônio.

§ 3º A perda prevista neste artigo deverá ser requerida expressamente pelo Ministério Público, por ocasião do oferecimento da denúncia, com indicação da diferença apurada.

§ 4º Na sentença condenatória, o juiz deve declarar o valor da diferença apurada e especificar os bens cuja perda for decretada.

§ 5º Os instrumentos utilizados para a prática de crimes por organizações criminosas e milícias deverão ser declarados perdidos em favor da União ou do Estado, dependendo da Justiça onde tramita a ação penal, ainda que não ponham em perigo a segurança das pessoas, a moral ou a ordem pública, nem ofereçam sério risco de ser utilizados para o cometimento de novos crimes.

O Pacote Anticrime (Lei nº 13.964/19, com vigência a partir do dia 23/01/2020) incluiu o art. 91-A no Código Penal, dispondo sobre o denominado **confisco alargado** na hipótese de condenação por infrações às quais a lei comine pena máxima superior a 6 (seis) anos de reclusão. Essa medida criada pelo legislador permite que o Ministério Público demonstre que o patrimônio do criminoso é incongruente com seus rendimentos lícitos, de modo a presumir a sua origem ilícita. A diferença corresponde ao valor do patrimônio do condenado e aquele que seja compatível com o seu rendimento lícito. Exemplo simples: em um patrimônio total de R$ 3.000.000,00, mas com valor de procedência lícita de R$ 1.000.000,00, teremos uma diferença apurada de R$ 2.000.000,00. Caso o MP comprove esse patrimônio desproporcional, ocorrerá a inversão do ônus da prova, cabendo ao agente demonstrar a inexistência da incompatibilidade ou a procedência lícita do patrimônio. Ao oferecer a denúncia, o MP indicará essa diferença apurada (R$ 2.000.000,00, no nosso exemplo), cabendo ao juiz, na sentença condenatória, declarar o valor da diferença apurada e especificar os bens cuja perda for decretada.

1.3.3. *Efeitos secundários específicos (art. 92 do CP)*

Os efeitos específicos não são automáticos, devendo ser declarados na sentença. São eles:

a) **Perda de cargo, função pública ou mandato eletivo:**

→ Quando aplicada pena privativa de liberdade por tempo igual ou superior a um ano, nos crimes praticados com abuso de poder ou violação de dever para com a Administração Pública;

→ Quando for aplicada pena privativa de liberdade por tempo superior a quatro anos nos demais casos.

Na primeira hipótese (art. 92, I, a, do CP), é necessário que o ilícito tenha sido praticado no exercício das funções do agente. Com a perda do cargo o condenado não mais poderá exercê-lo, ainda que reabilitado, isto é, não poderá se reintegrar à situação anterior. Nada impede que, após a reabilitação, venha a prestar novo concurso ou que seja eleito novamente.

- Em relação aos deputados e senadores, dispõe o art. 55, § 2º, da CF: "Perderá o mandato o Deputado ou Senador: (...) VI – que sofrer condenação criminal em sentença transitada em julgado. (...) § 2º Nos casos dos incisos I, II e VI, a perda do mandato será decidida pela Câmara dos Deputados ou pelo Senado Federal, por maioria absoluta, mediante provocação da respectiva Mesa ou de partido político representado no Congresso Nacional, assegurada ampla defesa". Sobre o art. 55, § 2º, da CF, vejamos as decisões abaixo:
- "Perda do mandato parlamentar: É da competência das Casas Legislativas decidir sobre a perda do mandato do Congressista condenado criminalmente (artigo 55, VI e § 2º, da CF). Regra excepcionada – adoção, no ponto, da tese proposta pelo eminente revisor, Ministro Luís Roberto Barroso –, quando a condenação impõe o cumprimento de pena em regime fechado, e não viável o trabalho externo diante da impossibilidade de cumprimento da fração mínima de 1/6 da pena para a obtenção do benefício durante o mandato e antes de consumada a ausência do Congressista a 1/3 das sessões ordinárias da Casa Legislativa da qual faça parte. Hipótese de perda automática do mandato, cumprindo à Mesa da Câmara dos Deputados declará-la, em conformidade com o artigo 55, III, § 3º, da CF. Precedente: MC no MS 32.326/DF, Rel. Min. Roberto Barroso, 02.9.2013. 8. Suspensão dos direitos políticos do condenado quando do trânsito em julgado da condenação (art. 15, III, da CF)" (STF, 1ª T., AP 694, j. 02/05/2017).
- "(...) 5. Perda do mandato parlamentar. Entendimento da maioria no sentido de que não cabe ao Poder Judiciário decretar a perda de mandato de parlamentar federal, em razão de condenação criminal. Determinação de comunicação à respectiva Casa para instauração do procedimento do art. 55, § 2º, da Constituição Federal" (STF, 2ª T., AP 572, j. 11/11/2014).
- "Controvérsia no âmbito desta Suprema Corte a respeito da competência para decretar a perda do mandato no caso de condenação criminal transitada em julgado. Orientação original que deve prevalecer, no sentido de a atribuir à Casa Legislativa a que pertence o parlamentar condenado. Inteligência do art. 55, § 2º, da Constituição da República" (STF, 2ª T., AP 563, j. 21/10/2014).

- "1. A perda do mandato parlamentar, no caso em pauta, deriva do preceito constitucional que impõe a suspensão ou a cassação dos direitos políticos. 2. Questão de ordem resolvida no sentido de que, determinada a suspensão dos direitos políticos, a suspensão ou a perda do cargo são medidas decorrentes do julgado e imediatamente exequíveis após o trânsito em julgado da condenação criminal, sendo desimportante para a conclusão o exercício ou não de cargo eletivo no momento do julgamento" (STF, Pleno, AP 396 QO, j. 26/06/2013).

b) **Incapacidade para o exercício do poder familiar, da tutela ou da curatela nos crimes dolosos sujeitos à pena de reclusão cometidos contra outrem igualmente titular do mesmo poder familiar, contra filho, filha ou outro descendente ou contra tutelado ou curatelado.** O inciso II do artigo 92 do Código Penal teve nova redação dada pela Lei nº 13.715, de 24/09/2018. Com a alteração, a incapacidade para o exercício do poder familiar pode ocorrer quando o crime doloso e punido com reclusão é praticado contra outrem igualmente titular do mesmo poder familiar (ex.: marido que tenta matar esposa), e não necessariamente contra os filhos.

c) **Inabilitação para dirigir veículo, quando utilizado como meio para a prática de crime doloso.** Conforme o art. 140 do Código de Trânsito (Lei nº 9.503/97), "A habilitação para conduzir veículo automotor e elétrico será apurada por meio de exames que deverão ser realizados junto ao órgão ou entidade executivos do Estado ou do Distrito Federal, do domicílio ou residência do candidato, ou na sede estadual ou distrital do próprio órgão, devendo o condutor preencher os seguintes requisitos: I – ser penalmente imputável; II – saber ler e escrever; III – possuir Carteira de Identidade ou equivalente".

▶ **OUTROS EFEITOS DA CONDENAÇÃO NA LEGISLAÇÃO EXTRAVAGANTE:**

- **Art. 16 da Lei nº 7.716/89 (Racismo):** perda do cargo ou função pública, para o servidor público, e a suspensão do funcionamento do estabelecimento particular por prazo não superior a 3 meses. Tais efeitos não são automáticos.
- **Art. 7º da Lei nº 9.613/98 (Lavagem de Dinheiro):** a) a perda, em favor da União – e dos Estados, nos casos de competência da Justiça Estadual –, de todos os bens, direitos e valores relacionados, direta ou indiretamente, à prática dos crimes previstos nesta Lei, inclusive aqueles utilizados para prestar a fiança, ressalvado o direito do lesado ou de terceiro de boa-fé; b) a interdição do exercício de cargo ou função pública de qualquer natureza e de diretor, de membro de conselho de administração ou de gerência das pessoas jurídicas referidas no art. 9º, pelo dobro do tempo da pena privativa de liberdade aplicada.
- **Art. 1º, § 5º, da Lei nº 9.455/97 (Tortura):** perda do cargo, função ou emprego público e a interdição para seu exercício pelo dobro do prazo da pena aplicada. Trata-se, segundo o STJ, de **efeito automático da condenação.** Nesse sentido: "Conforme entendimento que se assentou nesta Corte Superior, a perda de cargo, função pública ou mandato eletivo, prevista no art. 92, I, do Código Penal, não é efeito automático

da condenação, de forma que a sua incidência demanda fundamentação expressa e específica, à exceção do crime de tortura" (STJ, 5ª T., HC 448667, j. 02/10/2018); "O art. 1º, § 5º, da Lei 9.455/1997, estabelece a aplicação da perda do cargo, função ou emprego público como efeito automático da condenação pelo crime de tortura, prevalecendo esta regra especial sobre a geral prevista no art. 92, I, do Código Penal" (STJ, 5ª T., AgRg no AREsp 1131443, j. 09/12/2020).

- **Art. 2º, § 6º, da Lei nº 12.850/13 (Organização Criminosa):** "A condenação com trânsito em julgado acarretará ao funcionário público a perda do cargo, função, emprego ou mandato eletivo e a interdição para o exercício de função ou cargo público pelo prazo de 8 (oito) anos subsequentes ao cumprimento da pena". Trata-se, conforme prevalece, de **efeito automático da condenação.**
- **Lei 9.503/97, art. 278-A, incluído pela Lei 13.804/2019 (Código de Trânsito):** "O condutor que se utilize de veículo para a prática do crime de receptação, descaminho, contrabando, previstos nos arts. 180, 334 e 334-A do Decreto-Lei nº 2.848, de 7 de dezembro de 1940 (Código Penal), condenado por um desses crimes em decisão judicial transitada em julgado, terá cassado seu documento de habilitação ou será proibido de obter a habilitação para dirigir veículo automotor pelo prazo de 5 (cinco) anos. § 1º O condutor condenado poderá requerer sua reabilitação, submetendo-se a todos os exames necessários à habilitação, na forma deste Código. § 2º No caso do condutor preso em flagrante na prática dos crimes de que trata o *caput* deste artigo, poderá o juiz, em qualquer fase da investigação ou da ação penal, se houver necessidade para a garantia da ordem pública, como medida cautelar, de ofício, ou a requerimento do Ministério Público ou ainda mediante representação da autoridade policial, decretar, em decisão motivada, a suspensão da permissão ou da habilitação para dirigir veículo automotor, ou a proibição de sua obtenção".
- **Lei 13.869/2019, art. 4º (Abuso de Autoridade):** "São efeitos da condenação: I - tornar certa a obrigação de indenizar o dano causado pelo crime, devendo o juiz, a requerimento do ofendido, fixar na sentença o valor mínimo para reparação dos danos causados pela infração, considerando os prejuízos por ele sofridos; II - a inabilitação para o exercício de cargo, mandato ou função pública, pelo período de 1 (um) a 5 (cinco) anos; III - a perda do cargo, do mandato ou da função pública. Parágrafo único. Os efeitos previstos nos incisos II e III do *caput* deste artigo são condicionados à ocorrência de reincidência em crime de abuso de autoridade e não são automáticos, devendo ser declarados motivadamente na sentença".

2. REABILITAÇÃO

2.1. Finalidade

A reabilitação tem por fim: **a)** assegurar ao condenado o sigilo dos registros sobre seu processo e condenação (art. 93 do CP); **b)** extinguir os efeitos secundários extrapenais específicos da sentença penal condenatória, vedada reintegração na situação anterior, nos casos dos incisos I e II do mesmo artigo (art. 93, par. único, do CP).

Mesmo reabilitado, se o condenado vier a praticar novo delito durante o período do art. 64, I, do CP, **será reincidente**.

O sigilo das condenações disposto no art. 202 da LEP não depende de reabilitação, pois é automático. No entanto, poderá ser quebrado a pedido de qualquer autoridade judiciária e por delegado de polícia. No caso do sigilo decorrente da reabilitação, apenas pode ser quebrado por requisição criminal.

2.2. Requisitos e processamento

Os **requisitos** são os seguintes (**art. 94 do CP**):

a) decurso de 2 anos do dia em que for extinta, de qualquer modo, a pena ou terminar sua execução, computando-se o período de prova da suspensão e o do livramento condicional, se não sobrevier revogação;

b) tenha tido o condenado domicílio no País no prazo acima referido;

c) tenha dado o condenado, durante esse tempo, demonstração efetiva e constante de bom comportamento público e privado;

d) tenha ressarcido o dano causado pelo crime ou demonstrado a absoluta impossibilidade de fazê-lo, até o dia do pedido, ou exiba documento que comprove a renúncia da vítima ou novação da dívida.

O pedido deverá ser feito pelo condenado ao **juízo da condenação** e não ao da execução. Se negado ou concedido o pedido, caberá recurso de apelação. Negada a reabilitação, poderá ser requerida, a qualquer tempo, desde que o pedido seja instruído com novos elementos comprobatórios dos requisitos necessários (art. 94, parágrafo único, do CP).

A reabilitação será **revogada**, de ofício ou a requerimento do Ministério Público, se o reabilitado for condenado, como reincidente, por decisão definitiva, a pena que não seja de multa (art. 95 do CP). Assim, a revogação somente poderá ocorrer dentro do prazo do art. 64, I, do CP.

3. SÚMULAS E ORIENTAÇÕES JURISPRUDENCIAIS DO STF E DO STJ

INDULTO E EFEITOS DA CONDENAÇÃO

▶ **Súmula 631 do STJ:** "O indulto extingue os efeitos primários da condenação (pretensão executória), mas não atinge os efeitos secundários, penais ou extrapenais".

INSTRUMENTO DO CRIME (*instrumenta sceleris*)

▶ **Arma de fogo**: "A Terceira Seção do Superior Tribunal de Justiça firmou o entendimento de que a condenação por porte ilegal de arma de fogo acarreta, como efeito, o perdimento do armamento apreendido, em razão do disposto nos arts. 91, II, "a", do CP e 1º da LCP (EREsp 83.359/SP, Ministro Gilson Dipp, Terceira Seção, julgado em 13/12/1999, DJ 21/02/2000). [...] O perdimento do armamento apreendido é um efeito da prática da conduta tipificada no art. 14, *caput*, do Estatuto do Desarmamento, não podendo ser conferido prazo para regularização do artefato, haja vista que tal providência somente é cabível nos casos de posse de arma de fogo, não sendo aplicada à hipótese de porte, como o caso dos autos. (REsp n.1.666.879/SC, Ministro Jorge Mussi, Quinta Turma, DJe 1º/8/2018). 5. Recurso especial parcialmente provido para cassar o acórdão recorrido, no sentido de determinar o perdimento da arma de fogo em favor da União, nos termos do art. 25 da Lei n. 10.826/2003" (STJ, REsp 1756202, j. 21/02/2019).

PERDA DO CARGO, FUNÇÃO PÚBLICA OU MANDATO ELETIVO: EFEITO NÃO AUTOMÁTICO, COM EXCEÇÃO DO CRIME DE TORTURA

- "Conforme entendimento que se assentou nesta Corte Superior, a perda de cargo, função pública ou mandato eletivo, prevista no art. 92, I, do Código Penal, não é efeito automático da condenação, de forma que a sua incidência demanda fundamentação expressa e específica, à exceção do crime de tortura" (STJ, 5ª T., HC 448667, j. 02/10/2018).
- "Nos termos da jurisprudência desta Corte Superior de Justiça, à exceção dos casos do crime de tortura - que não é a hipótese dos autos -, a perda de cargo ou função pública prevista no inciso I do art. 92 do Código Penal não é consequência automática da condenação, sendo necessário existir fundamentação concreta e específica para esse desiderato, o que não foi delineado, na espécie, pelas instâncias ordinárias" (STJ, 6ª T., AgRg no AREsp 1638764, j. 03/11/2020).

A POSSIBILIDADE DE PERDA DO CARGO NÃO PRECISAR CONSTAR DA DENÚNCIA

- "Não é imprescindível que a possibilidade de perda do cargo público conste da denúncia, porquanto decorrente de previsão legal expressa, como efeito da condenação, nos termos do art. 92 do CP" (STJ, 6ª T., HC 305500, j. 04/10/2016).
- "Nos termos da jurisprudência desta Corte, 'não é imprescindível que a possibilidade de perda do cargo público conste da denúncia, porquanto decorrente de previsão legal expressa, como efeito da condenação, nos termos do art. 92 do CP'" (STJ, 5ª T., AgRg no AREsp 1555420, j. 05/11/2019).

AS HIPÓTESES DE PERDA DO CARGO ESTÃO TAXATIVAMENTE PREVISTAS EM LEI, NÃO SENDO POSSÍVEL INTERPRETAÇÃO EXTENSIVA OU ANALÓGICA EM DESFAVOR DO RÉU

- "I. A perda do cargo público somente pode ser declarada nas hipóteses restritas e taxativamente previstas na lei, vedada a interpretação extensiva ou analógica em desfavor do réu, sob pena de afronta ao princípio da legalidade. II. A previsão legal é dirigida para a perda de cargo, função pública ou mandato efetivo, o que não é a hipótese dos autos, considerando que o agravado, no decorrer da ação penal, aposentou-se. III. Consubstanciando a aposentadoria um ato jurídico perfeito, com preenchimento de requisitos legalmente exigidos, não se pode desconstituí-la como efeito extrapenal específico da sentença condenatória, mesmo que o fato apurado tenha sido cometido quando o funcionário ainda estava ativo. A cassação da aposentadoria tem previsão legal, mas no âmbito administrativo, não na esfera penal" (STJ, 5ª T., AgRg no REsp 1447549, j. 03/03/2016).
- "Inexistindo controvérsia sobre o fato de a pretérita atividade do recorrido nas fileiras da Polícia Militar do Distrito Federal não se confundir com o seu posterior status de integrante da reserva remunerada, cumpre afastar a possibilidade de se emprestar interpretação extensiva ou ampliativa ao art. 92, I, do CP para se atingir o militar já reformado, cujo propósito, sem dúvida, ensejaria hipótese de analogia in malam partem, não admitida na seara do Direito Penal" (STJ, 1ª T., REsp 1576159, j. 01/12/2020).

REABILITAÇÃO E DESNECESSIDADE DO PAGAMENTO DA PENA DE MULTA

- "I - Não é razoável que o réu, cumprida a pena carcerária, fique impossibilitado de obter sua reabilitação, após o prazo legal, enquanto não comprovar o pagamento da multa, na esfera cível. Inviável manter o Processo de Execução perante a Vara das Execuções Penais indefinidamente aguardando referida cobrança judicial" (STJ, 5ª T., AgRg no REsp 1561313, j. 27/04/2017).

4. LEGISLAÇÃO RELACIONADA AO CAPÍTULO

EFEITOS DA CONDENAÇÃO E REABILITAÇÃO

» **CONSTITUIÇÃO FEDERAL**

Art. 15 – É vedada a cassação de direitos políticos, cuja perda ou suspensão só se dará nos casos de: (...) III – condenação criminal transitada em julgado, enquanto durarem seus efeitos.

Art. 55, § 2º – Nos casos dos incisos I, II e VI, a perda do mandato será decidida pela Câmara dos Deputados ou pelo Senado Federal, por maioria absoluta, mediante provocação da respectiva Mesa ou de partido político representado no Congresso Nacional, assegurada ampla defesa.

» **CÓDIGO PENAL**

Reincidência

Art. 63 – Verifica-se a reincidência quando o agente comete novo crime, depois de transitar em julgado a sentença que, no País ou no estrangeiro, o tenha condenado por crime anterior.

Art. 64 – Para efeito de reincidência:

I – não prevalece a condenação anterior, se entre a data do cumprimento ou extinção da pena e a infração posterior tiver decorrido período de tempo superior a 5 (cinco) anos, computado o período de prova da suspensão ou do livramento condicional, se não ocorrer revogação;

II – não se consideram os crimes militares próprios e políticos.

Revogação obrigatória

Art. 81 – A suspensão será revogada se, no curso do prazo, o beneficiário:

I – é condenado, em sentença irrecorrível, por crime doloso;

II – frustra, embora solvente, a execução de pena de multa ou não efetua, sem motivo justificado, a reparação do dano;

III – descumpre a condição do § 1º do art. 78 deste Código.

Revogação do livramento

Art. 86 – Revoga-se o livramento, se o liberado vem a ser condenado a pena privativa de liberdade, em sentença irrecorrível:

I – por crime cometido durante a vigência do benefício;

II – por crime anterior, observado o disposto no art. 84 deste Código.

Revogação facultativa

Art. 87 – O juiz poderá, também, revogar o livramento, se o liberado deixar de cumprir qualquer das obrigações constantes da sentença, ou for irrecorrivelmente condenado, por crime ou contravenção, a pena que não seja privativa de liberdade.

Efeitos genéricos e específicos

Art. 91 – São efeitos da condenação:

I – tornar certa a obrigação de indenizar o dano causado pelo crime;

II – a perda em favor da União, ressalvado o direito do lesado ou de terceiro de boa-fé: a) dos instrumentos do crime, desde que consistam em coisas cujo fabrico, alienação, uso, porte ou detenção constitua fato ilícito; b) do produto do crime ou de qualquer bem ou valor que constitua proveito auferido pelo agente com a prática do fato criminoso.

§ 1º – Poderá ser decretada a perda de bens ou valores equivalentes ao produto ou proveito do crime quando estes não forem encontrados ou quando se localizarem no exterior.

§ 2º – Na hipótese do § 1º, as medidas assecuratórias previstas na legislação processual poderão abranger bens ou valores equivalentes do investigado ou acusado para posterior decretação de perda.

Art. 91-A – Na hipótese de condenação por infrações às quais a lei comine pena máxima superior a 6 (seis) anos de reclusão, poderá ser decretada a perda, como produto ou proveito do crime, dos bens correspondentes à diferença entre o valor do patrimônio do condenado e aquele que seja compatível com o seu rendimento lícito.

§ 1º Para efeito da perda prevista no *caput* deste artigo, entende-se por patrimônio do condenado todos os bens:

I – de sua titularidade, ou em relação aos quais ele tenha o domínio e o benefício direto ou indireto, na data da infração penal ou recebidos posteriormente; e

II – transferidos a terceiros a título gratuito ou mediante contraprestação irrisória, a partir do início da atividade criminal.

§ 2º O condenado poderá demonstrar a inexistência da incompatibilidade ou a procedência lícita do patrimônio.

§ 3º A perda prevista neste artigo deverá ser requerida expressamente pelo Ministério Público, por ocasião do oferecimento da denúncia, com indicação da diferença apurada.

§ 4º Na sentença condenatória, o juiz deve declarar o valor da diferença apurada e especificar os bens cuja perda for decretada.

§ 5º Os instrumentos utilizados para a prática de crimes por organizações criminosas e milícias deverão ser declarados perdidos em favor da União ou do Estado, dependendo da Justiça onde tramita a ação penal, ainda que não ponham em perigo a segurança das pessoas, a moral ou a ordem pública, nem ofereçam sério risco de ser utilizados para o cometimento de novos crimes.

Art. 92 – São também efeitos da condenação:

I – a perda de cargo, função pública ou mandato eletivo:

a) quando aplicada pena privativa de liberdade por tempo igual ou superior a um ano, nos crimes praticados com abuso de poder ou violação de dever para com a Administração Pública;

b) quando for aplicada pena privativa de liberdade por tempo superior a 4 (quatro) anos nos demais casos;

II – a incapacidade para o exercício do poder familiar, da tutela ou da curatela nos crimes dolosos sujeitos à pena de reclusão cometidos contra outrem igualmente titular do mesmo poder familiar, contra filho, filha ou outro descendente ou contra tutelado ou curatelado (redação dada pela Lei nº 13.715/2018);

III – a inabilitação para dirigir veículo, quando utilizado como meio para a prática de crime doloso.

Parágrafo único – Os efeitos de que trata este artigo não são automáticos, devendo ser motivadamente declarados na sentença.

Reabilitação

Art. 93 – A reabilitação alcança quaisquer penas aplicadas em sentença definitiva, assegurando ao condenado o sigilo dos registros sobre o seu processo e condenação.

Parágrafo único – A reabilitação poderá, também, atingir os efeitos da condenação, previstos no art. 92 deste Código, vedada reintegração na situação anterior, nos casos dos incisos I e II do mesmo artigo.

Art. 94 – A reabilitação poderá ser requerida, decorridos 2 (dois) anos do dia em que for extinta, de qualquer modo, a pena ou terminar sua execução, computando-se o período de prova da suspensão e o do livramento condicional, se não sobrevier revogação, desde que o condenado:

I – tenha tido domicílio no País no prazo acima referido;

II – tenha dado, durante esse tempo, demonstração efetiva e constante de bom comportamento público e privado;

III – tenha ressarcido o dano causado pelo crime ou demonstre a absoluta impossibilidade de o fazer, até o dia do pedido, ou exiba documento que comprove a renúncia da vítima ou novação da dívida.

Parágrafo único – Negada a reabilitação, poderá ser requerida, a qualquer tempo, desde que o pedido seja instruído com novos elementos comprobatórios dos requisitos necessários.

Art. 95 – A reabilitação será revogada, de ofício ou a requerimento do Ministério Público, se o reabilitado for condenado, como reincidente, por decisão definitiva, a pena que não seja de multa.

Prescrição depois de transitar em julgado sentença final condenatória

Art. 110 – A prescrição depois de transitar em julgado a sentença condenatória regula-se pela pena aplicada e verifica-se nos prazos fixados no artigo anterior, os quais se aumentam de um terço, se o condenado é reincidente.

Causas interruptivas da prescrição

Art. 117 – O curso da prescrição interrompe-se: I – pelo recebimento da denúncia ou da queixa; II – pela pronúncia; III – pela decisão confirmatória da pronúncia; IV – pela publicação da sentença ou acórdão condenatórios recorríveis; V – pelo início ou continuação do cumprimento da pena; VI – pela reincidência.

Art. 155, § 2º – Se o criminoso é primário, e é de pequeno valor a coisa furtada, o juiz pode substituir a pena de reclusão pela de detenção, diminuí-la de um a dois terços, ou aplicar somente a pena de multa.

Art. 170 – Nos crimes previstos neste Capítulo, aplica-se o disposto no art. 155, § 2º.

Art. 171, § 1º – Se o criminoso é primário, e é de pequeno valor o prejuízo, o juiz pode aplicar a pena conforme o disposto no art. 155, § 2º.

» LEI DE EXECUÇÃO PENAL (LEI 7.210/84)

Art. 202. Cumprida ou extinta a pena, não constarão da folha corrida, atestados ou certidões fornecidas por autoridade policial ou por auxiliares da Justiça, qualquer notícia ou referência à condenação, salvo para instruir processo pela prática de nova infração penal ou outros casos expressos em lei.

» CÓDIGO DE PROCESSO PENAL

Art. 387. O juiz, ao proferir sentença condenatória: I – mencionará as circunstâncias agravantes ou atenuantes definidas no Código Penal, e cuja existência reconhecer; II – mencionará as outras circunstâncias apuradas e tudo o mais que deva ser levado em conta na aplicação da pena, de acordo com o disposto nos arts. 59 e 60 do Decreto-Lei nº 2.848, de 7 de dezembro de 1940 – Código Penal; III – aplicará as penas de acordo com essas conclusões; IV – fixará valor mínimo para reparação dos danos causados pela infração, considerando os prejuízos sofridos pelo ofendido; V – atenderá, quanto à aplicação provisória de interdições de direitos e medidas de segurança, ao disposto no Título XI deste Livro; VI – determinará se a sentença deverá ser publicada na íntegra ou em resumo e designará o jornal em que será feita a publicação (art. 73, § 1º, do Código Penal).

» CÓDIGO CIVIL

Art. 1.630. Os filhos estão sujeitos ao poder familiar, enquanto menores.

» CÓDIGO DE PROCESSO CIVIL

Art. 515. São títulos executivos judiciais, cujo cumprimento dar-se-á de acordo com os artigos previstos neste Título: (...) VI – a sentença penal condenatória transitada em julgado.

» SUSPENSÃO CONDICIONAL DO PROCESSO (ART. 89 DA LEI 9.099/95)

Art. 89. Nos crimes em que a pena mínima cominada for igual ou inferior a um ano, abrangidas ou não por esta Lei, o Ministério Público, ao oferecer a denúncia, poderá propor a suspensão do processo, por dois a quatro anos, desde que o acusado não esteja sendo processado ou não tenha sido condenado por outro crime, presentes os demais requisitos que autorizariam a suspensão condicional da pena (art. 77 do Código Penal).

» LEI DE RACISMO (LEI 7.716/89)

Art. 16 – Constitui efeito da condenação a perda do cargo ou função pública, para o servidor público, e a suspensão do funcionamento do estabelecimento particular por prazo não superior a três meses.

Art. 18 – Os efeitos de que tratam os arts. 16 e 17 desta Lei não são automáticos, devendo ser motivadamente declarados na sentença.

» LEI DE LAVAGEM DE DINHEIRO (LEI 9.613/98)

Art. 7º – São efeitos da condenação, além dos previstos no Código Penal: I – a perda, em favor da União – e dos Estados, nos casos de competência da Justiça Estadual –, de todos os bens, direitos e valores relacionados, direta ou indiretamente, à prática dos crimes previstos nesta Lei, inclusive aqueles utilizados para prestar a fiança, ressalvado o direito do lesado ou de terceiro de boa-fé; II – a interdição do exercício de cargo ou função pública de qualquer natureza e de diretor, de membro de conselho de administração ou de gerência das pessoas jurídicas referidas no art. 9º, pelo dobro do tempo da pena privativa de liberdade aplicada.

§ 1º – A União e os Estados, no âmbito de suas competências, regulamentarão a forma de destinação dos bens, direitos e valores cuja perda houver sido declarada, assegurada, quanto aos processos de competência da Justiça Federal, a sua utilização pelos órgãos federais encarregados da prevenção, do combate, da ação penal e do julgamento dos crimes previstos nesta Lei, e, quanto aos processos de competência da Justiça Estadual, a preferência dos órgãos locais com idêntica função.

§ 2º – Os instrumentos do crime sem valor econômico cuja perda em favor da União ou do Estado for decretada serão inutilizados ou doados a museu criminal ou a entidade pública, se houver interesse na sua conservação.

» LEI DE TORTURA (LEI 9.455/97)

Art. 1º, § 5º – A condenação acarretará a perda do cargo, função ou emprego público e a interdição para seu exercício pelo dobro do prazo da pena aplicada.

» CÓDIGO DE TRÂNSITO (LEI 9.503/97)

Art. 278-A – O condutor que se utilize de veículo para a prática do crime de receptação, descaminho, contrabando, previstos nos arts. 180, 334 e 334-A do Decreto-Lei nº 2.848, de 7 de dezembro de 1940 (Código Penal), condenado por um desses crimes em decisão judicial transitada em julgado, terá cassado seu documento de habilitação ou será proibido de obter a habilitação para dirigir veículo automotor pelo prazo de 5 (cinco) anos. § 1º O condutor condenado poderá requerer sua reabilitação, submetendo-se a todos os exames necessários à habilitação, na forma deste Código. § 2º No caso do condutor preso em flagrante na prática dos crimes de que trata o *caput* deste artigo, poderá o juiz, em qualquer fase da investigação ou da ação penal, se houver necessidade para a garantia da ordem pública, como medida cautelar, de ofício, ou a requerimento do Ministério Público ou ainda mediante representação da autoridade policial, decretar, em decisão motivada, a suspensão da permissão ou da habilitação para dirigir veículo automotor, ou a proibição de sua obtenção.

» LEI DE ABUSO DE AUTORIDADE (LEI 13.869/2019)

Art. 4º – São efeitos da condenação: I – tornar certa a obrigação de indenizar o dano causado pelo crime, devendo o juiz, a requerimento do ofendido, fixar na sentença o valor mínimo para reparação dos danos causados pela infração, considerando os prejuízos por ele sofridos; II – a inabilitação para o exercício de cargo, mandato ou função pública, pelo período de 1 (um) a 5 (cinco) anos; III – a perda do cargo, do mandato ou da função pública. Parágrafo único. Os efeitos previstos nos incisos II e III do *caput* deste artigo são condicionados à ocorrência de reincidência em crime de abuso de autoridade e não são automáticos, devendo ser declarados motivadamente na sentença.

CAPÍTULO IX

MEDIDAS DE SEGURANÇA

1. INTRODUÇÃO

As medidas de segurança e as penas são as duas espécies de **sanção penal**. A medida de segurança tem função preventiva (prevenção especial), isto é, visa a afastar o criminoso do convívio social.

Os **pressupostos** da medida de segurança são: a) a prática de um fato típico e ilícito (crime ou contravenção); b) a periculosidade social (análise feita em relação ao futuro).

> ▶ **PERICULOSIDADE:**
>
> - **Presumida:** quando a lei estabelece que em determinada hipótese o indivíduo é considerado perigoso, sem que haja averiguação de sua periculosidade. É utilizada no Brasil em relação aos inimputáveis (art. 26, *caput*, c/c art. 97, ambos do CP).
> - **Real:** quando é realizada a averiguação da periculosidade. É utilizada no Brasil em relação aos semi-imputáveis (art. 26, parágrafo único, do CP).

2. ESPÉCIES DE MEDIDAS DE SEGURANÇA

As medidas de segurança são (art. 96 do CP): 1) **internação** em hospital de custódia e tratamento psiquiátrico ou, à falta, em outro estabelecimento adequado (natureza detentiva); 2) sujeição a **tratamento ambulatorial** (natureza restritiva).

Nos termos do art. 97 do CP, se o agente for inimputável, o juiz determinará sua internação (art. 26 do CP). Se, todavia, o fato previsto como crime for punível com detenção, poderá o juiz submetê-lo a tratamento ambulatorial.

3. IMPOSIÇÃO DA MEDIDA DE SEGURANÇA

Nos termos do **art. 26, *caput*, do CP**, é isento de pena o agente que, por doença mental ou desenvolvimento mental incompleto ou retardado, era, ao tempo da ação ou da omissão, inteiramente incapaz de entender o caráter ilícito do fato ou de determinar-se de acordo com esse entendimento.

Assim, evidenciada a inimputabilidade, o agente será absolvido (**absolvição imprópria**), não se aplicando pena. Entretanto, será aplicada a medida de segurança adequada. Nos termos do **art. 97 do CP**, "Se o agente for inimputável, o juiz determinará sua internação (art. 26). Se, todavia, o fato previsto como crime for punível com detenção, poderá o juiz submetê-lo a tratamento ambulatorial".

De acordo com a **Súmula 525 do STF**, "A medida de segurança não será aplicada em segunda instância, quando só o réu tenha recorrido". O fundamento está no princípio da proibição da *reformatio in pejus*.

4. PRAZO DA MEDIDA DE SEGURANÇA E PERÍCIA MÉDICA

A internação, ou o tratamento ambulatorial, nos termos do **art. 97, § 1º, do CP**, será por **tempo indeterminado**, perdurando enquanto não for averiguada, mediante perícia médica, a cessação de periculosidade. O **prazo mínimo** deverá ser de 1 a 3 anos.

▶ **PRAZO MÁXIMO**

- O Pretório Excelso já decidiu que a medida de segurança não pode ultrapassar 30 anos, da mesma forma que a pena privativa de liberdade (STF, 1ª T., RHC 100383, j. 18/10/2011). O fundamento era a antiga redação do art. 75 do CP (anterior ao "Pacote Anticrime").
- O **STJ**, em posicionamento ainda mais garantista, à luz dos princípios da isonomia e da proporcionalidade, sumulou a matéria no seguinte sentido: "O tempo de duração da medida de segurança não deve ultrapassar o limite máximo da pena abstratamente cominada ao delito praticado" (**Súmula 527**).

A **perícia médica** realizar-se-á ao termo do prazo mínimo fixado e deverá ser repetida de ano em ano, ou a qualquer tempo, se o determinar o juiz da execução (art. 97, § 2º, do CP).

A **desinternação**, ou a **liberação**, será sempre condicional devendo ser restabelecida a situação anterior se o agente, antes do decurso de 1 ano, pratica fato indicativo de persistência de sua periculosidade (art. 97, § 3º, do CP).

Em qualquer fase do tratamento ambulatorial poderá o juiz determinar a internação do agente, se essa providência for necessária para fins curativos (art. 97, § 4º, do CP).

5. MEDIDA DE SEGURANÇA AO SEMI-IMPUTÁVEL

> **Art. 98.** Na hipótese do parágrafo único do art. 26 deste Código e necessitando o condenado de especial tratamento curativo, a pena privativa de liberdade pode ser substituída pela internação, ou tratamento ambulatorial, pelo prazo mínimo de 1 (um) a 3 (três) anos, nos termos do artigo anterior e respectivos §§ 1º a 4º.

O **semi-imputável** (art. 26, parágrafo único, do CP) que pratica um crime se submete ao **sistema vicariante ou unitário,** sendo que a sentença aplicará pena reduzida ou medida de segurança. O CP aboliu o **sistema do duplo binário ou dualista,** que possibilitava a aplicação cumulativa e sucessiva de pena e medida de segurança.

Nesta hipótese (semi-imputável), o juiz primeiro aplicará a pena e, em seguida, averiguará se o condenado necessita de especial tratamento curativo, para então substituir a pena pela medida de segurança de internação ou tratamento ambulatorial.

6. SUPERVENIÊNCIA DE DOENÇA MENTAL

Pode ocorrer que, durante a execução da pena, o condenado passe a sofrer de doença mental. Nesse caso, o juiz poderá substituir a pena por medida de segurança (art. 183 da LEP). Havendo recuperação de sua saúde mental, deverá voltar a cumprir a pena.

A medida de segurança no curso da execução (medida de segurança substitutiva) deve observar o tempo de cumprimento da pena privativa de liberdade fixada na sentença condenatória. Nesse sentido: "Em se tratando de medida de segurança aplicada em substituição à pena corporal, prevista no art. 183 da Lei de Execução Penal, sua duração está adstrita ao tempo que resta para o cumprimento da pena privativa de liberdade estabelecida na sentença condenatória" (STJ, 6ª T., HC 373.405, j. 06/10/2016).

7. SÚMULAS E ORIENTAÇÕES JURISPRUDENCIAIS DO STF E DO STJ

MEDIDA DE SEGURANÇA E PROIBIÇÃO DE *REFORMATIO IN PEJUS*

- **Súmula 525 do STF:** "A medida de segurança não será aplicada em segunda instância, quando só o réu tenha recorrido".

MEDIDA DE SEGURANÇA E FATO PREVISTO COMO CRIME PUNÍVEL COM RECLUSÃO E DETENÇÃO

- "Esta Corte Superior de Justiça possui entendimento consolidado no sentido de que, apenas é cabível a imposição de medida de segurança de tratamento ambulatorial se o fato previsto como crime for punível com detenção" (STJ, 5ª T., AgRg no REsp 1779990, j. 23/04/2019).
- "(...) 2. A par do entendimento jurisprudencial deste Tribunal Superior, no sentido da imposição de medida internação quando o crime praticado for punível com reclusão - reconhecida a inimputabilidade do agente -, nos termos do art. 97 do Código Penal, cabível a submissão do inimputável a tratamento ambulatorial, ainda que o crime não seja punível com detenção. (REsp 912.668/SP, Rel. Ministro ROGERIO SCHIETTI CRUZ, Sexta Turma, julgado em 18/3/2014, DJe de 7/4/2014). 3. Não se apresenta razoável, proporcional e tampouco recomendada a internação de pessoa portadora de esquizofrenia em hospital de custódia para tratamento psiquiátrico, que cometeu infração penal sem violência ou grave ameaça,

apresenta reduzido grau de periculosidade social e possui respaldo familiar para a disponibilização do necessário para o tratamento de sua enfermidade. 4. Habeas corpus não conhecido. Ordem concedida, de ofício, para restabelecer a sentença absolutória imprópria, que aplicou a medida de segurança de tratamento ambulatorial ao ora paciente" (STJ, 5ª T., HC 503.889, j. 10/09/2019).

- "1. Apenas é cabível a imposição de medida de segurança de tratamento ambulatorial se o fato previsto como crime for punível com detenção (...). 2. A *mens legis* do artigo 97 do Código Penal consiste em impor, como regra, a internação aos inimputáveis na hipótese de delitos punidos com reclusão - como na espécie (homicídio qualificado tentado) -, e somente facultar o tratamento ambulatorial - atribuindo-se ao juiz certa discricionariedade - aos casos punidos com detenção, sendo cabível, nesta última hipótese, a averiguação da periculosidade do agente para respaldar a adoção de uma medida ou de outra, à luz do princípio do livre convencimento motivado" (5ª T., AgRg no HC 447412, j. 11/09/2018).

- "1. Não se desconhece entendimento desta Corte Superior de Justiça no sentido de que, tratando-se de crime punível com reclusão, não é cabível a substituição da internação em hospital de custódia por tratamento ambulatorial. Precedentes. 2. Ocorre que, para uma melhor exegese do art. 97 do CP, à luz dos princípios da adequação, da razoabilidade e da proporcionalidade, não deve ser considerada a natureza da pena privativa de liberdade aplicável, mas, sim, a periculosidade do agente, cabendo ao julgador a faculdade de optar pelo tratamento que melhor se adapte ao inimputável. Assim, na fixação da medida de segurança, por não se vincular à gravidade do delito perpetrado, mas à periculosidade do agente, é cabível ao magistrado a opção por tratamento mais apropriado ao inimputável, independentemente de o fato ser punível com reclusão ou detenção, em homenagem aos princípios da adequação, da razoabilidade e da proporcionalidade" (STJ, 5ª T., AgRg no REsp 1891989, j. 06/10/2020).

PERICULOSIDADE

- "Na fixação da medida de segurança, o magistrado não se vincula à gravidade do delito perpetrado, mas à periculosidade do agente, devendo observância aos princípios da adequação, da razoabilidade e da proporcionalidade" (STJ, 6ª T., AgRg no REsp 1667508, j. 10/04/2018).

- "De acordo com o entendimento pacificado neste Tribunal Superior, 'para uma melhor exegese do art. 97 do CP, à luz dos princípios da adequação, da razoabilidade e da proporcionalidade, não deve ser considerada a natureza da pena privativa de liberdade aplicável, mas sim a periculosidade do agente, cabendo ao julgador a faculdade de optar pelo tratamento que melhor se adapte ao inimputável. Desse modo, 'em se tratando de delito punível com reclusão, é facultado ao magistrado a escolha do tratamento mais adequado ao inimputável, nos termos do art. 97 do Código Penal' (EREsp n. 998.128/MG, relator Ministro RIBEIRO DANTAS, TERCEIRA SEÇÃO, julgado em 27/11/2019, DJe 18/12/2019)" (STJ, 6ª T., AgRg no HC 558089, j. 16/06/2020).

PRAZO MÁXIMO

- **Súmula 527 do STJ:** "O tempo de duração da medida de segurança não deve ultrapassar o limite máximo da pena abstratamente cominada ao delito praticado".

PRESCRIÇÃO DAS MEDIDAS DE SEGURANÇA

- "As medidas de segurança se submetem ao regime ordinariamente normado da prescrição penal. Prescrição a ser calculada com base na pena máxima cominada ao tipo penal debitado ao agente (no caso da prescrição da pretensão punitiva) ou com base na duração máxima da medida de segurança, trinta anos (no caso da prescrição da pretensão executória). Prazos prescricionais, esses, aos quais se aplicam, por lógico, os termos iniciais e marcos interruptivos e suspensivos dispostos no Código Penal" (STF, 2ª T., HC 107777, j. 07/02/2012).

- "O instituto da prescrição é aplicável até mesmo às medidas de segurança impostas em sentença absolutória imprópria, devendo, no entanto, o lapso prescricional se regular pela pena máxima abstratamente cominada ao delito" (STJ, 6ª T., AgRg no REsp 1667508, j. 10/04/2018).

8. LEGISLAÇÃO RELACIONADA AO CAPÍTULO

MEDIDAS DE SEGURANÇA

» **CÓDIGO PENAL**

Inimputáveis

Art. 26 – É isento de pena o agente que, por doença mental ou desenvolvimento mental incompleto ou retardado, era, ao tempo da ação ou da omissão, inteiramente incapaz de entender o caráter ilícito do fato ou de determinar-se de acordo com esse entendimento.

Parágrafo único – A pena pode ser reduzida de um a dois terços, se o agente, em virtude de perturbação de saúde mental ou por desenvolvimento mental incompleto ou retardado não era inteiramente capaz de entender o caráter ilícito do fato ou de determinar-se de acordo com esse entendimento.

Espécies de medidas de segurança

Art. 96 – As medidas de segurança são:

I – Internação em hospital de custódia e tratamento psiquiátrico ou, à falta, em outro estabelecimento adequado;

II – sujeição a tratamento ambulatorial.

Parágrafo único – Extinta a punibilidade, não se impõe medida de segurança nem subsiste a que tenha sido imposta.

Imposição da medida de segurança para inimputável

Art. 97 – Se o agente for inimputável, o juiz determinará sua internação (art. 26). Se, todavia, o fato previsto como crime for punível com detenção, poderá o juiz submetê-lo a tratamento ambulatorial.

Prazo

§ 1º – A internação, ou tratamento ambulatorial, será por tempo indeterminado, perdurando enquanto não for averiguada, mediante perícia médica, a cessação de periculosidade. O prazo mínimo deverá ser de 1 (um) a 3 (três) anos.

Perícia médica

§ 2º – A perícia médica realizar-se-á ao termo do prazo mínimo fixado e deverá ser repetida de ano em ano, ou a qualquer tempo, se o determinar o juiz da execução.

Desinternação ou liberação condicional

§ 3º – A desinternação, ou a liberação, será sempre condicional devendo ser restabelecida a situação anterior se o agente, antes do decurso de 1 (um) ano, pratica fato indicativo de persistência de sua periculosidade.

§ 4º – Em qualquer fase do tratamento ambulatorial, poderá o juiz determinar a internação do agente, se essa providência for necessária para fins curativos.

Substituição da pena por medida de segurança para o semi-imputável

Art. 98 – Na hipótese do parágrafo único do art. 26 deste Código e necessitando o condenado de especial tratamento curativo, a pena privativa de liberdade pode ser substituída pela internação, ou tratamento ambulatorial, pelo prazo mínimo de 1 (um) a 3 (três) anos, nos termos do artigo anterior e respectivos §§ 1º a 4º.

Direitos do internado

Art. 99 – O internado será recolhido a estabelecimento dotado de características hospitalares e será submetido a tratamento.

» **LEI DE EXECUÇÃO PENAL (LEI 7.210/84)**

Art. 183 – Quando, no curso da execução da pena privativa de liberdade, sobrevier doença mental ou perturbação da saúde mental, o Juiz, de ofício, a requerimento do Ministério Público, da Defensoria Pública ou da autoridade administrativa, poderá determinar a substituição da pena por medida de segurança.

QUESTÕES

CAPÍTULOS VI, VII, VIII E IX

Sumário • 1. Questões com gabarito comentado – 2. Questões de concursos

1. QUESTÕES COM GABARITO COMENTADO

01. (CESPE – 2020 – MPE-CE – Promotor de Justiça) Em nome da proibição do caráter perpétuo da pena, conforme entendimento do STJ, o cumprimento de medida de segurança se sujeita ao limite máximo de trinta anos.

COMENTÁRIOS

Gabarito: Assertiva errada. A internação, ou o tratamento ambulatorial, nos termos do **art. 97, § 1º, do CP**, será por **tempo indeterminado**, perdurando enquanto não for averiguada, mediante perícia médica, a cessação de periculosidade. O **prazo mínimo** deverá ser de 1 a 3 anos. Entretanto, para o STJ, deve haver um limite de tempo de cumprimento da medida de segurança: "O tempo de duração da medida de segurança não deve ultrapassar o limite máximo da pena abstratamente cominada ao delito praticado" (**Súmula 527**).

02. (CESPE – 2019 – TJ-SC – Juiz Substituto) Conforme o Código Penal e a legislação aplicável, constitui efeito automático da condenação criminal, que independe de expressa motivação em sentença:

a) nos casos de crime doloso sujeito à pena de reclusão cometido contra filho, tutelado ou curatelado, a incapacidade para o exercício do poder familiar, da tutela ou da curatela.

b) nos casos de crimes praticados com violação de dever para com a administração pública, a perda de cargo ou função pública, quando aplicada pena privativa de liberdade igual ou superior a um ano.

c) nos casos de servidor público condenado pela prática de crime resultante de discriminação ou preconceito de raça, cor, religião ou procedência nacional, a perda do cargo ou da função pública.

d) nos casos de condenação pela prática de crime falimentar, a inabilitação para o exercício de atividade empresarial, pelo prazo de cinco anos após a extinção da punibilidade.

e) no caso de servidor público condenado pela prática de crime de tortura, a perda do cargo ou da função pública e a interdição para seu exercício pelo dobro do prazo da pena aplicada.

COMENTÁRIOS

Gabarito: e. O art. 1º, § 5º, da Lei de Tortura (Lei nº 9.455/97) refere: "A condenação acarretará a perda do cargo, função ou emprego público e a interdição para seu exercício pelo dobro do prazo da pena aplicada". Conforme o STJ, no caso de condenação definitiva, a perda do cargo público é efeito automático da condenação.

Alternativa a: errada. Trata-se de efeito não automático, conforme disposto no parágrafo único do artigo 92 do Código Penal.

Alternativa b: errada. Trata-se de efeito não automático, conforme disposto no parágrafo único do artigo 92 do Código Penal.

Alternativa c: errada. Trata-se de efeito não automático, conforme disposto no art. 18 da Lei nº 7.716/89.

Alternativa d: errada. Trata-se de efeito não automático, conforme disposto no § 1º do artigo 181 da Lei nº 11.101/05.

03. (FGV – 2019 – DPE-RJ – Técnico Superior Jurídico) Foi oferecida denúncia em face de Roberto, imputando-lhe o crime previsto no Art. 217-A do Código Penal, em razão da suposta prática de estupro de vulnerável contra a vítima Maria, de 13 anos, por fato ocorrido em 12 de junho de 2016, quando foi preso em flagrante delito. Após o devido trâmite processual, Roberto veio a ser condenado nos termos da denúncia. Sua pena base foi fixada em 8 (oito) anos de reclusão, ou seja, no mínimo legal. Na segunda fase da dosimetria, foi reconhecida a agravante da reincidência, já que o réu possuía condenação definitiva por crime anterior também de estupro de vulnerável, sendo elevada a pena para 9 (nove) anos, a qual restou definitiva ante a ausência de outras circunstâncias incidentes sobre a pena intermediária. O regime inicial fixado foi o inicialmente fechado e foi negado a Roberto o direito de recorrer em liberdade, tendo permanecido preso preventivamente ao longo de todo o processo. Considerando a situação narrada, quanto à execução da pena de Roberto, é correto afirmar que: poderá Roberto requerer o livramento condicional com o cumprimento de 2/3 da pena a ele fixada.

COMENTÁRIOS

Gabarito: errada. Roberto não tem direito a livramento condicional, pois é reincidente específico em crime hediondo. O fundamento está no art. 83, V, do Código Penal: "O juiz poderá conceder livramento condicional ao condenado a pena privativa de liberdade igual ou superior a 2 (dois) anos, desde que: (...) V - cumpridos mais de dois terços da pena, nos casos de condenação por crime hediondo, prática de tortura, tráfico ilícito de entorpecentes e drogas afins, tráfico de pessoas e terrorismo, **se o apenado não for reincidente específico em crimes dessa natureza**".

04. (VUNESP – 2018 – MPE-SP – Analista Jurídico do Ministério Público) A respeito das medidas de segurança e dos inimputáveis, assinale a alternativa correta. A) A desinternação será sempre condicional e se restabelecerá caso o agente, antes do decurso de (um) ano, praticar fato indicativo de periculosidade, ainda que não criminoso. B) São inimputáveis os menores de (dezoito) anos e os que praticam fatos definidos como crime sob emoção ou paixão. C) Ao inimputável, enquanto não cessada a periculosidade, continuará se impondo medida de segurança, ainda que o fato por ele praticado deixe de ser criminoso. D) A medida de segurança tem prazo de duração indeterminado, perdurando enquanto não cessada a periculosidade, mas não será menor que (três) anos. E) Aos inimputáveis aplicam-se medida de segurança, mas, uma vez cessada a condição, o agente passará a cumprir a pena correspondente ao crime praticado.

COMENTÁRIOS

Gabarito: *a*. Quando se aplica medida de segurança o juiz fixa uma prazo mínimo (entre 1 a 3 anos). Finalizado esse prazo, realiza-se uma perícia médica para averiguar a cessação de periculosidade. Caso não tenha cessado, essa perícia deve ser repetida de ano em ano, ou a qualquer tempo, se o determinar o juiz da execução. No caso de medida de segurança de internação, uma vez verificada na perícia a cessação da periculosidade, será caso de desinternação. Porém, nos termos § 3º do art. 97, a desinternação será sempre condicional devendo ser restabelecida a situação anterior se o agente, antes do decurso de 1 (um) ano, pratica fato indicativo de persistência de sua periculosidade.

Alternativa b: errada. Conforme o art. 27 do CP, são inimputáveis os menores de 18 anos. Porém, não excluem a imputabilidade penal a emoção ou a paixão (art. 28, I, do CP).

Alternativa c: errada. As medidas de segurança são espécies de sanção penal e, como tal, estão sujeitas ao princípio da legalidade e à regra da abolitio criminis. Ademais, no art. 96, parágrafo único, do CP consta que extinta a punibilidade, não se impõe medida de segurança nem subsiste a que tenha sido imposta. Por sua vez, o art. 107, III, do CP traz a abolitio criminis como causa de extinção da punibilidade.

Alternativa d: errada. De acordo com o Código Penal (art. 97, § 1º, do CP), a medida de segurança tem prazo de duração indeterminado, perdurando enquanto não for averiguada, mediante perícia médica, a cessação de periculosidade – embora a jurisprudência fixe limites. Porém, o erro da alternativa encontra-se em relação ao prazo mínimo da medida de segurança, o qual que deverá ser de 1 a 3 anos.

Alternativa e: errada. Aos inimputáveis, na forma do art. 26, *caput*, do CP aplicam-se medida de segurança. A sentença que a aplica é absolutória, chamada de absolutória imprópria (art. 386, VI, c/c parágrafo único III, do CPP). Não há que se falar em pena (privativa de liberdade, restritiva de direitos e multa).

05. (FCC – 2017 – TJ-SC – Juiz de Direito) Sobre a suspensão condicional da pena, é correto afirmar:

a) Nos crimes previstos na Lei ambiental n° 9.605/98, a suspensão poderá ser aplicada em condenação a pena privativa de liberdade não superior a quatro anos.

b) No primeiro ano do prazo, deverá o condenado cumprir uma das penas alternativas previstas no artigo 44 do Código Penal.

c) A execução da pena privativa de liberdade, não superior a quatro anos, poderá ser suspensa, por quatro a seis anos, desde que o condenado seja maior de sessenta anos de idade.

d) É causa de revogação obrigatória a condenação por crime doloso e culposo.

e) É causa de revogação obrigatória a frustração da execução de pena de multa, embora solvente.

COMENTÁRIOS

Gabarito: *e*. O fundamento está no art. 81, II, do Código Penal: "A suspensão será revogada se, no curso do prazo, o beneficiário: (...) II – frustra, embora solvente, a execução de pena de multa ou não efetua, sem motivo justificado, a reparação do dano".

Alternativa *a*: incorreta. De acordo com o art. 16 da Lei 9.605/98, "Nos crimes previstos nesta Lei, a suspensão condicional da pena pode ser aplicada nos casos de condenação a pena privativa de liberdade não superior a três anos".

Alternativa *b*: incorreta. Conforme o art. 78, § 1º, do Código Penal, "No primeiro ano do prazo, deverá o condenado prestar serviços à comunidade (art. 46) ou submeter-se à limitação de fim de semana (art. 48)".

Alternativa *c*: incorreta. De acordo com o art. 77, § 2º, do Código Penal, "A execução da pena privativa de liberdade, não superior a quatro anos, poderá ser suspensa, por quatro a seis anos, desde que o condenado seja maior de setenta anos de idade, ou razões de saúde justifiquem a suspensão".

Alternativa *d*: incorreta. Conforme o art. 81, I, do Código Penal, "A suspensão será revogada se, no curso do prazo, o beneficiário: I – **é condenado, em sentença irrecorrível, por** crime doloso".

06. (IESES – 2017 – TJ-RO – Titular de Serviços de Notas e de Registros) De acordo com o Código Penal, assinale a alternativa correta:

a) Não se comunicam as circunstâncias e as condições de caráter pessoal, ainda que elementares do crime.

b) Considera-se praticado o crime no momento da ação ou omissão, no todo ou em parte, bem como quando se produziu ou deveria produzir-se o resultado.

c) A extinção da punibilidade de crime que é pressuposto, elemento constitutivo ou circunstância agravante de outro não se estende a este. Nos crimes conexos, a extinção da punibilidade de um deles impede, quanto aos outros, a agravação da pena resultante da conexão.

d) Tratando-se de Medida de Segurança, a fixação do período de internação ou tratamento ambulatorial não comportará tempo determinado, perdurando enquanto não for averiguada, mediante perícia médica, a cessação de periculosidade. O prazo mínimo, contudo, deverá ser de 1 (um) a 3 (três) anos.

COMENTÁRIOS

Gabarito: *d*. O fundamento está no art. 97, § 1º, do Código Penal: "A internação, ou tratamento ambulatorial, será por tempo indeterminado, perdurando enquanto não for averiguada, mediante perícia médica, a cessação de periculosidade. O prazo mínimo deverá ser de 1 (um) a 3 (três) anos". Deve-se atentar, no entanto, para a Súmula 527 do STJ: "O tempo de duração da medida de segurança não deve ultrapassar o limite máximo da pena abstratamente cominada ao delito praticado".

Alternativa *a*: incorreta. De acordo com o art. 30 do Código Penal, "Não se comunicam as circunstâncias e as condições de caráter pessoal, salvo quando elementares do crime".

Alternativa *b*: incorreta. O art. 4º do Código Penal, que consagra a teoria da atividade, dispõe: "Considera-se praticado o crime no momento da ação ou omissão, ainda que outro seja o momento do resultado".

Alternativa *c*: incorreta. Conforme o art. 108 do Código Penal, "A extinção da punibilidade de crime que é pressuposto, elemento constitutivo ou circunstância agravante de outro não se estende a este. Nos crimes conexos, a extinção da punibilidade de um deles não impede, quanto aos outros, a agravação da pena resultante da conexão".

07. (FAURGS – 2016 – TJ-RS – Médico Psiquiatra) Sobre a suspensão condicional da pena, prevista pelo Código Penal, assinale a alternativa correta.

a) A execução da pena privativa de liberdade, não superior a 2 (dois) anos, poderá ser suspensa, por 2 (dois) a 4 (quatro) anos, desde que, dentre outras condições, o condenado não seja reincidente em crime doloso.

b) A condenação anterior à pena de multa impede a concessão do benefício da suspensão condicional da pena.

c) A suspensão condicional da pena se estende às penas restritivas de direitos e à multa.

d) A suspensão condicional da pena será obrigatoriamente revogada se, no curso do prazo, o beneficiário for condenado em sentença recorrível por crime culposo.

e) A suspensão condicional da pena será obrigatoriamente revogada se, no curso do prazo, o beneficiário frustrar, por insolvência, a execução de pena de multa ou não efetuar, ainda que por motivo justificado, a reparação do dano.

COMENTÁRIOS

Gabarito: a. A execução da pena privativa de liberdade, não superior a 2 (dois) anos, poderá ser suspensa, por 2 (dois) a 4 (quatro) anos, e desde que o condenado preencha as condições previstas em lei, tal como não ser reincidente em crime doloso (art. 77, I).

Alternativa b. A condenação anterior à pena de multa não impede a concessão do benefício da suspensão condicional da pena (art. 77, § 1º).

Alternativa c. A suspensão não se estende às penas restritivas de direitos e nem à multa (art. 80).

Alternativa d. A suspensão poderá ser revogada se o condenado descumpre qualquer outra condição imposta ou é irrecorrivelmente condenado, por crime culposo ou por contravenção, a pena privativa de liberdade ou restritiva de direitos (art. 81, § 1º). Trata-se de hipótese de revogação facultativa.

Alternativa e. A suspensão condicional da pena será obrigatoriamente revogada se, no curso do prazo, o beneficiário frustrar, embora solvente, a execução de pena de multa ou não efetuar, sem motivo justificado, a reparação do dano (art. 81, II).

08. (FUNIVERSA – 2015 – SEAP-DF – Agente) São efeitos produzidos pela sentença estrangeira no Brasil: aplicação de medida de segurança; ressarcimento do dano ou restituição civil; decretação de prisão de pessoa domiciliada no Brasil.

COMENTÁRIOS

Gabarito: errada. Conforme o art. 9º do Código Penal, "A sentença estrangeira, quando a aplicação da lei brasileira produz na espécie as mesmas consequências, pode ser homologada no Brasil para: I – obrigar o condenado à reparação do dano, a restituições e a outros efeitos civis; II – sujeitá-lo a medida de segurança". Portanto, como se vê, não há previsão do efeito "decretação de prisão de pessoa domiciliada no Brasil".

09. (VUNESP – 2015 – TJ-SP – Juiz) Segundo a jurisprudência consolidada do Superior Tribunal de Justiça, assinale a alternativa correta.

a) O tempo de duração da medida de segurança pode ultrapassar o máximo da pena abstratamente cominada ao delito praticado.

b) A conduta de atribuir-se falsa identidade perante autoridade policial é atípica, ainda que em situação de alegada autodefesa.

c) É inadmissível a extinção da punibilidade pela prescrição da pretensão punitiva com fundamento em pena hipotética, independentemente da existência ou sorte do processo penal.

d) É admissível aplicar, no furto qualificado, pelo concurso de agentes, a majorante de roubo.

COMENTÁRIOS

Gabarito: c. O fundamento está na ***Súmula 438 do STJ***: "É inadmissível a extinção da punibilidade pela prescrição da pretensão punitiva com fundamento em pena hipotética, independentemente da existência ou sorte do processo penal".

Alternativa a: errada. De acordo com a ***Súmula 527 do STJ***, "O tempo de duração da medida de segurança não deve ultrapassar o limite máximo da pena abstratamente cominada ao delito praticado".

Alternativa b: errada. Dispõe a ***Súmula 522 do STJ***: "A conduta de atribuir-se falsa identidade perante autoridade policial é típica, ainda que em situação de alegada autodefesa".

Alternativa d: errada. Conforme a ***Súmula 442 do STJ***, "É inadmissível aplicar, no furto qualificado, pelo concurso de agentes, a majorante do roubo".

10. (FCC - 2015 - TJ-AL - Juiz) Segundo entendimento sumulado dos Tribunais Superiores acerca das penas privativas de liberdade:

a) é admissível a chamada progressão per saltum de regime prisional.

b) a falta grave interrompe o prazo para a obtenção de livramento condicional.

c) é admissível a adoção do regime prisional semiaberto aos reincidentes condenados a pena igual ou inferior a quatro anos, ainda que desfavoráveis as circunstâncias judiciais.

d) é inadmissível a fixação de pena substitutiva como condição especial ao regime aberto.

e) é admissível o exame criminológico pelas peculiaridades do caso, independentemente de motivação da determinação.

COMENTÁRIOS

Gabarito: d. O fundamento está na ***Súmula 493 do STJ***: "É inadmissível a fixação de pena substitutiva (art. 44 do CP) como condição especial ao regime aberto".

Alternativa a: errada. De acordo com a ***Súmula 491 do STJ***, "É inadmissível a chamada progressão per saltum de regime prisional".

Alternativa b: errada. Dispõe a ***Súmula 441 do STJ***: "A falta grave não interrompe o prazo para obtenção de livramento condicional".

Alternativa c: errada. Conforme a ***Súmula 269 do STJ***, "É admissível a adoção do regime prisional semiaberto aos reincidentes condenados a pena igual ou inferior a quatro anos se favoráveis as circunstâncias judiciais".

Alternativa e: errada. A ***Súmula 439 do STJ*** refere: "Admite-se o exame criminológico pelas peculiaridades do caso, desde que em decisão motivada".

11. (FCC - 2015 - TJ-SC - Juiz) NÃO é requisito para obtenção do livramento condicional:

a) Cumprimento de mais de dois terços da pena, nos casos de condenação por crime hediondo ou assemelhado.

b) Pagamento da pena de multa.

c) Reparação do dano, salvo impossibilidade de o fazer.

d) Cumprimento de mais de um terço da pena se não for reincidente em crime doloso e tiver bons antecedentes.

e) Cumprimento de mais da metade se for reincidente em crime doloso.

COMENTÁRIOS

Gabarito: b. Os requisitos do livramento condicional estão no art. 83 do Código Penal. Entre eles não está o adimplemento da pena de multa.

Alternativa a: errada. O cumprimento de mais de dois terços da pena, nos casos de condenação por crime hediondo ou assemelhado, é requisito previsto no art. 83, V, do CP.

Alternativa c: errada. A reparação do dano, salvo impossibilidade de fazê-lo, é requisito previsto no art. 83, IV, do CP.

Alternativa d: errada. O cumprimento de mais de um terço da pena se não for reincidente em crime doloso e tiver bons antecedentes é requisito previsto no art. 83, I, do CP.

Alternativa e: errada. O cumprimento de mais da metade se for reincidente em crime doloso é requisito previsto no art. 83, II, do CP.

12. (CS - UFG - 2014 - UEAP - Assistente Jurídico) O Código Penal trata em capítulo próprio dos Efeitos Genéricos e Específicos da Condenação, sendo importante atentar para o fato de que:

a) a condenação torna certa a obrigação de indenizar o dano causado pelo crime, desde que expressamente pronunciada pelo juiz sentenciante.

b) a perda em favor da União dos instrumentos do crime ocorrerá desde que consistam em coisas cujo fabrico, alienação, uso, porte ou detenção constituam fato ilícito, ainda que o pertença a terceiro de boa-fé ou do lesado.

c) a perda de cargo é considerada efeito da condenação, quando a pena privativa de liberdade for igual ou superior a um ano nos crimes praticados com abuso de poder ou violação do dever para com a administração pública.

d) a inabilitação para dirigir veículo automotor, quando utilizado como meio para a prática de crime doloso ou culposo, é considerado efeito automático da sentença condenatória, dispensando portanto o juiz de fundamentação.

COMENTÁRIOS

Gabarito: c. O fundamento está no art. 92, I, a, do CP: "São também efeitos da condenação: I – a perda de cargo, função pública ou mandato eletivo: a) quando aplicada pena privativa de liberdade por tempo igual ou superior a um ano, nos crimes praticados com abuso de poder ou violação de dever para com a Administração Pública".

Alternativa a: Errada, pois tornar certa a obrigação de indenizar o dano causado pelo crime (art. 91, I, do CP) é efeito automático da condenação, não havendo necessidade de que seja expressamente pronunciado pelo juiz sentenciante.

Alternativa b: Errada, já que a perda em favor da União dos instrumentos do crime é excepcionada pelo direito do lesado ou de terceiro de boa-fé (art. 91, II, do CP).

Alternativa d: Errada, porque a inabilitação para dirigir veículo, enquanto efeito da condenação, somente ocorrerá quando o veículo for utilizado para a prática de crime doloso (art. 92, III, do CP). Ademais, trata-se de efeito não automático, devendo ser motivamente declarado na sentença (art. 92, par. único, do CP).

13. (FEPESE – 2014 – MP-SC – Promotor de Justiça) Os efeitos específicos da condenação, segundo regula o Código Penal Brasileiro, são automáticos, não havendo necessidade de serem explicitados na sentença.

COMENTÁRIOS

Gabarito: errada. Os efeitos específicos da condenação (efeitos secundários extrapenais específicos) estão no art. 92 do Código Penal. E, de acordo com o parágrafo único do citado dispositivo, "Os efeitos de que trata este artigo não são automáticos, devendo ser motivadamente declarados na sentença".

14. (Aroeira – 2014 – PC-TO – Agente) nº G. foi condenado a penas privativas de liberdade que somam sessenta anos de reclusão. Sabendo-se que nº G. é primário e de bons antecedentes, e que nenhum dos crimes pelos quais foi condenado é hediondo ou equiparado, este condenado somente poderá obter livramento condicional depois de cumpridos mais de:

a) dez anos de pena.
b) quinze anos de pena
c) vinte anos de pena.
d) trinta anos de pena.

COMENTÁRIOS

Gabarito: c. Se o agente é primário e de bons antecedentes, e não praticou crime hediondo ou equiparado, incidirá o art. 83, I, do CP ("O juiz poderá conceder livramento condicional ao condenado a pena privativa de liberdade igual ou superior a 2 anos, desde que: I – cumprida ***mais de um terço da pena*** se o condenado não for reincidente em crime doloso e tiver bons antecedentes"). Isso significa que N.G. deverá cumprir mais de um terço de 60 anos, ou seja, mais de 20 anos.

15. (CESPE – 2013 – CNJ – Analista Judiciário) A perda do cargo, no caso de funcionário público condenado a pena privativa de liberdade de cinco anos de reclusão, é efeito automático da condenação.

COMENTÁRIOS

Gabarito: errada. Quando a pena privativa de liberdade for igual ou superior a 1 ano, nos crimes praticados com abuso de poder ou violação de dever para com a Administração Pública, é efeito da condenação a perda do cargo, da função pública ou do mandato eletivo (art. 92, I, 'a', do CP). No entanto, tal efeito ***não é automático***, devendo ser motivadamente declarado na sentença (art. 92, par. único, do CP).

2. QUESTÕES DE CONCURSOS

01. (GUALIMP – 2020 – Procurador Municipal) Segundo a teoria penal, a pena tem, além do punitivo, o caráter pedagógico, este que é obliterado no desenvolvimento das relações de poder, em um Estado onde o imperativo moral é o vigiar e o punir. Assim sendo, sobre a reabilitação do Código Penal é INCORRETO afirmar:

a) A reabilitação alcança quaisquer penas aplicadas em sentença definitiva, assegurando ao condenado o sigilo dos registros sobre o seu processo e condenação.
b) A reabilitação poderá ser requerida, decorridos 2 (dois) anos do dia em que for iniciada.
c) Negada a reabilitação, poderá ser requerida, a qualquer tempo, desde que o pedido seja instruído com novos elementos comprobatórios dos requisitos necessários.
d) A reabilitação será revogada, de ofício ou a requerimento do Ministério Público, se o reabilitado for condenado, como reincidente, por decisão definitiva, a pena que não seja de multa.

02. (VUNESP - 2019 - Prefeitura de São José do Rio Preto-SP - Procurador do Município) Assinale a hipótese que, nos termos do art. 92 do CP e respeitada a regra de motivação de seu parágrafo único, acarreta a perda de cargo, função pública ou mandato eletivo: condenação criminal à pena de:

a) 6 meses, em crime praticado com violação de dever para com a Administração Pública.
b) 1 ano, em crime praticado com abuso de poder.
c) 2 anos, em qualquer crime contra o patrimônio.
d) 3 anos, em qualquer crime infamante.
e) 4 anos, em qualquer crime contra a fé pública.

03. (FCC - 2019 - TJ-AL - Juiz Substituto) Em relação ao livramento condicional, correto afirmar que:

a) a prática de falta grave não interrompe o prazo para sua obtenção, mas o Juiz só poderá revogá-lo a requerimento do Ministério Público ou mediante representação do Conselho Penitenciário, ouvido o liberado.
b) as penas correspondentes a infrações diversas não podem ser somadas para atingir o limite mínimo necessário para a sua concessão.
c) condicionada a sua concessão à prévia progressão do condenado ao regime aberto, por expressa previsão legal.
d) obrigatória a revogação se o liberado deixar de cumprir qualquer das obrigações constantes da sentença concessiva.
e) a ausência de suspensão ou revogação antes do término do período de prova enseja extinção da punibilidade pelo integral cumprimento da pena.

04. (INSTITUTO AOCP - 2019 - PC-ES - Escrivão de Polícia) Levando-se em conta o instituto da Medida de Segurança, assinale a alternativa correta:

a) Tendo em vista as suas especificidades, a medida de segurança poderá durar perpetuamente.
b) Havendo recurso apenas por parte da acusação, fica vedado ao Tribunal de Justiça aplicar a Medida de Segurança.
c) A duração da medida de segurança está limitada ao quantum mínimo de pena privativa de liberdade cominada ao delito praticado.
d) Havendo recurso apenas por parte da defesa, fica vedado ao Tribunal de Justiça aplicar a Medida de Segurança.
e) O período de reavaliação da medida de segurança é de no mínimo 2 e no máximo 5 anos.

05. (FGV - 2018 - MPE-AL - Analista do Ministério Público) Enquanto cumpria pena em livramento condicional, Jaqueline vem a ser condenada, novamente, pela prática de crime, sendo aplicada pena privativa de liberdade, havendo trânsito em julgado. O crime, porém, que justificou a segunda condenação era por fato anterior àquele que impôs a condenação da pena que cumpria em livramento condicional, exatamente por isso não sendo reconhecida a reincidência. Considerando apenas as informações narradas, sobre a nova condenação assinale a afirmativa correta. A) Não é prevista, por ser por fato anterior, como causa de revogação do livramento condicional. B) É causa de revogação obrigatória, podendo o período em livramento condicional ser considerado como pena cumprida. C) É causa de revogação facultativa, podendo o período em livramento condicional ser considerado como pena cumprida, mesmo em caso de revogação. D) É causa de revogação obrigatória, não sendo considerado como pena cumprida o período em livramento condicional. E) É causa de revogação facultativa e, em caso de revogação, o período em livramento condicional não poderá ser considerado como pena cumprida.

06. (IBADE - 2018 - SEPLAG-SE - Guarda de Segurança do Sistema Prisional) O instituto de política criminal, destinado a permitir a redução do tempo de prisão com a concessão antecipada e provisória da liberdade do condenado, quando é cumprida pena de liberdade, mediante o preenchimento de determinados requisitos e aceitação de certas condições é o(a): A) medida de segurança. B) livramento condicional. C) anistia. D) suspensão condicional do processo. E) multa penal.

07. (Consulplan - 2017 - TJ-MG - Cartórios) Acerca das medidas de segurança, assinale a alternativa correta:

a) As medidas de segurança aplicam-se no caso de prática de contravenção prevista na Lei nº 3.688/41.
b) O réu deve ser absolvido e aplicada medida de segurança, caso seja constatada a inimputabilidade por doença mental superveniente à prática do fato.

c) As medidas de segurança de internação ou tratamento ambulatorial, quanto aos réus inimputáveis, são aplicáveis por prazo determinado de 01 a 03 anos.
d) Após a aplicação de medida de segurança de tratamento ambulatorial poderá ser determinada a internação, no processo de execução, se o acusado praticar novo crime.

08. (FCC – 2017 – TJ-SC – Juiz de Direito) Acerca da concessão da reabilitação, considere:

I. Ter domicílio no país pelo prazo de quatro anos.
II. No cômputo do prazo de sursis não ter havido revogação.
III. Ter demonstrado efetiva e constantemente bom comportamento público e privado.
IV. Condenação a pena superior a dois anos, no caso de pena privativa de liberdade.
V. Ter ressarcido o dano causado ou demonstrado a impossibilidade absoluta de fazê-lo.

Está correto o que se afirma APENAS em:

a) III e IV.
b) I, II, III e V.
c) II, III, IV e V.
d) II, III e V.
e) I, II e IV.

09. (FAURGS – 2016 – TJ-RS – Psicólogo Judiciário) Sobre a suspensão condicional da pena, prevista pelo Código Penal, assinale a alternativa correta.

a) A execução da pena privativa de liberdade, não superior a 2 (dois) anos, poderá ser suspensa, por 2 (dois) a 4 (quatro) anos, desde que, dentre outras condições, o condenado não seja reincidente em crime doloso.
b) A condenação anterior à pena de multa impede a concessão do benefício da suspensão condicional da pena.
c) A suspensão condicional da pena se estende às penas restritivas de direitos e à multa.
d) A suspensão condicional da pena será obrigatoriamente revogada se, no curso do prazo, o beneficiário for condenado em sentença recorrível por crime culposo.
e) A suspensão condicional da pena será obrigatoriamente revogada se, no curso do prazo, o beneficiário frustrar, por insolvência, a execução de pena de multa ou não efetuar, ainda que por motivo justificado, a reparação do dano.

10. (FCC – 2015 – TCE-CE – Auditor) A perda de cargo, função ou mandato eletivo, como efeito extrapenal de condenação, requer:

a) condenação igual ou superior a dois anos nos crimes praticados com abuso de poder ou na violação do dever para com a Administração pública e condenação por tempo superior a quatro anos nos demais casos.
b) condenação igual ou superior a um ano nos crimes praticados com abuso de poder ou na violação do dever para com a Administração pública e condenação por tempo superior a cinco anos nos demais casos.
c) condenação igual ou superior a um ano nos crimes praticados com abuso de poder ou na violação do dever para com a Administração pública e condenação por tempo superior a quatro anos nos demais casos.
d) imprescritibilidade do delito cometido.
e) condenação igual ou superior a um ano em todos os crimes praticados contra a Administração pública.

11. (CESPE – 2015 – TJ-PB – Juiz) Assinale a opção que apresenta medidas de segurança passíveis de aplicação no ordenamento penal brasileiro:

a) tratamento psiquiátrico e prestação de serviços à comunidade.
b) internação em hospital público e frequência a curso educativo.
c) tratamento ambulatorial e internação em hospital de custódia e tratamento psiquiátrico.
d) tratamento ambulatorial e frequência a curso educativo.
e) prestação de serviços à comunidade e internação.

12. (FCC – 2015 – DPE-SP – Defensor Público) Sobre o livramento condicional é correto afirmar que:

a) o preso não reincidente condenado a uma pena por crime comum e outra por crime hediondo deve cumprir um sexto da primeira, mais metade da segunda como requisito objetivo para o livramento condicional.
b) a comutação de pena é incompatível com o cumprimento de pena em livramento condicional.
c) o sistema progressivo de cumprimento de pena impede a progressão por salto do regime fechado para o livramento condicional.
d) é possível a revogação do livramento condicional em virtude de condenação por crime cometido antes de sua vigência.
e) o lapso temporal para o reincidente específico em crime hediondo é de mais de dois terços da pena.

13. (VUNESP – 2015 – TJ-MS – Juiz) Assinale a alternativa correta.

a) Os efeitos genéricos e específicos da condenação criminal são automáticos, sendo, pois, despicienda suas declarações na sentença.
b) O juiz não poderá declarar extinta a pena, enquanto não passar em julgado a sentença, em processo a que responde o liberado, por crime cometido na vigência do livramento.
c) As espécies de pena são as privativas de liberdade e restritivas de direito.

d) A suspensão condicional da pena será obrigatoriamente revogada se, no curso do prazo, o beneficiário pratica novo crime doloso.

e) Para efeito de reincidência, não prevalece a condenação anterior, se entre a data do cumprimento ou extinção da pena e a infração posterior tiver decorrido período de tempo superior a 2 (dois) anos, computado o período de prova da suspensão ou do livramento condicional, se não ocorrer revogação.

14. (FGV - 2015 - DPE-MT - Advogado) Luan é reincidente na prática do crime do Art. 217-A do Código Penal. Os fatos que justificaram ambas as condenações ocorreram em 2010 e 2014. Nesse caso, é correto afirmar que o benefício do livramento condicional:

a) poderá ser concedido após cumprimento de 2/3 da pena.

b) poderá ser concedido após cumprimento de 3/5 da pena

c) não poderá ser concedido a Luan.

d) poderá ser concedido após cumprimento de 1/2 da pena.

e) poderá ser concedido após cumprimento de 1/3 da pena.

15. (FCC - 2014 - TCE-PI - Assessor Jurídico) O efeito principal da sentença penal condenatória é fixar a pena. Outros efeitos – reflexos, acessórios, indiretos ou secundários – podem daí advir. Assim,

a) são de três ordens os efeitos secundários da sentença penal condenatória: penais, sociais e eleitorais.

b) os efeitos secundários não são apenas de natureza penal e extrapenal, podendo gerar consequências de natureza eleitoral e civil.

c) a sentença condenatória produz efeitos secundários de duas ordens: penais e extrapenais.

d) os efeitos secundários devem ser motivadamente declarados na sentença.

e) a medida de segurança somente poderá ser executada após o cumprimento da pena.

16. (VUNESP - 2014 - TJ-SP - Juiz) Assinale a opção que contenha assertiva verdadeira no tocante às Medidas de Segurança:

a) A prescrição de medida de segurança deve ser calculada pelo máximo da pena cominada ao delito atribuído ao agente, interrompendo-se-lhe o prazo com o início do seu cumprimento.

b) Perigoso o agente, ainda que extinta sua punibilidade, é possível a aplicação de medida de segurança, subsistindo a que tenha sido imposta.

c) A medida de segurança deve perdurar enquanto não cessada a periculosidade do agente, não sendo cabível, na espécie, a limitação do período máximo de trinta anos, prevista no art. 75 do Código Penal.

d) A regra da detração da prisão provisória em relação à medida de segurança se justifica para o fim de ser levantada a medida e não para desconto do tempo para a realização do exame de averiguação de periculosidade ao termo do prazo mínimo.

17. (VUNESP - 2014 - PC-SP - Delegado de Polícia) "X", primário e de bons antecedentes, cumpre, com bom comportamento, pena de vinte anos de reclusão em regime fechado, pela prática do crime de latrocínio. Até o momento, "X" cumpriu quatorze anos do total da pena. Nesse caso, a resposta correta para a pergunta – "X" tem direito à concessão de algum benefício? – é:

a) "X" tem direito ao livramento condicional.

b) "X" tem direito à concessão da liberdade provisória.

c) "X" tem direito à concessão do sursis.

d) "X" tem direito à concessão da suspensão condicional da pena.

e) "X" não faz jus a nenhum benefício por ter praticado crime hediondo.

18. (FEPESE - 2013 - DPE-SC - Analista) Assinale a alternativa correta de acordo com o Código Penal brasileiro.

a) O juiz poderá conceder livramento condicional ao condenado a pena privativa de liberdade inferior dois anos.

b) Não será concedido livramento condicional para o condenado por crime doloso, cometido com violência ou grave ameaça à pessoa,

c) Caso o liberado venha a ser condenado durante a vigência do benefício, revoga-se o livramento condicional,

d) O juiz não poderá declarar extinta a pena, enquanto não passar em julgado a sentença em processo a que responde o liberado, por crime cometido na vigência do livramento.

e) Revogado o livramento, a qualquer momento poderá o juiz da execução conceder novamente o benefício.

19. (MP-MG - 2010 - Promotor de Justiça) O benefício do sursis não é incompatível com a prática de crimes contra o meio ambiente (Lei nº 9.605/1998).

20. (CESPE - 2010 - DPE-BA - Defensor Público) Aplica-se a suspensão condicional da pena, levando-se em consideração a sanção penal abstratamente prevista para crime para o qual esteja prevista pena privativa de liberdade cujo patamar máximo seja de dois anos, suspendendo-se a execução, por dois a quatro anos, desde que o réu não seja reincidente e as circunstâncias legais e judiciais sejam favoráveis ao apenado, e não seja indicada substituição por pena restritiva de direitos.

21. (CESPE – 2010 – DPU – Defensor Público) A sentença que concede a suspensão condicional da pena pode especificar outras condições a que fica subordinada a suspensão, além das legalmente previstas, desde que adequadas ao fato e à situação pessoal do condenado.

22. (FCC – 2010 – MP-RS – Secretário de Diligências) No sursis, suspensão condicional da pena, dentre outras hipóteses,

a) a condenação anterior à pena de multa impede, em qualquer caso, a concessão do benefício.

b) a suspensão se estende às penas privativas de liberdade, restritivas de direitos e à multa.

c) se o beneficiário está sendo processado por outro crime ou contravenção, no prazo da suspensão, revoga-se, obrigatoriamente, o benefício.

d) a pena não superior a 3 (três) anos poderá ser suspensa, por 1 (um) a 2 (dois) anos, ainda que o condenado seja maior de sessenta anos de idade.

e) no primeiro ano do prazo, deverá o condenado prestar serviços à comunidade ou submeter-se à limitação de fim de semana.

GABARITO		FUNDAMENTAÇÃO
1	B	Art. 94 CP
2	B	Art. 92 CP
3	E	Súm. 617 STJ
4	D	Súm. 525 STF
5	B	Arts. 86, II, e 88 CP
6	B	Art. 83 CP
7	A	Item 1, Cap. IX
8	D	Art. 94 CP
9	A	Art. 77 CP
10	C	Art. 92, I, CP
11	C	Art. 96 CP
12	D	Art. 86 CP
13	B	Art. 89 CP
14	C	Art. 83, V, CP
15	C	Arts. 91 e 92 CP
16	A	Cap. X
17	A	Art. 83 CP
18	D	Art. 89 CP
19	C	Art. 16 da Lei nº 9.605/98
20	E	Art. 77 CP
21	C	Art. 79 CP
22	E	Art. 78, § 1º, CP

CAPÍTULO X
EXTINÇÃO DA PUNIBILIDADE

Art. 107. Extingue-se a punibilidade: I – pela morte do agente; II – pela anistia, graça ou indulto; III – pela retroatividade de lei que não mais considera o fato como criminoso; IV – pela prescrição, decadência ou perempção; V – pela renúncia do direito de queixa ou pelo perdão aceito, nos crimes de ação privada; (...) VI – pela retratação do agente, nos casos em que a lei a admite; IX – pelo perdão judicial, nos casos previstos em lei.

Art. 108. A extinção da punibilidade de crime que é pressuposto, elemento constitutivo ou circunstância agravante de outro não se estende a este. Nos crimes conexos, a extinção da punibilidade de um deles não impede, quanto aos outros, a agravação da pena resultante da conexão. Ex.: caso tenha ocorrido a prescrição em relação à infração penal antecedente ao crime de lavagem de dinheiro, nada impede ocorrer a punição do delito de lavagem. Nesse sentido o art. 2º, § 1º, da Lei nº 9.613/98: "A denúncia será instruída com indícios suficientes da existência da infração penal antecedente, sendo puníveis os fatos previstos nesta Lei, ainda que desconhecido ou isento de pena o autor, ou extinta a punibilidade da infração penal antecedente".

1. INTRODUÇÃO

Praticado um fato típico e ilícito, e sendo o agente culpável, caberá ao Estado exercer seu jus puniendi, abrindo-se, então, a possibilidade de aplicação da pena. Acontece que, mesmo diante da ocorrência do crime, podem surgir, antes ou após o trânsito em julgado da sentença, causas de extinção do direito de punir. Essas causas não afetam o crime, pois a punibilidade não é requisito deste.

Não se deve confundir causa de extinção da punibilidade com condição objetiva de punibilidade. Em alguns casos, para que haja a punibilidade, não basta a prática de um crime e que o agente seja culpável, sendo necessária a ocorrência de certas condições, chamadas de condições objetivas de punibilidade. Ex.: para que possa ser aplicada a lei penal brasileira a um crime praticado por brasileiro no exterior é preciso que o fato seja punível também no país em que foi praticado (art. 7º, § 2º, b, do CP).

O art. 107 do Código Penal prevê várias causas de extinção da punibilidade. No entanto, o rol do art. 107 é exemplificativo, e não taxativo, pois existem outras causas extintivas da punibilidade, como:

- No peculato culposo, a reparação do dano, se precede à sentença irrecorrível (art. 312, § 3º, do CP);
- Se o agente declara ou confessa sonegação de contribuição previdenciária (art. 337-A, § 1º, do CP);
- Término do período de suspensão condicional do processo (art. 89, § 5º, da Lei nº 9.099/95);
- Pagamento do tributo (art. 83, § 4º, da Lei nº 9.430/96, com redação dada pela Lei nº 12.382/11);
- Cumprimento integral do ANPP – acordo de não persecução penal (art. 28-A, § 13, do CPP).

A Lei nº 11.106/05 revogou os incisos VII e VIII do art. 107, que previam a extinção da punibilidade nos seguintes casos: "VII – pelo casamento do agente com a vítima, nos crimes contra os costumes, definidos nos Capítulos I, II e III do Título VI da Parte Especial deste Código; VIII – pelo casamento da vítima com terceiro, nos crimes referidos no inciso anterior, se cometidos sem violência real ou grave ameaça e desde que a ofendida não requeira o prosseguimento do inquérito policial ou da ação penal no prazo de 60 (sessenta) dias a contar da celebração". Apesar da revogação, tais disposições aplicam-se aos crimes praticados antes da vigência da nova lei.

2. MORTE DO AGENTE

Princípio: art. 5º, XLV, da CF – nenhuma pena passará da pessoa do condenado, podendo a obrigação de reparar o dano e a decretação do perdimento de bens ser, nos termos da lei, estendidas aos sucessores e contra eles executadas, até o limite do valor do patrimônio transferido. Assim, com a morte, a sanção penal se resolve (mors omnia solvit). **Para a maioria da doutrina, resolve-se inclusive a pena de multa**. No entanto, os efeitos civis da sentença penal condenatória subsistem, de sorte que os herdeiros respondem até o limite da herança.

Comprovação: somente com a certidão do assento de óbito (art. 62 do CPP). Trata-se de aplicação do princípio da prova legal ou tarifada e uma exceção ao sistema de prova do livre convencimento.

Morte presumida: não possui o efeito de extinguir a punibilidade. Existe posicionamento doutrinário em contrário.

Certidão de óbito falsa: discute-se se é possível, após o trânsito em julgado da sentença que decretou a extinção da punibilidade, dar prosseguimento ao processo. Há duas orientações: **1ª)** não é possível, por inexistir a revisão pro societate; **2ª)** é possível, pois teve como fundamento fato juridicamente inexistente, não produzindo quaisquer efeitos (STF, 1ª T., HC 104998/SP, j. 14/12/2010; STJ, 6ª T., HC 143.474/SP, j. 06/05/2010).

Concurso de pessoas: a extinção da punibilidade do agente que morreu não se estende aos demais concorrentes (partícipes e/ou coautores).

Questões processuais: não impede ação civil por reparação do dano contra os herdeiros (art. 63 do CPP); não desautoriza os familiares a ajuizarem revisão criminal (art. 623 do CPP).

3. ANISTIA, GRAÇA E INDULTO

A **anistia** consiste no esquecimento jurídico da infração. A anistia atinge fatos e não pessoas. Compete ao Congresso Nacional (arts. 48, VIII, e 21, XVII, da CF). Trata-se de ato do Poder Legislativo de renúncia ao poder-dever de punir em virtude de razões de necessidade ou conveniência política. Possui efeitos *ex tunc*, fazendo cessar os efeitos penais da sentença condenatória. Não cessam os efeitos civis da sentença, como, por exemplo, a obrigação de reparação de dano, permitindo a execução da sentença. Nos termos do art. 187 da LEP, concedida a anistia, o juiz, de ofício, a requerimento do interessado ou do Ministério Público, por proposta da autoridade administrativa ou do Conselho Penitenciário, declarará extinta a punibilidade.

O **indulto** (**indulto coletivo**) consiste em uma forma de clemência. Não diz respeito a fatos, como a anistia, mas sim a pessoas. Por sua vez, a **graça** (**indulto individual**) é um benefício concedido a uma pessoa determinada. Compete ao Presidente da República (por intermédio de decreto), mas é permitida a delegação aos Ministros de Estado, ao Procurador-Geral da República ou ao Advogado-Geral da União (art. 84, XII, e parágrafo único, da CF). A graça e o indulto extinguem somente os efeitos principais da condenação, ou seja, a pena. Persistem os efeitos secundários (penais e extrapenais) da sentença penal condenatória irrecorrível.

De acordo com a **Súmula 631 do STJ**, "O indulto extingue os efeitos primários da condenação (pretensão executória), mas não atinge os efeitos secundários, penais ou extrapenais".

Inaplicabilidade: crimes hediondos, tortura, tráfico ilícito de entorpecentes e drogas afins e terrorismo (art. 5º, XLIII, da CF e art. 2º, I, Lei nº 8.072/90).

Discricionariedade do Presidente da República. Decidindo a ADI 5874, em 29/11/2018, a maioria dos Ministros do STF entendeu que o Presidente da República tem ampla liberdade decisória para extinguir a punibilidade de condenados ou diminuir-lhe os efeitos, devendo observar apenas os limites materiais impostos pela Constituição (impossibilidade de indulto a crimes hediondos e equiparados). Assim, de acordo com o entendimento vencedor, salvo no caso de ofensa evidente a regras constitucionais, o ato de concessão do indulto é imune de controle jurisdicional. Conforme o voto do Ministro Celso de Mello, "O presidente valeu-se estritamente de uma competência que a própria Constituição lhe deu. Registrou-se, sim, ofensa à separação dos Poderes no momento em que esta Corte, substituindo por seus próprios critérios, reescreveu o decreto. O STF não dispõe de competência para formular requisitos objetivos ou estabelecer exclusões em relação ao objeto do indulto presidencial".

Obs.: não se pode confundir a competência para conceder o benefício (Congresso Nacional no caso de anistia e Presidente da República no caso de indulto e graça) com a autoridade (juiz) que declarará a extinção da punibilidade.

- **Tráfico de drogas:** de acordo com o art. 44 da Lei nº 11.343/06, os crimes previstos nos arts. 33, *caput* e § 1º, e 34 a 37 da Lei de Drogas são insuscetíveis de graça, indulto e anistia.
- **Tortura:** o art. 1º, § 6º, da Lei nº 9.455/97 refere que o crime de tortura é insuscetível de graça e anistia, silenciando quanto à proibição do indulto coletivo.
- **Falta grave:** "A prática de falta grave não interrompe o prazo para fim de comutação de pena ou indulto" **(Súmula 535 do STJ)**.
- **Súmula 631 do STJ:** "O indulto extingue os efeitos primários da condenação (pretensão executória), mas não atinge os efeitos secundários, penais ou extrapenais".

4. *ABOLITIO CRIMINIS*

Conforme o art. 107, III, do CP, extingue-se a punibilidade pela retroatividade de lei que não mais considera o fato como criminoso. Nos termos do art. 2º, *caput*, do CP, "Ninguém pode ser punido por fato que lei posterior deixa de considerar crime, cessando em virtude dela a execução e os efeitos penais da sentença condenatória". A lei nova (mais benéfica) deixa de considerar o fato como crime. Como exemplo, pode ser citada a Lei nº 11.106/05, que revogou os crimes de **sedução** (art. 217 do CP), de **rapto consensual** (art. 220 do CP) e de **adultério** (art. 240 do CP).

Com a *abolitio criminis* a extinção da punibilidade pode ocorrer mesmo após o trânsito em julgado da sentença. Cessam a execução e os **efeitos penais** da sentença condenatória. Importante destacar que **não cessam os efeitos extrapenais**, como, por exemplo, a obrigação civil de reparação do dano causado pelo crime (efeito secundário de natureza extrapenal).

▶ ***Abolitio criminis* indireta ou temporária**

"A '*abolitio criminis*' temporária prevista na Lei nº 10.826/2003 aplica-se ao crime de posse de arma de fogo de uso permitido com numeração, marca ou qualquer outro sinal de identificação raspado, suprimido ou adulterado, praticado somente até 23/10/2005" **(Súmula 513 do STJ)**.

5. DECADÊNCIA

Consiste na perda do direito de propor, mediante **queixa**, ação penal privada ou privada subsidiária, ou de oferecer **representação** nos crimes de ação penal pública condicionada, em virtude do decurso do prazo legal.

Não ocorre decadência nos crimes de ação penal pública incondicionada e naqueles de ação penal pública condicionada à requisição do Ministro da Justiça. Em regra, no caso de ação penal privada e ação penal pública condicionada à representação, o prazo será de 6 meses, contado do dia em que o ofendido veio a saber quem é o autor do crime (art. 103 do CP). Apresentada a representação dentro do prazo legal em crime de ação penal pública condicionada, não ocorre a decadência se o Ministério Público oferece a denúncia até o lapso de seis meses após o dia em que o ofendido veio a saber quem é o autor do crime.

Nos delitos de menor potencial ofensivo, discute-se se o prazo deve ser contado segundo a regra do art. 38 do CPP (dia em que a vítima toma conhecimento da autoria) ou a partir da audiência de conciliação (art. 75 da Lei nº 9.099/95). Segundo o STJ, "O prazo decadencial aplicável à hipótese é o comum, previsto no art. 38 do Código de Processo Penal, pelo qual a representação deve ocorrer dentro de 6 (seis) meses, a contar do dia em que a vítima tem conhecimento da autoria delitiva" (STJ, Corte Especial, Sd. 156/RS, j. 30/06/2008).

Nos casos de ação penal privada subsidiária, o prazo será de 6 meses, contado do dia em que se esgota o prazo para oferecimento da denúncia.

> ▶ **PRAZO DE DIREITO MATERIAL**
>
> A decadência, por se tratar de causa de extinção da punibilidade, segue, quanto aos prazos, o art. 10 do CP e não o art. 798, § 1º do CPP, ou seja, inclui-se o dia do início (o primeiro dia).

6. PEREMPÇÃO

Consiste em uma sanção processual imposta ao querelante omisso na ação penal exclusivamente privada, impedindo o seu prosseguimento. Não possui aplicação na ação penal pública subsidiária, haja vista que o Ministério Público pode assumir a respectiva titularidade.

Nos termos do **art. 60 do CPP**, temos as seguintes hipóteses:

I – quando, iniciada a ação penal, o querelante deixar de promover o andamento do processo durante 30 dias seguidos;

II – quando, falecendo o querelante, ou sobrevindo sua incapacidade, não comparecer em juízo, para prosseguir no processo, dentro do prazo de 60 dias, qualquer das pessoas a quem couber fazê-lo, ressalvado o disposto no art. 36;

III – quando o querelante deixar de comparecer, sem motivo justificado, a qualquer ato do processo a que deva estar presente, ou deixar de formular o pedido de condenação nas alegações finais;

IV – quando, sendo o querelante pessoa jurídica, esta se extinguir sem deixar sucessor.

7. RENÚNCIA

A renúncia é um ato voluntário do ofendido desistindo do direito de propor ação penal privada (art. 104 do CP). Pode ser expressa (declaração assinada pelo ofendido, por seu representante legal ou procurador com poderes especiais – art. 50 do CPP) ou tácita (prática de ato incompatível com a vontade de exercer o direito de queixa).

Havendo **concurso de pessoas**, a renúncia em relação a um dos autores do crime, **a todos se estenderá** (art. 49 do CPP).

> ▶ **JUIZADO ESPECIAL CRIMINAL**
>
> Antes da Lei nº 9.099/95, a renúncia era aplicada apenas à ação penal privada. Porém, nos Juizados Especiais Criminais, tratando-se de ação penal de iniciativa privada ou de ação penal pública condicionada à representação, o acordo homologado acarreta a renúncia ao direito de queixa ou de representação (art. 74, parágrafo único, da Lei nº 9.099/95).

8. PERDÃO ACEITO

Trata-se de um ato voluntário do ofendido que visa a obstar o prosseguimento da ação penal privada (art. 105 do CP). Pode ser expresso ou tácito, e concedido dentro ou fora do processo. Perdão tácito é o que resulta da prática de ato incompatível com a vontade de prosseguir na ação (art. 106, § 1º, do CP).

Pode haver **recusa** do querelado, tratando-se, assim, de **ato bilateral**. Por isso, o que extingue a punibilidade não é o oferecimento do perdão pelo querelante (vítima), mas o **perdão aceito**.

O perdão deve ser exercido após a propositura da ação penal privada, mas antes do trânsito em julgado da sentença condenatória (art. 106, § 2º, do CP).

> ▶ **CONCURSO DE AGENTES E DE VÍTIMAS**
>
> - No caso de concurso de pessoas, se o ofendido concedê-lo a qualquer um dos autores (querelados), a todos os outros se estenderá (art. 106, I, do CP).
> - No caso de haver ofensa a mais de uma pessoa, se um dos ofendidos concedê-lo, não prejudica o direito dos outros (art. 106, II, do CP).

9. RETRATAÇÃO

Retratar é o ato de retirar o que foi dito. Como se trata de ato pessoal, a retratação realizada por um dos querelados não se aplica aos demais. A retratação deve ser irrestrita e incondicional, e não pode ser confundida com a retratação da representação.

O Código Penal prevê a retratação nos crimes de calúnia e difamação (art. 143) e no crime de falso testemunho ou falsa perícia (art. 342, § 2º).

10. PERDÃO JUDICIAL

Consiste na possibilidade de o juiz deixar de aplicar a sanção penal ao autor do crime se evidenciadas certas circunstâncias.

Algumas hipóteses: arts. 121, § 5º; 129, § 8º; 140, § 1º, I e II; 176, par. único; 180, § 5º; 242, par. único; 249, § 2º, todos do Código Penal.

Natureza jurídica da sentença: existem diversas orientações, a saber: sentença declaratória de extinção da punibilidade; sentença condenatória sem efeito de reincidência (art. 120 do CP); sentença absolutória.

▶ **POSIÇÃO DO SUPERIOR TRIBUNAL DE JUSTIÇA**

"A sentença concessiva do perdão judicial é declaratória da extinção da punibilidade, não subsistindo qualquer efeito condenatório" (**Súmula 18 do STJ**).

11. SÚMULAS E ORIENTAÇÕES JURISPRUDENCIAIS DO STF E DO STJ

INDULTO E EFEITOS DA CONDENAÇÃO

▶ **Súmula 631 do STJ:** "O indulto extingue os efeitos primários da condenação (pretensão executória), mas não atinge os efeitos secundários, penais ou extrapenais".

NATUREZA JURÍDICA DA SENTENÇA CONCESSIVA DO PERDÃO JUDICIAL

▶ **Súmula 18 do STJ:** "A sentença concessiva do perdão judicial e declaratória da extinção da punibilidade, não subsistindo qualquer efeito condenatório".

***ABOLITIO CRIMINIS* TEMPORÁRIA**

▶ **Súmula 513 do STJ:** "A 'abolitio criminis' temporária prevista na Lei nº 10.826/2003 aplica-se ao crime de posse de arma de fogo de uso permitido com numeração, marca ou qualquer outro sinal de identificação raspado, suprimido ou adulterado, praticado somente até 23/10/2005".

FALTA GRAVE E INDULTO

▶ **Súmula 535 do STJ:** "A prática de falta grave não interrompe o prazo para fim de comutação de pena ou indulto".

PERDÃO JUDICIAL: NECESSIDADE DE EXPRESSA PREVISÃO LEGAL

▶ "Estipula o Código Penal, em seu art. 107, inciso IX, que se extingue a punibilidade 'pelo perdão judicial, nos casos previstos em lei'. Desse modo, somente será possível a aplicação do instituto se houver expressa previsão legal para a hipótese em comento. In casu, o voto minoritário do colegiado a quo foi proferido no sentido da aplicabilidade do instituto do perdão judicial à espécie, 'nos termos do art. 129, § 8º, combinado com o art. 121, § 5º, do Código Penal'. De fato, ainda que o Código de Trânsito não preveja expressamente hipóteses de perdão judicial, entende-se que o diploma admite a aplicação analógica do instituto aos delitos de homicídio e lesão corporal, ambos na modalidade culposa, por inteligência das razões de veto apostas ao diploma. Na espécie, todavia, o delito de trânsito imputado ao paciente é o de condução de veículo automotor sob influência de álcool, para o qual não se encontra previsão legal de aplicação do perdão judicial" (STJ, 5ª T., HC 359018, j. 27/09/2016).

LEI DE PROTEÇÃO A VÍTIMAS E A TESTEMUNHAS AMEAÇADAS E PERDÃO JUDICIAL

▶ "(...) 2. O juiz poderá, de ofício ou a requerimento das partes, inclusive dos próprios réus, conceder perdão judicial, com a consequente extinção da punibilidade, desde que, sendo réus primários, tenham efetiva e voluntariamente colaborado com a investigação e com o processo criminal e dessa colaboração tenha resultado a identificação dos demais coautores ou partícipes da ação criminosa, a localização da vítima com a sua integridade física preservada e a recuperação total ou parcial do produto do crime (Lei nº 9.807/1999). 3. Incabível, in casu, o instituto do perdão judicial porque não preenchidos os requisitos exigidos pela norma de regência, qual seja, o art. 13 da Lei nº 9.807/1999" (STJ, 6ª T., AgRg no REsp 1538372, j. 07/06/2016).

PERDÃO JUDICIAL E LAÇO PRÉVIO ENTRE OS ENVOLVIDOS

▶ "I – A col. 6ª Turma do STJ, ao examinar a possibilidade de aplicação do perdão judicial (§ 5º do art. 121 do CP) ao homicídio culposo no trânsito, assentou que '[A] melhor doutrina, quando a avaliação está voltada para o sofrimento psicológico do agente, enxerga no § 5º a exigência de um vínculo, de um laço prévio de conhecimento entre os envolvidos, para que seja 'tão grave' a consequência do crime ao agente. A interpretação dada, na maior parte das vezes, é no sentido de que só sofre intensamente o réu que, de forma culposa, matou alguém conhecido e com quem mantinha laços afetivos. [...] Entender pela desnecessidade do vínculo seria abrir uma fenda na lei, que se entende não haver desejado o legislador, pois, além de difícil aferição – o tão grave sofrimento –, serviria como argumento de defesa para todo e qualquer caso de delito de trânsito, com vítima fatal'" (STJ, 5ª T., AgRg no AREsp 1349597, j. 18/09/2018).

▶ "1. O texto do § 5º do art. 121 do Código Penal não definiu o caráter das consequências, mas não deixa dúvidas quanto à forma grave com que essas devem atingir o agente, ao ponto de tornar desnecessária a sanção penal. 2. Não há empecilho a que se aplique o perdão judicial nos casos em que o agente do homicídio culposo - mais especificamente nas hipóteses de crime de trânsito - sofra sequelas físicas gravíssimas e permanentes, como, por exemplo, ficar tetraplégico, em estado vegetativo, ou incapacitado para o trabalho. 3. A análise do grave sofrimento, apto a ensejar, também, a inutilidade da função retributiva da pena, deve ser aferido de acordo com o estado emocional de que é acometido o sujeito ativo do crime, em decorrência da sua ação culposa. 4. A melhor doutrina, quando a avaliação está voltada para o sofrimento psicológico do agente, enxerga no § 5º a exigência de um vínculo, de um laço prévio de conhecimento entre os envolvidos, para que seja 'tão grave' a consequência do crime ao agente. A interpretação dada, na maior parte das vezes, é no sentido de que só sofre intensamente o réu que, de forma culposa, matou alguém conhecido e com quem mantinha laços afetivos. 5. O que se pretende é conferir à lei interpretação mais razoável e humana, sem jamais perder de vista o desgaste emocional (talvez perene) que sofrerá o acusado dessa espécie de delito, uma vez que era irmão da vítima. 6. Recurso especial a que se dá provimento, para declarar extinta a punibilidade do réu pelo homicídio culposo do irmão, em decorrência da concessão de perdão judicial, mantidos os demais termos da condenação" (STJ, 6ª T., REsp 1871697, j. 25/08/2020).

12. LEGISLAÇÃO RELACIONADA AO CAPÍTULO

EXTINÇÃO DA PUNIBILIDADE

» **CONSTITUIÇÃO FEDERAL**

Art. 5º, XLIII – a lei considerará crimes inafiançáveis e insuscetíveis de graça ou anistia a prática da tortura, o tráfico ilícito de entorpecentes e drogas afins, o terrorismo e os definidos como crimes hediondos, por eles respondendo os mandantes, os executores e os que, podendo evitá-los, se omitirem.

Art. 5º, XLV – nenhuma pena passará da pessoa do condenado, podendo a obrigação de reparar o dano e a decretação do perdimento de bens ser, nos termos da lei, estendidas aos sucessores e contra eles executadas, até o limite do valor do patrimônio transferido.

Art. 21 – Compete à União: (...) XVII – conceder anistia.

Art. 48 – Cabe ao Congresso Nacional, com a sanção do Presidente da República, não exigida esta para o especificado nos arts. 49, 51 e 52, dispor sobre todas as matérias de competência da União, especialmente sobre: (...) VIII – concessão de anistia.

Art. 84 – Compete privativamente ao Presidente da República: (...) XII – conceder indulto e comutar penas, com audiência, se necessário, dos órgãos instituídos em lei (...).

Parágrafo único – O Presidente da República poderá delegar as atribuições mencionadas nos incisos VI, XII e XXV, primeira parte, aos Ministros de Estado, ao Procurador-Geral da República ou ao Advogado-Geral da União, que observarão os limites traçados nas respectivas delegações.

CÓDIGO PENAL

Lei penal no tempo

Art. 2º – Ninguém pode ser punido por fato que lei posterior deixa de considerar crime, cessando em virtude dela a execução e os efeitos penais da sentença condenatória.

Parágrafo único – A lei posterior, que de qualquer modo favorecer o agente, aplica-se aos fatos anteriores, ainda que decididos por sentença condenatória transitada em julgado.

Extraterritorialidade

Art. 7º, § 2º – Nos casos do inciso II, a aplicação da lei brasileira depende do concurso das seguintes condições: (...) b) ser o fato punível também no país em que foi praticado.

Contagem de prazo

Art. 10 – O dia do começo inclui-se no cômputo do prazo. Contam-se os dias, os meses e os anos pelo calendário comum.

Decadência do direito de queixa ou de representação

Art. 103 – Salvo disposição expressa em contrário, o ofendido decai do direito de queixa ou de representação se não o exerce dentro do prazo de 6 (seis) meses, contado do dia em que veio a saber quem é o autor do crime, ou, no caso do § 3º do art. 100 deste Código, do dia em que se esgota o prazo para oferecimento da denúncia.

Renúncia expressa ou tácita do direito de queixa

Art. 104 – O direito de queixa não pode ser exercido quando renunciado expressa ou tacitamente. Parágrafo único – Importa renúncia tácita ao direito de queixa a prática de ato incompatível com a vontade de exercê-lo; não a implica, todavia, o fato de receber o ofendido a indenização do dano causado pelo crime.

Perdão do ofendido

Art. 105 – O perdão do ofendido, nos crimes em que somente se procede mediante queixa, obsta ao prosseguimento da ação.

Art. 106 – O perdão, no processo ou fora dele, expresso ou tácito: I – se concedido a qualquer dos querelados, a todos aproveita; II – se concedido por um dos ofendidos, não prejudica o direito dos outros; III – se o querelado o recusa, não produz efeito.

§ 1º – Perdão tácito é o que resulta da prática de ato incompatível com a vontade de prosseguir na ação.

§ 2º – Não é admissível o perdão depois que passa em julgado a sentença condenatória.

Extinção da punibilidade

Art. 107 – Extingue-se a punibilidade:

I – pela morte do agente;

II – pela anistia, graça ou indulto;

III – pela retroatividade de lei que não mais considera o fato como criminoso;

IV – pela prescrição, decadência ou perempção;

V – pela renúncia do direito de queixa ou pelo perdão aceito, nos crimes de ação privada;

VI – pela retratação do agente, nos casos em que a lei a admite;

VII – (Revogado pela Lei nº 11.106, de 2005);

VIII – (Revogado pela Lei nº 11.106, de 2005);

IX – pelo perdão judicial, nos casos previstos em lei.

Perdão judicial

Art. 120 – A sentença que conceder perdão judicial não será considerada para efeitos de reincidência.

Art. 121, § 5º – Na hipótese de homicídio culposo, o juiz poderá deixar de aplicar a pena, se as consequências da infração atingirem o próprio agente de forma tão grave que a sanção penal se torne desnecessária.

Art. 129, § 8º – Aplica-se à lesão culposa o disposto no § 5º do art. 121.

Art. 140, § 1º – O juiz pode deixar de aplicar a pena: I – quando o ofendido, de forma reprovável, provocou diretamente a injúria; II – no caso de retorsão imediata, que consista em outra injúria.

Retratação

Art. 143 – O querelado que, antes da sentença, se retrata cabalmente da calúnia ou da difamação, fica isento de pena.

Parágrafo único – Nos casos em que o querelado tenha praticado a calúnia ou a difamação utilizando-se de meios de comunicação, a retratação dar-se-á, se assim desejar o ofendido, pelos mesmos meios em que se praticou a ofensa. (Incluído pela Lei nº 13.188, de 2015)

Outras fraudes

Art. 176 – Tomar refeição em restaurante, alojar-se em hotel ou utilizar-se de meio de transporte sem dispor de recursos para efetuar o pagamento:

Pena – detenção, de quinze dias a dois meses, ou multa.

Parágrafo único – Somente se procede mediante representação, e o juiz pode, conforme as circunstâncias, deixar de aplicar a pena.

Art. 180, § 5º – Na hipótese do § 3º, se o criminoso é primário, pode o juiz, tendo em consideração as circunstâncias, deixar de aplicar a pena. Na receptação dolosa aplica-se o disposto no § 2º do art. 155.

Parto suposto. Supressão ou alteração de direito inerente ao estado civil de recém-nascido

Art. 242 – Dar parto alheio como próprio; registrar como seu o filho de outrem; ocultar recém-nascido ou substituí-lo, suprimindo ou alterando direito inerente ao estado civil:

Pena – reclusão, de dois a seis anos.

Parágrafo único – Se o crime é praticado por motivo de reconhecida nobreza: Pena – detenção, de um a dois anos, podendo o juiz deixar de aplicar a pena.

Subtração de incapazes

Art. 249 – Subtrair menor de dezoito anos ou interdito ao poder de quem o tem sob sua guarda em virtude de lei ou de ordem judicial:

Pena – detenção, de dois meses a dois anos, se o fato não constitui elemento de outro crime. (...)

§ 2º – No caso de restituição do menor ou do interdito, se este não sofreu maus-tratos ou privações, o juiz pode deixar de aplicar pena.

Art. 312, § 3º – No caso do parágrafo anterior, a reparação do dano, se precede à sentença irrecorrível, extingue a punibilidade; se lhe é posterior, reduz de metade a pena imposta.

Art. 337-A, § 1º – É extinta a punibilidade se o agente, espontaneamente, declara e confessa as contribuições, importâncias ou valores e presta as informações devidas à previdência social, na forma definida em lei ou regulamento, antes do início da ação fiscal.

§ 2º – É facultado ao juiz deixar de aplicar a pena ou aplicar somente a de multa se o agente for primário e de bons antecedentes, desde que: I – (Vetado); II – o valor das contribuições devidas, inclusive acessórios, seja igual ou inferior àquele estabelecido pela previdência social, administrativamente, como sendo o mínimo para o ajuizamento de suas execuções fiscais.

Art. 342, § 2º – O fato deixa de ser punível se, antes da sentença no processo em que ocorreu o ilícito, o agente se retrata ou declara a verdade.

» **CÓDIGO DE PROCESSO PENAL**

Art. 38 – Salvo disposição em contrário, o ofendido, ou seu representante legal, decairá no direito de queixa ou de representação, se não o exercer dentro do prazo de seis meses, contado do dia em que vier a saber quem é o autor do crime, ou, no caso do art. 29, do dia em que se esgotar o prazo para o oferecimento da denúncia.

Art. 49 – A renúncia ao exercício do direito de queixa, em relação a um dos autores do crime, a todos se estenderá.

Art. 50 – A renúncia expressa constará de declaração assinada pelo ofendido, por seu representante legal ou procurador com poderes especiais.

Art. 60 – Nos casos em que somente se procede mediante queixa, considerar-se-á perempta a ação penal: I – quando, iniciada esta, o querelante deixar de promover o andamento do processo durante 30 dias seguidos; II – quando, falecendo o querelante, ou sobrevindo sua incapacidade, não comparecer em juízo, para prosseguir no processo, dentro do prazo de 60 (sessenta) dias, qualquer das pessoas a quem couber fazê-lo, ressalvado o disposto no art. 36; III – quando o querelante deixar de comparecer, sem motivo justificado, a qualquer ato do processo a que deva estar presente, ou deixar de formular o pedido de condenação nas alegações finais; IV – quando, sendo o querelante pessoa jurídica, esta se extinguir sem deixar sucessor.

Art. 61 – Em qualquer fase do processo, o juiz, se reconhecer extinta a punibilidade, deverá declará-lo de ofício.

Art. 62 – No caso de morte do acusado, o juiz somente à vista da certidão de óbito, e depois de ouvido o Ministério Público, declarará extinta a punibilidade.

Art. 63 – Transitada em julgado a sentença condenatória, poderão promover-lhe a execução, no juízo cível, para o efeito da reparação do dano, o ofendido, seu representante legal ou seus herdeiros.

Art. 623 – A revisão poderá ser pedida pelo próprio réu ou por procurador legalmente habilitado ou, no caso de morte do réu, pelo cônjuge, ascendente, descendente ou irmão.

Art. 798, § 1º – Não se computará no prazo o dia do começo, incluindo-se, porém, o do vencimento.

» **JUIZADO ESPECIAL CRIMINAL (LEI 9.099/95)**

Art. 74 – A composição dos danos civis será reduzida a escrito e, homologada pelo Juiz mediante sentença irrecorrível, terá eficácia de título a ser executado no juízo civil competente.

Parágrafo único. Tratando-se de ação penal de iniciativa privada ou de ação penal pública condicionada à representação, o acordo homologado acarreta a renúncia ao direito de queixa ou representação.

Art. 75 – Não obtida a composição dos danos civis, será dada imediatamente ao ofendido a oportunidade de exercer o direito de representação verbal, que será reduzida a termo.

Parágrafo único. O não oferecimento da representação na audiência preliminar não implica decadência do direito, que poderá ser exercido no prazo previsto em lei.

Art. 89, § 5º – Expirado o prazo sem revogação, o Juiz declarará extinta a punibilidade.

» **LEI DOS CRIMES HEDIONDOS (LEI 8.072/90)**

Art. 2º – Os crimes hediondos, a prática da tortura, o tráfico ilícito de entorpecentes e drogas afins e o terrorismo são insuscetíveis de:

I – anistia, graça e indulto;

II – fiança.

» **LEI DE TORTURA (LEI 9.455/97)**

Art. 1º, § 6º – O crime de tortura é inafiançável e insuscetível de graça ou anistia.

» **LEI DE DROGAS (LEI 11.343/06)**

Art. 44 – Os crimes previstos nos arts. 33, *caput* e § 1º, e 34 a 37 desta Lei são inafiançáveis e insuscetíveis de sursis, graça, indulto, anistia e liberdade provisória, vedada a conversão de suas penas em restritivas de direitos.

» **LEGISLAÇÃO TRIBUTÁRIA FEDERAL (LEI 9.430/96)**

Art. 83, § 4º – Extingue-se a punibilidade dos crimes referidos no *caput* quando a pessoa física ou a pessoa jurídica relacionada com o agente efetuar o pagamento integral dos débitos oriundos de tributos, inclusive acessórios, que tiverem sido objeto de concessão de parcelamento.

CAPÍTULO XI
PRESCRIÇÃO

1. INTRODUÇÃO

Prescrição é a **perda do direito de punir** do Estado em virtude de não ter sido exercido dentro do prazo legal, ou seja, diante da **inércia** do Estado, ocorre a **extinção da punibilidade**. Isto quer dizer que o Estado possui um limite temporal para exercer seu jus puniendi, sob pena de vir a perdê-lo, salvo nos casos de imprescritibilidade.

Os fundamentos da prescrição surgiram sob vários prismas político-criminais, tais como: o desaparecimento dos efeitos do crime para a sociedade; a presunção de bom comportamento do agente; a desproporcionalidade na punição depois de haver negligência estatal.

Apesar dos razoáveis fundamentos que legitimam a prescrição e de a nova Parte Geral do Código Penal (1984) não dispor de nenhum caso de imprescritibilidade, dois crimes foram considerados **imprescritíveis** pela Constituição Federal de 1988: **1)** art. 5º, XLII, da CF – a prática do racismo constitui crime inafiançável e imprescritível, sujeito à pena de reclusão, nos termos da lei; **2)** art. 5º, XLIV, da CF – constitui crime inafiançável e imprescritível a ação de grupos armados, civis ou militares, contra a ordem constitucional e o Estado Democrático.

> ▶ **IMPRESCRITIBILIDADE DA INJÚRIA RACIAL (ART. 140, § 3º, DO CP)**
>
> "Nos termos da orientação jurisprudencial desta Corte, com o advento da Lei n. 9.459/97, introduzindo a denominada injúria racial, criou-se mais um delito no cenário do racismo, portanto, imprescritível, inafiançável e sujeito à pena de reclusão" (STJ, 6ª T., AgRg no REsp 1849696, j. 16/06/2020).

2. ESPÉCIES DE PRESCRIÇÃO

No período compreendido entre a data da consumação do crime (em regra) e o trânsito em julgado da sentença penal condenatória pode ocorrer a **prescrição da pretensão punitiva**, ao passo que após o trânsito em julgado para as partes, formando-se o título executivo, poderá ocorrer a **prescrição da pretensão executória**.

PRESCRIÇÃO DA PRETENSÃO PUNITIVA 1) prescrição propriamente dita 2) prescrição superveniente 3) prescrição retroativa	**← TJ →**	**PRESCRIÇÃO DA PRETENSÃO EXECUTÓRIA**

A **prescrição da pretensão punitiva (PPP)** é a uma forma de prescrição que ocorre antes de transitar em julgado a sentença condenatória (art. 109 do CP). Mesmo se houver condenação (sem trânsito em julgado), essa espécie de prescrição tem o condão de **excluir os efeitos principais e secundários (penais e extrapenais)** de eventual sentença penal condenatória.

A PPP possui três espécies:

a) Prescrição propriamente dita;

b) Prescrição retroativa;

c) Prescrição superveniente/intercorrente/subsequente.

Por outro lado, a **prescrição da pretensão executória (PPE)** ocorre depois de transitar em julgado a sentença final condenatória (art. 110, *caput*). A PPE **exclui apenas o efeito principal** da sentença condenatória (sanção penal). Regula-se pela pena aplicada e de acordo com os prazos fixados no art. 109 do CP, os quais são aumentados de um terço, se o condenado é reincidente.

3. PRESCRIÇÃO DA PRETENSÃO PUNITIVA PROPRIAMENTE DITA

3.1. Sistemática

Antes da sentença condenatória transitada em julgado não se tem a pena definitiva, de sorte que a prescrição deve ser regulada pela **pena máxima cominada ao delito** (prescrição da pretensão punitiva propriamente dita), uma vez que, em tese, essa pena poderá ser aplicada na sentença.

Nos termos da nova redação do art. 109 do CP, temos os seguintes lapsos prescricionais:

PRAZO PRESCRICIONAL	PENA
20 anos	+ de 12 anos
16 anos	+ de 8 anos a 12 anos
12 anos	+ de 4 anos a 8 anos
8 anos	+ de 2 anos a 4 anos
4 anos	= 1 ano a 2 anos
3 anos	– de 1 ano

Exemplo: A, no dia 10 de dezembro de 2010, praticou o crime de furto simples (art. 155, *caput*, do CP). No dia 15 de janeiro de 2020 o inquérito policial foi enviado ao Ministério Público para que, se fosse o caso, oferecesse a denúncia. Da data da consumação do crime (termo inicial da prescrição – art. 111) até a remessa do inquérito ao Ministério Público já transcorreu um período superior a 8 anos, o que impossibilita o MP de oferecer a denúncia. Isto porque a pena máxima abstrata para o crime de furto simples é de 4 anos, de sorte que o prazo prescricional será de 8 anos (art. 109, inciso IV, do CP). Ocorreu, assim, a prescrição da pretensão punitiva propriamente dita (regulada pela pena máxima prevista no preceito secundário do tipo).

Registre-se, porém, que o Código Penal prevê causas de interrupção (art. 117) e suspensão (art. 116) da prescrição, conforme explicação a seguir, bem como hipótese de redução do prazo prescricional (art. 115).

> ▶ **LEI NOVA**
>
> O inciso VI do art. 109 do CP teve nova redação pela Lei nº 12.234, de 05 de maio de 2010. Antes da alteração, a prescrição ocorria em 2 anos se o máximo da pena fosse inferior a 1 ano. Agora, a prescrição ocorre em **3 anos**. Por se tratar de lei penal mais severa, não se aplica aos fatos praticados antes de sua vigência.

3.2. Regras para o cálculo do prazo prescricional

No caso de prescrição da pretensão punitiva propriamente dita devem ser consideradas as seguintes regras:

a) **Causas de aumento ou de diminuição de pena (3ª fase de aplicação da pena):** são consideradas para o cálculo do prazo prescricional, uma vez que as causas de aumento podem elevar a pena cominada acima do limite legal, e as causas de diminuição podem deixar a pena abaixo do mínimo previsto.

→ Nas causas de aumento de quantidade variável, incide o percentual de **maior elevação.** Ex.: o crime de estupro (art. 213 do CP) tem pena de 6 a 10 anos. Se o agente transmite à vítima doença sexualmente transmissível de que sabe ou deveria saber ser portador, a pena é aumentada de um sexto até a metade (art. 234-A, IV, do CP). Assim, a PPP propriamente dita será calculada sobre a pena de 15 anos (10 + metade).

→ Nas causas de diminuição de quantidade variável, incide o percentual de **menor redução.** Ex.: o crime de violação sexual mediante fraude (art. 215 do CP) tem pena de 2 a 6 anos. Se o agente for considerado semi-imputável, a pena poderá ser diminuída de um terço a dois terços. Assim, a PPP propriamente dita será calculada sobre a pena de 4 anos (6 - um terço).

b) **Concurso de crimes** (concurso material, concurso formal e crime continuado): a prescrição atinge a pretensão punitiva em relação a cada delito isoladamente, de sorte que a soma ou o aumento das penas não são consideradas para o cálculo do prazo prescricional (**art. 119 do CP**).

c) **Qualificadoras**: são consideradas para o cálculo do prazo prescricional, tendo em vista que a qualificadora possui pena autônoma, distinta e superior da pena cominada no tipo básico.

d) **Agravantes e atenuantes (2ª fase na aplicação da pena)**: não interferem no prazo prescricional da prescrição propriamente dita, uma vez que não alteram o limite da pena abstrata.

▶ **MENORIDADE RELATIVA E SENILIDADE**

Ressalte-se que as circunstâncias previstas no **art. 115 do CP** (menor de 21 anos ao tempo do crime e maior de 70 anos na data da sentença) possuem o efeito de reduzir a prescrição pela metade (conforme item 8, adiante).

e) **Condenado reincidente e aumento do prazo prescricional:** "A prescrição depois de transitar em julgado a sentença condenatória regula-se pela pena aplicada e verifica-se nos prazos fixados no artigo anterior, os quais se aumentam de um terço, se o condenado é reincidente" (art. 110, *caput*, do CP). Verifica-se que, em relação à PPE (prescrição da prescrição executória), a reincidência aumenta de um terço o prazo prescricional. Por outro lado, "A reincidência não influi no prazo da prescrição da pretensão punitiva" (**Súmula 220 do STJ**).

f) **Pena de multa**: prescreve em 2 anos quando a multa for a única pena cominada ou aplicada, ou no mesmo prazo estabelecido para prescrição da pena privativa de liberdade, quando a multa for alternativa ou cumulativamente cominada ou cumulativamente aplicada (**arts. 114 e 118 do CP**).

g) **Penas restritivas de direitos**: aplicam-se os mesmos prazos previstos para as penas privativas de liberdade (**art. 109, parágrafo único, do CP**).

3.3. Termo inicial da prescrição antes de transitar em julgado a sentença final

A prescrição da pretensão punitiva ocorre entre um **termo inicial** e o trânsito em julgado. Entretanto, a lei penal dispõe sobre causas interruptivas (reinicia a contagem) e causas suspensivas do prazo prescricional.

O **termo inicial** consta do **art. 111 do CP**:

A prescrição, antes de transitar em julgado a sentença final, começa a correr:

> I – do dia em que o crime se consumou;
>
> II – no caso de tentativa, do dia em que cessou a atividade criminosa;
>
> III – nos crimes permanentes, do dia em que cessou a permanência;
>
> IV – nos de bigamia e nos de falsificação ou alteração de assentamento do registro civil, da data em que o fato se tornou conhecido.
>
> V – nos crimes contra a dignidade sexual de crianças e adolescentes, previstos neste Código ou em legislação especial, da data em que a vítima completar 18 (dezoito) anos, salvo se a esse tempo já houver sido proposta a ação pena.

▶ **LEX GRAVIOR**

A Lei nº 12.650, de 17 de maio de 2012, acrescentou um inciso V ao art. 111 do Código Penal. Trata-se de lei nova mais severa.

3.4. Causas interruptivas da prescrição da pretensão punitiva

Com a interrupção da prescrição, o prazo recomeça a correr integralmente do dia da interrupção. Nos termos do Código Penal, ocorre a **interrupção** da prescrição da pretensão punitiva:

> I – pelo recebimento da denúncia ou da queixa.
>
> II – pela pronúncia.
>
> III – pela decisão confirmatória da pronúncia;
>
> IV – pela publicação da sentença ou acórdão condenatórios recorríveis.

- No inciso I, a interrupção se dá com o **recebimento** da denúncia ou queixa, e **não com o oferecimento.** Ademais, o recebimento da denúncia por juiz absolutamente incompetente não tem o condão de interromper a prescrição, de modo que, uma vez decretada a nulidade, não se considera a causa interruptiva.
- No inciso II, no caso de decisão de desclassificação do crime pelo Tribunal do Júri, a pronúncia continua sendo causa interruptiva (**Súmula 191 do STJ**: "A pronúncia é causa interruptiva da prescrição, ainda que o Tribunal do Júri venha a desclassificar o crime").
- A publicação de sentença **absolutória** não interrompe a prescrição.
- O Plenário do STF fixou o entendimento de que o Código Penal não faz distinção entre acórdão condenatório inicial ou confirmatório da decisão para fins de interrupção da prescrição. Por isso, o acórdão (decisão colegiada do Tribunal) que confirma a sentença condenatória, por revelar pleno exercício da jurisdição penal, interrompe o prazo prescricional, nos termos do artigo 117, inciso IV, do Código Penal. A decisão, por maioria, foi tomada no julgamento do HC 176473. Nesse sentido: "O Plenário

do STF, ao julgar o HC 176.473/RR, da relatoria do Ministro Alexandre de Moraes, fixou a tese que, nos termos do inciso IV do artigo 117 do Código Penal, o acórdão condenatório sempre interrompe a prescrição, inclusive quando confirmatório da sentença de 1° grau, seja mantendo, reduzindo ou aumentando a pena imposta" (STF, 2ª T., RE 1297104 AgR, j. 21/12/2020, p. 09/02/2021).

3.5. Comunicabilidade das causas interruptivas

Art. 117, § 1º. Excetuados os casos dos incisos V e VI deste artigo, a interrupção da prescrição produz efeitos relativamente a todos os autores do crime. Nos crimes conexos, que sejam objeto do mesmo processo, estende-se aos demais a interrupção relativa a qualquer deles.

a) **A interrupção da prescrição produz efeitos relativamente a todos os autores do crime (1ª parte):** apesar de constar autores do crime, deve ser interpretado o dispositivo no sentido amplo, ou seja, concorrentes (coautores e partícipes). Exemplo: na mesma sentença um coautor é absolvido e outro é condenado. A condenação possui o condão de interromper o lapso prescricional em relação ao réu absolvido. Possui a finalidade de evitar que o absolvido venha se beneficiar com a demora do julgamento de eventual recurso da acusação.

b) **Nos crimes conexos, que sejam objeto do mesmo processo, estende-se aos demais a interrupção relativa a qualquer deles (2ª parte).** Exemplo: réu processado pelo crime de estelionato em concurso material com furto vem a ser absolvido pelo estelionato e condenado pelo furto. A sentença condenatória recorrível no tocante ao furto interrompe o prazo prescricional em relação à absolvição do estelionato.

Frise-se que a comunicabilidade de causa interruptiva se aplica em relação às demais causas de interrupção (incisos I a IV).

3.6. Causas impeditivas (suspensivas) da prescrição da pretensão punitiva

As chamadas **causas impeditivas (suspensivas)** da prescrição suspendem o curso do prazo prescricional. Cessado o motivo da suspensão, o prazo prescricional retoma o seu curso, computando-se o período anterior.

Nos termos do art. 116 do CP, a prescrição não corre:

I) **Enquanto não resolvida, em outro processo, questão de que dependa o reconhecimento da existência do crime (art. 116, I):** trata-se de questão prejudicial, conforme arts. 92 e 93 do CPP. Exemplo: o processo penal que apura o crime de bigamia ficará suspenso enquanto houver discussão no juízo cível sobre a validade do primeiro casamento.

II) **Enquanto o agente cumpre pena no exterior (art. 116, II):** a justificativa dessa causa é a impossibilidade de extradição do agente. O Pacote Anticrime (Lei nº 13.964/19, com vigência a partir do dia 23/01/2020) deu nova redação ao art. 116 do Código Penal, alterando o inciso II, com a substituição da palavra "estrangeiro" por "exterior".

III) **Na pendência de embargos de declaração ou de recursos aos Tribunais Superiores, quando inadmissíveis** (incluído pelo Pacote Anticrime - Lei nº 13.964/19): o réu não pode ser prejudicado ao exercer legitimamente os meios de defesa. Entretanto, muitas vezes ocorre o uso abusivo dos embargos de declaração ou de recursos aos Tribunais Superiores, acarretando procrastinação no processo e consequentemente afetando o prazo prescricional, a ponto de operar-se a prescrição. Com a nova redação do art. 116, III, se os embargos de declaração ou os recursos aos Tribunais Superiores interpostos foram inadmissíveis, não terá corrido o prazo prescricional durante a pendência destes recursos.

IV) **Enquanto não cumprido ou não rescindido o acordo de não persecução penal** (incluído pelo Pacote Anticrime - Lei nº 13.964/19): o acordo de não persecução penal, anteriormente previsto na Resolução 181/2017 do CNMP, foi inserido no Código de Processo Penal pela própria Lei nº 13.964/19. Caso seja celebrado, a prescrição não corre durante o tempo de cumprimento do acordo. Uma vez descumprido e rescindido, retoma-se o curso do prazo prescricional.

Além das duas causas descritas no Código Penal, a legislação especial traz outras hipóteses, a saber: **a)** art. 53, § 5º, da CF; **b)** art. 366 do CPP (réu citado por edital que não comparece nem constitui advogado). Nesse caso, "O período de suspensão do prazo prescricional é regulado pelo máximo da pena cominada" (Súmula 415 do STJ); **c)** art. 368 do CPP; **d)** Lei nº 9.099/95, art. 89, § 6º; **e)** art. 83, § 3º, da Lei nº 9.430/96 (com redação dada pela Lei nº 12.382/11); **f)** Lei nº 11.941/09, art. 68, parágrafo único.

3.7. Prescrição do crime pressuposto

Nos termos do **art. 108 do CP**, a extinção da punibilidade de crime que é pressuposto, elemento constitutivo ou circunstância agravante de outro crime não se estende a ele. Nos crimes conexos, a extinção da punibilidade de um deles não impede, quanto aos outros, a agravação da pena resultante da conexão.

Exemplo: A praticou extorsão mediante sequestro (art. 159 do CP), em que o crime de sequestro ou cárcere privado (art. 148 do CP) funciona como elementar. Caso decorra eventual prazo prescricional relativo à infração menos grave (sequestro ou cárcere privado), isso não afetaria a infração mais grave (extorsão mediante sequestro).

4. PRESCRIÇÃO SUPERVENIENTE, SUBSEQUENTE OU INTERCORRENTE (ESPÉCIE DE PPP)

Segundo o art. 110, § 1º, do Código Penal (redação dada pela Lei nº 12.234/10), a prescrição, depois da sentença condenatória com trânsito em julgado para a acusação ou depois de improvido seu recurso, regula-se pela pena aplicada, não podendo, em nenhuma hipótese, ter por termo inicial data anterior à da denúncia ou queixa.

Esse dispositivo regula a possibilidade da prescrição superveniente e da prescrição retroativa.

Como visto, o prazo prescricional varia de acordo com a pena. Antes da fixação da pena (pena concreta), é levada em consideração a pena máxima prevista para o crime, uma vez que essa pena máxima pode ser aplicada. Entretanto, após a fixação da pena concreta, e ocorrendo o trânsito em julgado para a acusação ou o improvimento do seu recurso, não será mais possível a alteração da pena para quantidade superior (proibição da *reformatio in pejus*), e, por consequência, do prazo prescricional, surgindo, então, a possibilidade da ocorrência da prescrição retroativa ou da prescrição superveniente.

A prescrição superveniente é uma espécie de prescrição da pretensão punitiva que ocorre entre a publicação da sentença condenatória recorrível e o trânsito em julgado da sentença. Também é denominada de **prescrição intercorrente ou subsequente.**

Regula-se pela pena concreta (aplicada na sentença) e desde que não haja a possibilidade de sua alteração a ponto de aumentar o prazo prescricional. Desse modo, pressupõe o trânsito em julgado para a acusação ou o improvimento do seu recurso, uma vez que nessas hipóteses não será possível a alteração da pena para quantidade superior, e, por consequência, do prazo prescricional.

Possui como marco inicial a **publicação da sentença condenatória** (mas desde que haja o trânsito em julgado para a acusação ou que seja improvido o seu recurso) e como marco final o **trânsito em julgado para ambas as partes**, que pode se dar em qualquer instância superior.

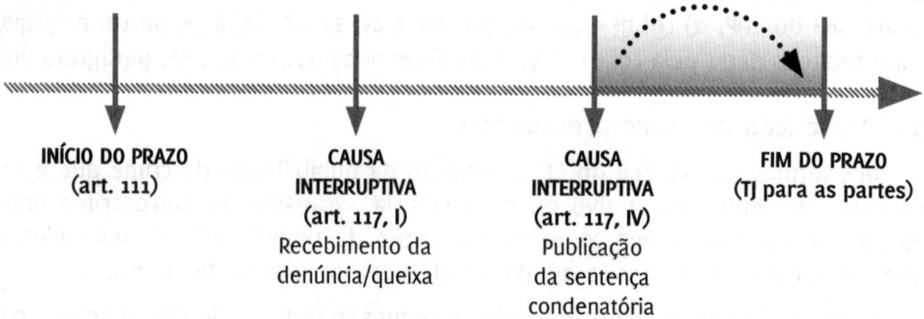

PRESCRIÇÃO SUPERVENIENTE	**Pressuposto**	Trânsito em julgado para a acusação ou que seja improvido o seu recurso.
	Termo inicial	Publicação da sentença condenatória recorrível.
	Ocorrência	Demora da intimação do réu da sentença ou demora do julgamento de eventual recurso.

Exemplo: A, no ano 2019, praticou o crime de furto simples (art. 155, *caput*, do CP). O juiz **recebeu a denúncia** no ano de 2021 e foi **publicada no mesmo ano a sentença**

penal condenatória recorrível. Foi fixada a pena de reclusão de 1 ano e 6 meses. A acusação não apresentou recurso. A defesa interpôs o recurso de apelação requerendo a reforma da sentença com a absolvição. Como não houve recurso da acusação, a pena fixada não pode ser aumentada pelo Tribunal (proibição da reformatio in pejus). Se transcorridos mais de 4 anos da publicação da sentença sem que haja o julgamento pelo Tribunal de Justiça, ocorrerá a prescrição superveniente, considerando que para uma pena de 1 ano e 6 meses o prazo prescricional será de 4 anos.

Como constitui questão prejudicial à análise do mérito, a prescrição, se reconhecida, prejudica eventual recurso interposto pela parte, por ausência de interesse de agir.

5. PRESCRIÇÃO RETROATIVA (ESPÉCIE DE PPP)

A prescrição, depois da sentença condenatória com trânsito em julgado para a acusação ou depois de improvido seu recurso, regula-se pela pena aplicada. Da publicação da sentença condenatória para frente pode ocorrer a prescrição superveniente, ao passo que da publicação da sentença condenatória para trás pode ocorrer a prescrição retroativa.

No caso da prescrição retroativa, não se poderá, em nenhuma hipótese, ter por termo inicial data anterior à da denúncia ou queixa (nova redação do art. 110, § 1º, do CP).

Assim, a prescrição retroativa também é uma espécie de **prescrição da pretensão punitiva**, só que ocorre entre a publicação da sentença condenatória recorrível e a data do recebimento da denúncia ou queixa.

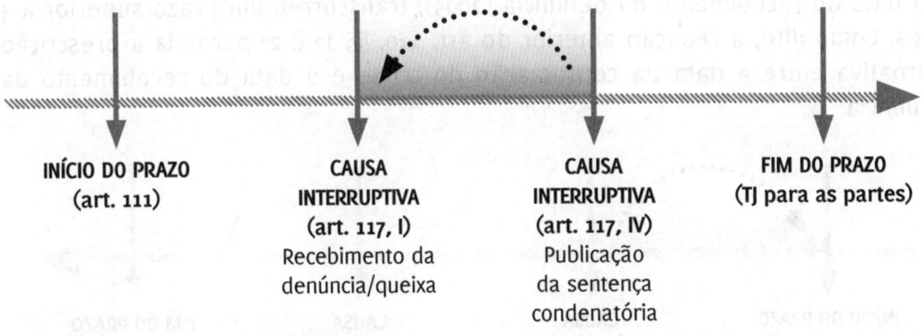

PRESCRIÇÃO RETROATIVA		
	Pressuposto	Trânsito em julgado para a acusação ou que seja improvido o seu recurso.
	Termo inicial	Contagem para trás, a partir da publicação da sentença condenatória recorrível.
	Períodos em que ocorrerá a prescrição:	Entre a publicação da sentença condenatória recorrível e o recebimento da denúncia ou queixa. Obs.: se o crime for da competência do Tribunal do Júri, devem ser observadas as causas interruptivas específicas (pronúncia e decisão confirmatória da pronúncia).

Exemplo: A, no ano de 2012, praticou o crime de furto simples (art. 155, *caput*, do CP). O juiz **recebeu a denúncia** em 10/02/2014. O processo seguiu o trâmite legal. Em 20/06/2019 foi **publicada sentença penal condenatória recorrível.** Foi fixada a pena de reclusão de 1 ano e 6 meses. A acusação não apresentou recurso, de sorte que a pena não pode ser aumentada em caso de recurso exclusivo da defesa (proibição da *reformatio in pejus*). Assim, considerando a pena concreta e nos termos do art. 109, inciso V, a prescrição opera-se 4 anos. No caso, ocorreu a prescrição retroativa, uma vez que, entre o recebimento da denúncia (10/02/2014) e a data da publicação da sentença condenatória recorrível (20/06/2019), transcorreu um prazo superior a 4 anos.

▶ **LEI NOVA:**

A Lei nº 12.234/10 alterou a redação do art. 110, § 1º, do CP, excluindo a possibilidade da prescrição retroativa em período anterior ao recebimento da denúncia ou da queixa.

Exemplo: 'A', no ano de 2000, praticou o crime de furto simples (CP, art. 155, *caput*). O juiz **recebeu a denúncia** em 10/02/2005 (5 anos depois da consumação do crime). O processo seguiu o trâmite legal. Em 20/06/2007 foi **publicada sentença penal condenatória recorrível** (aproximadamente 2 anos e 4 meses depois do recebimento da denúncia). Foi fixada a pena de reclusão de 1 ano e 6 meses. A acusação não apresentou recurso. Assim, considerando a pena concreta e nos ternos do art. 109, inciso V, a prescrição opera-se 4 anos. No caso, ocorreu a prescrição retroativa, uma vez que, entre a data da consumação do crime (2000) e a data do recebimento da denúncia (2005), transcorreu um prazo superior a 4 anos. Como dito, a redação anterior do art. 110, §§ 1º e 2º permitia a prescrição retroativa entre a data da consumação do crime e a data do recebimento da denúncia.

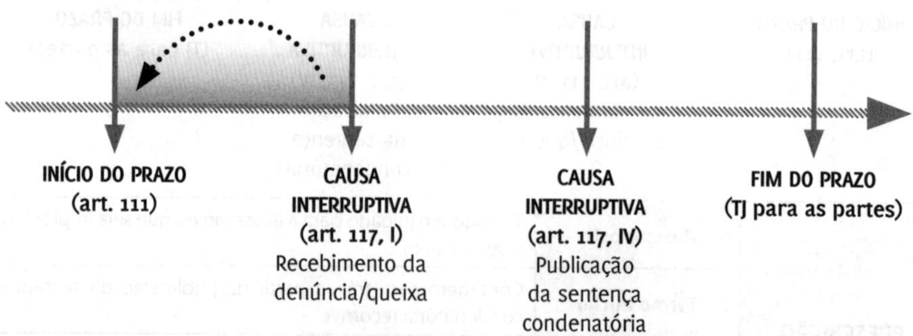

▶ **IRRETROATIVIDADE:**

Como a Lei nº 12.234/10 é uma lex gravior (lei penal mais severa), não se aplica aos fatos praticados antes de sua vigência.

6. PRESCRIÇÃO ANTECIPADA

Também denominada de **prescrição projetada, em perspectiva, hipotética ou com pena virtual**. Trata-se de uma análise sobre o futuro. É verificada qual seria a possível pena concreta a ser aplicada no caso de condenação, de acordo com as circunstâncias apresentadas. Se for antevista uma pena que certamente levaria à prescrição, conclui-se que se torna inútil toda a atividade jurisdicional.

Exemplo: A, no ano de 2010, praticou o crime de lesão corporal leve (pena máxima de 1 ano). Em 2011 o juiz recebeu a denúncia (causa interruptiva da prescrição). Transcorrido o prazo de 3 anos e 6 meses do recebimento da denúncia, a instrução não foi encerrada. Como a pena máxima é 1 ano, o prazo prescricional seria de 4 anos (art. 109, V, do CP), de sorte que ainda não teria transcorrido o prazo prescricional. Entretanto, em certos casos, considerando as circunstâncias do crime e aquelas relacionadas ao agente, prevê-se que, mesma havendo uma futura condenação, a pena não seria fixada no máximo (1 ano no exemplo). Assim, mesmo se fixada a pena em 11 meses e 20 dias, o prazo prescricional passaria a ser de 3 anos (nova redação do art. 109, VI, do CP), de tal forma que ocorreria a prescrição retroativa (entre a data da publicação da sentença condenatória e o recebimento da denúncia). Assim, poderia ser declarada a extinção da punibilidade mesmo sem encerrar a instrução.

A prescrição antecipada não é prevista em lei, mas vem sendo adotada por alguns Tribunais, embora o STF e STJ posicionem-se pela sua inaplicabilidade ante a falta de dispositivo legal. O STJ editou Súmula nesse sentido: "É inadmissível a extinção da punibilidade pela prescrição da pretensão punitiva com fundamento em pena hipotética, independentemente da existência ou sorte do processo penal" (**Súmula 438**).

7. PRESCRIÇÃO DA PRETENSÃO EXECUTÓRIA (PPE)

> **Art. 110.** A prescrição depois de transitar em julgado a sentença condenatória regula-se pela pena aplicada e verifica-se nos prazos fixados no artigo anterior, os quais se aumentam de um terço, se o condenado é reincidente.

7.1. Introdução

Como dito anteriormente, a prescrição da pretensão executória **ocorre depois de transitar em julgado sentença condenatória para a acusação e defesa** (art. 110, *caput*). Regula-se pela pena aplicada e de acordo com os prazos fixados no art. 109, os quais são aumentados de um terço se o condenado é reincidente.

Assim, a partir da sentença penal transitada em julgado para ambas as partes, inicia-se o direito de o Estado executar a pena aplicada, ou seja, o direito de punir transforma-se no direito de executar. Enquanto o Estado não cumpre seu poder-dever de executar a pena, estará correndo o prazo prescricional.

A prescrição da pretensão executória não afeta o título executivo formado com o trânsito em julgado, de sorte que **exclui apenas o efeito principal da sentença condenatória** (sanção penal), permanecendo, assim, os efeitos secundários de natureza penal e extrapenal.

7.2. Termo inicial da prescrição da pretensão executória (art. 112) e causas interruptivas da prescrição da pretensão executória (art. 117, V e VI)

Vejamos o **termo inicial** da prescrição após a sentença condenatória irrecorrível (art. 110 do CP). De acordo com o **art. 112 do CP**, a prescrição começa a correr:

> I - do dia em que transita em julgado a sentença condenatória, para a acusação, ou a que revoga a suspensão condicional da pena ou o livramento condicional;
>
> II - do dia em que se interrompe a execução, salvo quando o tempo da interrupção deva computar-se na pena.

No caso de evasão do condenado, ou de revogação do livramento condicional, a prescrição será regulada pelo tempo que resta da pena, conforme dispõe o **art. 113 do CP**.

Por outro lado, o **art. 117, incisos V e VI, do CP** traz **causas interruptivas** da prescrição da pretensão executória:

> Art. 117 - O curso da prescrição interrompe-se:
>
> (...)
>
> V - pelo início ou continuação do cumprimento da pena;
>
> VI - pela reincidência.

E, de acordo com o art. 117, § 2º, do CP, interrompida a prescrição, salvo a hipótese do inciso V do artigo 117, todo o prazo começa a correr, novamente, do dia da interrupção.

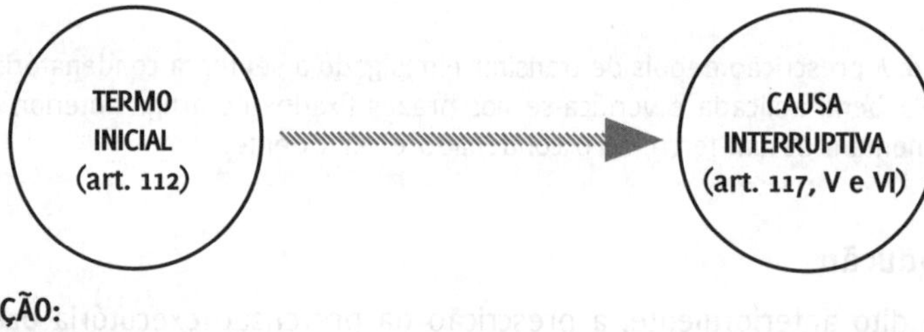

1ª SITUAÇÃO:

TERMO INICIAL	Dia em que transita em julgado a sentença condenatória para a acusação (art. 112, I, 1ª parte)
CAUSA INTERRUPTIVA	Início do cumprimento da pena (art. 117, V)

Transitada em julgado a sentença condenatória para ambas as partes, compete ao Estado executar a pena aplicada. Esse prazo correrá até que se inicie o cumprimento da pena (causa interruptiva: art. 117, V, do CP). Pressupõe o trânsito em julgado para ambas as partes. Apenas para efeito de contagem do termo inicial é que se considera o trânsito em julgado para a acusação.

Exemplo: "A" é condenado, no dia 01/11/2015, a uma pena privativa de liberdade de 2 anos de reclusão. O Ministério Público não recorre e o trânsito em julgado para a acusação ocorre no dia 10/01/2016. Por outro lado, após inúmeros recursos da defesa, inclusive junto ao STJ e STF, a sentença veio a transitar em julgado no dia 18/12/2019. No dia 07/01/2019 o juiz expede mandado de prisão, mas passado mais de um mês o condenado não é encontrado. Ao analisarmos o caso, verificamos que o prazo prescricional **iniciou-se** no *"dia em que transita em julgado a sentença condenatória para a acusação"* (CP, art. 112, I), ou seja, no dia **10/01/2016**, e seria interrompido "quando o condenado *iniciar o cumprimento da pena"* (causa interruptiva: CP, art. 117, V). Considerando que a pena de 2 anos prescreve no prazo de 4 anos (CP, art. 109, V), operou-se a prescrição da pretensão executória às 24 horas do dia **09/01/2020** (desde que não houvesse a interrupção da prescrição pela reincidência – art. 117, VI –, hipótese em que o prazo seria reiniciado). Observe que, como o trânsito em julgado para ambas as partes somente se deu em **18/12/2019**, e somente a partir deste momento foi possível iniciar a execução da pena, o Estado teve menos de um mês para tomar as providências para dar início ao cumprimento da pena, o que foi insuficiente no exemplo.

O art. 112, I, do CP regula uma situação que causa relevantes debates na doutrina. Isso porque, antes do trânsito em julgado da condenação, não cabe execução provisória da pena (STF, Pleno, ADC 44/DF, j. 7/11/2019) e, mesmo assim, o prazo prescricional corre em desfavor do Estado. Nesse sentido: "No âmbito deste Superior Tribunal, prevalece o entendimento de que o termo inicial da contagem do prazo da prescrição executória é a data do trânsito em julgado para a acusação, consoante a interpretação literal do art. 112, I, do CP, que, mesmo depois da Constituição Federal de 1988, não foi revogado por não recepção ou declarado inconstitucional e, portanto, permanece vigente no ordenamento jurídico pátrio" (STJ, 6ª T., AgRg no HC 536.448, j. 22/10/2019).

2ª SITUAÇÃO:

TERMO INICIAL	Dia em que transita em julgado a decisão que revoga a suspensão condicional da pena (art. 112, I, 2ª parte)
CAUSA INTERRUPTIVA	Início do cumprimento da pena (art. 117, V)

Revogado o *sursis*, compete ao Estado executar a pena anteriormente suspensa. Esse prazo correrá até que se inicie o cumprimento da pena (causa interruptiva: art. 117, V, do CP).

Exemplo: fixada uma pena privativa de liberdade de 1 ano e 6 meses de reclusão, foi concedida a suspensão condicional da pena (*sursis*). Durante o período de prova, houve o descumprimento das condições, o que ensejou a revogação do *sursis*. A decisão transitou em julgado no 25/10/2017. No caso, o prazo prescricional ***inicia-se*** no dia 25/10/2017 e será ***interrompido*** quando o condenado iniciar o cumprimento da pena (causa interruptiva: art. 117, V, do CP). Considerando que a pena de 1 ano e 6 meses prescreve no prazo de 4 anos (art. 109, V, do CP), ocorrerá a prescrição da pretensão executória às 24 horas do dia 24/10/2021, desde que também não ocorra a interrupção da prescrição pela reincidência (art. 117, VI, do CP).

3ª SITUAÇÃO:

TERMO INICIAL	Dia em que transita em julgado a decisão que revoga o livramento condicional (art. 112, I, parte final)
CAUSA INTERRUPTIVA	Continuação do cumprimento da pena (art. 117, V)

Revogado o livramento condicional, compete ao Estado dar continuidade à execução da pena privativa de liberdade que não estava sendo cumprida em razão da concessão do benefício (livramento condicional). O prazo prescricional correrá até que se continue o cumprimento da pena restante (causa interruptiva: art. 117, V, do CP). Nesse caso, da mesma forma que ocorre com a fuga, a prescrição é regulada pelo **tempo restante da pena (art. 113 do CP)**. Ressalte-se que deverá ser observado o **art. 88 do CP** para o cálculo do tempo restante da pena.

Exemplo: fixada uma pena privativa de liberdade de 7 anos de reclusão, foi concedido o livramento condicional após o cumprimento de 3 anos de pena. Durante o período de prova, após ter cumprido 3 anos e 6 meses de livramento condicional, houve o descumprimento das condições impostas pelo juiz, o que ensejou a revogação do livramento condicional. A decisão transitou em julgado no 25/10/2017.

No caso acima, o prazo prescricional ***inicia-se*** no dia 25/10/2017 e será ***interrompido*** quando o condenado continuar o cumprimento da pena (causa interruptiva: art. 117, V, do CP). Nesse caso de revogação não se desconta na pena o tempo em que esteve solto o condenado (art. 88 do CP e art. 142 da LEP). Desse modo, ainda resta a cumprir 4 anos de pena. Nos termos do art. 113 do CP, a prescrição é regulada pelo tempo que resta da pena. Considerando que 4 anos (tempo restante da pena) prescreve no prazo de 8 anos (art. 109, IV, do CP), ocorrerá a prescrição da pretensão executória às 24 horas do dia 24/10/2025, desde que também não ocorra a interrupção da prescrição pela reincidência (art. 117, VI, do CP).

4ª SITUAÇÃO:

TERMO INICIAL	Dia em que se interrompe a execução, salvo quando o tempo da interrupção deva se computar na pena (art. 112, II)
CAUSA INTERRUPTIVA	Pela continuação do cumprimento da pena (art. 117, V)

Na hipótese de interrupção da execução (ex.: fuga do condenado), ***inicia-se*** o prazo prescricional, que será ***interrompido*** pela continuação do cumprimento da pena ou se houver a reincidência (art. 117, V e VI, do CP).

Exemplo: fixada uma pena privativa de liberdade de 7 anos de reclusão, o condenado evadiu-se no dia 25/10/2017 após ter cumprido 3 anos de pena. No caso, o prazo prescricional ***inicia-se*** no dia 25/10/2017 e será ***interrompido*** quando o condenado continuar o cumprimento da pena (causa interruptiva: art. 117, V, do CP).

Nos termos do art. 113 do CP, a prescrição é regulada pelo tempo que resta da pena. Considerando que 4 anos (tempo restante da pena) prescreve no prazo de 8 anos (art. 109, IV, do CP), ocorrerá a prescrição da pretensão executória às 24 horas do dia 24/10/2025, desde que também não ocorra a interrupção da prescrição pela reincidência (art. 117, VI, do CP).

Conforme consta no art. 112, II, última parte, do CP, quando o tempo da interrupção da execução deva ser computado na pena não se fala em termo inicial, ou seja, não está correndo prazo prescricional. Ex.: a superveniência de doença mental interrompe a execução da pena, uma vez que o condenado é internado em hospital de custódia e tratamento psiquiátrico. Porém, esse período de internação é computado na pena (arts. 41 e 42 do CP e art. 183 da LEP).

▶ REINCIDÊNCIA COMO CAUSA INTERRUPTIVA

A **reincidência**, nos termos do art. 117, inciso VI, do CP é causa interruptiva da prescrição. Apesar de não constar expressamente, **somente se aplica à prescrição da pretensão executória (PPE).** Existe divergência em relação ao momento em que se dará a interrupção. Orientações:

1ª) a interrupção se dá na data do trânsito em julgado da sentença condenatória do novo crime. Segundo Delmanto, a lei se refere a "reincidência" e não ao cometimento de novo delito, de modo que há de se considerar a reincidência de direito, representada pela nova condenação transitada em julgada (cf. DELMANTO, Celso et al. Código Penal Comentado. São Paulo: Saraiva, 2010, p. 435);

2ª) "Consoante o entendimento pacificado nesta Corte Superior de Justiça, a reincidência, como causa de interrupção da prescrição da pretensão executória, é contada a partir da prática do novo delito, e não do trânsito em julgado de eventual sentença condenatória" (STJ, 5ª T., HC 360940, j. 15/09/2016).

7.3. Causa impeditiva (suspensiva) da prescrição da pretensão executória

Depois de passada em julgado a sentença condenatória, a prescrição não corre durante o tempo em que o condenado está preso por outro motivo (**art. 116, parágrafo único, do CP**). Deve ser observado que enquanto o condenado cumpre o sursis não estará correndo o prazo prescricional. Nesse sentido: "Embora o Código Penal não considere, de forma explícita, a suspensão condicional (sursis) como causa impeditiva da prescrição, esse efeito deflui da lógica do sistema vigente" (STF, HC 91562, j. 09/10/2007).

8. REDUÇÃO DOS PRAZOS PRESCRICIONAIS

> **Art. 115.** São reduzidos de metade os prazos de prescrição quando o criminoso era, ao tempo do crime, menor de 21 (vinte e um) anos, ou, na data da sentença, maior de 70 (setenta) anos.

Esse dispositivo aplica-se a todas as espécies de prescrição (da pretensão punitiva e da pretensão executória).

A primeira hipótese se refere ao **maior de 18 anos e menor 21 anos ao tempo do crime**. Sobre o **tempo do crime**, segundo o **art. 4º do CP**, "considera-se praticado o crime no momento da ação ou omissão, ainda que outro seja o momento do resultado" (teoria da atividade).

No que tange ao **maior de 70 anos**, o Estatuto do Idoso **não alterou** a idade referida no art. 115 do Código Penal para igual ou superior a 60 anos (STF, HC 88.083, j. 03/06/2008; STJ, HC 155437, j. 07/12/2010).

9. PRESCRIÇÃO DA MEDIDA DE SEGURANÇA E DA MEDIDA SOCIOEDUCATIVA

O inimputável (art. 26, *caput*) é isento de pena e não de sanção penal, pois se aplica a medida de segurança na sentença absolutória imprópria. O Código Penal não regula especificamente a prescrição para a medida de segurança. Desse modo, como se trata de uma espécie de sanção penal, deve-se sujeitar às mesmas regras dispostas no CP referentes aos prazos prescricionais. Ressalte-se que a sentença absolutória imprópria não é causa interruptiva da prescrição.

Como não teremos uma pena privativa de liberdade concreta, a prescrição da pretensão punitiva regula-se pela **pena máxima cominada ao delito**, tanto no caso da prescrição da pretensão punitiva quanto no da pretensão executória. Nesse sentido: "A jurisprudência desta Corte, em valiosa manifestação de prestígio à dignidade da pessoa humana, consolidou entendimento segundo o qual, em caso de sentença absolutória imprópria, a prescrição da pretensão executória tem como parâmetro a pena máxima cominada ao delito imputado. Na espécie, (...) a pena máxima cominada para o furto simples tentado é de dois anos e oito meses (quatro anos, subtraída a menor fração para a tentativa, um terço...), tem-se que a prescrição ocorreu em oito anos" (STJ, 6ª T., RHC 33.638, j. 05/08/2014). Idem: STJ, 5ª T., AgRg no HC 469.698, j. 12/02/2019.

É possível a prescrição das **medidas socioeducativas** aplicadas aos adolescentes (**Súmula 338 do STJ** – "A prescrição penal é aplicável nas medidas sócio-educativas"). Inclusive, aplica-se aos adolescentes a norma do **art. 115 do CP**, que dispõe sobre a redução de metade do prazo prescricional. Vejamos algumas situações:

Exemplo 1 (medida socioeducativa sem prazo de duração certo): deve ser considerado o período de 3 anos, que é o máximo de duração da medida de internação, previsto no art.

121, § 3º, do ECA, para o cálculo do prazo prescricional. Ressalte-se que os 3 anos não serão o prazo prescricional, mais sim o critério para o seu cálculo. No caso, nos termos do art. 109, IV, do CP, a prescrição verifica-se em 8 anos, mas considerando o art. 115 do CP será reduzida de metade (4 anos). A propósito: Tratando-se de medida sócioeducativa aplicada sem prazo de duração certo, o cálculo da prescrição, por analogia, deve ter em vista o limite de 3 (três) anos previsto para a duração máxima da medida de internação, na forma do art. 121, § 3º, do ECA. 3 - O prazo prescricional seria, na hipótese, de 4 (quatro) anos (artigos 109, inciso IV, e 115 do CP). Assim, não se vislumbra o transcurso do prazo entre nenhuma das causas interruptivas da prescrição" (STJ, 6ª T., HC 313.610, j. 06/10/2015). Idem: "1. Nos termos da Súmula 338/STJ, aplica-se a prescrição penal às medidas socioeducativas. 2. Anulada a sentença em recurso do Ministério Público, deve ser considerado, para efeitos prescricionais, o prazo limite da medida de internação, que é de 3 anos, nos termos do art. 121, § 3º, do ECA. 3. Não transcorrido o lapso temporal de 4 anos, nos termos do art. 109, IV, c/c 115 do CP, desde o recebimento da representação, não houve a superveniência da prescrição da pretensão socioeducativa" (STJ, 6ª T., AgRg no AREsp 1218434, j. 05/02/2019); "Conforme jurisprudência consolidado no âmbito desta eg. Corte Superior, '[n]os termos do enunciado n. 338 da Súmula do STJ, a prescrição penal é aplicável nas medidas socioeducativas. Diante disso, a jurisprudência desta Corte firmou o entendimento de que, uma vez aplicada medida socioeducativa sem termo final, deve ser considerado o período máximo de 3 anos de duração da medida de internação, para o cálculo do prazo prescricional da pretensão socioeducativa, e não o tempo da medida que poderá efetivamente ser cumprida até que a envolvida complete 21 anos de idade" (STJ, 5ª T., AgRg no REsp 1887084, j. 15/09/2020).

Exemplo 2 (medida socioeducativa sem prazo de duração certo, cujo crime análogo ao ato infracional praticado possui pena máxima cominada inferior ao prazo máximo de internação de 3 anos): leva-se em consideração a pena máxima do delito, e não os 3 anos. Assim, imaginemos um delito cuja pena máxima seja de 6 meses. Nos termos do art. 109, VI, c/c art. 115, o prazo prescricional será de 1 ano e 6 meses. A propósito: "O critério albergado por esta Corte para a aferição da prescrição da pretensão socioeducativa consiste na consideração da pena máxima prevista para o crime análogo ao ato infracional praticado, na medida em que o quantum de pena seja inferior ao prazo de internação, que é de três anos" (STJ, 6ª T., HC 315.353, j. 07/04/2015).

Exemplo 3 (liberdade assistida fixada): "Imposta medida a medida liberdade assistida pelo prazo de seis meses, em sentença transitada em julgado, o lapso prescricional é de 1 (um) ano e 6 (seis), a teor do disposto no art. 109, inciso VI, c.c. art. 115, ambos do Código Penal. Este período transcorreu sem notícia do início do cumprimento da medida pelo adolescente, motivo pelo qual, sem a ocorrência de causas interruptivas, há de se reconhecer a extinção da pretensão socioeducativa" (STJ, 5ª T., AgRg no AREsp 1219149, j. 10/04/2018).

10. SÚMULAS E ORIENTAÇÕES JURISPRUDENCIAIS DO STF E DO STJ

PRESCRIÇÃO

- **Súmula 497 do STF**: "Quando se tratar de crime continuado, a prescrição regula-se pela pena imposta na sentença, não se computando o acréscimo decorrente da continuação".

- **Súmula 191 do STJ:** "A pronúncia é causa interruptiva da prescrição, ainda que o Tribunal do Júri venha a desclassificar o crime".
- **Súmula 220 do STJ:** "A reincidência não influi no prazo da prescrição da pretensão punitiva".
- **Súmula 338 do STJ:** "A prescrição penal é aplicável nas medidas sócio-educativas".
- **Súmula 415 do STJ:** "O período de suspensão do prazo prescricional é regulado pelo máximo da pena cominada".
- **Súmula 438 do STJ:** "É inadmissível a extinção da punibilidade pela prescrição da pretensão punitiva com fundamento em pena hipotética, independentemente da existência ou sorte do processo penal".

A CONTAGEM DO PRAZO PRESCRICIONAL LEVA EM CONTA MAJORANTES E MINORANTES, COM EXCEÇÃO DAQUELAS ATINENTES AO CONCURSO DE CRIMES

- "A prescrição, havendo sentença condenatória com trânsito em julgado para a acusação, regula-se pela pena aplicada, conforme preceitua o art. 110, § 1º, do Código Penal, levando-se em conta, inclusive, as causas de aumento e diminuição da pena, exceto o acréscimo previsto nos arts. 70 e 71 do Código Penal, em face do disposto no art. 119 do CP, bem como do contido na Súmula 497 do STF" (STJ, 6ª T., AgRg no HC 339726, j. 18/10/2016).

A PRESCRIÇÃO PODE SER CONHECIDA A QUALQUER TEMPO, POIS CONSTITUI MATÉRIA DE ORDEM PÚBLICA

- "A extinção da punibilidade em razão da prescrição constitui matéria de ordem pública, que pode ser conhecida de ofício, em qualquer grau de jurisdição, nos termos do artigo 61 do Código de Processo Penal. Doutrina. Precedente" (STJ, 5ª T., AgRg no HC 428989, j. 02/08/2018).

ACÓRDÃO QUE APENAS CONFIRMA A CONDENAÇÃO: HÁ INTERRUPÇÃO DA PRESCRIÇÃO

- "O Plenário do STF, ao julgar o HC 176.473/RR, da relatoria do Ministro Alexandre de Moraes, fixou a tese que, nos termos do inciso IV do artigo 117 do Código Penal, o acórdão condenatório sempre interrompe a prescrição, inclusive quando confirmatório da sentença de 1° grau, seja mantendo, reduzindo ou aumentando a pena imposta" (STF, 2ª T., RE 1297104 AgR, j. 21/12/2020, p. 09/02/2021).
- "O entendimento adotado no acórdão paradigma foi acolhido pelo Plenário desta Suprema Corte no julgamento do HC 176.473, Rel. Alexandre de Moraes, no qual fixada a tese de que 'Nos termos do inciso IV do artigo 117 do Código Penal, o Acórdão condenatório sempre interrompe a prescrição, inclusive quando confirmatório da sentença de 1º grau, seja mantendo, reduzindo ou aumentando a pena anteriormente imposta'" (STF, Pleno, RE 1182948 AgR-EDv, j. 13/10/2020).

REDUÇÃO DOS PRAZOS PARA MAIOR DE 70 ANOS

- **STJ:** "Por expressa previsão do art. 115 do CP, são reduzidos pela metade os prazos de prescrição quando o criminoso era, na data da sentença, maior de 70 anos. O termo sentença deve ser compreendido como a primeira decisão condenatória, seja sentença ou acórdão proferido em apelação. Precedentes. Na espécie não se aplica referido dispositivo, visto que o paciente completou 70 anos após o acórdão condenatório. (STJ, 6ª T., HC 467.527, j. 15/10/2019).
- **STJ:** "No que tange à prescrição, a Terceira Seção desta Corte, no julgamento dos Embargos de Divergência em Recurso Especial n. 749.912/PR, pacificou o entendimento de que o benefício previsto no artigo 115 do Código Penal não se aplica ao réu que completou 70 anos de idade após a data da primeira decisão condenatória" (STJ, 5ª T., AgRg no RHC 116.082, j. 10/10/2019).

11. LEGISLAÇÃO RELACIONADA AO CAPÍTULO

PRESCRIÇÃO

» **CONSTITUIÇÃO FEDERAL**

Art. 5º, XLII – a prática do racismo constitui crime inafiançável e imprescritível, sujeito à pena de reclusão, nos termos da lei.

Art. 5º, XLIV – constitui crime inafiançável e imprescritível a ação de grupos armados, civis ou militares, contra a ordem constitucional e o Estado Democrático.

Art. 53, § 5º – A sustação do processo suspende a prescrição, enquanto durar o mandato.

CÓDIGO PENAL

Tempo do crime

Art. 4º – Considera-se praticado o crime no momento da ação ou omissão, ainda que outro seja o momento do resultado.

Inimputáveis

Art. 26 – É isento de pena o agente que, por doença mental ou desenvolvimento mental incompleto ou retardado, era, ao tempo da ação ou da omissão, inteiramente incapaz de entender o caráter ilícito do fato ou de determinar-se de acordo com esse entendimento.

Superveniência de doença mental

Art. 41 – O condenado a quem sobrevém doença mental deve ser recolhido a hospital de custódia e tratamento psiquiátrico ou, à falta, a outro estabelecimento adequado.

Detração

Art. 42 – Computam-se, na pena privativa de liberdade e na medida de segurança, o tempo de prisão provisória, no Brasil ou no estrangeiro, o de prisão administrativa e o de internação em qualquer dos estabelecimentos referidos no artigo anterior.

Efeitos da revogação

Art. 88 – Revogado o livramento, não poderá ser novamente concedido, e, salvo quando a revogação resulta de condenação por outro crime anterior àquele benefício, não se desconta na pena o tempo em que esteve solto o condenado.

Prescrição antes de transitar em julgado a sentença

Art. 109 – A prescrição, antes de transitar em julgado a sentença final, salvo o disposto no § 1º do art. 110 deste Código, regula-se pelo máximo da pena privativa de liberdade cominada ao crime, verificando-se:

I – em vinte anos, se o máximo da pena é superior a doze;

II – em dezesseis anos, se o máximo da pena é superior a oito anos e não excede a doze;

III – em doze anos, se o máximo da pena é superior a quatro anos e não excede a oito;

IV – em oito anos, se o máximo da pena é superior a dois anos e não excede a quatro;

V – em quatro anos, se o máximo da pena é igual a um ano ou, sendo superior, não excede a dois;

VI – em 3 (três) anos, se o máximo da pena é inferior a 1 (um) ano.

Prescrição das penas restritivas de direito

Parágrafo único – Aplicam-se às penas restritivas de direito os mesmos prazos previstos para as privativas de liberdade.

Prescrição depois de transitar em julgado sentença final condenatória

Art. 110 – A prescrição depois de transitar em julgado a sentença condenatória regula-se pela pena aplicada e verifica-se nos prazos fixados no artigo anterior, os quais se aumentam de um terço, se o condenado é reincidente.

§ 1º – A prescrição, depois da sentença condenatória com trânsito em julgado para a acusação ou depois de improvido seu recurso, regula-se pela pena aplicada, não podendo, em nenhuma hipótese, ter por termo inicial data anterior à da denúncia ou queixa.

Termo inicial da prescrição antes de transitar em julgado a sentença final

Art. 111 – A prescrição, antes de transitar em julgado a sentença final, começa a correr:

I – do dia em que o crime se consumou;

II – no caso de tentativa, do dia em que cessou a atividade criminosa;

III – nos crimes permanentes, do dia em que cessou a permanência;

IV – nos de bigamia e nos de falsificação ou alteração de assentamento do registro civil, da data em que o fato se tornou conhecido;

V – nos crimes contra a dignidade sexual de crianças e adolescentes, previstos neste Código ou em legislação especial, da data em que a vítima completar 18 (dezoito) anos, salvo se a esse tempo já houver sido proposta a ação penal.

Termo inicial da prescrição após a sentença condenatória irrecorrível

Art. 112 – No caso do art. 110 deste Código, a prescrição começa a correr:

I – do dia em que transita em julgado a sentença condenatória, para a acusação, ou a que revoga a suspensão condicional da pena ou o livramento condicional;

II – do dia em que se interrompe a execução, salvo quando o tempo da interrupção deva computar-se na pena.

Prescrição no caso de evasão do condenado ou de revogação do livramento condicional

Art. 113 – No caso de evadir-se o condenado ou de revogar-se o livramento condicional, a prescrição é regulada pelo tempo que resta da pena.

Prescrição da multa

Art. 114 – A prescrição da pena de multa ocorrerá:

I – em 2 (dois) anos, quando a multa for a única cominada ou aplicada;

II – no mesmo prazo estabelecido para prescrição da pena privativa de liberdade, quando a multa for alternativa ou cumulativamente cominada ou cumulativamente aplicada.

Redução dos prazos de prescrição

Art. 115 – São reduzidos de metade os prazos de prescrição quando o criminoso era, ao tempo do crime, menor de 21 (vinte e um) anos, ou, na data da sentença, maior de 70 (setenta) anos.

Causas impeditivas da prescrição

Art. 116 – Antes de passar em julgado a sentença final, a prescrição não corre:

I – enquanto não resolvida, em outro processo, questão de que dependa o reconhecimento da existência do crime;

II – enquanto o agente cumpre pena no exterior;

III – na pendência de embargos de declaração ou de recursos aos Tribunais Superiores, quando inadmissíveis; e

IV – enquanto não cumprido ou não rescindido o acordo de não persecução penal.

Parágrafo único – Depois de passada em julgado a sentença condenatória, a prescrição não corre durante o tempo em que o condenado está preso por outro motivo.

Causas interruptivas da prescrição

Art. 117 – O curso da prescrição interrompe-se:

I – pelo recebimento da denúncia ou da queixa;

II – pela pronúncia;

III – pela decisão confirmatória da pronúncia;

IV – pela publicação da sentença ou acórdão condenatórios recorríveis;

V – pelo início ou continuação do cumprimento da pena;

VI – pela reincidência.

§ 1º – Excetuados os casos dos incisos V e VI deste artigo, a interrupção da prescrição produz efeitos relativamente a todos os autores do crime. Nos crimes conexos, que sejam objeto do mesmo processo, estende-se aos demais a interrupção relativa a qualquer deles.

§ 2º – Interrompida a prescrição, salvo a hipótese do inciso V deste artigo, todo o prazo começa a correr, novamente, do dia da interrupção.

Art. 118 – As penas mais leves prescrevem com as mais graves.

Art. 119 – No caso de concurso de crimes, a extinção da punibilidade incidirá sobre a pena de cada um, isoladamente.

Injúria

Art. 140 – Injuriar alguém, ofendendo-lhe a dignidade ou o decoro:

Pena – detenção, de um a seis meses, ou multa.

(..)

§ 3º – Se a injúria consiste na utilização de elementos referentes a raça, cor, etnia, religião, origem ou a condição de pessoa idosa ou portadora de deficiência:

Pena – reclusão de um a três anos e multa.

Sequestro e cárcere privado

Art. 148 – Privar alguém de sua liberdade, mediante sequestro ou cárcere privado:

Pena – reclusão, de um a três anos.

Furto

Art. 155 – Subtrair, para si ou para outrem, coisa alheia móvel:

Pena – reclusão, de um a quatro anos, e multa.

Extorsão mediante sequestro

Art. 159 – Sequestrar pessoa com o fim de obter, para si ou para outrem, qualquer vantagem, como condição ou preço do resgate:

Pena – reclusão, de oito a quinze anos.

Estupro

Art. 213 – Constranger alguém, mediante violência ou grave ameaça, a ter conjunção carnal ou a praticar ou permitir que com ele se pratique outro ato libidinoso:

Pena – reclusão, de 6 (seis) a 10 (dez) anos.

Violação sexual mediante fraude

Art. 215 – Ter conjunção carnal ou praticar outro ato libidinoso com alguém, mediante fraude ou outro meio que impeça ou dificulte a livre manifestação de vontade da vítima:

Pena – reclusão, de 2 (dois) a 6 (seis) anos.

Aumento de pena

Art. 234-A – Nos crimes previstos neste Título a pena é aumentada: (...) IV – de 1/3 (um terço) a 2/3 (dois terços), se o agente transmite à vítima doença sexualmente transmissível de que sabe ou deveria saber ser portador, ou se a vítima é idosa ou pessoa com deficiência (redação dada pela Lei nº 13.718/2018).

» CÓDIGO DE PROCESSO PENAL

Art. 92 – Se a decisão sobre a existência da infração depender da solução de controvérsia, que o juiz repute séria e fundada, sobre o estado civil das pessoas, o curso da ação penal ficará suspenso até que no juízo cível seja a controvérsia dirimida por sentença passada em julgado, sem prejuízo, entretanto, da inquirição das testemunhas e de outras provas de natureza urgente.

Parágrafo único – Se for o crime de ação pública, o Ministério Público, quando necessário, promoverá a ação civil ou prosseguirá na que tiver sido iniciada, com a citação dos interessados.

Art. 93 – Se o reconhecimento da existência da infração penal depender de decisão sobre questão diversa da prevista no artigo anterior, da competência do juízo cível, e se neste houver sido proposta ação para resolvê-la, o juiz criminal poderá, desde que essa questão seja de difícil solução e não verse sobre direito cuja prova a lei civil limite, suspender o curso do processo, após a inquirição das testemunhas e realização das outras provas de natureza urgente.

§ 1º – O juiz marcará o prazo da suspensão, que poderá ser razoavelmente prorrogado, se a demora não for imputável à parte. Expirado o prazo, sem que o juiz cível tenha proferido decisão, o juiz criminal fará prosseguir o processo, retomando sua competência para resolver, de fato e de direito, toda a matéria da acusação ou da defesa.

§ 2º – Do despacho que denegar a suspensão não caberá recurso.

§ 3º – Suspenso o processo, e tratando-se de crime de ação pública, incumbirá ao Ministério Público intervir imediatamente na causa cível, para o fim de promover-lhe o rápido andamento.

Art. 366 – Se o acusado, citado por edital, não comparecer, nem constituir advogado, ficarão suspensos o processo e o curso do prazo prescricional, podendo o juiz determinar a produção antecipada das provas consideradas urgentes e, se for o caso, decretar prisão preventiva, nos termos do disposto no art. 312.

Art. 368 – Estando o acusado no estrangeiro, em lugar sabido, será citado mediante carta rogatória, suspendendo-se o curso do prazo de prescrição até o seu cumprimento.

» LEI DE EXECUÇÃO PENAL (LEI 7.210/84)

Art. 183 – Quando, no curso da execução da pena privativa de liberdade, sobrevier doença mental ou perturbação da saúde mental, o Juiz, de ofício, a requerimento do Ministério Público, da Defensoria Pública ou da autoridade administrativa, poderá determinar a substituição da pena por medida de segurança.

» SUSPENSÃO CONDICIONAL DO PROCESSO (ART. 89 DA LEI 9.099/95)

Art. 89, § 6º – Não correrá a prescrição durante o prazo de suspensão do processo.

» LEI 9.430/96 (LEGISLAÇÃO TRIBUTÁRIA FEDERAL)

Art. 83, § 3º – A prescrição criminal não corre durante o período de suspensão da pretensão punitiva.

» LEI 11.941/09 (ALTERA A LEGISLAÇÃO TRIBUTÁRIA FEDERAL)

Art. 68, parágrafo único – A prescrição criminal não corre durante o período de suspensão da pretensão punitiva.

Questões

CAPÍTULOS X E XI

Sumário • 1. Questões com gabarito comentado – 2. Questões de concursos.

1. QUESTÕES COM GABARITO COMENTADO

01. (CESPE - 2020 - TJ-PA - Analista Judiciário) Antônia foi vítima de calúnia praticada por Francisca e Rita. Inconformada, Antônia, na mesma semana em que sofreu a calúnia, tomou as providências para que fosse proposta a ação penal cabível, mas o fez apenas contra Francisca, porque Rita era amiga de sua mãe. Nessa situação hipotética, ocorreu

a) retratação.
b) renúncia.
c) perdão.
d) perempção.
e) decadência.

COMENTÁRIOS

Gabarito: b. Crime de calúnia é de ação penal privada e se procede mediante queixa. A renúncia é um ato voluntário do ofendido desistindo do direito de propor ação penal privada (art. 104 do CP). Pode ser expressa (declaração assinada pelo ofendido, por seu representante legal ou procurador com poderes especiais – art. 50 do CPP) ou tácita (prática de ato incompatível com a vontade de exercer o direito de queixa).

02. (CESPE - 2020 - TJ-PA - Auxiliar Judiciário) Em 30/9/2016, com menos de vinte e um anos de idade, Daniel praticou o crime de resistência, cuja pena máxima em abstrato é de dois anos. Daniel recusou a transação penal e o Ministério Público, então, ofereceu denúncia em 9/4/2018, a qual foi recebida pelo juízo em 30/4/2018. A sentença que condenou Daniel à pena de seis meses de detenção foi publicada em 31/10/2019. Até a data da condenação, Daniel era primário e não possuía qualquer outro incidente criminal. Nenhuma das partes recorreu e o trânsito em julgado ocorreu em 18/11/2019. A respeito dessa situação, é correto afirmar que:

a) se operou a prescrição da pretensão punitiva relativa ao lapso entre o recebimento da denúncia e a publicação da sentença condenatória.
b) se operou a prescrição da pretensão executória relativa ao lapso entre o fato e o oferecimento da denúncia.
c) se operou a prescrição da pretensão executória relativa ao lapso entre o oferecimento da denúncia e o trânsito em julgado da sentença condenatória.
d) se operou a prescrição da pretensão punitiva entre o fato e o trânsito em julgado da sentença condenatória.
e) não se operou nenhuma espécie de prescrição.

COMENTÁRIOS

Gabarito: a. Considerando a pena concreta (6 meses) e nos termos do art. 109, inciso VI, a prescrição opera-se 3 anos ("em 3 anos, se o máximo da pena é inferior a 1 ano"). No caso, deve ser reduzido de metade o prazo prescricional, já que o criminoso era, ao tempo do crime, menor de 21 (vinte e um) anos (art. 115 do CP). Ou seja, opera-se a prescrição, pela pena concreta, em 1 ano e 6 meses. No caso, ocorreu a prescrição retroativa, uma vez que, entre o recebimento da denúncia (30/4/2018) e a data da publicação da sentença condenatória recorrível (31/10/2019), transcorreu mais de 1 ano e seis meses.

03. (CESPE / CEBRASPE - 2021 - TCE-RJ - Analista de Controle Externo) Considerando aspectos gerais do direito penal brasileiro, julgue o item subsecutivo. Nos crimes de falsidade documental, a prescrição só começa a correr na data em que o fato tenha-se tornado conhecido.

COMENTÁRIOS

Gabarito: Errado. A prescrição começa a correr "da data em que o fato se tornou conhecido" há hipótese do inciso IV do art. 111 do CP: "nos de bigamia e nos de falsificação ou alteração de assentamento do registro civil, da data em que o fato se tornou conhecido".

04. (CESPE / CEBRASPE – 2020 – MPE-CE – Analista Ministerial) Acerca da ação penal, de causas de extinção da punibilidade e da imposição de medidas de segurança, julgue o item subsequente. Nos crimes de ação penal privada, a extinção da punibilidade pela renúncia e pelo perdão do ofendido está condicionada à aceitação do querelado.

COMENTÁRIOS

Gabarito: Assertiva errado. Nos crimes de ação penal privada, a extinção da punibilidade pela renúncia não está condicionada à aceitação do querelado. Porém, no caso de perdão do ofendido, está condicionada (CP, art. 105, III - se o querelado o recusa, não produz efeito).

05. (FCC – 2019 – TRF4 – Analista Judiciário) Sobre a extinção da punibilidade, nos termos preconizados pelo Código Penal, é correto afirmar:

a) A prescrição da pena de multa ocorrerá no prazo de 2 anos quando ela for cumulativamente cominada com a pena privativa de liberdade.

b) Nos crimes conexos, a extinção da punibilidade de um deles não impede, quanto aos outros, a agravação da pena resultante da conexão.

c) A sentença que conceder o perdão judicial será considerada para fins de reincidência.

d) São reduzidos pela metade os prazos de prescrição quando o criminoso era, ao tempo do crime, menor de 21 (vinte e um) anos ou, na data da sentença, maior de 60 (sessenta) anos.

e) A prescrição, depois da sentença condenatória com trânsito em julgado para a acusação, regula-se pela pena aplicada, e poderá ter por termo inicial data anterior à da denúncia ou queixa.

COMENTÁRIOS

Gabarito: b. O fundamento está no art. 108, 2ª parte, do Código Penal: "A extinção da punibilidade de crime que é pressuposto, elemento constitutivo ou circunstância agravante de outro não se estende a este. Nos crimes conexos, a extinção da punibilidade de um deles não impede, quanto aos outros, a agravação da pena resultante da conexão".

Alternativa a: errada. De acordo com o art. 114 do Código Penal, "A prescrição da pena de multa ocorrerá: I - em 2 (dois) anos, quando a multa for a única cominada ou aplicada; II - no mesmo prazo estabelecido para prescrição da pena privativa de liberdade, quando a multa for alternativa ou cumulativamente cominada ou cumulativamente aplicada".

Alternativa c: errada. O art. 120 do Código Penal refere que "A sentença que conceder perdão judicial não será considerada para efeitos de reincidência".

Alternativa d: errada. A idade, no caso do idoso, é de 70 anos. O fundamento está no art. 115 do Código Penal: "São reduzidos de metade os prazos de prescrição quando o criminoso era, ao tempo do crime, menor de 21 (vinte e um) anos, ou, na data da sentença, maior de 70 (setenta) anos".

Alternativa e: errada. Conforme o art. 110, § 1º, do Código Penal, "A prescrição, depois da sentença condenatória com trânsito em julgado para a acusação ou depois de improvido seu recurso, regula-se pela pena aplicada, não podendo, em nenhuma hipótese, ter por termo inicial data anterior à da denúncia ou queixa".

06. (CESPE – 2019 – DPE-DF – Defensor Público) Acerca da ação penal, das causas extintivas da punibilidade e da prescrição, julgue o seguinte item. Nos casos de concurso formal ou de continuidade delitiva, a extinção da punibilidade pela prescrição regula-se pela pena imposta a cada um dos crimes isoladamente, afastando o acréscimo decorrente dos respectivos aumentos de pena.

COMENTÁRIOS

Gabarito: correta. O fundamento está no art. 119 do Código Penal: "No caso de concurso de crimes, a extinção da punibilidade incidirá sobre a pena de cada um, isoladamente". No mesmo sentido a Súmula 497 do STF: "Quando se tratar de crime continuado, a prescrição regula-se pela pena imposta na sentença, não se computando o acréscimo decorrente da continuação".

07. (FCC – 2019 – TRF4 – Analista Judiciário) Considere as seguintes situações hipotéticas: Reginaldo, com 19 anos de idade, cometeu um crime de apropriação indébita, com pena prevista de 1 a 4 anos de reclusão e multa; Manoel, com 22 anos de idade, cometeu crime de desacato contra um policial rodoviário federal, com pena prevista de 6 meses a 2 anos de detenção; Moisés, com 70 anos de idade, cometeu crime de contrabando, com pena prevista de 1 a 5 anos de reclusão. Nos casos acima apontados, a prescrição da pretensão punitiva estatal, antes do trânsito em julgado da sentença final, verifica-se, respectivamente, no prazo de:

a) 8 anos, 4 anos e 6 anos
b) 8 anos, 4 anos e 12 anos.
c) 4 anos, 3 anos e 12 anos.
d) 8 anos, 3 anos e 12 anos.
e) 4 anos, 4 anos e 6 anos.

COMENTÁRIOS

Gabarito: e. A prescrição, antes de transitar em julgado a sentença final, salvo o disposto no § 1º do art. 110 do Código Penal, regula-se pelo máximo da pena privativa de liberdade cominada ao crime, verificando-se nos prazos dispostos no art. 109 do mesmo Estatuto Repressivo. Vejamos a situação de cada agente citado na questão.

Reginaldo: praticou apropriação indébita (pena máxima de 4 anos). Conforme o art. 109, IV, do CP, a prescrição ocorre em 8 anos. Como Reginaldo tinha 19 anos de idade ao tempo do crime, o prazo prescricional é reduzido de metade (art. 115 do CP). **Final: 4 anos**.

Manoel: praticou desacato (pena máxima de 2 anos). Conforme o art. 109, V, do CP, a prescrição ocorre em 4 anos. Não há causas modificativas do prazo prescricional. **Final: 4 anos**.

Moisés: praticou contrabando (pena máxima de 5 anos). Conforme o art. 109, III, do CP, a prescrição ocorre em 12 anos. Como Moisés terá mais de 70 anos ao tempo da sentença, o prazo prescricional é reduzido de metade (art. 115 do CP). **Final: 6 anos**.

08. (FGV – 2018 – TJ-AL – Analista Judiciário) O indulto, a graça e a anistia são trazidos pelo Código Penal, em seu artigo 107, inciso II, como causas de extinção da punibilidade. Apesar disso, são institutos que não se confundem. Sobre tais causas de extinção da punibilidade, é correto afirmar que: A) a anistia, o indulto e a graça geram a extinção dos efeitos penais primários e secundários da condenação, permanecendo íntegros, apenas, os seus efeitos civis; B) o indulto, diante de sua natureza coletiva, depende de provocação e requerimento do beneficiado, não podendo ser declarada a extinção da pena de ofício pelo juiz; C) o indulto gera a extinção dos efeitos penais primários, mas não os secundários, permanecendo íntegros, também, os efeitos civis da condenação; D) a anistia gera a extinção dos efeitos penais primários, mas não os secundários, permanecendo íntegros, também, os efeitos civis da condenação; E) o indulto é concedido através de Decreto do Presidente da República, enquanto a anistia e a graça são previstos em lei federal.

COMENTÁRIOS

Gabarito: *c*. O indulto extingue somente o efeito principal da condenação (aplicação da pena). Persistem os efeitos secundários penais (ex.: gerar reincidência) e extrapenais (ex.: obrigação de reparação de dano).

Alternativas a e d: erradas. A anistia faz cessar o efeito penal principal (pena) e os efeitos secundários penais (ex.: gerar reincidência). Não faz cessar os efeitos secundários extrapenais (ex.: obrigação de reparação do dano). A graça e o indulto extinguem somente os efeitos principais da condenação.

Alternativa b: errada. o indulto individual (graça), nos termos do art. 188 da LEP, poderá ser provocado por petição do condenado, por iniciativa do Ministério Público, do Conselho Penitenciário ou da autoridade administrativa. Porém, o indulto coletivo é concedido pelo presidente sem provocação.

Alternativa e: errada. O indulto e a graça são concedido através de Decreto do Presidente da República, enquanto a anistia é prevista em lei federal.

09. (FGV – 2018 – TJ-AL – Analista Judiciário) De maneira geral, a doutrina define prescrição como a perda do direito do Estado de punir ou de executar determinada pena em razão da inércia estatal com o decurso do tempo. Tradicionalmente, o instituto é classificado em prescrição da pretensão punitiva e prescrição da pretensão executória. Sobre essa causa de extinção da punibilidade, é correto afirmar que: A) a idade do réu, seja qual for, não é relevante para fins de definição do prazo prescricional; B) o oferecimento da denúncia é a primeira causa de interrupção do prazo prescricional; C) a reincidência do agente é relevante para a definição do prazo prescricional da pretensão executória, mas não do prazo da prescrição da pretensão punitiva pela pena em abstrato; D) o reconhecimento da prescrição, seja da pretensão punitiva seja da pretensão executória, afasta todos os efeitos penais e extrapenais da condenação; E) o prazo prescricional se inicia, no crime de bigamia, na data da constituição do segundo casamento, ainda que o fato se torne conhecido para terceiros em outro momento.

COMENTÁRIOS

Gabarito: *c*. A reincidência do agente é relevante para a definição do prazo prescricional da pretensão executória, pois é causa interruptiva (art. 117, VI, do CP) e figura, ainda, como fator para aumento do prazo prescricional (art. 110 do CP). Em relação aos prazos da prescrição da pretensão punitiva pela pena em abstrato não ocorre interferência.

Alternativa a: errada. A idade pode ter relevância para fins de definição do prazo prescricional. Isso porque, conforme art. 115 do CP, "São reduzidos de metade os prazos de prescrição quando o criminoso era, ao tempo do crime, menor de 21 (vinte e um) anos, ou, na data da sentença, maior de 70 (setenta) anos".

Alternativa b: errada. O recebimento da denúncia (e não o seu oferecimento) é a primeira causa de interrupção do prazo prescricional (art. 117, I, do CP).

Alternativa d: errada. O reconhecimento da prescrição da pretensão punitiva afasta todos os efeitos penais e extrapenais da condenação, ao passo que o reconhecimento da prescrição da pretensão executória afasta apenas os efeitos penais principais da condenação, deixando íntegros os efeitos secundários, sejam penais (ex.: gerar reincidência) ou extrapenais (ex.: obrigação de reparar o dano).

Alternativa e: errada. O prazo prescricional inicia-se, no crime de bigamia, da data em que o fato se tornou conhecido (art. 111, IV).

10. (Consulplan – 2017 – TJ-MG – Cartórios) São causas interruptivas ou suspensivas da prescrição, EXCETO:

a) A suspensão do processo, nos termos do art. 89 da Lei nº 9.099/95.

b) A transação penal, prevista no art. 76 da Lei nº 9.099/95.

c) A citação por edital, nos termos do art. 366 do C.P.P.

d) A pronúncia, ainda que o Tribunal do Júri venha a desclassificar o crime.

COMENTÁRIOS

Gabarito: *b*. A transação penal, prevista no art. 76 da Lei 9.099/95, não é uma causa interruptiva ou suspensiva da prescrição.

Alternativa *a*: incorreta: O art. 89 da Lei 9.099/95 trata do instituto da suspensão condicional do processo. Conforme o seu § 6º, "Não correrá a prescrição durante o prazo de suspensão do processo". Trata-se, portanto, de causa suspensiva da prescrição.

Alternativa *c*: incorreta. De acordo com o art. 366 do Código de Processo Penal, "Se o acusado, citado por edital, não comparecer, nem constituir advogado, ficarão suspensos o processo e o curso do prazo prescricional, podendo o juiz determinar a produção antecipada das provas consideradas urgentes e, se for o caso, decretar prisão preventiva, nos termos do disposto no art. 312". Trata-se, portanto, de causa suspensiva da prescrição.

Alternativa *d*: incorreta. Conforme o art. 117, II e III, do Código Penal, o curso da prescrição interrompe-se pela pronúncia e pela decisão confirmatória da pronúncia.

Ademais, de acordo com a Súmula 191 do STJ, "A pronúncia é causa interruptiva da prescrição, ainda que o Tribunal do Júri venha a desclassificar o crime".

11. (VUNESP – 2017 – TJ-SP – Juiz de Direito) A chamada prescrição retroativa:

a) é regulada pelo máximo da pena privativa de liberdade cominada ao crime.

b) não pode ter por termo inicial data anterior à publicação da sentença condenatória recorrível.

c) acarreta o acréscimo de um terço no lapso prescricional em se tratando de acusado reincidente.

d) não marca os antecedentes do acusado, nem gera futura reincidência.

COMENTÁRIOS

Gabarito: *d*. A prescrição da pretensão punitiva (PPP) retroativa apaga todos os efeitos de eventual condenação proferida, razão pela qual não se falará em reincidência ou maus antecedentes.

Alternativa *a*: incorreta. A PPP retroativa é regulada pela pena aplicada na sentença.

Alternativa *b*: incorreta. De acordo com o art. 110, § 1º, do Código Penal, "A prescrição, depois da sentença condenatória com trânsito em julgado para a acusação ou depois de improvido seu recurso, regula-se pela pena aplicada, não podendo, em nenhuma hipótese, ter por termo inicial data anterior à da denúncia ou queixa".

Alternativa *c*: incorreta. A prescrição retroativa é espécie de PPP (prescrição da pretensão punitiva). Conforme a Súmula 220 do STJ, "A reincidência não influi no prazo da prescrição da pretensão punitiva".

12. (FCC – 2017 – DPE-SC – Defensor Público) Sobre a prescrição, é correto afirmar:

a) O prazo prescricional das contravenções penais é diminuído da metade.

b) O prazo da prescrição da pretensão punitiva aumenta de um terço em caso de réu reincidente.

c) O menor prazo prescricional do direito brasileiro é de três anos.

d) A pronúncia e o acórdão confirmatório da pronúncia interrompem a prescrição.

e) No estupro de vulnerável o termo inicial da prescrição da executória punitiva começa a correr da data em que a vítima completar dezoito anos.

COMENTÁRIOS

Gabarito: *d*. O fundamento está no art. 117, II e III, do Código Penal: "O curso da prescrição interrompe-se: (...) II – pela pronúncia; III – pela decisão confirmatória da pronúncia (...)".

Alternativa *a*: incorreta. Não há diminuição do prazo prescricional no caso das contravenções. O que muda é somente a pena, e não a prescrição.

Alternativa *b*: incorreta. De acordo com a Súmula 220 do STJ, "A reincidência não influi no prazo da prescrição da pretensão punitiva". Portanto, o aumento apenas ocorre na PPE (prescrição da pretensão executória) e não na PPP (prescrição da pretensão punitiva).

Alternativa *c*: incorreta. A pena de multa, quando for a única cominada ou aplicada, prescreve em dois anos (art. 114, I, do CP); e o crime de posse de droga para consumo pessoal também prescreve em dois anos (art. 30 da Lei 11.343/06).

Alternativa *e*: incorreta. Nos termos do art. 111, V, do Código Penal, a prescrição, antes de transitar em julgado a sentença final, começa a correr, nos crimes contra a dignidade sexual de crianças e adolescentes, previstos no CP ou em legislação especial, da data em que a vítima completar 18 (dezoito) anos, salvo se a esse tempo já houver sido proposta a ação penal. Trata-se, portanto, da PPP (prescrição da pretensão punitiva) e não da PPE (prescrição da pretensão executória).

13. (FGV – 2016 – MP-RJ – Analista do Ministério Público) Marco, 40 anos, foi denunciado pela prática do crime de lesão corporal culposa praticada na direção de veículo automotor, cuja pena privativa de liberdade prevista é de detenção de 06 meses a 02 anos. Os fatos ocorreram em 02.02.2011, e, considerando que não houve interesse em aceitar transação penal, composição dos danos ou suspensão condicional do processo, foi oferecida denúncia em 27.02.2014 e recebida a inicial acusatória em 11.03.2014. Após a instrução, foi Marco condenado à pena mínima de 06 meses em sentença publicada em 29.02.2016, tendo a mesma transitado em julgado. Considerando os fatos narrados e a atual previsão do Código Penal, é correto afirmar que:

a) deverá ser reconhecida a extinção da punibilidade de Marco em razão da prescrição da pretensão punitiva pela pena em abstrato;
b) deverá ser reconhecida a extinção da punibilidade de Marco em razão da prescrição da pretensão punitiva pela pena em concreto;
c) deverá ser reconhecida a extinção da punibilidade de Marco em razão da prescrição da pretensão executória;
d) não deverá ser reconhecida a extinção da punibilidade de Marco, pois não ocorreu prescrição;
e) o oferecimento da denúncia funciona como marco interruptivo do prazo prescricional.

COMENTÁRIOS

Gabarito: d.

Data: **02.02.2011** (início do prazo da PPP): nos termos do art. 111, inciso I, "A prescrição, antes de transitar em julgado a sentença final, começa a correr: (...) do dia em que o crime se consumou".

Data: **11.03.2014** (interrupção do prazo da PPP): nos termos do art. 117, I, "O curso da prescrição interrompe-se: (...) pelo recebimento da denúncia".

Data: **29.02.2016** (interrupção do prazo da PPP): nos termos do art. 117, IV, "O curso da prescrição interrompe-se: (...) pela publicação da sentença ou acórdão condenatórios recorríveis".

No primeiro período, referente à fase anterior ao recebimento da denúncia (entre 02.02.2011 e 11.03.2011), o prazo prescricional é verificado pela pena máximo em abstrato. Como se trata de crime cuja pena máxima é de 2 anos, o prazo se dá em 4 anos (art. 109, inciso V), de modo que a prescrição não se verificou.

Em relação ao segundo período (11/03/2014 a 29.02.2016), transcorreu um período inferior a 2 anos. Considerando que a pena concreta foi de 6 meses e que o prazo prescricional é de 3 anos, nos termos do art. 109, VI c/c art. 110, ambos do CP, verifica-se que não se operou a prescrição entre os períodos acima.

14. (FCC – 2015 – TRE-AP – Analista Judiciário) Renato, com 20 anos de idade, é abordado por policiais militares após se envolver em uma briga em boate da cidade de Macapá. Embriagado e extremamente nervoso Renato passa a ofender os policiais no exercício regular da função. Conduzido ao Distrito Policial Renato acaba posteriormente denunciado pelo Ministério Público por crime de desacato e, por sentença final, condenado ao pagamento de 20 dias-multa, no valor unitário mínimo como incurso no artigo 331, do Código Penal (crime de desacato). Neste caso, a prescrição da pena aplicada ocorrerá em:

a) 05 anos.
b) 02 anos.
c) 01 ano.
d) 04 anos.
e) 03 anos.

COMENTÁRIOS

Gabarito: c. De acordo com o art. 114 do Código Penal, "A prescrição da pena de multa ocorrerá: I – em 2 (dois) anos, quando a multa for a única cominada ou ***aplicada***; II – no mesmo prazo estabelecido para prescrição da pena privativa de liberdade, quando a multa for alternativa ou cumulativamente cominada ou cumulativamente aplicada". No caso, a única pena aplicada foi a de multa, de sorte que a prescrição ocorreria em 2 anos (art. 114, I, do CP). No entanto, como Renato tinha 20 anos de idade ao tempo do fato, o prazo prescricional é reduzido de metade (CP, art. 115), de sorte que a prescrição ocorrerá em 1 ano.

15. (FCC – 2015 – TRE-SE – Analista Judiciário) Sobre a extinção da punibilidade, nos termos preconizados pelo Código Penal, é correto afirmar que:

a) no caso de revogação do livramento condicional, a prescrição é regulada pelo tempo que resta da pena.
b) o prazo prescrição é reduzido de metade quando o criminoso era, ao tempo da sentença, maior de 60 anos de idade.
c) a sentença que conceder ao réu o perdão judicial será considerada para efeitos de reincidência.
d) no caso de concurso de crimes, a extinção da punibilidade incidirá sobre a somatória das penas cominadas aos crimes.
e) tratando-se de pena de multa, a única aplicada ao réu, o prazo prescricional é de 3 anos.

COMENTÁRIOS

Gabarito: a. O fundamento está no art. 113 do Código Penal: "No caso de evadir-se o condenado ou de revogar-se o livramento condicional, a prescrição é regulada pelo tempo que resta da pena".

Alternativa b: errada. Conforme o art. 115 do Código Penal, "São reduzidos de metade os prazos de prescrição quando o criminoso era, ao tempo do crime, menor de 21 (vinte e um) anos, ou, na data da sentença, maior de 70 (setenta) anos".

Alternativa c: errada. Refere o art. 120 do Código Penal: "A sentença que conceder perdão judicial não será considerada para efeitos de reincidência".

Alternativa d: errada. De acordo com o art. 119 do Código Penal, "No caso de concurso de crimes, a extinção da punibilidade incidirá sobre a pena de cada um, isoladamente".

Alternativa e: errada. A prescrição da pena de multa ocorrerá em 2 anos, quando a multa for a única cominada ou aplicada (CP, art. 114, I).

16. (FCC – 2015 – MP-PB – Técnico Ministerial) Paulo, de 19 anos de idade, é abordado em uma operação da Polícia Militar do Estado da Paraíba, na cidade de João Pessoa, deflagrada no dia 10 de dezembro de 2012. Após se recusar a submeter-se ao teste do bafômetro e apresentar a documentação solicitada, Paulo ofende moralmente os policiais que trabalhavam regularmente na ocorrência e é conduzido preso ao Distrito Policial. Posteriormente Paulo é denunciado pelo Ministério Público por crime de desacato e a denúncia é recebida pelo Magistrado competente no dia 14 de abril de 2013, com instauração da ação penal. Por ostentar maus antecedentes e não fazer jus a qualquer benefício, a ação tramita regularmente até a prolação da sentença condenatória pelo Magistrado competente no dia 15 de maio de 2015, que aplicou ao réu Paulo a pena de 1 ano de detenção, em regime inicial semiaberto. A sentença transitou em julgado. Após o trânsito em julgado, o advogado de Paulo postulou ao Magistrado a extinção da punibilidade do seu cliente com base na prescrição. Neste caso, o Magistrado:

a) não deverá reconhecer a prescrição uma vez que o Código Penal estabelece o prazo prescricional de 4 anos no caso de pena igual ou superior a 1 ano.

b) não deverá reconhecer a prescrição uma vez que o Código Penal estabelece o prazo prescricional de 3 anos no caso de pena igual ou superior a 1 ano.

c) deverá declarar extinta a punibilidade do réu pela prescrição, uma vez que o Código Penal estabelece, neste caso, o prazo prescricional de 2 anos.

d) não deverá reconhecer a prescrição uma vez que o Código Penal estabelece o prazo prescricional de 6 anos no caso de pena igual ou superior a 1 ano.

e) não deverá reconhecer a prescrição uma vez que o Código Penal estabelece o prazo prescricional de 5 anos no caso de pena igual ou superior a 1 ano.

COMENTÁRIOS

Gabarito: c. O juiz deverá declarar a extinção da punibilidade do acusado, em face da incidência da prescrição da pretensão punitiva (art. 107, IV, do CP). No caso ocorreu a denominada "prescrição retroativa" (espécie de prescrição da pretensão punitiva), a qual é regulada pelo art. 110, § 1º, do CP.Como Paulo foi condenado à pena de 1 ano, chega-se ao prazo prescricional de 4 anos (CP, art. 109, V). Esse prazo deverá ser reduzido de metade, já que o réu era menor de 21 anos ao tempo do crime (CP, art. 115). Verifica-se que, entre a data do recebimento da denúncia (14/04/2013) e a data da publicação da sentença condenatória recorrível (15/05/2015) passaram-se mais de 2 anos, razão pela qual está configurada a prescrição retroativa (CP, art. 110, § 1º).

17. (VUNESP – 2015 – MP-SP – Analista de Promotoria) Sobre as causas de extinção de punibilidade, pode-se afirmar que:

a) o perdão judicial, previsto no inciso IX, art. 107, CP, não se dirige a toda e qualquer infração penal, mas apenas àquelas previamente determinadas pela lei, embora se admita a analogia in bonam partem.

b) a hipótese do inciso V, art. 107, CP, que trata do perdão nas ações privadas, não está condicionada à aceitação da vítima.

c) a perempção, prevista no inciso IV, art. 107, CP, é instituto jurídico mediante o qual a vítima ou seu representante, perde o direito de queixa ou de representação em virtude da inércia.

d) a extinção da punibilidade poderá ser reconhecida desde o início das investigações até a sentença penal condenatória ainda não transitada em julgado.

e) o rol constante do artigo 107, do Código Penal é taxativo.

COMENTÁRIOS

Gabarito: a. De acordo com o art. 107, IX, do Código Penal, extingue-se a punibilidade pelo perdão judicial, "nos casos previstos em lei". Ademais, a analogia in bonam partem é possível, como ocorre, por exemplo, nos homicídios culposos praticados na direção de veículo automotor (art. 302 do CTB – Lei 9.503/97), quando então é utilizado o art. 121, § 5º, do Código Penal.

Alternativa b: errada. O que extingue a punibilidade não é simplesmente o perdão do ofendido, mas o perdão aceito. Trata-se, portanto, de ato bilateral.

Alternativa c: errada. A perempção consiste em uma sanção processual imposta ao querelante omisso na ação penal exclusivamente privada, impedindo o seu prosseguimento. Os casos de perempção estão no art. 60 do CPP.

Alternativa d: errada. Também haverá extinção da punibilidade após o trânsito em julgado da sentença condenatória, caso da "prescrição da pretensão executória" (CP, art. 110, *caput*).

Alternativa e: errada. Há outras hipóteses de extinção da punibilidade, como o art. 312, § 3º, do Código Penal (reparação do dano, até a decisão irrecorrível, no peculato culposo), e o art. 89, § 5º, da Lei 9.099/95 (cumprimento das condições na suspensão condicional do processo).

18. (FGV – 2015 – DPE-RO – Analista da Defensoria Pública) José, nascido em 12.12.1990, foi denunciado pela prática de dois crimes de apropriação indébita simples, cuja pena em abstrato prevista é de reclusão de 01 a 04 anos e multa, em continuidade delitiva, por fatos ocorridos em 04.04.2010 e 10.04.2010. A denúncia foi recebida em 07.04.2015, sendo o réu imediatamente citado. Nessa situação, é correto afirmar que:

a) a prescrição da pretensão punitiva do Estado pela pena em abstrato ocorrerá em 06.04.2023;

b) a punibilidade do réu deve ser extinta pelo reconhecimento da prescrição da pretensão punitiva pela pena ideal;

c) a prescrição da pretensão punitiva do Estado pela pena em abstrato ocorrerá em 06.04.2027;

d) a prescrição da pretensão punitiva pela pena em abstrato somente ocorrerá em 06.04.2019;

e) a punibilidade do réu deve ser imediatamente extinta pelo reconhecimento da prescrição da pretensão punitiva pela pena em abstrato.

COMENTÁRIOS

Gabarito: e. Como o crime de apropriação indébita (CP, art. 168) possui pena máxima de 4 anos, chega-se ao prazo prescricional de 8 anos (CP, art. 109, IV). Ocorre que José era menor de 21 anos ao tempo do delito, devendo o lapso prescricional ser reduzido de metade (CP, art. 115). Entre a data dos fatos (ano de 2010) e a data do recebimento da denúncia (ano de 2015) passaram-se mais de 4 anos, não havendo para o juiz outra alternativa que não a declaração da extinção da punibilidade com fundamento na prescrição da pretensão punitiva em abstrato (CP, art. 107, IV).

19. (CESPE – 2014 – TJ-CE – Analista Judiciário) Pedro, nascido em 29/6/1988, praticou o crime de corrupção de menores em 2/7/2008 e foi condenado à pena de um ano e cinco dias de reclusão em sentença publicada no dia 20/11/2013. Somente a defesa ofereceu recurso, transitando em julgado a sentença para a acusação. O recurso defensivo foi improvido em 19/1/2014. Tendo por base a situação hipotética acima e considerando que a denúncia tenha sido recebida em 11/4/2012, assinale a opção correta em relação à prescrição.

a) A extinção da punibilidade deve ser declarada, por haver transcorrido o curso do prazo prescricional da pretensão punitiva intercorrente.

b) A prescrição da pretensão punitiva retroativa não é mais admitida pelo Código Penal, o que impede seu reconhecimento no caso da questão.

c) Deve ser reconhecida a prescrição da pretensão punitiva retroativa.

d) Não houve o transcurso do prazo prescricional da pretensão punitiva.

e) Deve ser reconhecida a prescrição da pretensão punitiva superveniente.

COMENTÁRIOS

Gabarito: c. Em face da pena imposta na condenação (1 ano e 5 dias), o lapso prescricional é de 4 anos (art. 109, V, do CP). Como Pedro, ao tempo do crime, era menor de 21 anos, o prazo deve ser reduzido de metade (art. 115 do CP), atingindo-se o lapso prescricional de 2 anos. Entre a data do recebimento da denúncia (11/4/2012) e a data do fato (2/7/2008), passaram-se mais de dois anos, razão pela qual deve ser reconhecida a prescrição da pretensão punitiva retroativa. Registre-se que a vedação atualmente contida no art. 110, § 1º, do CP, no sentido de que a prescrição retroativa não pode, "em nenhuma hipótese, ter por termo inicial data anterior à da denúncia ou da queixa", foi instituída em 2010 (Lei nº 12.234/10). Como se trata de lex gravior, não pode retroagir (lembre-se que o fato praticado por Pedro ocorreu em 2008).

Alternativa a: Errada, pois não houve a incidência da prescrição intercorrente (entre a data da publicação da sentença e a data do trânsito em julgado).

Alternativa b: Errada, já que a prescrição retroativa continua sendo admitida no Código Penal (art. 110, § 1º).

Alternativa d: Errada, porque houve o transcurso do prazo prescricional da pretensão punitiva (prescrição da pretensão punitiva retroativa).

Alternativa e: Errada, pois não houve a incidência da prescrição superveniente, também chamada de intercorrente ou subsequente.

20. (IBFC – 2014 – TRE-AM – Analista Judiciário) Sobre as causas extintivas da punibilidade, pode-se afirmar que:

a) A sentença concessiva do perdão judicial é declaratória da extinção da punibilidade, não subsistindo qualquer efeito condenatório.

b) Nos crimes conexos, a extinção da punibilidade de um deles impede, quanto aos outros, a agravação da pena resultante da conexão.

c) A sentença que conceder perdão judicial deverá ser considerada para efeitos de reincidência.

d) A prescrição, antes de transitar em julgado a sentença final, começa a correr, no caso de tentativa, da data em que o fato se tornou conhecido.

COMENTÁRIOS

Gabarito: a. O fundamento está na Súmula 18 do STJ: "A sentença concessiva do perdão judicial é declaratória da extinção da punibilidade, não subsistindo qualquer efeito condenatório".

Alternativa b: Errada, pois "Nos crimes conexos, a extinção da punibilidade de um deles não impede, quanto aos outros, a agravação da pena resultante da conexão" (art. 108, 2ª parte, do CP).

Alternativa c: Errada, já que "A sentença que conceder perdão judicial ***não será considerada*** para efeitos de reincidência".

Alternativa d: Errada, porque no caso de tentativa, a prescrição, antes de transitar em julgado a sentença final, começa a correr "do dia em que cessou a atividade criminosa" (art. 111, II, do CP).

21. (VUNESP – 2014 – TJ-RJ – Juiz) Márcio e Rodrigo, vizinhos, divulgaram comunicado no condomínio onde residem, em que narram que a síndica, Tatiana, apropriou-se de valores em detrimento dos condôminos. Estão sendo processados por Tatiana, em ação penal privada, pelo crime de calúnia. No curso do processo e antes da sentença de primeiro grau, Márcio e Tatiana ficam noivos. Diante da notícia desse fato no processo, trazida pelo Ministério Público, o Juiz deve considerar que:

a) o fato comunicado não traz qualquer consequência à punibilidade dos querelados e deve dar seguimento ao processo.

b) Márcio foi perdoado, estendendo tal benesse a Rodrigo, e deve intimá-los para que aceitem ou não o perdão.

c) Márcio foi perdoado, extinguindo imediatamente sua punibilidade e deve intimar Rodrigo para que aceite ou não o perdão.

d) Márcio foi perdoado, estendendo tal benesse a Rodrigo, e deve, imediatamente, extinguir a punibilidade de ambos.

COMENTÁRIOS

Gabarito: b. O perdão pode ser expresso ou tácito, e concedido dentro ou fora do processo (art. 106 do CP). Como querelante e querelado ficaram noivos, há perdão tácito. No entanto, tratando-se de ato bilateral, o que extingue a punibilidade não é simplesmente o perdão, mas o perdão aceito. Ainda: se o perdão for concedido a qualquer dos querelados, a todos aproveita (art. 106, I, do CP). É por isso que o juiz deve intimar os querelados para que aceitem, ou não, o benefício.

Alternativa a: Errada, pois o fato comunicado configura perdão do ofendido.

Alternativa c: Errada, já que não há a imediata extinção da punibilidade de Márcio.

Como dito, o que extingue a punibilidade é o perdão aceito.

Alternativa d: Errada, porque não há imediata extinção da punibilidade, devendo os querelados ser intimados para que digam se aceitam, ou não, o perdão.

22. (FEPESE – 2014 – MP-SC – Promotor de Justiça) As causas extintivas da punibilidade relacionadas no artigo 107 do Código Penal Brasileiro são exemplificativas, podendo serem encontradas diversas outras, tanto no mesmo ordenamento jurídico, como na legislação especial esparsa.

COMENTÁRIOS

Correta. O rol do art. 107 do CP é realmente exemplificativo, já que há outras causas de extinção da punibilidade, dentro do Código Penal (ex.: reparação do dano no peculato culposo, se precede à sentença irrecorrível – art. 312, § 3º) e fora dele (ex.: término do período de suspensão condicional do processo – art. 89, § 5º, da Lei nº 9.099/95).

23. (CESPE – 2013 – TJ-DF – Analista Judiciário) De acordo com preceito expresso no Código Penal, incluem-se entre as causas extintivas de punibilidade as escusas absolutórias.

COMENTÁRIOS

Errada. Isso porque as escusas absolutórias (ex.: aquelas dispostas no art. 181 do CP) não estão previstas no art. 107 do Código Penal, que prevê as causas de extinção da punibilidade.

24. (CESPE – 2013 – TJ-DF – Técnico Judiciário) A anistia representa o esquecimento do crime, afastando a punição por fatos considerados delituosos, e constitui ato privativo do presidente da República.

COMENTÁRIOS

Errada. A anistia não constitui ato privativo do Presidente da República, mas do Congresso Nacional (CF, arts. 48, VIII, e 21, XVII).

25. (CESPE – 2012 – TJ-RO – Analista) Acerca das causas de extinção da punibilidade, assinale a opção correta.

a) O perdão judicial pode alcançar toda e qualquer infração penal, ficando a critério do juiz a sua aplicação quando da prolação da sentença.

b) Nas duas seguintes hipóteses a pretensão punitiva e executória não será atingida pela prescrição: os crimes de racismo e de tortura.

c) O período de suspensão do prazo prescricional é regulado pelo máximo da pena privativa de liberdade cominada em abstrato para o crime.

d) A decadência é o instituto jurídico mediante o qual o Estado perde o seu direito de punir ou de executar a sentença penal condenatória transitada em julgado.

e) A anistia, causa extintiva da punibilidade, somente poderá ser concedida antes da sentença penal condenatória; nesse caso, o Estado renuncia ao jus puniendi.

COMENTÁRIOS

Gabarito: c. A resposta advém da ***Súmula 415 do STJ***: "O período de suspensão do prazo prescricional é regulado pelo máximo da pena cominada". ***Obs.:*** como referido acima (item 3.6), há posição diversa do STF no sentido de que o prazo de suspensão é indeterminado.

Alternativa a: Errada, pois o perdão judicial não alcança toda e qualquer infração penal, mas somente aquelas expressamente previstas em lei (art. 107, IX, do CP).

Alternativa b: Errada, já que o crime de tortura não é imprescritível no Brasil. Aliás, de acordo com os incisos XLII e XLIV do art. 5º da Constituição Federal, são imprescritíveis apenas a prática do racismo e a ação de grupos armados, civis ou militares, contra a ordem constitucional e o Estado Democrático.

Alternativa d: Errada, porque a ***decadência*** é a perda do direito de queixa ou de representação em face da inércia do seu titular durante o prazo previsto em lei. A perda, por parte do Estado, do seu direito de punir ou de executar a pena chama-se ***prescrição***.

Alternativa e: Errada, pois a anistia pode ser concedida antes ou depois da sentença penal condenatória.

26. (FCC – 2012 – MP-AP – Analista Ministerial) Sobre a extinção da punibilidade, de acordo com o Código Penal, analise as assertivas abaixo.

I. A prescrição, antes de transitar em julgado a sentença final, começa a correr nos crimes contra a dignidade sexual de crianças e adolescentes, previstos no Código Penal ou em legislação especial, da data em que a vítima completar 18 anos, salvo se a esse tempo já houver sido proposta a ação penal.

II. Em regra, a prescrição, antes de transitar em julgado a sentença final, regula-se pelo máximo da pena privativa de liberdade cominada ao crime, verificando-se em 2 anos, se o máximo da pena é inferior a 1 ano.

III. A prescrição da pena de multa ocorrerá no mesmo prazo estabelecido para prescrição da pena privativa de liberdade, quando a multa for alternativa ou cumulativamente cominada ou cumulativamente aplicada.

IV. A prescrição, depois da sentença condenatória com trânsito em julgado para a acusação ou depois de improvido seu recurso, regula-se pela pena aplicada, não podendo, em nenhuma hipótese, ter por termo inicial data anterior à da denúncia ou queixa.

Está correto o que se afirma apenas em

a) I, III e IV.
b) I e IV.
c) II, III e IV.
d) I, II e III.
e) II e IV.

COMENTÁRIOS

Gabarito: a.

Item I: correto, decorrendo da redação do inciso V do art. 111 do Código Penal, acrescentado pela Lei nº 12.650/12.

Item II: incorreto, pois se o máximo da pena é inferior a 1 ano, verifica-se a prescrição em 3 anos (art. 109, VI, do CP), conforme redação dada pela Lei nº 12.234/10.

Item III: correto, refletindo o disposto no art. 114, II, do Código Penal.

Item IV: correto. Trata-se do § 1º do art. 110 do Código Penal, com redação dada pela Lei nº 12.234/10.

27. (CESPE – 2011 – STM – Analista Judiciário) Além de conduzir à extinção da punibilidade, a abolitio criminis faz cessar todos os efeitos penais e cíveis da sentença condenatória.

COMENTÁRIOS

Errada. A abolitio criminis é, realmente, uma causa de extinção da punibilidade, prevista no art. 107, III, do CP ("Extingue-se a punibilidade: III – pela retroatividade de lei que não mais considera o fato como criminoso"). Ocorre que, de acordo com o art. 2º, *caput*, do CP, "Ninguém pode ser punido por fato que lei posterior deixa de considerar crime, cessando em virtude dela a execução e os efeitos ***penais*** da sentença condenatória".

2. QUESTÕES DE CONCURSOS

01. (FCC – 2020 – TJ-MS – Juiz Substituto) No tocante à prescrição, correto afirmar que:

a) cometido o homicídio qualificado para ocultar outro crime, a prescrição deste impede a qualificação daquele.
b) os crimes mais leves prescrevem com os mais graves, se cometidos em concurso de delitos.
c) é regulada pelo total da pena nos casos de evasão do condenado ou de revogação do livramento condicional.
d) não se aplicam às penas restritivas de direito os mesmos prazos previstos para as privativas de liberdade.
e) a sua ocorrência em relação ao crime de furto não alcança a receptação que o tinha como pressuposto.

02. (CESPE – 2020 – MPE-CE – Promotor de Justiça) Com relação a causas extintivas de punibilidade, assinale a opção correta, de acordo com a jurisprudência dos tribunais superiores.

a) O indulto extingue os efeitos penais primários e secundários, penais e não penais, da condenação, exceto para fins de reincidência penal.
b) Dada sua natureza hedionda, o delito de tráfico de entorpecentes privilegiado não é passível de indulto.
c) A reincidência penal implica o aumento, em um terço, do prazo da prescrição da pretensão punitiva.
d) A extinção da punibilidade de crime antecedente não interfere na punibilidade do delito de lavagem de dinheiro.
e) sentença que concede o perdão judicial afasta os efeitos penais da sentença penal condenatória, exceto para fins de reincidência.

03. (CESPE – 2020 – TJ-PA – Oficial de Justiça – Avaliador) Antônia foi vítima de calúnia praticada por Francisca e Rita. Inconformada, Antônia, na mesma semana em que sofreu a calúnia, tomou as providências para que fosse proposta a ação penal cabível, mas o fez apenas contra Francisca, porque Rita era amiga de sua mãe. Nessa situação hipotética, ocorre:

a) retratação.
b) renúncia.
c) perdão.
d) perempção.
e) decadência.

04. (INSTITUTO AOCP – 2020 – Analista Jurídico) Segundo o Código Penal, assinale a alternativa correta.

a) A lei posterior, que de qualquer modo favorecer o agente, aplica-se aos fatos anteriores, salvo se decididos por sentença condenatória transitada em julgado.
b) A pena pode ser reduzida em um sexto, se o agente, em virtude de perturbação de saúde mental ou por desenvolvimento mental incompleto ou retardado, não era inteiramente capaz de entender o caráter ilícito do fato ou de determinar-se de acordo com esse entendimento.
c) No concurso de pessoas, se a participação for de menor importância, a pena pode ser diminuída de um a dois terços.
d) São reduzidos de metade os prazos de prescrição quando o criminoso era, ao tempo do crime, menor de 21 (vinte e um) anos, ou, na data da sentença, maior de 70 (setenta) anos.
e) A prescrição da pena de multa ocorrerá em um ano, quando a multa for a única cominada ou aplicada.

05. (IBADE – 2020 – Analista de Controle Interno – Direito) A morte do autor do crime traz como consequência a extinção da:

a) tipicidade.
b) antijuridicidade.
c) culpabilidade.
d) punibilidade
e) proporcionalidade.

06. (FGV – 2019 – DPE-RJ – Técnico Superior Jurídico) Reconhecida a prática de um fato típico, ilícito e culpável, o Estado tem o poder/dever de punir o seu infrator. Todavia, há situações que fazem desaparecer o poder punitivo estatal, sendo correto afirmar, de acordo com o Código Penal, que:

a) os prazos das prescrições da pretensão punitiva e da pretensão executória serão reduzidos pela metade nos casos em que o agente era, ao tempo do crime, menor de 21 anos, ou maior de 60 na data da sentença;
b) a sentença que conceder o perdão judicial, após reconhecimento da materialidade e autoria, não será considerada para efeitos de reincidência;
c) a anistia, concedida através de decreto presidencial, afasta os efeitos penais, primários e secundários, e extrapenais da condenação;
d) a prescrição, a decadência e a perempção são causas de extinção da punibilidade do agente nos crimes de ação penal pública;
e) o curso do prazo prescricional interrompe-se com o oferecimento da denúncia.

07. (VUNESP – 2019 – TJ-RS – Titular de Serviços de Notas e de Registros) É causa de extinção da punibilidade, nos estritos termos do art. 107 do CP:

a) a detração.
b) a absolvição.
c) o indulto.
d) o perdão, ainda que não aceito pelo ofendido, nos crimes de ação privada.
e) a remição.

08. (Instituto Acesso – 2019 – PC-ES – Delegado de Polícia) "A extinção da punibilidade significa o desaparecimento do poder de punir do Estado em relação a fatos definidos como crimes, pela ocorrência de eventos, situações ou acontecimentos determinados na lei como causas de extinção da punibilidade (art. 107, CP)." (SANTOS, Juarez Cirino dos. Direito Penal Parte Geral. 5ª ed., Florianópolis: Conceito, 2012). Tendo em vista as causas de extinção de punibilidade conhecidas em âmbito de Direito Penal, assinale a alternativa correta com relação ao indulto:

a) seus efeitos atingem quaisquer crimes previstos no ordenamento jurídico pátrio.
b) o indulto individual ou graça depende exclusivamente, para sua concessão, de pedido provocado por petição do condenado.
c) trata-se de benefício concedido exclusivamente pelo Presidente da República por meio de lei delegada.
d) pode ser delegado pelo Presidente da República aos Ministros de Estado, ao Procurador-Geral da República ou ao Defensor Público-Geral Federal.
e) é atribuição privativa do Presidente da República, podendo ser delegada, na forma estabelecida na Constituição Federal, aos Ministros de Estado, ao Procurador-Geral da República ou ao Advogado-Geral da União.

09. (CESPE – 2019 – DPE-DF – Defensor Público) Acerca da ação penal, das causas extintivas da punibilidade e da prescrição, julgue o seguinte item. A concessão do perdão judicial nos casos previstos em lei é causa extintiva da punibilidade do crime, não subsistindo qualquer efeito condenatório, salvo para fins de reincidência.

10. (INSTITUTO AOCP – 2019 – PC-ES – Investigador) Nos termos do artigo 107 do Código Penal, extingue-se a punibilidade:

a) pela anistia, mas não pela graça ou indulto.

b) pelo perdão aceito, nos crimes de ação penal pública.

c) pela prescrição e decadência, mas não pela perempção.

d) pela retroatividade de lei que não mais considera o fato criminoso.

e) pela retratação do agente, em qualquer delito contra o patrimônio.

11. (VUNESP – 2018 – MPE-SP – Analista Jurídico do Ministério Público) A respeito da extinção da punibilidade, assinale a alternativa correta. A) São causas de extinção da punibilidade a morte do agente; a prescrição; a renúncia ao direito de queixa, nos crimes de ação penal privada e, nos crimes sem violência, o ressarcimento do dano à vítima. B) São reduzidos de metade os prazos prescricionais quando o criminoso era, ao tempo do crime, menor de 21 anos ou portador de doença mental comprometedora da capacidade de entendimento. C) O perdão judicial concedido ao agente impede que, posteriormente, seja considerado reincidente, caso novo crime seja praticado. D) Antes de transitar em julgado a sentença final, a prescrição somente se regulará pelo máximo da pena privativa de liberdade cominada ao crime. E) Interrompida a prescrição, todo o prazo começa a correr, novamente, do dia da interrupção, salvo no caso da pronúncia.

12. (FCC – 2018 – DPE-AM – Analista Jurídico de Defensoria) Sobre a extinção da punibilidade: A) O perdão judicial independe de lei, pois é realizado por meio de Decreto Presidencial. B) No caso de concurso de crimes, o cálculo da prescrição incide sobre a somatória das penas. C) Ao contrário da renúncia ao direito de queixa, a decadência é causa de extinção da punibilidade. D) O prazo de prescrição é reduzido pela metade quando o agente for maior de setenta anos na data da sentença. E) Em caso de revogação do livramento condicional, a prescrição da pretensão executória é regulada pelo total da pena imposta.

13. (CESPE – 2017 – TRE-BA – Analista Judiciário) Um indivíduo de dezenove anos de idade, livre, consciente e capaz, dirigiu-se a uma joalheria com a intenção de praticar furto. Na loja, passou-se por cliente e pediu a uma vendedora para ver algumas peças. Enquanto via as joias, aproveitando-se de um descuido da vendedora, o indivíduo colocou um colar de ouro em seu bolso e, em seguida, saiu da loja, sem nada ter comprado. Trinta minutos depois, ele retornou à loja e devolveu a joia, incentivado por sua mãe. Apesar disso, o gerente, representando a joalheria, decidiu registrar boletim de ocorrência sobre o fato em uma delegacia de polícia, e o homem foi indiciado por furto simples. Após o término do inquérito policial, o Ministério Público denunciou o acusado por furto simples. A denúncia foi recebida pelo juízo competente quatro anos e seis meses depois da prática do delito, com a determinação da citação do acusado. Nesse caso, é possível o reconhecimento de:

a) arrependimento eficaz.

b) desistência voluntária.

c) prescrição da pretensão punitiva.

d) tentativa de furto.

e) crime oco.

14. (CESPE – 2017 – PC-GO – Delegado de Polícia) Assinale a opção correta, acerca de extinção da punibilidade.

a) Uma lei de anistia pode ser revogada por lei posterior, diante de mudança de opinião do Congresso Nacional a respeito da extinção de punibilidade concedida.

b) Graça e indulto somente podem ser concedidos pelo presidente da República, uma vez que tais prerrogativas são insuscetíveis de delegação.

c) A punibilidade de qualquer crime pode ser extinta por meio de graça e indulto.

d) O instituto da prescrição atinge a pretensão de punir ou de executar a pena.

e) A anistia ou abolitio criminis é causa extintiva de punibilidade discutida no âmbito do Poder Legislativo.

15. (CESPE – 2016 – TRE-PI – Analista Judiciário) No que se refere ao instituto da prescrição, assinale a opção correta.

a) O Supremo Tribunal Federal entende ser admissível a extinção da punibilidade em virtude da prescrição da pretensão punitiva com base na previsão da pena que hipoteticamente seria aplicada, ou seja, da pena em perspectiva.

b) Não se considera, para fins de aferição da prescrição executória, a redução da pena decorrente da concessão de indulto.

c) Na hipótese de crime continuado, a prescrição regula-se pela pena imposta na sentença, computando-se o acréscimo decorrente da continuação.

d) O recebimento de denúncia por magistrado absolutamente incompetente não interrompe a prescrição penal.

e) Anulada a ação penal após a fixação de pena em segundo grau de jurisdição, a prescrição regula-se pela pena concretizada no título anulado.

16. (FCC – 2015 – TRE-RR – Analista Judiciário) Rodolfo é processado criminalmente e condenado pela prática do crime de prevaricação, cometido no ano de 2013, a cumprir pena de detenção de 06 meses e ao pagamento de 10 dias-multa. A sentença transita em julgado para o Ministério Público e Defesa. Neste caso, a prescrição da pretensão punitiva estatal regula-se pela pena:

a) aplicada, verificando-se em 03 anos.
b) aplicada, verificando-se em 02 anos.
c) máxima cominada ao crime, ou seja, 01 ano de detenção, verificando-se em 02 anos.
d) máxima cominada ao crime, ou seja, 01 ano de detenção, verificando-se em 04 anos.
e) aplicada, verificando-se em 04 anos.

17. (CESPE – 2015 – TCU – Auditor) O réu primário cujo crime tenha sido o de adquirir ou receber coisa que, por sua natureza ou pela desproporção entre seu valor e preço, ele presumia ter sido obtida por meio criminoso poderá receber o perdão judicial, caso o juiz considere, conforme as circunstâncias, ser adequada tal medida.

18. (FCC – 2015 – TCE-AM – Auditor) O perdão judicial tem natureza jurídica de:
a) causa de exclusão de culpabilidade.
b) causa extintiva da punibilidade.
c) efeito da sentença penal.
d) desistência voluntária.
e) efeito civil da sentença penal.

19. (FCC – 2015 – TJ-AL – Juiz) No tocante à interrupção da prescrição, é correto afirmar que:
a) o tempo transcorrido antes da causa interruptiva é contado, em qualquer situação, para o prazo prescricional.
b) pode produzir efeitos relativamente a todos os autores do crime, salvo exceções.
c) a reincidência interrompe a prescrição da pretensão punitiva.
d) a impronúncia constituiu causa interruptiva da prescrição.
e) a prescrição fica interrompida enquanto não resolvida, em outro processo, questão de que dependa o reconhecimento da existência do crime.

20. (FUNIVERSA – 2015 – SEAP-DF – Agente) A abolitio criminis constitui uma situação de lei penal posterior mais benigna, que deve alcançar, inclusive, fatos definitivamente julgados, ainda que em fase de execução.

21. (CESPE – 2015 – DPE-PE – Defensor Público) O cálculo da prescrição da pretensão punitiva no concurso de crimes é feito isoladamente para cada um dos crimes praticados, desconsiderando-se o acréscimo decorrente do concurso formal ou material ou da continuidade delitiva.

22. (FGV – 2014 – DPE-DF – Analista) Em outubro de 2009, José ofendeu a honra subjetiva de João, chamando-o de pilantra e praticando, assim, o crime de injúria, tipificado no Artigo 140 do Código Penal, para o qual está prevista a pena de um a seis meses de detenção, além de multa. Em dezembro do mesmo ano, foi a queixa oferecida por João recebida pelo juiz de determinada vara criminal. Em fevereiro de 2012 foi José condenado à pena de três meses de detenção, substituída por determinada pena restritiva de direitos. O defensor público que atuava no caso em favor de José opôs embargos de declaração à sentença por meio dos quais pugnou pelo reconhecimento da extinção da punibilidade em face da ocorrência de prescrição da pretensão punitiva. O magistrado, ao decidir sobre os embargos, deixou de reconhecer a prescrição ao fundamento de que, de acordo com o inciso VI do Artigo 109 do Código Penal, a prescrição ocorre em 3 (três) anos, se o máximo da pena for inferior a 1 (um) ano. A respeito da decisão pode-se afirmar que a extinção da punibilidade de José:
a) deveria ter sido reconhecida imediatamente, uma vez que, na época do fato praticado, a prescrição ocorria em 2 (dois) anos em casos de crimes com pena máxima inferior a 1 (um) ano.
b) só poderia ser reconhecida se não houvesse recurso interposto pela vítima pugnando pelo aumento da pena aplicada.
c) não poderia ter sido reconhecida pelo magistrado, pois as normas relativas à prescrição têm natureza processual, sendo aplicadas imediatamente quando entram em vigor, devendo – se, portanto, aplicar o inciso VI do artigo 109 do Código Penal já com a redação dada pela Lei nº 12.234/2010.
d) somente poderia ter sido reconhecida pelo magistrado se o pedido pelo seu reconhecimento tivesse sido feito em alegações finais.
e) a extinção da punibilidade de José não poderia ter sido reconhecida pelo magistrado, uma vez que, em casos de crimes contra a honra, apenas a retratação do ofensor poderá redundar na extinção da punibilidade do agente.

23. (FGV – 2014 – DPE-RJ – Técnico Superior Jurídico) Quanto ao tema prescrição, pode-se afirmar corretamente que:
a) quando se tratar de crime continuado, a prescrição se regula pela pena imposta na sentença, computando-se o acréscimo decorrente da continuação.
b) eventual irregularidade na decisão que suspende o curso do processo repercute na fluência do prazo prescricional, porque exemplificativas as hipóteses de suspensão e de interrupção.
c) durante o trâmite recursal não pode ser reconhecida a prescrição da pretensão punitiva superveniente, entre a publicação da sentença em cartório e o julgamento do recurso.
d) a prescrição constitui questão prejudicial ao conhecimento do mérito da causa, razão pela qual eventual recurso da defesa não terá seguimento

se a prescrição for previamente reconhecida, por falta de interesse de agir.

e) anulada a ação penal, a prescrição prossegue sendo regulada pela pena in concreto, indicada no título condenatório anulado, evitando-se a reformatio in pejus pela via oblíqua.

24. (Aroeira - 2014 - PC-TO - Delegado de Polícia) Extingue-se a punibilidade pela retratação do agente, no caso de:

a) injúria real.

b) denunciação caluniosa.

c) autoacusação falsa.

d) falso testemunho.

25. (FEPESE - 2014 - MP-SC - Promotor de Justiça) Segundo entendimento do Superior Tribunal de Justiça, é correto afirmar que a pronúncia é causa interruptiva da prescrição, ainda que o Tribunal do Júri venha a desclassificar o crime de homicídio qualificado para homicídio culposo.

26. (Aroeira - 2014 - PC-TO - Escrivão) É causa extintiva da punibilidade do agente, a:

a) obediência à ordem, não manifestamente ilegal, de superior hierárquico.

b) emoção ou a paixão.

c) coação física irresistível.

d) retroatividade de lei que deixa de considerar o fato como criminoso.

27. (CESPE - 2013 - CNJ - Analista Judiciário) A extinção da punibilidade de um crime que seja pressuposto, elemento constitutivo ou circunstância agravante de outro não se estende a este. Nos crimes conexos, a extinção da punibilidade de um deles não impede, quanto aos outros, a agravação da pena resultante da conexão.

28. (CESPE - 2013 - TJ-DF - Técnico Judiciário) Não é possível a concessão de anistia, graça ou indulto àqueles que tenham praticado crimes hediondos.

29. (CESPE - 2012 - TJ-AL - Analista Judiciário) Com relação à representação, como condição de procedibilidade da ação penal pública nos casos expressos em lei, no tocante à prescrição e ao perdão, assinale a opção correta.

a) O perdão, nos crimes cuja ação é de iniciativa privada, seja expresso, seja tácito, anterior ou posterior à instauração da ação penal, aproveita a todos os querelados mesmo que concedido a somente um deles, mas, se concedido por um dos ofendidos, não prejudica o direito dos demais de dar prosseguimento à ação penal.

b) O crime de injúria é passível de perdão do ofendido, mas a ele não se aplica o perdão judicial.

c) A representação é irretratável depois de recebida a denúncia; a requisição é sempre irretratável, mesmo antes de iniciada a ação penal.

d) O prazo prescricional, embora sujeito a causas interruptivas, impeditivas ou suspensivas, é improrrogável, devendo ser contado do mesmo modo como se conta o prazo de cumprimento da pena privativa de liberdade.

e) São causas interruptivas do curso da prescrição, entre outras, a decisão confirmatória da pronúncia, o acórdão confirmatório da condenação prolatada em primeira instância, o início do cumprimento da pena e a publicação da sentença condenatória.

30. (CESPE - 2012 - MP-PI - Analista Ministerial) A sentença que concede o perdão judicial e a aceitação do perdão do ofendido, nos crimes de ação penal privada, constituem causas extintivas da punibilidade.

31. (CESPE - 2011 - TRE-ES - Analista Judiciário) A prescrição da pena de multa ocorrerá em dois anos quando a multa for cumulativamente cominada ou cumulativamente aplicada a pena privativa de liberdade, independentemente do prazo estabelecido para a prescrição da pena privativa de liberdade.

32. (CESPE - 2011 - PC-ES - Delegado de Polícia) A citação válida, por constituir garantia decorrente do devido processo legal, é causa interruptiva da prescrição penal.

GABARITO		FUNDAMENTAÇÃO
1	E	Art. 108 CP
2	D	Art. 108 CP
3	B	Art. 104 CP e Art. 50 CPP
4	D	Art. 115 CP
5	D	Art. 107, I, CP
6	B	Art. 120 CP
7	C	Art. 107, II, CP
8	E	Item 3, Cap. X
9	E	Art. 120 CP
10	D	Art. 107, III, CP
11	C	Art. 120 CP
12	D	Art. 115 CP
13	C	Arts. 109, IV e 115 CP
14	D	Art. 107, IV, CP

GABARITO		FUNDAMENTAÇÃO
15	D	Item 3.4
16	A	Art. 109, VI, CP
17	C	Art. 180, § 5º, CP
18	B	Art. 107, IX, CP
19	B	Art. 117, § 1º, CP
20	C	Art. 2º, par. único, CP
21	C	Art. 119 CP
22	A	Art. 109, VI, CP (antes da Lei 12.234/10)
23	D	Cap. XII, item 4
24	D	Art. 342, § 2º, CP
25	C	Súmula 191 STJ
26	D	Art. 107, III, CP
27	C	Art. 108 CP
28	C	Art. 2º, I, da Lei nº 8.072/90
29	D	Cap. XII, item 3 + art. 10 CP
30	C	Art. 107, V e IX, CP
31	E	Art. 114 CP
32	E	Art. 117 CP

PARTE ESPECIAL

CAPÍTULO I

CRIMES CONTRA A PESSOA

1. CRIMES CONTRA A VIDA

1.1. Homicídio

1.1.1. *Homicídio simples (art. 121, caput)*

Art. 121. Matar alguém: Pena – reclusão, de seis a vinte anos.

- **Bem jurídico:** o tipo penal visa a proteger a **vida**.
- **Sujeitos:** qualquer pessoa pode figurar como sujeito ativo **(crime comum)**. O sujeito passivo também pode ser qualquer pessoa (ser vivo nascido de mulher). Ressalte-se, porém, que a interrupção da gravidez com a morte do feto configura aborto. Do início do parto em diante haverá homicídio ou infanticídio (art. 123).

- **Tipo subjetivo:** o homicídio simples somente prevê o **dolo** (*animus necandi* ou *occidendi*) como elemento subjetivo, consistente na consciência e vontade de matar alguém (dolo direito) ou na simples assunção do risco de matar (dolo eventual). No *caput* não há previsão de elemento subjetivo especial (finalidade específica). Entretanto, o fim ou motivo de agir se encontra presente em algumas circunstâncias (privilégios e qualificadoras).
- **Consumação:** com a morte de alguém. Nos termos da Lei nº 9.434/97, que dispõe sobre a remoção de órgãos, tecidos e partes do corpo humano para fins de transplante e tratamento, deve ser considerado o momento da **morte encefálica**.

1.1.2. *Homicídio privilegiado (art. 121, § 1º)*

Trata-se de **causa de diminuição de pena de 1/6 a 1/3**. O homicídio privilegiado pode ser reconhecido em três situações:

a) **Relevante valor social.** Interesse da coletividade, como matar o traidor da pátria.

b) **Relevante valor moral.** Interesse particular do agente, apurado a partir dos princípios morais da sociedade, como a prática da eutanásia.

c) **Homicídio emocional (crime de ímpeto).** Requisitos:

1º) Injusta provocação da vítima. Nessa hipótese a vítima provoca (estimula, dá causa, origina algo) o agente injustamente (sem autorização legal; sem justificativa razoável). Exemplos: risadas com desprezo; ofensas à honra. Se o ato injusto da vítima for uma agressão, atual ou iminente, à vida do agente, poderá caracterizar legítima defesa, desde que preenchidos os requisitos do art. 25 do CP;

2º) Domínio de violenta emoção. No caso, o agente fica com sua capacidade de autodeterminação diminuída em razão de ter sido injustamente provocado. A emoção ou a paixão não excluem a imputabilidade (art. 28, I, do CP), mas, como no caso, pode ser uma causa de diminuição de pena;

3º) Logo em seguida. Requisito relacionado à imediatidade entre a injusta provocação e a reação.

▶ **DOMÍNIO DE VIOLENTA EMOÇÃO x INFLUÊNCIA DE VIOLENTA EMOÇÃO**

- Domínio (art. 121, § 1º, do CP): é privilegiadora ou causa especial de diminuição da pena (3ª fase do critério trifásico).
- Influência (art. 65, III, c, do CP): é atenuante (2ª fase do critério trifásico).

1.1.3. Homicídio qualificado (art. 121, § 2º)

Art. 121, § 2º. Se o homicídio é cometido: I – mediante paga ou promessa de recompensa, ou por outro motivo torpe; II – por motivo fútil; II – com emprego de veneno, fogo, explosivo, asfixia, tortura ou outro meio insidioso ou cruel, ou de que possa resultar perigo comum; IV – à traição, de emboscada, ou mediante dissimulação ou outro recurso que dificulte ou torne impossível a defesa do ofendido; V – para assegurar a execução, a ocultação, a impunidade ou vantagem de outro crime; VI – contra a mulher por razões da condição de sexo feminino; VII – contra autoridade ou agente descrito nos arts. 142 e 144 da Constituição Federal, integrantes do sistema prisional e da Força Nacional de Segurança Pública, no exercício da função ou em decorrência dela, ou contra seu cônjuge, companheiro ou parente consanguíneo até terceiro grau, em razão dessa condição; VIII – com emprego de arma de fogo de uso restrito ou proibido: *(Redação dada pela Lei nº 13.964, de 2019, vetada pelo Presidente da República e mantida pelo Congresso Nacional)*: Pena – reclusão, de doze a trinta anos.

▶ **HEDIONDEZ – art. 2º, I, da Lei 8.072/90**

São considerados **hediondos**, entre outros, os seguinte crimes: homicídio (art. 121), quando praticado em atividade típica de grupo de extermínio, ainda que cometido por um só agente, e homicídio qualificado (art. 121, § 2°, incisos I, II, III, IV, V, VI e VII).

- **Mediante paga ou promessa de recompensa.** É o chamado **homicídio mercenário**. A **paga** acontece com o recebimento anterior ao cometimento do crime, ao passo que a **promessa** ocorre com a expectativa do recebimento da recompensa após a prática do delito. O crime reclama obrigatoriamente a participação de duas pessoas (o mandante e o executor), ou seja, é bilateral.

▶ **COMUNICABILIDADE DA QUALIFICADORA AO MANDANTE**

Orientações:

1ª) Não há comunicabilidade, pois a qualificadora (tipo qualificado) não é uma elementar, mas sim uma circunstância, de sorte que não se comunica se de natureza subjetiva, como é o caso. Nesse sentido: Fragoso, Bitencourt, Greco e Masson. Ainda: "(...) 3. A Quinta Turma do Superior Tribunal de Justiça, no julgamento do REsp 1.415.502/MG (Rel. Ministro FELIX FISCHER, DJe 17/2/2017), firmou compreensão no sentido de que a qualificadora da paga ou promessa de recompensa não é elementar do crime de homicídio e, em consequência, possuindo caráter pessoal, não se comunica aos mandantes. Ressalva de entendimento pessoal do Relator" (STJ, 5ª T., HC 403263, j. 13/11/2018). Idem: STJ, 5ª T., AgRg no AREsp 1473963, j. 27/08/2019.

2ª) Há comunicabilidade, pois as circunstâncias de natureza subjetiva comunicam-se quando se tratarem de circunstâncias elementares, como é o caso das qualificadoras. Nesse sentido: "(...) 3. No homicídio mercenário, a qualificadora da paga ou promessa de recompensa é elementar do tipo qualificado, comunicando-se ao mandante do delito" (STJ, 6ª T., AgInt no REsp 1681816, j. 03/05/2018). Idem: STJ, 6ª T., HC 447.390, j. 23/04/2019.

- **Motivo torpe** é aquele que ofende o sentimento ético e moral da sociedade. É o motivo repugnante, ignóbil, asqueroso, vil. Exemplo: matar o próprio pai para receber herança. A **vingança**, em algumas circunstâncias, pode caracterizar a torpeza, como na hipótese de matar a vítima que meses antes havia cometido supostos furtos na residência do agente. Consoante já decidiu o STJ, "cabe ao conselho de sentença decidir se o paciente praticou o ilícito motivado por ***ciúmes***, assim como analisar se referido sentimento, no caso concreto, constitui o motivo torpe que qualifica o crime de homicídio" (STJ, 6ª T., AgRg no AREsp 308785/DF, j. 21/05/2013).

- **Motivo fútil** é o insignificante, desproporcional, desarrazoado. Existe uma desproporção do crime com a sua causa moral. Ou seja, a causa que ensejou a conduta homicida do agente não seria motivo suficiente para que o homem médio assim agisse. Exemplo: matar o motoboy que demorou na entrega de uma pizza. Essa causa é incapaz de gerar no homem médio o impulso para a conduta homicida. Para o STJ a **ausência de motivo** não pode ser equiparada ao motivo fútil: "A jurisprudência desta Corte Superior não admite que a ausência de motivo seja considerada motivo fútil, sob pena de se realizar indevida analogia em prejuízo do acusado" (STJ, 5ª T., HC 369.163 j. 21/02/2017). Já "A **discussão anterior entre autor e vítima** pode ser causa legítima a afastar a qualificadora do motivo fútil. Contudo, isso irá depender do motivo da discussão, de suas circunstâncias, palavras utilizadas, possíveis ofensas irrogadas, de modo que somente as peculiaridades poderão evidenciar a configuração da futilidade. Desse modo, a discussão, por si só, como apontada no voto condutor, não é suficiente para, nesta fase preliminar do feito, decotar a qualificadora" (STJ, 5ª T., AgRg no AREsp 1335759, j. 02/10/2018).

- **Meio insidioso** é o meio falso, pérfido, desleal, como ocorre no emprego de veneno. O homicídio somente restará qualificado pelo emprego de veneno se a vítima desconhecer que está ingerindo o veneno. **Meio cruel** é aquele doloroso, desumano, despiedoso, como ocorre na hipótese de emprego de fogo, de asfixia (suspensão da respiração seguida de morte; pode ser causada por estrangulação, afogamento, ação de gases irrespiráveis etc.), de tortura (intenso sofrimento físico ou mental). **Meio que possa resultar perigo comum** é aquele que expõe a coletividade a perigo de dano, como em casos de incêndio.

- A **traição** (homicidium proditorium) ocorre com a agressão súbita e sorrateira, atingindo a vítima desprevenida. **Emboscada** é a espreita, a tocaia. O agente espera o ofendido às escondidas para atacar. A **dissimulação** se verifica na ocultação da intenção hostil para que a vítima seja atingida quando estiver desprevenida. **Recurso que dificulte ou torne impossível a defesa da vítima:** deve ser alguma situação assemelhada às hipóteses específicas (traição, emboscada, dissimulação). Ex.: surpresa, como na hipótese de matar alguém que esteja dormindo em uma praça pública. É necessário que vítima não tenha motivo para desconfiar do ataque, e que o agente possua a consciência e vontade de utilizar esse modo de execução.

- **Para assegurar a execução de outro crime:** trata-se de conexão teleológica. Ex.: matar o segurança para sequestrar a vítima. Ocorrerá a qualificadora mesmo que o crime visado reste tentado, ou mesmo que o agente desista de prosseguir na execução. **Para assegurar a ocultação de outro crime:** é uma hipótese de conexão consequencial. O agente mata a vítima para que o outro crime por ele anteriormente praticado fique desconhecido. **Para assegurar a impunidade de outro crime:** trata-se de uma forma de conexão consequencial. O agente mata a vítima para que a autoria de outro crime por ele anteriormente praticado fique desconhecida. O outro delito seria conhecido, mas não a sua autoria. Ex.: o agente mata a única testemunha do crime para que ninguém saiba a sua autoria. **Para assegurar a vantagem de outro crime:** também é uma forma de conexão consequencial. Ex.: o agente mata o coautor do furto para ficar com toda a res furtiva.
- **Feminicídio.** A Lei nº 13.104, de 09 de março de 2015, incluiu ao Código Penal a qualificadora do feminicídio, quando o homicídio é cometido contra a mulher por razões da condição de sexo feminino (inciso VI). De acordo com o art. 121, § 2º-A, considera-se que há **razões de condição de sexo feminino** quando o crime envolve: I – violência doméstica e familiar; II – menosprezo ou discriminação à condição de mulher.

Conforme decidiu o STJ, a qualificadora do feminicídio, quando relacionada à violência doméstica e familiar, tem **natureza objetiva**: "Nos termos do art. 121, § 2º-A, II, do CP, é devida a incidência da qualificadora do feminicídio nos casos em que o delito é praticado contra mulher em situação de violência doméstica e familiar, possuindo, portanto, natureza de ordem objetiva, o que dispensa a análise do animus do agente. Assim, não há se falar em ocorrência de bis in idem no reconhecimento das qualificadoras do motivo torpe e do feminicídio, porquanto, a primeira tem natureza subjetiva e a segunda objetiva" (STJ, 6ª T., AgRg no HC 440945, j. 05/06/2018). Obs.: a decisão faz referência ao **inciso II** do § 2º-A do artigo 121 do Código Penal, quando o correto seria falar no **inciso I**. Idem: STJ, 6ª T., AgRg no AREsp 1166764, j. 06/06/2019.

- **Homicídio funcional.** Conforme a Lei nº 13.142, de 06/07/2015 (publicada em 07/07/2015), foi acrescentado novo inciso ao § 2º do art. 121 do CP, qual seja: "VII – contra autoridade ou agente descrito nos arts. 142 e 144 da Constituição Federal, integrantes do sistema prisional e da Força Nacional de Segurança Pública, no exercício da função ou em decorrência dela, ou contra seu cônjuge, companheiro ou parente consanguíneo até terceiro grau, em razão dessa condição". A função pública desempenhada pelos servidores públicos acima elencados envolve riscos, a justificar uma pena mais elevada, principalmente por razões de prevenção geral.

No que tange à autoridade ou ao agente descrito nos arts. 142 e 144 da Constituição Federal, temos:

→ ***Agente das Forças Armadas***: constituídas pela Marinha, pelo Exército e pela Aeronáutica.

→ ***Agente da Segurança Pública:*** polícia federal; polícia rodoviária federal; polícia ferroviária federal; polícias civis; polícias militares e corpos de bombeiros militares; e polícias penais federal, estaduais e distrital. Também abrange as guardas municipais (art. 144, § 8º, da CF) e os agentes de segurança viária (art. 144, § 10, da CF). Constam ainda os integrantes do sistema prisional e da Força Nacional de Segurança Pública.

O crime deve ser praticado enquanto a vítima estiver exercendo a sua função, ainda que seja motivado por outras causas. Também configura a qualificadora se, mesmo fora da função, a vítima for morta em decorrência dela, ou seja, em razão da função.

Exemplo: traficante de drogas, após ser indiciado, mata um policial civil, o qual estava gozando férias, motivado pelo trabalho que este desempenhou durante a investigação. Por outro lado, não basta matar um policial para incidir a qualificadora, como, por exemplo, não se qualificaria pelo inciso VII a morte de um policial que, durante suas férias, entrou em discussão com um terceiro por questão de dívida e, em razão disso, ocorreu o evento fatal.

No caso de crime praticado **contra seu cônjuge, companheiro ou parente consanguíneo até terceiro grau, em razão dessa condição,** entendemos que abrange os relacionamentos homoafetivos. Os parentes consanguíneos até 3º grau são os pais, avós, bisavós (ascendentes); filhos, netos, bisnetos (descendentes); irmãos, tios e sobrinhos (colaterais). A lei excluiu os parentes por afinidade (sogro, sogra, cunhado etc.). A vítima morre em razão de ser cônjuge, companheiro ou parente dos agentes acima descritos.

Exemplo: matar o cônjuge de um policial civil para vingar-se do trabalho que este desempenhou durante certa investigação.

O que justifica a maior reprovação da conduta é a ofensa à função pública. Ou seja, a norma buscou a proteção da função pública e não do agente que a exerce. Por isso descreveu o legislador que o crime deve ter sido praticado contra alguém que possui uma relação (direta ou indireta) com determinada função pública. Assim sendo, é perfeitamente possível que, além dessa qualificadora do inciso VII, coexista outra circunstância, tanto objetiva quanto subjetiva.

- **Emprego de arma de fogo de uso restrito ou proibido.** Tal qualificadora havia sido vetada pelo Presidente da República, quando da publicação do Pacote Anticrime (Lei 13.964/19), tendo sido o veto derrubado pelo Congresso Nacional. Trata-se de lei penal em branco, que deve ser complementada pelo Decreto 9.847/2019, o qual, no artigo 2º, define o que são armas de uso restrito (inciso II) e armas de uso proibido (inciso III).

▶ **HOMICÍDIO HÍBRIDO**

Apesar da discussão doutrinária, predomina que é possível o chamado **homicídio qualificado-privilegiado**, desde que as qualificadoras sejam de natureza objetiva. Ex.: emprego de fogo e outras circunstâncias do inciso III; emboscada e demais circunstâncias do inciso IV; feminicídio na hipótese do § 2º-A, inciso I. No homicídio híbrido, "Por incompatibilidade axiológica e por falta de previsão legal, o homicídio qualificado-privilegiado não integra o rol dos denominados crimes hediondos" (STJ, 5ª T., HC 153.728, j. 13/04/2010).

1.1.4. *Homicídio culposo (art. 121, § 3º)*

Ocorre quando o agente dá causa à morte da vítima por:

a) **imprudência:** é uma atitude precipitada, sem a devida ponderação ou de forma perigosa (agir culposo);

b) **negligência:** inatividade material; ausência de precaução; é o deixar de fazer algo imposto (omitir-se culposamente);

c) **imperícia:** é a inaptidão para o exercício de arte ou profissão. É necessário que o fato seja praticado pelo sujeito no exercício de sua atividade profissional.

▶ **HOMICÍDIO CULPOSO NA DIREÇÃO DE VEÍCULO AUTOMOTOR**

Art. 302 do CTB (Lei nº 9.503/97): Praticar homicídio culposo na direção de veículo automotor:

Penas – detenção, de dois a quatro anos, e suspensão ou proibição de se obter a permissão ou a habilitação para dirigir veículo automotor.

§ 1º No homicídio culposo cometido na direção de veículo automotor, a pena é aumentada de 1/3 (um terço) à metade, se o agente:

I – não possuir Permissão para Dirigir ou Carteira de Habilitação;

II – praticá-lo em faixa de pedestres ou na calçada;

III – deixar de prestar socorro, quando possível fazê-lo sem risco pessoal, à vítima do acidente;

IV – no exercício de sua profissão ou atividade, estiver conduzindo veículo de transporte de passageiros.

§ 2º (revogado).

§ 3º Se o agente conduz veículo automotor sob a influência de álcool ou de qualquer outra substância psicoativa que determine dependência:

Penas – reclusão, de cinco a oito anos, e suspensão ou proibição do direito de se obter a permissão ou a habilitação para dirigir veículo automotor.

1.1.5. *Causas de aumento de pena (art. 121, § 4º)*

No **homicídio culposo** (§ 4º, 1ª parte) aumenta-se a pena de 1/3 nas seguintes hipóteses:

a) se o crime resulta de inobservância de regra técnica de profissão, arte ou ofício;
b) se o agente deixa de prestar imediato socorro à vítima;
c) se o agente não procura diminuir as consequências do seu ato;
d) se o agente foge para evitar prisão em flagrante.

No **homicídio doloso** (§ 4º, 2ª parte), a pena é aumentada de 1/3 se o crime é praticado contra pessoa: a) menor de 14 anos; b) maior de 60 anos.

A razão da maior reprovação se dá em face de as vítimas serem pessoas vulneráveis. A idade da vítima é verificada no momento da conduta (tempo do crime).

1.1.6. *Perdão judicial (art. 121, § 5º)*

No **homicídio culposo**, o juiz poderá deixar de aplicar a pena, se as consequências da infração atingirem o próprio agente de forma tão grave que a sanção penal se torne desnecessária.

▶ **IMPORTANTE**

- **Súmula 18 do STJ:** "A sentença concessiva do perdão judicial é declaratória da extinção da punibilidade, não subsistindo qualquer efeito condenatório".
- **Laço prévio entre os envolvidos:** "I - A col. 6ª Turma do STJ, ao examinar a possibilidade de aplicação do perdão judicial (§ 5º do art. 121 do CP) ao homicídio culposo no trânsito, assentou que '[A] melhor doutrina, quando a avaliação está voltada para o sofrimento psicológico do agente, enxerga no § 5º a exigência de um vínculo, de um laço prévio de conhecimento entre os envolvidos, para que seja 'tão grave' a consequência do crime ao agente. A interpretação dada, na maior parte das vezes, é no sentido de que só sofre intensamente o réu que, de forma culposa, matou alguém conhecido e com quem mantinha laços afetivos. [...] Entender pela desnecessidade do vínculo seria abrir uma fenda na lei, que se entende não haver desejado o legislador, pois, além de difícil aferição - o tão grave sofrimento -, serviria como argumento de defesa para todo e qualquer caso de delito de trânsito, com vítima fatal'" (STJ, 5ª T., AgRg no AREsp 1349597, j. 18/09/2018). Ainda: "1. O texto do § 5º do art. 121 do Código Penal não definiu o caráter das consequências, mas não deixa dúvidas quanto à forma grave com que essas devem atingir o agente, ao ponto de tornar desnecessária a sanção penal. 2. Não há empecilho a que se aplique o perdão judicial nos casos em que o agente do homicídio culposo - mais especificamente nas hipóteses de crime de trânsito - sofra sequelas físicas gravíssimas e permanentes, como, por exemplo, ficar tetraplégico, em estado vegetativo, ou incapacitado para o trabalho. 3. A análise do grave sofrimento, apto a ensejar, também, a inutilidade da função retributiva da pena, deve ser aferido de acordo com o estado emocional de que é acometido o sujeito ativo do crime, em decorrência da sua ação culposa. 4. A melhor doutrina, quando a avaliação está voltada para o sofrimento psicológico do agente, enxerga no § 5º a exigência de um vínculo, de um laço prévio de conhecimento entre os envolvidos, para que seja 'tão grave' a consequência do crime ao agente. A interpretação dada, na maior parte das vezes, é no sentido

de que só sofre intensamente o réu que, de forma culposa, matou alguém conhecido e com quem mantinha laços afetivos. 5. O que se pretende é conferir à lei interpretação mais razoável e humana, sem jamais perder de vista o desgaste emocional (talvez perene) que sofrerá o acusado dessa espécie de delito, uma vez que era irmão da vítima. 6. Recurso especial a que se dá provimento, para declarar extinta a punibilidade do réu pelo homicídio culposo do irmão, em decorrência da concessão de perdão judicial, mantidos os demais termos da condenação" (STJ, 6ª T., REsp 1871697, j. 25/08/2020).

1.1.7. *Majorante acrescentada pela Lei de Extermínio de Seres Humanos (art. 121, § 6º)*

A Lei nº 12.720, de 27 de setembro de 2012, conhecida como 'Lei de Extermínio de Seres Humanos', incluiu ao art. 121 do Código Penal um § 6º, nos seguintes termos: "A pena é aumentada de 1/3 (um terço) até a metade se o crime for praticado por milícia privada, sob o pretexto de prestação de serviço de segurança, ou por grupo de extermínio". O dispositivo não poderá retroagir em prejuízo do réu (*novatio legis in pejus*).

Trata-se de tipo penal aberto, já que a Lei nº 12.720/12 não definiu o que é 'milícia privada' e nem 'grupo de extermínio', deixando tal tarefa para o intérprete. *Importante*: o delito de homicídio, quando praticado em atividade típica de grupo de extermínio, ainda que cometido por um só agente, é previsto como **crime hediondo** (art. 1º, I, da Lei nº 8.072/90).

1.1.8. *Majorantes relacionadas ao feminicídio (art. 121, § 7º)*

A Lei nº 13.104, de 09/03/2015, com vigência a partir de 10/03/2015 (data da publicação no DOU), inseriu um § 7º ao art. 121, dispondo que a pena do feminicídio é aumentada de 1/3 (um terço) até a metade se o crime for praticado: I – durante a gestação ou nos 3 (três) meses posteriores ao parto; II – contra pessoa menor de 14 (catorze) anos, maior de 60 (sessenta) anos ou com deficiência; III – na presença de descendente ou de ascendente da vítima.

Por sua vez, a Lei nº 13.771/18 alterou o dispositivo, inserindo novas causas de aumento.

LEI Nº 13.771, DE 19/12/18 CAUSA DE AUMENTO – FEMINICÍDIO	
LEI ANTERIOR **Lei nº 13.104, de 2015** **CP, art. 121, § 7º** – A pena do feminicídio é aumentada de 1/3 (um terço) até a metade se o crime for praticado:	**LEI NOVA** **Lei nº 13.771, de 2018** **CP, art. 121, § 7º – ...**
I – durante a gestação ou nos 3 (três) meses posteriores ao parto;	I – ...

II – contra pessoa menor de 14 (catorze) anos, maior de 60 (sessenta) anos ou com deficiência;	II – contra pessoa menor de 14 (catorze) anos, maior de 60 (sessenta) anos, com deficiência ou **portadora de doenças degenerativas que acarretem condição limitante ou de vulnerabilidade física ou mental;**
III – na presença de descendente ou de ascendente da vítima.	III – na presença **física ou virtual** de descendente ou de ascendente da vítima;
....	**IV – em descumprimento das medidas protetivas de urgência previstas nos incisos I, II e III do *caput* do art. 22 da Lei nº 11.340, de 7 de agosto de 2006.**

Observações finais:

a) **Homicídio e crime continuado**: com a redação dada ao art. 71, parágrafo único, do Código Penal pela Reforma Penal de 1984 (Lei nº 7.209/84), prevalece o entendimento de que é possível a continuidade delitiva em crimes de homicídio. Assim, existe entendimento no sentido de que a **Súmula 605 do STF** ("Não se admite continuidade delitiva nos crimes contra a vida") estaria superada.

b) **Homicídio e aborto:** como já mencionado, ocorrerá aborto e não homicídio se houver a morte do feto na fase intrauterina. Assim sendo, após o início do parto (rompimento do saco amniótico) ocorrerá homicídio ou infanticídio.

c) **Homicídio e lesão corporal seguida de morte:** no homicídio, o agente quer o resultado morte (dolo direito) ou assume o risco de sua produção (dolo eventual). No crime de lesão corporal seguida de morte (art. 129, § 3º), o agente não quer o resultado morte, nem assumiu o risco de produzi-lo.

d) **Homicídio e latrocínio (art. 157, § 3º, II):** se da violência praticada no roubo resulta morte, trata-se de latrocínio, previsto no capítulo referente aos crimes contra o patrimônio. No crime de latrocínio a finalidade do agente é a subtração da coisa, mesmo que para isso precise matar. A morte no latrocínio pode ser por dolo (direto ou eventual) ou por culpa.

e) **Homicídio e extorsão mediante sequestro qualificado pela morte (art. 159, § 3º, *in fine*):** se do sequestro resulta morte, o agente responderá pelo art. 159, § 3º. Neste caso, a finalidade do agente é o sequestro. A morte pode ser por dolo (direito ou eventual) ou por culpa.

f) **AIDS (o portador do vírus HIV que, tendo ciência da doença, deliberadamente a oculta de seus parceiros sexuais).** Orientações: **1ª)** tentativa de homicídio (Nucci; STJ, HC 9378, j. 18/10/1999); **2ª)** lesão corporal gravíssima em razão da enfermidade incurável (art. 129, § 2º, II); **3ª)** perigo de contágio de moléstia grave (art. 131).

→ **STF**: decidiu que não se trata de tentativa de homicídio, desclassificando a imputação sem, entretanto, vincular o fato a qualquer outro tipo (1ª T., HC 98712, j. 05/10/2010).

→ **STJ**: decidiu que "o ato de propagar síndrome da imunodeficiência adquirida não é tratado no Capítulo III, Título I, da Parte Especial, do Código Penal (art. 130 e seguintes), onde não há menção a enfermidades sem cura. (...) Na hipótese de transmissão dolosa de doença incurável, a conduta deverá será apenada com mais rigor do que o ato de contaminar outra pessoa com moléstia grave, conforme previsão clara do art. 129, § 2º, inciso II, do Código Penal" (5ª T., HC 160982/DF, j. 17/05/2012).

g) **Homicídio e crime hediondo:** considera-se crime hediondo o homicídio simples (art. 121, *caput*), quando praticado em atividade típica de grupo de extermínio, ainda que cometido por um só agente, e o homicídio qualificado (art. 121, § 2º).

1.2. Induzimento, instigação ou auxílio a suicídio ou a automutilação (art. 122)

1.2.1. *Introdução*

A Lei n. 13.968, de 26/12/2019 (vigência a partir de 27/12/2019), alterou o Código Penal para modificar o crime de incitação ao suicídio e incluir as condutas de induzir ou instigar a automutilação, bem como a de prestar auxílio a quem a pratique.

1.2.2. *Bem jurídico*

A vida humana e incolumidade pessoal.

1.2.3. *Sujeitos*

Ativo. Qualquer pessoa (crime comum).

Passivo. Qualquer pessoa, desde que possua capacidade de resistir à indução ou instigação. Não havendo essa capacidade de resistência, ocorrerá homicídio ou lesão corporal, conforme disposto nas hipóteses dos §§ 6º e 7º do art. 122.

1.2.4. *Tipo objetivo do suicídio*

> **Art. 122.** Induzir ou instigar alguém a suicidar-se (...) ou prestar-lhe auxílio material para que o faça.

Suicidar-se significa eliminar de forma voluntária e direta a própria vida. A própria vítima realiza o ato material.

Induzir: inspirar, incutir na vítima a vontade não preconcebida de suicidar-se. O induzimento deve dirigir-se a *pessoa(s) determinada(s)*. Assim, não comete o crime o escritor de um livro que induz leitores ao suicídio.

Instigar: reforçar ou estimular a vontade preconcebida de suicidar-se. A instigação também deve se dirigir a *pessoa(s) determinada(s)*. Ex.: determinada pessoa está no terraço de um prédio pensando em se lançar. O agente que caminhava em via pública vê a cena e começa a gritar: "pule e acabe logo com isso". A pessoa, ao escutar a frase, decide-se e pula, vindo a morrer.

Auxiliar: ajudar a vítima a suicidar-se. *Ex.*: empréstimo da arma. No entanto, se o agente praticar o ato executório de matar (cooperação direta), responderá por homicídio. Isso porque, no suicídio, a própria vítima voluntariamente elimina a sua vida. Assim, aquele que empurra a cadeira para que a vítima se enforque não está auxiliando, mas sim executando um ato de matar.

▶ AUXÍLIO POR OMISSÃO

Divergência

O auxílio por omissão é possível, desde que o agente possua o dever jurídico de impedir o resultado (CP, art. 13, § 2º). Nesse sentido: Noronha e Hungria. Em posição contrária, Damásio sustenta que nessa hipótese haverá omissão de socorro (CP, art. 135), pois "prestar auxílio" indica uma ação.

O suicídio não é crime. Todavia, configura delito o induzimento, a instigação e o auxílio ao suicídio. Ademais, não se deve confundir o autor do delito do art. 122 com a figura do partícipe no caso de concurso de pessoas. Como visto anteriormente, partícipe é aquele que pratica uma *conduta acessória* (induz, instiga ou auxilia) em relação à *conduta principal* (conduta típica e ilícita). *Ex.*: *A* induz *B* a matar *C*, o que de fato ocorre. Nesse exemplo *A* seria partícipe e *B* autor. Diferente é a autoria do crime do art. 122, pois neste caso o próprio autor do delito é aquele que induz, instiga ou auxilia outrem a suicidar-se. No art. 122 essas são condutas principais (praticadas pelo autor) e não condutas acessórias (realizadas pelo partícipe). Nada impede que exista concurso de pessoas na figura do partícipe. *Ex.*: *A* instiga *B* a induzir *C* ao suicídio. *A* seria partícipe e *B* autor do delito do art. 122.

O art. 122 é classificado como um **tipo misto alternativo**, de sorte que basta que o agente pratique um dos comportamentos típicos para a configuração do crime. Mesmo que venha a praticar duas ou mais das ações, contra a mesma vítima (*ex.*: induz e auxilia), responderá apenas por um crime.

1.2.5. Tipo objetivo da automutilação

Art. 122. Induzir ou instigar alguém (...) a praticar automutilação ou prestar-lhe auxílio material para que o faça.

Automutilação não suicida é um ato autoinfligido que causa dor ou dano superficial, mas não pretende causar a morte. *Ex.*: cortar ou perfurar a pele com um objeto pontiagudo, como faca, navalha, agulhas; queimar a pele, tipicamente com cigarro (https://www.msdmanuals.com).

Nesta nova modalidade do art. 122, pune-se o agente que induz ou instiga a vítima a praticar automutilação ou lhe presta auxílio material para que o faça.

1.2.6. *Tipo subjetivo*

Dolo (direto ou eventual). Não há previsão de elemento subjetivo especial e nem de modalidade culposa.

1.2.7. *Consumação e qualificadoras*

Consuma-se com a prática de uma das condutas típicas (induzir, instigar ou prestar auxílio), independentemente de a vítima vir a cometer o suicídio ou a automutilar-se. Caso ocorra algum dos resultados descritos, a pena cominada é diversa. Vejamos:

> ***1ª situação (sem resultado lesão grave, lesão gravíssima ou morte).*** O agente induz, instiga ou presta auxílio para o suicídio ou para a prática da automutilação, mas não resulta **lesão corporal** (de natureza grave ou gravíssima, nos termos dos §§ 1º e 2º do art. 129 do CP) ou **morte**: ocorre a consumação do art. 122, *caput*, cuja pena cominada é de **reclusão, de 6 meses a 2 anos.**
>
> ***2ª situação (com resultado lesão grave ou gravíssima).*** O agente induz, instiga ou presta auxílio e da automutilação ou da tentativa de suicídio resulta **lesão corporal** (de natureza grave ou gravíssima, nos termos dos §§ 1º e 2º do art. 129 do CP): ocorre a consumação do art. 122, § 1º, cuja pena cominada é de **reclusão, de 1 a 3 anos.**
>
> *Obs.*: se resulta lesão corporal leve, o agente responde pelo art. 122, *caput*.
>
> ***3ª situação (com resultado morte).*** O agente induz, instiga ou presta auxílio e o suicídio se consuma (morte) ou da automutilação resulta **morte**: ocorre a consumação do art. 122, § 2º, cuja pena cominada é de **reclusão, de 2 a 6 anos.**

Atenção: **é possível a tentativa do art. 122, *caput*.** Ex.: o agente induz a vítima a se suicidar, mas antes de destruir a sua própria vida, um terceiro interrompe a conduta da vítima, evitando, inclusive, qualquer espécie de lesão corporal. O agente responderá pelo art. 122, *caput*, c/c art. 14, II, do CP.

1.2.8. *Forma majorada*

Antes da alteração legislativa, a pena era duplicada se o crime era praticado por motivo egoístico, bem como se a vítima era menor ou tinha diminuída, por qualquer causa, a capacidade de resistência. A Lei n. 13.968/19 manteve estas majorantes e acrescentou outras.

a) Majorantes do § 3º

> § 3º A pena é duplicada: I - se o crime é praticado por motivo egoístico, torpe ou fútil; II - se a vítima é menor ou tem diminuída, por qualquer causa, a capacidade de resistência.

Motivo egoístico: o agente visa a alguma vantagem pessoal. *Ex.*: recebimento de herança ou ver-se livre do marido da mulher amada.

Motivo torpe: é aquele que ofende o sentimento ético e moral da sociedade. Torpe é o repugnante, ignóbil, asqueroso, vil. *Ex.*: induzir o próprio pai a se suicidar para receber herança.

Motivo fútil: é o insignificante, desproporcional, desarrazoado. Existe uma desproporção do crime com a sua causa moral. Ou seja, a causa que ensejou a conduta do agente não seria motivo suficiente para que o homem médio assim agisse.

Vítima menor: qualquer idade, mas desde que possua um relativo grau de capacidade para resistir. Observações:

- Vítima menor de 14 anos e do fato resulta lesão leve ou grave: o agente responde pelo art. 122, *caput* (lesão leve) ou 122, § 1º (lesão grave), do CP.
- Vítima menor de 14 anos e do fato resulta gravíssima: o agente responde pelo art. 129, § 2º, do CP (art. 122, § 6º).
- Vítima menor de 14 anos e do fato resulta morte: o agente responde pelo art. 121 do CP (art. 122, § 7º).

▶ INTERPRETAÇÃO ANTERIOR À LEI Nº 13.968/2019

Discutia-se qual seria a idade da vítima para o fim de incidência da majorante:

1ª posição: menores entre 14 e 18 anos, ao passo que os menores de 14 anos seriam vítimas de *homicídio*, pois não possuem capacidade de resistência (Bitencourt e Damásio).

2ª posição: menor de 18 anos e possuir certa capacidade de entendimento, a ser analisada no caso concreto. Com base nesse entendimento, uma pessoa de 12 anos poderia ser vítima do art. 122. Conforme Fragoso, "haverá homicídio quando a vítima não tenha, em virtude da imaturidade de mente, qualquer capacidade de resistência moral, o que deverá identificar-se em pessoa de idade bem reduzida, a menos que à menoridade se alie qualquer anomalia mental".

Capacidade de resistência diminuída: a vítima não possui plena capacidade de autodeterminação. *Ex.*: ofendido relativamente embriagado ou com enfermidade.

Enfermidade ou deficiência mental: se a vítima, em razão de enfermidade ou deficiência mental, não tem o necessário discernimento para a prática do ato, ou, por qualquer outra causa, não pode oferecer resistência, conforme os §§ 6º (se resulta lesão gravíssima) e 7º (se resulta morte) o fato será tipificado no 129, § 2º, ou no art. 121 do CP.

b) Majorantes dos §§ 4º e 5º

As causas de aumento previstas pelos §§ 4º e 5º não constavam na redação anterior à Lei n. 13.968/2019, de sorte que não irão retroagir aos fatos praticados antes da sua vigência.

Conforme o § 4º, a pena é aumentada até o dobro se a conduta é realizada por meio da rede de computadores, de rede social ou transmitida em tempo real.

Nos termos do § 5º, aumenta-se a pena em metade se o agente é líder ou coordenador de grupo ou de rede virtual.

Exemplo em que as majorantes podem incidir: "jogo da baleia azul".

▶ **JOGO SUICIDA "BALEIA AZUL"**

Conforme matéria publicada na Revista Superinteressante (abril/2017), "O jogo consiste em 50 desafios, distribuídos diariamente por um "curador" em grupos fechados de redes sociais. Todo dia, às 4h20 (hue-hue...), uma mensagem com a nova missão é publicada. O grau de seriedade é variável. No começo, as tarefas são mais simples, como assistir a um filme de terror sozinho ou desenhar uma baleia numa folha. Aos poucos, elas vão ficando cada vez mais perigosas: os participantes devem tatuar uma baleia no braço com uma faca. A 50ª e última incentiva nada menos que o suicídio. Na última terça-feira (11/4), dois casos em cidades diferentes foram registrados no Brasil e podem estar relacionados ao jogo. Ambas as vítimas teriam falado para seus familiares que estavam participando de algo do tipo e que recebiam constantes ameaças caso tentassem sair do grupo" (Fonte: https://super.abril.com.br/mundo-estranho/jogo-suicida-baleia-azul-chega-ao-brasil/).

1.2.9. *Crime contra vulnerável*

Um dos pressupostos do art. 122 é a vítima ter capacidade para resistir ao induzimento ou à instigação ao suicídio ou à automutilação. Caso não a possua, o agente estará praticando outro delito, como o art. 121 ou o art. 129 do CP, conforme já se discutia antes da alteração legislativa (vide anotação acima). Porém, o legislador, ao dar nova redação ao art. 122, dispôs sobre as hipóteses possíveis em que a vítima não terá capacidade de resistência e, como consequência, o agente responderá pelos arts. 129, § 2º ou 121, conforme o caso.

a) Lesão corporal gravíssima

§ 6º Se o crime de que trata o § 1º deste artigo resulta em lesão corporal de natureza gravíssima e é cometido contra menor de 14 (quatorze) anos ou contra quem, por enfermidade ou deficiência mental, não tem o necessário discernimento para a prática do ato, ou que, por qualquer outra causa, não pode oferecer resistência, responde o agente pelo crime descrito no § 2º do art. 129 deste Código.

Fato: o agente induz, instiga ou presta auxílio e da automutilação ou da tentativa de suicídio resulta lesão corporal gravíssima.

Vítima: menor de 14 anos ou quem, por enfermidade ou deficiência mental, não tem o necessário discernimento para a prática do ato, ou que, por qualquer outra causa, não pode oferecer resistência.

Tipicidade: art. 129, § 2º, do Código Penal.

Obs.: se o agente induz, instiga ou presta auxílio (vítima vulnerável) e da automutilação ou da tentativa de suicídio resulta **lesão corporal grave** (hipótese também do §1º), responderá pelo art. 122, § 1º, com a pena duplicada (§ 3º, II).

b) Homicídio

> § 7º Se o crime de que trata o § 2º deste artigo é cometido contra menor de 14 (quatorze) anos ou contra quem não tem o necessário discernimento para a prática do ato, ou que, por qualquer outra causa, não pode oferecer resistência, responde o agente pelo crime de homicídio, nos termos do art. 121 deste Código

Fato: o agente induz, instiga ou presta auxílio e o suicídio se consuma (morte) ou da automutilação resulta **morte.**

Vítima: menor de 14 anos ou quem, por enfermidade ou deficiência mental, não tem o necessário discernimento para a prática do ato, ou que, por qualquer outra causa, não pode oferecer resistência.

Tipicidade: crime de homicídio (art. 121 do CP).

1.2.10. *Situações específicas*

- ***Duelo à americana:*** ajuste do suicídio mediante o sorteio de armas de fogo, sendo que apenas uma arma está municiada. Cada duelista atira na sua própria cabeça. O sobrevivente responde pelo art. 122. Atenção: no duelo visto nos filmes de faroeste, em que um duelista atira no outro, haverá homicídio.

- ***Roleta russa:*** ajuste do suicídio mediante acionamento do gatilho de uma arma que possui apenas um cartucho no tambor, sendo que o acionamento é revezado pelos participantes. Os sobreviventes responderão pelo crime do art. 122. Ressalte-se que se apenas um dos agentes acionar o gatilho na direção do(s) outros(s), deverá responder por homicídio consumado ou tentado (dolo eventual).

- ***Pacto de morte (suicídio a dois ou ambicídio):*** A e B ajustam se matar mediante respiração de gás carbônico em sala hermeticamente fechada. Hipóteses:

  a) **A abre a torneira de gás. *A* e *B* sobrevivem:** A responde por tentativa de homicídio, pois praticou o ato executório de matar. *B* responderá pelo art. 122, *caput* ou § 1º.

  b) **A abre a torneira de gás. A morre e *B* sobrevive:** *B* responderá pelo art. 122, § 2º.

c) **A abre a torneira de gás. A sobrevive e B morre:** A responde por homicídio consumado, pois praticou o ato executório de matar.

d) **A e B abrem a torneira de gás:** responderão por homicídio ou tentativa de homicídio, dependendo do resultado, tendo em vista que praticaram ato executório de matar.

e) **Um terceiro abre a torneira de gás:** o terceiro responderá por homicídio ou tentativa de homicídio, dependendo do resultado, tendo em vista que praticou ato executório de matar. A e B responderão pelo art. 122 (*caput*, § 1º ou § 2º), a depender do resultado.

Observe-se que, nas hipóteses citadas, aquele que abriu a torneira responderá por homicídio ou por tentativa de homicídio.

- ***Competência do Tribunal do Júri:*** somente no caso de induzimento, instigação ou auxílio ao suicídio da vítima. No comportamento de induzir, instigar ou auxiliar alguém a prática de automutilação, sem a vontade do resultado morte da vítima, não se trata de crime doloso contra a vida, de sorte que não se aplicará o procedimento especial do Júri.

1.3. Infanticídio

Nos termos do art. 123 do CP, configura o delito: "matar, sob a influência do estado puerperal, o próprio filho, durante o parto ou logo após".

Sujeitos: o sujeito ativo é a mãe (**crime próprio**), mas pode haver concurso de pessoas. Figura como sujeito passivo o filho nascente (durante o parto) ou neonato (logo após o parto).

Elementos do tipo objetivo: ***matar*** (eliminar a vida do ser humano). ***Estado puerperal:*** são sintomas fisiológicos que, iniciados com o parto, acometem a mulher, podendo levá-la, dependendo do grau de perturbação emocional, a matar o próprio filho. ***Durante o parto ou logo após:*** o infanticídio ocorre do início do parto para frente. Logo após significa imediatidade. No entanto, deve ser entendido o período em que durar o estado puerperal, mesmo que decorridos vários dias após o parto.

> **▶ ERRO SOBRE A PESSOA (ART. 20, § 3º, CP)**
>
> Se a mãe mata outra criança imaginando que é o próprio filho, responde também por infanticídio, uma vez que não se consideram, neste caso, as condições ou qualidades da vítima, senão as da pessoa contra quem o agente queria praticar o crime.

Tipo subjetivo: dolo direto ou eventual. Não se exige nenhuma finalidade especial.

Consumação e tentativa: consuma-se com a morte. A tentativa é admissível. Se o fato é praticado contra criança morta, haverá crime impossível (art. 17 do CP).

Concurso de pessoas: predomina a orientação que é possível, considerando que os dados de natureza pessoal (qualidade de mãe e estado puerperal) são **elementares** do crime (art. 30 do CP).

Modalidade culposa: Orientações: 1ª) fato atípico, já que não há previsão legal (Damásio e Frederico Marques); 2ª) responde por homicídio culposo (Bitencourt, Noronha, Hungria, Mirabete e Capez).

1.4. Aborto

Bem jurídico: vida humana. Na hipótese de aborto provocado por terceiro, tutela-se a vida e a incolumidade da gestante.

Sujeitos: a) ativo: a própria gestante no art. 124 e qualquer pessoa no aborto provocado por terceiro (artigos 125 e 126); b) passivo: o produto da concepção (ovo, embrião ou feto). No caso do art. 125 (aborto provocado sem consentimento) haverá crime de **dupla subjetividade passiva**, uma vez que são sujeitos passivos o produto da concepção e a gestante.

Tipo objetivo: *a) provocar aborto em si mesma* (art. 124, 1ª parte) ou *consentir que outrem lho provoque* (art. 124, 2ª parte): provocar significa dar causa, promover algo. Aborto: descontinuação da gravidez, da qual resulta a morte do produto da concepção. Somente a gestante pode praticar o verbo típico. O terceiro que provoca o aborto pratica o delito descrito no art. 126. Admite-se a participação, desde que o terceiro não provoque o aborto. Ex.: namorado induz a gestante a provocar o autoaborto. ***b) provocar o aborto, sem o consentimento da gestante* (art. 125):** trata-se do aborto provocado sem a vontade da gestante. Deve ser observado o parágrafo único do art. 126, ou seja, presume-se que não há o consentimento se a gestante não é maior de 14 anos, ou é alienada ou débil mental, ou se o consentimento é obtido mediante fraude, grave ameaça ou violência. O agente provocador do aborto deve ter ciência dessas qualidades da vítima ou da forma que o consentimento foi obtido. ***c) provocar aborto com consentimento da gestante* (art. 126):** a gestante responde pelo delito do art. 124 e o terceiro provocador pelo art. 126. Trata-se de uma **exceção pluralista à teoria monista** do concurso de pessoas.

Tipo subjetivo: dolo, consistente na consciência e vontade de interromper a gravidez, causando a morte do produto da concepção. Admite-se o dolo eventual. Não há previsão da modalidade culposa.

Consumação e tentativa: consuma-se com a interrupção da gravidez e a destruição do produto da concepção. A conduta é praticada antes do início do parto. Haverá aborto consumado mesmo que o feto nasça com vida, mas logo venha a falecer. A tentativa é admissível. Caso o ato executório de matar seja após o início do parto, ocorrerá infanticídio ou homicídio.

Causas de aumento (majorantes): conforme o art. 127 do CP, as penas cominadas nos artigos 125 e 126 são aumentadas de um terço se, em consequência do aborto ou dos meios empregados para provocá-lo, a gestante sofre lesão corporal de natureza grave; e são duplicadas se, por qualquer dessas causas, lhe sobrevém a morte.

Por não se punir a autolesão, não se aplica a causa de aumento ao crime do art. 124 (autoaborto), nem mesmo a eventual partícipe.

Aborto legal (art. 128): não se pune o aborto praticado por médico: I – se não há outro meio de salvar a vida da gestante; II – se a gravidez resulta de estupro e o aborto é precedido de consentimento da gestante ou, quando incapaz, de seu representante legal.

Natureza jurídica: prevalece na doutrina que as duas hipóteses configuram causas de exclusão da ilicitude.

a) ***Aborto necessário ou terapêutico (inciso I)*** – requisitos: 1º) perigo de morte; 2º) único meio de salvar a vida da gestante (inevitabilidade). É dispensável o consentimento e a autorização judicial, pois o médico é a pessoa que irá auferir a necessidade do aborto. Caso haja a recusa expressa da gestante, o médico poderá estar amparado por uma causa de exclusão da ilicitude (estado de necessidade – art. 24 do CP), desde que o perigo de morte da gestante seja atual.

b) ***Aborto sentimental, humanitário ou piedoso (inciso II)*** – requisitos: 1º) gravidez resultante de estupro. Prevalece na doutrina que é admitido o aborto mesmo que o estupro seja praticado com violência presumida; 2º) consentimento prévio da gestante ou de seu representante legal, quando incapaz. É dispensável a autorização judicial, pois a norma não a exige.

▶ **ABORTO NO CASO DE FETO ANENCÉFALO:** não há previsão no Código Penal. Apesar da divergência, o STF, julgando a Arguição de Descumprimento de Preceito Fundamental (ADPF) 54, em 12/04/2012, decidiu por maioria de votos (8 x 2) que a antecipação terapêutica de parto nos casos de **feto anencéfalo** não caracteriza o crime de aborto. A Resolução CFM nº 1.989/2012 dispõe sobre o diagnóstico de anencefalia para a antecipação terapêutica do parto e dá outras providências.

▶ **ABORTO NO 1º TRIMESTRE DE GESTAÇÃO:** no HC nº 124.306, julgado em 29/11/2016, a 1ª Turma do STF conferiu "interpretação conforme a Constituição aos arts. 124 e 126 do Código Penal, para excluir do seu âmbito de incidência a interrupção voluntária da gestação efetivada no primeiro trimestre". Isso porque "a criminalização, nessa hipótese, viola diversos direitos fundamentais da mulher, bem como o princípio da proporcionalidade".

2. LESÕES CORPORAIS

Lesão corporal leve (art. 129, *caput*). Constitui lesão corporal: "Ofender a integridade corporal ou a saúde de outrem". Protege-se a incolumidade do indivíduo (física, fisiológica e mental).

Lesão corporal grave (§ 1º). Se resulta: incapacidade para as ocupações habituais, por mais de 30 dias; perigo de vida; debilidade permanente de membro, sentido ou função; aceleração de parto (o agente deve conhecer a gravidez).

Lesão corporal gravíssima (§ 2º). Se resulta: incapacidade permanente para o trabalho; enfermidade incurável; perda ou inutilização de membro, sentido ou função; deformidade permanente; aborto.

▶ **Observações:**

- **Art. 129, § 2º, V:** o aborto só pode ser causado a título de culpa (crime preterdoloso), ou seja, há dolo no antecedente (lesão corporal) e culpa no resultado qualificador (aborto), pois havendo dolo em relação às lesões e também em relação ao aborto o agente responderá por lesão corporal (sem esta qualificadora) em concurso com aborto sem o consentimento (art. 125).
- **Gravidez conhecida:** o sujeito deve ter ciência da gravidez. Caso contrário, não responde pela lesão corporal agravada pelo aborto.
- Os §§ 1º e 2º só se aplicam à lesão corporal **dolosa.**

Desistência voluntária e arrependimento eficaz (art. 15) no crime de homicídio. Se o agente inicia a execução do crime de homicídio, causando, por exemplo, lesões corporais na vítima, mas, voluntariamente, desiste de prosseguir na execução ou impede que o resultado se produza, só responde pelos atos já praticados. No caso, responde por lesão corporal, que pode ser leve, grave ou gravíssima. É o que se conhece em doutrina como **tentativa qualificada ou abandonada**, ou seja, o agente responde pelo crime remanescente, se houver.

Lesão corporal seguida de morte (§ 3º). Denomina-se homicídio preterintencional ou preterdoloso. Há dolo em relação ao crime de lesão corporal (antecedente) e culpa no que se refere à morte (consequente). Se o agente quer a morte ou assume o risco de produzi-la, configura homicídio doloso. Resultado decorrente de caso fortuito, força maior ou imprevisível: não haverá culpa, de sorte que não se pode responsabilizar o agente pela morte (art. 19 do CP). Tentativa: inadmissível (não cabe tentativa de crime preterdoloso).

Lesão corporal privilegiada (§ 4º). Se o agente comete o crime impelido por motivo de relevante valor social ou moral ou sob o domínio de violenta emoção, logo em seguida a injusta provocação da vítima, o juiz pode reduzir a pena de um sexto a um terço.

Substituição da pena na lesão corporal leve (§ 5º). O juiz, não sendo graves as lesões, pode ainda substituir a pena de detenção pela de multa: I – se ocorre qualquer das hipóteses do parágrafo anterior; II – se as lesões são recíprocas.

Lesão corporal culposa (§ 6º). Ocorre quando a lesão corporal é causada por imprudência, negligência ou imperícia. Gravidade das lesões: não há graduação da lesão leve, grave e gravíssima, mas o juiz deve considerá-la na fixação da pena concreta. Delitos de trânsito: art. 303 da Lei nº 9.503/97 (Código de Trânsito). Ação penal: pública condicionada à representação (art. 88 da Lei nº 9.099/95).

Aumento de pena (§ 7º). Aumenta-se a pena de 1/3 (um terço) se ocorrer qualquer das hipóteses dos §§ 4º e 6º do art. 121 do Código Penal. O dispositivo tem sua redação dada pela **"Lei de Extermínio de Seres Humanos"** (Lei nº 12.720/12).

Lesão corporal leve qualificada pela violência doméstica e familiar (§ 9º). Trata-se de uma qualificadora em relação às lesões corporais leves nos casos de violência doméstica. Observe-se que não será necessariamente contra a mulher, ou seja, **o sujeito passivo pode ser homem ou mulher.** Caso seja uma violência doméstica e familiar contra a mulher, incidirão as regras específicas da Lei Maria da Penha (Lei nº 11.340/06). Situações: Se a lesão for praticada: contra ascendente, descendente, irmão, cônjuge ou companheiro; com quem conviva ou tenha convivido; prevalecendo-se o agente das relações domésticas, de coabitação ou de hospitalidade.

Lesão corporal de natureza grave ou seguida de morte majorada pela violência doméstica e familiar (§ 10º). Nos casos previstos nos §§ 1º a 3º do art. 129, se as circunstâncias são as indicadas no § 9º deste artigo, aumenta-se a pena em um terço.

Lesão corporal no âmbito doméstico ou familiar majorada pela vulnerabilidade da vítima (§ 11). Na hipótese do § 9º do art. 129, a pena será aumentada de um terço se o crime for cometido contra pessoa portadora de deficiência.

Lesão corporal praticada contra autoridade ou agente descrito nos arts. 142 e 144 da Constituição Federal, integrantes do sistema prisional e da Força Nacional de Segurança Pública, no exercício da função ou em decorrência dela, ou contra seu cônjuge, companheiro ou parente consanguíneo até terceiro grau, em razão dessa condição (§ 12): a pena é aumentada de um a dois terços (Incluído pela Lei nº 13.142, de 2015).

Ação penal. Depende de representação para que sejam adotadas as providências criminais em relação aos delitos de lesão leve e lesão culposa (art. 88 da Lei nº 9.099/95). Nas hipóteses dos §§ 1º a 3º, a ação é pública incondicionada.

▶ **IMPORTANTE**

- **Coabitação:** "Para configuração da violência doméstica e familiar prevista no artigo 5º da Lei 11.340/2006, Lei Maria da Penha, não se exige a coabitação entre autor e vítima" (**Súmula 600 do STJ**).
- **Princípio da insignificância:** "É inaplicável o princípio da insignificância nos crimes ou contravenções penais praticados contra a mulher no âmbito das relações domésticas" (**Súmula 589 do STJ**).
- **Ação penal no caso de violência doméstica contra a mulher:** "A ação penal relativa ao crime de lesão corporal resultante de violência doméstica contra a mulher é pública incondicionada" (**Súmula 542 do STJ**).
- **Lei nº 9.099/95:** "A suspensão condicional do processo e a transação penal não se aplicam na hipótese de delitos sujeitos ao rito da Lei Maria da Penha" (**Súmula 536 do STJ**).
- **Hediondez:** a Lei nº 13.142/15 acrescentou o inciso I-A ao art. 1º da Lei nº 8.072/90, alterando o rol dos crimes hediondos: "I-A – lesão corporal dolosa de natureza gravíssima (art. 129, § 2º) e lesão corporal seguida de morte (art. 129, § 3º), quando praticadas contra autoridade ou agente descrito nos arts. 142 e 144 da Constituição Federal, integrantes do sistema prisional e da Força Nacional de Segurança Pública, no exercício da função ou em decorrência dela, ou contra seu cônjuge, companheiro ou parente consanguíneo até terceiro grau, em razão dessa condição".

3. PERICLITAÇÃO DA VIDA E DA SAÚDE

3.1. Perigo de contágio venéreo (art. 130)

Pune-se aquele que expõe alguém, por meio de relações sexuais ou qualquer ato libidinoso, a contágio de moléstia venérea, de que sabe ou deve saber que está contaminado. Basta a vontade de praticar a conduta, independente da vontade de causar o resultado (contágio). Porém, se é intenção do agente transmitir a moléstia, o crime será qualificado. Ação penal: pública condicionada à representação da vítima. Consentimento do ofendido: irrelevante, já que o objeto jurídico é de interesse supraindividual e, portanto, indisponível.

3.2. Perigo de contágio de moléstia grave (art. 131)

É punida a conduta daquele que pratica, com o fim de transmitir a outrem moléstia grave de que está contaminado, ato capaz de produzir o contágio. Consuma-se com a conduta (ato idôneo para transmitir a moléstia), independentemente da produção do resultado (transmissão da moléstia grave). Na hipótese de o agente não estar contaminado e utilizar algum objeto que esteja com a contaminação de outrem, responderá por lesão corporal, consumada ou tentada. Discute-se em qual tipo se amolda a conduta de transmitir o vírus HIV: **a)** homicídio tentado ou consumado; **b)** art. 131; **c)** art. 129, § 2º, II. Como referido nos comentários finais do crime de homicídio, o STJ decidiu que "o ato de propagar síndrome da imunodeficiência adquirida não é tratado no Capítulo III, Título I, da Parte Especial, do Código Penal (art. 130 e seguintes), onde não há menção a enfermidades sem cura. (...) Na hipótese de transmissão dolosa de doença incurável, a conduta deverá será apenada com mais rigor do que o ato de contaminar outra pessoa com moléstia grave, conforme previsão clara do **art. 129, § 2º, inciso II, do Código Penal**" (5ª T., HC 160982, j. 17/05/2012).

3.3. Perigo para a vida ou saúde de outrem (art. 132)

É proibido expor a vida ou a saúde de outrem a perigo direto e iminente. É necessário que a conduta (ação ou omissão) perigosa recaia sobre uma pessoa ou algumas pessoas determinadas.

Exemplo: não ter adotado as providências de segurança, expondo os empregados da empresa a perigo no que se refere à sua saúde ou vida (STF, HC 80.721, j. 10/04/2001).

Trata-se de **delito subsidiário**, que só incide se não houver crime mais grave. Se for criado pelo agente um perigo indeterminado e indireto, poderá configurar um dos crimes contra a incolumidade pública (art. 250 e seguintes). A pena é aumentada de um sexto a um terço se a exposição da vida ou da saúde de outrem a perigo decorre do transporte de pessoas para a prestação de serviços em estabelecimentos de qualquer natureza, em desacordo com as normas legais.

3.4. Abandono de incapaz (art. 133)

É punida a conduta daquele que abandona pessoa que está sob seu cuidado, guarda, vigilância ou autoridade, e, por qualquer motivo, incapaz de defender-se dos riscos resultantes do abandono. Trata-se de **crime próprio**, uma vez que somente será sujeito ativo aquele que possui o dever de cuidado, guarda, vigilância ou possui autoridade em relação à vítima. O crime é doloso (vontade de abandonar). Não se pune a modalidade culposa. Para a consumação é necessária a prova que o abandono deixou a vítima exposta a um perigo de dano.

3.5. Exposição ou abandono de recém-nascido (art. 134)

Configura o delito a conduta de expor ou abandonar recém-nascido, para ocultar desonra própria. São as situações em que a mãe esconde a gravidez, por ser fruto de relações extramatrimoniais. Se o abandono do recém-nascido não for com a finalidade de ocultar desonra própria, trata-se do crime previsto no art. 133.

3.6. Omissão de socorro (art. 135)

Violação do dever de solidariedade. Comete o crime aquele que deixar de prestar assistência, quando possível fazê-lo sem risco pessoal, a criança abandonada ou extraviada, ou a pessoa inválida ou ferida, ao desamparo ou em grave e iminente perigo; ou não pedir, nesses casos, o socorro da autoridade pública. No caso de homicídio ou lesões corporais culposas, eventual omissão de socorro pelo agente configurará causa de aumento de pena (arts. 121, § 4º, e 129, § 7º; CTB, arts. 302,

§ 1º, III e 303, § 1º). O Código de Trânsito também prevê como crime deixar o condutor do veículo, na ocasião do acidente (que não causou por culpa), de prestar imediato socorro à vítima, ou, não podendo fazê-lo diretamente, por justa causa, deixar de solicitar auxílio da autoridade pública (art. 304).

3.7. Condicionamento de atendimento médico-hospitalar emergencial (art. 135-A)

A Lei nº 12.653, de 28 de maio de 2012, acrescentou ao Código Penal um novo delito, com pena de detenção de 3 meses a 1 ano, e multa (é infração de menor potencial ofensivo), nos seguintes termos: "Exigir cheque-caução, nota promissória ou qualquer garantia, bem como o preenchimento prévio de formulários administrativos, como condição para o atendimento médico-hospitalar emergencial".

O crime é próprio, pois somente poderá ser praticado por representantes ou funcionários hospitalares (sócios, administradores, atendentes, seguranças) ou profissionais da área da saúde (médicos, enfermeiros) incumbidos do atendimento emergencial. Ou seja, o sujeito ativo deve ser a pessoa com poderes para exigir cheque-caução, nota promissória ou qualquer garantia, bem como o preenchimento prévio de formulários administrativos, como condição para o atendimento médico-hospitalar emergencial.

Na prática, o autor-executor será um mero empregado que, por ordem de seu superior, irá cumprir o que lhe foi ordenado. Entretanto, o mandante também responderá pelo crime (concurso de pessoas), figurando como autor ou partícipe, a depender da teoria adotada (teoria do domínio do fato ou restritiva-objetiva).

O sujeito passivo é a pessoa que deveria receber o atendimento médico-hospitalar emergencial.

O tipo prevê apenas a modalidade dolosa. Além do dolo, exige-se o elemento subjetivo específico, consistente na finalidade condicional de atendimento médico-hospitalar emergencial.

Ocorre a consumação com a mera exigência da garantia ou do preenchimento dos formulários. Não se exige que a vítima deixe de ser atendida ou que a sua situação se agrave.

Se da negativa de atendimento resultar lesão corporal de natureza grave, a pena é aumentada até o dobro; se resultar a morte da vítima, a pena é aumentada até o triplo.

Ademais, o estabelecimento de saúde que realize atendimento médico-hospitalar emergencial fica obrigado a afixar, em local visível, cartaz ou equivalente, para ciência de todos acerca da existência do crime previsto no art. 135-A do Código Penal.

3.8. Maus-tratos (art. 136)

Pune-se a conduta de expor a perigo a vida ou a saúde de pessoa sob sua autoridade, guarda ou vigilância, para fim de educação, ensino, tratamento ou custódia, quer privando-a de alimentação ou cuidados indispensáveis, quer sujeitando-a a trabalho excessivo ou inadequado, quer abusando de meios de correção ou disciplina.

Trata-se de crime próprio, tendo em vista que deve existir uma relação específica entre os sujeitos ativo e passivo.

Por outro lado, poderá configurar crime de tortura se o agente submeter alguém, sob sua guarda, poder ou autoridade, com emprego de violência ou grave ameaça, a intenso sofrimento físico ou mental, como forma de aplicar castigo pessoal ou medida de caráter preventivo (art. 1º, II, da Lei nº 9.455/97).

4. RIXA

Pune-se a participação em rixa (art. 137). Rixa consiste na briga entre **pelo menos três pessoas**, com agressões físicas recíprocas entre os participantes. É pressuposto da rixa a existência de tumulto envolvendo pessoas sem que a ação de cada contendor seja determinada. Assim, na rixa não se tem como distinguir a participação de cada um. Por isso se diz que, quando um grupo definido luta contra outro, não haverá rixa, podendo haver lesões corporais recíprocas (nesse sentido: STJ, Apn. 35).

Consuma-se com qualquer ato de agressão. A tentativa é inadmissível no caso de rixa *ex improviso* (aquela que surge subitamente, sem planejamento). Trata-se de crime comum, de perigo abstrato, comissivo e plurissubjetivo (de concurso necessário).

Se ocorrer morte ou lesão corporal de natureza grave incidirá a qualificadora. A lesão leve não qualifica a rixa. A morte ou a lesão corporal pode ser de um dos rixosos ou de terceiro. Se for identificada a autoria da morte ou das lesões corporais graves, esse autor responderá por homicídio ou lesões corporais graves em concurso material com rixa qualificada, ao passo que os demais rixosos apenas por rixa qualificada. O rixoso responde por rixa qualificada mesmo se for a vítima das lesões corporais graves (o que, segundo nosso entendimento, configura responsabilidade penal objetiva). Ainda que ocorram várias lesões corporais ou mortes haverá apenas um delito de rixa.

5. CRIMES CONTRA A HONRA

5.1. Calúnia

Nos termos no art. 138, *caput*, do CP, configura crime "Caluniar alguém, imputando-lhe falsamente fato definido como crime". Também comete o crime quem, sabendo falsa a imputação, a propala ou divulga (§ 1º).

O objeto jurídico protegido é a **honra objetiva**, que consiste na reputação que a pessoa possui na sociedade. Qualquer pessoa pode ser sujeito ativo ou passivo (crime comum). Em relação ao sujeito passivo, a vítima deve ser certa e determinada.

Imputar (*caput*) significa atribuir, acusar. Propalar ou divulgar (§ 1º) consiste em tornar pública a calúnia que tomou conhecimento. A imputação deve ser de fato definido como **crime (se o fato imputado for contravenção penal, haverá difamação)**. Ademais a imputação deve ser **falsa**, sendo que pode ter existido o fato criminoso, mas não ser o ofendido o seu autor; ou o fato pode não ter acontecido e, mesmo assim, ser imputado ao ofendido. Saliente-se que o agente deve imputar um fato definido e não algo vago, indeterminado. Nos termos do § 2º, **é punível a calúnia contra os mortos.**

No art. 138, *caput*, deve haver dolo direto ou eventual, ao passo que no § 1º somente dolo direto. Além do dolo, é necessária a intenção específica ou o firme propósito de ofender a honra (elemento subjetivo especial do tipo). Assim, não configura o delito quando o agente possui apenas *animus narrandi, criticandi, defendendi, retorquendi, corrigendi* e *jocandi.*

Consuma-se no momento em que **terceira pessoa toma conhecimento.** A tentativa é admissível na forma escrita.

Exemplo de tentativa: envio e-mail para meus contatos caluniando alguém. Por um problema técnico, o e-mail não chega ao conhecimento de ninguém, nem mesmo do empregado da provedora.

Exceção da verdade (*exceptio veritatis*): possibilidade de o agente provar que o fato é verdadeiro, caso em que não haverá o delito, já que a imputação não será falsa. Não se admite em alguns casos (§ 3º):

a) se, constituindo o fato imputado crime de ação privada, o ofendido não foi condenado por sentença irrecorrível;

b) se o fato é imputado a qualquer das pessoas indicadas no nº I do art. 141 (Presidente da República ou chefe de governo estrangeiro); e

c) se do crime imputado, embora de ação pública, o ofendido foi absolvido por sentença irrecorrível.

5.2. Difamação

No crime descrito no art. 139, o agente difama alguém, imputando-lhe fato ofensivo à sua reputação. Tutela-se também a **honra objetiva.** Qualquer pessoa pode figurar como sujeito ativo e passivo. Na difamação, o agente atribui a alguém **fato ofensivo à sua reputação.** Não é necessário que o fato ofensivo seja falso. Se a imputação for de fato considerado crime será calúnia. Como dito acima, se o fato consistir em contravenção penal será difamação. Consuma-se no momento em que terceira pessoa toma conhecimento do fato ofensivo. ***Exceção da verdade***: a exceção da verdade somente se admite se o ofendido é funcionário público e a ofensa é relativa ao exercício de suas funções.

5.3. Injúria

Nos moldes do art. 140, é proibido "injuriar alguém, ofendendo-lhe a dignidade ou o decoro". O bem jurídico tutelado é a **honra subjetiva,** que é o conceito que o indivíduo possui de sua própria dignidade e decoro. Trata-se do autoconceito dos atributos morais, éticos, físicos e intelectuais. Refere-se ao amor-próprio e à autoestima.

Na injúria, o agente emite qualidades negativas sobre a vítima, ofendendo a sua dignidade (sentimento sobre valores morais) ou decoro (sentimento de respeitabilidade pessoal, referente a atributos físicos e intelectuais). Na injúria, há lesão à honra subjetiva da vítima, ou seja, afeta-se o sentimento da pessoa em relação aos seus próprios atributos morais (dignidade), físicos e intelectuais (decoro), como chamar alguém de ignorante ou mau-caráter.

FATO INDETERMINADO	Chamar alguém de ladrão configura injúria e não calúnia, uma vez que não se imputou um fato determinado, mas sim se proferiu uma ofensa.
INJÚRIA CONTRA PESSOA JURÍDICA	A pessoa jurídica não pode ser vítima de injúria, já que não possui honra subjetiva.

Consuma-se no momento em que a **vítima toma conhecimento** do conceito negativo emitido sobre sua pessoa. Não é necessário que a vítima se sinta ofendida. Basta a possibilidade da produção desse resultado.

Na injúria não se admite exceção da verdade.

Perdão judicial (§ 1º):

a) Quando o ofendido, de forma reprovável, provocou diretamente a injúria;

b) No caso de retorsão imediata, que consista em outra injúria.

Injúria real (§ 2º): qualifica o crime se a injúria consiste em violência ou vias de fato, que, por sua natureza ou pelo meio empregado, se considerem aviltantes.

Injúria preconceituosa (§ 3º): qualifica o crime se a injúria consiste na utilização de elementos referentes a raça, cor, etnia, religião, origem ou a condição de pessoa idosa ou portadora de deficiência. O art. 140, § 3º, do CP não deve ser confundido com os crimes resultantes de preconceito de raça ou de cor, definidos na Lei nº 7.716/89.

INJÚRIA PRECONCEITUOSA (OU RACISMO IMPRÓPRIO)	RACISMO
Art. 140, § 3º, do CP	**Lei nº 7.716/89**
Ação penal pública condicionada à representação do ofendido (art. 145, parágrafo único, do CP)	Ação penal pública incondicionada
Não decorre de segregação racial	Pode decorrer de segregação racial Ex.: recusar hospedagem em hotel ou impedir acesso a restaurante

Imprescritibilidade e inafiançabilidade: "Nos termos da orientação jurisprudencial desta Corte, com o advento da Lei n. 9.459/97, introduzindo a denominada injúria racial, criou-se mais um delito no cenário do racismo, portanto, imprescritível, inafiançável e sujeito à pena de reclusão" (STJ, 6ª T., AgRg no REsp 1849696, j. 16/06/2020). Entretanto, existe posição doutrinária em sentido contrário ao decidido pelo STJ, no sentido de que a injúria racial, apesar da possibilidade de conter expressões racistas, não é considerada como "crime de racismo" e sujeito às consequências da norma constitucional, como imprescritibilidade e inafiançabilidade.

5.4. Disposições gerais

5.4.1. Causas de aumento

Nos termos do art. 141, as penas cominadas neste Capítulo aumentam-se de um terço, se qualquer dos crimes é cometido: I – contra o Presidente da República, ou contra chefe de governo estrangeiro; II – contra funcionário público, em razão de suas funções; III – na presença de várias pessoas, ou por meio que facilite a divulgação da calúnia, da difamação ou da injúria; IV – contra pessoa maior de 60 anos ou portadora de deficiência, exceto no caso de injúria. Igualmente, se o crime é cometido mediante paga ou promessa de recompensa, aplica-se a pena em dobro (§ 1º). Se o crime é cometido ou divulgado em quaisquer modalidades das redes sociais da rede mundial de computadores, aplica-se em triplo a pena (§ 2º).

5.4.2. Exclusão do crime

Não constituem injúria ou difamação punível (art. 142): I – a ofensa irrogada em juízo, na discussão da causa, pela parte ou por seu procurador; II – a opinião desfavorável da crítica literária, artística ou científica, salvo quando inequívoca a intenção de injuriar ou difamar; III – o conceito desfavorável emitido por funcionário público, em apreciação ou informação que preste no cumprimento de dever do ofício. Nos casos dos incisos I e III, responde pela injúria ou pela difamação quem lhe dá publicidade.

5.4.3. Retratação

Nos termos do art. 143 do CP, o querelado que, antes da sentença, se retrata (retira o que disse) cabalmente da calúnia ou da difamação, fica isento de pena.

A Lei nº 13.188/15 acrescentou o parágrafo único ao art. 143 com a seguinte redação: "Nos casos em que o querelado tenha praticado a calúnia ou a difamação utilizando-se de meios de comunicação, a retratação dar-se-á, se assim desejar o ofendido, pelos mesmos meios em que se praticou a ofensa."

Antes da inclusão da norma, a jurisprudência já afirmava que a retratação deveria ser cabal: "Nos termos do art. 143 do Código Penal, a retratação, para gerar a extinção da punibilidade do agente, deve ser cabal, ou seja, completa, inequívoca. No caso, em que a ofensa foi praticada mediante texto veiculado na internet, o que potencializa o dano à honra do ofendido, a exigência de publicidade da retratação revela-se necessária para que esta cumpra a sua finalidade e alcance o efeito previsto na lei" (STJ, REsp 320.958, j. 06/09/2007).

5.4.4. Pedido de explicações

Conforme o art. 144 do CP, "Se, de referências, alusões ou frases, se infere calúnia, difamação ou injúria, quem se julga ofendido pode pedir explicações em juízo. Aquele que se recusa a dá-las ou, a critério do juiz, não as dá satisfatórias, responde pela ofensa". O pedido de explicações refere-se a um procedimento anterior ao início da ação penal, caracterizando-se como verdadeira medida de natureza penal-cautelar destinada a instruir futuro processo criminal.

5.4.5. Ação Penal

Em regra, nos crimes contra a honra somente se procede mediante queixa, ou seja, trata-se de **ação penal privada**. Exceções:

- **Ação penal pública condicionada à requisição do Ministro da Justiça:** se qualquer dos crimes é cometido contra o Presidente da República, ou contra chefe de governo estrangeiro (art. 141, I).
- **Ação penal pública condicionada à representação do ofendido**: se qualquer dos crimes é cometido contra funcionário público, em razão de suas funções (art. 141, II). Segundo a **Súmula 714 do STF**: "É concorrente a legitimidade do ofendido, mediante queixa, e do Ministério Público, condicionada à representação do ofendido, para a ação penal por crime contra a honra de servidor público em razão do exercício de suas funções". Obs.: a Súmula 714 do STF trata, na verdade, de uma legitimação alternativa, e não concorrente.
- **Ação penal pública condicionada à representação do ofendido**: no caso de crime de injúria preconceituosa (§ 3º do art. 140, com redação dada pela Lei nº 12.033/09).
- **Ação penal pública incondicionada**: no caso de injúria real, se da violência resulta **lesão corporal** (art. 140, § 2º).

5.5. Leis especiais

- Lei 12.984/14 (art. 1º): define o crime de discriminação dos portadores do vírus da imunodeficiência humana (HIV) e doentes de aids.
- Lei 7.716/89: define os crimes resultantes de discriminação ou preconceito de raça, cor, etnia, religião ou procedência nacional.
- Leis 13.146/15 (arts. 88 a 91) e 7.853/89 (art. 8º): definem crimes contra as pessoas portadoras de deficiência.

▶ **HOMOFOBIA E TRANSFOBIA**

Notícias STF de 13/06/2019

O Plenário do STF entendeu que houve omissão inconstitucional do Congresso Nacional por não editar lei que criminalize atos de homofobia e de transfobia (ADO

> 26 e MI 4733). Por maioria, a Corte reconheceu a mora do Congresso Nacional para incriminar atos atentatórios a direitos fundamentais dos integrantes da comunidade LGBT. Os ministros Celso de Mello, Edson Fachin, Alexandre de Moraes, Luís Roberto Barroso, Rosa Weber, Luiz Fux, Carmen Lúcia e Gilmar Mendes votaram pelo enquadramento da homofobia e da transfobia como tipo penal definido na Lei do Racismo (Lei 7.716/1989) até que o Congresso Nacional edite lei sobre a matéria. Nesse ponto, ficaram vencidos os ministros Ricardo Lewandowski e Dias Toffoli, por entenderem que a conduta só pode ser punida mediante lei aprovada pelo Legislativo. O ministro Marco Aurélio não reconhecia a mora.

6. CRIMES CONTRA A LIBERDADE INDIVIDUAL

6.1. Constrangimento ilegal (art. 146)

Pune-se aquele que constrange alguém, mediante violência ou grave ameaça, ou depois de lhe haver reduzido, por qualquer outro meio, a capacidade de resistência, a não fazer o que a lei permite, ou a fazer o que ela não manda. Trata-se de **crime subsidiário**, de sorte que em certos casos incide o crime mais grave (como a extorsão – art. 158 do CP). Se a pretensão do agente for legítima, configura o crime de exercício arbitrário das próprias razões (art. 345 do CP). Exclui o crime (§ 3º): a intervenção médica ou cirúrgica, sem o consentimento do paciente ou de seu responsável legal, se justificada por iminente perigo de vida; a coação exercida para impedir suicídio.

O constrangimento ilegal é delito subsidiário, já que utilizado como elementar, qualificadora ou meio de execução de crimes mais graves (como o estupro, por exemplo). A propósito: "(...) 2. O bem juridicamente tutelado pelo tipo descrito no art. 146 do Código Penal é a liberdade individual da pessoa, tanto física quanto psíquica. O crime em tela (art. 146, CP) possui natureza subsidiária e somente será considerado se o constrangimento não for elemento típico de outra infração penal. 3. Se a intenção do agente é a satisfação de seu desejo sexual, estando presentes os demais elementos constantes no tipo descrito no art. 217-A do Código Penal, evidencia-se a hipótese do delito de estupro de vulnerável, autorizando a imposição da reprimenda ali contida" (STJ, AgRg no AREsp 523.477, j. 13/10/2015).

6.2. Ameaça (art. 147)

É proibido ameaçar alguém, por palavra, escrito ou gesto, ou qualquer outro meio simbólico, de causar-lhe mal injusto e grave. Trata-se de **crime formal**, de sorte que se consuma no momento em que a vítima vem conhecer a ameaça, bastando que a ameaça possua idoneidade de intimidar uma pessoa comum. A tentativa é admitida na forma plurissubsistente (ex.: ameaça por escrito). Somente se procede mediante representação.

6.3. Perseguição (art. 147-A)

A Lei nº 14.132/2021 criou o crime de perseguição, também conhecido como "stalking". Tutela-se a privacidade e a liberdade pessoal, física e psíquica.

O sujeito ativo pode ser qualquer pessoa, já que se trata de crime comum. O sujeito passivo também pode ser qualquer pessoa, desde que detenha capacidade de entendimento e autodeterminação.

O artigo 147-A do Código Penal traz o verbo nuclear *perseguir*, que significa "ir atrás de", "ao encalço de". A perseguição do agente, denominado de *stalker*, é caracterizada pela insistência, traduzida na elementar "reiteradamente".

A perseguição deve ter o condão de causar na vítima: a) ameaça a sua integridade física ou psicológica; b) restrição a sua capacidade de locomoção; c) invasão ou perturbação da sua esfera de liberdade ou privacidade.

A perseguição pode ser praticada por qualquer meio (crime de forma livre). Exemplos: mensagens por WhatsApp, e-mail, ligações telefônicas, envio de presentes, aproximações presenciais em locais frequentados pela vítima (como academia, parques e restaurantes). Atualmente, com o uso de ferramentas tecnológicas, a versão virtual do *stalking* é conhecida pelo termo *Cyberstalking*, de modo que, com a expansão das redes sociais (Instagram, Facebook, Twitter), os perseguidores encontraram um espaço virtual para buscar suas vítimas e, dentro desse ambiente, praticar a perturbação.

Concurso de crimes. Conforme o § 2º, as penas do art. 147-A são aplicáveis sem prejuízo das correspondentes à violência. Assim, por exemplo, se o "stalker" praticar lesão corporal, responderá ainda pelo art. 129 do CP.

Tipo subjetivo. É o dolo, direto ou eventual, manifestado na vontade livre e consciente de perseguir reiteradamente alguém, invadindo ou perturbando sua esfera de liberdade ou privacidade. O tipo não exige uma finalidade ou motivação específica. Inclusive, a perseguição pode ser motivada por qualquer razão, seja por amor, ódio, vingança, trabalho abusivo (paparazzi) etc. Não há previsão de modalidade culposa.

Consumação e tentativa. O crime se consuma com a reiteração da perseguição a ponto de invadir ou perturbar a esfera de liberdade ou privacidade da vítima. Como o delito é *habitual*, não é aceita a forma tentada: ou o agente pratica um único ato, e este é atípico, ou reitera a conduta, e o crime estará consumado.

Forma majorada. É prevista no § 1º. A pena é aumentada de metade se o crime é cometido: I - contra criança, adolescente ou idoso; II - contra mulher por razões da condição de sexo feminino, nos termos do § 2º-A do art. 121 deste Código; III - mediante concurso de 2 (duas) ou mais pessoas ou com o emprego de arma.

Revogação da contravenção penal e conflito de leis penais no tempo. A Lei 14.132/2021 criou o crime de perseguição e revogou a contravenção penal de "Perturbação da tranquilidade" (Art. 65. Molestar alguém ou perturbar-lhe a tranquilidade, por acinte ou por motivo reprovável). Nem todas as condutas que se amoldavam ao art. 65 da LCP configuram o novo crime. Assim, conclui-se que: a) os comportamentos que antes da vigência da lei se amoldavam ao art. 65 da LCP e não mais se adequam ao novo tipo penal, atualmente são atípicos, de modo que ocorreu *abolitio criminis*; b) as condutas que antes da vigência da lei se adequavam ao art. 65 da LCP e agora se amoldam ao novo tipo, continuam puníveis, porquanto não houve *abolitio criminis*. Trata-se da aplicação do princípio da continuidade normativo-típica. Porém, como a nova lei é mais severa, aplica-se a pena da lei anterior (princípio da irretroatividade).

Ação penal. A ação penal é pública condicionada à representação. Como a pena máxima não ultrapassa dois anos, caracteriza-se como infração penal de menor potencial ofensivo, devendo incidir os institutos despenalizadores da Lei n. 9.099/95, como a transação penal e a suspensão condicional do processo.

6.4. Sequestro e cárcere privado (art. 148)

Configura crime privar alguém de sua liberdade, mediante sequestro ou cárcere privado. Segundo aponta a doutrina, cárcere privado significa privação da liberdade dentro de "quatro paredes" (trancar a vítima em um quarto), ao passo que sequestro seria a privação da liberdade fora de "quatro paredes" (restringir a liberdade da vítima em um sítio ou em uma ilha). Trata-se de **crime permanente.**

▶ **PRINCÍPIO DA CONTINUIDADE NORMATIVO-TÍPICA:**

Os artigos 219 e 220 do Código Penal foram revogados pela Lei nº 11.106/05. No entanto, **não ocorreu a *abolitio criminis* em relação ao delito de rapto violento ou mediante fraude** (art. 219), pois na sucessão das leis penais inexistiu a descontinuidade normativo-típica, tendo em vista que o núcleo do tipo foi inserido no **artigo 148, § 1º, inciso V, do Código Penal** (sequestro para fins libidinosos). O fato, portanto, continua criminoso, embora possua hoje outro nomen iuris (era chamado de "rapto violento"; hoje é chamado de "sequestro e cárcere privado qualificado, pois praticado com fins libidinosos").

6.5. Redução a condição análoga à de escravo (art. 149)

Consiste em reduzir alguém a condição análoga à de escravo, praticando as seguintes condutas: submeter alguém a trabalhos forçados ou a jornada exaustiva, quer sujeitando-o a condições degradantes de trabalho, quer restringindo, por qualquer meio, sua locomoção em razão de dívida contraída com o empregador ou preposto, bem como cercear o uso de qualquer meio de transporte por parte do trabalhador, com o fim de retê-lo no local de trabalho; ou manter vigilância ostensiva no local de trabalho ou se apoderar de documentos ou objetos pessoais do trabalhador, com o fim de retê-lo no local de trabalho.

▶ **COMPETÊNCIA:**

De acordo com o STF (Pleno, RE 459510, j. 26/11/2015), a competência para processar e julgar o crime de redução a condição análoga à de escravo é da **Justiça Federal**: "1. O bem jurídico objeto de tutela pelo art. 149 do Código Penal vai além da liberdade individual, já que a prática da conduta em questão acaba por vilipendiar outros bens jurídicos protegidos constitucionalmente como a dignidade da pessoa humana, os direitos trabalhistas e previdenciários, indistintamente considerados. 2. A referida conduta acaba por frustrar os direitos assegurados pela lei trabalhista, atingindo, sobremodo, a organização do trabalho, que visa exatamente a consubstanciar o sistema social trazido pela Constituição Federal em seus arts. 7º e 8º, em conjunto com os postulados do art. 5º, cujo escopo, evidentemente, é proteger o trabalhador em todos os sentidos, evitando a usurpação de sua força de trabalho de forma vil. 3. É dever do Estado (lato sensu) proteger a atividade laboral do trabalhador por meio de sua organização social e trabalhista, bem como zelar pelo respeito à dignidade da pessoa humana (CF, art. 1º, inciso III). 4. A conjugação harmoniosa dessas circunstâncias se mostra hábil para atrair para a competência da Justiça Federal (CF, art. 109, inciso VI) o processamento e o julgamento do feito".

6.6. Tráfico de pessoas (art. 149-A)

A Lei nº 13.344, de 06/10/2016, foi publicada em 07/10/2016 e entrou em vigor no dia 21/11/2016 (após decorridos 45 dias de sua publicação oficial).

De acordo com a nova legislação, o crime de tráfico de pessoas vem descrito da seguinte forma: "Agenciar, aliciar, recrutar, transportar, transferir, comprar, alojar ou acolher pessoa, mediante grave ameaça, violência, coação, fraude ou abuso, com a finalidade de: I – remover-lhe órgãos, tecidos ou partes do corpo; II – submetê-la a trabalho em condições análogas à de escravo; III – submetê-la a qualquer tipo de servidão; IV – adoção ilegal; ou V – exploração sexual: Pena – reclusão, de 4 (quatro) a 8 (oito) anos, e multa". A pena cominada ao delito é de reclusão, de 4 a 8 anos, e multa.

O delito de tráfico de pessoas é **autônomo** em relação ao crime que possa vir a ser praticado posteriormente. Exemplo: o agente, mediante abuso, alicia a vítima para o fim de remoção de órgãos. Além do tráfico de pessoas, pode ainda ocorrer o crime do art. 14 da Lei nº 9.434/97 ("Remover tecidos, órgãos ou partes do corpo de pessoa ou cadáver, em desacordo com as disposições desta Lei").

Qualquer pessoa pode figurar como sujeito ativo ou passivo.

Tutela-se a **liberdade individual**. Como já mencionado, se além do tráfico de pessoas o sujeito passivo vier, por exemplo, a ser explorado sexualmente ou submetido a trabalho em condições análogas à de escravo, haverá outro(s) delito(s), atingindo bens jurídicos diversos da vítima (como sua própria **dignidade humana**).

O delito estará consumado no momento em que o agente, mediante um dos meios de execução (grave ameaça, violência, coação, fraude ou abuso) praticar qualquer das condutas típicas (agenciar, aliciar, recrutar, transportar, transferir, comprar, alojar ou acolher), ainda que não atinja a finalidade pretendida. Trata-se de **crime formal**.

O Código Penal apenas tipificava o tráfico de pessoas para fim de exploração sexual (arts. 231 e 231-A, revogados pela Lei nº 13.344/2016), de sorte que o legislador alargou a abrangência da proibição, mas passou a exigir que a conduta seja praticada mediante grave ameaça, violência, coação, fraude ou abuso.

- **Forma majorada (§ 1º).** A pena é aumentada de um terço até a metade se: I – o crime for cometido por funcionário público no exercício de suas funções ou a pretexto de exercê-las; II – o crime for cometido contra criança, adolescente ou pessoa idosa ou com deficiência; III – o agente se prevalecer de relações de parentesco, domésticas, de coabitação, de hospitalidade, de dependência econômica, de autoridade ou de superioridade hierárquica inerente ao exercício de emprego, cargo ou função; ou IV – a vítima do tráfico de pessoas for retirada do território nacional.

- **Forma privilegiada (§ 2º).** A pena é reduzida de um a dois terços se o agente for primário e não integrar organização criminosa.

6.7. Violação de domicílio (art. 150)

Configura o delito quando o agente entra (penetra, ingressa) ou permanece (conserva-se dentro), clandestina ou astuciosamente, ou contra a vontade expressa ou tácita de quem de direito, em casa alheia ou em suas dependências. Tutela-se a inviolabilidade domiciliar. Entrar em casa desabitada não configura o delito. Consuma-se com a entrada ou permanência (**crime de mera conduta**). Na modalidade entrar o crime é **instantâneo**. Na modalidade permanecer o crime é **permanente**. Admite-se a tentativa na forma comissiva. Exclusão do crime (art. 5º, XI, da CF): a casa é asilo inviolável do indivíduo, ninguém nela podendo penetrar sem consentimento do morador, salvo em caso de flagrante delito ou desastre, ou para prestar socorro, ou, durante o dia, por determinação judicial. O conceito de **casa** vem disposto no art. 150, § 4º, do CP.

O **§ 2º** do artigo 150 do Código Penal ("Aumenta-se a pena de um terço, se o fato é cometido por funcionário público, fora dos casos legais, ou com inobservância das formalidades estabelecidas em lei, ou com abuso do poder") foi **expressamente revogado** pela Lei nº 13.869, de 05/09/2019 (atual Lei do Abuso de Autoridade). A nova legislação entrou em vigor 120 dias depois de sua publicação oficial.

> ▶ **INGRESSO EM DOMICÍLIO SEM MANDADO JUDICIAL**
>
> O Plenário do STF, ao julgar o RE 603616 (j. 05/11/2015), firmou a tese de que "a entrada forçada em domicílio sem mandado judicial só é lícita, mesmo em período noturno, quando amparada em fundadas razões, devidamente justificadas a posteriori, que indiquem que dentro da casa ocorre situação de flagrante delito, sob pena de responsabilidade disciplinar, civil e penal do agente ou da autoridade e de nulidade dos atos praticados".

6.8. Violação, sonegação ou destruição de correspondência (art. 151, *caput*, e § 1º, I)

Tanto o *caput* quanto o § 1º, inciso I, do artigo 151 do Código Penal foram tacitamente revogados pelo art. 40, *caput*, e § 1º, da Lei nº 6.538/78. Configura o delito a conduta de devassar indevidamente o conteúdo de correspondência fechada dirigida a outrem, bem como se apossar indevidamente de correspondência alheia, embora não fechada, para sonegá-la ou destruí-la, no todo ou em parte.

6.9. Violação de comunicação telegráfica, radioelétrica ou telefônica (art. 151, § 1º, II, III e IV)

Segundo o CP, comete crime: quem indevidamente divulga, transmite a outrem ou utiliza abusivamente comunicação telegráfica ou radioelétrica dirigida a terceiro, ou conversação telefônica entre outras pessoas (inciso II). ***Divergência***: discute-se se a parte final do inciso II (conversação telefônica) foi revogada pela Lei nº 9.296/96, uma vez que tratou da interceptação telefônica e criou um crime específico para a violação do sigilo telefônico (Art. 10. Constitui crime realizar interceptação de comunicações telefônicas, de informática ou telemática, ou quebrar segredo da Justiça, sem autorização judicial ou com objetivos não autorizados em lei). Também conforme dispõe o CP, comete crime: quem impede a comunicação ou a conversação referidas no número anterior (inciso III). O inciso IV proíbe a instalação ou utilização de estação ou aparelho radioelétrico, sem observância de disposição legal. Entretanto, esse inciso IV foi revogado pelo art. 70 da Lei nº 4.117/62 (Código Brasileiro de Telecomunicações). Por sua vez, a Lei nº 9.472/97 prevê como crime: "desenvolver clandestinamente atividades de telecomunicação". Considera-se clandestina a atividade desenvolvida sem a competente concessão, permissão ou autorização de serviço, de uso de radiofrequência e de exploração de satélite.

6.10. Correspondência comercial (art. 152)

Configura o crime abusar da condição de sócio ou empregado de estabelecimento comercial ou industrial para, no todo ou em parte, desviar, sonegar, subtrair ou suprimir correspondência, ou revelar a estranho seu conteúdo.

6.11. Divulgação de segredo (art. 153)

Comete o crime aquele que divulgar, sem justa causa, conteúdo de documento particular ou de correspondência confidencial, de que é destinatário ou detentor, e cuja divulgação possa produzir dano a outrem. Também comete crime quem divulga, sem justa causa, informações sigilosas ou reservadas, assim definidas em lei, contidas ou não nos sistemas de informações ou banco de dados da Administração Pública.

6.12. Violação do segredo profissional (art. 154)

Pune-se aquele que revela, sem justa causa, segredo, de que tem ciência em razão de função, ministério, ofício ou profissão, e cuja revelação possa produzir dano a outrem.

O crime do art. 154 somente se procede mediante representação.

6.13. Invasão de dispositivo informático (art. 154-A)

O art. 154-A foi inserido ao Código Penal pela Lei nº 12.737, de 30 de novembro de 2012, conhecida como 'Lei Carolina Dieckmann' (em razão do caso amplamente divulgado da atriz que teve fotos íntimas espalhadas pela internet em face da invasão do seu computador).

A conduta delituosa é invadir dispositivo informático alheio, conectado ou não à rede de computadores, mediante violação indevida de mecanismo de segurança e com o fim de obter, adulterar ou destruir dados ou informações sem autorização expressa ou tácita do titular do dispositivo ou instalar vulnerabilidades para obter vantagem ilícita. A pena é de detenção, de 3 meses a 1 ano, e multa (infração de menor potencial ofensivo).

A invasão deve ocorrer sem autorização de quem de direito (proprietário ou possuidor do dispositivo), tendo em vista a elementar "mediante violação indevida de mecanismo de segurança". Entende-se por mecanismo de segurança a medida adotada para proteção do dispositivo de informática ou da informação nele contida. Ex.: sistema de controle de acesso (login e senha); controle de acesso de dados.

Para que opere a invasão indevida, o dispositivo informático pode estar conectado, ou não, à rede de computadores, compreendida como o grupo de computadores ligados por meio de equipamento de comunicação. As ligações podem ser permanentes (como cabos) ou temporárias (telefone ou outro meio de comunicação). As redes podem envolver alguns computadores, impressoras e outros dispositivos (rede local) ou vários computadores, bem como se dar por meio da internet (agrupamento mundial de redes e portas de ligação que se comunicam umas com as outras utilizando o conjunto de protocolos TCP/IP).

Formas equiparadas. Na mesma pena incorre quem produz, oferece, distribui, vende ou difunde dispositivo ou programa de computador com o intuito de permitir a prática da conduta definida no *caput*.

- **Forma majorada do § 2º:** o § 2º do art. 154-A do CP prevê a seguinte majorante: "Aumenta-se a pena de um sexto a um terço se da invasão resulta prejuízo econômico". Prejuízo econômico é aquele de caráter financeiro ou material, afastando-se, por consequência, eventual dano moral sofrido pela vítima. Trata-se de situação em que o exaurimento do crime funciona como causa especial de aumento de pena.
- **Forma qualificada (§ 3º):** consta no § 3º do art. 154-A do Código Penal: "Se da invasão resultar a obtenção de conteúdo de comunicações eletrônicas privadas, segredos comerciais ou industriais, informações sigilosas, assim definidas em lei, ou o controle remoto não autorizado do dispositivo invadido: Pena – reclusão, de 6 (seis) meses a 2 (dois) anos, e multa, se a conduta não constitui crime mais grave".
- **Formas majoradas (§§ 4º e 5º):** já o § 4º do mesmo dispositivo dispõe que "Na hipótese do § 3º, aumenta-se a pena de um a dois terços se houver divulgação, comercialização ou transmissão a terceiro, a qualquer título, dos dados ou informações obtidos". O aumento limita-se ao caso do § 3º. O § 5º, por sua vez, preocupa-se com a função exercida pela vítima, estabelecendo: "Aumenta-se a pena de um terço à metade se o crime for praticado contra: I – Presidente da República, governadores e prefeitos; II – Presidente do Supremo Tribunal Federal; III – Presidente da Câmara dos Deputados, do Senado Federal, de Assembleia Legislativa de Estado, da Câmara Legislativa do Distrito Federal ou de Câmara Municipal; ou IV – dirigente máximo da administração direta e indireta federal, estadual, municipal ou do Distrito Federal". O dispositivo pode incidir na forma simples (*caput*) ou na forma qualificada (§ 3º).
- **Ação penal.** De acordo com o art. 154-B, o delito de invasão de dispositivo informático somente se procede mediante representação (ação penal pública

condicionada), salvo se é cometido contra a administração pública direta ou indireta de qualquer dos Poderes da União, Estados, Distrito Federal ou Municípios ou contra empresas concessionárias de serviços públicos, caso em que a ação penal é pública incondicionada.

7. SÚMULAS E ORIENTAÇÕES JURISPRUDENCIAIS DO STF E DO STJ

CRIMES CONTRA A VIDA

- **Súmula 18 do STJ:** "A sentença concessiva do perdão judicial é declaratória da extinção da punibilidade, não subsistindo qualquer efeito condenatório".

- **Súmula 605 do STF:** "Não se admite continuidade delitiva nos crimes contra a vida".

ABORTO DE FETO ANENCÉFALO NÃO CONFIGURA CRIME

- "ESTADO – LAICIDADE. O Brasil é uma república laica, surgindo absolutamente neutro quanto às religiões. Considerações. FETO ANENCÉFALO – INTERRUPÇÃO DA GRAVIDEZ – MULHER – LIBERDADE SEXUAL E REPRODUTIVA – SAÚDE – DIGNIDADE – AUTODETERMINAÇÃO – DIREITOS FUNDAMENTAIS – CRIME – INEXISTÊNCIA. Mostra-se inconstitucional interpretação de a interrupção da gravidez de feto anencéfalo ser conduta tipificada nos artigos 124, 126 e 128, incisos I e II, do Código Penal" (STF, Pleno, ADPF 54, j. 12/04/2012).

ABORTO NO PRIMEIRO TRIMESTRE DE GESTAÇÃO

- "(...) 3. Em segundo lugar, é preciso conferir interpretação conforme a Constituição aos próprios arts. 124 a 126 do Código Penal – que tipificam o crime de aborto – para excluir do seu âmbito de incidência a interrupção voluntária da gestação efetivada no primeiro trimestre. A criminalização, nessa hipótese, viola diversos direitos fundamentais da mulher, bem como o princípio da proporcionalidade. 4. A criminalização é incompatível com os seguintes direitos fundamentais: os direitos sexuais e reprodutivos da mulher, que não pode ser obrigada pelo Estado a manter uma gestação indesejada; a autonomia da mulher, que deve conservar o direito de fazer suas escolhas existenciais; a integridade física e psíquica da gestante, que é quem sofre, no seu corpo e no seu psiquismo, os efeitos da gravidez; e a igualdade da mulher, já que homens não engravidam e, portanto, a equiparação plena de gênero depende de se respeitar a vontade da mulher nessa matéria. 5. A tudo isto se acrescenta o impacto da criminalização sobre as mulheres pobres. É que o tratamento como crime, dado pela lei penal brasileira, impede que estas mulheres, que não têm acesso a médicos e clínicas privadas, recorram ao sistema público de saúde para se submeterem aos procedimentos cabíveis. Como consequência, multiplicam-se os casos de automutilação, lesões graves e óbitos. 6. A tipificação penal viola, também, o princípio da proporcionalidade por motivos que se cumulam: (i) ela constitui medida de duvidosa adequação para proteger o bem jurídico que pretende tutelar (vida do nascituro), por não produzir impacto relevante sobre o número de abortos praticados no país, apenas impedindo que sejam feitos de modo seguro; (ii) é possível que o Estado evite a ocorrência de abortos por meios mais eficazes e menos lesivos do que a criminalização, tais como educação sexual, distribuição de contraceptivos e amparo à mulher que deseja ter o filho, mas se encontra em condições adversas; (iii) a medida é desproporcional em sentido estrito, por gerar custos sociais (problemas de saúde pública e mortes) superiores aos seus benefícios. 7. Anote-se, por derradeiro, que praticamente nenhum país democrático e desenvolvido do mundo trata a interrupção da gestação durante o primeiro trimestre como crime, aí incluídos Estados Unidos, Alemanha, Reino Unido, Canadá, França, Itália, Espanha, Portugal, Holanda e Austrália" (STF, 1ª T., HC 124306, j. 09/08/2016).

PRÁTICA DE ATO SEXUAL COM A FINALIDADE DE TRANSMITIR AIDS CONFIGURA LESÃO CORPORAL GRAVÍSSIMA

- "1. O Supremo Tribunal Federal, no julgamento do HC 98.712/RJ, Rel. Min. MARCO AURÉLIO (1.ª Turma, DJe de 17/12/2010), firmou a compreensão de que a conduta de praticar ato sexual com a finalidade de transmitir AIDS não configura crime doloso contra a vida. Assim não há constrangimento ilegal a ser reparado de ofício, em razão de não ter sido o caso julgado pelo Tribunal do Júri. 2. O ato de propagar síndrome da imunodeficiência adquirida não é tratado no Capítulo III, Título I, da Parte Especial, do Código Penal (art. 130 e seguintes), onde não há menção a enfermidades sem cura. Inclusive, nos debates havidos no julgamento do HC 98.712/RJ, o eminente Ministro RICARDO LEWANDOWSKI, ao excluir a possibilidade de a Suprema Corte, naquele caso, conferir ao delito a classificação de 'Perigo de contágio de moléstia grave' (art. 131, do Código Penal), esclareceu que, 'no atual estágio da ciência, a enfermidade é incurável, quer dizer, ela não é só grave, nos termos do art. 131'. 3. Na hipótese de transmissão dolosa de doença incurável, a conduta deverá será apenada com mais rigor do que o ato de contaminar outra pessoa com moléstia grave, conforme previsão clara do art. 129, § 2º, inciso II, do Código Penal" (STJ, 5ª T., HC 160982, j. 17/05/2012).

PRÁTICA DE CRIME HEDIONDO ANTES DA LEI 8.072/90 NÃO IMPEDE A CONCESSÃO DE INDULTO

- "O Superior Tribunal de Justiça possui entendimento consolidado de que, não dispondo o Decreto Presidencial de regência de maneira contrária, não é possível indeferir benefícios de comutação ou indulto aos condenados por crimes que passaram a constar do rol de crimes hediondos, praticados antes da entrada em vigor da Lei nº 8.072/90 (Lei de Crimes Hediondos) e da Lei nº 8.930/94 (definiu o homicídio qualificado como crime hediondo)" (STJ, 6ª T., HC 334923, j. 03/11/2015).

QUALIFICADORA DA PAGA OU PROMESSA DE RECOMPENSA E COMUNICAÇÃO ENTRE MANDANTE E EXECUTOR

- **Não comunica:** "(...) 3. A Quinta Turma do Superior Tribunal de Justiça, no julgamento do REsp 1.415.502/MG (Rel. Ministro FELIX FISCHER, DJe 17/2/2017), firmou compreensão no sentido de que a qualificadora da paga ou promessa de recompensa não é elementar do crime de homicídio e, em consequência, possuindo caráter pessoal, não se comunica aos mandantes. Ressalva de entendimento pessoal do Relator" (STJ, 5ª T., HC 403263, j. 13/11/2018).

- **Comunica:** "(...) 3. No homicídio mercenário, a qualificadora da paga ou promessa de recompensa é elementar do tipo qualificado, comunicando-se ao mandante do delito" (STJ, 6ª T., AgInt no REsp 1681816, j. 03/05/2018).

LESÕES CORPORAIS

- **Súmula 536 do STJ:** "A suspensão condicional do processo e a transação penal não se aplicam na hipótese de delitos sujeitos ao rito da Lei Maria da Penha".

- **Súmula 542 do STJ:** "A ação penal relativa ao crime de lesão corporal resultante de violência doméstica contra a mulher é pública incondicionada".

LESÃO CORPORAL E VIOLÊNCIA DE DOMÉSTICA E FAMILIAR CONTRA A MULHER

- "Para incidência da Lei Maria da Penha, é necessário que a violência doméstica e familiar contra a mulher decorra de: (a) ação ou omissão baseada no gênero; (b) no âmbito da unidade doméstica, familiar ou relação de afeto; decorrendo daí (c) morte, lesão, sofrimento físico, sexual ou psicológico e dano moral ou patrimonial. 2. A definição do gênero sobre o qual baseada a conduta comissiva ou omissiva decorre do equivocado entendimento/motivação do sujeito ativo de possuir "direitos" sobre a mulher ou de que ela lhe pertence, evidenciando vulnerabilidade pela redução ou nulidade da autodeterminação, caracterizando-se, assim, conduta baseada no gênero para efeitos da Lei n. 11.340/2006" (STJ, 5ª T., RHC 108.350, j. 26/03/2019).

- "1. No que se refere à incidência da Lei Maria da Penha 'a jurisprudência da Terceira Seção deste Superior Tribunal de Justiça consolidou-se no sentido de que, para a aplicação da Lei 11.340/2006, não é suficiente que a violência seja praticada contra a mulher e numa relação familiar, doméstica ou de afetividade, mas também há necessidade de demonstração da sua situação de vulnerabilidade ou hipossuficiência, numa perspectiva de gênero.' (AgRg no REsp 1.430.724/RJ, Rel. Ministra MARIA THEREZA DE ASSIS MOURA, SEXTA TURMA, julgado em 17/3/2015, DJe 24/3/2015). 2. No caso dos autos, observa-se que, embora o crime esteja sendo praticado no âmbito das relações domésticas e familiares, verifica-se que, em momento algum, restou demonstrado que teria sido motivado por questões de gênero, ou mesmo que a vítima estaria em situação de vulnerabilidade por ser do sexo feminino. Com base em tal premissa, o Tribunal de origem concluiu não haver violência que atraísse a incidência da Lei Maria da Penha, assim justificando o declínio da competência para Juizado Especial Comum" (STJ, 5ª T., AgRg no AREsp 1700032, j. 09/12/2020).

VIOLÊNCIA DE DOMÉSTICA E FAMILIAR CONTRA A MULHER E DANO MORAL

▶ **Recurso repetitivo sobre o tema.** "Nos casos de violência contra a mulher praticados no âmbito doméstico e familiar, é possível a fixação de valor mínimo indenizatório a título de dano moral, desde que haja pedido expresso da acusação ou da parte ofendida, ainda que não especificada a quantia, e independentemente de instrução probatória" (STJ, 3ª Seção, REsp 1675874, j. 28/02/2018).

▶ **Posterior reconciliação.** "A posterior reconciliação entre a vítima e o agressor não é fundamento suficiente para afastar a necessidade de fixação do valor mínimo previsto no art. 387, inciso IV, do Código de Processo Penal, seja porque não há previsão legal nesse sentido, seja porque compete à própria vítima decidir se irá promover a execução ou não do título executivo, sendo vedado ao Poder Judiciário omitir-se na aplicação da legislação processual penal que determina a fixação de valor mínimo em favor da vítima" (STJ, 6ª T., REsp 1819504, j. 10/09/2019).

LESÃO CORPORAL E LEI MARIA DA PENHA: AÇÃO PENAL PÚBLICA INCONDICIONADA

▶ "1. Ao julgar a ADI 4424/DF, o Supremo Tribunal Federal conferiu interpretação conforme à constituição ao artigo 41 da Lei 11.340/2006, assentando a natureza pública incondicionada da ação nos casos de lesões corporais praticados mediante violência doméstica e familiar, remanescendo a necessidade de representação da vítima para os crimes dispostos em leis diversas da 9.099/1995. 2. Na espécie, em que se apura a prática de lesões corporais, ainda que a ofendida tenha se retratado da representação anteriormente ofertada contra o paciente, tal fato é irrelevante para a persecução criminal, cuja deflagração independe da sua manifestação de vontade" (STJ, 5ª T., HC 357885, j. 23/08/2016).

▶ "A jurisprudência do Superior Tribunal de Justiça, na esteira do entendimento firmado pelo Supremo Tribunal Federal no julgamento da ADI nº 4.424/DF, manifesta a natureza pública incondicionada da ação penal na lesão corporal praticada em violência doméstica contra a mulher, entendimento aplicável inclusive aos fatos ocorridos antes da referida decisão" (STJ, 6ª T., RHC 55594, j. 15/09/2016).

▶ "A ação penal relativa ao crime de lesão corporal resultante de violência doméstica contra a mulher é pública incondicionada" (Súmula 542 do STJ).

VIOLÊNCIA CONTRA A MULHER NO AMBIENTE DOMÉSTICO E FIXAÇÃO DE INDENIZAÇÃO NA SENTENÇA CONDENATÓRIA

▶ "Nos casos de violência contra a mulher praticados no âmbito doméstico e familiar, é possível a fixação de valor mínimo indenizatório a título de dano moral, desde que haja pedido expresso da acusação ou da parte ofendida, ainda que não especificada a quantia, e independentemente de instrução probatória" (tese fixada em Recurso Repetitivo – STJ, 3ª Seção, REsp 1675874, j. 28/02/2018).

CRIMES/CONTRAVENÇÕES PRATICADOS COM VIOLÊNCIA OU GRAVE AMEAÇA CONTRA A MULHER NO ÂMBITO DAS RELAÇÕES DOMÉSTICAS: INAPLICABILIDADE DO PRINCÍPIO DA INSIGNIFICÂNCIA

▶ "A jurisprudência desta Corte Superior está consolidada no sentido de não admitir a aplicação dos princípios da insignificância e da bagatela imprópria aos crimes e contravenções praticados com violência ou grave ameaça contra mulher, no âmbito das relações domésticas, dada a relevância penal da conduta, não implicando a reconciliação do casal atipicidade material da conduta ou desnecessidade de pena" (STJ, 5ª T., HC 333195, j. 12/04/2016).

▶ "A jurisprudência desta Corte Superior não admite a aplicação do princípio da insignificância ou da bagatela imprópria no que se refere aos crimes ou às contravenções penais praticados contra mulher no âmbito das relações domésticas, haja vista o bem jurídico tutelado" (STJ, 6ª T., AgInt no HC 369.673, j. 14/02/2017).

- **Súmula 589 do STJ:** "É inaplicável o princípio da insignificância nos crimes ou contravenções penais praticados contra a mulher no âmbito das relações domésticas".

CONTRAVENÇÃO PENAL CONTRA A MULHER NO AMBIENTE DOMÉSTICO E PROIBIÇÃO DE SUBSTITUIÇÃO DA PENA PRIVATIVA DE LIBERDADE POR RESTRITIVA DE DIREITOS

- "1. Paciente condenado à pena de 20 (vinte) dias de prisão simples, em regime inicial aberto, pelo cometimento da contravenção de vias de fato (art. 21 do Decreto-Lei nº 3.688/1941). 2. Em particulares hipóteses, a fim de compatibilizar normas jurídicas infraconstitucionais de natureza penal aos comandos da Lei Maior, bem como ao próprio sistema em que se inserem, exsurge verdadeira imposição ao julgador no sentido de reconhecer que a lei disse menos do que pretendia (lex minus scripsit, plus voluit), a exigir seja emprestada interpretação ampliativa ao texto legal, respeitada a teleologia do preceito interpretado. Precedente desta Suprema Corte. (...) 7. Ínsita a violência nos atos de agressão perpetrados contra a mulher no ambiente doméstico e familiar, cumpre estender a vedação contida no art. 44, I, do Código Penal à infração prevista no art. 21 do Decreto-Lei nº 3.688/1941" (STF, 1ª T., HC 137888, j. 31/10/2017).

COABITAÇÃO

- **Súmula 600 do STJ:** "Para configuração da violência doméstica e familiar prevista no artigo 5º da Lei 11.340/2006, Lei Maria da Penha, não se exige a coabitação entre autor e vítima".

CRIMES CONTRA A HONRA: VÍTIMA SERVIDOR PÚBLICO E OFENSA RELATIVA ÀS FUNÇÕES

- **Súmula 714 do STF**: "É concorrente a legitimidade do ofendido, mediante queixa, e do Ministério Público, condicionada à representação do ofendido, para a ação penal por crime contra a honra de servidor público em razão do exercício de suas funções".

CRIMES CONTRA A HONRA: DELITOS FORMAIS

- "Crimes contra a honra praticados pela internet são formais, consumando-se no momento da disponibilização do conteúdo ofensivo no espaço virtual, por força da imediata potencialidade de visualização por terceiros" (STJ, 3ª Seção, CC 173458, j. 25/11/2020).

CRIMES CONTRA A HONRA E NECESSIDADE DE DOLO ESPECÍFICO

- "Segundo a jurisprudência deste Superior Tribunal, para a configuração dos crimes previstos nos arts. 139 e 140, ambos do Código Penal – difamação e injúria –, é necessária a presença do elemento subjetivo do tipo, consistente no dolo específico, que é a intenção de ofender a honra alheia" (STJ, 6ª T., AgInt no REsp 1548520, j. 07/06/2016).

- "(...) 2. Tem prevalecido nesta Corte o entendimento de que 'os delitos contra a honra reclamam, para a configuração penal, o elemento subjetivo consistente no dolo de ofender na modalidade de 'dolo específico', cognominado 'animus injuriandi' (APn 555/DF, Rel. Ministro LUIZ FUX, CORTE ESPECIAL, julgado em 1º/04/2009, DJe de 14/05/2009). 3. Na espécie, não se constata, no exame do material probatório constante dos autos, o intuito do querelado de injuriar ou difamar o querelante, mas apenas a formulação de críticas genéricas à gestão anterior do Governo do Estado. 4. Não verificado o dolo específico ínsito ao tipo, a conduta não ingressa na órbita penal. Precedentes. 5. Impõe-se a rejeição da queixa-crime, uma vez que o fato narrado, embora verdadeiro, não constitui crime (CPP, art. 397, III, c/c Lei 8.038/90, art. 6º)" (STJ, Corte Especial, APn 941, j. 18/11/2020).

CRIMES CONTRA A HONRA PREVISTOS NO CÓDIGO ELEITORAL: NECESSIDADE DE FINALIDADE ELEITORAL

- "Os crimes de difamação e injúria prescritos, respectivamente, nos arts. 325 e 326 do Código Eleitoral, exigem finalidade eleitoral para que restem configurados. Ou seja, esse tipo de delito 'somente se concretiza quando eventual ofensa ao decoro ou à dignidade ocorrer em propaganda eleitoral ou com fins de propaganda' (CC 134.005/PR, Rel. Ministro ROGÉRIO SCHIETTI CRUZ, TERCEIRA SEÇÃO, DJe 16/6/2014)" (STJ, 3ª Seção, CC 123057, j. 11/05/2016).

CRIMES CONTRA A HONRA COMETIDOS PELA INTERNET: COMPETÊNCIA DO JUÍZO DO LOCAL ONDE AS INFORMAÇÕES SÃO ALIMENTADAS

▶ "Em recente decisão desta Terceira Seção ficou consolidado que é competente para julgamento de crimes cometidos pela internet o juízo do local onde as informações são alimentadas, sendo irrelevante o local do provedor. 'Esse local deve ser aquele de onde efetivamente partiu a publicação do conteúdo, o que ocorre no próprio local do domínio em que se encontra a home page, porquanto é ali que o titular do domínio alimenta o seu conteúdo, independentemente do local onde se hospeda o sítio eletrônico (provedor)' (...)" (STJ, 3ª Seção, CC 145424, j. 13/04/2016).

▶ "A simples divulgação do conteúdo supostamente ofensivo na internet já é suficiente para delimitação da competência, sendo aquela do lugar em que as informações são alimentadas nas redes sociais, irrelevante o local do provedor. Precedentes" (STJ, 5ª T., RHC 77692, j. 10/10/2017).

CRIMES CONTRA A HONRA E IMUNIDADE DO ADVOGADO

▶ "A imunidade do advogado não é absoluta. A previsão do art. 7º, § 2º, do Estatuto da OAB, alcança apenas os crimes de difamação e injúria quando as supostas ofensas forem proferidas no exercício da atividade profissional" (STJ, 5ª T., RHC 76705, j. 15/05/2018).

▶ "A imunidade material dos advogados não abrange a calúnia. A exclusão do crime contra a honra alcança somente a injúria e a difamação (art. 142, inciso I, do Código Penal)" (STJ, 6ª T., AgRg no RHC 106978, DJe 03/02/2020).

▶ "No art. 7º, § 2º, da Lei n. 8.906/1994, a imunidade dos advogados restringe-se aos crimes de injúria e de difamação, e pressupõe que as manifestações sejam proferidas no exercício de sua atividade, ainda que fora do juízo. A prática de atos pelo advogado submete-se e restringe-se ao exame da estrita legalidade, não podendo ser invocada a imunidade profissional, que não é absoluta, para respaldar o cometimento de eventuais atos ilícitos, pois, do contrário, apresentar-se-ia de modo inconciliável com a dignidade da profissão, atentando contra todo o conjunto normativo que lhe rege o exercício regular e legítimo. Precedentes. A prática de condutas ilícitas e típicas exige a intervenção do Direito Penal" (STJ, 6ª T., RHC 114587, j. 16/06/2020).

IMPRESCRITIBILIDADE DO CRIME DE INJÚRIA RACIAL

▶ "Nos termos da orientação jurisprudencial desta Corte, com o advento da Lei nº 9.459/97, introduzindo a denominada injúria racial, criou-se mais um delito no cenário do racismo, portanto, imprescritível, inafiançável e sujeito à pena de reclusão" (STJ, 6ª T., AgRg no AREsp 734236, j. 27/02/2018).

▶ "Nos termos da orientação jurisprudencial desta Corte, com o advento da Lei n. 9.459/97, introduzindo a denominada injúria racial, criou-se mais um delito no cenário do racismo, portanto, imprescritível, inafiançável e sujeito à pena de reclusão (AgRg no AREsp n. 686.965/DF, Ministro Ericson Maranho (Desembargador Convocado do TJ/SP), Sexta Turma, julgado em 18/8/2015, DJe 31/8/2015) - (AgRg no AREsp n. 734.236/DF, Ministro Nefi Cordeiro, Sexta Turma, DJe 8/3/2018)" (STJ, 6ª T., AgRg no REsp 1849696, j. 16/06/2020).

CRIMES CONTRA A LIBERDADE INDIVIDUAL

▶ **Súmula 711 do STF:** "A lei penal mais grave aplica-se ao crime continuado ou ao crime permanente, se a sua vigência é anterior à cessação da continuidade ou da permanência".

AMEAÇA É CRIME FORMAL

- "Para a caracterização do delito previsto no art. 147 do Código Penal, que possui natureza jurídica de delito formal, é suficiente a ocorrência do temor na vítima de que a ameaça proferida em seu desfavor venha a se concretizar" (STJ, 5ª T., AgRg no AREsp 1247201, j. 17/05/2018).

SEQUESTRO E CÁRCERE PRIVADO SÃO CRIMES PERMANENTES

- "Os crimes de sequestro e cárcere privado, de fato, possuem natureza jurídica de delito permanente, cujo momento consumativo, iniciado com o arrebatamento da vítima, se prolonga no tempo e perdura até o momento em que a vítima recupera a sua liberdade. Precedentes" (STJ, 5ª T., REsp 1557916, j. 13/11/2018).

CRIME DE REDUÇÃO A CONDIÇÃO ANÁLOGA À DE ESCRAVO: COMPETÊNCIA DA JUSTIÇA FEDERAL

- "1. O bem jurídico objeto de tutela pelo art. 149 do Código Penal vai além da liberdade individual, já que a prática da conduta em questão acaba por vilipendiar outros bens jurídicos protegidos constitucionalmente como a dignidade da pessoa humana, os direitos trabalhistas e previdenciários, indistintamente considerados. 2. A referida conduta acaba por frustrar os direitos assegurados pela lei trabalhista, atingindo, sobremodo, a organização do trabalho, que visa exatamente a consubstanciar o sistema social trazido pela Constituição Federal em seus arts. 7º e 8º, em conjunto com os postulados do art. 5º, cujo escopo, evidentemente, é proteger o trabalhador em todos os sentidos, evitando a usurpação de sua força de trabalho de forma vil. 3. É dever do Estado (lato sensu) proteger a atividade laboral do trabalhador por meio de sua organização social e trabalhista, bem como zelar pelo respeito à dignidade da pessoa humana (CF, art. 1º, inciso III). 4. A conjugação harmoniosa dessas circunstâncias se mostra hábil para atrair para a competência da Justiça Federal (CF, art. 109, inciso VI) o processamento e o julgamento do feito" (STF, Pleno, RE 459.510, j. 26/11/2015).

A RESTRIÇÃO À LIBERDADE DE LOCOMOÇÃO NÃO É CONDIÇÃO PARA O CRIME DE REDUÇÃO A CONDIÇÃO ANÁLOGA À DE ESCRAVO

- "O crime de redução a condição análoga à de escravo pode ocorrer independentemente da restrição à liberdade de locomoção do trabalhador, uma vez que esta é apenas uma das formas de cometimento do delito, mas não é a única. O referido tipo penal prevê outras condutas que podem ofender o bem juridicamente tutelado, isto é, a liberdade de o indivíduo ir, vir e se autodeterminar, dentre elas submeter o sujeito passivo do delito a condições degradantes de trabalho. Precedentes do STJ e STF" (STJ, 5ª T., REsp 1223781, j. 23/08/2016).

REDUÇÃO A CONDIÇÃO ANÁLOGA À DE ESCRAVO

- "O crime de redução a condição análoga à de escravo pode ocorrer independentemente da restrição à liberdade de locomoção do trabalhador, uma vez que esta é apenas uma das formas de cometimento do delito, mas não é a única. O referido tipo penal prevê outras condutas que podem ofender o bem juridicamente tutelado, isto é, a liberdade de o indivíduo ir, vir e se autodeterminar, dentre elas submeter o sujeito passivo do delito a condições degradantes de trabalho. Precedentes do STJ e STF" (STJ, 5ª T., AgRg no AREsp 1467766, j. 27/08/2019).

ENTRADA FORÇADA EM DOMICÍLIO: SOMENTE EM CASO DE FLAGRANTE DELITO

- "O ingresso forçado em domicílio é legítimo quando justificado pelas circunstâncias do caso concreto, que indiquem ocorrer, no interior da residência, situação de flagrante delito, como ocorreu no presente caso, em que os policiais, após receberem informações da prática de tráfico de drogas no local do flagrante, teriam localizado, em revista pessoal, drogas, dinheiro e um telefone celular e, então, realizaram busca na residência do paciente, local no qual foi apreendida grande quantidade de maconha e cocaína, dinheiro e aparelhos celulares" (STJ, 5ª T., HC 469.543, j. 26/11/2019).

- "A entrada forçada em domicílio sem mandado judicial só é lícita, mesmo em período noturno, quando amparada em fundadas razões, devidamente justificadas a posteriori, que indiquem que dentro da casa ocorre situação de flagrante delito, sob pena de responsabilidade disciplinar, civil e penal do agente ou da autoridade, e de nulidade dos atos praticados" (tese firmada pelo Pleno do STF, RE 603.616, j. 05/11/2015).

- "III – A garantia constitucional de inviolabilidade ao domicílio é excepcionada nos casos de flagrante delito, não se exigindo, em tais hipóteses, mandado judicial para ingressar na residência do agente. Precedentes. IV – O STF, em sede de recurso extraordinário submetido à sistemática da repercussão geral, fixou a tese de que "a entrada forçada em domicílio sem mandado judicial só é lícita, mesmo em período noturno, quando amparada em fundadas razões, devidamente justificadas a posteriori, que indiquem que dentro da casa ocorre situação de flagrante delito, sob pena de responsabilidade disciplinar, civil e penal do agente ou da autoridade e de nulidade dos atos praticados" (RE nº 603.616/TO, Tribunal Pleno, Rel. Ministro Gilmar Mendes, DJe de 10/5/2016)" (STJ, 5ª T., AgRg no RHC 78.657, j. 22/08/2017).

- "No julgamento do RE n. 603.616 RG/RO, sob o regime de repercussão geral, o Supremo Tribunal Federal fixou a tese de que 'a entrada forçada em domicílio sem mandado judicial só é lícita, mesmo em período noturno, quando amparada em fundadas razões, devidamente justificadas a posteriori, que indiquem que dentro da casa ocorre situação de flagrante delito, sob pena de responsabilidade disciplinar, civil e penal do agente ou da autoridade, e de nulidade dos atos praticados' (Tema 280/STF)" (STJ, Corte Especial, AgRg no RE nos EDcl no AgRg no HC 585150, j. 16/12/2020).

- "Diante dessas orientações, 'a denúncia anônima, desacompanhada de outros elementos indicativos da ocorrência de crime, não legitima o ingresso de policiais no domicílio indicado, inexistindo, nessas situações, justa causa para a medida'" (STJ, 6ª T., AgRg no REsp 1631582, j. 13/10/2020).

- "1. É pacífico, nesta Corte, o entendimento de que, nos crimes permanentes, tal como o tráfico de drogas, o estado de flagrância protrai-se no tempo, o que não é suficiente, por si só, para justificar busca domiciliar desprovida de mandado judicial, exigindo-se a demonstração de indícios mínimos de que, naquele momento, dentro da residência, encontra-se em situação de flagrante delito. 2. A informação por usuários de que o paciente seria traficante e sua fuga para dentro do imóvel, ao avistar patrulhamento, dispensando uma pedra de crack, não autorizam presumir armazenamento de drogas na residência nem o ingresso nela sem mandado pelos policiais. 3. Habeas corpus concedido para reconhecer a ilicitude da apreensão da droga, pela violação de domicílio, e, consequentemente, absolver o paciente (...)" (STJ, 6ª T., HC 609955, DJe 08/02/2021).

NATUREZA SUBSIDIÁRIA DO CRIME DE CONSTRANGIMENTO ILEGAL

- "(...) 2. O bem juridicamente tutelado pelo tipo descrito no art. 146 do Código Penal é a liberdade individual da pessoa, tanto física quanto psíquica. O crime em tela (art. 146, CP) possui natureza subsidiária e somente será considerado se o constrangimento não for elemento típico de outra infração penal. 3. Se a intenção do agente é a satisfação de seu desejo sexual, estando presentes os demais elementos constantes no tipo descrito no art. 217-A do Código Penal, evidencia-se a hipótese do delito de estupro de vulnerável, autorizando a imposição da reprimenda ali contida" (STJ, 5ª T., AgRg no AREsp 523477, j. 13/10/2015).

LEGISLAÇÃO

8. LEGISLAÇÃO RELACIONADA AO CAPÍTULO

CRIMES CONTRA A VIDA

» **CONSTITUIÇÃO FEDERAL**

Art. 142 – As Forças Armadas, constituídas pela Marinha, pelo Exército e pela Aeronáutica, são instituições nacionais permanentes e regulares, organizadas com base na hierarquia e na disciplina, sob a autoridade suprema do Presidente da República, e destinam-se à defesa da Pátria, à garantia dos poderes constitucionais e, por iniciativa de qualquer destes, da lei e da ordem.

Art. 144 – A segurança pública, dever do Estado, direito e responsabilidade de todos, é exercida para a preservação da ordem pública e da incolumidade das pessoas e do patrimônio, através dos seguintes órgãos: I – polícia federal; II – polícia rodoviária federal; III – polícia ferroviária federal; IV – polícias civis; V – polícias militares e corpos de bombeiros militares.

CÓDIGO PENAL

Homicídio simples

Art. 121. Matar alguém:

Pena – reclusão, de seis a vinte anos.

Caso de diminuição de pena

§ 1º – Se o agente comete o crime impelido por motivo de relevante valor social ou moral, ou sob o domínio de violenta emoção, logo em seguida a injusta provocação da vítima, o juiz pode reduzir a pena de um sexto a um terço.

Homicídio qualificado

§ 2º – Se o homicídio é cometido:

I – mediante paga ou promessa de recompensa, ou por outro motivo torpe;

II – por motivo fútil;

III – com emprego de veneno, fogo, explosivo, asfixia, tortura ou outro meio insidioso ou cruel, ou de que possa resultar perigo comum;

IV – à traição, de emboscada, ou mediante dissimulação ou outro recurso que dificulte ou torne impossível a defesa do ofendido;

V – para assegurar a execução, a ocultação, a impunidade ou vantagem de outro crime;

VI – contra a mulher por razões da condição de sexo feminino; (Incluído pela Lei nº 13.104, de 2015)

VII – contra autoridade ou agente descrito nos arts. 142 e 144 da Constituição Federal, integrantes do sistema prisional e da Força Nacional de Segurança Pública, no exercício da função ou em decorrência dela, ou contra seu cônjuge, companheiro ou parente consanguíneo até terceiro grau, em razão dessa condição; (Incluído pela Lei nº 13.142, de 2015)

VIII – com emprego de arma de fogo de uso restrito ou proibido: *(Redação dada pela Lei nº 13.964, de 2019, vetada pelo Presidente da República e mantida pelo Congresso Nacional)*

Pena – reclusão, de doze a trinta anos.

§ 2º-A – Considera-se que há razões de condição de sexo feminino quando o crime envolve: (Incluído pela Lei nº 13.104, de 2015)

I – violência doméstica e familiar;

II – menosprezo ou discriminação à condição de mulher.

Homicídio culposo

§ 3º – Se o homicídio é culposo:

Pena – detenção, de um a três anos.

Aumento de pena

§ 4º – No homicídio culposo, a pena é aumentada de 1/3 (um terço), se o crime resulta de inobservância de regra técnica de profissão, arte ou ofício, ou se o agente deixa de prestar imediato socorro à vítima, não procura diminuir as consequências do seu ato, ou foge para evitar prisão em flagrante. Sendo doloso o homicídio, a pena é aumentada de 1/3 (um terço) se o crime é praticado contra pessoa menor de 14 (quatorze) ou maior de 60 (sessenta) anos.

§ 5º – Na hipótese de homicídio culposo, o juiz poderá deixar de aplicar a pena, se as consequências da infração atingirem o próprio agente de forma tão grave que a sanção penal se torne desnecessária.

§ 6º – A pena é aumentada de 1/3 (um terço) até a metade se o crime for praticado por milícia privada, sob o pretexto de prestação de serviço de segurança, ou por grupo de extermínio. (Incluído pela Lei nº 12.720, de 2012)

§ 7º – A pena do feminicídio é aumentada de 1/3 (um terço) até a metade se o crime for praticado:

I – durante a gestação ou nos 3 (três) meses posteriores ao parto;

II – contra pessoa menor de 14 (catorze) anos, maior de 60 (sessenta) anos, com deficiência ou portadora de doenças degenerativas que acarretem condição limitante ou de vulnerabilidade física ou mental;

III – na presença física ou virtual de descendente ou de ascendente da vítima;

IV – em descumprimento das medidas protetivas de urgência previstas nos incisos I, II e III do *caput* do art. 22 da Lei nº 11.340, de 7 de agosto de 2006.

Induzimento, instigação ou auxílio a suicídio ou a automutilação (Redação dada pela Lei nº 13.968, de 2019)

Art. 122. Induzir ou instigar alguém a suicidar-se ou a praticar automutilação ou prestar-lhe auxílio material para que o faça:

Pena – reclusão, de 6 (seis) meses a 2 (dois) anos.

§ 1º Se da automutilação ou da tentativa de suicídio resulta lesão corporal de natureza grave ou gravíssima, nos termos dos §§ 1º e 2º do art. 129 deste Código:

Pena – reclusão, de 1 (um) a 3 (três) anos.

§ 2º Se o suicídio se consuma ou se da automutilação resulta morte:

Pena – reclusão, de 2 (dois) a 6 (seis) anos.

§ 3º A pena é duplicada:

I – se o crime é praticado por motivo egoístico, torpe ou fútil;

II – se a vítima é menor ou tem diminuída, por qualquer causa, a capacidade de resistência.

§ 4º A pena é aumentada até o dobro se a conduta é realizada por meio da rede de computadores, de rede social ou transmitida em tempo real.

§ 5º Aumenta-se a pena em metade se o agente é líder ou coordenador de grupo ou de rede virtual.

§ 6º Se o crime de que trata o § 1º deste artigo resulta em lesão corporal de natureza gravíssima e é cometido contra menor de 14 (quatorze) anos ou contra quem, por enfermidade ou deficiência mental, não tem o necessário discernimento para a prática do ato, ou que, por qualquer outra causa, não pode oferecer resistência, responde o agente pelo crime descrito no § 2º do art. 129 deste Código.

§ 7º Se o crime de que trata o § 2º deste artigo é cometido contra menor de 14 (quatorze) anos ou contra quem não tem o necessário discernimento para a prática do ato, ou que, por qualquer outra causa, não pode oferecer resistência, responde o agente pelo crime de homicídio, nos termos do art. 121 deste Código.

Infanticídio

Art. 123 – Matar, sob a influência do estado puerperal, o próprio filho, durante o parto ou logo após:

Pena – detenção, de dois a seis anos.

Aborto provocado pela gestante ou com seu consentimento

Art. 124 – Provocar aborto em si mesma ou consentir que outrem lho provoque:

Pena – detenção, de um a três anos.

Aborto provocado por terceiro

Art. 125 – Provocar aborto, sem o consentimento da gestante:

Pena – reclusão, de três a dez anos.

Art. 126 – Provocar aborto com o consentimento da gestante:

Pena – reclusão, de um a quatro anos.

Parágrafo único. Aplica-se a pena do artigo anterior, se a gestante não é maior de quatorze anos, ou é alienada ou débil mental, ou se o consentimento é obtido mediante fraude, grave ameaça ou violência

Forma qualificada

Art. 127 – As penas cominadas nos dois artigos anteriores são aumentadas de um terço, se, em consequência do aborto ou dos meios empregados para provocá-lo, a gestante sofre lesão corporal de natureza grave; e são duplicadas, se, por qualquer dessas causas, lhe sobrevém a morte.

Art. 128 – Não se pune o aborto praticado por médico:

Aborto necessário

I – se não há outro meio de salvar a vida da gestante;

Aborto no caso de gravidez resultante de estupro

II – se a gravidez resulta de estupro e o aborto é precedido de consentimento da gestante ou, quando incapaz, de seu representante legal.

» **LEI DOS CRIMES HEDIONDOS (LEI 8.072/90)**

Art. 1º – São considerados hediondos os seguintes crimes, todos tipificados no Decreto-Lei nº 2.848, de 7 de dezembro de 1940 – Código Penal, consumados ou tentados: I – homicídio (art. 121), quando praticado em atividade típica de grupo de extermínio, ainda que cometido por um só agente, e homicídio qualificado (art. 121, § 2º, incisos I, II, III, IV, V, VI e VII).

» **CÓDIGO DE TRÂNSITO (LEI 9.503/97)**

Art. 302 – Praticar homicídio culposo na direção de veículo automotor: Penas – detenção, de dois a quatro anos, e suspensão ou proibição de se obter a permissão ou a habilitação para dirigir veículo automotor.

§ 1º – No homicídio culposo cometido na direção de veículo automotor, a pena é aumentada de 1/3 (um terço) à metade, se o agente: I – não possuir Permissão para Dirigir ou Carteira de Habilitação; II – praticá-lo em faixa de pedestres ou na calçada; III – deixar de prestar socorro, quando possível fazê-lo sem risco pessoal, à vítima do acidente; IV

LEGISLAÇÃO

– no exercício de sua profissão ou atividade, estiver conduzindo veículo de transporte de passageiros.

§ 2º – (Revogado pela Lei nº 13.281, de 2016).

§ 3º – Se o agente conduz veículo automotor sob a influência de álcool ou de qualquer outra substância psicoativa que determine dependência: Penas – reclusão, de cinco a oito anos, e suspensão ou proibição do direito de se obter a permissão ou a habilitação para dirigir veículo automotor.

LESÕES CORPORAIS

» CONSTITUIÇÃO FEDERAL

Art. 142 – As Forças Armadas, constituídas pela Marinha, pelo Exército e pela Aeronáutica, são instituições nacionais permanentes e regulares, organizadas com base na hierarquia e na disciplina, sob a autoridade suprema do Presidente da República, e destinam-se à defesa da Pátria, à garantia dos poderes constitucionais e, por iniciativa de qualquer destes, da lei e da ordem.

Art. 144 – A segurança pública, dever do Estado, direito e responsabilidade de todos, é exercida para a preservação da ordem pública e da incolumidade das pessoas e do patrimônio, através dos seguintes órgãos: I – polícia federal; II – polícia rodoviária federal; III – polícia ferroviária federal; IV – polícias civis; V – polícias militares e corpos de bombeiros militares.

» CÓDIGO PENAL

Lesão corporal

Art. 129. Ofender a integridade corporal ou a saúde de outrem:

Pena – detenção, de três meses a um ano.

Lesão corporal de natureza grave

§ 1º Se resulta:

I – Incapacidade para as ocupações habituais, por mais de trinta dias;

II – perigo de vida;

III – debilidade permanente de membro, sentido ou função;

IV – aceleração de parto:

Pena – reclusão, de um a cinco anos.

§ 2° Se resulta:

I – Incapacidade permanente para o trabalho;

II – enfermidade incurável;

III perda ou inutilização do membro, sentido ou função;

IV – deformidade permanente;

V – aborto:

Pena – reclusão, de dois a oito anos.

Lesão corporal seguida de morte

§ 3° Se resulta morte e as circunstâncias evidenciam que o agente não quis o resultado, nem assumiu o risco de produzi-lo:

Pena – reclusão, de quatro a doze anos.

Diminuição de pena

§ 4° Se o agente comete o crime impelido por motivo de relevante valor social ou moral ou sob o domínio de violenta emoção, logo em seguida a injusta provocação da vítima, o juiz pode reduzir a pena de um sexto a um terço.

Substituição da pena

§ 5° O juiz, não sendo graves as lesões, pode ainda substituir a pena de detenção pela de multa, de duzentos mil réis a dois contos de réis:

I – se ocorre qualquer das hipóteses do parágrafo anterior;

II – se as lesões são recíprocas.

Lesão corporal culposa

§ 6° Se a lesão é culposa:

Pena – detenção, de dois meses a um ano.

Aumento de pena

§ 7º Aumenta-se a pena de 1/3 (um terço) se ocorrer qualquer das hipóteses dos §§ 4º e 6º do art. 121 deste Código.

§ 8º Aplica-se à lesão culposa o disposto no § 5º do art. 121.

Violência Doméstica

§ 9º Se a lesão for praticada contra ascendente, descendente, irmão, cônjuge ou companheiro, ou com quem conviva ou tenha convivido, ou, ainda, prevalecendo-se o agente das relações domésticas, de coabitação ou de hospitalidade:

Pena – detenção, de 3 (três) meses a 3 (três) anos.

§ 10 Nos casos previstos nos §§ 1º a 3º deste artigo, se as circunstâncias são as indicadas no § 9º deste artigo, aumenta-se a pena em 1/3 (um terço).

§ 11 Na hipótese do § 9º deste artigo, a pena será aumentada de um terço se o crime for cometido contra pessoa portadora de deficiência.

§ 12 Se a lesão for praticada contra autoridade ou agente descrito nos arts. 142 e 144 da Constituição Federal, integrantes do sistema prisional e da Força Nacional de Segurança Pública, no exercício da função ou em decorrência dela, ou contra seu cônjuge, companheiro ou parente consanguíneo até terceiro grau, em razão dessa condição, a pena é aumentada de um a dois terços.

» **JUIZADO ESPECIAL CRIMINAL (LEI 9.099/95)**

Art. 88 – Além das hipóteses do Código Penal e da legislação especial, dependerá de representação a ação penal relativa aos crimes de lesões corporais leves e lesões culposas.

» **LEI DOS CRIMES HEDIONDOS (LEI 8.072/90)**

Art. 1º – São considerados hediondos os seguintes crimes, todos tipificados no Decreto-Lei nº 2.848, de 7 de dezembro de 1940 – Código Penal, consumados ou tentados: (...) I-A – lesão corporal dolosa de natureza gravíssima (art. 129, § 2º) e lesão corporal seguida de morte (art. 129, § 3º), quando praticadas contra autoridade ou agente descrito nos arts. 142 e 144 da Constituição Federal, integrantes do sistema prisional e da Força Nacional de Segurança Pública, no exercício da função ou em decorrência dela, ou contra seu cônjuge, companheiro ou parente consanguíneo até terceiro grau, em razão dessa condição".

» **CÓDIGO DE TRÂNSITO (LEI 9.503/97)**

Art. 303 – Praticar lesão corporal culposa na direção de veículo automotor: Penas – detenção, de seis meses a dois anos e suspensão ou proibição de se obter a permissão ou a habilitação para dirigir veículo automotor.

§ 1º – Aumenta-se a pena de 1/3 (um terço) à metade, se ocorrer qualquer das hipóteses do § 1º do art. 302.

§ 2º – A pena privativa de liberdade é de reclusão de dois a cinco anos, sem prejuízo das outras penas previstas neste artigo, se o agente conduz o veículo com capacidade psicomotora alterada em razão da influência de álcool ou de outra substância psicoativa que determine dependência, e se do crime resultar lesão corporal de natureza grave ou gravíssima.

PERICLITAÇÃO DA VIDA E DA SAÚDE

» **CÓDIGO PENAL**

Perigo de contágio venéreo

Art. 130 – Expor alguém, por meio de relações sexuais ou qualquer ato libidinoso, a contágio de moléstia venérea, de que sabe ou deve saber que está contaminado:

Pena – detenção, de três meses a um ano, ou multa.

§ 1º – Se é intenção do agente transmitir a moléstia:

Pena – reclusão, de um a quatro anos, e multa.

§ 2º – Somente se procede mediante representação.

Perigo de contágio de moléstia grave

Art. 131 – Praticar, com o fim de transmitir a outrem moléstia grave de que está contaminado, ato capaz de produzir o contágio:

Pena – reclusão, de um a quatro anos, e multa.

Perigo para a vida ou saúde de outrem

Art. 132 – Expor a vida ou a saúde de outrem a perigo direto e iminente:

Pena – detenção, de três meses a um ano, se o fato não constitui crime mais grave.

Parágrafo único. A pena é aumentada de um sexto a um terço se a exposição da vida ou da saúde de outrem a perigo decorre do transporte de pessoas para a prestação de serviços em estabelecimentos de qualquer natureza, em desacordo com as normas legais.

Abandono de incapaz

Art. 133 – Abandonar pessoa que está sob seu cuidado, guarda, vigilância ou autoridade, e, por qualquer motivo, incapaz de defender-se dos riscos resultantes do abandono:

Pena – detenção, de seis meses a três anos.

§ 1º – Se do abandono resulta lesão corporal de natureza grave:

Pena – reclusão, de um a cinco anos.

§ 2º – Se resulta a morte:

Pena – reclusão, de quatro a doze anos.

Aumento de pena

§ 3º – As penas cominadas neste artigo aumentam-se de um terço:

I – se o abandono ocorre em lugar ermo;

II – se o agente é ascendente ou descendente, cônjuge, irmão, tutor ou curador da vítima;

III – se a vítima é maior de 60 (sessenta) anos.

Exposição ou abandono de recém-nascido

Art. 134 – Expor ou abandonar recém-nascido, para ocultar desonra própria:

Pena – detenção, de seis meses a dois anos.

§ 1º – Se do fato resulta lesão corporal de natureza grave:

Pena – detenção, de um a três anos.

§ 2º – Se resulta a morte:

Pena – detenção, de dois a seis anos.

Omissão de socorro

Art. 135 – Deixar de prestar assistência, quando possível fazê-lo sem risco pessoal, à criança abandonada ou extraviada, ou à pessoa inválida ou ferida, ao

LEGISLAÇÃO

desamparo ou em grave e iminente perigo; ou não pedir, nesses casos, o socorro da autoridade pública:

Pena – detenção, de um a seis meses, ou multa.

Parágrafo único – A pena é aumentada de metade, se da omissão resulta lesão corporal de natureza grave, e triplicada, se resulta a morte.

Condicionamento de atendimento médico-hospitalar emergencial (Incluído pela Lei nº 12.653, de 2012).

Art. 135-A. Exigir cheque-caução, nota promissória ou qualquer garantia, bem como o preenchimento prévio de formulários administrativos, como condição para o atendimento médico-hospitalar emergencial:

Pena – detenção, de 3 (três) meses a 1 (um) ano, e multa.

Parágrafo único. A pena é aumentada até o dobro se da negativa de atendimento resulta lesão corporal de natureza grave, e até o triplo se resulta a morte.

Maus-tratos

Art. 136 – Expor a perigo a vida ou a saúde de pessoa sob sua autoridade, guarda ou vigilância, para fim de educação, ensino, tratamento ou custódia, quer privando-a de alimentação ou cuidados indispensáveis, quer sujeitando-a a trabalho excessivo ou inadequado, quer abusando de meios de correção ou disciplina:

Pena – detenção, de dois meses a um ano, ou multa.

§ 1º – Se do fato resulta lesão corporal de natureza grave:

Pena – reclusão, de um a quatro anos.

§ 2º – Se resulta a morte:

Pena – reclusão, de quatro a doze anos.

§ 3º – Aumenta-se a pena de um terço, se o crime é praticado contra pessoa menor de 14 (catorze) anos.

» CÓDIGO DE TRÂNSITO (LEI 9.503/97)

Art. 302 – Praticar homicídio culposo na direção de veículo automotor: Penas – detenção, de dois a quatro anos, e suspensão ou proibição de se obter a permissão ou a habilitação para dirigir veículo automotor.

§ 1º – No homicídio culposo cometido na direção de veículo automotor, a pena é aumentada de 1/3 (um terço) à metade, se o agente: I – não possuir Permissão para Dirigir ou Carteira de Habilitação; II – praticá-lo em faixa de pedestres ou na calçada; III – deixar de prestar socorro, quando possível fazê-lo sem risco pessoal, à vítima do acidente; IV – no exercício de sua profissão ou atividade, estiver conduzindo veículo de transporte de passageiros.

§ 2º – (revogado)

§ 3º – Se o agente conduz veículo automotor sob a influência de álcool ou de qualquer outra substância psicoativa que determine dependência: Penas – reclusão, de cinco a oito anos, e suspensão ou proibição do direito de se obter a permissão ou a habilitação para dirigir veículo automotor.

Art. 303 – Praticar lesão corporal culposa na direção de veículo automotor: Penas – detenção, de seis meses a dois anos e suspensão ou proibição de se obter a permissão ou a habilitação para dirigir veículo automotor.

§ 1º – Aumenta-se a pena de 1/3 (um terço) à metade, se ocorrer qualquer das hipóteses do § 1º do art. 302.

§ 2º – A pena privativa de liberdade é de reclusão de dois a cinco anos, sem prejuízo das outras penas previstas neste artigo, se o agente conduz o veículo com capacidade psicomotora alterada em razão da influência de álcool ou de outra substância psicoativa que determine dependência, e se do crime resultar lesão corporal de natureza grave ou gravíssima.

Art. 304 – Deixar o condutor do veículo, na ocasião do acidente, de prestar imediato socorro à vítima, ou, não podendo fazê-lo diretamente, por justa causa, deixar de solicitar auxílio da autoridade pública: Penas – detenção, de seis meses a um ano, ou multa, se o fato não constituir elemento de crime mais grave. **Parágrafo único.** Incide nas penas previstas neste artigo o condutor do veículo, ainda que a sua omissão seja suprida por terceiros ou que se trate de vítima com morte instantânea ou com ferimentos leves.

» LEI DE TORTURA (LEI 9.455/97)

Art. 1º – Constitui crime de tortura: (...) II – submeter alguém, sob sua guarda, poder ou autoridade, com emprego de violência ou grave ameaça, a intenso sofrimento físico ou mental, como forma de aplicar castigo pessoal ou medida de caráter preventivo. Pena – reclusão, de dois a oito anos.

RIXA

» CÓDIGO PENAL

Rixa

Art. 137 – Participar de rixa, salvo para separar os contendores:

Pena – detenção, de quinze dias a dois meses, ou multa.

Parágrafo único – Se ocorre morte ou lesão corporal de natureza grave, aplica-se, pelo fato da participação na rixa, a pena de detenção, de seis meses a dois anos.

CRIMES CONTRA A HONRA

» **CONSTITUIÇÃO FEDERAL**

Art. 5º, X – são invioláveis a intimidade, a vida privada, a honra e a imagem das pessoas, assegurado o direito a indenização pelo dano material ou moral decorrente de sua violação.

» **CÓDIGO PENAL**

Calúnia

Art. 138 – Caluniar alguém, imputando-lhe falsamente fato definido como crime:

Pena – detenção, de seis meses a dois anos, e multa.

§ 1º – Na mesma pena incorre quem, sabendo falsa a imputação, a propala ou divulga.

§ 2º – É punível a calúnia contra os mortos.

Exceção da verdade

§ 3º – Admite-se a prova da verdade, salvo:

I – se, constituindo o fato imputado crime de ação privada, o ofendido não foi condenado por sentença irrecorrível;

II – se o fato é imputado a qualquer das pessoas indicadas no nº I do art. 141;

III – se do crime imputado, embora de ação pública, o ofendido foi absolvido por sentença irrecorrível.

Difamação

Art. 139 – Difamar alguém, imputando-lhe fato ofensivo à sua reputação:

Pena – detenção, de três meses a um ano, e multa.

Exceção da verdade

Parágrafo único – A exceção da verdade somente se admite se o ofendido é funcionário público e a ofensa é relativa ao exercício de suas funções.

Injúria

Art. 140 – Injuriar alguém, ofendendo-lhe a dignidade ou o decoro:

Pena – detenção, de um a seis meses, ou multa.

§ 1º – O juiz pode deixar de aplicar a pena:

I – quando o ofendido, de forma reprovável, provocou diretamente a injúria;

II – no caso de retorsão imediata, que consista em outra injúria.

§ 2º – Se a injúria consiste em violência ou vias de fato, que, por sua natureza ou pelo meio empregado, se considerem aviltantes:

Pena – detenção, de três meses a um ano, e multa, além da pena correspondente à violência.

§ 3º Se a injúria consiste na utilização de elementos referentes a raça, cor, etnia, religião, origem ou a condição de pessoa idosa ou portadora de deficiência:

Pena – reclusão de um a três anos e multa.

Disposições comuns

Art. 141 – As penas cominadas neste Capítulo aumentam-se de um terço, se qualquer dos crimes é cometido:

I contra o Presidente da República, ou contra chefe de governo estrangeiro;

II – contra funcionário público, em razão de suas funções;

III – na presença de várias pessoas, ou por meio que facilite a divulgação da calúnia, da difamação ou da injúria;

IV – contra pessoa maior de 60 (sessenta) anos ou portadora de deficiência, exceto no caso de injúria.

§1º – Se o crime é cometido mediante paga ou promessa de recompensa, aplica-se a pena em dobro.

§ 2º – Se o crime é cometido ou divulgado em quaisquer modalidades das redes sociais da rede mundial de computadores, aplica-se em triplo a pena. (Redação dada pela Lei nº 13.964, de 2019, vetada pelo Presidente da República e mantida pelo Congresso Nacional)

Exclusão do crime

Art. 142 – Não constituem injúria ou difamação punível:

I – a ofensa irrogada em juízo, na discussão da causa, pela parte ou por seu procurador;

II – a opinião desfavorável da crítica literária, artística ou científica, salvo quando inequívoca a intenção de injuriar ou difamar;

III – o conceito desfavorável emitido por funcionário público, em apreciação ou informação que preste no cumprimento de dever do ofício.

Parágrafo único – Nos casos dos ns. I e III, responde pela injúria ou pela difamação quem lhe dá publicidade.

Retratação

Art. 143 – O querelado que, antes da sentença, se retrata cabalmente da calúnia ou da difamação, fica isento de pena. **Parágrafo único.** Nos casos em que o querelado tenha praticado a calúnia ou a difamação utilizando-se de meios de comunicação, a retratação dar-se-á, se assim desejar o ofendido, pelos mesmos meios em que se praticou a ofensa. (Incluído pela Lei nº 13.188, de 2015)

Art. 144 – Se, de referências, alusões ou frases, se infere calúnia, difamação ou injúria, quem se julga ofendido pode pedir explicações em juízo. Aquele que se recusa a dá-las ou, a critério do juiz, não as dá satisfatórias, responde pela ofensa.

Art. 145 – Nos crimes previstos neste Capítulo somente se procede mediante queixa, salvo quando, no caso do art. 140, § 2º, da violência resulta lesão corporal. **Parágrafo único**. Procede-se mediante requisição do Ministro da Justiça, no caso do inciso I do *caput* do art. 141 deste Código, e mediante representação do ofendido, no caso do inciso II do mesmo artigo, bem como no caso do § 3º do art. 140 deste Código.

» LEI DE RACISMO (LEI 7.716/89)

Art. 20 – Praticar, induzir ou incitar a discriminação ou preconceito de raça, cor, etnia, religião ou procedência nacional.

Pena: reclusão de um a três anos e multa.

» DISCRIMINAÇÃO CONTRA O DOENTE DE AIDS (LEI 12.984/14)

Art. 1º – Constitui crime punível com reclusão, de 1 (um) a 4 (quatro) anos, e multa, as seguintes condutas discriminatórias contra o portador do HIV e o doente de aids, em razão da sua condição de portador ou de doente: I – recusar, procrastinar, cancelar ou segregar a inscrição ou impedir que permaneça como aluno em creche ou estabelecimento de ensino de qualquer curso ou grau, público ou privado; II – negar emprego ou trabalho; III – exonerar ou demitir de seu cargo ou emprego; IV – segregar no ambiente de trabalho ou escolar; V – divulgar a condição do portador do HIV ou de doente de aids, com intuito de ofender-lhe a dignidade; VI – recusar ou retardar atendimento de saúde.

» PESSOAS PORTADORAS DE DEFICIÊNCIA (LEI 7.853/89)

Art. 8º – Constitui crime punível com reclusão de 2 (dois) a 5 (cinco) anos e multa: I – recusar, cobrar valores adicionais, suspender, procrastinar, cancelar ou fazer cessar inscrição de aluno em estabelecimento de ensino de qualquer curso ou grau, público ou privado, em razão de sua deficiência; II – obstar inscrição em concurso público ou acesso de alguém a qualquer cargo ou emprego público, em razão de sua deficiência; III – negar ou obstar emprego, trabalho ou promoção à pessoa em razão de sua deficiência; IV – recusar, retardar ou dificultar internação ou deixar de prestar assistência médico-hospitalar e ambulatorial à pessoa com deficiência; V – deixar de cumprir, retardar ou frustrar execução de ordem judicial expedida na ação civil a que alude esta Lei; VI – recusar, retardar ou omitir dados técnicos indispensáveis à propositura da ação civil pública objeto desta Lei, quando requisitados.

» PESSOAS PORTADORAS DE DEFICIÊNCIA (LEI 13.146/15)

Art. 88 – Praticar, induzir ou incitar discriminação de pessoa em razão de sua deficiência:

Pena – reclusão, de 1 (um) a 3 (três) anos, e multa.

§ 1º. Aumenta-se a pena em 1/3 (um terço) se a vítima encontrar-se sob cuidado e responsabilidade do agente.

§ 2º. Se qualquer dos crimes previstos no *caput* deste artigo é cometido por intermédio de meios de comunicação social ou de publicação de qualquer natureza:

Pena – reclusão, de 2 (dois) a 5 (cinco) anos, e multa.

§ 3º. Na hipótese do § 2º deste artigo, o juiz poderá determinar, ouvido o Ministério Público ou a pedido deste, ainda antes do inquérito policial, sob pena de desobediência:

I – recolhimento ou busca e apreensão dos exemplares do material discriminatório;

II – interdição das respectivas mensagens ou páginas de informação na internet.

§ 4º. Na hipótese do § 2º deste artigo, constitui efeito da condenação, após o trânsito em julgado da decisão, a destruição do material apreendido.

Art. 89 – Apropriar-se de ou desviar bens, proventos, pensão, benefícios, remuneração ou qualquer outro rendimento de pessoa com deficiência:

Pena – reclusão, de 1 (um) a 4 (quatro) anos, e multa.

Parágrafo único. Aumenta-se a pena em 1/3 (um terço) se o crime é cometido:

I – por tutor, curador, síndico, liquidatário, inventariante, testamenteiro ou depositário judicial; ou

II – por aquele que se apropriou em razão de ofício ou de profissão.

Art. 90 – Abandonar pessoa com deficiência em hospitais, casas de saúde, entidades de abrigamento ou congêneres:

Pena – reclusão, de 6 (seis) meses a 3 (três) anos, e multa.

Parágrafo único. Na mesma pena incorre quem não prover as necessidades básicas de pessoa com deficiência quando obrigado por lei ou mandado.

Art. 91 – Reter ou utilizar cartão magnético, qualquer meio eletrônico ou documento de pessoa com deficiência destinados ao recebimento de benefícios, proventos, pensões ou remuneração ou à realização de operações financeiras, com o fim de obter vantagem indevida para si ou para outrem:

Pena – detenção, de 6 (seis) meses a 2 (dois) anos, e multa.

Parágrafo único. Aumenta-se a pena em 1/3 (um terço) se o crime é cometido por tutor ou curador.

CRIMES CONTRA A LIBERDADE INDIVIDUAL

» CÓDIGO PENAL

Constrangimento ilegal

Art. 146 – Constranger alguém, mediante violência ou grave ameaça, ou depois de lhe haver reduzido, por qualquer outro meio, a capacidade de resistência, a não fazer o que a lei permite, ou a fazer o que ela não manda:

Pena – detenção, de três meses a um ano, ou multa.

Aumento de pena

§ 1º – As penas aplicam-se cumulativamente e em dobro, quando, para a execução do crime, se reúnem mais de três pessoas, ou há emprego de armas.

§ 2º – Além das penas cominadas, aplicam-se as correspondentes à violência.

§ 3º – Não se compreendem na disposição deste artigo:

I – a intervenção médica ou cirúrgica, sem o consentimento do paciente ou de seu representante legal, se justificada por iminente perigo de vida;

II – a coação exercida para impedir suicídio.

Ameaça

Art. 147 – Ameaçar alguém, por palavra, escrito ou gesto, ou qualquer outro meio simbólico, de causar-lhe mal injusto e grave:

Pena – detenção, de um a seis meses, ou multa.

Parágrafo único – Somente se procede mediante representação.

Perseguição

Art. 147-A - Perseguir alguém, reiteradamente e por qualquer meio, ameaçando-lhe a integridade física ou psicológica, restringindo-lhe a capacidade de locomoção ou, de qualquer forma, invadindo ou perturbando sua esfera de liberdade ou privacidade:

Pena – reclusão, de 6 (seis) meses a 2 (dois) anos, e multa.

§ 1º - A pena é aumentada de metade se o crime é cometido:

I – contra criança, adolescente ou idoso;

II – contra mulher por razões da condição de sexo feminino, nos termos do § 2º-A do art. 121 deste Código;

III – mediante concurso de 2 (duas) ou mais pessoas ou com o emprego de arma.

§ 2º – As penas deste artigo são aplicáveis sem prejuízo das correspondentes à violência.

§ 3º – Somente se procede mediante representação.

Sequestro e cárcere privado

Art. 148 – Privar alguém de sua liberdade, mediante sequestro ou cárcere privado:

Pena – reclusão, de um a três anos.

§ 1º – A pena é de reclusão, de dois a cinco anos:

I – se a vítima é ascendente, descendente, cônjuge ou companheiro do agente ou maior de 60 (sessenta) anos;

II – se o crime é praticado mediante internação da vítima em casa de saúde ou hospital;

III – se a privação da liberdade dura mais de quinze dias.

IV – se o crime é praticado contra menor de 18 (dezoito) anos;

V – se o crime é praticado com fins libidinosos.

§ 2º – Se resulta à vítima, em razão de maus-tratos ou da natureza da detenção, grave sofrimento físico ou moral:

Pena – reclusão, de dois a oito anos.

Redução a condição análoga à de escravo

Art. 149. Reduzir alguém a condição análoga à de escravo, quer submetendo-o a trabalhos forçados ou a jornada exaustiva, quer sujeitando-o a condições degradantes de trabalho, quer restringindo, por qualquer meio, sua locomoção em razão de dívida contraída com o empregador ou preposto:

Pena – reclusão, de dois a oito anos, e multa, além da pena correspondente à violência.

§ 1º Nas mesmas penas incorre quem:

I – cerceia o uso de qualquer meio de transporte por parte do trabalhador, com o fim de retê-lo no local de trabalho;

II – mantém vigilância ostensiva no local de trabalho ou se apodera de documentos ou objetos pessoais do trabalhador, com o fim de retê-lo no local de trabalho.

§ 2º A pena é aumentada de metade, se o crime é cometido:

I – contra criança ou adolescente;

II – por motivo de preconceito de raça, cor, etnia, religião ou origem.

Tráfico de Pessoas

Art. 149-A. Agenciar, aliciar, recrutar, transportar, transferir, comprar, alojar ou acolher pessoa, mediante grave ameaça, violência, coação, fraude ou abuso, com a finalidade de:

I – remover-lhe órgãos, tecidos ou partes do corpo;

II – submetê-la a trabalho em condições análogas à de escravo;

III – submetê-la a qualquer tipo de servidão;

IV – adoção ilegal; ou

V – exploração sexual.

Pena – reclusão, de 4 (quatro) a 8 (oito) anos, e multa.

§ 1º A pena é aumentada de um terço até a metade se:

I – o crime for cometido por funcionário público no exercício de suas funções ou a pretexto de exercê-las;

II – o crime for cometido contra criança, adolescente ou pessoa idosa ou com deficiência;

III – o agente se prevalecer de relações de parentesco, domésticas, de coabitação, de hospitalidade, de dependência econômica, de autoridade ou de superioridade hierárquica inerente ao exercício de emprego, cargo ou função; ou

IV – a vítima do tráfico de pessoas for retirada do território nacional.

§ 2º A pena é reduzida de um a dois terços se o agente for primário e não integrar organização criminosa.

Violação de domicílio

Art. 150 – Entrar ou permanecer, clandestina ou astuciosamente, ou contra a vontade expressa ou tácita de quem de direito, em casa alheia ou em suas dependências:

Pena – detenção, de um a três meses, ou multa.

§ 1º – Se o crime é cometido durante a noite, ou em lugar ermo, ou com o emprego de violência ou de arma, ou por duas ou mais pessoas:

Pena – detenção, de seis meses a dois anos, além da pena correspondente à violência.

§ 2º – (revogado)

§ 3º – Não constitui crime a entrada ou permanência em casa alheia ou em suas dependências:

I – durante o dia, com observância das formalidades legais, para efetuar prisão ou outra diligência;

II – a qualquer hora do dia ou da noite, quando algum crime está sendo ali praticado ou na iminência de o ser.

§ 4º – A expressão "casa" compreende:

I – qualquer compartimento habitado;

II – aposento ocupado de habitação coletiva;

III – compartimento não aberto ao público, onde alguém exerce profissão ou atividade.

§ 5º – Não se compreendem na expressão "casa":

I – hospedaria, estalagem ou qualquer outra habitação coletiva, enquanto aberta, salvo a restrição do nº II do parágrafo anterior;

II – taverna, casa de jogo e outras do mesmo gênero.

Violação de correspondência

Art. 151 – Devassar indevidamente o conteúdo de correspondência fechada, dirigida a outrem:

Pena – detenção, de um a seis meses, ou multa.

Sonegação ou destruição de correspondência

§ 1º – Na mesma pena incorre:

I – quem se apossa indevidamente de correspondência alheia, embora não fechada e, no todo ou em parte, a sonega ou destrói;

Violação de comunicação telegráfica, radioelétrica ou telefônica

II – quem indevidamente divulga, transmite a outrem ou utiliza abusivamente comunicação telegráfica ou radioelétrica dirigida a terceiro, ou conversação telefônica entre outras pessoas;

III – quem impede a comunicação ou a conversação referidas no número anterior;

IV – quem instala ou utiliza estação ou aparelho radioelétrico, sem observância de disposição legal.

§ 2º – As penas aumentam-se de metade, se há dano para outrem.

§ 3º – Se o agente comete o crime, com abuso de função em serviço postal, telegráfico, radioelétrico ou telefônico:

Pena – detenção, de um a três anos.

§ 4º – Somente se procede mediante representação, salvo nos casos do § 1º, IV, e do § 3º.

Correspondência comercial

Art. 152 – Abusar da condição de sócio ou empregado de estabelecimento comercial ou industrial para, no todo ou em parte, desviar, sonegar, subtrair ou suprimir correspondência, ou revelar a estranho seu conteúdo:

Pena – detenção, de três meses a dois anos.

Parágrafo único – Somente se procede mediante representação.

Divulgação de segredo

Art. 153 – Divulgar alguém, sem justa causa, conteúdo de documento particular ou de correspondência confidencial, de que é destinatário ou detentor, e cuja divulgação possa produzir dano a outrem:

Pena – detenção, de um a seis meses, ou multa.

§ 1º Somente se procede mediante representação.

§ 1º-A Divulgar, sem justa causa, informações sigilosas ou reservadas, assim definidas em lei, contidas ou não nos sistemas de informações ou banco de dados da Administração Pública:

Pena – detenção, de 1 (um) a 4 (quatro) anos, e multa.

§ 2º Quando resultar prejuízo para a Administração Pública, a ação penal será incondicionada.

Violação do segredo profissional

Art. 154 – Revelar alguém, sem justa causa, segredo, de que tem ciência em razão de função, ministério, ofício ou profissão, e cuja revelação possa produzir dano a outrem:

Pena – detenção, de três meses a um ano, ou multa.

Parágrafo único – Somente se procede mediante representação.

Art. 154-A. Invadir dispositivo informático alheio, conectado ou não à rede de computadores, mediante violação indevida de mecanismo de segurança e com o fim de obter, adulterar ou destruir dados ou informações sem autorização expressa ou tácita do titular do dispositivo ou instalar vulnerabilidades para obter vantagem ilícita: (Incluído pela Lei nº 12.737, de 2012)

Pena – detenção, de 3 (três) meses a 1 (um) ano, e multa.

§ 1º Na mesma pena incorre quem produz, oferece, distribui, vende ou difunde dispositivo ou programa de computador com o intuito de permitir a prática da conduta definida no *caput*.

§ 2º Aumenta-se a pena de um sexto a um terço se da invasão resulta prejuízo econômico.

§ 3º Se da invasão resultar a obtenção de conteúdo de comunicações eletrônicas privadas, segredos comerciais ou industriais, informações sigilosas, assim definidas em lei, ou o controle remoto não autorizado do dispositivo invadido:

Pena – reclusão, de 6 (seis) meses a 2 (dois) anos, e multa, se a conduta não constitui crime mais grave.

§ 4º Na hipótese do § 3º, aumenta-se a pena de um a dois terços se houver divulgação, comercialização ou transmissão a terceiro, a qualquer título, dos dados ou informações obtidos.

§ 5º Aumenta-se a pena de um terço à metade se o crime for praticado contra:

I – Presidente da República, governadores e prefeitos;

II – Presidente do Supremo Tribunal Federal;

III – Presidente da Câmara dos Deputados, do Senado Federal, de Assembleia Legislativa de Estado, da Câmara Legislativa do Distrito Federal ou de Câmara Municipal; ou

IV – dirigente máximo da administração direta e indireta federal, estadual, municipal ou do Distrito Federal.

Ação penal (Incluído pela Lei nº 12.737, de 2012)

Art. 154-B. Nos crimes definidos no art. 154-A, somente se procede mediante representação, salvo se o crime é cometido contra a administração pública direta ou indireta de qualquer dos Poderes da União, Estados, Distrito Federal ou Municípios ou contra empresas concessionárias de serviços públicos.

» **CÓDIGO BRASILEIRO DE TELECOMUNICAÇÕES (LEI 4.117/72)**

Art. 70 – Constitui crime punível com a pena de detenção de 1 (um) a 2 (dois) anos, aumentada da metade se houver dano a terceiro, a instalação ou utilização de telecomunicações, sem observância do disposto nesta Lei e nos regulamentos.

» **INTERCEPTAÇÃO TELEFÔNICA (LEI 9.296/96)**

Art. 10 – Constitui crime realizar interceptação de comunicações telefônicas, de informática ou telemática, ou quebrar segredo da Justiça, sem autorização judicial ou com objetivos não autorizados em lei. Pena: reclusão, de dois a quatro anos, e multa.

» **ORGANIZAÇÃO DOS SERVIÇOS DE TELECOMUNICAÇÕES (LEI 9.472/97)**

Art. 183 – Desenvolver clandestinamente atividades de telecomunicação: Pena – detenção de dois a quatro anos, aumentada da metade se houver dano a terceiro, e multa de R$ 10.000,00 (dez mil reais).

Parágrafo único. Incorre na mesma pena quem, direta ou indiretamente, concorrer para o crime.

QUESTÕES

CAPÍTULO I

Sumário • 1. Questões com gabarito comentado – 2. Questões de concursos.

1. QUESTÕES COM GABARITO COMENTADO

01. (CESPE – 2020 – MPE-CE – Técnico Ministerial) Mário, após ingerir bebida alcoólica em uma festa, agrediu um casal de namorados, o que resultou na morte do rapaz, devido à gravidade das lesões. A moça sofreu lesões leves. A partir dessa situação hipotética, julgue o item a seguir. Mário praticou lesão corporal leve contra a moça, sendo, nesse caso, admitida a renúncia à representação apenas perante o juiz, conforme prevê a Lei Maria da Penha.

COMENTÁRIOS

Gabarito: Errado. No caso, "Mário praticou lesão corporal leve", tipificado no art. 129, *caput*, do CP. Assim, nos termos do art. 88 da Lei nº 9.099/95 somente se procede mediante representação (*"Além das hipóteses do Código Penal e da legislação especial, dependerá de representação a ação penal relativa aos crimes de lesões corporais leves e lesões culposas"*). Desse modo, é perfeitamente aplicável as regras de retratação/"renúncia" à representação. Ressalte-se que a questão não presenta elementos a caracterizar violência doméstica e familiar. Caso existisse, seria o caso de observarmos a Súmula 542 do STJ: "A ação penal relativa ao crime de lesão corporal resultante de violência doméstica contra a mulher é pública incondicionada".

02. (Quadrix – 2020 – CRO-DF – Fiscal) À luz do Código Penal brasileiro, julgue o item. O cirurgião‑dentista que conta para um colega, a fim de obter um diagnóstico, que um paciente adquiriu uma doença sexualmente transmissível, sem revelar sua identidade, comete o crime de violação do segredo profissional.

COMENTÁRIOS

Gabarito Errado. Configura o delito de "Violação do segredo profissional" (art. 154 do CP) a conduta de "Revelar alguém, sem justa causa, segredo, de que tem ciência em razão de função, ministério, ofício ou profissão, e cuja revelação possa produzir dano a outrem". No caso, não configurou o delito. A uma, porque havia justa causa (justificada para o fim de obter um diagnóstico). A duas, porque, por não ter revelado a identidade, não tem idoneidade de produzir dano a outrem.

03. (IBFC – 2020 – EBSERH – Advogado) O atual Código de Direito Penal, recepcionado pela Constituição de 1988, inicia a Parte Especial tratando dos crimes contra a pessoa. Sobre eles, assinale a alternativa incorreta.

a) Também é crime se a lesão corporal for praticada contra ascendente, descendente, irmão, cônjuge ou companheiro, ou com quem conviva ou tenha convivido, ou, ainda, prevalecendo-se o agente das relações domésticas, de coabitação ou de hospitalidade.

b) Trata-se de homicídio qualificado aquele cometido contra a mulher por razões da condição do sexo feminino.

c) É crime o aborto de feto com anencefalia.

d) É crime contra a pessoa praticar, com o fim de transmitir a outrem moléstia grave de que está contaminado, ato capaz de produzir contágio.

e) É crime abandonar pessoa que está sob seu cuidado, guarda, vigilância ou autoridade, e, por qualquer motivo, incapaz de defender-se dos riscos resultantes do abandono.

COMENTÁRIOS

Gabarito c. Não há previsão no Código Penal. Apesar da divergência, o STF, julgando a Arguição de Descumprimento de Preceito Fundamental (ADPF) 54, em 12/04/2012, decidiu por maioria de votos (8 x 2) que a antecipação terapêutica de parto nos casos de feto anencéfalo não caracteriza o crime de aborto.

Alternativa a. Correta. Nos termos do art. 129, § 9º, do CP considera-se "violência doméstica" se a lesão for praticada contra ascendente, descendente, irmão, cônjuge ou companheiro, ou com quem conviva ou tenha convivido, ou, ainda, prevalecendo-se o agente das relações domésticas, de coabitação ou de hospitalidade:

Alternativa b. Correta. Trata-se de homicídio qualificado, denominado de feminicídio, aquele cometido contra a mulher por razões da condição do sexo feminino, conforme art. 121, §2º, VI, do CP.

Alternativa d. Correta. Configura o delito contra a pessoa o de "Perigo de contágio de moléstia grave" a conduta de "Praticar, com o fim de transmitir a outrem moléstia grave de que está contaminado, ato capaz de produzir o contágio" (art. 131 do CP).

Alternativa e. Correta. Trata-se de "Abandono de incapaz" a conduta de "Abandonar pessoa que está sob seu cuidado, guarda, vigilância ou autoridade, e, por qualquer motivo, incapaz de defender-se dos riscos resultantes do abandono" (art. 133 do CP).

04. (CESPE – 2020 – MPE-CE – Promotor de Justiça) Paulo, descontente com o término do namoro com Maria, livre e conscientemente invadiu o dispositivo informático do aparelho celular dela e capturou fotos íntimas e conversas privadas dela com seu novo namorado, João. Posteriormente, também livre e conscientemente, com intuito de vingança, divulgou, em redes sociais na Internet, os vídeos e as fotos de Maria, com cunho sexual, difamando-a e injuriando João com a utilização de elementos referentes à sua raça, cor e etnia. Em razão dessa conduta, Paulo foi indiciado pelos delitos de violação de dispositivo informático, divulgação de cenas de sexo ou pornografia, majorada pelo intuito de vingança, difamação contra Maria e injúria racial contra João.

Com relação à persecução penal nessa situação hipotética, é correto afirmar que os crimes citados se submetem, respectivamente, a ação penal:

a) pública condicionada a representação, pública condicionada a representação, privada, e pública incondicionada.

b) pública condicionada a representação, pública incondicionada, privada, e pública condicionada a representação.

c) pública condicionada a representação, pública condicionada a representação, privada, e pública condicionada a representação.

d) pública incondicionada, pública incondicionada, privada, e pública condicionada a representação.

e) pública incondicionada, pública incondicionada, pública condicionada a representação, e pública incondicionada.

COMENTÁRIOS

Gabarito: B.

Fato 01: "Paulo, descontente com o término do namoro com Maria, livre e conscientemente invadiu o dispositivo informático do aparelho celular dela e capturou fotos íntimas e conversas privadas dela com seu novo namorado". **Crime:** Invasão de dispositivo informático (Art. 154-A. Invadir dispositivo informático alheio, conectado ou não à rede de computadores, mediante violação indevida de mecanismo de segurança e com o fim de obter, adulterar ou destruir dados ou informações sem autorização expressa ou tácita do titular do dispositivo ou instalar vulnerabilidades para obter vantagem ilícita). **Ação penal:** "Art. 154-B. Nos crimes definidos no art. 154-A, somente se procede mediante representação, salvo se o crime é cometido contra a administração pública direta ou indireta de qualquer dos Poderes da União, Estados, Distrito Federal ou Municípios ou contra empresas concessionárias de serviços públicos".

Fato 02: "João. Posteriormente, também livre e conscientemente, com intuito de vingança, divulgou, em redes sociais na Internet, os vídeos e as fotos de Maria, com cunho sexual. **Crime:** Divulgação de cena de sexo ou de pornografia (art. 218-C. Oferecer, trocar, disponibilizar, transmitir, vender ou expor à venda, distribuir, publicar ou divulgar, por qualquer meio - inclusive por meio de comunicação de massa ou sistema de informática ou telemática -, (...), sem o consentimento da vítima, cena de sexo, nudez ou pornografia). **Ação Penal:** "Art. 225. Nos crimes definidos nos Capítulos I e II deste Título, procede-se mediante ação penal pública incondicionada".

Fato 03: (...) "difamando-a". **Crime**: Difamação. (Art. 139 - Difamar alguém, imputando-lhe fato ofensivo à sua reputação). **Ação Penal:** "Art. 145 - Nos crimes previstos neste Capítulo somente se procede mediante queixa, (...)".

Fato 04: (...) injuriando João com a utilização de elementos referentes à sua raça, cor e etnia". **Crime:** Injúria Racial. Art. 140 - Injuriar alguém, ofendendo-lhe a dignidade ou o decoro: (...) § 3o Se a injúria consiste na utilização de elementos referentes a raça, cor, etnia, religião, origem ou a condição de pessoa idosa ou portadora de deficiência. **Ação penal:** "Art. 145, parágrafo único. Procede-se mediante (...) mediante representação do ofendido (...) no caso do § 3o do art. 140 deste Código".

05. (CESPE – 2019 – PRF – Policial Rodoviário Federal) Abordado determinado veículo em região de fronteira internacional, os policiais rodoviários federais suspeitaram da conduta do motorista: ele conduzia duas adolescentes com as quais não tinha nenhum grau de parentesco. Ao ser questionado, o condutor do veículo confessou que fora pago para conduzi-las a um país vizinho, onde seriam exploradas sexualmente. As adolescentes informaram que estavam sendo transportadas sob grave ameaça e que não haviam consentido com a realização da viagem e muito menos com seus propósitos finais. Considerando a situação hipotética apresentada, julgue o item a seguir. A conduta do motorista do veículo se amolda ao tipo penal do tráfico de pessoas, em sua forma consumada, incidindo, nesse caso, causa de aumento de pena, em razão de as vítimas serem adolescentes.

COMENTÁRIOS:

Gabarito: correta. O crime de tráfico de pessoas está disciplinado no art. 149-A do Código Penal nos seguintes termos: "Agenciar, aliciar, recrutar, transportar, transferir, comprar, alojar ou acolher pessoa, mediante grave ameaça, violência, coação, fraude ou abuso, com a finalidade de: I - remover-lhe órgãos, tecidos ou partes do corpo; II - submetê-la a trabalho em condições análogas à de escravo; III - submetê-la a qualquer tipo de servidão; IV - adoção ilegal; ou V - exploração sexual: Pena - reclusão, de 4 (quatro) a 8 (oito) anos, e multa". Trata-se de crime formal, que se consumou quando o motorista, mediante grave ameaça, transportou as vítimas para serem exploradas sexualmente. Como as ofendidas são adolescentes, incide a majorante do inciso II do § 1º: "A pena é aumentada de um terço até a metade se: (...) II - o crime for cometido contra criança, adolescente ou pessoa idosa ou com deficiência".

06. (VUNESP – 2019 – Prefeitura de São José do Rio Preto-SP – Procurador do Município) No que concerne à retratação nos crimes contra a honra, tema tratado no art. 143 do CP, assinale a alternativa correta.

a) Apenas a injúria admite-a.
b) Apenas a calúnia e a injúria admitem-na.
c) Apenas a calúnia e a difamação admitem-na.
d) Todos os crimes contra a honra admitem-na, mas apenas até o oferecimento da denúncia.
e) Nenhum dos crimes contra a honra admitem-na.

COMENTÁRIOS:

Gabarito: c. De acordo com o art. 143 do Código Penal, "O querelado que, antes da sentença, se retrata cabalmente da calúnia ou da difamação, fica isento de pena". Assim, somente os crimes de calúnia e difamação admitem a retratação. Por tal razão as demais alternativas, que fazem referência ao delito de injúria, estão erradas.

07. (CESPE – 2019 – DPE-DF – Defensor Público) Com relação aos delitos tipificados na parte especial do Código Penal, julgue o item subsecutivo. A circunstância do descumprimento de medida protetiva de urgência imposta ao agressor, consistente na proibição de aproximação da vítima, constitui causa de aumento de pena no delito de feminicídio.

COMENTÁRIOS:

Gabarito: correta. Conforme o inciso IV do § 7º do artigo 121 do Código Penal, "A pena do feminicídio é aumentada de 1/3 (um terço) até a metade se o crime for praticado: (...) IV - em descumprimento das medidas protetivas de urgência previstas nos incisos I, II e III do *caput* do art. 22 da Lei nº 11.340, de 7 de agosto de 2006".

08. (FGV – 2018 – TJ-SC – Analista Jurídico) Durante uma discussão entre Carla e Luana, que eram amigas, Carla desfere, com intenção de causar lesão leve, um tapa na face de Luana, que a havia ofendido. Ocorre que, de maneira totalmente surpreendente, Luana vem a falecer no dia seguinte, em virtude do tapa recebido e da lesão causada, pois rompeu-se um desconhecido coágulo sanguíneo na cabeça, mesmo diante do fraco golpe. Na semana seguinte, a família de Luana, revoltada, procura a Delegacia, narra o ocorrido e afirma ter interesse em ver Carla processada criminalmente. Confirmados os fatos, assim como a intenção de Carla, o Ministério Público poderá imputar a Carla a prática do(s) crime(s) de: A) lesão corporal leve dolosa e homicídio culposo; B) lesão corporal seguida de morte; C) lesão corporal leve; D) homicídio doloso; E) homicídio culposo.

COMENTÁRIOS

Gabarito: *c*. Depreende-se do enunciado que Carla desfere voluntariamente um tapa na face de Luana e provoca lesão corporal leve. Seu comportamento não era de matar nem se evidencia das circunstâncias que o Carla quis a morte ou assumiu o risco de produzi-la, de modo que não incide o art. 121 (homicídio) e nem o art. 129 § 3º (lesão corporal seguida de morte). Ademais, nos termos do art. 19 do CP, pelo resultado que agrava especialmente a pena, só responde o agente que o houver causado ao menos culposamente. No caso, ainda que exista nexo causal entre o tapa, o rompimento de um desconhecido coágulo sanguíneo na cabeça e o resultado morte, este não era previsível.

09. (FUNDATEC – 2018 – DPE-SC – Analista Técnico) Tendo por base os crimes contra a honra, analise as assertivas a seguir: I. As imunidades judiciária, literária, artística ou científica e a funcional são causas especiais de exclusão da ilicitude, sendo que a presença destas faz com que a injúria e a difamação não sejam puníveis. II. A retratação, de acordo com o art. 143 do CP, é causa de extinção da punibilidade, quando o querelado, antes da sentença, se retrata cabalmente da calúnia ou difamação. III. A injúria qualificada por preconceito é crime contra a honra, de ação penal pública condicionada à representação, sendo crime afiançável e prescritível. Difere-se do chamado crime de racismo, sendo delito de ação penal incondicionada, imprescritível e inafiançável. IV. Pode-se afirmar que a injúria qualificada pelo preconceito se traduz em um xingamento contra uma pessoa determinada, xingamento esse relacionado à sua raça, cor, etnia, religião, origem da vítima, ao fato de tratar-se de pessoa idosa ou portadora de deficiência. Já o delito de racismo, traduz-se em um sentimento em relação à raça como um todo, não atingindo pessoa determinada. Quais estão corretas? A) Apenas II. B) Apenas IV. C) Apenas I e IV. D) Apenas III e IV. E) I, II, III e IV.

COMENTÁRIOS

Gabarito: *e*.

Alternativa I: correta. As referidas imunidades judiciária (art. 141, I), literária, artística ou científica (art. 141, II) e funcional (art. 141, III) são causas especiais de exclusão do crime aplicáveis à injúria e a difamação.

Alternativa II: correta. A alternativa está em conformidade com o art. 143 do CP. Frise-se que a retratação (retirar o que foi dito) não se aplica à injúria.

Alternativa III: correta. Foi considerada correta a alternativa. De fato, a injúria qualificada por preconceito é crime contra a honra (art. 141, § 3º, do CP), cuja ação penal é pública condicionada à representação (art. 140, § 3º); ademais, segundo forte posição doutrinária, é crime afiançável e prescritível. Difere-se do chamado crime de racismo, que é delito de ação penal incondicionada, imprescritível e inafiançável. Entretanto, em relação ao crime de injúria racial, a resposta do gabarito não se orientou pela posição do STJ, que já decidiu em sentido diverso no que diz respeito às cláusulas de inafiançabilidade e imprescritibilidade: "Nos termos da orientação jurisprudencial desta Corte, com o advento da Lei nº 9.459/97, introduzindo a denominada injúria racial, criou-se mais um delito no cenário do racismo, portanto, imprescritível, inafiançável e sujeito à pena de reclusão" (STJ, 6ª T., AgRg no AREsp 734236, j. 27/02/2018).

Alternativa IV: correta. Pode-se afirmar que a injúria qualificada pelo preconceito se traduz em um xingamento contra uma pessoa determinada, xingamento esse relacionado à sua raça, cor, etnia, religião, origem da vítima, ao fato de tratar-se de pessoa idosa ou portadora de deficiência. Já o delito de racismo (art. 20 da Lei nº 7.716/89) traduz-se em um sentimento em relação à raça como um todo, não atingindo pessoa determinada.

10. **(FGV – 2017 – TRT12 – Analista Judiciário)** Insatisfeito com o comportamento de seu empregador Juca, Carlos escreve uma carta para a família daquele, afirmando que Juca seria um estelionatário e torturador. Lacra a carta e a entrega no correio, adotando todas as medidas para que chegasse aos destinatários. No dia seguinte, porém, Carlos se arrepende de seu comportamento e passa a adotar conduta para evitar que a carta fosse lida por qualquer pessoa e o crime consumado. Carlos vai até a casa de Juca, tenta retirar a carta da caixa do correio, mas vê o exato momento em que Juca e sua esposa pegam o envelope e leem todo o escrito. Ofendido, Juca procura seu advogado e narra o ocorrido. Considerando a situação apresentada, o advogado de Juca deverá esclarecer que a conduta de Carlos configura crime de:

a) injúria, consumado;
b) tentativa de injúria, pois houve arrependimento eficaz, devendo Carlos responder apenas pelos atos já praticados;
c) tentativa de calúnia, pois houve desistência voluntária, devendo Carlos responder apenas pelos atos já praticados;
d) tentativa de calúnia, pois houve arrependimento eficaz, devendo Carlos responder apenas pelos atos já praticados;
e) calúnia, consumado.

COMENTÁRIOS

Gabarito: a. Carlos praticou o crime de injúria, pois ofendeu a honra subjetiva de Juca (imputação de qualidade negativa). O delito está consumado, pois a injúria consuma-se no momento em que a ofensa chega ao conhecimento da vítima.

Alternativa *b*: errada. Como a ofensa chegou ao conhecimento da vítima, o crime está consumado.

Alternativa *c*: errada. Conforme dito acima, o crime está consumado, pois a ofensa chegou ao conhecimento da vítima.

Alternativa *d*: errada. Não há crime de calúnia, pois esta pressupõe a imputação de fato determinado à vítima, que seja falso e definido como crime. Carlos não disse que Juca praticou crimes determinados de estelionato e tortura, mas sim o chamou de "estelionatário e torturador", o que configura injúria.

Alternativa *e*: errada. Como referido acima, não há calúnia, mas injúria.

11. **(FAURGS – 2017 – TJ-RS – Analista Judiciário)** Acerca do crime de homicídio, assinale a alternativa correta.

a) Diante da relação de parentesco existente entre vítima e réu, alguém que mate o próprio pai após grave discussão praticará o crime de homicídio qualificado.
b) De acordo com a doutrina majoritária, incidirá a qualificadora relativa ao emprego de veneno quando a vítima ingerir a substância forçadamente ou sem saber que o está ingerindo.
c) O homicídio praticado por motivo insignificante é qualificado pelo motivo torpe.
d) O agente que praticar o crime de homicídio sob o domínio da violenta emoção logo após a injusta provocação da vítima poderá ter a sua pena reduzida de 1/6 (um sexto) a 1/3 (um terço) ou ser isento de pena em virtude da concessão do perdão judicial.
e) No crime de homicídio doloso, é predominante o entendimento que admite a coexistência das circunstâncias privilegiadoras com as qualificadoras de natureza objetiva.

COMENTÁRIOS

Gabarito: *e*. O homicídio qualificado-privilegiado somente é possível se a qualificadora for de ordem objetiva (incisos III e IV – meios e modos de execução do crime), já que as privilegiadoras do § 1º do art. 121 do CP são todas subjetivas.

Alternativa *a*: incorreta. Matar o próprio pai não qualifica, por si só, o crime de homicídio. Poderá, entretanto, configurar a agravante do art. 61, II, "e", do CP (contra ascendente).

Alternativa *b*: incorreta. A qualificadora do emprego de veneno não irá incidir quando a vítima for obrigada a ingerir a substância. Neste caso poderá incidir a qualificadora do meio cruel.

Alternativa *c*: incorreta. Motivo insignificante é o fútil (bobo, pequeno, desproporcional).

Alternativa *d*: incorreta. No art. 121, § 1º, do Código Penal não há previsão de isenção de pena em virtude da concessão do perdão judicial.

12. (CESPE – 2017 – TJ-PR – Juiz de Direito) Aos crimes praticados com violência doméstica e familiar contra a mulher são inaplicáveis as normas tutelares despenalizadoras da Lei dos Juizados Especiais Cíveis e Criminais.

COMENTÁRIOS

Gabarito: correta. Nesse sentido: "O artigo 41 da Lei nº 11.340/06, a afastar, nos crimes de violência doméstica contra a mulher, a Lei nº 9.099/95, mostra-se em consonância com o disposto no § 8º do artigo 226 da Carta da República, a prever a obrigatoriedade de o Estado adotar mecanismos que coíbam a violência no âmbito das relações familiares" (STF, Pleno, ADC 19, j. 09/02/2012). Ainda: "A suspensão condicional do processo e a transação penal não se aplicam na hipótese de delitos sujeitos ao rito da Lei Maria da Penha" (Súmula 536 do STJ).

13. (TRF2 – 2017 – Juiz Federal) Leia as assertivas e, ao final, marque a opção correta:

I – Não constituem calúnia ou difamação punível a ofensa irrogada em juízo, na discussão da causa, pela parte ou por seu procurador;

II – No crime de calúnia, o querelado não pode ingressar com a exceção da verdade quando o fato imputado à vítima constitua crime de ação privada e não houver condenação definitiva sobre o assunto;

III – Os crimes de calúnia e difamação exigem afirmativa específica acerca de fato determinado. Já na injúria as assertivas não consideram fatos específicos, e se referem a afirmações vagas e gerais feitas à pessoa do ofendido.

IV – É isento de pena o querelado que, antes da sentença, se retrata cabalmente da injúria ou da difamação.

a) Apenas as assertivas II e III estão corretas.
b) Apenas as assertivas I, II e IV estão corretas.
c) Apenas a assertiva II está correta.
d) Apenas as assertivas I e III estão corretas.
e) Todas as assertivas são falsas.

COMENTÁRIOS

Gabarito: *a*. As assertivas II e III estão corretas. **Item II** – O fundamento está no art. 138, § 3º, I, do Código Penal: "Admite-se a prova da verdade, salvo: I – se, constituindo o fato imputado crime de ação privada, o ofendido não foi condenado por sentença irrecorrível". **Item III**. Nos crimes de calúnia e difamação os próprios tipos penais exigem afirmativa específica acerca de fato determinado (ofensa à honra objetiva da vítima): "Caluniar alguém, imputando-lhe falsamente fato definido como crime" (art. 138 do CP); "Difamar alguém, imputando-lhe fato ofensivo à sua reputação" (art. 139 do CP). Já na injúria não há imputação de fato, mas de qualidade negativa (ofensa à honra subjetiva da vítima): "Injuriar alguém, ofendendo-lhe a dignidade ou o decoro" (art. 140 do CP).

Alternativa *b*: incorreta. As assertivas I e IV estão erradas. **Item I**: de acordo com o art. 142 do Código Penal, "Não constituem injúria ou difamação punível: I – a ofensa irrogada em juízo, na discussão da causa, pela parte ou por seu procurador". **Item IV**: conforme o art. 143 do Código Penal, "O querelado que, antes da sentença, se retrata cabalmente da calúnia ou da difamação, fica isento de pena".

Alternativa *c*: incorreta. Estão certas as assertivas II e III.

Alternativa *d*: incorreta. Está errada a assertiva I.

Alternativa *e*: incorreta. Estão certas as assertivas II e III.

14. (CESPE – 2016 – TRT8 – Analista Judiciário) A idade da vítima é um dado irrelevante na dosimetria da pena do crime de homicídio doloso.

COMENTÁRIOS

Gabarito: errada. A idade da vítima pode interferir na aplicação da pena. Nos termos do art. 121, § 4º, sendo doloso o homicídio, a pena é aumentada de 1/3 (um terço) se o crime é praticado contra pessoa menor de 14 (quatorze) ou maior de 60 (sessenta) anos. Por outro lado, nos termos do § 7º, a pena do feminicídio é aumentada de 1/3 um terço (um terço) até a metade se o crime for praticado: (...) contra pessoa menor de 14 (catorze) anos, maior de 60 (sessenta) anos, com deficiência ou portadora de doenças degenerativas que acarretem condição limitante ou de vulnerabilidade física ou mental.

15. (CESPE – 2016 – TRT8 – Analista Judiciário) Para a configuração dos crimes contra a honra, exige-se somente o dolo genérico, desconsiderando-se a existência de intenção, por parte do agente, de ofender a honra da vítima.

COMENTÁRIOS

Gabarito: errada. No art. 138, *caput*, deve haver dolo direto ou eventual, ao passo que no § 1º somente dolo direto. Além do dolo, é necessária deve haver a intenção específica ou o firme propósito de ofender a honra (elemento subjetivo especial do tipo). Assim, não configura o delito quando o agente possui apenas animus narrandi, criticandi, defendendi, retorquendi, corrigendi e jocandi.

16. (VUNESP – 2015 – MP-SP – Analista de Promotoria) Sobre o feminicídio, introduzido no Código Penal pela Lei no 13.104/2015, assinale a alternativa correta.

a) Foi introduzido como um novo crime no Código Penal, incidindo sempre que mulheres figurarem como vítimas de homicídio tentado ou consumado.

b) Trata-se de mais uma hipótese de homicídio simples, mas que terá sua pena aumentada em 1/3 pelo fato da vítima ser mulher.

c) Não foi incluído no rol dos crimes hediondos, considerando as graves consequências já estabelecidas nas causas de aumento do § 7° do artigo 121, CP.

d) Acrescentou uma hipótese de homicídio qualificado no § 2° do artigo 121, CP.

e) Estabeleceu uma modalidade de homicídio qualificado, mas manteve as penas do homicídio simples, considerando as causas de aumento previstas no § 7° do artigo 121, CP.

COMENTÁRIOS

Gabarito: d. De fato, a Lei nº 13.104/15 acrescentou ao rol de qualificadoras do homicídio (CP, art. 121, § 2º) o inciso VI ("contra a mulher por razões da condição de sexo feminino"), que trata do feminicídio.

Alternativa a: errada. Não se trata de crime novo, mas de qualificadora (do crime de homicídio) nova.

Alternativa b: errada. O feminicídio configura homicídio qualificado, e não simples.

Alternativa c: errada. De acordo com o art. 1º, I, da Lei nº 8.072/90, cuja redação foi dada pela Lei nº 13.142/15, é hediondo o "homicídio (art. 121), quando praticado em atividade típica de grupo de extermínio, ainda que cometido por um só agente, e homicídio qualificado (art. 121, § 2º, incisos I, II, III, IV, V, VI e VII)".

Alternativa e: errada. Como o feminicídio é espécie de homicídio qualificado, não se aplica a pena do homicídio simples.

17. (VUNESP – 2015 – PC-CE – Escrivão) O indivíduo B, com a finalidade de comemorar a vitória de seu time de futebol, passou a disparar "fogos de artifício" de sua residência, que se situa ao lado de um edifício residencial. Ao ser alertado por um de seus amigos sobre o risco de que as explosões poderiam atingir as residências do edifício e que havia algumas janelas abertas, B respondeu que não havia problema porque naquele prédio só moravam torcedores do time rival. Um dos dispositivos disparados explodiu dentro de uma das residências desse edifício e feriu uma criança de 5 anos de idade que ali se encontrava. Com relação à conduta do indivíduo B, é correto afirmar que:

a) o indivíduo B poderá ser responsabilizado pelo crime de lesão corporal culposa, em virtude de ter agido com negligência.

b) o indivíduo B poderá ser responsabilizado pelo crime de lesão corporal culposa, em virtude de ter agido com imperícia.

c) o indivíduo B poderá ser responsabilizado pelo crime de lesão corporal dolosa.

d) o indivíduo B poderá ser responsabilizado pelo crime de lesão corporal culposa, em virtude de ter agido com imprudência.

e) o indivíduo B não poderá ser responsabilizado pelo crime de lesão corporal, tendo em vista que o pai da criança lesionada percebeu que as explosões estavam ocorrendo próximo às janelas e não as fechou.

COMENTÁRIOS

Gabarito: c. Considerando que o agente B tenha previsto o resultado e assumido o risco de produzi-lo, poderá ser punido pelo delito de lesão corporal dolosa a título de dolo eventual (art. 18, I, segunda parte, do CP).

Alternativa a: errada. Negligência é a omissão culposa. O agente B não se omitiu, mas sim agiu (assumindo o risco de produzir o resultado).

Alternativa b: errada. Imperícia é a culpa profissional. Como dito, o agente B não agiu com culpa, mas com dolo (eventual).

Alternativa d: errada. Imprudência é um agir sem observar o devido cuidado, mas sem que se assuma o risco de produzir o resultado. Conforme referido, o agente B não agiu com culpa, mas com dolo (eventual).

Alternativa e: errada. Como explicado, o resultado será imputado a B a título de dolo eventual. Ademais, ainda que se considerasse que o pai da criança agiu culposamente, a culpa deste não excluiria a culpa de B.

18. (FGV – 2015 – TJ-BA – Analista Judiciário) Jean, valendo-se de sua conta no Twitter, publicou declaração de natureza discriminatória em relação aos homossexuais, de forma genérica. Tal ação configura:

a) conduta atípica;
b) crime de injúria;
c) crime de injúria racial;
d) crime de preconceito de raça, cor, etnia ou religião;
e) crime de manifestação de ódio.

COMENTÁRIOS

Gabarito: a. Não há tipo penal que proíba esta conduta, ou seja, trata-se de conduta atípica.

Alternativa b: errada. O crime de injúria pressupõe vítima específica. Conforme o enunciado da questão, a publicação foi realizada "de forma genérica", o que não caracteriza o delito do art. 140 do CP.

Alternativa c: errada. Conforme referido acima, não houve injúria (mesmo a injúria racial), já que não o crime não foi dirigido a vítima determinada.

Alternativa d: errada. De acordo com o art. 1º da Lei nº 7.716/89 (conhecida como Lei do Racismo), "Serão punidos, na forma desta Lei, os crimes resultantes de discriminação ou preconceito de raça, cor, etnia, religião ou procedência nacional". O STF, em 2014, apreciou uma denúncia ofertada contra Parlamentar na qual foi narrado que este publicou, na conta que mantém na rede social Twitter, manifestação de natureza discriminatória em relação a homossexuais. Eis o teor da mensagem: "A podridão dos sentimentos dos homoafetivos leva ao ódio, ao crime, a (sic) rejeição". O STF assim decidiu: "O disposto no artigo 20 da Lei nº 7.716/89 tipifica o crime de discriminação ou preconceito considerada a raça, a cor, a etnia, a religião ou a procedência nacional, não alcançando a decorrente de opção sexual" (STF, Inq 3590, 1ª T., j. 12/08/2014).

Alternativa e: errada. Não há norma específica tutelando os crimes de manifestação de ódio ("hate crimes") no Brasil. Se a discriminação levar em conta a raça, a cor, a etnia, a religião ou a procedência nacional da vítima, haverá a incidência da Lei 7.716/89. Se o ofendido for idoso, poderá incidir o Estatuto do Idoso (Lei 10.741/03, art. 96). Caso a vítima seja pessoa portadora de deficiência, poderá incidir a Lei 7.856/89 (art. 8º). Se o ofendido for portador do vírus HIV ou doente de Aids, poderá incidir a Lei 12.984/14. Em todos os casos, a norma subsidiária será sempre o Código Penal (calúnia, difamação ou injúria), desde que seja identificada vítima(s) específica(s).

19. (FCC – 2015 – TRT6 – Juiz do Trabalho) A manifestação do advogado, no exercício de sua atividade, em juízo ou fora dele, é acobertada por imunidade nos crimes de:

a) difamação e desacato.
b) injúria e calúnia.
c) injúria e desacato.
d) difamação e injúria.
e) desacato e calúnia.

COMENTÁRIOS

Gabarito: d. O fundamento está no art. 7º, § 2º, do Estatuto da OAB (Lei nº 8.906/94): "O advogado tem imunidade profissional, não constituindo injúria, difamação ou desacato puníveis qualquer manifestação de sua parte, no exercício de sua atividade, em juízo ou fora dele, sem prejuízo das sanções disciplinares perante a OAB, pelos excessos que cometer". A expressão "ou desacato" foi considerada inconstitucional pelo STF (Adin 1.127-8).

20. (FUNIVERSA – 2015 – SEAP-DF – Agente) Segundo entendimento do STJ, do STF e da doutrina dominante acerca do direito penal, julgue o item subsequente. A ofensa à integridade corporal ou à saúde de outrem que resulte em perigo de morte configura o delito de lesão corporal gravíssima, segundo a doutrina.

COMENTÁRIOS

Gabarito: errada. A lesão corporal que resulta em perigo de morte se tipifica no art. 129, § 1º, II, do CP (obs.: consta inadequadamente no inciso II: "perigo de vida"). A jurisprudência e a doutrina consideram as circunstâncias qualificadoras do § 1º como hipóteses de ***lesão corporal "grave"***, e as do § 2º como ***lesão corporal "gravíssima"***.

21. (VUNESP – 2015 – PC-CE – Inspetor) É um resultado que caracteriza o crime de lesão corporal de natureza grave, cuja pena é de reclusão de um a cinco anos:

a) incapacidade para as ocupações habituais, por mais de dez dias.
b) incapacidade para as ocupações habituais, por mais de vinte dias.
c) debilidade temporária de membro, sentido ou função.
d) incapacidade para as ocupações habituais, por mais de quinze dias.
e) aceleração de parto.

COMENTÁRIOS

Gabarito: e. O fundamento está no art. 129, § 1º, IV, do Código Penal.

Alternativa a: errada. A "incapacidade para as ocupações habituais por mais de trinta dias" qualifica a lesão corporal (art. 129, § 1º, I, do CP), e não por mais de "dez dias".

Alternativa b: errada. Como dito, o Código Penal faz referência a mais de "trinta dias", e não a mais de "vinte dias".

Alternativa c: errada. É a debilidade "permanente" de membro, sentido ou função que qualifica a lesão corporal (art. 129, § 1º, III, do CP), e não a debilidade "temporária".

Alternativa d: errada. O prazo, conforme referido, é de mais de trinta dias.

22. (TRT16 – 2015 – Juiz do Trabalho) Considerando as afirmativas abaixo, assinale a alternativa CORRETA:

I. Os crimes de Calúnia (Art. 138 do CP), Difamação (Art. 139 do CP) e Injúria (Art. 140 do CP) atingem a honra objetiva da vítima.
II. A crítica literária desfavorável constitui crime contra a honra.
III. É punível a injúria contra os mortos.

a) Somente a afirmativa I está correta.
b) Somente a afirmativa III está correta.
c) Todas as afirmativas estão incorretas.
d) Somente a afirmativa II está correta.
e) Todas as afirmativas estão corretas.

COMENTÁRIOS

Gabarito: c. Todas as afirmativas estão incorretas.

Afirmativa I: os crimes de calúnia e difamação realmente atingem a honra objetiva da vítima. No entanto, o delito de injúria atinge a honra subjetiva da vítima.

Afirmativa II: de acordo com o art. 142, II, do Código Penal, não constituem injúria ou difamação punível a opinião desfavorável da crítica literária, artística ou científica, salvo quando inequívoca a intenção de injuriar ou difamar.

Afirmativa III: somente é punível a calúnia contra os mortos (CP, art. 138, § 2º).

23. (VUNESP – 2015 – PC-CE – Escrivão) Assinale a alternativa correta no que diz respeito aos crimes contra a vida previstos no Código Penal:

a) No crime de homicídio, a prática deste mediante paga ou promessa de recompensa, ou por outro motivo torpe são circunstâncias que, apesar de não qualificar o crime, caracterizam-se como causas de aumento de pena.
b) No crime de induzimento, instigação ou auxílio a suicídio, a prática da conduta criminosa por motivo egoístico é circunstância que qualifica o crime.
c) Não se pune o aborto praticado por médico se não há outro meio de salvar a vida da gestante.
d) O crime de aborto provocado pela gestante ou com seu consentimento equipara-se e possui a mesma pena que o aborto provocado por terceiro.
e) No crime de homicídio simples, se o agente comete o crime impelido por motivo de relevante valor social ou moral, ou sob o domínio de violenta emoção, logo em seguida a injusta provocação da vítima, o juiz deve conceder o perdão judicial.

COMENTÁRIOS

Gabarito: c. O fundamento está no art. 128, I, do Código Penal.

Alternativa a: errada. A torpeza, bem como a paga ou promessa de recompensa, são qualificadoras do crime de homicídio (CP, art. 121, § 2º, I), e não causas de aumento de pena (majorantes).

Alternativa b: errada. Conforme o art. 122, par. único, do Código Penal, o motivo egoístico é considerado causa de aumento de pena. Essa circunstância é avaliada na terceira fase de aplicação da pena. No caso, a pena será duplicada. Não se trata de qualificadora em sentido estrito, hipótese em que o tipo altera os limites da pena.

Alternativa d: errada. O crime de aborto provocado pela gestante ou com seu consentimento (art. 124 do CP) tem pena de detenção de um a três anos; já o delito de aborto provocado por terceiro pode ter pena de reclusão de três a dez anos (quando não há o consentimento da gestante – CP, art. 125) ou pena de reclusão de um a quatro anos (quando há o consentimento da gestante – CP, art. 126).

Alternativa e: errada. Conforme o art. 121, § 1º, do Código Penal (homicídio privilegiado), "Se o agente comete o crime impelido por motivo de relevante valor social ou moral, ou sob o domínio de violenta emoção, logo em seguida a injusta provocação da vítima, o juiz pode reduzir a pena de um sexto a um terço".

24. (FGV – 2014 – DPE-DF – Analista) Jorge pretendia matar sua irmã, Ana, para passar a ser o único beneficiário de herança que ambos receberiam. No dia do crime, Jorge fica à espreita enquanto Ana sai da garagem em seu carro. Ocorre que, naquele dia não era Ana que estava ao volante, como ocorria diariamente, mas sim seu namorado. Ana se encontrava no banco do carona. Jorge sabia que sua irmã sempre dirigia seu próprio carro e, assim, tinha certeza de que estaria mirando a arma na direção de Ana, ainda que não conseguisse enxergar o interior do veículo devido aos vidros escuros. Jorge atira no veículo, mas o projétil atinge o namorado de Ana, que vem a falecer. É correto afirmar que Jorge praticou:

a) o crime de tentativa de homicídio doloso qualificado contra Ana e de homicídio culposo contra o namorado de Ana.

b) apenas um crime de homicídio doloso qualificado, mas não incidirá na hipótese a circunstância agravante em razão de ser Ana sua irmã, uma vez que foi o namorado desta última quem veio a falecer.

c) o crime de tentativa de homicídio doloso qualificado contra Ana e de homicídio qualificado contra o namorado de Ana.

d) apenas um crime de homicídio doloso qualificado, e a pena a ser aplicada ainda será agravada pelo fato de Ana ser sua irmã.

e) apenas o crime de homicídio culposo contra o namorado de Ana.

COMENTÁRIOS

Gabarito: d. Incide na hipótese o erro sobre a pessoa, previsto no art. 20, § 3º, do CP: "O erro quanto à pessoa contra a qual o crime é praticado não isenta de pena. Não se consideram, neste caso, as condições ou qualidades da vítima, senão as da pessoa contra quem o agente queria praticar o crime". Jorge confundiu a sua vítima com outra, devendo responder como se tivesse atingido aquela contra quem realmente queria praticar o crime (sua irmã). Além da agravante de crime praticado contra irmão (CP, art. 61, II, e), incide a qualificadora do motivo torpe (CP, art. 121, § 2º, I), já que Jorge desejava a morte de Ana para passar a ser o único beneficiário de herança que ambos receberiam.

Alternativa a: Errada, pois há um único delito de homicídio doloso: Jorge responde como se tivesse matado Ana (CP, art. 20, § 3º).

Alternativa b: Errada, já que deve incidir a agravante de crime contra irmão (CP, art. 61, II, e). Recorde-se que, conforme dispõe o art. 20, § 3º, do CP, "Não se consideram, neste caso, as condições ou qualidades da vítima, senão as da pessoa contra quem o agente queria praticar o crime".

Alternativa c: Errada, porque, como dito, há um único delito de homicídio doloso: Jorge responde como se tivesse matado Ana.

Alternativa e: Errada, uma vez que Jorge agiu com dolo, e não com culpa.

25. (FGV – 2014 – DPE-RJ – Técnico Superior Jurídico) No que toca ao delito de aborto e seus permissivos legais, é correto afirmar que:

a) não é admissível na legislação pátria, diante do direito à vida consagrado na Constituição da República.

b) é amplamente admissível na legislação pátria, diante da supremacia da disposição da mulher sobre seu corpo.

c) é excepcionalmente admissível na legislação pátria, no caso de aborto terapêutico ou aborto humanitário (ou piedoso).

d) é excepcionalmente admissível na legislação pátria, no caso de aborto eugênico ou aborto humanitário (ou piedoso).

e) é amplamente admissível na legislação pátria, em razão de questões de política de saúde pública, mesmo sem o consentimento da gestante.

COMENTÁRIOS

Gabarito: c. Efetivamente, o aborto somente é possível na legislação pátria em dois casos excepcionais: art. 128, incisos I (aborto necessário ou terapêutico) e II (aborto humanitário, ético, sentimental ou piedoso). A terceira hipótese (aborto em caso de anencefalia) decorre de decisão do STF.

Alternativa a: Errada, pois o aborto, como dito, é excepcionalmente admitido no Código Penal nas hipóteses elencadas no art. 128.

Alternativa b: Errada, já que o aborto não é amplamente admissível no Código Penal. Aliás, a regra é o crime, com exceção das duas hipóteses elencadas no art. 128.

Alternativa d: Errada, porque o aborto eugênico ou eugenésico não está previsto, como tipo permissivo, na legislação pátria.

Alternativa e: Errada, uma vez que o aborto não é amplamente admissível na legislação pátria; pelo contrário, a regra é a configuração de crime.

26. (VUNESP – 2014 – PC-SP – Escrivão de Polícia) A conduta de induzir, instigar ou auxiliar outra pessoa a suicidar-se, que tem como resultado lesão corporal de natureza leve,

a) tem pena duplicada se cometida por motivo egoístico.
b) tem pena agravada se a vítima tem diminuída, por qualquer causa, a capacidade de resistência.
c) não é prevista como crime.
d) tem pena aumentada se a vítima for menor de idade.
e) é punida com pena de 1 (um) a 3 (três) anos.

COMENTÁRIOS

Gabarito: c. O delito do art. 122 do CP é conhecido como crime condicionado, já que sua configuração está condicionada à superveniência de um determinado resultado naturalístico (morte ou lesão grave da vítima). Assim, de acordo com a posição amplamente majoritária, caso a vítima reste com lesão de natureza leve, o fato será atípico. As demais alternativas da questão ficam prejudicadas.

27. (FEPESE – 2014 – MP-SC – Promotor de Justiça) As circunstâncias que qualificam o crime de homicídio são classificadas doutrinariamente de forma majoritária em objetivas, descritas nos incisos III e IV, e subjetivas, estas inseridas nos incisos I, II e V do tipo penal.

COMENTÁRIOS

Gabarito: correta. O art. 121, § 2º, do CP prevê duas qualificadoras objetivas: emprego de veneno, fogo, explosivo, asfixia, tortura ou outro meio insidioso ou cruel, ou de que possa resultar perigo comum (inciso III); e traição, emboscada, ou dissimulação ou outro recurso que dificulte ou torne impossível a defesa do ofendido (inciso IV). Já as qualificadoras subjetivas são: paga ou promessa de recompensa, ou outro motivo torpe (inciso I); motivo fútil (inciso II); e para assegurar a execução, a ocultação, a impunidade ou vantagem de outro crime (inciso V).

28. (FCC – 2014 – TJ-CE – Juiz) Se praticado no contexto de violência doméstica, a ação será pública incondicionada no caso de crime de:

a) lesão corporal contra a mulher, mas apenas se grave.
b) ameaça, independentemente da condição da vítima.
c) lesão corporal leve contra pai.
d) ameaça contra mulher.
e) lesão corporal contra mulher, independentemente da extensão.

COMENTÁRIOS

Gabarito: e. Sobre o tema: "A declaração de retratação assinada pela vítima, inserta nos autos, não tem o condão de impedir o prosseguimento da ação penal, conforme entendimento uníssono desta Corte, em harmonia com o Supremo Tribunal Federal, que, no julgamento da ADIn nº 4.424/DF, em conformidade com os arts. 12, I, 16 e 41 da Lei nº 11.340/2006, estabeleceu que, nos casos de lesão corporal no âmbito doméstico, seja leve, grave ou gravíssima, dolosa ou culposa, a ação penal é sempre de natureza pública incondicionada" (STJ, 6ª T., HC 287226, j. 22/04/2014). O julgado trata de agressão (lesão corporal) praticada por homem contra a ex-companheira.

29. (CESPE – 2013 – TRE-MS – Analista Judiciário) Em relação aos crimes contra a honra, assinale a opção correta.

a) A lei penal prevê a impossibilidade de arguição da exceção da verdade no crime de calúnia se o fato imputado for crime de ação privada e o ofendido não tiver sido condenado por sentença irrecorrível.
b) O crime de difamação não admite a exceção da verdade, mas permite que o agente ofereça a exceção de notoriedade do fato, de modo a demonstrar que, para o agente, o fato era de domínio público, afastando o dolo da conduta.
c) A configuração do crime de calúnia prescinde da imputação falsa de fato definido como crime ou contravenção, podendo ser suprida mediante a determinação e a presença do animus caluniandi.
d) A consumação do crime de calúnia se dá com o conhecimento, por parte do sujeito passivo, da imputação falsa de fato definido como crime, independentemente da ciência ou divulgação por parte de terceiros.
e) O autor de imputação falsa de fato descrito como infração penal que, na mesma circunstância, der causa à instauração de investigação policial e de processo judicial contra a vítima responderá em concurso material pelos crimes de calúnia e denunciação caluniosa.

COMENTÁRIOS

Gabarito: a. O fundamento está no ***art. 138, § 3º, 'a', do CP***, hipótese na qual não se admite exceção da verdade: I – se, constituindo o fato imputado crime de ação privada, o ofendido não foi condenado por sentença irrecorrível.

Alternativa b: Errada, pois a exceção da verdade, em relação ao crime de difamação, vem expressamente prevista na hipótese do ***parágrafo único do art. 139 do CP***: "A exceção da verdade somente se admite se o ofendido é funcionário público e a ofensa é relativa ao exercício de suas funções".

Alternativa c: Errada, já que o ***art. 138, caput, do CP*** exige, como elementar típica, que o fato seja falso e definido como crime.

Alternativa d: Errada, porque no crime de calúnia (e também no de difamação), tutela-se a honra objetiva, ou seja, o conceito que a sociedade tem do sujeito. Portanto, o delito somente estará consumado no momento que um terceiro, além da vítima, tomar conhecimento da ofensa.

Alternativa e: Errada, pois o crime-meio (calúnia) ficará absorvido pelo crime-fim (denunciação caluniosa).

30. (VUNESP – 2013 – PC-SP – Investigador de Polícia) Assinale a alternativa correta no que tange aos crimes contra a pessoa e a dignidade sexual previstos no Código Penal.

a) O homicídio será qualificado se for praticado por milícia privada, sob o pretexto de prestação de serviço de segurança, ou por grupo de extermínio.
b) Constranger um homem, mediante violência ou grave ameaça, a praticar ou permitir que com ele se pratique outro ato libidinoso diverso da conjunção carnal, caracteriza o crime de atentado violento ao pudor e não de estupro.
c) Constranger alguém com o intuito de obter vantagem ou favorecimento sexual, prevalecendo-se o agente da sua condição de superior hierárquico ou ascendência inerentes ao exercício de emprego, cargo ou função, caracteriza o crime de assédio sexual.
d) Se o agente comete o crime de homicídio impelido por motivo de relevante valor social ou moral, ou sob o domínio de violenta emoção, independentemente de injusta provocação da vítima, o juiz pode reduzir a pena de um sexto a um terço.
e) Não se caracteriza o crime de aborto provocado por terceiro aquele praticado pelo médico, se a gravidez resulta de estupro, ainda que sem o consentimento da gestante capaz.

COMENTÁRIOS

Gabarito: c. O crime de assédio sexual está disposto no art. 216-A do Código Penal: "Constranger alguém com o intuito de obter vantagem ou favorecimento sexual, prevalecendo-se o agente da sua condição de superior hierárquico ou ascendência inerentes ao exercício de emprego, cargo ou função. Pena – detenção, de 1 (um) a 2 (dois) anos".

Alternativa a: Errada, pois a prática do homicídio por milícia privada, sob o pretexto de prestação de serviço de segurança, ou por grupo de extermínio, não é circunstância ***qualificadora*** (art. 121, § 2º, do CP – há novo mínimo e novo máximo da pena), mas sim circunstância ***majorante*** (art. 121, § 6º, do CP – a pena é aumentada de 1/3 a 1/2), incluída ao Código Penal pela chamada "Lei de Extermínio de Seres Humanos" (Lei nº 12.720/12).

Alternativa b: Errada, já que, a partir da Lei nº 12.015/09, a conduta de constranger um homem ou mulher, mediante violência ou grave ameaça, a praticar ou permitir que com ele se pratique outro ato libidinoso diverso da conjunção carnal, configura ***estupro***, conforme atual redação do art. 213 do Código Penal.

Alternativa d: Errada, porque o ***homicídio emocional***, a par de outros requisitos, exige que haja injusta provocação da vítima (art. 121, § 1º, do CP).

Alternativa e: Errada, pois o ***aborto sentimental*** (aquele em que a gravidez resulta de estupro), para não configurar crime, exige o consentimento da gestante ou, se incapaz, de seu representante legal, conforme disposição expressa do art. 128, II, do Código Penal.

31. (CESPE – 2012 – TJ-AC – Técnico Judiciário) Na cidade de Rio Branco-AC, Caio, brasileiro, atirou em João, que, ferido, fugiu em seu veículo para um país vizinho, onde morreu em decorrência dos ferimentos produzidos pelo projétil. O pai de João, Mário, brasileiro, revoltado com a morte do filho, decidiu matar a família de Caio, que morava em outro país. Mário, então, sabendo que a esposa de Caio e seu filho recém-nascido estavam internados em uma maternidade, sufocou-os com um travesseiro. Ao encontrar seus familiares mortos, Caio atirou em Mário, matando-o, e resolveu suicidar-se, tendo, para isso, contado com a ajuda de uma enfermeira, que lhe administrou veneno. Consideração: Mário praticou o crime de homicídio qualificado contra a esposa de Caio e o de infanticídio contra o recém-nascido.

COMENTÁRIOS

Gabarito: incorreta. Mário não praticou infanticídio contra o recém-nascido, já que o crime do art. 123 do CP é próprio, exigindo que o sujeito ativo seja mãe e esteja influenciado pelo estado puerperal. O agente cometeu, isso sim, homicídio qualificado contra as duas vítimas.

32. (CESPE – 2012 – TJ-RO – Técnico Judiciário) Em cada uma das opções abaixo, é apresentada uma situação hipotética acerca dos crimes em espécie seguida de uma assertiva a ser julgada. Com base nas disposições do Código Penal, assinale a opção cuja assertiva esteja correta.

a) Uma pessoa cometeu crime de lesão corporal seguida de morte logo após ter sido provocada injustamente pela vítima, estando, dessa forma, sob o domínio de violenta emoção. Nessa situação, o juiz poderá reduzir a pena.

b) João, sabendo ser mentira, acusou publicamente José de ter furtado o relógio de Juca. Nessa situação, João responderá pelo crime de difamação.

c) Um homem, após graves ameaças, subtraiu as joias de sua genitora. Nessa situação, em virtude de o homem ter cometido crime contra o patrimônio em desfavor de sua ascendente, ele será isento de pena.

d) Uma pessoa apropriou-se de coisa alheia que veio ao seu poder por erro ou força da natureza. Nessa situação, a pessoa não cometeu crime.

e) Uma gestante consentiu a outra pessoa que provocasse o aborto de seu feto. Nessa situação, a mulher que estava grávida responderá pelo crime de aborto com o consentimento da gestante e a outra pessoa será isenta de pena.

COMENTÁRIOS

Gabarito: a. De acordo com o ***art. 129, § 4º, do Código Penal***, "Se o agente comete o crime impelido por motivo de relevante valor social ou moral ou sob o domínio de violenta emoção, logo em seguida a injusta provocação da vítima, o juiz pode reduzir a pena de um sexto a um terço".

Alternativa b: Errada, pois o crime praticado por João é ***calúnia*** (art. 138 do CP), e não difamação (art. 139 do CP).

Alternativa c: Errada, já que a escusa absolutória do ***art. 181, II, do CP*** não se aplica ao crime de roubo ou, em geral, quando há emprego de grave ameaça ou violência à pessoa (***art. 183, I, do CP***).

Alternativa d: Errada, porque o crime de apropriação de coisa havida por erro, caso fortuito ou força da natureza está expressamente previsto no ***art. 169, caput, do Código Penal***.

Alternativa e: Errada, pois a gestante responderá pelo crime do ***art. 124, 2ª parte, do Código Penal*** ("... ou consentir que outrem lho provoque"), e não pelo delito de aborto com o consentimento da gestante (art. 126 do CP). A outra pessoa responderá pelo crime do ***art. 126 do Código Penal***. Trata-se de exceção pluralista à teoria monista do concurso de pessoas.

33. (CESPE – 2012 – TJ-AC – Técnico Judiciário) Patrício, penalmente capaz, matou Joaquim por ter olhado de forma libidinosa para a sua namorada e foi processado por crime de homicídio qualificado por motivo fútil. A defesa de Patrício requereu a redução da pena sob o argumento de que o réu teria agido por motivo de relevante valor moral. Nessa situação hipotética, a qualificadora por motivo fútil, se reconhecida, será incompatível com a tese da defesa de homicídio privilegiado.

COMENTÁRIOS

Gabarito: correta. Como referido acima, predomina que é possível o chamado homicídio híbrido (homicídio qualificado-privilegiado) quando a qualificadora for de natureza ***objetiva***. Como o motivo fútil é qualificadora de ordem subjetiva, haverá incompatibilidade com a tese do homicídio privilegiado.

34. (CESPE – 2012 – TRE-RJ – Analista Judiciário) Considere que Antônio, com a intenção de provocar lesões corporais, tenha agredido José com uma barra de ferro, sendo comprovado que José veio a falecer em consequência das lesões provocadas pelo agressor. Nesse caso, Antônio responderá pelo delito de homicídio, ainda que não tenha desejado a morte de José nem assumido o risco de produzi-la.

COMENTÁRIOS

Gabarito: errada. Se Antônio agiu "com a intenção de provocar lesões corporais" (animus laedendi), "ainda que não tenha desejado a morte de José nem assumido o risco de produzi-la", não poderá responder por homicídio, mas sim por lesão seguida de morte (art. 129, § 3º, do CP).

35. (CESPE – 2012 – TJ-RR – Técnico Judiciário) Pedro, esposo ciumento, ao chegar em casa, surpreendeu sua esposa, Maria, na cama com outro homem. Maria, ao ser apanhada em flagrante, ofendeu verbalmente Pedro, com palavras de baixo calão. Em choque, o marido traído, completamente enraivecido e sob domínio de violenta emoção, desferiu dois tiros de revólver, matando Maria e ferindo seu amante. O laudo de exame cadavérico atestou não só o óbito de Maria, mas também que ela estava grávida de dois meses, circunstância desconhecida por Pedro. Na situação em apreço, Pedro praticou um homicídio consumado, uma tentativa de homicídio e um aborto consumado.

COMENTÁRIOS

Gabarito: errada. Pedro, na questão proposta, praticou um homicídio consumado (em relação a Maria) e um homicídio tentado (em relação ao amante). No entanto, Pedro não poderá responder pelo crime de aborto, já que não tinha conhecimento da gravidez de Maria. ***Lembre***: não é admitida a responsabilidade objetiva (na qual não se exige a comprovação do dolo ou da culpa) em Direito Penal.

2. QUESTÕES DE CONCURSOS

01. (Quadrix – 2020 – CRO-DF – Fiscal) À luz do Código Penal brasileiro, julgue o item. A calúnia ocorre quando alguém imputa falsamente a outrem fato definido como crime.

02. (FCC – 2020 – TJ-MS – Juiz Substituto) Quanto aos crimes contra a honra, correto afirmar que:

a) não constitui difamação ou calúnia punível a ofensa irrogada em juízo, na discussão da causa, pela parte ou por seu procurador.
b) cabível a exceção da verdade na difamação e na injúria.
c) há isenção de pena se o querelado, antes da sentença, se retrata cabalmente da difamação ou da injúria.
d) a ação penal é pública incondicionada na injúria com preconceito.
e) possível a propositura de ação penal privada no caso de servidor público ofendido em razão do exercício de suas funções.

03. (CESPE – 2020 – MPE-CE – Promotor de Justiça) Acerca do delito de homicídio doloso, assinale a opção correta.

a) Constitui forma privilegiada desse crime o seu cometimento por agente impelido por motivo de relevante valor social ou moral, ou sob influência de violenta emoção provocada por ato injusto da vítima.
b) A qualificadora do feminicídio, caso envolva violência doméstica, menosprezo ou discriminação à condição de mulher, não é incompatível com a presença da qualificadora da motivação torpe.
c) A prática desse crime contra autoridade ou agente das forças de segurança pública é causa de aumento de pena.
d) É possível a aplicação do privilégio ao homicídio qualificado independentemente de as circunstâncias qualificadoras serem de ordem subjetiva ou objetiva.

e) Constitui forma qualificada desse crime o seu cometimento por milícia privada, sob o pretexto de prestação de serviço de segurança, ou por grupo de extermínio.

04. (NC-UFPR – 2019 – TJ-PR – Titular de Serviços de Notas e de Registros) Uma mulher que, em razão de acordo verbal com os pais, cuida de uma criança percebe que esta caiu por caso fortuito num poço profundo e, embora esteja viva, precisa ser retirada por adultos. Voluntariamente, a mulher omite dos grupos de busca que tem conhecimento de onde se encontra a criança, que é considerada desaparecida. Passadas algumas horas, a criança morre por falta de alimentação. Assinale a alternativa que identifica o crime praticado pela mulher:

a) Homicídio doloso por comissão (tipo comissivo).

b) Homicídio doloso por omissão (tipo omissivo impróprio).

c) Homicídio doloso por omissão (tipo omissivo próprio).

d) Maus-tratos com resultado morte (tipo comissivo ou omissivo preterdoloso).

e) Abandono de incapaz com resultado morte (tipo omissivo próprio preterdoloso).

05. (Instituto Acesso Órgão – 2019 – PC-ES – Delegado de Polícia) Ana, após realizar exame médico, descobriu estar grávida. Estando convicta de que a gravidez se deu em decorrência da prática de relação sexual extraconjugal que manteve com Pedro, seu colega de faculdade, e temendo por seu matrimônio decidiu por si só que iria praticar um aborto. A jovem comunicou a Pedro que estava grávida e pretendia realizar um aborto em uma clínica clandestina. Pedro, por sua vez, procurou Robson, colega que cursava medicina, e o convenceu a praticar o aborto em Ana. Assim, alguns dias depois de combinar com Pedro, Robson encontrou Ana e realizou o procedimento de aborto. Sobre a questão apresentada, é correto afirmar que a conduta de Ana se amolda ao crime previsto no:

a) art. 124, segunda parte, do Código Penal (consentimento para o aborto). Robson, por sua vez, tem sua conduta subsumida ao crime previsto no art. 126, do Código Penal (aborto provocado por terceiro com consentimento). Já Pedro responderá como partícipe no crime de Robson.

b) art. 124, segunda parte, do Código Penal (consentimento para o aborto). Robson, por sua vez, tem sua conduta subsumida ao crime previsto no art. 124, segunda parte, do Código Penal. Já Pedro responderá como partícipe no crime de Ana.

c) art. 125, segunda parte, do Código Penal (consentimento para o aborto). Robson, por sua vez, tem sua conduta subsumida ao crime previsto no art. 124 do Código Penal (aborto provocado por terceiro sem consentimento). Já Pedro responderá como partícipe no crime de Robson.

d) art. 124, primeira parte, do Código Penal (autoaborto). Robson, por sua vez, tem sua conduta subsumida ao crime previsto no art. 126 do Código Penal (aborto provocado por terceiro com consentimento). Já Pedro responderá como partícipe no crime de Ana.

e) art. 126, primeira parte, do Código Penal (autoaborto). Robson, por sua vez, tem sua conduta subsumida ao crime previsto no art. 124 do Código Penal (aborto provocado por terceiro com consentimento). Já Pedro responderá como partícipe no crime de Ana.

06. (FGV – 2019 – Prefeitura de Salvador-BA – Guarda Civil Municipal) Enquanto Larissa estudava para prova de concurso público, Tatiana, sua vizinha, realizava uma festa em sua residência, com música em alto volume. Incomodada com o barulho que vinha da casa da vizinha, Larissa se dirigiu ao local para reclamar, iniciando-se uma intensa discussão. Durante a discussão, Tatiana se alterou e jogou a garrafa de cerveja que segurava em sua mão na direção dos braços de Larissa, com a intenção de causar-lhe lesão. Larissa se abaixou e a garrafa acabou atingindo sua cabeça, causando-lhe grave ferimento, que, embora não gerasse risco à sua vida, fez com que ficasse internada no hospital por dois meses. Descobertos os fatos, Tatiana deverá ser indiciada pela prática do(s) crime(s) de:

a) tentativa de homicídio culposo, apenas.

b) lesão corporal de natureza gravíssima e tentativa de homicídio doloso, em razão do dolo eventual.

c) tentativa de homicídio doloso, apenas, absorvendo o crime de lesão corporal, em razão do dolo direto de segundo grau, porque, embora não desejasse o resultado, assumiu seu risco com sua conduta.

d) lesão corporal de natureza leve, apenas, pois a vida de Larissa não foi colocada em risco.

e) lesão corporal de natureza grave, apenas, em razão da incapacidade de Larissa para exercer suas ocupações habituais durante o período de internação.

07. (INSTITUTO AOCP – 2019 – PC-ES – Escrivão de Polícia) No tocante aos crimes contra a vida, é circunstância qualificadora do crime:

a) a reincidência.

b) ser contra mulher por razões da condição de sexo feminino.

c) o abuso de poder ou violação de dever inerente a cargo, ofício, ministério ou profissão.

d) ser contra ascendente, descendente, irmão ou cônjuge.

e) o estado de embriaguez preordenada.

08. (VUNESP – 2018 – MPE-SP – Analista Jurídico) Mévio, professor de uma renomada escola, é muito ativo no intercâmbio internacional de jovens, de 16 a 21 anos, sendo proprietário de empresa específica para prestar serviços de assessoria para emissão de passaporte, obtenção de vistos, matrículas nos cursos estrangeiros e intermediação de locais para abrigo dos jovens. A empresa de Mévio atua tanto levando jovens brasileiros para o exterior quanto trazendo jovens estrangeiros para o país. Para a surpresa de todos, Mévio foi acusado de crime de tráfico de pessoas (art. 149-A, do CP), bem como de integrar organização criminosa. Segundo a denúncia do órgão de acusação, os jovens brasileiros por ele recrutados, no exterior, eram submetidos à exploração sexual e à servidão. Igualmente, os jovens estrangeiros, no Brasil, eram submetidos a trabalho escravo e exploração sexual. Tendo em vista o artigo 149-A, do Código Penal e a Lei nº 13.344/16 – Tratamento jurídico do tráfico de pessoas, assinale a alternativa correta: A) O artigo 149-A, do CP, só tem incidência quanto aos jovens brasileiros, recrutados para exploração sexual e servidão no exterior, não se aplicando aos jovens estrangeiros recrutados e explorados no Brasil. B) Para vítimas adolescentes, Mévio será punido de forma aumentada, mas, sendo primário, ainda que integrante de organização criminosa, terá a pena reduzida, por expressa previsão legal. C) Para as vítimas submetidas à exploração sexual, Mévio será punido de forma aumentada e, ainda que primário, não fará jus à redução da pena, por integrar organização criminosa. D) O tipo penal previsto do artigo 149-A, do CP, dispensa a ocorrência de resultado naturalístico. E) Ainda que os jovens, brasileiros ou estrangeiros, tenham sido explorados no Brasil ou no exterior, não se caracteriza o crime previsto no 149-A, do CP, que exige que as condutas nele previstas se deem mediante grave ameaça ou violência.

09. (CESPE – 2018 – STJ – Analista Judiciário – Oficial de Justiça Avaliador Federal) Considerando a doutrina e a jurisprudência dos tribunais superiores acerca dos crimes em espécie, julgue o seguinte item. Situação hipotética: Um servidor público, no exercício de suas funções, foi vítima de injúria e difamação. Assertiva: Nessa situação, será concorrente a legitimidade do servidor ofendido, mediante queixa, e do Ministério Público, condicionada à representação do ofendido, para a ação penal correspondente.

10. (FGV – 2017 – TRT12 – Analista Judiciário) Lucas é empregador dos trabalhadores Manuel, Francisco e Pedro em sua fazenda na zona rural. Analise as três situações apresentadas:

I. Lucas retém a carteira de identidade de Manuel, único documento deste, impedindo que deixe o local de trabalho.

II. Lucas autoriza que Francisco gaste apenas 15 minutos todo dia para horário de almoço, de modo que Francisco somente pode comprar uma refeição na pequena cantina de Lucas que funciona dentro da fazenda. Em razão dos altos preços dos produtos, Francisco contrai dívida alta e é impedido de deixar a fazenda antes do pagamento dos valores devidos.

III. Lucas instala diversas câmeras e outros mecanismos de vigilância ostensiva na fazenda com o fim de reter Pedro em seu local de trabalho.

Considerando as situações apresentadas, o comportamento de Lucas em relação a Manuel, Francisco e Pedro configura, respectivamente, o(s) crime(s) de:

a) redução à condição análoga à de escravo, nas três situações;

b) redução à condição análoga à de escravo, exercício arbitrário das próprias razões e redução à condição análoga à de escravo;

c) apropriação indébita, redução à condição análoga à de escravo e redução à condição análoga à de escravo;

d) cárcere privado, exercício arbitrário das próprias razões e redução à condição análoga à de escravo;

e) redução à condição análoga à de escravo, redução à condição análoga à de escravo e constrangimento ilegal.

11. (FAURGS – 2017 – TJ-RS – Analista Judiciário) "A" dispara dois tiros contra "B" que acabara de agredir violentamente seu marido. Entretanto, diante da imperícia de "A" no manuseio da arma de fogo, o tiro atinge "C", uma senhora de 80 anos, que vem a falecer. A esse respeito, é correto afirmar que "A":

a) praticou o homicídio sob o abrigo da legítima defesa putativa de terceiro, excludente da ilicitude.

b) responderá por tentativa de homicídio privilegiado.

c) responderá por homicídio privilegiado consumado.

d) responderá por tentativa de homicídio privilegiado contra "B" e homicídio culposo contra "C".

e) responderá por homicídio privilegiado consumado contra "B", qualificado por ser a vítima maior de 60 anos.

12. (IBADE – 2017 – PC-AC – Escrivão de Polícia Civil) Encaminhar uma mensagem de texto a um policial civil que se encontra em outro município, xingando-o de ladrão, configura crime de:

a) calúnia.

b) desacato

c) injúria.

d) difamação

e) denunciação caluniosa

13. (Consulplan – 2017 – TJ-MG – Cartórios) Acerca dos crimes contra a honra, NÃO é correto afirmar:

a) Aumenta-se a pena em 1/3 dos crimes contra a honra (calúnia, injúria e difamação) quando é praticado contra pessoa maior de 60 anos ou portadora de deficiência.

b) A ação é pública condicionada quando o crime contra a honra é praticado contra funcionário público, em razão de suas funções.

c) Aplica-se a pena em dobro se o crime contra a honra é cometido mediante paga ou promessa de recompensa.
d) A queixa-crime por crime de calúnia pode ser oferecida por cônjuge, ascendente, descendente ou irmão do falecido ofendido.

14. (CESPE – 2016 – TRT8 – Analista Judiciário) No dia vinte e oito de junho de 2014, por volta de dezenove horas, na sala de espera de um posto de saúde, Paulo aguardava atendimento e exasperou-se com a demora. A funcionária Márcia, de cor negra, pediu-lhe calma, dizendo que o médico lhe atenderia brevemente, mas Paulo retrucou, exaltado: "Chama logo o doutor, sua negrinha à toa!". Sentindo-se insultada pelos impropérios proferidos, Márcia, constrangida, chorou diante de mais de trinta pessoas que ali estavam esperando atendimento.

Considerando a situação hipotética apresentada, assinale a opção correta, considerando a jurisprudência do Superior Tribunal de Justiça.

a) A conduta de Paulo tipifica-se como crime de injúria com elementos referentes à raça e à cor, de modo que a ação penal deve ser procedida por iniciativa do Ministério Público, mediante simples representação da ofendida.
b) Eventual representação de Márcia só terá validade caso preencha todos os requisitos legais e seja reduzida a termo em formulário próprio, conforme modelo aprovado pelos órgãos do Poder Judiciário.
c) Dado que a pretensão punitiva contra crime de injúria qualificada pelo preconceito racial é realizada mediante ação penal pública condicionada à representação, eventual pedido de explicação feito por Márcia suspenderia o prazo decadencial para sua propositura.
d) O fato de Paulo ter se exasperado diante da atitude de Márcia, que lhe pediu para ter calma, configurou retorsão imediata, cabendo, portanto, o perdão judicial com extinção da punibilidade.
e) A conduta de Paulo tipifica-se como crime de racismo e, portanto, a pretensão punitiva não está sujeita à prescrição ou à decadência, haja vista a ofensa ao princípio da dignidade humana.

15. (CESPE – 2016 – TRT8 – Analista judiciário) "Com relação ao crime de redução a condição análoga à de escravo, assinale a opção correta:

a) Não é possível que tal crime seja praticado na forma tentada, uma vez que o tipo penal prevê a habitualidade da conduta do agente;
b) Caso a conduta seja praticada contra criança, adolescente, idoso ou pessoa portadora de deficiência física ou mental, haverá causa específica de aumento de pena;
c) A tipificação da conduta, no caso desse crime, está vinculada à submissão da vítima a trabalhos forçados ou jornada exaustiva;
d) O bem jurídico protegido é a liberdade individual da vítima, que se vê impedida de exercer seu direito de ir e vir, não se tratando de crime contra a organização do trabalho;
e) Esse crime classifica-se como crime comum, visto que não se exige, para a sua configuração, característica específica do sujeito ativo, mas apenas do sujeito passivo, que é sempre o trabalhador".

16. (IBFC – 2015 – SAEB-BA – Técnico) Considere as disposições do Código Penal Brasileiro e assinale a alternativa correta sobre o crime de injúria:

a) O crime de injúria tem pena base de reclusão, de um a seis anos, ou multa.
b) O juiz pode deixar de aplicar a pena no caso de retorsão imediata, que consista em outra injúria.
c) O juiz não pode deixar de aplicar a pena se o ofendido, ainda que de forma reprovável, tenha provocado a injúria.
d) Se a injúria consiste em violência ou vias de fato, que, por sua natureza ou pelo meio empregado, se considerem aviltantes a pena passa a ser de reclusão de três meses a um ano mais multa, excluindo-se a pena correspondente à violência.
e) Se a injúria consiste na utilização de elementos referentes a raça, cor, etnia, religião, origem ou a condição de pessoa idosa ou portadora de deficiência a pena passa a ser de detenção de um a três anos e multa.

17. (FUNIVERSA – 2015 – Polícia Civil – DF) Logo após saber que seu filho fora vítima de agressão, Ernane saiu ao encalço do agressor, tendo disparado vários tiros em direção a este, que veio a falecer em virtude da conduta de Ernane. Nesse caso hipotético:

a) configura-se, em tese, homicídio privilegiado, que é causa excludente da ilicitude.
b) Ernane responderá, consoante a mais recente posição do STJ, por crime de homicídio qualificado por motivo torpe.
c) Ernane responderá pelo crime de homicídio simples, não havendo previsão legal, em relação à sua conduta, que possa de alguma forma influenciar em sua pena.
c) configura-se, em tese, homicídio privilegiado, que é causa de diminuição da pena.
e) configura-se, em tese, homicídio privilegiado, que é causa excludente da culpabilidade.

18. (VUNESP – 2015 – TJ-SP – Juiz) A respeito da retratação nos crimes contra a honra, pode-se afirmar que fica isento de pena o querelado que, antes da sentença, retrata-se cabalmente:

a) da calúnia ou difamação.
b) da calúnia, injúria ou difamação.
c) da injúria ou difamação.
d) da calúnia ou injúria.

19. (VUNESP – 2015 – PC-CE – Delegado de Polícia Civil de 1ª Classe) Se da lesão corporal dolosa resulta morte e as circunstâncias evidenciam que o agente não quis o resultado morte, nem assumiu o risco de produzi-lo, configura(m)-se:

a) lesão culposa e homicídio culposo, cujas penas serão aplicadas cumulativamente.

b) lesão corporal seguida de morte.
c) homicídio culposo qualificado pela lesão.
d) homicídio doloso (dolo eventual).
e) homicídio doloso (dolo indireto).

20. (CESPE – 2015 – TJ-DFT – Juiz de Direito) Constitui homicídio qualificado o crime:

a) cometido contra deficiente físico.
b) praticado com emprego de arma de fogo.
c) concretizado com o concurso de duas ou mais pessoas.
d) praticado com o emprego de asfixia.
e) praticado contra menor de idade.

21. (VUNESP – 2015 – PC-CE – Delegado de Polícia Civil de 1ª Classe) O crime de maus-tratos tem pena aumentada de 1/3 (art. 136, § 3º, do CP) se:

a) praticado contra ascendente, descendente, irmão ou cônjuge.
b) resulta em lesão corporal, ainda que leve.
c) o agente prevalece-se de relações familiares ou domésticas.
d) praticado contra pessoa menor de 14 anos.
e) praticado por agente público.

22. (FCC – 2015 – TJ-AL – Juiz) Admissível a exceção da verdade e a retratação, respectivamente, nos crimes de:

a) falso testemunho e calúnia.
b) injúria e calúnia.
c) injúria e falso testemunho.
d) difamação e injúria.
e) difamação e falso testemunho.

23. (FGV – 2014 – DPE-DF – Analista) Mário, ao chegar em casa, deparou-se com uma tragédia. Seu filho, André, um jovem de 20 anos, manuseava, sem o cuidado devido, uma arma de fogo pertencente a seu pai, quando esta acidentalmente disparou e o projétil veio a atingir uma funcionária da casa. Sabendo que o disparo fora acidental, mas temendo pelas consequências do lamentável episódio para a vida de seu filho, optou Mário por não procurar as autoridades policiais. Ao contrário, ao anoitecer, transportou o corpo para um terreno baldio existente no seu bairro e ali o deixou. Ocorre que a funcionária em questão, na verdade, estava apenas ferida e acabou sendo encontrada e levada para o hospital. Sobre as condutas de Mário e André, é correto afirmar que:

a) Mário deve ser punido pelo crime de ocultação de cadáver e André pelo de lesão corporal culposa.
b) Mário deve ser punido pelo crime de ocultação de cadáver e André pelo de homicídio na forma tentada.
c) Mário deve ser punido pelo crime de ocultação de cadáver, na forma tentada, e André pelo de lesão corporal, também na forma tentada.
d) Mário deve ser punido pelo crime de ocultação de cadáver, e André deve ser punido pelo de homicídio, também na forma tentada.
e) Mário não deve ser punido pela prática de crime e André deve ser punido pela prática do crime de lesão corporal culposa.

24. (ACAFE – 2014 – PC-SC – Delegado de Polícia) De acordo com o Código Penal assinale a alternativa correta.

a) A pena para quem pratica homicídio qualificado será aplicada de 12 (doze) a 20 (vinte) anos de reclusão.
b) Se o agente comete o crime de homicídio impelido por motivo de relevante valor social ou moral, ou sob o domínio de violenta emoção, logo em seguida a injusta provocação da vítima, o juiz pode reduzir a pena de um terço até a metade.
c) A prescrição, depois da sentença condenatória com trânsito em julgado para a acusação ou depois de improvido seu recurso, regula-se pela pena aplicada, não podendo, em nenhuma hipótese, ter por termo inicial data anterior à da denúncia ou queixa.
d) A pena é aumentada de 1/6 (um sexto) até a metade se o crime de homicídio for praticado por milícia privada, sob o pretexto de prestação de serviço de segurança, ou por grupo de extermínio.
e) A sentença que conceder perdão judicial será considerada para efeitos de reincidência.

25. (Aroeira – 2014 – PC-TO – Escrivão de Polícia) O Código Penal diz expressamente que, sendo doloso o homicídio, a pena é aumentada de um terço se o crime é praticado contra pessoa:

a) menor de dez ou maior de cinquenta anos.
b) menor de doze ou maior de cinquenta e cinco anos.
c) menor de quatorze ou maior de sessenta anos.
d) menor de dezesseis ou maior de sessenta e cinco anos.

26. (TRT8 – 2014 – Juiz do Trabalho) No que diz respeito aos crimes contra a liberdade pessoal, marque a resposta ESCORREITA:

a) Reduzir alguém a condição análoga à de escravo, quer submetendo-o a trabalhos forçados ou a jornada exaustiva, quer sujeitando-o a condições degradantes de trabalho, quer restringindo, por qualquer meio, sua locomoção em razão de dívida contraída com o empregador ou preposto. A pena é de reclusão, de três a oito anos, e multa, além da pena correspondente à violência.
b) Privar alguém de sua liberdade, mediante sequestro ou cárcere privado. A Pena é de reclusão, de um a três anos.
c) Ameaçar alguém, por palavra, escrito ou gesto, ou qualquer outro meio simbólico, de causar-lhe mal injusto e grave. A pena é de detenção, de dois a seis meses, ou multa.
d) Constranger alguém, mediante violência ou grave ameaça, ou depois de lhe haver reduzido, por

qualquer outro meio, a capacidade de resistência, a não fazer o que a lei permite, ou a fazer o que ela não manda com pena de detenção, de quatro meses a um ano, ou multa.

e) Reduzir alguém a condição análoga à de escravo, quer submetendo-o a trabalhos forçados ou a jornada exaustiva, quer sujeitando-o a condições degradantes de trabalho, quer restringindo, por qualquer meio, sua locomoção em razão de dívida contraída com o empregador ou preposto. A pena é de reclusão, de quatro a oito anos, e multa, além da pena correspondente à violência.

27. (ACAFE - 2014 - PC-SC - Agente de Polícia) De acordo com o Código Penal, assinale a alternativa correta.

a) Comete infanticídio qualquer pessoa que matar, sob a influência do estado puerperal ou não, o próprio filho, durante o parto ou jogo após.

b) Comete infanticídio qualquer pessoa que matar, sob a influência do estado puerperal, criança, durante o parto ou logo após.

c) Comete infanticídio a mulher que matar, sob a influência do estado puerperal, o próprio filho, durante o parto ou logo após.

d) Considera-se lesão corporal de natureza grave aquela que resulta incapacidade para as ocupações habituais por mais de quinze dias.

e) Considera-se lesão corporal de natureza grave aquela que resulta incapacidade para as ocupações habituais, por mais de sete dias.

28. (Aroeira - 2014 - PC-TO - Agente de Polícia) No crime de induzimento, instigação ou auxílio a suicídio, a pena é duplicada se o crime é praticado:

a) por motivo egoístico

b) com emprego de fogo.

c) com emprego de veneno.

d) por irmão da vítima.

29. (CESPE - 2013 - MPU - Analista) Júlio, com intenção de matar Maria, disparou tiros de revólver em sua direção. Socorrida, Maria foi conduzida, com vida, de ambulância, ao hospital; entretanto, no trajeto, o veículo foi abalroado pelo caminhão de José, que ultrapassara um sinal vermelho, tendo Maria falecido em razão do acidente. Nessa situação, Júlio deverá responder por tentativa de homicídio e José, por homicídio culposo.

30. (FUNCAB - 2013 - PC-ES - Escrivão de Polícia) Manoel invadiu o computador de Paulo sem autorização deste e alterou várias informações do proprietário do computador, inclusive violando indevidamente seu mecanismo de segurança, em troca de um carro. Assim,Manoel:

a) não praticou crime.

b) praticou o crime de invasão de dispositivo informático (artigo 154-A do CP).

c) praticou o crime de estelionato (artigo 171 do CP).

d) praticou o crime de inserção de dados falsos em sistema de informação (artigo 313 - A do CP).

(e) praticou o crime de modificação ou alteração não autorizada de sistema de informações (artigo 313-B do CP).

31. (VUNESP - 2013 - PC-SP - Escrivão de Polícia) Analise as informações apresentadas a seguir e classifique-as como (V) verdadeira ou (F) falsa. O crime de homicídio é qualificado, nos expressos termos do § 2º do art. 121 do CP, se cometido:

( ) para assegurar a execução, a ocultação, a impunidade ou vantagem de outro crime.

( ) por funcionário público no exercício de suas funções.

( ) durante o repouso noturno.

A classificação correta, de cima para baixo, é:

a) V, V, F.

b) F, V, V.

c) V, F, V.

d) V, F, F.

e) V, V, V.

32. (UEG - 2013 - PC-GO - Escrivão de Polícia) No que respeita ao crime de injúria, verifica-se que:

a) a consumação ocorre quando a emissão do conceito negativo chega ao conhecimento da vítima.

b) a retorsão imediata é causa de diminuição de pena, de observância obrigatória pelo magistrado quando da prolação da sentença.

c) é admitida a exceção da verdade, quando ocorrer ofensa à dignidade e ao decoro da vítima.

d) a pessoa jurídica pode ser vítima do crime de injúria, tendo em conta gozar de reputação perante o mercado.

33. (FCC - 2012 - TRF2 - Analista Judiciário) Pedro emprestou dinheiro a Paulo e este não lhe pagou a dívida no prazo convencionado. Na festa de aniversário do filho de Paulo, Pedro tomou o microfone e narrou aos presentes que Paulo era caloteiro, por não ter efetuado o pagamento da referida dívida. Nesse caso, Pedro

a) cometeu crime de exercício arbitrário das próprias razões.

b) cometeu crime de denunciação caluniosa.

c) cometeu crime de calúnia.

d) não cometeu nenhum crime porque o fato era verdadeiro.

e) cometeu crime de difamação.

34. (CESPE - 2012 - TRE-RJ - Analista Judiciário) Aquele que imputar a outrem termos pejorativos referentes à sua raça, com o nítido intuito de lesão à sua honra, deverá responder pelo crime de racismo.

35. (FCC - 2012 - MP-AP - Analista Ministerial) Miguel cometeu crime de difamação contra Vitor e está respondendo uma ação penal privada movida pelo ofendido (querelante), que tramita perante uma das varas criminais da comarca de Macapá. Miguel, o querelado, poderá se retratar cabalmente e, neste caso,

a) ficará isento da pena se a retratação ocorrer antes do trânsito em julgado da sentença e contar com a anuência expressa do querelante.
b) terá a pena reduzida de um a dois terços se a retratação ocorrer antes da sentença.
c) ficará isento de pena se a retratação ocorrer antes do trânsito em julgado da sentença.
d) ficará isento de pena se a retratação ocorrer antes da sentença.
e) terá a pena reduzida de um a dois terços se a retratação ocorrer antes da sentença e contar com a anuência expressa do querelante.

36. (CESPE – 2012 – TJ-AL – Auxiliar Judiciário) Determinado motorista, embriagado, que percorria, a 150 km/h, trecho de movimentada via pública onde a velocidade máxima permitida era de 50 km/h, atropelou e feriu gravemente um pedestre que circulava pela calçada. Única vítima, o pedestre faleceu cinco dias após o acidente, em consequência das lesões sofridas com o atropelamento. Nessa situação hipotética, o motorista deverá ser responsabilizado pelo crime de:

a) lesão corporal grave.
b) lesão corporal culposa.
c) lesão corporal seguida de morte.
d) homicídio culposo.
e) homicídio doloso.

37. (FCC – 2012 – TRF2 – Técnico Judiciário) João, movido por motivo torpe, procurou Pedro, uma criança de nove anos de idade, e o agrediu a socos, pontapés e pedradas, causando-lhe ferimentos graves. No mesmo contexto, vendo que Pedro continuava vivo, desferiu-lhe um tiro na cabeça, ocasionando-lhe a morte. João responderá por:

a) infanticídio.
b) lesão corporal seguida de morte.
c) homicídio qualificado.
d) homicídio simples.
e) lesão corporal agravada.

GABARITO		FUNDAMENTAÇÃO
1	C	Art. 139 CP
2	E	Item 5.4.5
3	B	Item 1.1.3
4	B	Art. 121 CP c/c art. 13, § 2º, *b*, CP
5	A	Arts. 124 e 126 CP
6	E	Art. 129, § 1º, I, CP
7	B	Art. 121, § 2º, VI, CP
8	D	Item 6.5
9	C	Item 5.4.5
10	A	Art. 149 CP
11	C	Art. 121, § 1º, CP
12	C	Art. 140 CP
13	A	Art. 141, IV, CP
14	A	Item 5.3
15	D	Art. 149 CP
16	B	Art. 140, § 1º, II, CP
17	D	Art. 121, § 1º, CP
18	A	Art. 143 CP
19	B	Art. 129, § 3º, CP
20	D	Art. 121, § 2º, III, CP
21	D	Art. 136, § 3º, CP
22	E	Art. 143 CP + art. 342, § 2º, CP
23	E	Art. 211 CP (não há cadáver) + art. 129, § 6º, CP
24	C	Art. 110, § 1º, CP
25	C	Art. 121, § 4º, última parte, CP
26	B	Art. 148 CP
27	C	Art. 123 CP
28	A	Art. 122, § 3º, inciso I, CP
29	C	Art. 121 c/c art. 14, II, CP e art. 302 CTB
30	B	Art. 154-A CP
31	D	Art. 121, § 2º, V, CP
32	A	Art. 140 CP
33	E	Art. 139 CP
34	E	Art. 140, § 3º, CP
35	D	Art. 143 CP
36	E	Art. 121 CP
37	C	Art. 121, § 2º, I, CP

CAPÍTULO II

CRIMES CONTRA O PATRIMÔNIO

1. FURTO

1.1. Furto simples (art. 155, *caput*)

Constitui crime de furto "subtrair, para si ou para outrem, coisa alheia móvel". Tutelam-se os bens jurídicos propriedade, posse e detenção.

Tipo objetivo. O verbo típico ***subtrair*** significa retirar a coisa da posse da vítima, passando ao poder do agente. ***Coisa:*** aquilo que possui existência de natureza corpórea e que possua valor econômico. A coisa deve representar para o dono pelo menos uma utilidade (é o valor de uso, conforme Hungria). Para alguns autores (Mirabete, por exemplo), coisa de valor afetivo ou sentimental também pode ser objeto material de furto. A subtração de **cadáver** pode caracterizar crime de furto, como, por exemplo, quando pertencer a um museu ou na hipótese de ser utilizado para a finalidade científica, pois nestes casos passa a ter valor patrimonial. Caso contrário, pode configurar o crime de subtração de cadáver (art. 211 do CP). ***Alheia:*** pertencente a outrem. Não configura o crime de furto a subtração de coisa própria, mesmo que em poder de terceiro, mas, neste caso, poderá caracterizar o crime descrito no art. 346 do CP ("Tirar, suprimir, destruir ou danificar coisa própria, que se acha em poder de terceiro por determinação judicial ou convenção") ou o delito de furto de coisa comum (art. 156). Não há furto de coisa abandonada (*res derelicta*) ou sem dono (*res nullius*), pois não integra o patrimônio de ninguém. Se houver o apoderamento de coisa perdida (*res desperdicta*), pode configurar o crime do art. 169, parágrafo único, II, do CP. ***Móvel***: passível de ser removida ou deslocada. Certos objetos são considerados imóveis pelo Código Civil (navios, materiais separados provisoriamente de um prédio), mas são móveis para o Direito Penal e, assim, passíveis de furto.

Nos termos do § 3º, **equipara-se a coisa móvel a *energia elétrica ou qualquer outra que tenha valor econômico***. Assim, ocorre o crime de furto nos casos de ligação clandestina de energia elétrica, de telefone e de água. Predomina que o furto de energia elétrica constitui crime permanente.

Subtração de água ou energia sem passar pelo medidor. O agente realiza ligação de energia do poste para o interior da sua residência, ou da água, sem passar pelo medidor. Consoante jurisprudência do STJ, configura furto mediante fraude e trata-se de crime permanente. Vejamos: "1. Configura crime permanente a conduta de subtrair água, consistente na ligação direta, sem leitura de hidrômetro e sem pagamento, na medida em que a ação é única, protraindo-se no tempo. 2. Assim como no furto de energia elétrica, trata-se de crime eventualmente permanente, ou seja, aqueles delitos que, em regra, são instantâneos, mas podem ser prorrogados no tempo por vontade do agente" (STJ, 6ª T., REsp 1816311, j. 10/09/2019). Ainda: "Adverte a jurisprudência desta Corte que incorre nas penas do art. 155, § 4º, II, do Código Penal, o agente que emprega qualquer meio destinado a iludir a atenção ou vigilância do ofendido e evitar o devido pagamento, não tendo a vítima lesada ciência do prejuízo que está sofrendo. Precedentes" (STJ, 6ª T., AgRg no AREsp 1373228, j. 28/03/2019).

Adulteração do medidor para reduzir consumo: na situação em que o agente, ao invés de realizar ligação direta, adultera o medidor de energia elétrica ou o hidrômetro (instalando algum dispositivo, por exemplo), surge discussão se configura furto, no caso qualificado pela fraude (STF, HC 72467, j. 31/10/1995) ou estelionato (STJ, HC 67.829, j. 02/08/2007; STJ, 5ª T., AREsp 1418119, j. 07/05/2019).

Extinção da punibilidade no furto de energia elétrica: o STJ chegou a extinguir a punibilidade do agente no caso de pagamento do débito quando se o agente efetuasse o pagamento antes do recebimento da denúncia. Porém, "A Terceira Seção do STJ, no julgamento do RHC n. 101.299/RS, firmou a orientação de que é inviável o reconhecimento da extinção da punibilidade pela quitação de débito no caso de crime de furto de energia elétrica. 2. A causa extintiva de punibilidade decorrente do previsto nos arts. 34 da Lei n. 9.249/1995 e 9º da Lei n. 10.684/2003 não pode ser aplicada, por analogia, aos crimes contra o patrimônio, notadamente no que tange ao furto de energia elétrica" (STJ, 6ª T., AgRg no REsp 1799613, j. 28/04/2020).

▶ **FURTO DE SINAL DE TV A CABO**

- **Conduta atípica:** de acordo com o STF, é atípica a conduta de realizar ligação clandestina de TV a cabo. Entendeu-se que sinal de TV a cabo não é energia (art. 155, § 3º, do CP), inadmitindo-se analogia in malam partem em Direito Penal. Nesse sentido: STF, HC 97.261, j. 12/04/2011, noticiado no **Informativo 623.**
- **Conduta típica:** "Segundo o entendimento do Superior Tribunal de Justiça a captação irregular de sinal de TV a cabo configura delito previsto no art. 155, § 3º, do CP" (STJ, 5ª T., REsp 1076287, j. 02/06/2009). Idem: STJ, RHC 30.847, 5ª T., j. 20/08/2013.

Tipo subjetivo. Dolo (consistente na consciência e vontade de subtrair coisa alheia móvel) + elemento subjetivo especial (expressão "para si ou para outrem", que revela o fim de assenhoreamento definitivo).

Furto de uso: será atípica, por ausência do elemento subjetivo especial do tipo (para si ou para outrem), a subtração de coisa alheia móvel quando o agente não possuir a intenção de assenhoreamento.

Consumação. Quatro teorias clássicas se destacam: a) teoria da contrectatio: consuma-se no momento em que o agente toca suas mãos na coisa; b) teoria da amotio ou apprehensio: a consumação ocorre no momento em que a coisa passa para o poder do agente (predomina na jurisprudência pátria); c) teoria da ablatio: consumação no momento em que a coisa é transportada de um local para outro; d) teoria da illatio: para ocorrer a consumação é necessário que a coisa seja levada ao local desejado para tê-la a salvo.

Não há consenso doutrinário e jurisprudencial acerca do momento da consumação do furto, destacando-se dois entendimentos: **1º)** entende-se consumado o furto no momento em que a coisa sai da esfera de disponibilidade ou vigilância da vítima; **2º)** consuma-se no momento em que a o agente obtém a posse da coisa, ainda que por curto espaço de tempo, sendo desnecessário falar-se em posse tranquila e no critério de saída da coisa da chamada "esfera de vigilância da vítima". Basta que, cessada a clandestinidade, o agente tenha tido a posse da res furtiva, ainda que retomada, em seguida, pela perseguição imediata.

▶ **TRIBUNAIS SUPERIORES**

- **Consumação e adoção da teoria da *apprehensio* ou *amotio*:** "(...) 2. Este Superior Tribunal de Justiça firmou entendimento no sentido de que, para consumação do furto, basta o desapossamento da coisa subtraída, o qual se dá com a inversão da posse, não sendo necessário que a res furtiva saia da esfera de vigilância da vítima, e muito menos que o agente tenha posse mansa e pacífica sobre a mesma. 3. A Terceira Seção desse Superior Tribunal de Justiça, julgando recurso especial representativo da controvérsia, na forma do artigo 543-C do Código de Processo Civil revogado (regime dos recursos repetitivos), com disciplina atual no artigo 1.036 e seguintes do CPC em vigor, em decisão unânime, pacificou a matéria, assim resumida: 'consuma-se o crime de furto com a posse de fato da res furtiva, ainda que por breve espaço de tempo e seguida de perseguição ao agente, sendo prescindível a posse mansa e pacífica ou desvigiada'" (STJ, 5ª T., REsp 1716938, j. 19/04/2018). Idem: "Acerca do momento consumativo do crime de roubo e de furto, é assente a adoção da teoria da amotio por esta Corte e pelo Supremo Tribunal Federal, segundo a qual os referidos crimes patrimoniais se consumam no momento da inversão da posse, tornando-se o agente efetivo possuidor da coisa, ainda que não seja de forma mansa e pacífica, sendo prescindível que o objeto subtraído saia da esfera de vigilância da vítima ou que seja devolvido pouco tempo depois" (STJ, 5ª T., HC 618290, j. 17/11/2020).

- **Vigilância eletrônica e não ocorrência de crime impossível:** "Sistema de vigilância realizado por monitoramento eletrônico ou por existência de segurança no interior de estabelecimento comercial, por si só, não torna impossível a configuração do crime de furto" (**Súmula 567 do STJ**).

1.2. Furto majorado (§ 1º)

Nos termos do § 1º, a pena aumenta-se de um terço se o crime é praticado durante o repouso noturno. É o período em que as pessoas se recolhem para dormir. Deve ser analisado de acordo com os costumes e hábitos do local do crime.

- **Estabelecimento comercial e casa desabitada:** "Incide a causa de aumento de pena referente à prática do crime de furto durante o repouso noturno ainda que o local dos fatos seja estabelecimento comercial ou residência desabitada, tendo em vista a maior vulnerabilidade do patrimônio" (STJ, 6ª T., AgRg no REsp 1582497, j. 15/08/2017); "Para a incidência da majorante prevista no art. 155, parágrafo 1º, do Código Penal, basta que a infração ocorra durante o repouso noturno, período de maior vulnerabilidade para as residências, lojas, veículos e estabelecimentos comerciais" (STJ, 5ª T., AgRg no HC 429695, j. 23/08/2018); "Consoante a jurisprudência sedimentada nesta Corte Superior, a causa de aumento do art. 155, § 1º, do CP, é aplicável tanto para o furto simples como para o qualificado e independe de o local do fato encontrar-se habitado ou não durante a execução do crime" (STJ, 5ª T., AgRg no REsp 1726761, j. 19/11/2019). Ainda: "A jurisprudência desta Corte é firme no sentido de que a causa especial de aumento de pena do furto cometido durante o repouso noturno pode se configurar mesmo quando o crime é cometido em estabelecimento comercial ou residência desabitada, sendo indiferente o fato de a vítima estar, ou não, efetivamente repousando" (STJ, 5ª T., AgRg no HC 609143, j. 02/02/2021).

Furto majorado (§ 1º) e forma qualificada (§ 4º). Orientações:

1ª posição: é possível que o furto seja qualificado (ex.: praticado mediante concurso de pessoas – art. 155, § 4, IV) e cometido durante o repouso noturno. Na 1ª fase da dosimetria da pena o juiz irá considerar o limite das penas mínima e máxima do furto qualificado (reclusão de 2 a 8 anos) para fixar a pena-base. Depois de analisar as circunstâncias agravantes e atenuantes (2ª fase), aplicará o aumento de pena atinente ao repouso noturno (3ª fase). Nesse sentido: "A causa de aumento prevista no § 1° do art. 155 do Código Penal, que se refere à prática do crime durante o repouso noturno - em que há maior possibilidade de êxito na empreitada criminosa em razão da menor vigilância do bem, mais vulnerável à subtração -, é aplicável tanto na forma simples como na qualificada do delito de furto" (STJ, 6ª T., AgRg no REsp 1821557, j. 17/09/2019). Ainda: "Ademais, não se constata, no caso, flagrante ilegalidade apta a ensejar a concessão de habeas corpus de ofício, uma vez que '[a] jurisprudência desta Corte Superior firmou no sentido de ser aplicável a causa de aumento prevista no § 1º do art. 155 do Código Penal, relativa à prática do crime de furto durante o repouso noturno, tanto na forma simples como na qualificada, ante a maior possibilidade de êxito na empreitada criminosa, em razão da menor vigilância do bem, mais vulnerável à subtração'" (STJ, 6ª T., AgRg no HC 549145, j. 15/12/2020).

2ª ***posição:*** o repouso noturno aplica-se apenas à hipótese de furto simples. O argumento principal é o critério topográfico, uma vez que o furto qualificado (§§ 4º a 7º) vem abaixo do § 1º no tipo. Nada impede, contudo, que tal hipótese (repouso noturno) seja utilizada como circunstância judicial negativa (art. 59 do CP).

1.3. Furto privilegiado (§ 2º)

Segundo o art. 155, § 2º, se o criminoso é primário, e é de pequeno valor a coisa furtada, o juiz pode substituir a pena de reclusão pela de detenção, diminuí-la de um a dois terços, ou aplicar somente a pena de multa. A jurisprudência considera de pequeno valor a res de até um salário-mínimo ao tempo do fato.

Atenção: o furto privilegiado é reconhecido na sentença condenatória, no momento da dosimetria da pena. Por outro lado, não se deve confundir com o princípio da insignificância, o qual afasta a tipicidade material, e, por consequência, o próprio crime.

▶ **OBSERVAÇÕES:**

- **Requisitos objetivos para a aplicação do princípio da insignificância ou bagatela:** deve ser levado em consideração (a) a mínima ofensividade da conduta do agente, (b) a inexistência de periculosidade social da ação, (c) o reduzido grau de reprovabilidade do comportamento e (d) a inexpressividade da lesão jurídica provocada. Para o STJ é "incabível a aplicação do princípio da insignificância quando o montante do valor da res furtiva superar o percentual de 10% do salário-mínimo vigente à época dos fatos" (STJ, 6ª T., AgRg no HC 494.696, j. 28/05/2019); "A jurisprudência desta Corte, dentre outros critérios, aponta o parâmetro da décima parte do salário-mínimo vigente ao tempo da infração penal, para aferição da relevância da lesão patrimonial. Precedentes" (STJ, 5ª T., HC 610127, j. 09/12/2020).
- **Furto qualificado-privilegiado:** "É possível o reconhecimento do privilégio previsto no § 2º do art. 155 do CP nos casos de crime de furto qualificado, se estiverem presentes a primariedade do agente, o pequeno valor da coisa e a qualificadora for de ordem objetiva" (**Súmula 511 do STJ**).
- **Furto famélico:** é aquele praticado para saciar a fome, quando o agente se encontra em situação de extrema pobreza ou desemprego. Apesar de o fato ser típico, em

determinadas circunstâncias não será ilícito, em virtude do estado de necessidade (causa de exclusão da ilicitude). Nesse sentido: "A tentativa de furto de uma peça de costela pelo paciente, aliada às circunstâncias da prisão em flagrante, oportunidade na qual confessou o seu desvio de comportamento invocando a necessidade provocada pela falta de recursos materiais, caracteriza a sua atuação em manifesto estado de necessidade, afastando a ilicitude do fato que lhe foi imputado" (STJ, 5ª T., HC 267447, j. 25/06/2013). *Atenção*: em determinados casos o fato pode ser atípico em face do princípio insignificância (causa de exclusão da tipicidade material), de sorte que se dispensará a análise da ilicitude.

1.4. Furto qualificado (§§ 4º a 7º)

> **§ 4º.** A pena é de reclusão de dois a oito anos, e multa, se o crime é cometido:
>
> I – com destruição ou rompimento de obstáculo à subtração da coisa;
>
> II – com abuso de confiança, ou mediante fraude, escalada ou destreza;
>
> III – com emprego de chave falsa;
>
> IV – mediante concurso de duas ou mais pessoas.
>
> **§ 4º-A.** A pena é de reclusão de 4 (quatro) a 10 (dez) anos e multa, se houver emprego de explosivo ou de artefato análogo que cause perigo comum.
>
> **§ 5º.** A pena é de reclusão de 3 (três) a 8 (oito) anos, se a subtração for de veículo automotor que venha a ser transportado para outro Estado ou para o exterior.
>
> **§ 6º.** A pena é de reclusão de 2 (dois) a 5 (cinco) anos se a subtração for de semovente domesticável de produção, ainda que abatido ou dividido em partes no local da subtração.
>
> **§ 7º.** A pena é de reclusão de 4 (quatro) a 10 (dez) anos e multa, se a subtração for de substâncias explosivas ou de acessórios que, conjunta ou isoladamente, possibilitem sua fabricação, montagem ou emprego.

1.4.1. *Qualificadoras do § 4º*

a) **Destruição ou rompimento de obstáculo à subtração da coisa (§ 4º, inciso I):** qualifica o furto se o agente emprega violência contra um obstáculo que protege a coisa. O ato de violência é contra a coisa, e não contra a pessoa, caso em que configuraria roubo.

b) **Abuso de confiança (§ 4º, inciso II):** o agente aproveita-se da facilidade surgida com a confiança. Como se trata de circunstância de natureza subjetiva, é imperioso que o agente possua consciência de que está agindo com abuso da confiança depositada pela vítima.

c) **Fraude (§ 4º, inciso II):** o agente utiliza artifício ou ardil para iludir a vítima e reduzir a vigilância sobre a coisa, facilitando, assim, a sua subtração. Obs.:

no crime de estelionato, a fraude é utilizada para que a vítima, ludibriada, entregue algo ao agente.

d) **Escalada (§ 4º, inciso II):** significa adentrar no local do furto por meio anormal e que exija do agente um esforço incomum (inclusive à via subterrânea).

e) **Destreza (§ 4º, inciso II):** é a especial habilidade de o agente subtrair a coisa sem ser notado.

f) **Emprego de chave falsa (§ 4º, inciso III):** chave falsa é qualquer instrumento, com ou sem forma de chave, que o agente utiliza para abrir fechaduras ou mecanismo material de segurança (ex.: prego ou arame).

g) **Concurso de pessoas (§ 4º, inciso IV):** são necessárias, no mínimo, duas pessoas. Predomina que os inimputáveis são computados para o reconhecimento do concurso de pessoas. Conforme a **Súmula 442 do STJ**, "É inadmissível aplicar, no furto qualificado, pelo concurso de agentes, a majorante do roubo".

1.4.2. *Qualificadora do § 4º-A*

A Lei nº 13.654, de 23/04/2018 (vigência a partir de 24/04/2018), incluiu o § 4º-A ao artigo 155 do Código Penal, nos seguintes termos: "A pena é de reclusão de 4 (quatro) a 10 (dez) anos e multa, se houver emprego de explosivo ou de artefato análogo que cause perigo comum".

O **explosivo** (ou artefato análogo) é utilizado como meio de execução para o crime de furto. Explosivo, conforme o Decreto nº 3.665/00 (art. 3º, LI), é o "tipo de matéria que, quando iniciada, sofre decomposição muito rápida em produtos mais estáveis, com grande liberação de calor e desenvolvimento súbito de pressão". Ex.: engenho de dinamite (composto por nitroglicerina e dotado de elevada sensibilidade), trinitrotolueno (explosivo comumente conhecido como TNT). Perigo comum ou coletivo é o que alcança um número indeterminado de pessoas ou coisas.

Antes da Lei nº 13.654/2018, a conduta de **explodir caixa eletrônico para subtração de valores** gerava controvérsia na doutrina e na jurisprudência, havendo duas posições: pelo concurso de crimes (furto simples ou qualificado + explosão) e pelo delito único (furto qualificado pelo rompimento de obstáculo). O legislador, com a alteração de 2018, optou pelo segundo entendimento.

Atenção: o Pacote Anticrime (Lei 13.964/19) inseriu o art. 155, § 4º-A no rol dos **crimes hediondos**.

1.4.3. *Qualificadora do § 5º*

Foi acrescentada pela Lei nº 9.426/96 e tem a finalidade de combater a crescente criminalidade envolvendo furtos, roubos e receptação de veículos.

1.4.4. *Qualificadora do § 6º*

Foi acrescentada pela Lei nº 13.330/16 e é conhecida como "furto-abigeato". Trata-se, na verdade, da subtração de animais que são criados para a finalidade de obtenção de produtos com objetivo comercial, como gado, suínos e aves.

A intenção do legislador foi tornar mais severa a legislação em busca de dar proteção especial à atividade pecuária, tendo em vista a quantidade crescente de abigeatos (furto de gado) e, consequentemente, o prejuízo aos produtores rurais. Além de proteger o patrimônio, a qualificadora teria, de forma indireta, a possibilidade de proteger a saúde pública (ex.: diminuição do abate clandestino).

1.4.5. *Qualificadora do § 7º*

Foi acrescentada pela Lei nº 13.654, de 23/04/2018 (vigência a partir de 24/04/2018). A intenção do legislador foi punir com mais gravidade a subtração do próprio explosivo (e de acessórios), independentemente de sua utilização.

Ao contrário do que ocorre na hipótese do § 4º-A (explosivo empregado como meio de execução para o furto), no § 7º o explosivo (ou acessório) é o objeto material do delito de furto.

1.5. Furto qualificado e princípio da insignificância

As Cortes Superiores têm se manifestado pela impossibilidade de reconhecimento do princípio da insignificância quando presentes qualificadoras, já que há maior ofensividade e reprovabilidade da conduta. No entanto, o caso concreto pode apresentar circunstâncias excepcionais apta a justificar a sua aplicação. Assim: "A jurisprudência desta Corte entende que, em regra, as qualificadoras do crime de furto obstam a aplicação do princípio da insignificância, haja vista a maior reprovabilidade da conduta, malgrado sua presença não implique, per si, afastamento da atipicidade material" (STJ, 5ª T., HC 483.707, j. 05/02/2019). Ainda: "No caso, em que pese o crime ter sido praticado mediante arrombamento, há circunstâncias excepcionais que autorizam a aplicação do princípio da insignificância. Isso porque, trata-se tão somente de tentativa de furto de bem no valor de R$ 40,00 (quarenta reais), que foi prontamente devolvido à vítima logo após o cometimento da ação delituosa. 3. A jurisprudência do Superior Tribunal de Justiça admite a aplicação do princípio da insignificância, mesmo no caso de furto qualificado, quando há circunstâncias excepcionais no caso concreto, como na hipótese" (STJ, 5ª T., AgRg no AREsp 1529722, j. 17/10/2019); "É pacífico o entendimento desta Corte no sentido de que a prática do delito de furto qualificado por escalada, por arrombamento ou rompimento de obstáculo, por concurso de agentes, ou por ser o paciente reincidente ou possuidor de maus antecedentes, indica a reprovabilidade do comportamento a afastar a aplicação do princípio da insignificância" (STJ, 5ª T., AgRg no HC 625567, j. 02/02/2021).

1.6. Furto de coisa comum (art. 156)

Configura o delito "subtrair o condômino, co-herdeiro ou sócio, para si ou para outrem, a quem legitimamente a detém, a coisa comum". Somente se procede mediante representação. Não é punível a subtração de coisa comum fungível, cujo valor não excede a quota a que tem direito o agente.

2. ROUBO

2.1. Roubo próprio e impróprio (art. 157, *caput* e § 1º)

→ **Roubo próprio (*caput*).** "Subtrair coisa móvel alheia, para si ou para outrem, mediante grave ameaça ou violência a pessoa, ou depois de havê-la, por qualquer meio, reduzido à impossibilidade de resistência".

→ **Roubo impróprio ou por aproximação (§ 1º).** "Na mesma pena incorre quem, logo depois de subtraída a coisa, emprega violência contra pessoa ou grave ameaça, a fim de assegurar a impunidade do crime ou a detenção da coisa para si ou para terceiro".

No roubo próprio a violência ou grave ameaça é empregada **antes** da subtração da coisa, ao passo que no roubo impróprio ou por aproximação a violência ou grave ameaça é empregada **logo depois** de subtraída a coisa (requisito temporal - imediatidade), a fim de assegurar a impunidade do crime ou a detenção da coisa para si ou para terceiro.

- **Violência ou grave ameaça.** A violência física (própria) é a força bruta (*vis absoluta* ou *corporalis*), consistente em agressão com ou sem lesão corporal. A violência moral consiste na grave ameaça, que se dá por meio de intimidação (vis relativa ou compulsiva). A grave ameaça pode ser velada. A violência imprópria ocorre na hipótese de redução por qualquer outro meio a capacidade de resistência (ex.: ingestão de drogas, hipnose).

- **Tipo subjetivo.** Dolo, consistente na consciência e vontade de subtrair a coisa alheia. É previsto ainda o elemento subjetivo especial do tipo, qual seja, "para si ou para outrem", que revela o fim de assenhoreamento definitivo (*animus furandi*). No **roubo impróprio é exigível outro elemento subjetivo especial,** contido na expressão "a fim de assegurar a impunidade do crime ou detenção da coisa para si ou para terceiro".

- **Consumação.** Da mesma forma que no crime de furto, discute-se o momento da consumação do crime de roubo.

a) **Roubo próprio:** de acordo com a **Súmula 582 do STJ**, "Consuma-se o crime de roubo com a inversão da posse do bem mediante emprego de violência ou grave ameaça, ainda que por breve tempo e em seguida à perseguição imediata ao agente e recuperação da coisa roubada, sendo prescindível a posse mansa e pacífica ou desvigiada".

b) **Roubo impróprio:** ocorre quando o agente, logo depois da subtração da coisa, emprega violência contra pessoa ou grave ameaça, a fim de assegurar a impunidade do crime ou a detenção da coisa para si ou para terceiro.

- **Tentativa.** No *roubo próprio* é admissível. Ocorre quando o sujeito, mesmo com o emprego de violência ou grave ameaça, não consegue a posse da res. No *roubo impróprio* existe divergência: ***1ª posição*** – predomina ser inadmissível. Segundo Hungria, "já no caso de violência subsequente à subtração, o momento consumativo é o do emprego da violência; e não há falar-se em tentativa: ou a violência é empregada, e tem-se a consumação, ou não é empregada, e o que se apresenta é o crime de furto". ***2ª posição*** – admissível. Conforme acentua Fragoso: "A tentativa de roubo impróprio é possível e se verifica sempre que o agente, tendo completado a subtração, é preso após tentar o emprego da violência ou da ameaça para assegurar a posse da coisa ou a impunidade. Há também tentativa se o agente é surpreendido após ter completado a subtração e emprega violência, mas se vê forçado a abandonar a coisa, fugindo".

- **Bens na posse de uma pessoa e patrimônios diversos:** "1. Não há se falar em concurso formal, se o agente subtraiu os bens que estavam na posse do cobrador de ônibus – R$ 30,00 (trinta reais) e um aparelho celular –, além da quantia de R$ 34,50 (trinta e quatro reais cinquenta centavos) pertencente à empresa de transporte coletivo. 2. As circunstâncias fáticas e a dinâmica do evento autorizam o reconhecimento de crime único, diante da evidência de que embora subtraídos patrimônios distintos, os mesmos estavam sob os cuidados de uma única pessoa, a qual sofreu a grave ameaça. Irrelevante perquirir se o cobrador era ou não o proprietário de todas as coisas subtraídas" (STJ, 5ª T., AgRg no REsp 1396144, j. 23/10/2014). Ainda: "O entendimento exposto no acórdão impugnado está em conformidade com a orientação firmada em diversos julgados desta Corte Superior, no sentido de que não há concurso formal se a violência ou grave ameaça exercida no crime de roubo se voltou contra uma só vítima, que, sozinha, exercia a posse de bens de sua propriedade e de terceiros" (STJ, 6ª T., AgRg no REsp 1782251, j. 05/02/2019).
- **Mais de uma vítima e patrimônios diversos:** "A jurisprudência desta Corte é pacífica no sentido de que o roubo praticado mediante uma só ação, contra vítimas diferentes, não caracteriza crime único, mas delitos em concurso formal, porquanto violados patrimônios distintos" (STJ, 5ª T., HC 453227, j. 21/08/2018). Idem: "Entende-se caracterizado o concurso formal próprio quando ocorre subtração de bens, mediante uma só ação, num mesmo contexto fático, contra vítimas diversas, alcançando patrimônios diferentes. Precedentes" (STJ, 5ª T., AgRg no AREsp 1643848, j. 23/06/2020).

2.2. Roubo majorado ou circunstanciado (§§ 2º, 2º-A e 2º-B)

a) Majorantes do § 2º

A pena aumenta-se de 1/3 (um terço) até metade: I - (revogado pela Lei nº 13.654/18); II - se há o concurso de duas ou mais pessoas; III - se a vítima está em serviço de transporte de valores e o agente conhece tal circunstância; IV - se a subtração for de veículo automotor que venha a ser transportado para outro Estado ou para o exterior; V - se o agente mantém a vítima em seu poder, restringindo sua liberdade; VI - se a subtração for de substâncias explosivas ou de acessórios que, conjunta ou isoladamente, possibilitem sua fabricação, montagem ou emprego (incluído pela Lei nº 13.654/18); VII - se a violência ou grave ameaça é exercida com emprego de arma branca (incluído pelo Pacote Anticrime - Lei n. 13.964/19).

Com a alteração do art. 157 do CP pela Lei nº 13.654/18, houve a revogação do § 2º, I (*I - se a violência ou ameaça é exercida com emprego de arma*), mas, ao mesmo tempo, foi criada a majorante do § 2º-A. Na época, eliminou-se a possibilidade de majorar a pena nos casos de uso de *armas brancas*.

A Lei nº 13.964/19 ("Pacote Anticrime") inseriu o inciso VII ao art. 157, § 2º (emprego de arma branca).

→ O roubo circunstanciado pela restrição de liberdade da vítima (art. 157, § 2º, inciso V) foi inserido no rol dos **crimes hediondos**.

b) Majorantes do § 2º-A

Incluído ao art. 157 do Código Penal pela Lei nº 13.654/18, o § 2º-A dispõe: "A pena aumenta-se de 2/3 (dois terços): I - se a violência ou ameaça é exercida com emprego de arma de fogo; II - se há destruição ou rompimento de obstáculo mediante o emprego de explosivo ou de artefato análogo que cause perigo comum".

→ O Pacote Anticrime (Lei nº 13.964/19) inseriu o art. 157, § 2º-A, inciso I, do CP no rol dos **crimes hediondos**.

Na redação anterior à Lei nº 13.654/18, o art. 157, § 2º, I, do CP previa a seguinte majorante de 1/3 a 1/2: "se a violência ou ameaça é exercida com emprego de arma". Nesta situação, incidia a causa de aumento nas hipóteses de emprego tanto de *armas de fogo* quanto de *armas brancas* (facas, lâminas, cacos de vidros, estiletes etc.). Com a alteração do art. 157 do CP pela Lei nº 13.654/18, houve a revogação do § 2º, I, mas, ao mesmo tempo, foi criada a majorante do § 2º-A. Ou seja, na época, eliminou-se a possibilidade de majorar a pena nos casos de uso de *armas brancas*, incluindo-se uma majorante específica no caso de *armas de fogo*, inclusive com previsão de maior aumento de pena em relação à disposição anterior (era de 1/3 a 1/2, e passou a ser de 2/3).

c) Majorante do § 2º-B

Refere o Código Penal que, "Se a violência ou grave ameaça é exercida com emprego de arma de fogo de uso restrito ou proibido, aplica-se em dobro a pena prevista no *caput* deste artigo".

O Pacote Anticrime (Lei nº 13.964/19), além de inserir a *arma branca* no rol do § 2º, incluiu o § 2º-B; assim, se a arma de fogo for de *uso permitido*, incide o art. 157, § 2º-A, I, do CP; se for de *uso restrito ou proibido*, incide o art. 157, § 2º-B, do CP.

→ O Pacote Anticrime também inseriu o art. 157, § 2º-B, do CP no rol dos **crimes hediondos**.

▶ **ARMA DE BRINQUEDO**

- **A Súmula 174 do STJ foi cancelada** ("No crime de roubo, a intimidação feita com arma de brinquedo autoriza o aumento da pena").

Não há necessidade de apreensão do armamento para incidir a majorante, desde que seu uso seja demonstrado por prova indireta: "A Terceira Seção deste Superior Tribunal de Justiça, por ocasião do julgamento dos Embargos de Divergência n. 961.863/RS, firmou o entendimento de que é despicienda a apreensão e a perícia da arma de fogo, para a incidência da majorante do § 2º, I, do art. 157 do CP, quando existirem, nos autos, outros elementos de prova que evidenciem a sua utilização no roubo, como na hipótese, em que há farta comprovação testemunhal atestando o seu emprego" (STJ, 5ª T., HC 507.533, j. 26/11/2019). Ainda: "A Terceira Seção deste Superior Tribunal de Justiça, por ocasião do julgamento dos Embargos de Divergência n. 961.863/RS, firmou o entendimento de que é despicienda a apreensão e a perícia da arma de fogo, para a incidência da majorante do § 2º, I, do art. 157 do CP, quando existirem, nos autos, outros elementos de prova que evidenciem a sua utilização no roubo, como na hipótese, em que há farta comprovação testemunhal atestando o seu emprego" (STJ, 5ª T., HC 620723, j. 15/12/2020).

Se o assalto for praticado com **arma desmuniciada**, não incidirá o aumento de pena: "A jurisprudência desta Corte é assente no sentido de que a utilização de arma desmuniciada, como forma de intimidar a vítima do delito de roubo, caracteriza o emprego de violência, porém não permite o reconhecimento da majorante de pena, uma vez que está vinculada ao potencial lesivo do instrumento, dada a sua ineficácia para a realização de disparos. Todavia, 'Se o acusado sustentar a ausência de potencial lesivo da arma empregada para intimidar a vítima, será dele o ônus de produzir tal prova, nos termos do art. 156 do Código de Processo Penal' (HC 96.099/RS, Rel. Min. RICARDO LEWANDOWSKI, Pleno, maioria, DJe de 05/06/2009). Assim, na espécie, caberia ao paciente demonstrar que a arma era desprovida de potencial lesivo, o que não ocorreu na situação narrada na inicial" (STJ, 5ª T., HC 449697, j. 21/06/2018). No mesmo sentido: STJ, 5ª T., HC 445043, j. 21/02/2019.

2.3. Roubo qualificado (§ 3º)

a) **Se da violência resulta lesão corporal grave (§ 3º, I).** Ocorre quando resulta lesão corporal de natureza grave ou gravíssima (art. 129, §§ 1º e 2º, do CP). O resultado agravador pode ser a título de dolo ou de culpa. A pena de reclusão, conforme redação dada pela Lei nº 13.654/18, passou a ser de 7 a 18 anos e multa (antes da alteração a pena era de 7 a 15 anos e multa).

b) **Se resulta morte (§ 3º, II) – latrocínio.** No crime de latrocínio, o agente busca a subtração da coisa, mesmo que para isso resulte a morte da vítima, que pode ser causada a título de dolo ou culpa.

→ **Consumação**: consuma-se com a morte do ofendido. A propósito: "Há crime de latrocínio, quando o homicídio se consuma, ainda que não realize o agente a subtração de bens da vítima" (Súmula 610 do STF).

→ **Competência**: "A competência para o processo e julgamento de latrocínio é do juiz singular e não do Tribunal do Júri" (Súmula 603 do STF).

▶ MAIS DE UMA MORTE E APENAS UMA SUBTRAÇÃO PATRIMONIAL

Se em um mesmo contexto (unidade de subtração patrimonial) decorrer mais de uma morte, discute-se se haverá crime único ou pluralidade de infrações. Orientações:

- **Concurso formal impróprio.** Nesse sentido: "Nos termos da jurisprudência do Superior Tribunal de Justiça, no crime de latrocínio, verificado que o agente, mediante uma única subtração patrimonial, buscou alcançar mais de um resultado morte, evidenciando desígnios autônomos, aplica-se a regra do concurso formal impróprio, nos moldes do art. 70, segunda parte, do Código Penal" (STJ, 6ª T., AgRg no HC 347.208, j. 03/10/2017). Ainda: "A jurisprudência desta Corte, ao analisar o tema, firmou-se no sentido de que, configurado o crime de latrocínio, com o objetivo de única subtração patrimonial, mas com a presença de desígnios autônomos de obter mais de um resultado morte, fica caracterizado o concurso formal impróprio, previsto no art. 70, parte final, do Código Penal, segundo o qual as penas cominadas serão aplicadas cumulativamente, seguindo a previsão do concurso material de crimes" (STJ, 5ª T., AgRg no HC 612147, j. 13/10/2020).
- **Um único delito de latrocínio, devendo as consequências ser apreciadas como circunstâncias judiciais.** Nesse sentido: "O reconhecimento do concurso formal próprio no delito de latrocínio praticado encontra respaldo jurídico na jurisprudência do Supremo Tribunal segundo a qual 'o crime de latrocínio é um delito complexo, cuja unidade não se altera em razão da diversidade de vítimas fatais; há um único latrocínio, não obstante constatadas duas mortes; a pluralidade de vítimas não configura a continuidade delitiva, vez que o crime-fim arquitetado foi o de roubo e não o de duplo latrocínio'" (STF, 2ª T., HC 140368 AgR, j. 07/08/2018).

Atenção: **o Pacote Anticrime** (Lei nº 13.964/19) inseriu o art. 157, § 3º, do Código Penal (roubo qualificado pelo resultado lesão corporal grave ou morte) no rol dos **crimes hediondos.** Antes da alteração somente o latrocínio (roubo qualificado pelo resultado morte) era considerado hediondo.

3. EXTORSÃO

3.1. Extorsão (art. 158)

Extorsão simples (art. 158, *caput*). Configura o crime de extorsão quando o agente constrange alguém, mediante violência ou grave ameaça, e com o intuito de obter para si ou para outrem indevida vantagem econômica, a fazer, tolerar que se faça ou deixar fazer alguma coisa.

Se a vantagem for devida pode configurar o crime de exercício arbitrário das próprias razões (art. 345 do CP). Na extorsão, além do dolo, exige-se o elemento subjetivo especial do tipo, consistente na finalidade de obtenção de indevida vantagem econômica. Ausente essa intenção específica, poderá configurar constrangimento ilegal (art. 146 do CP).

Os elementos do tipo podem ser analisados em três momentos:

Comportamento do autor: O agente constrange alguém mediante violência ou grave ameaça → **Comportamento da vítima (faz, tolera que se faça ou deixa de fazer alguma coisa)** → **Obtenção da indevida vantagem econômica**

Predomina que o crime é **formal**, o qual dispensa a produção do resultado (obtenção da indevida vantagem econômica) para sua consumação. Nesse sentido é a **Súmula 96 do STJ:** "O crime de extorsão consuma-se independentemente da obtenção da vantagem indevida". Se o agente obtiver o resultado ocorrerá o exaurimento do crime, que será considerado na fixação da pena-base.

A propósito: "A extorsão é crime formal e se consuma no momento em que a vítima, submetida a violência ou grave ameaça, submete-se ao comando do criminoso, sendo irrelevante a efetiva obtenção da vantagem indevida, que constitui mero exaurimento do delito. Inteligência da Súmula 96/STJ. Precedentes" (STJ, 5ª T., HC 410220, j. 08/02/2018). Ainda: "O crime de extorsão (art. 158 do CP) é formal e consuma-se independentemente da obtenção da vantagem indevida, nos termos da Súm. 96/STJ" (STJ, 6ª T., AgRg no HC 595556, j. 24/11/2020).

Exemplos:

→ O agente, mediante grave ameaça, obriga a vítima a sacar dinheiro no caixa eletrônico. Após inserir o cartão e digitar senha e outros dados, e ainda antes de sacar o dinheiro, a polícia percebe o crime e efetua a prisão em flagrante do agente. O crime restará consumado.

→ "Configura o delito de extorsão (art. 158 do CP) a conduta de agente que submete vítima à **grave ameaça espiritual** que se revelou idônea a atemorizá-la e compeli-la a realizar o pagamento de vantagem econômica indevida" (STJ, 6ª T., REsp 1299021, j. 14/02/2017, Informativo 598). No mesmo sentido: "Orientação jurisprudencial no sentido de reconhecer como extorsão a 'ameaça de mal espiritual'" (STJ, 6ª T., AgRg no AREsp 1009662, j. 03/04/2018).

▶ **DIFERENÇAS ENTRE EXTORSÃO E ROUBO**

- Na extorsão, a vítima possui comportamento imprescindível, enquanto no roubo é prescindível. Na extorsão, se a vítima não praticar o comportamento, o agente não consegue a indevida vantagem, sendo que no roubo o agente possui o poder de subtrair a coisa. Exemplo de comportamento imprescindível: se a vítima não fornecer a senha para o saque no caixa eletrônico, o agente não poderá sacar o dinheiro.
- O objeto material do roubo é a "coisa alheia móvel", ao passo que na extorsão é mais abrangente, tendo em vista que é uma "indevida vantagem econômica". Em muitos casos, no roubo ocorre subtração e na extorsão ocorre a tradição, isto é, o agente no roubo subtrai, ao passo que o "extorsionário" (agente da extorsão) obriga a vítima entregar algo.
- No roubo, a coisa é subtraída no momento da violência ou grave ameaça; na extorsão, o mal anunciado e a vantagem são futuros.

Extorsão majorada (§ 1º). Se o crime é cometido por duas ou mais pessoas, ou com emprego de arma, aumenta-se a pena de um terço até metade.

Extorsão qualificada (§ 2º). Aplica-se à extorsão praticada mediante violência o disposto no § 3º do artigo 157. Antes da alteração dada pelo Pacote Anticrime (Lei n. 13.964/19, com vigência a partir de 23/01/2020), constava apenas como crime hediondo a extorsão qualificada pela morte (art. 158, § 2º). Agora, a referida legislação alterou a redação da Lei n. 8.072/90 para constar como hediondo o art. 158, **§ 3º** (extorsão mediante a restrição da liberdade da vítima, conhecido como "sequestro relâmpago"). Entretanto, a referida lei olvidou de constar o art. 158, **§ 2º** no rol dos crimes hediondos, de modo que certamente surgirá posição no sentido de que deixou de ter natureza hedionda. Porém, entendemos que o art. 158, § 2º se mantém como crime hediondo, uma vez que remete às regras do § 3º do art. 157 ("Aplica-se à extorsão praticada mediante violência o disposto no § 3º do artigo anterior"). Recorde-se que a Lei nº 13.964/19 inseriu todo o art. 157, § 3º, do CP – roubo qualificado pelo resultado lesão corporal grave ou morte – no rol dos crimes hediondos (antes apenas o latrocínio era considerado hediondo).

Extorsão mediante restrição da liberdade da vítima (§ 3º – "sequestro relâmpago"). Se o crime é cometido mediante a restrição da liberdade da vítima, e essa condição é necessária para a obtenção da vantagem econômica, a pena é de reclusão, de 6 a 12 anos, além da multa; se resulta lesão corporal grave ou morte, aplicam-se as penas previstas no art. 159, §§ 2º e 3º, respectivamente. A Lei nº 11.923/09 acrescentou o § 3º na tentativa de pacificar a divergência da tipificação do "sequestro relâmpago". Hoje não há dúvida: é crime de extorsão qualificada.

▶ **CRIME HEDIONDO**

- ***Antes da Lei n. 13.964/2019.*** O crime de extorsão mediante a restrição da liberdade da vítima (art. 158, § 3º, CP) não era hediondo. Porém, *se resultasse morte discutia-se a sua hediondez*, surgindo duas posições: **a)** por não haver previsão específica, não se trata de crime hediondo (entendimento majoritário): o legislador foi omisso ao acrescentar o art. 158, § 3º, com resultado morte, e não constá-lo no rol dos crimes hediondos; **b)** apesar da omissão do legislador, trata-se de crime hediondo: se a extorsão qualificada pela morte (art. 158, § 2º) é crime hediondo (art. 1º, III, da Lei nº 8.072/90), com maior razão também o será a extorsão com a restrição da liberdade qualificada pela morte (art. 158, § 3º).
- ***Depois da Lei n. 13.964/2019.*** A nova legislação alterou a redação da Lei n. 8.072/90 (Lei dos Crimes Hediondos) para constar como hediondo o art. 158, § 3º, CP (extorsão mediante a restrição da liberdade da vítima), independentemente do resultado morte.

Se o agente sequestra (privação da liberdade) a vítima com o fim de obter, para si ou para outrem, qualquer vantagem, como condição ou preço do resgate, configura o crime previsto no art. 159 do CP. Ou seja, na extorsão mediante sequestro (art. 159 do CP), a privação da liberdade é utilizada como condição ou preço do resgate. É diversa a situação em que a vítima tem sua liberdade restringida durante a extorsão, como ocorre na hipótese de ser obrigada a acompanhar o agente a um caixa eletrônico para sacar dinheiro.

- **FALSO SEQUESTRO.** No **(a)** falso sequestro por telefone praticado por presidiários e na **(b)** simulação de sequestro pelo próprio filho para enganar os pais, há, segundo entendemos, **extorsão**, pois a vítima foi coagida a entregar a vantagem ilícita. Não haverá, sempre de acordo com a posição que defendemos, crime de estelionato, já que no estelionato o agente é induzido ou mantido em erro mediante fraude e sem qualquer tipo de intimidação.
- **SEXTORTION.** A chamada sextortion decorre do anglicismo que se origina da fusão entre as expressões "sex" e "extortion", a qual ocorre quando alguém ameaça distribuir material privado e íntimo do ofendido, caso ele não forneça dinheiro (comportamento que configura o crime de extorsão) ou imagens de cunho sexual, ou mesmo preste favores sexuais (conduta que se amolda ao crime de estupro).
- **AMEAÇA DE MAL ESPIRITUAL:** havendo o fim de obtenção de indevida vantagem econômica, pode configurar extorsão. Nesse sentido: "A alegação de ineficácia absoluta da grave ameaça de mal espiritual não pode ser acolhida, haja vista que, a teor do enquadramento fático do acórdão, a vítima, em razão de sua livre crença religiosa, acreditou que a recorrente poderia concretizar as intimidações de 'acabar com sua vida', com seu carro e de provocar graves danos aos seus filhos; coagida, realizou o pagamento de indevida vantagem econômica. Tese de violação do art. 158 do CP afastada" (STJ, 6ª T., REsp 1299021, j. 14/02/2017). No mesmo sentido: "Orientação jurisprudencial no sentido de reconhecer como extorsão a 'ameaça de mal espiritual'" (STJ, 6ª T., AgRg no AREsp 1009662, j. 03/04/2018).

3.2. Extorsão mediante sequestro (art. 159)

Forma simples (art. 159, *caput*). Configura o delito quando o agente sequestra pessoa com o fim de obter, para si ou para outrem, qualquer vantagem, como condição ou preço do resgate. **Trata-se de crime hediondo, independentemente do resultado morte** (Lei nº 8.072/90, art. 1º, IV). Além do dolo, consistente na vontade e consciência de sequestrar a vítima, exige-se o **elemento subjetivo especial do tipo**, contido na expressão "com o fim de obter para si ou para outrem". Se o agente não possuir essa finalidade, poderá ocorrer o delito do art. 148 do CP (sequestro ou cárcere privado). Consuma-se com a privação da liberdade da vítima por tempo juridicamente relevante, independente do pagamento do resgate (crime formal e permanente). A tentativa é admitida.

Qualificadoras (§§ 1º a 3º). Se o sequestro dura mais de 24 horas, se o sequestrado é menor de 18 ou maior de 60 anos, ou se o crime é cometido por bando ou quadrilha (§ 1º); se do fato resulta lesão corporal de natureza grave (§ 2º); se resulta a morte (§ 3º).

Delação premiada (§ 4º). Se o crime é cometido em concurso, o concorrente que o denunciar à autoridade, facilitando a libertação do sequestrado, terá sua pena reduzida de um a dois terços. Observe-se que, para incidir a causa de diminuição, deve haver a efetiva libertação da vítima.

3.3. Extorsão indireta (art. 160)

Pune-se com pena de reclusão de 1 a 3 anos, e multa: "Exigir ou receber, como garantia de dívida, abusando da situação de alguém, documento que pode dar causa a procedimento criminal contra a vítima ou contra terceiro".

4. USURPAÇÃO

4.1. Alteração de limites (art. 161)

Configura crime suprimir ou deslocar tapume, marco, ou qualquer outro sinal indicativo de linha divisória, para apropriar-se, no todo ou em parte, de coisa imóvel alheia. Importante: colocar marco ou tapume onde anteriormente não existia, invadindo coisa alheia móvel (propriedade vizinha à do agente), não configura o crime por ausência de tipicidade. Trata-se de uma lacuna. Conduta idônea: para que configure o delito, é necessário que a supressão ou deslocamento do tapume, marco ou outro sinal indicativo tenha a **possibilidade de causar confusão entre a linha divisória**. Se for de fácil constatação o meio utilizado é absolutamente ineficaz, de sorte que não haverá tipicidade. Por essa razão, entre muros de imóveis urbanos é praticamente impossível haver o crime. Distinção: se o agente praticar uma das condutas na pendência de processo civil ou administrativo, com o fim de induzir a erro o juiz ou o perito, haverá fraude processual (art. 347 do CP).

4.2. Usurpação de águas (art. 161, I)

Pune-se aquele que desvia ou represa, em proveito próprio ou de outrem, águas alheias. Por outro lado, configura furto se ocorre subtração de água "mobilizada". Ex.: subtrair água das companhias de fornecimento (SABESP, CEDAE, SANEAGO, COPASA, EMBASA, CORSAN etc.) configura furto.

4.3. Esbulho possessório (art. 161, II)

Constitui crime invadir, com violência a pessoa ou grave ameaça, ou mediante concurso de mais de duas pessoas, terreno ou edifício alheio, para o fim de esbulho possessório. Se o agente usa de violência, incorre também na pena a esta cominada. Se a propriedade é particular, e não há emprego de violência, somente se procede mediante queixa.

4.4. Supressão ou alteração de marca em animais (art. 162)

É punido quem suprime ou altera, indevidamente, em gado ou rebanho alheio, marca ou sinal indicativo de propriedade. Por lacuna na lei, não configura o crime se o animal não possuir a marca ou sinal indicativo.

5. DANO

5.1. Dano (art. 163)

Constitui crime destruir (demolir, desfazer), inutilizar (tornar inútil) ou deteriorar (estragar) coisa alheia (móvel ou imóvel). Consuma-se com a destruição, deterioração ou inutilização (crime material). A tentativa é admissível. Em certos casos, não incidirá o artigo 163, como no caso de o dano ser praticado como meio para a subtração da coisa (art. 155, § 4º, I). Também não incidirá quando o agente, depois de furtar a coisa alheia, vier a destruí-la (*post factum* impunível).

O crime restará qualificado se cometido: I – com violência à pessoa ou grave ameaça; II – com emprego de substância inflamável ou explosiva, se o fato não constitui crime mais grave; III – contra o patrimônio da União, de Estado, do Distrito Federal, de Município ou de autarquia, fundação pública, empresa pública, sociedade de economia mista ou empresa concessionária de serviços públicos; IV – por motivo egoístico ou com prejuízo considerável para a vítima.

A Lei nº 13.531/17 alterou a qualificadora do art. 163, III, do CP. Antes era considerado dano qualificado se cometido contra o patrimônio da União, Estado, Município, empresa concessionária de serviços públicos ou sociedade de economia mista. Com a nova lei, inseriu-se Distrito Federal, autarquia, fundação pública e empresa pública. Assim, se praticado contra uma dessas pessoas inseridas e antes da vigência da Lei 13.531/2017, não poderá ser considerado qualificado. Nesse sentido: "1. O Direito Penal é regido pelo princípio da legalidade, não havendo crime sem lei anterior que o defina, nem pena sem prévia cominação legal, nos termos do artigo 5º, inciso XXXIX, da Constituição Federal, e do artigo 2º do Código Penal. 2. Em observância ao mencionado postulado, não se admite o recurso à analogia em matéria penal quando esta for utilizada de modo a prejudicar o réu. Doutrina. Precedentes. 3. No caso dos autos, o recorrente teria danificado patrimônio do Distrito Federal, ente federativo cujos bens não se encontram expressamente abrangidos nos previstos no inciso III do parágrafo único do artigo 163 do Código Penal. 4. Ainda que com a previsão da forma qualificada do dano o legislador tenha pretendido proteger o patrimônio público de forma geral, e mesmo que a destruição ou a inutilização de bens distritais seja tão prejudicial quanto as cometidas em face das demais pessoas jurídicas de direito público interno mencionadas na norma penal incriminadora em exame, o certo é que, como visto, não se admite analogia in malam partem no Direito Penal, de modo que não é possível incluir o Distrito Federal no rol constante do dispositivo em apreço" (STJ, 5ª T., HC 308.441, j. 23/08/2016).

▶ **DANO CULPOSO:**

- **Regra:** é fato atípico no Brasil
- **Exceções:** crime ambiental (art. 62, parágrafo único, da Lei nº 9.605/98) e crime militar (art. 266 do CPM – Decreto-lei nº 1.001/69).

5.2. Introdução ou abandono de animais em propriedade alheia (art. 164)

Constitui crime introduzir ou deixar animais em propriedade alheia, sem consentimento de quem de direito, desde que o fato resulte prejuízo. Observação: o agente não possui a intenção de causar dano. Se essa é a sua intenção, responderá pelo art. 163.

5.3. Dano em coisa de valor artístico, arqueológico ou histórico (art. 165)

Segundo o CP, é crime "destruir, inutilizar ou deteriorar coisa tombada pela autoridade competente em virtude de valor artístico, arqueológico ou histórico". O art. 62, I, da Lei nº 9.605/98 revogou tacitamente o art. 165 do CP (Art. 62, II. Destruir, inutilizar ou deteriorar: I – bem especialmente protegido por lei, ato administrativo ou decisão judicial (...). Parágrafo único. Se o crime for culposo, a pena é de seis meses a um ano de detenção, sem prejuízo da multa).

5.4. Alteração de local especialmente protegido (art. 166)

Nos termos do CP, configura crime "alterar, sem licença da autoridade competente, o aspecto de local especialmente protegido por lei". O art. 63 da Lei nº 9.605/98 revogou tacitamente o art. 166 do CP (Art. 63. Alterar o aspecto ou estrutura de edificação ou local especialmente protegido por lei, ato administrativo ou decisão judicial, em razão de seu valor paisagístico, ecológico, turístico, artístico, histórico, cultural, religioso, arqueológico, etnográfico ou monumental, sem autorização da autoridade competente ou em desacordo com a concedida).

5.5. Ação penal (art. 167)

Nos casos do art. 163, do inciso IV do seu parágrafo e do art. 164, somente se procede mediante queixa.

6. APROPRIAÇÃO INDÉBITA

6.1. Apropriação indébita (art. 168)

Constitui crime "apropriar-se de coisa alheia móvel, de que tem a posse ou a detenção". O agente (possuidor ou detentor da coisa) inverte o título da posse ou da detenção, passando a comportar-se como se fosse dono. Conforme salienta Mirabete, "distingue-se apropriação do furto porque neste não há apropriação, mas subtração, mesmo no caso em que o sujeito ativo detenha momentaneamente a coisa sob vigilância da vítima". A coisa "alheia" pode ser na parte do sócio, co-herdeiro ou coproprietário. Depósito de coisa fungível: é possível ser a coisa fungível, desde que o depositário seja obrigado a devolvê-la (restituir a mesma coisa). Nesse sentido: STJ, RHC 19.683, j. 19/06/2007.

→ **Espécies:** a) apropriação indébita propriamente dita: o agente revela que inverteu o título da posse, como no caso de venda da coisa; b) negativa de restituição: o agente recusa a devolver a coisa.

→ **Tipo subjetivo**: dolo + elemento subjetivo especial (*animus rem sibi habendi*).

A intenção de apropriar deve existir após o agente ter a posse ou a detenção da coisa, ou seja, ao receber a coisa o sujeito não possui o desejo de apropriar-se dela. Haveria um "dolo posterior", que surge depois da posse da coisa. Ex.: o cliente antigo de uma locadora de vídeos aluga um DVD normalmente. No dia seguinte, surge a ideia de não mais devolvê-lo e assim age. Nesse caso, pratica apropriação indébita, considerando que se apropriou de coisa alheia móvel que estava em seu poder. No entanto, se o agente recebe a coisa já com o propósito de apropriar-se dela (dolo *ab ovo*), poderá ocorrer estelionato. Ex.: o sujeito dirige-se à locadora de vídeo e fornece dados pessoais falsos para a abertura de seu cadastro, conseguindo, assim, receber o DVD do qual pretendia, desde o início, tornar-se dono.

- **Consumação**: "O crime de apropriação indébita se consuma no momento em que o agente, livre e conscientemente, inverte o domínio da coisa que se encontra na sua posse, passando a dela dispor como se fosse o proprietário" (STJ, 5ª T., HC 200.939, j. 25/09/2012). "É certo que o delito de apropriação indébita se consuma no momento em que ocorre a inversão da posse do bem, ou seja, no momento em que o agente decide se apossar da coisa com *animus domini*" (STJ, 3ª Seção, CC 133.495, j. 25/02/2015).
- **Apropriação majorada:** Segundo § 1º do art. 168, a pena é aumentada de um terço quando o agente recebeu a coisa: I – em depósito necessário (arts. 647, I e II, e 649 do CC); II – na qualidade de tutor, curador, síndico, liquidatário,

inventariante, testamenteiro ou depositário judicial; III – em razão de ofício, emprego ou profissão (revela abuso de confiança).

- **Apropriação privilegiada:** Nos termos do art. 170 do CP, é possível a aplicação das regras do furto privilegiado (artigo 155, § 2º do CP).

6.2. Apropriação indébita previdenciária (art. 168-A)

No art. 168-A (*caput* e § 1º, I) é punida a conduta do agente que deixou de repassar (recolher) à Previdência Social as contribuições arrecadadas (recolhidas) dos contribuintes. No ***caput***, pune-se a pessoa que arrecadou as contribuições sociais de certos contribuintes, por dever legal, e deixou de repassá-las à Previdência Social. Assim, pressupõe que tenha havido a arrecadação da contribuição dos contribuintes. Não se trata de mero descumprimento de dever legal de deixar de arrecadar, mas, sim, deve existir uma ação de arrecadar dos contribuintes e uma omissão de deixar de recolher o que arrecadou à Previdência Social. No **§ 1º, I** pune-se a conduta daquele que deixa de recolher, no prazo legal, contribuição ou outra importância destinada à Previdência Social que tenha sido descontada de pagamento efetuado a segurados, a terceiros ou arrecadada do público. Essa obrigação de arrecadar a contribuição do contribuinte e de recolher os valores arrecadados à Previdência Social vem disposta no art. 30 da Lei nº 8.212/90. O **§ 1º, II** pune a conduta de deixar recolher contribuições devidas à Previdência Social que tenham integrado despesas contábeis ou custos relativos à venda de produtos ou à prestação de serviços. Se o valor da contribuição integrou o custo, a empresa irá receber esses valores, passando a ter a sua posse. Se não repassa à Previdência Social, terá apropriado indevidamente. Por fim, o **§ 1º, III** pune o agente que deixar de pagar benefício devido a segurado, quando as respectivas cotas ou valores já tiverem sido reembolsados à empresa pela Previdência Social. Todas as condutas típicas são omissivas (crimes omissivos), de sorte que não é possível fracionamento da fase de execução (crimes unissubsistentes), e, por consequência, incabível a tentativa.

▶ **DISPENSA DE DOLO ESPECÍFICO**

- "A jurisprudência desta Corte há muito se firmou com base na orientação de que, nos crimes de apropriação indébita de contribuição previdenciária, é suficiente, para a sua caracterização, a presença do dolo genérico consistente na omissão voluntária do recolhimento, no prazo legal, dos valores devidos" (STJ, 3ª Seção, AgRg nos EREsp 1263669, j. 12/09/2018).
- "É certo que 'Nos termos da jurisprudência desta Corte Superior, os crimes de sonegação fiscal e apropriação indébita previdenciária prescindem de dolo específico, sendo suficiente, para a sua caracterização, a presença do dolo genérico consistente na omissão voluntária do recolhimento, no prazo legal, dos valores devidos'" (STJ, 5ª T., AgRg no AREsp 1729321, j. 09/12/2020).

- **Consumação:** "É assente nesta Corte o entendimento de que o tipo penal do artigo 168-A do Código Penal – CP constitui crime omissivo próprio, que se consuma com o não recolhimento da contribuição previdenciária dentro do prazo e das formas legais, inexigindo a demonstração do dolo específico" (STJ, 5ª T., AgRg nos EDcl no REsp 1417240, j. 23/10/2018).

- **Princípio da insignificância:** as Cortes Superiores adotam posição pela **não incidência** do princípio da insignificância: "(...) II - Inaplicável o princípio da insignificância aos delitos de apropriação indébita previdenciária (art. 168-A, do Código Penal) e sonegação de contribuição previdenciária (art. 337-A, do Código Penal) consoante entendimento assentado do. col. Supremo Tribunal Federal que conferiu caráter supraindividual ao bem jurídico tutelado, haja vista visarem proteger a subsistência financeira da Previdência Social. Precedentes. III - As Portarias n.s 75 e 130, do Ministério da Fazenda não podem afetar fatos pretéritos à sua edição para fins de reconhecimento da insignificância do delito, por não deterem natureza penal, sob pena de atrelar a mensuração do prejuízo causado pela conduta criminosa à momento posterior à sua própria consumação" (STJ, Terceira Seção, AgRg na RvCr 4.881, j. 22/05/2019). Ainda: "(...) 2. O princípio da insignificância reduz o âmbito de proibição aparente da tipicidade legal, tornando atípico o fato na seara penal, apesar de haver lesão a bem juridicamente tutelado pela norma penal. 3. Para a incidência do princípio da insignificância, devem ser relevados o valor do objeto do crime e os aspectos objetivos do fato, como a mínima ofensividade da conduta do agente, a ausência de periculosidade social da ação, o reduzido grau de reprovabilidade do comportamento e a inexpressividade da lesão jurídica causada. 4. Não repassar à Previdência Social R$ 7.767,59 (sete mil, setecentos e sessenta e sete reais e cinquenta e nove centavos), além de ser reprovável, não é minimamente ofensivo. 5. Habeas corpus denegado" (STF, 1ª T., HC 110124, j. 14/02/2012). No mesmo sentido: "Consoante entendimento firmado pela Terceira Seção desta Corte, não é possível a aplicação do princípio da insignificância ao crime de apropriação indébita previdenciária, independentemente do valor apropriado, dado o elevado grau de reprovabilidade da conduta do agente que atenta contra a subsistência da Previdência Social. Precedentes desta Corte e do Supremo Tribunal Federal" (STJ, 6ª T., AgRg no REsp 1862853, j. 27/10/2020).
- **Lançamento definitivo do crédito tributário como termo inicial de contagem da prescrição:** "Este Superior Tribunal de Justiça, adotando entendimento firmado pelo Supremo Tribunal Federal na Súmula Vinculante nº 24, entende que o crime tipificado no art. 168-A, do Código Penal possui natureza material e, dessa forma, consuma-se a partir da conclusão definitiva do procedimento administrativo de constituição do crédito tributário, sendo, portanto, este o momento a ser considerado para fins de contagem inicial do prazo da prescrição da pretensão punitiva estatal. Precedentes" (STJ, 5ª T., REsp 1734799, j. 23/08/2018).
- **Súmula Vinculante 24 do STF**: "Não se tipifica crime material contra a ordem tributária, previsto no art. 1º, incisos I a IV, da Lei nº 8.137/90, antes do lançamento definitivo do tributo".

- **Extinção da punibilidade (§ 2º).** É extinta a punibilidade se o agente, espontaneamente, declara, confessa e efetua o pagamento das contribuições, importâncias ou valores e presta as informações devidas à Previdência Social, na forma definida em lei ou regulamento, antes do início da ação fiscal.

▶ **IMPORTANTE:**

- **Lei nº 10.684/03.** Art. 9º. É suspensa a pretensão punitiva do Estado, referente aos crimes previstos nos arts. 1º e 2º da Lei nº 8.137, de 27 de dezembro de 1990, e nos arts. 168-A e 337-A do Decreto-Lei nº 2.848, de 7 de dezembro de 1940 – Código Penal, durante o período em que a pessoa jurídica relacionada com o agente dos aludidos crimes estiver incluída no regime de parcelamento. § 1º A prescrição criminal não corre durante o período de suspensão da pretensão punitiva. § 2º Extingue-se a punibilidade dos crimes referidos neste artigo quando a pessoa jurídica relacionada com o agente efetuar o pagamento integral dos débitos oriundos de tributos e contribuições sociais, inclusive acessórios.
- **Lei nº 11.941/2009. Art. 67.** Na hipótese de **parcelamento do crédito tributário antes do oferecimento da denúncia,** essa somente poderá ser aceita na superveniência de inadimplemento da obrigação objeto da denúncia. **Art. 68.** É suspensa a pretensão punitiva do Estado, referente aos crimes previstos nos arts. 1º e 2º da Lei nº 8.137, de 27 de dezembro de 1990, e nos arts. 168-A e 337-A do Decreto-Lei nº 2.848, de 7 de dezembro de 1940 – Código Penal, limitada a suspensão aos débitos que tiverem sido objeto de concessão de parcelamento, enquanto não forem rescindidos os parcelamentos de que tratam os arts. 1º a 3º desta Lei, observado o disposto no art. 69 desta Lei. **Parágrafo único.** A prescrição criminal não corre durante o período de suspensão da pretensão punitiva. **Art. 69. Extingue-se a punibilidade** dos crimes referidos no art. 68 quando a pessoa jurídica relacionada com o agente **efetuar o pagamento integral** dos débitos oriundos de tributos e contribuições sociais, inclusive acessórios, que tiverem sido **objeto de concessão de parcelamento.** Parágrafo único. Na hipótese de pagamento efetuado pela pessoa física prevista no § 15 do art. 1º desta Lei, a extinção da punibilidade ocorrerá com o pagamento integral dos valores correspondentes à ação penal.
- **Lei n º 9.430/96 (redação dada pela Lei nº 12.382/11). Art. 83.** A representação fiscal para fins penais relativa aos crimes contra a ordem tributária previstos nos arts. 1º e 2º da **Lei nº 8.137, de 27 de dezembro de 1990,** e aos crimes contra a Previdência Social, previstos nos arts. 168-A e 337-A do **Decreto-Lei nº 2.848, de 7 de dezembro de 1940 – Código Penal,** será encaminhada ao Ministério Público depois de proferida a decisão final, na esfera administrativa, sobre a exigência fiscal do crédito tributário correspondente. **§ 1º** Na hipótese de concessão de parcelamento do crédito tributário, a representação fiscal para fins penais somente será encaminhada ao Ministério Público após a exclusão da pessoa física ou jurídica do parcelamento. **§ 2º** É suspensa a pretensão punitiva do Estado referente aos crimes previstos no *caput*, durante o período em que a pessoa física ou a pessoa jurídica relacionada com o agente dos aludidos crimes estiver incluída no parcelamento, **desde que o pedido de parcelamento tenha sido formalizado antes do recebimento da denúncia criminal. § 3º** A prescrição criminal não corre durante o período de suspensão da pretensão punitiva. **§ 4º** Extingue-se a punibilidade dos crimes referidos no *caput* quando a pessoa física

ou a pessoa jurídica relacionada com o agente efetuar o **pagamento integral** dos débitos oriundos de tributos, inclusive acessórios, que tiverem sido objeto de concessão de parcelamento.

O STF (2ª T., RHC 128245, j. 23/08/2016) decidiu que:

→ ***Pagamento:*** o pagamento integral do débito previdenciário, ainda que no curso da execução penal, é causa de extinção da punibilidade do agente, nos termos do art. 9º, § 2º, da Lei nº 10.684/03.

→ ***Parcelamento:*** observados os requisitos legais, ocorre a suspensão da pretensão punitiva do Estado.

O STJ decidiu no mesmo sentido (5ª T., HC 362.478/SP, j. 14/09/2017).

Ainda na decisão do STF (2ª T., RHC 128245, j. 23/08/2016), foi realizada a seguinte distinção:

→ **Pagamento direto (estabelecido na Lei nº 10.684/03):** "O sistema segue sendo disciplinado, de modo geral, quanto à extinção da punibilidade pelo pagamento, consoante o disposto no art. 9º, § 2º, da Lei nº 10.684/03, com a possibilidade de o pagamento se dar a qualquer tempo, qualquer que haja sido a modalidade de pagamento".

→ **Pagamento resultante de parcelamento (disciplinado pela Lei nº 12.382/11):** "Na hipótese de parcelamento, conforme previsto na Lei nº 12.382/11, se dá a suspensão da pretensão punitiva do Estado, com relação aos crimes tributários, pelo período em que a pessoa física ou a pessoa jurídica relacionada com o agente dos aludidos crimes estiver incluída no regime de parcelamento, com a ressalva de que o pedido de parcelamento deverá ter sido formalizado antes do recebimento da denúncia no procedimento penal".

- **Perdão judicial ou aplicação da pena de multa:**

> **§ 3º.** É facultado ao juiz deixar de aplicar a pena ou aplicar somente a de multa se o agente for primário e de bons antecedentes, desde que: I – tenha promovido, após o início da ação fiscal e antes de oferecida a denúncia, o pagamento da contribuição social previdenciária, inclusive acessórios; ou II – o valor das contribuições devidas, inclusive acessórios, seja igual ou inferior àquele estabelecido pela Previdência Social, administrativamente, como sendo o mínimo para o ajuizamento de suas execuções fiscais.
>
> **§ 4º.** A faculdade prevista no § 3º deste artigo não se aplica aos casos de parcelamento de contribuições cujo valor, inclusive dos acessórios, seja superior àquele estabelecido, administrativamente, como sendo o mínimo para o ajuizamento de suas execuções fiscais.

Conforme exposto no acórdão do STF (2ª T., RHC 128245, j. 23/08/2016), o § 2º do art. 168-A do CP teria sido revogado pela Lei nº 10.684/03. Assim, se a referida norma, que trata de causa extintiva da punibilidade pelo pagamento, foi revogada, com maior razão teria sido também revogado o § 3º do art. 168-A, considerando que este prevê perdão judicial ou aplicação de multa, aliado ao fato de o agente ser primário e de bons antecedentes, bem como se tratar de valor baixo (o valor das contribuições devidas, inclusive acessórios, deve ser igual ou inferior àquele estabelecido pela previdência social, administrativamente, como sendo o mínimo para o ajuizamento de suas execuções fiscais).

Entretanto, a Lei nº 13.606/18 **inseriu um § 4º ao art. 168-A, o qual faz referência ao § 3º do mesmo artigo.** Pela norma, não pode o juiz conceder os benefícios (deixar de aplicar a pena ou aplicar somente a de multa) aos casos de *parcelamento de contribuições cujo valor, inclusive dos acessórios, seja superior àquele estabelecido, administrativamente, como sendo o mínimo para o ajuizamento de suas execuções fiscais.*

Certo é que deve restar claro que o parcelamento não extingue a punibilidade, bem como não enseja o perdão judicial nem a substituição de prisão por pena de multa, mas sim suspende a pretensão punitiva, desde que o pedido de parcelamento tenha sido formalizado antes do recebimento da denúncia criminal (art. 83 da Lei nº 9.430/96, com redação dada pela Lei nº 12.382/11). Por sua vez, efetuado o pagamento das contribuições parceladas, aí sim se pode falar em extinção da punibilidade.

6.3. Apropriação de coisa havida por erro, caso fortuito ou força da natureza (art. 169)

Configura o delito se o agente se apropria de coisa alheia vinda ao seu poder por erro, caso fortuito ou força da natureza. Na primeira hipótese (erro), o agente não induz a vítima em erro, mas é esta que, por conta própria, incide em equívoco. Se o agente a induz a erro, poderá configurar estelionato (art. 171).

6.4. Apropriação de tesouro (art. 169, I)

É punido aquele que acha tesouro em prédio alheio e se apropria, no todo ou em parte, da quota a que tem direito o proprietário do prédio.

6.5. Apropriação de coisa achada (art. 169, II)

Pune-se o agente que acha coisa alheia perdida e dela se apropria, total ou parcialmente, deixando de restituí-la ao dono ou legítimo possuidor ou de entregá-la à autoridade competente, dentro no prazo de 15 (quinze) dias. É **crime de conduta mista,** já que inicia de forma comissiva e termina de forma omissiva.

6.6. Apropriação privilegiada (art. 170)

Nos crimes de apropriação, aplica-se o disposto no art. 155, § 2º (Se o criminoso é primário, e é de pequeno valor a coisa furtada, o juiz pode substituir a pena de reclusão pela de detenção, diminuí-la de um a dois terços, ou aplicar somente a pena de multa).

7. ESTELIONATO E OUTRAS FRAUDES

7.1. Estelionato

7.1.1. Estelionato simples (art. 171, caput)

Configura estelionato quando o agente obtém, para si ou para outrem, vantagem ilícita, em prejuízo alheio, induzindo ou mantendo alguém em erro, mediante artifício, ardil, ou qualquer outro meio fraudulento.

Fraude: emprego de artifício (aparato material, como o disfarce), ardil (elemento intelectual, como a conversa enganosa), ou qualquer outro meio fraudulento. O emprego da fraude deve se dar antes da obtenção da vantagem ilícita e o meio executório deve ser idôneo. ***Erro:*** induzimento ou manutenção da vítima em erro. Relaciona-se com a realidade do fato, ou seja, o agente induz a vítima a não ter a correta percepção da realidade, ou aproveita-se da situação ao ver o ofendido manifestar a falsa percepção da realidade. ***Vantagem ilícita:*** vantagem não amparada pelo ordenamento jurídico; se a vantagem for lícita poderá caracterizar o delito do art. 345 do Código Penal. ***Prejuízo alheio:*** o resultado do estelionato é duplo, ou seja, além da vantagem ilícita deve ocorrer o prejuízo alheio (sem prejuízo alheio não ocorre a consumação).

Além do dolo, consistente na vontade de obter vantagem ilícita, em prejuízo de terceiro, utilizando meio enganoso, **exige-se o elemento subjetivo especial do tipo** "para si ou para outrem". Consuma-se quando o agente obtém a vantagem ilícita em prejuízo alheio. Admite-se a tentativa.

Exemplos: usar cartão de outra pessoa (achado ou clonado) para efetuar compras; usar cheque falsificado para efetuar compras.

Distinção:

- ***Estelionato e apropriação indébita:*** no estelionato o agente possui o dolo ab initio, antes de auferir a vantagem. Na apropriação o agente possui a posse ou detenção lícita da coisa e depois se apropria (dolo subsequente).
- ***Estelionato e furto mediante fraude:*** no estelionato a fraude é utilizada para que a vítima entregue a coisa ao agente. No furto, a fraude é utilizada para diminuir a vigilância da vítima sobre a coisa e facilitar a subtração.
- ***Estelionato e extorsão:*** no estelionato a vítima (enganada) entrega voluntariamente a coisa ao sujeito. Na extorsão, a vítima faz, deixa de fazer ou tolera algo, em razão da violência ou grave ameaça empregada pelo agente.
- ***Falso (crime anterior) e estelionato (crime posterior).*** Orientações: **1ª) Súmula 17 do STJ**: "Quando o falso se exaure no estelionato, sem mais potencialidade lesiva, é por este absorvido". O crime-meio (falso) é absorvido pelo crime-fim (estelionato), se o falso foi o meio necessário para se obter o estelionato. Aplica-se o princípio da consunção. No entanto, se persistir a potencialidade lesiva do falso, haverá concurso de crimes; **2ª**) o estelionato será um fato

posterior impunível; 3ª) caracteriza concurso material (art. 69). Não se pode aplicar o princípio da consunção porque os bens jurídicos são distintos. O falso tutela a fé pública e o estelionato o patrimônio; 4ª) o crime de estelionato absorve o falso (independente de persistir ou não a potencialidade lesiva), uma vez que este é crime-meio.

▶ **SITUAÇÕES ESPECÍFICAS**

- **"Cola eletrônica"**: o Plenário do Supremo Tribunal Federal, no julgamento do Inquérito 1145, reconheceu que a conduta designada cola eletrônica é penalmente atípica (HC 88967, j. 06/02/2007). A propósito: "Nos termos do informativo nº 0506, período 4 a 17 de outubro de 2012, a 'cola eletrônica', antes do advento da Lei nº 12.550/2011, era uma conduta atípica, não configurando o crime de estelionato" (STJ, 6ª T., AgRg no AREsp 702915, j. 10/10/2017). Porém, o legislador tipificou o delito no art. 311-A (redação dada pela Lei nº 12.550/11), bem como outras fraudes em certames de interesse público. Tais crimes, no entanto, somente poderão viger a partir de 15 de dezembro de 2011, data da publicação da Lei nº 12.550. Atenção: parcela da doutrina sustenta que o novo crime não abrange a cola eletrônica, tendo em vista que "gabarito particular" não pode ser compreendido como conteúdo sigiloso.
- **"Pindura"**: 1ª *posição*: configura fato atípico, sendo mero ilícito civil se os agentes possuírem recursos para efetuar o pagamento; caso não possuam, caracteriza o crime descrito no art. 176 do CP; 2ª *posição*: configura estelionato (art. 171 do CP) se os agentes possuírem recursos para efetuar o pagamento; caso não possuam, caracteriza o crime descrito no art. 176.
- **Ligação clandestina de água ou energia (sem passar pelo medidor).** Como já referido na abordagem do furto qualificado, a vítima, aqui, não está sendo induzida a erro para entregar a energia ou a água, mas sim sendo subtraída, de modo que configura **furto**. Vejamos: "1. Configura crime permanente a conduta de subtrair água, consistente na ligação direta, sem leitura de hidrômetro e sem pagamento, na medida em que a ação é única, protraindo-se no tempo. 2. Assim como no furto de energia elétrica, trata-se de crime eventualmente permanente, ou seja, aqueles delitos que, em regra, são instantâneos, mas podem ser prorrogados no tempo por vontade do agente" (STJ, 6ª T., REsp 1816311, j. 10/09/2019). Ainda: "Adverte a jurisprudência desta Corte que incorre nas penas do art. 155, § 4º, II, do Código Penal, o agente que emprega qualquer meio destinado a iludir a atenção ou vigilância do ofendido e evitar o devido pagamento, não tendo a vítima lesada ciência do prejuízo que está sofrendo. Precedentes" (STJ, 6ª T., AgRg no AREsp 1373228, j. 28/03/2019).
- **Adulteração do medidor de água ou energia para reduzir o consumo.** A vítima está sendo induzida a erro na medição da quantidade de água ou energia entregue, de modo que o agente do delito pagará uma conta com valor reduzido, em manifesto prejuízo ao fornecedor do serviço. Neste caso configura **estelionato** e não furto mediante fraude. Vejamos: "Extrai-se do autos que fraude empregada pelos agravantes - uso de material transparente nas fases "a" e "b" do medidor - reduzia a quantidade de energia registrada no relógio e, por consequência, a de consumo, gerando a obtenção de vantagem ilícita. 2. 'No furto qualificado com

fraude, o agente subtrai a coisa com discordância expressa ou presumida da vítima, sendo a fraude meio para retirar a res da esfera de vigilância da vítima, enquanto no estelionato o autor obtém o bem através de transferência empreendida pelo próprio ofendido por ter sido induzido em erro' (AgRg no REsp 1279802/SP, Rel. Ministro JORGE MUSSI, QUINTA TURMA, julgado em 8/5/2012, DJe 15/5/2012) 3. O caso dos autos revela não se tratar da figura do "gato" de energia elétrica, em que há subtração e inversão da posse do bem. Trata-se de prestação de serviço lícito, regular, com contraprestação pecuniária, em que a medição da energia elétrica é alterada, como forma de burla ao sistema de controle de consumo - fraude -, por induzimento ao erro da companhia de eletricidade, que mais se adequa à figura descrita no art. 171, do Código Penal - CP (estelionato). 4. Recurso especial desprovido" (STJ, 5ª T., AREsp 1418119, j. 07/05/2019).

7.1.2. Forma privilegiada (§ 1º)

Se o criminoso é primário, e é de pequeno valor o prejuízo, o juiz pode aplicar a pena conforme o disposto no art. 155, § 2º. Observe-se que no furto privilegiado o legislador utilizou a expressão "pequeno valor da coisa furtada", ao passo que no estelionato utilizou "pequeno valor do prejuízo", de forma que deve ser verificado o efetivo prejuízo suportado pela vítima.

7.1.3. Formas especiais de estelionato (§ 2º)

a) **Disposição de coisa alheia como própria (§ 2º, I):** vende, permuta, dá em pagamento, em locação ou em garantia coisa alheia como própria. Figuram como sujeitos passivos o adquirente de boa-fé e o verdadeiro proprietário. O agente deve ter ciência que a coisa é alheia. A coisa pode ser móvel ou imóvel. O delito se consuma com o recebimento do preço, sendo dispensável a tradição da coisa móvel ou a transcrição do imóvel. Neste último caso, basta a lavratura da escritura. Exemplo: vender bens da União como próprios.

b) **Alienação ou oneração fraudulenta de coisa própria (§ 2º, II):** vende, permuta, dá em pagamento ou em garantia coisa própria inalienável, gravada de ônus ou litigiosa, ou imóvel que prometeu vender a terceiro, mediante pagamento em prestações, silenciando sobre qualquer dessas circunstâncias.

c) **Defraudação de penhor (§ 2º, III):** defrauda, mediante alienação não consentida pelo credor ou por outro modo, a garantia pignoratícia, quando tem a posse do objeto empenhado. Figura como sujeito ativo o devedor do contrato de penhor e como sujeito passivo o credor pignoratício. A defraudação é praticada com a venda, permuta, doação ou outro modo qualquer, como a destruição ou ocultação da coisa.

d) **Fraude na entrega de coisa (§ 2º, IV):** defrauda substância, qualidade ou quantidade de coisa que deve entregar a alguém. Sujeito ativo é aquele que está obrigado a entregar a coisa. O sujeito passivo é aquele que tem o direito de receber a coisa. A conduta recai sobre a substância (essência), qualidade ou quantidade da coisa.

e) **Fraude para recebimento de indenização ou valor de seguro (§ 2º, V):** destrói, total ou parcialmente, ou oculta coisa própria, ou lesa o próprio corpo ou a saúde, ou agrava as consequências da lesão ou doença, com o intuito de haver indenização ou valor de seguro. Sujeito ativo: segurado. Sujeito passivo: segurador. O terceiro que auxilia o segurado, conhecendo da fraude, responde pelo delito. Trata-se de crime formal, de modo que para a consumação basta a conduta, independente de o agente conseguir a indenização ou o valor do seguro.

f) **Fraude no pagamento por meio de cheque (§ 2º, VI):** emite cheque, sem suficiente provisão de fundos em poder do sacado, ou lhe frustra o pagamento. Observações:

- **Estelionato simples e emissão de cheque: configuram estelionato na forma fundamental (art. 171, *caput*) as seguintes hipóteses: a)** pagamento com cheque roubado; **b)** emissão de cheque de conta cancelada; **c)** emissão de cheque sem fundos com nome falso ou assinatura falsa; **d)** emissão de cheque de conta aberta com características pessoais falsas do correntista.
- **Pagamento de dívida (prejuízo passado) mediante emissão de cheque:** emissão de cheque sem fundos para pagamento de dívida não configura o delito, uma vez que o prejuízo é anterior à sua emissão, ou seja, a emissão do cheque (fraude) não proporcionou nenhuma vantagem ao agente. Nesse sentido: "Não configura crime de estelionato a emissão de cheque sem suficiente provisão de fundos, ou a frustração do respectivo pagamento, se a cártula consubstancia pagamento de dívida preexistente. Inocorrente, em casos tais, a lesão fraudulenta ao patrimônio da vítima decorrente da emissão do título de crédito" (STJ, 6ª T., RHC 19.314, j. 22/03/2012). Idem: STJ, HC 96.132, j. 07/08/2008.
- **Cheque "pós-datado" ou "pré-datado":** não configura o crime na forma prevista no art. 171, § 2º, inciso VI, uma vez que o cheque deixa de ser uma ordem de pagamento à vista, transformando-se em uma espécie de garantia da dívida. No entanto, dependendo da intenção do agente e das circunstâncias, pode configurar estelionato na forma fundamental (art. 171, *caput*). Nesse sentido: "Sedimentou-se na jurisprudência desta Corte Superior de Justiça o entendimento de que a emissão de cheques pós-datados pode caracterizar o crime previsto no artigo 171 do Código Penal quando restar comprovado que as cártulas não foram fornecidas como garantia de dívida, mas sim com o intuito de fraudar. Precedentes do STJ e do STF" (STJ, 6ª T., RHC 76364, DJe 15/02/2018). Idem: STJ, 5ª T., RHC 108.950, j. 26/11/2019.
- **Súmula 246 do STF:** "Comprovado não ter havido fraude, não se configura o crime de emissão de cheque sem fundos".

- **Súmula 554 do STF:** "O pagamento de cheque emitido sem provisão de fundos, após o recebimento da denúncia, não obsta ao prosseguimento da ação penal". Na verdade, após a consumação do delito, o pagamento deveria ser considerado como causa de diminuição de pena (art. 16) e não como forma de obstar o prosseguimento da ação penal. A Súmula 554 do STF somente é possível na forma prevista no art. 171, § 2º, inciso VI, não se aplicando ao estelionato simples (art. 171, *caput*).
- **Endossante:** o endosso não é emissão de cheque, de tal forma que o endossante não responde por esta modalidade especial de estelionato, salvo como partícipe.
- **Competência (art. 171, § 2º, VI):** local da recusa do pagamento. Nesse sentido: **Súmula 521 do STF:** O foro competente para o processo e o julgamento dos crimes de estelionato, sob a modalidade de emissão dolosa de cheque sem provisão de fundos, é o do local onde se deu a recusa do pagamento pelo sacado. **Súmula 244 do STJ:** Compete ao foro do local da recusa processar e julgar o crime de estelionato mediante cheque sem provisão de fundos. No entanto, no caso de uso de cheque na prática de estelionato simples (art. 171, *caput*), a competência é do local da obtenção da vantagem ilícita. Nesse sentido: **Súmula 48 do STJ:** Compete ao juízo do local da obtenção da vantagem ilícita processar e julgar crime de estelionato cometido mediante falsificação de cheque.

7.1.4. *Formas majoradas (§§ 3º e 4º)*

De acordo com o **§ 3º**, a pena aumenta-se de um terço se o crime é cometido em detrimento de entidade de direito público ou de instituto de economia popular, assistência social ou beneficência.

Exemplo: fraude para recebimento de benefício previdenciário e de seguro obrigatório (DPVAT). **Súmula 24 do STJ:** Aplica-se ao crime de estelionato, em que figure como vítima entidade autárquica da Previdência Social, a qualificadora do § 3º do art. 171 do Código Penal.

A Lei nº 13.228/15 modificou o art. 171 do Código Penal para inserir o **§ 4º**, com o propósito de estabelecer causa de aumento de pena na hipótese de estelionato cometido contra **idoso**.

Conforme o **§ 4º**, "aplica-se a pena em dobro se o crime for cometido contra idoso". A razão da causa de aumento foi justificada pela fragilidade e maior dificuldade da vítima resistir à ação de criminosos.

7.1.5. *Matéria sumulada*

Súmula 17 do STJ: Quando o falso se exaure no estelionato, sem mais potencialidade lesiva, é por este absorvido.

Súmula 24 do STJ: Aplica-se o crime de estelionato, em que figure como vítima entidade autárquica da Previdência Social, a qualificadora do § 3º do art. 171 do Código Penal.

Súmula 48 do STJ: Compete ao juízo do local da obtenção da vantagem ilícita processar e julgar crime de estelionato cometido mediante falsificação de cheque.

Súmula 73 do STJ: A utilização de papel moeda grosseiramente falsificado configura, em tese, o crime de estelionato, da competência da justiça estadual.

Súmula 107 do STJ: Compete à Justiça Comum Estadual processar e julgar crime de estelionato praticado mediante falsificação das guias de recolhimento das contribuições previdenciárias, quando não ocorrente lesão à autarquia federal.

Súmula 246 do STF: Comprovado não ter havido fraude, não se configura o crime de emissão de cheques sem fundos.

Súmula 521 do STF: O foro competente para o processo e o julgamento dos crimes de estelionato, sob a modalidade da emissão dolosa de cheque sem provisão de fundos, é o do local onde se deu a recusa do pagamento pelo sacado.

Súmula 244 do STJ: Compete ao foro do local da recusa processar e julgar o crime de estelionato mediante cheque sem provisão de fundos.

Súmula 554 do STF: O pagamento de cheque emitido sem provisão de fundos, após o recebimento da denúncia, não obsta ao prosseguimento da ação penal.

7.1.6. Ação Penal

Com o advento do Pacote Anticrime (Lei 13.964/19, com vigência a partir de 23/01/2020), a ação penal, no crime de estelionato, deixou de ser pública incondicionada para ser **condicionada à representação do ofendido**. Existem exceções em que permanece incondicionada, a saber:

a) Administração Pública, direta ou indireta. Refere-se à administração pública direta e indireta de qualquer dos Poderes da União, dos Estados, do Distrito Federal e dos Municípios.

b) Criança ou adolescente. Deve ser interpretado conforme o art. 2º do ECA: "Considera-se criança, para os efeitos desta Lei, a pessoa até doze anos de idade incompletos, e adolescente aquela entre doze e dezoito anos de idade".

c) Pessoa com deficiência mental. O Art. 2º do Estatuto da Pessoa com Deficiência (Lei n. 13.146/2015) refere: "Considera-se pessoa com deficiência aquela que tem impedimento de longo prazo de natureza física, **mental**, intelectual ou sensorial, o qual, em interação com uma ou mais barreiras, pode obstruir sua participação plena e efetiva na sociedade em igualdade de condições com as demais pessoas".

d) Maior de 70 (setenta) anos de idade ou incapaz. A idade ou incapacidade deve ser verificada na data em que ocorreu a ação do agente.

▶ **APLICAÇÃO RETROATIVA DA LEI**

Como se sabe, em relação às leis processuais penais, incide o art. 2º do CPP ("A lei processual penal aplicar-se-á desde logo, sem prejuízo da validade dos atos realizados sob a vigência da lei anterior"). Porém, certas leis processuais penais possuem natureza híbrida ou mista. São consideradas formalmente processuais, mas materialmente penais por trazerem conteúdos penais. Em relação a estas leis híbridas, aplica-se o princípio da retroatividade da lei penal mais favorável, insculpido no artigo 5º, XL, da CF, e no art. 2º do CP. A Lei n. 13.964/2019, ao alterar a ação penal de pública incondicionada para condicionada à representação, é um exemplo de lei processual penal híbrida, por afetar institutos de natureza penal, como a decadência, a qual acarreta a extinção da punibilidade. Vejamos algumas situações práticas:

- **Investigação em curso:** a vítima deverá ser intimada para, querendo, ofertar representação. Dever ser destacado que, embora fosse desnecessária a representação anteriormente, é possível que a vítima, no caso concreto, tenha manifestado expressamente a sua intenção de ver o autor do fato criminoso ser processado. Neste caso, essa manifestação será considerada como representação, já que não se exige maiores formalidades. Entretanto, mesmo nesta hipótese, entendemos que a vítima deve ser intimada, não para representar, como dito, mas para ter ciência da possibilidade da retratação da representação antes do oferecimento da denúncia (art. 102 do CPP e art. 25 do CPP).
- **Ação penal em andamento:** há dois entendimentos.
  - → *Não retroage:* "1. Como é de conhecimento, a Quinta Turma do STJ firmou jurisprudência no sentido de que a retroatividade da representação da vítima no crime de estelionato não alcança aqueles processos cuja denúncia já foi oferecida. Na hipótese, a denúncia foi oferecida antes das alterações promovidas pela Lei n. 13.964/2019, conhecida como 'Pacote Anticrime'. 2. No mesmo sentido, a Primeira Turma do Supremo Tribunal Federal, no julgamento do HC n. 187.341, da relatoria do E. Ministro ALEXANDRE DE MORAES, decidiu, por unanimidade de votos, que é inaplicável a retroatividade do § 5º do art. 171 do Código Penal às hipóteses em que o Ministério Público tiver oferecido a denúncia antes da entrada em vigor da Lei n. 13.964/2019" (STJ, 5ª T., RHC 139715, j. 02/02/2021).
  - → *Retroage:* "(...) 4. No julgamento do HC n. 583.837/SC, por sua vez, a Sexta Turma decidiu que o art. 171, § 5°, do CP, por sua natureza mista, tem de alcançar todos os processos, sem trânsito em julgado, nos quais a vítima não tenha se manifestado favoravelmente à persecução penal. A retroação não gera a extinção do processo, mas a intimação do ofendido para manifestar interesse na sua continuação, em 30 dias, sob pena de decadência, por aplicação analógica do art. 91 da Lei n. 9.099/1995. 5. Vê-se que a mudança legislativa ainda está sob debate e é preciso pacificar a divergência entre os órgãos fracionários. No entanto, sob nenhum ângulo é possível acolher o pleito defensivo. Na denúncia, anterior à entrada em vigor da Lei n. 13.964/2019, a concessionária identificou o estelionato, estimou o prejuízo causado pelo ilícito e, ainda, emitiu documento para atestar a adulteração do medidor de energia. Como a representação dispensa formalidades, esses dados são suficientes para caracterizar o interesse da vítima na persecução penal" (STJ, 6ª T., EDcl no AgRg no REsp 1819125, j. 24/11/2020).

- **Ação penal transitada em julgado:** não se aplica. Por se tratar de uma lei processual penal, embora de caráter híbrido, terá o condão de afetar apenas processos em trâmite. Somente as leis puramente penais permitem sua aplicação após o trânsito em julgado.
- **Prazo para a representação.** Uma questão importante é o prazo para a vítima representar após a sua intimação. A título de exemplo, a Lei n. 9.099/95, quando trouxe uma alteração legislação semelhante, dispôs: "Nos casos em que esta Lei passa a exigir representação para a propositura da ação penal pública, o ofendido ou seu representante legal será intimado para oferecê-la no prazo de **trinta dias**, sob pena de decadência" (art. 91).

Porém, a Lei n. 13.964/19 não trouxe regra a respeito. Nesse caso, sustentamos que se deve aplicar a regra geral, qual seja, o prazo de **seis meses** (art. 103 do CP e art. 38 do CPP). Ressalte-se que existe posição doutrinária e jurisprudencial (decisão acima, da 6ª Turma do STJ) no sentido de que se deva observar o prazo de 30 dias, por analogia ao art. 91 da Lei n. 9.099/95.

7.2. Duplicata Simulada (art. 172)

Constitui crime emitir fatura, duplicata ou nota de venda que não corresponda à mercadoria vendida, em quantidade ou qualidade, ou ao serviço prestado, bem como falsificar ou adulterar a escrituração do Livro de Registro de Duplicatas.

7.3. Abuso de incapazes (art. 173)

Comete o crime o agente que abusa, em proveito próprio ou alheio, de necessidade, paixão ou inexperiência de menor, ou da alienação ou debilidade mental de outrem, induzindo qualquer deles à prática de ato suscetível de produzir efeito jurídico, em prejuízo próprio ou de terceiro.

7.4. Induzimento à especulação (art. 174)

Constitui crime abusar, em proveito próprio ou alheio, da inexperiência ou da simplicidade ou inferioridade mental de outrem, induzindo-o à prática de jogo ou aposta, ou à especulação com títulos ou mercadorias, sabendo ou devendo saber que a operação é ruinosa.

7.5. Fraude no comércio (art. 175)

Configura o delito quando o agente engana, no exercício de atividade comercial, o adquirente ou consumidor: vendendo, como verdadeira ou perfeita, mercadoria falsificada ou deteriorada; entregando uma mercadoria por outra. Nos termos do § 1º, também é punido o agente que: alterar em obra que lhe é encomendada a qualidade ou o peso de metal ou substituir, no mesmo caso, pedra verdadeira por falsa ou por outra de menor valor; vender pedra falsa por verdadeira; vender, como precioso, metal de outra qualidade.

▶ **LEGISLAÇÃO ESPECIAL**

Há crimes contra as relações de consumo previstos tanto na Lei nº 8.137/90 (art. 7º) quanto no próprio Código de Defesa do Consumidor (Lei nº 8.078/90).

7.6. Outras fraudes (art. 176)

Configura o crime nas hipóteses de o agente tomar refeição em restaurante, alojar-se em hotel ou utilizar-se de meio de transporte sem dispor de recursos para efetuar o pagamento. Trata-se de crime de ação penal pública condicionada à representação. O juiz pode, conforme as circunstâncias, deixar de aplicar a pena.

7.7. Fraudes e abusos na fundação ou administração de sociedade por ações (art. 177)

"Promover a fundação de sociedade por ações, fazendo, em prospecto ou em comunicação ao público ou à assembleia, afirmação falsa sobre a constituição da sociedade, ou ocultando fraudulentamente fato a ela relativo: Pena – reclusão, de um a quatro anos, e multa, se o fato não constitui crime contra a economia popular. § 1º – Incorrem na mesma pena, se o fato não constitui crime contra a economia popular: I – o diretor, o gerente ou o fiscal de sociedade por ações, que, em prospecto, relatório, parecer, balanço ou comunicação ao público ou à assembleia, faz afirmação falsa sobre as condições econômicas da sociedade, ou oculta fraudulentamente, no todo ou em parte, fato a elas relativo; II – o diretor, o gerente ou o fiscal que promove, por qualquer artifício, falsa cotação das ações ou de outros títulos da sociedade; III – o diretor ou o gerente que toma empréstimo à sociedade ou usa, em proveito próprio ou de terceiro, dos bens ou haveres sociais, sem prévia autorização da assembleia geral; IV – o diretor ou o gerente que compra ou vende, por conta da sociedade, ações por ela emitidas, salvo quando a lei o permite; V – o diretor ou o gerente que, como garantia de crédito social, aceita em penhor ou em caução ações da própria sociedade; VI – o diretor ou o gerente que, na falta de balanço, em desacordo com este, ou mediante balanço falso, distribui lucros ou dividendos fictícios; VII – o diretor, o gerente ou o fiscal que, por interposta pessoa, ou conluiado com acionista, consegue a aprovação de conta ou parecer; VIII – o liquidante, nos casos dos ns. I, II, III, IV, V e VII; IX – o representante da sociedade anônima estrangeira, autorizada a funcionar no País, que pratica os atos mencionados nos ns. I e II, ou dá falsa informação ao Governo. § 2º – Incorre na pena de detenção, de seis meses a dois anos, e multa, o acionista que, a fim de obter vantagem para si ou para outrem, negocia o voto nas deliberações de assembleia geral".

7.8. Emissão irregular de conhecimento de depósito ou "warrant" (art. 178)

Pune-se aquele que emite conhecimento de depósito ou warrant, em desacordo com disposição legal. *Warrant* é o instrumento equiparado e considerado como título de crédito, endossável, que se emite, sob garantia pignoratícia, junto com o conhecimento de depósito de mercadorias nos armazéns-gerais.

7.9. Fraude à execução (art. 179)

Configura crime fraudar execução, alienando, desviando, destruindo ou danificando bens, ou simulando dívidas. Somente se procede mediante queixa.

8. RECEPTAÇÃO (ART. 180)

- **Receptação própria (art. 180, *caput*, 1ª parte).** Adquirir (ocorre a transmissão de propriedade), receber (não ocorre transmissão da propriedade), transportar (levar de um lugar para outro), conduzir (dirigir algum meio de locomoção) ou ocultar (esconder), em proveito próprio ou alheio, coisa que sabe ser produto de crime. Qualquer pessoa pode figurar como sujeito ativo, desde que não seja coautor ou partícipe do crime anterior. O sujeito passivo é o proprietário da coisa do crime anterior. É delito material e admite a tentativa.
- **Receptação imprópria (art. 180, *caput*, 2ª parte):** influir para que terceiro de boa-fé a adquira, receba ou oculte. Se o terceiro estiver de má-fé, será punido como receptador próprio, caso em que o influenciador será partícipe. É delito formal e, teoricamente, não admite a tentativa.
- **A receptação é um crime parasitário ou acessório,** também conhecido como **delito de fusão**, pois depende de crime anterior. Se a infração anterior for contravenção não haverá receptação. O crime anterior não precisa ser contra o patrimônio. Igualmente, é dispensável que haja sequer inquérito policial, bastando a prova da origem criminosa. O STF já decidiu entendendo inexistir receptação de bem imóvel (RHC 58.329). É admissível a receptação de receptação.
- **Receptação e favorecimento real (art. 349).** Na receptação o agente visa a proveito próprio ou de terceiro (terceiro que não seja autor do crime anterior), ou seja, visa a uma vantagem econômica (*animus lucrandi*) para si ou para outrem. No crime de favorecimento real, o agente visa apenas a beneficiar o autor do crime anterior, tornando seguro o proveito do crime (exemplo de **favorecimento real**: A, após furtar um veículo, solicita a seu amigo B que o oculte em sua residência por alguns dias). A característica da receptação é que o agente, adquirindo, recebendo ou ocultando produto de crime, executa tal conduta em proveito próprio ou de terceiro que não o autor do delito pressuposto.
- **Receptação qualificada (§ 1º).** Consiste em adquirir, receber, transportar, conduzir, ocultar, ter em depósito, desmontar, montar, remontar, vender, expor à venda, ou de qualquer forma utilizar, em proveito próprio ou

alheio, no exercício de atividade comercial ou industrial, coisa que deve saber ser produto de crime. Nos termos do § 2º, equipara-se à atividade comercial, para efeito do parágrafo anterior, qualquer forma de comércio irregular ou clandestino, inclusive o exercido em residência.

- **Receptação culposa (§ 3º).** Configura a modalidade culposa se o agente adquirir ou receber coisa que, por sua natureza ou pela desproporção entre o valor e o preço, ou pela condição de quem a oferece, deve presumir-se obtida por meio criminoso. Trata-se, excepcionalmente, de **tipo culposo fechado**.
- **Autonomia da receptação (§ 4º).** A receptação é punível, ainda que desconhecido ou isento de pena o autor do crime de que proveio a coisa. Dispensa instauração de inquérito policial, ação penal ou sentença condenatória em relação ao crime anterior. Basta a prova de a coisa ser proveniente de crime.
- **Perdão judicial e receptação privilegiada (§ 5º).** Na hipótese do § 3º, se o criminoso é primário, pode o juiz, tendo em consideração as circunstâncias, deixar de aplicar a pena. Na receptação dolosa aplica-se o disposto no § 2º do art. 155.
- **Receptação majorada (§ 6º).** Tratando-se de bens do patrimônio da União, de Estado, do Distrito Federal, de Município ou de autarquia, fundação pública, empresa pública, sociedade de economia mista ou empresa concessionária de serviços públicos, aplica-se em dobro a pena prevista no *caput* deste artigo. A redação do § 6º do art. 180 do Código Penal foi alterada pela Lei nº 13.531, de 07/12/2017. Antes o dispositivo era o seguinte: "Tratando-se de bens e instalações do patrimônio da União, Estado, Município, empresa concessionária de serviços públicos ou sociedade de economia mista, a pena prevista no *caput* deste artigo aplica-se em dobro". Foram incluídos o Distrito Federal, a autarquia, a fundação pública e a empresa pública.

A Lei nº 13.804/2019, alterou o Código de Trânsito Brasileiro e passou a prever:

→ **Efeito da condenação.** "Art. 278-A. O condutor que se utilize de veículo para a prática do crime de receptação, descaminho, contrabando, previstos nos arts. 180, 334 e 334-A do Decreto-Lei nº 2.848, de 7 de dezembro de 1940 (Código Penal), condenado por um desses crimes em decisão judicial transitada em julgado, terá cassado seu documento de habilitação ou será proibido de obter a habilitação para dirigir veículo automotor pelo prazo de 5 (cinco) anos. § 1º O condutor condenado poderá requerer sua reabilitação, submetendo-se a todos os exames necessários à habilitação, na forma deste Código".

→ **Medida cautelar:** "Art. 278-A, § 2º: No caso do condutor preso em flagrante na prática dos crimes de que trata o *caput* deste artigo, poderá o juiz, em qualquer fase da investigação ou da ação penal, se houver necessidade para a garantia da ordem pública, como medida cautelar, de ofício, ou a requerimento do Ministério Público ou ainda mediante representação da autoridade policial, decretar, em decisão motivada, a suspensão da permissão ou da habilitação para dirigir veículo automotor, ou a proibição de sua obtenção".

9. RECEPTAÇÃO DE ANIMAL (ART. 180-A)

A Lei nº 13.330/16 incluiu ao Código Penal o crime de receptação de animal (art. 180-A), nos seguintes termos: "Adquirir, receber, transportar, conduzir, ocultar, ter em depósito ou vender, com a finalidade de produção ou de comercialização, semovente domesticável de produção, ainda que abatido ou dividido em partes, que deve saber ser produto de crime: Pena - reclusão, de 2 (dois) a 5 (cinco) anos, e multa".

10. IMUNIDADE PENAL

Nos termos do art. 181, é isento de pena quem comete qualquer dos delitos previstos neste título ("Dos Crimes Contra o Patrimônio") em prejuízo do cônjuge, na constância da sociedade conjugal, de ascendente ou descendente. Trata-se da chamada **imunidade penal absoluta ou escusa absolutória.** O crime permanece intacto, mas haverá extinção da punibilidade. As hipóteses legais são taxativas.

O art. 182 dispõe que somente se procede mediante representação se o crime previsto neste título é cometido em prejuízo do cônjuge judicialmente separado, de irmão ou de tio ou sobrinho com quem o agente coabita. Aqui é prevista a **imunidade penal relativa**. Não extingue a punibilidade, mas transforma a ação penal pública incondicionada em condicionada à representação.

Por sua vez, o art. 183 prevê hipóteses de **exclusão das imunidades** nos seguintes casos: I - se o crime é de roubo ou de extorsão, ou, em geral, quando haja emprego de grave ameaça ou violência à pessoa; II - ao estranho que participa do crime; III - se o crime é praticado contra pessoa com idade igual ou superior a 60 anos.

11. SÚMULAS E ORIENTAÇÕES JURISPRUDENCIAIS DO STF E DO STJ

FURTO

- **Súmula 442 do STJ:** "É inadmissível aplicar, no furto qualificado, pelo concurso de agentes, a majorante do roubo".
- **Súmula 511 do STJ:** "É possível o reconhecimento do privilégio previsto no § 2º do art. 155 do CP nos casos de crime de furto qualificado, se estiverem presentes a primariedade do agente, o pequeno valor da coisa e a qualificadora for de ordem objetiva".
- **Súmula 567 do STJ:** "Sistema de vigilância realizado por monitoramento eletrônico ou por existência de segurança no interior de estabelecimento comercial, por si só, não torna impossível a configuração do crime de furto".

FURTO DE ENERGIA ELÉTRICA E EXTINÇÃO DA PUNIBILIDADE

- "A Terceira Seção do STJ, no julgamento do RHC n. 101.299/RS, firmou a orientação de que é inviável o reconhecimento da extinção da punibilidade pela quitação de débito no caso de crime de furto de energia elétrica. 2. A causa extintiva de punibilidade decorrente do previsto nos arts. 34 da Lei n. 9.249/1995 e 9º da Lei n. 10.684/2003 não pode ser aplicada, por analogia, aos crimes contra o patrimônio, notadamente no que tange ao furto de energia elétrica" (STJ, 6ª T., AgRg no REsp 1799613, j. 28/04/2020).

CONSUMAÇÃO DO CRIME DE FURTO (TEORIA DA APPREHENSIO OU AMOTIO)

- "O Superior Tribunal de Justiça consolidou o entendimento, no julgamento do REsp 1.524.450/RJ, sob o rito dos recursos repetitivos, de que o delito de furto consuma-se com a simples posse da coisa alheia móvel subtraída, ainda que por breves instantes e seguida de perseguição ao agente, sendo prescindível a posse mansa e pacífica ou desvigiada" (STJ, 6ª T., AgRg no AREsp 1546170, j. 26/11/2019).

- "Consuma-se o crime de furto com a posse de fato da res furtiva, ainda que por breve espaço de tempo e seguida de perseguição ao agente, sendo prescindível a posse mansa e pacífica ou desvigiada" (tese firmada em Recurso Repetitivo: STJ, 3ª Seção, REsp 1524450, j. 14/10/2015).

- "(...) 2. Este Superior Tribunal de Justiça firmou entendimento no sentido de que, para consumação do furto, basta o desapossamento da coisa subtraída, o qual se dá com a inversão da posse, não sendo necessário que a res furtiva saia da esfera de vigilância da vítima, e muito menos que o agente tenha posse mansa e pacífica sobre a mesma. 3. A Terceira Seção desse Superior Tribunal de Justiça, julgando recurso especial representativo da controvérsia, na forma do artigo 543-C do Código de Processo Civil revogado (regime dos recursos repetitivos), com disciplina atual no artigo 1.036 e seguintes do CPC em vigor, em decisão unânime, pacificou a matéria, assim resumida: 'consuma-se o crime de furto com a posse de fato da res furtiva, ainda que por breve espaço de tempo e seguida de perseguição ao agente, sendo prescindível a posse mansa e pacífica ou desvigiada'" (STJ, 5ª T., REsp 1716938, j. 19/04/2018).

- "Conforme a pacífica jurisprudência desta Corte Superior, consuma-se o crime de furto com a posse de fato da res furtiva, ainda que por breve espaço de tempo, sendo prescindível a posse mansa e pacífica ou desvigiada" (STJ, 6ª T., AgRg no REsp 1894347, j. 07/12/2020).

MAJORANTE DO REPOUSO NOTURNO: DESNECESSIDADE DE AS VÍTIMAS ESTAREM DORMINDO NO MOMENTO DO CRIME OU SER A CASA HABITADA

- "Para a configuração da circunstância majorante do § 1º do art. 155 do Código Penal, basta que a conduta delitiva tenha sido praticada durante o repouso noturno, dada a maior precariedade da vigilância e a defesa do patrimônio durante tal período, e, por consectário, a maior probabilidade de êxito na empreitada criminosa, sendo irrelevante o fato de as vítimas não estarem dormindo no momento do crime" (STJ, 5ª T., AgRg no AREsp 882249, j. 04/10/2016).

- "Consoante a jurisprudência sedimentada nesta Corte Superior, a causa de aumento do art. 155, § 1º, do CP, é aplicável tanto para o furto simples como para o qualificado e independe de o local do fato encontrar-se habitado ou não durante a execução do crime" (STJ, 5ª T., AgRg no REsp 1726761, j. 19/11/2019).

- "A jurisprudência desta Corte é firme no sentido de que a causa especial de aumento de pena do furto cometido durante o repouso noturno pode se configurar mesmo quando o crime é cometido em estabelecimento comercial ou residência desabitada, sendo indiferente o fato de a vítima estar, ou não, efetivamente repousando" (STJ, 5ª T., AgRg no HC 609143, j. 02/02/2021).

MAJORANTE DO REPOUSO NOTURNO: INCIDÊNCIA NO CASO DE FURTO A LOJAS, VEÍCULOS E ESTABELECIMENTOS COMERCIAIS

- "Para a incidência da majorante prevista no art. 155, parágrafo 1º, do Código Penal, basta que a infração ocorra durante o repouso noturno, período de maior vulnerabilidade para as residências, lojas, veículos e estabelecimentos comerciais" (STJ, 5ª T., AgRg no HC 429695, j. 23/08/2018).

- "O repouso noturno não é aplicado apenas em residência, quando a vítima estaria efetivamente repousando. Para a incidência da causa especial de aumento de pena é suficiente que a infração ocorra durante o repouso noturno, período de maior vulnerabilidade para as residências, lojas e veículos" (STJ, 6ª T., AgRg no HC 549703, j. 26/05/2020).

INCIDÊNCIA DA MAJORANTE DO REPOUSO NOTURNO NO CASO DE FURTO QUALIFICADO

- "A jurisprudência desta Corte Superior firmou no sentido de ser aplicável a causa de aumento prevista no § 1º do art. 155 do Código Penal, relativa à prática do crime de furto durante o repouso noturno, tanto na forma simples como na qualificada, ante a maior possibilidade de êxito na empreitada criminosa, em razão da menor vigilância do bem, mais vulnerável à subtração" (STJ, 5ª T., AgRg no REsp 1807419, j. 17/09/2019).

- "A alegação da impossibilidade de aplicação da causa de aumento de pena pelo repouso noturno, nos casos de furto qualificado, sequer ultrapassa o conhecimento, uma vez que este Superior Tribunal de Justiça firmou entendimento no sentido de que 'a causa de aumento prevista no § 1° do artigo 155 do Código Penal, que se refere à prática do crime durante o repouso noturno – em que há maior possibilidade de êxito na empreitada criminosa em razão da menor vigilância do bem, mais vulnerável à subtração –, é aplicável tanto na forma simples como na qualificada do delito de furto'" (STJ, 5ª T., AgRg no HC 429695, j. 23/08/2018).

- "É possível a incidência da causa de aumento referente ao repouso noturno tanto no crime de furto simples como na sua modalidade qualificada. Precedentes" (STJ, 6ª T., AgRg no AREsp 1373881, j. 02/06/2020).

QUEBRA DE VIDRO DO CARRO PARA SUBTRAÇÃO DO APARELHO DE SOM: FURTO QUALIFICADO PELO ROMPIMENTO DE OBSTÁCULO

- "A Terceira Seção do Superior Tribunal de Justiça, no julgamento do EREsp nº 1.079.847/SP (desta Relatoria, julgado em 22/05/2013, DJe 05/09/2013), reconheceu restar configurada a qualificadora do rompimento de obstáculo 'quando o agente, visando subtrair aparelho sonoro localizado no interior do veículo, quebra o vidro da janela do automóvel para atingir seu intento'" (STJ, 5ª T., REsp 1738084, j. 02/08/2018).

- "A quebra do vidro de automóvel para a subtração de objetos do seu interior caracteriza o delito previsto no art. 155, § 4º, inciso I do Código Penal, não havendo reparos a serem feitos nesse aspecto, não obstante o esforço argumentativo da defesa" (STJ, 5ª T., HC 509589, j. 11/02/2020).

CLONAGEM DE CARTÕES: É FURTO, E NÃO ESTELIONATO

- "Mostra-se devida a condenação do recorrente pelo delito de furto, e não pelo de estelionato, quando verificado que o acusado se valeu de fraude – clonagem de cartões – para burlar o sistema de proteção e vigilância do Banco, com o objetivo de retirar indevidamente valores pertencentes aos titulares das contas bancárias" (STJ, 5ª T., AgRg no AREsp 1172397, j. 06/02/2018).

CONCURSO DE QUALIFICADORAS NO FURTO

- "Reconhecida a presença de duas ou mais qualificadoras, apenas uma delas será utilizada para tipificar a conduta como furto qualificado, promovendo a alteração do quantum de pena abstratamente previsto, sendo que as demais deverão ser valoradas na segunda fase da dosimetria, caso correspondam a uma das agravantes, ou como circunstância judicial na primeira fase da etapa do critério trifásico, se não for prevista como agravante" (STJ, 5ª T., HC 445194, j. 21/08/2018).

- "A jurisprudência desta Corte é firme no sentido de que, em caso de existência de duas circunstâncias qualificadoras, uma delas por ser utilizada para qualificar o delito e a outra para exasperar a pena-base (HC n. 483.025/SC, Rel.ª Min.ª Laurita Vaz, SEXTA TURMA, DJe 9/4/2019). Nesse passo, não se vislumbra ilegalidade na valoração da qualificadora do concurso de agentes para exasperar a pena-base (CP, art. 155, § 4º, IV)" (STJ, 5ª T., AgRg no HC 599949, j. 20/10/2020).

ROUBO E EXTORSÃO

- **Súmula 603 do STF:** "A competência para o processo e julgamento de latrocínio é do Juiz singular e não do Tribunal do Júri".

- **Súmula 610 do STF:** "Há crime de latrocínio, quando o homicídio se consuma, ainda que não realize o agente a subtração de bens da vítima".

- **Súmula 96 do STJ:** "O crime de extorsão consuma-se independentemente da obtenção da vantagem indevida".

- **Súmula 174 do STJ:** "No crime de roubo, a intimidação feita com arma de brinquedo autoriza o aumento da pena". Obs.: **Súmula cancelada.**

- **Súmula 442 do STJ:** "É inadmissível aplicar, no furto qualificado, pelo concurso de agentes, a majorante do roubo".

- **Súmula 443 do STJ:** "O aumento na terceira fase de aplicação da pena no crime de roubo circunstanciado exige fundamentação concreta, não sendo suficiente para a sua exasperação a mera indicação do número de majorantes".

- **Súmula 582 do STJ:** "Consuma-se o crime de roubo com a inversão da posse do bem mediante emprego de violência ou grave ameaça, ainda que por breve tempo e em seguida à perseguição imediata ao agente e recuperação da coisa roubada, sendo prescindível a posse mansa e pacífica ou desvigiada".

ROUBO PRATICADO COM EMPREGO DE ARMA DE FOGO

- "É pacífico o entendimento nesta Corte Superior que 'a atual previsão contida no art. 157, § 2º-A, inciso I, do Código Penal, incluído pela Lei nº 13.654/2018, limita a possibilidade de aumento de pena à hipótese de a violência ser cometida mediante emprego de arma de fogo, assim considerado o instrumento que '(...) arremessa projéteis empregando a força expansiva dos gases gerados pela combustão de um propelente confinado em uma câmara que, normalmente, está solidária a um cano que tem a função de propiciar continuidade à combustão do propelente, além de direção e estabilidade ao projétil', de acordo com o art. 3º, inciso XIII, do Decreto nº 3.665/2000'" (STJ, 5ª T., AgRg no AREsp 1141304, j. 25/09/2018).

- "A Terceira Seção deste Superior Tribunal de Justiça, por ocasião do julgamento dos Embargos de Divergência n. 961.863/RS, firmou o entendimento de que é despicienda a apreensão e a perícia da arma de fogo, para a incidência da majorante do § 2º, I, do art. 157 do CP, quando existirem, nos autos, outros elementos de prova que evidenciem a sua utilização no roubo, como na hipótese, em que há farta comprovação testemunhal atestando o seu emprego" (STJ, 5ª T., HC 620723, j. 15/12/2020).

ROUBO MAJORADO: PRESCINDIBILIDADE DA APREENSÃO E PERÍCIA NA ARMA DE FOGO

- "A Terceira Seção desta Corte, quando do julgamento do EREsp 961.863/RS, firmou o entendimento no sentido de que, para a incidência da causa de aumento relativa ao emprego de arma de fogo, é dispensável a apreensão e realização de perícia no respectivo objeto, desde que comprovada a utilização da arma na prática delituosa por outros meios de prova, como na espécie" (STJ, 5ª T., HC 474512, j. 13/11/2018).

ROUBO COM ARMA DESMUNICIADA: AFASTAMENTO DA MAJORANTE

- "A jurisprudência desta Corte Superior está sedimentada no sentido de que a utilização de arma desmuniciada ou sem potencialidade para realização de disparo, utilizada como meio de intimidação, serve unicamente à caracterização da elementar grave ameaça, não se admitindo o seu reconhecimento como a causa de aumento de pena em questão" (STJ, 5ª T., HC 445.043, j. 21/02/2019).

- "A jurisprudência desta Corte é assente no sentido de que a utilização de arma desmuniciada, como forma de intimidar a vítima do delito de roubo, caracteriza o emprego de violência, porém não permite o reconhecimento da majorante de pena, uma vez que está vinculada ao potencial lesivo do instrumento, dada a sua ineficácia para a realização de disparos. Todavia, 'Se o acusado sustentar a ausência de potencial lesivo da arma empregada para intimidar a vítima, será dele o ônus de produzir tal prova, nos termos do art. 156 do Código de Processo Penal' (HC 96.099/RS, Rel. Min. RICARDO LEWANDOWSKI, Pleno, maioria, DJe de 05/06/2009). Assim, na espécie, caberia ao paciente demonstrar que a arma era desprovida de potencial lesivo, o que não ocorreu na situação narrada na inicial" (STJ, 5ª T., HC 449697, j. 21/06/2018).

LATROCÍNIO: MAIS DE UMA MORTE

- "Descabe falar em reconhecimento de crime único de latrocínio. Isso porque as instâncias ordinárias adotaram entendimento em consonância com a jurisprudência prevalente neste Superior Tribunal de Justiça, no sentido de que há concurso formal impróprio na prática de latrocínio quando a conduta do agente tenha por escopo mais de um resultado morte, ainda que a subtração recaia sobre os bens de uma única vítima, na medida em que ficam evidenciados desígnios autônomos, atraindo, portanto, o comando legal disposto no art. 70, segunda parte, do Código Penal" (STJ, 5ª T., AgRg no HC 531.133, j. 12/11/2019).

- "Nos crimes de latrocínio, a prática de uma subtração, com dois resultados morte, é hipótese de reconhecimento do concurso formal impróprio. Precedentes" (STJ, 3ª Seção, AgRg na RvCr 4109, j. 22/02/2018).

- "O reconhecimento do concurso formal próprio no delito de latrocínio praticado encontra respaldo jurídico na jurisprudência do Supremo Tribunal segundo a qual 'o crime de latrocínio é um delito complexo, cuja unidade não se altera em razão da diversidade de vítimas fatais; há um único latrocínio, não obstante constatadas duas mortes; a pluralidade de vítimas não configura a continuidade delitiva, vez que o crime-fim arquitetado foi o de roubo e não o de duplo latrocínio'" (STF, 2ª T., HC 140368 AgR, j. 07/08/2018).

- "A jurisprudência desta Corte, ao analisar o tema, firmou-se no sentido de que, configurado o crime de latrocínio, com o objetivo de única subtração patrimonial, mas com a presença de desígnios autônomos de obter mais de um resultado morte, fica caracterizado o concurso formal impróprio, previsto no art. 70, parte final, do Código Penal, segundo o qual as penas cominadas serão aplicadas cumulativamente, seguindo a previsão do concurso material de crimes" (STJ, 5ª T., AgRg no HC 612147, j. 13/10/2020).

CONSUMAÇÃO DA EXTORSÃO

- "A extorsão é crime formal e se consuma no momento em que a vítima, submetida a violência ou grave ameaça, submete-se ao comando do criminoso, sendo irrelevante a efetiva obtenção da vantagem indevida, que constitui mero exaurimento do delito. Inteligência da Súmula 96/STJ. Precedentes" (STJ, 5ª T., HC 410220, j. 08/02/2018).

- "O crime de extorsão (art. 158 do CP) é formal e consuma-se independentemente da obtenção da vantagem indevida, nos termos da Súm. 96/STJ" (STJ, 6ª T., AgRg no HC 595556, j. 24/11/2020).

SEXTORTION

- "(...) 2. A 'grave ameaça', elementar do delito de extorsão, consiste na intimidação que atua na dimensão psicológica da vítima, considerando a influência de múltiplos fatores. 3. Afastada a tese de violação ao art. 158 do Código Penal, em face da conduta de constranger a vítima mediante grave ameaça de divulgar vídeo de relações íntimas na internet" (STJ, 6ª T., AgRg no AREsp 1009662, j. 03/04/2018).

NÃO HÁ CONTINUIDADE DELITIVA ENTRE ROUBO E EXTORSÃO

- "Não é possível o reconhecimento da continuidade delitiva entre os crimes de roubo e extorsão, pois embora sejam delitos do mesmo gênero, são de espécies distintas, o que inviabiliza a aplicação da regra contida no art. 71 do Código Penal" (STJ, 5ª T., HC 461.794, j. 07/02/2019).

- "É firme o entendimento desta Corte Superior de que ficam configurados os crimes de roubo e extorsão, em concurso material, se o agente, após subtrair bens da vítima, mediante emprego de violência ou grave ameaça, a constrange a entregar o cartão bancário e a respectiva senha, para sacar dinheiro de sua conta corrente" (STJ, 6ª T., AgRg no REsp 1702185, j. 13/03/2018).

- "É firme o entendimento desta Corte Superior de que ficam configurados os crimes de roubo e extorsão, em concurso material, se o agente, após subtrair bens da vítima, mediante emprego de violência ou grave ameaça, a constrange a entregar o cartão bancário e a respectiva senha, para sacar dinheiro de sua conta corrente. Precedentes" (STJ, 6ª T., AgRg no HC 579446, j. 25/08/2020).

APROPRIAÇÃO INDÉBITA

- **Súmula Vinculante 24 do STF:** "Não se tipifica crime material contra a ordem tributária, previsto no art. 1º, incisos I a IV, da Lei nº 8.137/90, antes do lançamento definitivo do tributo".

APROPRIAÇÃO INDÉBITA PREVIDENCIÁRIA: DESNECESSIDADE DE DOLO ESPECÍFICO

- Os crimes de sonegação fiscal e apropriação indébita previdenciária prescindem de dolo específico, sendo suficiente, para a sua caracterização, a presença do dolo genérico consistente na omissão voluntária do recolhimento, no prazo legal, dos valores devidos" (STJ, 6ª T., AgRg nos EDcl no REsp 1646760, j. 27/08/2019).

- "A jurisprudência desta Corte há muito se firmou com base na orientação de que, nos crimes de apropriação indébita de contribuição previdenciária, é suficiente, para a sua caracterização, a presença do dolo genérico consistente na omissão voluntária do recolhimento, no prazo legal, dos valores devidos" (STJ, 3ª Seção, AgRg nos EREsp 1263669, j. 12/09/2018).

- "É certo que 'Nos termos da jurisprudência desta Corte Superior, os crimes de sonegação fiscal e apropriação indébita previdenciária prescindem de dolo específico, sendo suficiente, para a sua caracterização, a presença do dolo genérico consistente na omissão voluntária do recolhimento, no prazo legal, dos valores devidos'" (STJ, 5ª T., AgRg no AREsp 1729321, j. 09/12/2020).

APROPRIAÇÃO INDÉBITA PREVIDENCIÁRIA E PRINCÍPIO DA INSIGNIFICÂNCIA

- "(...) II - Inaplicável o princípio da insignificância aos delitos de apropriação indébita previdenciária (art. 168-A, do Código Penal) e sonegação de contribuição previdenciária (art. 337-A, do Código Penal) consoante entendimento assentado do. col. Supremo Tribunal Federal que conferiu caráter supraindividual ao bem jurídico tutelado, haja vista visarem proteger a subsistência financeira da Previdência Social. Precedentes. III - As Portarias n.s 75 e 130, do Ministério da Fazenda não podem afetar fatos pretéritos à sua edição para fins de reconhecimento da insignificância do delito, por não deterem natureza penal, sob pena de atrelar a mensuração do prejuízo causado pela conduta criminosa à momento posterior à sua própria consumação" (STJ, 3ª Seção, AgRg na RvCr 4.881, j. 22/05/2019).

- "(...) 2. O princípio da insignificância reduz o âmbito de proibição aparente da tipicidade legal, tornando atípico o fato na seara penal, apesar de haver lesão a bem juridicamente tutelado pela norma penal. 3. Para a incidência do princípio da insignificância, devem ser relevados o valor do objeto do crime e os aspectos objetivos do fato, como a mínima ofensividade da conduta do agente, a ausência de periculosidade social da ação, o reduzido grau de reprovabilidade do comportamento e a inexpressividade da lesão jurídica causada. 4. Não repassar à Previdência Social R$ 7.767,59 (sete mil, setecentos e sessenta e sete reais e cinquenta e nove centavos), além de ser reprovável, não é minimamente ofensivo. 5. Habeas corpus denegado" (STF, 1ª T., HC 110124, j. 14/02/2012).

- "1. Ambas as Turmas que compõem o Supremo Tribunal Federal entendem ser inaplicável o princípio da insignificância aos crimes de sonegação de contribuição previdenciária e apropriação indébita previdenciária, tendo em vista a elevada reprovabilidade dessas condutas, que atentam contra bem jurídico de caráter supraindividual e contribuem para agravar o quadro deficitário da Previdência Social. 2. A Terceira Seção desta Corte Superior concluiu que não é possível a aplicação do princípio da insignificância aos crimes de apropriação indébita previdenciária e de sonegação de contribuição previdenciária, independentemente do valor do ilícito, pois esses tipos penais protegem a própria subsistência da Previdência Social, de modo que é elevado o grau de reprovabilidade da conduta do agente que atenta contra este bem jurídico supraindividual" (STJ, 6ª T., AgRg no REsp 1783334, DJe 02/12/2019).

- "Consoante entendimento firmado pela Terceira Seção desta Corte, não é possível a aplicação do princípio da insignificância ao crime de apropriação indébita previdenciária, independentemente do valor apropriado, dado o elevado grau de reprovabilidade da conduta do agente que atenta contra a subsistência da Previdência Social. Precedentes desta Corte e do Supremo Tribunal Federal" (STJ, 6ª T., AgRg no REsp 1862853, j. 27/10/2020).

APROPRIAÇÃO INDÉBITA PREVIDENCIÁRIA E CONTAGEM DA PRESCRIÇÃO

- "Este Superior Tribunal de Justiça, adotando entendimento firmado pelo Supremo Tribunal Federal na Súmula Vinculante nº 24, entende que o crime tipificado no art. 168-A, do Código Penal possui natureza material e, dessa forma, consuma-se a partir da conclusão definitiva do procedimento administrativo de constituição do crédito tributário, sendo, portanto, este o momento a ser considerado para fins de contagem inicial do prazo da prescrição da pretensão punitiva estatal. Precedentes" (STJ, 5ª T., REsp 1734799, j. 23/08/2018).

ESTELIONATO E OUTRAS FRAUDES

- **Súmula 246 do STF:** "Comprovado não ter havido fraude, não se configura o crime de emissão de cheque sem fundos".
- **Súmula 521 do STF:** "O foro competente para o processo e julgamento dos crimes de estelionato, sob a modalidade da emissão dolosa de cheque sem provisão de fundos, é o do local onde se deu a recusa do pagamento pelo sacado".
- **Súmula 554 do STF:** "O pagamento de cheque emitido sem provisão de fundos, após o recebimento da denúncia, não obsta ao prosseguimento da ação penal".
- **Súmula 17 do STJ:** "Quando o falso se exaure no estelionato, sem mais potencialidade lesiva, é por este absorvido".
- **Súmula 24 do STJ:** "Aplica-se ao crime de estelionato, em que figure como vítima entidade autárquica da previdência social, a qualificadora do § 3º, do art. 171 do Código Penal".
- **Súmula 48 do STJ:** "Compete ao Juízo do local da obtenção da vantagem ilícita processar e julgar crime de estelionato cometido mediante falsificação de cheque".
- **Súmula 73 do STJ:** "A utilização de papel moeda grosseiramente falsificado configura, em tese, o crime de estelionato, da competência da Justiça Estadual".
- **Súmula 104 do STJ:** "Compete à Justiça estadual o processo e julgamento dos crimes de falsificação e uso de documento falso relativo a estabelecimento particular de ensino".
- **Súmula 107 do STJ:** "Compete à Justiça Comum Estadual processar e julgar crime de estelionato praticado mediante falsificação das guias de recolhimento das contribuições previdenciárias, quando não ocorrente lesão à autarquia federal".
- **Súmula 244 do STJ:** "Compete ao foro do local da recusa processar e julgar o crime de estelionato mediante cheque sem provisão de fundos".

EMISSÃO DE CHEQUE PÓS-DATADO COM O INTUITO DE FRAUDAR (HÁ CRIME)

- "Sedimentou-se na jurisprudência desta Corte Superior de Justiça o entendimento de que a emissão de cheques pós-datados pode caracterizar o crime previsto no artigo 171 do Código Penal quando restar comprovado que as cártulas não foram fornecidas como garantia de dívida, mas sim com o intuito de fraudar. Precedentes do STJ e do STF" (STJ, 6ª T., RHC 76364, DJe 15/02/2018).

ESTELIONATO PREVIDENCIÁRIO PRATICADO PELO PRÓPRIO BENEFICIÁRIO: CRIME PERMANENTE

- "Esta Corte Superior de Justiça já firmou entendimento no sentido de que o "estelionato previdenciário praticado pelo próprio beneficiário tem natureza de crime permanente, circunstância que afasta, in casu, a extinção da punibilidade pela prescrição" (AgRg no AREsp 407.706/SP, Rel. Ministro REYNALDO SOARES DA FONSECA, QUINTA TURMA, julgado em 23/06/2015, DJe 29/06/2015)" (STJ, 5ª T., AgRg no AREsp 904.817, j. 13/06/2017).
- "1. O Supremo Tribunal Federal, por sua Primeira Turma, faz distinção da natureza do estelionato previdenciário a partir de quem o pratica: se o próprio beneficiário for o autor do fato, a infração penal terá natureza

permanente; se a fraude for implementada por terceiro para que outrem obtenha o benefício, tratar-se-á de crime instantâneo de efeitos permanentes. 2. Este Superior Tribunal de Justiça firmou entendimento alinhado ao do Pretório Excelso, segundo o qual «A natureza jurídica do crime de estelionato previdenciário depende da pessoa que pratica a conduta. Tratando-se de terceiro, o crime é instantâneo de efeitos permanentes, cuidando-se do próprio beneficiário, o crime é permanente» (AgRg no REsp. 1.497.147/SP, Rel. Min. LEOPOLDO DE ARRUDA RAPOSO – Desembargador convocado do TJ/PE, Quinta Turma, DJe 13/5/2015). 3. Na hipótese dos autos, independente da natureza permanente ou instantânea do delito de estelionato previdenciário, foram praticadas três condutas delituosas, consistentes na obtenção fraudulenta de três benefícios em favor de terceiros, o que caracteriza a continuidade na prática de crimes de mesma espécie, nas mesmas condições de tempo, lugar e modo de execução" (STJ, 5ª T., AgRg no REsp 1651521, j. 23/05/2017).

- "Deve ser considerado crime permanente o estelionato previdenciário praticado pelo terceiro intermediador da fraude, quando este se locupleta, em maior proporção do que o titular formal do benefício, de todos os recebimentos indevidos" (STJ, 6ª T., AgRg no REsp 1860685, j. 16/06/2020).

ESTELIONATO PREVIDENCIÁRIO PRATICADO POR TERCEIROS QUE NÃO O PRÓPRIO BENEFICIÁRIO: CRIME INSTANTÂNEO DE EFEITOS PERMANENTES

- "A jurisprudência desta Corte tem entendido que o crime de estelionato previdenciário praticado para que terceira pessoa possa se beneficiar indevidamente da fraude tem natureza de crime instantâneo com efeitos permanentes, devendo ser contado o prazo prescricional a partir do recebimento da primeira prestação do benefício indevido" (STJ, 6ª T., AgRg no AREsp 1203461, j. 05/04/2018).

- "O STJ entende que o estelionato praticado contra o INSS, na circunstância de intermediação realizada por terceiros para concessão irregular de benefícios, é considerado crime instantâneo de efeitos permanentes. Precedente" (STJ, 6ª T., AgRg no REsp 1860685, j. 16/06/2020).

ESTELIONATO PREVIDENCIÁRIO E PRINCÍPIO DA INSIGNIFICÂNCIA

- "Não é possível a aplicação do princípio da insignificância ao crime de estelionato contra a Previdência Social independentemente dos valores obtidos indevidamente pelo agente, pois, consoante jurisprudência do STJ e do STF, em se tratando de estelionato cometido contra entidade de direito público, considera-se o alto grau de reprovabilidade da conduta do agente, que atinge a coletividade como um todo" (STJ, 5ª T., AgRg no AREsp 1476284, j. 25/06/2019).

- "O princípio da insignificância não se aplica ao delito previsto no art. 171, § 3º, do Código Penal, uma vez que o prejuízo não se resume ao valor recebido indevidamente, mas se estende a todo o sistema previdenciário. Precedentes" (STJ, 6ª T., AgRg no AREsp 1644157, j. 04/08/2020).

IMUNIDADES PENAIS

- **INCIDÊNCIA DAS IMUNIDADES PENAIS EM UM CONTEXTO DE VIOLÊNCIA DOMÉSTICA CONTRA A MULHER.** "(...) 3. O advento da Lei 11.340/2006 não é capaz de alterar tal entendimento, pois embora tenha previsto a violência patrimonial como uma das que pode ser cometida no âmbito doméstico e familiar contra a mulher, não revogou quer expressa, quer tacitamente, o artigo 181 do Código Penal. 4. A se admitir que a Lei Maria da Penha derrogou a referida imunidade, se estaria diante de flagrante hipótese de violação ao princípio da isonomia, já que os crimes patrimoniais praticados pelo marido contra a mulher no âmbito doméstico e familiar poderiam ser processados e julgados, ao passo que a mulher que venha cometer o mesmo tipo de delito contra o marido estaria isenta de pena. 5. Não há falar em ineficácia ou inutilidade da Lei 11.340/2006 ante a persistência da imunidade prevista no artigo 181, inciso I, do Código Penal quando se tratar de violência praticada contra a mulher no âmbito doméstico e familiar, uma vez que na própria legislação vigente existe a previsão de medidas cautelares específicas para a proteção do patrimônio da ofendida. 6. No direito penal não se admite a analogia em prejuízo do réu, razão pela qual a separação de corpos ou mesmo a separação de fato, que não extinguem a sociedade conjugal, não podem ser equiparadas à separação judicial ou o divórcio, que põem fim ao vínculo matrimonial, para fins de afastamento da imunidade disposta no inciso I do artigo 181 do Estatuto Repressivo" (STJ, 5ª T., RHC 42918, j. 05/08/2014).

12. LEGISLAÇÃO RELACIONADA AO CAPÍTULO

FURTO

» **CÓDIGO PENAL**

Furto

Art. 155 – Subtrair, para si ou para outrem, coisa alheia móvel:

Pena – reclusão, de um a quatro anos, e multa.

§ 1º – A pena aumenta-se de um terço, se o crime é praticado durante o repouso noturno.

§ 2º – Se o criminoso é primário, e é de pequeno valor a coisa furtada, o juiz pode substituir a pena de reclusão pela de detenção, diminuí-la de um a dois terços, ou aplicar somente a pena de multa.

§ 3º – Equipara-se à coisa móvel a energia elétrica ou qualquer outra que tenha valor econômico.

Furto qualificado

§ 4º – A pena é de reclusão de dois a oito anos, e multa, se o crime é cometido:

I – com destruição ou rompimento de obstáculo à subtração da coisa;

II – com abuso de confiança, ou mediante fraude, escalada ou destreza;

III – com emprego de chave falsa;

IV – mediante concurso de duas ou mais pessoas.

§ 4º-A – A pena é de reclusão de 4 (quatro) a 10 (dez) anos e multa, se houver emprego de explosivo ou de artefato análogo que cause perigo comum.

§ 5º – A pena é de reclusão de três a oito anos, se a subtração for de veículo automotor que venha a ser transportado para outro Estado ou para o exterior.

§ 6º – A pena é de reclusão de 2 (dois) a 5 (cinco) anos se a subtração for de semovente domesticável de produção, ainda que abatido ou dividido em partes no local da subtração.

§ 7º – A pena é de reclusão de 4 (quatro) a 10 (dez) anos e multa, se a subtração for de substâncias explosivas ou de acessórios que, conjunta ou isoladamente, possibilitem sua fabricação, montagem ou emprego.

Furto de coisa comum

Art. 156 – Subtrair o condômino, co-herdeiro ou sócio, para si ou para outrem, a quem legitimamente a detém, a coisa comum:

Pena – detenção, de seis meses a dois anos, ou multa.

§ 1º – Somente se procede mediante representação.

§ 2º – Não é punível a subtração de coisa comum fungível, cujo valor não excede a quota a que tem direito o agente.

» **LEI DOS CRIMES HEDIONDOS (LEI 8.072/90)**

Art. 1º São considerados hediondos os seguintes crimes, todos tipificados no Decreto-Lei no 2.848, de 7 de dezembro de 1940 – Código Penal, consumados ou tentados: (...)

IX – furto qualificado pelo emprego de explosivo ou de artefato análogo que cause perigo comum (art. 155, § 4º-A). (Incluído pela Lei nº 13.964, de 2019)

ROUBO E EXTORSÃO

» **CÓDIGO PENAL**

Roubo

Art. 157 – Subtrair coisa móvel alheia, para si ou para outrem, mediante grave ameaça ou violência a pessoa, ou depois de havê-la, por qualquer meio, reduzido à impossibilidade de resistência:

Pena – reclusão, de quatro a dez anos, e multa.

§ 1º – Na mesma pena incorre quem, logo depois de subtraída a coisa, emprega violência contra pessoa ou grave ameaça, a fim de assegurar a impunidade do crime ou a detenção da coisa para si ou para terceiro.

§ 2º – A pena aumenta-se de um terço até metade:

I – (revogado pela Lei nº 13.654, de 2018);

II – se há o concurso de duas ou mais pessoas;

III – se a vítima está em serviço de transporte de valores e o agente conhece tal circunstância.

IV – se a subtração for de veículo automotor que venha a ser transportado para outro Estado ou para o exterior;

V – se o agente mantém a vítima em seu poder, restringindo sua liberdade;

VI – se a subtração for de substâncias explosivas ou de acessórios que, conjunta ou isoladamente, possibilitem sua fabricação, montagem ou emprego;

VII – se a violência ou grave ameaça é exercida com emprego de arma branca.

§ 2º-A – A pena aumenta-se de 2/3 (dois terços):

I – se a violência ou ameaça é exercida com emprego de arma de fogo;

II – se há destruição ou rompimento de obstáculo mediante o emprego de explosivo ou de artefato análogo que cause perigo comum.

LEGISLAÇÃO

LEGISLAÇÃO

§ 2º-B – Se a violência ou grave ameaça é exercida com emprego de arma de fogo de uso restrito ou proibido, aplica-se em dobro a pena prevista no *caput* deste artigo.

§ 3º – Se da violência resulta:

I – lesão corporal grave, a pena é de reclusão de 7 (sete) a 18 (dezoito) anos, e multa;

II – morte, a pena é de reclusão de 20 (vinte) a 30 (trinta) anos, e multa.

Extorsão

Art. 158 – Constranger alguém, mediante violência ou grave ameaça, e com o intuito de obter para si ou para outrem indevida vantagem econômica, a fazer, tolerar que se faça ou deixar de fazer alguma coisa:

Pena – reclusão, de quatro a dez anos, e multa.

§ 1º – Se o crime é cometido por duas ou mais pessoas, ou com emprego de arma, aumenta-se a pena de um terço até metade.

§ 2º – Aplica-se à extorsão praticada mediante violência o disposto no § 3º do artigo anterior.

§ 3º – Se o crime é cometido mediante a restrição da liberdade da vítima, e essa condição é necessária para a obtenção da vantagem econômica, a pena é de reclusão, de 6 (seis) a 12 (doze) anos, além da multa; se resulta lesão corporal grave ou morte, aplicam-se as penas previstas no art. 159, §§ 2º e 3º, respectivamente.

Extorsão mediante sequestro

Art. 159 – Sequestrar pessoa com o fim de obter, para si ou para outrem, qualquer vantagem, como condição ou preço do resgate:

Pena – reclusão, de oito a quinze anos.

§ 1º Se o sequestro dura mais de 24 (vinte e quatro) horas, se o sequestrado é menor de 18 (dezoito) ou maior de 60 (sessenta) anos, ou se o crime é cometido por bando ou quadrilha.

Pena – reclusão, de doze a vinte anos.

§ 2º – Se do fato resulta lesão corporal de natureza grave:

Pena – reclusão, de dezesseis a vinte e quatro anos.

§ 3º – Se resulta a morte:

Pena – reclusão, de vinte e quatro a trinta anos.

§ 4º – Se o crime é cometido em concurso, o concorrente que o denunciar à autoridade, facilitando a libertação do sequestrado, terá sua pena reduzida de um a dois terços.

Extorsão indireta

Art. 160 – Exigir ou receber, como garantia de dívida, abusando da situação de alguém, documento que pode dar causa a procedimento criminal contra a vítima ou contra terceiro:

Pena – reclusão, de um a três anos, e multa.

» **LEI DOS CRIMES HEDIONDOS (LEI 8.072/90)**

Art. 1º – São considerados hediondos os seguintes crimes, todos tipificados no Decreto-Lei nº 2.848, de 7 de dezembro de 1940 – Código Penal, consumados ou tentados:

(...)

II – roubo: a) circunstanciado pela restrição de liberdade da vítima (art. 157, § 2º, inciso V); b) circunstanciado pelo emprego de arma de fogo (art. 157, § 2º-A, inciso I) ou pelo emprego de arma de fogo de uso proibido ou restrito (art. 157, § 2º-B); c) qualificado pelo resultado lesão corporal grave ou morte (art. 157, § 3º);

III – extorsão qualificada pela restrição da liberdade da vítima, ocorrência de lesão corporal ou morte (art. 158, § 3º);

IV – extorsão mediante sequestro e na forma qualificada (art. 159, *caput*, e §§ 1º, 2º e 3º).

USURPAÇÃO

» **CÓDIGO PENAL**

Alteração de limites

Art. 161 – Suprimir ou deslocar tapume, marco, ou qualquer outro sinal indicativo de linha divisória, para apropriar-se, no todo ou em parte, de coisa imóvel alheia:

Pena – detenção, de um a seis meses, e multa.

§ 1º – Na mesma pena incorre quem:

Usurpação de águas

I – desvia ou represa, em proveito próprio ou de outrem, águas alheias;

Esbulho possessório

II – invade, com violência a pessoa ou grave ameaça, ou mediante concurso de mais de duas pessoas, terreno ou edifício alheio, para o fim de esbulho possessório.

§ 2º – Se o agente usa de violência, incorre também na pena a esta cominada.

§ 3º – Se a propriedade é particular, e não há emprego de violência, somente se procede mediante queixa.

Supressão ou alteração de marca em animais

Art. 162 – Suprimir ou alterar, indevidamente, em gado ou rebanho alheio, marca ou sinal indicativo de propriedade:

Pena – detenção, de seis meses a três anos, e multa.

DANO

» **CÓDIGO PENAL**

Dano

Art. 163 – Destruir, inutilizar ou deteriorar coisa alheia:

Pena – detenção, de um a seis meses, ou multa.

Dano qualificado

Parágrafo único – Se o crime é cometido:

I – com violência à pessoa ou grave ameaça;

II – com emprego de substância inflamável ou explosiva, se o fato não constitui crime mais grave;

III – contra o patrimônio da União, de Estado, do Distrito Federal, de Município ou de autarquia, fundação pública, empresa pública, sociedade de economia mista ou empresa concessionária de serviços públicos;

IV – por motivo egoístico ou com prejuízo considerável para a vítima:

Pena – detenção, de seis meses a três anos, e multa, além da pena correspondente à violência.

Introdução ou abandono de animais em propriedade alheia

Art. 164 – Introduzir ou deixar animais em propriedade alheia, sem consentimento de quem de direito, desde que o fato resulte prejuízo:

Pena – detenção, de quinze dias a seis meses, ou multa.

Dano em coisa de valor artístico, arqueológico ou histórico

Art. 165 – Destruir, inutilizar ou deteriorar coisa tombada pela autoridade competente em virtude de valor artístico, arqueológico ou histórico:

Pena – detenção, de seis meses a dois anos, e multa.

Alteração de local especialmente protegido

Art. 166 – Alterar, sem licença da autoridade competente, o aspecto de local especialmente protegido por lei:

Pena – detenção, de um mês a um ano, ou multa.

Ação penal

Art. 167 – Nos casos do art. 163, do inciso IV do seu parágrafo e do art. 164, somente se procede mediante queixa.

» **LEI DOS CRIMES AMBIENTAIS (LEI 9.605/98)**

Art. 62 – Destruir, inutilizar ou deteriorar: I – bem especialmente protegido por lei, ato administrativo ou decisão judicial; II – arquivo, registro, museu, biblioteca, pinacoteca, instalação científica ou similar protegido por lei, ato administrativo ou decisão judicial:

Pena – reclusão, de um a três anos, e multa.

Parágrafo único. Se o crime for culposo, a pena é de seis meses a um ano de detenção, sem prejuízo da multa.

Art. 63 – Alterar o aspecto ou estrutura de edificação ou local especialmente protegido por lei, ato administrativo ou decisão judicial, em razão de seu valor paisagístico, ecológico, turístico, artístico, histórico, cultural, religioso, arqueológico, etnográfico ou monumental, sem autorização da autoridade competente ou em desacordo com a concedida:

Pena – reclusão, de um a três anos, e multa.

» **CÓDIGO PENAL MILITAR**

Art. 264 – Praticar dano: I – em aeronave, hangar, depósito, pista ou instalações de campo de aviação, engenho de guerra motomecanizado, viatura em comboio militar, arsenal, dique, doca, armazém, quartel, alojamento ou em qualquer outra instalação militar; II – em estabelecimento militar sob regime industrial, ou centro industrial a serviço de construção ou fabricação militar:

Pena – reclusão, de dois a dez anos.

Parágrafo único. Aplica-se o disposto nos parágrafos do artigo anterior.

Art. 266 – Se o crime dos arts. 262, 263, 264 e 265 é culposo, a pena é de detenção de seis meses a dois anos; ou, se o agente é oficial, suspensão do exercício do posto de um a três anos, ou reforma; se resulta lesão corporal ou morte, aplica-se também a pena cominada ao crime culposo contra a pessoa, podendo ainda, se o agente é oficial, ser imposta a pena de reforma.

APROPRIAÇÃO INDÉBITA

» **CÓDIGO PENAL**

Apropriação indébita

Art. 168 – Apropriar-se de coisa alheia móvel, de que tem a posse ou a detenção:

Pena – reclusão, de um a quatro anos, e multa.

Aumento de pena

§ 1º – A pena é aumentada de um terço, quando o agente recebeu a coisa:

I – em depósito necessário;

II – na qualidade de tutor, curador, síndico, liquidatário, inventariante, testamenteiro ou depositário judicial;

III – em razão de ofício, emprego ou profissão.

LEGISLAÇÃO

Apropriação indébita previdenciária

Art. 168-A. Deixar de repassar à previdência social as contribuições recolhidas dos contribuintes, no prazo e forma legal ou convencional:

Pena – reclusão, de 2 (dois) a 5 (cinco) anos, e multa.

§ 1º Nas mesmas penas incorre quem deixar de:

I – recolher, no prazo legal, contribuição ou outra importância destinada à previdência social que tenha sido descontada de pagamento efetuado a segurados, a terceiros ou arrecadada do público;

II – recolher contribuições devidas à previdência social que tenham integrado despesas contábeis ou custos relativos à venda de produtos ou à prestação de serviços;

III – pagar benefício devido a segurado, quando as respectivas cotas ou valores já tiverem sido reembolsados à empresa pela previdência social.

§ 2º É extinta a punibilidade se o agente, espontaneamente, declara, confessa e efetua o pagamento das contribuições, importâncias ou valores e presta as informações devidas à previdência social, na forma definida em lei ou regulamento, antes do início da ação fiscal.

§ 3º É facultado ao juiz deixar de aplicar a pena ou aplicar somente a de multa se o agente for primário e de bons antecedentes, desde que:

I – tenha promovido, após o início da ação fiscal e antes de oferecida a denúncia, o pagamento da contribuição social previdenciária, inclusive acessórios; ou

II – o valor das contribuições devidas, inclusive acessórios, seja igual ou inferior àquele estabelecido pela previdência social, administrativamente, como sendo o mínimo para o ajuizamento de suas execuções fiscais.

§ 4º A faculdade prevista no § 3º deste artigo não se aplica aos casos de parcelamento de contribuições cujo valor, inclusive dos acessórios, seja superior àquele estabelecido, administrativamente, como sendo o mínimo para o ajuizamento de suas execuções fiscais (redação dada pela Lei nº 13.606, de 09 de janeiro de 2018).

Apropriação de coisa havida por erro, caso fortuito ou força da natureza

Art. 169 – Apropriar-se alguém de coisa alheia vinda ao seu poder por erro, caso fortuito ou força da natureza:

Pena – detenção, de um mês a um ano, ou multa.

Parágrafo único – Na mesma pena incorre:

Apropriação de tesouro

I – quem acha tesouro em prédio alheio e se apropria, no todo ou em parte, da quota a que tem direito o proprietário do prédio;

Apropriação de coisa achada

II – quem acha coisa alheia perdida e dela se apropria, total ou parcialmente, deixando de restituí-la ao dono ou legítimo possuidor ou de entregá-la à autoridade competente, dentro no prazo de quinze dias.

Art. 170 – Nos crimes previstos neste Capítulo, aplica-se o disposto no art. 155, § 2º.

» CÓDIGO CIVIL

Art. 647 – É depósito necessário: I – o que se faz em desempenho de obrigação legal; II – o que se efetua por ocasião de alguma calamidade, como o incêndio, a inundação, o naufrágio ou o saque.

Art. 649 – Aos depósitos previstos no artigo antecedente é equiparado o das bagagens dos viajantes ou hóspedes nas hospedarias onde estiverem.

Parágrafo único. Os hospedeiros responderão como depositários, assim como pelos furtos e roubos que perpetrarem as pessoas empregadas ou admitidas nos seus estabelecimentos.

» LEGISLAÇÃO TRIBUTÁRIA FEDERAL (LEI 9.430/96)

Art. 83 – A representação fiscal para fins penais relativa aos crimes contra a ordem tributária previstos nos arts. 1º e 2º da Lei nº 8.137, de 27 de dezembro de 1990, e aos crimes contra a Previdência Social, previstos nos arts. 168-A e 337-A do Decreto-Lei nº 2.848, de 7 de dezembro de 1940 (Código Penal), será encaminhada ao Ministério Público depois de proferida a decisão final, na esfera administrativa, sobre a exigência fiscal do crédito tributário correspondente.

§ 1º – Na hipótese de concessão de parcelamento do crédito tributário, a representação fiscal para fins penais somente será encaminhada ao Ministério Público após a exclusão da pessoa física ou jurídica do parcelamento.

§ 2º – É suspensa a pretensão punitiva do Estado referente aos crimes previstos no *caput*, durante o período em que a pessoa física ou a pessoa jurídica relacionada com o agente dos aludidos crimes estiver incluída no parcelamento, desde que o pedido de parcelamento tenha sido formalizado antes do recebimento da denúncia criminal.

§ 3º – A prescrição criminal não corre durante o período de suspensão da pretensão punitiva.

§ 4º – Extingue-se a punibilidade dos crimes referidos no *caput* quando a pessoa física ou a pessoa jurídica relacionada com o agente efetuar o pagamento integral dos débitos oriundos de tributos, inclusive acessórios, que tiverem sido objeto de concessão de parcelamento.

§ 5º – O disposto nos §§ 1º a 4º não se aplica nas hipóteses de vedação legal de parcelamento.

§ 6º – As disposições contidas no *caput* do art. 34 da Lei nº 9.249, de 26 de dezembro de 1995, aplicam-se aos processos administrativos e aos inquéritos e processos em curso, desde que não recebida a denúncia pelo juiz.

ESTELIONATO E OUTRAS FRAUDES

» **CÓDIGO PENAL**

Estelionato

Art. 171 – Obter, para si ou para outrem, vantagem ilícita, em prejuízo alheio, induzindo ou mantendo alguém em erro, mediante artifício, ardil, ou qualquer outro meio fraudulento:

Pena – reclusão, de um a cinco anos, e multa, de quinhentos mil réis a dez contos de réis.

§ 1º – Se o criminoso é primário, e é de pequeno valor o prejuízo, o juiz pode aplicar a pena conforme o disposto no art. 155, § 2º.

§ 2º – Nas mesmas penas incorre quem:

Disposição de coisa alheia como própria

I – vende, permuta, dá em pagamento, em locação ou em garantia coisa alheia como própria;

Alienação ou oneração fraudulenta de coisa própria

II – vende, permuta, dá em pagamento ou em garantia coisa própria inalienável, gravada de ônus ou litigiosa, ou imóvel que prometeu vender a terceiro, mediante pagamento em prestações, silenciando sobre qualquer dessas circunstâncias;

Defraudação de penhor

III – defrauda, mediante alienação não consentida pelo credor ou por outro modo, a garantia pignoratícia, quando tem a posse do objeto empenhado;

Fraude na entrega de coisa

IV – defrauda substância, qualidade ou quantidade de coisa que deve entregar a alguém;

Fraude para recebimento de indenização ou valor de seguro

V – destrói, total ou parcialmente, ou oculta coisa própria, ou lesa o próprio corpo ou a saúde, ou agrava as consequências da lesão ou doença, com o intuito de haver indenização ou valor de seguro;

Fraude no pagamento por meio de cheque

VI – emite cheque, sem suficiente provisão de fundos em poder do sacado, ou lhe frustra o pagamento.

§ 3º – A pena aumenta-se de um terço, se o crime é cometido em detrimento de entidade de direito público ou de instituto de economia popular, assistência social ou beneficência.

Estelionato contra idoso

§ 4º Aplica-se a pena em dobro se o crime for cometido contra idoso. (Incluído pela Lei nº 13.228, de 2015)

§ 5º – somente se procede mediante representação, salvo se a vítima for: I – a Administração Pública, direta ou indireta; II – criança ou adolescente; III – pessoa com deficiência mental; ou IV – maior de 70 (setenta) anos de idade ou incapaz.

Duplicata simulada

Art. 172 – Emitir fatura, duplicata ou nota de venda que não corresponda à mercadoria vendida, em quantidade ou qualidade, ou ao serviço prestado:

Pena – detenção, de 2 (dois) a 4 (quatro) anos, e multa.

Parágrafo único. Nas mesmas penas incorrerá aquele que falsificar ou adulterar a escrituração do Livro de Registro de Duplicatas.

Abuso de incapazes

Art. 173 – Abusar, em proveito próprio ou alheio, de necessidade, paixão ou inexperiência de menor, ou da alienação ou debilidade mental de outrem, induzindo qualquer deles à prática de ato suscetível de produzir efeito jurídico, em prejuízo próprio ou de terceiro:

Pena – reclusão, de dois a seis anos, e multa.

Induzimento à especulação

Art. 174 – Abusar, em proveito próprio ou alheio, da inexperiência ou da simplicidade ou inferioridade mental de outrem, induzindo-o à prática de jogo ou aposta, ou à especulação com títulos ou mercadorias, sabendo ou devendo saber que a operação é ruinosa:

Pena – reclusão, de um a três anos, e multa.

Fraude no comércio

Art. 175 – Enganar, no exercício de atividade comercial, o adquirente ou consumidor:

I – vendendo, como verdadeira ou perfeita, mercadoria falsificada ou deteriorada;

II – entregando uma mercadoria por outra:

Pena – detenção, de seis meses a dois anos, ou multa.

§ 1º – Alterar em obra que lhe é encomendada a qualidade ou o peso de metal ou substituir, no mesmo caso, pedra verdadeira por falsa ou por outra de menor valor; vender pedra falsa por verdadeira; vender, como precioso, metal de ou outra qualidade:

Pena – reclusão, de um a cinco anos, e multa.

§ 2º – É aplicável o disposto no art. 155, § 2º.

Outras fraudes

Art. 176 – Tomar refeição em restaurante, alojar-se em hotel ou utilizar-se de meio de transporte sem dispor de recursos para efetuar o pagamento:

Pena – detenção, de quinze dias a dois meses, ou multa.

Parágrafo único – Somente se procede mediante representação, e o juiz pode, conforme as circunstâncias, deixar de aplicar a pena.

Fraudes e abusos na fundação ou administração de sociedade por ações

Art. 177 – Promover a fundação de sociedade por ações, fazendo, em prospecto ou em comunicação ao público ou à assembleia, afirmação falsa sobre a constituição da sociedade, ou ocultando fraudulentamente fato a ela relativo:

Pena – reclusão, de um a quatro anos, e multa, se o fato não constitui crime contra a economia popular.

§ 1º – Incorrem na mesma pena, se o fato não constitui crime contra a economia popular:

I – o diretor, o gerente ou o fiscal de sociedade por ações, que, em prospecto, relatório, parecer, balanço ou comunicação ao público ou à assembleia, faz afirmação falsa sobre as condições econômicas da sociedade, ou oculta fraudulentamente, no todo ou em parte, fato a elas relativo;

II – o diretor, o gerente ou o fiscal que promove, por qualquer artifício, falsa cotação das ações ou de outros títulos da sociedade;

III – o diretor ou o gerente que toma empréstimo à sociedade ou usa, em proveito próprio ou de terceiro, dos bens ou haveres sociais, sem prévia autorização da assembleia geral;

IV – o diretor ou o gerente que compra ou vende, por conta da sociedade, ações por ela emitidas, salvo quando a lei o permite;

V – o diretor ou o gerente que, como garantia de crédito social, aceita em penhor ou em caução ações da própria sociedade;

VI – o diretor ou o gerente que, na falta de balanço, em desacordo com este, ou mediante balanço falso, distribui lucros ou dividendos fictícios;

VII – o diretor, o gerente ou o fiscal que, por interposta pessoa, ou conluiado com acionista, consegue a aprovação de conta ou parecer;

VIII – o liquidante, nos casos dos ns. I, II, III, IV, V e VII;

IX – o representante da sociedade anônima estrangeira, autorizada a funcionar no País, que pratica os atos mencionados nos ns. I e II, ou dá falsa informação ao Governo.

§ 2º – Incorre na pena de detenção, de seis meses a dois anos, e multa, o acionista que, a fim de obter vantagem para si ou para outrem, negocia o voto nas deliberações de assembleia geral.

Emissão irregular de conhecimento de depósito ou "warrant"

Art. 178 – Emitir conhecimento de depósito ou warrant, em desacordo com disposição legal:

Pena – reclusão, de um a quatro anos, e multa.

Fraude à execução

Art. 179 – Fraudar execução, alienando, desviando, destruindo ou danificando bens, ou simulando dívidas:

Pena – detenção, de seis meses a dois anos, ou multa.

Parágrafo único – Somente se procede mediante queixa.

RECEPTAÇÃO

» **CÓDIGO PENAL**

Receptação

Art. 180 – Adquirir, receber, transportar, conduzir ou ocultar, em proveito próprio ou alheio, coisa que sabe ser produto de crime, ou influir para que terceiro, de boa-fé, a adquira, receba ou oculte:

Pena – reclusão, de um a quatro anos, e multa.

Receptação qualificada

§ 1º – Adquirir, receber, transportar, conduzir, ocultar, ter em depósito, desmontar, montar, remontar, vender, expor à venda, ou de qualquer forma utilizar, em proveito próprio ou alheio, no exercício de atividade comercial ou industrial, coisa que deve saber ser produto de crime:

Pena – reclusão, de três a oito anos, e multa.

§ 2º – Equipara-se à atividade comercial, para efeito do parágrafo anterior, qualquer forma de comércio irregular ou clandestino, inclusive o exercício em residência.

§ 3º – Adquirir ou receber coisa que, por sua natureza ou pela desproporção entre o valor e o preço, ou pela condição de quem a oferece, deve presumir-se obtida por meio criminoso:

Pena – detenção, de um mês a um ano, ou multa, ou ambas as penas.

§ 4º – A receptação é punível, ainda que desconhecido ou isento de pena o autor do crime de que proveio a coisa.

§ 5º – Na hipótese do § 3º, se o criminoso é primário, pode o juiz, tendo em consideração as circunstâncias, deixar de aplicar a pena. Na receptação dolosa aplica-se o disposto no § 2º do art. 155.

§ 6º – Tratando-se de bens e instalações do patrimônio da União, Estado, Município, empresa concessionária de serviços públicos ou sociedade de economia mista, a pena prevista no *caput* deste artigo aplica-se em dobro.

Art. 180-A. Adquirir, receber, transportar, conduzir, ocultar, ter em depósito ou vender, com a finalidade de produção ou de comercialização, semovente domesticável de produção, ainda que abatido ou dividido em partes, que deve saber ser produto de crime:

Pena – reclusão, de 2 (dois) a 5 (cinco) anos, e multa.

» Código de Trânsito Brasileiro

Art. 278-A. O condutor que se utilize de veículo para a prática do crime de receptação, descaminho, contrabando, previstos nos arts. 180, 334 e 334-A do Decreto-Lei nº 2.848, de 7 de dezembro de 1940 (Código Penal), condenado por um desses crimes em decisão judicial transitada em julgado, terá cassado seu documento de habilitação ou será proibido de obter a habilitação para dirigir veículo automotor pelo prazo de 5 (cinco) anos.

§ 1º – O condutor condenado poderá requerer sua reabilitação, submetendo-se a todos os exames necessários à habilitação, na forma deste Código.

§ 2º – No caso do condutor preso em flagrante na prática dos crimes de que trata o *caput* deste artigo, poderá o juiz, em qualquer fase da investigação ou da ação penal, se houver necessidade para a garantia da ordem pública, como medida cautelar, de ofício, ou a requerimento do Ministério Público ou ainda mediante representação da autoridade policial, decretar, em decisão motivada, a suspensão da permissão ou da habilitação para dirigir veículo automotor, ou a proibição de sua obtenção."

IMUNIDADE PENAL

» CÓDIGO PENAL

Art. 181 – É isento de pena quem comete qualquer dos crimes previstos neste título, em prejuízo:

I – do cônjuge, na constância da sociedade conjugal;

II – de ascendente ou descendente, seja o parentesco legítimo ou ilegítimo, seja civil ou natural.

Art. 182 – Somente se procede mediante representação, se o crime previsto neste título é cometido em prejuízo:

I – do cônjuge desquitado ou judicialmente separado;

II – de irmão, legítimo ou ilegítimo;

III – de tio ou sobrinho, com quem o agente coabita.

Art. 183 – Não se aplica o disposto nos dois artigos anteriores:

I – se o crime é de roubo ou de extorsão, ou, em geral, quando haja emprego de grave ameaça ou violência à pessoa;

II – ao estranho que participa do crime;

III – se o crime é praticado contra pessoa com idade igual ou superior a 60 (sessenta) anos.

QUESTÕES
CAPÍTULO II

Sumário • 1. Questões com gabarito comentado – 2. Questões de concursos.

1. QUESTÕES COM GABARITO COMENTADO

01. (CESPE / CEBRASPE – 2020 – MPE-CE – Analista Ministerial) Situação hipotética: Maria, de sessenta e oito anos de idade, e Teresa, de cinquenta e quatro anos de idade, são irmãs e residem no mesmo endereço. Na ocasião de uma festividade familiar, Teresa se aproveitou de um descuido de Maria e acabou por subtrair-lhe a bolsa. Assertiva: Nos termos do Código Penal, o processamento do crime de furto praticado por Teresa dependerá de representação de Maria.

COMENTÁRIOS

Gabarito. Assertiva errada. O crime de furto depende de representação nas hipóteses do art. 182 do CP: "Somente se procede mediante representação, se o crime previsto neste título é cometido em prejuízo: I - do cônjuge desquitado ou judicialmente separado; II - de irmão, legítimo ou ilegítimo; III - de tio ou sobrinho, com quem o agente coabita". Porém, o art. 183 traz situações de não aplicabilidade: "Art. 183 - Não se aplica o disposto nos dois artigos anteriores: I - se o crime é de roubo ou de extorsão, ou, em geral, quando haja emprego de grave ameaça ou violência à pessoa; II - ao estranho que participa do crime; III – se o crime é praticado contra pessoa com idade igual ou superior a 60 (sessenta) anos". No caso, a situação envolve irmãs (art. 182, II), mas não se aplica o art. 182 em razão da regra do art. 183, III, do CP.

02. (CESPE – 2020 – MPE-CE – Promotor de Justiça) Joaquim, com o intuito de fornecer energia elétrica a seu pequeno ponto comercial situado em via pública, efetuou uma ligação clandestina no poste de energia elétrica próximo a seu estabelecimento. Durante dois anos, ele utilizou a energia elétrica dessa fonte, sem qualquer registro ou pagamento do real consumo. Em fiscalização, foi constatada a prática de crime, e, antes do recebimento da denúncia, Joaquim quitou o valor da dívida apurado pela companhia de energia elétrica. Consoante a jurisprudência do STJ, nessa situação hipotética, Joaquim praticou o crime de:

a) furto mediante fraude, cuja punibilidade foi extinta com o pagamento do débito antes do oferecimento da denúncia.
b) estelionato, cuja punibilidade foi extinta com o pagamento do débito antes do oferecimento da denúncia.
c) furto simples, cuja punibilidade não foi extinta com o pagamento do débito, apesar de essa circunstância poder caracterizar arrependimento posterior.
d) estelionato, cuja punibilidade não foi extinta com o pagamento do débito, apesar de essa circunstância poder caracterizar arrependimento posterior.
e) furto mediante fraude, cuja punibilidade não foi extinta com o pagamento do débito, apesar de essa circunstância poder caracterizar arrependimento posterior.

COMENTÁRIOS

Gabarito: e. Consoante jurisprudência do STJ, a conduta de ligar a energia do poste para o interior da sua residência, sem passar pelo medidor, configura furto mediante fraude, e, ainda, trata-se de crime permanente. Vejamos: "1. Configura crime permanente a conduta de subtrair água, consistente na ligação direta, sem leitura de hidrômetro e sem pagamento, na medida em que a ação é única, protraindo-se no tempo. 2. Assim como no furto de energia elétrica, trata-se de crime eventualmente permanente, ou seja, aqueles delitos que, em regra, são instantâneos, mas podem ser prorrogados no tempo por vontade do agente" (STJ, 6ª T., REsp 1816311, j. 10/09/2019). Ainda: "Adverte a jurisprudência desta Corte que incorre nas penas do art. 155, § 4º, II, do Código Penal, o agente que emprega qualquer meio destinado a iludir a atenção ou vigilância do ofendido e evitar o devido pagamento, não tendo a vítima lesada ciência do prejuízo que está sofrendo. Precedentes" (STJ, 6ª T., AgRg no AREsp 1373228, j. 28/03/2019). Por sua vez, "A Terceira Seção do STJ, no julgamento do RHC n. 101.299/RS, firmou a orientação de que é inviável o reconhecimento da extinção da punibilidade pela quitação de débito no caso de crime de furto de energia elétrica. 2. A causa extintiva de punibilidade decorrente do previsto nos arts. 34 da Lei n. 9.249/1995 e 9º da Lei n. 10.684/2003 não pode ser aplicada, por analogia, aos crimes contra o patrimônio, notadamente no que tange ao furto de energia elétrica" (STJ, 6ª T., AgRg no REsp 1799613, j. 28/04/2020).

03. (FCC – 2019 – AFAP – Analista) No que se refere aos crimes contra o patrimônio:

a) diminui-se a pena de um a dois terços, na apropriação indébita previdenciária, se o agente, voluntariamente, confessa, declara e efetua o pagamento das contribuições e importâncias devidas à Previdência Social.

b) todas as hipóteses de furto são de ação penal pública, em nenhuma delas procedendo-se mediante representação.

c) se o crime for de extorsão mediante sequestro e for cometido em concurso, o concorrente que o denunciar à autoridade, facilitando a libertação do sequestrado, terá extinta sua punibilidade.

d) tratando-se de esbulho possessório, se a propriedade for particular, havendo ou não emprego de violência, somente se procede mediante queixa.

e) no crime de furto, se o criminoso é primário, e é de pequeno valor a coisa furtada, o juiz pode substituir a pena de reclusão pela de detenção, diminuí-la de um a dois terços, ou aplicar somente a pena de multa.

COMENTÁRIOS

Gabarito: e. O fundamento está no § 2º do artigo 155 do Código Penal: "Se o criminoso é primário, e é de pequeno valor a coisa furtada, o juiz pode substituir a pena de reclusão pela de detenção, diminuí-la de um a dois terços, ou aplicar somente a pena de multa". Trata-se do furto privilegiado.

Alternativa a: errada. O art. 168-A, § 2º, do Código Penal refere que "É **extinta a punibilidade** se o agente, espontaneamente, declara, confessa e efetua o pagamento das contribuições, importâncias ou valores e presta as informações devidas à previdência social, na forma definida em lei ou regulamento, antes do início da ação fiscal".

Alternativa b: errada. De acordo com o art. 182 do Código Penal (imunidade relativa), "Somente se **procede mediante representação**, se o crime previsto neste título é cometido em prejuízo: I - do cônjuge desquitado ou judicialmente separado; II - de irmão, legítimo ou ilegítimo; III - de tio ou sobrinho, com quem o agente coabita".

Alternativa c: errada. O § 4º do artigo 159 do Código Penal dispõe: " Se o crime é cometido em concurso, o concorrente que o denunciar à autoridade, facilitando a libertação do sequestrado, **terá sua pena reduzida de um a dois terços**".

Alternativa d: errada. O crime de esbulho possessório está previsto no art. 161, § 1º, II, do Código Penal. Conforme o respectivo § 3º, "Se a propriedade é particular, **e não há emprego de violência**, somente se procede mediante queixa".

04. (INSTITUTO AOCP – 2019 – PC-ES – Investigador) Assinale a alternativa INCORRETA

a) A pena do delito de roubo é aumentada de dois terços se há destruição ou rompimento de obstáculo mediante o emprego de explosivo ou de artefato análogo que cause perigo comum.

b) A pena do delito de roubo é aumentada de um terço até a metade, se há o concurso de duas ou mais pessoas.

c) A pena do delito de furto é aumentada de um terço se houver emprego de explosivo ou de artefato análogo que cause perigo comum.

d) Se o delito de extorsão é cometido por duas ou mais pessoas, ou com emprego de arma, é aumentada a pena de um terço até a metade.

e) A pena do delito de apropriação indébita é aumentada de um terço quando o agente recebeu a coisa em depósito necessário.

COMENTÁRIOS

Gabarito: c (incorreta). Se, na prática do furto, houver emprego de explosivo ou de artefato análogo que cause perigo comum, a pena é de reclusão de 4 a 10 anos, além de multa. O fundamento está no art. 155, § 4º-A, do Código Penal.

Alternativa a: correta. De acordo com o art. 157, § 2º-A, II, do Código Penal, "A pena aumenta-se de 2/3 (dois terços): (...) II - se há destruição ou rompimento de obstáculo mediante o emprego de explosivo ou de artefato análogo que cause perigo comum".

Alternativa b: correta. Conforme o art. 157, § 2º, II, do Código Penal, "A pena aumenta-se de 1/3 (um terço) até metade: (...) II - se há o concurso de duas ou mais pessoas".

Alternativa d: correta. De acordo com o art. 158, § 1º, do Código Penal, "Se o crime é cometido por duas ou mais pessoas, ou com emprego de arma, aumenta-se a pena de um terço até metade".

Alternativa e: correta. Conforme o art. 168, § 1º, I, do Código Penal, "A pena é aumentada de um terço, quando o agente recebeu a coisa: I - em depósito necessário".

05. (CESPE – 2019 – DPE-DF – Defensor Público) Com relação aos delitos tipificados na parte especial do Código Penal, julgue o item subsecutivo. Situação hipotética: Pedro, réu primário, valendo-se da confiança que lhe depositava o seu empregador, subtraiu para si mercadoria de pequeno valor do estabelecimento comercial em que trabalhava. Assertiva: Nessa situação, apesar de configurar a prática de furto qualificado pelo abuso de confiança, o juiz poderá reconhecer o privilégio.

COMENTÁRIOS

Gabarito: errada. O furto qualificado-privilegiado somente é possível se a qualificadora for objetiva. Nesse sentido a Súmula 511 do STJ: "É possível o reconhecimento do privilégio previsto no § 2º do art. 155 do CP nos casos de crime de furto qualificado, se estiverem presentes a primariedade do agente, o pequeno valor da coisa e a qualificadora for de ordem objetiva".

06. (MP-SC – 2019 – Promotor de Justiça) Conforme jurisprudência dominante no STJ, nos crimes de furto e roubo (arts. 155 e 157 do CP) a consumação do fato típico somente ocorre com a posse mansa e pacífica, o que não se verifica no caso de perseguição imediata do agente e recuperação da coisa subtraída.

COMENTÁRIOS

Gabarito: errada. A teoria da *apprehensio* ou *amotio* traz o fundamento teórico do momento da consumação dos crimes de furto e roubo. Exige-se a inversão da posse, ainda que não haja posse mansa, pacífica ou desvigiada. Quanto ao furto, o STJ, julgando Recurso Repetitivo da Controvérsia (REsp 1524450), delimitou a seguinte **tese jurídica**: "Consuma-se o crime de furto com a posse de fato da *res furtiva*, ainda que por breve espaço de tempo e seguida de perseguição ao agente, sendo prescindível a posse mansa e pacífica ou desvigiada". Em relação ao roubo, foi editada a **Súmula 582 do STJ**: "Consuma-se o crime de roubo com a inversão da posse do bem mediante emprego de violência ou grave ameaça, ainda que por breve tempo e em seguida à perseguição imediata ao agente e recuperação da coisa roubada, sendo prescindível a posse mansa e pacífica ou desvigiada".

07. (FCC – 2018 – DPE-AM – Analista Jurídico de Defensoria) Sobre os crimes contra o patrimônio: A) O furto de energia elétrica é atípico por não consistir em coisa móvel. B) Se o agente logo depois de subtraída a coisa, emprega violência contra pessoa, a fim de assegurar a impunidade do crime, incorre na mesma pena do roubo. C) A ameaça exercida com simulacro de arma de fogo é incapaz de configurar o crime de roubo. D) Se durante a prática do roubo o agente mantém a vítima em seu poder, restringindo sua liberdade, o crime é o de latrocínio. E) Por falta de previsão legal, o princípio da insignificância é incabível no crime de furto.

COMENTÁRIOS

Gabarito: *b*. A alternativa traz as elementares do chamado roubo impróprio, descrito no art. 157, § 1º, do CP.

Alternativa a: errada. Nos termos do art. 155, § 3º, do CP, equipara-se à coisa móvel a energia elétrica ou qualquer outra que tenha valor econômico. Assim, é possível o furto de energia elétrica.

Alternativa c: errada. Um dos meios de execução do crime de roubo é o emprego de grave ameaça, a qual pode ser exercida mediante uso de simulacro de arma de fogo. Entretanto, esse simulacro não é previsto como causa de aumento.

Alternativa d: errada. Se durante a prática do roubo o agente mantém a vítima em seu poder, restringindo sua liberdade, incide uma causa de aumento de pena (art. 157, § 2º, V, do CP).

Alternativa e: errada. O princípio da insignificância é cabível no crime de furto.

08. (FUNDATEC – 2018 – DPE-SC – Analista Técnico) Considerando o disposto na Parte Especial do Código Penal, mais especificamente no tocante aos Crimes contra o Patrimônio, analise as seguintes assertivas:

I. O crime de furto pode ser qualificado pelo emprego de fraude, entretanto, embora na espécie o agente empregue meio enganoso para iludir a vigilância da vítima sobre a coisa, difere do crime de estelionato, pois neste último não há o ato de subtração.

II. O crime de roubo pode ser próprio ou impróprio, neste último caso, quando o agente emprega violência ou grave ameaça para subtrair o bem da vítima. Também, o roubo pode ser qualificado, a chamada figura do latrocínio, sendo este crime hediondo apenas quando do resultado morte, caso em que sempre será um crime preterdoloso.

III. O crime de extorsão difere-se do crime de extorsão mediante sequestro, pois este último é uma forma qualificada de extorsão, sendo que todas as suas formas são consideradas como crimes hediondos, diferentemente do crime de extorsão, onde apenas o resultado morte é que gerará a tipificação de crime hediondo.

IV. O crime de receptação requer a existência de crime antecedente, sendo que seu sujeito ativo não pode ter sido concorrente desse crime anterior. O crime de apropriação indébita requer dolo posterior e não antecedente à detenção da coisa, pois nesse caso se poderá falar da ocorrência do crime de estelionato.

Quais estão corretas?

a) Apenas I e II.
b) Apenas I, II e IV.
c) Apenas II, III e IV.
d) Apenas I, III e IV.
e) I, II, III e IV.

COMENTÁRIOS

Gabarito: *d*.

Alternativa I: correta. No crime de furto qualificado a fraude é utilizada para reduzir a vigilância e facilitar que o agente subtraia a coisa. No estelionato, a fraude é utilizada para ludibriar a vítima para que ela entregue a coisa.

Alternativa II: errada. O crime de roubo pode ser próprio (art. 157, *caput*) ou impróprio (art. 157, § 1º); a última figura ocorre quando o agente, logo depois de subtraída a coisa, emprega violência contra pessoa ou grave ameaça, a fim de assegurar a impunidade do crime ou a detenção da coisa para si ou para terceiro. O crime de latrocínio é considerado hediondo independentemente de o resultado morte ser causado a título de dolo ou culpa.

Alternativa III: correta. O crime de extorsão mediante sequestro (art. 159) não é uma forma qualificada do crime de extorsão (art. 158). Nos termos do art. 1º da Lei 8.072/90, são considerados hediondos, dentre outros, a extorsão qualificada pela restrição da liberdade da vítima, ocorrência de lesão corporal ou morte (art. 158, §3º, do CP) e a extorsão mediante sequestro e na forma qualificada (art. 159, *caput*, e §§ lº, 2º e 3º).

Alternativa IV: correta. O delito de receptação requer a existência de crime antecedente, por isso se chama de crime parasitário. O sujeito ativo do crime de receptação não pode ter concorrido no crime anterior. Em relação ao crime de apropriação indébita, o tipo penal exige que o agente tenha a posse lícita da coisa, isto é, quando a recebeu não tinha a intenção de ser apropriar dela, tendo esse intuito surgido posteriormente. Por isso se diz que o dolo é posterior.

09. (FGV – 2017 – TRT12 – Analista Judiciário) Vitor, sócio administrador da Sociedade X, em razão da grande quantidade de serviço que desempenha, deixa de repassar no prazo devido, de maneira negligente, à previdência social contribuições previdenciárias recolhidas dos empregados contribuintes. Um dos empregados, porém, descobre o ocorrido e narra para autoridade policial. Considerando as informações narradas, é correto afirmar que a conduta de Vitor configura:

a) indiferente penal;
b) apropriação indébita comum majorada;
c) apropriação indébita previdenciária;
d) apropriação indébita de coisa havida por erro;
e) furto qualificado.

COMENTÁRIOS

Gabarito: *a*. Vitor agiu "de maneira negligente", ou seja, culposa. Recorde-se que negligência significa omitir-se culposamente. Como os crimes de apropria**ção indébita comum, apropriação indébita previdenciária, apropriação indébita de coisa havida por erro e furto qualificado são todos dolosos, Vitor praticou um indiferente penal.**

Alternativa *b*: errada. O crime de apropriação indébita comum (art. 168, *caput*, do CP) só pode ser praticado de forma dolosa.

Alternativa *c*: errada. O crime de apropriação indébita previdenciária (art. 168-A do CP) só pode ser praticado de forma dolosa.

Alternativa *d*: errada. O crime de apropriação indébita de coisa havida por erro (art. 169, *caput*, do CP) só pode ser praticado de forma dolosa.

Alternativa *e*: errada. O crime de furto qualificado (art. 155, §§ 4º, 5º e 6º, do CP) só pode ser praticado de forma dolosa.

10. (IBADE – 2017 – PC-AC – Delegado de Polícia) Sobre o crime de extorsão mediante sequestro, é correto afirmar que:

a) a consumação do crime do art. 159 do CP se opera com a exigência de uma vantagem como condição ou preço do resgate, o que faz com que o delito seja doutrinariamente classificado como crime formal.
b) o crime é hediondo mesmo em sua forma simples, dispensando a verificação de resultados morte ou lesão corporal de natureza grave para a incidência da Lei nº 8.072, de 1990.
c) o concurso de pessoas é uma das circunstâncias qualificadoras concernentes ao crime de extorsão mediante sequestro, nos mesmos moldes do furto e diferentemente do que ocorre no roubo, no qual a pluralidade de agentes tem a natureza de causa de aumento da pena.
d) há, no art. 159 do Código Penal, previsão expressa de delação premiada, determinando diminuição da pena ao participante que revelar o crime à autoridade, permitindo a libertação do sequestrado ou a recuperação do produto ou do proveito do crime.
e) ocorre a forma qualificada da extorsão mediante sequestro, entre outras hipóteses, quando a restrição à liberdade da vítima dura mais de quinze dias, mas nunca em tempo inferior.

COMENTÁRIOS

Gabarito: *b*. O crime de extorsão mediante sequestro (art. 159 do CP) é sempre hediondo, tanto na forma simples quanto na forma qualificada. O fundamento está no art. 1º, IV, da Lei 8.072/90: "São considerados hediondos os seguintes crimes, todos tipificados no Decreto-Lei no 2.848, de 7 de dezembro de 1940 – Código Penal, consumados ou tentados: (...) IV – extorsão mediante sequestro e na forma qualificada (art. 159, *caput*, e §§ 1º, 2º e 3º)".

Alternativa *a*: incorreta. O delito de extorsão mediante sequestro consuma-se com a privação da liberdade da vítima por tempo juridicamente relevante, independentemente de ter o agente conseguido exigir a vantagem ou de tê-la obtido (crime formal).

Alternativa c: incorreta. As qualificadoras do crime do art. 159 do CP são: se o sequestro dura mais de 24 (vinte e quatro) horas, se o sequestrado é menor de 18 (dezoito) ou maior de 60 (sessenta) anos, ou se o crime é cometido por bando ou quadrilha (§ 1º); se do fato resulta lesão corporal de natureza grave (§ 2º); e se resulta a morte (§ 3º). O concurso de pessoas não qualifica o delito de extorsão mediante sequestro.

Alternativa *d*: incorreta. A delação premiada está prevista no art. 159, § 4º, do CP nos seguintes termos: "Se o crime é cometido em concurso, o concorrente que o denunciar à autoridade, facilitando a libertação do sequestrado, terá sua pena reduzida de um a dois terços". Como se vê, não há previsão de "recuperação do produto ou do proveito do crime".

Alternativa *e*: incorreta. Como referido acima, uma das qualificadoras do crime previsto no art. 159 do Código Penal ocorre quando o sequestro dura mais de 24 (vinte e quatro) horas (§ 1º).

11. (CESPE – 2017 – SERES-PE – Agente) Antônio, junto com comparsa, abordou dois rapazes que caminhavam na rua e os ameaçou com um revólver de brinquedo, subtraindo do primeiro R$ 20 e do segundo um isqueiro no valor de R$ 8. Notificados da ocorrência, os componentes de uma guarnição da Polícia Militar de Pernambuco, ao final de rápida diligência, os localizaram e prenderam em situação de flagrância, já que estavam na posse da res furtiva. Durante a lavratura do flagrante, Antônio identificou-se com nome fictício, para esconder seus antecedentes criminais, não tendo exibido documento de identidade. Nessa situação hipotética, Antônio responderá pela prática de:

a) roubos em concurso formal mais falsidade ideológica.
b) roubo impróprio.
c) roubos em concurso formal mais falsa identidade em concurso material.
d) roubo com majorante de uso de arma.
e) roubo continuado.

COMENTÁRIOS

Gabarito: *c*. STJ: "Nos termos da iterativa jurisprudência desta Corte, não há se falar em crime único quando, num mesmo contexto fático, são subtraídos bens pertencentes a vítimas distintas, caracterizando concurso formal, por terem sido atingidos patrimônios diversos, nos moldes do art. 70 do Código Penal" (STJ, 5ª T., HC 398254, j. 22/08/2017). Ademais, de acordo com a Súmula 522 do STJ: "A conduta de atribuir-se falsa identidade perante autoridade policial é típica, ainda que em situação de alegada autodefesa".

Alternativa *a*: incorreta. Não há falsidade ideológica (art. 299 do CP), que é uma espécie de falsidade documental, mas sim falsa identidade (art. 307 do CP).

Alternativa *b*: incorreta. A ameaça ocorreu durante a subtração. Para que ocorra o roubo impróprio (art. 157, § 1º, do CP), a ameaça ou violência deve ocorrer depois da subtração.

Alternativa *d*: incorreta. Não incide a majorante do emprego de arma (art. 157, § 2º, I, do CP), pois os autores utilizaram revólver de brinquedo. Recorde-se do cancelamento da Súmula 174 do STJ: "No crime de roubo, a intimidação feita com arma de brinquedo autoriza o aumento da pena".

Alternativa *e*: incorreta. Não há continuidade delitiva, mas, como referido acima, concurso formal de crimes.

12. (FGV – 2016 – MP-RJ – Analista do Ministério Público) Maria, multirreincidente em crimes patrimoniais, quando em gozo de livramento condicional, convida sua filha Julia, de 15 anos de idade, com anterior passagem pelo juízo da Infância e Juventude, para juntas subtraírem protetores solares de um supermercado no bairro em que residem, objetivando posterior venda no final de semana ensolarado que se avizinhava. Após ingressarem no estabelecimento comercial, de forma disfarçada, retiraram da prateleira e esconderam em suas vestes diversos potes daquela mercadoria, no que foram flagradas pelo sistema de monitoramento existente. Quando já haviam saído do supermercado, estando distante cerca de 300 metros, foram alcançadas por seguranças que efetuaram a abordagem e recuperaram as coisas subtraídas, posteriormente avaliadas em 250 reais. Diante do fato narrado, atento à jurisprudência majoritária dos Tribunais Superiores, é correto afirmar que Maria deverá ser:

a) absolvida da imputação relativa ao crime patrimonial, eis que, em razão do sistema de monitoramento existente, impossível se mostrava a consumação do delito, devendo somente responder pelo crime de corrupção de menores;
b) condenada pelo crime de furto qualificado pelo concurso de agentes, sendo absolvida do crime de corrupção de menores, em razão de Julia já estar corrompida anteriormente;
c) condenada pelos crimes de furto qualificado pelo concurso de agentes e corrupção de menores;
d) absolvida do crime patrimonial, por força da atipicidade material em razão do princípio da insignificância, e condenada pelo crime de corrupção de menores;
e) condenada pelo crime de furto qualificado pelo concurso de agentes, admitida a forma privilegiada pelo pequeno valor da coisa subtraída, e pelo delito de corrupção de menores.

COMENTÁRIOS

***Gabarito: c*.** Predomina que incide a qualificadora do concurso de pessoas (art. 155, § 4º, IV, do CP) ainda que um dos agentes seja inimputável (menor de 18 anos, por exemplo). Com a participação de menor de 18 anos, deverá ser reconhecido, também, o delito de corrupção de menores (art. 244-B do ECA) e, assim, o concurso formal de crimes (art. 70 do CP).

Afirmativa a. O delito de furto consuma-se no momento em que o agente se torna possuidor da coisa alheia móvel, ainda que por poucos instantes, sendo prescindível a posse mansa, pacífica, tranquila e desvigiada do bem. Por sua vez, o STJ editou a **Súmula 567, DJe 29/02/2016**: "Sistema de vigilância realizado por monitoramento eletrônico ou por existência de segurança no interior de estabelecimento comercial, por si só, não torna impossível a configuração do crime de furto".

Afirmativa b. Nos termos da ***Súmula 500 do STJ:*** "A configuração do crime do art. 244-B do ECA independe da prova da efetiva corrupção do menor, por se tratar de delito formal".

Afirmativa d. Em razão do alto grau de reprovabilidade do comportamento e por não ser hipótese de lesão considerada inexpressiva, não se aplica o princípio da insignificância.

Afirmativa e. Não se admite a forma privilegiada do furto (art. 155, § 2º, do CP) em razão de ser Maria reincidente.

13. (CESPE - 2016 - TRT8 - Analista Judiciário) O uso de revólver de brinquedo no crime de roubo justifica a incidência da majorante prevista no Código Penal, por intimidar a vítima e desestimular sua reação.

COMENTÁRIOS

Gabarito: errada. Predomina na jurisprudência que o emprego de arma somente se justifica como causa de aumento em razão de seu poder vulnerante (ofensividade), ou seja, em virtude do real perigo de ofensa à integridade física da vítima (critério objetivo). Assim, não incide a majorante nos casos de arma de brinquedo (simulacro), arma descarregada ou de arma de fogo sem a possibilidade do disparo. **A Súmula 174 do STJ foi cancelada** ("No crime de roubo, a intimidação feita com arma de brinquedo autoriza o aumento da pena").

14. (FCC - 2016 - TRF3 - Técnico Judiciário) A respeito do crime de furto, considere:

I. Peter cavou um túnel e, com grande esforço, conseguiu entrar no interior de uma loja, dali subtraindo produtos eletrônicos.

II. Paulus, com o auxílio de uma corda, entrou pela janela em uma residência, de onde subtraiu objetos.

III. Plinius escalou uma árvore, galgou o telhado de um supermercado e removeu várias telhas, entrando no local, de onde subtraiu diversos objetos.

Ficou caracterizada a qualificadora da escalada:

a) nos furtos cometidos por Peter e Paulus, apenas.
b) nos furtos cometidos por Peter, Paulus e Plinius.
c) nos furtos cometidos por Peter e Plinius, apenas.
d) nos furtos cometidos por Paulus e Plinius, apenas.
e) no furto cometido por Plinius, apenas.

COMENTÁRIOS

Gabarito: b. Nos três casos concretos apresentados os agentes adentraram no local do furto por meio anormal e com esforço incomum, de modo a configurar a qualificadora da **escalada** (art. 155, § 4º, II, do CP).

15. (FGV - 2015 - TJ-BA - Analista Judiciário) Durante os preparativos para um show nas proximidades do Pelourinho, Pedro tem sua atenção chamada para Francisco, que transitava com um vistoso cordão de ouro para fora da camisa e uma mochila recém adquirida. Abordando a vítima com um revólver calibre .22, Pedro exige que lhe sejam entregues o cordão e a mochila, tendo Francisco ponderado que o conteúdo da mochila, expressiva quantia em dinheiro, pertenceria ao seu patrão, Carlos, responsável pela produção do show. Indiferente ao pleito da vítima, Pedro reforça a ameaça, dizendo que dispararia contra ela caso os bens não fossem entregues. Após a entrega do cordão e da mochila, Pedro falou que a vítima deveria aguardar no mesmo local, pois ele pretendia devolver em breve seus pertences. Diante desse quadro, é correto afirmar que:

a) o fato de a conduta ter ocasionado violação de patrimônios distintos não descaracteriza a ocorrência de crime único, mesmo se todos os bens subtraídos estiverem na posse de pessoas diversas;

b) o chamado "roubo de uso" retira a tipicidade da conduta de subtração dos bens, diante da ausência do ânimo de apossamento definitivo;

c) o fato de a conduta ter ocasionado violação de patrimônios distintos descaracteriza a ocorrência de crime único, mesmo que todos os bens subtraídos estejam na posse de uma única pessoa;

d) a promessa de devolução dos bens apossados não altera a tipicidade da conduta, mas tem reflexos no momento da aplicação da pena, na fase inicial de fixação da sanção penal;

e) o fato de a conduta ter ocasionado violação de patrimônios distintos não descaracteriza a ocorrência de crime único se todos os bens subtraídos estavam na posse de uma única pessoa.

COMENTÁRIOS

Gabarito: e. A resposta reflete o posicionamento da jurisprudência do Superior Tribunal de Justiça: "1. Não há se falar em concurso formal, se o agente subtraiu os bens que estavam na posse do cobrador de ônibus – R$ 30,00 (trinta reais) e um aparelho celular –, além da quantia de R$ 34,50 (trinta e quatro reais cinquenta centavos) pertencente à empresa de transporte coletivo. 2. As circunstâncias fáticas e a dinâmica do evento autorizam o reconhecimento de crime único, diante da evidência de que embora subtraídos patrimônios distintos, os mesmos estavam sob os cuidados de uma única pessoa, a qual sofreu a grave ameaça. Irrelevante perquirir se o cobrador era ou não o proprietário de todas as coisas subtraídas" (STJ, 5ª T., AgRg no REsp 1396144, j. 23/10/2014).

16. (VUNESP – 2015 – MP-SP – Analista de Promotoria) Aproveitando-se da porta que estava apenas encostada, Pedro ingressou sozinho e durante o dia na residência de José, sabendo que no local não havia ninguém, subtraindo dali dois relógios de pulso que depois se apurou estarem quebrados. Assinale a alternativa correta a respeito da conduta de Pedro.

a) Praticou o crime de furto qualificado pela destreza, já que se aproveitou de um momento em que a casa estava vazia para ali ingressar (artigo 155, § 4°, inciso II, CP).

b) Caso Pedro seja primário, e os relógios, ainda que quebrados, forem de pequeno valor, poderá ser condenado por furto privilegiado (art. 155, § 2°, CP).

c) Pedro praticou o crime de furto e, em razão de ter ingressado em residência alheia, não poderá ser beneficiado com a substituição da pena corporal por restritiva de direitos, nos termos do artigo 44, III, CP (a culpabilidade, os antecedentes, a conduta social e a personalidade do condenado, bem como os motivos e as circunstâncias indicam que esta substituição seja suficiente).

d) Praticou o crime de invasão de domicílio, previsto no artigo 150 do Código Penal.

e) Caso condenado por furto, Pedro poderá ter diminuição da sua pena, desde que fique comprovado que praticou furto famélico (procurava algo que pudesse vender para comprar alimento).

COMENTÁRIOS

Gabarito: b. Caso o agente seja primário e a coisa furtada seja de pequeno valor, incide a privilegiadora prevista no art. 155, § 2º, do CP. Em face do erro sobre o objeto (espécie de erro de tipo acidental), Pedro não restará isento de pena. Atenção: caso os bens subtraídos fossem de valor insignificante, Pedro poderia ser beneficiado pelo princípio da insignificância (causa de exclusão da tipicidade material).

Alternativa a: errada. Não incide a qualificadora da destreza, pois não restou demonstrada qualquer habilidade especial do agente para a prática da subtração.

Alternativa c: errada. Tratando-se de crime cometido sem violência ou grave ameaça a pessoa, é possível a substituição da pena privativa de liberdade por pena restritiva de direitos, desde que presentes os demais requisitos do art. 44 do Código Penal.

Alternativa d: errada. Pedro praticou furto (crime-fim). A invasão de domicílio (crime-meio) será absorvida.

Alternativa e: errada. O denominado "furto famélico" é uma situação em que se reconhece a excludente da ilicitude "estado de necessidade" (art. 24 do CP). Uma vez verificado o "furto famélico", não haverá crime e, por consequência, o agente será absolvido.

17. (FGV – 2015 – TCM-SP – Agente) Maurício estava na festa de aniversário de seu pai e sua mãe, que, juntos, comemoravam seus aniversários de 61 anos e 59 anos respectivamente. Com a intenção de comprar bebidas, subtrai R$1.000,(mil reais) da carteira de seu pai sem que ninguém veja sua conduta. Já no dia seguinte pela manhã, ingressa no quarto de sua mãe para subtrair dólares, mas depara-se com a genitora trocando de sapatos. Decide, então, ameaçá-la de morte e levar todo o dinheiro que era apenas de sua mãe. Diante dessa situação, é correto afirmar que:

a) Maurício é isento de pena pela prática dos dois crimes, em razão da escusa absolutória pelo fato de as vítimas serem seus genitores;

b) Maurício é isento de pena pela prática da conduta engendrada contra o pai, mas não contra a mãe;

c) as condutas praticadas por Maurício são atípicas, pois os bens subtraídos também podem ser considerados de sua propriedade;

d) Maurício é isento de pena pela prática da conduta engendrada em desfavor de sua mãe, mas não pela conduta praticada contra seu pai;

e) Maurício deverá responder pela prática de ambos os crimes, não havendo que se falar em aplicação de escusas absolutórias.

COMENTÁRIOS

Gabarito: e. Em relação à subtração de mil reais da carteira do pai, Maurício não restará isento de pena, já que a vítima possui 61 anos, sendo, portanto, idosa. Incide, na espécie, o disposto no art. 183, III, do Código Penal. Em relação ao roubo praticado contra a mãe, Maurício, da mesma forma, não restará isento de pena, pois a escusa absolutória do art. 181, II, do CP é afastada quando o delito "é de roubo ou e extorsão, ou, em geral, quando haja emprego de grave ameaça ou violência à pessoa" (art. 183, I, do Código Penal).

18. (CESPE – 2015 – MPU – Técnico) O crime de extorsão mediante sequestro, desde que se prove que a intenção do agente era, de fato, sequestrar a vítima, se consuma no exato instante em que a pessoa é sequestrada, privada de sua liberdade, independentemente de o(s) sequestrador(es) conseguir(em) solicitar(em) ou receber(em) o resgate.

COMENTÁRIOS

Gabarito: correta. Como o delito de extorsão mediante sequestro (art. 159 do CP) é formal, a consumação ocorre com a privação da liberdade da vítima por tempo juridicamente relevante, independentemente de ter o agente conseguido exigir a vantagem ou de tê-la obtido.

19. (FMP – 2015 – DPE-PA – Defensor Público) Assinale a alternativa CORRETA.

a) Conforme entendimento sumulado pelo Superior Tribunal de Justiça, quando o falso se exaure no estelionato, sem mais potencialidade lesiva, configura-se concurso material de crimes.

b) O pagamento de cheque emitido sem suficiente provisão de fundos, após o recebimento da denúncia, não obsta ao prosseguimento da ação penal.

c) O crime de estelionato se consuma com a simples indução ou manutenção da vítima em erro, independentemente da efetiva obtenção de vantagem indevida.

d) No crime de estelionato, sendo o autor primário e de pequeno valor o prejuízo, o juiz pode deixar de aplicar a pena.

e) Se a vítima efetua o pagamento do cheque emitido sem suficiente provisão de fundos, antes do recebimento da denúncia, incide a circunstância atenuante genérica da pena, pelo fato de o agente ter procurado, por sua espontânea vontade, e com eficiência, logo após o crime, evitar-lhe ou minorar-lhe as consequências.

COMENTÁRIOS

Gabarito: b. O fundamento está na Súmula 554 do STF: "O pagamento de cheque emitido sem provisão de fundos, após o recebimento da denúncia, não obsta ao prosseguimento da ação penal".

Alternativa a: errada. O fundamento está na Súmula 17 do STJ: "Quando o falso se exaure no estelionato, sem mais potencialidade lesiva, é por este absorvido".

Alternativa c: errada. Por se tratar de crime material, o delito de estelionato (art. 171 do CP) consuma-se quando o agente obtém a vantagem ilícita em prejuízo alheio.

Alternativa d: errada. De acordo com o art. 171, § 1º, do Código Penal, "Se o criminoso é primário, e é de pequeno valor o prejuízo, o juiz pode aplicar a pena conforme o disposto no art. 155, § 2º". Conforme o art. 155, § 2º, do CP, o juiz poderá substituir a pena de reclusão pela de detenção, diminuí-la de um a dois terços, ou aplicar somente a pena de multa.

Alternativa e: errada. De acordo com a referida Súmula 554 do STF – lida a 'contrario sensu' – a reparação do dano no caso do estelionato praticado mediante a emissão de cheque sem fundo, antes do recebimento da denúncia, irá obstar o prosseguimento do processo, ou seja, não haverá justa causa para a ação penal.

20. (FCC – 2015 – TCM-RJ – Auditor) A respeito do crime de furto, é correto afirmar que:

a) caracteriza a escalada o ingresso no imóvel pela porta dos fundos.
b) considera-se repouso noturno somente o período das 12 às 6 horas.
c) a energia elétrica pode ser objeto de furto.
d) se admite na forma culposa a aplicação apenas de sanção pecuniária.
e) configura o crime de furto a subtração de ser humano vivo.

COMENTÁRIOS

Gabarito: c. O fundamento está no art. 155, § 3º, do Código Penal.

Alternativa a: errada. A qualificadora da escalada estará configurada quando o agente adentrar no local do furto por meio anormal e que lhe exija esforço incomum.

Alternativa b: errada. Não há horário estabelecido em lei. Repouso noturno é o período em que as pessoas se recolhem para dormir, devendo ser analisado de acordo com os costumes e hábitos do local do crime.

Alternativa d: errada. Não há furto culposo no Brasil.

Alternativa e: errada. Como o ser humano vivo não é "coisa", não poderá ser objeto do crime de furto.

21. **(FUNIVERSA – 2015 – SEAP-DF – Agente)** Segundo entendimento do STJ, do STF e da doutrina dominante acerca do direito penal, julgue o item subsequente. A utilização de arma inidônea, como forma de intimidar a vítima do delito de roubo, não caracteriza a elementar grave ameaça prevista nesse tipo penal.

COMENTÁRIOS

Gabarito: errada. Haverá roubo simples, ou seja, a arma inidônea, inclusive a de brinquedo, caracteriza a elementar "grave ameaça" disposta no art. 157, *caput*, do Código Penal. Atenção: deve-se recordar que a Súmula 174 do STJ está cancelada ("No crime de roubo, a intimidação feita com arma de brinquedo autoriza o aumento da pena"). Assim, quando o agente ameaçar a vítima com arma de brinquedo para tomar-lhe os bens, haverá roubo, mas na sua forma simples (*caput*), e não majorada (§ 2º, inc. I).

22. **(FCC – 2014 – TRF4 – Analista Judiciário)** Gerson subtraiu para si energia elétrica alheia de pequeno valor, fazendo-o em concurso com Marcio, sendo ambos absolutamente primários. Com esses dados, à luz da jurisprudência hoje dominante no Superior Tribunal de Justiça, classificam-se os fatos como furto:

a) simples.
b) de bagatela.
c) privilegiado.
d) qualificado.
e) privilegiado-qualificado

COMENTÁRIOS

Gabarito: e. O furto está qualificado em face do concurso de pessoas (art. 155, § 4º, IV, CP). Mas como a coisa furtada (energia elétrica – art. 155, § 3º, CP) é de pequeno valor e os agentes são primários, é possível o reconhecimento do privilégio disposto no art. 155, § 2º, CP. A forma híbrida ("furto qualificado-privilegiado"), de acordo com o STJ, é possível se a qualificadora for objetiva. Nesse sentido a Súmula 511 do STJ: "É possível o reconhecimento do privilégio previsto no § 2º do art. 155 do CP nos casos de crime de furto qualificado, se estiverem presentes a primariedade do agente, o pequeno valor da coisa e a qualificadora for de ordem objetiva". As demais alternativas restam prejudicadas.

23. **(IBFC – 2014 – Polícia Civil-RJ)** A respeito do crime de roubo, considere as seguintes assertivas:

I. O aumento da pena na terceira fase de dosagem, em relação ao crime de roubo circunstanciado, exige fundamentação concreta, não sendo suficiente para a sua exasperação a mera indicação do número de majorantes.

II. É possível aplicar, no furto qualificado pelo concurso de agentes, a majorante do roubo.

III. Fixada a pena-base no mínimo legal, é vedado o estabelecimento de regime prisional mais gravoso do que o cabível em razão da sanção imposta, com base apenas na gravidade abstrata do delito.

Estão corretas apenas as assertivas:

a) I e II.
b) I e III.
c) II e III.
d) I, II e III.
e) Apenas I.

COMENTÁRIOS

Gabarito: b. Estão corretos os itens I e III.

Item I. O fundamento está na Súmula 443 do STJ: "O aumento na terceira fase de aplicação da pena no crime de roubo circunstanciado exige fundamentação concreta, não sendo suficiente para a sua exasperação a mera indicação do número de majorantes".

Item II. Errado, pois "É inadmissível aplicar, no furto qualificado, pelo concurso de agentes, a majorante do roubo" (Súmula 442 STJ).

Item III. O fundamento está na Súmula 440 STJ: "Fixada a pena-base no mínimo legal, é vedado o estabelecimento de regime prisional mais gravoso do que o cabível em razão da sanção imposta, com base apenas na gravidade abstrata do delito".

24. (FCC - 2014 - DPE-PB - Defensor Público) De acordo com o Código Penal, é correto afirmar:

a) O roubo impróprio pode, ainda que excepcionalmente, ser cometido sem violência ou grave ameaça.

b) No latrocínio, incide a causa de aumento tributável ao emprego de arma.

c) Classificam-se como hediondas três espécies de crimes patrimoniais distintos, duas das quais constituindo versões apenas qualificadas e a última também em sua versão simples.

d) Qualifica-se a extorsão mediante sequestro, inclusive, se este durar mais de 48 horas.

e) Cabe a delação premiada na extorsão.

COMENTÁRIOS

Gabarito: c. São crimes hediondos o roubo com morte (latrocínio – CP, art. 157, § 3º, in fine), a extorsão com morte (CP, art. 158, § 2º) e a extorsão mediante sequestro (CP, art. 159). Os dois primeiros delitos somente são hediondos na forma qualificada (Lei nº 8.072/90, art. 1º, II e III); o último delito é sempre hediondo, na forma simples e na forma qualificada (Lei nº 8.072/90, art. 1º, IV).

Alternativa a: Errada, já que o emprego de violência contra pessoa e/ou grave ameaça são elementares típicas do crime de roubo impróprio (CP, art. 157, § 1º).

Alternativa b: Errada, pois "Não se aplicam as majorantes previstas no § 2º do art. 157 do Código Penal à pena base pelo delito tipificado no § 3º" (STF, 2ª T., HC 94994, j. 16/09/2008).

Alternativa d: Errada, porque o art. 159, § 1º, do CP qualifica a pena do delito se o sequestro dura mais de 24 horas.

Alternativa e: Errada, uma vez que a delação premiada não cabe na extorsão (art. 158 CP), mas na extorsão mediante sequestro (art. 159, § 4º, CP).

25. (CESPE - 2014 - TJ-SE - Analista Judiciário) Na hipótese de condenação pela prática de roubo circunstanciado pelo concurso de agentes e pelo emprego de arma, o juiz deve fundamentar concretamente o aumento na terceira fase de aplicação da pena, sendo insuficiente, para a sua exasperação, a mera indicação do número de majorantes.

COMENTÁRIOS

Gabarito: correta. O fundamento está na Súmula 443 do STJ: "O aumento na terceira fase de aplicação da pena no crime de roubo circunstanciado exige fundamentação concreta, não sendo suficiente para a sua exasperação a mera indicação do número de majorantes".

26. (CESPE - 2013 - TJ-DF - Analista Judiciário) Em 18/2/2011, às 21 horas, na cidade X, João, que planejara detalhadamente toda a empreitada criminosa, Pedro, Jerônimo e Paulo, de forma livre e consciente, em unidade de desígnios com o adolescente José, que já havia sido processado por atos infracionais, decidiram subtrair para o grupo uma geladeira, um fogão, um botijão de gás e um micro-ondas, pertencentes a Lúcia, que não estava em casa naquele momento. Enquanto João e Pedro permaneceram na rua, dando cobertura à ação criminosa, Paulo, Jerônimo e José entraram na residência, tendo pulado um pequeno muro e utilizado grampos para abrir a porta da casa. Antes da subtração dos bens, Jerônimo, arrependido, evadiu-se do local e chamou a polícia. Ainda assim, Paulo e José se apossaram de todos os bens referidos e fugiram antes da chegada da polícia. Dias depois, o grupo foi preso, mas os bens não foram encontrados. Na delegacia, verificou-se que João, Pedro e Paulo já haviam sido condenados anteriormente pelo crime de estelionato, mas a sentença não havia transitado em julgado e que Jerônimo tinha sido condenado, em sentença transitada em julgado, por contravenção penal. Questão: tendo sido a subtração dos objetos praticada na companhia de menor de dezoito anos de idade, João, Pedro e Paulo praticaram o crime de furto qualificado em concurso formal com o delito de corrupção de menores, ainda que José já houvesse praticado outros delitos à data do crime.

COMENTÁRIOS

Gabarito: correta. João, Pedro e Paulo responderão pelo crime de furto qualificado (art. 155, § 4º, do CP) em concurso formal com o delito de corrupção de menores (art. 244-B da Lei nº 8.069/90), ainda que o adolescente José já tenha sido processado pela prática de outros atos infracionais. Isso porque o crime de corrupção de menores, segundo o posicionamento das Cortes Superiores, é ***formal***: "É assente neste Superior Tribunal de Justiça, bem como no Supremo Tribunal Federal, o entendimento no sentido de que o crime tipificado no artigo 1º da revogada Lei 2.252/54, atual artigo 244-B do Estatuto da Criança e do Adolescente, é formal, ou seja, a sua caracterização independe de prova de que o menor tenha sido efetivamente corrompido" (STJ, 6ª T., HC 180639/DF, j. 12/03/2013).

27. (CESPE – 2013 – TRE-MS – Analista Judiciário) Acerca dos crimes contra a pessoa e contra o patrimônio, assinale a opção correta.

a) O agente que, sem justa causa, divulga informações sigilosas contidas em banco de dados da administração pública, causando prejuízo ao órgão, comete crime de violação de segredo profissional, cuja ação penal é pública condicionada à representação.

b) O tutor ou depositário judicial que recebe coisa alheia móvel nessa qualidade e dela apropria-se comete o crime de apropriação indébita.

c) Entre os crimes contra o patrimônio, são classificados como hediondos o latrocínio, a extorsão, a extorsão mediante sequestro e o roubo qualificado.

d) O servidor público que emite conceito desfavorável em parecer ou informação que preste no cumprimento de dever do ofício pode ser punido por injúria ou difamação, conforme o caso.

e) Por expressa previsão legal, é isento de pena o agente que, por gesto ou outro meio simbólico, ameace alguém de causar-lhe mal injusto e grave.

COMENTÁRIOS

Gabarito: b. O crime de apropriação indébita, previsto no art. 168 do Código Penal, tem a pena aumentada de um terço quando o agente recebe a coisa na qualidade de tutor ou depositário judicial (art. 168, § 1º, II, do CP).

Alternativa a: Errada, já que se a conduta causar prejuízo para a Administração Pública, a ação será pública ***incondicionada*** (art. 153, § 2º, do CP).

Alternativa c: Errada. Os crimes de extorsão e roubo qualificado somente serão classificados como hediondos se resultar a ***morte*** da vítima (art. 1º, II e III, da Lei nº 8.072/90).

Alternativa d: Errada. Isso porque "***Não constituem injúria ou difamação punível***: (...) III – o conceito desfavorável emitido por funcionário público, em apreciação ou informação que preste no cumprimento de dever do ofício" (art. 142, III, do CP).

Alternativa e: Errada. Ameaçar alguém, por palavra, escrito ou gesto, ou qualquer outro meio simbólico, de causar-lhe mal injusto e grave, constitui ***crime de ameaça***, previsto no art. 147 do Código Penal.

28. (CESPE – 2012 – TRE-RJ – Analista Judiciário) Nos delitos de homicídio e de roubo, a pena será aumentada caso o crime tenha sido praticado com o emprego de arma de fogo.

COMENTÁRIOS

Gabarito: errada. O emprego de arma é previsto no Código Penal como causa de aumento de pena do crime de roubo (art. 157, § 2º, I), e não, também, do delito de homicídio.

29. (FCC – 2012 – TRF5 – Analista Judiciário) O perdão judicial no crime de apropriação indébita previdenciária exige como condição que:

a) sendo o réu primário e de bons antecedentes, seja o valor da apropriação igual ou inferior ao mínimo estabelecido administrativamente para execução fiscal.

b) sem avaliação de condição pessoal, seja a apropriação inferior ao valor do salário mínimo de contribuição.

c) se reincidente, além do pagamento da contribuição devida até a denúncia, também o pagamento de multa administrativamente imposta.

d) sendo o réu primário e de bons antecedentes, tenha promovido a qualquer tempo o pagamento da contribuição devida.

e) tenha promovido a qualquer tempo o pagamento da contribuição devida e seja o valor da apropriação inferior ao mínimo estabelecido administrativamente para execução fiscal.

COMENTÁRIOS

Gabarito: a. O perdão judicial, no crime de apropriação indébita previdenciária, vem disposto no ***art. 168-A, § 3º, do CP***: "É facultado ao juiz deixar de aplicar a pena ou aplicar somente a de multa se o agente for primário e de bons antecedentes, desde que: I – tenha promovido, após o início da ação fiscal e antes de oferecida a denúncia, o pagamento da contribuição social previdenciária, inclusive acessórios; ou II – o valor das contribuições devidas, inclusive acessórios, seja igual ou inferior àquele estabelecido pela previdência social, administrativamente, como sendo o mínimo para o ajuizamento de suas execuções fiscais".

30. (CESPE – 2012 – TRE-RJ – Analista Judiciário) Nos casos de delitos contra o patrimônio praticados sem violência ou grave ameaça à pessoa, a aplicação do princípio da insignificância é admitida pelo Superior Tribunal de Justiça, mesmo que existam condições pessoais desfavoráveis, tais como maus antecedentes, reincidência ou ações penais em curso.

COMENTÁRIOS

Gabarito: considerada correta pela banca. A questão, no entanto, é polêmica dentro do próprio STJ:

"É entendimento consolidado neste Tribunal que, apesar de não configurar reincidência, a existência de outras ações penais, inquéritos policiais em curso ou procedimentos administrativos fiscais é suficiente para caracterizar a habitualidade delitiva e, consequentemente, afastar a incidência do princípio da insignificância" (STJ, 5ª T., AgRg no REsp 1598417, j. 01/09/2016).

"Nem a reincidência nem a reiteração criminosa, tampouco a habitualidade delitiva, são suficientes, por si sós e isoladamente, para afastar a aplicação do denominado princípio da insignificância" (STJ, 6ª T., AgRg no RHC 55560, j. 04/08/2015).

31. (CESPE – 2012 – PC-CE – Inspetor de Polícia) Considere que Lúcio, mediante o uso de faca do tipo peixeira, tenha constrangido Maria a entregar-lhe o valor de R$ 2,50, sob a justificativa de estar desempregado e necessitar do dinheiro para pagar o transporte coletivo. Nesse caso, segundo entendimento do STF quanto ao princípio da insignificância, Lúcio, se processado, deverá ser absolvido por atipicidade da conduta.

COMENTÁRIOS

Gabarito: errada. "A jurisprudência do STF e do STJ é pacífica no sentido de não ser possível a aplicação do princípio da insignificância aos crimes praticados com grave ameaça ou violência contra a vítima, incluindo o roubo: 'É inviável reconhecer a aplicação do princípio da insignificância para crimes praticados com violência ou grave ameaça, incluindo o roubo'(STF, RHC 106.360/DF, Relatora Ministra ROSA WEBER, Primeira Turma, DJe de 3/10/2012)"(STJ, 5ª T., HC 339999, j. 23/02/2016).

32. (CESPE – 2012 – TJ-AL – Auxiliar Judiciário) Assinale a opção correta acerca dos delitos contra o patrimônio e do crime de homicídio.

a) Quem se apropria de coisa alheia móvel de que tem a posse ou a detenção pratica o delito de furto qualificado.

b) Tratando-se de delito de furto, equipara-se a coisa móvel a energia elétrica ou qualquer outra que tenha valor econômico, como o sinal de TV a cabo.

c) Independentemente de ter praticado o crime sozinho ou de ter contado com a ajuda de um comparsa, o agente condenado pela prática do delito de furto receberá a mesma pena.

d) Aquele que, com a intenção de roubar, empregar violência que resulte na morte da vítima responderá pelo delito de homicídio.

e) Aquele que, com o fim de obter qualquer vantagem como condição do resgate, sequestrar alguém deverá responder pelo delito de extorsão indireta.

COMENTÁRIOS

Gabarito: a banca considerou correta a letra 'b'. Trata-se, realmente, do entendimento do ***STJ***, como se pode observar na seguinte ementa: "Segundo o entendimento do Superior Tribunal de Justiça a captação irregular de sinal de TV a cabo configura delito previsto no art. 155, § 3º, do CP" (5ª

T., REsp 1076287, j. 02/06/2009). No entanto, convém lembrar que o ***STF*** possui decisão em sentido contrário: "O sinal de TV a cabo não é energia, e assim, não pode ser objeto material do delito previsto no art. 155, § 3º, do Código Penal. Daí a impossibilidade de se equiparar o desvio de sinal de TV a cabo ao delito descrito no referido dispositivo. Ademais, na esfera penal não se admite a aplicação da analogia para suprir lacunas, de modo a se criar penalidade não mencionada na lei (analogia in malam partem), sob pena de violação ao princípio constitucional da estrita legalidade" (2ª T., HC 97261, j. 12/04/2011).

Alternativa a: Errada, pois a assertiva descreve o crime de apropriação indébita, previsto no art. 168 do Código Penal.

Alternativa c: Errada, já que o concurso de pessoas qualifica o crime de furto (inciso IV do § 4º do art. 155 do CP), aumentando o apenamento mínimo e máximo abstratamente previsto.

Alternativa d: Errada, porque se a intenção do agente é roubar, ele deverá responder por latrocínio (art. 157, § 3º, última figura, do CP). Lembre-se, a propósito, da ***Súmula 603 do STF***: "A competência para o processo e julgamento de latrocínio é do juiz singular e não do Tribunal do Júri".

Alternativa e: Errada, pois a assertiva descreve o crime de extorsão mediante sequestro, previsto no art. 159 do Código Penal.

2. QUESTÕES DE CONCURSOS

01. (FCC – 2020 – AL-AP – Advogado Legislativo – Procurador) Com base no que dispõe a Código Penal acerca dos crimes contra o patrimônio, considere:

I. No crime de roubo, não é punível a subtração de coisa comum fungível, cujo valor não excede a quota a que tem direito o agente. II. No crime de extorsão, aumenta-se a pena de um terço até metade, se for cometido por duas ou mais pessoas, ou com emprego de arma. III. No crime de roubo, a pena aumenta-se de 2/3, se há destruição ou rompimento de obstáculo mediante o emprego de explosivo ou de artefato análogo que cause perigo comum. IV. No crime de furto, a pena aumenta-se de um terço, se o crime é praticado durante o repouso noturno. Está correto o que se afirma APENAS em:

a) I e II.
b) I, III e IV.
c) I e IV.
d) II e III.
e) II, III e IV.

02. (VUNESP – 2020 – EBSERH – Advogado) O crime de roubo tem pena aumentada (CP, art. 157, § 2° e 2° A) se:

a) o bem subtraído é de propriedade de ente público Municipal, Estadual ou Federal.
b) a vítima está em serviço de transporte de valores e o agente conhece tal circunstância.
c) praticado em transporte público ou coletivo.
d) cometido por quem, embora transitoriamente ou sem remuneração, exerce cargo, emprego ou função pública.
e) cometido por quem for ocupante de cargos em comissão ou de função de direção ou assessoramento de órgão de empresa pública.

03. (Quadrix – 2020 – CRO-DF – Fiscal) O cirurgião dentista que entrega ao paciente uma prótese adesiva, depois de combinar com ele a venda de uma prótese fixa metalocerâmica, enganando-o, comete o crime de fraude no comércio.

04. (Quadrix – 2020 – CRO-DF – Fiscal) O cirurgião dentista que obtém para si vantagem ilícita, em prejuízo de seu paciente, induzindo-o a erro, mediante artifício, comete o crime de falsidade ideológica.

05. (FCC – 2019 – TRF4 – Analista Judiciário) Rômulo e José combinaram durante uma festa a prática de um roubo contra determinada farmácia durante a madrugada. Saindo da festa, os dois rumaram no carro de José para o estabelecimento comercial vítima e lá praticaram o roubo, subtraindo todo o dinheiro que havia no caixa. Para o roubo Rômulo utilizou uma arma de brinquedo, enquanto José empregou um revólver calibre 38, devidamente municiado. Quando os dois roubadores estavam saindo da farmácia com o produto do roubo, o segurança do estabelecimento, Pedro, resolveu reagir e, neste momento, José efetuou contra ele três disparos de arma de fogo, ferindo-o gravemente na região do abdômen. Pedro foi socorrido no hospital mais próximo e sobreviveu aos ferimentos. Naquela mesma noite Rômulo e José foram presos pela polícia, que conseguiu recuperar a res furtiva e apreender as armas utilizadas (simulacro e revólver calibre 38). Neste caso:

a) Rômulo e José responderão por crime de tentativa de latrocínio.

b) José responderá por crime de tentativa de latrocínio, enquanto Rômulo por roubo qualificado pelo concurso de agentes.

c) José responderá por crime de tentativa de latrocínio, enquanto Rômulo por roubo duplamente qualificado pelo concurso de agentes e emprego de arma de fogo.

d) Rômulo e José responderão por crime de roubo duplamente qualificado pelo concurso de agentes e emprego de arma de fogo, bem como pelo crime de tentativa de homicídio contra a vítima Pedro.

e) José responderá por crime de roubo duplamente qualificado pelo concurso de agentes e emprego de arma de fogo, bem como pelo crime de tentativa de homicídio contra a vítima Pedro, enquanto Rômulo responderá por crime de roubo qualificado pelo concurso de agentes.

06. (FGV – 2019 – DPE-RJ – Técnico Superior Jurídico) Em 07 de julho de 2017, Márcio, primário e de bons antecedentes, subtraiu a carteira de Antônio, mediante grave ameaça exercida com o emprego de uma faca. Ainda na execução, para assegurar que Antônio não fugisse durante o ato de subtração, Márcio segurou a vítima pelo braço por cerca de 1 minuto, impedindo-a de deixar o local dos fatos. Logo após a subtração, policiais militares passaram pelo local e foram informados por Antônio sobre o ocorrido, iniciando uma perseguição ao autor do fato na direção apontada pela vítima, vindo Márcio a ser preso, cerca de 10 minutos depois, ainda na posse da coisa subtraída e com a faca utilizada na ação criminosa. Foi constatado que a res furtiva constante no interior da carteira era de aproximadamente R$ 20,00 (vinte reais). Após seu curso regular, com integral confirmação dos fatos, em 13 de fevereiro de 2019, o processo foi encaminhado ao magistrado para sentença. Considerando a situação narrada e a jurisprudência que prevalece nos Tribunais Superiores, Márcio deverá ser:

a) condenado pelo crime de roubo majorado apenas pelo emprego de arma, podendo, porém, haver redução da pena em razão da tentativa;

b) condenado pelo crime de roubo majorado apenas pela restrição da liberdade da vítima, na forma consumada;

c) absolvido em razão do reconhecimento da atipicidade da conduta, com fundamento no princípio da insignificância;

d) condenado pelo crime de roubo simples, na forma tentada;

e) condenado pelo crime de roubo simples, na forma consumada.

07. (INSTITUTO AOCP – 2019 – PC-ES – Investigador) Em relação aos crimes contra o patrimônio, assinale a alternativa correta:

a) É isento de pena o agente que pratica o crime de roubo contra seu cônjuge, na constância da sociedade conjugal.

b) É isento de pena o agente que pratica o crime de furto em prejuízo de seu cônjuge, que possui 50 anos de idade, na constância da sociedade conjugal.

c) A pena do delito de receptação é reduzida de um a dois terços se o crime for praticado contra descendente, seja o parentesco legítimo ou ilegítimo.

d) A pena do delito de furto é aumentada de um terço se o crime for praticado em prejuízo do cônjuge, na constância da sociedade conjugal.

e) É isento de pena quem pratica o crime de extorsão em prejuízo do cônjuge judicialmente separado.

08. (CESPE – 2018 – STJ – Analista Judiciário) Tendo como referência a jurisprudência sumulada dos tribunais superiores, julgue o item a seguir, acerca de crimes, penas, imputabilidade penal, aplicação da lei penal e institutos. Na hipótese de tentativa de subtração patrimonial e morte consumada, o agente responderá pelo crime de latrocínio consumado.

09. (FGV – 2018 – TJ-SC – Técnico Judiciário) Em dificuldades financeiras, Ana ingressa, com autorização da proprietária do imóvel, na residência vizinha àquela em que trabalhava com o objetivo de subtrair uma quantia de dinheiro em espécie, simulando para tanto que precisava de uma quantidade de açúcar que estaria em falta. Após ingressar no imóvel e mexer na gaveta do quarto, vê pela janela aquela que é sua chefe e pensa na decepção que lhe causaria, razão pela qual decide deixar o local sem nada subtrair. Ocorre que as câmeras de segurança flagraram o comportamento de Ana, sendo as imagens encaminhadas para a Delegacia de Polícia. Nesse caso, a conduta de Ana: a) configura crime de tentativa de furto em razão do arrependimento posterior; b) configura crime de tentativa de furto em razão do arrependimento eficaz; c) configura crime de tentativa de furto em razão da desistência voluntária; d) não configura crime em razão da desistência voluntária; e) não configura crime em razão do arrependimento eficaz.

10. (FAURGS – 2017 – TJ-RS – Analista Judiciário) Acerca dos crimes contra o patrimônio, assinale a alternativa correta.

a) O roubo qualificado pela privação da liberdade, a extorsão simples e a extorsão mediante sequestro, crimes patrimoniais com a circunstância elementar comum de restrição da liberdade da vítima, são considerados crimes hediondos, independentemente da ocorrência de lesão grave ou morte da vítima.

b) A extorsão mediante sequestro é crime material, consumando-se com o recebimento do resgate exigido como condição para a soltura da vítima.

c) O crime de receptação é punível, ainda que desconhecido o autor do crime de que proveio a coisa. No entanto, se o autor do crime antecedente for isento de pena, não é punível a prática da receptação.

d) No crime de estelionato, o emprego da fraude visa diminuir a vigilância da vítima para que o agente realize a subtração do bem móvel.

e) Será pública e condicionada à representação a ação penal movida contra agente que subtrai da sobrinha dois mil reais guardados na sala onde ambos residem. De acordo com o Código Penal, o autor do crime não poderá se beneficiar da isenção da pena.

11. (CESPE – 2017 – PC-GO – Delegado de Polícia) Álvaro e Samuel assaltaram um banco utilizando arma de fogo. Sem ter ferido ninguém, Álvaro conseguiu fugir. Samuel, nervoso por ter ficado para trás, atirou para cima e acabou atingindo uma cliente, que faleceu. Dias depois, enquanto caminhava sozinho pela rua, Álvaro encontrou um dos funcionários do banco e, tendo sido por ele reconhecido como um dos assaltantes, matou-o e escondeu seu corpo. Acerca dessa situação hipotética, assinale a opção correta.

a) Álvaro cometeu os crimes de roubo qualificado e homicídio simples.

b) Samuel cometeu os crimes de roubo simples e homicídio culposo.

c) Álvaro cometeu os crimes de roubo e homicídio qualificados.

d) Álvaro cometeu o crime de homicídio qualificado e será responsabilizado pelo resultado morte ocorrido durante o roubo.

e) Álvaro e Samuel cometeram o crime de roubo qualificado pelo resultado morte.

12. (CESPE – 2017 – TJ-PR – Juiz de Direito) Considerando a jurisprudência do STJ a respeito dos crimes patrimoniais, assinale a opção correta.

a) Constitui crime impossível a tentativa de furto em loja comercial dotada de sistema de monitoramento por câmeras de vídeo, por impossibilidade de sua consumação.

b) A prisão em flagrante do suspeito de crime de receptação na posse da res furtiva, com registro de furto ou de roubo, comprova a materialidade do delito.

c) A utilização de arma de fogo desmuniciada para intimidar a vítima caracteriza a elementar "grave ameaça" e acarreta a aplicação da majorante prevista na lei.

d) Os crimes de furto e de roubo só se consumam quando o agente detém a posse tranquila do bem subtraído.

13. (VUNESP – 2017 – TJ-SP – Juiz de Direito) Em relação aos crimes contra o patrimônio, é correto afirmar que:

a) constitui causa de aumento de pena do furto simples a subtração de semovente domesticável de produção, ainda que abatido ou dividido em partes no local da subtração.

b) é isento de pena quem comete furto em prejuízo de ascendente, independentemente da idade da vítima.

c) não incide a agravante de crime praticado contra maior de sessenta anos no caso de estelionato contra idoso.

d) admitem a figura privilegiada os crimes de furto, dano, apropriação indébita, estelionato e receptação.

14. (FCC – 2016 – TRF3 – Analista Judiciário) Tício instalou um dispositivo na entrada de água de sua residência, através do qual a maior parte da água passou a entrar no imóvel sem passar pelo relógio e sem ser registrada. Tício:

a) não praticou delito algum.

b) cometeu crime de furto qualificado pela fraude.

c) cometeu crime de furto simples.

d) cometeu crime de furto de coisa comum.

e) cometeu crime de furto qualificado pela destreza.

15. (FCC – 2016 – TRF3 – Analista Judiciário) Brutus, no interior de uma loja, a pretexto de adquirir roupas, solicitou ao vendedor vários modelos para experimentar, mas, no interior do provador, escondeu uma das peças dentro de suas vestes, devolveu as demais e deixou o local. Brutus cometeu crime de:

a) furto qualificado pela fraude.

b) apropriação indébita.

c) furto simples.

d) estelionato.

e) furto de coisa comum.

16. (FCC – 2016 – TRF3 – Analista Judiciário) Peter, pessoa de grande porte físico, agarrou Paulus pelas costas e o imobilizou com uma "gravata". Com a vítima imobilizada, subtraiu-lhe a carteira, o celular e o relógio. Em seguida, deixou o local e soltou a vítima que não sofreu nenhum ferimento. Peter cometeu crime de:

a) extorsão simples.

b) furto qualificado pela destreza.

c) roubo qualificado.

d) roubo simples.

e) extorsão qualificada.

17. (FCC – 2016 – TRF3 – Técnico Judiciário) NÃO pode ser objeto de furto:

a) bem imóvel.
b) energia elétrica.
c) aeronave.
d) cavalo de raça.
e) caixa de refrigerantes.

18. (FCC – 2016 – TRF3 – Analista Judiciário) Placídio achou na rua um cartão de crédito e o utilizou para efetuar compras de roupas finas em um estabelecimento comercial. Essa conduta caracterizou o crime de:

a) apropriação indébita.
b) furto qualificado pela fraude.
c) estelionato.
d) extorsão simples.
e) receptação.

19. (VUNESP – 2015 – MP-SP – Analista de Promotoria) Antônia caminhava pela via pública, quando João se aproximou dela e puxou a bolsa que levava nas mãos. Inconformada, a vítima correu atrás de João, exigindo que lhe devolvesse a bolsa, quando então ele desferiu um soco contra o rosto de Antônia, que, em razão disso, caiu ao solo, permitindo a fuga de João. Populares escutaram os gritos de socorro da vítima, perseguiram João, conseguindo detê-lo até a chegada da polícia. A vítima, que teve sua bolsa recuperada, foi socorrida em razão dos ferimentos provocados por João, medicada e em seguida liberada (lesões não graves). Sobre a conduta de João, é correto afirmar que:

a) praticou o crime de furto qualificado, considerando que João subtraiu a bolsa das mãos da vítima sem violência ou ameaça.
b) praticou o crime de latrocínio, em razão das lesões corporais provocadas na vítima.
c) praticou o crime de roubo impróprio.
d) praticou o crime de lesão corporal, considerando que a bolsa foi recuperada logo em seguida.
e) praticou o crime de roubo próprio.

20. (CESPE – 2015 – MPU – Técnico) Considere que um indivíduo tenha encontrado, na rua, um celular identificado e totalmente desbloqueado. Considere, ainda, que esse indivíduo tenha mantido o objeto em sua posse, deixando de restituí-lo ao dono. Nessa situação, só existirá infração penal se o legítimo dono do objeto tiver reclamado a sua posse e o objeto não lhe tiver sido devolvido.

21. (FUNIVERSA – 2015 – SAPeJUS-GO – Agente) Segundo a Constituição da República Federativa do Brasil, no artigo 5º, *caput*: "todos são iguais perante a lei, sem distinção de qualquer natureza, garantindo-se aos brasileiros e aos estrangeiros residentes no País a inviolabilidade do direito à vida, à liberdade, à igualdade, à segurança e à propriedade". Diante do exposto, percebe-se que o direito à propriedade é um direito fundamental de caráter inviolável e, destarte, legitima o legislador ordinário a tipificar condutas que atentem contra o patrimônio de terceiros. A respeito do crime de dano previsto no Código Penal pátrio, assinale a alternativa correta.

a) O crime de dano é um crime contra o patrimônio, destarte, para sua configuração, faz-se necessário que o agente vise à obtenção de lucro.
b) O crime de dano poderá ser perpetrado pela negligência, imprudência ou imperícia.
c) O crime de dano simples é de ação privada, enquadrando-se no conceito de infração de menor potencial ofensivo, assim, ser-lhe-á aplicado o procedimento sumaríssimo previsto na Lei nº 9.099/1995.
d) Prevê o Código Penal brasileiro que haverá o crime de dano qualificado se o crime for perpetrado em desfavor do patrimônio da União, de estado, de município, de empresas públicas ou de fundações instituídas pelo Poder Público.
e) Por expressa previsão de legen, haverá o crime de dano qualificado se o agente empregar substância inflamável ou explosiva, mesmo se o fato constituir um crime mais grave.

22. (CESPE – 2015 – TRE-GO – Analista Judiciário) Cometerá o crime de extorsão o servidor público que, em razão do cargo e mediante grave ameaça, exigir para si vantagem econômica.

23. (CESPE – 2015 – TCU – Auditor) O réu primário cujo crime tenha sido o de adquirir ou receber coisa que, por sua natureza ou pela desproporção entre seu valor e preço, ele presumia ter sido obtida por meio criminoso poderá receber o perdão judicial, caso o juiz considere, conforme as circunstâncias, ser adequada tal medida.

24. (FUNIVERSA – 2015 – Polícia Civil-GO) Pedro subtraiu o veículo de Eduardo mediante grave ameaça, exercida com emprego de arma de fogo, e empreendeu fuga. Pouco tempo depois, foi capturado em busca efetuada pelos policiais. Considerando esse caso hipotético, assinale a alternativa correta.

a) Pedro praticou roubo tentado, pois não teve a posse mansa, pacífica, tranquila e(ou) desvigiada do veículo.
b) Pedro praticou roubo tentado, considerando que não se tornou possuidor do veículo, uma vez que foi capturado pouco tempo depois do crime.
c) Segundo o STJ, que adota a teoria da contrectatio, Pedro praticou roubo consumado.
d) Segundo o STJ, que adota a teoria da apprehensio, também denominada de amotio, Pedro praticou roubo consumado.
e) Segundo o STJ, que adota a teoria da ablatio, Pedro praticou roubo consumado.

25. (VUNESP – 2015 – MP-SP – Analista de Promotoria) Josefa teve acesso a arquivos comprovando infidelidade conjugal por parte de Mário, que vendeu um dos seus computadores sem apagar seus arquivos pessoais. Ciente disso, e sabendo que Mário era casado, Josefa entrou em contato com ele, por telefone, marcando encontro, no qual ele deveria repassar a ela o valor de R$ 10.000,00 para que não mostrasse aqueles arquivos para a mulher dele. No dia do encontro, Mário compareceu com o dinheiro, e a polícia, que foi avisada por ele, tão logo Josefa guardou o dinheiro na bolsa, deu a ela voz de prisão em flagrante. A respeito deste episódio, Josefa:

a) cometeu o crime de furto dos arquivos de Mário (art. 155, CP), uma vez que a posse legítima do computador não levou à posse legítima dos arquivos pessoais que estavam nele, em concurso material com extorsão (art. 158, CP).

b) cometeu o crime de ameaça, previsto no artigo 147, CP.

c) não cometeu qualquer crime, considerando que os arquivos do computador vendido por Mário chegaram em suas mãos por descuido dele, que não os apagou quando vendeu o equipamento.

d) cometeu o crime de roubo tentado, considerando que para obter o valor de R$ 10.000,00 usou de ameaça contra Mário (ameaçava mostrar os arquivos para a mulher dele).

e) cometeu o crime de extorsão, previsto no artigo 158, CP.

26. (FGV – 2014 – TJ-GO – Analista Judiciário) Em determinada cidade do interior, "Fabio Biscoito" e "Paulão B. Vulcão" dão início à execução de um roubo, com emprego de armas de fogo, a um banco. Enquanto "Fabio Biscoito" permanecia com os reféns na parte da frente do banco, "Paulão B. Vulcão" levou o gerente até o cofre. Sem que eles percebessem, o sistema de alarme foi acionado, sendo o banco imediatamente cercado pelas forças policiais locais. Temeroso por sua vida, "Fabio Biscoito" se entrega imediatamente, sendo preso e conduzido à delegacia. Aproveitando a confusão produzida pela saída dos reféns, "Paulão B. Vulcão" foge por uma porta lateral, dando início a uma perseguição. Cerca de uma hora depois, encurralado num beco sem saída, "Paulão B. Vulcão" grita que nunca será capturado vivo, passando a efetuar disparos com sua arma de fogo, o que culmina na morte de um dos agentes policiais. Posteriormente, já sem munição, é capturado e conduzido à delegacia. Diante da situação narrada, a conduta que deverá ser imputada a "Fabio Biscoito" é:

a) roubo consumado;

b) roubo tentado;

c) latrocínio consumado;

d) latrocínio tentado;

e) constrangimento ilegal.

27. (FEPESE – 2014 – MP-SC – Analista) Assinale a alternativa correta sobre o crime de apropriação indébita previdenciária.

a) Se o agente for primário e tiver bons antecedentes poderá o juiz deixar de aplicar a pena ou aplicar somente a de multa.

b) Nas mesmas penas incorre quem deixar de pagar benefício devido a segurado, quando as respectivas cotas ou valores já tiverem sido reembolsados à empresa pela previdência social.

c) Se o agente promover, após o início da ação fiscal e antes de oferecida a denúncia, o pagamento da contribuição social previdenciária, inclusive acessórios, o juiz poderá substituir a pena de reclusão pela de detenção, diminuí-la de um a dois terços, ou aplicar somente a pena de multa.

d) É facultado ao juiz deixar de aplicar a pena ou aplicar somente a de multa se o agente, espontaneamente, declara, confessa e efetua o pagamento das contribuições, importâncias ou valores e presta as informações devidas à previdência social, antes do início da ação fiscal.

e) É extinta a punibilidade se o valor das contribuições devidas, inclusive acessórios, seja igual ou inferior àquele estabelecido pela previdência social, administrativamente, como sendo o mínimo para o ajuizamento de suas execuções fiscais.

28. (VUNESP – 2014 – DPE-MS – Defensor Público) É correto afirmar que no crime de roubo:

a) o emprego de "revólver de brinquedo" é o bastante para configurar a causa de aumento da pena prevista no inciso I do § 2º do art. 157 do CP (emprego de arma).

b) no roubo impróprio, a violência ou a grave ameaça é elemento subjetivo do agente para obter a subtração do bem mesmo ante de se apossar do referido bem.

c) é admissível a aplicação do princípio da insignificância para esse tipo de infração penal.

d) o delito de porte de arma é absorvido pela figura penal qualificada, se a violência ou a grave ameaça for levada a efeito mediante o emprego do referido instrumento vulnerante e evidenciado o nexo de dependência ou de subordinação entre as duas condutas, verificando, assim, que os delitos foram praticados em um mesmo contexto fático.

29. (VUNESP – 2014 – TJ-PA – Juiz de Direito) Com relação às modalidades de receptação, assinale a alternativa correta.

a) A receptação própria é um crime material, consuma-se com a efetiva aquisição, recebimento, transporte, condução ou ocultação da coisa produto de crime. A receptação imprópria, por sua vez, é um crime formal e, teoricamente, não admite a tentativa.

b) Aquele que sabe sobre a origem da coisa produto de crime pratica a receptação na modalidade própria, enquanto que aquele que deveria saber pratica o delito na modalidade imprópria.
c) A modalidade dolosa da receptação é conhecida doutrinariamente por receptação própria e a modalidade culposa por receptação imprópria
d) Na receptação culposa exige-se o elemento subjetivo especial do tipo constituído pelo fim especial de desconhecer a origem da coisa produto de crime.
e) A receptação própria está prevista no "*caput*" do art. 180 do Código Penal, enquanto a receptação imprópria, ou qualificada, está descrita no § 1º.

30. (IBFC – 2014 – Polícia Civil-RJ) Acerca do crime de furto privilegiado, assinale a alternativa que corresponde ao entendimento sumulado pelo Superior Tribunal de Justiça:

a) É possível o reconhecimento do privilégio previsto no § 2º do art. 155 do Código Penal apenas nos casos de crime de furto simples, se estiverem presentes a primariedade do agente e o pequeno valor da coisa.
b) É possível o reconhecimento do privilégio previsto no § 2º do art. 155 do Código Penal nos casos de crime de furto qualificado, se estiverem presentes a primariedade do agente, o pequeno valor da coisa e a qualificadora for de ordem objetiva.
c) É possível o reconhecimento do privilégio previsto no § 2º do art. 155 do Código Penal apenas nos casos de crime de furto simples, sendo a coisa de pequeno valor, independentemente da primariedade do agente.
d) É possível o reconhecimento do privilégio previsto no § 2º do art. 155 do Código Penal nos casos de crime de furto qualificado, se estiverem presentes a primariedade do agente, o pequeno valor da coisa e a qualificadora for de ordem subjetiva.
e) É possível o reconhecimento do privilégio previsto no § 2º do art. 155 do Código Penal nos casos de crime de furto qualificado, sendo a coisa de pequeno valor, independentemente da primariedade do agente e da característica da qualificadora.

31. (UESPI – 2014 – PC-PI – Delegado de Polícia) Sobre os crimes contra o patrimônio, assinale a alternativa CORRETA.

a) Os crimes de latrocínio, extorsão, roubo qualificado e extorsão mediante sequestro são classificados como hediondos.
b) O crime de extorsão mediante sequestro classifica-se como crime material que se consuma quando o agente obtém a vantagem econômica exigida.
c) No roubo o bem é retirado da vítima, enquanto que na extorsão ela própria é quem o entrega ao agente.
d) O denominado "sequestro relâmpago" é uma modalidade de crime de extorsão cometido mediante a privação total da liberdade da vítima.
e) As formas qualificadas do roubo não decorrem, necessariamente, do emprego da violência.

32. (VUNESP – 2013 – Polícia Civil-SP) No que concerne ao crime de receptação, analise as seguintes assertivas:

I. Não é punível se desconhecido o autor do crime de que proveio a coisa.
II. Não é punível se isento de pena o autor do crime de que proveio a coisa.
III. A pena para a figura simples dolosa (CP, art. 180, *caput*) é aplicada em dobro caso se trate de bem da União.

As assertivas estão respectivamente:

a) correta; correta; incorreta.
b) incorreta; correta; incorreta.
c) correta; correta; correta.
d) incorreta; incorreta; incorreta.
e) incorreta; incorreta; correta.

33. (FUNCAB – 2013 – PC-ES – Escrivão de Polícia) Elpídio, conhecido corretor, alugou uma casa para seu amigo Márcio. Quando a inadimplência do locatário já somava quatro meses, o locador procurou Márcio e solicitou que ele pagasse pelo menos dois meses, relatando a importância dos aluguéis para sua subsistência. Na ocasião, Márcio solicitou mais dez dias para saldar seu débito, no que foi atendido. Entretanto, o prazo se esgotou sem que ele efetivasse o pagamento. Indignado com a inadimplência de seu amigo, Elpídio ameaçou Márcio com um revólver calibre 38, levando sua TV de 42", seu DVD, seu relógio Rolex, objetivando compensar seu prejuízo. Assim, Elpídio praticou o crime de:

a) furto.
b) roubo.
c) extorsão.
d) ameaça.
e) exercício arbitrário das próprias razões.

34. (UEG – 2013 – PC-GO – Escrivão de Polícia) Sobre os crimes contra o patrimônio, verifica-se que:

a) para o aperfeiçoamento do crime de receptação, necessária se faz a existência de anterior crime contra o patrimônio.
b) no roubo próprio, a violência ou grave ameaça deve ser empregada depois da efetiva subtração do objeto.
c) a simples relação de emprego ou hospitalidade não é bastante para configurar a majorante do abuso de confiança no crime de furto.

d) no delito de apropriação indébita a reparação do dano antes do oferecimento da denúncia é causa de extinção da punibilidade.

35. (CESPE – 2012 – TJ-RR – Analista) Jonas, policial militar em serviço velado no interior de uma viatura descaracterizada em estacionamento público próximo a uma casa de eventos, onde ocorria grande espetáculo de música, percebeu a presença de Mauro, com vinte e quatro anos de idade, que já ostentava condenação transitada em julgado por crime de receptação. Na oportunidade, Jonas viu que Mauro usou um pequeno canivete para abrir um automóvel e neste ingressou rapidamente. Fábio, com dezessete anos de idade, e que acompanhava Mauro, entrou pela porta direita do passageiro e sentou-se no banco. Mauro usou o mesmo canivete para dar partida na ignição do motor e se evadir do local na condução do veículo. Jonas informou sobre o fato a outros agentes em viaturas policiais, os quais, em diligências, localizaram o veículo conduzido por Mauro e prenderam-no cerca de dez minutos depois da abordagem. Em revista pessoal realizada por policiais militares em Mauro, foi apreendida arma de fogo que se encontrava em sua cintura: um revólver de calibre 38, municiado com dois projéteis, do qual o portador não tinha qualquer registro ou porte legalmente válido em seu nome. O canivete foi encontrado na posse de Fábio. Mauro cometeu crime de furto na modalidade tentada, admitida a redução da pena de um sexto a dois terços, conforme consta no CP.

36. (CESPE – 2012 – TJ-AC – Técnico Judiciário) Pratica crime de extorsão o funcionário público que, em atividade de fiscalização, constranja, mediante violência, a vítima a entregar-lhe determinada soma em dinheiro para evitar a aplicação de penalidade administrativa.

37. (CESPE – 2012 – TJ-AL – Auxiliar Judiciário) Acerca dos delitos de estelionato e outras fraudes e do crime de receptação, assinale a opção correta.

a) Constitui crime o ato de lesar o próprio corpo com o intuito de receber valor de seguro, mas não o ato de agravar, com o mesmo fim, as consequências de lesão já sofrida.

b) Aquele que faz refeição em restaurante, se aloja em hotel ou se utiliza de meio de transporte sem dispor de recursos para efetuar o pagamento pratica o delito de estelionato.

c) No que se refere ao delito de receptação qualificada, não se equipara à atividade comercial o comércio irregular ou clandestino.

d) Só se admite a punição pela prática do delito de receptação caso seja conhecido e punido o autor do crime de que proveio a coisa ilícita.

e) Tratando-se do delito de estelionato, se o criminoso é primário e é de pequeno valor o prejuízo causado, o juiz poderá aplicar somente a pena de multa.

38. (TJ-PR – 2012 – Assessor Jurídico) Casos de subtração de coisa alheia móvel em que o autor usa de arma de fogo de brinquedo idêntica à verdadeira para coagir a vítima a entregar o bem são considerados:

a) "furto qualificado mediante fraude" (art. 155, § 4º, II do Código Penal).

b) "roubo com emprego de arma" (art. 157, § 2º, I do Código Penal).

c) "roubo" (art. 157, *caput* do Código Penal).

d) "crime impossível" (art. 17 do Código Penal).

GABARITO		FUNDAMENTAÇÃO
1	E	Arts. 155, 157 e 158, CP
2	B	Art. 157, §2º, III, CP
3	C	Art. 175, II, CP
4	E	Art. 171 CP
5	A	Art. 157, § 3º, II, CP c/c art. 14, II, CP
6	E	Art. 157, *caput*, CP
7	B	Art. 181 CP
8	C	Item 2.3
9	D	Art. 155 c/c art. 15 CP
10	D	Art. 171 CP
11	D	Arts. 121 e 157, § 3º, CP
12	B	Art. 180 CP
13	C	Art. 171, § 4º, CP
14	B	Art. 155, § 4º, II, C
15	A	Art. 155, § 4º, II, CP
16	D	Art. 157, *caput*, CP
17	A	Art. 155, *caput*, CP
18	C	Art. 171, *caput*, CP
19	C	Art. 157, § 1º, CP
20	E	Art. 169, par. único, II, CP

GABARITO		FUNDAMENTAÇÃO
21	C	Arts. 163 e 167 CP
22	C	Art. 158 CP
23	C	Art. 180, §§ 3º e 5º, CP
24	D	Itens 1.1 e 2.1 (consumação)
25	E	Art. 158 CP
26	B	Art. 157, *caput*, c/c art. 14, II, CP
27	B	Art. 168-A, § 1º, III, CP
28	D	Item 2.3
29	A	Item 8
30	B	Súm. 511 STJ
31	C	Item 3.1
32	E	Art. 180, §§ 4º e 6º, CP
33	E	Art. 345 CP
34	C	Art. 155, § 4º, II, CP
35	E	Item 1.1
36	C	Art. 158 CP
37	E	Art. 171, § 1º, CP
38	C	Art. 157, *caput*, CP (cancelamento da Súm. 174 STJ)

CAPÍTULO III

CRIMES CONTRA A PROPRIEDADE IMATERIAL

Sumário • 1. Súmulas e orientações jurisprudenciais do STF e do STJ – 2. Legislação relacionada ao capítulo

O Título III da Parte Especial dispõe sobre os crimes contra a propriedade imaterial. A Lei nº 9.279/96 revogou as disposições do CP referentes aos crimes contra o privilégio de invenção, crimes contra as marcas de indústria e comércio e crimes de concorrência desleal. Entretanto, a Lei nº 9.279/96 dispôs sobre os crimes contra a propriedade industrial: crimes contra as patentes, crimes contra os desenhos industriais, crimes contra as marcas, crimes cometidos por meio de marca, título de estabelecimento e sinal de propaganda, crimes contra indicações geográficas e demais indicações e crimes de concorrência desleal.

Por sua vez, a Lei nº 10.695/03 alterou a redação dos artigos 184 (violação de direitos autorais) e 186, e revogou o art. 185, bem como incluiu no Código de Processo Penal os arts. 530-A/I.

Assim, o Código Penal trata apenas de um crime contra a propriedade intelectual (art. 184), que é o delito de violação de direito autoral e os que lhe são conexos.

Art. 184. Violar direitos de autor e os que lhe são conexos:

Pena – detenção, de 3 (três) meses a 1 (um) ano, ou multa.

Qualifica o delito se a violação consistir em reprodução total ou parcial, com intuito de lucro direto ou indireto, por qualquer meio ou processo, de obra intelectual, interpretação, execução ou fonograma, sem autorização expressa do autor, do artista intérprete ou executante, do produtor, conforme o caso, ou de quem os represente (**§ 1º**).

Também pratica crime quem, com o intuito de lucro direto ou indireto, distribui, vende, expõe à venda, aluga, introduz no País, adquire, oculta, tem em depósito, original ou cópia de obra intelectual ou fonograma reproduzido com violação do direito de autor, do direito de artista intérprete ou executante ou do direito do produtor de fonograma, ou, ainda, aluga original ou cópia de obra intelectual ou fonograma, sem a expressa autorização dos titulares dos direitos ou de quem os represente (**§ 2º**).

Nos termos do **§ 3º**, o agente será punido com a pena de reclusão, de 2 a 4 anos, e multa, se a violação consistir no oferecimento ao público, mediante cabo, fibra ótica, satélite, ondas ou qualquer outro sistema que permita ao usuário realizar a seleção da obra ou produção para recebê-la em um tempo e lugar previamente determinados por quem formula a demanda, com intuito de lucro, direto ou indireto, sem autorização expressa, conforme o caso, do autor, do artista intérprete ou executante, do produtor de fonograma, ou de quem os represente.

Segundo o **§ 4º**, o disposto nos §§ 1º, 2º e 3º não se aplica quando se tratar de exceção ou limitação ao direito de autor ou os que lhe são conexos, em conformidade com o previsto na Lei nº 9.610, de 19 de fevereiro de 1998, nem a cópia de obra intelectual ou fonograma, em um só exemplar, para uso privado do copista, sem intuito de lucro direto ou indireto.

Ação penal (art. 186). Procede-se mediante: I – queixa, nos crimes previstos no *caput* do art. 184; II – ação penal pública incondicionada, nos crimes previstos nos §§ 1º e 2º do art. 184; III – ação penal pública incondicionada, nos crimes cometidos em desfavor de entidades de direito público, autarquia, empresa pública, sociedade de economia mista ou fundação instituída pelo Poder Público; IV – ação penal pública condicionada à representação, nos crimes previstos no § 3º do art. 184.

Princípios da adequação social e da insignificância (não incidência): "A Terceira Seção desta Corte Superior, no julgamento do Recurso Especial Repetitivo n. 1.193.196/MG, pacificou o entendimento de que é formal e materialmente típica a conduta descrita no art. 184, § 2º, do Código Penal, não havendo que se falar, portanto, no princípio da adequação social ou no princípio da insignificância" (STJ, 6ª T., AgRg no REsp 1767921, DJe 01/02/2019). Ainda: "Firmou-se nesta Corte o entendimento no sentido de que não se aplica o princípio da insignificância ou da adequação social à conduta prevista no art. 184, § 2º, do Código Penal, uma vez comprovadas a materialidade e a autoria do delito. Precedentes" (STJ, 5ª T., AgRg no HC 319484, j. 10/03/2020).

▶ **SÚMULAS DO STJ**

- **Súmula 502:** "Presentes a materialidade e a autoria, afigura-se típica, em relação ao crime previsto no art. 184, § 2º, do CP, a conduta de expor à venda CDs e DVDs piratas".
- **Súmula 574:** "Para a configuração do delito de violação de direito autoral e a comprovação de sua materialidade, é suficiente a perícia realizada por amostragem do produto apreendido, nos aspectos externos do material, e é desnecessária a identificação dos titulares dos direitos autorais violados ou daqueles que os representem".

1. SÚMULAS E ORIENTAÇÕES JURISPRUDENCIAIS DO STF E DO STJ

▶ **Súmula 502 do STJ:** "Presentes a materialidade e a autoria, afigura-se típica, em relação ao crime previsto no art. 184, § 2º, do CP, a conduta de expor à venda CDs e DVDs piratas".

▶ **Súmula 574 do STJ:** "Para a configuração do delito de violação de direito autoral e a comprovação de sua materialidade, é suficiente a perícia realizada por amostragem do produto apreendido, nos aspectos externos do material, e é desnecessária a identificação dos titulares dos direitos autorais violados ou daqueles que os representem".

CRIME DESCRITO NO ART. 184, § 2º, DO CP: INAPLICABILIDADE DOS PRINCÍPIOS DA ADEQUAÇÃO SOCIAL E DA INSIGNIFICÂNCIA

▶ A Terceira Seção desta Corte Superior, no julgamento do Recurso Especial Repetitivo n. 1.193.196/MG, pacificou o entendimento de que é formal e materialmente típica a conduta descrita no art. 184, § 2º, do Código Penal, não havendo que se falar, portanto, no princípio da adequação social ou no princípio da insignificância" (STJ, 6ª T., AgRg no REsp 1767921, DJe 01/02/2019).

▶ "Firmou-se nesta Corte o entendimento no sentido de que não se aplica o princípio da insignificância ou da adequação social à conduta prevista no art. 184, § 2º, do Código Penal, uma vez comprovadas a materialidade e a autoria do delito. Precedentes" (STJ, 5ª T., AgRg no HC 319484, j. 10/03/2020).

▶ "A Terceira Seção desta Corte de Justiça, ao julgar o REsp n. 1.193.196/MS, representativo de controvérsia, firmou-se no sentido de "considerar típica, formal e materialmente, a conduta prevista no artigo 184, § 2º, do Código Penal, afastando, assim, a aplicação do princípio da adequação social, de quem expõe à venda CD'S e DVD'S 'piratas'" (REsp n. 1.193.196/MG, Rel. Ministra Maria Thereza de Assis Moura, 3ª S., DJe 4/12/2012)" (STJ, 6ª T., HC 531030, j. 23/06/2020).

2. LEGISLAÇÃO RELACIONADA AO CAPÍTULO

» **CÓDIGO PENAL**

Violação de direito autoral

Art. 184. Violar direitos de autor e os que lhe são conexos:

Pena – detenção, de 3 (três) meses a 1 (um) ano, ou multa.

§ 1º Se a violação consistir em reprodução total ou parcial, com intuito de lucro direto ou indireto, por qualquer meio ou processo, de obra intelectual, interpretação, execução ou fonograma, sem autorização expressa do autor, do artista intérprete ou executante, do produtor, conforme o caso, ou de quem os represente:

Pena – reclusão, de 2 (dois) a 4 (quatro) anos, e multa.

§ 2º Na mesma pena do § 1º incorre quem, com o intuito de lucro direto ou indireto, distribui, vende, expõe à venda, aluga, introduz no País, adquire, oculta, tem em depósito, original ou cópia de obra intelectual ou fonograma reproduzido com violação do direito de autor, do direito de artista intérprete ou executante ou do direito do produtor de fonograma, ou, ainda, aluga original ou cópia de obra intelectual ou fonograma, sem a expressa autorização dos titulares dos direitos ou de quem os represente.

§ 3º Se a violação consistir no oferecimento ao público, mediante cabo, fibra ótica, satélite, ondas ou qualquer outro sistema que permita ao usuário realizar a seleção da obra ou produção para recebê-la em um tempo e lugar previamente determinados por quem formula a demanda, com intuito de lucro, direto ou indireto, sem autorização expressa, conforme o caso, do autor, do artista intérprete ou executante, do produtor de fonograma, ou de quem os represente:

Pena – reclusão, de 2 (dois) a 4 (quatro) anos, e multa.

§ 4º O disposto nos §§ 1º, 2º e 3º não se aplica quando se tratar de exceção ou limitação ao direito de autor ou os que lhe são conexos, em conformidade com o previsto na Lei nº 9.610, de 19 de fevereiro de 1998, nem a cópia de obra intelectual ou fonograma, em um só exemplar, para uso privado do copista, sem intuito de lucro direto ou indireto.

Usurpação de nome ou pseudônimo alheio

Art. 185. (Revogado pela Lei nº 10.695, de 1º.7.2003)

Art. 186. Procede-se mediante:

I – queixa, nos crimes previstos no *caput* do art. 184;

II – ação penal pública incondicionada, nos crimes previstos nos §§ 1º e 2º do art. 184;

III – ação penal pública incondicionada, nos crimes cometidos em desfavor de entidades de direito público, autarquia, empresa pública, sociedade de economia mista ou fundação instituída pelo Poder Público;

IV – ação penal pública condicionada à representação, nos crimes previstos no § 3º do art. 184.

» **CÓDIGO DE PROCESSO PENAL**

Art. 530-A. O disposto nos arts. 524 a 530 será aplicável aos crimes em que se proceda mediante queixa.

Art. 530-B. Nos casos das infrações previstas nos §§ 1º, 2º e 3º do art. 184 do Código Penal, a autoridade policial procederá à apreensão dos bens ilicitamente produzidos ou reproduzidos, em sua totalidade, juntamente com os equipamentos, suportes e materiais que possibilitaram a sua existência, desde que estes se destinem precipuamente à prática do ilícito.

Art. 530-C. Na ocasião da apreensão será lavrado termo, assinado por 2 (duas) ou mais testemunhas, com a descrição de todos os bens apreendidos e informações sobre suas origens, o qual deverá integrar o inquérito policial ou o processo.

Art. 530-D. Subsequente à apreensão, será realizada, por perito oficial, ou, na falta deste, por pessoa tecnicamente habilitada, perícia sobre todos os bens apreendidos e elaborado o laudo que deverá integrar o inquérito policial ou o processo.

Art. 530-E. Os titulares de direito de autor e os que lhe são conexos serão os fiéis depositários de todos os bens apreendidos, devendo colocá-los à disposição do juiz quando do ajuizamento da ação.

Art. 530-F. Ressalvada a possibilidade de se preservar o corpo de delito, o juiz poderá determinar, a requerimento da vítima, a destruição da produção ou reprodução apreendida quando não houver impugnação quanto à sua ilicitude ou quando a ação penal não puder ser iniciada por falta de determinação de quem seja o autor do ilícito.

Art. 530-G. O juiz, ao prolatar a sentença condenatória, poderá determinar a destruição dos bens ilicitamente produzidos ou reproduzidos e o perdimento dos equipamentos apreendidos, desde que precipuamente destinados à produção e reprodução dos bens, em favor da Fazenda Nacional, que deverá destruí-los ou doá-los aos Estados, Municípios e Distrito Federal, a instituições públicas de ensino e pesquisa ou de assistência social, bem como incorporá-los, por economia ou interesse público, ao patrimônio da União, que não poderão retorná-los aos canais de comércio.

Art. 530-H. As associações de titulares de direitos de autor e os que lhes são conexos poderão, em seu próprio nome, funcionar como assistente da acusação nos crimes previstos no art. 184 do Código Penal, quando praticado em detrimento de qualquer de seus associados.

Art. 530-I. Nos crimes em que caiba ação penal pública incondicionada ou condicionada, observar-se-ão as normas constantes dos arts. 530-B, 530-C, 530-D, 530-E, 530-F, 530-G e 530-H.

CAPÍTULO IV

CRIMES CONTRA A ORGANIZAÇÃO DO TRABALHO

Legislação especial: existem crimes contra a organização do trabalho que estão definidos em outro Título dentro da Parte Especial do CP (art. 149 do CP) ou mesmo em legislação extravagante (Lei nº 7.170/83 – Lei de Segurança Nacional).

Competência: de acordo com o art. 109, VI, da Constituição Federal, compete aos juízes federais processar e julgar os crimes contra a organização do trabalho.

Sobre o crime de **redução a condição análoga à de escravo (art. 149 do CP)**, o Plenário do STF decidiu que a competência para processar e julgar é da **Justiça Federal**: "1. O bem jurídico objeto de tutela pelo art. 149 do Código Penal vai além da liberdade individual, já que a prática da conduta em questão acaba por vilipendiar outros bens jurídicos protegidos constitucionalmente como a dignidade da pessoa humana, os direitos trabalhistas e previdenciários, indistintamente considerados. (...) 4. A conjugação harmoniosa dessas circunstâncias se mostra hábil para atrair para a competência da Justiça Federal (CF, art. 109, inciso VI) o processamento e o julgamento do feito" (STF, Pleno, RE 459510, j. 26/11/2015).

O STF já decidiu que a interpretação do que seja crime contra organização do trabalho, para o fim constitucional de determinar a competência, não se junge à capitulação do Código Penal. Assim, se o núcleo da controvérsia é o direito de um trabalhador, individualmente considerado, de exercer o seu ofício, não há violação ao art. 109, VI, da CF, sendo fixada a competência da Justiça Estadual (STF, 2ª T., ARE 706368 AgR, j. 30/10/2012).

Para o STJ "Cumpre à Justiça Federal processar e julgar 'os crimes contra a organização do trabalho' (CR, art. 109, inc. VI) quando 'houver ofensa ao sistema de órgãos e institutos destinados a preservar, coletivamente, os direitos e deveres dos trabalhadores' (...) Não lhe compete, contudo, processar e julgar causa decorrente de relação de trabalho relacionada à violação de direitos individuais, ainda que pertencentes a um grupo determinado de pessoas" (STJ, 3ª Seção, CC 131319, j. 26/08/2015). Ainda: "1. A previsão constitucional de competência da Justiça Federal, para o processo relativo aos crimes contra a organização do trabalho (art. 109, VI, da CF), deve abranger apenas aqueles casos nos quais fique patente a ofensa aos princípios básicos nos quais se assenta a estrutura do trabalho em todo o país, conforme dicção do STF. Precedentes desta Corte. 2. Eventual paralisação na sede de apenas uma empresa de transporte, por parte de alguns sindicalistas que haveriam tentado impedir a saída de ônibus da garagem, não incorre em questão que afete princípios essenciais trabalhistas de âmbito nacional, o que afasta o interesse da União no feito e, por consequência, a competência da Justiça Federal" (STJ, 3ª Seção, AgRg no CC 166918, j. 11/09/2019).

1. ATENTADO CONTRA A LIBERDADE DE TRABALHO

Condutas típicas (art. 197 do CP):

1ª) Constranger alguém, mediante violência ou grave ameaça, a exercer ou não exercer arte, ofício, profissão ou indústria. Nesta modalidade, o crime consuma-se no momento em que alguém exerce ou deixa de exercer ofício, profissão ou indústria.

2ª) Constranger alguém, mediante violência ou grave ameaça, a trabalhar ou não trabalhar durante certo período ou em determinados dias. Aqui o crime se consuma no momento em que alguém trabalha ou deixa de trabalhar em certo período ou em determinados dias.

3ª) Constranger alguém, mediante violência ou grave ameaça, a abrir ou fechar o seu estabelecimento de trabalho. O delito consuma-se com a abertura ou o fechamento do estabelecimento de trabalho. O sujeito passivo é o proprietário do estabelecimento de trabalho, se pessoa física.

4ª) Constranger alguém, mediante violência ou grave ameaça, a participar de parede: o direito de greve (parede) é regulamentado pela Lei nº 7.783/89. O grevista deve induzir o seu colega a participar da greve de modo pacífico e não mediante constrangimento, sob pena de praticar o crime do art. 197, II, do CP. Existe posicionamento no sentido da revogação dessa modalidade.

5ª) Constranger alguém, mediante violência ou grave ameaça, a participar de paralisação de atividade econômica. Ocorre a consumação com a paralisação da atividade econômica. Nesta última conduta típica, também figura como sujeito passivo o proprietário do estabelecimento de trabalho, se pessoa física. Observe-se que se o constrangimento for exercido para que apenas o sujeito passivo feche seu estabelecimento, ocorrerá a conduta típica descrita na primeira parte do inciso II, de sorte que, para configurar esta modalidade, é necessário que outras pessoas tenham paralisado a mesma atividade. O legislador visou a impedir o constrangimento para participação de lockout.

2. ATENTADO CONTRA A LIBERDADE DE CONTRATO DE TRABALHO E BOICOTAGEM VIOLENTA

Atentado contra a liberdade de contrato de trabalho (art. 198, 1ª parte). Pune-se o agente que constrange alguém, mediante violência ou grave ameaça, a celebrar contrato de trabalho. Consuma-se com a celebração do contrato, ou seja, com a assinatura (contrato escrito), ou com a aquiescência (contrato verbal). Se houver constrangimento para que alguém não celebre contrato de trabalho, não configura este delito. No entanto, poderá configurar constrangimento ilegal (art. 146). A alteração e a renovação são também hipóteses de celebração de contrato de trabalho.

Boicotagem violenta (art. 198, 2ª parte). Constitui crime constranger alguém, mediante violência ou grave ameaça, a não fornecer a outrem ou não adquirir de outrem matéria-prima ou produto industrial ou agrícola. Aqui ocorre a consumação no momento em que a pessoa constrangida não fornece a outrem ou não adquire de outrem matéria-prima ou produto industrial ou agrícola.

3. ATENTADO CONTRA A LIBERDADE DE ASSOCIAÇÃO

O bem jurídico é a liberdade de associação (art. 199 do CP). Para configurar o delito deve haver constrangimento, mediante violência ou grave ameaça, para que a vítima participe de sindicado ou associação sindical determinada, de modo que não configura este delito se o constrangimento visar a que a vítima participe ou não de sindicato ou associação profissional indeterminados, mas sim o crime subsidiário de constrangimento ilegal (art. 146).

4. PARALISAÇÃO DE TRABALHO, SEGUIDA DE VIOLÊNCIA OU PERTURBAÇÃO DA ORDEM

Constitui crime participar de suspensão ou abandono coletivo de trabalho, praticando violência contra pessoa ou contra coisa (art. 200). A violência deve ser praticada pelo participante durante a participação na suspensão ou abandono do trabalho. O delito consuma-se com a prática da violência durante a greve ou lockout. Admite-se a tentativa.

▶ **CONCURSO DE PESSOAS**

- No abandono coletivo do trabalho exige-se o concurso de, no mínimo, **três empregados.**
- Na suspensão coletiva de trabalho causada pelos empregadores exige-se o concurso de mais de uma pessoa, mesmo se componentes de uma mesma pessoa jurídica empregadora.

5. PARALISAÇÃO DE TRABALHO DE INTERESSE COLETIVO

Nos termos do art. 201 do CP, configura crime "participar de suspensão ou abandono coletivo de trabalho, provocando a interrupção de obra pública ou serviço de interesse coletivo". Esse crime deve ser interpretado de acordo com o art. 9º da Constituição Federal, que garante o direito de greve não abusiva. Os arts. 10 e 11 da Lei de Greve (Lei nº 7.783/89) tratam da greve de serviços essenciais:

> **Art. 10.** São considerados serviços ou atividades essenciais: I - tratamento e abastecimento de água; produção e distribuição de energia elétrica, gás e combustíveis; II - assistência médica e hospitalar; III - distribuição e comercialização de medicamentos e alimentos; IV - funerários; V - transporte coletivo; VI - captação e tratamento de esgoto e lixo; VII - telecomunicações; VIII - guarda, uso e controle de substâncias radioativas, equipamentos e materiais nucleares; IX - processamento de dados ligados a serviços essenciais; X - controle de tráfego aéreo e navegação aérea (redação dada pela Lei nº 13.903, de 2019); XI compensação bancária; XII - atividades médico-periciais relacionadas com o regime geral de previdência social e a assistência social (incluído pela Lei nº 13.846, de 2019); XIII - atividades médico-periciais relacionadas com a caracterização do impedimento físico, mental, intelectual ou sensorial da pessoa com deficiência, por meio da integração de equipes multiprofissionais e interdisciplinares, para fins de reconhecimento de direitos previstos em lei, em especial na Lei nº 13.146, de 6 de julho de 2015 (Estatuto da Pessoa com Deficiência); XIV - outras prestações médico-periciais da carreira de Perito Médico Federal indispensáveis ao atendimento das necessidades inadiáveis da comunidade (incluído pela Lei nº 13.846, de 2019); XV - atividades portuárias (incluído pela Lei nº 14.047, de 2020).
>
> **Art. 11.** Nos serviços ou atividades essenciais, os sindicatos, os empregadores e os trabalhadores ficam obrigados, de comum acordo, a garantir, durante a greve, a prestação dos serviços indispensáveis ao atendimento das necessidades inadiáveis da comunidade. Parágrafo único. São necessidades inadiáveis, da comunidade aquelas que, não atendidas, coloquem em perigo iminente a sobrevivência, a saúde ou a segurança da população.

6. INVASÃO DE ESTABELECIMENTO INDUSTRIAL, COMERCIAL OU AGRÍCOLA. SABOTAGEM

O art. 202 do CP prevê dois tipos penais:

a) **invasão de estabelecimento industrial, comercial ou agrícola (1ª parte):** invadir ou ocupar estabelecimento industrial, comercial ou agrícola, com o intuito de impedir ou embaraçar o curso normal do trabalho. Consuma-se com a invasão ou ocupação, independentemente de o agente obter o fim especial desejado (crime formal).

b) **sabotagem (2ª parte):** danificar o estabelecimento ou as coisas nele existentes ou delas dispor com o intuito de impedir ou embaraçar o curso normal do trabalho. Consuma-se com a danificação, independentemente de o agente obter o fim especial desejado (crime formal).

Nestes delitos, além do dolo, exige-se o elemento subjetivo especial do tipo, ou seja, o fim especial de impedir ou embaraçar o curso normal do trabalho.

7. FRUSTRAÇÃO DE DIREITO ASSEGURADO POR LEI TRABALHISTA

Constitui o delito do art. 203 do CP frustrar, mediante fraude ou violência, direito assegurado pela legislação do trabalho. Também responde pelo crime aquele que obriga ou coage alguém a usar mercadorias de determinado estabelecimento, para impossibilitar o desligamento do serviço em virtude de dívida; **ou** impede alguém de se desligar de serviços de qualquer natureza, mediante coação ou por meio da retenção de seus documentos pessoais ou contratuais. Trata-se de norma penal em branco, a qual depende de complemento do seu preceito primário pela legislação trabalhista. Consuma-se no momento em que o direito trabalhista é frustrado. O § 1º prevê modalidades típicas assemelhadas. Na primeira, além do dolo, exige-se o elemento subjetivo especial do tipo: "para impossibilitar o desligamento do serviço em virtude da dívida". Para a consumação, basta a prática da conduta, independentemente de o empregador conseguir o fim visado (crime formal). Na segunda modalidade, o delito consuma-se no momento em que o trabalhador é impedido de se desligar do serviço.

8. FRUSTRAÇÃO DE LEI SOBRE A NACIONALIZAÇÃO DO TRABALHO

É punido aquele que frustrar, mediante fraude ou violência, obrigação legal relativa à nacionalização do trabalho. Observação: deve haver fraude ou violência. Trata-se de lei penal em branco, dependente de normas trabalhistas para especificar as obrigações relativas à nacionalização do trabalho (proteção da mão-de-obra nacional). Consuma-se com a frustração da obrigação legal (crime material). Entendemos que o art. 204 do CP **não foi recepcionado** pela Constituição Federal, a qual garante de forma expressa a igualdade de direitos entre brasileiros e estrangeiros residentes no País (art. 5º, *caput*, da CF).

9. EXERCÍCIO DE ATIVIDADE COM INFRAÇÃO DE DECISÃO ADMINISTRATIVA

Pratica o crime aquele que exerce atividade, de que está impedido por decisão administrativa. O sujeito ativo deste delito é a pessoa que está impedida, por decisão administrativa, de exercer atividade. Se a decisão for judicial, poderá configurar o delito do art. 359 do CP (desobediência a decisão judicial sobre perda ou suspensão de direito).

10. ALICIAMENTO PARA O FIM DE EMIGRAÇÃO

É proibido recrutar trabalhadores, mediante fraude, com o fim de levá-los para território estrangeiro. O bem jurídico é a permanência de trabalhadores no País. Para configurar o delito é indispensável que o agente atue com emprego de fraude, enganando os trabalhadores acerca da realidade do trabalho a ser exercido no exterior.

Trata-se de crime formal, que se consuma com o aliciamento, independentemente da obtenção do resultado (emigração). Admite-se a tentativa.

11. ALICIAMENTO DE TRABALHADORES DE UM LOCAL PARA OUTRO DO TERRITÓRIO NACIONAL

Pune-se aquele que alicia trabalhadores, com o fim de levá-los de uma para outra localidade do território nacional, bem como aquele que recruta trabalhadores fora da localidade de execução do trabalho, dentro do território nacional, mediante fraude ou cobrança de qualquer quantia do trabalhador, ou, ainda, não assegurar condições do seu retorno ao local de origem. A norma protege o interesse de evitar a migração dos trabalhadores. O êxodo provoca prejuízo na região onde o aliciamento ocorre. A consumação se dá no momento em que o agente pratica o aliciamento, independentemente de conseguir levar os trabalhadores para outra localidade (crime formal). O § 1º do art. 207 do CP prevê tipos assemelhados.

12. SÚMULAS E ORIENTAÇÕES JURISPRUDENCIAIS DO STF E DO STJ

CRIME DE REDUÇÃO A CONDIÇÃO ANÁLOGA À DE ESCRAVO: COMPETÊNCIA DA JUSTIÇA FEDERAL

- "1. O bem jurídico objeto de tutela pelo art. 149 do Código Penal vai além da liberdade individual, já que a prática da conduta em questão acaba por vilipendiar outros bens jurídicos protegidos constitucionalmente como a dignidade da pessoa humana, os direitos trabalhistas e previdenciários, indistintamente considerados. 2. A referida conduta acaba por frustrar os direitos assegurados pela lei trabalhista, atingindo, sobremodo, a organização do trabalho, que visa exatamente a consubstanciar o sistema social trazido pela Constituição Federal em seus arts. 7º e 8º, em conjunto com os postulados do art. 5º, cujo escopo, evidentemente, é proteger o trabalhador em todos os sentidos, evitando a usurpação de sua força de trabalho de forma vil. 3. É dever do Estado (lato sensu) proteger a atividade laboral do trabalhador por meio de sua organização social e trabalhista, bem como zelar pelo respeito à dignidade da pessoa humana (CF, art. 1º, inciso III). 4. A conjugação harmoniosa dessas circunstâncias se mostra hábil para atrair para a competência da Justiça Federal (CF, art. 109, inciso VI) o processamento e o julgamento do feito. 5. Recurso extraordinário do qual se conhece e ao qual se dá provimento" (STF, Pleno, RE 459510, j. 26/11/2015).

CRIMES CONTRA A ORGANIZAÇÃO DO TRABALHO: COMPETÊNCIA DA JUSTIÇA FEDERAL

- "O Supremo Tribunal Federal firmou o entendimento de que a competência para julgar os crimes contra a organização do trabalho é da Justiça Federal" (STF, 1ª T., RE 511849 AgR, j. 04/02/2014).

CRIMES CONTRA A ORGANIZAÇÃO DO TRABALHO: COMPETÊNCIA DA JUSTIÇA FEDERAL QUANDO HOUVER OFENSA AO SISTEMA DE ÓRGÃOS E INSTITUTOS DESTINADOS A PRESERVAR, COLETIVAMENTE, DIREITOS E DEVERES DOS TRABALHADORES

- "Cumpre à Justiça Federal processar e julgar 'os crimes contra a organização do trabalho' (CR, art. 109, inc. VI) quando 'houver ofensa ao sistema de órgãos e institutos destinados a preservar, coletivamente, os direitos e deveres dos trabalhadores' (EDcl no AgRg no CC 129.181/MG, Rel. Ministro Jorge Mussi, Terceira Seção, julgado em 25/02/2015; Súmula 115/TFR). Não lhe compete, contudo, processar e julgar causa decorrente de relação de trabalho relacionada à violação de direitos individuais, ainda que pertencentes a um grupo determinado de pessoas" (STJ, 3ª Seção, CC 131319, j. 26/08/2015).

▶ "1. A previsão constitucional de competência da Justiça Federal, para o processo relativo aos crimes contra a organização do trabalho (art. 109, VI, da CF), deve abranger apenas aqueles casos nos quais fique patente a ofensa aos princípios básicos nos quais se assenta a estrutura do trabalho em todo o país, conforme dicção do STF. Precedentes desta Corte. 2. Eventual paralisação na sede de apenas uma empresa de transporte, por parte de alguns sindicalistas que haveriam tentado impedir a saída de ônibus da garagem, não incorre em questão que afete princípios essenciais trabalhistas de âmbito nacional, o que afasta o interesse da União no feito e, por consequência, a competência da Justiça Federal" (STJ, 3ª Seção, AgRg no CC 166918, j. 11/09/2019).

13. LEGISLAÇÃO RELACIONADA AO CAPÍTULO

» CONSTITUIÇÃO FEDERAL

Art. 109. Aos juízes federais compete processar e julgar:

(...)

VI – os crimes contra a organização do trabalho e, nos casos determinados por lei, contra o sistema financeiro e a ordem econômico-financeira.

» CÓDIGO PENAL

Redução a condição análoga à de escravo

Art. 149. Reduzir alguém a condição análoga à de escravo, quer submetendo-o a trabalhos forçados ou a jornada exaustiva, quer sujeitando-o a condições degradantes de trabalho, quer restringindo, por qualquer meio, sua locomoção em razão de dívida contraída com o empregador ou preposto:

Pena – reclusão, de dois a oito anos, e multa, além da pena correspondente à violência.

§ 1º. Nas mesmas penas incorre quem:

I – cerceia o uso de qualquer meio de transporte por parte do trabalhador, com o fim de retê-lo no local de trabalho;

II – mantém vigilância ostensiva no local de trabalho ou se apodera de documentos ou objetos pessoais do trabalhador, com o fim de retê-lo no local de trabalho.

§ 2º. A pena é aumentada de metade, se o crime é cometido:

I – contra criança ou adolescente;

II – por motivo de preconceito de raça, cor, etnia, religião ou origem.

Atentado contra a liberdade de trabalho

Art. 197 – Constranger alguém, mediante violência ou grave ameaça:

I – a exercer ou não exercer arte, ofício, profissão ou indústria, ou a trabalhar ou não trabalhar durante certo período ou em determinados dias:

Pena – detenção, de um mês a um ano, e multa, além da pena correspondente à violência;

II – a abrir ou fechar o seu estabelecimento de trabalho, ou a participar de parede ou paralisação de atividade econômica:

Pena – detenção, de três meses a um ano, e multa, além da pena correspondente à violência.

Atentado contra a liberdade de contrato de trabalho e boicotagem violenta

Art. 198 – Constranger alguém, mediante violência ou grave ameaça, a celebrar contrato de trabalho, ou a não fornecer a outrem ou não adquirir de outrem matéria-prima ou produto industrial ou agrícola:

Pena – detenção, de um mês a um ano, e multa, além da pena correspondente à violência.

Atentado contra a liberdade de associação

Art. 199 – Constranger alguém, mediante violência ou grave ameaça, a participar ou deixar de participar de determinado sindicato ou associação profissional:

Pena – detenção, de um mês a um ano, e multa, além da pena correspondente à violência.

Paralisação de trabalho, seguida de violência ou perturbação da ordem

Art. 200 – Participar de suspensão ou abandono coletivo de trabalho, praticando violência contra pessoa ou contra coisa:

Pena – detenção, de um mês a um ano, e multa, além da pena correspondente à violência.

Parágrafo único – Para que se considere coletivo o abandono de trabalho é indispensável o concurso de, pelo menos, três empregados.

Paralisação de trabalho de interesse coletivo

Art. 201 – Participar de suspensão ou abandono coletivo de trabalho, provocando a interrupção de obra pública ou serviço de interesse coletivo:

Pena – detenção, de seis meses a dois anos, e multa.

Invasão de estabelecimento industrial, comercial ou agrícola. Sabotagem

Art. 202 – Invadir ou ocupar estabelecimento industrial, comercial ou agrícola, com o intuito de impedir ou embaraçar o curso normal do trabalho, ou com o mesmo fim danificar o estabelecimento ou as coisas nele existentes ou delas dispor:

Pena – reclusão, de um a três anos, e multa.

Frustração de direito assegurado por lei trabalhista

Art. 203 – Frustrar, mediante fraude ou violência, direito assegurado pela legislação do trabalho:

Pena – detenção de um ano a dois anos, e multa, além da pena correspondente à violência.

§ 1º Na mesma pena incorre quem:

I – obriga ou coage alguém a usar mercadorias de determinado estabelecimento, para impossibilitar o desligamento do serviço em virtude de dívida;

II – impede alguém de se desligar de serviços de qualquer natureza, mediante coação ou por meio da retenção de seus documentos pessoais ou contratuais.

§ 2º A pena é aumentada de um sexto a um terço se a vítima é menor de dezoito anos, idosa, gestante, indígena ou portadora de deficiência física ou mental.

Frustração de lei sobre a nacionalização do trabalho

Art. 204 – Frustrar, mediante fraude ou violência, obrigação legal relativa à nacionalização do trabalho:

Pena – detenção, de um mês a um ano, e multa, além da pena correspondente à violência.

Exercício de atividade com infração de decisão administrativa

Art. 205 – Exercer atividade, de que está impedido por decisão administrativa:

Pena – detenção, de três meses a dois anos, ou multa.

Aliciamento para o fim de emigração

Art. 206 – Recrutar trabalhadores, mediante fraude, com o fim de levá-los para território estrangeiro.

Pena – detenção, de 1 (um) a 3 (três) anos e multa.

Aliciamento de trabalhadores de um local para outro do território nacional

Art. 207 – Aliciar trabalhadores, com o fim de levá-los de uma para outra localidade do território nacional:

Pena – detenção de um a três anos, e multa.

§ 1º Incorre na mesma pena quem recrutar trabalhadores fora da localidade de execução do trabalho, dentro do território nacional, mediante fraude ou cobrança de qualquer quantia do trabalhador, ou, ainda, não assegurar condições do seu retorno ao local de origem.

§ 2º A pena é aumentada de um sexto a um terço se a vítima é menor de dezoito anos, idosa, gestante, indígena ou portadora de deficiência física ou mental.

CAPÍTULO V

CRIMES CONTRA O SENTIMENTO RELIGIOSO E CONTRA O RESPEITO AOS MORTOS

1. CRIMES CONTRA O SENTIMENTO RELIGIOSO

1.1. Ultraje a culto e impedimento ou perturbação de ato a ele relativo (art. 208)

a) **Escarnecer de alguém publicamente, por motivo de crença ou função religiosa:** o agente deve zombar de pessoa determinada (alguém) e isso deve ocorrer publicamente. Não é necessária a presença do ofendido. Consuma-se com o escárnio, independentemente da obtenção do fim visado.

b) **Impedir ou perturbar cerimônia ou prática de culto religioso:** é inviolável a liberdade de consciência e de crença, sendo assegurado o livre exercício dos cultos religiosos e garantida, na forma da lei, a proteção aos locais de culto e a suas liturgias (art. 5º, VI, da CF).

c) **Vilipendiar publicamente ato ou objeto de culto religioso:** vilipendiar significa menosprezar, ultrajar, desprezar.

2. CRIMES CONTRA O RESPEITO AOS MORTOS

2.1. Impedimento ou perturbação de cerimônia funerária (art. 209)

Constitui crime impedir ou perturbar enterro ou cerimônia funerária. O objeto jurídico tutelado é o respeito aos mortos. Figura como sujeito passivo a coletividade (**crime vago**).

2.2. Violação de sepultura (art. 210)

Configura crime violar abrir, destruir, devassar ou profanar sepultura ou urna funerária. Sepultura é o lugar em que se recebe o cadáver, abrangendo a cova, o túmulo e todo o lugar em que será enterrado. É necessária a existência do cadáver na sepultura. Urna funerária é o recipiente onde se guarda o cadáver (caixão mortuário).

2.3. Destruição, subtração ou ocultação de cadáver (art. 211)

É punido aquele que destrói, subtrai ou oculta cadáver ou parte dele. A ocultação ocorre antes que o cadáver seja sepultado. Após, poderá haver a destruição ou subtração. Consuma-se com a destruição, subtração ou ocultação. Na modalidade ocultar o crime é **permanente**. Nesse sentido: "O crime previsto no art. 211 do Código Penal, na forma ocultar, é permanente. Logo, se encontrado o cadáver após atingida a maioridade, o agente deve ser considerado imputável para todos os efeitos penais, ainda, que a ação de ocultar tenha sido cometida quando era menor de 18 anos" (STJ, REsp 900.509/PR, 5ª T., j. 26/06/2007).

A subtração de cadáver pode configurar crime de furto, como, por exemplo, quando pertencer a um museu ou na hipótese de ser utilizado para a finalidade científica, pois nesses casos passam a ter valor patrimonial. A disposição gratuita de tecidos, órgãos e partes do corpo humano, em vida ou *post mortem*, para fins de transplante e tratamento, é permitida na forma da Lei nº 9.434/97.

2.4. Vilipêndio a cadáver (art. 212)

Vilipendiar significa tratar como vil, desprezível. Além do dolo, exige-se o elemento subjetivo especial do tipo (implícito), consistente na finalidade de ultrajar. Ocorre a consumação com o efetivo vilipêndio. Frise-se que configura o delito mesmo na hipótese de cadáver utilizado para fins científicos. Apesar de não constar expressamente, a lei tutela as partes do cadáver, uma vez que protege as próprias **cinzas**.

Exemplos: atos de necrofilia, escarrar sobre o cadáver.

3. SÚMULAS E ORIENTAÇÕES JURISPRUDENCIAIS DO STF E DO STJ

OCULTAÇÃO DE CADÁVER: CRIME VAGO

- "Quanto ao delito de ocultação de cadáver, o sujeito passivo é a coletividade, tratando-se de crime vago, que não possui sujeito passivo determinado (pessoa), sendo seus objetos material e jurídico, respectivamente, o cadáver e o respeito aos mortos, tanto que está inserido no Título V – Dos crimes contra o sentimento religioso, Capítulo II – Dos crimes contra dos mortos" (STJ, 5ª T., HC 389.187, j. 27/04/2017).

OCULTAÇÃO DE CADÁVER E CRIME PERMANENTE

- "O crime previsto no art. 211 do Código Penal, na forma ocultar, é permanente. Logo, se encontrado o cadáver após atingida a maioridade, o agente deve ser considerado imputável para todos os efeitos penais, ainda, que a ação de ocultar tenha sido cometida quando era menor de 18 anos (STJ, 5ª T., REsp 900509, j. 26/06/2007)

- "O crime de ocultação de cadáver, na modalidade ocultar, é crime permanente. Assim enquanto o corpo estiver escondido, consuma-se a infração penal, perdurando o flagrante delito" (STJ, 5ª T., HC 390.045, j. 05/10/2017).

▶ "1. No art. 211, do Código Penal - CP há três núcleos do tipo penal, destruição, subtração e ocultação. Quanto às figuras da destruição e da subtração, não há divergência sobre se tratar de crime instantâneo. Contudo, a ocultação de cadáver dá azo a divergência. Aduz o Embargante que se trata de crime permanente, perdurando a consumação enquanto o cadáver não for encontrado. 2. Da interpretação da doutrina, somente é possível afirmar que a ação ocultar cadáver é permanente quando se depreender que o agente responsável espera, em um momento ou outro, que o corpo, objeto jurídico do crime, venha a ser encontrado. 3. Dentro das circunstâncias fáticas delineadas nos autos, não é de se deduzir que a ocultação - excluindo a hipótese de destruição, como pretende a denúncia - praticada há 49 anos seja dotada de algum viés temporário. Não pode, portanto, a conduta ser classificada como permanente, mas instantânea de efeitos permanentes" (STJ, 5ª T., EDcl no RHC 57799, j. 15/09/2020).

4. LEGISLAÇÃO RELACIONADA AO CAPÍTULO

» CONSTITUIÇÃO FEDERAL

Art. 5º, VI – é inviolável a liberdade de consciência e de crença, sendo assegurado o livre exercício dos cultos religiosos e garantida, na forma da lei, a proteção aos locais de culto e a suas liturgias.

» CÓDIGO PENAL

Ultraje a culto e impedimento ou perturbação de ato a ele relativo

Art. 208 – Escarnecer de alguém publicamente, por motivo de crença ou função religiosa; impedir ou perturbar cerimônia ou prática de culto religioso; vilipendiar publicamente ato ou objeto de culto religioso:

Pena – detenção, de um mês a um ano, ou multa.

Parágrafo único – Se há emprego de violência, a pena é aumentada de um terço, sem prejuízo da correspondente à violência.

Impedimento ou perturbação de cerimônia funerária

Art. 209 – Impedir ou perturbar enterro ou cerimônia funerária:

Pena – detenção, de um mês a um ano, ou multa.

Parágrafo único – Se há emprego de violência, a pena é aumentada de um terço, sem prejuízo da correspondente à violência.

Violação de sepultura

Art. 210 – Violar ou profanar sepultura ou urna funerária:

Pena – reclusão, de um a três anos, e multa.

Destruição, subtração ou ocultação de cadáver

Art. 211 – Destruir, subtrair ou ocultar cadáver ou parte dele:

Pena – reclusão, de um a três anos, e multa.

Vilipêndio a cadáver

Art. 212 – Vilipendiar cadáver ou suas cinzas:

Pena – detenção, de um a três anos, e multa.

» LEI DOS TRANSPLANTES (LEI 9.434/97)

Art. 1º – A disposição gratuita de tecidos, órgãos e partes do corpo humano, em vida ou post mortem, para fins de transplante e tratamento, é permitida na forma desta Lei.

CAPÍTULO VI

CRIMES CONTRA A DIGNIDADE SEXUAL

1. CRIMES CONTRA A LIBERDADE SEXUAL

1.1. Estupro

Nos termos da nova redação do art. 213, configura estupro: "constranger alguém, mediante violência ou grave ameaça, a ter conjunção carnal ou a praticar ou permitir que com ele se pratique outro ato libidinoso".

Apesar da revogação formal do art. 214, **não houve *abolitio criminis* do delito de atentado violento ao pudor**, uma vez que inexistiu descontinuidade normativo-típica, ou seja, a conduta descrita como proibida no revogado art. 214 permanece proibida no ordenamento jurídico, mas agora no art. 213, com nova denominação. É o que conhece em doutrina como **princípio da continuidade normativo-típica.**

São elementos do tipo:

a) **Constrangimento mediante violência ou grave ameaça.** Para que configure estupro deve haver **dissenso** da vítima em relação ao ato sexual. É necessário que não haja adesão da vítima à prática do ato sexual. Essa resistência deve ser sincera e positiva. Um não querer sem maior rebeldia (negativas tímidas) não denota discordância. Por haver o dissenso, o agente executa a prática do ato sexual mediante violência ou grave ameaça.

b) **Conjunção carnal.** Significa coito vagínico, ou seja, introdução do pênis, completa ou incompleta, na cavidade vaginal. Outros atos sexuais estão fora do conceito de conjunção carnal.

c) **Ato libidinoso** (elemento normativo do tipo). É o que atenta contra o sentimento médio de moralidade sexual (critério objetivo), não importando que a vítima perceba a natureza libidinosa. Assim, mesmo que o agente se sinta realizado ao passar a mão no braço da vítima para satisfazer a sua lascívia, não será considerado ato libidinoso, uma vez que passar as mãos no braço de outrem não ofende a moral sexual média. Subjetivamente considerado (critério subjetivo), é o ato com a finalidade de satisfação da luxúria, lascívia. Conforme dispõe o tipo penal, **o comportamento da vítima pode ser ativo ou passivo**, uma vez que é coagida a: 1) praticar (comportamento ativo da vítima) com o autor ou terceiro o ato libidinoso; 2) permitir (comportamento passivo da vítima) que o autor ou terceiro nela pratique o ato libidinoso.

A propósito: "A maior parte da doutrina penalista pátria orienta no sentido de que a contemplação lasciva configura o ato libidinoso constitutivo dos tipos dos arts. 213 e 217-A do Código Penal – CP, sendo irrelevante, para a consumação dos delitos, que haja contato físico entre ofensor e ofendido. O delito imputado ao recorrente se encontra em capítulo inserto no Título VI do CP, que tutela a dignidade sexual. Cuidando-se de vítima de dez anos de idade, conduzida, ao menos em tese, a motel e obrigada a despir-se diante de adulto que efetuara pagamento para contemplar a menor em sua nudez, **parece dispensável a ocorrência de efetivo contato físico para que se tenha por consumado o ato lascivo que configura ofensa à dignidade sexual da menor**. Com efeito, a dignidade sexual não se ofende somente com lesões de natureza física. A maior ou menor gravidade do ato libidinoso praticado, em decorrência a adição de lesões físicas ao transtorno psíquico que a conduta supostamente praticada enseja na vítima, constitui matéria afeta à dosimetria da pena, na hipótese de eventual procedência da ação penal" (STJ, 5ª T., RHC 70976, j. 02/08/2016). No mesmo sentido: "De acordo com o novel entendimento consagrado por esta 5ª Turma, à unanimidade de votos, em julgamento de caso semelhante, decidiu-se que a '**contemplação lasciva** configura o ato libidinoso constitutivo dos tipos dos arts. 213 e 217-A do Código Penal, sendo irrelevante, para a consumação dos delitos, que haja contato físico entre ofensor e ofendido'" (STJ, 5ª T., REsp 1640087, DJe 01/02/2017). Ainda: "(...) 2. Esta Quinta Turma, seguindo o voto do em. Ministro Joel Ilan Paciornik, já teve oportunidade de ressaltar que 'a maior parte da doutrina penalista pátria orienta-se no sentido de que a contemplação lasciva configura o ato libidinoso constitutivo dos tipos dos arts. 213 e 217-A do Código Penal - CP, **sendo irrelavante, para a consumação dos delitos, que haja contato físico entre ofensor e ofendido**' (RHC 70.976/MS, Rel. Ministro JOEL ILAN PACIORNIK, QUINTA TURMA, julgado em 2/8/2016, DJe 10/8/2016). 3. No caso em apreço, o acusado, ao tocar nos seios da criança, ainda que por cima da roupa, praticou todos os atos necessários à tipificação do delito de estupro de vulnerável, que não exige atos invasivos, conforme jurisprudência deste Tribunal" (STJ, 5ª T., AgRg no REsp 1824358, j. 03/11/2020).

▶ **ESTUPRO VIRTUAL**

Ocorre quando a vítima, mediante grave ameaça, é constrangida a praticar atos libidinosos por meio da internet. Exemplos:

- O agente se passa por interessado em sites de relacionamento e consegue nudes. Em seguida, sob a ameaça de publicar as fotografias na internet, obriga a ofendida a praticar atos libidinosos nela mesma em frente à webcam.
- A vítima tem fotos íntimas subtraídas de arquivos pessoais. O autor da subtração, sob a ameaça de publicar as fotografias na internet, obriga a ofendida a masturbar-se na frente de uma webcam.

QUESTÃO. Se o agente constranger alguém, maior de 14 anos, mediante violência ou grave ameaça, a presenciar conjunção carnal ou outro ato libidinoso, a fim de satisfazer lascívia própria ou de outrem, configura estupro? Não, uma vez que a vítima não praticou com o autor nem permitiu que com ela se praticasse nenhum ato libidinoso. Entretanto, se o agente praticar, na presença de alguém menor de 14 anos, ou induzi-lo a presenciar, conjunção carnal ou outro ato libidinoso, a fim de satisfazer lascívia própria ou de outrem, estará caracterizado o crime descrito no art. 218-A.

▶ **CONJUNÇÃO CARNAL + OUTRO ATO LIBIDINOSO (EX.: COITO ANAL) CONTRA A MESMA VÍTIMA E NO MESMO CONTEXTO FÁTICO**

- **Crime único:** "(...) 2. A jurisprudência desta Corte firmou entendimento no sentido de que, com o advento da Lei n. 12.015/2009, os crimes de estupro e atentado violento ao pudor foram reunidos em um tipo criminal único de estupro, de maneira que é inviável reconhecer a incidência do instituto do concurso material de delitos, nos termos do art. 69 do Código Penal, quando as referidas condutas forem praticadas no mesmo contexto de tempo e lugar e contra idêntica vítima. Por se tratar de novatio legis in mellius, a Lei n. 12.015/09 alcança todos os fatos ocorridos anteriormente à sua vigência, desde que sua aplicação seja mais benéfica ao acusado. Reconhecida a prática de crime único, os atos libidinosos diversos da conjunção carnal devem ser considerados na fixação da pena-base do crime único de estupro, com a valoração negativa das circunstâncias judiciais do art. 59 do Código Penal. 3. Na espécie, impõe-se o reconhecimento de que a prática da conjunção carnal e de atos libidinosos diversos da conjunção, em cada evento, sejam considerados crime único, previsto no art. 217-A do Código Penal, incluído pela Lei n. 12.015/2009, cujo preceito secundário prevê pena de 8 a 15 anos de reclusão. Ademais, a pluralidade de atos em cada evento criminoso deve ser considerada para efeito de exasperar as penas-base, com acréscimo de 1/6, fração que se revela suficiente e proporcional na hipótese dos autos" (STJ, 5ª T., HC 622131, j. 02/02/2021).
- **Concurso de crimes:** o agente realiza o tipo penal duas vezes em modalidades distintas (ter conjunção carnal e praticar ato libidinoso). No entanto, como são dois delitos da mesma espécie (estupro), embora de modalidades distintas, pode ser reconhecido o crime continuado se preenchidos os demais requisitos.

Sujeitos do crime. O sujeito ativo pode ser qualquer pessoa. O crime pode ser praticado por um único agente (autor) ou em concorrência com outros agentes (coautoria e participação). É possível ainda mediante autoria mediata. Em relação ao sujeito passivo, também pode ser homem ou mulher, desde que não seja vulnerável segundo o art. 217-A. Na redação anterior, somente mulher poderia figurar como sujeito passivo.

Consumação e tentativa. Na hipótese de conjunção carnal, ocorrerá a consumação com a introdução do pênis na vagina, mesmo que tal introdução seja parcial, independentemente, ainda, de ejaculação ou orgasmo. Na modalidade de estupro com ato libidinoso, basta um único ato libidinoso para consumação, mesmo que o agente não consiga praticar outros atos por circunstâncias alheias à sua vontade. No crime de estupro existem dois momentos, o primeiro relacionado ao constrangimento mediante violência ou grave ameaça, e o segundo consiste na prática da conjunção carnal ou de outro ato libidinoso. Desse modo, a tentativa é perfeitamente admissível em qualquer modalidade do delito, desde que, após o constrangimento, o agente não pratique a conjunção carnal ou nenhum outro ato libidinoso.

Formas qualificadas. Se da conduta resulta lesão corporal de natureza grave ou se a vítima é menor de 18 ou maior de 14 anos (§ 1º), ou se da conduta resulta morte (§ 2º). No que tange à idade da vítima, deve ser interpretada a qualificadora no sentido de ser a vítima menor de 18 anos (dia anterior ao 18º aniversário) e maior de 14 anos. Em relação ao resultado qualificador lesão corporal grave ou morte, discute-se se pode ser causado a título de dolo ou culpa (corrente minoritária), ou se somente por culpa (corrente majoritária). Assim, predomina tratar-se de **crime preterdoloso**, ou seja, há dolo em relação ao estupro e culpa em relação à morte ou lesão grave. O agente não quer nem assume o risco da morte ou lesão grave, mas, por culpa, produz o resultado. Se houver dolo direto ou eventual em relação à morte ou à lesão grave, o agente responderá pelo art. 213, *caput* em concurso com homicídio doloso ou lesão corporal grave (dolosa). Esse concurso pode ser formal impróprio (art. 70, *caput*, 2ª parte) ou material (art. 69).

Crime hediondo. Apesar da discussão doutrinária e jurisprudencial, o **STF**, desde o julgamento proferido pelo Plenário ao apreciar o HC 81.288, j. 17/12/2001, firmou o entendimento de que os crimes de estupro e atentado violento ao pudor nas suas formas simples (art. 213, *caput*, e art. 214, *caput*), ainda que mediante violência presumida (art. 224), estavam inseridos no rol dos crimes considerados hediondos, conforme disposto no art. 1º, V e VI, da Lei nº 8.072/90. O **STJ** uniformizou seu entendimento sobre o tema somente em 2012: "Os crimes de estupro e atentado violento ao pudor cometidos antes da edição da Lei nº 12.015/2009 são considerados hediondos, ainda que praticados na forma simples" (3ª Seção, REsp 1.110.520-SP, j. 26/9/2012 – Informativo 505). Com o advento da **Lei nº 12.015/09**, alterando o art. 1º, V, da Lei dos Crimes

Hediondos (Lei nº 8.072/90), não há mais qualquer divergência em relação aos crimes praticados após a sua vigência, tendo em vista que **a forma simples do estupro (art. 213, *caput*) passou a figurar de forma clara e expressa no rol dos crimes hediondos.** A propósito: "Os crimes de estupro e atentado violento ao pudor, ainda que em sua forma simples, configuram modalidades de crime hediondo porque o bem jurídico tutelado é a liberdade sexual e não a integridade física ou a vida da vítima, sendo irrelevante, para tanto, que a prática dos ilícitos tenha resultado lesões corporais de natureza grave ou morte" (STJ, 5ª T., AgRg no HC 595420, j. 13/10/2020).

1.2. Violação sexual mediante fraude (art. 215)

Configura crime ter conjunção carnal, ou praticar outro ato libidinoso com alguém, mediante fraude ou outro meio que impeça ou dificulte a livre manifestação de vontade da vítima. Ex.: médico ginecologista, em exame, toca as partes pudendas da ofendida sem a devida necessidade, somente para satisfazer a sua lascívia; líder espiritual ou médium que, mediante a promessa de cura espiritual, pratica atos libidinosos na vítima.

O crime do art. 215 do CP é conhecido como "estelionato sexual".

Atenção: se a vítima não tiver nenhuma possibilidade de oferecer resistência, haverá estupro de vulnerável (art. 217-A, § 1º). Ex.: enquanto a paciente está inconsciente, o médico pratica conjunção carnal ou ato libidinoso com ela.

▶ ***Caso.***

Em dezembro de 2018 várias mulheres acusaram um conhecido médium brasileiro de ter praticado abusos sexuais durante procedimentos de cura espiritual. Vejamos alguns relatos: a) "Pegava na minha mão para eu pegar no pênis dele. (...) Ele falava: 'Põe a mão, isso é limpeza. Você precisa dessa limpeza, é o único jeito de fazer isso'"; b) "Então ele me conduziu para um banheiro, que mais parece uma sala, porque é muito grande e fechou a porta. Ali ele pediu para ficar de costas pra ele. Ele perguntou se tinha metal. Falei que sim, o sutiã. Pediu pra eu tirar. Pus o braço por dentro e tirei. Ele falou: 'vou ficar atrás de você e fazer realinhamento energético. Aí ele ficou muito próximo, colocou minha mão pra trás, isso ele já estava com o pênis pra fora, ele falou: 'Põe a mão aí, isso é limpeza, você precisa da minha energia, que só vem dessa maneira pra fazer a limpeza em você'"; c) "E ele falou assim: 'você levante que vou te curar. E você vai ter que se entregar'. Aí pediu pra ficar de costas e nisso ele começou a passar a mão no meu corpo, no meu abdômen, no meu seio, pela minha nádega".

Análise dos autores. Não obstante a necessidade de apuração e comprovação das alegações, pode-se dizer, ao menos em tese, que as notícias retratam crimes de violação sexual mediante fraude. Muitas vezes líderes espirituais recebem vítimas fragilizadas, física e emocionalmente, e prometem cura mediante a prática de conjunção carnal ou outros atos libidinosos. Trata-se do estelionato sexual (art. 215 do CP).

Obs.: segundo noticiado, o médium teria dito a uma das mulheres abusadas: "Se você não fizer o que eu estou falando, a sua doença vai voltar". Neste caso específico, havendo grave ameaça, seguida de conjunção carnal ou outro ato libidinoso, e não se tratando de vítima vulnerável, estaria caracterizado o crime de estupro (art. 213 do CP).

1.3. Importunação sexual (art. 215-A)

A Lei nº 13.718, de 24/09/2018 (vigência a partir de 25/09/2018), incluiu ao Código Penal o crime de importunação sexual, nos seguintes termos: "Art. 215-A. Praticar contra alguém e sem a sua anuência ato libidinoso com o objetivo de satisfazer a própria lascívia ou a de terceiro: Pena – reclusão, de 1 (um) a 5 (cinco) anos, se o ato não constitui crime mais grave".

Antes da alteração, condutas como apalpar, encoxar ou até ejacular na vítima, muitas vezes praticadas em transportes coletivos ou em espaços públicos, ora eram tipificadas como contravenção penal (infração de menor potencial ofensivo sujeita ao rito sumaríssimo do JECrim), ora eram tipificadas como estupro (crime hediondo).

Não havia, portanto, um meio-termo entre a contravenção penal de importunação ofensiva ao pudor ("Art. 61 da LCP. Importunar alguém, em lugar público ou acessível ao público, de modo ofensivo ao pudor: Pena – multa, de duzentos mil réis a dois contos de réis"), que agora foi expressamente revogada pela Lei nº 13.718/18, e o crime de estupro ("Art. 213 do CP. Constranger alguém, mediante violência ou grave ameaça, a ter conjunção carnal ou a praticar ou permitir que com ele se pratique outro ato libidinoso: Pena – reclusão, de 6 a 10 anos").

"Frotteurismo": deriva do francês "frotteur" (fazer fricção) ou "frotter" (esfregar). Trata-se de ato libidinoso consistente em esfregar-se ou tocar uma pessoa, sem o seu consentimento, com o fim de satisfação da libido. Pode caracterizar importunação sexual.

Vítima específica: o crime do art. 215-A do CP deve ser praticado "contra alguém e sem a sua anuência", ou seja, somente se configura se a vítima for certa (pessoa determinada ou grupo determinado de pessoas). Não havendo sujeito passivo específico (ex.: o autor se automasturba em praça pública, sem visar a pessoa determinada), haverá ato obsceno (art. 233 do CP), que tem como vítima imediata a coletividade.

Vítima menor de 14 anos: havendo prática de ato libidinoso com vítima menor de 14 anos, estará configurado o crime de estupro de vulnerável (art. 217-A do CP). Por outro lado, se o agente pratica, na presença de alguém menor de 14 anos, ou o induz a presenciar, conjunção carnal ou outro ato libidinoso, a fim de satisfazer lascívia própria ou alheia, haverá o crime de satisfação de lascívia mediante presença de criança ou adolescente (art. 218-A do CP). A propósito: "A Lei n.º 13.718, de 24 de setembro 2018, entre outras inovações, tipificou o crime de importunação sexual, punindo-o de forma mais branda do que o estupro, na forma de praticar ato libidinoso, sem violência ou grave ameaça. 4. Contudo, esta Corte Superior de Justiça firmou o entendimento no sentido de que a prática de conjunção carnal ou outro ato libidinoso configura o crime previsto no art. 217-A do Código Penal, independentemente de violência ou grave ameaça, bem como de eventual consentimento da vítima" (STJ, 6ª T., AgRg no AREsp 1361865, j. 07/02/2019); "Tratando-se de crime sexual praticado contra menor de 14 anos, a vulnerabilidade é presumida, independentemente de violência ou grave ameaça, bem como de eventual consentimento da vítima, o que afasta o crime de importunação sexual" (STJ, 6ª T., AgRg no REsp 1830026, j. 26/11/2019).

1.4. Assédio sexual (art. 216-A)

Constitui crime constranger alguém com o intuito de obter vantagem ou favorecimento sexual, prevalecendo-se o agente da sua condição de superior hierárquico ou ascendência inerentes ao exercício de emprego, cargo ou função. Trata-se de crime formal, de sorte que dispensa a produção da vantagem ou favorecimento sexual. A pena é aumentada em até um terço se a vítima é menor de 18 anos.

▶ **PROFESSOR-ALUNO**

- Apesar da relação de superioridade na esfera acadêmica ou de liderança espiritual, **não há assédio sexual na relação entre professor e aluno e na relação entre líder espiritual (padre, pastor etc.) e fiel,** tendo em vista inexistir vínculo de emprego, cargo ou função entre agente e vítima.
- Existe posição em sentido contrário no que se refere à relação professor-aluno em sala de aula. Luiz Regis Prado (vol. 2, p. 665) sustenta a possibilidade, afirmando a existência de **ascendência** entre professor e aluno. Segundo o referido autor, a ascendência exige *"uma relação de domínio, de influência, de respeito e até mesmo de temor referencial"*. No mesmo sentido: "(...) 3. Insere-se no tipo penal de assédio sexual a conduta de professor que, em ambiente de sala de aula, aproxima-se de aluna e, com intuito de obter vantagem ou favorecimento sexual, toca partes de seu corpo (barriga e seios), por ser propósito do legislador penal punir aquele que se prevalece de sua autoridade moral e intelectual - dado que o docente naturalmente suscita reverência e vulnerabilidade e, não raro, alcança autoridade paternal - para auferir a vantagem de natureza sexual, pois o vínculo de confiança e admiração criado entre aluno e mestre implica inegável superioridade, capaz de alterar o ânimo da pessoa constrangida. 4. É patente a aludida "ascendência", em virtude da "função" desempenhada pelo recorrente - também elemento normativo do tipo -, devido à atribuição que tem o professor de interferir diretamente na avaliação e no desempenho acadêmico do discente, contexto que lhe gera, inclusive, o receio da reprovação. Logo, a "ascendência" constante do tipo penal objeto deste recurso não deve se limitar à ideia de relação empregatícia entre as partes. Interpretação teleológica que se dá ao texto legal" (STJ, 6ª T., REsp 1759135, 6ª T., j. 13/08/2019).

1.5. Ação penal (art. 225)

Nos termos do art. 225 do Código Penal, conforme redação dada pela Lei nº 13.718, de 24/09/2018 (vigência a partir de 25/09/2018), o crime de estupro é processado mediante **ação penal pública incondicionada**. Por se tratar de disposição prejudicial ao réu, a nova regra não poderá retroagir.

Ademais, com a alteração, resta superado o debate a respeito da aplicação, ou não, da **Súmula 608 do STF** ("No crime de estupro, praticado mediante violência real, a ação penal é pública incondicionada").

▶ **EVOLUÇÃO LEGISLATIVA**

- **Redação original: Art. 225.** Nos crimes definidos nos capítulos anteriores, somente se procede mediante queixa. **§ 1º.** Procede-se, entretanto, mediante ação pública: **I** – se a vítima ou seus pais não podem prover às despesas do processo, sem privar-se de recursos indispensáveis à manutenção própria ou da família; **II** – se o crime é cometido com abuso do pátrio poder, ou da qualidade de padrasto, tutor ou curador. **§ 2º.** No caso do nº I do parágrafo anterior, a ação do Ministério Público depende de representação.
- **Redação a partir da Lei nº 12.015/09: Art. 225.** Nos crimes definidos nos Capítulos I e II deste Título, procede-se mediante ação penal pública condicionada à representação. **Parágrafo único.** Procede-se, entretanto, mediante ação penal pública incondicionada se a vítima é menor de 18 (dezoito) anos ou pessoa vulnerável.
- **Redação a partir da Lei nº 13.718/18: Art. 225.** Nos crimes definidos nos Capítulos I e II deste Título, procede-se mediante ação penal pública incondicionada.

1.6. Aumento de pena (arts. 226 e 234-A)

Art. 226. A pena é aumentada:

I – de quarta parte, se o crime é cometido com o concurso de 2 (duas) ou mais pessoas;

II – de metade, se o agente é ascendente, padrasto ou madrasta, tio, irmão, cônjuge, companheiro, tutor, curador, preceptor ou empregador da vítima ou por qualquer outro título tiver autoridade sobre ela (redação dada pela Lei nº 13.718/18);

III – (revogado pela Lei nº 11.106, de 2005);

IV – de 1/3 (um terço) a 2/3 (dois terços), se o crime é praticado (incluído pela Lei nº 13.718/18):

Estupro coletivo

a) mediante concurso de 2 (dois) ou mais agentes;

Estupro corretivo

b) para controlar o comportamento social ou sexual da vítima.

O art. 226 do Código Penal traz causas de aumento de pena (3ª fase do critério trifásico de aplicação da pena privativa de liberdade) aplicáveis aos delitos sexuais previstos nos Capítulos I (crimes contra a liberdade sexual) e II (crimes sexuais contra vulnerável).

A Lei nº 13.718/18, além de dar nova redação ao inciso II do art. 226 (limitando-se a substituir a palavra "tem" por "tiver"), incluiu as majorantes do estupro coletivo (alínea a do inciso IV) e do estupro corretivo (alínea b do inciso IV).

Estupro coletivo: aquele praticado mediante concurso de dois ou mais agentes. Entendemos que não há incompatibilidade entre os incisos I ("de quarta parte, se o crime é cometido com o concurso de 2 ou mais pessoas") e IV ("de 1/3 a 2/3, se o crime é praticado: a) mediante concurso de 2 ou mais agentes"). Isso porque o inciso I se refere a todos os crimes dos Capítulos I e II do Título VI (crimes contra a dignidade sexual), enquanto que o inciso IV se refere somente aos delitos de estupro e estupro de vulnerável (princípio da especialidade).

Estupro corretivo: aquele praticado para controlar o comportamento social ou sexual da vítima. Há notícia de práticas criminosas, machistas e repugnantes em que mulheres lésbicas são estupradas para "virarem mulheres de verdade", ou "aprenderem a gostar de homens", devendo incidir, nesses casos, a majorante.

▶ **Aumento de pena**

Art. 234-A. Nos crimes previstos neste Título a pena é aumentada:

I - (vetado);

II - (vetado);

III - de metade a 2/3 (dois terços), se do crime resulta gravidez (redação dada pela Lei nº 13.718/18);

IV - de 1/3 (um terço) a 2/3 (dois terços), se o agente transmite à vítima doença sexualmente transmissível de que sabe ou deveria saber ser portador, ou se a vítima é idosa ou pessoa com deficiência (redação dada pela Lei nº 13.718/18).

As causas de aumento (3ª fase do critério trifásico de aplicação da pena privativa de liberdade) do art. 234-A do Código Penal foram incluídas pela Lei nº 12.015/09, e depois alteradas pela Lei nº 13.718/18.

Se do crime resulta gravidez: a majorante somente tem aplicação se a vítima for mulher, exigindo, para sua comprovação, exame pericial. A gestante poderá realizar o aborto, nos termos do art. 128, II, do Código Penal. Obs.: na hipótese de a mulher figurar como sujeito ativo e vir a engravidar, não se justifica o aumento de pena.

Transmissão de doença sexualmente transmissível: exige-se o dolo direto ("de que sabe ser portador") ou eventual ("de que deveria saber ser portador"). Para evitar o bis in idem, o agente não responderá, também, pelo crime de perigo de contágio venéreo (art. 130 do CP).

Vítima idosa ou pessoa com deficiência: as majorantes foram incluídas pela Lei nº 13.718/18. Justifica-se o aumento da pena em face da vulnerabilidade da vítima.

2. EXPOSIÇÃO DA INTIMIDADE SEXUAL

2.1. Registro não autorizado da intimidade sexual (art. 216-B)

A Lei nº 13.772, de 19/12/2018, com vigência a partir de 20/12/2018 (data da publicação no DOU), inseriu no Código Penal o **Capítulo I-A** (Da Exposição da Intimidade Sexual) e o **art. 216-B** (Registro não autorizado da intimidade sexual). O novo tipo penal vem tutelar a intimidade sexual.

Conforme o art. 216-B, é crime "Produzir, fotografar, filmar ou registrar, por qualquer meio, conteúdo com cena de nudez ou ato sexual ou libidinoso de caráter íntimo e privado sem autorização dos participantes", punido com pena de detenção de 6 meses a 1 ano, e multa.

O objeto material consiste em conteúdo com cena de nudez ou ato sexual ou libidinoso de caráter íntimo e privado. O agente não tem autorização para captar e guardar a imagem. Foi noticiado que, em alguns estabelecimentos, como hotéis ou motéis, pessoas foram filmadas em cenas de sexo por meio de câmera escondidas.

> ▶ **PRODUÇÃO X DIVULGAÇÃO**
>
> Com a nova lei, o legislador passou a punir aquele que produz a cena sexual, sem autorização dos envolvidos, com pena inferior à daquele que a divulga:
>
> - Agente que produz: detenção de 6 meses a 1 ano (art. 216-B)
> - Agente que divulga: reclusão de 1 a 5 anos (art. 218-C)

No parágrafo único o tipo prevê uma forma equiparada, punindo com a mesma pena quem realiza montagem em fotografia, vídeo, áudio ou qualquer outro registro com o fim de incluir pessoa em cena de nudez ou ato sexual ou libidinoso de caráter íntimo.

Na eleição de 2018, circulou nas redes sociais um vídeo contendo registro de cena de ato sexual entre um homem e algumas mulheres, sendo que a imagem do homem que participava do ato foi veiculada como sendo a de um candidato a governador. De imediato, o referido candidato veio a público dizer que se tratava de montagem.

3. CRIMES SEXUAIS CONTRA VULNERÁVEL

3.1. Estupro de vulnerável (art. 217-A)

É proibido ter conjunção carnal ou praticar outro ato libidinoso com:

a) menor de 14 anos;

b) alguém que, por enfermidade ou deficiência mental, não tem o necessário discernimento para a prática do ato;

c) alguém que, por qualquer outra causa, não pode oferecer resistência (exemplos: estado de coma; embriaguez alcoólica completa; paralisia dos membros).

O sujeito ativo pode ser qualquer pessoa. O crime pode ser praticado por um único agente (autor) ou em concorrência com outros agentes (coautoria e participação). É possível ainda mediante autoria mediata. Em relação ao sujeito passivo, também pode ser homem ou mulher, desde que se encontre em alguma das hipóteses de vulnerabilidade.

Ao contrário do estupro (art. 213), o estupro de vulnerável (art. 217-A) pode ser praticado **com ou sem violência/grave ameaça** contra a vítima. Nesse sentido: "Quanto ao pleito de desclassificação da conduta para a contravenção penal do art. 61 do

Decreto-lei 3.688/1941, o estupro de vulnerável é crime hediondo, comum, material, instantâneo, em regra plurissubsistente, cujos dois núcleos do tipo consistem em ter conjunção carnal ou praticar qualquer ato libidinoso com vulnerável, nos termos do art. 217-A e 1º, do Código Penal. Diversamente do estupro (CP, art. 213), despiciendo qualquer tipo de violência real ou grave ameaça para a consumação deste crime, bastando a execução de quaisquer dos dois núcleos típicos, ainda que haja o consentimento expresso da vítima" (STJ, 5ª T., HC 431708, j. 24/05/2018). Ainda: "O crime de estupro de incapaz contempla duas condutas distintas, quais sejam, ter conjunção carnal com menor de 14 anos e praticar outro ato libidinoso com menor de 14 anos, **independentemente do emprego de violência ou grave ameaça**, dada a vulnerabilidade da vítima, sendo que como ato libidinoso deve ser entendido qualquer ato diverso da conjunção carnal revestido de conotação sexual" (STJ, 5ª T., HC 628870, j. 15/12/2020).

O tipo penal não exige o contato físico entre a vítima e o agente, ou entre a vítima e um terceiro, mas é necessário que o corpo da vítima seja envolvido no ato libidinoso, como ocorre na hipótese de ela ser obrigada a praticar o ato libidinoso em si mesma (ex.: ser coagida a introduzir um objeto na vagina) ou a se despir. Assim: "Cuidando-se de vítima de dez anos de idade, conduzida, ao menos em tese, a motel e obrigada a despir-se diante de adulto que efetuara pagamento para **contemplar a menor em sua nudez**, parece dispensável a ocorrência de efetivo contato físico para que se tenha por consumado o ato lascivo que configura ofensa à dignidade sexual da menor" (STJ, 5ª T., RHC 70976, j. 02/08/2016). Ainda: "(...) 2. Esta Quinta Turma, seguindo o voto do em. Ministro Joel Ilan Paciornik, já teve oportunidade de ressaltar que 'a maior parte da doutrina penalista pátria orienta-se no sentido de que a contemplação lasciva configura o ato libidinoso constitutivo dos tipos dos arts. 213 e 217-A do Código Penal - CP, **sendo irrelavante, para a consumação dos delitos, que haja contato físico entre ofensor e ofendido**' (RHC 70.976/MS, Rel. Ministro JOEL ILAN PACIORNIK, QUINTA TURMA, julgado em 2/8/2016, DJe 10/8/2016). 3. No caso em apreço, o acusado, ao tocar nos seios da criança, ainda que por cima da roupa, praticou todos os atos necessários à tipificação do delito de estupro de vulnerável, que não exige atos invasivos, conforme jurisprudência deste Tribunal" (STJ, 5ª T., AgRg no REsp 1824358, j. 03/11/2020).

Consuma-se com a prática da conjunção carnal ou de outro ato libidinoso. A tentativa é admissível em qualquer modalidade do crime, apesar de ser difícil comprovação no caso de o delito ser praticado sem violência ou grave ameaça. A propósito: "É pacífica a compreensão de que o delito de estupro de vulnerável se consuma com a prática de qualquer ato de libidinagem ofensivo à dignidade sexual da vítima" (STJ, 5ª AgRg no REsp 1815441, j. 22/10/2019). Em regra, a consumação ocorre com o contato físico entre o agente e a vítima, mas, como visto nas explicações ao art. 213, "A maior parte da doutrina penalista pátria orienta no sentido de que a **contemplação lasciva** configura o ato libidinoso constitutivo dos tipos dos arts. 213 e 217-A do Código Penal – CP, sendo irrelevante, para a consumação dos delitos, que haja contato físico entre ofensor e ofendido" (STJ, 5ª T., RHC 70976, j. 02/08/2016).

Pessoa menor de 14 anos e consentimento: "O crime de estupro de vulnerável se configura com a conjunção carnal ou prática de ato libidinoso com menor de 14 anos, sendo **irrelevante** eventual consentimento da vítima para a prática do ato, sua experiência sexual anterior ou existência de relacionamento amoroso com o agente" (**Súmula 593 do STJ**).

A propósito: "De acordo com a jurisprudência do Superior Tribunal de Justiça, firmada em julgamento do Recurso Representativo da Controvérsia nº 1.480.881/PI, há **presunção absoluta de violência** nos casos de prática de conjunção carnal ou ato libidinoso diverso com pessoa menor de 14 anos" (STJ, 5ª T., AgRg no AREsp 1211088, j. 06/11/2018). Ainda: "O crime de estupro de vulnerável, previsto no art. 217-A do Código Penal, por ser de conduta variada, consuma-se, além da hipótese de conjunção carnal, pela prática de qualquer ato libidinoso em desfavor da Vítima, menor de 14 (quatorze) anos de idade à época dos fatos, cuja presunção de violência ou grave ameaça é, por mandamento legal, **absoluta**" (STJ, 6ª T., AgRg no REsp 1885012, j. 13/10/2020).

Nesse sentido, ainda, o **§ 5º** do art. 217-A do Código Penal, incluído pela Lei nº 13.718/18: "As penas previstas no *caput* e nos §§ 1º, 3º e 4º deste artigo aplicam-se **independentemente do consentimento da vítima ou do fato de ela ter mantido relações sexuais anteriormente ao crime**".

Se da conduta resulta lesão corporal de natureza grave, a pena é de reclusão, de 10 a 20 anos. Se resulta morte, pune-se o crime com a pena de reclusão, de 12 a 30 anos. Em relação ao resultado qualificador ser causado a título de dolo ou culpa, observe-se a explicação dada à forma qualificada do art. 213.

Trata-se de **crime hediondo**, na sua forma simples e qualificada (art. 1º, VI, da Lei nº 8.072/90).

3.2. Corrupção de menores (art. 218)

Com a nova redação do art. 218, responde pelo crime aquele que induz alguém menor de 14 anos a satisfazer a lascívia de outrem. O autor do delito não pratica ato libidinoso, nem satisfaz a sua própria lascívia. Existe divergência sobre a interpretação desse tipo penal: 1ª posição: o agente (que induziu o menor) só responderá pelo art. 218 se o terceiro (outrem) não praticar nenhum ato libidinoso com o menor. Ex.: o terceiro irá satisfazer a sua lascívia fotografando o menor sem roupa. Isso porque, se o terceiro praticar conjunção carnal ou outro ato libidinoso, responderá por estupro de vulnerável (art. 217-A), e aquele que induziu o menor será partícipe, de sorte que também responderá pelo art. 217-A, e não pelo art. 218; 2ª posição: responde pelo art. 218 aquele que induz o menor de 14 anos a satisfazer a lascívia de outrem, ao passo que a pessoa que irá satisfazer a sua lascívia responderá pelo art. 217-A caso pratique conjunção carnal ou outro ato libidinoso. Tratar-se-ia de uma exceção à teoria monista do concurso de pessoas.

3.3. Satisfação de lascívia mediante presença de criança ou adolescente (art. 218-A)

Este crime foi criado pela Lei nº 12.015/09. Configura o delito quando o agente: a) pratica, na presença de alguém menor de 14 anos, conjunção carnal ou outro ato libidinoso, a fim de satisfazer lascívia própria ou de outrem; b) induz alguém menor de 14 anos a presenciar conjunção carnal ou outro ato libidinoso, a fim de satisfazer lascívia própria ou de outrem.

No caso de vítima maior de 14 anos, a conduta poderá configurar o crime de importunação sexual, previsto no art. 215-A do Código Penal ("Praticar contra alguém e sem a sua anuência ato libidinoso com o objetivo de satisfazer a própria lascívia ou a de terceiro").

3.4. Favorecimento da prostituição ou outra forma de exploração sexual de criança ou adolescente ou de vulnerável (art. 218-B)

O nomen iuris do delito foi dado pela Lei nº 12.978/14, mesma legislação que incluiu o art. 218-B do CP ao rol dos crimes hediondos (art. 1º, VIII, da Lei nº 8.072/90). Trata-se, portanto, de **delito hediondo**, tanto na sua forma simples quanto na sua forma qualificada. Como se está diante de *lex gravior* (Lei nº 12.978/14), não poderá retroagir.

Pune-se aquele que submeter, induzir ou atrair à prostituição ou outra forma de exploração sexual alguém menor de 18 anos ou que, por enfermidade ou deficiência mental, não tem o necessário discernimento para a prática do ato, facilitá-la, impedir ou dificultar que a abandone. Também comete crime: quem pratica conjunção carnal ou outro ato libidinoso com alguém menor de 18 e maior de 14 anos na situação de prostituição ou outra forma de exploração sexual; o proprietário, o gerente ou o responsável pelo local em que se verifiquem as práticas referidas no *caput* do art. 218-B. Nesse caso, constitui efeito obrigatório da condenação a cassação da licença de localização e de funcionamento do estabelecimento.

▶ **Atenção:**

- A Lei nº 13.440, de 08/05/2017, deu nova redação ao preceito secundário do art. 244-A do ECA. Entretanto, o referido tipo penal foi revogado tacitamente pelo art. 218-B do CP. Na verdade, a pena de prisão cominada é a mesma (reclusão de quatro a dez anos), de sorte que houve a cominação de multa, bem como a perda de bens e valores utilizados na prática criminosa em favor do Fundo dos Direitos da Criança e do Adolescente da unidade da Federação (Estado ou Distrito Federal) em que foi cometido o crime, ressalvado o direito de terceiro de boa-fé. Entendemos que, enquanto o legislador não ajuste a legislação, somente terá aplicação o preceito secundário do art. 244-A do ECA, combinado com o art. 218-B do CP.
- A Lei nº 13.441, de 08/05/2017, alterou a Lei nº 8.069/90 (Estatuto da Criança e do Adolescente), para prever **a infiltração de agentes de polícia na internet** com o fim de investigar crimes contra a dignidade sexual de criança e de adolescente (crimes previstos nos arts. 240, 241, 241-A, 241-B, 241-C e 241-D do ECA e nos arts. 154-A, 217-A, 218, 218-A e 218-B do Código Penal).
- O "Pacote Anticrime" (Lei 13.964/19) acrescentou à Lei do Crime Organizado (Lei 12.850/13) o art. 10-A: "Será admitida a ação de **agentes de polícia infiltrados virtuais**, obedecidos os requisitos do *caput* do art. 10, na internet, com o fim

de investigar os crimes previstos nesta Lei e a eles conexos, praticados por organizações criminosas, desde que demonstrada sua necessidade e indicados o alcance das tarefas dos policiais, os nomes ou apelidos das pessoas investigadas e, quando possível, os dados de conexão ou cadastrais que permitam a identificação dessas pessoas".

3.5. Divulgação de cena de estupro ou de cena de estupro de vulnerável, de cena de sexo ou de pornografia (art. 218-C)

Tutela-se a dignidade, a honra e a intimidade da vítima. O tipo penal foi criado principalmente em razão de pessoas que, sem o seu consentimento, tiveram fotos ou vídeos de cunho sexual divulgados na internet. Com a criminalização da conduta de fazer apologia ou induzir à prática de estupro ou estupro de vulnerável, protege-se, ainda, a paz pública.

O crime previsto no art. 218-C foi incluído ao Código Penal pela Lei nº 13.718, de 24/09/2018 (vigência a partir de 25/09/2018). Anteriormente, na falta de tipo penal específico, a divulgação de imagens íntimas da vítima, com conotação sexual, era considerada mero crime contra a honra, resolvido, em muitos casos, com penas alternativas junto ao Juizado Especial Criminal. A desproporcionalidade da resposta penal diante do dano causado às vítimas era evidente. A nova legislação, no entanto, por se tratar de lex gravior, não pode retroagir.

Vítima for menor de 18 anos: a conduta do autor poderá configurar crime do ECA, seja o art. 241 ("Vender ou expor à venda fotografia, vídeo ou outro registro que contenha cena de sexo explícito ou pornográfica envolvendo criança ou adolescente"), seja o art. 241-A ("Oferecer, trocar, disponibilizar, transmitir, distribuir, publicar ou divulgar por qualquer meio, inclusive por meio de sistema de informática ou telemático, fotografia, vídeo ou outro registro que contenha cena de sexo explícito ou pornográfica envolvendo criança ou adolescente").

Acesso e armazenamento: receber e salvar fotos ou vídeos com conteúdo erótico não caracterizam o crime.

Objeto material: é a fotografia, o vídeo ou outro registro audiovisual, que deve conter (i) cena de estupro ou de estupro de vulnerável, (ii) cena que faça apologia ao estupro/estupro de vulnerável ou que induza a sua prática ou (iii) cena de sexo, nudez ou pornografia sem o consentimento da vítima.

(i) Cena de estupro ou de estupro de vulnerável.

Pune-se a divulgação (ou oferecimento, troca, disponibilização, transmissão, venda, exposição à venda, distribuição, publicação) de fotos ou vídeos que contenham cena de relação sexual não consentida. Em maio de 2016 tornou-se viral na internet um vídeo supostamente gravado no Rio de Janeiro em que uma adolescente aparece nua, dopada e com marcas de violência, gerando protestos, notas de repulsa e pedidos de providências.

Seria inadmissível pensar que alguém pudesse satisfazer a sua lascívia, ou de qualquer forma se excitar, trocando mensagens (fotos ou vídeos) contendo cenas de violência sexual.

No caso de cena de estupro de vulnerável, a vítima deve estar enquadrada em uma das hipóteses do § 1º do artigo 217-A do Código Penal: quem, por enfermidade ou deficiência mental, não tem o necessário discernimento para a prática do ato, ou quem, por qualquer outra causa, não pode oferecer resistência. Se a vítima for vulnerável por ser menor de 14 anos, haverá crime previsto no Estatuto da Criança e do Adolescente (art. 241 ou art. 241-A, conforme o caso).

(ii) Cena que faça apologia ao estupro/estupro de vulnerável ou que induza a sua prática

Trata-se de tipo especial de apologia de crime ("Art. 287. Fazer, publicamente, apologia de fato criminoso ou de autor de crime"), razão pela qual, além da dignidade sexual, também é tutelada a paz pública neste caso. Busca-se evitar a divulgação de fotos ou vídeos que, de qualquer forma, façam elogio, defesa, propaganda ou enaltecimento dos crimes de estupro ou estupro de vulnerável.

Não se exige que o material divulgado contenha cenas sexuais; neste caso, a vítima será a coletividade, ou seja, um número indeterminado de pessoas (crime vago).

(iii) Cena de sexo, nudez ou pornografia sem o consentimento da vítima

A cena divulgada não contém violência sexual, pois caso contrário incidiria a primeira figura (divulgar cena de estupro ou estupro de vulnerável). Possíveis interpretações do dispositivo: a) uma interpretação mais extensiva permitirá enquadrar na última figura do *caput* do art. 218-C comportamentos como a divulgação em redes sociais de fotos pornográficas de pessoas desconhecidas em clara situação de "flagra" (foto sem autorização), inclusive em grupos fechados de WhatsApp; b) uma interpretação mais restritiva exigirá que exista alguma relação com a vítima – que não a relação íntima de afeto, prevista no § 1º –, como no caso de relações laborais (colegas de trabalho), relações domiciliares (caso dos vizinhos) ou relações profissionais (caso dos paparazzi que perseguem artistas famosos). Exemplos: o agente, por cima do muro, consegue tirar fotografias de sua vizinha enquanto ela toma banho de sol nua no pátio, divulgando-as na internet; o fotógrafo, da praia, com uma câmera de grande alcance, capta cenas de sexo ocorridas em um barco no qual se encontra conhecido jogador de futebol, e depois vende o vídeo para um periódico sensacionalista.

Forma majorada. De acordo com o **§ 1º**, "A pena é aumentada de 1/3 (um terço) a 2/3 (dois terços) se o crime é praticado por agente que mantém ou tenha mantido relação íntima de afeto com a vítima ou com o fim de vingança ou humilhação". São duas, portanto, as hipóteses de aumento da pena:

a) O crime é cometido por quem mantém ou tenha mantido relação íntima de afeto com a vítima: existe relação íntima no casamento, na união estável e no namoro. Encontros casuais, em regra, não majoram a pena, caracterizando a formal simples do delito (*caput*).

b) O crime é cometido com o fim de vingança ou humilhação: trata-se da prática conhecida como *revenge porn*. Ativada pela turbulência tecnológica e cultural que colocou uma câmera em cada bolso e criou uma audiência global para cada publicação de mídia social, a "pornografia não consensual", ou "pornografia da vingança", ou "pornografia de revanche", torna-se, nos dias atuais, cada vez mais comum. Neste caso, fotografias e/ou vídeos íntimos de alguém, tiradas/gravados de maneira consensual, são posteriormente expostos na internet, quando do fim do relacionamento, geralmente pela parte inconformada, como forma de vingar-se do(a) antigo(a) parceiro(a).

ESPÉCIES DE EXPOSIÇÃO SEXUAL NÃO CONSENTIDA	
Sexting	É um anglicismo derivado da contração de "sex" e "texting", e significa a divulgação de textos com conteúdo erótico por meio de telefones celulares. Com o avanço tecnológico, passaram a ser enviados vídeos e fotografias de pessoas nuas (nudes) ou em poses sexuais.
Revenge porn	Remete à ideia de uma "pornografia não consensual", "pornografia da vingança", "pornografia de revanche" ou "vingança pornô". Trata-se de fenômeno em que fotografias e/ou vídeos íntimos de alguém, tiradas/gravados de maneira consensual, são posteriormente expostos na internet, quando do fim do relacionamento, geralmente pela parte inconformada, como forma de vingar-se do(a) antigo(a) parceiro(a).
Sextortion	Decorre do anglicismo que se origina da fusão entre as expressões "sex" e "extortion", a qual ocorre quando alguém ameaça distribuir material privado e íntimo do ofendido, caso ele não forneça dinheiro (comportamento que configura o crime de extorsão) ou imagens de cunho sexual, ou mesmo preste favores sexuais (conduta que se amolda ao crime de estupro).

Exclusão de ilicitude. Conforme o **§ 2º**, "Não há crime quando o agente pratica as condutas descritas no *caput* deste artigo em publicação de natureza jornalística, científica, cultural ou acadêmica com a adoção de recurso que impossibilite a identificação da vítima, ressalvada sua prévia autorização, caso seja maior de 18 (dezoito) anos".

Vamos voltar ao vídeo referido acima, ao que tudo indica tornado público pelos próprios autores do estupro coletivo, em que uma adolescente aparece nua, dopada e com marcas de violência. Caso um determinado programa televisivo investigativo, depois de tomar todas as providências para impedir a identificação da jovem, divulgue o vídeo com o fim de buscar a identificação e posterior responsabilização penal dos agentes, não terá praticado crime.

Não se admite, em qualquer hipótese, a identificação da vítima se ela for menor de 18 anos.

3.6. Ação penal (art. 225)

Nos termos do art. 225 do Código Penal, conforme redação dada pela Lei nº 13.718, de 24/09/2018 (vigência a partir de 25/09/2018), o crime de estupro é processado mediante **ação penal pública incondicionada**. Por se tratar de disposição prejudicial ao réu, a nova regra não poderá retroagir.

Ademais, com a alteração, resta superado o debate a respeito da aplicação, ou não, da **Súmula 608 do STF** ("No crime de estupro, praticado mediante violência real, a ação penal é pública incondicionada").

EVOLUÇÃO LEGISLATIVA		
Redação original	**Redação a partir da Lei nº 12.015/09**	**Redação a partir da Lei nº 13.718/18**
Art. 225. Nos crimes definidos nos capítulos anteriores, somente se procede mediante queixa. **§ 1º.** Procede-se, entretanto, mediante ação pública: **I** – se a vítima ou seus pais não podem prover às despesas do processo, sem privar-se de recursos indispensáveis à manutenção própria ou da família; **II** – se o crime é cometido com abuso do pátrio poder, ou da qualidade de padrasto, tutor ou curador. **§ 2º.** No caso do nº I do parágrafo anterior, a ação do Ministério Público depende de representação.	**Art. 225.** Nos crimes definidos nos Capítulos I e II deste Título, procede-se mediante ação penal pública condicionada à representação. **Parágrafo único.** Procede-se, entretanto, mediante ação penal pública incondicionada se a vítima é menor de 18 (dezoito) anos ou pessoa vulnerável.	**Art. 225.** Nos crimes definidos nos Capítulos I e II deste Título, procede-se mediante ação penal pública incondicionada.

3.7. Aumento de pena (arts. 226 e 234-A)

Art. 226. A pena é aumentada:

I – de quarta parte, se o crime é cometido com o concurso de 2 (duas) ou mais pessoas;

II – de metade, se o agente é ascendente, padrasto ou madrasta, tio, irmão, cônjuge, companheiro, tutor, curador, preceptor ou empregador da vítima ou por qualquer outro título tiver autoridade sobre ela (redação dada pela Lei nº 13.718/18);

III – (revogado pela Lei nº 11.106, de 2005);

IV – de 1/3 (um terço) a 2/3 (dois terços), se o crime é praticado (incluído pela Lei nº 13.718/18):

Estupro coletivo

a) mediante concurso de 2 (dois) ou mais agentes;

Estupro corretivo

b) para controlar o comportamento social ou sexual da vítima.

O art. 226 do Código Penal traz causas de aumento de pena (3ª fase do critério trifásico de aplicação da pena privativa de liberdade) aplicáveis aos delitos sexuais previstos nos Capítulos I (crimes contra a liberdade sexual) e II (crimes sexuais contra vulnerável).

A Lei nº 13.718/18, além de dar nova redação ao inciso II do art. 226 (limitando-se a substituir a palavra "tem" por "tiver"), incluiu as majorantes do estupro coletivo (alínea a do inciso IV) e do estupro corretivo (alínea b do inciso IV).

Estupro coletivo: aquele praticado mediante concurso de dois ou mais agentes. Entendemos que não há incompatibilidade entre os incisos I ("de quarta parte, se o crime é cometido com o concurso de 2 ou mais pessoas") e IV ("de 1/3 a 2/3, se o crime é praticado: a) mediante concurso de 2 ou mais agentes"). Isso porque o inciso I se refere a todos os crimes dos Capítulos I e II do Título VI (crimes contra a dignidade sexual), enquanto que o inciso IV se refere somente aos delitos de estupro e estupro de vulnerável (princípio da especialidade).

Estupro corretivo: aquele praticado para controlar o comportamento social ou sexual da vítima. Há notícia de práticas criminosas, machistas e repugnantes em que mulheres lésbicas são estupradas para "virarem mulheres de verdade", ou "aprenderem a gostar de homens", devendo incidir, nesses casos, a majorante.

Aumento de pena

Art. 234-A. Nos crimes previstos neste Título a pena é aumentada:

I – (vetado);

II – (vetado);

III – de metade a 2/3 (dois terços), se do crime resulta gravidez (redação dada pela Lei nº 13.718/18);

IV – de 1/3 (um terço) a 2/3 (dois terços), se o agente transmite à vítima doença sexualmente transmissível de que sabe ou deveria saber ser portador, ou se a vítima é idosa ou pessoa com deficiência (redação dada pela Lei nº 13.718/18).

As causas de aumento (3ª fase do critério trifásico de aplicação da pena privativa de liberdade) do art. 234-A do Código Penal foram incluídas pela Lei nº 12.015/09, e depois alteradas pela Lei nº 13.718/18.

Se do crime resulta gravidez: a majorante somente tem aplicação se a vítima for mulher, exigindo, para sua comprovação, exame pericial. A gestante poderá realizar o aborto, nos termos do art. 128, II, do Código Penal. Obs.: na hipótese de a mulher figurar como sujeito ativo e vir a engravidar, não se justifica o aumento de pena.

Transmissão de doença sexualmente transmissível: exige-se o dolo direto ("de que sabe ser portador") ou eventual ("de que deveria saber ser portador"). Para evitar o bis in idem, o agente não responderá, também, pelo crime de perigo de contágio venéreo (art. 130 do CP).

Vítima idosa ou pessoa com deficiência: as majorantes foram incluídas pela Lei nº 13.718/18. Justifica-se o aumento da pena em face da vulnerabilidade da vítima.

4. LENOCÍNIO E TRÁFICO DE PESSOA PARA FIM DE PROSTITUIÇÃO OU OUTRA FORMA DE EXPLORAÇÃO SEXUAL

4.1. Mediação para servir a lascívia de outrem (art. 227)

Responde pelo crime aquele que induzir alguém a satisfazer a lascívia de outrem. Qualifica o delito se a vítima é maior de 14 e menor de 18 anos, ou se o agente é seu ascendente, descendente, cônjuge ou companheiro, irmão, tutor ou curador ou pessoa a quem esteja confiada para fins de educação, de tratamento ou de guarda, bem como se o crime é cometido com emprego de violência, grave ameaça ou fraude; se é praticado com o fim de lucro, aplica-se também a pena de multa. *Importante*: se a pessoa que for induzida a satisfazer a lascívia de outrem for menor de 14 anos, responde o agente pelo delito do art. 218-A.

4.2. Favorecimento da prostituição ou outra forma de exploração sexual (art. 228)

Conforme redação dada pela Lei nº 12.015/09, é proibido:

a) induzir alguém à prostituição ou outra forma de exploração sexual;

b) atrair alguém à prostituição ou outra forma de exploração sexual;

c) facilitar alguém a se prostituir ou a se entregar a outra forma de exploração sexual;

d) impedir alguém a abandonar a prostituição ou outra forma de exploração sexual;

e) dificultar alguém a abandonar a prostituição ou outra forma de exploração sexual.

É importante ressaltar que a prostituição não é crime, mas sim a sua exploração. Qualifica o delito se o agente é ascendente, padrasto, madrasta, irmão, enteado, cônjuge, companheiro, tutor ou curador, preceptor ou empregador da vítima, ou se assumiu, por lei ou outra forma, obrigação de cuidado, proteção ou vigilância, bem como se a infração é praticada com emprego de violência, grave ameaça ou fraude; se é praticado com o fim de lucro, aplica-se também a pena de multa (é o chamado **lenocínio questuário**).

4.3. Casa de prostituição (art. 229)

Segundo a redação dada pela Lei nº 12.015/09, configura crime manter, por conta própria ou de terceiro, estabelecimento em que ocorra exploração sexual, haja, ou não, intuito de lucro ou mediação direta do proprietário ou gerente. A pessoa que está sendo explorada sexualmente não comete crime. De acordo com os Tribunais Superiores, **o princípio da adequação social não tem força para revogar o crime disposto no art. 229.**

▶ **NÃO INCIDÊNCIA DO PRINCÍPIO DA ADEQUAÇÃO SOCIAL:**

- "1. No crime de manter casa de prostituição, imputado aos Pacientes, os bens jurídicos protegidos são a moralidade sexual e os bons costumes, valores de elevada importância social a serem resguardados pelo Direito Penal, não havendo que se falar em aplicação do princípio da fragmentariedade. 2. Quanto à aplicação do princípio da adequação social, esse, por si só, não tem o condão de revogar tipos penais. Nos termos do art. 2º da Lei de Introdução às Normas do Direito Brasileiro (com alteração da Lei nº 12.376/2010), 'não se destinando à vigência temporária, a lei terá vigor até que outra a modifique ou revogue'. 3. Mesmo que a conduta imputada aos Pacientes fizesse parte dos costumes ou fosse socialmente aceita, isso não seria suficiente para revogar a lei penal em vigor" (STF, 1ª T., HC 104467, j. 08/02/2011).
- "De acordo com o entendimento firmado pelo Superior Tribunal de Justiça – STJ, não se aplica o princípio da adequação social aos crimes de favorecimento da prostituição ou manutenção de casa de prostituição" (STJ, 6ª T., AgRg no REsp 1508423, j. 01/09/2015).

O estabelecimento deve ser voltado exclusivamente para a **prática da exploração sexual**: "1. Mesmo após as alterações legislativas introduzidas pela Lei nº 12.015/2009, a conduta consistente em manter Casa de Prostituição segue sendo crime tipificado no artigo 229 do Código Penal. Todavia, com a novel legislação, passou-se a exigir a 'exploração sexual' como elemento normativo do tipo, de modo que a conduta consistente em manter casa para fins libidinosos, por si só, não mais caracteriza crime, sendo necessário, para a configuração do delito, que haja exploração sexual, assim entendida como a violação à liberdade das pessoas que ali exercem a mercancia carnal. 2. Não se tratando de estabelecimento voltado exclusivamente para a prática de mercancia sexual, tampouco havendo notícia de envolvimento de menores de idade, nem comprovação de que o recorrido tirava proveito, auferindo lucros da atividade sexual alheia mediante ameaça, coerção, violência ou qualquer outra forma de violação ou tolhimento à liberdade das pessoas, não há falar em fato típico a ser punido na seara penal" (STJ, 6ª T., REsp 1683375, j. 14/08/2018). Ainda: "Ao editar o art. 229 do Código Penal, o legislador pretendeu abarcar todo e qualquer local onde se pratique a exploração sexual, e não apenas 'em casa de prostituição ou lugar destinado a encontros para fim libidinoso'. A vontade da nova lei é tornar mais amplas as hipóteses de incidência do dispositivo penal, pois nada mais faz do que trazer a prática inerente a quem detém a propriedade ou a gerência dos locais antes descritos. O novo dispositivo agrava a situação daqueles que, a partir da vigência da Lei n. 12.015/2009, levarem a efeito atos de exploração sexual em qualquer estabelecimento que seja, e não só naqueles outrora taxativamente descritos" (STJ, 6ª T., AgRg nos EDcl no AgRg no AREsp 1536522, j. 26/05/2020).

4.4. Rufianismo (art. 230)

Configura o delito se o agente tirar proveito da prostituição alheia, participando diretamente de seus lucros ou fazendo-se sustentar, no todo ou em parte, por quem a exerça. Qualifica o crime se a vítima é menor de 18 e maior de 14 anos ou se a infração é praticada por ascendente, padrasto, madrasta, irmão, enteado, cônjuge, companheiro, tutor ou curador, preceptor ou empregador da vítima, ou por quem assumiu, por lei ou outra forma, obrigação de cuidado, proteção ou vigilância, bem como se é cometido mediante violência, grave ameaça, fraude ou outro meio que impeça ou dificulte a livre manifestação da vontade da vítima (sem prejuízo da pena correspondente à violência).

4.5. Tráfico internacional (art. 231) e interno (art. 231-A) de pessoa para fim de exploração sexual (art. 231) – revogação

Os crimes dos arts. 231 e 231-A do Código Penal foram revogados pela Lei nº 13.344/16.

A nova legislação criou o **crime de tráfico de pessoas (art. 149-A do CP)**, nos seguintes termos: "Agenciar, aliciar, recrutar, transportar, transferir, comprar, alojar ou acolher pessoa, mediante grave ameaça, violência, coação, fraude ou abuso, com a finalidade de: I – remover-lhe órgãos, tecidos ou partes do corpo; II – submetê-la a trabalho em condições análogas à de escravo; III – submetê-la a qualquer tipo de servidão; IV – adoção ilegal; ou V – exploração sexual. Pena – reclusão, de 4 (quatro) a 8 (oito) anos, e multa".

4.6. Promoção de migração ilegal (art. 232-A)

O tipo tutela a **soberania nacional**, com regulação da entrada e saída de pessoas do território brasileiro. O crime do art. 232-A foi incluído ao Código Penal pela Lei nº 13.445, de 24/05/2017, conhecida como **Lei de Migração**, a qual foi publicada em 25/05/2017 e ficou 180 dias em *vacatio legis*. A Lei de Migração revogou o Estatuto do Estrangeiro (antiga Lei 6.815/80). De acordo com o art. 6º da Lei 13.445/17, o visto é o documento que dá a seu titular expectativa de ingresso no território nacional. A ausência do visto significará ingresso ilegal, razão pela qual o tipo penal também protege a **segurança** nacional.

O crime é promover, por qualquer meio, com o fim de obter vantagem econômica, a entrada ilegal de estrangeiro em território nacional ou de brasileiro em país estrangeiro.

Promover: significa proporcionar, facilitar, viabilizar, oportunizar. Assim, o tipo pune tanto aquele que providencia a entrada do estrangeiro no território nacional, como o agenciador, como também quem o transporta ou mesmo o recebe quando do ingresso no País.

Migração: trata-se de movimento de entrada (imigração) ou de saída (emigração) de pessoas ou grupo de pessoas que buscam, em regra, melhores condições de vida. O movimento pode se dar dentro de um mesmo país ou entre países diversos.

Brasileiros natos (art. 12, I, da CF): **a)** os nascidos na República Federativa do Brasil, ainda que de pais estrangeiros, desde que estes não estejam a serviço de seu país; **b)** os nascidos no estrangeiro, de pai brasileiro ou mãe brasileira, desde que qualquer deles esteja a serviço da República Federativa do Brasil; **c)** os nascidos no estrangeiro de pai brasileiro ou de mãe brasileira, desde que sejam registrados em repartição brasileira competente ou venham a residir na República Federativa do Brasil e optem, em qualquer tempo, depois de atingida a maioridade, pela nacionalidade brasileira.

Brasileiros naturalizados (art. 12, II, da CF): **a)** os que, na forma da lei, adquiram a nacionalidade brasileira, exigidas aos originários de países de língua portuguesa apenas residência por um ano ininterrupto e idoneidade moral; **b)** os estrangeiros de qualquer nacionalidade, residentes na República Federativa do Brasil há mais de quinze anos ininterruptos e sem condenação penal, desde que requeiram a nacionalidade brasileira.

Estrangeiro: é o indivíduo que não se insere na definição de brasileiro nato ou naturalizado.

Território nacional: **a) sentido jurídico:** espaço sujeito à soberania do Estado; **b) sentido material, efetivo ou real:** abrange a superfície terrestre (solo e subsolo), as águas interiores, o mar territorial (12 milhas marítimas a partir da baixa-mar do litoral continental e insular, conforme o art. 1º da Lei nº 8.617/93) e o espaço aéreo correspondente (teoria da soberania sobre a coluna atmosférica); **c) por extensão ou flutuante:** as embarcações e aeronaves brasileiras, de natureza pública ou a serviço do governo brasileiro onde quer que se encontrem (CP, art. 5º, § 1º, 1ª parte); as aeronaves e embarcações brasileiras (matriculadas no Brasil), mercantes ou de propriedade privada, que se achem, respectivamente, no espaço aéreo correspondente ao alto-mar ou em alto-mar (CP, art. 5º, § 1º, 2ª parte).

Como o crime é comum, o sujeito ativo pode ser qualquer pessoa. O tipo não pune o migrante, mas sim aquele que promove a entrada ilegal de estrangeiro no território nacional ou de brasileiro em país estrangeiro. Conforme o art. 3º, III, da Lei 13.445/17, a política migratória brasileira rege-se pelo **princípio da não criminalização da migração**. O sujeito passivo é o Estado, já que o delito em questão atenta contra a soberania nacional. Ademais, o País deixa de exercer o controle sobre a entrada de estrangeiros ou a saída de brasileiros do território nacional.

O tipo subjetivo é composto pelo dolo, caracterizado pela vontade de promover a entrada ilegal de estrangeiro em território nacional ou de brasileiro em país estrangeiro.

É previsto um elemento subjetivo especial (dolo específico), consistente no "fim de obter vantagem econômica". Trata-se da **promoção de migração ilegal mercenária ou questuária**. Assim, caso A ajude B, seu amigo estrangeiro, a ingressar ilegalmente no Brasil, sem buscar qualquer vantagem de natureza pecuniária, não configura este delito.

Não há previsão de modalidade culposa.

De acordo com o art. 232-A, § 1º, do Código Penal, na mesma pena incorre quem promover, por qualquer meio, com o fim de obter vantagem econômica, a saída de estrangeiro do território nacional para ingressar ilegalmente em país estrangeiro.

O *caput* do art. 232-A do Código Penal pune aquele que promove a **entrada** ilegal de estrangeiro no País. Caso o agente, com o fim de obter vantagem econômica, promova a **saída** de estrangeiro do território nacional para ingressar ilegalmente em país estrangeiro, estará configurada a figura equiparada do § 1º.

O crime estará consumado no momento em que o sujeito ativo, com a finalidade especial de obter vantagem econômica, promover, por qualquer meio, a entrada ilegal de estrangeiro em território nacional ou de brasileiro em país estrangeiro. Na forma equiparada do § 1º, a consumação ocorre quando se dá a saída do estrangeiro no território nacional. Trata-se de **crime formal**, razão pela qual a consumação ocorre ainda que o autor não receba a vantagem de natureza pecuniária. Como o delito é plurissubsistente, é possível a tentativa. Exemplos.: 1) o agenciador adquire as passagens aéreas e providencia os documentos, mas a pessoa (brasileira) é impedida de ingressar no país estrangeiro pela autoridade aeroportuária, que percebeu a ilegalidade na documentação; 2) o agente brasileiro providencia o transporte do estrangeiro numa embarcação precária, a qual afunda antes de entrar no território brasileiro.

A pena é aumentada de 1/6 a 1/3 em duas situações: **a)** se o crime é cometido com violência; **b)** se a vítima é submetida a condição desumana ou degradante.

A prática de crime com violência e a submissão da vítima a condição desumana ou degradante atentam contra a política migratória brasileira, que se rege, entre outros, por princípios e diretrizes ligados à universalidade, indivisibilidade e interdependência dos direitos humanos (art. 3º, I, da Lei 13.445/17), o que justifica o aumento da pena. Ademais, ao migrante é garantida no território nacional, em condição de igualdade com os nacionais, a inviolabilidade do direito à vida, à liberdade, à igualdade, à segurança e à propriedade (art. 4º, *caput*, da Lei 13.445/17).

De acordo com o § 3º do art. 232-A do Código Penal, "A pena prevista para o crime será aplicada sem prejuízo das correspondentes às infrações conexas". Como se observa, o dispositivo prevê uma hipótese de cúmulo material, ou seja, caso outro crime (ex.: falsificação de documento público) seja praticado no mesmo contexto fático que a promoção de migração ilegal, as penas dos dois delitos serão somadas. A ação penal é pública incondicionada.

O revogado Estatuto do Estrangeiro (Lei nº 6.815/80) punia a conduta de "introduzir estrangeiro clandestinamente ou ocultar clandestino ou irregular" com pena de detenção de 1 a 3 anos, além de expulsão se o infrator fosse estrangeiro (art. 125, XII). Assim, em caso de promoção ilegal de estrangeiro no território nacional praticada antes da vigência da Lei 13.445/17, mostra-se possível a ultra-atividade do dispositivo revogado, já que se trata de *lex mitior*.

5. ULTRAJE PÚBLICO AO PUDOR

5.1. Ato obsceno (art. 233)

Ato obsceno é o que se refere à sexualidade e é ofensivo ao pudor público (exemplos: andar nu pela rua; exibição de órgão sexual). O ato obsceno deve ser praticado:

1º) em lugar público;

2º) ou em lugar aberto ao público;

3º) ou em lugar exposto ao público (lugar que pode ser visto pelo público).

A manifestação verbal obscena não caracteriza o delito. No entanto, pode configurar a contravenção penal de importunação ofensiva ao pudor (art. 61 da LCP).

5.2. Escrito ou objeto obsceno (art. 234)

Condutas típicas do *caput*:

a) Fazer escrito, desenho, pintura, estampa ou qualquer objeto obsceno, para fim de comércio, de distribuição ou de exposição pública;

b) Importar escrito, desenho, pintura, estampa ou qualquer objeto obsceno, para fim de comércio, de distribuição ou de exposição pública;

c) Exportar escrito, desenho, pintura, estampa ou qualquer objeto obsceno, para fim de comércio, de distribuição ou de exposição pública;

d) Adquirir escrito, desenho, pintura, estampa ou qualquer objeto obsceno, para fim de comércio, de distribuição ou de exposição pública;

e) Ter sob sua guarda escrito, desenho, pintura, estampa ou qualquer objeto obsceno, para fim de comércio, de distribuição ou de exposição pública.

Condutas típicas do parágrafo único: vender, distribuir ou expor à venda ou ao público qualquer dos objetos referidos neste artigo; realizar, em lugar público ou acessível ao público, representação teatral, ou exibição cinematográfica de caráter obsceno, ou qualquer outro espetáculo, que tenha o mesmo caráter; realizar, em lugar público ou acessível ao público, ou pelo rádio, audição ou recitação de caráter obsceno.

6. SÚMULAS E ORIENTAÇÕES JURISPRUDENCIAIS DO STF E DO STJ

- **Súmula 593 do STJ:** "O crime de estupro de vulnerável se configura com a conjunção carnal ou prática de ato libidinoso com menor de 14 anos, sendo irrelevante eventual consentimento da vítima para a prática do ato, sua experiência sexual anterior ou existência de relacionamento amoroso com o agente".

- **Súmula 608 do STF:** "No crime de estupro, praticado mediante violência real, a ação penal é pública incondicionada".

O CRIME DE ESTUPRO É HEDIONDO, AINDA QUE EM SUA FORMA SIMPLES

- "A jurisprudência desta Corte se firmou no sentido de que nos crimes sexuais envolvendo vulneráveis é adequada a fixação de aumento referente à continuidade delitiva em patamar superior ao mínimo, quando o delito foi perpetrado durante certo lapso temporal, sendo, nesse contexto, desnecessário precisar exatamente quantas vezes ocorreu o evento criminoso. 2. "Os delitos de estupro e de atentado violento ao pudor, nas suas formas simples e qualificada, estão incluídos no rol de crimes hediondos desde a edição da Lei n. 8.072/1990, não se exigindo a ocorrência de morte ou lesão corporal grave da vítima para que seja caracterizada a hediondez (AgRg no REsp 1187176/RS, Rel. Ministro SEBASTIÃO REIS JÚNIOR, SEXTA TURMA, DJe 19/3/2012). 3. Agravo regimental desprovido" (STJ, 5ª T., AgRg no HC 498.203, j. 06/08/2019).

- "Os crimes de estupro e atentado violento ao pudor, ainda que em sua forma simples, configuram modalidades de crime hediondo porque o bem jurídico tutelado é a liberdade sexual e não a integridade física ou a vida da vítima, sendo irrelevante, para tanto, que a prática dos ilícitos tenha resultado lesões corporais de natureza grave ou morte" (STJ, 5ª T., AgRg no HC 595420, j. 13/10/2020).

ESTUPRO: DESNECESSIDADE DE ATOS INVASIVOS

▶ "(...) 2. Esta Quinta Turma, seguindo o voto do em. Ministro Joel Ilan Paciornik, já teve oportunidade de ressaltar que 'a maior parte da doutrina penalista pátria orienta-se no sentido de que a contemplação lasciva configura o ato libidinoso constitutivo dos tipos dos arts. 213 e 217-A do Código Penal - CP, sendo irrelavante, para a consumação dos delitos, que haja contato físico entre ofensor e ofendido' (RHC 70.976/MS, Rel. Ministro JOEL ILAN PACIORNIK, QUINTA TURMA, julgado em 2/8/2016, DJe 10/8/2016). 3. No caso em apreço, o acusado, ao tocar nos seios da criança, ainda que por cima da roupa, praticou todos os atos necessários à tipificação do delito de estupro de vulnerável, que não exige atos invasivos, conforme jurisprudência deste Tribunal" (STJ, 5ª T., AgRg no REsp 1824358, j. 03/11/2020).

CONTEMPLAÇÃO LASCIVA COMO ATO LIBIDINOSO DO CRIME DE ESTUPRO (ART. 213 DO CP) OU ESTUPRO DE VULNERÁVEL (ART. 217-A DO CP)

▶ "O Parquet classificou a conduta do recorrente como ato libidinoso diverso da conjunção carnal, praticado contra vítima de 10 anos de idade. Extrai-se da peça acusatória que as corrés teriam atraído e levado a ofendida até um motel, onde, mediante pagamento, o acusado teria incorrido na contemplação lasciva da menor de idade desnuda. Discute-se se a inocorrência de efetivo contato físico entre o recorrente e a vítima autorizaria a desclassificação do delito ou mesmo a absolvição sumária do acusado. A maior parte da doutrina penalista pátria orienta no sentido de que a contemplação lasciva configura o ato libidinoso constitutivo dos tipos dos arts. 213 e 217-A do Código Penal – CP, sendo irrelevante, para a consumação dos delitos, que haja contato físico entre ofensor e ofendido. O delito imputado ao recorrente se encontra em capítulo inserto no Título VI do CP, que tutela a dignidade sexual. Cuidando-se de vítima de dez anos de idade, conduzida, ao menos em tese, a motel e obrigada a despir-se diante de adulto que efetuara pagamento para contemplar a menor em sua nudez, parece dispensável a ocorrência de efetivo contato físico para que se tenha por consumado o ato lascivo que configura ofensa à dignidade sexual da menor. Com efeito, a dignidade sexual não se ofende somente com lesões de natureza física. A maior ou menor gravidade do ato libidinoso praticado, em decorrência a adição de lesões físicas ao transtorno psíquico que a conduta supostamente praticada enseja na vítima, constitui matéria afeta à dosimetria da pena, na hipótese de eventual procedência da ação penal" (STJ, 5ª T., RHC 70976, j. 02/08/2016).

▶ "1. De acordo com o novel entendimento consagrado por esta 5ª Turma, à unanimidade de votos, em julgamento de caso semelhante, decidiu-se que a "contemplação lasciva configura o ato libidinoso constitutivo dos tipos dos arts. 213 e 217-A do Código Penal, sendo irrelevante, para a consumação dos delitos, que haja contato físico entre ofensor e ofendido" (RHC 70.976-MS, Rel. Ministro JOEL ILAN PACIORNIK, julgado em 02/08/2016, DJe 10/08/2016). 2. No caso concreto, a conduta do agente que, valendo-se de sua condição de conselheiro tutelar, tranca o adolescente nas dependências do Centro de Triagem e lhe ordena, mediante graves ameaças, que tire toda a roupa e se masturbe (entregando-lhe inclusive uma revista pornográfica, com o escopo de estimular a libido), que faça poses para fotografias de cunho pornográfico e mostre seu órgão genital, além de obrigar a vítima, contra sua vontade, a assistir esse mesmo agente se masturbando, tudo com o propósito de obter a satisfação da lascívia do recorrido, configura, sim, o "ato libidinoso diverso da conjunção carnal» descrito no tipo do art. 214 do Código Penal, em sua modalidade consumada. 3. Recurso especial provido para condenar o réu como incurso nas penas do art. 214, *caput*, do Código Penal e determinar o retorno dos autos ao Tribunal de origem, para que proceda à dosimetria da pena" (STJ, 5ª T., REsp 1640087, j. 15/12/2016).

▶ "Em situações excepcionais, tem-se que o crime de estupro pode se caracterizar, inclusive, em situações nas quais não há contato físico entre o agente e a vítima. 'A maior parte da doutrina penalista pátria orienta no sentido de que a contemplação lasciva configura o ato libidinoso constitutivo dos tipos dos arts. 213 e 217-A do Código Penal - CP, sendo irrelevante, para a consumação dos delitos, que haja contato físico entre ofensor e ofendido'" (STJ, 5ª T., HC 611511, j. 06/10/2020).

DIVERSAS VIOLÊNCIAS SEXUAIS CONTRA A MESMA VÍTIMA E NO MESMO CONTEXTO FÁTICO: CRIME ÚNICO DE ESTUPRO

▶ "A jurisprudência do Superior Tribunal de Justiça é pacífica de que os crimes previstos nos arts. 213 e 214 do Código Penal - CP, após a redação dada pela Lei n. 12.015/09, configuram crime único. Todavia, devem as diversas condutas praticadas serem valoradas na primeira fase do cálculo da pena, ficando estabelecido como limite máximo para a nova sanção, a totalidade da pena anteriormente aplicada ao estupro e ao atentado violento ao pudor, de forma a se evitar a reformatio in pejus. 3. Por se tratar de inovação benéfica, novatio legis in mellius, a Lei n. 12.015/09 alcança todos os fatos ocorridos anteriormente à sua vigência. Na hipótese dos autos, considerando que a vítima foi submetida a conjunção carnal e atos libidinosos diversos, no mesmo contexto fático, deve ser concedida a ordem para reconhecer a ocorrência de crime único. 4. Habeas corpus não conhecido. Ordem concedida, de ofício, para determinar ao Juízo das Execuções que refaça a dosimetria da pena imposta ao paciente" (STJ, 5ª T., HC 441.523, j. 30/05/2019).

▶ "Na hipótese dos autos, verifica-se a ocorrência de crime único de estupro, pois as condutas delitivas – conjunção carnal, sexo anal e oral – foram praticados contra a mesma vítima e no mesmo contexto fático-temporal, o que inviabiliza a aplicação da continuidade delitiva. Ressalte-se, contudo, que, apesar de inexistir concurso de crimes, é de rigor a valoração na pena-base de todas as condutas que compuseram o tipo misto alternativo do atual crime de estupro, sob pena de vulneração da individualização da pena" (STJ, 5ª T., HC 325411, j. 19/04/2018).

▶ "(...) 2. A jurisprudência desta Corte firmou entendimento no sentido de que, com o advento da Lei n. 12.015/2009, os crimes de estupro e atentado violento ao pudor foram reunidos em um tipo criminal único de estupro, de maneira que é inviável reconhecer a incidência do instituto do concurso material de delitos, nos termos do art. 69 do Código Penal, quando as referidas condutas forem praticadas no mesmo contexto de tempo e lugar e contra idêntica vítima. Por se tratar de novatio legis in mellius, a Lei n. 12.015/09 alcança todos os fatos ocorridos anteriormente à sua vigência, desde que sua aplicação seja mais benéfica ao acusado. Reconhecida a prática de crime único, os atos libidinosos diversos da conjunção carnal devem ser considerados na fixação da pena-base do crime único de estupro, com a valoração negativa das circunstâncias judiciais do art. 59 do Código Penal. 3. Na espécie, impõe-se o reconhecimento de que a prática da conjunção carnal e de atos libidinosos diversos da conjunção, em cada evento, sejam considerados crime único, previsto no art. 217-A do Código Penal, incluído pela Lei n. 12.015/2009, cujo preceito secundário prevê pena de 8 a 15 anos de reclusão. Ademais, a pluralidade de atos em cada evento criminoso deve ser considerada para efeito de exasperar as penas-base, com acréscimo de 1/6, fração que se revela suficiente e proporcional na hipótese dos autos" (STJ, 5ª T., HC 622131, j. 02/02/2021)"

REVOGAÇÃO TÁCITA DA MAJORANTE DO ART. 9º DA LEI DOS CRIMES HEDIONDOS

▶ "Nos termos da jurisprudência desta Corte, 'com a revogação expressa do art. 224 do Código Penal, pela Lei 12.015/2009, há de ser redimensionada a pena aplicada ao paciente, subtraindo-lhe o acréscimo sofrido em razão do aumento da pena previsto no art. 9º da Lei 8.072/90, considerando-se o princípio da novatio legis in mellius, previsto art. 2º, parágrafo único, do Código Penal'" (STJ, 5ª T., HC 428251, j. 17/04/2018).

ESTUPRO DE VULNERÁVEL (VÍTIMA MENOR DE 14 ANOS) E PRESUNÇÃO ABSOLUTA DE VIOLÊNCIA

▶ **Súmula 593 do STJ**: "O crime de estupro de vulnerável se configura com a conjunção carnal ou prática de ato libidinoso com menor de 14 anos, sendo irrelevante eventual consentimento da vítima para a prática do ato, sua experiência sexual anterior ou existência de relacionamento amoroso com o agente".

▶ "De acordo com a jurisprudência do Superior Tribunal de Justiça, firmada em julgamento do Recurso Representativo da Controvérsia nº 1.480.881/PI, há **presunção absoluta de violência** nos casos de prática de conjunção carnal ou ato libidinoso diverso com pessoa menor de 14 anos" (STJ, 5ª T., AgRg no AREsp 1211088, j. 06/11/2018).

▶ "Consoante a jurisprudência desta Corte Superior, "para a caracterização do crime de estupro de vulnerável previsto no art.217-A, *caput*, do Código Penal, basta que o agente tenha conjunção carnal ou pratique qualquer ato libidinoso com pessoa menor de 14 anos. O consentimento da vítima, sua eventual experiência sexual anterior ou a existência de relacionamento amoroso entre o agente e a vítima não afastam a ocorrência do crime" (REsp 1.480.881/PI, Relator Ministro ROGERIO SCHIETTI CRUZ, TERCEIRA SEÇÃO, julgado em 26/8/2015, DJe 10/9/2015). Precedente. 3. No caso, o réu, por reiteradas vezes, praticou atos libidinosos com a vítima, consistentes em beijá-la, abraçá-la, passar as mãos e esfregar o pênis nas suas genitálias, desde que ela tinha 9 (nove) anos de idade, e conjunção carnal quando era menor de 14 (quatorze) anos, não havendo, portanto, qualquer fundamento para afastar a caracterização do delito de estupro de vulnerável, que possui **presunção absoluta de violência**, sendo irrelevante aspectos externos como o consentimento da ofendida.4. Assim, caracterizada a conduta descrita no art. 217-A do Código Penal, impõe-se o restabelecimento da sentença condenatória" (STJ, 5ª T., AgRg no REsp 1694526, j. 17/12/2019).

▶ "O crime de estupro de vulnerável, previsto no art. 217-A do Código Penal, por ser de conduta variada, consuma-se, além da hipótese de conjunção carnal, pela prática de qualquer ato libidinoso em desfavor da Vítima, menor de 14 (quatorze) anos de idade à época dos fatos, cuja presunção de violência ou grave ameaça é, por mandamento legal, **absoluta**" (STJ, 6ª T., AgRg no REsp 1885012, j. 13/10/2020).

ESTUPRO DE VULNERÁVEL: PODE SER PRATICADO COM OU SEM VIOLÊNCIA/GRAVE AMEAÇA À VÍTIMA

▶ "Quanto ao pleito de desclassificação da conduta para a contravenção penal do art. 61 do Decreto-lei 3.688/1941, o estupro de vulnerável é crime hediondo, comum, material, instantâneo, em regra plurissubsistente, cujos dois núcleos do tipo consistem em ter conjunção carnal ou praticar qualquer ato libidinoso com vulnerável, nos termos do art. 217-A e 1º, do Código Penal. Diversamente do estupro (CP, art. 213), despiciendo qualquer tipo de violência real ou grave ameaça para a consumação deste crime, bastando a execução de quaisquer dos dois núcleos típicos, ainda que haja o consentimento expresso da vítima" (STJ, 5ª T., HC 431708, j. 24/05/2018).

▶ "O crime de estupro de incapaz contempla duas condutas distintas, quais sejam, ter conjunção carnal com menor de 14 anos e praticar outro ato libidinoso com menor de 14 anos, independentemente do emprego de violência ou grave ameaça, dada a vulnerabilidade da vítima, sendo que como ato libidinoso deve ser entendido qualquer ato diverso da conjunção carnal revestido de conotação sexual" (STJ, 5ª T., HC 628870, j. 15/12/2020).

DESCLASSIFICAÇÃO E NEGATIVA DE VIGÊNCIA AO ART. 217-A DO CÓDIGO PENAL

▶ "1. Nos termos da jurisprudência desta Corte, nega-se vigência ao art. 217-A do CP quando, diante de atos lascivos diversos da conjunção carnal e atentatórios à liberdade sexual da vítima (menor de 14 anos), desclassifica-se a conduta para o delito previsto no art. 232 do ECA. (...) 3. Verifica-se, no caso, que o recorrido praticou todos os atos necessários à tipificação do delito de estupro de vulnerável, pois, na condição de professor de música da ofendida, praticava atos diversos da conjunção carnal com ela (menor de 14 anos), de modo a satisfazer sua lascívia. 4. Agravo regimental provido, para conhecer do recurso especial e dar-lhe parcial provimento, condenando o recorrido como incurso nas penas do art. 217-A do Código Penal à pena de 8 (oito) anos de reclusão, no regime inicial semiaberto, mantido no mais o acórdão recorrido" (STJ, 5ª T., AgRg no REsp 1474992, j. 14/08/2018).

▶ "(...) 3. De acordo com a jurisprudência do Superior Tribunal de Justiça, segundo a qual a prática de atos libidinosos diversos da conjunção carnal contra vítima menor de 14 (quatorze) anos de idade, tal como ocorreu na hipótese dos autos, configura o tipo penal previsto no art. 217-A do Código Penal, não sendo possível desclassificar a conduta para as preconizadas no art. 215-A do mesmo Códex ou nos arts. 61 e 65 da Lei de Contravenção Penal. 4. É incabível ao órgão julgador afastar a incidência do tipo penal, por entender que a lei seria excessivamente severa e ofenderia o princípio da proporcionalidade das penas. Afigura-se imprescindível que o tipo penal do art. 217-A do Código Penal, durante a sua vigência, seja efetivamente respeitado e aplicado, por ter o legislador endereçado um comando, e não uma faculdade, ao aplicador da lei" (STJ, 6ª T., AgRg no REsp 1901780, j. 15/12/2020).

FAVORECIMENTO DA PROSTITUIÇÃO OU MANUTENÇÃO DE CASA DE PROSTITUIÇÃO: INAPLICABILIDADE DO PRINCÍPIO DA ADEQUAÇÃO SOCIAL

▶ "De acordo com o entendimento firmado pelo Superior Tribunal de Justiça – STJ, não se aplica o princípio da adequação social aos crimes de favorecimento da prostituição ou manutenção de casa de prostituição" (STJ, 6ª T., AgRg no REsp 1508423, j., 01/09/2015).

CASA DE PROSTITUIÇÃO: O ESTABELECIMENTO DEVE SER VOLTADO EXCLUSIVAMENTE PARA A PRÁTICA DE EXPLORAÇÃO SEXUAL

▶ "1. Mesmo após as alterações legislativas introduzidas pela Lei nº 12.015/2009, a conduta consistente em manter Casa de Prostituição segue sendo crime tipificado no artigo 229 do Código Penal. Todavia, com a novel legislação, passou-se a exigir a 'exploração sexual' como elemento normativo do tipo, de modo que a conduta consistente em manter casa para fins libidinosos, por si só, não mais caracteriza crime, sendo necessário, para a configuração do delito, que haja exploração sexual, assim entendida como a violação à liberdade das pessoas que ali exercem a mercancia carnal. 2. Não se tratando de estabelecimento voltado exclusivamente para a prática de mercancia sexual, tampouco havendo notícia de envolvimento de menores de idade, nem comprovação de que o recorrido tirava proveito, auferindo lucros da atividade sexual alheia mediante ameaça, coerção, violência ou qualquer outra forma de violação ou tolhimento à liberdade das pessoas, não há falar em fato típico a ser punido na seara penal" (STJ, 6ª T., REsp 1683375, j. 14/08/2018).

▶ "Ao editar o art. 229 do Código Penal, o legislador pretendeu abarcar todo e qualquer local onde se pratique a exploração sexual, e não apenas 'em casa de prostituição ou lugar destinado a encontros para fim libidinoso'. A vontade da nova lei é tornar mais amplas as hipóteses de incidência do dispositivo penal, pois nada mais faz do que trazer a prática inerente a quem detém a propriedade ou a gerência dos locais antes descritos. O novo dispositivo agrava a situação daqueles que, a partir da vigência da Lei n. 12.015/2009, levarem a efeito atos de exploração sexual em qualquer estabelecimento que seja, e não só naqueles outrora taxativamente descritos" (STJ, 6ª T., AgRg nos EDcl no AgRg no AREsp 1536522, j. 26/05/2020).

7. LEGISLAÇÃO RELACIONADA AO CAPÍTULO

» **CÓDIGO PENAL**

Estupro

Art. 213. Constranger alguém, mediante violência ou grave ameaça, a ter conjunção carnal ou a praticar ou permitir que com ele se pratique outro ato libidinoso:

Pena – reclusão, de 6 (seis) a 10 (dez) anos.

§ 1º Se da conduta resulta lesão corporal de natureza grave ou se a vítima é menor de 18 (dezoito) ou maior de 14 (catorze) anos:

Pena – reclusão, de 8 (oito) a 12 (doze) anos.

§ 2º Se da conduta resulta morte:

Pena – reclusão, de 12 (doze) a 30 (trinta) anos.

Art. 214 – (Revogado pela Lei nº 12.015, de 2009)

Violação sexual mediante fraude

Art. 215. Ter conjunção carnal ou praticar outro ato libidinoso com alguém, mediante fraude ou outro meio que impeça ou dificulte a livre manifestação de vontade da vítima:

Pena – reclusão, de 2 (dois) a 6 (seis) anos.

Parágrafo único. Se o crime é cometido com o fim de obter vantagem econômica, aplica-se também multa.

Importunação sexual (Incluído pela Lei nº 13.718/2018)

Art. 215-A. Praticar contra alguém e sem a sua anuência ato libidinoso com o objetivo de satisfazer a própria lascívia ou a de terceiro:

Pena – reclusão, de 1 (um) a 5 (cinco) anos, se o ato não constitui crime mais grave.

Assédio sexual

Art. 216-A. Constranger alguém com o intuito de obter vantagem ou favorecimento sexual, prevalecendo-se o agente da sua condição de superior hierárquico ou ascendência inerentes ao exercício de emprego, cargo ou função.

Pena – detenção, de 1 (um) a 2 (dois) anos.

Parágrafo único. (Vetado)

§ 2º. A pena é aumentada em até um terço se a vítima é menor de 18 (dezoito) anos.

Registro não autorizado da intimidade sexual (Incluído pela Lei nº 13.772, de 2018)

Art. 216-B. Produzir, fotografar, filmar ou registrar, por qualquer meio, conteúdo com cena de nudez ou ato sexual ou libidinoso de caráter íntimo e privado sem autorização dos participantes:

Pena – detenção, de 6 (seis) meses a 1 (um) ano, e multa.

Parágrafo único. Na mesma pena incorre quem realiza montagem em fotografia, vídeo, áudio ou qualquer outro registro com o fim de incluir pessoa em cena de nudez ou ato sexual ou libidinoso de caráter íntimo.

Sedução

Art. 217 – (Revogado pela Lei nº 11.106, de 2005)

Estupro de vulnerável

Art. 217-A. Ter conjunção carnal ou praticar outro ato libidinoso com menor de 14 (catorze) anos:

Pena – reclusão, de 8 (oito) a 15 (quinze) anos.

§ 1º Incorre na mesma pena quem pratica as ações descritas no *caput* com alguém que, por enfermidade ou deficiência mental, não tem o necessário discernimento para a prática do ato, ou que, por qualquer outra causa, não pode oferecer resistência.

§ 2º (Vetado)

§ 3º Se da conduta resulta lesão corporal de natureza grave:

Pena – reclusão, de 10 (dez) a 20 (vinte) anos.

§ 4º Se da conduta resulta morte:

Pena – reclusão, de 12 (doze) a 30 (trinta) anos.

§ 5º. As penas previstas no *caput* e nos §§ 1º, 3º e 4º deste artigo aplicam-se independentemente do consentimento da vítima ou do fato de ela ter mantido relações sexuais anteriormente ao crime (incluído pela Lei nº 13.718/2018).

Corrupção de menores

Art. 218. Induzir alguém menor de 14 (catorze) anos a satisfazer a lascívia de outrem:

Pena – reclusão, de 2 (dois) a 5 (cinco) anos.

Satisfação de lascívia mediante presença de criança ou adolescente

Art. 218-A. Praticar, na presença de alguém menor de 14 (catorze) anos, ou induzi-lo a presenciar, conjunção carnal ou outro ato libidinoso, a fim de satisfazer lascívia própria ou de outrem:

Pena – reclusão, de 2 (dois) a 4 (quatro) anos.

Favorecimento da prostituição ou de outra forma de exploração sexual de criança ou adolescente ou de vulnerável.

Art. 218-B. Submeter, induzir ou atrair à prostituição ou outra forma de exploração sexual alguém menor de 18 (dezoito) anos ou que, por enfermidade ou deficiência mental, não tem o necessário discernimento para a prática do ato, facilitá-la, impedir ou dificultar que a abandone:

Pena – reclusão, de 4 (quatro) a 10 (dez) anos.

§ 1º Se o crime é praticado com o fim de obter vantagem econômica, aplica-se também multa.

§ 2º Incorre nas mesmas penas:

I – quem pratica conjunção carnal ou outro ato libidinoso com alguém menor de 18 (dezoito) e maior de 14 (catorze) anos na situação descrita no *caput* deste artigo;

II – o proprietário, o gerente ou o responsável pelo local em que se verifiquem as práticas referidas no *caput* deste artigo.

§ 3º Na hipótese do inciso II do § 2º, constitui efeito obrigatório da condenação a cassação da licença de localização e de funcionamento do estabelecimento.

Divulgação de cena de estupro ou de cena de estupro de vulnerável, de cena de sexo ou de pornografia (Incluído pela Lei nº 13.718/2018)

Art. 218-C. Oferecer, trocar, disponibilizar, transmitir, vender ou expor à venda, distribuir, publicar ou divulgar, por qualquer meio – inclusive por meio de comunicação de massa ou sistema de informática ou telemática –, fotografia, vídeo ou outro registro audiovisual que contenha cena de estupro ou de estupro de vulnerável ou que faça apologia ou induza a sua prática, ou, sem o consentimento da vítima, cena de sexo, nudez ou pornografia:

Pena – reclusão, de 1 (um) a 5 (cinco) anos, se o fato não constitui crime mais grave.

Aumento de pena

§ 1º. A pena é aumentada de 1/3 (um terço) a 2/3 (dois terços) se o crime é praticado por agente que mantém ou tenha mantido relação íntima de afeto com a vítima ou com o fim de vingança ou humilhação.

Exclusão de ilicitude

§ 2º. Não há crime quando o agente pratica as condutas descritas no *caput* deste artigo em publicação de natureza jornalística, científica, cultural ou acadêmica com a adoção de recurso que impossibilite a identificação da vítima, ressalvada sua prévia autorização, caso seja maior de 18 (dezoito) anos.

Ação penal

Art. 225. Nos crimes definidos nos Capítulos I e II deste Título, procede-se mediante ação penal pública incondicionada (redação dada pela Lei nº 13.718/2018).

Aumento de pena

Art. 226. A pena é aumentada:

I – de quarta parte, se o crime é cometido com o concurso de 2 (duas) ou mais pessoas;

II – de metade, se o agente é ascendente, padrasto ou madrasta, tio, irmão, cônjuge, companheiro, tutor, curador, preceptor ou empregador da vítima ou por qualquer outro título tiver autoridade sobre ela (redação dada pela Lei nº 13.718/2018);

III – (Revogado pela Lei nº 11.106, de 2005);

IV – de 1/3 (um terço) a 2/3 (dois terços), se o crime é praticado: (incluído pela Lei nº 13.718/2018)

Estupro coletivo

a) mediante concurso de 2 (dois) ou mais agentes;

Estupro corretivo

b) para controlar o comportamento social ou sexual da vítima.

Mediação para servir a lascívia de outrem

Art. 227 – Induzir alguém a satisfazer a lascívia de outrem:

Pena – reclusão, de um a três anos.

§ 1º – Se a vítima é maior de 14 (catorze) e menor de 18 (dezoito) anos, ou se o agente é seu ascendente, descendente, cônjuge ou companheiro, irmão, tutor ou curador ou pessoa a quem esteja confiada para fins de educação, de tratamento ou de guarda:

Pena – reclusão, de dois a cinco anos.

§ 2º – Se o crime é cometido com emprego de violência, grave ameaça ou fraude:

Pena – reclusão, de dois a oito anos, além da pena correspondente à violência.

§ 3º – Se o crime é cometido com o fim de lucro, aplica-se também multa.

Favorecimento da prostituição ou outra forma de exploração sexual

Art. 228. Induzir ou atrair alguém à prostituição ou outra forma de exploração sexual, facilitá-la, impedir ou dificultar que alguém a abandone:

Pena – reclusão, de 2 (dois) a 5 (cinco) anos, e multa.

§ 1º – Se o agente é ascendente, padrasto, madrasta, irmão, enteado, cônjuge, companheiro, tutor ou curador, preceptor ou empregador da vítima, ou se assumiu, por lei ou outra forma, obrigação de cuidado, proteção ou vigilância:

Pena – reclusão, de 3 (três) a 8 (oito) anos.

§ 2º – Se o crime, é cometido com emprego de violência, grave ameaça ou fraude:

Pena – reclusão, de quatro a dez anos, além da pena correspondente à violência.

§ 3º – Se o crime é cometido com o fim de lucro, aplica-se também multa.

Casa de prostituição

Art. 229. Manter, por conta própria ou de terceiro, estabelecimento em que ocorra exploração sexual, haja, ou não, intuito de lucro ou mediação direta do proprietário ou gerente:

Pena – reclusão, de dois a cinco anos, e multa.

Rufianismo

Art. 230. Tirar proveito da prostituição alheia, participando diretamente de seus lucros ou fazendo-se sustentar, no todo ou em parte, por quem a exerça:

Pena – reclusão, de um a quatro anos, e multa.

§ 1º Se a vítima é menor de 18 (dezoito) e maior de 14 (catorze) anos ou se o crime é cometido por ascendente, padrasto, madrasta, irmão, enteado, cônjuge, companheiro, tutor ou curador, preceptor ou empregador da vítima, ou por quem assumiu, por lei ou outra forma, obrigação de cuidado, proteção ou vigilância:

Pena – reclusão, de 3 (três) a 6 (seis) anos, e multa.

§ 2º Se o crime é cometido mediante violência, grave ameaça, fraude ou outro meio que impeça ou dificulte a livre manifestação da vontade da vítima:

Pena – reclusão, de 2 (dois) a 8 (oito) anos, sem prejuízo da pena correspondente à violência.

Tráfico internacional de pessoa para fim de exploração sexual

Art. 231. (Revogado pela Lei nº 13.344, de 2016)

Tráfico interno de pessoa para fim de exploração sexual

Art. 231-A. (Revogado pela Lei nº 13.344, de 2016)

Promoção de migração ilegal

Art. 232-A. Promover, por qualquer meio, com o fim de obter vantagem econômica, a entrada ilegal de estrangeiro em território nacional ou de brasileiro em país estrangeiro: Pena – reclusão, de 2 (dois) a 5 (cinco) anos, e multa.

§ 1º Na mesma pena incorre quem promover, por qualquer meio, com o fim de obter vantagem econômica, a saída de estrangeiro do território nacional para ingressar ilegalmente em país estrangeiro.

§ 2º A pena é aumentada de 1/6 (um sexto) a 1/3 (um terço) se: I – o crime é cometido com violência; ou II – a vítima é submetida a condição desumana ou degradante.

§ 3º A pena prevista para o crime será aplicada sem prejuízo das correspondentes às infrações conexas.

Ato obsceno

Art. 233 – Praticar ato obsceno em lugar público, ou aberto ou exposto ao público:

Pena – detenção, de três meses a um ano, ou multa.

Escrito ou objeto obsceno

Art. 234 – Fazer, importar, exportar, adquirir ou ter sob sua guarda, para fim de comércio, de distribuição ou de exposição pública, escrito, desenho, pintura, estampa ou qualquer objeto obsceno:

Pena – detenção, de seis meses a dois anos, ou multa.

Parágrafo único – Incorre na mesma pena quem:

I – vende, distribui ou expõe à venda ou ao público qualquer dos objetos referidos neste artigo;

II – realiza, em lugar público ou acessível ao público, representação teatral, ou exibição cinematográfica de caráter obsceno, ou qualquer outro espetáculo, que tenha o mesmo caráter;

III – realiza, em lugar público ou acessível ao público, ou pelo rádio, audição ou recitação de caráter obsceno.

Aumento de pena

Art. 234-A. Nos crimes previstos neste Título a pena é aumentada:

I – (Vetado);

II – (Vetado);

III – de metade a 2/3 (dois terços), se do crime resulta gravidez (redação dada pela Lei nº 13.718/2018);

IV – de 1/3 (um terço) a 2/3 (dois terços), se o agente transmite à vítima doença sexualmente transmissível de que sabe ou deveria saber ser portador, ou se a vítima é idosa ou pessoa com deficiência (redação dada pela Lei nº 13.718/2018).

Art. 234-B. Os processos em que se apuram crimes definidos neste Título correrão em segredo de justiça.

» LEI DOS CRIMES HEDIONDOS (LEI 8.072/90)

Art. 1º – São considerados hediondos os seguintes crimes, todos tipificados no Decreto-Lei nº 2.848, de 7 de dezembro de 1940 – Código Penal, consumados ou tentados:

(...)

V – estupro (art. 213, *caput* e §§ 1º e 2º);

VI – estupro de vulnerável (art. 217-A, *caput* e §§ 1º, 2º, 3º e 4º);

(...)

VIII – favorecimento da prostituição ou de outra forma de exploração sexual de criança ou adolescente ou de vulnerável (art. 218-B, *caput*, e §§ 1º e 2º).

CAPÍTULO VII

CRIMES CONTRA A FAMÍLIA

1. CRIMES CONTRA O CASAMENTO

1.1. Bigamia (art. 235)

Pessoa casada que contrai novo casamento comete o delito de bigamia (*caput*). A pessoa solteira ou divorciada que contrai casamento com pessoa casada, conhecendo essa circunstância, também comete crime (§ 1º). Se a pessoa, não casada, não tiver conhecimento do casamento anterior, não comete o delito. Anulado por qualquer motivo o primeiro casamento, ou o outro por motivo que não a bigamia, considera-se inexistente o crime. Não exclui o delito a anulação do segundo casamento pela bigamia. Segundo predomina, o crime de bigamia absorve o crime de falso [crime-meio] praticado (ex.: declaração falsa do procedimento de habilitação para o casamento).

1.2. Induzimento a erro essencial e ocultação de impedimento (art. 236)

Pune-se aquele que contrair casamento, induzindo em erro essencial o outro contraente, ou ocultando-lhe impedimento que não seja casamento anterior. O Código Civil dispõe sobre as hipóteses de erro essencial (art. 1.557) e as de impedimento (art. 1521). Se os dois contraentes tiverem conhecimento de impedimento que causa a nulidade absoluta do casamento, haverá coautoria no crime previsto no art. 237.

A ação penal depende de queixa do contraente enganado e não pode ser intentada senão depois de transitar em julgado a sentença que, por motivo de erro ou impedimento, anule o casamento. Trata-se do único caso de ação penal privada personalíssima do ordenamento jurídico brasileiro.

1.3. Conhecimento prévio de impedimento (art. 237)

Configura crime contrair casamento, conhecendo a existência de impedimento que lhe cause a nulidade absoluta. Se os dois contraentes tiverem conhecimento do impedimento, haverá coautoria. **Exige dolo direto.**

1.4. Simulação de autoridade para celebração de casamento (art. 238)

Ocorre o crime no momento em que o agente se atribui falsamente autoridade para celebração de casamento, independentemente da realização do ato. Comina-se pena de detenção, de um a três anos, se o fato não constitui crime mais grave.

1.5. Simulação de casamento (art. 239)

É punido aquele que simula casamento mediante engano de outra pessoa. O casamento não se realiza legalmente. Trata-se de **crime subsidiário**, só incidindo se o fato não constitui elemento de crime mais grave.

> ▶ **ADULTÉRIO**
>
> Não é mais crime. Isso porque o art. 240 do CP foi revogado pela Lei nº 11.106/05.

2. CRIMES CONTRA O ESTADO DE FILIAÇÃO

2.1. Registro de nascimento inexistente (art. 241)

Ocorre o crime quando o agente efetua a inscrição no registro civil de nascimento que não existiu. Nos termos do art. 111, IV, do CP, a prescrição da pretensão punitiva começa a correr da data em que o fato se tornou conhecido. O crime de falsidade é absorvido.

2.2. Parto suposto. Supressão ou alteração de direito inerente ao estado civil de recém-nascido (art. 242)

Figuras típicas:

1ª) Dar parto alheio como próprio (parto suposto): figura como sujeito ativo a mulher. Terceiro poderá participar, inclusive a própria mãe. Não é necessário o registro da criança, bastando que a autora assuma a maternidade de filho alheio. Ocorre a consumação no momento em que a agente apresenta a criança, assumindo a maternidade. Admite-se a tentativa. Observe-se que dar parto próprio como alheio não configura o delito.

2ª) Registro de filho alheio ("adoção à brasileira"): essa modalidade típica foi criada pela Lei nº 6.898/81, de sorte que o art. 299, parágrafo único, do CP não se aplica nesta hipótese. Consuma-se com o registro. **Nos termos do art. 111, IV, do CP, a prescrição da pretensão punitiva começa a correr da data em que o fato se tornou conhecido.**

3ª) Ocultação de recém-nascido, suprimindo ou alterando direito inerente ao estado civil: o que se oculta é o recém-nascido e não o seu nascimento. A ocultação é a forma de o agente conseguir a supressão de direitos relativos ao estado de filiação.

4ª) Substituição de recém-nascido, suprimindo ou alterando direito inerente ao estado civil: aqui ocorre a troca de recém-nascidos. Não se exige a inscrição no registro. Tanto nesta modalidade, como na anterior (ocultação), além do dolo, exige-se o elemento subjetivo especial, consistente na finalidade de suprimir ou alterar direito inerente ao estado civil.

Privilégio e perdão judicial: se o crime é praticado por motivo de reconhecida nobreza, a pena será inferior, podendo o juiz, inclusive, deixar de aplicá-la.

2.3. Sonegação de estado de filiação (art. 243)

É punido aquele que deixar em asilo de expostos ou outra instituição de assistência filho próprio ou alheio, ocultando-lhe a filiação ou atribuindo-lhe outra, com o fim de prejudicar direito inerente ao estado civil. Trata-se de figura típica especial em relação aos crimes dos arts. 133 e 134 do CP. Além do abandono, visou a lei a coibir que o agente oculte ou altere a verdadeira filiação, com o fim de prejudicar direito inerente ao estado civil. Consuma-se no momento em que a criança é abandonada, resultando a ocultação ou alteração do seu estado civil.

3. CRIMES CONTRA A ASSISTÊNCIA FAMILIAR

3.1. Abandono material (art. 244)

Figuras típicas:

1ª) Deixar, sem justa causa, de prover à subsistência do cônjuge ou de filho menor de dezoito anos ou inapto para o trabalho, ou de ascendente inválido ou maior de 60 anos, não lhes proporcionando os recursos necessários;

2ª) Faltar ao pagamento de pensão alimentícia judicialmente acordada, fixada ou majorada;

3ª) Deixar de socorrer ascendente ou descendente gravemente enfermo;

4ª) Frustrar ou elidir, de qualquer modo, inclusive por abandono injustificado de emprego ou função, o pagamento de pensão alimentícia judicialmente acordada, fixada ou majorada.

3.2. Entrega de filho menor a pessoa inidônea (art. 245)

Comete o delito o pai ou a mãe que entrega filho menor de 18 anos a pessoa em cuja companhia saiba ou deva saber que o menor fica moral ou materialmente em perigo (*caput*). Qualifica o crime se o agente pratica delito para obter lucro, ou se o menor é enviado para o exterior. Também responde pelo crime quem, embora excluído o perigo moral ou material, auxilia a efetivação de ato destinado ao envio de menor para o exterior, com o fito de obter lucro (ex.: aquisição de passagens).

3.3. Abandono intelectual (arts. 246 e 247)

Configura o crime se o agente deixar, sem justa causa, de prover à instrução primária de filho em idade escolar (é crime próprio: sujeitos ativos são os pais), bem como permitir que menor de dezoito anos, sujeito a seu poder ou confiado à sua guarda ou vigilância (também é crime próprio: sujeitos ativos são os pais ou qualquer pessoa que tenha poder sobre o menor, como o guardião ou o tutor) frequente casa de jogo ou mal-afamada, ou conviva com pessoa viciosa ou de má vida; frequente espetáculo capaz de pervertê-lo ou de ofender-lhe o pudor, ou participe de representação de igual natureza; resida ou trabalhe em casa de prostituição; mendigue ou sirva a mendigo para excitar a comiseração pública.

> ▶ ***HOMESCHOOLING***
>
> O Plenário do STF, em 12/09/2018, negou provimento ao Recurso Extraordinário 888815, com repercussão geral reconhecida, no qual se discutia a possibilidade de o ensino domiciliar (*homeschooling*) ser considerado como meio lícito de cumprimento, pela família, do dever de prover educação. Segundo a fundamentação adotada pela maioria dos ministros, o pedido formulado no recurso não pode ser acolhido, uma vez que não há legislação que regulamente preceitos e regras aplicáveis a essa modalidade de ensino.

O recurso teve origem em mandado de segurança impetrado pelos pais de uma menina, então com 11 anos, contra ato da secretária de Educação do Município de Canela/RS, que negou pedido para que a criança fosse educada em casa e orientou--os a fazer matrícula na rede regular de ensino, onde até então havia estudado. O mandado de segurança foi negado tanto em primeira instância quanto no TJRS. Para a corte gaúcha, inexistindo previsão legal de ensino na modalidade domiciliar, não haveria direito líquido e certo a ser amparado no caso.

4. CRIMES CONTRA O PÁTRIO PODER, TUTELA OU CURATELA

A expressão "pátrio poder" foi substituída, no Código Civil (art. 1.630), por "poder familiar".

4.1. Induzimento a fuga, entrega arbitrária ou sonegação de incapazes (art. 248)

Pune-se aquele que induz menor de dezoito anos, ou interdito, a fugir do lugar em que se acha por determinação de quem sobre ele exerce autoridade, em virtude de lei ou de ordem judicial; confia a outrem sem ordem do pai, do tutor ou do curador algum menor de dezoito anos ou interdito, ou deixa, sem justa causa, de entregá-lo a quem legitimamente o reclame.

4.2. Subtração de incapazes (art. 249)

Constitui crime subtrair menor de dezoito anos ou interdito ao poder de quem o tem sob sua guarda em virtude de lei ou de ordem judicial. Trata-se de crime subsidiário, que só incidirá se o fato não constitui elemento de outro crime. O fato de ser o agente pai ou tutor do menor ou curador do interdito não o exime de pena, se destituído ou temporariamente privado do pátrio poder, tutela, curatela ou guarda. No caso de restituição do menor ou do interdito, se este não sofreu maus-tratos ou privações, o juiz pode deixar de aplicar pena.

5. LEGISLAÇÃO RELACIONADA AO CAPÍTULO

» **CÓDIGO PENAL**

Termo inicial da prescrição antes de transitar em julgado a sentença final

Art. 111 – A prescrição, antes de transitar em julgado a sentença final, começa a correr:

(...)

IV – nos de bigamia e nos de falsificação ou alteração de assentamento do registro civil, da data em que o fato se tornou conhecido.

Bigamia

Art. 235 – Contrair alguém, sendo casado, novo casamento:

Pena – reclusão, de dois a seis anos.

§ 1º – Aquele que, não sendo casado, contrai casamento com pessoa casada, conhecendo essa circunstância, é punido com reclusão ou detenção, de um a três anos.

§ 2º – Anulado por qualquer motivo o primeiro casamento, ou o outro por motivo que não a bigamia, considera-se inexistente o crime.

Induzimento a erro essencial e ocultação de impedimento

Art. 236 – Contrair casamento, induzindo em erro essencial o outro contraente, ou ocultando-lhe impedimento que não seja casamento anterior:

Pena – detenção, de seis meses a dois anos.

Parágrafo único – A ação penal depende de queixa do contraente enganado e não pode ser intentada senão depois de transitar em julgado a sentença que, por motivo de erro ou impedimento, anule o casamento.

Conhecimento prévio de impedimento

Art. 237 – Contrair casamento, conhecendo a existência de impedimento que lhe cause a nulidade absoluta:

Pena – detenção, de três meses a um ano.

Simulação de autoridade para celebração de casamento

Art. 238 – Atribuir-se falsamente autoridade para celebração de casamento:

Pena – detenção, de um a três anos, se o fato não constitui crime mais grave.

Simulação de casamento

Art. 239 – Simular casamento mediante engano de outra pessoa:

Pena – detenção, de um a três anos, se o fato não constitui elemento de crime mais grave.

Adultério

Art. 240 – (Revogado pela Lei nº 11.106, de 2005)

Registro de nascimento inexistente

Art. 241 – Promover no registro civil a inscrição de nascimento inexistente:

Pena – reclusão, de dois a seis anos.

Parto suposto. Supressão ou alteração de direito inerente ao estado civil de recém-nascido

Art. 242 – Dar parto alheio como próprio; registrar como seu o filho de outrem; ocultar recém-nascido ou substituí-lo, suprimindo ou alterando direito inerente ao estado civil:

Pena – reclusão, de dois a seis anos.

Parágrafo único – Se o crime é praticado por motivo de reconhecida nobreza:

Pena – detenção, de um a dois anos, podendo o juiz deixar de aplicar a pena.

Sonegação de estado de filiação

Art. 243 – Deixar em asilo de expostos ou outra instituição de assistência filho próprio ou alheio, ocultando-lhe a filiação ou atribuindo-lhe outra, com o fim de prejudicar direito inerente ao estado civil:

Pena – reclusão, de um a cinco anos, e multa.

Abandono material

Art. 244. Deixar, sem justa causa, de prover a subsistência do cônjuge, ou de filho menor de 18 (dezoito) anos ou inapto para o trabalho, ou de ascendente inválido ou maior de 60 (sessenta) anos, não lhes proporcionando os recursos necessários ou faltando ao pagamento de pensão alimentícia judicialmente acordada, fixada ou majorada; deixar, sem justa causa, de socorrer descendente ou ascendente, gravemente enfermo:

Pena – detenção, de 1 (um) a 4 (quatro) anos e multa, de uma a dez vezes o maior salário mínimo vigente no País.

Parágrafo único – Nas mesmas penas incide quem, sendo solvente, frustra ou ilide, de qualquer modo, inclusive por abandono injustificado de emprego ou função, o pagamento de pensão alimentícia judicialmente acordada, fixada ou majorada.

Entrega de filho menor a pessoa inidônea

Art. 245 – Entregar filho menor de 18 (dezoito) anos a pessoa em cuja companhia saiba ou deva saber que o menor fica moral ou materialmente em perigo:

Pena – detenção, de 1 (um) a 2 (dois) anos.

§ 1º – A pena é de 1 (um) a 4 (quatro) anos de reclusão, se o agente pratica delito para obter lucro, ou se o menor é enviado para o exterior.

§ 2º – Incorre, também, na pena do parágrafo anterior quem, embora excluído o perigo moral ou material, auxilia a efetivação de ato destinado ao envio de menor para o exterior, com o fito de obter lucro.

Abandono intelectual

Art. 246 – Deixar, sem justa causa, de prover à instrução primária de filho em idade escolar:

Pena – detenção, de quinze dias a um mês, ou multa.

Art. 247 – Permitir alguém que menor de dezoito anos, sujeito a seu poder ou confiado à sua guarda ou vigilância:

I – frequente casa de jogo ou mal-afamada, ou conviva com pessoa viciosa ou de má vida;

II – frequente espetáculo capaz de pervertê-lo ou de ofender-lhe o pudor, ou participe de representação de igual natureza;

III – resida ou trabalhe em casa de prostituição;

IV – mendigue ou sirva a mendigo para excitar a comiseração pública:

Pena – detenção, de um a três meses, ou multa.

Induzimento a fuga, entrega arbitrária ou sonegação de incapazes

Art. 248 – Induzir menor de dezoito anos, ou interdito, a fugir do lugar em que se acha por determinação de quem sobre ele exerce autoridade, em virtude de lei ou de ordem judicial; confiar a outrem sem ordem do pai, do tutor ou do curador algum menor de dezoito anos ou interdito, ou deixar, sem justa causa, de entregá-lo a quem legitimamente o reclame:

Pena – detenção, de um mês a um ano, ou multa.

Subtração de incapazes

Art. 249 – Subtrair menor de dezoito anos ou interdito ao poder de quem o tem sob sua guarda em virtude de lei ou de ordem judicial:

Pena – detenção, de dois meses a dois anos, se o fato não constitui elemento de outro crime.

§ 1º – O fato de ser o agente pai ou tutor do menor ou curador do interdito não o exime de pena, se destituído ou temporariamente privado do pátrio poder, tutela, curatela ou guarda.

§ 2º – No caso de restituição do menor ou do interdito, se este não sofreu maus-tratos ou privações, o juiz pode deixar de aplicar pena.

Questões

CAPÍTULOS III, IV, V, VI E VII

Sumário • 1. Questões com gabarito comentado – 2. Questões de concursos.

1. QUESTÕES COM GABARITO COMENTADO

01. (CESPE / CEBRASPE – 2020 – MPE-CE – Analista Ministerial) A revogação do crime de atentado violento ao pudor não configurou *abolitio criminis*, pois houve continuidade típico-normativa do fato criminoso.

COMENTÁRIOS

Gabarito: certo. Nos termos da nova redação do art. 213, configura estupro: "constranger alguém, mediante violência ou grave ameaça, a ter conjunção carnal ou a praticar ou permitir que com ele se pratique outro ato libidinoso". Apesar da revogação formal do art. 214 do CP, não houve *abolitio criminis* do delito de atentado violento ao pudor, uma vez que inexistiu descontinuidade normativo-típica, ou seja, a conduta descrita como proibida no revogado art. 214 permanece proibida no ordenamento jurídico, mas agora no art. 213, com nova denominação. É o que conhece em doutrina como princípio da continuidade normativo-típica.

02. (FCC – 2019 – DPE-SP – Defensor Público) No dia 23 de abril de 2013, Jailson, aproveitando que sua esposa havia saído de casa para fazer compras, decidiu ir até o quarto de sua enteada Jéssica, que à época contava com 19 anos de idade. Ao perceber que Jéssica estava dormindo, Jailson se aproximou de sua cama, apalpou seus seios e começou a acariciar sua vagina por dentro da calcinha. Ocorre que, nesse momento, o irmão de Jéssica chegou à casa e, ao presenciar a cena, começou a gritar, momento em que Jailson se afastou da jovem e fugiu. O tipo penal em que incorreu Jailson, sem analisar se o delito teria se dado na forma consumada ou tentada, é:

a) Constrangimento ilegal (art. 146, *caput*, do CP).
b) Estupro (art. 213, *caput*, do CP).
c) Estupro de vulnerável (art. 217-A, §1º , do CP).
d) Violação sexual mediante fraude (art. 215, *caput*, do CP).
e) Importunação sexual (art. 215-A, do CP).

COMENTÁRIOS

Gabarito: c. O crime de estupro de vulnerável está descrito no art. 217-A do CP da seguinte forma: "Ter conjunção carnal ou praticar outro ato libidinoso com menor de 14 (catorze) anos: Pena - reclusão, de 8 (oito) a 15 (quinze) anos. § 1º Incorre na mesma pena quem pratica as ações descritas no *caput* com alguém que, por enfermidade ou deficiência mental, não tem o necessário discernimento para a prática do ato, ou que, por qualquer outra causa, não pode oferecer resistência". A vítima estava dormindo, razão pela qual não podia oferecer resistência (vulnerável).

Alternativa a: errada. O crime de constrangimento ilegal está descrito no art. 146 do CP da seguinte forma: "Constranger alguém, mediante violência ou grave ameaça, ou depois de lhe haver reduzido, por qualquer outro meio, a capacidade de resistência, a não fazer o que a lei permite, ou a fazer o que ela não manda: Pena

- detenção, de três meses a um ano, ou multa". Não houve prática de violência ou grave ameaça contra a vítima.

Alternativa b: errada. O crime de estupro está descrito no art. 213 do CP da seguinte forma: "Constranger alguém, mediante violência ou grave ameaça, a ter conjunção carnal ou a praticar ou permitir que com ele se pratique outro ato libidinoso: Pena - reclusão, de 6 (seis) a 10 (dez) anos". Não houve prática de violência ou grave ameaça contra a vítima.

Alternativa d: errada. O crime de violação sexual mediante fraude está descrito no art. 215 do CP da seguinte forma: "Ter conjunção carnal ou praticar outro ato libidinoso com alguém, mediante fraude ou outro meio que impeça ou dificulte a livre manifestação de vontade da vítima: Pena - reclusão, de 2 (dois) a 6 (seis) anos". O autor não empregou fraude ou outro meio que impedisse ou dificultasse a livre manifestação de vontade da vítima.

Alternativa e: errada. O crime de importunação sexual está descrito no art. 215-A do CP da seguinte forma: "Praticar contra alguém e sem a sua anuência ato libidinoso com o objetivo de satisfazer a própria lascívia ou a de terceiro: Pena - reclusão, de 1 (um) a 5 (cinco) anos, se o ato não constitui crime mais grave". Há previsão de subsidiariedade expressa, ou seja, o delito de importunação sexual somente existirá *se o ato não constitui crime mais grave*. Assim, o delito mais grave (estupro de vulnerável) afasta o menos grave (importunação sexual).

03. (VUNESP – 2019 – TJ-AC – Juiz de Direito) No que concerne aos crimes contra a dignidade sexual, é correto afirmar que:

a) a prática de relacionamento amoroso consensual por indivíduo com 18 anos com infante de 13 anos há mais de dois anos anteriores é fato atípico.

b) a contravenção penal de importunação ofensiva ao pudor foi tacitamente revogada pela Lei nº 13.718, de 24.09.2018.

c) em relação à titularidade da ação penal, nos crimes de estupro, por violência real ou grave ameaça, importunação sexual, assédio sexual e divulgação de cena de estupro, procede-se mediante ação penal pública condicionada à representação.

d) é fato típico distribuir ou expor publicamente qualquer objeto obsceno.

COMENTÁRIOS

Gabarito: d. Trata-se do crime de **escrito ou objeto obsceno**, previsto no art. 234 do CP: "Fazer, importar, exportar, adquirir ou ter sob sua guarda, para fim de comércio, de distribuição ou de exposição pública, escrito, desenho, pintura, estampa ou qualquer objeto obsceno: Pena - detenção, de seis meses a dois anos, ou multa. Parágrafo único - Incorre na mesma pena quem: I - vende, distribui ou expõe à venda ou ao público qualquer dos objetos referidos neste artigo; II - realiza, em lugar público ou acessível ao público, representação teatral, ou exibição cinematográfica de caráter obsceno, ou qualquer outro espetáculo, que tenha o mesmo caráter; III - realiza, em lugar público ou acessível ao público, ou pelo rádio, audição ou recitação de caráter obsceno".

Alternativa a: errada. Se a vítima possui 13 anos, há crime de estupro de vulnerável (art. 217-A do CP). O consentimento da ofendida não exclui o delito, conforme a Súmula 593 do STJ: "O crime de estupro de vulnerável se configura com a conjunção carnal ou prática de ato libidinoso com menor de 14 anos, sendo irrelevante eventual consentimento da vítima para a prática do ato, sua experiência sexual anterior ou existência de relacionamento amoroso com o agente". No mesmo sentido o § 5º do artigo 217-A do Código Penal: "As penas previstas no *caput* e nos §§ 1º, 3º e 4º deste artigo aplicam-se independentemente do consentimento da vítima ou do fato de ela ter mantido relações sexuais anteriormente ao crime".

Alternativa b: errada. A contravenção penal de importunação ofensiva ao pudor (art. 61 da LCP) foi **expressamente** revogada pela Lei 13.718/18.

Alternativa c: errada. O art. 225 do Código Penal, a partir da vigência da Lei 13.718/18, tem a seguinte redação: "Nos crimes definidos nos Capítulos I e II deste Título, procede-se mediante ação penal pública incondicionada".

04. (CESPE – 2019 – TJ-PR – Juiz Substituto) Julgue os itens a seguir, relativos a delitos de natureza sexual.

I. Praticar, em local público, ato libidinoso contra alguém e sem o seu consentimento caracteriza contravenção penal tipificada como importunação ofensiva ao pudor.

II. Praticar conjunção carnal com o parceiro na presença de menor de catorze anos de idade, a fim de satisfazer a própria lascívia, configura, a princípio, o tipo penal específico denominado satisfação de lascívia mediante presença de criança ou adolescente.

III. Praticar ato obsceno em praça pública, ainda que sem a intenção de ultrajar alguém específico, configura crime de importunação sexual, que, por equiparação, é considerado hediondo.

IV. Divulgar na Internet fotografias de conteúdo pornográfico envolvendo adolescente, como meio de vingança pelo término de relacionamento, configura crime específico previsto no ECA, o que afasta a incidência do novo tipo penal previsto no art. 218-C do Código Penal.

Estão certos apenas os itens:

a) I e III.

b) I e IV.

c) II e III.

d) II e IV.

COMENTÁRIOS

Gabarito: d. Estão corretos os itens II e IV.

Item I: errado. A contravenção penal de importunação ofensiva ao pudor (art. 61 da LCP) foi expressamente revogada pela Lei 13.718/18, mesma legislação que criou o crime de importunação sexual, previsto no art. 215-A do Código Penal: "Praticar contra alguém e sem a sua anuência ato libidinoso com o objetivo de satisfazer a própria lascívia ou a de terceiro: Pena - reclusão, de 1 (um) a 5 (cinco) anos, se o ato não constitui crime mais grave".

Item II: correto. Trata-se do crime de satisfação de lascívia mediante presença de criança ou adolescente, previsto no art. 218-A do Código Penal: "Praticar, na presença de alguém menor de 14 (catorze) anos, ou induzi-lo a presenciar, conjunção carnal ou outro ato libidinoso, a fim de satisfazer lascívia própria ou de outrem: Pena - reclusão, de 2 (dois) a 4 (quatro) anos".

Item III: errado. O crime de importunação sexual não está arrolado na Lei 8.072/90 como hediondo.

Item IV: correto. Pelo princípio da especialidade, sendo a vítima criança ou adolescente, deve incidir o art. 241-A do ECA: "Oferecer, trocar, disponibilizar, transmitir, distribuir, publicar ou divulgar por qualquer meio, inclusive por meio de sistema de informática ou telemático, fotografia, vídeo ou outro registro que contenha cena de sexo explícito ou pornográfica envolvendo criança ou adolescente: Pena – reclusão, de 3 (três) a 6 (seis) anos, e multa".

05. (FCC – 2018 – MPE-PB – Promotor de Justiça) João e Maria, com 18 e 13 anos de idade, respectivamente, iniciaram relacionamento amoroso que culminou em relações sexuais consensuais. Inconformado com o fato, o pai de Maria procura a autoridade policial e solicita a instauração de inquérito policial contra João por entender que sua filha está sendo vítima de abuso sexual. No âmbito do direito penal: A) João praticou o crime de satisfação de lascívia contra pessoa menor de 14 anos. B) a existência de relacionamento amoroso entre o casal torna a conduta de João atípica. C) o consentimento de Maria à conjunção carnal torna o crime de estupro impossível. D) comprovado que Maria tinha experiência sexual anterior, João praticou o crime de estupro privilegiado. E) João praticou o crime de estupro de vulnerável.

COMENTÁRIOS

Gabarito: e. Nos termos do art. 217-A, configura o crime de estupro de vulnerável quando o agente pratica conjunção carnal ou outro ato libidinoso com menor de 14 anos. No caso, João praticou o referido delito.

Alternativa a: errada. No crime do art. 218-A o menor de 14 anos não pratica ato libidinoso, mas sim este é praticado na presença dele.

Alternativa b: errada. A existência de relacionamento amoroso entre o casal torna a conduta de João atípica.

Alternativas c e d: erradas. Nos termos do art. 217, § 5º, as penas previstas no *caput* e nos §§ 1º, 3º e 4º do art. 217-A aplicam-se independentemente do consentimento da vítima ou do fato de ela ter mantido relações sexuais anteriormente ao crime.

06. **(CESPE – 2018 – TJ-CE – Juiz de Direito)** Considerando a jurisprudência dos tribunais superiores acerca dos crimes contra a dignidade sexual, julgue os seguintes itens. I Ato sexual praticado por maior de idade com menor de quatorze anos de idade não configura estupro de vulnerável se tiver havido consentimento da parte menor. II Toques e apalpações fugazes nos seios e na genitália da vítima são atitudes insuficientes para configurar o tipo de estupro de vulnerável. III O trauma psicológico sofrido pela vítima de estupro de vulnerável é justificativa para a exasperação da pena-base imposta ao agente da conduta delituosa. Assinale a opção correta. A) Nenhum item está certo. B) Apenas o item II está certo. C) Apenas o item III está certo. D) Apenas os itens I e II estão certos. E) Apenas os itens I e III estão certos.

COMENTÁRIOS

Gabarito: *c*.

Alternativa III: correta. No momento da dosimetria da pena o juiz levará em consideração as circunstâncias judiciais descritas no art. 59 do CP, dentre as quais constam as consequências do delito, de sorte que, se resultou trauma psicológico, o juiz deve levar em conta essa situação na pena (nesse sentido: STJ, 5ª T., AgRg no REsp 1771913, j. 27/11/2018).

Alternativa I: errada. O crime estará configurado. A propósito: "O crime de estupro de vulnerável se configura com a conjunção carnal ou prática de ato libidinoso com menor de 14 anos, sendo irrelevante eventual consentimento da vítima para a prática do ato, sua experiência sexual anterior ou existência de relacionamento amoroso com o agente" (Súmula 593 do STJ). No mesmo sentido o § 5º do art. 217-A do CP: "As penas previstas no *caput* e nos §§ 1º, 3º e 4º deste artigo aplicam-se independentemente do consentimento da vítima ou do fato de ela ter mantido relações sexuais anteriormente ao crime".

Alternativa II: errada. Os toques e apalpações nos seios e na genitália da vítima configuram atos libidinosos aptos a caracterizarem o crime de estupro de vulnerável, lembrando que, ao contrário do estupro (art. 213 do CP), o estupro de vulnerável (art. 217-A do CP) não exige violência ou grave ameaça a pessoa.

07. **(IBADE – 2017 – PC-AC – Delegado de Polícia)** No que tange aos crimes contra a família, assinale a resposta correta.

a) O crime de abandono intelectual pode ocorrer quando os pais, sem justa causa, deixam de matricular o filho no ensino fundamental ou no ensino médio, ou quando o obrigam a faltar repetidas vezes, prejudicando seu desempenho escolar.

b) O crime de conhecimento de prévio impedimento é uma norma penal em branco homogênea, cuja ação penal dependerá de queixa do contraente enganado.

c) Aquele que falsifica documentos com o exclusivo objetivo de contrair novas núpcias, já sendo casado, comete crimes de bigamia e contra a fé pública, em concurso.

d) Comete crime de abandono material quem, sendo solvente e sem motivo justo, com o único propósito de deixar de pagar pensão alimentícia fixada em acordo judicialmente homologado, abandona o emprego, gerando situação de necessidade – não suprida por outrem – para o alimentando.

e) A subtração de incapazes é crime expressamente subsidiário, além de classificado pela doutrina como permanente, de modo que seu prazo prescricional tem termo inicial quando o incapaz é restituído.

COMENTÁRIOS

Gabarito: *d*. O crime de abandono material está previsto no art. 244 do CP nos seguintes termos: "Deixar, sem justa causa, de prover a subsistência do cônjuge, ou de filho menor de 18 (dezoito) anos ou inapto para o trabalho, ou de ascendente inválido ou maior de 60 (sessenta) anos, não lhes proporcionando os recursos necessários ou faltando ao pagamento de pensão alimentícia judicialmente acordada, fixada ou majorada; deixar, sem justa causa, de socorrer descendente ou ascendente, gravemente enfermo". Assim, quando o autor, sendo solvente e sem justa causa, abandona o emprego com o objetivo de não pagar pensão alimentícia acordada judicialmente, gerando situação de necessidade para o alimentando, tem-se caracterizado o abandono material.

Alternativa *a*: incorreta. O crime de abandono intelectual está previsto no art. 246

do CP nos seguintes termos: "Deixar, sem justa causa, de prover à instrução primária de filho em idade escolar". Como se observa, trata-se de delito omissivo ("deixar de"), razão pela qual não se caracteriza quando os pais obrigam o filho a faltar a escola.

Alternativa *b*: incorreta. O crime de conhecimento prévio de impedimento está previsto no art. 237 do CP nos seguintes termos: "Contrair casamento, conhecendo a existência de impedimento que lhe cause a nulidade absoluta". Trata-se, efetivamente, de norma penal em branco homogênea, já que há necessidade de complementação pelo Código Civil, o qual definirá quais são os impedimentos matrimoniais. No entanto, a ação penal é pública incondicionada.

Alternativa *c*: incorreta. Se a finalidade do agente, já casado, for exclusivamente a de contrair novas núpcias, haverá apenas o crime de bigamia (art. 235 do CP), que é o crime-fim. O crime-meio (falsificação documental) restará absorvido, de acordo com o princípio da consunção ou absorção.

Alternativa *e*: incorreta. Há realmente uma subsidiariedade expressa no crime de subtração de incapazes (art. 249 do CP), já que seu preceito secundário dispõe: "Pena – detenção, de dois meses a dois anos, se o fato não constitui elemento de outro crime". No entanto, é classificado pela doutrina como crime instantâneo (a consumação ocorre em um momento determinado, sem prolongar-se no tempo), de modo que seu prazo prescricional tem termo inicial no dia em que o crime se consumou (art. 111, I, do CP).

08. (CESPE – 2017 – TJ-PR – Juiz de Direito) Considerando a jurisprudência do STF e do STJ sobre os princípios informativos do direito penal e da teoria geral da pena, assinale a opção correta. (...) A prática sequenciada de atos libidinosos e conjunção carnal contra a mesma pessoa, dentro do mesmo contexto fático, configura crime único.

COMENTÁRIOS

Gabarito: correta. Nesse sentido: "Com o advento da Lei nº 12.015/09, as práticas de conjunção carnal e de ato libidinoso diverso passaram a ser tipificadas no mesmo dispositivo legal, deixando de configurar crimes diversos, de estupro e de atentado violento ao pudor, para constituir crime único, desde que praticados no mesmo contexto, contra a mesma vítima" (STJ, 6ª T., HC 396186, j. 22/08/2017).

09. (MPT – 2017 – Procurador do Trabalho) Assinale a resposta INCORRETA:

a) O crime de atentado contra a liberdade de trabalho está disciplinado no título do Código Penal que trata dos crimes contra a organização do trabalho, admitindo a tentativa.

b) No crime de aliciamento de trabalhadores de um local para outro do território nacional, a pena é aumentada de um sexto a um terço se a vítima é idosa ou gestante.

c) O crime de aliciamento para o fim de emigração está disciplinado no título do Código Penal que trata dos crimes contra a liberdade pessoal.

d) O crime de praticar, induzir ou incitar a discriminação de pessoa em razão de sua deficiência é punível com pena de reclusão e multa.

e) Não respondida.

COMENTÁRIOS

Gabarito: *c*. O crime de aliciamento para o fim de emigração (art. 206 do CP) está disciplinado no Título IV da Parte Especial do Código Penal, que trata dos Crimes contra a Organização do Trabalho.

Alternativa *a*: o crime de atentado contra a liberdade de trabalho (art. 197 do CP) está realmente disciplinado no Título IV da Parte Especial do Código Penal, que trata dos Crimes contra a Organização do Trabalho. Como se trata de delito plurissubsistente, admite tentativa.

Alternativa *b*: o art. 207, § 2º, do Código Penal prevê aumento de pena de um sexto a um terço se a vítima é menor de dezoito anos, idosa, gestante, indígena ou portadora de deficiência física ou mental.

Alternativa *d*: o art. 88 da Lei 13.146/15 (Estatuto da Pessoa com Deficiência) prevê o crime de "Praticar, induzir ou incitar discriminação de pessoa em razão de sua deficiência", punível com pena de reclusão de um a três anos e multa.

10. (CESPE – 2017 – TJ-PR – Juiz de Direito) Assinale a opção correta com base na jurisprudência do STF sobre crimes ambientais, crimes contra a propriedade intelectual, execução penal e violência doméstica e familiar. (...) A venda de CDs e(ou)

DVDs pirateados é uma prática amplamente tolerada pela população, implicando a atipicidade material da conduta com base no princípio da adequação social.

COMENTÁRIOS

Gabarito: incorreta. Nesse sentido: "1. Os princípios da insignificância penal e da adequação social reclamam aplicação criteriosa, a fim de evitar que sua adoção indiscriminada acabe por incentivar a prática de delitos patrimoniais, fragilizando a tutela penal de bens jurídicos relevantes para vida em sociedade. 2. O impacto econômico da violação ao direito autoral mede-se pelo valor que os detentores das obras deixam de receber ao sofrer com a "pirataria", e não pelo montante que os falsificadores obtêm com a sua atuação imoral e ilegal. 3. A prática da contrafação não pode ser considerada socialmente tolerável haja vista os enormes prejuízos causados à indústria fonográfica nacional, aos comerciantes regularmente estabelecidos e ao Fisco pela burla do pagamento de impostos. 4. In casu, a conduta dos pacientes amolda-se perfeitamente ao tipo de injusto previsto no art. 184, § 2º, do Código Penal, uma vez foram identificados comercializando mercadoria pirateada (CD's e DVD's de diversos artistas, cujas obras haviam sido reproduzidas em desconformidade com a legislação)" (STF, 1ª T., HC 118322, j. 22/10/2013). Ainda: "Presentes a materialidade e a autoria, afigura-se típica, em relação ao crime previsto no art. 184, § 2º, do CP, a conduta de expor à venda CDs e DVDs piratas" (Súmula 502 do STJ).

11. (CESPE – 2016 – TRT8 – Analista Judiciário) "A conduta de vender ou expor à venda CDs ou DVDs contendo gravações de músicas, filmes ou shows não configura crime de violação de direito autoral, por ser prática amplamente tolerada e estimulada pela procura dos consumidores desses produtos".

COMENTÁRIOS

Gabarito: errada. Nos termos da **Súmula 502 do STJ**: "Presentes a materialidade e a autoria, afigura-se típica, em relação ao crime previsto no art. 184, § 2º, do CP, a conduta de expor à venda CDs e DVDs piratas".

12. (CESPE – 2016 – TRT8 – Analista Judiciário) No crime de aliciamento para o fim de emigração, pune-se a conduta de recrutar trabalhadores, mediante fraude, com o fim de levá-los para território estrangeiro, como forma de se garantir a proteção à organização do trabalho.

COMENTÁRIO

Gabarito: correta. É proibido recrutar trabalhadores, mediante fraude, com o fim de levá-los para território estrangeiro. O bem jurídico é a permanência de trabalhadores no País. Para configurar o delito é indispensável que o agente atue com emprego de fraude, enganando os trabalhadores acerca da realidade do trabalho a ser exercido no exterior. Trata-se de crime formal, que se consuma com o aliciamento, independentemente da obtenção do resultado (emigração).

13. (CESPE – 2015 – TRE-GO – Analista Judiciário) Cometerá o crime de estupro a mulher que constranger homem, mediante grave ameaça, a com ela praticar conjunção carnal.

COMENTÁRIOS

Gabarito: correta. Antes da alteração advinda da Lei 12.015/09, somente "mulher" poderia figurar como vítima da conjunção carnal, de sorte que o sujeito ativo deveria ser um homem. Com a nova redação, o sujeito ativo passa a ser qualquer pessoa (crime comum). Igualmente em relação ao sujeito passivo, já que o tipo fala em "alguém".

14. (FGV – 2015 – DPE-MT – Advogado) Luan é reincidente na prática do crime do Art. 217-A do Código Penal. Os fatos que justificaram ambas as condenações ocorreram em 2010 e 2014. Nesse caso, é correto afirmar que o benefício do livramento condicional:

a) poderá ser concedido após cumprimento de 2/3 da pena.
b) poderá ser concedido após cumprimento de 3/5 da pena
c) não poderá ser concedido a Luan.
d) poderá ser concedido após cumprimento de 1/2 da pena.

(E) poderá ser concedido após cumprimento de 1/3 da pena.

COMENTÁRIOS

Gabarito: c. De acordo com o art. 83, V, do Código Penal, o juiz poderá conceder livramento condicional ao condenado a pena privativa de liberdade igual ou superior a 2 (dois) anos, desde que "cumpridos mais de dois terços da pena, nos casos de condenação por crime hediondo, prática de tortura, tráfico ilícito de entorpecentes e drogas afins, tráfico de pessoas e terrorismo, se o apenado não for reincidente específico em crimes dessa natureza". Como Luan é reincidente específico em crime hediondo (estupro de vulnerável – art. 217-A do CP), não fará jus ao livramento condicional.

15. **(CEFET-BA – 2015 – MP-BA – Promotor de Justiça)** Analise as seguintes assertivas acerca dos crimes contra a dignidade sexual e contra a Administração Pública:

I. O crime de estupro é um crime bipróprio e prevê aumento de pena se praticado contra pessoa do sexo masculino com idade de 15 (quinze) anos.

II. O Código Penal estabelece como regra para os contra a liberdade sexual a ação penal pública condicionada.

III. Os crimes de concussão, corrupção passiva e prevaricação são crimes formais e podem ser praticados por funcionário público, mesmo antes da assunção em sua função.

IV. A consumação do crime de ato obsceno está caracterizada independentemente da presença de outras pessoas no local da prática do ato.

V. O crime de tráfico de influência pode ser praticado por funcionário público ou particular, não sendo coautor ou partícipe o sujeito que "comprou" o prestígio anunciado.

Estão CORRETAS as assertivas:

a) I, II e III.
b) I, III e IV.
c) I, IV e V.
d) II, III e V.
e) II, IV e V.

COMENTÁRIOS

Gabarito: e.

A assertiva I está incorreta. O crime de estupro não é bipróprio, mas bicomum, já que sujeito ativo e sujeito passivo podem ser qualquer pessoa. Ademais, não há causa de aumento de pena na hipótese de a vítima ser "homem com idade de 15 anos". Uma das circunstâncias que qualifica o crime, prevista no art. 213, § 1º, do Código Penal, é aquela em que a "vítima é menor de 18 ou maior de 14 anos".

A assertiva II está correta. O art. 225, *caput*, do Código Penal traz a regra em relação à ação penal nos crimes contra a liberdade sexual: "Nos crimes definidos nos Capítulos I e II deste Título, procede-se mediante ação penal pública condicionada à representação".

A assertiva III está incorreta. Os crimes de concussão (art. 316 do CP) e corrupção passiva (art. 317 do CP) efetivamente são formais e podem ser praticados por funcionário público mesmo antes da assunção em sua função ("ainda que fora da função ou antes de assumi-la"). No entanto, o delito de prevaricação (art. 319 do CP), não obstante também seja formal, exige que o sujeito ativo seja competente para a realização do ato de ofício e esteja no exercício de suas funções.

A assertiva IV está correta. O crime (art. 233 do CP) estará consumado no momento da prática do ato obsceno. Como se está diante de delito de mera conduta ou simples atividade, não é necessário que a conduta seja presenciada por terceiros, bastando a possibilidade de que isso ocorra.

A alternativa V está correta. De acordo com o art. 332 do Código Penal, configura o crime de tráfico de influência "Solicitar, exigir, cobrar ou obter, para si ou para outrem, vantagem ou promessa de vantagem, a pretexto de influir em ato praticado por funcionário público no exercício da função". Como se trata de crime comum, o sujeito ativo pode ser qualquer pessoa, inclusive o funcionário público. A pessoa enganada, ou seja, aquela que pensa que será beneficiada com algum ato de ofício, figura como vítima mediata.

16. **(CESPE – 2015 – TJ-PB – Juiz)** Acerca da disciplina legal dos crimes previstos na parte especial do CP, assinale a opção correta.

a) A conduta de subtrair cadáver de sua sepultura configura crime de furto qualificado.

b) O ato de escarnecer de alguém publicamente em razão de sua crença ou de sua função religiosa configura crime de injúria qualificada.

c) Nas figuras qualificadas do crime de direito autoral, é desnecessário que haja o intuito de obter lucro para que seja configurado o referido crime.

d) No crime de impedimento ou perturbação de enterro ou cerimônia funerária, constitui causa de aumento de pena o fato de o agente praticar o referido crime mediante violência.

e) A ação penal para os crimes contra a propriedade intelectual é de iniciativa privada e deverá ser ajuizada mediante queixa do ofendido.

COMENTÁRIOS

Gabarito: d. O fundamento está no parágrafo único do art. 209 do Código Penal: "Se há emprego de violência, a pena é aumentada de um terço, sem prejuízo da correspondente à violência".

Alternativa a: errada. O crime é aquele do art. 211 do Código Penal: "Destruir, subtrair ou ocultar cadáver ou parte dele".

Alternativa b: errada. O crime é aquele do art. 208 do Código Penal: "Escarnecer de alguém publicamente, por motivo de crença ou função religiosa; impedir ou perturbar cerimônia ou prática de culto religioso; vilipendiar publicamente ato ou objeto de culto religioso".

Alternativa c: errada. A elementar "com intuito de lucro direto ou indireto" está presente nas formas qualificadas do art. 184 do Código Penal.

Alternativa e: errada. Nos crimes contra a propriedade intelectual, somente no caso da forma básica do art. 184 do Código Penal (*caput*) procede-se mediante queixa. A regra está disposta no art. 186 do Código Penal: "Procede-se mediante: I – queixa, nos crimes previstos no *caput* do art. 184; II – ação penal pública incondicionada, nos crimes previstos nos §§ 1º e 2º do art. 184; III – ação penal pública incondicionada, nos crimes cometidos em desfavor de entidades de direito público, autarquia, empresa pública, sociedade de economia mista ou fundação instituída pelo Poder Público; IV – ação penal pública condicionada à representação, nos crimes previstos no § 3º do art. 184".

17. (CESPE – 2014 – TJ-CE – Analista Judiciário) Com relação ao excesso punível, aos crimes contra a dignidade sexual, aos crimes contra o sentimento religioso e o respeito aos mortos, aos crimes contra a família e aos crimes contra a administração pública, assinale a opção correta.

a) No crime de bigamia, a data do fato constitui o termo inicial do prazo prescricional.

b) Comete o crime de concussão o empregado de empresa pública que, utilizando-se de grave ameaça, exige para si vantagem econômica.

c) Ao contrário do que ocorria com a Parte Geral do Código Penal de 1940, o Código Penal atual não prevê, expressamente, a aplicabilidade das regras de excesso punível às quatro causas de exclusão de ilicitude.

d) No estupro de vulnerável, a presunção de violência é absoluta, segundo a jurisprudência do STJ, sendo irrelevante a aquiescência do menor ou mesmo o fato de já ter mantido relações sexuais anteriormente.

e) As cinzas humanas não podem ser objeto material do crime de vilipêndio a cadáver.

COMENTÁRIOS

Gabarito: d. Decidiu o STJ: "A Terceira Seção desta Corte, ao apreciar os Embargos de Divergência em Recurso Especial nº 1.152.864/SC e nº 762.044/SP, firmou o entendimento no sentido de que, no estupro e no atentado violento ao pudor contra menor de 14 anos, praticados antes da vigência da Lei nº 12.015/09, a presunção de violência é absoluta, sendo irrelevante a aquiescência da adolescente ou mesmo o fato de a ofendida já ter mantido relações sexuais anteriores" (6ª T., AgRg no REsp 1393547, j. 04/11/2014).

Alternativa a: Errada, pois o termo inicial do prazo prescricional, no delito de bigamia (art. 235 do CP), é a data em que o fato se tornou conhecido (art. 111, IV, do CP).

Alternativa b: Errada, já que o crime de concussão (art. 316 do CP) não possui, como elementar típica, a grave ameaça. A conduta do agente poderá configurar extorsão (art. 158 do CP).

Alternativa c: Errada, porque as regras do excesso punível podem ser aplicadas às quatro causas de exclusão da ilicitude elencadas na parte geral do Código Penal (estado de necessidade, legítima defesa, estrito cumprimento de dever legal e exercício regular de direito), conforme disposto no art. 23, par. único, do CP.

Alternativa e: Errada, uma vez que as cinzas humanas podem ser objeto material do crime de vilipêndio a cadáver. Dispõe o art. 212 do CP: "Vilipendiar cadáver ou suas cinzas".

18. (FEPESE – 2014 – MP-SC – Promotor de Justiça) São considerados vulneráveis, para fins sexuais, apenas menores de 14 anos, conforme expressamente dispõe o Código Penal Brasileiro.

COMENTÁRIOS

Gabarito: incorreta. Além dos menores de 14 anos (CP, art. 217-A, *caput*), também são considerados vulneráveis aqueles que, por enfermidade ou deficiência mental, não têm o necessário discernimento para a prática do ato, ou que, por qualquer outra causa, não podem oferecer resistência (CP, art. 217-A, § 1º).

19. (ACAFE – 2014 – PC-SC – Agente de Polícia) De acordo com o Código Penal e considerando os crimes contra a dignidade e liberdade sexual, analise as afirmações a seguir e assinale a alternativa correta.

I. Define-se como crime de estupro o ato de constranger mulher à conjunção carnal, mediante violência ou grave ameaça.

II. Define-se como crime de atentado violento ao pudor o ato de constranger alguém, mediante violência ou grave ameaça, a praticar ou permitir que com ele se pratique ato libidinoso diverso da conjunção carnal.

III. Define-se como crime de estupro, na forma tentada, o ato de constranger alguém com o intuito de obter vantagem ou favorecimento sexual, prevalecendo-se o agente da sua condição de superior hierárquico ou ascendência inerentes ao exercício de emprego, cargo ou função.

IV. Define-se como crime de posse sexual mediante fraude o praticado contra mulher virgem, menor de 18 (dezoito) e maior de 14 (catorze) anos.

a) Apenas I e III estão corretas.
b) Apenas II e III estão corretas.
c) Apenas III e IV estão corretas.
d) Todas as afirmações estão corretas.
e) Todas as afirmações estão incorretas.

COMENTÁRIOS

Gabarito: e. Todas as afirmações estão incorretas.

Afirmação I: Errada, pois o crime de estupro, previsto no art. 213 do CP, está definido da seguinte forma: "Constranger alguém, mediante violência ou grave ameaça, a ter conjunção carnal ou a praticar ou permitir que com ele se pratique outro ato libidinoso".

Afirmação II: Errada, já que o crime de atentado violento ao pudor, que era previsto no art. 214 do CP, foi (formalmente) revogado. Hoje há apenas estupro, figura típica que reuniu os arts. 213 e 214 do Código Penal.

Afirmação III: Errada, porque o ato de constranger alguém com o intuito de obter vantagem ou favorecimento sexual, prevalecendo-se o agente da sua condição de superior hierárquico ou ascendência inerentes ao exercício de emprego, cargo ou função, configura o delito de assédio sexual (art. 216-A do CP).

Afirmação IV: Errada, pois não há mais o crime de posse sexual mediante fraude (antigo art. 215 do CP). No lugar dele, foi criado o delito de violação sexual mediante fraude (atual art. 215 do CP), com a seguinte redação: "Ter conjunção carnal ou praticar outro ato libidinoso com alguém, mediante fraude ou outro meio que impeça ou dificulte a livre manifestação de vontade da vítima".

20. (CESPE – 2012 – MP-PI – Analista Ministerial) Nos crimes contra a dignidade sexual, consoante entendimento dos tribunais superiores, caso o agente pratique mais de uma das condutas previstas no crime de estupro, o juiz está autorizado a condená-lo por concurso material, ainda que praticado contra a mesma vítima, vedada a aplicação da continuidade delitiva.

COMENTÁRIOS

Gabarito: errada. Conforme visto acima, a jurisprudência atual das Cortes Superiores não veda a aplicação do crime continuado (art. 71 do CP) se o agente, no mesmo contexto fático e contra a mesma vítima, comete mais de uma das condutas previstas no art. 213 do Código Penal. Inclusive, para o STJ, trata-se de crime único se as condutas são praticadas contra a mesma vítima e no mesmo contexto fático.

21. (TJ-PR – 2012 – Assessor Jurídico) Relativamente às disposições sobre os crimes contra a organização do trabalho, assinale a alternativa correta.

a) Os crimes contra a organização do trabalho estão tipificados apenas pela Consolidação das Leis do Trabalho e pelas Convenções da Organização Internacional do Trabalho.

b) Frustrar, mediante fraude ou violência, direito assegurado pela legislação do trabalho é crime punível com detenção de um ano a dois anos, e multa, além da pena correspondente à violência.

c) Invadir ou ocupar estabelecimento industrial, comercial ou agrícola, com o intuito de impedir ou embaraçar o curso normal do trabalho, caracteriza o crime de paralisação de trabalho de interesse coletivo.

d) Cometerá o crime de exercício ilegal de profissão legalmente regulamentada aquele que exercer atividade de que está impedido por decisão administrativa.

COMENTÁRIOS

Gabarito: b. O fundamento está no art. 203 do Código Penal: "Frustrar, mediante fraude ou violência, direito assegurado pela legislação do trabalho: Pena – detenção de um ano a dois anos, e multa, além da pena correspondente à violência".

Alternativa a: Errada, pois os crimes contra a organização do trabalho estão tipificados no Código Penal (arts. 197 a 207).

Alternativa c: Errada. A conduta referida na assertiva caracteriza o crime de ***invasão de estabelecimento industrial, comercial ou agrícola***, previsto no art. 202 do Código Penal.

Alternativa d: Errada. A conduta descrita na assertiva caracteriza o crime de exercício de atividade com infração de decisão administrativa, disposto no art. 205 do Código Penal.

22. (CESPE – 2012 – PC-AL – Escrivão de Polícia) Conforme o disposto no CP, manter relações sexuais com menores de dezoito anos de idade, ainda que com o consentimento da vítima, caracteriza, em qualquer caso, estupro de vulnerável.

COMENTÁRIOS

Gabarito: errada. Isso porque, conforme disposto no art. 217-A do Código Penal, ***vulnerável*** é (a) a pessoa menor de 14 anos, (b) a pessoa portadora de enfermidade ou deficiência mental que não tem o necessário discernimento para a prática do ato ou (c) a pessoa que, por qualquer outra causa, não pode oferecer resistência.

23. (CESPE – 2011 – TRF5 – Juiz) Com referência aos crimes contra a pessoa, o patrimônio e a propriedade imaterial e aos crimes de manipulação genética, assinale a opção correta. O comércio de cópias grosseiras de CDs e DVDs em centros urbanos, para o sustento próprio do agente e de sua família, impõe a aplicação dos princípios da insignificância e da adequação social e conduz à atipicidade da conduta, em tese violadora de tipo penal protetivo da propriedade imaterial.

COMENTÁRIOS

Gabarito: Errada. De acordo com o Superior Tribunal de Justiça, não há aplicação nem do princípio da insignificância nem do princípio da adequação social no caso em tela. A uma (insignificância), porque o prejuízo causado pelo agente que comercializa CDs e DVDs com violação de direito autoral não se restringe ao valor econômico dos bens apreendidos, mas deve ser aferido, sobretudo, pelo grau de reprovabilidade da conduta, haja vista as consequências nefastas para as artes, para a cultura e para a economia do País. A duas (adequação social), porque a conduta do agente não pode ser considerada socialmente adequada: o fato de parte da população adquirir tais produtos não tem o condão de impedir a incidência, diante da conduta praticada, do tipo penal previsto no art. 184, § 2º, do CP. Como vem decidindo o STJ em casos análogos, "a não aplicação de uma norma penal incriminadora, mesmo que por prolongado tempo, ou a sua inobservância pela sociedade, não acarretam a sua eliminação do ordenamento jurídico, por se tratar de comportamento social contra-legem" (HC 197370, j. 03/05/2011).

No mesmo sentido: "O tão-só fato de estar disseminado o comércio de mercadorias falsificadas ou "pirateadas" não torna a conduta socialmente aceitável, uma vez que fornecedores e consumidores têm consciência da ilicitude da atividade, a qual tem sido reiteradamente combatida pelos órgãos governamentais, inclusive com campanhas de esclarecimento veiculadas nos meios de comunicação. A exposição de 190 DVDs falsificados, em estabelecimento comercial, demonstra a existência de efetiva lesão ao bem jurídico tutelado pela norma penal, afastando a possibilidade de aplicação do princípio da insignificância" (STJ, HC 181739, j. 09/11/2010). Ainda: "A Terceira Seção deste Superior Tribunal de Justiça, no julgamento do REsp nº 1.193.196/MG, sedimentou entendimento no sentido da inaplicabilidade do princípio da adequação social e da insignificância ao delito descrito no art. 184, § 2º, do Código Penal, sendo considerada materialmente típica a conduta"(STJ, 5ª T., HC 342435, j. 07/04/2016).

24. (PUC-PR – 2011 – TJ-RO – Juiz) Recentemente, o legislador pátrio alterou o enfoque dado aos chamados Crimes Contra os Costumes, passando a denominá-los de Crimes Contra a Dignidade Sexual, através da edição da Lei Ordinária nº 12.015/2009. A respeito do assunto, assinale a única alternativa CORRETA.

I. A conduta de constranger alguém, mediante violência ou grave ameaça, a ter conjunção carnal ou a praticar ou permitir que com ele se pratique outro ato libidinoso, configura o delito de estupro.

II. O tipo penal denominado "estupro de vulnerável" exige como condição do sujeito passivo do delito a idade inferior a 14 anos de idade ou ser possuidor de enfermidade ou doença mental capaz de reduzir sua capacidade de discernimento para a prática do ato, ou ainda, por qualquer outra causa, não possa oferecer resistência.

III. Pratica o delito de corrupção de menores (artigo 218 do Código Penal) o agente que induz alguém menor de 14 (catorze) anos a satisfazer a lascívia de outrem.

IV. O delito de estupro previsto no artigo 213 do Código Penal, com a nova redação dada pela Lei nº 12.015/2009, é de ação penal pública incondicionada, independentemente da condição pessoal da ofendida.

a) Somente as proposições I e III são verdadeiras.
b) Somente a proposição IV é falsa.
c) Somente as proposições I e II são verdadeiras.
d) Todas as proposições são falsas.
e) Todas as proposições são verdadeiras.

COMENTÁRIOS

Gabarito: b. A assertiva IV está realmente falsa. De acordo com o art. 225, *caput*, do CP, os crimes contra a dignidade sexual são apurados, em regra, mediante ação penal pública condicionada à representação da ofendida. Há duas exceções, quando então a ação penal será pública incondicionada: vítima menor de 18 anos ou vítima vulnerável (art. 225, par. único, do CP).

Assertiva I: Correta, pois retrata a conduta típica prevista no art. 213, *caput*, do CP: "Constranger alguém, mediante violência ou grave ameaça, a ter conjunção carnal ou a praticar ou permitir que com ele se pratique outro ato libidinoso".

Assertiva II: Correta, já que decorre da disposição do art. 217-A, *caput* e § 1º, do CP: "**Art. 217-A**. Ter conjunção carnal ou praticar outro ato libidinoso com menor de 14 (catorze) anos: Pena – reclusão, de 8 (oito) a 15 (quinze) anos. **§ 1º** Incorre na mesma pena quem pratica as ações descritas no *caput* com alguém que, por enfermidade ou deficiência mental, não tem o necessário discernimento para a prática do ato, ou que, por qualquer outra causa, não pode oferecer resistência".

Assertiva III: Correta, conforme redação do art. 218 do CP: "Induzir alguém menor de 14 (catorze) anos a satisfazer a lascívia de outrem: Pena – reclusão, de 2 (dois) a 5 (cinco) anos".

25. (CESPE – 2011 – PC-ES – Delegado de Polícia) Em decorrência das recentes alterações legislativas referentes a política criminal no cenário dos crimes sexuais, julgue os itens. A redação da nova lei que tipifica os crimes contra a dignidade sexual superou as controvérsias em relação à consideração do estupro como crime hediondo, deixando claro o seu caráter de hediondez tanto na forma simples quanto nas formas qualificadas pelo resultado.

COMENTÁRIOS

Gabarito: Correta. Isso porque a Lei nº 12.015/09, além de alterar o Título VI do Código Penal (dos crimes contra a dignidade sexual), também modificou o inciso V do artigo 1º da Lei nº 8.072/90 (Lei dos Crimes

Hediondos), dizendo que é delito hediondo o estupro na sua forma simples (art. 213, *caput*, do CP) e nas suas formas qualificadas (art. 213, §§ 1º e 2º, do CP).

26. (CESPE – 2011 – PC-ES – Delegado de Polícia) Considere a seguinte situação hipotética. Determinado cidadão, penalmente responsável, estabeleceu em determinada cidade, e com evidente intuito lucrativo, uma casa destinada a encontros libidinosos e outras formas de exploração sexual, facilitando, com isso, a prostituição. Na data de inauguração da casa, a polícia, em ação conjunta com fiscais do município, interditaram o estabelecimento, impedindo, de pronto, o seu funcionamento. Nessa situação hipotética, a conduta do cidadão caracteriza a figura tentada do crime anteriormente definido como casa de prostituição, nos moldes do atual art. 229 do Código Penal.

COMENTÁRIOS

Gabarito: Errada. Isso porque o fato é atípico. Observe-se o tipo penal previsto no art. 229 do CP: "Manter, por conta própria ou de terceiro, estabelecimento em que ocorra exploração sexual, haja, ou não, intuito de lucro ou mediação direta do proprietário ou gerente: Pena – reclusão, de dois a cinco anos, e multa". O verbo nuclear é "manter", exigindo-se a habitualidade. Como a ação policial impediu o funcionamento do estabelecimento, não houve a configuração de tal habitualidade. O fato, portanto, denota um irrelevante penal, mesmo porque os crimes habituais não admitem tentativa.

27. (CESPE – 2011 – PC-ES – Delegado de Polícia) Em decorrência das recentes alterações legislativas referentes a política criminal no cenário dos crimes sexuais, julgue os itens. Considere a seguinte situação hipotética. Márcio, penalmente responsável, durante a prática de ato sexual mediante violência e grave ameaça, atingiu a vítima de modo fatal, provocando-lhe a morte. Nessa situação hipotética, Márcio responderá por estupro qualificado pelo resultado morte, afastando-se o concurso dos crimes de estupro e homicídio.

COMENTÁRIOS

Gabarito: certa. Embora a questão não seja clara a respeito, conforme entendimento majoritário o estupro qualificado pela morte é crime preterdoloso, ou seja, há dolo no antecedente (delito sexual) e culpa no consequente (delito contra vida). Caso exista dolo – direto ou eventual – voltado ao resultado morte, haverá concurso de crimes, devendo o agente responder por estupro + homicídio doloso.

2. QUESTÕES DE CONCURSOS

01. (IESES – 2019 – TJ-SC – Titular de Serviços de Notas e de Registros) É correto afirmar que a conduta de contrair alguém, sendo casado, novo casamento:

a) Constituiu, no passado, crime de bigamia, estando atualmente revogado o tipo penal.

b) Encontra adequação típica formal no delito de bigamia, ainda que esteja separado judicialmente.

c) Constitui crime de bigamia, ainda que posteriormente venha a ser anulado o primeiro casamento, não servindo tal anulação posterior para fazer cessar os efeitos penais do delito já consumado.

d) Não constitui crime de bigamia, se ambos os contraentes já estiverem separados judicialmente e souberem da condição do outro.

02. (INSTITUTO AOCP – 2019 – PC-ES – Escrivão de Polícia) Em relação ao crime de estupro de vulnerável, é questão pacificada no Direito Penal:

a) a irrelevância do consentimento da vítima para a prática do ato, bem como sua experiência sexual anterior ou existência de relacionamento amoroso com o agente.

b) o critério exclusivo de vulnerabilidade pela idade da vítima, menor de 14 anos.

c) que a vítima do sexo masculino não pode ser sujeito passivo do delito em análise.

d) que o desconhecimento da lei exclui a tipicidade delitiva.

e) que a pena é duplicada se o agente exercer autoridade sobre a vítima.

03. (FCC – 2019 – MP-MT – Promotor de Justiça) De acordo com o ordenamento jurídico e o posicionamento dos tribunais superiores sobre os crimes contra a dignidade sexual:

a) a prática de passar as mãos nas coxas e seios da vítima menor de 14 anos, por dentro de sua roupa, não pode ser tipificado como crime de estupro de vulnerável (art. 217-A do Código Penal), haja vista que não houve a conjunção carnal.

b) o estupro (art. 213 do Código Penal), com redação dada pela Lei nº 12.015/2009, é tipo penal misto alternativo. Logo, se o agente, no mesmo contexto fático, pratica conjunção carnal e outro ato libidinoso contra uma só vítima, pratica um só crime do art. 213 do Código Penal.

c) a conduta consistente em manter casa para fins libidinosos é suficiente para a caracterização do crime tipificado no art. 229 do Código Penal, sendo desnecessário, para a configuração do delito, que haja exploração sexual, assim entendida como a violação à liberdade das pessoas que ali exercem a mercancia carnal.

d) somente no crime de estupro, praticado mediante violência real, é que a ação penal é pública incondicionada. Nas demais modalidades de violência, trata-se de crime de ação penal condicionada a representação.

e) segundo a legislação brasileira, o estupro coletivo é aquele praticado mediante concurso de três ou mais pessoas.

04. (IBFC – 2018 – TRF2 – Juiz Federal) Assinale a resposta certa: A) Para a configuração típica do crime de frustração de direito assegurado por lei trabalhista, a lei penal prevê apenas a ação delituosa de ilusão mediante fraude, destinada a impedir o exercício de direitos trabalhistas, ou o desligamento do serviço através da simulação de dívidas contraídas pelo empregado. B) Para a configuração típica do crime de aliciamento de trabalhadores de um local para outro do território nacional, é necessária a ação de recrutar seduzindo, mais de um trabalhador, com o fim de levá-los para qualquer lugarejo, mas desde que afastado daquele em que ocorreu o aliciamento. C) Para a configuração típica do crime de redução a condição análoga a de escravo, o consentimento da vítima é elemento essencial a ser aferido, haja vista que não incide a punição em hipótese alguma, quando tal consentimento tenha sido dado, expressa ou tacitamente, pelo ofendido. D) Para a configuração típica do crime de redução a condição análoga a de escravo basta que a vítima tenha sido submetida, eventualmente, a apenas uma jornada exaustiva de trabalho, ou a um episódio degradante de trabalho, casos em que há evidente violação da dignidade humana. E) Para a configuração típica do crime de atentado contra a liberdade de trabalho, a grave ameaça capaz de constranger alguém a trabalhar durante certo período de tempo ou em determinados dias, pode se consubstanciar na promessa, pelo empregador, de rescisão do contrato de trabalho.

05. (VUNESP – 2018 – PC-SP – Delegado de Polícia) No que concerne aos crimes contra a dignidade sexual, é correto afirmar que: A) dadas as condições de evolução social, não se pune atualmente a violação sexual mediante fraude e nem a sedução. B) o crime de favorecimento da prostituição ou outra forma de exploração sexual de maiores de 18 anos não-vulneráveis só é punido se o agente tem intuito de lucro. C) o crime de assédio sexual, por expressa disposição legal fruto de ativismo jurídico, é punido mais gravemente se cometido por homem contra mulher do que vice-versa. D) é fato típico induzir menor de 14 (quatorze) anos a presenciar ato libidinoso diverso da conjunção carnal, a fim de satisfazer lascívia própria. E) apenas pessoas dignas são objeto de proteção penal, excluídas as pessoas que voluntariamente se entregam à má vida ou a práticas sexuais promíscuas.

06. (FGV – 2017 – TRT12 – Analista Judiciário) Claudio, famoso empresário do ramo publicitário, mediante fraude consistente em oferecer casa, carro e salário de R$10.000,00, recruta Marta, trabalhadora, com o fim de levá-la para território estrangeiro para lá exercer suas atividades. Marta, então, aceita a oferta, mas no momento em que embarcaria para o exterior, é abordada pela Polícia, que informa que, na realidade, aquelas ofertas de Claudio eram falsas e que sua intenção era apenas levá-la para trabalhar em outro país em condições diversas daquelas oferecidas. Em razão disso, Claudio é denunciado pelo crime de aliciamento para o fim de emigração. A família de Claudio, então, procura seu advogado para esclarecimentos sobre a denúncia apresentada, informando, ainda, que Claudio confessava o fato, mas esclarecera que era a primeira vez que adotara aquele comportamento e que não tinha a intenção de fazer isso com nenhum outro trabalhador. Considerando a situação narrada, o advogado deverá esclarecer que a conduta do denunciado:

a) não configura crime contra a organização do trabalho previsto no Código Penal;

b) configura o crime imputado, na modalidade consumada, diante de sua natureza de crime formal;

c) configura o crime de aliciamento de trabalhadores de um local para o outro do território nacional, já que Marta não foi para o exterior;

d) configura o crime imputado, na modalidade tentada, devido à natureza de crime material;

e) não configura o crime imputado, mas sim de frustração de lei sobre a nacionalização do trabalho, consumado.

07. (IBADE – 2017 – PC-AC – Delegado de Polícia) Assinale a alternativa que corretamente apresenta uma hipótese de estupro, na forma consumada ou tentada (art. 213 do CP).

a) Aproveitar-se do pouco espaço para locomoção em um coletivo lotado para beliscar as nádegas de uma mulher, que, desconhecendo a autoria do fato, fica impedida de agir contra o autor.

b) Valer-se de violência contra pessoa portadora de deficiência mental, possuidora de discernimento para o exercício da sexualidade, para com ela praticar ato libidinoso diverso da conjunção carnal.

c) Propor a um adolescente de quinze anos, por aplicativo de mensagens instantâneas, um encontro sexual para a prática de coito anal, sendo a proposta prontamente refutada pelo adolescente.

d) Manter relações sexuais, mediante remuneração, com adolescente de quatorze anos completos, o qual esteja submetido à prostituição.

e) Manipular, sob a roupa, a genitália de pessoa completamente bêbada, que esteja desacordada em virtude da severa ingestão de álcool.

08. (CESPE – 2016 – TRT8 – Analista judiciário) Em relação aos crimes contra a organização do trabalho, assinale a opção correta.

a) Para a configuração do crime de participação de abandono coletivo de trabalho com violência contra a pessoa, é indispensável o concurso de pelo menos três empregados.

b) Consiste em infração penal violadora da liberdade individual, e não em crime contra a organização do trabalho, a conduta do agente que impede alguém de se desligar de serviços de qualquer natureza, mediante a retenção de seus documentos pessoais.

c) No crime de aliciamento de trabalhadores de um local para outro do território nacional, o recrutador que não assegurar condições de retorno do trabalhador ao local de origem estará sujeito a causa específica de aumento de pena.

d) O Código Penal prevê, para todos os crimes contra a organização do trabalho, como causa de aumento de pena o fato de a vítima ser menor de dezoito anos de idade, idosa, gestante, indígena ou portadora de deficiência física ou mental.

e) Processam-se esses crimes por ação penal pública incondicionada, estando o autor de qualquer um deles sujeito à pena de detenção, além da pena correspondente à violência empregada, quando for o caso.

09. (FGV – 2015 – TJ-RO – Técnico Judiciário) Leonardo foi condenado pela prática de um crime de roubo majorado pelo emprego de arma de fogo. No momento da execução da pena, o juiz verificou que Leonardo já ostentava em sua Folha de Antecedentes Criminais condenações pela prática de um crime de homicídio simples contra seu primo, ocorrido em razão de uma discussão familiar no ano de 2013; de um crime de estupro simples realizado no ano de 2012; e pela prática, no ano de 2011, do crime de extorsão qualificada pela morte. De acordo com a Lei nº 8.072/90, são considerados hediondos os seguintes crimes praticados por Leonardo:

a) roubo majorado pelo emprego de arma de fogo e extorsão qualificada pela morte;

b) homicídio simples, estupro simples e extorsão qualificada pela morte;

c) estupro simples e extorsão qualificada pela morte;

d) homicídio simples e extorsão qualificada pela morte;

e) homicídio simples e estupro simples.

10. (FCC – 2015 – TRT6 – Juiz do Trabalho) No delito de paralisação de trabalho, seguida de violência ou perturbação da ordem:

a) o sujeito ativo só pode ser o empregado.

b) punível a suspensão de trabalho.

c) a violência deve ser dirigida, necessariamente, contra pessoa.

d) o abandono de trabalho pode ser individual.

e) punível, apenas, o abandono de trabalho.

11. (VUNESP – 2015 – PC-CE – Escrivão) Assinale a alternativa correta no que diz respeito aos crimes contra a dignidade sexual.

a) Praticar, na presença de alguém menor de 18 (dezoito) anos, conjunção carnal ou outro ato libidinoso, a fim de satisfazer lascívia própria ou de outrem, tipifica o crime de satisfação de lascívia mediante presença de criança ou adolescente.

b) Constranger alguém, mediante fraude, a ter conjunção carnal ou a praticar ou permitir que com ele se pratique outro ato libidinoso, tipifica crime de estupro.

c) Induzir alguém menor de 18 (dezoito) anos a satisfazer a lascívia de outrem tipifica o crime de corrupção de menores.

d) Ter conjunção carnal ou praticar outro ato libidinoso com menor de 18 (dezoito) anos tipifica o crime de estupro de vulnerável.

e) Atrair à prostituição alguém menor de 18 (dezoito) anos tipifica o crime de favorecimento da prostituição, ou de outra forma de exploração sexual de criança ou adolescente ou de vulnerável.

12. (FCC – 2015 – TRT23 – Juiz do Trabalho) Paulo, industrial do ramo de plásticos, mediante promessa de mal futuro, sério e verossímil, constrangeu Pedro, proprietário de empresa concorrente, a não adquirir de Antônio matéria-prima necessária para a fabricação de seus produtos. No caso, Paulo cometeu o crime de:

a) atentado contra a liberdade de contrato de trabalho.

b) constrangimento ilegal.

c) atentado contra a liberdade de trabalho.

d) sabotagem.

e) boicotagem violenta.

13. (CESPE – 2015 – TJ-PB – Juiz) Assinale a opção correta a respeito dos crimes contra a dignidade sexual e a família.

a) No crime de subtração de incapazes, a restituição do menor até o momento da prolação da sentença, desde que este não tenha sofrido maus-tratos ou privações, configura arrependimento posterior.

b) A persecução penal do crime de estupro de vulnerável ocorre mediante ação penal pública condicionada à representação do ofendido.

c) O crime de estupro de vulnerável praticado por dois agentes em concurso de pessoas incorre em causa de aumento de pena prevista na parte especial do CP.

d) O agente solteiro que contrai casamento com pessoa casada, ciente do estado civil desta, pratica conduta atípica.

e) O agente que, conscientemente, registra, em cartório, filho de terceira pessoa como se fosse seu próprio filho pratica conduta atípica.

14. (VUNESP – 2014 – PC-SP – Investigador de Polícia) Nos termos do Código Penal, assinale a alternativa que contenha apenas crimes contra a dignidade sexual:

a) Perigo de contágio venéreo; atentado ao pudor mediante fraude; assédio sexual.

b) Assédio sexual; perigo de contágio venéreo; corrupção de menores.

c) Estupro; atentado violento ao pudor; prostituição.

d) Atentado violento ao pudor; sedução; estupro.

e) Estupro; corrupção de menores; assédio sexual.

15. (Aroeira – 2014 – PC-TO – Delegado de Polícia) Correrão em segredo de justiça os processos em que se apurarem crimes de:

a) ultraje a culto.

b) rufianismo

c) vilipêndio.

d) aliciamento para o fim de emigração.

16. (MP-RS – 2014 – Promotor de Justiça) Assinale a alternativa que preenche corretamente as lacunas do enunciado abaixo, na ordem em que aparecem. Durante o festival de balonismo, na cidade de Torres, Afonso Dias, 52 anos, deslocou-se até a Boate Cristal para festejar a sua classificação no evento. No recinto, conheceu o transformista Maitê, 21 anos, convidando-o para acompanhá-lo na comemoração. Enquanto conversavam, Afonso disfarçadamente colocou uma substância na bebida de Maitê, que o levou a perder os sentidos. Na sequência, conduziu o transformista desmaiado, sem poder oferecer resistência, até seu carro, onde praticou com ele sexo anal. No dia seguinte, Maitê registrou o fato delituoso contra Afonso na Delegacia de Polícia e adotou as medidas necessárias para responsabilizá-lo. No presente caso, o crime praticado pelo agente é o de ______ e a ação penal correspondente é ______.

a) estupro de vulnerável – pública incondicionada

b) estupro – pública incondicionada

c) violação sexual mediante fraude – pública condicionada à representação

d) estupro – pública condicionada à representação

e) violação sexual mediante fraude – privada

17. (IBFC – 2014 – Polícia Civil-RJ) Segundo o entendimento sumulado pelo Superior Tribunal de Justiça, o delito de corrupção de menores, previsto no artigo 244-B do Estatuto da Criança e do Adolescente:

a) É crime material e depende de prova da efetiva corrupção do menor.

b) É crime formal e depende de prova da efetiva corrupção do menor.

c) É crime de mera conduta e independe de prova da efetiva corrupção do menor.

d) É crime formal e independe de prova da efetiva corrupção do menor.

e) É crime material e independe de prova da efetiva corrupção do menor.

18. (UFPR – 2014 – DPE-PR – Defensor Público) Considera-se vulnerável, para fins de tipificação do crime de estupro de vulnerável (art. 217-A, § 1º, do CP):

a) o maior de 60 anos.

b) quem, por deficiência mental, não tem o necessário discernimento para a prática do ato.

c) o menor de 16 anos, ainda que possua o necessário discernimento para a prática do ato.

d) o descendente, menor de 18 anos, ainda que possua o necessário discernimento para a prática do ato.

e) a mulher, no âmbito das relações domésticas.

19. (FEPESE – 2013 – DPE-SC – Analista Técnico) Aquele que submeter, induzir ou atrair à prostituição ou outra forma de exploração sexual alguém menor de dezoito anos ou que, por enfermidade ou deficiência mental, não tem o necessário discernimento para a prática do ato, facilitá-la, impedir ou dificultar que a abandone, comete o crime de:

a) estupro de vulnerável.

b) corrupção de menores.

c) instigação sexual de vulnerável.

d) favorecimento da prostituição ou outra forma de exploração sexual de vulnerável.

e) satisfação de lascívia mediante presença de criança ou adolescente.

20. (FUNCAB – 2013 – PC-ES – Escrivão de Polícia) Valtemir praticou conjunção carnal com sua enteada Flaviana, que possui 12 anos de idade. Assim, Valtemir deve responder pelo crime de:

a) satisfação de lascívia mediante presença de criança ou adolescente (artigo 218-A do CP).
b) submissão de criança ou adolescente à prostituição ou à exploração sexual (artigo 244-A da Lei nº 8.069/1990).
c) estupro de vulnerável (artigo 217-A do CP).
d) corrupção de menores (Lei nº 2.252/1954).
e) assédio sexual (artigo 216-A do CP).

21. (CRSP – 2013 – PM-MG – Oficial da Polícia Militar) No dia em que completaria (quinze) anos de idade, a bela garota resolveu se entregar ao namorado de (dezenove) anos de idade. Para tanto, resolveram que o local seria o quarto da moça, uma vez que seu pai daria uma grande festa e aproveitariam o grande movimento para praticarem o ato sexual. Por volta das 23 horas, percebendo que todos estavam entretidos com a festa, o jovem casal subiu disfarçadamente para o andar superior da residência, dirigindo-se até o cômodo escolhido. A moça e o rapaz, de livre e espontânea vontade, após a prática de atos libidinosos diversos, quando estavam para consumar a conjunção carnal, foram flagrados pelo genitor da debutante. Diante desse quadro, o pai enfurecido, encerrou imediatamente a festa, mandando retirar todos os convidados do ambiente e acionou uma viatura policial para registro dos fatos. O policial, após ouvir o caso relatado pelo pai da menor, registrou a ocorrência. Marque a alternativa CORRETA que descreve a conduta sexual praticada pelo rapaz em relação à sua namorada.

a) Crime de estupro de vulnerável, pois somente após os 15 anos de idade completos, é que menores tem livre e espontânea vontade para praticarem conjunção carnal ou atos libidinosos diversos da conjunção carnal.
b) Conduta atípica, haja vista que pessoas maiores de 14 anos de idade, de livre e espontânea vontade, podem praticar conjunção carnal ou atos libidinosos diversos da conjunção carnal.
c) Crime de atentado violento ao pudor consumado e tentativa de estupro de vulnerável, pois somente após os 15 anos de idade completos, é que menores tem livre e espontânea vontade para praticarem conjunção carnal ou atos libidinosos diversos da conjunção carnal.
d) Crime de atentado violento ao pudor consumado e tentativa de estupro de vulnerável, pois a garota era menor de 18 anos de idade, não possuindo capacidade de livre e espontânea vontade de praticar conjunção carnal ou atos libidinosos diversos da conjunção carnal.

22. (CESPE – 2012 – TJ-AC – Técnico Judiciário) Considere que Antônio tenha mantido conjunção carnal consensual com Maria, de treze anos de idade, sem qualquer violência ou ameaça. Nessa situação, a conduta de Antônio, mesmo com o consenso da vítima, caracteriza o crime de estupro de vulnerável.

23. (CESPE – 2012 – TRE-RJ – Analista Judiciário) A venda de cópias não autorizadas de CDs e DVDs – cópias piratas – por vendedores ambulantes que não possuam outra renda além da advinda dessa atividade, apesar de ser conduta tipificada, não possui, segundo a jurisprudência do STJ, tipicidade material, aplicando-se ao caso o princípio da adequação social.

GABARITO		FUNDAMENTAÇÃO
1	B	Art. 235 CP
2	A	Art. 217-A, § 5º, CP e Súmula 593 STJ
3	B	Cap. VI, item 1.1
4	B	Art. 207 CP
5	D	Art. 218-A CP
6	A	O art. 206 CP fala em trabalhadores (no plural)
7	B	Art. 213 CP
8	A	Art. 200, par. único, CP
9	C	Art. 1º, III e V, Lei 8.072/90
10	B	Art. 200 CP
11	E	Art. 218-B CP
12	E	Art. 198 CP
13	C	Art. 226, I, CP
14	E	Arts. 213, 218 e 216-A CP
15	B	Art. 234-B CP
16	A	Arts. 217-A e 225 CP
17	D	Súm. 500 STJ
18	B	Art. 217-A, § 1º, CP
19	D	Art. 218-B CP
20	C	Art. 217-A CP
21	B	Cap. VI, item 2
22	C	Art. 217-A CP
23	E	Capítulo III e Súm. 502 STJ

CAPÍTULO VIII

CRIMES CONTRA A INCOLUMIDADE PÚBLICA

1. CRIMES DE PERIGO COMUM

1.1. Incêndio (art. 250)

Pune-se aquele que causa incêndio, expondo a perigo a vida, a integridade física ou o patrimônio de outrem.

Crime de perigo comum ou coletivo: expõe a perigo um número indeterminado de pessoas. Vejamos a jurisprudência sobre o tema: "É consabido que o crime de incêndio, previsto no artigo 250 do Código Penal, é um delito de perigo concreto, bastando, para sua configuração, que o fogo tenha a potencialidade de colocar em risco os bens jurídicos tutelados: a incolumidade pública, a vida, a integridade física ou o patrimônio de terceiros – o que ocorreu no caso, uma vez que o fogo não se alastrou para os prédios vizinhos devido a pronta intervenção do corpo de bombeiros impediu essa ocorrência. Cumpre assinalar, ainda, que o delito em questão é um crime de perigo comum, sendo prescindível que a conduta seja dirigida a determinadas vítimas" (STJ, 5ª T., AgRg no HC 192.574, j. 25/06/2013).

Necessidade da perícia: "(...) 2. Admite-se que a prova testemunhal supra a pericial se não for possível a realização do respectivo exame pelo desaparecimento dos vestígios, nos termos do art. 167 do Código de Processo Penal. 3. 'No caso de incêndio, os peritos verificarão a causa e o lugar em que houver começado, o perigo que dele tiver resultado para a vida ou para o patrimônio alheio, a extensão do dano e o seu valor e as demais circunstâncias que interessarem à elucidação do fato' (art. 173 do Código de Processo Penal). 4. Na hipótese, inexistindo qualquer justificativa para a não realização da perícia, as provas testemunhais e as fotos tiradas do local não bastam para alicerçar a condenação, mostrando-se imprescindível o laudo pericial para a configuração do crime de incêndio, pois a delineação de sua causa é decisiva para se concluir se houve ação proposital" (STJ, 6ª T., HC 347490, j. 08/03/2016). Ainda: "1. O delito de incêndio em casa habitada exige a realização de exame de corpo de delito direto, isto é, a confecção de laudo pericial, por expressa imposição legal. Entretanto, é admissível que o referido laudo seja substituído por outros meios de prova quando as circunstâncias do crime não permitirem a sua confecção, tal como se deu na hipótese. 2. Apesar de requisitada a realização de exame pericial no local dos fatos, o perito responsável se manifestou pela impossibilidade de fazê-lo diante da falta de preservação do local. Logo, a realização de perícia, embora requerida, não foi possível por circunstâncias justificadas" (STJ, 6ª T., AgRg no REsp 1821233, j. 09/06/2020).

As penas aumentam-se de um terço: se o crime for cometido com intuito de obter vantagem pecuniária em proveito próprio ou alheio; se o incêndio é: a) em casa habitada ou destinada a habitação; b) em edifício público ou destinado a uso público ou a obra de assistência social ou de cultura; c) em embarcação, aeronave, comboio ou veículo de transporte coletivo; d) em estação ferroviária ou aeródromo; e) em estaleiro, fábrica ou oficina; f) em depósito de explosivo, combustível ou inflamável; g) em poço petrolífero ou galeria de mineração; h) em lavoura, pastagem, mata ou floresta. É prevista a modalidade culposa.

▶ CRIME AMBIENTAL

Art. 41 da Lei nº 9.605/98: "Provocar incêndio em mata ou floresta: Pena - reclusão, de dois a quatro anos, e multa". Nesse caso não se exige que o incêndio cause perigo à vida, integridade física ou patrimônio de outrem.

1.2. Explosão (art. 251)

Ocorre o delito quando o agente expõe a perigo a vida, a integridade física ou o patrimônio de outrem, mediante explosão, arremesso ou simples colocação de engenho de dinamite ou de substância de efeitos análogos. Qualifica o crime se a substância utilizada não é dinamite ou explosivo de efeitos análogos. É prevista a modalidade culposa.

Explosão de caixa eletrônico para subtração de valores:

→ *Antes da Lei nº 13.654/2018*: discutia-se se havia um só delito (furto qualificado pelo rompimento de obstáculo) ou concurso formal de crimes (furto simples ou qualificado por outra circunstância + explosão). A propósito: "(...) 3. Demonstrado que a conduta delituosa expôs, de forma concreta, o patrimônio de outrem decorrente do grande potencial destruidor da explosão, notadamente porque o banco encontra-se situado em edifício destinado ao uso público, ensejando a adequação típica ao crime previsto no art. 251 do CP, incabível a incidência do princípio da consunção. 4. Infrações que atingem bens jurídicos distintos, enquanto o delito de furto viola o patrimônio da instituição financeira, o crime de explosão ofende a incolumidade pública" (STJ, 6ª T., REsp 1647539/SP, j. 21/11/2017).

→ *Depois da Lei nº 13.654/2018*: com a nova legislação, prevaleceu a tese do delito único, já que o crime-meio (explosão) é absorvido pelo crime-fim (furto). Nesse sentido o § 4º-A do artigo 155 do Código Penal: "A pena é de reclusão de 4 (quatro) a 10 (dez) anos e multa, se houver emprego de explosivo ou de artefato análogo que cause perigo comum".

▶ **LEGISLAÇÃO ESPECIAL:**

- **Art. 2º da Lei nº 10.300/01:** "É crime o emprego, o desenvolvimento, a fabricação, a comercialização, a importação, a exportação, a aquisição, a estocagem, a retenção ou a transferência, direta ou indiretamente, de minas terrestres antipessoal no território nacional".
- **Art. 16, § 1º, III, da Lei nº 10.826/03:** "Nas mesmas penas incorre quem: III – possuir, deter, fabricar ou empregar artefato explosivo ou incendiário, sem autorização ou em desacordo com determinação legal ou regulamentar".
- **Art. 35 da Lei nº 9.605/98:** "Pescar mediante a utilização de: I – explosivos ou substâncias que, em contato com a água, produzam efeito semelhante".

1.3. Uso de gás tóxico ou asfixiante (art. 252)

Comete o crime aquele que expõe a perigo a vida, a integridade física ou o patrimônio de outrem, usando de gás tóxico ou asfixiante. É prevista a modalidade culposa.

1.4. Fabrico, fornecimento, aquisição, posse ou transporte de explosivos ou gás tóxico, ou asfixiante (art. 253)

Constitui crime fabricar, fornecer, adquirir, possuir ou transportar, sem licença da autoridade, substância ou engenho explosivo, gás tóxico ou asfixiante, ou material destinado à sua fabricação.

1.5. Inundação (art. 254)

Pune-se aquele que causa inundação, expondo a perigo a vida, a integridade física ou o patrimônio de outrem. É prevista a modalidade culposa.

1.6. Perigo de inundação (art. 255)

Ocorre o crime quando o agente remove, destrói ou inutiliza obstáculo natural ou obra destinada a impedir inundação, expondo a perigo a vida, a integridade física ou o patrimônio de outrem. Deve existir o elemento subjetivo especial "em prédio próprio ou alheio".

1.7. Desabamento ou desmoronamento (art. 256)

Configura o delito quando o agente causa desabamento ou desmoronamento, expondo a perigo a vida, a integridade física ou o patrimônio de outrem. É prevista a modalidade culposa.

1.8. Subtração, ocultação ou inutilização de material de salvamento (art. 257)

Pratica o crime aquele que subtrai, oculta ou inutiliza, por ocasião de incêndio, inundação, naufrágio, ou outro desastre ou calamidade, aparelho, material ou qualquer meio destinado a serviço de combate ao perigo, de socorro ou salvamento; ou impede ou dificulta serviço de tal natureza.

1.9. Formas qualificadas de crime de perigo comum (art. 258)

Se do crime doloso de perigo comum resulta lesão corporal de natureza grave, a pena privativa de liberdade é aumentada de metade; se resulta morte, é aplicada em dobro. No caso de culpa, se do fato resulta lesão corporal, a pena aumenta-se de metade; se resulta morte, aplica-se a pena cominada ao homicídio culposo, aumentada de um terço.

1.10. Difusão de doença ou praga (art. 259)

Constitui crime difundir doença ou praga que possa causar dano a floresta, plantação ou animais de utilidade econômica. É prevista a modalidade culposa.

2. CRIMES CONTRA A SEGURANÇA DOS MEIOS DE COMUNICAÇÃO E TRANSPORTE E OUTROS SERVIÇOS PÚBLICOS

2.1. Perigo de desastre ferroviário (art. 260)

Configura crime impedir ou perturbar serviço de estrada de ferro (qualquer via de comunicação em que circulem veículos de tração mecânica, em trilhos ou por meio de cabo aéreo): destruindo, danificando ou desarranjando, total ou parcialmente, linha férrea, material rodante ou de tração, obra-de-arte ou instalação; colocando obstáculo na linha; transmitindo falso aviso acerca do movimento dos veículos ou interrompendo ou embaraçando o funcionamento de telégrafo, telefone ou radiotelegrafia; praticando outro ato. Qualifica o crime se do fato resulta desastre. No caso de culpa, ocorrendo desastre, pune-se com detenção, de seis meses a dois anos.

2.2. Atentado contra a segurança de transporte marítimo, fluvial ou aéreo (art. 261)

Pune-se aquele que expõe a perigo embarcação ou aeronave, própria ou alheia, ou pratica qualquer ato tendente a impedir ou dificultar navegação marítima, fluvial ou aérea. Qualifica o crime se do fato resulta naufrágio, submersão ou encalhe de embarcação ou a queda ou destruição de aeronave. Aplica-se, também, a pena de multa se o agente pratica o delito com intuito de obter vantagem econômica, para si ou para outrem. É prevista a modalidade culposa.

2.3. Atentado contra a segurança de outro meio de transporte (art. 262)

Comete o crime quem expõe a perigo outro meio de transporte público, impede-lhe ou dificulta-lhe o funcionamento. Qualifica o delito se do fato resulta desastre. No caso de culpa, se ocorre desastre, a pena será de detenção, de três meses a um ano.

2.4. Forma qualificada (art. 263)

Se de qualquer dos crimes previstos nos arts. 260 a 262, no caso de desastre ou sinistro, resulta lesão corporal ou morte, aplica-se o disposto no art. 258.

2.5. Arremesso de projétil (art. 264)

Responde pelo crime quem arremessa projétil contra veículo, em movimento, destinado ao transporte público por terra, por água ou pelo ar. Se do fato resulta lesão corporal, a pena é de detenção, de 6 meses a 2 anos; se resulta morte, a pena é a do art. 121, § 3º, aumentada de um terço.

2.6. Atentado contra a segurança de serviço de utilidade pública (art. 265)

Constitui crime atentar contra a segurança ou o funcionamento de serviço de água, luz, força ou calor, ou qualquer outro de utilidade pública. Aumenta-se a pena de um terço até a metade se o dano ocorrer em virtude de subtração de material essencial ao funcionamento dos serviços.

2.7. Interrupção ou perturbação de serviço telegráfico ou telefônico (art. 266)

Pratica o crime quem interrompe ou perturba serviço telegráfico, radiotelegráfico ou telefônico, impede ou dificulta-lhe o restabelecimento. Aplicam-se as penas em dobro, se o crime é cometido por ocasião de calamidade pública.

3. CRIMES CONTRA A SAÚDE PÚBLICA

3.1. Epidemia (art. 267)

Pune-se aquele que causa epidemia, mediante a propagação de germes patogênicos com uma pena de reclusão, de dez a quinze anos. Se do fato resulta morte, a pena é aplicada em dobro. **Nesse caso (morte), trata-se de crime hediondo**. No caso de culpa, a pena é de detenção, de um a dois anos, ou, se resulta morte, de dois a quatro anos.

▶ **CORONAVÍRUS**

Imaginemos que o autor, ciente de que está infectado pela Covid-19, viaje para local em que o vírus ainda não tenha sido disseminado (uma comunidade que vive em uma ilha, por exemplo), e lá propagasse a doença de forma dolosa ou culposa.

Caso o sujeito ativo quisesse (dolo direto) ou assumisse o risco de (dolo eventual) contaminar outras pessoas, e o resultado ocorresse, haveria epidemia na forma dolosa (pena de reclusão de 10 a 15 anos; no caso de morte, o apenamento seria aplicado em dobro). Caso a contaminação ocorresse por culpa (imprudência, negligência ou imperícia), haveria epidemia na forma culposa (pena de detenção de 1 a 2 anos ou, havendo morte, de 2 a 4 anos).

Caso a epidemia já estivesse presente naquele local, haveria crime impossível (para o art. 267 do CP), pois não se pode causar algo que já existe.

3.2. Infração de medida sanitária preventiva (art. 268)

Configura crime infringir determinação do poder público, destinada a impedir introdução ou propagação de doença contagiosa. Não se exige a produção do resultado (introdução ou propagação de doença contagiosa), bastando a prática da conduta. A pena é aumentada de um terço se o agente é funcionário da saúde pública ou exerce a profissão de médico, farmacêutico, dentista ou enfermeiro.

▶ **CORONAVÍRUS**

No caso do novo coronavírus, o artigo 268 vem complementado pela Lei nº 13.979/2020, que dispõe sobre "as medidas para enfrentamento da emergência de saúde pública de importância internacional decorrente do coronavírus responsável pelo surto de 2019". De acordo com o artigo 3º da referida legislação, "Para enfrentamento da emergência de saúde pública de importância internacional de que trata esta Lei, as autoridades poderão adotar, no âmbito de suas competências, entre outras, as seguintes medidas: I - isolamento; II - quarentena; III - determinação de realização compulsória de: a) exames médicos; b) testes laboratoriais; c) coleta de amostras clínicas; d) vacinação e outras medidas profiláticas; ou e) tratamentos médicos específicos; III-A uso obrigatório de máscaras de proteção individual (...)".

Por sua vez, a Portaria Interministerial nº 05/2020, que trata da "compulsoriedade das medidas de enfrentamento da emergência de saúde pública previstas na Lei nº 13.979, de 06 de fevereiro de 2020", refere que o descumprimento das medidas previstas no inciso I e nas alíneas 'a', 'b' e 'e' do inciso III do caput do art. 3º da Lei nº 13.979/20 poderá sujeitar os infratores às sanções penais previstas nos **art. 268** e art. 330 do Código Penal, se o fato não constituir crime mais grave (art. 4º).

3.3. Omissão de notificação de doença (art. 269)

Constitui crime deixar o médico de denunciar à autoridade pública doença cuja notificação é compulsória. Trata-se de **norma penal em branco**, uma vez que necessita complemento em seu conteúdo. O SINAN (Sistema de Informação de Agravos de

Notificação) recebe as informações de casos de doenças e agravos que constam da lista nacional de doenças de notificação compulsória.

> ▶ **CORONAVÍRUS**
>
> O Boletim Epidemiológico 04 da Secretaria de Vigilância em Saúde, do Ministério da Saúde, publicado em janeiro de 2020, dispõe sobre a notificação compulsória do coronavírus. Conforme o documento, "Os casos suspeitos, prováveis e confirmados devem ser notificados de forma imediata (até 24 horas) pelo profissional de saúde responsável pelo atendimento, ao Centro de Informações Estratégicas de Vigilância em Saúde Nacional (CIEVS) pelo telefone (0800 644 6645) ou e-mail (notifica@saude.gov.br). As informações devem ser inseridas na ficha de notificação (http://bit.ly/2019-ncov) e a CID10 que deverá ser utilizada é a: B34.2 - Infecção por coronavírus de localização não especificada".

3.4. Envenenamento de água potável ou de substância alimentícia ou medicinal (art. 270)

Será punido com uma pena de reclusão, de dez a quinze anos, quem envenenar água potável, de uso comum ou particular, ou substância alimentícia ou medicinal destinada a consumo. Está sujeito à mesma pena quem entrega a consumo ou tem em depósito, para o fim de ser distribuída, a água ou a substância envenenada. **Não é mais considerado crime hediondo**. É prevista a modalidade culposa.

3.5. Corrupção ou poluição de água potável (art. 271)

Responde pelo crime quem corromper ou poluir água potável, de uso comum ou particular, tornando-a imprópria para consumo ou nociva à saúde. É prevista a modalidade culposa.

3.6. Falsificação, corrupção, adulteração ou alteração de substância ou produtos alimentícios (art. 272)

Constitui delito corromper, adulterar, falsificar ou alterar substância ou produto alimentício destinado a consumo (incluem-se as bebidas, com ou sem teor alcoólico), tornando-o nocivo à saúde ou reduzindo-lhe o valor nutritivo. Para a consumação do crime é indispensável a prova de ser o produto nocivo à saúde ou de reduzido valor nutritivo. Também responde pela infração aquele que fabrica, vende, expõe à venda, importa, tem em depósito para vender ou, de qualquer forma, distribui ou entrega a consumo a substância alimentícia ou o produto falsificado, corrompido ou adulterado. É prevista a modalidade culposa.

3.7. Falsificação, corrupção, adulteração ou alteração de produto destinado a fins terapêuticos ou medicinais (art. 273)

Configura **crime hediondo** falsificar, corromper, adulterar ou alterar produto destinado a fins terapêuticos ou medicinais (incluem-se os **medicamentos, as**

matérias-primas, os insumos farmacêuticos, os cosméticos, os saneantes e os de uso em diagnóstico). A pena cominada é de reclusão, de 10 a 15 anos, e multa. Nas mesmas penas incorre quem importa, vende, expõe à venda, tem em depósito para vender ou, de qualquer forma, distribui ou entrega a consumo o produto falsificado, corrompido, adulterado ou alterado. Também comete crime aquele que importa, vende, expõe à venda, tem em depósito para vender ou, de qualquer forma, distribui ou entrega a consumo o produto: sem registro, quando exigível, no órgão de vigilância sanitária competente; em desacordo com a fórmula constante do registro previsto no inciso anterior; sem as características de identidade e qualidade admitidas para a sua comercialização; com redução de seu valor terapêutico ou de sua atividade; de procedência ignorada; adquiridos de estabelecimento sem licença da autoridade sanitária competente. A modalidade culposa não é delito hediondo.

▶ **PENA COMINADA E PRINCÍPIO DA PROPORCIONALIDADE**

- ***Inconstitucionalidade da pena do art. 273 e aplicação da pena do tráfico de drogas:*** "A Corte Especial deste Superior Tribunal de Justiça, no julgamento da Arguição de Inconstitucionalidade no Habeas Corpus n. 239.363/PR, declarou a inconstitucionalidade do preceito secundário do art. 273, § 1º-B, do Código Penal, autorizando a aplicação analógica das penas previstas para o crime de tráfico de drogas" (STJ, 5ª T., AgRg no AgRg no AREsp 1610153, j. 05/05/2020).
- ***Minorante do tráfico privilegiado:***

→ ***1ª posição (não incide):*** "No julgamento da Arguição de Inconstitucionalidade no HC 239.363/PR, a Corte Especial deste Superior Tribunal de Justiça declarou a inconstitucionalidade do preceito secundário do art. 273, § 1º-B do Código Penal, autorizando a aplicação analógica das penas previstas para o crime de tráfico de drogas, contudo ainda prevalece nesta Turma a compreensão de inaplicabilidade das causas de aumento e redução de pena do tráfico ao delito do art. 273, § 1º-B do CP" (STJ, 6ª T., AgRg no REsp 1888831, j. 15/12/2020).

→ ***2ª posição (incide):*** "Analisando o referido julgado, esta colenda Quinta Turma firmou o entendimento de que, diante da ausência de ressalva em sentido contrário, é possível a aplicação da causa de diminuição prevista no § 4º do art. 33 da Lei 11.343/2006 no cálculo da pena dos condenados pelo delito previsto no art. 273, § 1º-B, do Estatuto Repressivo. Precedentes" (STJ, 5ª T., AgRg no AgRg no AREsp 1610153, j. 05/05/2020).

3.8. Emprego de processo proibido ou de substância não permitida (art. 274)

Comete o crime quem emprega, no fabrico de produto destinado a consumo, revestimento, gaseificação artificial, matéria corante, substância aromática, antisséptica, conservadora ou qualquer outra não expressamente permitida pela legislação sanitária.

3.9. Invólucro ou recipiente com falsa indicação (art. 275)

Ocorre o delito quando o agente inculca (indica, dá a entender), em invólucro ou recipiente de produtos alimentícios, terapêuticos ou medicinais, a existência de substância que não se encontra em seu conteúdo ou que nele existe em quantidade menor que a mencionada.

3.10. Produto ou substância nas condições dos dois artigos anteriores (art. 276)

Também comete crime aquele que vende, expõe à venda, tem em depósito para vender ou, de qualquer forma, entrega a consumo produto nas condições dos arts. 274 e 275.

3.11. Substância destinada à falsificação (art. 277)

Constitui delito vender, expor à venda, ter em depósito ou ceder substância destinada à falsificação de produtos alimentícios, terapêuticos ou medicinais.

3.12. Outras substâncias nocivas à saúde pública (art. 278)

Configura crime fabricar, vender, expor à venda, ter em depósito para vender ou, de qualquer forma, entregar a consumo coisa ou substância nociva à saúde, ainda que não destinada à alimentação ou a fim medicinal. É prevista a modalidade culposa.

3.13. Medicamento em desacordo com receita médica (art. 280)

Ocorre a infração quando o agente fornece substância medicinal em desacordo com receita médica. É prevista a modalidade culposa.

3.14. Exercício ilegal da medicina, arte dentária ou farmacêutica (art. 282)

Constitui crime exercer, ainda que a título gratuito, a profissão de médico, dentista ou farmacêutico, sem autorização legal ou excedendo-lhe os limites. Se o delito é praticado com o fim de lucro, aplica-se também a pena de multa. É **crime habitual**, somente atingindo a consumação com a prática reiterada e uniforme de vários atos que revelam um estilo ou modo de vida criminoso do agente. Cada ato isoladamente considerado, portanto, é atípico.

3.15. Charlatanismo (art. 283)

Pratica o crime quem inculcar ou anuncia cura por meio secreto ou infalível. Inculcar significa estampar, apontar, indicar, divulgar.

> **▶ CORONAVÍRUS**
>
> Médicos propagando "soros da imunidade". Líderes religiosos organizando cultos prometendo proteção contra a doença. Estes são alguns dos fatos denunciados ao Ministério Público e à Polícia Civil para providências penais, bem como aos Conselhos Estaduais de Medicina para providências administrativas. No âmbito criminal tais condutas podem ser tipificadas como charlatanismo.

3.16. Curandeirismo (art. 284)

Pune-se aquele que exerce o curandeirismo: prescrevendo, ministrando ou aplicando, habitualmente, qualquer substância; usando gestos, palavras ou qualquer outro meio; fazendo diagnósticos. Se o delito é praticado mediante remuneração, o agente fica também sujeito à multa. Também é **crime habitual** (conforme observação acima, item 3.14), razão pela qual não admite tentativa.

3.17. Forma qualificada (art. 285)

Aplica-se o disposto no art. 258 aos crimes contra a saúde pública, salvo quanto ao definido no art. 267.

4. SÚMULAS E ORIENTAÇÕES JURISPRUDENCIAIS DO STF E DO STJ

DELITO DE INCÊNDIO: CRIME DE PERIGO CONCRETO

- "É consabido que o crime de incêndio, previsto no artigo 250 do Código Penal, é um delito de perigo concreto, bastando, para sua configuração, que o fogo tenha a potencialidade de colocar em risco os bens jurídicos tutelados: a incolumidade pública, a vida, a integridade física ou o patrimônio de terceiros – o que ocorreu no caso, uma vez que o fogo não se alastrou para os prédios vizinhos devido a pronta intervenção do corpo de bombeiros impediu essa ocorrência" (STJ, 5ª T., AgRg no HC 192574, j. 25/06/2013).

DELITO DE INCÊNDIO: NECESSIDADE DE PERÍCIA

- "Sedimentou-se nesta Corte Superior o entendimento segundo o qual, a ausência de perícia no crime de incêndio, somente pode ser suprida por outros meios de prova, nos casos em que se justificar a impossibilidade de realização de exame, o que não se verificou na hipótese dos autos. Isso porque, nos termos do que dispõe o art. 173 do Código Penal – CP, os peritos devem verificar, de forma minuciosa, todas as circunstâncias que forem de interesse para a solução do caso, entre elas, a causa do incêndio, o perigo resultante para a vida e patrimônio alheio, bem como a extensão e valor do dano" (STJ, 5ª T., HC 360.603, j. 21/02/2017).

- "1. O delito de incêndio em casa habitada exige a realização de exame de corpo de delito direto, isto é, a confecção de laudo pericial, por expressa imposição legal. Entretanto, é admissível que o referido laudo seja substituído por outros meios de prova quando as circunstâncias do crime não permitirem a sua confecção, tal como se deu na hipótese. 2. Apesar de requisitada a realização de exame pericial no local dos fatos, o perito responsável se manifestou pela impossibilidade de fazê-lo diante da falta de preservação do local. Logo, a realização de perícia, embora requerida, não foi possível por circunstâncias justificadas" (STJ, 6ª T., AgRg no REsp 1821233, j. 09/06/2020).

DELITO DE INCÊNDIO: DESNECESSIDADE DE DOLO ESPECÍFICO

- "(...) 4. No caso, após o término da instrução criminal, foi reconhecida a prática do crime de incêndio, por ter o ora paciente exposto a perigo o patrimônio das vítimas, sendo desnecessária a comprovação do risco à higidez física, nos termos do defensivo nas razões da impetração. Em verdade, o art. 250, *caput*, do CP tipifica a conduta de causar incêndio, expondo a vida, a integralidade física ou o patrimônio das vítimas a perigo. 5. É exigível para a configuração do crime tão somente o dolo de perigo, independentemente de qualquer finalidade específica, sendo bastante a consciência da possibilidade de prejudicar terceiro, assim como a comprovação do efetivo risco de expor a vida, a integralidade física e o patrimônio do ofendido a perigo" (STJ, 5ª T., HC 437468, j. 19/06/2018).

INCONSTITUCIONALIDADE DA PENA DO ART. 273 DO CP E APLICAÇÃO DA PENA DO TRÁFICO DE DROGAS

- "O Tribunal de segundo grau reconheceu, no caso concreto, a inconstitucionalidade do preceito secundário do art. 273, § 1º-B, I, do CP, por ofensa ao princípio da proporcionalidade, e definiu, por analogia, que a pena a ser aplicada em substituição ao tipo penal seria a do crime de tráfico de drogas, consideradas a natureza e a quantidade de produtos apreendidos. O entendimento está em conformidade com a jurisprudência desta Corte Superior, o que justificou a incidência da Súmula n. 568 do STJ. 2. O recorrente importou medicamentos com princípio ativo sem registro no órgão competente e anabolizantes com substância prevista em portaria da Anvisa, sujeita a controle especial. Não há falar em atipicidade dos fatos e, de acordo com o princípio da especialidade, está correta a incursão no art. 273, §§ 1º, 1º-B, I, do Código Penal, que contém todas as elementares do art. 334 e mais algumas" (STJ, 6ª T., AgRg no REsp 1509051, j. 03/09/2019).

- "Inconstitucionalidade da pena do art. 273 e aplicação da pena do tráfico de drogas: "A Corte Especial deste Superior Tribunal de Justiça, no julgamento da Arguição de Inconstitucionalidade no Habeas Corpus n. 239.363/PR, declarou a inconstitucionalidade do preceito secundário do art. 273, § 1º-B, do Código Penal, autorizando a aplicação analógica das penas previstas para o crime de tráfico de drogas" (STJ, 5ª T., AgRg no AgRg no AREsp 1610153, j. 05/05/2020).

ART. 273 DO CP: (IN)APLICABILIDADE DA MINORANTE DO TRÁFICO PRIVILEGIADO

- ***1ª posição (não incide):*** "A jurisprudência do Superior Tribunal de Justiça, está fixada no sentido de que [...] não é cabível, por ausência de previsão legal, a aplicação da minorante prevista no § 4° do art. 33 da Lei n° 11.343/06 nos crimes previstos no art. 273, § 1°-B, do CP, mesmo nas hipóteses em que se tenha utilizado o preceito secundário do crime de tráfico de drogas" (STJ, 6ª T., AgRg no REsp 1757035, j. 14/05/2019). Ainda: "No julgamento da Arguição de Inconstitucionalidade no HC 239.363/PR, a Corte Especial deste Superior Tribunal de Justiça declarou a inconstitucionalidade do preceito secundário do art. 273, § 1º-B do Código Penal, autorizando a aplicação analógica das penas previstas para o crime de tráfico de drogas, contudo ainda prevalece nesta Turma a compreensão de inaplicabilidade das causas de aumento e redução de pena do tráfico ao delito do art. 273, § 1º-B do CP" (STJ, 6ª T., AgRg no REsp 1888831, j. 15/12/2020).

- ***2ª posição (incide):*** "1. A Corte Especial deste Superior Tribunal de Justiça, no julgamento da Arguição de Inconstitucionalidade no Habeas Corpus n. 239.363/PR, declarou a inconstitucionalidade do preceito secundário do artigo 273, § 1º-B, do Código Penal, autorizando a aplicação analógica das penas previstas para o crime de tráfico de drogas. 2. Analisando o referido julgado, esta colenda Quinta Turma firmou o entendimento de que, diante da ausência de ressalva em sentido contrário, é possível a aplicação da causa de diminuição prevista no § 4º do artigo 33 da Lei 11.343/2006 no cálculo da pena dos condenados pelo delito previsto no artigo 273, § 1º-B, do Estatuto Repressivo. Precedentes" (STJ, 5ª T., HC 488299, j. 21/03/2019). Ainda: "Analisando o referido julgado, esta colenda Quinta Turma firmou o entendimento de que, diante da ausência de ressalva em sentido contrário, é possível a aplicação da causa de diminuição prevista no § 4º do art. 33 da Lei 11.343/2006 no cálculo da pena dos condenados pelo delito previsto no art. 273, § 1º-B, do Estatuto Repressivo. Precedentes" (STJ, 5ª T., AgRg no AgRg no AREsp 1610153, j. 05/05/2020).

5. LEGISLAÇÃO RELACIONADA AO CAPÍTULO

CRIMES DE PERIGO COMUM

» **CÓDIGO PENAL**

Incêndio

Art. 250 – Causar incêndio, expondo a perigo a vida, a integridade física ou o patrimônio de outrem:

Pena – reclusão, de três a seis anos, e multa.

Aumento de pena

§ 1º – As penas aumentam-se de um terço:

I – se o crime é cometido com intuito de obter vantagem pecuniária em proveito próprio ou alheio;

II – se o incêndio é:

a) em casa habitada ou destinada a habitação;

b) em edifício público ou destinado a uso público ou a obra de assistência social ou de cultura;

c) em embarcação, aeronave, comboio ou veículo de transporte coletivo;

d) em estação ferroviária ou aeródromo;

e) em estaleiro, fábrica ou oficina;

f) em depósito de explosivo, combustível ou inflamável;

g) em poço petrolífico ou galeria de mineração;

h) em lavoura, pastagem, mata ou floresta.

Incêndio culposo

§ 2º – Se culposo o incêndio, é pena de detenção, de seis meses a dois anos.

Explosão

Art. 251 – Expor a perigo a vida, a integridade física ou o patrimônio de outrem, mediante explosão, arremesso ou simples colocação de engenho de dinamite ou de substância de efeitos análogos:

Pena – reclusão, de três a seis anos, e multa.

§ 1º – Se a substância utilizada não é dinamite ou explosivo de efeitos análogos:

Pena – reclusão, de um a quatro anos, e multa.

Aumento de pena

§ 2º – As penas aumentam-se de um terço, se ocorre qualquer das hipóteses previstas no § 1º, I, do artigo anterior, ou é visada ou atingida qualquer das coisas enumeradas no nº II do mesmo parágrafo.

Modalidade culposa

§ 3º – No caso de culpa, se a explosão é de dinamite ou substância de efeitos análogos, a pena é de detenção, de seis meses a dois anos; nos demais casos, é de detenção, de três meses a um ano.

Uso de gás tóxico ou asfixiante

Art. 252 – Expor a perigo a vida, a integridade física ou o patrimônio de outrem, usando de gás tóxico ou asfixiante:

Pena – reclusão, de um a quatro anos, e multa.

Modalidade Culposa

Parágrafo único – Se o crime é culposo:

Pena – detenção, de três meses a um ano.

Fabrico, fornecimento, aquisição posse ou transporte de explosivos ou gás tóxico, ou asfixiante

Art. 253 – Fabricar, fornecer, adquirir, possuir ou transportar, sem licença da autoridade, substância ou engenho explosivo, gás tóxico ou asfixiante, ou material destinado à sua fabricação:

Pena – detenção, de seis meses a dois anos, e multa.

Inundação

Art. 254 – Causar inundação, expondo a perigo a vida, a integridade física ou o patrimônio de outrem:

Pena – reclusão, de três a seis anos, e multa, no caso de dolo, ou detenção, de seis meses a dois anos, no caso de culpa.

Perigo de inundação

Art. 255 – Remover, destruir ou inutilizar, em prédio próprio ou alheio, expondo a perigo a vida, a integridade física ou o patrimônio de outrem, obstáculo natural ou obra destinada a impedir inundação:

Pena – reclusão, de um a três anos, e multa.

Desabamento ou desmoronamento

Art. 256 – Causar desabamento ou desmoronamento, expondo a perigo a vida, a integridade física ou o patrimônio de outrem:

Pena – reclusão, de um a quatro anos, e multa.

Modalidade culposa

Parágrafo único – Se o crime é culposo:

Pena – detenção, de seis meses a um ano.

Subtração, ocultação ou inutilização de material de salvamento

Art. 257 – Subtrair, ocultar ou inutilizar, por ocasião de incêndio, inundação, naufrágio, ou outro desastre ou calamidade, aparelho, material ou qualquer meio destinado a serviço de combate ao perigo, de socorro ou salvamento; ou impedir ou dificultar serviço de tal natureza:

Pena – reclusão, de dois a cinco anos, e multa.

Formas qualificadas de crime de perigo comum

Art. 258 – Se do crime doloso de perigo comum resulta lesão corporal de natureza grave, a pena privativa de liberdade é aumentada de metade; se resulta morte, é aplicada em dobro. No caso de culpa, se do fato resulta lesão corporal, a pena aumenta-se de metade; se resulta morte, aplica-se a pena cominada ao homicídio culposo, aumentada de um terço.

Difusão de doença ou praga

Art. 259 – Difundir doença ou praga que possa causar dano a floresta, plantação ou animais de utilidade econômica:

Pena – reclusão, de dois a cinco anos, e multa.

Modalidade culposa

Parágrafo único – No caso de culpa, a pena é de detenção, de um a seis meses, ou multa.

» **LEI DOS CRIMES AMBIENTAIS (LEI 9.605/98)**

Art. 35. Pescar mediante a utilização de:

I – explosivos ou substâncias que, em contato com a água, produzam efeito semelhante;

II – substâncias tóxicas, ou outro meio proibido pela autoridade competente:

Pena – reclusão de um ano a cinco anos.

Art. 41. Provocar incêndio em mata ou floresta:

Pena – reclusão, de dois a quatro anos, e multa.

Parágrafo único. Se o crime é culposo, a pena é de detenção de seis meses a um ano, e multa.

» **ESTATUTO DO DESARMAMENTO (LEI 10.826/03)**

Art. 16. Possuir, deter, portar, adquirir, fornecer, receber, ter em depósito, transportar, ceder, ainda que gratuitamente, emprestar, remeter, empregar, manter sob sua guarda ou ocultar arma de fogo, acessório ou munição de uso proibido ou restrito, sem autorização e em desacordo com determinação legal ou regulamentar:

Pena – reclusão, de 3 (três) a 6 (seis) anos, e multa.

§ 1º. Nas mesmas penas incorre quem:

(...)

III – possuir, detiver, fabricar ou empregar artefato explosivo ou incendiário, sem autorização ou em desacordo com determinação legal ou regulamentar.

» **MINAS TERRESTRES ANTIPESSOAL (LEI 10.300/01)**

Art. 2º É crime o emprego, o desenvolvimento, a fabricação, a comercialização, a importação, a exportação, a aquisição, a estocagem, a retenção ou a transferência, direta ou indiretamente, de minas terrestres antipessoal no território nacional:

Pena: reclusão, de 4 (quatro) a 6 (seis) anos e multa.

§ 1º A pena é acrescida de 1/3 (um terço) se o agente for funcionário público civil ou militar.

§ 2º A pena é acrescida de metade em caso de reincidência.

§ 3º Não constitui crime a retenção de minas antipessoal pelas Forças Armadas, em quantidade a ser fixada pelo Poder Executivo, e o seu manuseio e transferência dentro do território nacional, para fins do desenvolvimento de técnicas de detecção, desminagem ou destruição de minas pelos militares.

CRIMES CONTRA A SEGURANÇA DOS MEIOS DE COMUNICAÇÃO E TRANSPORTE E OUTROS SERVIÇOS PÚBLICOS

» **CÓDIGO PENAL**

Perigo de desastre ferroviário

Art. 260 – Impedir ou perturbar serviço de estrada de ferro:

I – destruindo, danificando ou desarranjando, total ou parcialmente, linha férrea, material rodante ou de tração, obra-de-arte ou instalação;

II – colocando obstáculo na linha;

III – transmitindo falso aviso acerca do movimento dos veículos ou interrompendo ou embaraçando o funcionamento de telégrafo, telefone ou radiotelegrafia;

IV – praticando outro ato de que possa resultar desastre:

Pena – reclusão, de dois a cinco anos, e multa.

Desastre ferroviário

§ 1º – Se do fato resulta desastre:

Pena – reclusão, de quatro a doze anos e multa.

§ 2º – No caso de culpa, ocorrendo desastre:

Pena – detenção, de seis meses a dois anos.

§ 3º – Para os efeitos deste artigo, entende-se por estrada de ferro qualquer via de comunicação em que circulem veículos de tração mecânica, em trilhos ou por meio de cabo aéreo.

Atentado contra a segurança de transporte marítimo, fluvial ou aéreo

Art. 261 – Expor a perigo embarcação ou aeronave, própria ou alheia, ou praticar qualquer ato tendente a impedir ou dificultar navegação marítima, fluvial ou aérea:

Pena – reclusão, de dois a cinco anos.

Sinistro em transporte marítimo, fluvial ou aéreo

§ 1º – Se do fato resulta naufrágio, submersão ou encalhe de embarcação ou a queda ou destruição de aeronave:

Pena – reclusão, de quatro a doze anos.

Prática do crime com o fim de lucro

§ 2º – Aplica-se, também, a pena de multa, se o agente pratica o crime com intuito de obter vantagem econômica, para si ou para outrem.

Modalidade culposa

§ 3º – No caso de culpa, se ocorre o sinistro:

Pena – detenção, de seis meses a dois anos.

Atentado contra a segurança de outro meio de transporte

Art. 262 – Expor a perigo outro meio de transporte público, impedir-lhe ou dificultar-lhe o funcionamento:

Pena – detenção, de um a dois anos.

§ 1º – Se do fato resulta desastre, a pena é de reclusão, de dois a cinco anos.

§ 2º – No caso de culpa, se ocorre desastre:

Pena – detenção, de três meses a um ano.

Forma qualificada

Art. 263 – Se de qualquer dos crimes previstos nos arts. 260 a 262, no caso de desastre ou sinistro, resulta lesão corporal ou morte, aplica-se o disposto no art. 258.

LEGISLAÇÃO

Arremesso de projétil

Art. 264 – Arremessar projétil contra veículo, em movimento, destinado ao transporte público por terra, por água ou pelo ar:

Pena – detenção, de um a seis meses.

Parágrafo único – Se do fato resulta lesão corporal, a pena é de detenção, de seis meses a dois anos; se resulta morte, a pena é a do art. 121, § 3º, aumentada de um terço.

Atentado contra a segurança de serviço de utilidade pública

Art. 265 – Atentar contra a segurança ou o funcionamento de serviço de água, luz, força ou calor, ou qualquer outro de utilidade pública:

Pena – reclusão, de um a cinco anos, e multa.

Parágrafo único – Aumentar-se-á a pena de 1/3 (um terço) até a metade, se o dano ocorrer em virtude de subtração de material essencial ao funcionamento dos serviços.

Interrupção ou perturbação de serviço telegráfico, telefônico, informático, telemático ou de informação de utilidade pública (Redação dada pela Lei nº 12.737, de 2012)

Art. 266 – Interromper ou perturbar serviço telegráfico, radiotelegráfico ou telefônico, impedir ou dificultar-lhe o restabelecimento:

Pena – detenção, de um a três anos, e multa.

§ 1º Incorre na mesma pena quem interrompe serviço telemático ou de informação de utilidade pública, ou impede ou dificulta-lhe o restabelecimento. (Incluído pela Lei nº 12.737, de 2012)

§ 2º Aplicam-se as penas em dobro se o crime é cometido por ocasião de calamidade pública.

CRIMES CONTRA A SAÚDE PÚBLICA

» **CÓDIGO PENAL**

Epidemia

Art. 267 – Causar epidemia, mediante a propagação de germes patogênicos:

Pena – reclusão, de dez a quinze anos.

§ 1º – Se do fato resulta morte, a pena é aplicada em dobro.

§ 2º – No caso de culpa, a pena é de detenção, de um a dois anos, ou, se resulta morte, de dois a quatro anos.

Infração de medida sanitária preventiva

Art. 268 – Infringir determinação do poder público, destinada a impedir introdução ou propagação de doença contagiosa:

Pena – detenção, de um mês a um ano, e multa.

Parágrafo único – A pena é aumentada de um terço, se o agente é funcionário da saúde pública ou exerce a profissão de médico, farmacêutico, dentista ou enfermeiro.

Omissão de notificação de doença

Art. 269 – Deixar o médico de denunciar à autoridade pública doença cuja notificação é compulsória:

Pena – detenção, de seis meses a dois anos, e multa.

Envenenamento de água potável ou de substância alimentícia ou medicinal

Art. 270 – Envenenar água potável, de uso comum ou particular, ou substância alimentícia ou medicinal destinada a consumo:

Pena – reclusão, de dez a quinze anos.

§ 1º – Está sujeito à mesma pena quem entrega a consumo ou tem em depósito, para o fim de ser distribuída, a água ou a substância envenenada.

Modalidade culposa

§ 2º – Se o crime é culposo:

Pena – detenção, de seis meses a dois anos.

Corrupção ou poluição de água potável

Art. 271 – Corromper ou poluir água potável, de uso comum ou particular, tornando-a imprópria para consumo ou nociva à saúde:

Pena – reclusão, de dois a cinco anos.

Modalidade culposa

Parágrafo único – Se o crime é culposo:

Pena – detenção, de dois meses a um ano.

Falsificação, corrupção, adulteração ou alteração de substância ou produtos alimentícios

Art. 272 – Corromper, adulterar, falsificar ou alterar substância ou produto alimentício destinado a consumo, tornando-o nociva à saúde ou reduzindo-lhe o valor nutritivo:

Pena – reclusão, de 4 (quatro) a 8 (oito) anos, e multa.

§ 1º-A – Incorre nas penas deste artigo quem fabrica, vende, expõe à venda, importa, tem em depósito para vender ou, de qualquer forma, distribui ou entrega a consumo a substância alimentícia ou o produto falsificado, corrompido ou adulterado.

§ 1º – Está sujeito às mesmas penas quem pratica as ações previstas neste artigo em relação a bebidas, com ou sem teor alcoólico.

Modalidade culposa

§ 2º – Se o crime é culposo:

Pena – detenção, de 1 (um) a 2 (dois) anos, e multa.

Falsificação, corrupção, adulteração ou alteração de produto destinado a fins terapêuticos ou medicinais

Art. 273 – Falsificar, corromper, adulterar ou alterar produto destinado a fins terapêuticos ou medicinais:

Pena – reclusão, de 10 (dez) a 15 (quinze) anos, e multa.

§ 1º – Nas mesmas penas incorre quem importa, vende, expõe à venda, tem em depósito para vender ou, de qualquer forma, distribui ou entrega a consumo o produto falsificado, corrompido, adulterado ou alterado.

§ 1º-A – Incluem-se entre os produtos a que se refere este artigo os medicamentos, as matérias-primas, os insumos farmacêuticos, os cosméticos, os saneantes e os de uso em diagnóstico.

§ 1º-B – Está sujeito às penas deste artigo quem pratica as ações previstas no § 1º em relação a produtos em qualquer das seguintes condições:

I – sem registro, quando exigível, no órgão de vigilância sanitária competente;

II – em desacordo com a fórmula constante do registro previsto no inciso anterior;

III – sem as características de identidade e qualidade admitidas para a sua comercialização;

IV – com redução de seu valor terapêutico ou de sua atividade;

V – de procedência ignorada;

VI – adquiridos de estabelecimento sem licença da autoridade sanitária competente.

Modalidade culposa

§ 2º – Se o crime é culposo:

Pena – detenção, de 1 (um) a 3 (três) anos, e multa.

Emprego de processo proibido ou de substância não permitida

Art. 274 – Empregar, no fabrico de produto destinado a consumo, revestimento, gaseificação artificial, matéria corante, substância aromática, antisséptica, conservadora ou qualquer outra não expressamente permitida pela legislação sanitária:

Pena – reclusão, de 1 (um) a 5 (cinco) anos, e multa.

Invólucro ou recipiente com falsa indicação

Art. 275 – Inculcar, em invólucro ou recipiente de produtos alimentícios, terapêuticos ou medicinais, a existência de substância que não se encontra em seu conteúdo ou que nele existe em quantidade menor que a mencionada:

Pena – reclusão, de 1 (um) a 5 (cinco) anos, e multa.

Produto ou substância nas condições dos dois artigos anteriores

Art. 276 – Vender, expor à venda, ter em depósito para vender ou, de qualquer forma, entregar a consumo produto nas condições dos arts. 274 e 275.

Pena – reclusão, de 1 (um) a 5 (cinco) anos, e multa.

Substância destinada à falsificação

Art. 277 – Vender, expor à venda, ter em depósito ou ceder substância destinada à falsificação de produtos alimentícios, terapêuticos ou medicinais:

Pena – reclusão, de 1 (um) a 5 (cinco) anos, e multa.

Outras substâncias nocivas à saúde pública

Art. 278 – Fabricar, vender, expor à venda, ter em depósito para vender ou, de qualquer forma, entregar a consumo coisa ou substância nociva à saúde, ainda que não destinada à alimentação ou a fim medicinal:

Pena – detenção, de um a três anos, e multa.

Modalidade culposa

Parágrafo único – Se o crime é culposo:

Pena – detenção, de dois meses a um ano.

Medicamento em desacordo com receita médica

Art. 280 – Fornecer substância medicinal em desacordo com receita médica:

Pena – detenção, de um a três anos, ou multa.

Modalidade culposa

Parágrafo único – Se o crime é culposo:

Pena – detenção, de dois meses a um ano.

Exercício ilegal da medicina, arte dentária ou farmacêutica

Art. 282 – Exercer, ainda que a título gratuito, a profissão de médico, dentista ou farmacêutico, sem autorização legal ou excedendo-lhe os limites:

Pena – detenção, de seis meses a dois anos.

Parágrafo único – Se o crime é praticado com o fim de lucro, aplica-se também multa.

Charlatanismo

Art. 283 – Inculcar ou anunciar cura por meio secreto ou infalível:

Pena – detenção, de três meses a um ano, e multa.

Curandeirismo

Art. 284 – Exercer o curandeirismo:

I – prescrevendo, ministrando ou aplicando, habitualmente, qualquer substância;

II – usando gestos, palavras ou qualquer outro meio;

III – fazendo diagnósticos:

Pena – detenção, de seis meses a dois anos.

Parágrafo único – Se o crime é praticado mediante remuneração, o agente fica também sujeito à multa.

Forma qualificada

Art. 285 – Aplica-se o disposto no art. 258 aos crimes previstos neste Capítulo, salvo quanto ao definido no art. 267.

» LEI DOS CRIMES HEDIONDOS (LEI 8.072/90)

Art. 1º – São considerados hediondos os seguintes crimes, todos tipificados no Decreto-Lei nº 2.848, de 7 de dezembro de 1940 – Código Penal, consumados ou tentados:

(...)

VII – epidemia com resultado morte (art. 267, § 1º);

VII-B – falsificação, corrupção, adulteração ou alteração de produto destinado a fins terapêuticos ou medicinais (art. 273, *caput* e § 1º, § 1º-A e § 1º-B, com a redação dada pela Lei nº 9.677, de 2 de julho de 1998).

CAPÍTULO IX

CRIMES CONTRA A PAZ PÚBLICA

Sumário • 1. Incitação ao crime – 2. Apologia de crime ou criminoso – 3. Associação criminosa – 4. Constituição de milícia privada – 5. Súmulas e orientações jurisprudenciais do STF e do STJ – 6. Legislação relacionada ao capítulo.

Os delitos previstos nos artigos 286 a 288-A são **crimes formais**, em que a consumação ocorre com a conduta, independentemente da produção do resultado naturalístico, que, no caso, seria a perturbação efetiva da paz pública. Qualquer pessoa pode ser sujeito ativo. A coletividade figura como sujeito passivo.

1. INCITAÇÃO AO CRIME

A conduta típica descrita no **art. 286 do CP** consiste em induzir ou instigar, em local público ou acessível ao público, a prática de crime. A incitação pode ser promovida por meio de palavra, escrito, gestos etc. Importante destacar que a incitação poderá ser dirigida a um número indeterminado ou determinado de pessoas, ou mesmo a uma única pessoa, mas é indispensável que outras pessoas determinadas ou indeterminadas tomem conhecimento do crime incitado.

Exemplo: em praça pública, onde se encontravam várias pessoas, A incitou B a praticar o crime de furto, argumentado que ficou sabendo que ninguém mais é preso por isso. A tinha ciência da presença de várias pessoas. A incitação deve ser de um determinado crime ou de crimes determinados (como incitar a prática de roubos e furtos precisos). Não é necessário que se indique a vítima da infração. Não configura o delito se a incitação for de contravenção penal.

2. APOLOGIA DE CRIME OU CRIMINOSO

Nos termos do **art. 287**, configura crime fazer, publicamente, apologia de fato criminoso ou de autor de crime. A conduta típica consiste em elogiar ou enaltecer, em local público ou acessível ao público: **a)** fato criminoso: fato previsto em algum tipo penal como crime. Se o fato é previsto como contravenção ou crime culposo não configura o delito. Divergência: 1ª posição – o fato criminoso deve ter sido praticado antes da apologia; 2ª posição – o fato pode se referir a um crime abstratamente considerado; **b)** autor de crime: trata-se de autor de delito praticado antes da apologia. A defesa (elogio) não se refere aos atributos do autor, mas sim em relação à sua conduta criminosa.

▶ **IMPORTANTE**

- **Defesa da legalização das drogas.** "Por entender que o exercício dos direitos fundamentais de reunião e de livre manifestação do pensamento devem ser garantidos a todas as pessoas, o Plenário julgou procedente pedido formulado em ADPF para dar, ao art. 287 do CP, com efeito vinculante, interpretação conforme a CF, de forma a excluir qualquer exegese que possa ensejar a criminalização da defesa da legalização das drogas, ou de qualquer substância entorpecente específica, inclusive através de manifestações e eventos públicos" (STF, Pleno, ADPF 187, j. 15/06/2011). **Informativo nº 631 do STF.**
- **Divulgar cena que faça apologia de estupro.** Divulgar, por qualquer meio, inclusive por meio de comunicação de massa ou sistema de informática ou telemática, fotografia, vídeo ou outro registro audiovisual que faça apologia ou induza à prática de estupro ou de estupro de vulnerável: configura o crime do art. 218-C, *caput*, do Código Penal.

3. ASSOCIAÇÃO CRIMINOSA

Trata-se do antigo crime de "quadrilha ou bando".

Dispõe o **art. 288, com a redação dada pela Lei nº 12.850, publicada dia 05/08/2013 (vigência após decorridos 45 dias de sua publicação)**: "Associarem-se 3 (três) ou mais pessoas, para o fim específico de cometer crimes: Pena – reclusão, de 1 (um) a 3 (três) anos".

Elementos do crime: a) concurso necessário de três ou mais pessoas. Não é imprescindível que elas se conheçam. A ausência de identificação de algum ou alguns dos membros da associação não possui o condão de excluir o delito. Ocorre a associação criminosa mesmo se posteriormente alguns dos delitos planejados tiverem sido cometidos somente por dois executores. Prevalece o entendimento de que os inimputáveis são computados, mas desde que tenham consciência de estarem integrando a associação. No crime de quadrilha ou bando (redação anterior do art. 288) eram elementos do tipo: "Associarem-se mais de três pessoas, em quadrilha ou bando, para o fim de cometer crimes". Ou seja, exigia-se pelo menos **quatro** pessoas. Como a nova redação do tipo exige apenas **três**, trata-se de lei nova mais severa e, como tal, irretroativa neste aspecto; **b) finalidade específica voltada ao cometimento de crimes.** Não configura o delito se a associação ocorrer para o cometimento de contravenções penais e crimes culposos. Também não caracteriza o crime a associação para o cometimento de apenas um único delito. Prevalece o entendimento que ocorrerá o crime mesmo se os delitos praticados pelos agentes vierem a ser caracterizados como crime continuado (art. 71 do CP); **c) estabilidade e permanência da associação.** A associação não pode ser momentânea, sendo mister a estabilidade e a permanência, configuradas pela intenção de praticar crimes. Nesse sentido: "(...) Para caracterização do delito de associação criminosa, indispensável a demonstração de estabilidade e permanência do grupo formado por três ou mais pessoas, além do elemento subjetivo especial consistente no ajuste prévio entre os membros com a finalidade específica de cometer crimes indeterminados. Ausentes tais requisitos, restará configurado apenas o concurso eventual de agentes, e não o crime autônomo do art. 288 do Código Penal" (STJ, 6ª T., RHC 90897, j. 18/09/2018). Ainda: "O crime de quadrilha ou bando (art. 288 do CP, na redação original) demanda a demonstração da estabilidade e da permanência da associação para cometer crimes indeterminados. Precedentes" (STJ, Corte Especial, APn 702, j. 03/08/2020).

Trata-se de crime formal, de sorte que independe a realização do fim visado (prática ulterior de qualquer delito). Se ocorrer a prática de um dos delitos haverá concurso de crimes. O crime de associação criminosa, por ser permanente, permite a prisão em flagrante enquanto não cessada a permanência. A tentativa não é admissível. Se o agente se associa ou adere, ocorre a consumação. Caso isso não ocorra, não há de se falar em tentativa.

Forma majorada (parágrafo único): a pena aumenta-se até a metade se a associação é armada ou se houver a participação de criança ou adolescente. Trata-se da redação dada pela Lei nº 12.850/13. A nova lei é mais benéfica no que tange ao quantum do aumento. Antes a pena se aplicava **em dobro**, e agora o aumento é de **até a metade**. Nesse sentido: "A Lei nº 12.850/2013, além de conferir nova redação ao art. 288 do CP, passando o delito de formação de quadrilha a denominar-se associação criminosa, reduziu a majorante prevista no parágrafo único daquele dispositivo do dobro para a metade, de modo que, tratando-se de novo regramento mais benéfico, deve aquela norma retroagir para alcançar os delitos praticados anteriormente à sua vigência, como na espécie" (STJ, 5ª T., HC 324.851, j. 06/08/2015). Ainda: "Com o advento da Lei nº 12.850/2013, foi dada nova redação ao art. 288 do CP (formação de quadrilha), o qual passou a denominar-se crime de associação criminosa, reduzindo-se, ainda, o aumento do parágrafo único do dobro à metade, razão pela qual deve o novo regramento, mais benéfico, retroagir, para alcançar os delitos praticados anteriormente à sua vigência" (STJ, 6ª T., HC 285.530, j. 14/02/2017).

No entanto, foi inserida nova hipótese, qual seja, a participação de criança ou adolescente. Nesse ponto a lei é irretroativa. Por outro lado, como se trata de um crime permanente, se a associação atingiu a vigência da novel lei, esta será aplicada, ainda que mais severa (**Súmula 711 do STF**).

Associação para o fim de cometer crimes hediondos: se os delitos visados forem crimes hediondos, prática da tortura ou terrorismo, aplica-se o **art. 8º da Lei nº 8.072/90**. Assim, será de 3 a 6 anos de reclusão a pena prevista ao artigo 288 do Código Penal.

Se a associação for constituída especificamente para o cometimento de crimes de **tráfico ilícito de entorpecentes e drogas afins**, incide o tipo específico (**art. 35 da Lei nº 11.343/06**). Ao contrário do art. 288 do Código Penal, que exige no mínimo **3 (três) agentes**, o art. 35 da Lei de Drogas caracteriza-se com apenas **2 pessoas**, desde que ambas tenham dolo de se associar com estabilidade e permanência, sendo que a reunião ocasional de dois ou mais indivíduos não se subsume ao tipo do art. 35 da Lei nº 11.343/06. Nesse sentido: "Para a caracterização do crime de associação para o tráfico, é imprescindível o dolo de se associar com estabilidade e permanência, uma vez que a reunião ocasional de duas ou mais pessoas não é suficiente para a configuração do tipo do art. 35 da Lei 11.343/2006. Precedentes" (STJ, 6ª T., HC 592788, j. 22/09/2020).

- **Delação premiada nos crimes hediondos e equiparados:** o participante e o associado que denunciar à autoridade a associação (antes "bando ou quadrilha"), possibilitando seu desmantelamento, terá a pena reduzida de um a dois terços (parágrafo único do art. 8º da Lei nº 8.072/90).
- **Organização Criminosa**: a Lei 12.850/13 define organização criminosa e dispõe sobre a investigação criminal, os meios de obtenção da prova, infrações penais correlatas e o procedimento criminal. Nos termos da lei, considera-se organização criminosa a associação de **4 (quatro) ou mais pessoas** estruturalmente ordenada e caracterizada pela divisão de tarefas, ainda que informalmente, com objetivo de obter, direta ou indiretamente, vantagem de qualquer natureza, mediante a prática de infrações penais cujas penas máximas sejam superiores a 4 (quatro) anos, ou que sejam de caráter transnacional. É considerado crime e é cominada pena de reclusão, de 3 (três) a 8 (oito) anos, e multa, sem prejuízo das penas correspondentes às demais infrações penais praticadas: "Promover, constituir, financiar ou integrar, pessoalmente ou por interposta pessoa, organização criminosa".
- **Crime hediondo:** o Pacote Anticrime (Lei 13.964/19) incluiu no rol dos delitos hediondos (art. 1º, parágrafo único, inciso V, da Lei 8.072/90), o crime de organização criminosa, quando direcionado à prática de crime hediondo ou equiparado.

4. CONSTITUIÇÃO DE MILÍCIA PRIVADA

Prevê o art. 288-A do CP: "Constituir, organizar, integrar, manter ou custear organização paramilitar, milícia particular, grupo ou esquadrão com a finalidade de praticar qualquer dos crimes previstos neste Código: Pena – reclusão, de 4 (quatro) a 8 (oito) anos".

O crime de **constituição de milícia privada** foi criado pela "Lei de Extermínio de Seres Humanos" (Lei nº 12.720/12), a qual também acrescentou ao homicídio (art. 121, § 6º) e à lesão corporal (art. 129, § 7º) novas causas especiais de aumento de pena. Trata-se de **delito plurissubjetivo ou de concurso necessário**: embora o art. 288-A seja omisso a respeito, entendemos que o número mínimo de agente é **três**, a exemplo do que ocorre com o delito similar associação criminosa. Trata-se de interpretação sistemática, já que os dois crimes ofendem a paz pública.

A Lei nº 12.720/12 não definiu o que é 'organização paramilitar', 'milícia particular', 'grupo' e 'esquadrão', deixando tal tarefa para o intérprete (**tipo penal aberto**).

O art. 288-A ainda prevê um **elemento subjetivo especial**: "com a finalidade de praticar qualquer dos crimes previstos no Código Penal". Nossa crítica: se determinada organização paramilitar reúne-se para o fim de praticar genocídio, não haveria incidência do art. 288-A, não obstante a gravidade do fato, já que o crime de genocídio não está no Código Penal. Trata-se de injustificada omissão legislativa.

A ação penal é pública incondicionada.

5. SÚMULAS E ORIENTAÇÕES JURISPRUDENCIAIS DO STF E DO STJ

- **Súmula 711 do STF**: "A lei penal mais grave aplica-se ao crime continuado ou ao crime permanente, se a sua vigência é anterior à cessação da continuidade ou da permanência".

MANIFESTAÇÕES E EVENTOS PÚBLICOS PELA LEGALIZAÇÃO DAS DROGAS NÃO CONFIGURAM O CRIME DO ART. 287 DO CÓDIGO PENAL

- "Por entender que o exercício dos direitos fundamentais de reunião e de livre manifestação do pensamento devem ser garantidos a todas as pessoas, o Plenário julgou procedente pedido formulado em ADPF para dar, ao art. 287 do CP, com efeito vinculante, interpretação conforme a CF, de forma a excluir qualquer exegese que possa ensejar a criminalização da defesa da legalização das drogas, ou de qualquer substância entorpecente específica, inclusive através de manifestações e eventos públicos" (STF, Pleno, ADPF 187, j. 15/06/2011).

ASSOCIAÇÃO CRIMINOSA E ROUBO MAJORADO PELO USO DE ARMA E CONCURSO DE PESSOAS: INEXISTÊNCIA DE *BIS IN IDEM*

- "Segundo a jurisprudência desta Corte, não há bis in idem na apuração do crime de associação criminosa e roubo qualificado pelo uso de arma e concurso de agentes, pois os delitos são autônomos, aperfeiçoando-se o primeiro independentemente do cometimento de qualquer crime subsequente. Ademais, os bens jurídicos protegidos pelas normas incriminadoras são distintos – no caso do crime de associação criminosa, a paz pública e do roubo, o patrimônio, a integridade física e a liberdade do indivíduo" (STJ, 5ª T., RHC 49719, j. 25/08/2015).

ASSOCIAÇÃO CRIMINOSA: NECESSIDADE DO DOLO DE SE ASSOCIAR COM ESTABILIDADE E PERMANÊNCIA

- "Para a caracterização do crime descrito no art. 288 do Código Penal, é necessário, entre outros, o elemento subjetivo do tipo, consistente no ânimo de associação de caráter estável e permanente. Do contrário, seria um mero concurso de agentes para a prática de crimes" (STJ, 6ª T., HC 217000, j. 16/08/2016).
- "Para caracterização do delito de associação criminosa, indispensável a demonstração de estabilidade e permanência do grupo formado por três ou mais pessoas, além do elemento subjetivo especial consistente no ajuste prévio entre os membros com a finalidade específica de cometer crimes indeterminados. Ausentes tais requisitos, restará configurado apenas o concurso eventual de agentes, e não o crime autônomo do art. 288 do Código Penal" (STJ, 5ª T., RHC 76.678, j. 16/05/2017).
- "(...) Para caracterização do delito de associação criminosa, indispensável a demonstração de estabilidade e permanência do grupo formado por três ou mais pessoas, além do elemento subjetivo especial consistente no ajuste prévio entre os membros com a finalidade específica de cometer crimes indeterminados. Ausentes tais requisitos, restará configurado apenas o concurso eventual de agentes, e não o crime autônomo do art. 288 do Código Penal" (STJ, 6ª T., RHC 90897, j. 18/09/2018).
- "O crime de quadrilha ou bando (art. 288 do CP, na redação original) demanda a demonstração da estabilidade e da permanência da associação para cometer crimes indeterminados. Precedentes" (STJ, Corte Especial, APn 702, j. 03/08/2020).

ASSOCIAÇÃO CRIMINOSA: PRISÃO PREVENTIVA PARA DIMINUIR OU INTERROMPER AS ATIVIDADES DO GRUPO

- "(...) 3. Sobre o tema, vale a pena lembrar que a orientação do col. Pretório Excelso é no sentido de que 'a necessidade de se interromper ou diminuir a atuação de integrantes de organização criminosa, enquadra-se no conceito de garantia da ordem pública, constituindo fundamentação cautelar idônea e suficiente para a prisão preventiva' (HC n.95.024/SP, Primeira Turma, Relª. Minª. Cármen Lúcia, DJe de 20/2/2009). Nessa linha de raciocínio, a jurisprudência desta Corte, acompanhando o entendimento do Supremo Tribunal Federal, é assente na perspectiva de que se justifica a decretação de prisão de membros de associação ou organização criminosa como forma de diminuir ou interromper as atividades do grupo, independentemente de se tratar de bando armado ou não. Precedentes" (STJ, 5ª T., RHC 79103, j. 04/04/2017).

6. LEGISLAÇÃO RELACIONADA AO CAPÍTULO

» CÓDIGO PENAL

Divulgação de cena de estupro ou de cena de estupro de vulnerável, de cena de sexo ou de pornografia (incluído pela Lei nº 13.718/2018)

Art. 218-C – Oferecer, trocar, disponibilizar, transmitir, vender ou expor à venda, distribuir, publicar ou divulgar, por qualquer meio – inclusive por meio de comunicação de massa ou sistema de informática ou telemática –, fotografia, vídeo ou outro registro audiovisual que contenha cena de estupro ou de estupro de vulnerável ou que faça apologia ou induza a sua prática, ou, sem o consentimento da vítima, cena de sexo, nudez ou pornografia:

Pena – reclusão, de 1 (um) a 5 (cinco) anos, se o fato não constitui crime mais grave.

Incitação ao crime

Art. 286 – Incitar, publicamente, a prática de crime:

Pena – detenção, de três a seis meses, ou multa.

Apologia de crime ou criminoso

Art. 287 – Fazer, publicamente, apologia de fato criminoso ou de autor de crime:

Pena – detenção, de três a seis meses, ou multa.

Associação Criminosa

Art. 288. Associarem-se 3 (três) ou mais pessoas, para o fim específico de cometer crimes:

Pena – reclusão, de 1 (um) a 3 (três) anos.

Parágrafo único. A pena aumenta-se até a metade se a associação é armada ou se houver a participação de criança ou adolescente.

Constituição de milícia privada

Art. 288-A. Constituir, organizar, integrar, manter ou custear organização paramilitar, milícia particular, grupo ou esquadrão com a finalidade de praticar qualquer dos crimes previstos neste Código:

Pena – reclusão, de 4 (quatro) a 8 (oito) anos.

» ORGANIZAÇÃO CRIMINOSA (LEI 12.850/13)

Art. 1º – Esta Lei define organização criminosa e dispõe sobre a investigação criminal, os meios de obtenção da prova, infrações penais correlatas e o procedimento criminal a ser aplicado.

§ 1º – Considera-se organização criminosa a associação de 4 (quatro) ou mais pessoas estruturalmente ordenada e caracterizada pela divisão de tarefas, ainda que informalmente, com objetivo de obter, direta ou indiretamente, vantagem de qualquer natureza, mediante a prática de infrações penais cujas penas máximas sejam superiores a 4 (quatro) anos, ou que sejam de caráter transnacional.

» ASSOCIAÇÃO PARA O TRÁFICO (LEI 11.343/06)

Art. 35. Associarem-se duas ou mais pessoas para o fim de praticar, reiteradamente ou não, qualquer dos crimes previstos nos arts. 33, *caput* e § 1º, e 34 desta Lei:

Pena – reclusão, de 3 (três) a 10 (dez) anos, e pagamento de 700 (setecentos) a 1.200 (mil e duzentos) dias-multa.

Parágrafo único. Nas mesmas penas do *caput* deste artigo incorre quem se associa para a prática reiterada do crime definido no art. 36 desta Lei.

» LEI DOS CRIMES HEDIONDOS (LEI 8.072/90)

Art. 1º, parágrafo único. Consideram-se também hediondos, tentados ou consumados: (...)

V – o crime de organização criminosa, quando direcionado à prática de crime hediondo ou equiparado.

Art. 8º – Será de três a seis anos de reclusão a pena prevista no art. 288 do Código Penal, quando se tratar de crimes hediondos, prática da tortura, tráfico ilícito de entorpecentes e drogas afins ou terrorismo.

Parágrafo único. O participante e o associado que denunciar à autoridade o bando ou quadrilha, possibilitando seu desmantelamento, terá a pena reduzida de um a dois terços.

CAPÍTULO X

CRIMES CONTRA A FÉ PÚBLICA

Sumário • 1. Moeda falsa: 1.1. Moeda Falsa (art. 289); 1.2. Crimes assimilados ao de moeda falsa (art. 290); 1.3. Petrechos para falsificação de moeda (art. 291); 1.4. Emissão de título ao portador sem permissão legal (art. 292) – 2. Falsidade de títulos e outros papéis públicos: 2.1. Falsificação de papéis públicos; 2.2. Petrechos de falsificação (art. 294); 2.3. Forma majorada (art. 295) – 3. Falsidade documental: 3.1. Falsificação do selo ou sinal público (art. 296); 3.2. Falsificação de documento público (art. 297) e falsificação de documento particular (art. 298); 3.3. Falsidade ideológica (art. 299); 3.4. Falso reconhecimento de firma ou letra (art. 300); 3.5. Certidão ou atestado ideologicamente falso (art. 301, *caput*); 3.6. Falsidade material de atestado ou certidão (art. 301, § 1º); 3.7. Falsidade de atestado médico (art. 302); 3.8. Reprodução ou adulteração de selo ou peça filatélica (art. 303); 3.9. Uso de documento falso (art. 304); 3.10. Supressão de documento – 4. Outras falsidades: 4.1. Falsificação do sinal empregado no contraste de metal precioso ou na fiscalização alfandegária, ou para outros fins (art. 306); 4.2. Falsa identidade (arts. 307 e 308); 4.3. Fraude de lei sobre estrangeiro (arts. 309 e 310); 4.4. Adulteração de sinal identificador de veículo automotor (art. 311) – 5. Fraudes em certames de interesse público: 5.1. Fraudes em certames de interesse público (art. 311-A) – 6. Súmulas e orientações jurisprudenciais do STF e do STJ – 7. Legislação relacionada ao capítulo.

1. MOEDA FALSA

1.1. Moeda Falsa (art. 289)

Pune-se com pena de reclusão de 3 a 12 anos, e multa, aquele que falsificar, fabricando-a ou alterando-a, moeda metálica ou papel-moeda de curso legal no país ou no estrangeiro. Na falsificação por alteração, a moeda ou papel já existe, mas o agente aumenta o seu valor. **A competência é da Justiça Federal.**

Crime formal, de perigo abstrato e pluridimensional: "O crime de moeda falsa (CP, art. 289, *caput*, e § 1º do Código Penal) é formal e de perigo abstrato, tendo em vista que a mera execução da conduta típica presume absolutamente o perigo ao bem jurídico tutelado, sendo prescindível a obtenção de vantagem ou prejuízo a terceiros para a consumação. Ainda, trata-se de crime pluridimensional, pois, além de proteger preponderantemente a fé pública, de forma mediata, assegura o patrimônio particular e a celeridade das relações empresariais e civis. Por conseguinte, a quantidade de notas falsificadas e o valor do negócio jurídico celebrado são fatores coadjuvantes da tutela penal do tipo, não havendo falar, pois, em ausência de periculosidade social da ação, diante da pluriofensividade do crime" (STJ, 5ª T., HC 210764, j. 21/06/2016).

A falsificação deve **imitar o verdadeiro**, ou seja, deve apresentar possibilidade de ser aceita como verdadeira. Ocorre o falso grosseiro na absoluta impossibilidade de ser aceita, hipótese que o ocorrerá crime impossível. Entretanto, poderá restar o delito de estelionato, conforme a **Súmula 73 do STJ**: "A utilização de papel moeda grosseiramente falsificado configura, em tese, o crime de estelionato, da competência da Justiça Estadual".

De acordo com a jurisprudência dos Tribunais Superiores, **não incide o princípio da insignificância**. O bem jurídico protegido é a fé pública, especificamente a segurança na circulação monetária e a confiança que a população tem em sua moeda, de sorte que é irrelevante o valor da cédula ou mesmo a quantidade. Nesse sentido: "Não se cogita a aplicação do princípio da insignificância aos crimes de moeda falsa, pois o bem jurídico protegido de forma principal é a fé pública, ou seja, a segurança da sociedade, sendo irrelevante o número de notas, o seu valor ou o número de lesados" (STJ, 5ª T., HC 439958, j. 26/06/2018).

Também é punido quem, por conta própria ou alheia, importa ou exporta, adquire, vende, troca, cede, empresta, guarda ou introduz na circulação moeda falsa.

Será punido com pena menor (detenção, de seis meses a dois anos, e multa) aquele que recebeu de boa-fé, como verdadeira, moeda falsa ou alterada, e a restitui à circulação, depois de conhecer a falsidade.

Nos termos no § 3º, é punido com reclusão, de três a quinze anos, e multa, o funcionário público ou diretor, gerente, ou fiscal de banco de emissão que fabrica, emite ou autoriza a fabricação ou emissão: de moeda com título ou peso inferior ao determinado em lei; e de papel-moeda em quantidade superior à autorizada. Nas mesmas penas incorre quem desvia e faz circular moeda, cuja circulação não estava ainda autorizada.

1.2. Crimes assimilados ao de moeda falsa (art. 290)

Constitui crime, punido com pena de reclusão, de dois a oito anos, e multa, formar cédula, nota ou bilhete representativo de moeda com fragmentos de cédulas, notas ou bilhetes verdadeiros; suprimir, em nota, cédula ou bilhete recolhidos, para o fim de restituí-los à circulação, sinal indicativo de sua inutilização; restituir à circulação cédula, nota ou bilhete em tais condições, ou já recolhidos para o fim de inutilização. Qualifica o delito se o crime é cometido por funcionário que trabalha na repartição onde o dinheiro se achava recolhido, ou nela tem fácil ingresso, em razão do cargo.

1.3. Petrechos para falsificação de moeda (art. 291)

Responde pelo crime quem fabrica, adquire, fornece, a título oneroso ou gratuito, possui ou guarda maquinismo, aparelho, instrumento ou qualquer objeto especialmente destinado à falsificação de moeda.

São punidos, excepcionalmente, atos preparatórios para o crime de moeda falsa.

1.4. Emissão de título ao portador sem permissão legal (art. 292)

É punida a conduta de emitir, sem permissão legal, nota, bilhete, ficha, vale ou título que contenha promessa de pagamento em dinheiro ao portador ou a que falte indicação do nome da pessoa a quem deva ser pago. A pena prevista é de um a seis meses de detenção, ou multa. Além disso, receberá pena de detenção de quinze dias a três meses, ou multa, o agente que receber ou utilizar como dinheiro qualquer dos documentos referidos no art. 292.

2. FALSIDADE DE TÍTULOS E OUTROS PAPÉIS PÚBLICOS

2.1. Falsificação de papéis públicos

Constitui crime, falsificar, fabricando-os ou alterando-os: selo destinado a controle tributário, papel selado ou qualquer papel de emissão legal destinado à arrecadação de tributo; papel de crédito público que não seja moeda de curso legal; vale postal; cautela de penhor, caderneta de depósito de caixa econômica ou de outro estabelecimento mantido por entidade de direito público; talão, recibo, guia, alvará ou qualquer outro documento relativo a arrecadação de rendas públicas ou a depósito ou caução por que o poder público seja responsável; bilhete, passe ou conhecimento de empresa de transporte administrada pela União, por Estado ou por Município.

Bebida falsificada com selo falsificado: "A suposta falsificação de selos de IPI não caracteriza a intenção de fraudar o fisco, mas a de dar aparência de autenticidade aos produtos falsificados. Não havendo prejuízo à União, Autarquias Federais ou Empresas Públicas Federais, o processamento e julgamento da ação de busca e apreensão criminal compete à Justiça Estadual" (CC 102.998, j. 23/09/2009).

Nos termos do § 1º, incorre na mesma pena quem: usa, guarda, possui ou detém qualquer dos papéis falsificados a que se refere este artigo; importa, exporta, adquire, vende, troca, cede, empresta, guarda, fornece ou restitui à circulação selo falsificado destinado a controle tributário.

Também responde quem: importa, exporta, adquire, vende, expõe à venda, mantém em depósito, guarda, troca, cede, empresta, fornece, porta ou, de qualquer forma, utiliza em proveito próprio ou alheio, no exercício de atividade comercial ou industrial, produto ou mercadoria: a) em que tenha sido aplicado selo que se destine a controle tributário, falsificado; b) sem selo oficial, nos casos em que a legislação tributária determina a obrigatoriedade de sua aplicação. Nos termos do § 5º, equipara-se a atividade comercial qualquer forma de comércio irregular ou clandestino, inclusive o exercido em vias, praças ou outros logradouros públicos e em residências.

O § 2º prevê um **crime mutilado de dois atos** (após ter realizado o tipo, o autor quer alcançar o resultado que se situa fora dele, e que depende de um ato próprio seu). Assim, o agente suprime, em qualquer dos papéis referidos no art. 293, quando legítimos, carimbo ou sinal indicativo de sua inutilização, mas com o fim de torná-los novamente utilizáveis. Também responde aquele que, mesmo não tendo realizado a referida supressão, vem a usar qualquer dos papéis (§ 3º).

O § 4º prevê uma modalidade privilegiada de crime, aplicada àquele que usa ou restitui à circulação, embora recibo de boa-fé, qualquer dos papéis falsificados ou alterados, a que se referem este artigo e o seu § 2º, depois de conhecer a falsidade ou alteração.

2.2. Petrechos de falsificação (art. 294)

Ocorre o crime quando o agente fabrica, adquire, fornece, possui ou guarda objeto especialmente destinado à falsificação de qualquer dos papéis referidos no artigo 293.

2.3. Forma majorada (art. 295)

Se o agente é funcionário público, e comete o crime prevalecendo-se do cargo, aumenta-se a pena de sexta parte.

3. FALSIDADE DOCUMENTAL

3.1. Falsificação do selo ou sinal público (art. 296)

Configura a infração falsificar, fabricando-os ou alterando-os: selo público destinado a autenticar atos oficiais da União, de Estado ou de Município; selo ou sinal atribuído por lei a entidade de direito público, ou a autoridade, ou sinal público de tabelião. Também comete crime quem: faz uso do selo ou sinal falsificado; utiliza indevidamente o selo ou sinal verdadeiro em prejuízo de outrem ou em proveito próprio ou alheio; altera, falsifica ou faz uso indevido de marcas, logotipos, siglas ou quaisquer outros símbolos utilizados ou identificadores de órgãos ou entidades da Administração Pública. Se o agente é funcionário público, e comete o crime prevalecendo-se do cargo, aumenta-se a pena de sexta parte.

3.2. Falsificação de documento público (art. 297) e falsificação de documento particular (art. 298)

Nos termos do art. 297, constitui crime falsificar, no todo ou em parte, documento público, ou alterar documento público verdadeiro. Segundo o art. 298, configura crime falsificar, no todo ou em parte, documento particular ou alterar documento particular verdadeiro.

Falsificar está no sentido de contrafação. É a formação total ou parcial do documento. Pode ser: total, quando ocorre a confecção integral de documento inexistente. O agente cria materialmente um documento que não existia; parcial, se ocorre a modificação do documento verdadeiro. A parte que se modifica possui autonomia jurídica, ou seja, o documento pode ser cindido. **Altera-se** um documento com a modificação das letras ou números existentes, ou com a substituição da fotografia da pessoa.

▶ **DOCUMENTO:**

- É o escrito emanado de um autor determinado, contendo declaração de vontade ou exposição de fatos, possuidores de relevância jurídica. Em sentido estrito, é o escrito com valor probatório.
- Art. 232 do CPP: "Consideram-se documentos quaisquer escritos, instrumentos ou papéis, públicos ou particulares".

Elementos do documento:

1º) **Forma escrita:** representação gráfica do pensamento. Só o escrito é documento, de tal forma que não são documentos as pinturas, imagens, gravações, desenhos, composições musicais, mas poderão ser objeto material de outro delito (do crime de dano, por exemplo) ou meio de prova.

2º) **Autor determinado:** deve haver identificação do seu autor, de sorte que escrito anônimo não é documento. A identificação pode ser feita pelo nome, assinatura ou pelo pseudônimo.

3º) **Conteúdo:** não há documento sem conteúdo, isto é, deve possuir declaração de vontade ou exposição de fatos. O conteúdo deve ser inteligível, pois se for ininteligível ou sem sentido não é documento. Assinatura posta em papel em branco não é documento.

4º) **Relevância jurídica:** é a capacidade de o documento ser utilizado como meio de prova. Basta a capacidade de ser usado como meio de prova, não sendo necessário que se o utilize como tal.

Espécies de documentos:

a) **Documento público:** é o elaborado por funcionário público competente, no exercício de suas atribuições, com a observância das formalidades legais. O documento ainda pode ser: a) formal e substancialmente público: é o emitido por funcionário público com conteúdo de interesse público; b) formalmente público e substancialmente privado: emitido por funcionário público, mas com o conteúdo preponderantemente particular. Em ambos os casos o documento é público. O que importa é o aspecto formal, isto é, ser elaborado por funcionário público. Nos termos do art. 297, § 2º, temos o documento público por equiparação. O particular pode falsificar documento público, pois o tipo penal não exige que seja praticado por funcionário público. As cópias autênticas, traslados, certidões e fotocópias conferidas de tais documentos são documentos públicos. No entanto, o documento particular com reconhecimento de firma realizado por tabelião não transforma o documento particular em público, salvo o espaço em que consta o carimbo ou o selo.

b) **Documento particular:** a lei não o define, razão pela qual se obtém o seu conceito por exclusão. É aquele que não é público propriamente dito nem por equiparação legal. **Obs.:** o cartão de crédito ou débito equipara-se a documento particular, conforme parágrafo único do art. 298 do CP, incluído pela Lei nº 12.737/12.

▶ **CRIME-MEIO x CRIME-FIM**

- "Quando o falso se exaure no estelionato, sem mais potencialidade lesiva, é por este absorvido" (**Súmula 17 do STJ**)
- "Quando o falso se exaure no descaminho, sem mais potencialidade lesiva, é por este absorvido, como crime-fim, condição que não se altera por ser menor a pena a este cominada" (STJ, 3ª Seção, REsp 1378053, j. 10/08/2016 – **tese firmada em Recurso Repetitivo**).

Tipo subjetivo. Dolo, consistente na vontade e consciência da falsificação. Não se exige a intenção de usar o documento nem de causar prejuízo. A simples falsidade já é crime. Se a falsificação é para o cometimento de crimes eleitorais, devem ser observados os tipos de falso previstos no Código Eleitoral.

Consumação e tentativa. Ocorre a consumação quando o agente conclui a falsificação, não se exigindo o uso. Trata-se de **crime de perigo**. A tentativa é admissível. Atenção: se o falso for grosseiro, não incide o art. 297 ou o art. 298, já que o crime é impossível (art. 17 do CP).

Forma majorada do crime de falsificação de documento público (§ 1º). Se o agente é funcionário público, e comete o crime prevalecendo-se do cargo, aumenta-se a pena de sexta parte.

Alteração legislativa. A Lei nº 9.983/00 acrescentou os §§ 3º e 4º ao art. 297. Observe-se que se trata de falsidade ideológica e não de falsidade material. Assim, o acréscimo deveria ter ocorrido ao art. 299. Responde pelo crime, nos moldes do § 3º, quem insere ou faz inserir: a) na folha de pagamento ou em documento de informações que seja destinado a fazer prova perante a previdência social, pessoa que não possua a qualidade de segurado obrigatório; b) na Carteira de Trabalho e Previdência Social do empregado ou em documento que deva produzir efeito perante a previdência social, declaração falsa ou diversa da que deveria ter sido escrita; c) em documento contábil ou em qualquer outro documento relacionado com as obrigações da empresa perante a previdência social, declaração falsa ou diversa da que deveria ter constado. Nos termos do § 4º, comete o delito quem omite, nos documentos mencionados no § 3º, nome do segurado e seus dados pessoais, a remuneração, a vigência do contrato de trabalho ou de prestação de serviços.

▶ **Observação:**

- Foi decidido pelo STJ: **"A simples omissão de anotação na Carteira de Trabalho e Previdência Social (CTPS) não configura, por si só, o crime de falsificação de**

documento público (art. 297, § 4º, do CP). Isso porque é imprescindível que a conduta do agente preencha não apenas a tipicidade formal, mas antes e principalmente a tipicidade material, ou seja, deve ser demonstrado o dolo de falso e a efetiva possibilidade de vulneração da fé pública. Com efeito, o crime de falsificação de documento público trata-se de crime contra a fé pública, cujo tipo penal depende da verificação do dolo, consistente na vontade de falsificar ou alterar o documento público, sabendo o agente que o faz ilicitamente. Além disso, a omissão ou alteração deve ter concreta potencialidade lesiva, isto é, deve ser capaz de iludir a percepção daquele que se depare com o documento supostamente falsificado. Ademais, pelo princípio da intervenção mínima, o Direito Penal só deve ser invocado quando os demais ramos do Direito forem insuficientes para proteger os bens considerados importantes para a vida em sociedade. Como corolário, o princípio da fragmentariedade elucida que não são todos os bens que têm a proteção do Direito Penal, mas apenas alguns, que são os de maior importância para a vida em sociedade. Assim, uma vez verificado que a conduta do agente é suficientemente reprimida na esfera administrativa, de acordo com o art. 47 da CLT, a simples omissão de anotação não gera consequências que exijam repressão pelo Direito Penal" (STJ, 5ª T., REsp 1.252.635, j. 24/4/2014, **Informativo nº 539**).

- **Súmula 62 STJ:** "Compete à Justiça Estadual processar e julgar o crime de falsa anotação na Carteira de Trabalho e Previdência Social, atribuído à empresa privada."
- "1. A partir do julgamento no conflito de competência n. 127.706/RS, de relatoria do Ministro ROGERIO SCHIETTI CRUZ, esta egrégia Terceira Seção pacificou o entendimento no sentido de que "o sujeito passivo primário do crime omissivo do art. 297, § 4º, do Diploma Penal, é o Estado, e, eventualmente, de forma secundária, o particular, terceiro prejudicado, com a omissão das informações, referentes ao vínculo empregatício e a seus consectários da CTPS. Cuida-se, portanto de delito que ofende de forma direta os interesses da União, atraindo a competência da Justiça Federal, conforme o disposto no art. 109, IV, da Constituição Federal" (DJe 9/4/2014). 2. Aplica-se a mesma lógica para o delito do art. 297, § 3º, inciso II, do Código Penal. Assim, compete à Justiça Federal processar e julgar o crime de falsificação de documento público, consistente na anotação de período de vigência do contrato de trabalho inexistente de empregado em sua CTPS. Precedentes.3. Na hipótese, além de tratar-se de crime contra fé pública e que tem como sujeito passivo o Estado, há indícios de que as condutas apuradas visavam à obtenção de benefícios previdenciários fraudulentos, razão pela qual não há como afastar a competência da Justiça Federal para a análise do pleito" (STJ, 3ª Seção, AgRg no CC 148.963, j. 10/04/2019).

3.3. Falsidade ideológica (art. 299)

Constitui crime de falsidade ideológica "Omitir, em documento público ou particular, declaração que dele devia constar, ou nele inserir ou fazer inserir declaração falsa ou diversa da que devia ser escrita, com o fim de prejudicar direito, criar obrigação ou alterar a verdade sobre fato juridicamente relevante: Pena – reclusão, de um a cinco anos, e multa, se o documento é público, e reclusão de um a três anos, e multa, se o documento é particular".

Condutas típicas: a) omitir: silêncio intencional. O agente deixa de constar no documento a devida declaração; b) inserir: ocorre quando o agente, por ato próprio, introduz declaração falsa ou diversa da que deveria constar; c) fazer inserir: ocorre quando o agente se vale da pessoa competente para introduzir a declaração falsa ou diversa da que deveria constar. É a chamada **falsidade mediata.** Aqui é possível particular ser autor de falsidade ideológica em documento público.

Nada impede haver falsidade ideológica mesmo constando no documento conteúdo verdadeiro. É o que ocorre quando o agente insere ou faz inserir uma declaração verdadeira, porém diversa da que deveria constar.

FALSIDADE MATERIAL	FALSIDADE IDEOLÓGICA
O documento possui vício em sua forma (refere – se à forma do documento)	O documento não possui vício em sua forma (refere-se ao conteúdo do documento)
O documento apresenta defeitos extrínsecos (rasuras, novos dizeres, supressão de palavras)	Não há rasuras ou supressão de palavras no documento
É imprescindível a perícia, salvo se puder ser provada por outros meios	Em regra não há necessidade de perícia

A propósito: "O acórdão impugnado não dissentiu da jurisprudência desta Corte, no sentido de que, sendo a acusação de falsidade ideológica, é desnecessária a realização de perícia, uma vez que, diferentemente do que ocorre com a falsidade documental, a alteração é no conteúdo (e não na forma) do documento" (STJ, 5ª T., AgRg no REsp 1669729, j. 19/06/2018). Ainda: "Não há que se falar em anulação ab initio, porquanto 'sendo a acusação de falsidade ideológica, é desnecessária a realização de perícia, uma vez que, diferentemente do que ocorre com a falsidade documental, a alteração é no conteúdo (e não na forma) do documento' (AgRg no REsp n. 1.669.729/SP, Rel. Ministro Felix Fischer, 5ª T., DJe 29/6/2018)" (STJ, 6ª T., AgRg no RHC 124302, j. 25/08/2020).

Preenchimento de papel em branco assinado por terceira pessoa: a) se o agente obteve o papel licitamente e foi autorizado a preenchê-lo, mas o preencheu de maneira diferente da convencionada, comete o crime de falsidade ideológica (observe-se que o documento emanou da pessoa competente); b) se o agente obteve o papel licitamente tão só para guardar ou para outros fins, e não estava autorizado a preenchê-lo, ou obteve ilicitamente o documento, e veio a preenchê-lo, trata-se de crime de falsidade material, vez que emanou da pessoa incompetente.

Documento sem valor probatório: o art. 299 trata da falsidade ideológica de documento público ou particular. Conforme já salientado, documento é o instrumento com valor probatório, de tal forma que se o conteúdo não servir para provar algum fato não será considerado documento. Assim, não há crime no caso de requerimentos, petições e outras declarações sujeitas à averiguação, já que, por si só, não provam nada. Exemplo: "1 – Documento digital que pode ter a sua higidez aferida e, pois, produzir efeitos jurídicos, é aquele assinado digitalmente, conforme a Infraestrutura de Chaves Públicas Brasileira (ICP-Brasil). 2 – O currículo inserido na página digital Lattes do CNPq não é assinado digitalmente, mas decorrente da inserção de dados, mediante imposição de login e senha, não ostentando, portanto, a qualidade de "documento digital" para fins penais. 3 – Além disso, como qualquer currículo, material ou virtual, necessita ser averiguado por quem tem nele tem interesse, o que, consoante consagradas doutrina e jurisprudência, denota atipicidade na conduta do crime de falsidade ideológica" (STJ, 6ª T., RHC 81.451, j. 22/08/2017).

Declaração de pobreza: para o STJ, a declaração de pobreza, com a finalidade de obter os benefícios da gratuidade de justiça, possui presunção relativa de tal documento, que comporta prova em contrário. Assim, a falsificação da declaração de pobreza é **fato atípico**. Nesse sentido: "A presunção de pobreza, para fins de concessão dos benefícios da assistência judiciária gratuita, ostenta caráter relativo, podendo o magistrado indeferir o pedido de assistência se encontrar elementos que infirmem a hipossuficiência do requerente" (STJ, 5ª T., AgInt no AgInt no REsp 1621028, j. 05/10/2017). Ainda: "Esta Corte já decidiu ser atípica a conduta de firmar ou usar declaração de pobreza falsa em juízo, com a finalidade de obter os benefícios da gratuidade de justiça, tendo em vista a presunção relativa de tal documento, que comporta prova em contrário" (STJ, 6ª T., RHC 46.569, j. 28/04/2015).

Obs.: não se pode confundir declaração de pobreza assinada pelo próprio beneficiário, ou seja, por aquele que seria beneficiado pela Justiça Gratuita, com a hipótese de alguém falsificar a assinatura de outrem em uma declaração de pobreza. Extrai-se da jurisprudência o seguinte caso: "A denúncia imputa ao ora recorrente a conduta de falsificar a assinatura de uma declaração de pobreza. Em outras palavras, conforme acusação, a declaração de pobreza não teria sido assinada pelo beneficiário" (STJ, 5ª T., AgRg no HC 404.232, j. 15/05/2018).

Tipo subjetivo: dolo (consistente na vontade de falsificar) + elemento subjetivo especial do tipo (consistente no fim de prejudicar direito, criar obrigação ou alterar a verdade).

Consumação e tentativa. Consuma-se com a simples conduta de falsificar, desde que o falso possua potencialidade do dano objetivado pelo agente. Não se exige, portanto, a efetiva ocorrência de prejuízo. Não é preciso usar o documento. Trata-se de **crime formal**. Admite-se a tentativa na forma inserir e fazer inserir. Na conduta omitir é inadmissível a forma tentada.

Forma majorada (parágrafo único). Se o agente é funcionário público, e comete o crime prevalecendo-se do cargo, ou se a falsificação ou alteração é de assentamento de registro civil, aumenta-se a pena de sexta parte.

3.4. Falso reconhecimento de firma ou letra (art. 300)

Comete o crime aquele que reconhece, como verdadeira, no exercício de função pública, firma ou letra que o não seja. Trata-se de **crime próprio**, uma vez que o sujeito ativo deve ser o funcionário com competência para reconhecer assinaturas ou manuscritos.

3.5. Certidão ou atestado ideologicamente falso (art. 301, *caput*)

Pune-se o funcionário público que atesta ou certifica falsamente, em razão de função pública, fato ou circunstância que habilite alguém a obter cargo público, isenção de ônus ou de serviço de caráter público, ou qualquer outra vantagem.

3.6. Falsidade material de atestado ou certidão (art. 301, § 1º)

Comete o crime aquele que falsifica, no todo ou em parte, atestado ou certidão, ou altera o teor de certidão ou de atestado verdadeiro, para prova de fato ou circunstância que habilite alguém a obter cargo público, isenção de ônus ou de serviço de caráter público, ou qualquer outra vantagem. Nesse crime, o sujeito ativo pode ser qualquer pessoa (crime comum), ao contrário do art. 301, *caput*, que exige uma qualidade especial do sujeito ativo (crime próprio).

3.7. Falsidade de atestado médico (art. 302)

Pune-se o médico que dá, no exercício da sua profissão, atestado falso. Trata-se de **crime próprio**, uma vez que o sujeito ativo deve ser médico. Se o crime é cometido com o fim de lucro, aplica-se também multa.

3.8. Reprodução ou adulteração de selo ou peça filatélica (art. 303)

O art. 303 do CP foi revogado tacitamente pelo art. 39 da Lei nº 6.538/78. A conduta continua a ser crime, mas com pena mais branda. Comete o delito aquele que reproduz ou altera selo ou peça filatélica de valor para coleção, salvo quando a reprodução ou a alteração estiver visivelmente anotada na face ou no verso do selo ou peça.

3.9. Uso de documento falso (art. 304)

Comete crime aquele que faz uso de qualquer dos papéis falsificados ou alterados a que se referem os arts. 297 a 302. Fazer uso é apresentar o documento falso como se fosse o verdadeiro. Exige-se o uso efetivo em sua específica destinação. Só há uso efetivo quando o documento sai da esfera de disponibilidade do agente, conferindo a possibilidade de outras pessoas tomarem conhecimento.

Documento apresentado por exigência da autoridade: prevalece que há o crime, pois essa é a forma normal de utilização do documento. Nesse sentido: "É copiosa a jurisprudência que entende que 'o delito previsto no art. 304 do Código Penal consuma-se mesmo quando a carteira de habilitação falsificada é exibida ao policial por exigência deste, e não por iniciativa do agente'" (STJ, 5ª T., AgRg no REsp 1758686, j. 25/09/2018).

Questão: o indivíduo sofre busca pessoal pela polícia, ocasião em que é surpreendido portando carteira de identidade falsa. O indivíduo não apresentou o documento, mas este foi encontrando pelo policial no bolso da sua calça. Pode-se dizer que cometeu algum crime? Não se trata de **uso** de documento (art. 304), pois o indivíduo não apresentou o documento, nem mesmo foi exigido pelo policial, mas sim foi encontrado durante a busca. No entanto, pode ter praticado o crime de falsidade documental (art. 297) caso tenha concorrido para o crime.

O art. 304 do CP caracteriza-se por ser um **crime remetido**, isto é, aquele que em sua definição se reporta a outros delitos que passam a integrá-lo. O pressuposto do delito de uso é a existência de um crime de falso. A punição do usuário independe da do falsário. O uso é punido autonomamente.

Consuma-se com o primeiro ato de utilização do documento, independentemente da obtenção da vantagem visada (é crime formal). A tentativa é inadmissível, pois o simples tentar usar já é uso, consumando o crime. Se o documento for grosseiramente falsificado (fácil percepção do falso), haverá crime impossível.

▶ **FALSIFICAÇÃO DE DOCUMENTO E USO PELO PRÓPRIO AUTOR DO FALSO**

- 1ª posição: responde apenas pelo falso, sendo o uso mero exaurimento (fato posterior impunível, de acordo com princípio da consunção). Nesse sentido: "O uso dos papéis falsificados, quando praticado pelo próprio autor da falsificação, configura 'post factum' não punível, mero exaurimento do 'crimen falsi', respondendo o falsário, em tal hipótese, pelo delito de falsificação de documento público (CP, art. 297) ou, conforme o caso, pelo crime de falsificação de documento particular (CP, art. 298). Doutrina. Precedentes (STF)" (STF, 2ª T., HC 84533, j. 14/09/2004).
- 2ª posição: responde apenas pelo uso, sendo o falso crime-meio para a prática do uso, de tal forma que deve ser absorvido, segundo o princípio da consunção. Nesse sentido: "1. Para aplicação do princípio da consunção pressupõe-se a existência de ilícitos penais chamados de consuntos, que funcionam apenas como estágio de preparação ou de execução, ou como condutas, anteriores ou posteriores de outro delito mais grave, nos termos do brocardo lex consumens derogat legi consumptae. 2. A partir do quadro fático-probatório firmado pelo Tribunal de Justiça do Estado do Rio de Janeiro, extrai-se que a falsificação do documento foi apenas um ato preparatório para o seu uso perante órgão público; a ação final do Paciente era a obtenção de uma identidade pública com informação errada. Assim, caracterizado o desdobramento causal de uma única ação, motivo pelo qual o delito tipificado no art. 299 do Código Penal deve ser absorvido pelo crime descrito no art. 304 do Código Penal. 3. As ações penais em curso não podem ser consideradas para fins de reincidência, mas, no caso, podem ser vistas como maus antecedentes, pois as respectivas condenações referem-se a fatos que ocorreram antes daquele apurado no processo-crime em apreciação e, também, transitaram em julgado antes do acórdão condenatório ora impugnado. 4. Ordem parcialmente concedida para, reconhecida a consunção do crime de falsidade ideológica pelo delito de uso de documento falso e afastada a reincidência, reduzir a reprimenda para 2 (dois) anos e 6 (seis) meses de reclusão, no regime inicial semiaberto, mais 15 (quinze) dias-multa, no mínimo legal" (STJ, 6ª T., HC 464045, j. 26/02/2019).

▶ **SÚMULAS**

- **Súmula 104 do STJ**: "Compete à Justiça Estadual o processo e julgamento dos crimes de falsificação e uso de documento falso relativo a estabelecimento particular de ensino".
- **Súmula 200 do STJ**: "O Juízo Federal competente para processar e julgar acusado de crime de uso de passaporte falso é o do lugar onde o delito se consumou".
- **Súmula 546 do STJ**: "A competência para processar e julgar o crime de uso de documento falso é firmada em razão da entidade ou órgão ao qual foi apresentado o documento público, não importando a qualificação do órgão expedidor".

3.10. Supressão de documento (art. 305)

Constitui crime destruir, suprimir ou ocultar, em benefício próprio ou de outrem, ou em prejuízo alheio, documento público ou particular verdadeiro, de que não podia dispor. Predomina a interpretação de que somente ocorrerá o crime se o documento for insubstituível em seu valor probante, de sorte que não configura o delito, por exemplo, a destruição de uma certidão de nascimento, pois pode ser obtida uma nova.

O advogado que inutiliza ou não devolve voluntariamente os autos do processo comete o delito do **art. 356**: "Inutilizar, total ou parcialmente, ou deixar de restituir autos, documento ou objeto de valor probatório, que recebeu na qualidade de advogado ou procurador".

4. OUTRAS FALSIDADES

4.1. Falsificação do sinal empregado no contraste de metal precioso ou na fiscalização alfandegária, ou para outros fins (art. 306)

Configura crime falsificar, fabricando-o ou alterando-o, marca ou sinal empregado pelo poder público no contraste de metal precioso ou na fiscalização alfandegária, ou usar marca ou sinal dessa natureza, falsificado por outrem. Também constitui delito se a marca ou sinal falsificado é o que usa a autoridade pública para o fim de fiscalização sanitária, ou para autenticar ou encerrar determinados objetos, ou comprovar o cumprimento de formalidade legal.

4.2. Falsa identidade (arts. 307 e 308)

Nos termos do **art. 307**, constitui delito atribuir-se ou atribuir a terceiro falsa identidade para obter vantagem, em proveito próprio ou alheio, ou para causar dano a outrem, desde que o fato não constitua elemento de delito mais grave.

O agente imputa a si mesmo uma falsa identidade, assumindo personalidade alheia, de pessoa existente ou fictícia. Deve haver o elemento subjetivo especial, consistente na intenção de obter vantagem, em proveito próprio ou alheio, ou para causar dano a outrem.

Consuma-se com a simples conduta de imputar a si próprio ou a terceiro a falsa identidade. Não se exige o resultado, basta a finalidade. Admite-se a tentativa.

▶ **IDENTIFICAÇÃO FALSA PERANTE A AUTORIDADE POLICIAL:**

- **STF:** "O Plenário Virtual do Supremo Tribunal Federal, no julgamento do RE 640.139, (...) decidiu que o princípio constitucional da autodefesa não alcança aquele que atribui falsa identidade perante autoridade policial com o intuito de ocultar maus antecedentes" (STF, 1ª T., ARE 870572 AgR, j. 23/06/2015).
- **Súmula 522 do STJ:** "A conduta de atribuir-se falsa identidade perante autoridade policial é típica, ainda que em situação de alegada autodefesa".

Conforme o **art. 308 do CP**, constitui crime usar, como próprio, passaporte, título de eleitor, caderneta de reservista ou qualquer documento de identidade alheia, ou ceder a outrem, para que dele se utilize, documento dessa natureza, próprio ou de terceiro. Trata-se de **tipo subsidiário**, que só incide se o fato não constituir elemento de crime mais grave.

4.3. Fraude de lei sobre estrangeiro (arts. 309 e 310)

Pune-se o estrangeiro que usa nome que não é o seu para entrar ou permanecer no território nacional. Também comete crime aquele que atribui a estrangeiro falsa qualidade para promover-lhe a entrada em território nacional.

Nos termos do art. 310, constitui crime prestar-se a figurar como proprietário ou possuidor de ação, título ou valor pertencente a estrangeiro, nos casos em que a este é vedada por lei a propriedade ou a posse de tais bens.

4.4. Adulteração de sinal identificador de veículo automotor (art. 311)

Responde pelo crime aquele que adultera ou remarca número de chassi ou qualquer sinal identificador de veículo automotor, de seu componente ou equipamento. Segundo já decidiu o STJ, não configura o crime: 1) substituir a placa original do reboque, uma vez que não é veículo automotor (HC 134.794, j. 28/09/2010); 2) ocultar, mediante dispositivo operado manualmente, a placa de identificação de seu veículo quando passava pela cancela de uma praça de pedágio, objetivando, com a prática, furtar-se de efetuar o devido pagamento. Isso porque o tipo penal não prevê a conduta ocultar (HC 139.199, j. 23/02/2010).

Fita adesiva: "Este Superior Tribunal de Justiça firmou o entendimento no sentido de que é típica a conduta de alterar placa de veículo automotor, mediante a colocação de fita adesiva, conforme ocorreu na espécie dos autos. Isto porque a objetividade jurídica tutelada pelo art. 311 do CP é a fé pública ou, mais precisamente, a proteção da autenticidade dos sinais identificadores de automóveis" (STJ, 5ª T., HC 369.501, j. 05/10/2017). No mesmo sentido: STJ, 6ª T., AgRg no REsp 1834864, j. 19/11/2019.

Nos termos do § 1º, se o agente comete o crime no exercício da função pública ou em razão dela, a pena é aumentada de um terço. Também pratica o delito o funcionário público que contribui para o licenciamento ou registro do veículo remarcado ou adulterado, fornecendo indevidamente material ou informação oficial (§ 2º).

5. FRAUDES EM CERTAMES DE INTERESSE PÚBLICO

5.1. Fraudes em certames de interesse público (art. 311-A)

A Lei nº 12.550, de 15 de dezembro de 2011, inseriu ao Código Penal o seguinte crime: "Utilizar ou divulgar, indevidamente, com o fim de beneficiar a si ou a outrem, ou de comprometer a credibilidade do certame, conteúdo sigiloso de: I – concurso público; II – avaliação ou exame públicos; III – processo seletivo para ingresso no ensino superior; ou IV – exame ou processo seletivo previsto em lei". A pena é de 1 a 4 anos de reclusão, além de multa. Nas mesmas penas incorre quem permite ou facilita, por qualquer meio, o acesso de pessoas não autorizadas às informações mencionadas no *caput*.

- ***Forma qualificada*** (pena de 2 a 6 anos de reclusão, além de multa): se da ação ou omissão resultar dano à administração pública.
- ***Forma majorada*** (aumento da pena em 1/3): se o fato é cometido por funcionário público.

▶ **IMPORTANTE**

- A Lei nº 12.550/11 também acrescentou, ao art. 47 do Código Penal, mais uma pena de interdição temporária de direitos: "proibição de inscrever-se em concurso, avaliação ou exame públicos" (inciso V).
- Deve-se atentar para o princípio da anterioridade, não podendo o crime e a pena incidirem para fato praticado antes da vigência da Lei nº 12.550 (15 de dezembro de 2011).
- Com esse tipo, a chamada **'cola eletrônica'** passa a ser crime. Nesse sentido: "A conduta de fraudar concurso público por meio da utilização da cola eletrônica **praticada antes da vigência da vigência da Lei nº 12.550/2011**, nada obstante contenha alto grau de reprovação social, na linha da jurisprudência do Supremo Tribunal Federal e desta Egrégia Corte, é atípica" (STJ, 5ª T., HC 208969, j. 05/11/2013). Ainda: "Nos termos do informativo nº 506, período: 4 a 17 de outubro de 2012, a 'cola eletrônica', antes do advento da Lei nº 12.550/2011, era uma conduta atípica, **não configurando o crime de estelionato**" (STJ, 6ª T., AgRg no AREsp 702915, j. 10/10/2017). No mesmo sentido: STJ, 6ª T., AgRg no REsp 1783383, j. 28/03/2019.

6. SÚMULAS E ORIENTAÇÕES JURISPRUDENCIAIS DO STF E DO STJ

▶ **Súmula 17 do STJ**: "Quando o falso se exaure no estelionato, sem mais potencialidade lesiva, é por este absorvido".

▶ **Súmula 73 do STJ**: "A utilização de papel moeda grosseiramente falsificado configura, em tese, o crime de estelionato, da competência da Justiça Estadual".

▶ **Súmula 104 do STJ**: "Compete à Justiça Estadual o processo e julgamento dos crimes de falsificação e uso de documento falso relativo a estabelecimento particular de ensino".

- **Súmula 200 do STJ**: "O Juízo Federal competente para processar e julgar acusado de crime de uso de passaporte falso é o do lugar onde o delito se consumou".

- **Súmula 522 do STJ**: "A conduta de atribuir-se falsa identidade perante autoridade policial é típica, ainda que em situação de alegada autodefesa".

- **Súmula 546 do STJ**: "A competência para processar e julgar o crime de uso de documento falso é firmada em razão da entidade ou órgão ao qual foi apresentado o documento público, não importando a qualificação do órgão expedidor".

DELITO DE MOEDA FALSA: CRIME FORMAL, DE PERIGO ABSTRATO E PLURIDIMENSIONAL

- "(...) 5. O crime de moeda falsa (CP, art. 289, *caput*, e § 1º do Código Penal) é formal e de perigo abstrato, tendo em vista que a mera execução da conduta típica presume absolutamente o perigo ao bem jurídico tutelado, sendo prescindível a obtenção de vantagem ou prejuízo a terceiros para a consumação. Ainda, trata-se de crime pluridimensional, pois, além de proteger preponderantemente a fé pública, de forma mediata, assegura o patrimônio particular e a celeridade das relações empresariais e civis. Por conseguinte, a quantidade de notas falsificadas e o valor do negócio jurídico celebrado são fatores coadjuvantes da tutela penal do tipo, não havendo falar, pois, em ausência de periculosidade social da ação, diante da pluriofensividade do crime" (STJ, 5ª T., HC 210764, j. 21/06/2016).

NÃO INCIDE O PRINCÍPIO DA INSIGNIFICÂNCIA NO CRIME DE MOEDA FALSA

- "Não se cogita a aplicação do princípio da insignificância aos crimes de moeda falsa, pois o bem jurídico protegido de forma principal é a fé pública, ou seja, a segurança da sociedade, sendo irrelevante o número de notas, o seu valor ou o número de lesados" (STJ, 5ª T., HC 439958, j. 26/06/2018).

PETRECHOS PARA FALSIFICAÇÃO DE MOEDA: É SUFICIENTE A POSSE DO MAQUINÁRIO COM O FIM DE CONTRAFAÇÃO, SENDO DESNECESSÁRIO SEU USO EXCLUSIVO PARA ESTE FIM

- "A expressão *especialmente destinado* não diz respeito a uma característica intrínseca ou inerente do objeto. Se assim fosse, só o maquinário exclusivamente voltado para a fabricação ou falsificação de moedas consubstanciaria o crime, o que implicaria a absoluta inviabilidade de sua consumação (crime impossível), pois nem mesmo o maquinário e insumos utilizados pela Casa de Moeda são direcionados exclusivamente para a fabricação de moeda. 3. A dicção legal está relacionada ao uso que o agente pretende dar ao objeto, ou seja, a consumação depende da análise do elemento subjetivo do tipo (dolo), de modo que, se o agente detém a posse de impressora, ainda que manufaturada visando ao uso doméstico, mas com o propósito de a utilizar precipuamente para contrafação de moeda, incorre no referido crime" (STJ, 6ª T., REsp 1758958, j. 11/09/2018).

FALSIFICAÇÃO DE FOTOCÓPIA x FALSIFICAÇÃO POR MEIO DE FOTOCÓPIA

- "1. Não se desconhece que a jurisprudência dos Tribunais Superiores firmou-se no sentido de que cópias xerográficas ou reprográficas, sem a respectiva autenticação, em princípio não configuram documento para fins penais. 2. No entanto, há que se distinguir a falsificação de uma fotocópia, que não possui relevância penal, da falsificação por meio de uma fotocópia, já que nesta segunda hipótese o documento, ao invés de ser adulterado por meio da impressão de um novo, é fotocopiado, resultando numa peça distinta do original, e que pode ser apta a produzir resultado penalmente relevante. 3. Na espécie, os documentos falsificados foram eficazes para a produção de resultado penalmente relevante, já que, muito embora as pessoas assistidas pelo advogado tenham negado possuir domicílio na capital catarinense, as ações ajuizadas em nome delas foram julgadas pelo Juizado Especial Federal local. 4. Tratando-se de fotocópia com potencialidade lesiva concreta, produzida por advogado e utilizada em processo judicial eletrônico, que efetivamente foi capaz de ludibriar uma magistrada no exercício de sua atividade jurisdicional, não há que se falar na atipicidade da conduta do recorrente. Precedentes" (STJ, 5ª T., AgRg nos EDcl no AREsp 929123, j. 25/09/2018).

FALSIFICAÇÃO E ESTELIONATO JUDICIÁRIO

- "1. Afastada a imputação relativa ao crime de estelionato judiciário, tendo em vista a falta de previsão legal para tanto, assim como em razão da disposição constitucional que assegura à parte o acesso ao

Poder Judiciário, persiste válida a imputação referente à falsificação de documento particular, haja vista que o paciente, na qualidade de advogado, propôs ação de responsabilidade civil por danos morais e materiais em nome de terceira pessoa contra o Banco intitulado, utilizando-se de procuração com assinatura falsa. 2. Inexistente como figura penal típica a conduta de induzir em erro o Poder Judiciário a fim de obter vantagem ilícita, não há se falar em absorção de uma conduta típica (falso) por outra que sequer é prevista legalmente (estelionato judiciário)" (STJ, 6ª T., AgRg no RHC 98.041, j. 23/08/2018).

- "Conforme jurisprudência desta Corte, não se admite a prática do delito de estelionato por meio do ajuizamento de ações judiciais, desde que seja possível ao magistrado, durante o curso do processo, ter acesso às informações que caracterizam a fraude" (STJ, 5ª T., AgRg no REsp 1857117, j. 26/05/2020).

FALSIDADE IDEOLÓGICA E DESNECESSIDADE DE PERÍCIA

- "O acórdão impugnado não dissentiu da jurisprudência desta Corte, no sentido de que, sendo a acusação de falsidade ideológica, é desnecessária a realização de perícia, uma vez que, diferentemente do que ocorre com a falsidade documental, a alteração é no conteúdo (e não na forma) do documento" (STJ, 5ª T., AgRg no REsp 1669729, j. 19/06/2018).

- "Não há que se falar em anulação ab initio, porquanto 'sendo a acusação de falsidade ideológica, é desnecessária a realização de perícia, uma vez que, diferentemente do que ocorre com a falsidade documental, a alteração é no conteúdo (e não na forma) do documento' (AgRg no REsp n. 1.669.729/SP, Rel. Ministro Felix Fischer, 5ª T., DJe 29/6/2018)" (STJ, 6ª T., AgRg no RHC 124302, j. 25/08/2020).

COMPETÊNCIA E FALSIDADE NA CTPS

- "1. A partir do julgamento no conflito de competência n. 127.706/RS, de relatoria do Ministro ROGERIO SCHIETTI CRUZ, esta egrégia Terceira Seção pacificou o entendimento no sentido de que "o sujeito passivo primário do crime omissivo do art. 297, § 4º, do Diploma Penal, é o Estado, e, eventualmente, de forma secundária, o particular, terceiro prejudicado, com a omissão das informações, referentes ao vínculo empregatício e a seus consectários da CTPS. Cuida-se, portanto de delito que ofende de forma direta os interesses da União, atraindo a competência da Justiça Federal, conforme o disposto no art. 109, IV, da Constituição Federal" (DJe 9/4/2014). 2. Aplica-se a mesma lógica para o delito do art. 297, § 3º, inciso II, do Código Penal. Assim, compete à Justiça Federal processar e julgar o crime de falsificação de documento público, consistente na anotação de período de vigência do contrato de trabalho inexistente de empregado em sua CTPS. Precedentes.3. Na hipótese, além de tratar-se de crime contra fé pública e que tem como sujeito passivo o Estado, há indícios de que as condutas apuradas visavam à obtenção de benefícios previdenciários fraudulentos, razão pela qual não há como afastar a competência da Justiça Federal para a análise do pleito" (STJ, 3ª SEÇÃO, AgRg no CC 148.963/RJ, j. 10/04/2019).

USO DE DOCUMENTO FALSO: CRIME FORMAL

- "(...) 7. Ademais 'é pacífico o entendimento neste Superior Tribunal de Justiça de que, tratando-se de crime formal, o delito tipificado no artigo 304 do Código Penal consuma-se com a utilização ou apresentação do documento falso, não se exigindo a demonstração de efetivo prejuízo à fé pública nem a terceiros'" (STJ, 5ª T., AgRg no AREsp 656601, j. 23/10/2018).

- "1. A questão veiculada no recurso especial não envolve a análise de conteúdo desta natureza, mas, sim, a possibilidade reconhecimento da consumação do delito perpetrado, notadamente por conta de a jurisprudência desta Corte Superior entender que o tipo penal de uso de documento falso é crime formal, consumando-se, portanto, com a simples utilização do documento falso. 2. É pacífico o entendimento neste Superior Tribunal de Justiça de que, tratando-se de crime formal, o delito tipificado no art. 304 do Código Penal consuma-se com a utilização ou apresentação do documento falso, não se exigindo a demonstração de efetivo prejuízo à fé pública nem a terceiros (AgInt no AREsp n. 1.229.949/RN, Ministra Maria Thereza de Assis Moura, Sexta Turma, julgado em 6/3/2018, DJe 14/3/2018) - (REsp n. 1.722.241/SP, Ministro Jorge Mussi, Quinta Turma, DJe 15/6/2018)" (STJ, 6ª T., AgRg nos EDcl no REsp 1833274, j. 22/09/2020).

USO DE DOCUMENTO FALSO: NECESSIDADE DE FALSIFICAÇÃO APTA A ENGANAR

- "(...) a doutrina e a jurisprudência majoritariamente, entendem que para a configuração do tipo penal de uso de documento falso, a falsificação deve ser apta para iludir, enganar, ludibriar. Do contrário, está configurada a hipótese de falso grosseiro, caso em que não haverá crime" (STJ, HC 384567, j. 20/09/2018).

USO DE DOCUMENTO FALSO: PETIÇÃO APRESENTADA EM JUÍZO x DOCUMENTOS QUE INSTRUEM A PETIÇÃO

- "(...) Quanto ao crime de uso de documento falso, já se sedimentou na doutrina e na jurisprudência o entendimento de que a petição apresentada em Juízo não caracteriza documento para fins penais, uma vez que não é capaz de produzir prova por si mesma, dependendo de outras verificações para que sua fidelidade seja atestada. [...] Todavia, na hipótese, observa-se que o recorrente teria se utilizado de procurações e comprovantes de residência falsos para ingressar com ações cíveis perante o Juizado Especial, sendo certo que tais documentos são hábeis a caracterizar o delito previsto no artigo 304 do Estatuto Repressivo. Doutrina. Jurisprudência" (STJ, 5ª T., AgRg no REsp 1618345, j. 14/08/2018).

USO DE DOCUMENTO FALSO E APRESENTAÇÃO POR EXIGÊNCIA DA AUTORIDADE

- "É copiosa a jurisprudência que entende que 'o delito previsto no art. 304 do Código Penal consuma-se mesmo quando a carteira de habilitação falsificada é exibida ao policial por exigência deste, e não por iniciativa do agente'" (STJ, 5ª T., AgRg no REsp 1758686, j. 25/09/2018).

O PRINCÍPIO CONSTITUCIONAL DA AUTODEFESA NÃO ALCANÇA AQUELE QUE ATRIBUI FALSA IDENTIDADE PERANTE AUTORIDADE POLICIAL COM O INTUITO DE OCULTAR MAUS ANTECEDENTES

- "1. O Plenário Virtual do Supremo Tribunal Federal, no julgamento do RE 640.139, Rel. Min. Dias Toffoli, decidiu que o princípio constitucional da autodefesa não alcança aquele que atribui falsa identidade perante autoridade policial com o intuito de ocultar maus antecedentes. Na ocasião, reconheceu-se a existência de repercussão geral da questão constitucional suscitada e, no mérito, reafirmou a jurisprudência dominante sobre a matéria" (STF, 1ª T., ARE 870572 AgR, j. 23/06/2015).

- **Súmula 522 do STJ**: "A conduta de atribuir-se falsa identidade perante autoridade policial é típica, ainda que em situação de alegada autodefesa".

COLA ELETRÔNICA ANTES DA LEI 12.550/11: CONDUTA ATÍPICA

- "A conduta de fraudar concurso público por meio da utilização da cola eletrônica praticada antes da vigência da vigência da Lei nº 12.550/2011, nada obstante contenha alto grau de reprovação social, na linha da jurisprudência do Supremo Tribunal Federal e desta Egrégia Corte, é atípica" (STJ, 5ª T., HC 208969, j. 05/11/2013).

- "Nos termos do informativo nº 506, período: 4 a 17 de outubro de 2012, a 'cola eletrônica', antes do advento da Lei nº 12.550/2011, era uma conduta atípica, não configurando o crime de estelionato" (STJ, 6ª T., AgRg no AREsp 702915, j. 10/10/2017).

A COLOCAÇÃO DE FITA ADESIVA NA PLACA DE AUTOMÓVEL CONFIGURA O CRIME DO ART. 311 DO CÓDIGO PENAL

- "1. A jurisprudência deste Superior Tribunal entende que a simples conduta de adulterar a placa de veículo automotor é típica, enquadrando-se no delito descrito no art. 311 do Código Penal. Não se exige que a conduta do agente seja dirigida a uma finalidade específica, basta que modifique qualquer sinal identificador de veículo automotor. 2. A conduta realizada pelo recorrido, que, com o uso de fita isolante, modificou o número da placa da motocicleta, configura o delito tipificado referido dispositivo" (STJ, 6ª T., AgRg no AREsp 860.012, j. 07/02/2017).

- "1. O delito em exame tem como objetivo resguardar a autenticidade dos sinais identificadores de veículo automotor, tutelando a fé pública, no que diz respeito à propriedade, registro e segurança dos veículos automotores, visando, também, preservar o poder de polícia e de fiscalização do Estado. Em consonância com o afirmado no acórdão a quo, consuma-se o delito com a própria adulteração ou remarcação de qualquer sinal identificador do veículo. 2. A jurisprudência desta Corte Superior é firme em assinalar a tipicidade da conduta prevista no art. 311 do Código Penal com a prática de todas as ações pelas quais se adultera ou se remarca o número do chassi ou qualquer sinal identificador de veículo automotor, de seu componente ou equipamento. 3. A jurisprudência deste Superior Tribunal entende que a simples conduta de adulterar a placa de veículo automotor é típica, enquadrando-se no delito descrito no art. 311 do Código Penal. Não se exige que a conduta do agente seja dirigida a uma finalidade específica, basta que modifique qualquer sinal identificador de veículo automotor (AgRg no AREsp n. 860.012/MG, Ministro Rogerio Schietti Cruz, Sexta Turma, julgado em 07/02/2017, DJe 16/02/2017). [...] Hipótese em que o acórdão recorrido encontra-se alinhado à jurisprudência desta Corte, no sentido de que o delito descrito no art. 311 do CP resta configurado com a simples adulteração do sinal do veículo automotor, sendo irrelevante a finalidade do agente – se era ou não para cometer outros delitos - e a ausência de utilização do veículo. Precedentes. (HC n. 388.126/SP, Ministro Reynaldo Soares da Fonseca, Quinta Turma, DJe 15/5/2017)" (STJ, 6ª T., AgRg no REsp 1834864, j. 19/11/2019).

LEGISLAÇÃO

7. LEGISLAÇÃO RELACIONADA AO CAPÍTULO

» **CÓDIGO PENAL**

Moeda Falsa

Art. 289 – Falsificar, fabricando-a ou alterando-a, moeda metálica ou papel-moeda de curso legal no país ou no estrangeiro:

Pena – reclusão, de três a doze anos, e multa.

§ 1º – Nas mesmas penas incorre quem, por conta própria ou alheia, importa ou exporta, adquire, vende, troca, cede, empresta, guarda ou introduz na circulação moeda falsa.

§ 2º – Quem, tendo recebido de boa-fé, como verdadeira, moeda falsa ou alterada, a restitui à circulação, depois de conhecer a falsidade, é punido com detenção, de seis meses a dois anos, e multa.

§ 3º – É punido com reclusão, de três a quinze anos, e multa, o funcionário público ou diretor, gerente, ou fiscal de banco de emissão que fabrica, emite ou autoriza a fabricação ou emissão:

I – de moeda com título ou peso inferior ao determinado em lei;

II – de papel-moeda em quantidade superior à autorizada.

§ 4º – Nas mesmas penas incorre quem desvia e faz circular moeda, cuja circulação não estava ainda autorizada.

Crimes assimilados ao de moeda falsa

Art. 290 – Formar cédula, nota ou bilhete representativo de moeda com fragmentos de cédulas, notas ou bilhetes verdadeiros; suprimir, em nota, cédula ou bilhete recolhidos, para o fim de restituí-los à circulação, sinal indicativo de sua inutilização; restituir à circulação cédula, nota ou bilhete em tais condições, ou já recolhidos para o fim de inutilização:

Pena – reclusão, de dois a oito anos, e multa.

Parágrafo único – O máximo da reclusão é elevado a doze anos e multa, se o crime é cometido por funcionário que trabalha na repartição onde o dinheiro se achava recolhido, ou nela tem fácil ingresso, em razão do cargo.

Petrechos para falsificação de moeda

Art. 291 – Fabricar, adquirir, fornecer, a título oneroso ou gratuito, possuir ou guardar maquinismo, aparelho, instrumento ou qualquer objeto especialmente destinado à falsificação de moeda:

Pena – reclusão, de dois a seis anos, e multa.

Emissão de título ao portador sem permissão legal

Art. 292 – Emitir, sem permissão legal, nota, bilhete, ficha, vale ou título que contenha promessa de pagamento em dinheiro ao portador ou a que falte indicação do nome da pessoa a quem deva ser pago:

Pena – detenção, de um a seis meses, ou multa.

Parágrafo único – Quem recebe ou utiliza como dinheiro qualquer dos documentos referidos neste artigo incorre na pena de detenção, de quinze dias a três meses, ou multa.

Falsificação de papéis públicos

Art. 293 – Falsificar, fabricando-os ou alterando-os:

I – selo destinado a controle tributário, papel selado ou qualquer papel de emissão legal destinado à arrecadação de tributo;

II – papel de crédito público que não seja moeda de curso legal;

III – vale postal;

IV – cautela de penhor, caderneta de depósito de caixa econômica ou de outro estabelecimento mantido por entidade de direito público;

V – talão, recibo, guia, alvará ou qualquer outro documento relativo a arrecadação de rendas públicas ou a depósito ou caução por que o poder público seja responsável;

VI – bilhete, passe ou conhecimento de empresa de transporte administrada pela União, por Estado ou por Município:

Pena – reclusão, de dois a oito anos, e multa.

§ 1º Incorre na mesma pena quem:

I – usa, guarda, possui ou detém qualquer dos papéis falsificados a que se refere este artigo;

II – importa, exporta, adquire, vende, troca, cede, empresta, guarda, fornece ou restitui à circulação selo falsificado destinado a controle tributário;

III – importa, exporta, adquire, vende, expõe à venda, mantém em depósito, guarda, troca, cede, empresta, fornece, porta ou, de qualquer forma, utiliza em proveito próprio ou alheio, no exercício de atividade comercial ou industrial, produto ou mercadoria:

a) em que tenha sido aplicado selo que se destine a controle tributário, falsificado;

b) sem selo oficial, nos casos em que a legislação tributária determina a obrigatoriedade de sua aplicação.

§ 2º – Suprimir, em qualquer desses papéis, quando legítimos, com o fim de torná-los novamente utilizáveis, carimbo ou sinal indicativo de sua inutilização:

Pena – reclusão, de um a quatro anos, e multa.

§ 3º – Incorre na mesma pena quem usa, depois de alterado, qualquer dos papéis a que se refere o parágrafo anterior.

§ 4º – Quem usa ou restitui à circulação, embora recibo de boa-fé, qualquer dos papéis falsificados ou alterados, a que se referem este artigo e o seu § 2º, depois de conhecer a falsidade ou alteração, incorre na pena de detenção, de seis meses a dois anos, ou multa.

§ 5º Equipara-se a atividade comercial, para os fins do inciso III do § 1º, qualquer forma de comércio irregular ou clandestino, inclusive o exercido em vias, praças ou outros logradouros públicos e em residências.

Petrechos de falsificação

Art. 294 – Fabricar, adquirir, fornecer, possuir ou guardar objeto especialmente destinado à falsificação de qualquer dos papéis referidos no artigo anterior:

Pena – reclusão, de um a três anos, e multa.

Art. 295 – Se o agente é funcionário público, e comete o crime prevalecendo-se do cargo, aumenta-se a pena de sexta parte.

Falsificação do selo ou sinal público

Art. 296 – Falsificar, fabricando-os ou alterando-os:

I – selo público destinado a autenticar atos oficiais da União, de Estado ou de Município;

II – selo ou sinal atribuído por lei a entidade de direito público, ou a autoridade, ou sinal público de tabelião:

Pena – reclusão, de dois a seis anos, e multa.

§ 1º – Incorre nas mesmas penas:

I – quem faz uso do selo ou sinal falsificado;

II – quem utiliza indevidamente o selo ou sinal verdadeiro em prejuízo de outrem ou em proveito próprio ou alheio.

III – quem altera, falsifica ou faz uso indevido de marcas, logotipos, siglas ou quaisquer outros símbolos utilizados ou identificadores de órgãos ou entidades da Administração Pública.

§ 2º – Se o agente é funcionário público, e comete o crime prevalecendo-se do cargo, aumenta-se a pena de sexta parte.

Falsificação de documento público

Art. 297 – Falsificar, no todo ou em parte, documento público, ou alterar documento público verdadeiro:

Pena – reclusão, de dois a seis anos, e multa.

§ 1º – Se o agente é funcionário público, e comete o crime prevalecendo-se do cargo, aumenta-se a pena de sexta parte.

§ 2º – Para os efeitos penais, equiparam-se a documento público o emanado de entidade paraestatal, o título ao portador ou transmissível por endosso, as ações de sociedade comercial, os livros mercantis e o testamento particular.

§ 3º – Nas mesmas penas incorre quem insere ou faz inserir:

I – na folha de pagamento ou em documento de informações que seja destinado a fazer prova perante a previdência social, pessoa que não possua a qualidade de segurado obrigatório;

II – na Carteira de Trabalho e Previdência Social do empregado ou em documento que deva produzir efeito perante a previdência social, declaração falsa ou diversa da que deveria ter sido escrita;

III – em documento contábil ou em qualquer outro documento relacionado com as obrigações da empresa perante a previdência social, declaração falsa ou diversa da que deveria ter constado.

§ 4º Nas mesmas penas incorre quem omite, nos documentos mencionados no § 3º, nome do

LEGISLAÇÃO

segurado e seus dados pessoais, a remuneração, a vigência do contrato de trabalho ou de prestação de serviços.

Falsificação de documento particular (Redação dada pela Lei nº 12.737, de 2012)

Art. 298 – Falsificar, no todo ou em parte, documento particular ou alterar documento particular verdadeiro:

Pena – reclusão, de um a cinco anos, e multa.

Falsificação de cartão (Incluído pela Lei nº 12.737, de 2012)

Parágrafo único. Para fins do disposto no *caput*, equipara-se a documento particular o cartão de crédito ou débito.

Falsidade ideológica

Art. 299 – Omitir, em documento público ou particular, declaração que dele devia constar, ou nele inserir ou fazer inserir declaração falsa ou diversa da que devia ser escrita, com o fim de prejudicar direito, criar obrigação ou alterar a verdade sobre fato juridicamente relevante:

Pena – reclusão, de um a cinco anos, e multa, se o documento é público, e reclusão de um a três anos, e multa, se o documento é particular.

Parágrafo único – Se o agente é funcionário público, e comete o crime prevalecendo-se do cargo, ou se a falsificação ou alteração é de assentamento de registro civil, aumenta-se a pena de sexta parte.

Falso reconhecimento de firma ou letra

Art. 300 – Reconhecer, como verdadeira, no exercício de função pública, firma ou letra que o não seja:

Pena – reclusão, de um a cinco anos, e multa, se o documento é público; e de um a três anos, e multa, se o documento é particular.

Certidão ou atestado ideologicamente falso

Art. 301 – Atestar ou certificar falsamente, em razão de função pública, fato ou circunstância que habilite alguém a obter cargo público, isenção de ônus ou de serviço de caráter público, ou qualquer outra vantagem:

Pena – detenção, de dois meses a um ano.

Falsidade material de atestado ou certidão

§ 1º – Falsificar, no todo ou em parte, atestado ou certidão, ou alterar o teor de certidão ou de atestado verdadeiro, para prova de fato ou circunstância que habilite alguém a obter cargo público, isenção de ônus ou de serviço de caráter público, ou qualquer outra vantagem:

Pena – detenção, de três meses a dois anos.

§ 2º – Se o crime é praticado com o fim de lucro, aplica-se, além da pena privativa de liberdade, a de multa.

Falsidade de atestado médico

Art. 302 – Dar o médico, no exercício da sua profissão, atestado falso:

Pena – detenção, de um mês a um ano.

Parágrafo único – Se o crime é cometido com o fim de lucro, aplica-se também multa.

Reprodução ou adulteração de selo ou peça filatélica

Art. 303 – Reproduzir ou alterar selo ou peça filatélica que tenha valor para coleção, salvo quando a reprodução ou a alteração está visivelmente anotada na face ou no verso do selo ou peça:

Pena – detenção, de um a três anos, e multa.

Parágrafo único – Na mesma pena incorre quem, para fins de comércio, faz uso do selo ou peça filatélica.

Uso de documento falso

Art. 304 – Fazer uso de qualquer dos papéis falsificados ou alterados, a que se referem os arts. 297 a 302:

Pena – a cominada à falsificação ou à alteração.

Supressão de documento

Art. 305 – Destruir, suprimir ou ocultar, em benefício próprio ou de outrem, ou em prejuízo alheio, documento público ou particular verdadeiro, de que não podia dispor:

Pena – reclusão, de dois a seis anos, e multa, se o documento é público, e reclusão, de um a cinco anos, e multa, se o documento é particular.

Falsificação do sinal empregado no contraste de metal precioso ou na fiscalização alfandegária, ou para outros fins

Art. 306 – Falsificar, fabricando-o ou alterando-o, marca ou sinal empregado pelo poder público no contraste de metal precioso ou na fiscalização alfandegária, ou usar marca ou sinal dessa natureza, falsificado por outrem:

Pena – reclusão, de dois a seis anos, e multa.

Parágrafo único – Se a marca ou sinal falsificado é o que usa a autoridade pública para o fim de fiscalização sanitária, ou para autenticar ou encerrar determinados objetos, ou comprovar o cumprimento de formalidade legal:

Pena – reclusão ou detenção, de um a três anos, e multa.

Falsa identidade

Art. 307 – Atribuir-se ou atribuir a terceiro falsa identidade para obter vantagem, em proveito próprio ou alheio, ou para causar dano a outrem:

Pena – detenção, de três meses a um ano, ou multa, se o fato não constitui elemento de crime mais grave.

Art. 308 – Usar, como próprio, passaporte, título de eleitor, caderneta de reservista ou qualquer documento de identidade alheia ou ceder a outrem, para que dele se utilize, documento dessa natureza, próprio ou de terceiro:

Pena – detenção, de quatro meses a dois anos, e multa, se o fato não constitui elemento de crime mais grave.

Fraude de lei sobre estrangeiro

Art. 309 – Usar o estrangeiro, para entrar ou permanecer no território nacional, nome que não é o seu:

Pena – detenção, de um a três anos, e multa.

Parágrafo único – Atribuir a estrangeiro falsa qualidade para promover-lhe a entrada em território nacional:

Pena – reclusão, de um a quatro anos, e multa.

Art. 310 – Prestar-se a figurar como proprietário ou possuidor de ação, título ou valor pertencente a estrangeiro, nos casos em que a este é vedada por lei a propriedade ou a posse de tais bens:

Pena – detenção, de seis meses a três anos, e multa.

Adulteração de sinal identificador de veículo automotor

Art. 311 – Adulterar ou remarcar número de chassi ou qualquer sinal identificador de veículo automotor, de seu componente ou equipamento:

Pena – reclusão, de três a seis anos, e multa.

§ 1º – Se o agente comete o crime no exercício da função pública ou em razão dela, a pena é aumentada de um terço.

§ 2º – Incorre nas mesmas penas o funcionário público que contribui para o licenciamento ou registro do veículo remarcado ou adulterado, fornecendo indevidamente material ou informação oficial.

Fraudes em certames de interesse público (Incluído pela Lei 12.550, de 2011)

Art. 311-A. Utilizar ou divulgar, indevidamente, com o fim de beneficiar a si ou a outrem, ou de comprometer a credibilidade do certame, conteúdo sigiloso de:

I – concurso público;

II – avaliação ou exame públicos;

III – processo seletivo para ingresso no ensino superior; ou

IV – exame ou processo seletivo previstos em lei:

Pena – reclusão, de 1 (um) a 4 (quatro) anos, e multa.

§ 1º Nas mesmas penas incorre quem permite ou facilita, por qualquer meio, o acesso de pessoas não autorizadas às informações mencionadas no *caput*.

§ 2º Se da ação ou omissão resulta dano à administração pública:

Pena – reclusão, de 2 (dois) a 6 (seis) anos, e multa.

§ 3º Aumenta-se a pena de 1/3 (um terço) se o fato é cometido por funcionário público.

» CÓDIGO DE PROCESSO PENAL

Art. 232. Consideram-se documentos quaisquer escritos, instrumentos ou papéis, públicos ou particulares.

LEGISLAÇÃO

Questões

CAPÍTULOS VIII, IX E X

Sumário • 1. Questões com gabarito comentado – 2. Questões de concursos

1. QUESTÕES COM GABARITO COMENTADO

01. (CESPE / CEBRASPE – 2021 – TCE-RJ – Analista de Controle Externo) No crime de falsidade ideológica, a forma material do documento é inalterada, sendo falso apenas o conteúdo nele inserido.

COMENTÁRIOS

Gabarito: certo. Constitui crime de falsidade ideológica (art. 299 do CP): "Omitir, em documento público ou particular, declaração que dele devia constar, ou nele inserir ou fazer inserir declaração falsa ou diversa da que devia ser escrita, com o fim de prejudicar direito, criar obrigação ou alterar a verdade sobre fato juridicamente relevante". O documento não possui vício em sua forma, pois a alteração refere-se ao conteúdo do documento. Como não há rasuras ou supressão de palavras no documento, dispensa-se perícia. A propósito: "O acórdão impugnado não dissentiu da jurisprudência desta Corte, no sentido de que, sendo a acusação de falsidade ideológica, é desnecessária a realização de perícia, uma vez que, diferentemente do que ocorre com a falsidade documental, a alteração é no conteúdo (e não na forma) do documento" (STJ, 5ª T., AgRg no REsp 1669729, j. 19/06/2018).

02. (CESPE / CEBRASPE – 2020 – TJ-PA – Analista Judiciário) A conduta de quem faz declaração falsa de estado de pobreza para fins de obtenção dos benefícios da justiça gratuita em ação judicial é considerada:

a) atípica.
b) crime de falsa identidade.
c) crime de falsidade ideológica
d) crime de falsificação de documento público.
e) crime de falsificação de documento particular.

COMENTÁRIOS

Gabarito: a. Para o STJ, a declaração de pobreza, com a finalidade de obter os benefícios da gratuidade de justiça, possui presunção relativa de tal documento, que comporta prova em contrário. Assim, a falsificação da declaração de pobreza é fato atípico. Nesse sentido: "A presunção de pobreza, para fins de concessão dos benefícios da assistência judiciária gratuita, ostenta caráter relativo, podendo o magistrado indeferir o pedido de assistência se encontrar elementos que infirmem a hipossuficiência do requerente" (STJ, 5ª T., AgInt no AgInt no REsp 1621028, j. 05/10/2017). Ainda: "Esta Corte já decidiu ser atípica a conduta de firmar ou usar declaração de pobreza falsa em juízo, com a finalidade de obter os benefícios da gratuidade de justiça, tendo em vista a presunção relativa de tal documento, que comporta prova em contrário" (STJ, 6ª T., RHC 46.569, j. 28/04/2015).

03. (IESES – 2019 – TJ-SC – Titular de Serviços de Notas e de Registros) A respeito dos crimes de falsidade documental constantes do Capítulo III, Título X, da Parte Especial do Código Penal, é INCORRETO afirmar:

a) Ambos os delitos de falsificação de documento público e de falsificação de documento particular, respectivamente artigos 297 e 298 do Código Penal, são comuns, dolosos e de ação penal pública incondicionada.

b) O delito de falsificação de cartão de crédito, quando realizado para a prática de estelionatos, fica absorvido pelo delito do art. 171 do Código Penal, por ser crime-meio, conforme Súmula 17 do Superior Tribunal de Justiça.

c) Os títulos ao portador ou transmissíveis por endosso e os livros mercantis de sociedades empresárias equiparam-se, para fins penais, a documento público.

d) O delito de falso reconhecimento de firma, tipificado no art. 300 do Código Penal, é crime próprio e que não admite a modalidade culposa.

COMENTÁRIOS

Gabarito: b (incorreta). A Súmula 17 do STJ refere: "Quando o falso se exaure no estelionato, sem mais potencialidade lesiva, é por este absorvido". Ocorre que não incide o princípio da consunção ou absorção na hipótese, pois existe maior potencial lesivo, já que a assertiva se refere à prática de estelionatos (inúmeros) em virtude da falsificação do cartão de crédito.

Alternativa a: correta. Os dois crimes são comuns (podem ser praticados por qualquer pessoa), dolosos (não admitem a forma culposa) e processados por ação penal pública incondicionada.

Alternativa c: correta. De acordo com o § 2º do artigo 297 do Código Penal, "Para os efeitos penais, equiparam-se a documento público o emanado de entidade paraestatal, o título ao portador ou transmissível por endosso, as ações de sociedade comercial, os livros mercantis e o testamento particular".

Alternativa d: correta. Dispõe o art. 300 do Código Penal: "Reconhecer, como verdadeira, no exercício de função pública, firma ou letra que o não seja: Pena - reclusão, de um a cinco anos, e multa, se o documento é público; e de um a três anos, e multa, se o documento é particular". Trata-se de crime próprio (só pode ser praticado por funcionário público que tem a função específica de reconhecimento de firma ou letra). Não há previsão de modalidade culposa.

04. (VUNESP – 2019 – Prefeitura de Guarulhos-SP – Inspetor Fiscal de Rendas) Assinale a alternativa correta, no que tange às penas, e consequentemente ao desvalor, das figuras típicas dos arts. 297, 298 e 299 do CP.

a) A falsificação material de documento público (CP, art. 297, *caput*) é punida com o mesmo rigor que a falsidade ideológica de documento público (CP, art. 299, *caput*).

b) A falsificação material de documento público (CP, art. 297, *caput*) é punida com o mesmo rigor que a falsificação material de documento particular (CP, art. 298, *caput*).

c) A falsidade ideológica de documento público (CP, art. 299, *caput*) é punida com o mesmo rigor que a falsidade ideológica de documento particular (CP, art. 299, *caput*).

d) A falsidade ideológica de documento público (CP, art. 299, *caput*) é punida com o mesmo rigor que a falsificação material de documento particular (CP, art. 298, *caput*).

e) Não se pune a falsidade ideológica de documento particular, por ausência de expressa previsão legal.

COMENTÁRIOS

Gabarito: d. O crime do art. 299 do CP prevê a seguinte pena: "reclusão, de um a cinco anos, e multa, se o documento é público, e reclusão de um a três anos, e multa, se o documento é particular". Já o crime do art. 298 do CP prevê a seguinte pena: "reclusão, de um a cinco anos, e multa".

Alternativa a: errada. O crime do art. 297 do CP prevê a seguinte pena: "reclusão, de dois a seis anos, e multa". Já o crime do art. 299 do CP prevê a seguinte pena: "reclusão, de um a cinco anos, e multa, se o documento é público, e reclusão de um a três anos, e multa, se o documento é particular".

Alternativa b: errada. O crime do art. 297 do CP prevê a seguinte pena: "reclusão, de dois a seis anos, e multa". Já o crime do art. 298 do CP prevê a seguinte pena: "reclusão, de um a cinco anos, e multa".

Alternativa c: errada. O crime do art. 299 do CP prevê a seguinte pena: "reclusão, de um a cinco anos, e multa, se o documento é público, e reclusão de um a três anos, e multa, se o documento é particular".

Alternativa e: errada. Pune-se a falsidade ideológica de documento particular com pena de reclusão de um a três anos e multa.

05. (FGV – 2019 – Prefeitura de Salvador-BA – Agente de Fiscalização Municipal) Com relação ao crime de incêndio, analise as afirmativas a seguir.

I. Não admite a forma tentada.

II. A pena será aumentada se o crime for cometido com o intuito de obter vantagem pecuniária em proveito próprio ou alheio e se o incêndio for em casa efetivamente habitada, sendo insuficiente, porém, para o aumento da pena, a casa ser apenas destinada a habitação.

III. Se for colocado em perigo apenas patrimônio próprio, sem causar risco ao patrimônio alheio, não se caracteriza o crime de incêndio.

Está correto o que afirma em:

a) I, apenas.
b) II, apenas.
c) III, apenas.
d) I e III, apenas.
e) II e III, apenas.

COMENTÁRIOS

Gabarito: c. Apenas o item III está correto. Conforme dispõe o art. 250 do Código Penal, é crime "Causar incêndio, expondo a perigo a vida, a integridade física ou o patrimônio de outrem: Pena - reclusão, de três a seis anos, e multa". Trata-se de delito de perigo concreto, que só existe se for colocado em risco a vida, a integridade física ou o patrimônio de outrem. Assim, caso seja colocado em perigo apenas o patrimônio próprio, não haverá crime de incêndio.

Item I: errado. O crime de incêndio é plurissubsistente e, como tal, admite a tentativa. Exemplo: depois de despejar gasolina sobre o veículo do vizinho, do qual pretende se vingar, o agente é surpreendido riscando o fósforo, sendo detido.

Item II: errado. Conforme o art. 250, § 1º, do Código Penal, a pena do delito de incêndio é aumentada de um terço, dentre outras hipóteses, (I) se o crime é cometido com intuito de obter vantagem pecuniária em proveito próprio ou alheio ou (II) se o incêndio é (a) em casa habitada ou destinada à habitação.

06. (CESPE – 2019 – Prefeitura de Boa Vista-RR – Procurador Municipal) Juan González, estrangeiro, enfermeiro, residente havia dois anos em Boa Vista-RR, apresentava-se como médico no Brasil e atendia pacientes gratuitamente em um posto de saúde da rede pública municipal, embora não fosse funcionário público. Seu verdadeiro objetivo com essa prática era retirar medicamentos do local e revendê-los para obter lucro. Em razão de denúncia anônima a respeito do desvio de medicamentos, Juan, portando caixas de remédios retiradas do local, foi abordado em seu automóvel por policiais logo após ter saído do posto e foi, então, conduzido à delegacia. Para que seu verdadeiro nome não fosse descoberto, Juan identificou-se à autoridade policial como Pedro Rodríguez, buscando, assim, evitar o cumprimento de mandado de prisão expedido por ter sido condenado pelo crime de moeda falsa no Brasil. Questionado sobre a propriedade do veículo no qual se encontrava no momento da abordagem, Juan informou tê-lo comprado de uma pessoa desconhecida, em Boa Vista. Durante a investigação policial, verificou-se que o veículo havia sido furtado por outra pessoa no Brasil e que a placa estava adulterada. Verificou-se, ainda, que a placa identificava um veículo registrado no país de origem de Juan e em seu nome, embora Juan tivesse alegado ter adquirido o veículo já com a referida placa. Considerando essa situação hipotética, julgue o item que se segue. Juan deverá responder pelo crime de falsa identidade por ter se apresentado como Pedro Rodríguez perante autoridade policial, uma vez que a tentativa de evitar a prisão em razão do mandado expedido não é considerada exercício de autodefesa que exclua o referido crime.

COMENTÁRIOS

Gabarito: correta. O fundamento está na Súmula 522 do STJ: "A conduta de atribuir-se falsa identidade perante autoridade policial é típica, ainda que em situação de alegada autodefesa".

07. (FCC – 2018 – Câmara Legislativa do Distrito Federal – Procurador Legislativo) Pratica o crime de falsidade ideológica aquele que: A) faz uso de carteira nacional de habilitação falsa em abordagem policial para evitar multa administrativa. B) altera ou falsifica documento particular verdadeiro e o utiliza no Brasil ou no exterior. C) atesta falsamente, em razão de função pública, fato que habilite alguém a obter cargo público. D) atribui-se falsa identidade para obter vantagem, em proveito próprio ou alheio, ou para causar dano a outrem. E) omite, em documento particular, declaração que dele devia constar com o fim de criar uma obrigação.

COMENTÁRIOS

Gabarito: *e*. Pratica o crime de falsidade ideológica aquele que omitir, em documento público ou particular, declaração que dele devia constar, ou nele inserir ou fazer inserir declaração falsa ou diversa da que devia ser escrita, com o fim de prejudicar direito, criar obrigação ou alterar a verdade sobre fato juridicamente relevante (art. 299 do CP).

Alternativa a: errada. fazer uso de carteira nacional de habilitação falsa em abordagem policial para evitar multa administrativa configura crime de uso de documento falso (art. 304 do CP).

Alternativa b: errada. Alterar ou falsificar documento particular verdadeiro configura crime de falsificação de documento particular (art. 298 do CP).

Alternativa c: errada. Atestar falsamente, em razão de função pública, fato que habilite alguém a obter cargo público configura o crime de certidão ou atestado ideologicamente falso (art. 301 do CP).

Alternativa d: errada. O comportamento de atribuir-se falsa identidade para obter vantagem, em proveito próprio ou alheio, ou para causar dano a outrem configura o crime de falsa identidade (art. 307 do CP).

08. (FUNDATEC – 2018 – DPE-SC – Analista Técnico) Assinale a alternativa correta em relação aos crimes contra a paz pública. A) A incitação ao crime, nos termos do artigo 286 do CP, destina-se ao estímulo de um número indeterminado de pessoas à prática de crime determinado e futuro, sendo que a apologia ao crime e ao criminoso, nos termos do artigo 287 do CP, diz respeito ao delito passado, haja vista que se faz publicamente elogio ou exaltação a fato criminoso ou a autor de crime. B) A associação criminosa do artigo 288 do CP pune a associação de 04 ou mais pessoas, as quais se unem, com hierarquia e estabilidade, à prática de diversos crimes. C) A constituição de milícia privada, crime do artigo 288-A do CP, é a mesma associação criminosa do artigo 288 do CP, diferenciando-se apenas no número de integrantes. D) Tanto a associação criminosa quanto a constituição de milícia privada exigem o número de dois integrantes apenas a sua configuração, sendo irrelevante se a prática de crimes condiz com os previstos no Código Penal ou em Leis Especiais Penais. E) A associação criminosa encontra previsão legal na Lei de nº 12.850/2013, a qual definiu organização criminosa.

COMENTÁRIOS

Gabarito: *a*. A incitação ao crime visa a estimular um número indeterminado de pessoas a praticar delitos, ou seja, um comportamento futuro em relação à conduta do agente. Na apologia ao crime e ao criminoso (art. 287 do CP), existe divergência sobre a elementar "fato criminoso": 1ª posição – o fato criminoso deve ter sido praticado antes da apologia; 2ª posição – o fato pode se referir a um crime abstratamente considerado. O gabarito levou em consideração apenas a 1ª posição.

Alternativa b: errada. O tipo penal do artigo 288 do CP se contenta com a reunião de 3 pessoas e não exige hierarquia entre elas.

Alternativa c: errada. A constituição de milícia privada, crime do artigo 288-A do CP, tem penas e elementares distintas do crime de associação criminosa do artigo 288 do CP.

Alternativa d: errada. A associação criminosa exige três ou mais pessoas, para o fim específico de cometer crimes, ao passo que o tipo da constituição de milícia privada não contém o número mínimo de integrantes e exige a finalidade de praticar qualquer dos crimes previstos no Código Penal.

Alternativa e: errada. A Lei de nº 12.850/2013, além de tratar do crime de organização criminosa, alterou a redação do tipo penal previsto no art. 288 do CP, bem como substituiu o antigo nome "quadrilha ou bando" por "associação criminosa".

09. (FGV – 2017 – TRT12 – Analista Judiciário) Caio, ao cessar suas atividades empresariais, determina que o responsável por inscrever informações na Carteira de Trabalho e Previdência Social dos funcionários inclua no documento a informação de que os empregados foram demitidos em 01.02.2017, enquanto, na verdade, o vínculo empregatício foi rompido em 01.05.2017. Descobertos os fatos, a Caio:

a) não poderá ser aplicada qualquer pena, já que não foi ele que inseriu a informação na carteira de trabalho;

b) será aplicada a pena do crime de falsificação de documento público;

c) será aplicada a pena do crime de falsificação de documento particular;
d) será aplicada a pena do crime de falsidade ideológica de documento público;
e) será aplicada a pena do crime de certidão ou atestado ideologicamente falso.

COMENTÁRIOS

Gabarito: *b*. Caio praticou o crime de falsificação de documento público. O fundamento está no art. 297, § 3º, II, do Código Penal: "Nas mesmas penas incorre quem insere ou faz inserir: (...) II – na Carteira de Trabalho e Previdência Social do empregado ou em documento que deva produzir efeito perante a previdência social, declaração falsa ou diversa da que deveria ter sido escrita".

Alternativa *a*: errada. Como determinou a prática do crime, Caio deve ser punido por ele. O fundamento está no art. 29, *caput*, do Código Penal: "Quem, **de qualquer modo**, concorre para o crime incide nas penas a este cominadas, na medida de sua culpabilidade".

Alternativa *c*: errada. A Carteira de Trabalho e Previdência Social é um documento público, e não particular.

Alternativa *d*: errada. Pelo princípio da especialidade, o fato amolda-se ao tipo do art. 297, § 3º, II, do CP, que faz referência específica à Carteira de Trabalho e Previdência Social, e não ao tipo do art. 299 do CP, que faz referência genérica a qualquer documento público ou particular. Ademais, o crime de falsidade ideológica (art. 299 do CP) exige, para sua caracterização, o dolo específico de "prejudicar direito, criar obrigação ou alterar a verdade sobre fato juridicamente relevante", o que não se verifica no enunciado da questão.

Alternativa *e*: errada. O crime de certidão ou atestado ideologicamente falso está previsto no art. 301 do CP nos seguintes termos: "Atestar ou certificar falsamente, em razão de função pública, fato ou circunstância que habilite alguém a obter cargo público, isenção de ônus ou de serviço de caráter público, ou qualquer outra vantagem". Caio não praticou a conduta descrita no art. 301 do CP, mas sim aquela descrita no art. 297, § 3º, II, do CP.

10. (IBADE – 2017 – PC-AC – Delegado de Polícia) O crime de falsidade de atestado médico:

a) resta caracterizado quando uma pessoa adultera um atestado verdadeiro, a fim de ampliar seus dias de afastamento do trabalho.
b) exige: em sua forma simples, especial fim de agir
c) além de exigir uma falsidade material, é classificado como crime comum.
d) é uma forma de falsidade ideológica, tipificado de forma autônoma devido à especialidade.
e) está arrolado entre os crimes contra a saúde pública.

COMENTÁRIOS

Gabarito: *d*. O delito de falsidade de atestado médico (art. 302 do CP) não deixa de ser uma espécie de falsidade ideológica (art. 299 do CP), erigido à condi**ção de crime autônomo por força do princípio da especialidade.**

Alternativa *a*: incorreta. O crime é próprio, somente podendo ser praticado por médico.

Alternativa *b*: incorreta. De acordo com o art. 302 do CP, é crime "Dar o médico, no exercício da sua profissão, atestado falso". Como se observa, não há especial fim de agir na forma simples do delito.

Alternativa *c*: incorreta. O delito exige uma falsidade ideológica e não material. Ademais, é crime próprio e não comum.

Alternativa *e*: incorreta. O delito de falsidade de atestado médico (art. 302 do CP) está arrolado entre os crimes contra a fé pública, e não contra a saúde pública.

11. (CESPE – 2016 – TRT8 – Analista Judiciário) Acerca dos crimes contra a fé pública e dos crimes praticados por associações ou organizações criminosas, assinale a opção correta.

a) Aquele que falsifica documento para, em seguida, usá-lo em procedimento subsequente comete os crimes de falsificação de documento e de uso de documento falso, haja vista a presença de dolos distintos e autônomos em relação a cada conduta praticada.
b) A falsidade ideológica é configurada pelo dolo genérico de se omitir, em documento público ou particular, declaração que dele devia constar, ou nele inserir ou fazer inserir declaração falsa ou

diversa da que devia ser escrita, mesmo que não enseje proveito ilícito ou prejuízo a terceiros.

c) A estabilidade e a permanência nas relações entre os agentes reunidos em conjugação de esforços para a prática reiterada de crimes são essenciais para que se configure a associação criminosa, diferenciando-se essa do simples concurso eventual de pessoas para realizaram uma ação criminosa.

d) A associação criminosa, denominação atual do antigo crime de quadrilha ou bando, por ser crime material, só se realiza quando mais de três pessoas se reúnem, em caráter estável e permanente, para o cometimento de crimes, consumando-se com a prática efetiva de um delito.

e) A conduta de se colocar em circulação uma única cédula falsa, no valor de cinquenta reais, não pode ser reputada como algo que efetivamente perturba o convívio social, sendo admissível enquadrá-la como materialmente atípica pela incidência do princípio da insignificância.

COMENTÁRIOS:

Gabarito: c. A associação não pode ser momentânea, sendo mister a estabilidade e a permanência, configuradas pela intenção de praticar crimes.

Alternativa a. O agente responde apenas pelo crime de falsificação de documento, sendo o uso fato posterior impunível.

Alternativa b. A falsidade ideológica (art. 299) exige dolo específico, consistente no fim de prejudicar direito, criar obrigação ou alterar a verdade sobre fato juridicamente relevante.

Alternativa d. No crime de quadrilha ou bando (redação anterior do art. 288) eram elementos do tipo: "Associarem-se mais de três pessoas, em quadrilha ou bando, para o fim de cometer crimes". Ou seja, exigia-se pelo menos **quatro** pessoas. A nova redação do tipo exige apenas **três**.

Alternativa e. "O crime de moeda falsa (CP, art. 289, *caput*, e § 1º do Código Penal) **é formal e de perigo abstrato**, tendo em vista que a mera execução da conduta típica presume absolutamente o perigo ao bem jurídico tutelado, sendo prescindível a obtenção de vantagem ou prejuízo a terceiros para a consumação. Ainda, trata-se de **crime pluridimensional**, pois, além de proteger preponderantemente a fé pública, de forma mediata, assegura o patrimônio particular e a celeridade das relações empresariais e civis. Por conseguinte, a quantidade de notas falsificadas e o valor do negócio jurídico celebrado são fatores coadjuvantes da tutela penal do tipo, não havendo falar, pois, em ausência de periculosidade social da ação, diante da pluriofensividade do crime" (STJ, 5ª T., HC 210764, j. 21/06/2016). Desse modo, em regra, a jurisprudência **não admite a incidência do princípio da insignificância.**

12. (VUNESP – 2015 – MP-SP – Analista de Promotoria) Em relação aos crimes praticados contra a fé pública, assinale a alternativa correta.

a) O crime de falso atestado médico, previsto no artigo 302 do CP, admite tanto a forma dolosa quanto a forma culposa.

b) O crime de falso reconhecimento de firma ou letra (art. 300, CP), por ser crime próprio, não admite coautoria ou participação.

c) A falsidade material consistente na omissão de declaração que deveria constar no documento público ou particular ou na inserção (direta ou indireta) de declaração falsa ou diversa da que deveria ser nele escrita.

d) Os delitos de falso se consumam independentemente do resultado (prejuízo).

e) Os testamentos particulares inserem-se no conceito de documento particular para fins de falsificação (art. 298, CP).

COMENTÁRIOS

Gabarito: d. Os crimes de falso são formais, ou seja, se consumam no momento em que o agente falsifica ou altera o documento, independentemente de utilização ou de qualquer outro resultado lesivo.

Alternativa a: errada. Não há previsão de forma culposa do crime de falsidade de atestado médico (art. 302 do Código Penal).

Alternativa b: errada. O crime do art. 300 do Código Penal é efetivamente próprio, pois somente pode ser praticado por quem está no exercício de função pública. No entanto, são possíveis a coautoria e a participação, inclusive de particular, na forma do art. 30 do Código Penal.

Alternativa c: errada. A falsidade material não diz respeito a vícios no conteúdo do documento, mas sim na sua forma.

Alternativa e: errada. Os testamentos particulares são documentos públicos por equiparação (CP, art. 297, § 2º).

13. (FUNIVERSA – 2015 – UEG – Analista) Acerca dos crimes contra a fé pública, assinale a alternativa correta.

a) Conforme o STJ, a utilização de papel-moeda grosseiramente falsificado configura o crime de moeda falsa, previsto no art. 289 do Código Penal.

b) Embora falsificar moeda seja crime, a conduta consistente em formar cédula representativa de moeda com fragmentos de cédulas verdadeiras configura fato formalmente atípico no ordenamento jurídico brasileiro. Afinal, não havendo previsão expressa no Código Penal, o princípio da legalidade obsta analogia em prejuízo do réu.

c) A mera cogitação de crime, por tratar-se de ato meramente preparatório e não executório, é fato anterior impunível. Logo, a mera guarda de petrechos para falsificação de moeda é formalmente atípica.

d) Conforme entendimento pacífico no STF, aplica-se o princípio da insignificância aos crimes contra a fé pública, de modo que a falsificação de nota de R$ 50, a depender das circunstâncias da vítima e do agente criminoso, configura fato materialmente atípico.

e) Pratica fato formalmente típico aquele que, tendo recebido de boa-fé, como verdadeira, moeda falsa ou alterada, a restitui à circulação depois de conhecer a falsidade.

COMENTÁRIOS

Gabarito: e. O fundamento está no art. 289, § 2º, do CP: "Quem, tendo recebido de boa-fé, como verdadeira, moeda falsa ou alterada, a restitui à circulação, depois de conhecer a falsidade, é punido com detenção, de seis meses a dois anos, e multa".

Alternativa a: errada. O fundamento está na Súmula 73 do STJ: "A utilização de papel moeda grosseiramente falsificado configura, em tese, o crime de estelionato, da competência da Justiça Estadual".

Alternativa b: errada. Trata-se do delito previsto no art. 290 do Código Penal (crimes assimilados ao de moeda falsa): "Formar cédula, nota ou bilhete representativo de moeda com fragmentos de cédulas, notas ou bilhetes verdadeiros; suprimir, em nota, cédula ou bilhete recolhidos, para o fim de restituí-los à circulação, sinal indicativo de sua inutilização; restituir à circulação cédula, nota ou bilhete em tais condições, ou já recolhidos para o fim de inutilização".

Alternativa c: errada. Os atos preparatórios são realmente impuníveis no Brasil. No entanto, algumas condutas, que são consideradas como "atos preparatórios de certos delitos, são previstas como crimes em outros tipos penais. É o que ocorre com o delito previsto no art. 291 do Código Penal: "Fabricar, adquirir, fornecer, a título oneroso ou gratuito, possuir ou guardar maquinismo, aparelho, instrumento ou qualquer objeto especialmente destinado à falsificação de moeda".

Alternativa d: errada. De acordo com a jurisprudência do STF e do STJ, não se aplica o princípio da insignificância ao crime de moeda falsa. A propósito:

- ***STF:*** "(...)2. Ambas as Turmas do Supremo Tribunal Federal já consolidaram o entendimento de que é 'inaplicável o princípio da insignificância aos crimes de moeda falsa, em que objeto de tutela da norma a fé pública e a credibilidade do sistema financeiro, não sendo determinante para a tipicidade o valor posto em circulação' (HC 105.638, Rel. Min. Rosa Weber). Precedentes" (1ª T., HC 108193, j. 19/08/2014).
- ***STJ:*** "Conforme reiterada jurisprudência desta Corte Superior, o princípio da insignificância é inaplicável ao delito de moeda falsa uma vez que o bem jurídico tutelado é a fé pública, sendo, independentemente do valor falsificado ou da quantidade de moeda expedida, malferida a credibilidade da moeda e a segurança da sua tramitação. Não há, portanto, falar em mínima ofensividade da conduta" (5ª T., AgRg no REsp 1459167, j. 16/02/2016).

14. (CESPE – 2015 – TCU – Auditor Federal) Situação hipotética: Com o intuito de viajar para o exterior, Pedro, que não possui passaporte, usou como seu o documento de Paulo, seu irmão – com quem se parece muito –, tendo-o apresentado, sem adulterações, para os agentes da companhia aérea e da Polícia Federal no aeroporto. Pedro e Paulo têm mais de dezoito anos de idade. **Assertiva**: Nessa situação, de acordo com o Código Penal, Pedro cometeu o crime de falsidade ideológica.

COMENTÁRIOS

Gabarito: errada. Pedro praticou o crime previsto no art. 308 do Código Penal: "Usar, como próprio, passaporte, título de eleitor, caderneta de reservista ou qualquer documento de identidade alheia ou ceder a outrem, para que dele se utilize, documento dessa natureza, próprio ou de terceiro".

15. (FCC – 2015 – TCM-RJ – Procurador da Procuradoria Especial) A respeito do art. 286 do Código Penal: incitar, publicamente, a prática de crime, considere:

I. O incitamento genérico para delinquir não caracteriza o crime em questão.

II. É indispensável que o agente faça referência ao meio para executar o delito.

III. A defesa de tese sobre a possibilidade da prática da eutanásia configura o crime em questão.

IV. O crime se consuma com a prática do delito pelas pessoas que foram instigadas.

Está correto o que se afirma APENAS em:

a) III e IV.

b) I e III.

c) II e IV.

d) I.

e) II.

COMENTÁRIOS

Gabarito: d.

Assertiva I: correta. A incitação deve ser de crime determinado. Se o fato for genérico ou indeterminado, não configura o delito previsto no art. 286 do CP.

Assertiva II: errada. Não há necessidade que o agente faça referência ao meio para executar o delito. Ademais, o crime do art. 286 do Código Penal é de forma livre, podendo ser praticado por qualquer meio de execução (palavras, manifestos escritos, gestos etc.).

Assertiva III: errada. Para a configuração do crime de incitação (art. 286 do CP) exige-se uma atuação inequívoca do sujeito ativo no sentido de influenciar terceiros ao cometimento do delito. Assim, a defesa de tese sobre a possibilidade da prática da eutanásia, por ausência de dolo, não configura o crime em questão.

Assertiva IV: errada. O crime do art. 286 do CP estará consumado no momento em que a incitação praticada pelo agente for percebida por um número indeterminado de pessoas. Como o delito é formal, é irrelevante que o crime incitado venha a ser praticado.

16. (CESPE – 2015 – DPU – Defensor Público Federal de Segunda Categoria) Praticará o crime de falsidade ideológica aquele que, quando do preenchimento de cadastro público, nele inserir declaração diversa da que deveria, ainda que não tenha o fim de prejudicar direito, criar obrigação ou alterar a verdade sobre fato juridicamente relevante.

COMENTÁRIOS

Gabarito: errada. O crime de falsidade intelectual ou ideológica (art. 299 do CP) exige o elemento subjetivo especial ou dolo específico, consistente na expressão "com o fim de prejudicar direito, criar obrigação ou alterar a verdade sobre fato juridicamente relevante".

17. (FUNDEP – 2015 – TCE-MG – Auditor) Sobre os crimes contra a fé pública, assinale a alternativa INCORRETA.

a) Segundo o entendimento do Superior Tribunal de Justiça, a utilização de papel-moeda grosseiramente falsificado não configura o crime de introdução na circulação de moeda falsa (artigo 289, § 1º, do Código Penal), podendo configurar, em tese, o crime de estelionato (artigo 171 do Código Penal).

b) O testamento particular é equiparado a documento público para fins de tipificação do crime de falsificação de documento público, previsto no artigo 297 do Código Penal.

c) A pena do crime de falsidade ideológica é aumentada da sexta parte se a falsificação ou alteração for de assentamento de registro civil.

d) Usar, como próprio, documento de identidade alheio constitui crime de uso de documento falso, previsto no artigo 304 do Código Penal.

e) Quem divulga, indevidamente, com o fim de comprometer a credibilidade do certame, conteúdo sigiloso de concurso público pratica o crime previsto no artigo 311-A, inciso I, do Código Penal, e está sujeito à pena de reclusão de 1 (um) a 4 (quatro) anos e multa.

COMENTÁRIOS

Gabarito: d. Trata-se do crime previsto no art. 308 do Código Penal: "Usar, como próprio, passaporte, título de eleitor, caderneta de reservista ou qualquer documento de identidade alheia ou ceder a outrem, para que dele se utilize, documento dessa natureza, próprio ou de terceiro".

As alternativas 'a', 'b', 'c' e 'e' estão corretas.

Alternativa a: o fundamento está na Súmula 73 do STJ: "A utilização de papel moeda grosseiramente falsificado configura, em tese, o crime de estelionato, da competência da Justiça Estadual".

Alternativa b: o fundamento está no art. 297, § 2º, do CP: "Para os efeitos penais, equiparam-se a documento público o emanado de entidade paraestatal, o título ao portador ou transmissível por endosso, as ações de sociedade comercial, os livros mercantis e o testamento particular".

Alternativa c: o fundamento está no art. 299, par. único, do CP: "Se o agente é funcionário público, e comete o crime prevalecendo-se do cargo, ou se a falsificação ou alteração é de assentamento de registro civil, aumenta-se a pena de sexta parte".

Alternativa e: o fundamento está no art. 311-A do CP: "Utilizar ou divulgar, indevidamente, com o fim de beneficiar a si ou a outrem, ou de comprometer a credibilidade do certame, conteúdo sigiloso de: I – concurso público; II – avaliação ou exame públicos; III – processo seletivo para ingresso no ensino superior; ou IV – exame ou processo seletivo previstos em lei: Pena – reclusão, de 1 (um) a 4 (quatro) anos, e multa".

18. (FCC – 2015 – TRE-RR – Analista Judiciário) Murilo, funcionário público, escrevente judiciário de um determinado Tribunal de Justiça brasileiro, no exercício regular de suas atividades junto ao Cartório de uma vara criminal, elabora um alvará de soltura falso em nome de Moisés, réu preso por ordem da Justiça por crime de homicídio, inclusive com falsificação da assinatura do Magistrado competente, encaminhando-o ao Centro de Detenção Provisória onde o réu Moisés encontra-se recolhido. Moisés não é colocado em liberdade, pois havia outro mandado de prisão expedido em seu desfavor em decorrência de outro delito por ele cometido. Neste caso, Murilo cometeu crime de:

a) falsificação de documento público tentado, uma vez que Moisés não foi colocado em liberdade, não produzindo o resultado final pretendido pelo agente, sem qualquer majoração da pena privativa de liberdade pelo fato de ser funcionário público.
b) falsidade ideológica consumada, com a pena aumentada da terça parte pelo fato de ser funcionário público e ter cometido o crime prevalecendo-se do cargo.
c) falsidade ideológica tentada, sem qualquer majoração da pena privativa de liberdade por ser funcionário público.
d) falsificação de documento público tentado, uma vez que Moisés não foi colocado em liberdade, não produzindo o resultado final pretendido pelo agente, com a pena majorada da sexta parte em razão de ser funcionário público e ter cometido o crime prevalecendo-se do cargo.
e) falsificação de documento público consumado e terá sua pena aumentada da sexta parte por ser funcionário público e ter cometido o crime prevalecendo-se do cargo.

COMENTÁRIOS

Gabarito: e. O fundamento está no art. 297, *caput* e § 1º, do Código Penal: "Falsificar, no todo ou em parte, documento público, ou alterar documento público verdadeiro: Pena – reclusão, de dois a seis anos, e multa. § 1º – Se o agente é funcionário público, e comete o crime prevalecendo-se do cargo, aumenta-se a pena de sexta parte".

Alternativa a: errada. O crime é formal, consumando-se no momento em que o agente falsifica ou altera o documento público, independentemente de qualquer outro resultado.

Alternativa b: errada. Não se trata de falsidade ideológica (na qual o vício se relaciona com o conteúdo do documento), mas de falsidade material (na qual o vício se relaciona com a forma do documento).

Alternativa c: errada. Não se trata, como dito acima, de falsidade ideológica ou intelectual.

Alternativa d: errada. Conforme referido acima, o delito é formal, consumando-se com a mera falsificação ou alteração, total ou parcial, do documento público.

19. (VUNESP – 2014 – TJ-PA – Auxiliar Judiciário) Aquele que confecciona um cartão de crédito falso comete o crime de ___________, na modalidade equiparada. Assinale a alternativa que preenche corretamente a lacuna do texto.

a) Moeda Falsa
b) Uso de Documento Falso
c) Falsidade Ideológica
d) Falsificação de Documento Particular
e) Falsificação de Documento Público

COMENTÁRIOS

Gabarito: d. A Lei nº 12.737/12 acrescentou um parágrafo único ao art. 298 do Código Penal, nos seguintes termos: "Falsificação de cartão. Parágrafo único. Para fins do disposto no *caput*, equipara-se a documento particular o cartão de crédito ou débito". Portanto, hoje não há mais dúvida: falsificar cartão de crédito ou débito configura o crime de falsificação de documento particular. As demais alternativas restam prejudicadas.

20. (FCC – 2014 – TRF4 – Analista Judiciário) A respeito do crime de moeda falsa, tal como tipificado no Código Penal (art. 289),

a) há duas hipóteses de condutas culposas, uma delas de menor potencial ofensivo.
b) há uma hipótese de conduta culposa de menor potencial ofensivo.
c) há uma hipótese de conduta dolosa de menor potencial ofensivo.
d) há uma hipótese de conduta culposa, mas nenhuma de menor potencial ofensivo.
e) todas as hipóteses são de condutas dolosas, mas nenhuma de menor potencial ofensivo.

COMENTÁRIOS

Gabarito: c. Realmente só há uma hipótese de crime doloso de menor potencial ofensivo no art. 289 do CP: " § 2º – Quem, tendo recebido de boa-fé, como verdadeira, moeda falsa ou alterada, a restitui à circulação, depois de conhecer a falsidade, é punido com detenção, de seis meses a dois anos, e multa". Lembre-se que a definição de infração penal de menor potencial ofensivo está no art. 61 da Lei nº 9.099/95.

Alternativa a: Errada, pois não há previsão de modalidade culposa no crime de moeda falsa.

Alternativa b: Errada, porque não há previsão de modalidade culposa no crime do art. 289 do CP.

Alternativa d: Errada, já que, como dito, o art. 289 do CP não prevê forma culposa.

Alternativa e: Errada, uma vez que, não obstante preveja somente crimes dolosos, o art. 289 do CP dispõe sobre uma modalidade de infração de menor potencial ofensivo (§ 2º).

21. (UESPI – 2014 – PC-PI – Delegado de Polícia) No que se refere aos crimes contra a fé pública, assinale a alternativa INCORRETA.

a) Para caracterização do crime de uso de documento falso, é necessário que o documento falso seja efetivamente utilizado em sua destinação específica.
b) A falsidade é material quando o vício incide sobre o aspecto físico do documento, a sua forma.
c) O crime de moeda falsa não prevê qualquer modalidade culposa.
d) No crime de falsificação de documento público, se o agente é funcionário público e se prevalece do cargo para cometê-lo, sua pena será aumentada em um sexto.
e) A denominada "cola eletrônica" consistente na utilização de conteúdo sigiloso em certames de interesse público não pode ser considerada crime.

COMENTÁRIOS

Gabarito: e. O crime de "cola eletrônica" está hoje tipificado no art. 311-A do Código Penal, dispositivo que foi acrescentado pela Lei nº 12.550/11. Trata-se de lex gravior e, por isso, não pode retroagir.

Alternativa a: Correta, pois "A conduta punível no delito de uso de documento falso é utilizar, de maneira consciente, documento em que haja falsidade material ou ideológica, como se fosse autêntico, sendo imprescindível que o papel seja utilizado em sua destinação específica, ou seja, deve se dar ao documento o emprego para o qual foi falsificado" (STJ, 6ª T., HC 60964, j. 10/04/2007).

Alternativa b: Correta, já que a falsidade material realmente diz respeito à forma do documento; já a falsidade ideológica ou intelectual diz respeito ao conteúdo do documento.

Alternativa c: Correta, pois o crime do art. 289 do CP (moeda falsa) realmente não prevê modalidade culposa.

Alternativa d: Correta, conforme disposto no art. 297, § 1º, do CP: " § 1º. Se o agente é funcionário público, e comete o crime prevalecendo-se do cargo, aumenta-se a pena de sexta parte".

22. (UESPI – 2014 – PC-PI – Delegado de Polícia) No que se refere aos crimes contra a paz pública, assinale a alternativa INCORRETA:

a) O art.288-A do Código Penal brasileiro constitui um tipo penal aberto, posto que o legislador deixara de definir o que se pode entender por "organização paramilitar", "milícia particular", "grupo" e "esquadrão".

b) Para configuração do crime de associação criminosa não se exige a realização do fim visado, mas tão somente o simples fato de figurar como integrante da associação.

c) Como a nova redação do tipo penal previsto no art. 288 do Código Penal brasileiro exige a associação de apenas três pessoas, esta se caracteriza como norma mais severa e, assim, irretroativa neste aspecto.

d) O crime de constituição de milícia privada caracteriza-se como delito plurissubjetivo ou de concurso necessário.

e) O crime de constituição de milícia privada não exige, para sua configuração, um elemento subjetivo especial, podendo a prática recair sobre qualquer crime previsto no ordenamento jurídico brasileiro.

COMENTÁRIOS

Gabarito: e. O crime de constituição de milícia privada, disposto no art. 288-A do CP, exige expressamente o seguinte elemento subjetivo especial (ou dolo específico): "com a finalidade de praticar qualquer dos crimes previstos neste Código".

Alternativa a: Correta, pois o art. 288-A é realmente um tipo penal aberto, já que não define vários elementos típicos, como, por exemplo, "grupo". Assim, pergunta-se: quantos agentes são necessários para a caracterização de "grupo"? Dois, três, quatro...? Defendemos o número de três, em interpretação sistemática com o art. 288 do CP (associação criminosa).

Alternativa b: Correta, já que o crime de associação criminosa é formal e de perigo abstrato: a consumação ocorre com a simples associação de três pessoas com a finalidade de cometer crimes, sendo desnecessário que estes efetivamente ocorram.

Alternativa c: Correta. Se antes o Ministério Público, para o oferecimento da denúncia, tinha que apontar ao menos 4 agentes, e hoje, com o advento da Lei nº 12.850/13, precisa apontar ao menos 3 agentes, trata-se de lei nova mais severa e, por isso, não pode retroagir.

Alternativa d: Correta. O tipo fala em constituir, organizar, integrar, manter ou custear "organização paramilitar", "milícia particular", "grupo" ou "esquadrão", exigindo, portanto, uma pluralidade de agentes para a caracterização típica. Como não há o número mínimos de autores previsto em lei, defendemos, como dito acima, pelo menos três, em interpretação sistemática com o art. 288 do CP.

23. (CESPE – 2013 – MPU – Analista) A inserção, em assentamento de registro civil, de declaração falsa com vistas à alteração da verdade sobre fato juridicamente relevante configura crime de falsidade ideológica, com aumento de pena em razão da natureza do documento.

COMENTÁRIOS

Gabarito: correta. O crime de falsidade ideológica está previsto no art. 299 do Código Penal. De acordo com o seu respectivo parágrafo único, "Se o agente é funcionário público, e comete o crime prevalecendo-se do cargo, ou se a falsificação ou alteração é de assentamento de registro civil, aumenta-se a pena de sexta parte".

24. (FMP – 2013 – MP-AC – Analista) De acordo com o Superior Tribunal de Justiça, assinale a afirmativa correta.

a) A utilização de papel moeda falsificado configura crime de moeda falsa, em qualquer hipótese.

b) As ações penais em curso podem ser utilizadas como antecedentes criminais para agravar a pena-base.

c) Quando o falso se exaure no estelionato, sem mais potencialidade lesiva, é pelo estelionato absorvido.

d) É admissível a extinção da punibilidade pela prescrição da pretensão punitiva com fundamento em pena hipotética.

e) O crime de extorsão consuma-se no momento da obtenção da vantagem indevida.

COMENTÁRIOS

Gabarito: c. O fundamento está na ***Súmula 17 do STJ***: "Quando o falso se exaure no estelionato, sem mais potencialidade lesiva, é por este absorvido".

Alternativa a: Errada. Conforme dispõe a ***Súmula 73 do STJ***, "A utilização de papel moeda grosseiramente falsificado configura, em tese, o crime de estelionato, da competência da Justiça Estadual".

Alternativa b: Errada. Conforme dispõe a ***Súmula 444 do STJ***, "É vedada a utilização de inquéritos policiais e ações penais em curso para agravar a pena-base".

Alternativa d: Errada. Conforme dispõe a ***Súmula 439 do STJ***, "É inadmissível a extinção da punibilidade pela prescrição da pretensão punitiva com fundamento em pena hipotética, independentemente da existência ou sorte do processo penal".

Alternativa e: Errada. Conforme dispõe a ***Súmula 96 do STJ***, "O crime de extorsão consuma-se independentemente da obtenção da vantagem indevida".

25. (VUNESP – 2012 – TJ-SP – Escrevente Técnico Judiciário) O crime de falsificação de documento público, do art. 297 do CP,

I. configura-se apenas se a falsificação é total, ou seja, a mera alteração de documento público verdadeiro não constitui crime;

II. também se configura se o documento trata-se de testamento particular;

III. também se configura se o documento trata-se de livro mercantil.

É correto, apenas, o que se afirma em:

a) III.

b) II e III.

c) II.

d) I e II.

e) I.

COMENTÁRIOS

Gabarito: b.

Item I: incorreto. De acordo com o art. 297 do CP, é crime "Falsificar, no todo ou em parte, documento público, ou alterar documento público verdadeiro".

Itens II e III: corretos. O fundamento está no § 2º do art. 297, que trata dos documentos públicos por equiparação: "Para os efeitos penais, equiparam-se a documento público o emanado de entidade paraestatal, o título ao portador ou transmissível por endosso, as ações de sociedade comercial, os livros mercantis e o testamento particular".

26. (FCC – 2011 – TRF1 – Analista Judiciário) Aquele que falsifica a assinatura de avalista numa nota promissória, da qual é credor, responderá pelo crime de:

a) falsa identidade.

b) falsidade ideológica.

c) falsificação de documento particular.

d) falsificação de documento público.

e) uso de documento falso.

COMENTÁRIOS

Gabarito: d. Trata-se de falsificação de documento público. De acordo com o art. 297, § 2º, do CP, "Para os efeitos penais, equiparam-se a documento público o emanado de entidade paraestatal, o título ao portador ou transmissível por endosso, as ações de sociedade comercial, os livros mercantis e o testamento particular". Pois a nota promissória é um "título ao portador ou transmissível por endosso".

Alternativa a: Errada, pois existe crime de falsa identidade (art. 307 do CP) somente quando o agente se atribui ou atribui a terceiro falsa identidade para obter vantagem, em proveito próprio ou alheio, ou para causar dano a outrem.

Alternativa b: Errada, já que na falsidade ideológica (art. 299 do CP) existe alteração de conteúdo do documento, o que não ocorreu no caso narrada na questão (houve, na verdade, alteração formal do documento).

Alternativa c: Errada, porque a nota promissória não é documento particular.

Alternativa e: Errada, pois a questão refere que o agente falsificou o documento, e não que fez uso dele (art. 304 do CP).

2. QUESTÕES DE CONCURSOS

01. (CESPE / CEBRASPE – 2020 – SEFAZ-AL – Auditor Fiscal da Receita Estadual) Caracteriza crime contra a fé pública a venda, no exercício de atividade comercial, de mercadoria em que tenha sido aplicado selo falsificado que se destina a controle tributário.

02. (FUNDATEC – 2020 – Advogado) Sobre os crimes contra a fé pública, previstos no Código Penal (Decreto-Lei nº 2.848/1940), assinale a alternativa correta.

a) Aquele que fabricar, adquirir, fornecer, a título oneroso ou gratuito, possuir ou guardar maquinismo, aparelho, instrumento ou qualquer objeto especialmente destinado à falsificação de moeda responde pelo delito de moeda falsa.

b) O agente público que falsifica, no todo ou em parte, documento emanado de entidade paraestatal, incorre no delito de falsificação de documento público, aumentando-se a pena de sexta parte.

c) O cartão de crédito é equiparado a documento público para fins do delito de falsificação de documento público.

d) Omitir, em documento particular, declaração que dele devia constar, com o fim de prejudicar direito de terceiro, enquadra-se como delito de falsificação de documento particular.

e) Aquele que usa, como próprio, documento alheio ou se atribui falsa identidade comete delitos apenados com detenção e multa, ainda que se constituam elementos de crime mais grave.

03. (Quadrix – 2020 – CRO-DF – Fiscal) Curandeirismo é o ato de exercer, ainda que a título gratuito, a profissão de médico, dentista ou farmacêutico sem autorização legal ou excedendo-lhe os limites.

04. (CESPE / CEBRASPE – 2020 – TJ-PA – Oficial de Justiça) A conduta de quem faz declaração falsa de estado de pobreza para fins de obtenção dos benefícios da justiça gratuita em ação judicial é considerada:

a) atípica.

b) crime de falsa identidade.

c) crime de falsidade ideológica.

d) crime de falsificação de documento público.

e) crime de falsificação de documento particular.

05. (Quadrix – 2020 – CRO-DF – Fiscal) O crime de infração de medida sanitária preventiva ocorre quando alguém infringe determinação do Poder Público destinada a impedir introdução ou propagação de doença contagiosa.

06. (MPT – 2020 – MPT – Procurador do Trabalho) Assinale a alternativa INCORRETA:

a) O artigo 149 do Código Penal tipifica, na seção dos crimes contra a liberdade pessoal, a conduta de reduzir alguém à condição análoga à de escravo, incluindo o exercício do trabalho forçado, em condições degradantes, em jornada exaustiva ou com restrição, por qualquer meio, da locomoção, em razão de dívida contraída com o empregador ou preposto.

b) A pena relativa ao crime de redução a condição análoga à de escravo é aumentada se o crime é cometido contra criança ou adolescente.

c) O crime de falso testemunho ou falsa perícia é crime próprio cometido por testemunha, intérprete, contador ou perito em processo judicial, administrativo, inquérito policial ou juízo arbitral.

d) Comete falsificação de documento particular, previsto no artigo 298 do Código Penal, aquele que insere ou faz inserir declaração falsa ou diversa da que deveria ter sido escrita na CTPS do empregado ou em documento que deva produzir efeito perante a Previdência Social.

07. (FCC – 2019 – TRF4 – Analista Judiciário) Ronaldo, dono de um minimercado situado na cidade de Florianópolis, recebeu em seu estabelecimento, de boa-fé e como verdadeira, uma nota de R$ 100,00 de um cliente para pagamento de uma compra. No dia seguinte, Ronaldo tomou conhecimento de que a nota recebida é falsa, mas, mesmo assim, ele a restituiu à circulação. Neste caso, Ronaldo:

a) não cometeu qualquer infração penal.

b) cometeu crime de moeda falsa e está sujeito à pena de detenção, de 6 meses a 2 anos, e multa.

c) cometeu crime de moeda falsa e está sujeito à pena de reclusão, de 3 a 12 anos, e multa, sem qualquer benefício.

d) cometeu crime de moeda falsa e está sujeito à pena de reclusão, de 3 a 12 anos, e multa, que será reduzida de 1/6 a 1/3 em razão da boa-fé quando do recebimento da cédula.

e) cometeu crime de moeda falsa e está sujeito à pena de reclusão, de 3 a 12 anos, e multa, mas o Magistrado poderá lhe conceder o perdão judicial.

08. (VUNESP – 2019 – TJ-SP – Administrador Judiciário) Tirso de Arruda é servidor público e nas horas de folga auxilia seu irmão, Tássio, em uma pequena gráfica, sem qualquer remuneração. Aproveitando-se dos materiais ali existentes, imprimiu dez passes de transporte público municipal, para usar nos deslocamentos de casa para o trabalho e vice-versa. Ao agir dessa forma, Tirso cometeu o crime:

a) de falsificação de selo ou sinal público.

b) de falsificação de papéis públicos.

c) de emissão de título ao portador sem permissão legal.

d) de falsificação de documento público.

e) assimilado ao de moeda falsa.

09. (FGV – 2019 – Prefeitura de Salvador-BA – Agente de Fiscalização Municipal) Com relação ao crime de desabamento, analise as afirmativas a seguir e assinale V para a verdadeira e F para a falsa.

( ) O crime de desabamento é classificado pela doutrina como de dano, exigindo que cause efetivo dano à vida, integridade física ou patrimônio de outrem.

( ) O crime de desabamento pode ser punido na modalidade dolosa ou na culposa.

( ) Ao crime de desabamento culposo, com resultado morte, se aplica a pena do homicídio culposo aumentada de 1/3.

As afirmativas são, na ordem apresentada, respectivamente:

a) F – V – F.
b) V – F – F.
c) F – V – V.
d) V – V – V.
e) V – V – F.

10. (FGV – 2019 – Prefeitura de Salvador-BA – Agente de Fiscalização Municipal) Após ingerir intencionalmente bebida alcoólica, Jorge arremessa, contra um ônibus destinado ao transporte coletivo de passageiros, que estava estacionado e parado dentro do terminal, uma garrafa de vidro vazia. O objeto atinge o vidro do coletivo, mas não chega a quebrar o vidro ou causar lesão nos três passageiros que estavam em seu interior, aguardando o horário de saída do veículo. Ocorre que agentes públicos presenciaram os fatos e encaminharam Jorge para Delegacia. Considerando apenas as informações narradas, é correto afirmar que a conduta de Jorge:

a) não configura crime de "arremesso de projétil", tendo em vista que o veículo não estava em movimento.
b) não configura crime de "arremesso de projétil", uma vez que havia três passageiros no interior do coletivo, o que é insuficiente para configuração da elementar "transporte público".
c) configura crime de "arremesso de projétil", sendo aplicável causa de aumento de pena pelo fato de haver pessoas no interior do coletivo.
d) Não configura crime de "arremesso de projétil", tendo em vista que a garrafa de cerveja não pode ser considerada "projétil".
e) configura crime de "arremesso de projétil", que é punível tanto diante da conduta culposa como dolosa do agente.

11. (VUNESP – 2018 – PC-SP – Papiloscopista Policial) Sobre o crime de Moeda Falsa, previsto no Código Penal, é correto afirmar que: A) a lei não admite a punição da conduta praticada por funcionário público. B) o tipo comporta a conduta de fabricar ou alterar, mediante falsificação, a moeda metálica ou papel-moeda, de curso legal no país ou no estrangeiro. C) a lei admite a punição da conduta, na forma culposa. D) a conduta típica consiste em reconhecer, como verdadeira, no exercício de função pública, moeda metálica ou papel-moeda de curso legal no estrangeiro. E) consiste fato atípico a conduta de quem desvia e faz circular moeda cuja circulação não estava ainda autorizada.

12. (CESPE – 2018 – MPU – Analista do MPU) Considerando o entendimento firmado pelos tribunais superiores e a doutrina majoritária: Nos crimes de falsidade documental, considera-se documento particular todo aquele não compreendido como público, ou a este equiparado, e que, em razão de sua natureza ou relevância, seja objeto da tutela penal – como cartão de crédito, por exemplo.

13. (CESPE – 2017 – TRE-BA – Analista Judiciário) A pedido de Ronaldo, um amigo portador de doença congênita cardiovascular, a médica Joana emitiu atestado médico afirmando que ele estava apto a praticar, sem prejuízos para sua saúde, esportes como a corrida. Ronaldo, então, utilizou o atestado como instrumento de prova para um concurso público para a polícia civil. Uma semana depois de assumir o cargo, Ronaldo passou mal, e o atestado foi colocado à prova, tendo passado a ser objeto de investigação criminal. O perito escalado para contestar ou reafirmar o atestado concedido pela médica protegeu a colega de profissão e atestou que o problema cardíaco de Ronaldo, embora congênito, pode ser de difícil diagnóstico, o que justificaria suposta falha de Joana. Ronaldo, entretanto, em sede de inquérito, confessou que havia pedido o atestado à médica. O perito voltou atrás e retratou-se, tendo afirmado que seria impossível a médica não ter verificado a doença. A respeito das condutas de Ronaldo, de Joana e do perito, assinale a opção correta.

a) Ronaldo não cometeu crime, configurando arrependimento eficaz o fato de ele ter confessado em sede de inquérito.
b) A conduta de Joana configura crime contra a administração pública.
c) O perito não cometeu crime, cabendo-lhe apenas punição administrativa.
d) Joana cometeu crime de certidão ou atestado ideologicamente falso.
e) A conduta de Joana configura crime de falsidade de atestado médico.

14. (CESPE – 2017 – TRE-PE – Analista Judiciário) Caracteriza crime de falsidade ideológica a conduta consistente em:

a) omitir que está empregado ao preencher cadastro público para obtenção de benefício social.

a) trocar a foto do documento de identificação por outra, própria, mais recente.

c) fingir que é outra pessoa para obter algum benefício, como o ingresso em evento privado.

d) utilizar o título de eleitor do irmão que se encontre em viagem para votar em seu lugar.

e) alterar por conta própria o nome que consta na carteira nacional de habilitação.

15. (VUNESP – 2017 – TJ-SP – Escrevente Técnico Judiciário) O crime denominado "petrechos de falsificação" (CP, art. 294) tem a pena aumentada, de acordo com o art. 295 do CP, se:

a) praticado com intuito de lucro.

b) cometido em detrimento de órgão público ou da administração indireta.

c) a vítima for menor de idade, idosa ou incapaz.

d) causar expressivo prejuízo à fé pública.

e) o agente for funcionário público e cometer o crime prevalecendo-se do cargo.

16. (IBADE – 2017 – PC-AC – Delegado de Polícia) Acerca dos crimes contra a incolumidade pública, é correto afirmar que:

a) o crime de incêndio não admite a modalidade culposa.

b) caso ocorra, no crime de perigo de desastre ferroviário, resultado morte indesejado pelo agente, existirá concurso de crimes com o delito de homicídio culposo.

c) há arremesso de projétil quando alguém realiza disparos de arma de fogo contra um ônibus em andamento.

d) o exercício ilegal da medicina, arte dentária ou farmacêutica é doutrinariamente classificado como crime habitual e de perigo abstrato.

e) o delito de desabamento ou desmoronamento é majorado quando praticado com a intenção de obter vantagem pecuniária.

17. (TRF2 – 2017 – Juiz Federal) João falsificou cédulas de R$100,00, para o fim de utilizá-las na aquisição de computador pertencente a Fritz, alemão que passava férias no Brasil. Após vender o bem, Fritz foi preso em flagrante quando, sem perceber o engodo de que fora vítima, tentou pagar conta de restaurante com uma das cédulas recebidas. A falsificação era grosseira (fato depois atestado por laudo pericial) e foi facilmente detectada. Assinale a opção correta:

a) João deve responder pelo crime de falsificação de moeda (artigo 289 do Código Penal), já que logrou êxito em ludibriar a vítima, ofendendo o bem jurídico tutelado na norma penal;

b) João responde por dois crimes (artigo 289, *caput* e artigo 289, parágrafo 1° do Código Penal), por ter fabricado a moeda falsa e por tê-la introduzido em circulação;

c) Fritz deve responder pelo delito culposo de usar moeda falsa, já que era fácil aferir a falsidade, e João por um crime de moeda falsa, já que a introdução em circulação da moeda, por quem a fabricou, constitui mero exaurimento do delito.

d) João somente responde pelo crime de introduzir moeda falsa em circulação, uma vez que sua conduta era e foi eficiente a tanto.

e) João deve responder pelo delito de estelionato.

18. (UFMT – 2016 – TJ-MT – Distribuidor, Contador e Partidor) A falsificação e o uso de um documento público, pelo mesmo agente, configura o delito de:

a) uso de documento falso.

b) falsificação de documento público e uso de documento falso, em concurso material.

c) falsificação de documento público e uso de documento falso, em concurso formal.

d) falsificação de documento público.

19. (CESPE – 2016 – TRT8 – Analista judiciário) Caracteriza falsificação de documento particular a alteração de:

a) testamento particular.

b) ações de sociedade comercial.

c) título ao portador ou transmissível por endosso.

d) nota fiscal.

e) livros mercantis.

20. (CESPE – 2015 – TRE-GO – Analista Judiciário) Cometerá o delito de falsidade ideológica o médico que emitir atestado declarando, falsamente, que determinado paciente está acometido por enfermidade.

21. (VUNESP – 2015 – TJ-SP – Escrevente Técnico Judiciário) O *caput* do art. 293 do CP tipifica a falsificação de papéis públicos, especial e expressamente no que concerne às seguintes ações:

a) produção e confecção.

b) contrafação e conspurcação.

c) fabricação e alteração.

d) adulteração e corrupção.

e) corrupção e produção.

22. (FGV – 2015 – TCM-SP – Agente) Pablo, enquanto se dirigia para o trabalho, foi parado em uma blitz realizada pela Polícia Militar. O policial pediu ao motorista que se identificasse e apresentasse a documentação do veículo. Pablo, então, apresentou os documentos do automóvel e sua carteira de motorista. Ocorre que, em consulta ao sistema próprio, o agente da lei verificou que o documento de identificação apresentado era falsificado. Considerando apenas as informações narradas, é correto afirmar que a conduta de Pablo:

a) configura crime de uso de documento falso em concurso material com falsificação de documento particular;
b) configura crime de falsa identidade;
c) configura crime de uso de documento falso em concurso material com falsificação de documento público;
d) é atípica, pois a apresentação dos documentos não foi espontânea, somente ocorrendo por solicitação dos policiais;
e) configura crime de uso de documento falso, apenas.

23. (FCC – 2015 – TCM-RJ – Procurador da Procuradoria Especial) Quanto ao crime de uso de documento de identidade alheia como próprio, é INCORRETO afirmar que:

a) a carteira profissional pode ser objeto material do delito.
b) não se exige que o uso tenha por finalidade a obtenção de vantagem.
c) a consumação ocorre com o uso de documento de identidade alheia.
d) não é necessário que o uso tenha por objetivo causar dano a outrem.
e) na forma culposa é necessário que o agente tenha consciência de que o uso é ilícito.

24. (FCC – 2015 – TCM-RJ – Auditor) O médico chefe de hospital público que retarda a expedição de atestado de óbito por animosidade com a família do falecido comete crime de:

a) exercício arbitrário ou abuso de poder.
b) falsa perícia.
c) corrupção passiva privilegiada.
d) prevaricação.
e) falsidade de atestado médico.

25. (FCC – 2015 – TJ-GO – Juiz) Falsificar cartão de crédito ou débito é:

a) conduta atípica.
b) crime de falsificação de documento particular.
c) crime de falsa identidade.
d) crime de falsidade ideológica.
e) crime de falsificação de documento público, por equiparação.

26. (VUNESP – 2015 – PC-CE – Inspetor) Com relação aos crimes contra a fé pública, é correto afirmar:

a) Omitir, em documento público ou particular, declaração que dele devia constar, com o fim de prejudicar direito, criar obrigação ou alterar a verdade sobre fato juridicamente relevante configura crime diverso daquele que insere ou faz inserir declaração falsa ou diversa da que devia ser escrita naqueles documentos e demais condições.
b) Aquele que falsifica, no todo ou em parte, cartão de crédito ou débito pratica o crime de falsificação de documento público.
c) A pena prevista para aquele que destrói documento público é a mesma prevista para aquele que destrói documento particular de que não podia dispor, desde que ambas sejam praticadas em benefício próprio ou de outrem, ou em prejuízo alheio.
d) Aquele que falsifica, no todo ou em parte, testamento particular pratica o crime de falsificação de documento particular.
e) Aquele que apenas cede moedas falsas incorre nas mesmas penas previstas para aquele que as falsifica, fabricando-as ou alterando-as.

27. (VUNESP – 2015 – TJ-SP – Escrevente Técnico Judiciário) O crime de falsidade ideológica (CP, art. 299) tem pena aumentada de sexta parte se:

a) cometido por motivo egoístico.
b) a vítima sofre vultoso prejuízo.
c) o agente aufere lucro.
d) o agente é funcionário público e comete o crime prevalecendo-se do cargo.
e) cometido com o fim de produzir prova em processo penal.

28. (VUNESP – 2014 – TJ-SP – Escrevente Técnico Judiciário) Configura crime de falsidade ideológica:

a) omitir, em documento público ou particular, declaração que dele devia constar.
b) atestar ou certificar falsamente fato ou circunstância que habilite alguém a obter cargo público.
c) falsificar, em nível material, em documento particular, declaração que dele devia constar.
d) inserir ou fazer inserir declaração verdadeira com o fim de prejudicar direito ou criar obrigação.
e) falsificar, no todo ou em parte, documento particular ou alterar documento particular verdadeiro.

29. (IBFC – 2014 – PC-SE – Escrivão) No crime de falsificação de documento público, previsto no título "Dos Crimes contra a Fé Pública" do Código Penal, equipara-se a documento público, exceto:

a) O documento emanado de entidade paraestatal.
b) O título não à ordem ou transmissível por aval
c) As ações de sociedade comercial
d) Os livros mercantis

30. (FEPESE – 2014 – MP-SC – Analista de Contas Públicas) Assinale a alternativa que indica corretamente o crime praticado por quem atestar ou certificar falsamente, em razão de função pública, fato ou circunstância que habilite alguém a obter cargo público, isenção de ônus ou de serviço de caráter público, ou qualquer outra vantagem.

a) Falsificação de documento público
b) Falsificação do selo ou sinal público
c) Falsidade material de atestado ou certidão
d) Certidão ou atestado ideologicamente falso
e) Reprodução ou adulteração de selo ou peça filatélica

31. **(VUNESP – 2014 – TJ-PA – Auxiliar Judiciário)** Aquele que recebe de boa-fé, como verdadeira, moeda falsa ou alterada mas, mesmo depois de descobrir a falsidade a restitui à circulação,

a) comete crime punível com reclusão de três a doze anos, e multa.
b) só será penalmente responsabilizado se praticar a conduta na qualidade de funcionário público.
c) comete crime punível com detenção de seis meses a dois anos, e multa.
d) não merece ser punido pois, afinal de contas, agiu de boa-fé ao receber a moeda falsa.
e) comete crime punível apenas com multa.

32. **(Aroeira – 2014 – PC-TO – Delegado de Polícia)** A falsificação de cartão de crédito ou de débito da Caixa Econômica Federal configura o crime de:

a) falsificação de papéis públicos.
b) falsificação de documento público.
c) falsificação de documento particular.
d) falsidade ideológica.

33. **(CESPE – 2014 – TC-DF – Auditor de Controle Externo)** Considere que determinado servidor público, prevalecendo-se de seu cargo, tenha falsificado o teor de um testamento particular. Nesse caso, o servidor praticou o delito de falsificação de documento particular, que não se equipara a documento público, e está sujeito ao aumento da pena prevista na lei penal.

34. **(FGV – 2014 – DPE-DF – Analista)** Ângela recebeu, inadvertidamente, algumas notas falsas de R$ 50,(cinquenta reais) e não se recorda mais de quem as obteve. As notas em questão foram recusadas em diversas oportunidades em estabelecimentos comerciais que dispunham de equipamento apropriado à verificação da autenticidade de papel-moeda. Mesmo assim, e sentindo-se injustiçada por ter recebido as notas falsas em questão de boa-fé, como se verdadeiras fossem, continuou a repassá-las em outros estabelecimentos. Acerca de sua conduta, pode-se afirmar que Ângela:

a) não praticou crime algum, pois recebeu as notas em questão de boa-fé.
b) praticou o crime de moeda falsa, a ser punido com a mesma pena prevista para a falsificação da moeda falsa.
c) praticou forma privilegiada do crime de moeda falsa, pois repassou as notas sabendo serem falsas.
d) praticou o crime de estelionato, uma vez que não realizou a falsificação das notas em questão, tendo apenas as restituído à circulação.
e) não praticou crime algum, pois não tem obrigação legal de reconhecer a falsidade de papel-moeda.

35. **(VUNESP – 2013 – TJ-SP – Escrevente Técnico Judiciário)** Recentemente um novo delito que lesa a fé pública foi incluído no Código Penal. Assinale a alternativa que traz o nomen iuris desse crime.

a) Emprego irregular de verbas ou rendas públicas.
b) Fraudes em certame de interesse público.
c) Falsa identidade.
d) Inserção de dados falsos em sistemas de informações.
e) Modificação ou alteração não autorizada de sistema de informações.

36. **(CESPE – 2013 – TJ-DF – Analista Judiciário)** Em 15/10/2005, nas dependências do banco Y, Carlos, com o objetivo de prejudicar direitos da instituição financeira, preencheu e assinou declaração falsa na qual se autodenominava Maurício. No mesmo dia, foi até outra agência do mesmo banco e, agindo da mesma forma, declarou falsamente chamar-se Alexandre. Em 1/5/2010, Carlos foi denunciado, tendo a denúncia sido recebida em 24/5/2010. Após o devido processo legal, em sentença proferida em 23/8/2012, o acusado foi condenado a um ano e dois meses de reclusão, em regime inicialmente aberto, e ao pagamento de doze dias-multa, no valor unitário mínimo legal. A pena privativa de liberdade foi substituída por uma pena restritiva de direitos e multa. O MP não apelou da sentença condenatória. Questão: ao preencher e assinar declarações adotando nome falso, Carlos praticou o crime de falsidade ideológica.

37. **(FUNCAB – 2013 – PC-ES – Escrivão de Polícia)** Carlindo, médico, conseguiu e utilizou o conteúdo da prova do concurso público para provimento do cargo de médico do governo estadual, sendo o primeiro colocado no concurso público. Logo, Carlindo:

a) praticou o crime de estelionato (artigo 171 do CP).
b) praticou o crime de impedimento, perturbação ou fraude de concorrência (artigo 335 do CP).

c) praticou o crime de violação do sigilo de proposta de concorrência (artigo 326 do CP).

d) praticou o crime de fraude em certames de interesse público (artigo 311-A do CP).

e) não praticou crime.

38. (CESPE – 2013 – TRE-MS – Analista Judiciário) Silas, maior e capaz, foi abordado por policiais militares e, ao ser questionado acerca do documento de identificação, apresentou, como sendo seu, o único documento que carregava, um título de eleitor, autêntico, pertencente a terceira pessoa. Nessa situação hipotética,

a) a conduta de Silas ajusta-se ao crime de uso de documento de identidade alheio.

b) Silas praticou o crime de falsidade ideológica.

c) configurou-se o delito de uso de documento falso.

d) Silas perpetrou o crime de falsa identidade.

e) a conduta de Silas foi atípica, pois ele exibiu o documento apenas por exigência dos policiais.

39. (FUNCAB – 2013 – PC-ES – Escrivão de Polícia) Laurindo, comerciante do ramo de joalheria, cansado de sofrer roubos em suas lojas, passou a financiar um esquadrão formado por ex-policiais, com a finalidade de que o referido grupo executasse os ladrões. O esquadrão já havia planejado a morte de dois ladrões, quando foi descoberto pela polícia. Assim, Laurindo e o esquadrão:

a) devem responder pelos delitos de bando ou quadrilha (artigo 288 do CP) e por duas tentativas de homicídio.

b) devem responder unicamente pelo crime de constituição de milícia privada (artigo 288-A do CP).

c) devem responder unicamente pelo crime de bando ou quadrilha (artigo 288 do CP).

d) devem responder pelos delitos de constituição de milícia privada (artigo 288-A do CP) e por duas tentativas de homicídio.

e) devem responder somente por duas tentativas de homicídio.

40. (VUNESP – 2013 – TJ-SP – Escrevente Técnico Judiciário) Os crimes de falsificação de documento público e de prevaricação têm em comum:

a) apresentarem mais de uma conduta prevista no tipo.

b) admitirem a punição também na modalidade culposa.

c) ambos serem punidos com penas de detenção e multa.

d) a qualificadora, tratando-se de crime praticado para satisfazer interesse pessoal.

e) o fato de somente poderem ser praticados por funcionário público.

41. (VUNESP – 2013 – PC-SP – Escrivão de Polícia Civil) Aquele que desvia e faz circular moeda, cuja circulação não estava ainda autorizada, incorre nas penas do crime de:

a) falsidade ideológica.

b) petrechos para falsificação de moeda.

c) moeda falsa.

d) emissão de título ao portador sem permissão legal.

e) falsificação de papéis públicos.

42. (CESPE – 2012 – TJ-RO – Analista Judiciário) Acerca dos crimes contra a fé pública, assinale a opção correta.

a) O simples porte de documento de identidade falsificado caracteriza-se como crime de uso de documento falso.

b) A consumação do crime de falsa identidade depende da obtenção da vantagem pretendida pelo agente, com a atribuição falsa da identidade.

c) O uso de documento verdadeiro de identidade de terceiro caracteriza-se como crime de uso de documento falso.

d) O crime de certidão ou atestado falso consuma-se com o uso do documento falsificado e enseja a punição da falsidade material e da falsidade ideológica.

e) Considere que um homem tenha retirado o edital de citação de sua companheira, o qual estava afixado na entrada do fórum de sua cidade, a fim de evitar que outras pessoas tomassem conhecimento desse documento. Nessa situação, esse homem responderá pelo delito de supressão de documento público.

43. (VUNESP – 2012 – TJ-SP – Escrevente Técnico Judiciário) O crime de "petrechos de falsificação" (CP, art. 294), por expressa disposição do art. 295 do CP, tem a pena aumentada de sexta parte se o agente:

a) é funcionário público.

b) é funcionário público, e comete o crime, prevalecendo-se do cargo.

c) tem intuito de lucro.

d) confecciona documento falso hábil a enganar o homem médio.

e) causa, com sua ação, prejuízo ao erário público.

44. (FCC – 2012 – TRF5 – Analista Judiciário) Em relação aos crimes contra a fé pública previstos no Código Penal brasileiro é correto afirmar,

a) Excepcionalmente admitem a modalidade culposa quando se tratar de falsificação de documento particular.

b) Exigem como elemento a imitação ou alteração da verdade; a possibilidade de dano e o dolo.

c) A alteração inapta a induzir número indeterminado de pessoas leva à consideração da forma tentada em qualquer caso.

d) No crime de moeda falsa, mesmo ausente a capacidade ilusória da contrafação, tem-se caracterizada sua consumação.

e) Tratando-se de crimes formais não admitem forma tentada.

45. (CESPE – 2012 – TRE-RJ – Analista Judiciário) A conduta consistente na emissão de título ao portador sem permissão legal constitui crime contra a fé pública.

46. (FCC – 2012 – MP-PE – Analista Ministerial) Leo adquiriu de pessoa desconhecida um aparelho destinado à falsificação de moeda. Em seguida, fabricou várias cédulas falsas de cem reais e as colocou em circulação, adquirindo bens diversos. Nesse caso, Leo responderá:

a) pelos crimes de petrechos para falsificação de moeda, em continuidade delitiva.

b) unicamente pelo crime de petrechos para falsificação de moeda.

c) pelos crimes de petrechos para falsificação de moeda e moeda falsa, em concurso formal.

d) pelos crimes de petrechos para falsificação de moeda e moeda falsa, em concurso material.

e) unicamente pelo crime de moeda falsa.

GABARITO		FUNDAMENTAÇÃO
1	C	Art. 293, III, a, CP
2	B	Art. 297, §2º, CP
3	E	Art. 284 CP
4	A	Item 3.3
5	C	Art. 268 CP
6	D	Art. 297, §3º, II, CP
7	B	Art. 289, § 2º, CP
8	B	Art. 293 CP
9	C	Art. 256 CP
10	A	Art. 264 CP
11	B	Art. 289 CP
12	C	art. 298 CP
13	E	Art. 302 CP
14	A	Art. 299 CP
15	E	Arts. 294 e 295 CP
16	D	Art. 282 CP
17	E	Art. 171 CP
18	D	Item 3.10
19	D	Art. 297, § 2º, CP
20	E	Art. 302 CP
21	C	Art. 293 CP
22	E	Art. 304 CP
23	E	Art. 308 CP
24	D	Art. 319 CP
25	B	Art. 298 CP
26	E	Art. 289, *caput* e § 1º, CP
27	D	Art. 299, par. único, CP
28	A	Art. 299 CP
29	B	Art. 297, § 2º, CP
30	D	Art. 301 CP
31	C	Art. 289, § 2º, CP
32	C	Art. 298, par. único, CP
33	E	Art. 297, § 2º, CP
34	C	Art. 289, § 2º, CP
35	B	Art. 311-A CP
36	C	Art. 299 CP
37	D	Art. 311-A CP
38	A	Art. 308 CP
39	B	Art. 288-A CP
40	A	Arts. 297 e 319 CP
41	C	Art. 289, § 4º, CP
42	E	Art. 305 CP
43	B	Art. 295 CP
44	B	Capítulo X
45	C	Art. 292 CP
46	E	Art. 289 CP

CAPÍTULO XI

CRIMES CONTRA A ADMINISTRAÇÃO PÚBLICA

1. CRIMES PRATICADOS POR FUNCIONÁRIO PÚBLICO CONTRA A ADMINISTRAÇÃO EM GERAL

Os artigos 312 a 326 estabelecem os crimes praticados por funcionário público contra a administração pública. Protege-se o bem jurídico *administração pública*, no que se refere ao seu patrimônio, à sua moralidade, ao seu prestígio e respeito.

São chamados de **crimes funcionais**, uma vez que figura como sujeito ativo o funcionário público. Podem ser:

a) **funcionais impróprios**: a ausência da condição de funcionário público desclassifica a infração para outro tipo. *Ex.*: sem a elementar típica "funcionário público", o crime de peculato-apropriação (art. 312, *caput*, do CP) transforma-se em apropriação indébita (art. 168 do CP).

b) **funcionais próprios**: a condição de funcionário público é essencial para configuração do crime, de forma que, sem ela, o fato será atípico. *Ex.*: prevaricação (art. 319 do CP).

Nos termos do art. 327 do CP, *"Considera-se funcionário público, para os efeitos penais, quem, embora transitoriamente ou sem remuneração, exerce cargo, emprego ou função pública"*. **Jurados** do Tribunal do Júri e **mesários** nas eleições são considerados funcionário públicos, embora não percebam remuneração. Conforme o § 1º, *"equipara-se a funcionário público quem exerce cargo, emprego ou função em entidade paraestatal, e quem trabalha para empresa prestadora de serviço contratada ou conveniada para a execução de atividade típica da Administração Pública"*.

- ***Organizações Sociais:*** "A Sexta Turma deste Superior Tribunal de Justiça, por ocasião do julgamento do Recurso Especial nº 1.519.662/DF, também de minha relatoria, à unanimidade, assentou entendimento de que 'o conceito de entidades paraestatais existente no § 1º do artigo 327 do Código Penal contempla as chamadas Organizações Sociais, estas previstas no âmbito federal pela Lei nº 9.637/98 e na órbita distrital pela Lei nº 2.415/99'" (STJ, 6ª T., AgRg no REsp 1575378, j. 20/09/2016).

- ***Autarquias:*** no REsp 1385916/PR, j. 20/02/2014, o STJ decidiu: "No Direito Penal prevaleceu, por meio de uma interpretação integradora, um conceito de funcionário público mais abrangente do que aquele definido pelo Direito Administrativo, que, a par do que já dizia o *caput* do artigo 327 do CP, tanto englobou o rol reproduzido no § 2º deste dispositivo, como os próprios **entes autárquicos**".

- ***Abuso de autoridade (art. 2º da Lei 13.869/19):*** "É sujeito ativo do crime de abuso de autoridade qualquer agente público, servidor ou não, da administração direta, indireta ou fundacional de qualquer dos Poderes da União, dos Estados, do Distrito Federal, dos Municípios e de Território, compreendendo, mas não se limitando a: I - servidores públicos e militares ou pessoas a eles equiparadas; II - membros do Poder Legislativo; III - membros do Poder

Executivo; IV - membros do Poder Judiciário; V - membros do Ministério Público; VI - membros dos tribunais ou conselhos de contas. Parágrafo único. Reputa-se agente público, para os efeitos desta Lei, todo aquele que exerce, ainda que transitoriamente ou sem remuneração, por eleição, nomeação, designação, contratação ou qualquer outra forma de investidura ou vínculo, mandato, cargo, emprego ou função em órgão ou entidade abrangidos pelo caput deste artigo".

O § 2º prevê um causa de aumento da terça parte quando os autores dos crimes previstos nos arts. 312 a 326 forem ocupantes de cargos em comissão ou de função de direção ou assessoramento de órgão da administração direta, sociedade de economia mista, empresa pública ou fundação instituída pelo poder público.

▶ **SÚMULAS DO STJ**

Súmula 147: "Compete à Justiça Federal processar e julgar os crimes praticados contra funcionário público federal, quando relacionados com o exercício da função".

Súmula 599: "O princípio da insignificância é inaplicável aos crimes contra a Administração Pública".

O **particular** pode responder por um desses crimes, desde que ocorra concurso de pessoas. Observe-se que, nos termos do **art. 30 do CP**, as elementares se comunicam, mesmo as de natureza pessoal, como no caso a situação de *funcionário público*. Entretanto, para que um particular responda por um crime funcional, é necessário que tenha conhecimento da qualidade de funcionário público do agente. Se não conhece essa qualidade, poderá responder por outro delito, mas não por um crime funcional. Ex.: o particular concorre na conduta do funcionário público de apropriar-se de bem de que tem a posse em razão do cargo, sem saber que se trata de um funcionário público. O funcionário responde por peculato-apropriação (art. 312, *caput*) e o particular por apropriação indébita (art. 168).

Não são funcionários públicos o inventariante judicial, o depositário judicial, o curador e o tutor.

1.1. Peculato (art. 312)

O art. 312, *caput*, do CP dispõe sobre os crimes de **peculato-apropriação** e **peculato-desvio**. O § 1º trata do **peculato-furto** e o § 2º do **peculato culposo.**

No **peculato-apropriação** o funcionário público apropria-se de dinheiro, valor ou qualquer outro bem móvel, público ou particular, de que tem a posse em razão do cargo. Apropriar-se é tornar-se dono. O funcionário inverte o título da posse. Assemelha-se ao delito de apropriação indébita (art. 168), só que o sujeito ativo é um funcionário público. A posse deve ser em razão da função, ou seja, deve fazer parte das atribuições do funcionário ter a posse da coisa. Ex.: o funcionário público vende o *notebook* da administração que estava na sua posse em razão do seu cargo.

Por sua vez, no **peculato-desvio**, o funcionário público desvia dinheiro, valor ou qualquer outro bem móvel, público ou particular, de que tem a posse em razão do cargo, em proveito próprio ou alheio. Caso o desvio seja em favor da própria administração, pode configurar o crime previsto no art. 315 do CP. *Exemplo* de peculato--desvio extraído da jurisprudência: "Comete o crime de peculato, na modalidade desvio (art. 312, *caput*, segunda parte, do Código Penal), em continuidade delitiva (art. 71 do Código Penal), o servidor público que se utiliza ilegalmente de passagens e diárias pagas pelos cofres públicos" (STJ, APn 477, j. 04/03/2009).

▶ **FUNCIONÁRIO "FANTASMA": divergência**

A nomeação de uma pessoa para ocupar cargo, emprego ou função, sem que esta efetivamente preste o serviço, embora perceba os vencimentos, revela desvio de verba pública e, como tal, configura o crime peculato (art. 312, *caput*, do CP).

- **1ª posição:** o STF, no Inq 2652 (Tribunal Pleno, j. 22/09/2011), recebeu denúncia em caso análogo: "A imputação feita ao denunciado na denúncia foi de, na condição de deputado estadual, ter desviado valores do erário público, mediante a indicação e a admissão de pessoas em cargos comissionados em seu gabinete – no período de setembro de 1999 a janeiro de 2003 –, as quais, na realidade, prestavam-lhe serviços particulares diversos". Na mesma linha: "A enunciação de esquema voltado ao desvio de verbas públicas por meio da nomeação de "funcionários fantasmas" para o gabinete de Deputado em Assembleia Legislativa denota a presença dos elementos típicos do crime de peculato, o que autoriza a formulação, ainda que provisória, de um juízo positivo de tipicidade entre os fatos veiculados na denúncia e o modelo instituído pelo tipo penal do art. 312, *caput*, do Código Penal". (...) A partir do instante em que a verba pública é depositada na conta-corrente do "funcionário fantasma", deixando o Erário de exercer sobre ela qualquer senhorio, configura-se o desvio reclamado pelo art. 312, *caput*, do Código Penal, havendo a conversão do ativo – antes lícito – em criminoso" (STF, 1ª T., Inq 3508, j. 20/02/2018). O STJ, na APn 702 (Corte Especial, j. 03/06/2015), assim decidiu: "Tipifica, em tese, o crime de peculato-desvio (art. 312, *caput*, 2ª parte do CP) utilizar-se do mesmo expediente para pagar ajuda de custo, estruturação de gabinete, segurança pessoal, despesas médicas e estéticas em proveito de conselheiros, passagens aéreas e **verbas em favor de servidores inexistentes ou 'fantasmas'**, entre outras despesas sem amparo legal". No mesmo sentido: STF, 1ª T., Inq 3701, j. 11/02/2020.
- **2ª posição:** em sentido contrário, e de modo equivocado a nosso entender, existe o entendimento no sentido de que não haverá o crime no caso do funcionário público que se apropria dos salários que lhe foram pagos e não presta os serviços. Vejamos: "3. Verifica-se, entretanto, que a jurisprudência do Supremo Tribunal Federal e do Superior Tribunal de Justiça é pacífica no sentido de que "'servidor público que se apropria dos salários que lhe foram pagos e não presta os serviços, não comete peculato' (Apn 475/MT, Rel. Ministra ELIANA CALMON, CORTE ESPECIAL, julgado em 16/5/2007, DJ 6/8/2007, p. 444), não é aplicável ao caso em análise" (RHC 115.058/SC, Rel. Ministro RIBEIRO DANTAS, QUINTA TURMA, DJe 16/9/2019). 4. Habeas corpus não conhecido. Todavia, concede-se a ordem, de ofício, para trancar a ação penal em virtude da atipicidade da conduta da paciente" (STJ, 5ª T., HC 507.516, j. 22/10/2019). No mesmo sentido: STJ, 6ª T., PExt no HC 466378, j. 01/12/2020.

No **peculato-furto (peculato impróprio)** o funcionário subtrai ou concorre para a subtração de dinheiro, valor ou bem. Nesta figura, o agente não tem a posse nem a detenção, mas se vale da facilidade que lhe proporciona a qualidade de funcionário. Assim, é necessário o nexo causal entre a facilidade e o crime praticado. Ex.: se o autor entra na repartição pública em seu horário de trabalho e subtrai um computador, valendo-se de facilidade que lhe proporciona a qualidade de funcionário, comete peculato-furto. Se a subtração ocorrer durante um final de semana, com arrombamento da porta, comete furto, pois neste caso não se valeu da facilidade de sua função. O particular responde por peculato na hipótese de conhecer a qualidade de funcionário público do concorrente (art. 30 do CP). Caso contrário, responde por furto.

Configura o crime de **peculato culposo** quando o funcionário concorre culposamente para o crime de outrem. É um **crime parasitário**, isto é, para existir depende da prática de outro delito. Ex.: o funcionário público, responsável pelo uso e segurança de certo bem, negligencia nos cuidados necessários para evitar a subtração, que ocorre por outro funcionário, valendo-se este da facilidade que lhe proporciona a qualidade de funcionário. Nesse caso, concorreu culposamente para o peculato-furto de outrem.

▶ REPARAÇÃO DO DANO NO PECULATO CULPOSO

- No crime de peculato culposo, a reparação do dano, se precede à sentença irrecorrível, extingue a punibilidade; se lhe é posterior, reduz de metade a pena imposta (art. 312, § 3º).
- Por ser regra específica e mais benéfica, não é aplicado o art. 16 do CP.
- Somente o autor do peculato *culposo* aproveitará a reparação do dano. Sendo *doloso* o peculato, a reparação do dano poderá ensejar a aplicação do art. 16 do CP (arrependimento posterior, que é causa de diminuição de pena) ou do art. 65, III, *b*, do CP (circunstância atenuante).

Predomina o entendimento que não configura o delito quando o funcionário público usa bem infungível (não consumível) com a intenção de devolvê-lo (**peculato de uso**). Isso porque o agente não estaria se apropriando e nem desviando a coisa, mas apenas a usando indevidamente.

Exemplo: funcionário utiliza equipamento da Administração Pública para fins particulares. Entretanto, poderá haver a caracterização de ilícito administrativo ou ato de improbidade administrativa (art. 9º, IV, da Lei nº 8.429/92). Nesse sentido: STJ, HC 94.168, j. 01/04/2008.

▶ COMBUSTÍVEL

Embora a utilização de veículos, tratores e outras máquinas não configure o crime do art. 312 do CP, pode-se dizer que, em tese, o combustível (bem fungível) consumido é objeto material do referido tipo.

Sendo o peculato praticado por **prefeito**, aplica-se o Decreto-Lei nº 201/67 (norma específica), que prevê como crime, inclusive, o **peculato de uso (art. 1º, II)**.

1.2. Peculato mediante erro de outrem (art. 313)

Comete o crime o funcionário público que se apropria de dinheiro ou qualquer utilidade que, no exercício do cargo, recebeu por erro de outrem. Trata-se do **peculato-estelionato**.

Segundo predomina na doutrina, o funcionário público deve receber a valor por *erro espontâneo* de outrem, ou seja, quando não há *induzimento* de terceira pessoa. Se induzi-la a erro, o agente responderá por estelionato (art. 171 do CP). Ressalte-se que, para configurar o artigo 313, é preciso que o funcionário receba a coisa no exercício da função. Caso contrário, o crime será o descrito no art. 169, 1ª parte, do CP. Consuma-se no momento em que o agente se apropria (passa a se comportar como dono, como na hipótese em que aliena ou recusa a devolver a quantia) e não quando recebe o valor.

1.3. Inserção de dados falsos em sistema de informações (art. 313-A)

O sujeito ativo, além de ser funcionário, deve estar autorizado a inserir dados nos sistemas informatizados ou bancos de dados. Trata-se do **peculato eletrônico**.

O tipo é **misto alternativo**, de sorte que configurará apenas um delito mesmo ocorrendo mais de uma conduta no mesmo contexto fático. As condutas típicas são as seguintes: *a) inserir* o funcionário autorizado dados falsos nos sistemas informatizados ou bancos de dados da Administração Pública; *b) facilitar* o funcionário autorizado *a inserção* de dados falsos nos sistemas informatizados ou bancos de dados da Administração Pública; *c) alterar* indevidamente dados corretos nos sistemas informatizados ou bancos de dados da Administração Pública; *d) excluir* indevidamente dados corretos nos sistemas informatizados ou bancos de dados da Administração Pública.

As expressões *sistema informatizado* e *banco de dados* são elementos normativos do tipo. O significado pode ser retirado do **projeto-lei dos crimes cibernéticos**: *sistema informatizado*: qualquer sistema capaz de processar, capturar, armazenar ou transmitir dados eletrônica ou digitalmente ou de forma equivalente; *dados informáticos*: qualquer representação de fatos, de informações ou de conceitos sob forma suscetível de processamento numa rede de computadores ou dispositivo de comunicação ou sistema informatizado.

Além do dolo, exige-se o **elemento subjetivo especial do tipo**, consistente na finalidade especial de agir: "com o fim de obter vantagem indevida para si ou para outrem ou para causar dano".

Trata-se de **crime formal**, consumando-se com a inserção de dados falsos, ou com a alteração ou exclusão de dados corretos, sendo dispensável que o agente consiga obter vantagem indevida ou que cause dano. A tentativa é possível.

1.4. Modificação ou alteração não autorizada de sistema de informações (art. 313-B)

Constitui crime *modificar* ou *alterar*, o funcionário, sistema de informações ou programa de informática sem autorização ou solicitação de autoridade competente. O sujeito ativo é o funcionário público, não necessitando que seja o autorizado. A conduta recai sobre o sistema de informações ou programa de informática. O tipo é **misto alternativo**, de sorte que configurará apenas um delito mesmo ocorrendo mais de uma conduta no mesmo contexto fático. Exige-se apenas o dolo, uma vez que não há previsão de nenhum elemento subjetivo especial. Consuma-se com a alteração ou modificação, independente se da modificação ou alteração resulta dano para a Administração Pública ou para o administrado. Mas, se ocorrer, incidirá a causa de aumento prevista no parágrafo único.

> ▶ **IMPORTANTE:**
>
> Haverá o crime mesmo na hipótese de o funcionário (não autorizado ou solicitado) possuir a intenção de causar melhoria no sistema ou no programa. Observe-se que a pena é bem inferior (*detenção*, de 3 meses a 2 anos, e multa) se comparada àquela do 313-A (*reclusão*, de 2 a 12 anos, e multa).

1.5. Extravio, sonegação ou inutilização de livro ou documento (art. 314)

Constitui crime *extraviar* livro oficial ou qualquer documento, de que tem a guarda em razão do cargo; *sonegá-lo* ou *inutilizá-lo*, total ou parcialmente. Figura como sujeito ativo o funcionário público que possui a guarda do livro oficial ou documento. O objeto material do crime é o livro oficial ou qualquer outra espécie de documento, público ou particular. Trata-se de crime doloso. Não é prevista a modalidade culposa. Consuma-se com a prática da conduta, independente de efetivo prejuízo à administração pública. Na conduta omissiva de sonegar (deixar de apresentar) não se admite a tentativa. O art. 314 é um **crime subsidiário**, de sorte que, dependendo das circunstâncias, poderá configurar delito mais grave (ex.: art. 305 do CP).

> ▶ **Observações:**
>
> - Se o agente não for funcionário público, pode configurar o crime previsto no art. 337.
> - O advogado ou procurador pode cometer o crime previsto no art. 356 (*inutilizar, total ou parcialmente, ou deixar de restituir autos, documento ou objeto de valor probatório, que recebeu na qualidade de advogado ou procurador*).

1.6. Emprego irregular de verbas ou rendas públicas (art. 315)

Comete o delito o funcionário que dá às verbas ou rendas públicas aplicação diversa da estabelecida em lei. Figura como sujeito ativo o funcionário público que possui competência para dar aplicação às verbas ou rendas públicas. Trata-se de crime doloso, não sendo prevista a modalidade culposa. Consuma-se com a aplicação da verba ou renda pública em finalidade diversa da estabelecida em lei, independentemente se a intenção do agente era de buscar um resultado mais vantajoso para a administração pública. Se o agente for prefeito, aplica-se o DL nº 201/67.

> ▶ **IMPORTANTE:**
>
> No crime de peculato-desvio (art. 312) o agente visa a benefício próprio ou de terceiro (terceiro que não seja a própria administração pública). Se o desvio da verba é em favor da própria administração, mas com finalidade diversa da estabelecida em lei, haverá o crime do art. 315.

1.7. Concussão (art. 316)

Comete o crime o funcionário que *exige* vantagem indevida, para si ou para outrem, direta ou indiretamente, ainda que fora da função ou antes de assumi-la, mas em razão dela.

Exemplo: médico contratado de hospital credenciado ao Sistema Único de Saúde (SUS) que exige quantia para prestar atendimento a pessoa acobertada pelo referido sistema (STF, HC 97.710, j. 02/02/2010).

O Pacote Anticrime (Lei nº 13.964/19, com vigência a partir do dia 23/01/2020) deu nova redação ao art. 316 do Código Penal, alterando o limite da pena. O legislador veio corrigir a falha antes existente. A pena cominada ao crime de concussão era de reclusão de 2 a 8 anos, e multa, ao passo que na corrupção passiva é de reclusão 2 a 12 anos, e multa. Com a alteração, equiparou-se a pena dos dois delitos. Trata-se de lei nova mais severa.

Exigir significa ordenar, impor uma obrigação. No entanto, não há violência ou grave ameaça exercida contra a vítima (caso em que configuraria extorsão).

> **VIOLÊNCIA OU GRAVE AMEAÇA**
>
> O tipo penal não contém as elementares *violência ou grave ameaça*, muito embora o seu núcleo revele conduta com capacidade de intimidar. Como diz Fragoso, "na base da incriminação está o *metus publicae potestatis*, ou seja, o temor de represálias por parte da autoridade" (Lições de Direito Penal, II, p. 408). A propósito: "Ainda que a conduta delituosa tenha sido praticada por funcionário público, o qual teria se valido dessa condição para a obtenção da vantagem indevida, **o crime por ele cometido corresponde ao delito de extorsão e não ao de concussão**, uma vez configurado o emprego de grave ameaça, circunstância elementar do delito de extorsão" (STJ, 6ª T., HC 54776, j. 18/09/2014). Idem: STJ, 5ª T., AgRg no REsp 1763917, j. 18/10/2018. Ainda: "A Corte de origem analisou a questão em consonância com o entendimento deste Superior Tribunal, no sentido de que o "emprego de violência ou grave ameaça é circunstância elementar do crime de extorsão tipificado no art. 158 do Código Penal. Assim, se o funcionário público se utiliza desse meio para obter vantagem indevida, comete o crime de extorsão e não o de concussão" (STJ, 5ª T., AgRg nos EDcl no REsp 1732520, j. 07/11/2019).

▶ **DIFERENÇA ENTRE CONCUSSÃO E EXTORSÃO**

- Na concussão, o funcionário exige vantagem indevida em razão da sua função. O ato que o funcionário irá praticar ou deixar de praticar está na esfera da sua competência.
- Na extorsão, mesmo que cometida por funcionário público, a exigência de vantagem indevida não se relaciona com a prática de um ato em razão da função pública do agente. Além disso, a extorsão traz como elementar típica a "violência ou grave ameaça", a qual inexiste na concussão.

A exigência pode ser praticada de forma implícita ou por interposta pessoa. É necessário que a exigência seja em razão da função, não sendo preciso que o funcionário esteja no exercício desta no momento em que exige.

Exemplo: juiz está em férias forenses e exige dinheiro do réu para absolvê-lo. Mesmo antes de assumir a função o funcionário poderá praticar o delito, desde que faça a exigência em razão dela.

Além do dolo, **exige-se o elemento subjetivo especial do tipo,** contido na expressão "para si ou para outrem". Consuma-se com a simples exigência (**crime formal**). O recebimento da vantagem indevida é mero exaurimento do crime. A tentativa é admissível.

Exemplo: o agente envia um e-mail exigindo a vantagem indevida, mas a vítima não o recebe.

Caso se trate de crime contra a ordem tributária, aplica-se o art. 3º, II, da Lei nº 8.137/90.

1.8. Excesso de exação (art. 316, § 1º)

Comete o crime o funcionário que: 1) *exige tributo ou contribuição social que sabe ou deveria saber indevido;* 2) *emprega na cobrança do tributo, embora devido, meio vexatório ou gravoso, que a lei não autoriza.*

Consuma-se com a simples conduta, independente do recebimento do tributo (**crime formal**). Admite-se a tentativa.

Qualifica o crime se o funcionário desvia, em proveito próprio ou de outrem, o que recebeu indevidamente para recolher aos cofres públicos. A forma qualificada prevista no § 2º ocorre após a prática do crime previsto no § 1º, ou seja, o exaurimento funciona como qualificadora. Aqui, o funcionário recebe indevidamente para recolher aos cofres públicos, mas não recolhe.

1.9. Corrupção passiva (art. 317)

Pratica o crime o funcionário público que solicita ou recebe, para si ou para outrem, direta ou indiretamente, ainda que fora da função ou antes de assumi-la, mas em razão dela, vantagem indevida, ou aceita promessa de tal vantagem.

Condutas típicas. *a) Solicitar*: significa pedir. A iniciativa é do funcionário. O particular que der a vantagem indevida não pratica crime; ***b)*** *Receber*: obter a vantagem. A iniciativa é do particular (*extraneus*) que "oferece para...". O funcionário responde pelo art. 317 e o particular por corrupção ativa (art. 333); ***c)*** *Aceitar promessa*: concordar em receber. A iniciativa é do particular. O funcionário responde pelo art. 317 e o particular pelo art. 333 (*prometer vantagem para ...*).

▶ **PODE HAVER CORRUPÇÃO ATIVA SEM A CORRUPÇÃO PASSIVA E VICE-VERSA**

- **Exemplo de corrupção ativa sem a passiva:** o motorista infrator oferece dinheiro ao agente de trânsito para determiná-lo a omitir ato de ofício (lavratura da multa). Se o agente de trânsito não receber, somente haverá corrupção ativa.
- **Exemplo de corrupção passiva sem corrupção ativa:** o agente de trânsito solicita dinheiro a um motorista infrator para não lavrar a multa. Só haverá corrupção passiva, pois a iniciativa não foi do particular (motorista). Mesmo que o motorista dê o dinheiro, não haverá o delito de corrupção ativa, uma vez que o tipo não prevê o verbo dar ou entregar.

Ou seja, **não há necessidade de bilateralidade entre os delitos.**

Para caracterização do art. 317 é necessário que a vantagem indevida seja uma contraprestação pela ação ou omissão do funcionário público relacionada com a sua função. Observe que é possível que o funcionário público esteja fora da função ou que ainda não a tenha assumido, desde que a corrupção seja em razão dela.

Classificação: *Corrupção passiva própria*: o funcionário solicita, recebe ou aceita promessa para praticar ato ilegal ou para deixar de praticar ato legal (ex.: escrivão recebe dinheiro para retardar o processo). *Corrupção passiva imprópria*: o funcionário solicita, recebe ou aceita promessa para praticar ato legal que iria regularmente praticar (ex.: o magistrado recebe dinheiro para dar celeridade ao processo, o que deve ser normalmente realizado). *Corrupção passiva antecedente*: o funcionário solicita, recebe ou aceita promessa antes de praticar ou omitir o ato. *Corrupção passiva subsequente*: o funcionário se vende (*solicita* ou *recebe* vantagem indevida) após ter praticado o ato ou se omitido.

Consumação. *a) solicitar*: consuma-se no momento em que a solicitação chega ao terceiro; *b) receber*: consuma-se com o recebimento da vantagem; *c) aceitar promessa*: consuma-se com a simples aceitação. Ou seja, o delito se consuma independentemente de o funcionário retardar ou deixar de praticar qualquer ato de ofício ou praticá-lo infringindo dever funcional. Como **o crime é formal**, não há necessidade de efetivo prejuízo para a Administração Pública.

Tentativa. *a) solicitar*: admite-se se o meio utilizado for o escrito (ex.: o agente solicita através de carta que é extraviada); *b) receber*: inadmissível; *c) aceitar* promessa: admite-se. É possível se levado em consideração que o momento da aceitação da promessa ocorre quando o particular toma conhecimento da aceitação (ex.: o particular promete vantagem através de uma carta e o funcionário responde aceitando-a, mas a carta de resposta é extraviada).

Forma majorada (§ 1º). A corrupção consuma-se com a simples solicitação, recebimento ou aceitação da vantagem. Mas se o funcionário efetivamente retardar ou deixar de praticar ato de ofício, ou infringir dever funcional, a pena será aumentada de 1/3. **O exaurimento funciona como causa de aumento de pena.**

Forma privilegiada (§ 2º). Ocorre quando o funcionário pratica, deixa de praticar ou retarda ato de ofício, com infração de dever funcional, *cedendo a pedido ou influência de outrem.* Aqui o agente não visa a receber nenhuma vantagem, mas sim atender pedidos de amigos ou de pessoa influente.

A corrupção passiva privilegiada não se confunde com a prevaricação. Nesta, o funcionário age para satisfazer interesse ou sentimento próprio, sem que terceiro participe do ato. Não há acordo de vontade. Se houve o acordo entre o funcionário e o particular (bilateralidade), isto é, se aparecer a figura do corruptor, será corrupção passiva privilegiada.

Corrupção passiva e concussão. No crime de concussão o funcionário público faz uma *exigência* de vantagem indevida, ao passo que na corrupção passiva o funcionário *solicita, recebe* ou *aceita promessa* de tal vantagem.

1.10. Facilitação de contrabando ou descaminho (art. 318)

Configura o crime quando o funcionário público *facilita*, com infração de dever funcional, a prática de descaminho (art. 334) ou de contrabando (art. 334-A). O sujeito ativo deve ser o funcionário público que possui como atribuição o dever de evitar o descaminho ou o contrabando. Se o funcionário não possui esse dever funcional e mesmo assim facilitar o descaminho ou o contrabando, poderá responder pelo art. 334 ou pelo art. 334-A, como partícipe, ou até mesmo pelo art. 318, também como partícipe, se induzir, instigar ou auxiliar secundariamente o funcionário público que possui o dever funcional de evitar o descaminho ou o contrabando.

Descaminho (art. 334): iludir, no todo ou em parte, o pagamento de direito ou imposto devido pela entrada, pela saída ou pelo consumo de mercadoria. ***Contrabando (art. 334-A)***: importar ou exportar mercadoria proibida. Quem pratica o contrabando ou descaminho responde pelo delito do art. 334 do CP.

Consuma-se com a conduta de *facilitar, com infração de dever funcional*, independentemente da ocorrência do descaminho ou do contrabando.

1.11. Prevaricação (arts. 319 e 319-A)

Constitui crime *retardar* ou *deixar de praticar*, indevidamente, ato de ofício, ou *praticá-lo* contra disposição expressa de lei, para satisfazer interesse ou sentimento pessoal. Além do dolo, exige-se o elemento subjetivo especial do tipo, consistente no **fim específico** de *satisfazer interesse ou sentimento pessoal*. O interesse pessoal pode ser patrimonial, moral ou outro qualquer. Ocorre sentimento pessoal nos casos de vingança, ódio, amor, piedade etc. Consuma-se com a simples conduta, ou seja, quando o funcionário retarda, omite ou pratica o ato ilegal. Admite-se a tentativa na conduta comissiva "praticar ato ilegal". Inadmissível nas condutas omissivas "retardar" ou "deixar de praticar".

Alteração legislativa. A Lei nº 11.466/07 acrescentou o art. 319-A, dispondo que constitui crime "deixar o Diretor de Penitenciária e/ou agente público de cumprir seu dever de vedar ao preso o acesso a aparelho telefônico, de rádio ou similar, que permita a comunicação com outros presos ou com o ambiente externo". Trata-se de uma modalidade específica de prevaricação. É chamada de **prevaricação imprópria**, pois o agente omite-se *independentemente de qualquer interesse ou sentimento pessoal.*

1.12. Condescendência criminosa (art. 320)

Comete o crime de condescendência criminosa: *a)* o funcionário que, por indulgência, deixa de responsabilizar subordinado que cometeu infração no exercício do cargo; *b)* o funcionário que, por indulgência, não leva o fato ao conhecimento da autoridade competente, quando lhe falte competência para responsabilizar o infrator.

O sujeito ativo é o funcionário público com superioridade hierárquica sobre o funcionário infrator. A infração deve ser cometida no exercício do cargo. Se fora de sua atribuição, o superior não responde pelo delito. Consuma-se com a omissão do superior. A tentativa é inadmissível (crime omissivo próprio ou puro).

1.13. Advocacia administrativa (art. 321)

Pune-se o funcionário público que patrocina, direta ou indiretamente, interesse privado (**alheio**) perante a administração pública, valendo-se da qualidade de funcionário, mesmo que o interesse alheio seja legítimo. No caso de interesse ilegítimo, incide a qualificadora (a pena, que era de detenção de 1 a 3 meses, ou multa, passa a ser de detenção de 3 meses a 1 ano, além da multa). *Patrocinar* significa defender, facilitar, pleitear, apadrinhar. A conduta pode se dar por meio de pedidos, petições, através de acompanhamento de processos etc. Consuma-se o crime com a prática da conduta de patrocínio, sendo dispensável a obtenção de alguma vantagem. A tentativa é possível.

> ▶ **IMPORTANTE**
>
> Patrocínio perante a **administração fazendária**: aplica-se o art. 3º, III, da Lei nº 8.137/90.
>
> Patrocínio envolvendo **licitação pública**: aplica-se o art. 337-G do CP (antigo art. 91 da Lei nº 8.666/93).

1.14. Violência arbitrária (art. 322)

Configura o delito quando o funcionário público pratica violência, no exercício de função ou a pretexto de exercê-la. Responde também pela violência.

A violência (*vis absoluta ou corporalis*) abrange as vias de fato, a lesão corporal e o homicídio. A violência deve ser ilegítima. Se a violência empregada para a prática do ato for legítima (autorizada), não haverá o delito. Ex.: 284 do CPP ("Não será permitido o emprego de força, salvo a indispensável no caso de resistência ou de tentativa de fuga do preso"). A violência deve ser praticada no exercício da função ou a pretexto de exercê-la, isto é, deve haver nexo causal entre a violência e a função.

Apesar da discussão existente, o STF já decidiu que "o artigo 322 do Código Penal, que tipifica o crime de violência arbitrária, não foi revogado pelo artigo 3º, alínea *i* da Lei nº 4.898/65 (antiga Lei de Abuso de Autoridade)" (RHC 95.617, j. 25/11/2008). O STJ também possui decisão nesse sentido: HC 48.083, j. 20/11/2007. A matéria, como dito, não é pacífica. Obs.: a Lei n. 4.898/65 foi **expressamente revogada** pela Lei n. 13.869, de 05/09/2019 (atual Lei de Abuso de Autoridade). Por sua vez, a nova lei não contém dispositivo correspondente ao art. art. 3º, i, da Lei n. 4.898/65.

1.15. Abandono de função (art. 323)

O funcionário público comete o delito quando *abandona* cargo público, fora dos casos permitidos em lei. O *nomen juris* está incorreto, pois o tipo refere-se a cargo público e não a função. Consuma-se com o abandono por um tempo juridicamente relevante, capaz de expor a dano o serviço público. Se ocorrer algum dano (prejuízo público), o crime restará qualificado (§ 1º). Também qualifica o delito se o abandono ocorre em lugar compreendido na faixa de fronteira (§ 2º).

1.16. Exercício funcional ilegalmente antecipado ou prolongado (art. 324)

O tipo prevê duas modalidades: *a)* entrar no exercício de função pública antes de satisfeitas as exigências legais; *b)* continuar a exercer função pública, sem autorização, depois de saber oficialmente que foi exonerado, removido, substituído ou suspenso. Nesta segunda modalidade (continuar a exercer), não basta a publicação no *Diário Oficial* da exoneração, remoção, substituição ou suspensão, pois o agente deve realmente ficar ciente do ato. O crime se consuma quando o agente pratica o primeiro ato *indevido*.

1.17. Violação de sigilo funcional (art. 325)

Configura o crime quando o funcionário público revela fato de que tem ciência em razão do cargo e que deva permanecer em segredo, ou facilita-lhe a revelação. Frise-se que o agente deve ter recebido a informação sigilosa em razão de seu cargo. Trata-se de **crime subsidiário**, que só incide se o fato não constitui crime mais grave.

Também comete o crime quem: permite ou facilita, mediante atribuição, fornecimento e empréstimo de senha ou qualquer outra forma, o acesso de pessoas não autorizadas a sistemas de informações ou banco de dados da Administração Pública; se utiliza, indevidamente, do acesso restrito.

Consuma-se com a prática das condutas, independentemente do dano à Administração Pública ou a outrem. Exige-se, sim, a probabilidade de dano; se este ocorrer, o delito estará qualificado.

1.18. Violação do sigilo de proposta de concorrência (art. 326)

O art. 326 do Código Penal foi tacitamente revogado pelo art. 94 da Lei nº 8.666/93 (atualmente o art. 337-J do CP, incluído pela nova Lei de Licitações).

2. CRIMES PRATICADOS POR PARTICULAR CONTRA A ADMINISTRAÇÃO EM GERAL

2.1. Usurpação de função pública (art. 328)

Configura crime *usurpar* o exercício de função pública. A norma proíbe o sujeito de assumir função pública de forma indevida. O próprio funcionário público pode cometer este delito, isso quando assumir função que não lhe compete. Para a consumação do crime o agente deve realizar pelo menos um ato relativo à função. Não configura o delito dizer que é funcionário público, mas pode caracterizar a contravenção do art. 45 da LCP. Não é necessário o fim de auferir vantagem para a consumação da infração; se o agente vier a auferi-la, aplica-se a qualificadora (parágrafo único)".

2.2. Resistência (art. 329)

Constitui crime opor-se à execução de ato legal, mediante violência ou ameaça a funcionário competente para executá-lo ou a quem lhe esteja prestando auxílio.

Deve haver emprego de violência ou ameaça contra o funcionário público executor do ato ou contra o particular que lhe esteja prestando auxílio. Caso o funcionário não seja competente para a prática do ato, o fato será atípico. Observe-se que a violência deve ser contra a pessoa e não contra alguma coisa. A simples ofensa verbal caracteriza desacato. A resistência meramente passiva, isto é, sem violência ou ameaça, não é crime (*ex.*: o sujeito agarra-se em um poste e fica gritando para não ser preso, ou foge para evitar a prisão).

Ato legal: a) **legalidade substancial**: autorizado pela norma, como ocorre com a prática de prisão em flagrante; b) **legalidade formal**: o ato deve atender determinadas formalidades. Se o sujeito resiste a ato ilegal não haverá resistência.

Consuma-se com a prática da violência ou ameaça, independentemente de o agente conseguir impedir a execução do ato legal (**crime formal**). Admite-se a tentativa. Entretanto, se o ato, em razão da resistência, não se executa, incide a qualificadora (§ 1º). O § 2º dispõe acerca da aplicação da regra do **concurso material** entre o crime de resistência e a violência. Assim, o agente poderá responder pelo art. 329 em concurso com o art. 121, ou pelo art. 329 em concurso com o art. 129.

Resistência e *crime de roubo*: pode ocorrer resistência durante a execução do crime de roubo. Responderá o agente somente pelo crime de roubo se a violência ou ameaça da resistência for um desdobramento da violência ou ameaça do roubo. Porém, se o roubo já se consumou, poderá haver concurso de crimes, pois não se deve confundir a violência praticada no roubo com a violência para resistir à prisão. No entanto, há quem considere haver crime de resistência mesmo na hipótese de ser a violência empregada contra os policiais no mesmo contexto do roubo, hipótese em que haverá concurso de crimes (posição minoritária).

2.3. Desobediência (art. 330)

Pratica o crime aquele que desobedece a ordem legal de funcionário público. O sujeito ativo pode ser qualquer pessoa. Apesar da discussão, o STJ já decidiu que pode ser inclusive um **funcionário público** (REsp 556814, j. 07/11/2006). A desobediência pode ser crime omissivo ou comissivo, dependendo da ordem. Se a ordem era o cumprimento de um fazer, o crime será omissivo (o agente deixa de fazer o que devia); se a ordem era de não fazer, a desobediência será crime comissivo (o agente faz o que deveria deixar de fazer).

Para caracterização do crime: **a)** o agente deve desobedecer a ordem legal; **b)** a ordem deve ser emanada de autoridade competente; **c)** a ordem deve ser dirigida diretamente ao destinatário; **d)** o agente deve ter o dever jurídico de obedecer.

Consuma-se no momento em que o agente não cumpre a ordem. A tentativa é admitida na forma comissiva (ordem de não fazer), uma vez que o agente faz o que não devia.

Prevalece o entendimento de Nélson Hungria no sentido de não configurar crime de desobediência quando a lei comina penalidade civil ou administrativa para o descumprimento da ordem, **sem ressalvar expressamente** a possibilidade do crime de desobediência. Vejamos: "Prevalece no STJ o entendimento no sentido de que, para configurar o crime do art. 330 do CP, não basta o descumprimento de ordem legal emanada por funcionário público competente, sendo indispensável não existir sanção administrativa ou civil determinada em lei específica no caso de descumprimento do ato" (STJ, 5ª T., AgRg no AgRg no REsp 1800887, j. 18/06/2019).

Exemplos em que a lei ressalva o cúmulo criminal	Exemplo em que a lei não ressalva o cúmulo criminal
Art. 219 do CPP e art. 403, parágrafo único, do CPC	Art. 455, § 5º, do CPC

Lei Maria da Penha: "A jurisprudência desta Corte Superior de Justiça está pacificada no sentido de que o descumprimento de medidas protetivas estabelecidas na Lei Maria da Penha não caracteriza a prática do delito previsto no art. 330 do Código Penal, em atenção ao princípio da *ultima ratio*, tendo em vista a existência de cominação específica nas hipóteses em que a conduta for praticada no âmbito doméstico e familiar, nos termos do art. 313, III, do Código de Processo Penal" (STJ, 5ª T., HC 406.951, j. 26/09/2017). Ainda: "Nos termos de entendimento pacífico no âmbito desta Corte, o descumprimento de decisão que impõe medida protetiva de urgência prevista na Lei nº 11.340/2006 não configura o crime de desobediência previsto no art. 359 do Código Penal, podendo importar a imposição de outras medidas legais cabíveis. Precedentes" (STJ, 6ª T., AgRg no AREsp 1226600, j. 05/06/2018).

Com o advento da Lei nº 13.641/18 foi incluído à Lei Maria da Penha o delito do **art. 24-A**, nos seguintes termos: "Descumprir decisão judicial que defere medidas protetivas de urgência previstas nesta Lei: Pena – detenção, de 3 (três) meses a 2 (dois) anos. § 1º. A configuração do crime independe da competência civil ou criminal do juiz que deferiu as medidas. § 2º. Na hipótese de prisão em flagrante, apenas a autoridade judicial poderá conceder fiança. § 3º. O disposto neste artigo não exclui a aplicação de outras sanções cabíveis".

A *lex gravior* não pode retroagir: "1. A jurisprudência do Superior Tribunal de Justiça firmou-se no sentido de que o descumprimento de medidas protetivas impostas nos termos a Lei 11.340/06 não configura o delito do art. 359 do Código Penal. 2. Em se tratando de *novatio legis in pejus*, cuja irretroatividade se impõe, conforme os arts. 5º, XL, da CF e 1º do CP, não incide o art. 24-A da Lei Maria da Penha aos fatos anteriores à publicação da Lei 13.641/18, que criou tipo penal específico para a conduta de desobedecer decisões judiciais que impõem medidas protetivas" (STJ, 6ª T., AgRg no AREsp 1216126, j. 21/08/2018).

2.4. Desacato (art. 331)

Configura crime desacatar funcionário público no exercício da função ou em razão dela. Qualquer pessoa pode ser sujeito ativo. Predomina que "É possível a prática do crime de desacato por funcionário público contra pessoa no exercício de função pública, pois se trata de crime comum em que a vítima imediata é o Estado e a mediata aquela que está sendo ofendida" (STJ, HC 104.921, j. 21/05/2009). No mesmo sentido: STF, Pleno, ACO 1179, j. 11/09/2008.

Desacatar significa humilhar, ofender, desprestigiar, desrespeitar. Pode ser por palavras, gestos ou escritos. Deve o agente ter o fim específico de ofender o funcionário público.

Modalidades de desacato: *a) desacato* ***no exercício*** *da função*: ocorre quando o funcionário é ofendido no exercício da função, ainda que a ofensa não possua relação com ela; *b) desacato* ***em razão*** *da função*: o funcionário pode ser desacatado mesmo se não estiver no exercício da função, desde que a ofensa seja direta e em razão da função (*ex.*: o juiz está de férias e encontra um réu que, desejando ofendê-lo, diz: "você é um juiz medíocre e incapaz").

Presença do funcionário público. É imprescindível a presença do funcionário no local onde a ofensa é praticada, pois deve tomar conhecimento direto da ofensa. Assim, se o agente, por exemplo, atribui qualidade negativa relacionada com a função, mas não na presença do funcionário, haverá o crime de **injúria majorada** (CP, art. 140 c/c art. 141, II).

Consuma-se com a prática da ofensa, independentemente de o funcionário se sentir ofendido (**crime formal**). Basta a ofensa ser capaz de ofender. Admite-se a tentativa, salvo se for oral, pois neste caso o crime será unissubsistente.

▶ **Observações:**

- O STF, no julgamento da ADI 1127/DF, declarou a inconstitucionalidade da expressão "*e desacato*" contida no art. 7º, § 2º, da Lei nº 8.906/94 (Estatuto da OAB).
- Não é admissível a retratação e nem a exceção da verdade.
- "Com observância do art. 13 do Pacto de São José da Costa Rica, a 3ª Seção, por maioria, no julgamento do habeas corpus 379269/MS, definiu que o crime de desacato previsto no art. 331 do CP não transgride o Direito à Liberdade de Expressão" (STJ, 5ª T., AgRg no AREsp 1012281/SC, j. 05/10/2017). Ainda: "A Segunda Turma da Corte, no julgamento do HC nº 141.949/DF, Relator o Ministro Gilmar Mendes, DJe de 21/3/18, assentou a recepção do crime de desacato pela Constituição Federal de 1988 (CF, art. 5º, IV, da CF), bem como a compatibilidade da figura penal do desacato com o disposto no art. 13 da Convenção Americana de Direitos Humanos (Pacto de São José da Costa Rica)" (STF, 2ª T., ARE 1049152 AgR, j. 07/05/2018).

Obs.: anteriormente, no julgamento do REsp 1640084, em 15/12/2016, a 5ª Turma do STJ descriminalizou a conduta tipificada como crime de desacato à autoridade, por entender que a tipificação é incompatível com o artigo 13 da Convenção Americana de Direitos Humanos (Pacto de São José da Costa Rica).

2.5. Tráfico de influência (art. 332)

Constitui crime solicitar, exigir, cobrar ou obter, para si ou para outrem, vantagem ou promessa de vantagem, a pretexto de influir em ato praticado por funcionário público no exercício da função. O agente utiliza fraude, uma vez que não influirá no ato a ser praticado pelo funcionário público. Ainda que o autor possua alguma influência em relação ao funcionário, o crime restará configurado, pois não haverá qualquer interferência por parte do primeiro.

Nas condutas *solicitar* e *exigir* o crime consuma-se com a prática da própria conduta, independente do resultado (crime formal). Na conduta típica *obter* o crime consuma-se com a obtenção da vantagem (crime material).

Se o agente alega ou insinua que a vantagem é também destinada ao funcionário, a pena é aumentada da metade. Quem entrega a vantagem ao agente não comete crime, mesmo nesse caso, pois na realidade nada será oferecido ao funcionário. Isto porque se houver o oferecimento de vantagem ao funcionário público ocorrerá o delito de corrupção ativa (art. 333).

▶ **CRIME DE EXPLORAÇÃO DE PRESTÍGIO**

Art. 357 do CP: "Solicitar ou receber dinheiro ou qualquer outra utilidade, a pretexto de influir em juiz, jurado, órgão do Ministério Público, funcionário de justiça, perito, tradutor, intérprete ou testemunha".

2.6. Corrupção ativa (art. 333)

Responde pelo delito aquele que *oferece* ou *promete* vantagem indevida a funcionário público, para determiná-lo a praticar, omitir ou retardar ato de ofício.

Se o funcionário receber ou aceitar a promessa praticará o crime de corrupção passiva. A iniciativa é sempre do *extraneus* (particular). O ato a ser praticado, omitido ou retardado deve ser da competência do funcionário. A vantagem indevida (ilícita) pode ser patrimonial, moral ou qualquer outra.

Se a oferta ou a promessa for posterior à prática, omissão ou retardamento do ato, não configura o crime para o *extraneus*, uma vez que a vantagem é dada *para que se faça ou deixe de fazer* e não para o que já foi realizado ou omitido.

Atenção: se o funcionário público solicitar a vantagem ilícita em razão da função e o particular vier a dá-la, não irá configurar delito esse comportamento por parte do particular. Repare que no art. 333 o tipo não contém o verbo "dar", mas apenas "oferecer" ou "prometer". No entanto, o funcionário responderá por corrupção passiva (art. 317). Neste exemplo se verifica que **não há bilateralidade entre os delitos.**

Consuma-se com a simples oferta ou promessa de vantagem, independentemente de o funcionário aceitar a oferta ou promessa, ou, ainda, retardar ou omitir ato de ofício, ou praticá-lo infringindo dever funcional (**crime formal**). A tentativa é admitida.

A pena é aumentada de um terço se, em razão da vantagem ou promessa, o funcionário retarda ou omite ato de ofício, ou o pratica infringindo dever funcional.

2.7. Descaminho (art. 334)

A conduta típica consiste em *iludir*, no todo ou em parte, o pagamento de direito ou imposto devido pela entrada, pela saída ou pelo consumo de mercadoria, com pena de reclusão de 1 a 4 anos. O art. 334 do CP tem redação dada pela Lei nº 13.008, de 26/06/2014.

Crime formal: "O Supremo Tribunal Federal e o Superior Tribunal de Justiça firmaram compreensão no sentido de que a consumação do crime de descaminho independe da constituição definitiva do crédito tributário, haja vista se tratar de crime formal, diversamente dos crimes tributários listados na Súmula Vinculante nº 24 do Pretório Excelso" (STJ, 5ª T., HC 271650, j. 03/03/2016). Ainda: "As consequências dos crimes de sonegação fiscal e de descaminho foram valoradas negativamente de forma idônea, ante a vultosa quantia não recolhida ao Fisco, com destaque para o delito de descaminho ser crime formal" (STJ, 5ª T., AgRg nos EDcl no AgRg nos EDcl no REsp 1705780, j. 22/09/2020).

Princípio da insignificância: é aplicável ao crime de descaminho. STJ: "1. Considerando os princípios da segurança jurídica, da proteção da confiança e da isonomia, deve ser revisto o entendimento firmado, pelo julgamento, sob o rito dos repetitivos, do REsp nº 1.112.748/TO – Tema 157, de forma a adequá-lo ao entendimento externado pela Suprema Corte, o qual tem considerado o parâmetro fixado nas Portarias nº 75 e 130/MF – R$ 20.000,00 (vinte mil reais) para aplicação do princípio da insignificância aos crimes tributários federais e de descaminho. 2. Assim, a tese fixada passa a ser a seguinte: **incide o princípio da insignificância aos crimes tributários federais e de descaminho quando o débito tributário verificado não ultrapassar o limite de R$ 20.000,00 (vinte mil reais)**, a teor do disposto no art. 20 da Lei nº 10.522/2002, com as atualizações efetivadas pelas Portarias nº 75 e 130, ambas do Ministério da Fazenda" (STJ, 3ª Seção, REsp 1709029, DJe 04/04/2018).

No mesmo sentido: "Quanto à aplicação do princípio da insignificância no delito de descaminho, haja vista a persistente polêmica instaurada no âmbito dos tribunais pátrios, a questão foi submetida novamente à apreciação da Terceira Seção desta Corte, sob o rito dos recursos repetitivos, a qual decidiu reformar o entendimento anterior e fixar a nova tese para o tema em debate, em 06/03/2018: 'Incide o princípio da insignificância aos crimes tributários federais e de descaminho quando o débito tributário verificado não ultrapassar o limite de R$ 20.000,00 (vinte mil reais), a teor do disposto no art. 20 da Lei n. 10.522/2002, com as atualizações efetivadas pelas Portarias 75 e 130, ambas do Ministério da Fazenda'" (STJ, 5ª T., AgRg no REsp 1898367, j. 09/12/2020).

Figuras equiparadas (§ 1º). Incorre na mesma pena quem: **I** – pratica navegação de cabotagem, fora dos casos permitidos em lei; **II** – pratica fato assimilado, em lei especial, a descaminho; **III** – vende, expõe à venda, mantém em depósito ou, de qualquer forma, utiliza em proveito próprio ou alheio, no exercício de atividade comercial ou industrial, mercadoria de procedência estrangeira que introduziu clandestinamente no País ou importou fraudulentamente ou que sabe ser produto de introdução clandestina no território nacional ou de importação fraudulenta por parte de outrem; **IV** – adquire, recebe ou oculta, em proveito próprio ou alheio, no exercício de atividade comercial ou industrial, mercadoria de procedência estrangeira, desacompanhada de documentação legal ou acompanhada de documentos que sabe serem falsos.

Forma majorada (§ 3º). A pena aplica-se em dobro se o crime de descaminho é praticado em transporte aéreo, marítimo ou fluvial.

Competência. Súmula 151 do STJ: *"A competência para o processo e julgamento por crime de contrabando ou descaminho define-se pela prevenção do* **Juízo Federal** *do lugar da apreensão dos bens"*. Ainda: "A Terceira Seção, em nova discussão sobre o tema, passou a adotar posição no sentido de que "o crime de contrabando, tal como o delito de descaminho, é de competência federal, independentemente da existência de indícios de transnacionalidade na conduta" (CC 160.748/SP, Rel. Ministro SEBASTIÃO REIS JÚNIOR, TERCEIRA SEÇÃO, julgado em 26/9/2018, DJe 4/10/2018)" (STJ, 5ª T., HC 486777, j. 15/08/2019).

A Lei nº 13.804, de 10.01.2019 (DOU de 11.01.2019), alterou o Código de Trânsito Brasileiro e passou a prever:

→ **Efeito da condenação.** "Art. 278-A. O condutor que se utilize de veículo para a prática do crime de receptação, **descaminho, contrabando**, previstos nos arts. 180, **334 e 334-A** do Decreto-Lei nº 2.848, de 7 de dezembro de 1940 (Código Penal), condenado por um desses crimes em decisão judicial transitada em julgado, terá cassado seu documento de habilitação ou será proibido de obter a habilitação para dirigir veículo automotor pelo prazo de 5 (cinco) anos. § 1º O condutor condenado poderá requerer sua reabilitação, submetendo-se a todos os exames necessários à habilitação, na forma deste Código".

→ **Medida cautelar.** "Art. 278-A, § 2º: No caso do condutor preso em flagrante na prática dos crimes de que trata o *caput* deste artigo, poderá o juiz, em qualquer fase da investigação ou da ação penal, se houver necessidade para a garantia da ordem pública, como medida cautelar, de ofício, ou a requerimento do Ministério Público ou ainda mediante representação da autoridade policial, decretar, em decisão motivada, a suspensão da permissão ou da habilitação para dirigir veículo automotor, ou a proibição de sua obtenção".

2.8. Contrabando (art. 334-A)

A conduta típica consiste em *importar* ou *exportar* mercadoria proibida, com pena de reclusão de 2 a 5 anos. O art. 334-A foi incluído ao Código Penal pela Lei nº 13.008, de 26/06/2014.

Consumação. Deve-se analisar o local da entrada ou saída da mercadoria: **a)** se ocorreu via alfândega, a consumação ocorrerá no momento da liberação da mercadoria; **b)** se ocorreu em local diverso da alfândega, a consumação ocorrerá no momento em que a mercadoria ultrapassa as fronteiras nacionais (entra ou sai do País).

Desnecessidade da constituição definitiva do crédito tributário: "'Desnecessária a constituição definitiva do crédito tributário na esfera administrativa para configuração dos crimes de contrabando e descaminho' (HC nº 120.783, Primeira Turma, Rel. Min. Rosa Weber, DJe de 11/4/2014)" (STJ, 5ª T., RHC 67467, j. 23/08/2016).

Princípio da insignificância (não incidência). Ao contrário do descaminho, o crime de contrabando não admite a incidência do princípio da insignificância: "Prevalece nesta Corte o posicionamento de que a importação não autorizada de cigarros, por constituir crime de contrabando, é insuscetível de aplicação do princípio da insignificância, pois implica não apenas lesão ao erário e à atividade arrecadatória do Estado, mas a outros bens jurídicos tutelados pela norma penal, como, no caso, a saúde pública" (STJ, 6ª T., AgRg no REsp 1751670, j. 14/05/2019). Ainda: "Prevalece nesta Corte o posicionamento de que a importação não autorizada de cigarros, por constituir crime de contrabando, é insuscetível de aplicação do princípio da insignificância, pois implica não apenas lesão ao erário e à atividade arrecadatória do Estado, mas a outros bens jurídicos tutelados pela norma penal, como, no caso, a saúde pública" (STJ, 6ª T., AgRg no AREsp 1685241, j. 15/09/2020).

Figuras equiparadas (§ 1º). Incorre na mesma pena quem: **I** – pratica fato assimilado, em lei especial, a contrabando; **II** – importa ou exporta clandestinamente mercadoria que dependa de registro, análise ou autorização de órgão público competente; **III** – reinsere no território nacional mercadoria brasileira destinada à exportação; **IV** – vende, expõe à venda, mantém em depósito ou, de qualquer forma, utiliza em proveito próprio ou alheio, no exercício de atividade comercial ou industrial, mercadoria proibida pela lei brasileira; **V** – adquire, recebe ou oculta, em proveito próprio ou alheio, no exercício de atividade comercial ou industrial, mercadoria proibida pela lei brasileira.

Forma majorada (§ 3º). A pena aplica-se em dobro se o crime de contrabando é praticado em transporte aéreo, marítimo ou fluvial.

Competência. Súmula 151 do STJ: "A competência para o processo e julgamento por crime de contrabando ou descaminho define-se pela prevenção do **Juízo Federal** do lugar da apreensão dos bens". Ainda: "A Terceira Seção, em nova discussão sobre o tema, passou a adotar posição no sentido de que "o crime de contrabando, tal como o delito de descaminho, é de competência federal, independentemente da existência de indícios de transnacionalidade na conduta" (CC 160.748/SP, Rel. Ministro SEBASTIÃO REIS JÚNIOR, TERCEIRA SEÇÃO, julgado em 26/9/2018, DJe 4/10/2018)" (STJ, 5ª T., HC 486777, j. 15/08/2019).

A Lei nº 13.804, de 10.01.2019 (DOU de 11.01.2019), alterou o Código de Trânsito Brasileiro e passou a prever:

→ **Efeito da condenação.** "Art. 278-A. O condutor que se utilize de veículo para a prática do crime de receptação, **descaminho, contrabando**, previstos nos arts. 180, **334 e 334-A** do Decreto-Lei nº 2.848, de 7 de dezembro de 1940 (Código Penal), condenado por um desses crimes em decisão judicial transitada em julgado, terá cassado seu documento de habilitação ou será proibido de obter a habilitação para dirigir veículo automotor pelo prazo de 5 (cinco) anos. § 1º O condutor condenado poderá requerer sua reabilitação, submetendo-se a todos os exames necessários à habilitação, na forma deste Código".

→ **Medida cautelar.** "Art. 278-A, § 2º: No caso do condutor preso em flagrante na prática dos crimes de que trata o *caput* deste artigo, poderá o juiz, em qualquer fase da investigação ou da ação penal, se houver necessidade para a garantia da ordem pública, como medida cautelar, de ofício, ou a requerimento do Ministério Público ou ainda mediante representação da autoridade policial, decretar, em decisão motivada, a suspensão da permissão ou da habilitação para dirigir veículo automotor, ou a proibição de sua obtenção".

2.9. Impedimento, perturbação ou fraude de concorrência (art. 335)

O art. 335 do CP foi tacitamente revogado pelos arts. 93 e 95 da Lei nº 8.666/93 (atualmente os arts. 337-I e 337-K do Código Penal, incluídos pela nova Lei de Licitações).

2.10. Inutilização de edital ou de sinal (art. 336)

Pune-se aquele que rasga ou, de qualquer forma, inutiliza ou conspurca edital afixado por ordem de funcionário público, bem como quem viola ou inutiliza selo ou sinal empregado, por determinação legal ou por ordem de funcionário público, para identificar ou cerrar qualquer objeto.

2.11. Subtração ou inutilização de livro ou documento (art. 337)

Pratica o crime quem subtrai, ou inutiliza, total ou parcialmente, livro oficial, processo ou documento confiado à custódia de funcionário, em razão de ofício, ou de particular em serviço público. Trata-se de **crime subsidiário.**

2.12. Sonegação de contribuição previdenciária (art. 337-A)

Constitui crime suprimir ou reduzir contribuição social previdenciária e qualquer acessório, mediante as seguintes condutas: omitir de folha de pagamento da empresa ou de documento de informações previsto pela legislação previdenciária segurados empregado, empresário, trabalhador avulso ou trabalhador autônomo ou a este equiparado que lhe prestem serviços; deixar de lançar mensalmente nos títulos próprios da contabilidade da empresa as quantias descontadas dos segurados ou as devidas pelo empregador ou pelo tomador de serviços; omitir, total ou parcialmente, receitas ou lucros auferidos, remunerações pagas ou creditadas e demais fatos geradores de contribuições sociais previdenciárias.

Independentemente de pagamento, nos termos do § 1º, é extinta a punibilidade se o agente, espontaneamente, declara e confessa as contribuições, importâncias ou valores e presta as informações devidas à previdência social, na forma definida em lei ou regulamento, antes do início da ação fiscal.

É facultado ao juiz deixar de aplicar a pena ou aplicar somente a de multa se o agente for primário e de bons antecedentes, desde que: o valor das contribuições devidas, inclusive acessórios, seja igual ou inferior àquele estabelecido pela previdência social, administrativamente, como sendo o mínimo para o ajuizamento de suas execuções fiscais.

Se o empregador não é pessoa jurídica e sua folha de pagamento mensal não ultrapassa R$ 1.510,00 (mil quinhentos e dez reais), o juiz poderá reduzir a pena de um terço até a metade ou aplicar apenas a de multa. Este valor será reajustado nas mesmas datas e nos mesmos índices do reajuste dos benefícios da previdência social.

Princípio da insignificância (não incidência). "1. Ambas as Turmas que compõem o Supremo Tribunal Federal entendem ser inaplicável o princípio da insignificância aos crimes de sonegação de contribuição previdenciária e apropriação indébita previdenciária, tendo em vista a elevada reprovabilidade dessas condutas, que atentam contra bem jurídico de caráter supraindividual e contribuem para agravar o quadro deficitário da Previdência Social. 2. A Terceira Seção desta Corte Superior concluiu que não é possível a aplicação do princípio da insignificância aos crimes de apropriação indébita previdenciária e de sonegação de contribuição previdenciária, independentemente do valor do ilícito, pois esses tipos penais protegem a própria subsistência da Previdência Social, de modo que é elevado o grau de reprovabilidade da conduta do agente que atenta contra este bem jurídico supraindividual" (STJ, 6ª T., AgRg no REsp 1783334, j. 07/11/2019).

▶ **IMPORTANTE**

- **Súmula Vinculante nº 24 do STF**: "Não se tipifica crime material contra a ordem tributária, previsto no art. 1º, incisos I a IV, da Lei nº 8.137/90, antes do lançamento definitivo do tributo".
- "Os delitos de apropriação indébita previdenciária e de sonegação de contribuição previdenciária, previsto nos arts. 168-A e 337-A, ambos do Código Penal, ostentam natureza de delito material, consumando-se apenas na data da constituição definitiva do crédito tributário. Assim, a ausência de comprovação da constituição do crédito impede o reconhecimento da justa causa para a ação penal" (STJ, AgRg no REsp 1416220, j. 12/09/2017). Ainda: "O delito de sonegação de contribuição previdenciária, por se tratar de crime material, somente se consuma após a constituição definitiva do crédito tributário mediante o esgotamento da via administrativa" (STJ, 6ª T., EDcl no AgInt no REsp 1569916, j. 19/06/2018); "Conforme precedentes, o delito do art. 337-A do CP é material, consuma-se com o resultado que, por seu turno, ocorre com a constituição definitiva do crédito tributário" (STJ, 5ª T., AgRg no AREsp 1293461, j. 16/05/2019).

▶ **Atenção:**

- **Lei nº 10.684/03**. Art. 9º. É suspensa a pretensão punitiva do Estado, referente aos crimes previstos nos arts. 1º e 2º da Lei nº 8.137, de 27 de dezembro de 1990, e nos arts. 168-A e 337-A do Decreto-Lei nº 2.848, de 7 de dezembro de 1940 – Código Penal, durante o período em que a pessoa jurídica relacionada com o agente dos aludidos crimes estiver incluída no regime de parcelamento. § 1º A prescrição criminal não corre durante o período de suspensão da pretensão punitiva. § 2º Extingue-se a punibilidade dos crimes referidos neste artigo quando a pessoa jurídica relacionada com o agente efetuar o pagamento integral dos débitos oriundos de tributos e contribuições sociais, inclusive acessórios.
- **Lei nº 11.941/2009. Art. 67.** Na hipótese de **parcelamento do crédito tributário antes do oferecimento da denúncia**, essa somente poderá ser aceita na superveniência de inadimplemento da obrigação objeto da denúncia. **Art. 68.** É suspensa a pretensão punitiva do Estado, referente aos crimes previstos nos arts. 1º e 2º da Lei nº 8.137, de 27 de dezembro de 1990, e nos arts. 168-A e 337-A do Decreto-Lei nº 2.848, de 7 de dezembro de 1940 – Código Penal, limitada a suspensão aos débitos que tiverem sido objeto de concessão de parcelamento, enquanto não forem rescindidos os parcelamentos de que tratam os arts. 1º a 3º desta Lei, observado o disposto no art. 69 desta Lei. **Parágrafo único.** A prescrição criminal não corre durante o período de suspensão da pretensão punitiva. **Art. 69. Extingue-se a punibilidade** dos crimes referidos no art. 68 quando a pessoa jurídica relacionada com o agente **efetuar o pagamento integral** dos débitos oriundos de tributos e contribuições sociais, inclusive acessórios, que tiverem sido **objeto de concessão de parcelamento.** Parágrafo único. Na hipótese de pagamento efetuado pela pessoa física prevista no § 15 do art. 1º desta Lei, a extinção da punibilidade ocorrerá com o pagamento integral dos valores correspondentes à ação penal.
- **Lei n º 9.430/96 (redação dada pela Lei nº 12.382/11). Art. 83.** A representação fiscal para fins penais relativa aos crimes contra a ordem tributária previstos nos arts. 1º e 2º da **Lei nº 8.137, de 27 de dezembro de 1990**, e aos crimes contra a

Previdência Social, previstos nos arts. 168-A e 337-A do **Decreto-Lei nº 2.848, de 7 de dezembro de 1940 – Código Penal**, será encaminhada ao Ministério Público depois de proferida a decisão final, na esfera administrativa, sobre a exigência fiscal do crédito tributário correspondente. **§ 1º** Na hipótese de concessão de parcelamento do crédito tributário, a representação fiscal para fins penais somente será encaminhada ao Ministério Público após a exclusão da pessoa física ou jurídica do parcelamento. **§ 2º** É suspensa a pretensão punitiva do Estado referente aos crimes previstos no *caput*, durante o período em que a pessoa física ou a pessoa jurídica relacionada com o agente dos aludidos crimes estiver incluída no parcelamento, **desde que o pedido de parcelamento tenha sido formalizado antes do recebimento da denúncia criminal.** **§ 3º** A prescrição criminal não corre durante o período de suspensão da pretensão punitiva. **§ 4º** Extingue-se a punibilidade dos crimes referidos no *caput* quando a pessoa física ou a pessoa jurídica relacionada com o agente efetuar o **pagamento integral** dos débitos oriundos de tributos, inclusive acessórios, que tiverem sido objeto de concessão de parcelamento.

- O STF (2ª T., RHC 128245, j. 23/08/2016) decidiu que:
  - → Pagamento: o pagamento integral do débito previdenciário, ainda que no curso da execução penal, é causa de extinção da punibilidade do agente, nos termos do art. 9º, § 2º, da Lei nº 10.684/03.
  - → Parcelamento: observados os requisitos legais, ocorre a suspensão da pretensão punitiva do Estado.
- Há decisão do STJ no mesmo sentido (ex.: 5ª T., HC 362.478/SP, j. 14/09/2017).

3. CRIMES PRATICADOS POR PARTICULAR CONTRA A ADMINISTRAÇÃO PÚBLICA ESTRANGEIRA

O Capítulo II-A e respectivos artigos foram incluídos pela Lei nº 10.467/02, a qual visou a dar efetividade ao Decreto nº 3.678/00, que promulgou a Convenção sobre o Combate da Corrupção de Funcionários Públicos Estrangeiros em Transações Comerciais, concluída em Paris, em 17 de dezembro de 1997.

Nos termos do art. 337-D, considera-se **funcionário público estrangeiro**, para os efeitos penais, quem, ainda que transitoriamente ou sem remuneração, exerce cargo, emprego ou função pública em entidades estatais ou em representações diplomáticas de país estrangeiro. Equipara-se a funcionário público estrangeiro quem exerce cargo, emprego ou função em empresas controladas, diretamente ou indiretamente, pelo Poder Público de país estrangeiro ou em organizações públicas internacionais.

3.1. Corrupção ativa em transação comercial internacional (art. 337-B)

Responde pelo delito aquele que promete, oferece ou dá, direta ou indiretamente, vantagem indevida a funcionário público estrangeiro, ou a terceira pessoa, para determiná-lo a praticar, omitir ou retardar ato de ofício relacionado à transação comercial internacional. Trata-se de crime comum, podendo ser praticado por qualquer pessoa. O sujeito passivo é a Administração Pública estrangeira. Para configurar o delito o agente deve visar (elemento subjetivo especial do tipo) a que o funcionário público estrangeiro pratique, omita ou retarde ato de ofício relacionado à transação comercial internacional, de sorte que não é qualquer ato de ofício. Importante frisar que o funcionário deve ter atribuição para o ato.

3.2. Tráfico de influência em transação comercial internacional (art. 337-C)

Ocorre o crime quando o agente solicita, exige, cobra ou obtém, para si ou para outrem, direta ou indiretamente, vantagem ou promessa de vantagem a pretexto de influir em ato praticado por funcionário público estrangeiro no exercício de suas funções, relacionado a transação comercial internacional. Trata-se de tipo especial em relação ao tráfico de influência comum (art. 332 do CP). Pode ser praticado por qualquer pessoa. A pena é aumentada da metade se o agente alega ou insinua que a vantagem é também destinada a funcionário estrangeiro.

4. CRIMES EM LICITAÇÕES E CONTRATOS ADMINISTRATIVOS

4.1. Nova Lei Geral de Licitações

A nova Lei de Licitações incluiu ao Título XI da Parte Especial do Código Penal o seguinte Capítulo II-B: "Dos Crimes em Licitações e Contratos Administrativos". Foram acrescentados os delitos dos artigos 337-E a 337-O.

A legislação nova só entrará em vigor após dois anos de sua publicação oficial (art. 190, II). No entanto, sua parte criminal (delitos licitatórios) já está vigendo desde a publicação (art. 190, I).

Os crimes previstos na Lei nº 8.666/93 (arts. 89 a 98) eram punidos com detenção. Por sua vez, os delitos ora incluídos ao Código Penal são punidos com reclusão, com exceção dos artigos 337-I e 337-J. De acordo com o art. 33, caput, do Código Penal, a pena de detenção somente pode ser cumprida, inicialmente, em regime semiaberto ou aberto; já a pena de reclusão pode ser cumprida, inicialmente, em regime fechado, semiaberto ou aberto.

Além da qualidade das penas (detenção para reclusão), houve aumento substancial também na quantidade do apenamento. Ex.: o crime de fraude em licitação (art. 96 da Lei nº 8.666/93) trazia a pena mais alta - detenção de 3 a 5 anos e multa; atualmente, este delito vem denominado fraude em licitação ou contrato (art. 337-L do CP) e é punido com pena de reclusão de 4 a 8 anos e multa. Como se observa, estamos diante de lex gravior, que não poderá retroagir em prejuízo do réu.

Todos os crimes licitatórios ora incluídos ao Código Penal são dolosos, processados por ação penal pública incondicionada e punidos com pena de multa.

Vejamos os crimes em espécie incluídos ao Código Penal.

4.2. Contratação direta ilegal

O crime é próprio, pois somente o servidor público com a respectiva atribuição pode admitir, possibilitar ou dar causa a uma contratação direta. O particular que concorrer para o crime tendo ciência da condição funcional do autor também responderá pelo delito do art. 337-E, já que a elementar "funcionário público", quando conhecida, se comunica (art. 30 do CP).

Antes da alteração, o delito de contratação direta ilegal estava previsto no art. 89 da Lei nº 8.666/93.

ART. 89 DA LEI 8.666/93	ART. 337-E DO CÓDIGO PENAL
Dispensar ou inexigir licitação fora das hipóteses previstas em lei, ou deixar de observar as formalidades pertinentes à dispensa ou à inexigibilidade: Pena - detenção, de 3 a 5 anos, e multa. **Parágrafo único.** Na mesma pena incorre aquele que, tendo comprovadamente concorrido para a consumação da ilegalidade, beneficiou-se da dispensa ou inexigibilidade ilegal, para celebrar contrato com o Poder Público.	Admitir, possibilitar ou dar causa à contratação direta fora das hipóteses previstas em lei: Pena – reclusão, de 4 a 8 anos, e multa.

O tipo penal não prevê nenhum elemento subjetivo especial do tipo (dolo específico). Entretanto, a divergência que existia em relação ao art. 89 da Lei nº 8.666/93 certamente persistirá com a nova redação. A manter-se o entendimento externado pelos Tribunais Superiores em relação ao art. 89 da Lei nº 8.666/93, também o crime do art. 337-E do Código Penal exigirá o elemento subjetivo especial (dolo específico) para a sua caracterização, consistente na intenção de causar dano ao Erário. A propósito: "1. Nos termos da jurisprudência do Superior Tribunal de Justiça firmada a partir do julgamento da APn n. 480/MG, a consumação do crime do art. 89 da Lei n. 8.666/1993 exige a demonstração do dolo específico, ou seja, a intenção de causar dano ao Erário e a efetiva ocorrência de prejuízo aos cofres públicos. 2. Hipótese em que o paciente, prefeito do município, foi condenado como incurso no art. 89 da Lei n. 8.666/1993, por ter, juntamente com os membros da comissão de licitação, fracionado o serviço de transporte escolar em vários roteiros para, considerando o valor isolado de cada uma das linhas, dispensar o processo licitatório, em desacordo com o que determina o art. 23, §§ 2º e 5º e art. 24, II, da Lei n. 8.666/1993. 3. Observa-se, contudo, a existência de condenação baseada no dolo genérico (dispensa ou inexigibilidade de licitação, fora das hipóteses legais, com o objetivo de direcionamento da contratação), o que, segundo a jurisprudência desta Corte, não é suficiente para sustentar o decreto condenatório. 4. A sentença não fez qualquer referência à existência de deliberada intenção de causar prejuízos à Administração Pública ou à efetiva ocorrência do dano. Ao contrário, o magistrado de primeiro grau reconhece que os serviços foram prestados e, ao afastar a conduta prevista no art. 1°, inciso I, do Decreto-Lei n. 201/67, afirma, categoricamente, inexistir nos autos provas suficientes para comprovar o dolo do denunciado de efetuar pagamentos aos contratados superiores aos ajustados, sem qualquer justificativa para tanto. 5. Ordem concedida para absolver o paciente (...)" (STJ, 6ª T., HC 588359, j. 08/09/2020).

Ademais, de acordo com a Jurisprudência em Teses do STJ, Edição 134, 1ª tese: "Para a configuração do delito tipificado no artigo 89 da Lei 8.666/1993, é indispensável a comprovação do dolo específico do agente em causar dano ao erário, bem como do prejuízo à administração pública".

O crime se consuma com a contratação direta. Para STF e STJ exige-se a ocorrência de efetivo prejuízo à Administração Pública (crime material).

4.3. Frustração do caráter competitivo de licitação

O delito é comum, razão pela qual pode ser praticado por qualquer pessoa. De acordo com a Jurisprudência em Teses do STJ, Edição 134, 5ª tese: "O crime previsto no artigo 90 da Lei 8.666/1993 classifica-se como comum, não se exigindo do sujeito ativo nenhuma característica específica, podendo ser praticado por qualquer pessoa que participe do certame".

Antes da alteração, o crime de frustração do caráter competitivo de licitação estava previsto no art. 90 da Lei nº 8.666/93.

ART. 90 DA LEI Nº 8.666/93	ART. 337-F DO CÓDIGO PENAL
Frustrar ou fraudar, mediante ajuste, combinação ou qualquer outro expediente, o caráter competitivo do procedimento licitatório, com o intuito de obter, para si ou para outrem, vantagem decorrente da adjudicação do objeto da licitação: Pena – detenção, de 2 a 4 anos, e multa.	Frustrar ou fraudar, com o intuito de obter para si ou para outrem vantagem decorrente da adjudicação do objeto da licitação, o caráter competitivo do processo licitatório: Pena – reclusão, de 4 a 8 anos, e multa.

Além do dolo genérico, o tipo penal também exige o elemento subjetivo especial (dolo específico), consistente no intuito de obter para si ou para outrem vantagem decorrente da adjudicação do objeto da licitação. A propósito, o STJ já trancou ação penal, por inépcia da inicial, na qual o Ministério Público não transcreveu na denúncia o fim especial de obtenção de uma "vantagem decorrente da adjudicação do objeto da licitação" (STJ, 6ª T., RHC 126.876, j. 25/08/2020).

O crime se consuma com a mera frustração ou fraude ao caráter competitivo do processo licitatório. Não se exige para a consumação que o agente obtenha a vantagem decorrente da adjudicação do objeto da licitação.

Nesse sentido a **Súmula 645 do STJ**, "O crime de fraude à licitação é formal, e sua consumação prescinde da comprovação do prejuízo ou da obtenção de vantagem".

4.4. Patrocínio de contratação indevida

O crime é próprio, pois somente pode ser praticado por funcionário público. O particular que concorrer para o crime tendo ciência da condição funcional do autor também responderá pelo delito do art. 337-G, já que a elementar "funcionário público", quando conhecida, se comunica (art. 30 do CP).

Antes da alteração, o crime de patrocínio de contratação indevida estava previsto no art. 91 da Lei nº 8.666/93.

ART. 91 DA LEI Nº 8.666/93	ART. 337-G DO CÓDIGO PENAL
Patrocinar, direta ou indiretamente, interesse privado perante a Administração, dando causa à instauração de licitação ou à celebração de contrato, cuja invalidação vier a ser decretada pelo Poder Judiciário: Pena – detenção, de 6 meses a 2 anos, e multa.	Patrocinar, direta ou indiretamente, interesse privado perante a Administração Pública, dando causa à instauração de licitação ou à celebração de contrato cuja invalidação vier a ser decretada pelo Poder Judiciário: Pena – reclusão, de 6 meses a 3 anos, e multa.

Condição objetiva de punibilidade. Para que o sujeito ativo possa ser punido, o tipo penal pressupõe a invalidação da licitação ou do contrato pelo Poder Judiciário. Se a invalidação for levada a efeito pela própria Administração, poderá restar o tipo subsidiário de advocacia administrativa (art. 321 do CP).

O delito se consuma no momento em que o Poder Judiciário invalida a licitação ou o contrato (crime material).

4.5. Modificação ou pagamento irregular em contrato administrativo

O crime é próprio, pois somente pode ser praticado pelo servidor público que tenha atribuição para admitir, possibilitar ou dar causa a modificações, vantagens ou prorrogações contratuais, bem como para pagar fatura com preterição da ordem cronológica de sua exigibilidade. O particular que concorrer para o crime tendo ciência da condição funcional do autor também responderá pelo delito do art. 337-H, já que a elementar "funcionário público", quando conhecida, se comunica (art. 30 do CP).

Antes da alteração, o crime de modificação ou pagamento irregular em contrato administrativo estava previsto no art. 92 da Lei nº 8.666/93.

ART. 92 DA LEI Nº 8.666/93	ART. 337-H DO CÓDIGO PENAL
Admitir, possibilitar ou dar causa a qualquer modificação ou vantagem, inclusive prorrogação contratual, em favor do adjudicatário, durante a execução dos contratos celebrados com o Poder Público, sem autorização em lei, no ato convocatório da licitação ou nos respectivos instrumentos contratuais, ou, ainda, pagar fatura com preterição da ordem cronológica de sua exigibilidade, observado o disposto no art. 121 desta Lei: Pena – detenção, de dois a quatro anos, e multa. **Parágrafo único.** Incide na mesma pena o contratado que, tendo comprovadamente concorrido para a consumação da ilegalidade, obtém vantagem indevida ou se beneficia, injustamente, das modificações ou prorrogações contratuais.	Admitir, possibilitar ou dar causa a qualquer modificação ou vantagem, inclusive prorrogação contratual, em favor do contratado, durante a execução dos contratos celebrados com a Administração Pública, sem autorização em lei, no edital da licitação ou nos respectivos instrumentos contratuais, ou, ainda, pagar fatura com preterição da ordem cronológica de sua exigibilidade: Pena – reclusão, de 4 a 8 anos, e multa.

O crime se consuma no momento em que o autor admite, possibilita ou dá causa a qualquer modificação ou vantagem, inclusive prorrogação contratual, em favor do contratado, durante a execução dos contratos celebrados com a Administração Pública, sem autorização legal, no edital da licitação ou nos respectivos instrumentos contratuais, ou, ainda, quando paga fatura com preterição da ordem cronológica de sua exigibilidade. Para a consumação não há necessidade de que o sujeito ativo aufira qualquer vantagem ou a Administração ou terceiros sofram qualquer prejuízo (crime formal).

4.6. Perturbação de processo licitatório

O crime é comum, podendo ser praticado por qualquer pessoa (licitante ou não).

Antes da alteração, o crime de perturbação de processo licitatório estava previsto no art. 93 da Lei nº 8.666/93.

ART. 93 DA LEI Nº 8.666/93	ART. 337-I DO CÓDIGO PENAL
Impedir, perturbar ou fraudar a realização de qualquer ato de procedimento licitatório: Pena – detenção, de 6 meses a 2 anos, e multa.	Impedir, perturbar ou fraudar a realização de qualquer ato de processo licitatório: Pena – detenção, de 6 meses a 3 anos, e multa.

Revogação tácita do art. 335 do CP. O Código Penal, no artigo 335, prevê o crime de "Impedir, perturbar ou fraudar concorrência pública ou venda em hasta pública, promovida pela administração federal, estadual ou municipal, ou por entidade paraestatal (...)". Prevalece que o art. 93 da Lei nº 8.666/93 (atualmente o crime do art. 337-I do CP) revogou tacitamente o art. 335, 1ª figura, do CP. Nesse sentido o STJ, 5ª T., RHC 90847, j. 10/04/2018.

Curso do processo licitatório. De acordo com a Jurisprudência em Teses do STJ, Edição 134, 10ª tese, "O delito do artigo 93 da Lei 8.666/1993 somente se tipifica se as condutas nele previstas forem praticadas no curso do procedimento licitatório".

O delito se consuma no momento em que o autor impede, perturba ou frauda a realização de qualquer ato de processo licitatório. Para a consumação não há necessidade da obtenção de vantagem ou da causação de prejuízo à Administração Pública ou a terceiros.

4.7. Violação de sigilo em licitação

O crime é comum, podendo ser praticado por qualquer pessoa. Tanto o servidor público quanto o particular podem ter acesso ao conteúdo das propostas.

Antes da alteração, o crime de violação de sigilo em licitação estava previsto no art. 94 da Lei nº 8.666/93.

ART. 94 DA LEI Nº 8.666/93	ART. 337-J DO CÓDIGO PENAL
Devassar o sigilo de proposta apresentada em procedimento licitatório, ou proporcionar a terceiro o ensejo de devassá-lo: Pena – detenção, de 2 a 3 anos, e multa.	Devassar o sigilo de proposta apresentada em processo licitatório ou proporcionar a terceiro o ensejo de devassá-lo: Pena – detenção, de 2 a 3 anos, e multa.

Revogação tácita do art. 326 do CP. O Código Penal, no artigo 326, prevê o crime de "Devassar o sigilo de proposta de concorrência pública, ou proporcionar a terceiro o ensejo de devassá-lo". O art. 94 da Lei nº 8.666/93 (atualmente o crime do art. 337-J do CP) revogou tacitamente o art. 326 do CP.

O delito se consuma no momento em que o autor devassa o sigilo de proposta apresentada em processo licitatório ou proporciona a terceiro o ensejo de devassá-lo. Para a consumação não há necessidade que o sujeito ativo aufira qualquer vantagem ou que a Administração ou terceiro sofra qualquer prejuízo.

4.8. Afastamento de licitante

No caput (afastar ou tentar afastar licitante) o crime é comum, podendo ser praticado por qualquer pessoa. No parágrafo único (se abstém ou desiste de licitar) o crime é próprio, pois somente poderá ser praticado pelo licitante.

Antes da alteração, o crime de afastamento de licitante estava previsto no art. 95 da Lei nº 8.666/93.

ART. 95 DA LEI Nº 8.666/93	ART. 337-K DO CÓDIGO PENAL
Afastar ou procurar afastar licitante, por meio de violência, grave ameaça, fraude ou oferecimento de vantagem de qualquer tipo: Pena – detenção, de 2 a 4 anos, e multa, além da pena correspondente à violência. **Parágrafo único**. Incorre na mesma pena quem se abstém ou desiste de licitar, em razão da vantagem oferecida.	Afastar ou tentar afastar licitante por meio de violência, grave ameaça, fraude ou oferecimento de vantagem de qualquer tipo: Pena – reclusão, de 3 a 5 anos, e multa, além da pena correspondente à violência. **Parágrafo único**. Incorre na mesma pena quem se abstém ou desiste de licitar em razão de vantagem oferecida.

Revogação tácita do art. 335 do CP. O Código Penal, no artigo 335, 2ª parte, prevê o crime de "(...) afastar ou procurar afastar concorrente ou licitante, por meio de violência, grave ameaça, fraude ou oferecimento de vantagem". O art. 95 da Lei nº 8.666/93 (atualmente o crime do art. 337-K do CP) revogou tacitamente o art. 335, 2ª figura, do CP. Nesse sentido o STJ, 5ª T., RHC 90847, j. 10/04/2018.

Forma equiparada. Incorre na mesma pena quem se abstém ou desiste de licitar em razão de vantagem oferecida. Como dito, o crime somente pode ser praticado por licitante. Trata-se de hipótese excepcional em que o exaurimento é punido como delito autônomo.

O delito se consuma no momento em que o autor afasta ou tenta afastar licitante por meio de violência, grave ameaça, fraude ou oferecimento de vantagem de qualquer tipo, ou quando se abstém ou desiste de licitar em razão de vantagem oferecida. Para a consumação não há necessidade que o sujeito ativo aufira qualquer vantagem ou que a Administração ou terceiro sofra qualquer prejuízo (crime formal).

4.9. Fraude em licitação ou contrato

O crime é próprio, pois somente pode ser cometido por licitante ou contratado.

Antes da alteração, o crime de fraude em licitação ou contrato estava previsto no art. 96 da Lei nº 8.666/93.

ART. 96 DA LEI Nº 8.666/93	ART. 337-L DO CÓDIGO PENAL
Fraudar, em prejuízo da Fazenda Pública, licitação instaurada para aquisição ou venda de bens ou mercadorias, ou contrato dela decorrente: **I** - elevando arbitrariamente os preços; **II** - vendendo, como verdadeira ou perfeita, mercadoria falsificada ou deteriorada; **III** - entregando uma mercadoria por outra; **IV** - alterando substância, qualidade ou quantidade da mercadoria fornecida; **V** - tornando, por qualquer modo, injustamente, mais onerosa a proposta ou a execução do contrato: Pena - detenção, de 3 a 6 anos, e multa.	Fraudar, em prejuízo da Administração Pública, licitação ou contrato dela decorrente, mediante: **I** - entrega de mercadoria ou prestação de serviços com qualidade ou em quantidade diversas das previstas no edital ou nos instrumentos contratuais; **II** - fornecimento, como verdadeira ou perfeita, de mercadoria falsificada, deteriorada, inservível para consumo ou com prazo de validade vencido; **III** - entrega de uma mercadoria por outra; **IV** - alteração da substância, qualidade ou quantidade da mercadoria ou do serviço fornecido; **V** - qualquer meio fraudulento que torne injustamente mais onerosa para a Administração Pública a proposta ou a execução do contrato: Pena – reclusão, de 4 a 8 anos, e multa.

O art. 96 da Lei nº 8.666/93 somente fazia referência à "aquisição ou venda de bens ou mercadorias", deixando de fora hipóteses de fraudes em licitação cujo objeto fosse a "contratação de serviços". Dessa forma, a última hipótese não tipificava crime licitatório. A propósito: "A jurisprudência do Superior Tribunal de Justiça firmou-se no mesmo sentido de que 'o art. 96 da Lei n. 8.666/1993 apresenta hipóteses estreitas de penalidade, entre as quais não se encontra a fraude na licitação para fins de contratação de serviços. O tipo penal deveria prever expressamente a conduta de contratação de serviços fraudulentos para que fosse possível a condenação do réu, uma vez que o Direito Penal deve obediência ao princípio da taxatividade, não podendo haver interpretação extensiva em prejuízo do réu'" (STJ, 5ª T., HC 485791, j. 07/05/2019).

Nesse sentido, ainda, a Jurisprudência em Teses do STJ, Edição 134, 11ª tese: "A fraude na licitação para fins de contratação de serviço não está abrangida pelo tipo penal previsto no artigo 96 da Lei 8.666/1993, uma vez que apresenta hipóteses estreitas de penalidade, não podendo haver interpretação extensiva em prejuízo do réu, à luz do princípio penal da taxatividade".

O delito se consuma quando o agente causa efetivo prejuízo à Administração Pública. O crime é material, já que, de acordo com o art. 337-L do CP, a fraude deve gerar prejuízo à Administração Pública. Nesse sentido: "A verificação do adequado valor de mercado do bem, quando da alienação ao ente público, não é matéria jurídica, mas se cuida de questão fática e técnica afeta a outras áreas do conhecimento. Sem a perícia, não é possível ao Julgador saber qual seria o correto preço do bem vendido à Administração. Sem essa informação, fica inviabilizada a análise da materialidade delitiva do crime do art. 96, inciso V, da Lei n.º 8.666/1993, delito de natureza material, cuja consumação exige a ocorrência de efetivo prejuízo ao erário" (STJ, 6ª T., RMS 63289, j. 08/09/2020).

4.10. Contratação inidônea

No caput e no § 1º o crime é próprio, uma vez que somente o agente público com a respectiva atribuição pode "admitir à licitação" e "celebrar contrato" com empresa ou profissional declarado inidôneo. Já no § 2º (quem, declarado inidôneo, participa de licitação ou celebra contrato com a Administração Pública) o crime é comum, podendo ser praticado por qualquer pessoa.

Antes da alteração, o crime de contratação inidônea estava previsto no art. 97 da Lei nº 8.666/93.

ART. 97 DA LEI Nº 8.666/93	ART. 337-M DO CÓDIGO PENAL
Admitir à licitação ou celebrar contrato com empresa ou profissional declarado inidôneo: Pena – detenção, de 6 meses a 2 anos, e multa. **Parágrafo único.** Incide na mesma pena aquele que, declarado inidôneo, venha a licitar ou a contratar com a Administração.	Admitir à licitação empresa ou profissional declarado inidôneo: Pena – reclusão, de 1 a 3 anos, e multa. **§ 1º** Celebrar contrato com empresa ou profissional declarado inidôneo: Pena – reclusão, de 3 a 6 anos, e multa. **§ 2º** Incide na mesma pena do caput deste artigo aquele que, declarado inidôneo, venha a participar de licitação e, na mesma pena do § 1º deste artigo, aquele que, declarado inidôneo, venha a contratar com a Administração Pública.

A Lei nº 8.666/93 punia com a mesma pena em abstrato [detenção de 6 meses a 2 anos e multa] as condutas de admitir licitação e celebrar contrato com empresa ou profissional declarado inidôneo. Com a modificação legislativa, o crime do art. 337-M do CP mantém na forma básica do caput somente o comportamento de admitir à licitação empresa ou profissional declarado inidôneo [pena de reclusão de 1 a 3 anos e multa]. A conduta de celebrar contrato com empresa ou profissional declarado inidôneo é alçada à condição de qualificadora [pena de reclusão de 3 a 6 anos e multa].

O delito de consuma no momento em que o servidor público responsável admite à licitação (caput) ou celebra contrato com (§ 1º) empresa ou profissional declarado inidôneo, bem como quando o particular, empresa ou profissional declarado idôneo, participa de licitação ou contrata com a Administração Pública (§ 2º). Não se exige efetivo prejuízo à Administração.

4.11. Impedimento indevido

O crime é próprio, pois somente pode ser praticado pelo servidor público que tem poderes para manipular o registro de interessados nos certames licitatórios. O particular que concorrer para o delito tendo ciência da condição funcional do autor também responderá pelo crime do art. 337-N, já que a elementar "funcionário público", quando conhecida, se comunica (art. 30 do CP).

Antes da alteração, o crime de impedimento indevido contratação estava previsto no art. 98 da Lei nº 8.666/93.

ART. 98 DA LEI Nº 8.666/93	ART. 337-N DO CÓDIGO PENAL
Obstar, impedir ou dificultar, injustamente, a inscrição de qualquer interessado nos registros cadastrais ou promover indevidamente a alteração, suspensão ou cancelamento de registro do inscrito: Pena – detenção, de 6 meses a 2 anos, e multa.	Obstar, impedir ou dificultar injustamente a inscrição de qualquer interessado nos registros cadastrais ou promover indevidamente a alteração, a suspensão ou o cancelamento de registro do inscrito: Pena – reclusão, de 6 meses a 2 anos, e multa.

O crime se consuma no momento em que o servidor público responsável obsta, impede ou dificulta injustamente a inscrição de qualquer interessado nos registros cadastrais ou promove indevidamente a alteração, a suspensão ou o cancelamento de registro do inscrito.

4.12. Omissão grave de dado ou de informação por projetista

O crime é próprio, pois somente pode ser praticado pelo servidor público responsável pelo levantamento cadastral ou pela condição de contorno ("projetista"). O particular que concorrer para o crime tendo ciência da condição funcional do autor também responderá pelo delito do art. 337-O, já que a elementar "funcionário público", quando conhecida, se comunica (art. 30 do CP).

O delito de omissão grave de dado ou de informação por projetista não estava anteriormente previsto na Lei nº 8.666/93. Trata-se, portanto, de novatio legis incriminadora, não podendo retroagir contra o réu.

O crime se consuma no momento em que o autor omite, modifica ou entrega o levantamento cadastral ou a condição de entorno, ciente de que está em relevante dissonância com a realidade, em frustração ao caráter competitivo da licitação ou em detrimento da seleção da proposta mais vantajosa para a Administração Pública. Não é exigido para a consumação que o agente obtenha qualquer benefício.

5. CRIMES CONTRA A ADMINISTRAÇÃO DA JUSTIÇA

5.1. Reingresso de estrangeiro expulso (art. 338)

Comete o delito o estrangeiro que reingressa no território nacional que dele foi expulso. Além da pena de reclusão, de um a quatro anos, nada impede que haja nova expulsão após o cumprimento da pena.

5.2. Denunciação caluniosa (art. 339)

A atual redação do art. 339 do CP foi dada pela Lei nº 14.110, de 18/12/2020 (vigência a partir de 21/12/2020). A conduta típica consiste em dar causa à instauração de inquérito policial, de procedimento investigatório criminal, de processo judicial, de processo administrativo disciplinar, de inquérito civil ou de ação de improbidade administrativa contra alguém, imputando-lhe crime, infração ético-disciplinar ou ato ímprobo de que o sabe inocente.

REDAÇÃO ANTERIOR À LEI 14.110/20	REDAÇÃO POSTERIOR À LEI 14.110/20
Art. 339 – Dar causa à instauração de investigação policial, de processo judicial, instauração de investigação administrativa, inquérito civil ou ação de improbidade administrativa contra alguém, imputando-lhe crime de que o sabe inocente.	**Art. 339** – Dar causa à instauração de inquérito policial, de procedimento investigatório criminal, de processo judicial, de processo administrativo disciplinar, de inquérito civil ou de ação de improbidade administrativa contra alguém, imputando-lhe crime, infração ético-disciplinar ou ato ímprobo de que o sabe inocente.

Inquérito policial e procedimento investigatório criminal. Antes da modificação, a lei limitava-se a fazer referência à "investigação policial", ou seja, aquela presidida por Delegado de Polícia. Numa interpretação restritiva, acabava excluindo outras investigações criminais, como o PIC – procedimento investigatório criminal, regulamentado na Resolução 181/17 do CNMP – presidido por membro do Ministério Público. Assim, depois da vigência da Lei nº 14.110/20, se o agente der causa à instauração de procedimento investigatório criminal no âmbito do MP, imputando crime a pessoa que sabe ser inocente, haverá denunciação caluniosa.

PAD (processo administrativo disciplinar). Antes da modificação, a lei fazia referência à instauração de "investigação administrativa", de forma ampla, ainda que não houvesse abertura de PAD. Com a Lei nº 14.110/20, o delito pressupõe o processo administrativo disciplinar.

Imputação de crime, contravenção, infração ético-disciplinar ou ato ímprobo. Antes da modificação, o tipo penal se caracterizava quando havia imputação de "crime" (caput) ou de "contravenção" (§ 2º) contra pessoa inocente. Com a vigência da Lei nº 14.110/20, incluiu-se, também, a "infração ético-disciplinar" e o "ato ímprobo". Assim, resta tacitamente revogado o art. 19 da Lei nº 8.429/92 (Lei de Improbidade Administrativa).

Atenção: não se pode confundir denunciação caluniosa (art. 339 do CP) com calúnia (art. 138 do CP).

DENUNCIAÇÃO CALUNIOSA	CALÚNIA
Bem jurídico tutelado: Administração da Justiça	Bem jurídico tutelado: honra objetiva
Imputação falsa de crime ou de contravenção penal	Imputação falsa de crime
O agente dá causa à instauração de investigação policial, de processo judicial, instauração de investigação administrativa, inquérito civil ou ação de improbidade administrativa	O agente não dá causa a tal instauração
Ação penal pública incondicionada	Ação penal privada (em regra)

Denunciação caluniosa no Código Eleitoral (art. 326-A, incluído pela Lei 13.834/19): "Dar causa à instauração de investigação policial, de processo judicial, de investigação administrativa, de inquérito civil ou ação de improbidade administrativa, atribuindo a alguém a prática de crime ou ato infracional de que o sabe inocente, com finalidade eleitoral: Pena - reclusão, de 2 (dois) a 8 (oito) anos, e multa. § 1º A pena é aumentada de sexta parte, se o agente se serve do anonimato ou de nome suposto. § 2º A pena é diminuída de metade, se a imputação é de prática de contravenção. § 3º Incorrerá nas mesmas penas deste artigo quem, comprovadamente ciente da inocência do denunciado e com finalidade eleitoral, divulga ou propala, por qualquer meio ou forma, o ato ou fato que lhe foi falsamente atribuído".

5.3. Comunicação falsa de crime ou de contravenção (art. 340)

Responde pelo crime quem provoca a ação de autoridade, comunicando-lhe a ocorrência de crime ou de contravenção que sabe não se ter verificado.

A comunicação falsa de crime ou contravenção não deve ser confundida com a denunciação caluniosa. No art. 340 do CP, o crime ou contravenção comunicado é fictício e não há imputação de autoria a pessoa determinada. Se o agente imputar crime a terceiro inocente configurará denunciação caluniosa. A autoridade pública pode ser judicial, policial ou administrativa. O delito consuma-se no momento em que a autoridade começa a agir. *Ex.*: oitiva de pessoas, lavratura de IP. Ocorre o arrependimento eficaz se o agente, após a comunicação falsa, mas antes da ação da autoridade, assume a falsidade de sua comunicação.

5.4. Autoacusação falsa (art. 341)

Pratica o crime quem se autoacusa, perante a autoridade, de crime inexistente ou praticado por outrem. Na autoacusação falsa o agente assume a autoria, coautoria ou participação de crime inexistente ou praticado por outrem. Na denunciação caluniosa (art. 339 do CP), o agente acusa terceiro inocente. Não haverá o delito, por falta de tipicidade, no caso de a autoacusação versar sobre contravenção penal. O crime se consuma no momento em que a autoridade toma conhecimento da acusação falsa. Pode ocorrer que o agente pratique, em concurso formal, autoacusação falsa e denunciação caluniosa, como, por exemplo, na hipótese de o sujeito acusar-se de crime que não participou e, ainda, acusar falsamente terceiro inocente, dando causa à instauração de investigação policial.

5.5. Falso testemunho ou falsa perícia (art. 342)

Constitui crime fazer afirmação falsa, ou negar ou calar a verdade como testemunha, perito, contador, tradutor ou intérprete em processo judicial, ou administrativo, inquérito policial, ou em juízo arbitral.

Condutas típicas: ***a)*** *fazer afirmação falsa*: o agente faz declaração diversa do que sabe; ***b)*** *negar a verdade*: o agente nega a percepção do fato que teve conhecimento (ex.: testemunha presenciou o fato, mas afirma que não); ***c)*** *calar a verdade* (reticência): o agente recusa-se a responder ou oculta o que sabe.

Teorias sobre a falsidade. Existem duas teorias a respeito da falsidade: *1ª) objetiva*: a falsidade ocorre quando o relatado é diverso do fato ocorrido; *2ª) subjetiva (predominante)*: a falsidade ocorre na contradição entre o fato presenciado e percebido pela testemunha e aquilo que ela relatou ou omitiu. Isto significa que, mesmo não sendo verdadeiro o que a testemunha afirmou, não quer dizer que haja cometido o crime de falso, pois ela pode estar relatando algo que acredita ser verdadeiro.

Fato juridicamente relevante. Em relação ao falso testemunho a falsidade deve referir-se a *fato juridicamente relevante*, ou seja, a fato que possa interferir na decisão, independentemente de ter efetivamente influído (**crime formal**). Basta a possibilidade de influir.

Necessidade do compromisso para configurar o delito. *1ª posição*: testemunha não compromissada não comete o delito; *2ª posição*: a testemunha, independente do compromisso, pode cometer o delito, uma vez que não cumpriu o dever de afirmar a verdade. A última posição orienta a jurisprudência do STJ: "Merece ser mantida a decisão embargada, por seus próprios fundamentos, eis que, de acordo com o entendimento firmado pelo STJ, mostra-se prescindível o compromisso, para a configuração do delito de falso testemunho" (6ª T., AgRg no HC 190766, j. 25/06/2013).

Consumação. *a) falso testemunho*: se consuma no momento em que é feita a afirmação falsa, nada impedindo, portanto, o oferecimento da denúncia antes mesmo da sentença definitiva do processo principal, que obsta somente a conclusão da ação penal em que se apura o crime de falso testemunho diante da possibilidade de retratação (STJ, HC 89.885, j. 16/03/2010). Ainda: "É pacífico o entendimento de que o crime de falso testemunho é formal, consumando-se no momento em que é feita a afirmação falsa sobre fato juridicamente relevante, razão pela qual não é necessária a prolação de sentença condenatória no processo em que o depoimento foi prestado para que o delito se configure, exatamente como na espécie. Doutrina. Jurisprudência" (STJ, 5ª T., AgRg no RHC 122081, j. 18/02/2020). Admite-se a tentativa, como na hipótese de o testemunho ser prestado por escrito; *b) falsa perícia*: consuma-se com a entrega do laudo; *c) contador*: consuma-se com a entrega dos cálculos.

Possibilidade da existência de concurso de pessoas. Predomina que é possível a participação, mas não a coautoria, por se tratar de **crime de mão própria** (atuação pessoal).

Forma majorada. Nos termos do § 1º, as penas aumentam-se de um sexto a um terço se o crime é praticado mediante suborno ou se cometido com o fim de obter prova destinada a produzir efeito em processo penal, ou em processo civil em que for parte entidade da administração pública direta ou indireta.

Retratação (§ 2º). O fato deixa de ser punível se, antes da sentença no processo em que ocorreu o ilícito, o agente se retrata ou declara a verdade.

> ▶ **IMPORTANTE**
>
> A Lei nº 12.850/13 deu nova redação ao preceito secundário do art. 342 do Código Penal. A pena reclusiva, que era de 1 a 3 anos, **passou a ser de 2 a 4 anos**, além da multa. Trata-se de *lex gravior*, razão pela qual não poderá retroagir. A lei foi publicada em 05/08/2013 e ficou 45 dias em *vacatio legis*.

5.6. Corrupção ativa de testemunha, perito, contador, tradutor ou intérprete (art. 343)

Constitui crime dar, oferecer ou prometer dinheiro ou qualquer outra vantagem a testemunha, perito, contador, tradutor ou intérprete, para fazer afirmação falsa, negar ou calar a verdade em depoimento, perícia, cálculos, tradução ou interpretação.

O agente que *dá*, *oferece* ou *promete* vantagem para perito, contador, tradutor ou intérprete pratica o delito do art. 343 do CP. A testemunha, perito, contador, tradutor ou intérprete (não oficiais) que recebe ou aceita promessa de vantagem responde pelo art. 342, § 1º, do CP.

Trata-se de crime formal, consumando-se no momento em que o agente dá, oferece ou promete vantagem, independente de qualquer resultado.

As penas aumentam-se de um sexto a um terço se o crime é cometido com o fim de obter prova destinada a produzir efeito em processo penal ou em processo civil em que for parte entidade da administração pública direta ou indireta.

5.7. Coação no curso do processo (art. 344)

Ocorre o delito quando o agente usa de violência ou grave ameaça, com o fim de favorecer interesse próprio ou alheio, contra autoridade, parte, ou qualquer outra pessoa que funciona ou é chamada a intervir em processo judicial, policial ou administrativo, ou em juízo arbitral. O agente responde também pela violência.

5.8. Exercício arbitrário das próprias razões (arts. 345 e 346)

É proibido fazer justiça pelas próprias mãos, para satisfazer pretensão, embora legítima, salvo quando a lei o permite. Como compete ao Estado a solução dos conflitos de interesses, as pessoas não estão autorizadas a fazer justiça pelas próprias mãos, exceto em algumas hipóteses. É crime de forma livre, podendo ser executado por meio de violência, ameaça, fraude, subtração etc. Se ocorrer violência, o agente por ela responderá.

Exemplo: A encontra o inadimplente *B*, que está lhe devendo R$ 100,00 há mais de um ano, ocasião em que, mediante socos, consegue retirar da carteira de *B* a quantia devida. A responderá por exercício arbitrário das próprias razões e por lesões corporais.

Pretensão legítima é a amparada pelo direito. Pode ser de natureza real, pessoal, de família etc. Ex.: o locador invade a casa do locatário inadimplente e lhe retira à força, ao invés de ajuizar a devida ação de despejo. *Pretensão ilegítima*: não amparada pelo direito. Neste caso, o agente deve estar convencido de que realmente possui o direito, ou seja, deve supor que a pretensão é legítima.

Ação penal. *a) ação penal privada*: se não há emprego de violência; *b) ação penal pública incondicionada*: se há emprego de violência.

Nos termos do art. 356 do CP, também configura crime tirar, suprimir, destruir ou danificar coisa própria, que se acha em poder de terceiro por determinação judicial ou convenção.

5.9. Fraude processual (art. 347)

Constitui crime inovar artificiosamente, na pendência de processo civil ou administrativo, o estado de lugar, de coisa ou de pessoa, com o fim de induzir a erro o juiz ou o perito. Se a inovação se destina a produzir efeito em processo penal, ainda que não iniciado, as penas aplicam-se em dobro.

> ▶ **FRAUDE PROCESSUAL NO CÓDIGO DE TRÂNSITO**
>
> Nos termos do art. 312 do CTB (Lei nº 9.503/97), constitui crime inovar artificiosamente, em caso de acidente automobilístico com vítima, na pendência do respectivo procedimento policial preparatório, inquérito policial ou processo penal, o estado de lugar, de coisa ou de pessoa, a fim de induzir a erro o agente policial, o perito, ou juiz.

5.10. Favorecimento pessoal (art. 348)

Pune-se aquele que auxilia autor de crime a subtrair-se à ação de autoridade pública. Não configura o delito o auxílio de autor de contravenção penal. Para configuração do delito o agente não pode ter sido coautor ou partícipe do crime anterior. Assim, o auxílio deve ocorrer após a consumação do delito antecedente. Se a ajuda prestada a suposto assaltante não objetivava sua fuga, mas sim que recebesse atendimento médico, não há o crime de favorecimento pessoal (STJ, HC 46209, j. 30/05/2006).

Isenção de pena (§ 2º). Se quem presta o auxílio é ascendente, descendente, cônjuge ou irmão do criminoso, fica isento de pena.

5.11. Favorecimento real (art. 349)

Ocorre o crime quando o agente presta a criminoso, fora dos casos de coautoria ou de receptação, auxílio destinado a tornar seguro o proveito do crime. O auxílio deve ocorrer após a consumação do delito anterior, de modo que o agente não pode ter sido coautor ou partícipe do crime antecedente. Consuma-se com o auxílio, independente do resultado (crime formal).

Distinções.

1) **Favorecimento real e pessoal:** no favorecimento pessoal o agente visa a auxiliar o autor do crime anterior, ao passo que no favorecimento real visa a tornar seguro o proveito do crime anterior;

2) **Favorecimento real e receptação:** na receptação o agente visa a proveito próprio ou de terceiro (terceiro que não seja autor do crime anterior), ou seja, objetiva uma vantagem econômica para si ou para outrem. No crime de favorecimento real, o agente visa apenas a beneficiar o autor do crime anterior, tornando seguro o proveito do crime.

▶ **CELULAR**

- A Lei nº 12.012/09 acrescentou o **art. 349-A**, definindo como crime ingressar, promover, intermediar, auxiliar ou facilitar a entrada de aparelho telefônico de comunicação móvel, de rádio ou similar, sem autorização legal, em estabelecimento prisional.
- Responde pelo crime do art. 319-A o Diretor de Penitenciária e/ou agente público que deixa de cumprir seu dever de vedar ao preso o acesso a aparelho telefônico, de rádio ou similar, que permita a comunicação com outros presos ou com o ambiente externo.

5.12. Exercício arbitrário ou abuso de poder (art. 350)

O art. 350 do Código Penal foi expressamente revogado pela Lei de Abuso de Autoridade (Lei nº 13.869/19, com vigência a partir de 03/01/2020).

5.13. Fuga de pessoa presa ou submetida a medida de segurança (art. 351)

Pratica o delito quem promove ou facilita a fuga de pessoa legalmente presa ou submetida a medida de segurança detentiva. Incide a qualificadora se o crime é praticado a mão armada, ou por mais de uma pessoa, ou mediante arrombamento. Se há emprego de violência contra pessoa, aplica-se também a pena correspondente à violência.

A pena é de reclusão, de um a quatro anos, se o crime é praticado por pessoa sob cuja custódia ou guarda está o preso ou o internado. No caso de culpa do funcionário incumbido da custódia ou guarda, aplica-se a pena de detenção, de 3 meses a 1 ano, ou multa.

Obs.: conforme entendimento do STJ, "Compete à Justiça Comum Estadual processar e julgar o policial militar por crime de promover ou facilitar a fuga de preso de estabelecimento penal" (**Súmula 75**).

5.14. Evasão mediante violência contra a pessoa (art. 352)

Pune-se o preso ou o indivíduo submetido a medida de segurança detentiva que se evade ou que tenta se evadir, usando de violência contra a pessoa.

▶ **Importante**

- O agente que foge ou tenta fugir, sem utilizar-se de violência contra a pessoa, não comete esse delito (se houver violência contra coisa poderá caracterizar *dano*).
- Excepcionalmente, se está diante de um delito que traz a mesma pena para a sua forma consumada e para a sua forma tentada. É o que se conhece como **crime de atentado ou de empreendimento.**

5.15. Arrebatamento de preso (art. 353)

Configura crime arrebatar (tirar com violência) preso, a fim de maltratá-lo, do poder de quem o tenha sob custódia ou guarda. O agente responde também pela violência. O objetivo do agente não é a fuga do preso, mas sim maltratá-lo. É indiferente que o preso esteja em estabelecimento penitenciário.

Exemplo: pessoa acaba de ser presa em flagrante pela autoridade policial, momento em que é arrebatada pelo agente, que nela deseja produzir lesões corporais.

5.16. Motim de presos (art. 354)

Ocorre o delito quando certa quantidade de presos se amotinarem, perturbando a ordem ou disciplina da prisão. Trata-se de crime de concurso necessário. Respondem também pela violência.

5.17. Patrocínio infiel (art. 355, *caput*)

Pune-se o advogado ou procurador que trai o dever profissional, prejudicando interesse, cujo patrocínio, em juízo, lhe é confiado. Trata-se de crime próprio, figurando como sujeito ativo o advogado ou estagiário que estejam com inscrição regular junto à OAB. É necessário: *a*) prejuízo de interesse material ou moral; *b*) existência de mandato, independente de remuneração; *c*) existência de uma causa judicial. O delito consuma-se com o efetivo prejuízo de interesse (**crime material**).

5.18. Patrocínio simultâneo ou tergiversação (art. 355, parágrafo único)

Também é punido o advogado ou procurador judicial que defende na mesma causa, simultânea ou sucessivamente, partes contrárias. Condutas típicas: **a) patrocínio simultâneo:** defende na mesma causa, simultaneamente, partes contrárias; **b) patrocínio sucessivo:** defende na mesma causa, sucessivamente, partes contrárias. Mesma causa não quer dizer mesmo processo, uma vez que a causa pode ter mais de um processo. Nesta figura típica **o crime é formal**, consumando-se com a conduta de patrocinar, independente de prejuízo.

5.19. Sonegação de papel ou objeto de valor probatório (art. 356)

Comete o delito aquele que inutiliza, total ou parcialmente, ou deixa de restituir autos, documento ou objeto de valor probatório, que recebeu na qualidade de advogado ou procurador.

5.20. Exploração de prestígio (art. 357)

Constitui crime solicitar ou receber dinheiro ou qualquer outra utilidade, a pretexto de influir em juiz, jurado, órgão do Ministério Público, funcionário de justiça, perito, tradutor, intérprete ou testemunha. As penas aumentam-se de um terço se o agente alega ou insinua que o dinheiro ou utilidade também se destina a qualquer das pessoas referidas neste artigo. ***Atenção:*** não se pode confundir exploração de prestígio (art. 357) com tráfico de influência (art. 332).

5.21. Violência ou fraude em arrematação judicial (art. 358)

Responde pelo crime quem impede, perturba ou frauda arrematação judicial; e também quem afasta ou procura afastar concorrente ou licitante, por meio de violência, grave ameaça, fraude ou oferecimento de vantagem.

5.22. Desobediência a decisão judicial sobre perda ou suspensão de direito (art. 359)

Pratica o crime quem exerce função, atividade, direito, autoridade ou múnus, de que foi suspenso ou privado por decisão judicial.

Lei Maria da Penha: "1. De acordo com a jurisprudência do Superior Tribunal de Justiça, o crime de desobediência apenas se configura quando, desrespeitada ordem judicial, não existir previsão de outra sanção em lei específica, ressalvada a previsão expressa de cumulação. Precedentes. 2. A Lei nº 11.340/2006 prevê consequências jurídicas próprias e suficientes a coibir o descumprimento das medidas protetivas, não havendo ressalva expressa no sentido da aplicação cumulativa do art. 359 do Código Penal, situação que evidencia, na espécie, a atipicidade da conduta" (STJ, 6ª T., AgRg no HC 298202, j. 01/09/2016). Ainda: "Nos termos de entendimento pacífico no âmbito desta Corte, o descumprimento de decisão que impõe medida protetiva de urgência prevista na Lei nº 11.340/2006 não configura o crime de desobediência previsto no art. 359 do Código Penal, podendo importar a imposição de outras medidas legais cabíveis. Precedentes" (STJ, 6ª T., AgRg no AREsp 1226600, j. 05/06/2018).

Com o advento da Lei nº 13.641/18 foi incluído à Lei Maria da Penha o delito do **art. 24-A**, nos seguintes termos: "Descumprir decisão judicial que defere medidas protetivas de urgência previstas nesta Lei: Pena – detenção, de 3 (três) meses a 2 (dois) anos. § 1º. A configuração do crime independe da competência civil ou criminal do juiz que deferiu as medidas. § 2º. Na hipótese de prisão em flagrante, apenas a autoridade judicial poderá conceder fiança. § 3º. O disposto neste artigo não exclui a aplicação de outras sanções cabíveis".

A lex gravior não pode retroagir: "1. A jurisprudência do Superior Tribunal de Justiça firmou-se no sentido de que o descumprimento de medidas protetivas impostas nos termos a Lei 11.340/06 não configura o delito do art. 359 do Código Penal. 2. Em se tratando de *novatio legis in pejus*, cuja irretroatividade se impõe, conforme os arts. 5º, XL, da CF e 1º do CP, não incide o art. 24-A da Lei Maria da Penha aos fatos anteriores à publicação da Lei 13.641/18, que criou tipo penal específico para a conduta de desobedecer decisões judiciais que impõem medidas protetivas" (STJ, 6ª T., AgRg no AREsp 1216126, j. 21/08/2018).

6. CRIMES CONTRA AS FINANÇAS PÚBLICAS

O Capítulo IV do Título XI (art. 359-A/H) foi incluído pela Lei nº 10.028/00. Os crimes são os seguintes:

6.1. Contratação de operação de crédito (art. 359-A)

Ordenar, autorizar ou realizar operação de crédito, interno ou externo, sem prévia autorização legislativa: Pena – reclusão, de 1 a 2 anos.

Operação de crédito interno é a realizada dentro do Brasil. Operação de crédito externo é a operação realizada no exterior (aqui há necessidade de autorização do Senado, conforme dispõe o art. 32, § 1º, IV, da Lei Complementar 101/00).

O tipo é misto alternativo, de forma que a prática de mais de uma conduta típica caracterizará um único delito.

Sujeito ativo: apenas o funcionário público competente para ordenar, autorizar ou realizar operação de crédito. Sujeito passivo é o Estado.

- **Sujeito ativo Presidente da República:** art. 10 da Lei nº 1.079/50, conforme alterações advindas pela Lei nº 10.028/00
- **Sujeito ativo Prefeito municipal:** art. 1º, XX, do Decreto-Lei nº 201/67

O crime se consuma quando o agente implementa os elementos do tipo, ou seja, ao *ordenar*, *autorizar* ou *realizar* operação de crédito, interno ou externo, sem prévia autorização legislativa.

Para Cezar Bitencourt e Damásio, é incabível a tentativa nas duas primeiras modalidades (*ordenar* e *autorizar*), uma vez que consideram que o crime é unissubsistente. Entendemos que todas as modalidades (*ordenar, autorizar* ou *realizar*) admitem a tentativa quando houver, no caso concreto, fracionamento da fase executória.

Nos termos do parágrafo único, incide na mesma pena quem ordena, autoriza ou realiza operação de crédito, interno ou externo: I – com inobservância de limite, condição ou montante estabelecido em lei ou em resolução do Senado Federal; II – quando o montante da dívida consolidada ultrapassa o limite máximo autorizado por lei.

6.2. Inscrição de despesas não empenhadas em restos a pagar (art. 359-B)

Ordenar ou autorizar a inscrição em restos a pagar, de despesa que não tenha sido previamente empenhada ou que exceda limite estabelecido em lei: Pena – detenção, de 6 meses a 2 anos.

- **Restos a pagar** (art. 36 da Lei nº 4.320/64): "Consideram-se Restos a Pagar as despesas empenhadas mas não pagas até o dia 31 de dezembro distinguindo-se as processadas das não processadas".

Empenho de despesa (arts. 58 e 59 da Lei nº 4.320/64): "O empenho de despesa é o ato emanado de autoridade competente que cria para o Estado obrigação de pagamento pendente ou não de implemento de condição" (art. 58); "O empenho da despesa não poderá exceder o limite dos créditos concedidos" (art. 59).

Crime próprio: somente o funcionário público competente para ordenar ou autorizar a inscrição de despesa poderá ser sujeito ativo do crime do art. 359-B. Sujeito passivo é o Estado.

6.3. Assunção de obrigação no último ano do mandato ou legislatura (art. 359-C)

Ordenar ou autorizar a assunção de obrigação, nos dois últimos quadrimestres do último ano do mandato ou legislatura, cuja despesa não possa ser paga no mesmo exercício financeiro ou, caso reste parcela a ser paga no exercício seguinte, que não tenha contrapartida suficiente de disponibilidade de caixa: Pena – reclusão, de 1 a 4 anos.

> ▶ **Art. 42 da Lei de Responsabilidade Fiscal** (Lei Complementar nº 101/00): "É vedado ao titular de Poder ou órgão referido no art. 20, nos últimos dois quadrimestres do seu mandato, contrair obrigação de despesa que não possa ser cumprida integralmente dentro dele, ou que tenha parcelas a serem pagas no exercício seguinte sem que haja suficiente disponibilidade de caixa para este efeito. **Parágrafo único**. Na determinação da disponibilidade de caixa serão considerados os encargos e despesas compromissadas a pagar até o final do exercício".

Novo **crime próprio**, já que somente poderá ser praticado pelo funcionário público competente para ordenar ou autorizar a assunção de obrigação. Sujeito passivo é o Estado.

6.4. Ordenação de despesa não autorizada (art. 359-D)

Ordenar despesa não autorizada por lei: Pena - reclusão, de 1 a 4 anos.

▶ **Art. 15 da Lei de Responsabilidade Fiscal** (LC nº 101/00): "Serão consideradas não autorizadas, irregulares e lesivas ao patrimônio público a geração de despesa ou assunção de obrigação que não atendam o disposto nos arts. 16 e 17".

▶ **Art. 16 da Lei de Responsabilidade Fiscal**: "A criação, expansão ou aperfeiçoamento de ação governamental que acarrete aumento da despesa será acompanhado de: I - estimativa do impacto orçamentário-financeiro no exercício em que deva entrar em vigor e nos dois subsequentes; II - declaração do ordenador da despesa de que o aumento tem adequação orçamentária e financeira com a lei orçamentária anual e compatibilidade com o plano plurianual e com a lei de diretrizes orçamentárias. § 1º Para os fins desta Lei Complementar, considera-se: I - adequada com a lei orçamentária anual, a despesa objeto de dotação específica e suficiente, ou que esteja abrangida por crédito genérico, de forma que somadas todas as despesas da mesma espécie, realizadas e a realizar, previstas no programa de trabalho, não sejam ultrapassados os limites estabelecidos para o exercício; II - compatível com o plano plurianual e a lei de diretrizes orçamentárias, a despesa que se conforme com as diretrizes, objetivos, prioridades e metas previstos nesses instrumentos e não infrinja qualquer de suas disposições. § 2º A estimativa de que trata o inciso I do *caput* será acompanhada das premissas e metodologia de cálculo utilizadas. § 3º Ressalva-se do disposto neste artigo a despesa considerada irrelevante, nos termos em que dispuser a lei de diretrizes orçamentárias. § 4º As normas do *caput* constituem condição prévia para: I - empenho e licitação de serviços, fornecimento de bens ou execução de obras; II - desapropriação de imóveis urbanos a que se refere o § 3º do art. 182 da Constituição".

▶ **Art. 17 da LC 101/00**: "Considera-se obrigatória de caráter continuado a despesa corrente derivada de lei, medida provisória ou ato administrativo normativo que fixem para o ente a obrigação legal de sua execução por um período superior a dois exercícios. § 1º Os atos que criarem ou aumentarem despesa de que trata o *caput* deverão ser instruídos com a estimativa prevista no inciso I do art. 16 e demonstrar a origem dos recursos para seu custeio. § 2º Para efeito do atendimento do § 1º, o ato será acompanhado de comprovação de que a despesa criada ou aumentada não afetará as metas de resultados fiscais previstas no anexo referido no § 1º do art. 4º, devendo seus efeitos financeiros, nos períodos seguintes, ser compensados pelo aumento permanente de receita ou pela redução permanente de despesa. § 3º Para efeito do § 2º, considera-se aumento permanente de receita o proveniente da elevação de alíquotas, ampliação da base de cálculo, majoração ou criação de tributo ou contribuição. § 4º A comprovação referida no § 2º, apresentada pelo proponente, conterá as premissas e metodologia de cálculo utilizadas, sem prejuízo do exame de compatibilidade da despesa com as demais normas do plano plurianual e da lei de diretrizes orçamentárias. § 5º A despesa de que trata este artigo não será executada antes da implementação das medidas referidas no § 2º, as quais integrarão o instrumento que a criar ou aumentar. § 6º O disposto no § 1º não se aplica às despesas destinadas ao serviço da dívida nem ao reajustamento de remuneração de pessoal de que trata o inciso X do art. 37 da Constituição. § 7º Considera-se aumento de despesa a prorrogação daquela criada por prazo determinado".

O crime é próprio, já que somente o funcionário público competente para ordenar despesas poderá praticá-lo. O sujeito passivo é o Estado. O delito se consuma no momento em que for dada a ordem, ainda que esta não se efetive ou venha depois a ser revogada ou anulada.

6.5. Prestação de garantia graciosa (art. 359-E)

Prestar garantia em operação de crédito sem que tenha sido constituída contragarantia em valor igual ou superior ao valor da garantia prestada, na forma da lei: Pena – detenção, de 3 meses a 1 ano.

- **Art. 29, III e IV, da LC 101/00**: "Para os efeitos desta Lei Complementar, são adotadas as seguintes definições: (...) III – operação de crédito: compromisso financeiro assumido em razão de mútuo, abertura de crédito, emissão e aceite de título, aquisição financiada de bens, recebimento antecipado de valores provenientes da venda a termo de bens e serviços, arrendamento mercantil e outras operações assemelhadas, inclusive com o uso de derivativos financeiros; IV – concessão de garantia: compromisso de adimplência de obrigação financeira ou contratual assumida por ente da Federação ou entidade a ele vinculada".
- **Art. 40 da LC 101/00**: "Os entes poderão conceder garantia em operações de crédito internas ou externas, observados o disposto neste artigo, as normas do art. 32 e, no caso da União, também os limites e as condições estabelecidos pelo Senado Federal. § 1º A garantia estará condicionada ao oferecimento de contragarantia, em valor igual ou superior ao da garantia a ser concedida, e à adimplência da entidade que a pleitear relativamente a suas obrigações junto ao garantidor e às entidades por este controladas, observado o seguinte:

I – não será exigida contragarantia de órgãos e entidades do próprio ente; II – a contragarantia exigida pela União a Estado ou Município, ou pelos Estados aos Municípios, poderá consistir na vinculação de receitas tributárias diretamente arrecadadas e provenientes de transferências constitucionais, com outorga de poderes ao garantidor para retê-las e empregar o respectivo valor na liquidação da dívida vencida. § 2º No caso de operação de crédito junto a organismo financeiro internacional, ou a instituição federal de crédito e fomento para o repasse de recursos externos, a União só prestará garantia a ente que atenda, além do disposto no § 1º, as exigências legais para o recebimento de transferências voluntárias. § 3º (vetado). § 4º (vetado). § 5º É nula a garantia concedida acima dos limites fixados pelo Senado Federal. § 6º É vedado às entidades da administração indireta, inclusive suas empresas controladas e subsidiárias, conceder garantia, ainda que com recursos de fundos. § 7º O disposto no § 6º não se aplica à concessão de garantia por: I – empresa controlada a subsidiária ou controlada sua, nem à prestação de contragarantia nas mesmas condições; II – instituição financeira a empresa nacional, nos termos da lei. § 8º Excetua-se do disposto neste artigo a garantia prestada: I – por instituições financeiras estatais, que se submeterão às normas aplicáveis às instituições financeiras privadas, de acordo com a legislação pertinente; II – pela União, na forma de lei federal, a empresas de natureza financeira por ela controladas, direta e indiretamente, quanto às operações de seguro de crédito à exportação. § 9º Quando honrarem dívida de outro ente, em razão de garantia prestada, a União e os Estados poderão condicionar as transferências constitucionais ao ressarcimento daquele pagamento. § 10. O ente da Federação cuja dívida tiver sido honrada pela União ou por Estado, em decorrência de garantia prestada em operação de crédito, terá suspenso o acesso a novos créditos ou financiamentos até a total liquidação da mencionada dívida".

O delito só pode ser praticado pelo funcionário público competente para prestar garantia em operação de crédito (**crime próprio**). Sujeito passivo é o Estado.

6.6. Não cancelamento de restos a pagar (art. 359-F)

Deixar de ordenar, de autorizar ou de promover o cancelamento do montante de restos a pagar inscrito em valor superior ao permitido em lei: Pena – detenção, de 6 meses a 2 anos.

Restos a pagar (art. 36 da Lei nº 4.320/64): "Consideram-se Restos a Pagar as despesas empenhadas mas não pagas até o dia 31 de dezembro distinguindo-se as processadas das não processadas".

Crime próprio, pois o sujeito ativo somente poderá ser o funcionário público competente para ordenar, autorizar ou promover o cancelamento do montante de restos a pagar inscrito em valor superior ao permitido em lei. Sujeito passivo é o Estado.

6.7. Aumento de despesa total com pessoal no último ano do mandato ou legislatura (art. 359-G)

Ordenar, autorizar ou executar ato que acarrete aumento de despesa total com pessoal, nos cento e oitenta dias anteriores ao final do mandato ou da legislatura: Pena – reclusão, de 1 a 4 anos.

▶ **Art. 18 da Lei de Responsabilidade Fiscal (LC 101/00):** "Para os efeitos desta Lei Complementar, entende-se como despesa total com pessoal: o somatório dos gastos do ente da Federação com os ativos, os inativos e os pensionistas, relativos a mandatos eletivos, cargos, funções ou empregos, civis, militares e de membros de Poder, com quaisquer espécies remuneratórias, tais como vencimentos e vantagens, fixas e variáveis, subsídios, proventos da aposentadoria, reformas e pensões, inclusive adicionais, gratificações, horas extras e vantagens pessoais de qualquer natureza, bem como encargos sociais e contribuições recolhidas pelo ente às entidades de previdência. § 1º Os valores dos contratos de terceirização de mão-de-obra que se referem à substituição de servidores e empregados públicos serão contabilizados como 'Outras Despesas de Pessoal'. § 2º A despesa total com pessoal será apurada somando-se a realizada no mês em referência com as dos onze imediatamente anteriores, adotando-se o regime de competência".

▶ **Art. 22, par. único, da LC 101/00:** "Se a despesa total com pessoal exceder a 95% (noventa e cinco por cento) do limite, são vedados ao Poder ou órgão referido no art. 20 que houver incorrido no excesso: I – concessão de vantagem, aumento, reajuste ou adequação de remuneração a qualquer título, salvo os derivados de sentença judicial ou de determinação legal ou contratual, ressalvada a revisão prevista no inciso X do art. 37 da Constituição; II – criação de cargo, emprego ou função; III – alteração de estrutura de carreira que implique aumento de despesa; IV – provimento de cargo público, admissão ou contratação de pessoal a qualquer título, ressalvada a reposição decorrente de aposentadoria ou falecimento de servidores das áreas de educação, saúde e segurança; V – contratação de hora extra, salvo no caso do disposto no inciso II do § 6º do art. 57 da Constituição e as situações previstas na lei de diretrizes orçamentárias".

O crime é próprio, já que somente o funcionário público competente para ordenar, autorizar ou executar ato que acarrete aumento de despesa total com pessoal nos 180 dias anteriores ao final do mandato ou da legislatura poderá praticar o delito do art. 359-G do CP. Sujeito passivo é o Estado.

6.8. Oferta pública ou colocação de títulos no mercado (art. 359-H)

Ordenar, autorizar ou promover a oferta pública ou a colocação no mercado financeiro de títulos da dívida pública sem que tenham sido criados por lei ou sem que estejam registrados em sistema centralizado de liquidação e de custódia: Pena – reclusão, de 1 a 4 anos.

▶ **Art. 29, II, da Lei de Responsabilidade Fiscal:** "Para os efeitos desta Lei Complementar, são adotadas as seguintes definições: (...) II – dívida pública mobiliária: dívida pública representada por títulos emitidos pela União, inclusive os do Banco Central do Brasil, Estados e Municípios".

Como apenas o funcionário público competente para ordenar, autorizar ou promover a oferta pública ou a colocação no mercado financeiro de títulos da dívida pública é que poderá praticar o delito do art. 359-H do CP, trata-se de **crime próprio.** Sujeito passivo é o Estado.

7. SÚMULAS E ORIENTAÇÕES JURISPRUDENCIAIS DO STF E DO STJ

CRIMES PRATICADOS POR FUNCIONÁRIO PÚBLICO CONTRA A ADMINISTRAÇÃO EM GERAL

- **Súmula 147 do STJ:** "Compete à Justiça Federal processar e julgar os crimes praticados contra funcionário público federal, quando relacionados com o exercício da função".

- **Súmula 599 do STJ:** "O princípio da insignificância é inaplicável aos crimes contra a Administração Pública".

MITIGAÇÃO DA SÚMULA 599 DO STJ

- "(...) 3. A despeito do teor do enunciado sumular nº 599, no sentido de que 'O princípio da insignificância é inaplicável aos crimes contra a administração pública', as peculiaridades do caso concreto – réu primário, com 83 anos na época dos fatos e avaria de um cone avaliado em menos de R$ 20,00, ou seja, menos de 3% do salário mínimo vigente à época dos fatos – justificam a mitigação da referida súmula, haja vista que nenhum interesse social existe na onerosa intervenção estatal diante da inexpressiva lesão jurídica provocada" (STJ, 6ª T., RHC 85272, j. 14/08/2018).

ADVOGADO CONVENIADO É FUNCIONÁRIO PÚBLICO PARA FINS PENAIS

- "O advogado que, por força de convênio celebrado com o Poder Público, atua de forma remunerada em defesa dos agraciados com o benefício da Justiça Pública, enquadra-se no conceito de funcionário público para fins penais" (STJ, 5ª T., HC 264.459, j. 10/03/2016).

DEPOSITÁRIO JUDICIAL NÃO É FUNCIONÁRIO PÚBLICO PARA FINS PENAIS

- "Depositário judicial não é funcionário público para fins penais, porque não ocupa cargo público, mas a ele é atribuído um munus, pelo juízo, em razão de bens que, litigiosos, ficam sob sua guarda e zelo" (STJ, 6ª T., HC 402.949, j. 13/03/2018).

DEFENSOR DATIVO É FUNCIONÁRIO PÚBLICO PARA FINS PENAIS

- "Segundo a jurisprudência pacífica desta Corte Superior é possível considerar o defensor dativo, cujas atividades derivam de convênio realizado entre a OAB e a Defensoria Pública para realização de defesa em local não provido de atuação dessa instituição, como funcionário público, para fins penais, nos termos do art. 327 do CP" (STJ, 6ª T., EDcl no RHC 126207, j. 02/06/2020).

DESPACHANTE ADUANEIRO E AGENTES DELEGADOS: FUNCIONÁRIOS PÚBLICOS PARA FINS PENAIS

- "1. O despachante aduaneiro é pessoa física que atua como representante do importador e/ou do exportador nas atividades de comércio exterior, além daquelas previstas no art. 808 do Decreto n. 6.759/2009. 2. Embora o§ 8º do art. 810 do Decreto n. 6.759/2009 estabeleça a inexistência de vínculo funcional entre tais agentes e a Administração Pública, não há dúvida de que a categoria se enquadra como agente delegado, circunstância que firma sua equiparação ao funcionário público para fins penais (art. 327 do CP)" (STJ, 3ª Seção, CC 170426, j. 12/02/2020).

PREJUÍZO SUPORTADO PELA ADMINISTRAÇÃO E EXASPERAÇÃO DA PENA-BASE

- "Muito embora o legislador, quando da cominação das penas referentes a delitos praticados contra a Administração Pública, já tenha previsto a ocorrência de algum prejuízo aos cofres públicos, a Terceira seção desta Corte vem entendendo ser possível o agravamento da pena-base com fundamento no prejuízo sofrido pelos cofres públicos, nos delitos contra a ordem tributária e contra a Administração Pública, quando o valor do prejuízo representa montante elevado, dada a maior reprovabilidade da conduta" (STJ, 5ª T., HC 430.902, j. 14/08/2018).

CAUSA DE AUMENTO (ART. 327, § 2º, CP) E PARLAMENTARES

► "É incabível a causa de aumento do art. 327, § 2º, do Código Penal pelo mero exercício do mandato parlamentar, sem prejuízo da causa de aumento contemplada no art. 317, § 1º. A jurisprudência desta Corte, conquanto revolvida nos últimos anos (Inq 2606, Relator(a): Min. LUIZ FUX, Tribunal Pleno, julgado em 11/11/2014, DJe-236 DIVULG 01-12-2014 PUBLIC 02-12-2014), exige uma imposição hierárquica ou de direção (Inq 2191, Relator(a): Min. CARLOS BRITTO, Tribunal Pleno, julgado em 08/05/2008, PROCESSO ELETRÔNICO DJe-084 DIVULG 07-05-2009 PUBLIC 08-05-2009) que não se acha nem demonstrada nem descrita nos presentes autos. 11. Denúncia parcialmente recebida, prejudicados os agravos regimentais" (STF, Pleno, j. 03/03/2016).

CAUSA DE AUMENTO (ART. 327, § 2º, CP) E CHEFE DO PODER EXECUTIVO

► "1. O Governador do Estado, nas hipóteses em que comete o delito de peculato, incide na causa de aumento de pena prevista no art. 327, § 2º, do Código Penal, porquanto o Chefe do Poder Executivo, consoante a Constituição Federal, exerce o cargo de direção da Administração Pública, exegese que não configura analogia in malam partem, tampouco interpretação extensiva da norma penal, mas, antes, compreensiva do texto. 2. "A exclusão, do âmbito normativo da alusão da regra penal a 'função de direção', da chefia do Poder Executivo, briga com o próprio texto constitucional, quando nele, no art. 84, II, se atribui ao Presidente da República o exercício, com o auxílio dos Ministros de Estado, da direção superior da Administração Pública, que, obviamente, faz do exercício da Presidência da República e, portanto, do exercício do Poder Executivo dos Estados e dos Municípios, o desempenho de uma 'função de direção'" (INQ. 1.769/DF, Rel. Min. Carlos Velloso, Pleno, DJ 03.06.2005, excerto do voto proferido pelo Ministro Sepúlveda Pertence no leading case sobre a matéria). Consectariamente, não é possível excluir da expressão 'função de direção de órgão da administração direta' o detentor do cargo de Governador do Estado, cuja função não é somente política, mas também executiva, de dirigir a administração pública estadual. 3. As expressões 'cargo em comissão' e 'função de direção ou assessoramento' são distintas, incluindo-se, nesta última expressão, todos os servidores públicos a cujo cargo seja atribuída a função de chefia como dever de ofício" (STF, Pleno, Inq 2606, j. 04/09/2014).

► "1. Habeas corpus. 2. Peculato praticado por agente público graduado (Governador de Estado). Condenação. 3. Legalidade da dosimetria da pena aplicada. 3.1. Fixação da pena-base acima do mínimo legal em virtude da existência de circunstâncias judiciais desfavoráveis: culpabilidade, motivos, circunstâncias e consequências do crime. 3.2. Causa de aumento de pena prevista no § 2º do art. 327 do Código Penal que se aplica aos detentores de mandato eletivo. Precedentes. 3.3. Crime comprovadamente praticado de forma reiterada. Caracterização da continuidade delitiva (art. 71 do Código Penal). 4. Impossibilidade, no caso, de substituição da pena privativa de liberdade por restritiva de direitos pois o quantum de pena aplicado (acima de 4 anos) já afasta os requisitos objetivos dos arts. 44, inciso I, e 33, § 2º, alínea c, todos do Código Penal. 5. Constrangimento ilegal inexistente. Ordem denegada" (STF, 2ª T., HC 130389, j. 20/09/2016).

CAUSA DE AUMENTO (ART. 327, § 2º, CP) E DIRIGENTES DE AUTARQUIAS

► "No rol de incidência da causa especial de aumento de pena, entre os entes da Administração Pública indireta, não há menção às autarquias. Analogia para entender que os servidores ocupantes de cargos em comissão ou de função de direção ou de assessoramento das autarquias também estariam sujeitos à majorante. Pelo princípio da legalidade penal estrita, inadmissível o aproveitamento da analogia in malam partem. Recorrentes que não poderiam ter a pena majorada em um terço, na forma prevista no § 2º do art. 327 do Código Penal" (STF, 2ª T., AO 2093, j. 03/09/2019).

► "(...) 2. A legalidade estrita é regra fundante do estado de direito e constitui o mais importante freio à atuação do poder público em matéria penal, motivo pelo qual, não havendo previsão legal com relação aos dirigentes de autarquias, é inaplicável ao caso a majorante do § 2º do art. 327. 3. O crime de peculato, na modalidade desvio, consuma-se quando à coisa é dada destinação ou emprego diverso daquele para o qual ela foi entregue ao agente, independentemente da concreta obtenção do proveito. Afirmando a denúncia que os valores foram desviados para pagar dívidas da campanha com empresa de fomento mercantil, o momento consumativo do crime teria ocorrido quando os valores que deveriam ter sido pagos às empresas supostamente prestadoras de serviço foram depositados nas contas da factoring" (STJ, Corte Especial, APn 746/MT, j. 19/12/2016).

PECULATO. CONFLITO DE COMPETÊNCIA. NECESSIDADE DE PRESTAÇÃO DE CONTAS PERANTE ÓRGÃO FEDERAL (TCU).

- "1. A jurisprudência desta Corte é no sentido de que na hipótese das verbas repassadas pela União sujeitas ao controle do Tribunal de Contas da União, a competência para apuração de eventual crime é da Justiça Federal (Súmula 208/STJ). 2. Hipótese em que o bem a reclamar a tutela jurisdicional é do interesse da União, dada a atuação do Tribunal de Contas da União na fiscalização do desvio de verbas do FINDES e de seus órgãos, de modo que resta evidenciada, neste momento processual, a lesão a bens, serviços ou interesses da União ou de suas entidades autárquicas ou empresas públicas a atrair a competência da Justiça Federal. 3. Conflito conhecido para declarar a competência do Juízo Federal da 2ª Vara Criminal da Seção Judiciária do Estado do Espírito Santo, o suscitante" (STJ, 3ª Seção, CC 119.868, j. 26/10/2016).

PECULATO E PRINCÍPIO DA INSIGNIFICÂNCIA

- "É pacífica a jurisprudência do princípio da insignificância ao crime de peculato e aos demais delitos contra Administração Pública, pois o bem jurídico tutelado pelo tipo penal incriminador é a moralidade administrativa, insuscetível de valoração econômica" (STJ, 5ª T., AgRg no AREsp 1075872, j. 15/03/2018).

- "Quanto ao pedido de trancamento da ação penal, por ser hipótese de aplicação do princípio da insignificância, o Superior Tribunal de Justiça é firme em salientar a impossibilidade de aplicação do princípio da insignificância no caso de delitos contra a Administração Pública, visto que o bem jurídico tutelado é a própria moralidade administrativa, insuscetível de valoração econômica" (STJ, 6ª T., AgRg no HC 540196, j. 02/06/2020).

PECULATO E PERDA DE CARGO PÚBLICO

- "1. Verifica-se que a matéria foi devidamente apreciada pela Corte de origem – violação do art. 92, I, do Código Penal –, caracterizando o prequestionamento explícito do dispositivo legal tido como violado, uma vez que foi objeto de manifestação pelo Tribunal de origem, no julgamento do recurso de apelação, bem como no dos embargos de declaração. 2. A jurisprudência deste Superior Tribunal de Justiça firmou entendimento no sentido de a determinação da perda do cargo ou da função pública em razão de condenação criminal, com exceções feitas quanto ao crime de tortura, não é automática, demanda fundamentação específica. 3. Portanto, nos termos do art. 92, I, do Código Penal, considerando que o cargo funcionou como veículo fundamental para a perpetração do ilícito em tela, a perda do mesmo se impõe como necessária medida de prevenção e de reprovação do crime. 4. Agravo regimental improvido" (STJ, 5ª T., AgRg no AREsp 651.360, j. 05/11/2015).

PECULATO E FUNCIONÁRIO "FANTASMA"

- 1ª posição: "A enunciação de esquema voltado ao desvio de verbas públicas por meio da nomeação de "funcionários fantasmas" para o gabinete de Deputado em Assembleia Legislativa denota a presença dos elementos típicos do crime de peculato, o que autoriza a formulação, ainda que provisória, de um juízo positivo de tipicidade entre os fatos veiculados na denúncia e o modelo instituído pelo tipo penal do art. 312, *caput*, do Código Penal". (...) A partir do instante em que a verba pública é depositada na conta-corrente do "funcionário fantasma", deixando o Erário de exercer sobre ela qualquer senhorio, configura-se o desvio reclamado pelo art. 312, *caput*, do Código Penal, havendo a conversão do ativo – antes lícito – em criminoso" (STF, 1ª T., Inq 3508, j. 20/02/2018); "1. Não é inepta a denúncia que expõe de forma compreensível e coerente os fatos e todos os requisitos exigidos, permitindo ao acusado a compreensão da imputação e, consequentemente, o pleno exercício do seu direito de defesa, como exigido por esta Corte (AP 560, Rel. Min. DIAS TOFFOLI, Segunda Turma, DJe de 11/6/2015; INQ 3204, Rel. Min. GILMAR MENDES, Segunda Turma, DJe de 3/8/2015). 2. Além da presença dos requisitos do art. 41 do CPP, está presente a justa causa para a ação penal (CPP, art. 395,

III), analisada a partir de seus três componentes tipicidade, punibilidade e viabilidade , de maneira a garantir a presença de um suporte probatório mínimo a indicar a legitimidade da imputação e se traduz na existência, no inquérito policial ou nas peças de informação que instruem a denúncia, de elementos sérios e idôneos que demonstrem a materialidade do crime e de indícios razoáveis de autoria (Inq. 3.719, Rel. Min. DIAS TOFFOLI, Primeira Turma, DJe de 30/10/2014). 3. O crime de peculato, previsto no art. 312 do Código Penal, enquadra-se no rol dos crimes pluriofensivos, atingindo, além dos próprios bens que compõem o patrimônio estatal, outros valores, tais como a probidade, a lisura e a retidão reclamadas no trato da coisa pública. Assim, ao incidir em tal figura delitiva, o agente sacrifica postulados ético-jurídicos extremamente caros à Administração Pública e que se encontram condensados nos princípios da moralidade, da impessoalidade, da legalidade e da eficiência, inscritos no art. 37, caput, da Constituição Federal. 4. Constata-se que o caderno indiciário amolda-se ao discurso acusatório, havendo prova da materialidade e indícios de autoria que autorizam a formulação, ainda que provisória, de um juízo positivo de tipicidade entre os fatos veiculados na denúncia e o modelo instituído pelo tipo penal do art. 312, caput, do Código Penal, com a observância do art. 71 do Código Penal. 5. Denúncia recebida" (STF, 1ª T., Inq 3701, j. 11/02/2020).

- 2ª posição "(...) 3. Verifica-se, entretanto, que a jurisprudência do Supremo Tribunal Federal e do Superior Tribunal de Justiça é pacífica no sentido de que "'servidor público que se apropria dos salários que lhe foram pagos e não presta os serviços, não comete peculato' (Apn 475/MT, Rel. Ministra ELIANA CALMON, CORTE ESPECIAL, julgado em 16/5/2007, DJ 6/8/2007, p. 444), não é aplicável ao caso em análise" (RHC 115.058/SC, Rel. Ministro RIBEIRO DANTAS, QUINTA TURMA, DJe 16/9/2019). 4. Habeas corpus não conhecido. Todavia, concede-se a ordem, de ofício, para trancar a ação penal em virtude da atipicidade da conduta da paciente" (STJ, 5ª T., HC 507.516, j. 22/10/2019); "(...) 2. Ilegalidade patente constada na hipótese em que o prefeito é denunciado por haver nomeado o paciente para certo cargo em comissão que nunca foi efetivamente exercido, embora realizados os pagamentos da respectiva remuneração. Tal o contexto, verifica-se que a conduta do requerente não se subsume à norma do art. 1º, I, do Decreto-Lei n. 201/1967. 3. Diferente da situação em que o gestor nomeia servidor público com o intuito de, às expensas do erário, utilizar-se dele como funcionário privado, isto é, para utilizar o nomeado para a realização de serviços privados, pagar ao servidor público não constitui desvio ou apropriação da renda pública, tratando-se, pois, de obrigação legal. 4. A forma de provimento, direcionada ou não, em fraude ou não, é questão diversa, passível inclusive de sanções administrativas ou civis, mas não de sanção penal (Precedente do STJ)" (STJ, 6ª T., PExt no HC 466378, j. 01/12/2020).

CONCUSSÃO NÃO É CRIME PRATICADO COM VIOLÊNCIA OU GRAVE AMEAÇA (NESTE CASO HAVERÁ EXTORSÃO)

- "Ainda que a conduta delituosa tenha sido praticada por funcionário público, o qual teria se valido dessa condição para a obtenção da vantagem indevida, o crime por ele cometido corresponde ao delito de extorsão e não ao de concussão, uma vez configurado o emprego de grave ameaça, circunstância elementar do delito de extorsão" (STJ, 6ª T., HC 54776, j. 18/09/2014).

- "(...) 4. O 'emprego de violência ou grave ameaça é circunstância elementar do crime de extorsão tipificado no art. 158 do Código Penal. Assim, se o funcionário público se utiliza desse meio para obter vantagem indevida, comete o crime de extorsão e não o de concussão'" (STJ, 5ª T., AgRg no REsp 1763917, j. 18/10/2018).

- "A Corte de origem analisou a questão em consonância com o entendimento deste Superior Tribunal, no sentido de que o 'emprego de violência ou grave ameaça é circunstância elementar do crime de extorsão tipificado no art. 158 do Código Penal. Assim, se o funcionário público se utiliza desse meio para obter vantagem indevida, comete o crime de extorsão e não o de concussão'" (STJ, 5ª T., AgRg nos EDcl no REsp 1732520, j. 07/11/2019).

CORRUPÇÃO PASSIVA IMPRÓPRIA SUBSEQUENTE (ART. 317 DO CP): DELITO UNILATERAL

- "(...) 2. A denúncia atende aos requisitos do art. 41 do Código de Processo Penal, uma vez que narra, com todas as suas circunstâncias, a prática do delito de corrupção passiva imprópria subsequente, ao descrever que o acusado recebeu vantagem indevida (R$ 5.000,00 – cinco mil reais) pela prática de ato lícito (recuperação do gado furtado) inerente ao dever imposto pela sua função (policial), após o ter concretizado. 3. O delito de corrupção é unilateral, tanto que legalmente existem duas formas autônomas, conforme a qualidade do agente. A existência de crime de corrupção passiva não pressupõe necessariamente o de corrupção ativa (APn nº 224/SP, Ministro Fernando Gonçalves, Corte Especial, DJ 26/4/2004). 4. O delito de corrupção passiva (art. 317 do CP) não faz distinção quanto ao momento do recebimento da vantagem indevida, ou seja, se antecedente ou subsequente à prática do ato funcional. 5. Aferir se a conduta do acusado se encontra sob o manto do estrito cumprimento do dever legal, demandaria dilação probatória, inviável na via eleita, de rito célere e cognição sumária" (STJ, 6ª T., RHC 70.059, j. 11/10/2016).

CORRUPÇÃO PASSIVA E ATO DE OFÍCIO

▶ "(...) 2. Ao contrário do que ocorre no crime de corrupção ativa, o tipo penal de corrupção passiva não exige a comprovação de que a vantagem indevida solicitada, recebida ou aceita pelo funcionário público esteja causalmente vinculada à prática, omissão ou retardamento de "ato de ofício". 3. A expressão "ato de ofício" aparece apenas no *caput* do art. 333 do CP, como um elemento normativo do tipo de corrupção ativa, e não no *caput* do art. 317 do CP, como um elemento normativo do tipo de corrupção passiva. Ao contrário, no que se refere a este último delito, a expressão "ato de ofício" figura apenas na majorante do art. 317, § 1º, do CP e na modalidade privilegiada do § 2º do mesmo dispositivo. 4. Nem a literalidade do art. 317 do CP, nem sua interpretação sistemática, nem a política criminal adotada pelo legislador parecem legitimar a ideia de que a expressão "em razão dela", presente no tipo de corrupção passiva, deve ser lida no restrito sentido de "ato que está dentro das competências formais do agente". 5. Não é lícito ao intérprete simplesmente pressupor que, no crime de corrupção passiva, o legislador praticou alguma sorte de atecnia, ou que falou menos do que desejava, ou que é possível "deduzir" do dispositivo a exigência de ato de ofício, como se ali estivesse uma limitação implícita ao poder-dever de punir. Ao contrário, a redação do dispositivo constitui nítida opção legislativa direcionada a ampliar a abrangência da incriminação por corrupção passiva, quando comparada ao tipo de corrupção ativa, a fim de potencializar a proteção ao aspecto moral do bem jurídico protegido, é dizer, a probidade da Administração Pública. 6. A desnecessidade de que o ato pretendido esteja no âmbito das atribuições formais do funcionário público fornece uma visão mais coerente e íntegra do sistema jurídico. A um só tempo, são potencializados os propósitos da incriminação – referentes à otimização da proteção da probidade administrativa, seja em aspectos econômicos, seja em aspectos morais – e os princípios da proporcionalidade e da isonomia. Exigir nexo de causalidade entre a vantagem e ato de ofício de funcionário público levaria à absurda consequência de admitir, por um lado, a punição de condutas menos gravosas ao bem jurídico, enquanto se nega, por outro, sanção criminal a manifestações muito mais graves da violação à probidade pública: "o guarda de trânsito que pede dinheiro para deixar de aplicar uma multa seria punível, mas o senador que vende favores no exercício do seu mandato passaria impune" (STF, Voto do Ministro LUÍS ROBERTO BARROSO no Inq 4.506/DF, p. 2.052). 7. O âmbito de aplicação da expressão "em razão dela", contida no art. 317 do CP, não se esgota em atos ou omissões que detenham relação direta e imediata com a competência funcional do agente. O crime de corrupção passiva não exige nexo causal entre a oferta ou promessa de vantagem indevida e eventual ato de ofício praticável pelo funcionário público. O nexo causal a ser reconhecido é entre a mencionada oferta ou promessa e eventual facilidade ou suscetibilidade usufruível em razão da função pública exercida pelo agente. 8. O crime de corrupção passiva consuma-se ainda que a solicitação ou recebimento de vantagem indevida, ou a aceitação da promessa de tal vantagem, esteja relacionada com atos que formalmente não se inserem nas atribuições do funcionário público, mas que, em razão da função pública, materialmente implicam alguma forma de facilitação da prática da conduta almejada" (STJ, 6ª T., REsp 1745410, j. 02/10/2018).

▶ "Para a configuração do crime de corrupção passiva, ao contrário do que ocorre no crime de corrupção ativa, não se exige a comprovação de que a vantagem indevida solicitada, recebida ou aceita pelo funcionário público, esteja causalmente vinculada à prática, omissão ou retardamento de 'ato de ofício'. Inclusive, nem mesmo há a exigência de que o 'ato de ofício' seja da competência funcional do agente corrupto" (STJ, 5ª T., AgRg no AREsp 1650032, j. 25/08/2020).

CORRUPÇÃO E ATO DE OFÍCIO: ATUAÇÃO PARLAMENTAR E PARTIDÁRIA

▶ "(...) 2. A configuração constitucional do regime presidencialista brasileiro confere aos parlamentares um espectro de poder que vai além da mera deliberação a respeito de atos legislativos. A participação efetiva de parlamentares nas decisões de governo, indicando quadros para o preenchimento de cargos no âmbito do Poder Executivo, é própria da dinâmica do referido regime, que exige uma coalizão para viabilizar a governabilidade. Tal dinâmica não é, em si, espúria, e pode possibilitar, quando a coalizão é fundada em consensos principiológicos éticos, numa participação mais plural na tomada de decisões usualmente a cargo do Poder Executivo. **Todavia, quando o poder do parlamentar de indicar alguém para um determinado cargo, ou de lhe dar sustentação política para nele permanecer, é exercido de forma desviada, voltado à percepção de vantagens indevidas, há evidente mercadejamento da função pública**. Na espécie, o conjunto probatório é sólido e demonstra o nexo causal entre o apoio político envidado por Aníbal Ferreira Gomes, na qualidade de integrante do antes denominado Partido do Movimento Democrático Brasileiro (PMDB), para a manutenção de Paulo Roberto Costa na Diretoria de Abastecimento da Petrobras S/A, especialmente quando se fazia iminente e real a possibilidade de sua substituição do cargo. Evidente, ademais, o recebimento de vantagem pecuniária indevida pela viabilização de acordo extrajudicial no interesse das empresas de praticagem atuantes na Zona de Praticagem 16 junto àquela sociedade de economia mista. 3. Verificada a autonomia entre o ato de recebimento de vantagem indevida oriunda do delito de corrupção passiva e a posterior ação para ocultar ou dissimular a sua origem, possível é a configuração do crime de lavagem de capitais. Nesse sentido, o depósito fracionado de valores em conta-corrente de titularidade de dezenas de pessoas vinculadas ao político e ao coacusado revela-se como meio idôneo para a consumação do crime de lavagem de capitais. Na espécie, essa prática foi cabalmente demonstrada pelo conjunto probatório amealhado aos autos. 4. Por ausência de suporte probatório veemente da prática do delito de corrupção ativa, cujos elementos decorreram de declarações prestadas em sede de colaboração premiada, destituídas de elementos de corroboração, tem-se como impositiva a absolvição do parlamentar acusado, em prestígio ao princípio do in dubio pro reo. 5. Denúncia julgada procedente, em parte, para: (a) condenar o denunciado Aníbal Ferreira Gomes como incurso nas sanções do art. 317, § 1º, do Código Penal, bem como nas sanções do art. 1º, V, da Lei 9.613/1998, por 19 (dezenove) vezes; (b) condenar o denunciado Luís Carlos Batista Sá como incurso nas sanções do art. 317, § 1º, do Código Penal, na forma do art. 30 do mesmo diploma legal, bem como nas sanções do art. 1º, V, da Lei 9.613/1998, por 19 (dezenove) vezes; (c) absolver o denunciado Aníbal Ferreira Gomes em relação ao crime de corrupção ativa consubstanciado na promessa de vantagem indevida ao Diretor de Abastecimento da Petrobras S.A., com fundamento no art. 386, VII, do Código de Processo Penal" (STF, 2ª T., AP 1002, j. 09/06/2020).

CORRUPÇÃO PASSIVA E CONSUMAÇÃO

▶ "O crime de corrupção passiva consuma-se ainda que a solicitação ou recebimento de vantagem indevida, ou a aceitação da promessa de tal vantagem, esteja relacionada com atos que formalmente não se inserem nas atribuições do funcionário público, mas que, em razão da função pública, materialmente implicam alguma forma de facilitação da prática da conduta almejada (...)" (STJ, Terceira Seção, AgRg nos EDcl nos EDv nos EAREsp 1301024, j. 22/05/2019).

CORRUPÇÃO PASSIVA E LAVAGEM DE DINHEIRO: CONCURSO DE CRIMES

▶ "(...) 2. O sistema jurídico brasileiro não exclui os autores do delito antecedente do âmbito de incidência das normas penais definidoras do crime de lavagem de bens, direitos ou valores, admitindo, por consequência, a punição da chamada autolavagem. É possível, portanto, em tese, que um mesmo acusado responda, concomitantemente, pela prática dos delitos antecedente e de lavagem, inexistindo bis in idem decorrente de tal proceder. 3. Nada obstante, a incriminação da autolavagem pressupõe a prática de atos de ocultação, dissimulação ou integração autônomos ao delito antecedente, ainda que se verifique, eventualmente, consumações simultâneas. 4. A consunção constitui critério de resolução de conflito aparente de normas penais incidente em casos em que a norma consuntiva contemple e esgote o desvalor da consumida, em hipótese de coapenamento de condutas. Assim, eventual coincidência temporal entre o recebimento indireto de vantagem indevida, no campo da corrupção passiva, e a implementação de atos autônomos de ocultação, dissimulação ou integração na lavagem, não autoriza o reconhecimento de crime único se atingida a tipicidade objetiva e subjetiva própria do delito de lavagem. 5. O habeas corpus consubstancia via processual inadequada para o reconhecimento da ocorrência de consunção, forte na necessidade de exame do acervo probatório para o fim de avaliar o esgotamento do juízo de censura entre as condutas, providência que desborda dos limites cognitivos do writ. 6. Caso concreto em que se reconheceu a constituição de contas secretas e remessa clandestina de recursos ao exterior, atos que consubstanciaram práticas de ocultação, dissimulação ou integração, possibilitando fruição oportuna do resultado econômico do crime antecedente. O presente quadro processual diferencia-se, portanto, do enfrentado pelo Tribunal Pleno na AP 470 (EI-sextos e EI-décimos sextos), na qual se afastou a configuração do delito de lavagem em caso de recebimento de vantagem indevida mediante interposta pessoa e em hipótese na qual se exigiria a prática de atos subsequentes para fins de branqueamento do produto da infração penal antecedente. 7. Em caso de concurso de crimes, é incabível o reconhecimento, em habeas corpus, da incidência do critério da exasperação se as instâncias ordinárias atestaram a pluralidade de condutas e a presença de desígnios autônomos. 8. Não configura vulneração ao dever de motivação das decisões judiciais a rejeição de aplicação da regra do concurso formal próprio baseada em óbices normativos ao critério da exasperação. 9. Ordem denegada" (STF, 2ª T., HC 165036, j. 09/04/2019).

- "A configuração do crime de lavagem de dinheiro exige que os atos alusivos à ocultação ou à dissimulação mostrem-se autônomos e distintos no tocante à estrutura típica da infração penal antecedente. LAVAGEM DE DINHEIRO – CORRUPÇÃO PASSIVA – EXAURIMENTO – ATIPICIDADE. O ato de receber, de forma indireta, valores supostamente provenientes de corrupção, integra o tipo previsto no artigo 317 do Código Penal, de modo que a conduta de esconder notas pelo corpo, sob as vestes, nos bolsos do paletó, junto à cintura e dentro das meias não se reveste de indispensável autonomia em relação ao crime antecedente, não se ajustando à infração versada no artigo 1º, inciso V, da Lei nº 9.613/1998. Precedente: sextos embargos infringentes na ação penal nº 470, Pleno, redator do acórdão o ministro Luís Roberto Barroso" (STF, 1ª T., Inq 3515, j. 08/10/2019).

PREVARICAÇÃO: NECESSIDADE DE DOLO ESPECÍFICO

- "1. O delito de prevaricação é descrito no art. 319 do CP como a prática de "retardar ou deixar de praticar, indevidamente, ato de ofício, ou praticá-lo contra disposição expressa de lei, para satisfazer interesse ou sentimento pessoal". 2. Como é sabido, tal delito consiste na quebra dos deveres e das obrigações inerentes à função pública exercida pelo agente, mediante o retardamento ou a omissão da prática de ato de ofício ou, ainda, pela sua execução de forma contrária à disposição expressa de lei. Além disso, o tipo penal exige a demonstração do especial fim de agir, ou seja, do dolo específico, caracterizado pelo animus de satisfazer interesse ou sentimento pessoal" (STJ, Corte Especial, APn 860, j. 06/06/2018).

CRIMES PRATICADOS POR PARTICULAR CONTRA A ADMINISTRAÇÃO EM GERAL

- **Súmula 151 do STJ:** "A competência para o processo e julgamento por crime de contrabando ou descaminho define-se pela prevenção do Juízo Federal do lugar da apreensão dos bens".

DESOBEDIÊNCIA E ACORDO JUDICIAL

- "1. O texto penal previsto no art. 330 do Código Penal tem como elementar a desobediência a 'ordem' legal de funcionário público, não se podendo incluir em tal conceito jurídico a desobediência a acordo judicial. 2. Ademais, em respeito ao princípio da subsidiariedade do Direito Penal, soa desarrazoado punir, com sanção criminal, condutas que encontram em outros ramos do direito a proteção necessária para a efetivação da decisão judicial que lhe subjaz" (STJ, 6ª T., RHC 67.452, j. 01/09/2016).

DESOBEDIÊNCIA E DESCUMPRIMENTO DE MEDIDA PROTETIVA (LEI MARIA DA PENHA)

- "Nos termos de entendimento pacífico no âmbito desta Corte, o descumprimento de decisão que impõe medida protetiva de urgência prevista na Lei nº 11.340/2006 não configura o crime de desobediência previsto no art. 359 do Código Penal, podendo importar a imposição de outras medidas legais cabíveis. Precedentes" (STJ, 6ª T., AgRg no AREsp 1226600, j. 05/06/2018).

DESOBEDIÊNCIA E COMINAÇÃO DE SANÇÕES ADMINISTRATIVAS OU CIVIS

- "Prevalece no STJ o entendimento no sentido de que, para configurar o crime do art. 330 do CP, não basta o descumprimento de ordem legal emanada por funcionário público competente, sendo indispensável não existir sanção administrativa ou civil determinada em lei específica no caso de descumprimento do ato" (STJ, 5ª T., AgRg no AgRg no REsp 1800887, j. 18/06/2019).

DESOBEDIÊNCIA E ORDEM DE PARADA DADA PELA AUTORIDADE DE TRÂNSITO

- "A desobediência a ordem de parada dada pela autoridade de trânsito ou por seus agentes, ou por policiais ou outros agentes públicos no exercício de atividades relacionadas ao trânsito, não constitui crime de desobediência, pois há previsão de sanção administrativa específica no art. 195 do CTB, o qual não estabelece a possibilidade de cumulação de punição penal" (STJ, Jurisprudência em Teses, edição 114, tese nº 12).

DESOBEDIÊNCIA E ORDEM DE PARADA DADA POR POLICIAIS EM ATIVIDADE OSTENSIVA DE REPRESSÃO A DELITOS

- "1. Não há que se falar em atipicidade de conduta, pois como visto, a conduta imputada encontra-se devidamente delineada, consistente em "empreender fuga ao ser abordado pelos policiais, com o fim de evitar a prisão em flagrante, visto que sua motocicleta estava com placa falsa (...). Na hipótese dos autos, a ordem de parada não se deu por parte da autoridade competente de trânsito ou de seus agentes, mas por policiais militares no exercício de sua atividade ostensiva de repressão a delitos. Nesse contexto, encontra-se devidamente delineada a tipicidade da conduta imputada ao recorrido, não havendo se falar, portanto, em atipicidade" (STJ, 5ª T., AgRg no AgRg no REsp 1800887, j. 18/06/2019).

IRRETROATIVIDADE DO CRIME DE DESOBEDIÊNCIA PREVISTO NA LEI MARIA DA PENHA

- "1. A jurisprudência do Superior Tribunal de Justiça firmou-se no sentido de que o descumprimento de medidas protetivas impostas nos termos a Lei 11.340/06 não configura o delito do art. 359 do Código Penal. 2. Em se tratando de novatio legis in pejus, cuja irretroatividade se impõe, conforme os arts. 5º, XL, da CF e 1º do CP, não incide o art. 24-A da Lei Maria da Penha aos fatos anteriores à publicação da Lei 13.641/18, que criou tipo penal específico para a conduta de desobedecer decisões judiciais que impõem medidas protetivas" (STJ, 6ª T., AgRg no AREsp 1216126, j. 21/08/2018).

DESOBEDIÊNCIA E ORDEM ILEGAL

- "Na hipótese dos autos, os policiais militares agiram com abuso de autoridade, ao abordarem as vítimas, exigindo a apresentação da identidade civil, sob o argumento de que as identificações militares apresentadas somente teriam validade se exibidas junto com a identificação civil, além de terem detido as vítimas sob alegação de desobediência. O crime de desobediência ocorre quando há o descumprimento de uma ordem legal de funcionário público, o que não se verifica no caso concreto, uma vez que as determinações dos policiais não encontravam respaldo legal, restando caracterizado, em tese, o crime de abuso de poder por parte dos policiais militares. Não há falar em crime de constrangimento ilegal (art. 222 do Código Penal Militar – CPM), porquanto ausente a grave ameaça ou violência na conduta dos policiais, necessária para caracterização do referido crime militar. Pratica o crime de abuso de autoridade o agente que, em represália por justa cobrança de parte da vítima, faz-lhe exigências descabidas, culminando por conduzi-la à presença da autoridade policial. A falta de justa causa para o procedimento faz realçar a represália como único e condenável intuito o agente. O abuso de autoridade cometido em serviço, por policial militar, deve ser julgado pela Justiça Comum. Incidência da Súmula nº 172/STJ" (STJ, 3ª Seção, AgRg no CC 102.619, j. 22/04/2015).

CONVENCIONALIDADE E CONSTITUCIONALIDADE DO CRIME DE DESACATO

- "A Segunda Turma da Corte, no julgamento do HC nº 141.949/DF, Relator o Ministro Gilmar Mendes, DJe de 21/3/18, assentou a recepção do crime de desacato pela Constituição Federal de 1988 (CF, art. 5º, IV, da CF), bem como a compatibilidade da figura penal do desacato com o disposto no art. 13 da Convenção Americana de Direitos Humanos (Pacto de São José da Costa Rica)" (STF, 2ª T., ARE 1049152 AgR, j. 07/05/2018).

- "A Terceira Seção desta Corte Superior, no HC n. 379.269/MS, firmou a orientação de que o crime de desacato está em perfeita harmonia com o ordenamento jurídico brasileiro mesmo após a internalização da Convenção Americana de Direitos Humanos" (STJ, 6ª T., AgRg no HC 462482, j. 07/05/2019).

CORRUPÇÃO ATIVA E "DAR" A VANTAGEM

- "Não configura o tipo penal de corrupção ativa sujeitar-se a pagar propina exigida por Autoridade Policial" (STJ, 5ª T., AgRg no REsp 1397405, j. 27/09/2016).

DESCAMINHO E BEM JURÍDICO

- "O objeto jurídico tutelado no descaminho é a administração pública, considerada sob o ângulo da função administrativa que, vista pelo prisma econômico, resguarda o sistema de arrecadação de receitas; pelo prisma da concorrência leal, tutela a prática comercial isonômica; por fim, pelo ângulo da probidade e da moralidade administrativas, garante, em seu aspecto subjetivo, o comportamento probo e ético das pessoas que se relacionam com a coisa pública" (STJ, 6ª T., AgRg no HC 289282, j. 21/05/2015).

DESCAMINHO E PRINCÍPIO DA INSIGNIFICÂNCIA

- "I - Esta Corte Superior de Justiça, em julgamento proferido no âmbito da Terceira Seção, no Recursos Especiais n. 1.709.029/MG e 1.688.878/SP, sob a sistemática dos recursos repetitivos, firmou o entendimento de que incide o princípio da insignificância aos crimes tributários federais e de descaminho quando o débito tributário verificado não ultrapassar o limite de R$ 20.000,00, a teor do disposto no art. 20 da Lei n. 10.522/2002, com as atualizações efetivadas pelas Portarias n. 75 e 130, ambas do Ministério da Fazenda. II - Referido entendimento, contudo, tem aplicação somente aos tributos da competência da União. Para ser estendido ao âmbito estadual, necessária seria a existência de lei local no mesmo sentido, o que não restou demonstrado in casu" (STJ, 5ª T., RHC 119.172, j. 17/12/2019).

- "(...) reconhece que o princípio da insignificância não tem aplicabilidade em casos de reiteração da conduta delitiva, porquanto tal circunstância denota maior grau de reprovabilidade do comportamento lesivo, sendo desnecessário perquirir o valor dos tributos iludidos pelo acusado. 2. A existência de outras ações penais, inquéritos policiais em curso ou procedimentos administrativos fiscais, em que pese não configurarem reincidência, denotam a habitualidade delitiva do réu e afastam, por consectário, a incidência do princípio da insignificância" (STJ, 5ª T., AgRg no REsp 1808770, j. 06/08/2019).

- "Quanto à aplicação do princípio da insignificância no delito de descaminho, haja vista a persistente polêmica instaurada no âmbito dos tribunais pátrios, a questão foi submetida novamente à apreciação da Terceira Seção desta Corte, sob o rito dos recursos repetitivos, a qual decidiu reformar o entendimento anterior e fixar a nova tese para o tema em debate, em 06/03/2018: 'Incide o princípio da insignificância aos crimes tributários fede-rais e de descaminho quando o débito tributário verificado não ultrapassar o limite de R$ 20.000,00 (vinte mil reais), a teor do disposto no art. 20 da Lei n. 10.522/2002, com as atualizações efetivadas pelas Portarias 75 e 130, ambas do Ministério da Fazenda'" (STJ, 5ª T., AgRg no REsp 1898367, j. 09/12/2020).

CONTRABANDO E INSIGNIFICÂNCIA

- "Prevalece nesta Corte o posicionamento de que a importação não autorizada de cigarros, por constituir crime de contrabando, é insuscetível de aplicação do princípio da insignificância, pois implica não apenas lesão ao erário e à atividade arrecadatória do Estado, mas a outros bens jurídicos tutelados pela norma penal, como, no caso, a saúde pública" (STJ, 6ª T., AgRg no REsp 1751670, j. 14/05/2019).

- "Prevalece nesta Corte o posicionamento de que a importação não autorizada de cigarros, por constituir crime de contrabando, é insuscetível de aplicação do princípio da insignificância, pois implica não apenas lesão ao erário e à atividade arrecadatória do Estado, mas a outros bens jurídicos tutelados pela norma penal, como, no caso, a saúde pública" (STJ, 6ª T., AgRg no AREsp 1685241, j. 15/09/2020).

APROPRIAÇÃO INDÉBITA PREVIDENCIÁRIA, SONEGAÇÃO DE CONTRIBUIÇÃO PREVIDENCIÁRIA E PRINCÍPIO DA INSIGNIFICÂNCIA

- "1. Ambas as Turmas que compõem o Supremo Tribunal Federal entendem ser inaplicável o princípio da insignificância aos crimes de sonegação de contribuição previdenciária e apropriação indébita previdenciária, tendo em vista a elevada reprovabilidade dessas condutas, que atentam contra bem jurídico de caráter supraindividual e contribuem para agravar o quadro deficitário da previdência social. 2. A Terceira Seção desta corte superior concluiu que não é possível a aplicação do princípio da insignificância aos crimes de apropriação indébita previdenciária e de sonegação de contribuição previdenciária, independentemente do valor do ilícito, pois esses tipos penais protegem a própria subsistência da previdência social, de modo que é elevado o grau de reprovabilidade da conduta do agente que atenta contra este bem jurídico supraindividual" (STJ, 6ª T., AGRG no Resp 1783334, j. 07/11/2019).

- "Consoante entendimento firmado pela Terceira Seção desta Corte, não é possível a aplicação do princípio da insignificância ao crime de apropriação indébita previdenciária, independentemente do valor apropriado, dado o elevado grau de reprovabilidade da conduta do agente que atenta contra a subsistência da Previdência Social. Precedentes desta Corte e do Supremo Tribunal Federal" (STJ, 6ª T., AgRg no REsp 1862853, j. 27/10/2020).

DESCAMINHO: DESNECESSIDADE DE CONSTITUIÇÃO DEFINITIVA DO CRÉDITO TRIBUTÁRIO (CRIME FORMAL)

- **Súmula Vinculante 24 do STF:** "Não se tipifica crime material contra a ordem tributária, previsto no art. 1º, incisos I a IV, da Lei nº 8.137/90, antes do lançamento definitivo do tributo".

- "O Supremo Tribunal Federal e o Superior Tribunal de Justiça firmaram compreensão no sentido de que a consumação do crime de descaminho independe da constituição definitiva do crédito tributário, haja vista se tratar de crime formal, diversamente dos crimes tributários listados na Súmula Vinculante nº 24 do Pretório Excelso" (STJ, 5ª T., AgRg no REsp 1426834, j. 07/06/2018).

- "As consequências dos crimes de sonegação fiscal e de descaminho foram valoradas negativamente de forma idônea, ante a vultosa quantia não recolhida ao Fisco, com destaque para o delito de descaminho ser crime formal" (STJ, 5ª T., AgRg nos EDcl no AgRg nos EDcl no REsp 1705780, j. 22/09/2020).

CONTRABANDO E DESCAMINHO: COMPETÊNCIA

- "1. A jurisprudência desta Corte orientava para a competência da Justiça Federal para o julgamento dos crimes de contrabando e descaminho (Súmula 151/STJ), até que julgado (CC n. 149.750/MS, de 26/4/2017), fundado em conflito que debateu crime diverso (violação de direito autoral), modificou a orientação sedimentada, para limitar a competência federal, no caso de contrabando, às hipóteses em que for constatada a existência de indícios de transnacionalidade na conduta do agente. 2. Consolidada a nova compreensão, sobreveio o julgamento do CC n. 159.680/MG (realizado em 8/8/2018), no qual a Terceira Seção entendeu pela competência federal para o julgamento do crime de descaminho, ainda que inexistentes indícios de transnacionalidade na conduta. 3. Tal orientação, no sentido da desnecessidade de indícios de transnacionalidade, deve prevalecer não só para o crime de descaminho, como também para o delito de contrabando, pois resguarda a segurança jurídica, na medida em que restabelece a jurisprudência tradicional; além do que o crime de contrabando, tal como o delito de descaminho, tutela prioritariamente interesse da União, que é a quem compete privativamente (arts. 21, XXII e 22, VII, ambos da CF) definir os produtos de ingresso proibido no país, além de exercer a fiscalização aduaneira e de fronteira. 4. Conflito conhecido para declarar a competência do Juízo Federal da 4ª Vara Criminal da Seção Judiciária do Estado de São Paulo, o suscitante" (STJ, 3ª Seção, CC 160.748/SP, j. 26/09/2018).

- "A Terceira Seção, em nova discussão sobre o tema, passou a adotar posição no sentido de que 'o crime de contrabando, tal como o delito de descaminho, é de competência federal, independentemente da existência de indícios de transnacionalidade na conduta' (CC 160.748/SP, Rel. Ministro SEBASTIÃO REIS JÚNIOR, TERCEIRA SEÇÃO, julgado em 26/9/2018, DJe 4/10/2018)" (STJ, 5ª T., HC 486777, j. 15/08/2019).

SONEGAÇÃO PREVIDENCIÁRIA E APROPRIAÇÃO INDÉBITA PREVIDENCIÁRIA: PAGAMENTO DO TRIBUTO E APLICAÇÃO DA LEI nº 10.684/03

- "Apropriação indébita previdenciária (art. 168-A, § 1º, I, CP). Condenação. Trânsito em julgado. Pagamento do débito tributário. Extinção da punibilidade do agente. Admissibilidade. Inteligência do art. 9º, § 2º, da Lei nº 10.684/03. Precedentes. Ausência de comprovação cabal do pagamento. Recurso parcialmente provido para, afastado o óbice referente ao momento do pagamento, determinar ao juízo das execuções criminais que declare extinta a punibilidade do agente, caso venha a ser demonstrada, por certidão ou ofício do INSS, a quitação do débito. 1. Tratando-se de apropriação indébita previdenciária (art. 168-A, § 1º, I, CP), o pagamento integral do débito tributário, ainda que após o trânsito em julgado da condenação, é causa de extinção da punibilidade do agente, nos termos do art. 9º, § 2º, da Lei nº 10.684/03. Precedentes. 2. Na espécie, os documentos apresentados pelo recorrente ao juízo da execução criminal não permitem aferir, com a necessária segurança, se houve ou não quitação integral do débito. 3. Nesse diapasão, não há como, desde logo, se conceder o writ para extinguir sua punibilidade. 4. De toda sorte, afastado o óbice referente ao momento do pagamento, cumprirá ao juízo das execuções criminais declarar extinta a punibilidade do agente, caso demonstrada a quitação do débito, por certidão ou ofício do INSS. 5. Recurso parcialmente provido" (STF, 2ª T., RHC 128245, j. 23/08/2016).

- "1. Com o advento da Lei 10.684/2003, no exercício da sua função constitucional e de acordo com a política criminal adotada, o legislador ordinário optou por retirar do ordenamento jurídico o marco temporal previsto para o adimplemento do débito tributário redundar na extinção da punibilidade do agente sonegador, nos termos do seu artigo 9º, § 2º, sendo vedado ao Poder Judiciário estabelecer tal limite. 2. Não há como se interpretar o referido dispositivo legal de outro modo, senão considerando que o pagamento do tributo, a qualquer tempo, até mesmo após o advento do trânsito em julgado da sentença penal condenatória, é causa de extinção da punibilidade do acusado. 3. Como o édito condenatório foi alcançado pelo trânsito em julgado sem qualquer mácula, os efeitos do reconhecimento da extinção da punibilidade por causa que é superveniente ao aludido marco devem ser equiparados aos da prescrição da pretensão executória. 4. Habeas corpus não conhecido. Ordem concedida de ofício para declarar extinta a punibilidade do paciente, com fundamento no artigo 9º, § 2º, da Lei 10.684/2003" (STJ, 5ª T., HC 362.478, j. 14/09/2017).

SONEGAÇÃO DE CONTRIBUIÇÃO PREVIDENCIÁRIA E NECESSIDADE DE CONSTITUIÇÃO DEFINITIVA DO CRÉDITO TRIBUTÁRIO

- "O delito de sonegação de contribuição previdenciária, por se tratar de crime material, somente se consuma após a constituição definitiva do crédito tributário mediante o esgotamento da via administrativa" (STJ, 6ª T., EDcl no AgInt no REsp 1569916, j. 19/06/2018).

- "Conforme precedentes, o delito do art. 337-A do CP é material, consuma-se com o resultado que, por seu turno, ocorre com a constituição definitiva do crédito tributário" (STJ, 5ª T., AgRg no AREsp 1293461, j. 16/05/2019).

CRIMES EM LICITAÇÕES E CONTRATOS ADMINISTRATIVOS

- **Antigo crime do art. 89 da Lei 8.666/93 (atual crime do art. 337-E do CP) e necessidade de dolo específico:** "1. Nos termos da jurisprudência do Superior Tribunal de Justiça firmada a partir do julgamento da APn n. 480/MG, a consumação do crime do art. 89 da Lei n. 8.666/1993 exige a demonstração do dolo específico, ou seja, a intenção de causar dano ao Erário e a efetiva ocorrência de prejuízo aos cofres públicos. 2. Hipótese em que o paciente, prefeito do município, foi condenado como incurso no art. 89 da Lei n. 8.666/1993, por ter, juntamente com os membros da comissão de licitação, fracionado o serviço de transporte escolar em vários roteiros para, considerando o valor isolado de cada uma das linhas, dispensar o processo licitatório, em desacordo com o que determina o art. 23, §§ 2º e 5º e art. 24, II, da Lei n. 8.666/1993. 3. Observa-se, contudo, a existência de condenação baseada no dolo genérico (dispensa ou inexigibilidade de licitação, fora das hipóteses legais, com o objetivo de direcionamento da contratação), o que, segundo a jurisprudência desta Corte, não é suficiente para sustentar o decreto condenatório. 4. A sentença não fez qualquer referência à existência de deliberada intenção de causar prejuízos à Administração Pública ou à efetiva ocorrência do dano. Ao contrário, o magistrado de primeiro grau reconhece que os serviços foram prestados e, ao afastar a conduta prevista no art. 1°, inciso I, do Decreto-Lei n. 201/67, afirma, categoricamente, inexistir nos autos provas suficientes para comprovar o dolo do denunciado de efetuar pagamentos aos contratados superiores aos ajustados, sem qualquer justificativa para tanto. 5. Ordem concedida para absolver o paciente (...)" (STJ, 6ª T., HC 588359, j. 08/09/2020).

- **Jurisprudência em Teses do STJ, Edição 134, 1ª tese:** "Para a configuração do delito tipificado no artigo 89 da Lei 8.666/1993, é indispensável a comprovação do dolo específico do agente em causar dano ao erário, bem como do prejuízo à administração pública".

- **Jurisprudência em Teses do STJ, Edição 134, 5ª tese:** "O crime previsto no artigo 90 da Lei 8.666/1993 classifica-se como comum, não se exigindo do sujeito ativo nenhuma característica específica, podendo ser praticado por qualquer pessoa que participe do certame".

- **Súmula 645 do STJ:** "O crime de fraude à licitação é formal, e sua consumação prescinde da comprovação do prejuízo ou da obtenção de vantagem".

- **Jurisprudência em Teses do STJ, Edição 134, 10ª tese:** "O delito do artigo 93 da Lei 8.666/1993 somente se tipifica se as condutas nele previstas forem praticadas no curso do procedimento licitatório".

- **Jurisprudência em Teses do STJ, Edição 134, 11ª tese:** "A fraude na licitação para fins de contratação de serviço não está abrangida pelo tipo penal previsto no artigo 96 da Lei 8.666/1993, uma vez que apresenta hipóteses estreitas de penalidade, não podendo haver interpretação extensiva em prejuízo do réu, à luz do princípio penal da taxatividade".

- **O crime do art. 96 da Lei 8.666/93 (atual 337-L do CP) é material:** "A verificação do adequado valor de mercado do bem, quando da alienação ao ente público, não é matéria jurídica, mas se cuida de questão fática e técnica afeta a outras áreas do conhecimento. Sem a perícia, não é possível ao Julgador saber qual seria o correto preço do bem vendido à Administração. Sem essa informação, fica inviabilizada a análise da materialidade delitiva do crime do art. 96, inciso V, da Lei n.º 8.666/1993, delito de natureza material, cuja consumação exige a ocorrência de efetivo prejuízo ao erário" (STJ, 6ª T., RMS 63289, j. 08/09/2020).

CRIMES CONTRA A ADMINISTRAÇÃO DA JUSTIÇA

- **Súmula 165 do STJ:** "Compete à Justiça Federal processar e julgar crime de falso testemunho cometido no processo trabalhista".

DENUNCIAÇÃO CALUNIOSA: NECESSÁRIA A CERTEZA DA INOCÊNCIA DA PESSOA ACUSADA

- "Para que o delito de denunciação caluniosa se caracterize, é indispensável que o agente tenha certeza da inocência de quem está sendo acusado. Doutrina. Precedentes" (STJ, 5ª T., RHC 93309, j. 14/08/2018).

DENUNCIAÇÃO CALUNIOSA: DESNECESSÁRIA A INSTAURAÇÃO FORMAL DO INQUÉRITO POLICAL

- "Para a configuração do crime previsto no artigo 339 do Código Penal, é necessário que a denúncia falsa dê ensejo à deflagração de uma investigação administrativa, sendo prescindível, contudo, que haja a formalização de inquérito policial ou de termo circunstanciado" (STJ, 6ª T., AgRg no AREsp 1222635, j. 04/09/2018).

FALSO TESTEMUNHO E COMPROMISSO

▶ "Merece ser mantida a decisão embargada, por seus próprios fundamentos, eis que, de acordo com o entendimento firmado pelo STJ, mostra-se prescindível o compromisso, para a configuração do delito de falso testemunho" (STJ, 6ª T., AgRg no HC 190.766, j. 25/06/2013).

FALSO TESTEMUNHO: DELITO FORMAL

▶ "Nessa ordem de ideias e considerando que o crime de falso testemunho é de natureza formal, consumando-se no momento da afirmação falsa a respeito de fato juridicamente relevante, aperfeiçoando-se quando encerrado o depoimento, a cópia integral dos autos no qual foi constatada a suposta prática criminosa fornece elementos suficientes para a persecução penal, dispensando, de consequência, a instauração de qualquer procedimento investigativo prévio, notadamente o inquérito" (STJ, 5ª T., RHC 82027, j. 03/05/2018).

▶ "É pacífico o entendimento de que o crime de falso testemunho é formal, consumando-se no momento em que é feita a afirmação falsa sobre fato juridicamente relevante, razão pela qual não é necessária a prolação de sentença condenatória no processo em que o depoimento foi prestado para que o delito se configure, exatamente como na espécie. Doutrina. Jurisprudência" (STJ, 5ª T., AgRg no RHC 122081, j. 18/02/2020).

FALSO TESTEMUNHO E PROCEDIBILIDADE

▶ "A prolação de sentença no processo em que ocorreu o falso testemunho não é condição de procedibilidade da ação penal pelo referido delito contra a Administração da Justiça, ainda menos o trânsito em julgado" (STJ, 6ª T., HC 327.947, j. 28/06/2016).

COAÇÃO NO CURSO DO PROCESSO E PIC

▶ "O crime de coação no curso do processo (art. 344 do CP) pode ser praticado no decorrer de Procedimento Investigatório Criminal instaurado no âmbito do Ministério Público. Isso porque, além de o PIC servir para os mesmos fins e efeitos do inquérito policial, o STJ já reconheceu que, mesmo as ameaças proferidas antes da formalização do inquérito caracterizam o crime de coação no curso do processo, desde que realizadas com o intuito de influenciar o resultado de eventual investigação criminal (HC 152.526-MG, Quinta Turma, DJe 19/12/2011)" (STJ, 6ª T., HC 315.743, j. 6/8/2015, Informativo 568).

8. LEGISLAÇÃO RELACIONADA AO CAPÍTULO

DOS CRIMES PRATICADOS POR FUNCIONÁRIO PÚBLICO CONTRA A ADMINISTRAÇÃO EM GERAL

» **CONSTITUIÇÃO FEDERAL**

Art. 37. A administração pública direta e indireta de qualquer dos Poderes da União, dos Estados, do Distrito Federal e dos Municípios obedecerá aos princípios de legalidade, impessoalidade, moralidade, publicidade e eficiência e, também, ao seguinte: XXI – ressalvados os casos especificados na legislação, as obras, serviços, compras e alienações serão contratados mediante processo de licitação pública que assegure igualdade de condições a todos os concorrentes, com cláusulas que estabeleçam obrigações de pagamento, mantidas as condições efetivas da proposta, nos termos da lei, o qual somente permitirá as exigências de qualificação técnica e econômica indispensáveis à garantia do cumprimento das obrigações.

» **CÓDIGO PENAL**

Peculato

Art. 312 – Apropriar-se o funcionário público de dinheiro, valor ou qualquer outro bem móvel, público ou particular, de que tem a posse em razão do cargo, ou desviá-lo, em proveito próprio ou alheio:

Pena – reclusão, de dois a doze anos, e multa.

§ 1º – Aplica-se a mesma pena, se o funcionário público, embora não tendo a posse do dinheiro, valor ou bem, o subtrai, ou concorre para que seja subtraído, em proveito próprio ou alheio, valendo-se de facilidade que lhe proporciona a qualidade de funcionário.

LEGISLAÇÃO

Peculato culposo

§ 2º – Se o funcionário concorre culposamente para o crime de outrem:

Pena – detenção, de três meses a um ano.

§ 3º – No caso do parágrafo anterior, a reparação do dano, se precede à sentença irrecorrível, extingue a punibilidade; se lhe é posterior, reduz de metade a pena imposta.

Peculato mediante erro de outrem

Art. 313 – Apropriar-se de dinheiro ou qualquer utilidade que, no exercício do cargo, recebeu por erro de outrem:

Pena – reclusão, de um a quatro anos, e multa.

Inserção de dados falsos em sistema de informações

Art. 313-A. Inserir ou facilitar, o funcionário autorizado, a inserção de dados falsos, alterar ou excluir indevidamente dados corretos nos sistemas informatizados ou bancos de dados da Administração Pública com o fim de obter vantagem indevida para si ou para outrem ou para causar dano:

Pena – reclusão, de 2 (dois) a 12 (doze) anos, e multa.

Modificação ou alteração não autorizada de sistema de informações

Art. 313-B. Modificar ou alterar, o funcionário, sistema de informações ou programa de informática sem autorização ou solicitação de autoridade competente:

Pena – detenção, de 3 (três) meses a 2 (dois) anos, e multa.

Parágrafo único. As penas são aumentadas de um terço até a metade se da modificação ou alteração resulta dano para a Administração Pública ou para o administrado.

Extravio, sonegação ou inutilização de livro ou documento

Art. 314 – Extraviar livro oficial ou qualquer documento, de que tem a guarda em razão do cargo; sonegá-lo ou inutilizá-lo, total ou parcialmente:

Pena – reclusão, de um a quatro anos, se o fato não constitui crime mais grave.

Emprego irregular de verbas ou rendas públicas

Art. 315 – Dar às verbas ou rendas públicas aplicação diversa da estabelecida em lei:

Pena – detenção, de um a três meses, ou multa.

Concussão

Art. 316 – Exigir, para si ou para outrem, direta ou indiretamente, ainda que fora da função ou antes de assumi-la, mas em razão dela, vantagem indevida:

Pena – reclusão, de 2 (dois) a 12 (doze) anos, e multa. (Redação dada pela Lei nº 13.964, de 2019)

Excesso de exação

§ 1º – Se o funcionário exige tributo ou contribuição social que sabe ou deveria saber indevido, ou, quando devido, emprega na cobrança meio vexatório ou gravoso, que a lei não autoriza:

Pena – reclusão, de 3 (três) a 8 (oito) anos, e multa.

§ 2º – Se o funcionário desvia, em proveito próprio ou de outrem, o que recebeu indevidamente para recolher aos cofres públicos:

Pena – reclusão, de dois a doze anos, e multa.

Corrupção passiva

Art. 317 – Solicitar ou receber, para si ou para outrem, direta ou indiretamente, ainda que fora da função ou antes de assumi-la, mas em razão dela, vantagem indevida, ou aceitar promessa de tal vantagem:

Pena – reclusão, de 2 (dois) a 12 (doze) anos, e multa.

§ 1º – A pena é aumentada de um terço, se, em consequência da vantagem ou promessa, o funcionário retarda ou deixa de praticar qualquer ato de ofício ou o pratica infringindo dever funcional.

§ 2º – Se o funcionário pratica, deixa de praticar ou retarda ato de ofício, com infração de dever funcional, cedendo a pedido ou influência de outrem:

Pena – detenção, de três meses a um ano, ou multa.

Facilitação de contrabando ou descaminho

Art. 318 – Facilitar, com infração de dever funcional, a prática de contrabando ou descaminho (art. 334):

Pena – reclusão, de 3 (três) a 8 (oito) anos, e multa.

Prevaricação

Art. 319 – Retardar ou deixar de praticar, indevidamente, ato de ofício, ou praticá-lo contra disposição expressa de lei, para satisfazer interesse ou sentimento pessoal:

Pena – detenção, de três meses a um ano, e multa.

Art. 319-A. Deixar o Diretor de Penitenciária e/ou agente público, de cumprir seu dever de vedar ao preso o acesso a aparelho telefônico, de rádio ou similar, que permita a comunicação com outros presos ou com o ambiente externo:

Pena: detenção, de 3 (três) meses a 1 (um) ano.

Condescendência criminosa

Art. 320 – Deixar o funcionário, por indulgência, de responsabilizar subordinado que cometeu infração no exercício do cargo ou, quando lhe falte competência, não levar o fato ao conhecimento da autoridade competente:

Pena – detenção, de quinze dias a um mês, ou multa.

Advocacia administrativa

Art. 321 – Patrocinar, direta ou indiretamente, interesse privado perante a administração pública, valendo-se da qualidade de funcionário:

Pena – detenção, de um a três meses, ou multa.

Parágrafo único – Se o interesse é ilegítimo:

Pena – detenção, de três meses a um ano, além da multa.

Violência arbitrária

Art. 322 – Praticar violência, no exercício de função ou a pretexto de exercê-la:

Pena – detenção, de seis meses a três anos, além da pena correspondente à violência.

Abandono de função

Art. 323 – Abandonar cargo público, fora dos casos permitidos em lei:

Pena – detenção, de quinze dias a um mês, ou multa.

§ 1º – Se do fato resulta prejuízo público:

Pena – detenção, de três meses a um ano, e multa.

§ 2º – Se o fato ocorre em lugar compreendido na faixa de fronteira:

Pena – detenção, de um a três anos, e multa.

Exercício funcional ilegalmente antecipado ou prolongado

Art. 324 – Entrar no exercício de função pública antes de satisfeitas as exigências legais, ou continuar a exercê-la, sem autorização, depois de saber oficialmente que foi exonerado, removido, substituído ou suspenso:

Pena – detenção, de quinze dias a um mês, ou multa.

Violação de sigilo funcional

Art. 325 – Revelar fato de que tem ciência em razão do cargo e que deva permanecer em segredo, ou facilitar-lhe a revelação:

Pena – detenção, de seis meses a dois anos, ou multa, se o fato não constitui crime mais grave.

§ 1º Nas mesmas penas deste artigo incorre quem:

I – permite ou facilita, mediante atribuição, fornecimento e empréstimo de senha ou qualquer outra forma, o acesso de pessoas não autorizadas a sistemas de informações ou banco de dados da Administração Pública;

II – se utiliza, indevidamente, do acesso restrito.

§ 2º Se da ação ou omissão resulta dano à Administração Pública ou a outrem:

Pena – reclusão, de 2 (dois) a 6 (seis) anos, e multa.

Violação do sigilo de proposta de concorrência

Art. 326 – Devassar o sigilo de proposta de concorrência pública, ou proporcionar a terceiro o ensejo de devassá-lo:

Pena – Detenção, de três meses a um ano, e multa.

Funcionário público

Art. 327 – Considera-se funcionário público, para os efeitos penais, quem, embora transitoriamente ou sem remuneração, exerce cargo, emprego ou função pública.

§ 1º – Equipara-se a funcionário público quem exerce cargo, emprego ou função em entidade paraestatal, e quem trabalha para empresa prestadora de serviço contratada ou conveniada para a execução de atividade típica da Administração Pública

§ 2º – A pena será aumentada da terça parte quando os autores dos crimes previstos neste Capítulo forem ocupantes de cargos em comissão ou de função de direção ou assessoramento de órgão da administração direta, sociedade de economia mista, empresa pública ou fundação instituída pelo poder público.

» LEI DE IMPROBIDADE (LEI 8.429/92)

Art. 9º. Constitui ato de improbidade administrativa importando enriquecimento ilícito auferir qualquer tipo de vantagem patrimonial indevida em razão do exercício de cargo, mandato, função, emprego ou atividade nas entidades mencionadas no art. 1° desta lei, e notadamente: (...) IV – utilizar, em obra ou serviço particular, veículos, máquinas, equipamentos ou material de qualquer natureza, de propriedade ou à disposição de qualquer das entidades mencionadas no art. 1° desta lei, bem como o trabalho de servidores públicos, empregados ou terceiros contratados por essas entidades.

» CRIME DE RESPONSABILIDADE (DECRETO-LEI 201/67)

Art. 1º. São crimes de responsabilidade dos Prefeitos Municipal, sujeitos ao julgamento do Poder Judiciário, independentemente do pronunciamento da Câmara dos Vereadores: I – apropriar-se de bens ou rendas públicas, ou desviá-los em proveito próprio ou alheio; II – utilizar-se, indevidamente, em proveito próprio ou alheio, de bens, rendas ou serviços públicos; III – desviar, ou aplicar indevidamente, rendas ou verbas públicas;

LEGISLAÇÃO

IV – empregar subvenções, auxílios, empréstimos ou recursos de qualquer natureza, em desacordo com os planos ou programas a que se destinam; V – ordenar ou efetuar despesas não autorizadas por lei, ou realizá-las em desacordo com as normas financeiras pertinentes; VI – deixar de prestar contas anuais da administração financeira do Município a Câmara de Vereadores, ou ao órgão que a Constituição do Estado indicar, nos prazos e condições estabelecidos; VII – Deixar de prestar contas, no devido tempo, ao órgão competente, da aplicação de recursos, empréstimos subvenções ou auxílios internos ou externos, recebidos a qualquer título; VIII – Contrair empréstimo, emitir apólices, ou obrigar o Município por títulos de crédito, sem autorização da Câmara, ou em desacordo com a lei; IX – Conceder empréstimo, auxílios ou subvenções sem autorização da Câmara, ou em desacordo com a lei; X – Alienar ou onerar bens imóveis, ou rendas municipais, sem autorização da Câmara, ou em desacordo com a lei; XI – Adquirir bens, ou realizar serviços e obras, sem concorrência ou coleta de preços, nos casos exigidos em lei; XII – Antecipar ou inverter a ordem de pagamento a credores do Município, sem vantagem para o erário; XIII – Nomear, admitir ou designar servidor, contra expressa disposição de lei; XIV – Negar execução a lei federal, estadual ou municipal, ou deixar de cumprir ordem judicial, sem dar o motivo da recusa ou da impossibilidade, por escrito, à autoridade competente; XV – Deixar de fornecer certidões de atos ou contratos municipais, dentro do prazo estabelecido em lei; XVI – deixar de ordenar a redução do montante da dívida consolidada, nos prazos estabelecidos em lei, quando o montante ultrapassar o valor resultante da aplicação do limite máximo fixado pelo Senado Federal; XVII – ordenar ou autorizar a abertura de crédito em desacordo com os limites estabelecidos pelo Senado Federal, sem fundamento na lei orçamentária ou na de crédito adicional ou com inobservância de prescrição legal; XVIII – deixar de promover ou de ordenar, na forma da lei, o cancelamento, a amortização ou a constituição de reserva para anular os efeitos de operação de crédito realizada com inobservância de limite, condição ou montante estabelecido em lei; XIX – deixar de promover ou de ordenar a liquidação integral de operação de crédito por antecipação de receita orçamentária, inclusive os respectivos juros e demais encargos, até o encerramento do exercício financeiro; XX – ordenar ou autorizar, em desacordo com a lei, a realização de operação de crédito com qualquer um dos demais entes da Federação, inclusive suas entidades da administração indireta, ainda que na forma de novação, refinanciamento ou postergação de dívida contraída anteriormente; XXI – captar recursos a título de antecipação de receita de tributo ou contribuição cujo fato gerador ainda não tenha ocorrido; XXII – ordenar ou autorizar a destinação de recursos provenientes da emissão de títulos para finalidade diversa da prevista na lei que a autorizou; XXIII – realizar ou receber transferência voluntária em desacordo com limite ou condição estabelecida em lei.

DOS CRIMES PRATICADOS POR PARTICULAR CONTRA A ADMINISTRAÇÃO EM GERAL

» CONSTITUIÇÃO FEDERAL

Art. 144, § 1º, II: "A polícia federal, instituída por lei como órgão permanente, organizado e mantido pela União e estruturado em carreira, destina-se a: (...) II – prevenir e reprimir o tráfico ilícito de entorpecentes e drogas afins, **o contrabando e o descaminho**, sem prejuízo da ação fazendária e de outros órgãos públicos nas respectivas áreas de competência".

» CÓDIGO PENAL

Usurpação de função pública

Art. 328 – Usurpar o exercício de função pública:

Pena – detenção, de três meses a dois anos, e multa.

Parágrafo único – Se do fato o agente aufere vantagem:

Pena – reclusão, de dois a cinco anos, e multa.

Resistência

Art. 329 – Opor-se à execução de ato legal, mediante violência ou ameaça a funcionário competente para executá-lo ou a quem lhe esteja prestando auxílio:

Pena – detenção, de dois meses a dois anos.

§ 1º – Se o ato, em razão da resistência, não se executa:

Pena – reclusão, de um a três anos.

§ 2º – As penas deste artigo são aplicáveis sem prejuízo das correspondentes à violência.

Desobediência

Art. 330 – Desobedecer a ordem legal de funcionário público:

Pena – detenção, de quinze dias a seis meses, e multa.

Desacato

Art. 331 – Desacatar funcionário público no exercício da função ou em razão dela:

Pena – detenção, de seis meses a dois anos, ou multa.

Tráfico de Influência

Art. 332 – Solicitar, exigir, cobrar ou obter, para si ou para outrem, vantagem ou promessa de vantagem, a pretexto de influir em ato praticado por funcionário público no exercício da função: (Redação dada pela Lei nº 9.127, de 1995)

Pena – reclusão, de 2 (dois) a 5 (cinco) anos, e multa.

Parágrafo único – A pena é aumentada da metade, se o agente alega ou insinua que a vantagem é também destinada ao funcionário.

Corrupção ativa

Art. 333 – Oferecer ou prometer vantagem indevida a funcionário público, para determiná-lo a praticar, omitir ou retardar ato de ofício:

Pena – reclusão, de 2 (dois) a 12 (doze) anos, e multa

Parágrafo único – A pena é aumentada de um terço, se, em razão da vantagem ou promessa, o funcionário retarda ou omite ato de ofício, ou o pratica infringindo dever funcional.

Descaminho

Art. 334. Iludir, no todo ou em parte, o pagamento de direito ou imposto devido pela entrada, pela saída ou pelo consumo de mercadoria:

Pena – reclusão, de 1 (um) a 4 (quatro) anos.

§ 1º Incorre na mesma pena quem:

I – pratica navegação de cabotagem, fora dos casos permitidos em lei;

II – pratica fato assimilado, em lei especial, a descaminho;

III – vende, expõe à venda, mantém em depósito ou, de qualquer forma, utiliza em proveito próprio ou alheio, no exercício de atividade comercial ou industrial, mercadoria de procedência estrangeira que introduziu clandestinamente no País ou importou fraudulentamente ou que sabe ser produto de introdução clandestina no território nacional ou de importação fraudulenta por parte de outrem;

IV – adquire, recebe ou oculta, em proveito próprio ou alheio, no exercício de atividade comercial ou industrial, mercadoria de procedência estrangeira, desacompanhada de documentação legal ou acompanhada de documentos que sabe serem falsos.

§ 2º Equipara-se às atividades comerciais, para os efeitos deste artigo, qualquer forma de comércio irregular ou clandestino de mercadorias estrangeiras, inclusive o exercido em residências.

§ 3º A pena aplica-se em dobro se o crime de descaminho é praticado em transporte aéreo, marítimo ou fluvial.

Contrabando

Art. 334-A. Importar ou exportar mercadoria proibida:

Pena – reclusão, de 2 (dois) a 5 (cinco) anos.

§ 1º Incorre na mesma pena quem:

I – pratica fato assimilado, em lei especial, a contrabando;

II – importa ou exporta clandestinamente mercadoria que dependa de registro, análise ou autorização de órgão público competente;

III – reinsere no território nacional mercadoria brasileira destinada à exportação;

IV – vende, expõe à venda, mantém em depósito ou, de qualquer forma, utiliza em proveito próprio ou alheio, no exercício de atividade comercial ou industrial, mercadoria proibida pela lei brasileira;

V – adquire, recebe ou oculta, em proveito próprio ou alheio, no exercício de atividade comercial ou industrial, mercadoria proibida pela lei brasileira.

§ 2º – Equipara-se às atividades comerciais, para os efeitos deste artigo, qualquer forma de comércio irregular ou clandestino de mercadorias estrangeiras, inclusive o exercido em residências.

§ 3º – A pena aplica-se em dobro se o crime de contrabando é praticado em transporte aéreo, marítimo ou fluvial.

Impedimento, perturbação ou fraude de concorrência

Art. 335 – Impedir, perturbar ou fraudar concorrência pública ou venda em hasta pública, promovida pela administração federal, estadual ou municipal, ou por entidade paraestatal; afastar ou procurar afastar concorrente ou licitante, por meio de violência, grave ameaça, fraude ou oferecimento de vantagem:

Pena – detenção, de seis meses a dois anos, ou multa, além da pena correspondente à violência.

Parágrafo único – Incorre na mesma pena quem se abstém de concorrer ou licitar, em razão da vantagem oferecida.

Inutilização de edital ou de sinal

Art. 336 – Rasgar ou, de qualquer forma, inutilizar ou conspurcar edital afixado por ordem de funcionário público; violar ou inutilizar selo ou sinal empregado, por determinação legal ou por ordem de funcionário público, para identificar ou cerrar qualquer objeto:

Pena – detenção, de um mês a um ano, ou multa.

Subtração ou inutilização de livro ou documento

Art. 337 – Subtrair, ou inutilizar, total ou parcialmente, livro oficial, processo ou documento confiado à custódia de funcionário, em razão de ofício, ou de particular em serviço público:

Pena – reclusão, de dois a cinco anos, se o fato não constitui crime mais grave.

Sonegação de contribuição previdenciária

Art. 337-A. Suprimir ou reduzir contribuição social previdenciária e qualquer acessório, mediante as seguintes condutas:

I – omitir de folha de pagamento da empresa ou de documento de informações previsto pela legislação previdenciária segurados empregado, empresário, trabalhador avulso ou trabalhador autônomo ou a este equiparado que lhe prestem serviços;

II – deixar de lançar mensalmente nos títulos próprios da contabilidade da empresa as quantias descontadas dos segurados ou as devidas pelo empregador ou pelo tomador de serviços;

III – omitir, total ou parcialmente, receitas ou lucros auferidos, remunerações pagas ou creditadas e demais fatos geradores de contribuições sociais previdenciárias:

Pena – reclusão, de 2 (dois) a 5 (cinco) anos, e multa.

§ 1º – É extinta a punibilidade se o agente, espontaneamente, declara e confessa as contribuições, importâncias ou valores e presta as informações devidas à previdência social, na forma definida em lei ou regulamento, antes do início da ação fiscal.

§ 2º – É facultado ao juiz deixar de aplicar a pena ou aplicar somente a de multa se o agente for primário e de bons antecedentes, desde que:

I – (vetado)

II – o valor das contribuições devidas, inclusive acessórios, seja igual ou inferior àquele estabelecido pela previdência social, administrativamente, como sendo o mínimo para o ajuizamento de suas execuções fiscais.

§ 3º – Se o empregador não é pessoa jurídica e sua folha de pagamento mensal não ultrapassa R$ 1.510,00 (um mil, quinhentos e dez reais), o juiz poderá reduzir a pena de um terço até a metade ou aplicar apenas a de multa.

§ 4º – O valor a que se refere o parágrafo anterior será reajustado nas mesmas datas e nos mesmos índices do reajuste dos benefícios da previdência social.

» CÓDIGO DE TRÂNSITO BRASILEIRO

Art. 278-A. O condutor que se utilize de veículo para a prática do crime de receptação, descaminho, contrabando, previstos nos arts. 180, 334 e 334-A do Decreto-Lei nº 2.848, de 7 de dezembro de 1940 (Código Penal), condenado por um desses crimes em decisão judicial transitada em julgado, terá cassado seu documento de habilitação ou será proibido de obter a habilitação para dirigir veículo automotor pelo prazo de 5 (cinco) anos.

§ 1º – O condutor condenado poderá requerer sua reabilitação, submetendo-se a todos os exames necessários à habilitação, na forma deste Código.

§ 2º – No caso do condutor preso em flagrante na prática dos crimes de que trata o *caput* deste artigo, poderá o juiz, em qualquer fase da investigação ou da ação penal, se houver necessidade para a garantia da ordem pública, como medida cautelar, de ofício, ou a requerimento do Ministério Público ou ainda mediante representação da autoridade policial, decretar, em decisão motivada, a suspensão da permissão ou da habilitação para dirigir veículo automotor, ou a proibição de sua obtenção."

» LEI DAS CONTRAVENÇÕES PENAIS (LCP)

Art. 45. Fingir-se funcionário público: Pena – prisão simples, de um a três meses, ou multa, de quinhentos mil réis a três contos de réis.

» CÓDIGO DE PROCESSO PENAL

Art. 219. O juiz poderá aplicar à testemunha faltosa a multa prevista no art. 453, sem prejuízo do processo penal por crime de desobediência, e condená-la ao pagamento das custas da diligência.

» CÓDIGO DE PROCESSO CIVIL

Art. 403. Se o terceiro, sem justo motivo, se recusar a efetuar a exibição, o juiz ordenar-lhe-á que proceda ao respectivo depósito em cartório ou em outro lugar designado, no prazo de 5 (cinco) dias, impondo ao requerente que o ressarça pelas despesas que tiver.

Parágrafo único. Se o terceiro descumprir a ordem, o juiz expedirá mandado de apreensão, requisitando, se necessário, força policial, sem prejuízo da responsabilidade por crime de desobediência, pagamento de multa e outras medidas indutivas, coercitivas, mandamentais ou sub-rogatórias necessárias para assegurar a efetivação da decisão.

Art. 455, § 5º – A testemunha que, intimada na forma do § 1º ou do § 4º, deixar de comparecer sem motivo justificado será conduzida e responderá pelas despesas do adiamento.

» **LEI MARIA DA PENHA (LEI 11.340/06)**

Descumprimento de Medidas Protetivas de Urgência (incluído pela Lei nº 13.641/2018)

Art. 24-A – Descumprir decisão judicial que defere medidas protetivas de urgência previstas nesta Lei:

Pena – detenção, de 3 (três) meses a 2 (dois) anos.

§ 1º. A configuração do crime independe da competência civil ou criminal do juiz que deferiu as medidas.

§ 2º. Na hipótese de prisão em flagrante, apenas a autoridade judicial poderá conceder fiança.

§ 3º. O disposto neste artigo não exclui a aplicação de outras sanções cabíveis.

» **PORTARIA 75/2012 – MINISTÉRIO DA FAZENDA**

Art. 1º. Determinar: II – o não ajuizamento de execuções fiscais de débitos com a Fazenda Nacional, cujo valor consolidado seja igual ou inferior a R$ 20.000,00 (vinte mil reais).

» **PORTARIA 130/2012 – MINISTÉRIO DA FAZENDA**

Art. 1º – O art. 2º da Portaria MF nº 75, de 22 de março de 2012, passa a vigorar com a seguinte redação:

Art. 2º O Procurador da Fazenda Nacional requererá o arquivamento, sem baixa na distribuição, das execuções fiscais de débitos com a Fazenda Nacional, cujo valor consolidado seja igual ou inferior a R$ 20.000,00 (vinte mil reais), desde que não conste dos autos garantia, integral ou parcial, útil à satisfação do crédito.

DOS CRIMES PRATICADOS POR PARTICULAR CONTRA A ADMINISTRAÇÃO PÚBLICA ESTRANGEIRA

» **CÓDIGO PENAL**

Corrupção ativa em transação comercial internacional

Art. 337-B. Prometer, oferecer ou dar, direta ou indiretamente, vantagem indevida a funcionário público estrangeiro, ou a terceira pessoa, para determiná-lo a praticar, omitir ou retardar ato de ofício relacionado à transação comercial internacional:

Pena – reclusão, de 1 (um) a 8 (oito) anos, e multa.

Parágrafo único. A pena é aumentada de 1/3 (um terço), se, em razão da vantagem ou promessa, o funcionário público estrangeiro retarda ou omite o ato de ofício, ou o pratica infringindo dever funcional.

Tráfico de influência em transação comercial internacional

Art. 337-C. Solicitar, exigir, cobrar ou obter, para si ou para outrem, direta ou indiretamente, vantagem ou promessa de vantagem a pretexto de influir em ato praticado por funcionário público estrangeiro no exercício de suas funções, relacionado a transação comercial internacional:

Pena – reclusão, de 2 (dois) a 5 (cinco) anos, e multa

Parágrafo único. A pena é aumentada da metade, se o agente alega ou insinua que a vantagem é também destinada a funcionário estrangeiro

Funcionário público estrangeiro

Art. 337-D. Considera-se funcionário público estrangeiro, para os efeitos penais, quem, ainda que transitoriamente ou sem remuneração, exerce cargo, emprego ou função pública em entidades estatais ou em representações diplomáticas de país estrangeiro.

Parágrafo único. Equipara-se a funcionário público estrangeiro quem exerce cargo, emprego ou função em empresas controladas, diretamente ou indiretamente, pelo Poder Público de país estrangeiro ou em organizações públicas internacionais.

DECRETO 3.678/00 (Promulga a Convenção sobre o Combate da Corrupção de Funcionários Públicos Estrangeiros em Transações Comerciais Internacionais, concluída em Paris, em 17 de dezembro de 1997):

Art. 1º. O Delito de Corrupção de Funcionários Públicos Estrangeiros. 1. Cada Parte deverá tomar todas as medidas necessárias ao estabelecimento de que, segundo suas leis, é delito criminal qualquer pessoa intencionalmente oferecer, prometer ou dar qualquer vantagem pecuniária indevida ou de outra natureza, seja diretamente ou por intermediários, a um funcionário público estrangeiro, para esse funcionário ou para terceiros, causando a ação ou a omissão do funcionário no desempenho de suas funções oficiais, com a finalidade de realizar ou dificultar transações ou obter outra vantagem ilícita na condução de negócios internacionais. 2. Cada Parte deverá tomar todas as medidas necessárias ao estabelecimento de que a cumplicidade, inclusive por incitamento, auxílio ou encorajamento, ou a autorização de ato de corrupção de um funcionário público estrangeiro é um delito criminal. A tentativa e conspiração para subornar um funcionário público estrangeiro serão delitos criminais na mesma medida em que o são a tentativa e conspiração para corrupção de funcionário público daquela Parte. 3. Os delitos prescritos nos parágrafos 1 e 2 acima serão doravante referidos como "corrupção de funcionário

LEGISLAÇÃO

público estrangeiro". 4. Para o propósito da presente Convenção: a) "funcionário público estrangeiro" significa qualquer pessoa responsável por cargo legislativo, administrativo ou jurídico de um país estrangeiro, seja ela nomeada ou eleita; qualquer pessoa que exerça função pública para um país estrangeiro, inclusive para representação ou empresa pública; e qualquer funcionário ou representante de organização pública internacional; b) "país estrangeiro" inclui todos os níveis e subdivisões de governo, do federal ao municipal; c) "a ação ou a omissão do funcionário no desempenho de suas funções oficiais" inclui qualquer uso do cargo do funcionário público, seja esse cargo, ou não, da competência legal do funcionário.

DOS CRIMES EM LICITAÇÕES E CONTRATOS ADMINISTRATIVOS

» **CÓDIGO PENAL (crimes incluídos pela nova Lei de Licitações)**

Contratação direta ilegal

Art. 337-E. Admitir, possibilitar ou dar causa à contratação direta fora das hipóteses previstas em lei:

Pena – reclusão, de 4 a 8 anos, e multa.

Frustração do caráter competitivo de licitação

Art. 337-F. Frustrar ou fraudar, com o intuito de obter para si ou para outrem vantagem decorrente da adjudicação do objeto da licitação, o caráter competitivo do processo licitatório:

Pena – reclusão, de 4 a 8 anos, e multa.

Patrocínio de contratação indevida

Art. 337-G. Patrocinar, direta ou indiretamente, interesse privado perante a Administração Pública, dando causa à instauração de licitação ou à celebração de contrato cuja invalidação vier a ser decretada pelo Poder Judiciário:

Pena – reclusão, de 6 meses a 3 anos, e multa.

Modificação ou pagamento irregular em contrato administrativo

Art. 337-H. Admitir, possibilitar ou dar causa a qualquer modificação ou vantagem, inclusive prorrogação contratual, em favor do contratado, durante a execução dos contratos celebrados com a Administração Pública, sem autorização em lei, no edital da licitação ou nos respectivos instrumentos contratuais, ou, ainda, pagar fatura com preterição da ordem cronológica de sua exigibilidade:

Pena – reclusão, de 4 a 8 anos, e multa.

Perturbação de processo licitatório

Art. 337-I. Impedir, perturbar ou fraudar a realização de qualquer ato de processo licitatório:

Pena – detenção, de 6 meses a 3 anos, e multa.

Violação de sigilo em licitação

Art. 337-J. Devassar o sigilo de proposta apresentada em processo licitatório ou proporcionar a terceiro o ensejo de devassá-lo:

Pena – detenção, de 2 a 3 anos, e multa.

Afastamento de licitante

Art. 337-K. Afastar ou tentar afastar licitante por meio de violência, grave ameaça, fraude ou oferecimento de vantagem de qualquer tipo:

Pena – reclusão, de 3 a 5 anos, e multa, além da pena correspondente à violência.

Parágrafo único. Incorre na mesma pena quem se abstém ou desiste de licitar em razão de vantagem oferecida.

Fraude em licitação ou contrato

Art. 337-L. Fraudar, em prejuízo da Administração Pública, licitação ou contrato dela decorrente, mediante: I - entrega de mercadoria ou prestação de serviços com qualidade ou em quantidade diversas das previstas no edital ou nos instrumentos contratuais; II - fornecimento, como verdadeira ou perfeita, de mercadoria falsificada, deteriorada, inservível para consumo ou com prazo de validade vencido; III - entrega de uma mercadoria por outra; IV - alteração da substância, qualidade ou quantidade da mercadoria ou do serviço fornecido; V - qualquer meio fraudulento que torne injustamente mais onerosa para a Administração Pública a proposta ou a execução do contrato:

Pena – reclusão, de 4 a 8 anos, e multa.

Contratação inidônea

Art. 337-M. Admitir à licitação empresa ou profissional declarado inidôneo:

Pena – reclusão, de 1 a 3 anos, e multa.

§ 1º Celebrar contrato com empresa ou profissional declarado inidôneo:

Pena – reclusão, de 3 a 6 anos, e multa.

§ 2º Incide na mesma pena do caput deste artigo aquele que, declarado inidôneo, venha a participar de licitação e, na mesma pena do § 1º deste artigo, aquele que, declarado inidôneo, venha a contratar com a Administração Pública.

Impedimento indevido

Art. 337-N. Obstar, impedir ou dificultar injustamente a inscrição de qualquer interessado nos registros cadastrais ou promover indevidamente a alteração, a suspensão ou o cancelamento de registro do inscrito:

Pena – reclusão, de 6 meses a 2 anos, e multa.

Omissão grave de dado ou de informação por projetista

Art. 337-O. Omitir, modificar ou entregar à Administração Pública levantamento cadastral ou condição de contorno em relevante dissonância com a realidade, em frustração ao caráter competitivo da licitação ou em detrimento da seleção da proposta mais vantajosa para a Administração Pública, em contratação para a elaboração de projeto básico, projeto executivo ou anteprojeto, em diálogo competitivo ou em procedimento de manifestação de interesse:

Pena – reclusão, de 6 meses a 3 anos, e multa.

§ 1º Consideram-se condição de contorno as informações e os levantamentos suficientes e necessários para a definição da solução de projeto e dos respectivos preços pelo licitante, incluídos sondagens, topografia, estudos de demanda, condições ambientais e demais elementos ambientais impactantes, considerados requisitos mínimos ou obrigatórios em normas técnicas que orientam a elaboração de projetos.

§ 2º Se o crime é praticado com o fim de obter benefício, direto ou indireto, próprio ou de outrem, aplica-se em dobro a pena prevista no caput deste artigo.

Art. 337-P. A pena de multa cominada aos crimes previstos neste Capítulo seguirá a metodologia de cálculo prevista neste Código e não poderá ser inferior a 2% (dois por cento) do valor do contrato licitado ou celebrado com contratação direta.

DOS CRIMES CONTRA A ADMINISTRAÇÃO DA JUSTIÇA

» **CÓDIGO PENAL**

Reingresso de estrangeiro expulso

Art. 338 – Reingressar no território nacional o estrangeiro que dele foi expulso:

Pena – reclusão, de um a quatro anos, sem prejuízo de nova expulsão após o cumprimento da pena.

Denunciação caluniosa

Art. 339. Dar causa à instauração de inquérito policial, de procedimento investigatório criminal, de processo judicial, de processo administrativo disciplinar, de inquérito civil ou de ação de improbidade administrativa contra alguém, imputando-lhe crime, infração ético-disciplinar ou ato ímprobo de que o sabe inocente: (Redação dada pela Lei nº 14.110, de 2020)

Pena – reclusão, de dois a oito anos, e multa.

§ 1º – A pena é aumentada de sexta parte, se o agente se serve de anonimato ou de nome suposto.

§ 2º – A pena é diminuída de metade, se a imputação é de prática de contravenção.

Comunicação falsa de crime ou de contravenção

Art. 340 – Provocar a ação de autoridade, comunicando-lhe a ocorrência de crime ou de contravenção que sabe não se ter verificado:

Pena – detenção, de um a seis meses, ou multa.

Autoacusação falsa

Art. 341 – Acusar-se, perante a autoridade, de crime inexistente ou praticado por outrem:

Pena – detenção, de três meses a dois anos, ou multa.

Falso testemunho ou falsa perícia

Art. 342. Fazer afirmação falsa, ou negar ou calar a verdade como testemunha, perito, contador, tradutor ou intérprete em processo judicial, ou administrativo, inquérito policial, ou em juízo arbitral:

Pena – reclusão, de 2 (dois) a 4 (quatro) anos, e multa.

§ 1º As penas aumentam-se de um sexto a um terço, se o crime é praticado mediante suborno ou se cometido com o fim de obter prova destinada a produzir efeito em processo penal, ou em processo civil em que for parte entidade da administração pública direta ou indireta.

§ 2º O fato deixa de ser punível se, antes da sentença no processo em que ocorreu o ilícito, o agente se retrata ou declara a verdade.

Art. 343. Dar, oferecer ou prometer dinheiro ou qualquer outra vantagem a testemunha, perito, contador, tradutor ou intérprete, para fazer afirmação falsa, negar ou calar a verdade em depoimento, perícia, cálculos, tradução ou interpretação:

Pena – reclusão, de três a quatro anos, e multa.

Parágrafo único. As penas aumentam-se de um sexto a um terço, se o crime é cometido com o fim de obter prova destinada a produzir efeito em processo penal ou em processo civil em que for parte entidade da administração pública direta ou indireta.

Coação no curso do processo

Art. 344 – Usar de violência ou grave ameaça, com o fim de favorecer interesse próprio ou alheio, contra autoridade, parte, ou qualquer outra pessoa que funciona ou é chamada a intervir em processo judicial, policial ou administrativo, ou em juízo arbitral:

Pena – reclusão, de um a quatro anos, e multa, além da pena correspondente à violência.

Exercício arbitrário das próprias razões

Art. 345 – Fazer justiça pelas próprias mãos, para satisfazer pretensão, embora legítima, salvo quando a lei o permite:

Pena – detenção, de quinze dias a um mês, ou multa, além da pena correspondente à violência.

Parágrafo único – Se não há emprego de violência, somente se procede mediante queixa.

Art. 346 – Tirar, suprimir, destruir ou danificar coisa própria, que se acha em poder de terceiro por determinação judicial ou convenção:

Pena – detenção, de seis meses a dois anos, e multa.

Fraude processual

Art. 347 – Inovar artificiosamente, na pendência de processo civil ou administrativo, o estado de lugar, de coisa ou de pessoa, com o fim de induzir a erro o juiz ou o perito:

Pena – detenção, de três meses a dois anos, e multa.

Parágrafo único – Se a inovação se destina a produzir efeito em processo penal, ainda que não iniciado, as penas aplicam-se em dobro.

Favorecimento pessoal

Art. 348 – Auxiliar a subtrair-se à ação de autoridade pública autor de crime a que é cominada pena de reclusão:

Pena – detenção, de um a seis meses, e multa.

§ 1º – Se ao crime não é cominada pena de reclusão:

Pena – detenção, de quinze dias a três meses, e multa.

§ 2º – Se quem presta o auxílio é ascendente, descendente, cônjuge ou irmão do criminoso, fica isento de pena.

Favorecimento real

Art. 349 – Prestar a criminoso, fora dos casos de coautoria ou de receptação, auxílio destinado a tornar seguro o proveito do crime:

Pena – detenção, de um a seis meses, e multa.

Art. 349-A – Ingressar, promover, intermediar, auxiliar ou facilitar a entrada de aparelho telefônico de comunicação móvel, de rádio ou similar, sem autorização legal, em estabelecimento prisional.

Pena: detenção, de 3 (três) meses a 1 (um) ano.

Exercício arbitrário ou abuso de poder

Art. 350 – (revogado)

Fuga de pessoa presa ou submetida a medida de segurança

Art. 351 – Promover ou facilitar a fuga de pessoa legalmente presa ou submetida a medida de segurança detentiva:

Pena – detenção, de seis meses a dois anos.

§ 1º – Se o crime é praticado a mão armada, ou por mais de uma pessoa, ou mediante arrombamento, a pena é de reclusão, de dois a seis anos.

§ 2º – Se há emprego de violência contra pessoa, aplica-se também a pena correspondente à violência.

§ 3º – A pena é de reclusão, de um a quatro anos, se o crime é praticado por pessoa sob cuja custódia ou guarda está o preso ou o internado.

§ 4º – No caso de culpa do funcionário incumbido da custódia ou guarda, aplica-se a pena de detenção, de três meses a um ano, ou multa.

Evasão mediante violência contra a pessoa

Art. 352 – Evadir-se ou tentar evadir-se o preso ou o indivíduo submetido a medida de segurança detentiva, usando de violência contra a pessoa:

Pena – detenção, de três meses a um ano, além da pena correspondente à violência.

Arrebatamento de preso

Art. 353 – Arrebatar preso, a fim de maltratá-lo, do poder de quem o tenha sob custódia ou guarda:

Pena – reclusão, de um a quatro anos, além da pena correspondente à violência.

Motim de presos

Art. 354 – Amotinarem-se presos, perturbando a ordem ou disciplina da prisão:

Pena – detenção, de seis meses a dois anos, além da pena correspondente à violência.

Patrocínio infiel

Art. 355 – Trair, na qualidade de advogado ou procurador, o dever profissional, prejudicando interesse, cujo patrocínio, em juízo, lhe é confiado:

Pena – detenção, de seis meses a três anos, e multa.

Patrocínio simultâneo ou tergiversação

Parágrafo único – Incorre na pena deste artigo o advogado ou procurador judicial que defende na mesma causa, simultânea ou sucessivamente, partes contrárias.

Sonegação de papel ou objeto de valor probatório

Art. 356 – Inutilizar, total ou parcialmente, ou deixar de restituir autos, documento ou objeto de valor probatório, que recebeu na qualidade de advogado ou procurador:

Pena – detenção, de seis meses a três anos, e multa.

Exploração de prestígio

Art. 357 – Solicitar ou receber dinheiro ou qualquer outra utilidade, a pretexto de influir em juiz, jurado, órgão do Ministério Público, funcionário de justiça, perito, tradutor, intérprete ou testemunha:

Pena – reclusão, de um a cinco anos, e multa.

Parágrafo único – As penas aumentam-se de um terço, se o agente alega ou insinua que o dinheiro ou utilidade também se destina a qualquer das pessoas referidas neste artigo.

Violência ou fraude em arrematação judicial

Art. 358 – Impedir, perturbar ou fraudar arrematação judicial; afastar ou procurar afastar concorrente ou licitante, por meio de violência, grave ameaça, fraude ou oferecimento de vantagem:

Pena – detenção, de dois meses a um ano, ou multa, além da pena correspondente à violência.

Desobediência a decisão judicial sobre perda ou suspensão de direito

Art. 359 – Exercer função, atividade, direito, autoridade ou múnus, de que foi suspenso ou privado por decisão judicial:

Pena – detenção, de três meses a dois anos, ou multa.

DOS CRIMES CONTRA AS FINANÇAS PÚBLICAS

» **CÓDIGO PENAL**

Contratação de operação de crédito

Art. 359-A. Ordenar, autorizar ou realizar operação de crédito, interno ou externo, sem prévia autorização legislativa:

Pena – reclusão, de 1 (um) a 2 (dois) anos.

Parágrafo único. Incide na mesma pena quem ordena, autoriza ou realiza operação de crédito, interno ou externo:

I – com inobservância de limite, condição ou montante estabelecido em lei ou em resolução do Senado Federal;

II – quando o montante da dívida consolidada ultrapassa o limite máximo autorizado por lei.

Inscrição de despesas não empenhadas em restos a pagar

Art. 359-B. Ordenar ou autorizar a inscrição em restos a pagar, de despesa que não tenha sido previamente empenhada ou que exceda limite estabelecido em lei:

Pena – detenção, de 6 (seis) meses a 2 (dois) anos.

Assunção de obrigação no último ano do mandato ou legislatura

Art. 359-C. Ordenar ou autorizar a assunção de obrigação, nos dois últimos quadrimestres do último ano do mandato ou legislatura, cuja despesa não possa ser paga no mesmo exercício financeiro ou, caso reste parcela a ser paga no exercício seguinte, que não tenha contrapartida suficiente de disponibilidade de caixa:

Pena – reclusão, de 1 (um) a 4 (quatro) anos.

Ordenação de despesa não autorizada

Art. 359-D. Ordenar despesa não autorizada por lei:

Pena – reclusão, de 1 (um) a 4 (quatro) anos.

Prestação de garantia graciosa

Art. 359-E. Prestar garantia em operação de crédito sem que tenha sido constituída contragarantia em valor igual ou superior ao valor da garantia prestada, na forma da lei:

Pena – detenção, de 3 (três) meses a 1 (um) ano.

Não cancelamento de restos a pagar

Art. 359-F. Deixar de ordenar, de autorizar ou de promover o cancelamento do montante de restos a pagar inscrito em valor superior ao permitido em lei:

Pena – detenção, de 6 (seis) meses a 2 (dois) anos.

Aumento de despesa total com pessoal no último ano do mandato ou legislatura

Art. 359-G. Ordenar, autorizar ou executar ato que acarrete aumento de despesa total com pessoal, nos cento e oitenta dias anteriores ao final do mandato ou da legislatura:

Pena – reclusão, de 1 (um) a 4 (quatro) anos.

Oferta pública ou colocação de títulos no mercado

Art. 359-H. Ordenar, autorizar ou promover a oferta pública ou a colocação no mercado financeiro de títulos da dívida pública sem que tenham sido criados por lei ou sem que estejam registrados em sistema centralizado de liquidação e de custódia:

Pena – reclusão, de 1 (um) a 4 (quatro) anos.

» **LEI DOS ORÇAMENTOS PÚBLICOS (LEI Nº 4.320/64)**

Art. 36. Consideram-se Restos a Pagar as despesas empenhadas mas não pagas até o dia 31 de dezembro distinguindo-se as processadas das não processadas.

Parágrafo único. Os empenhos que sorvem a conta de créditos com vigência plurienal, que não tenham sido liquidados, só serão computados como Restos a Pagar no último ano de vigência do crédito.

Art. 58. O empenho de despesa é o ato emanado de autoridade competente que cria para o Estado obrigação de pagamento pendente ou não de implemento de condição.

Art. 59. O empenho da despesa não poderá exceder o limite dos créditos concedidos.

» **LEI DE RESPONSABILIDADE FISCAL (LC 101/00)**

Art. 15. Serão consideradas não autorizadas, irregulares e lesivas ao patrimônio público a geração de despesa ou assunção de obrigação que não atendam o disposto nos arts. 16 e 17.

Art. 16. A criação, expansão ou aperfeiçoamento de ação governamental que acarrete aumento da despesa será acompanhado de: I – estimativa do impacto orçamentário-financeiro no exercício em que deva entrar em vigor e nos dois subsequentes; II – declaração do ordenador da despesa de que o aumento tem adequação orçamentária e financeira com a lei orçamentária anual e compatibilidade com o plano plurianual e com a lei de diretrizes orçamentárias.

§ 1º Para os fins desta Lei Complementar, considera-se: I – adequada com a lei orçamentária anual, a despesa objeto de dotação específica e suficiente, ou que esteja abrangida por crédito genérico, de forma que somadas todas as despesas da mesma espécie, realizadas e a realizar, previstas no programa de trabalho, não sejam ultrapassados os limites estabelecidos para o exercício; II – compatível com o plano plurianual e a lei de diretrizes orçamentárias, a despesa que se conforme com as diretrizes, objetivos, prioridades e metas previstos nesses instrumentos e não infrinja qualquer de suas disposições.

§ 2º A estimativa de que trata o inciso I do *caput* será acompanhada das premissas e metodologia de cálculo utilizadas.

§ 3º Ressalva-se do disposto neste artigo a despesa considerada irrelevante, nos termos em que dispuser a lei de diretrizes orçamentárias.

§ 4º As normas do *caput* constituem condição prévia para: I – empenho e licitação de serviços, fornecimento de bens ou execução de obras; II – desapropriação de imóveis urbanos a que se refere o § 3º do art. 182 da Constituição.

Art. 17. Considera-se obrigatória de caráter continuado a despesa corrente derivada de lei, medida provisória ou ato administrativo normativo que fixem para o ente a obrigação legal de sua execução por um período superior a dois exercícios.

§ 1º Os atos que criarem ou aumentarem despesa de que trata o *caput* deverão ser instruídos com a estimativa prevista no inciso I do art. 16 e demonstrar a origem dos recursos para seu custeio.

§ 2º Para efeito do atendimento do § 1º, o ato será acompanhado de comprovação de que a despesa criada ou aumentada não afetará as metas de resultados fiscais previstas no anexo referido no § 1º do art. 4º, devendo seus efeitos financeiros, nos períodos seguintes, ser compensados pelo aumento permanente de receita ou pela redução permanente de despesa.

§ 3º Para efeito do § 2º, considera-se aumento permanente de receita o proveniente da elevação de alíquotas, ampliação da base de cálculo, majoração ou criação de tributo ou contribuição.

§ 4º A comprovação referida no § 2º, apresentada pelo proponente, conterá as premissas e metodologia de cálculo utilizadas, sem prejuízo do exame de compatibilidade da despesa com as demais normas do plano plurianual e da lei de diretrizes orçamentárias.

§ 5º A despesa de que trata este artigo não será executada antes da implementação das medidas referidas no § 2º, as quais integrarão o instrumento que a criar ou aumentar.

§ 6º O disposto no § 1º não se aplica às despesas destinadas ao serviço da dívida nem ao reajustamento de remuneração de pessoal de que trata o inciso X do art. 37 da Constituição.

§ 7º Considera-se aumento de despesa a prorrogação daquela criada por prazo determinado.

Art. 18. Para os efeitos desta Lei Complementar, entende-se como despesa total com pessoal: o somatório dos gastos do ente da Federação com os ativos, os inativos e os pensionistas, relativos a mandatos eletivos, cargos, funções ou empregos, civis, militares e de membros de Poder, com quaisquer espécies remuneratórias, tais como vencimentos e vantagens, fixas e variáveis, subsídios, proventos da aposentadoria, reformas e pensões, inclusive adicionais, gratificações, horas extras e vantagens pessoais de qualquer natureza, bem como encargos sociais e contribuições recolhidas pelo ente às entidades de previdência.

§ 1º Os valores dos contratos de terceirização de mão-de-obra que se referem à substituição de servidores e empregados públicos serão contabilizados como "Outras Despesas de Pessoal".

§ 2º A despesa total com pessoal será apurada somando-se a realizada no mês em referência com as dos onze imediatamente anteriores, adotando-se o regime de competência. (...)

Art. 22. A verificação do cumprimento dos limites estabelecidos nos arts. 19 e 20 será realizada ao final de cada quadrimestre. Parágrafo único. Se a despesa total com pessoal exceder a 95% (noventa e cinco por cento) do limite, são vedados ao Poder ou órgão referido no art. 20 que houver incorrido no excesso: I – concessão de vantagem, aumento, reajuste ou adequação de remuneração a qualquer título, salvo os derivados de sentença judicial ou de determinação legal ou contratual, ressalvada a revisão prevista no inciso X do art. 37 da Constituição; II – criação de cargo, emprego ou função; III – alteração de estrutura de carreira que implique aumento de despesa; IV – provimento de cargo público, admissão ou contratação de pessoal a qualquer título, ressalvada a reposição decorrente de aposentadoria ou falecimento de servidores das áreas de educação, saúde e segurança; V – contratação de hora extra, salvo no caso do disposto no inciso II do § 6º do art. 57 da Constituição e as situações previstas na lei de diretrizes orçamentárias.

Art. 29. Para os efeitos desta Lei Complementar, são adotadas as seguintes definições: I – dívida pública consolidada ou fundada: montante total, apurado sem duplicidade, das obrigações financeiras do ente da Federação, assumidas em virtude de leis, contratos, convênios ou tratados e da realização de operações de crédito, para amortização em prazo superior a doze meses; II – dívida pública mobiliária: dívida pública representada por títulos emitidos pela União, inclusive os do Banco Central do Brasil, Estados e Municípios; III – operação de crédito: compromisso financeiro assumido em razão de mútuo, abertura de crédito, emissão e aceite de título, aquisição financiada de bens, recebimento antecipado de valores provenientes da venda a termo de bens e serviços, arrendamento mercantil e outras operações assemelhadas, inclusive com o uso de derivativos financeiros; IV – concessão de garantia: compromisso de adimplência de obrigação financeira ou contratual assumida por ente da Federação ou entidade a ele vinculada; V – refinanciamento da dívida mobiliária: emissão de títulos para pagamento do principal acrescido da atualização monetária.

§ 1º Equipara-se a operação de crédito a assunção, o reconhecimento ou a confissão de dívidas pelo ente da Federação, sem prejuízo do cumprimento das exigências dos arts. 15 e 16.

§ 2º Será incluída na dívida pública consolidada da União a relativa à emissão de títulos de responsabilidade do Banco Central do Brasil.

§ 3º Também integram a dívida pública consolidada as operações de crédito de prazo inferior a doze meses cujas receitas tenham constado do orçamento.

§ 4º O refinanciamento do principal da dívida mobiliária não excederá, ao término de cada exercício financeiro, o montante do final do exercício anterior, somado ao das operações de crédito autorizadas no orçamento para este efeito e efetivamente realizadas, acrescido de atualização monetária.

Art. 32. O Ministério da Fazenda verificará o cumprimento dos limites e condições relativos à realização de operações de crédito de cada ente da Federação, inclusive das empresas por eles controladas, direta ou indiretamente.

§ 1º O ente interessado formalizará seu pleito fundamentando-o em parecer de seus órgãos técnicos e jurídicos, demonstrando a relação custo-benefício, o interesse econômico e social da operação e o atendimento das seguintes condições: (...) IV – autorização específica do Senado Federal, quando se tratar de operação de crédito externo.

Art. 40. Os entes poderão conceder garantia em operações de crédito internas ou externas, observados o disposto neste artigo, as normas do art. 32 e, no caso da União, também os limites e as condições estabelecidos pelo Senado Federal e as normas emitidas pelo Ministério da Economia acerca da classificação de capacidade de pagamento dos mutuários.

§ 1º A garantia estará condicionada ao oferecimento de contragarantia, em valor igual ou superior ao da garantia a ser concedida, e à adimplência da entidade que a pleitear relativamente a suas obrigações junto ao garantidor e às entidades por este controladas, observado o seguinte: I – não será exigida contragarantia de órgãos e entidades do próprio ente; II – a contragarantia exigida pela União a Estado ou Município, ou pelos Estados aos Municípios, poderá consistir na vinculação de receitas tributárias diretamente arrecadadas e provenientes de transferências constitucionais, com outorga de poderes ao garantidor para retê-las e empregar o respectivo valor na liquidação da dívida vencida.

§ 2º No caso de operação de crédito junto a organismo financeiro internacional, ou a instituição federal de crédito e fomento para o repasse de recursos externos, a União só prestará garantia a ente que atenda, além do disposto no § 1º, as exigências legais para o recebimento de transferências voluntárias. (...)

§ 5º É nula a garantia concedida acima dos limites fixados pelo Senado Federal.

§ 6º É vedado às entidades da administração indireta, inclusive suas empresas controladas e subsidiárias, conceder garantia, ainda que com recursos de fundos.

§ 7º O disposto no § 6º não se aplica à concessão de garantia por: I – empresa controlada a subsidiária ou controlada sua, nem à prestação de contragarantia nas mesmas condições; II – instituição financeira a empresa nacional, nos termos da lei.

§ 8 Excetua-se do disposto neste artigo a garantia prestada: I – por instituições financeiras estatais, que se submeterão às normas aplicáveis às instituições financeiras privadas, de acordo com a legislação pertinente; II – pela União, na forma de lei federal, a empresas de natureza financeira por ela controladas, direta e indiretamente, quanto às operações de seguro de crédito à exportação.

§ 9º Quando honrarem dívida de outro ente, em razão de garantia prestada, a União e os Estados poderão condicionar as transferências constitucionais ao ressarcimento daquele pagamento.

§ 10. O ente da Federação cuja dívida tiver sido honrada pela União ou por Estado, em decorrência de garantia prestada em operação de crédito, terá suspenso o acesso a novos créditos ou financiamentos até a total liquidação da mencionada dívida.

Art. 42. É vedado ao titular de Poder ou órgão referido no art. 20, nos últimos dois quadrimestres do seu mandato, contrair obrigação de despesa que não possa ser cumprida integralmente dentro dele, ou que tenha parcelas a serem pagas no exercício seguinte sem que haja suficiente disponibilidade de caixa para este efeito. Parágrafo único. Na determinação da disponibilidade de caixa serão considerados os encargos e despesas compromissadas a pagar até o final do exercício.

» **CRIMES DE RESPONSABILIDADE (LEI 1.079/50)**

Art. 10. São crimes de responsabilidade contra a lei orçamentária: 1 – Não apresentar ao Congresso Nacional a proposta do orçamento da República dentro dos primeiros dois meses de cada sessão legislativa; 2 – Exceder ou transportar, sem autorização legal, as verbas do orçamento; 3 – Realizar o estorno de verbas; 4 – Infringir, patentemente, e de qualquer modo, dispositivo da lei orçamentária. 5) deixar de ordenar a redução do montante da dívida consolidada, nos prazos estabelecidos em lei, quando o montante ultrapassar o valor resultante da aplicação do limite máximo fixado pelo Senado Federal; 6) ordenar ou autorizar a abertura de crédito em desacordo com os limites estabelecidos pelo Senado Federal, sem fundamento na lei orçamentária ou na de crédito adicional ou com inobservância de prescrição legal; 7) deixar de promover ou de ordenar na forma da lei, o cancelamento, a amortização ou a constituição de reserva para anular os efeitos de operação de crédito realizada com inobservância de limite, condição ou montante estabelecido em lei; 8) deixar de promover ou de ordenar a liquidação integral de operação de crédito por antecipação de receita orçamentária, inclusive os respectivos juros e demais encargos, até o encerramento do exercício financeiro; 9) ordenar ou autorizar, em desacordo com a lei, a realização de operação de crédito com qualquer um dos demais entes da Federação, inclusive suas entidades da administração indireta, ainda que na forma de novação, refinanciamento ou postergação de dívida contraída anteriormente; 10) captar recursos a título de antecipação de receita de tributo ou contribuição cujo fato gerador ainda não tenha ocorrido; 11) ordenar ou autorizar a destinação de recursos provenientes da emissão de títulos para finalidade diversa da prevista na lei que a autorizou; 12) realizar ou receber transferência voluntária em desacordo com limite ou condição estabelecida em lei.

QUESTÕES

CAPÍTULO XI

Sumário • 1. Questões com gabarito comentado – 2. Questões de concursos.

1. QUESTÕES COM GABARITO COMENTADO

01. (CESPE / CEBRASPE – 2021 – TCE-RJ - Analista de Controle Externo) Com relação aos crimes contra a administração pública, julgue os itens subsequentes.

I. A causa de aumento de pena incidente sobre agente de crime contra a administração pública que seja ocupante de cargo em comissão ou de função de direção ou assessoramento de órgão da administração direta é aplicável também ao chefe do Poder Executivo, detentor de mandato eletivo.

II. O crime de concussão se consuma com a obtenção da vantagem indevida pelo servidor público.

III. Servidor público que, violando dever funcional, facilite a prática de contrabando responderá como partícipe pela prática desse crime.

IV. A oposição manifestada pelo indivíduo, mediante resistência passiva, sem o uso da violência, contra ordem emanada por autoridades policiais que pretendessem levá-lo à delegacia, sem que houvesse flagrante, é suficiente para caracterizar o delito de resistência.

V. O tipo penal do crime de desacato é imputável a servidor público no exercício de suas funções

COMENTÁRIOS

Item I: certo. Incide na causa de aumento de pena prevista no art. 327, § 2º, do Código Penal ao chefe do Poder Executivo, detentor de mandato eletivo, conforme jurisprudência dos Tribunais Superiores (STF, Pleno, Inq 2606, j. 04/09/2014; STF, 2ª T., HC 130389, j. 20/09/2016).

Item II: errado. O crime de concussão se consuma com a prática da conduta e não com a obtenção da vantagem indevida pelo servidor público.

Item III: errado. Servidor público que, violando dever funcional, facilite a prática de contrabando responderá pelo crime de facilitação de contrabando ou descaminho, descrito no art. 318 do CP: "Facilitar, com infração de dever funcional, a prática de contrabando ou descaminho (art. 334)".

Item IV: errado. A oposição manifestada pelo indivíduo, mediante resistência passiva, sem o uso da violência, contra ordem emanada por autoridades policiais que pretendessem levá-lo à delegacia, sem que houvesse flagrante, não é suficiente para caracterizar o delito de resistência. Deve haver emprego de violência ou ameaça contra o funcionário público executor do ato ou contra o particular que lhe esteja prestando auxílio. A resistência meramente passiva, isto é, sem violência ou ameaça, não é crime.

Item V: certo. O tipo penal do crime de desacato é imputável a servidor público no exercício de suas funções. Configura o crime quando o agente, seja um particular ou funcionário público, desacata funcionário público no exercício da função ou em razão dela. Qualquer pessoa pode ser sujeito ativo. Predomina que "É possível a prática do crime de desacato por funcionário público contra pessoa no exercício de função pública, pois se trata de crime comum em que a vítima imediata é o Estado e a mediata aquela que está sendo ofendida" (STJ, HC 104.921, j. 21/05/2009). No mesmo sentido: STF, Pleno, ACO 1179, j. 11/09/2008.

02. (CESPE / CEBRASPE – 2021 – TCE-RJ – Analista de Controle Externo) O agente que se tenha apropriado de valor inferior a um salário mínimo ao praticar o crime de peculato poderá ser beneficiado, pelo juiz, com a aplicação do princípio da insignificância.

COMENTÁRIOS:

Gabarito: errado. Consoante a Súmula 599 do STJ: "O princípio da insignificância é inaplicável aos crimes contra a Administração Pública", sob o argumento que o bem jurídico tutelado pelo tipo penal é a moralidade administrativa, a qual é insuscetível de valoração econômica.

03. (CESPE / CEBRASPE – 2020 – TJ-PA – Analista Judiciário) Antônio e Breno, bacharéis em direito, fazendo-se passar por oficiais de justiça, compareceram em determinada joalheria alegando que teriam de cumprir mandado judicial de busca e apreensão de parte da mercadoria, por suspeita de crime tributário. Para não cumprir os mandados, solicitaram a quantia de R$ 10.000, que foi paga pelo dono do estabelecimento.

Nessa situação, Antônio e Breno responderão pelo crime de:

a) concussão.
b) corrupção ativa.
c) corrupção passiva.
d) usurpação de função pública.
e) tráfico de influência.

COMENTÁRIOS

Gabarito: D. Particular que se passa por funcionário público, solicita e obtém vantagem, responderá pelo art. 328, parágrafo único, do CP. Se, ao invés de solicitar, o agente exigir a vantagem, mediante violência ou grave ameaça, ocorrerá o crime de extorsão, previsto no artigo 158 do CP.

04. (CESPE / CEBRASPE – 2020 – MPE-CE – Técnico Ministerial) Ana, servidora do MP/CE, aproveitou-se do acesso que sua função pública lhe permitia para se apropriar de valores do órgão. Durante o inquérito policial, preocupada com eventual condenação, Ana ofereceu vantagem pecuniária a uma amiga que não exerce função pública, para prestar depoimento falso em seu favor, a qual assim o fez. Nessa situação hipotética,

I. Ana deve ser responsabilizada pelo crime de apropriação indébita, com aumento de pena correspondente ao dano ao patrimônio público.
II. A amiga de Ana deverá responder pelo crime de falso testemunho, deixando o fato de ser punível se, antes da sentença, ela declarar a verdade.
III. A conduta de Ana ao oferecer dinheiro para que a amiga mentisse não caracteriza crime de corrupção ativa.
IV. Ana estará sujeita a pena privativa de liberdade, que poderá ser cumprida tanto em regime fechado quanto em regime aberto.

COMENTÁRIOS

Item I: errado. Ana praticou o delito de peculato-apropriação (art. 312, caput, do CP).

Item II: certo. A amiga de Ana, ao prestar depoimento falso, deverá responder pelo crime de falso testemunho (art. 342 do CP). Conforme o § 2º do art. 342º: "O fato deixa de ser punível se, antes da sentença no processo em que ocorreu o ilícito, o agente se retrata ou declara a verdade".

Item III: certo. A conduta de Ana ao oferecer dinheiro para que a amiga mentisse não caracteriza crime de corrupção ativa. Na verdade, configura o delito do art. 343 do CP: "Dar, oferecer ou prometer dinheiro ou qualquer outra vantagem a testemunha, perito, contador, tradutor ou intérprete, para fazer afirmação falsa, negar ou calar a verdade em depoimento, perícia, cálculos, tradução ou interpretação".

Item IV: certo. Na situação exposta, Ana praticou o delito de peculato-apropriação, descrito no art. 312 do CP (pena cominada de reclusão, de 2 a 12 anos, além de multa) e o crime o do 343 do CP (pena cominada de reclusão, de 3 a 4 anos, e multa). Assim, pelas regras do art. 33 do CP, e considerando a soma das penas, Ana estará sujeita a pena privativa de liberdade, que poderá ser cumprida tanto em regime fechado quanto em regime aberto.

05. (IBFC – 2020 – TRE-PA – Analista Judiciário) Considere o posicionamento do Supremo Tribunal Federal (STF) em relação às disposições do Código Penal e demais leis extravagantes para assinalar a alternativa incorreta.

a) A causa de aumento prevista no § 2º do art. 327 do Código Penal (CP), incidente nos crimes praticados por funcionário público contra a

Administração em geral, quando os autores forem ocupantes de cargos em comissão, função de direção ou assessoramento, não pode ser aplicada aos dirigentes de autarquias.

b) É possível que se configure o crime de corrupção passiva (art. 317 do CP) na conduta de Deputado Federal (líder do seu partido) que receba vantagem indevida para dar sustentação política e apoiar a permanência de determinada pessoa no cargo de Presidente de empresa pública federal.

c) Deve-se reconhecer a consunção entre os crimes de corrupção passiva e lavagem de dinheiro quando a propina é recebida no exterior por meio de transação envolvendo utilização de contas secretas em nome de uma "offshore", na qual resta evidente a intenção de ocultar valores.

d) Não configura o crime de lavagem de dinheiro (artigo 1º da Lei nº 9.613/98) a conduta do agente que recebe propina decorrente de corrupção passiva e tenta viajar com ele, em vôo doméstico, escondendo as notas de dinheiro nos bolsos do paletó, na cintura e dentro das meias, tampouco o fato de, após ter sido descoberto, dissimular ("mentir") a natureza, a origem e a propriedade dos valores.

COMENTÁRIOS

Gabarito: c (errada). No HC 165036 o STF decidiu: "2. O sistema jurídico brasileiro não exclui os autores do delito antecedente do âmbito de incidência das normas penais definidoras do crime de lavagem de bens, direitos ou valores, admitindo, por consequência, a punição da chamada autolavagem. É possível, portanto, em tese, que um mesmo acusado responda, concomitantemente, pela prática dos delitos antecedente e de lavagem, inexistindo bis in idem decorrente de tal proceder. 3. Nada obstante, a incriminação da autolavagem pressupõe a prática de atos de ocultação, dissimulação ou integração autônomos ao delito antecedente, ainda que se verifique, eventualmente, consumações simultâneas. 4. A consunção constitui critério de resolução de conflito aparente de normas penais incidente em casos em que a norma consuntiva contemple e esgote o desvalor da consumida, em hipótese de coapenamento de condutas. Assim, eventual coincidência temporal entre o recebimento indireto de vantagem indevida, no campo da corrupção passiva, e a implementação de atos autônomos de ocultação, dissimulação ou integração na lavagem, não autoriza o reconhecimento de crime único se atingida a tipicidade objetiva e subjetiva própria do delito de lavagem. 5. O habeas corpus consubstancia via processual inadequada para o reconhecimento da ocorrência de consunção, forte na necessidade de exame do acervo probatório para o fim de avaliar o esgotamento do juízo de censura entre as condutas, providência que desborda dos limites cognitivos do writ. **6. Caso concreto em que se reconheceu a constituição de contas secretas e remessa clandestina de recursos ao exterior, atos que consubstanciaram práticas de ocultação, dissimulação ou integração, possibilitando fruição oportuna do resultado econômico do crime antecedente.** O presente quadro processual diferencia-se, portanto, do enfrentado pelo Tribunal Pleno na AP 470 (EI-sextos e EI-décimos sextos), na qual se afastou a configuração do delito de lavagem em caso de recebimento de vantagem indevida mediante interposta pessoa e em hipótese na qual se exigiria a prática de atos subsequentes para fins de branqueamento do produto da infração penal antecedente. 7. Em caso de concurso de crimes, é incabível o reconhecimento, em habeas corpus, da incidência do critério da exasperação se as instâncias ordinárias atestaram a pluralidade de condutas e a presença de desígnios autônomos. 8. Não configura vulneração ao dever de motivação das decisões judiciais a rejeição de aplicação da regra do concurso formal próprio baseada em óbices normativos ao critério da exasperação. 9. Ordem denegada" (STF, 2ª T., HC 165036, j. 09/04/2019)".

Alternativa a: certa. O STF possui julgado nesse sentido: "No rol de incidência da causa especial de aumento de pena, entre os entes da Administração Pública indireta, não há menção às autarquias. Analogia para entender que os servidores ocupantes de cargos em comissão ou de função de direção ou de assessoramento das autarquias também estariam sujeitos à majorante. Pelo princípio da legalidade penal estrita, inadmissível o aproveitamento da analogia in malam partem. Recorrentes que não poderiam ter a pena majorada em um terço, na forma prevista no § 2º do art. 327 do Código Penal" (STF, 2ª T., AO 2093, j. 03/09/2019).

Alternativa b: certa. O STF adotou esse entendimento na AP 1002: "2. A configuração constitucional do regime presidencialista brasileiro confere aos parlamentares um espectro de poder que vai além da mera deliberação a respeito de atos legislativos. A participação efetiva de parlamentares nas decisões de governo, indicando quadros para o preenchimento de cargos no âmbito do Poder Executivo, é própria da dinâmica do referido regime, que exige uma coalizão para viabilizar a governabilidade. Tal dinâmica não é, em si, espúria, e pode possibilitar, quando a coalizão é fundada em consensos principiológicos éticos, numa participação mais plural na tomada de decisões usualmente a cargo do Poder Executivo. **Todavia, quando o poder do parlamentar de indicar alguém para um determinado cargo, ou de lhe dar sustentação política para nele permanecer, é exercido de forma desviada, voltado à percepção de vantagens indevidas, há evidente mercadejamento da função pública**" (STF, 2ª T., AP 1002, 2ª T., j. 09/06/2020).

Alternativa d: certa. Assim decidiu o STF no Inq 3515: "A configuração do crime de lavagem de dinheiro exige que os atos alusivos à ocultação ou à dissimulação mostrem-se autônomos e distintos no tocante à estrutura típica da infração penal antecedente. LAVAGEM DE DINHEIRO – CORRUPÇÃO PASSIVA – EXAURIMENTO – ATIPICIDADE. O ato de receber, de forma indireta, valores supostamente provenientes de corrupção, integra o tipo previsto no artigo 317 do Código Penal, de modo que a conduta de esconder notas pelo corpo, sob as vestes, nos bolsos do paletó, junto à cintura e dentro das meias não se reveste de indispensável autonomia em relação ao crime antecedente, não se ajustando à infração versada no artigo 1º, inciso V, da Lei nº 9.613/1998. Precedente: sextos embargos infringentes na ação penal nº 470, Pleno, redator do acórdão o ministro Luís Roberto Barroso" (STF, 1ª T., Inq 3515, j. 08/10/2019).

06. (FCC – 2019 – TRF4 – Analista Judiciário) Tício e Tácito, trabalhadores autônomos do ramo de construção civil, fazendo-se passar por policiais civis, compareceram na empresa "X" aduzindo ter em mãos um mandado de busca e apreensão diante de suspeita de crime tributário, e de um mandado de prisão temporária contra Manoel, um dos sócios daquela empresa. Para não cumprir os mandados, Tício e Tácito solicitaram e receberam a quantia de R$ 3.000,00 em dinheiro de Rodrigo, o outro sócio diretor da empresa. No caso apresentado, Tício e Tácito cometeram crime de:

a) corrupção ativa.
b) usurpação de função pública.
c) corrupção passiva.
d) concussão.
e) exercício arbitrário ou abuso de poder.

COMENTÁRIOS:

Gabarito: b. O fundamento está no art. 328 do Código Penal: "Usurpar o exercício de função pública: Pena - detenção, de três meses a dois anos, e multa". Alternativa correta, pois Tício e Tácito fingiram ser funcionários públicos.

Alternativa a: errada. O crime de corrupção ativa (art. 333 do CP) está descrito da seguinte forma: "Oferecer ou prometer vantagem indevida a funcionário público, para determiná-lo a praticar, omitir ou retardar ato de ofício: Pena – reclusão, de 2 (dois) a 12 (doze) anos, e multa". Tício e Tácito não ofereceram ou prometeram vantagem indevida.

Alternativa c: errada. O crime de corrupção passiva (art. 317 do CP) está descrito da seguinte forma: "Solicitar ou receber, para si ou para outrem, direta ou indiretamente, ainda que fora da função ou antes de assumi-la, mas em razão dela, vantagem indevida, ou aceitar promessa de tal vantagem: Pena – reclusão, de 2 (dois) a 12 (doze) anos, e multa". Trata-se de crime próprio (só pode ser praticado por funcionário público).

Alternativa d: errada. O crime de concussão (art. 316 do CP) está descrito da seguinte forma: "Exigir, para si ou para outrem, direta ou indiretamente, ainda que fora da função ou antes de assumi-la, mas em razão dela, vantagem indevida: Pena - reclusão, de dois a oito anos, e multa". Trata-se de crime próprio (só pode ser praticado por funcionário público).

Alternativa e: errada. O crime de exercício arbitrário ou abuso de poder (art. 350 do CP): "Ordenar ou executar medida privativa de liberdade individual, sem as formalidades legais ou com abuso de poder: Pena - detenção, de um mês a um ano. Parágrafo único - Na mesma pena incorre o funcionário que: I - ilegalmente recebe e recolhe alguém a prisão, ou a estabelecimento destinado a execução de pena privativa de liberdade ou de medida de segurança; II - prolonga a execução de pena ou de medida de segurança, deixando de expedir em tempo oportuno ou de executar imediatamente a ordem de liberdade; III - submete pessoa que está sob sua guarda ou custódia a vexame ou a constrangimento não autorizado em lei; IV - efetua, com abuso de poder, qualquer diligência". Tício eTácito não praticaram as elementares típicas do art. 350 do Código Penal. **Atenção:** o art. 350 do CP foi revogado pela Lei de Abuso de Autoridade (Lei 13.869/19, com vigência a partir de 03/01/2020).

07. (CESPE – 2019 – PGE-PE – Analista Judiciário de Procuradoria) João, valendo-se da sua condição de servidor público de determinado estado, livre e conscientemente, apropriou-se de bens que tinham sido apreendidos pela entidade pública onde ele trabalha e que estavam sob sua posse em razão de seu cargo. João chegou a presentear diversos parentes com alguns dos referidos produtos. Após a apuração dos fatos, João devolveu os referidos bens, mas, ainda assim, foi denunciado pela prática de peculato-apropriação, crime para o qual é prevista pena privativa de liberdade, de dois anos a doze anos de reclusão, e multa. A partir dessa situação hipotética, julgue o item subsecutivo, considerando a disciplina acerca dos crimes contra a administração pública. De acordo com o entendimento do STJ, se João for réu primário e o prejuízo ao erário causado por ele tiver sido de pequena monta, será possível a aplicação do princípio da insignificância.

COMENTÁRIOS

Gabarito: errada. O fundamento está na Súmula 599 do STJ: "O princípio da insignificância é inaplicável aos crimes contra a administração pública".

08. (CESPE – 2019 – PGE-PE – Analista Judiciário de Procuradoria) João, valendo-se da sua condição de servidor público de determinado estado, livre e conscientemente, apropriou-se de bens que tinham sido apreendidos pela entidade pública onde ele trabalha e que estavam sob sua posse em razão de seu cargo. João chegou a presentear diversos parentes com alguns dos referidos produtos. Após a apuração dos fatos, João devolveu os referidos bens, mas, ainda assim, foi denunciado pela prática de peculato-apropriação, crime para o qual é prevista pena privativa de liberdade, de dois anos a doze anos de reclusão, e multa. A partir dessa situação hipotética, julgue o item subsecutivo, considerando a disciplina acerca dos crimes contra a administração pública. Caso João seja condenado criminalmente, a decretação da perda do seu cargo público, por ser efeito específico da condenação, deve ser motivadamente declarada em sentença.

COMENTÁRIOS

Gabarito: correta. O fundamento está no art. 92, parágrafo único, do Código Penal: "Os efeitos de que trata este artigo não são automáticos, devendo ser motivadamente declarados na sentença". Conforme prevalece, há exceção nos crimes de tortura e organização criminosa: nestes, a perda do cargo público é efeito automático da condenação.

09. (CESPE – 2019 – PRF – Policial Rodoviário Federal) Em uma rodovia federal, próxima à fronteira do Brasil com o Paraguai, um caminhão foi parado e vistoriado por policiais rodoviários federais. Além do motorista e de um passageiro, o veículo transportava, ilegalmente, grande quantidade de mercadoria lícita de procedência estrangeira, mas sem o pagamento dos devidos impostos de importação. O motorista, penalmente imputável e proprietário do caminhão, admitiu a propriedade dos produtos. O passageiro, que se identificou como servidor público alfandegário lotado no posto de fiscalização fronteiriço pelo qual o veículo havia passado para adentrar no território nacional, alegou desconhecer a existência dos produtos no caminhão e que apenas pegou carona com o motorista. Tendo como referência essa situação hipotética, julgue o item a seguir. Caso fique comprovada a participação do servidor público na conduta delituosa, ele responderá pelo delito de descaminho em sua forma qualificada: ele tinha o dever funcional de prevenir e de reprimir o crime.

COMENTÁRIOS

Gabarito: errada. Na hipótese narrada, há uma exceção à teoria monista: o funcionário público que infringe seu dever funcional pratica "facilitação de contrabando ou descaminho" (art. 318 do CP), enquanto que o particular pratica "descaminho" (art. 334 do CP).

10. **(FCC – 2018 – TRT15 – Técnico Judiciário)** No TRT do Estado X, Sinvaldo, servidor público, na função de chefe do setor de finanças, tomou conhecimento (e, posteriormente presenciou) que seu subordinado Demerval, também servidor público, rotineiramente, registrava o horário de almoço das 11 às 12 horas e se ausentava após esse horário para efetivamente almoçar, estendendo seu horário em duas horas todos os dias e contrariando as regras do órgão. Sinvaldo soube que isso ocorria há mais de um mês, no entanto, por indulgência, deixou de apurar a infração disciplinar e nem mesmo comunicou o fato a seus superiores. A conduta de Sinvaldo, estará sujeita ao previsto no crime de: A) condescendência criminosa. B) corrupção ativa. C) corrupção passiva. D) concussão. E) excesso de exação.

COMENTÁRIOS

Gabarito: *a*. Pratica condescendência criminosa o funcionário (superior hierárquico) que deixa, por indulgência, de responsabilizar subordinado que cometeu infração no exercício do cargo ou, quando lhe falte competência, não levar o fato ao conhecimento da autoridade competente (art. 320 do CP).

Alternativa b: errada. Na corrupção ativa o agente solicita ou recebe, para si ou para outrem, direta ou indiretamente, ainda que fora da função ou antes de assumi-la, mas em razão dela, vantagem indevida, ou aceita promessa de tal vantagem (art. 317 do CP).

Alternativa c: errada: Na corrupção passiva o agente oferece ou promete vantagem indevida a funcionário público, para determiná-lo a praticar, omitir ou retardar ato de ofício (art. 333 do CP).

Alternativa d: errada. Na concussão, o agente exige, para si ou para outrem, direta ou indiretamente, ainda que fora da função ou antes de assumi-la, mas em razão dela, vantagem indevida (art. 316 do CP).

Alternativa e: errada. No excesso de exação, o funcionário exige tributo ou contribuição social que sabe ou deveria saber indevido, ou, quando devido, emprega na cobrança meio vexatório ou gravoso, que a lei não autoriza (art. 316, § 1º).

11. **(FGV – 2018 – TJ-SC – Analista Administrativo)** Zeca, funcionário público do Tribunal de Justiça, em dificuldades financeiras, para satisfazer um interesse pessoal de comprar um aparelho de telefonia celular novo, exige R$1.500,00 de parte em processo judicial para apresentar manifestação favorável a ela. A parte, porém, inconformada com a conduta do funcionário, de imediato informa o fato ao juiz de direito titular da Vara vinculada ao seu processo. A conduta de Zeca configura crime de: A) prevaricação, na forma consumada; B) corrupção passiva, na forma tentada; C) corrupção passiva, na forma consumada; D) concussão, na forma consumada; E) concussão, na forma tentada.

COMENTÁRIOS

Gabarito: *d*. Comete o crime de concussão o funcionário que exige vantagem indevida, para si ou para outrem, direta ou indiretamente, ainda que fora da função ou antes de assumi-la, mas em razão dela. No caso, o agente exigiu R$ 1.500,00 (vantagem indevida) da parte em processo judicial para apresentar manifestação favorável (ato em razão da sua função). Por se tratar de crime formal, consuma-se com a mera exigência.

Alternativa a: errada. Na prevaricação (art. 319 do CP), o funcionário não exige vantagem.

Alternativa b: errada. Na corrupção passiva, o funcionário solicita, ao contrário da concussão (em que o funcionário exige).

Alternativa c: errada Como explicado, na corrupção passiva o funcionário solicita, ao contrário da concussão, em que o funcionário exige.

Alternativa e: errada. O crime de concussão consuma-se com a simples exigência, não sendo necessário que o funcionário receba a vantagem (delito formal).

12. **(FGV – 2018 – AL-RO – Analista Legislativo)** Funcionário da Assembleia Legislativa recebeu procedimento que versava sobre a edição de lei estadual de grande relevância. Ciente da controvérsia e da grande pressão que existia contrária à edição da inovação legislativa, resolveu esconder o procedimento entre sua mesa e a parede, no chão, para que ninguém soubesse que estava com o documento para apresentação de parecer. Ocorre que o funcionário, por descuido, veio a derrubar café no documento, tornando-o totalmente inutilizável e gerando prejuízos

ao andamento do procedimento. Considerando apenas as informações narradas, é correto afirmar que a conduta do funcionário é:

a) atípica, não configurando crime.

b) típica, ilícita e culpável, configurando crime de "extravio, sonegação ou inutilização de livro ou documento", previsto no Art. 314 do Código Penal.

c) típica, ilícita, mas não culpável, não configurando crime.

d) típica, ilícita e culpável, configurando o crime de "subtração ou inutilização de livro ou documento", prevista no Art. 337 do Código Penal.

e) típica, mas não ilícita, não configurando crime.

COMENTÁRIOS

Gabarito: a. O comportamento voluntário de guardar o procedimento entre a mesa e a parede não teve a intenção de retardar o andamento ou burlar qualquer norma, mas sim evitar pressão. Esse comportamento não configura ilícito penal. Por outro lado, também não é previsto como delito o dano culposo causado pelo agente, de sorte que o fato é atípico.

Alternativa b: errada. O crime de "extravio, sonegação ou inutilização de livro ou documento", previsto no art. 314 do Código Penal, é punido na modalidade dolosa. No caso, o agente não teve vontade de realizar nenhum dos elementos do tipo.

Alternativa c: errada. O comportamento praticado pelo agente não configura nenhum fato típico.

Alternativa d: errada. O crime de "subtração ou inutilização de livro ou documento" (art. 337 do Código Penal) é punido a título de dolo, não havendo previsão da modalidade culposa.

Alternativa e: errada. O comportamento praticado pelo agente não configura nenhum fato típico.

13. (FGV – 2017 – TRT12 – Analista Judiciário) Caio, oficial de justiça, todos os dias da semana chega em sua residência cansado após um longo dia de trabalho e passa a ficar incomodado com o fato de que Bruno, namorado de sua filha, com 26 anos, recebe um salário alto para a quantidade de serviço que realiza no órgão criminal do Ministério Público em que trabalha. Diante disso, objetivando que Bruno trabalhe mais, afirma para a Promotora de Justiça chefe de Bruno, que era sua conhecida, que sua esposa foi vítima de um crime de estelionato e que o fato deveria ser investigado, informando nada saber sobre a autoria delitiva. Diante disso, foi instaurado procedimento investigatório criminal no órgão. Caio, então, se arrepende e procura seu advogado para saber as consequências de sua conduta, caso seja descoberto que o fato narrado era falso. Considerando as informações narradas, o advogado deverá esclarecer que Caio:

a) não praticou crime, em razão do arrependimento posterior;

b) praticou crime de denunciação caluniosa, consumado;

c) praticou crime de comunicação falsa de crime ou contravenção, consumado;

d) praticou crime de falso testemunho, consumado;

e) praticou crime contra administração da justiça na modalidade tentada.

COMENTÁRIOS

Gabarito: *c*. Caio praticou o delito de comunicação falsa de crime ou contravenção, previsto no art. 340 do Código Penal, pois provocou a ação de autoridade (Promotora de Justiça chefe de Bruno), comunicando-lhe crime (estelionato) que sabe não se ter verificado. O delito se consuma no momento em que a autoridade toma alguma providência em face da provocação do autor. Como houve a instauração de procedimento investigatório criminal no Ministério Público, o crime praticado por Caio restou consumado.

Alternativa *a*: errada. Quando Caio procurou o advogado, o crime disposto no art. 340 do CP já estava consumado. Ademais, não houve arrependimento posterior, cujos requisitos estão previstos no art. 16 do CP: "Nos crimes cometidos sem violência ou grave ameaça à pessoa, reparado o dano ou restitu**ída a coisa, até o recebimento da denúncia ou da queixa, por ato voluntário do agente, a pena será reduzida de um a dois terços".**

Alternativa *b*: errada. Caio não praticou denunciação caluniosa (art. 339 do CP), mas comunicação falsa de crime ou contravenção (art. 340 do CP). Isso porque, para que se caracterize o delito de denunciação caluniosa, deve haver uma acusação dirigida contra pessoa determinada.

Alternativa *d*: errada. Caio não cometeu o crime de falso testemunho (art. 342 do CP), pois não fez afirmação falsa como testemunha, em processo judicial ou administrativo, inquérito policial ou em juízo arbitral.

Alternativa *e*: errada. O delito praticado por Caio (art. 340 do CP), embora realmente atente contra a Administração da Justiça, restou consumado, e não tentado.

14. (VUNESP – 2017 – TJ-SP – Escrevente Técnico Judiciário) A conduta de "dar causa à instauração de investigação policial, de processo judicial, instauração de investigação administrativa, inquérito civil ou ação de improbidade administrativa contra alguém, imputando-lhe crime de que o sabe inocente" configura:

a) denunciação caluniosa.
b) condescendência criminosa.
c) falso testemunho.
d) comunicação falsa de crime.
e) fraude processual.

COMENTÁRIOS

Gabarito: *a*. De acordo com o art. 339 do CP, configura denunciação caluniosa "Dar causa à instauração de investigação policial, de processo judicial, instauração de investigação administrativa, inquérito civil ou ação de improbidade administrativa contra alguém, imputando-lhe crime de que o sabe inocente".

Alternativa *b*: incorreta. O delito de condescendência criminosa está descrito no art. 320 do CP nos seguintes termos: "Deixar o funcionário, por indulgência, de responsabilizar subordinado que cometeu infração no exercício do cargo ou, quando lhe falte competência, não levar o fato ao conhecimento da autoridade competente".

Alternativa *c*: incorreta. O crime de falso testemunho está descrito no art. 342 do CP nos seguintes termos: "Fazer afirmação falsa, ou negar ou calar a verdade como testemunha, perito, contador, tradutor ou intérprete em processo judicial, ou administrativo, inquérito policial, ou em juízo arbitral".

Alternativa *d*: incorreta. O delito de comunicação falsa de crime ou contravenção está descrito no art. 340 do CP nos seguintes termos: "Provocar a ação de autoridade, comunicando-lhe a ocorrência de crime ou de contravenção que sabe não se ter verificado".

Alternativa *e*: incorreta. O crime de fraude processual está descrito no art. 347 do CP nos seguintes termos: "Inovar artificiosamente, na pendência de processo civil ou administrativo, o estado de lugar, de coisa ou de pessoa, com o fim de induzir a erro o juiz ou o perito".

15. (IBADE – Delegado de Polícia – PC-AC – 2017) Jomar alega ser capaz de influir na decisão a ser tomada por um Juiz de Direito, solicitando certa quantia em dinheiro a Ovídio para garantir uma sentença favorável aos interesses deste. Jomar insinua, ainda, que parte do dinheiro será direcionada ao Juiz. Considerando que todas as alegações são fraudulentas, majoritariamente se afirma que a conduta de Jomar:

a) é atípica.
b) configura crime de estelionato.
c) afeta a honra objetiva do magistrado, existindo calúnia.
d) caracteriza exploração de prestígio.
e) se subsome ao tipo penal que prevê o tráfico de influência.

COMENTÁRIOS

Gabarito: *d*. O crime de exploração de prestígio está disposto no art. 357 do Código Penal nos seguintes termos: "Solicitar ou receber dinheiro ou qualquer outra utilidade, a pretexto de influir em juiz, jurado, órgão do Ministério Público, funcionário de justiça, perito, tradutor, intérprete ou testemunha". O comportamento de Jomar, alegando ser capaz de influir na decisão judicial, caracteriza o delito.

Alternativa *a*: incorreta. Jomar praticou crime, conforme o disposto no art. 357 do Código Penal.

Alternativa *b*: incorreta. A lei especial (art. 357 do CP) afasta a aplicação da lei geral (art. 171 do CP), razão pela qual Jomar responderá por exploração de prestígio.

Alternativa *c*: incorreta. O dolo do agente não é de imputar, falsamente, fato definido como crime (calúnia – art. 138 do CP), mas sim de solicitar dinheiro a pretexto de influir em juiz (exploração de prestígio – art. 357 do CP).

Alternativa *e*: incorreta. O crime de tráfico de influência está previsto no art. 332 do Código Penal nos seguintes termos: "Solicitar, exigir, cobrar ou obter, para si ou para outrem, vantagem ou promessa de vantagem, a pretexto de influir em ato praticado por funcionário público no exercício da função". Trata-se de regra geral (influir em ato de qualquer funcionário público), que será afastada no caso de incidência de lei especial (influir em ato de juiz).

16. (TRF2 – 2017 – Juiz Federal) Assinale a opção correta:

a) Quando o falso se exaure no descaminho, sem mais potencialidade lesiva, é por este absorvido, como crime-fim, condição que não se altera por ser menor a pena a este cominada.

b) Se JOÃO, médico particular, solicitar o pagamento de cem reais para atender paciente pelo Sistema Único de Saúde, ele não pratica crime funcional, já que não exerce atividade típica da Administração Pública.

c) O particular que auxilia materialmente a prática de crime de peculato-desvio por seu amigo, que sabe ser servidor, responderá por apropriação indébita, tendo em vista lhe faltar a qualidade de funcionário público.

d) O crime de corrupção passiva (Art. 317 do Código Penal) somente se configura com a efetiva prática ou omissão da conduta funcional do servidor, já que o chamado "ato de ofício" integra o tipo penal.

e) O particular que é vítima de crime de concussão (artigo 316 do Código Penal) comete o crime de corrupção ativa (artigo 333 do Código Penal) quando entrega ao funcionário público a vantagem exigida.

COMENTÁRIOS

Gabarito: *a*. Se a falsificação de documento é crime-meio e o descaminho é crime-fim, não havendo mais potencialidade lesiva, o agente somente responderá pelo último, em obediência ao princípio da consunção ou absorção. O fundamento está na Súmula 17 do STJ (que fala no crime-fim de estelionato): "Quando o falso se exaure no estelionato, sem mais potencialidade lesiva, é por este absorvido".

Alternativa *b*: incorreta. No caso de atendimento pelo SUS, o médico João é equiparado a funcionário público, nos termos do § 1º do art. 327 do CP: "Equipara-se a funcionário público quem (...) trabalha para empresa prestadora de serviço contratada ou conveniada para a execução de atividade típica da Administração Pública".

Alternativa *c*: incorreta. A elementar "funcionário público" comunica-se ao particular, na forma do art. 30 do Código Penal, desde que este tenha ciência da condição funcional do autor.

Alternativa *d*: incorreta. O crime se configura quando o agente solicita, recebe ou aceita vantagem em razão da função, independente da efetiva prática do "ato de ofício". Caso o funcionário, em razão da vantagem, venha praticar, retardar ou deixar de praticar qualquer ato de ofício infringindo dever funcional, haverá aumento de pena (art. 317, § 1º).

Alternativa *e*: incorreta. Sujeitar-se a pagar propina exigida por funcionário público não configura corrupção ativa (art. 333 do CP). Para configurar o delito de corrupção ativa a iniciativa da corrupção deve partir do particular, que oferece ou promete a vantagem ao funcionário. Assim, haverá crime de concussão para o intraneus (funcionário público) e fato atípico para o extraneus (particular). Vide STJ, 5ª T., HC 62908, j. 06/11/2007.

17. (CESPE – 2016 – TRE-PI – Analista Judiciário) Com relação aos crimes contra a administração pública, assinale a opção correta.

a) O detentor de cargo em comissão não é equiparado a funcionário público para fins penais.

b) A exigência, por funcionário público no exercício da função, de vantagem indevida, configura crime de corrupção ativa.

c) Caso os autores de crime contra a administração pública sejam ocupantes de função de direção de órgão da administração direta, as penas a eles impostas serão aumentadas em um terço.

d) Tratando-se de crime de peculato culposo, a reparação do dano após o trânsito em julgado de sentença penal condenatória ocasiona a extinção da punibilidade do autor.

e) Não configura crime o fato de o funcionário deixar de praticar ato de ofício a pedido de outrem se, com isso, ele não obtiver vantagem patrimonial.

COMENTÁRIOS

Gabarito: c. O art. 327, 2º, do CP prevê uma causa de aumento de 1/3 quando os autores dos crimes praticados por funcionário público contra a administração em geral forem ocupantes de cargos em comissão ou de função de direção ou assessoramento de órgão da administração direta, sociedade de economia mista, empresa pública ou fundação instituída pelo poder público.

Alternativa a: errada. O detentor de cargo em comissão está abrangido pelo conceito de funcionário público para efeitos penais, inclusive com previsão de causa de aumento de 1/3 quando forem autores de crimes praticados por funcionário público contra a administração em geral.

Alternativa b: errada. A exigência, por funcionário público no exercício da função, de vantagem indevida, configura crime de concussão (art. 316 do CP). Se tivesse havido a mera solicitação configuraria corrupção passiva (art. 317 do CP).

Alternativa d: errada. Tratando-se de crime de peculato culposo, a reparação do dano após o trânsito em julgado de sentença penal condenatória ocasiona a diminuição da pena de metade (art. 313, § 2º, do CP).

Alternativa e: errada. Configura crime de corrupção passiva privilegiada (art. 317, § 2º, do CP) o fato de o funcionário deixar de praticar ato de ofício a pedido de outrem. Se o funcionário obtiver alguma vantagem em troca do ato configurará corrupção passiva (art. 317, *caput* ou § 1º, do CP).

18. (FGV – 2016 – MP-RJ – Técnico do Ministério Público) Luiz foi denunciado pela prática do crime do artigo 313-A do Código Penal, que tipifica a conduta do funcionário de inserir ou facilitar a inserção de dados falsos nos sistemas informatizados ou bancos de dados da Administração Pública, com o fim de obter indevida vantagem para si ou para outrem ou para causar dano. A infração penal mencionada ostenta a natureza de crime:

a) próprio com relação ao sujeito passivo;
b) próprio com relação ao sujeito ativo, não sendo possível a responsabilização do particular em qualquer hipótese;
c) doloso ou culposo, dependente do elemento subjetivo do agente, sendo ambas puníveis;
d) comum, sendo dispensável a presença de funcionário público;
e) que admite, em tese, a tentativa.

COMENTÁRIOS

Gabarito: e. Como se trata de crime plurissubsistente (aquele que admite fracionamento na fase executória), é possível a tentativa.

Alternativas a, b e d. Trata-se de crime próprio, pois o tipo penal exige que o sujeito ativo seja funcionário público. O particular (extraneus) pode ser coautor ou partícipe, desde que conheça a qualidade de funcionário do outro agente (art. 30 do CP).

Alternativa c. O art. 313-A do CP não prevê a modalidade culposa.

19. (FGV – 2016 – MP-RJ – Técnico do Ministério Público) Técnico de notificação do Ministério Público recebe documentos sigilosos oriundos de determinando procedimento para cumprimento de diligência. De maneira negligente, porém, joga-os no lixo juntamente com outros papéis de contas pessoais, causando, assim, o sumiço do importante documento público. Considerando a situação narrada, a conduta do técnico de notificação, sob o ponto de vista penal:

a) configura crime de excesso de exação;
b) configura crime de extravio, sonegação ou inutilização de livro ou documento público;
c) Configura crime de violação do sigilo funcional;
d) é atípica;
e) configura crime de modificação ou alteração não autorizada de sistema de informações.

COMENTÁRIOS

Gabarito: d. Constitui crime extraviar, destruir ou inutilizar documento, público ou particular, de que tem a guarda em razão do cargo (art. 314). Trata-se de crime doloso. O legislador não previu a modalidade culposa, como no caso apresentado na questão, de forma que o fato é atípico.

20. (FCC – 2016 – TRF3 – Analista Judiciário) Penélope, funcionária pública, recebeu doações de roupas feitas para a Secretaria de Assistência Social, local em que exercia as suas funções, destinadas a campanha de solidariedade, para serem distribuídas a pessoas pobres. De posse dessas mercadorias, apropriou-se de várias peças. Nesse caso, Penélope:

a) cometeu crime de apropriação indébita simples.
b) cometeu crime de peculato doloso.
c) cometeu crime de apropriação indébita qualificada pelo recebimento da coisa em razão de ofício, emprego ou profissão.
d) cometeu crime de peculato culposo.
e) não cometeu delito por tratar-se de bens recebidos em doação.

COMENTÁRIOS

Gabarito: a. Penélope, em razão do seu cargo, entrou na posse dos bens. Em seguida, de modo consciente e voluntário (doloso), apropriou-se de parte deles, configurando o crime de peculato-apropriação (art. 312, *caput*, 1ª parte, do CP). Se Penélope fosse particular, e tivesse recebido estes bens como empregada de uma empresa particular e agisse da mesma forma, teria praticado o crime de apropriação indébita (art. 168 do CP).

21. CESPE – 2016 – TCE-PR – Analista de Controle) À luz da jurisprudência do STJ, assinale a opção correta, no que se refere aos crimes contra administração pública.

a) O crime de corrupção ativa se consuma com a realização da promessa ou apenas com a oferta de vantagem indevida.
b) O crime de concussão se consuma com o recebimento das vantagens exigidas indevidamente, sendo mero exaurimento a utilização de tais vantagens.
c) O funcionário público que se utiliza de violência ou grave ameaça para obter vantagem indevida em razão de sua função comete o crime de concussão.
d) Em razão da incidência do princípio da bilateralidade nos crimes de corrupção passiva e ativa, a comprovação de um deles pressupõe a do outro.
e) Para a configuração do crime de corrupção passiva, é prescindível a existência de nexo de causalidade entre a conduta do funcionário público e a realização de ato funcional de sua competência.

COMENTÁRIOS

Gabarito: a. O crime de corrupção ativa é formal e se consuma com a prática da conduta (realização da promessa ou oferta de vantagem indevida), dispensando que o funcionário público receba ou aceite a vantagem, ou que pratique, retarde ou deixe de praticar o ato.

Alternativa b. O crime de concussão se consuma no momento em que o funcionário público exige a vantagem indevida em razão da função. Trata-se de crime formal.

Alternativa c. O funcionário público que se utiliza de violência ou grave ameaça para obter vantagem indevida em razão de sua função comete o crime de extorsão.

Alternativa d. O delito de corrupção passiva pode se configurar sem a corrupção ativa e vice-versa.

Alternativa e. Para a configuração do crime de corrupção passiva deve haver a relação do ato funcional (a ser praticado, retardado ou omite pelo agente) com a sua conduta de solicitar, receber ou aceitar vantagem.

22. (FCC – 2016 – TRF3 – Técnico Judiciário) É punível na forma culposa o delito de

a) abandono de função.
b) peculato.
c) violação de sigilo funcional.
d) prevaricação.
e) concussão.

COMENTÁRIOS

Gabarito: b. Importante destacar, para fins de concursos públicos, que no capítulo "Dos Crimes contra a Administração Pública" apenas é prevista uma modalidade de crime culposo, que é o peculato culposo (art. 312, § 2º, do CP).

23. (FCC – 2016 – TRF3 – Técnico Judiciário) A respeito dos Crimes contra a Administração pública:

a) o crime de resistência não se configura se a oposição do agente, mediante violência ou grave ameaça, não obstar a execução do ato legal do funcionário público.
b) o não atendimento a ordem ilegal de funcionário público caracteriza o crime de desobediência.
c) no crime de denunciação caluniosa, o uso do anonimato agrava a pena a ser aplicada.
d) quem esconde em sua residência autor de crime de roubo para evitar a sua prisão em flagrante comete o crime de favorecimento real.
e) o empréstimo de sacola para permitir o transporte e ocultação de objetos furtados por outrem configura o crime de favorecimento pessoal.

COMENTÁRIOS

Gabarito c. Na denunciação caluniosa a pena é aumentada de sexta parte se o agente se serve de anonimato ou de nome suposto.

Alternativa a. O crime de resistência (art. 329) consuma-se com a prática da violência ou ameaça, independentemente de o agente conseguir impedir a execução do ato legal (**crime formal**).

Alternativa b. O não atendimento a ordem ilegal de funcionário público não caracteriza o crime de desobediência, mas sim se a ordem fosse legal.

Alternativa d. Quem esconde em sua residência autor de crime de roubo para evitar a sua prisão em flagrante comete o crime de favorecimento pessoal (art. 348).

Alternativa e. O empréstimo de sacola para permitir o transporte e ocultação de objetos furtados por outrem configura o crime de favorecimento real (art. 349).

24. (FCC – 2016 – TRF3 – Analista Judiciário) A respeito dos Crimes Contra a Administração pública, considere:

I. Comete o crime de condescendência criminosa o funcionário público que, por indulgência, sabendo da prática de infração administrativa por parte de subordinado, deixa, quando lhe faltar competência para responsabilizar o subordinado, de levar o fato ao conhecimento da autoridade competente.

II. Equipara-se a funcionário público a pessoa que trabalha para empresa prestadora de serviço contratada ou conveniada para a execução de atividade típica da Administração.

III. Não configura desacato a ofensa dirigida a funcionário público em razão de suas funções se não estiver no exercício dessas funções no momento da ofensa.

Está correto o que consta APENAS em

a) I e II.
b) I e III.
c) II e III.
d) III.
e) II.

COMENTÁRIOS

Gabarito a.

A afirmativa I está correta**.** Configura o delito de condescendência criminosa (art. 320): "Deixar o funcionário, por indulgência, de responsabilizar subordinado que cometeu infração no exercício do cargo ou, quando lhe falte competência, não levar o fato ao conhecimento da autoridade competente".

A afirmativa II está correta segundo o próprio art. 327, § 1º, do CP: "Equipara-se a funcionário público quem exerce cargo, emprego ou função em entidade paraestatal, e quem trabalha para empresa prestadora de serviço contratada ou conveniada para a execução de atividade típica da Administração Pública"

A afirmativa III está errada. O funcionário pode ser desacatado mesmo se não estiver no exercício da função, desde que a ofensa seja direta e em razão da função (ex: o juiz está de férias e encontra um réu que, desejando ofendê-lo, diz: "você é um juiz medíocre e incapaz").

25. (CESPE – 2016 – TRT8 – Analista Judiciário) Considerando a jurisprudência do Superior Tribunal de Justiça relativamente a crimes contra a administração pública e de lavagem de dinheiro, assinale a opção correta.

a) A conduta pautada no oferecimento de propina a policiais militares com o objetivo de safar-se de prisão em flagrante insere-se no âmbito da autodefesa, de modo que não deve ser tipificada como crime de corrupção ativa.

b) No crime de lavagem ou ocultação de bens, direitos e valores, para se tipificar a conduta praticada, é necessário que os bens, direitos ou valores provenham de crime anterior e que o agente já tenha sido condenado judicialmente pelo crime previamente cometido.

c) O agente não integrante dos quadros da administração pública não pode ser sujeito ativo do crime de concussão.

d) A perda do cargo público, quando a pena privativa de liberdade for estabelecida em tempo inferior a quatro anos, apenas pode ser decretada como efeito da condenação quando o crime for cometido com abuso de poder ou com violação de dever para com a administração pública.

e) A conduta no crime de corrupção ativa, por se tratar de crime material, apenas deve ser tipificada caso haja o efetivo pagamento de propina ao servidor público, mesmo que o agente não tenha obtido a vantagem pretendida.

COMENTÁRIOS

Gabarito: d. Dispõe o CP: Art. 92 – São também efeitos da condenação: I – a perda de cargo, função pública ou mandato eletivo: a) quando aplicada pena privativa de liberdade por tempo igual ou superior a um ano, nos crimes praticados com abuso de poder ou violação de dever para com a Administração Pública; b) quando for aplicada pena privativa de liberdade por tempo superior a 4 (quatro) anos nos demais casos. Assim, está correta conforme art. 92, I, a, CP.

Alternativa a. A prática de comportamentos criminosos não se insere no âmbito da autodefesa. Nessa linha de raciocínio: "O Plenário Virtual do Supremo Tribunal Federal, no julgamento do RE 640.139, (...) decidiu que o princípio constitucional da autodefesa não alcança aquele que atribui falsa identidade perante autoridade policial com o intuito de ocultar maus antecedentes" (STF, 1ª T., ARE 870572 AgR, j. 23/06/2015). Da mesma forma vem a ***Súmula 522 do STJ***: "A conduta de atribuir-se falsa identidade perante autoridade policial é típica, ainda que em situação de alegada autodefesa".

Alternativa b. O delito de lavagem de dinheiro é autônomo e independente da existência de sentença condenatória de crime antecedência, mas apenas da existência do crime anterior.

Alternativa c. Particular pode ser sujeito ativo do crime de concussão, desde que ocorra concurso de pessoas com um funcionário público.

Alternativa e. O crime de corrupção ativa, por se tratar de crime formal, se consuma com o simples oferecimento ou promessa de vantagem indevida ao servidor público.

26. (FGV – 2015 – TJ-BA – Analista Judiciário) O descumprimento de medida protetiva de urgência prevista na Lei Maria da Penha (Art. 22 da Lei nº 11.340/2006) configura:

a) desacato;
b) desobediência;
c) condescendência criminosa;
d) conduta atípica;
e) violência arbitrária.

COMENTÁRIOS

Gabarito: d. O STJ vem decidindo que o descumprimento de medidas protetivas de urgência no âmbito da Lei Maria da Penha configura, efetivamente, fato atípico. Isso porque predomina o entendimento de Nélson Hungria no sentido de não configurar o delito do art. 330 do CP quando a lei comina outras penalidades, inclusive de natureza administrativa ou civil, para o descumprimento da ordem, sem ressalvar expressamente a possibilidade do crime de desobediência. Nesse sentido: "O Superior Tribunal de Justiça tem entendimento reiterado de que o descumprimento de medida protetiva de urgência prevista na Lei Maria da Penha não configura o crime de desobediência (art. 330 do CP), em atenção ao princípio da ultima ratio, uma vez que há previsão expressa no mencionado dispositivo legal de outras sanções para o caso de inobservância da ordem judicial pelo acusado (p. ex., a possibilidade de requisição do auxílio de força policial, a imposição de multa e a decretação de prisão preventiva)" (STJ, 5ª T., AgRg no REsp 1445276, j. 19/11/2015).

27. (FCC – 2015 – MP-PB – Técnico Ministerial) Renê é funcionário público e trabalha como vigia de uma repartição pública municipal de João Pessoa. Em uma determinada noite, no final do ano de 2014, Renê desvia-se da função de guarda e, por negligência, permite que terceiros invadam o prédio público e de lá subtraiam diversos bens avaliados em R$ 10.000,00. Instaurado Inquérito Policial, o Ministério Público denuncia o funcionário público Renê pelo crime de peculato culposo. O feito tramita regularmente e Renê é condenado em primeira instância à pena de 6 meses de detenção. Renê, inconformado, apela ao Tribunal de Justiça do Estado da Paraíba. Antes do julgamento do recurso Renê resolve reparar o dano à municipalidade, depositando em juízo o valor do prejuízo. Neste caso, nos termos do Código Penal, Renê:

a) não terá direito a qualquer benefício uma vez que a reparação do dano ocorreu após a sentença de primeiro grau.
b) terá sua pena reduzida em metade.
c) terá sua pena reduzida de 1 a 2/3.
d) terá extinta a sua punibilidade.
e) terá direito apenas à atenuante genérica.

COMENTÁRIOS

Gabarito: d. Renê será beneficiado com a causa de extinção da punibilidade prevista no art. 312, § 3º, do Código Penal: "No caso do parágrafo anterior, a reparação do dano, se precede à sentença irrecorrível, extingue a punibilidade; se lhe é posterior, reduz de metade a pena imposta".

28. (VUNESP – 2015 – MP-SP – Analista de Promotoria) Nos crimes contra a Administração Pública:

a) o crime de peculato doloso (artigo 312, CP) divide-se em peculato-apropriação, peculato--desvio e peculato-furto.

b) o funcionário público que exige tributo ou contribuição social, que sabe ou deveria saber indevido, comete crime de concussão (art. 316, CP).

c) o funcionário que deixa, por indulgência, de responsabilizar subordinado que cometeu infração no exercício do cargo ou, quando lhe falte competência, não levar o fato ao conhecimento da autoridade competente comete crime de prevaricação (art. 319, CP).

d) o crime de corrupção passiva se consuma no momento em que o funcionário público, em consequência da promessa ou vantagem recebida, retarda ou deixa de praticar qualquer ato de ofício ou o pratica infringindo dever funcional (art. 317, CP).

e) o crime de coação no curso do processo (art. 344, CP) se configura quando, na modalidade "violência", resultar lesão corporal no coacto.

COMENTÁRIOS

Gabarito: a. As figuras dolosas do crime de peculato são: a) peculato-apropriação (art. 312, *caput*, 1ª parte, do CP); b) peculato--desvio (art. 312, *caput*, 2ª parte, do CP); e c) peculato-furto (art. 312, § 1º, do CP).

Alternativa b: errada. Trata-se do crime de excesso de exação (art. 316, § 1º, do CP): "Se o funcionário exige tributo ou contribuição social que sabe ou deveria saber indevido, ou, quando devido, emprega na cobrança meio vexatório ou gravoso, que a lei não autoriza".

Alternativa c: errada. Trata-se do crime de condescendência criminosa (art. 320 do CP): "Deixar o funcionário, por indulgência, de responsabilizar subordinado que cometeu infração no exercício do cargo ou, quando lhe falte competência, não levar o fato ao conhecimento da autoridade competente".

Alternativa d: errada. O crime de corrupção passiva (art. 317 do CP) é formal, consumando-se: a) no momento em que o agente solicita a vantagem indevida; b) quando o funcionário recebe a vantagem indevida; ou c) no instante em que aceita a promessa dessa vantagem.

Alternativa e: errada. O delito de coação no curso do processo ("Usar de violência ou grave ameaça, com o fim de favorecer interesse próprio ou alheio, contra autoridade, parte, ou qualquer outra pessoa que funciona ou é chamada a intervir em processo judicial, policial ou administrativo, ou em juízo arbitral") se consuma quando é empregada a violência ou a grave ameaça, independentemente de qualquer outro resultado lesivo (crime formal). Ademais, eventual lesão corporal será punida como crime autônomo, conforme disposição do preceito secundário do art. 44 do CP: "Pena – reclusão, de um a quatro anos, e multa, além da pena correspondente à violência".

29. (VUNESP – 2015 – TJ-SP – Escrevente Técnico Judiciário) Marcos, advogado, solicita certa quantia em dinheiro a Pedro, seu cliente, pois esclarece que mediante o pagamento dessa quantia em dinheiro pode "acelerar" o andamento de um processo. Informa que seria amigo do escrevente do cartório judicial – o qual também seria remunerado pela celeridade, segundo Marcos. Pedro, inicialmente, tem intenção de aceitar a oferta, mas verifica que Marcos mentiu, pois não é amigo do funcionário público. Pedro negase a entregar a Marcos qualquer quantia e não aceita a oferta. É correto afirmar que Marcos:

a) praticou corrupção passiva (CP, art. 317) e Pedro não cometeu crime algum.

b) praticou exploração de prestígio (CP, art. 357) e Pedro não cometeu crime algum.

c) praticou corrupção passiva (CP, art. 317) e Pedro corrupção ativa (CP, art. 333).

d) e Pedro praticaram corrupção passiva (CP, art. 317).

e) e Pedro não praticaram crime algum, pois os fatos não evoluíram.

COMENTÁRIOS

Gabarito: b. Marcos efetivamente praticou o crime de exploração de prestígio, disposto no art. 357 do Código Penal: "Solicitar ou receber dinheiro ou qualquer outra utilidade, a pretexto de influir em juiz, jurado, órgão do Ministério Público, funcionário de justiça, perito, tradutor, intérprete ou testemunha". O crime estará consumado no momento em que o agente solicita ou recebe o dinheiro ou outra utilidade, independentemente de qualquer outro resultado lesivo. Pedro não praticou crime algum, pois não chegou a concorrer para o delito cometido por Marcos.

30. (CESPE - 2015 - AGU - Advogado da União) Um servidor público, concursado e estável, praticou crime de corrupção passiva e foi condenado definitivamente ao cumprimento de pena privativa de liberdade de seis anos de reclusão, em regime semiaberto, bem como ao pagamento de multa. A respeito dessa situação hipotética, julgue o item seguinte. O servidor deve perder, automaticamente, o cargo público que ocupa, mas poderá reingressar no serviço público após o cumprimento da pena e a reabilitação penal.

COMENTÁRIOS

Gabarito: errada. A perda do cargo não é automática, conforme disposto no art. 92 do Código Penal: "São também efeitos da condenação: I – a perda de cargo, função pública ou mandato eletivo: a) quando aplicada pena privativa de liberdade por tempo igual ou superior a um ano, nos crimes praticados com abuso de poder ou violação de dever para com a Administração Pública; b) quando for aplicada pena privativa de liberdade por tempo superior a 4 (quatro) anos nos demais casos. (...) Parágrafo único – Os efeitos de que trata este artigo não são automáticos, devendo ser motivadamente declarados na sentença". Ademais, em caso de perda, o efeito é permanente, não podendo o condenado, ainda que reabilitado, novamente ocupar o cargo, a função ou o mandato objeto da condenação, salvo se o recuperar por meio de investidura legítima.

31. (FGV - 2015 - DPE-RO - Analista da Defensoria Pública) Guilherme, funcionário público do Tribunal de Justiça, ao ir embora de seu trabalho, esqueceu a porta do cofre onde era guardada parte do dinheiro da administração aberta. Valendo-se desse descuido, Matheus, também funcionário público da repartição, subtraiu R$ 5.000,00 do cofre. As câmeras de segurança flagraram todo o fato, sendo Guilherme denunciado pela prática do crime de peculato culposo e Matheus por peculato doloso. Após o recebimento da denúncia, mas antes da sentença, Guilherme procura a Presidência do Tribunal e restitui o valor subtraído. Considerando essas informações, é correto afirmar que a reparação do dano:

a) funcionará como arrependimento posterior de Guilherme, gerando causa de diminuição de pena apenas para ele;
b) em que pese não funcione como arrependimento posterior por ser posterior à denúncia, no peculato culposo funcionará como causa de diminuição de pena;
c) funcionará como arrependimento posterior de Guilherme, mas se estenderá para Matheus, funcionando como causa de diminuição de pena para ambos;
d) funcionará como causa de extinção da punibilidade apenas em relação a Guilherme;
e) como foi posterior ao recebimento da denúncia, não gera qualquer consequência penal.

COMENTÁRIOS

Gabarito: d. A reparação do dano funcionará como causa de extinção da punibilidade, e somente no caso de peculato culposo. O fundamento está no art. 312, § 3º, do Código Penal: "No caso do parágrafo anterior, a reparação do dano, se precede à sentença irrecorrível, extingue a punibilidade; se lhe é posterior, reduz de metade a pena imposta". Obs.: no caso do peculato doloso, a reparação do dano funcionará como arrependimento posterior (art. 16 do CP), se ocorrer até o recebimento da denúncia, ou como atenuante genérica (art. 65, III, 'b', do CP), se ocorrer até o julgamento.

32. (FGV - 2015 - TJ-RO - Oficial de Justiça) Gustavo, funcionário público que atua junto à Secretaria de Finanças de determinado Município, quando estava em seu trabalho, recebe uma ligação de sua esposa dizendo que o filho do casal acabara de nascer. Eufórico, deixa a repartição pública e esquece o cofre com dinheiro público aberto. Breno, também funcionário público daquela repartição, valendo-se do esquecimento de Gustavo, pratica um crime de peculato. Considerando a situação narrada, é correto afirmar que Gustavo:

a) responderá pelo crime de peculato culposo, sendo que a reparação do dano antes da sentença irrecorrível gera extinção da punibilidade;
b) não poderá ser responsabilizado por sua conduta, pois o Código Penal não prevê a figura do peculato culposo;
c) responderá pelo crime de peculato culposo, sendo que a reparação do dano, desde que anterior

ao oferecimento da denúncia, gerará a extinção da punibilidade;

d) responderá pelo crime de peculato-furto em concurso de agentes com Breno;

e) responderá por peculato culposo, sendo que a reparação do dano, desde que anterior ao recebimento da denúncia, gerará extinção da punibilidade.

COMENTÁRIOS

Gabarito: a. O fundamento está no art. 312, § 3º, do Código Penal: "No caso do parágrafo anterior, a reparação do dano, se precede à sentença irrecorrível, extingue a punibilidade; se lhe é posterior, reduz de metade a pena imposta".

Alternativa b: errada. O Código Penal prevê a figura do peculato culposo no art. 312, § 2º: "Se o funcionário concorre culposamente para o crime de outrem".

Alternativa c: errada. A reparação do dano, como causa extintiva da punibilidade, poderá ocorrer até o trânsito em julgado (art. 312, § 3º, do CP).

Alternativa d: errada. Gustavo não concorreu dolosamente para o peculato-furto praticado por Breno.

Alternativa e: errada. Como referido acima, a reparação do dano, como causa extintiva da punibilidade, poderá ocorrer até a sentença irrecorrível (art. 312, § 3º, do CP).

33. (VUNESP – 2015 – MP-SP – Analista de Promotoria) Assinale a alternativa correta sobre os crimes praticados pelo particular contra a Administração em geral:

a) O crime de resistência previsto no artigo 329 do CP tem sua pena aplicada sem prejuízo da pena correspondente à violência grave.

b) O delito de desobediência, previsto no artigo 330, CP, é crime comum, tendo como sujeito ativo qualquer pessoa, com exceção do funcionário público, que mesmo quando não está no exercício da função, não perde essa condição para efeitos penais.

c) O crime de falso testemunho ou falsa perícia (art. 342, CP) admite retratação do agente que poderá ser manifestada em qualquer instância e grau de jurisdição, ocasionando a extinção da punibilidade.

d) O delito de desacato (art. 331, CP), dado o objeto material (o funcionário público e sua honra), tem como sujeito passivo apenas o funcionário público humilhado.

e) O crime de coação no curso do processo (art. 344, CP) não admite violência, mas apenas ameaça por parte do agente, que busca favorecer interesse próprio ou alheio, contra autoridade, parte ou qualquer outra pessoa que funciona ou é chamada a intervir em processo judicial, policial, administrativo ou em juízo arbitral.

COMENTÁRIOS

Gabarito: a. O fundamento está no art. 329, § 2º, do Código Penal: "As penas deste artigo são aplicáveis sem prejuízo das correspondentes à violência".

Alternativa b: errada. O crime de desobediência é realmente comum, pois pode ser praticado por qualquer pessoa, inclusive pelo funcionário público.

Alternativa c: errada. De acordo com o art. 342, § 2º, do Código Penal, a retratação deverá ocorrer "antes da sentença no processo em que ocorreu o ilícito".

Alternativa d: errada. Em se tratando de crime contra a Administração Pública, o Estado também é vítima.

Alternativa e: errada. Prevê o art. 344 do Código Penal: "Usar de violência ou grave ameaça, com o fim de favorecer interesse próprio ou alheio, contra autoridade, parte, ou qualquer outra pessoa que funciona ou é chamada a intervir em processo judicial, policial ou administrativo, ou em juízo arbitral".

34. (FUNIVERSA – 2015 – UEG – Analista) Acerca dos crimes contra a Administração Pública, assinale a alternativa correta.

a) Comete prevaricação o funcionário público que, em consequência de vantagem ou promessa, deixa de praticar ato de ofício ou o pratica infringindo dever funcional.

b) O crime de concussão admite tentativa, como, por exemplo, na hipótese de carta interceptada.

c) Exige-se o efetivo recebimento da vantagem indevida, para que o crime de corrupção passiva se consuma.

d) O peculato classifica-se como crime funcional próprio.

e) Perpetra crime de advocacia administrativa o funcionário público que deixa, por indulgência, de responsabilizar subordinado que cometeu infração no exercício do cargo ou, quando lhe falte competência, não levar o fato ao conhecimento da autoridade competente.

COMENTÁRIOS

Gabarito: b. O crime de concussão, previsto no art. 316 do Código Penal, prevê a conduta de "Exigir, para si ou para outrem, direta ou indiretamente, ainda que fora da função ou antes de assumi-la, mas em razão dela, vantagem indevida". O delito pode se dar na forma plurissubsistente (ex.: exigência por escrito) ou na forma unissubsistente (ex.: exigência verbal). Quando praticado na modalidade plurissubsistente, o crime de concussão admite a tentativa.

Alternativa a: errada. Trata-se de corrupção passiva na modalidade majorada (art. 317, § 1º, do CP): "A pena é aumentada de um terço se, em consequência da vantagem ou promessa, o funcionário retarda ou deixa de praticar qualquer ato de ofício ou o pratica infringindo dever funcional".

Alternativa c: errada. O delito de corrupção passiva prevê o verbo típico "solicitar" (art. 317 do CP). Neste caso, o crime se consuma com a solicitação, independentemente do recebimento da vantagem indevida.

Alternativa d: errada. Nos denominados **crimes funcionais**, o tipo penal exige a condição de funcionário público para o sujeito ativo. Os delitos funcionais são assim classificados: **a) funcionais próprios:** a condição de funcionário público é essencial para configuração do crime, de forma que, sem ela, não há sequer outro delito (o fato é atípico). Haverá uma **atipicidade absoluta**. Exemplo: prevaricação (art. 319). **b) funcionais impróprios:** a ausência da condição de funcionário público desclassifica a infração para outro tipo. Haverá uma **atipicidade relativa**. Exemplo: crime de peculato-apropriação (art. 312, *caput*) para apropriação indébita (art. 168). Ou seja, o peculato é exemplo de crime funcional impróprio ou impuro.

Alternativa e: errada. Trata-se do crime de condescendência criminosa (art. 320 do CP): "Deixar o funcionário, por indulgência, de responsabilizar subordinado que cometeu infração no exercício do cargo ou, quando lhe falte competência, não levar o fato ao conhecimento da autoridade competente".

35. (VUNESP - 2014 - TJ-SP - Escrevente Técnico Judiciário) Com relação aos crimes contra a Administração Pública, assinale a alternativa correta.

a) Pratica corrupção passiva o funcionário público que solicita ou recebe vantagem indevida, para si ou para outrem, ainda que fora da função ou antes de assumi-la, mas em razão dela.

b) Pratica concussão o funcionário público que se apropria de dinheiro, valor ou qualquer outro bem móvel, público ou particular, de que tem a posse em razão do cargo.

c) No peculato culposo, a reparação do dano, em qualquer momento do processo e até a sentença recorrível, reduz em um terço a pena imposta.

d) Pratica concussão o funcionário público que exigir, para si ou para outrem, vantagem devida, ainda que fora da função ou antes de assumi-la.

e) Configura-se excesso de exação a exigência de verbas pelo funcionário público que sabe ou deveria saber indevidas.

COMENTÁRIOS

Gabarito: a. O crime de corrupção passiva está previsto no art. 317 do CP: "Solicitar ou receber, para si ou para outrem, direta ou indiretamente, ainda que fora da função ou antes de assumi-la, mas em razão dela, vantagem indevida, ou aceitar promessa de tal vantagem".

Alternativa b: Errada. O crime de concussão (art. 316 do CP) traz no núcleo do tipo o verbo exigir, e não apropriar-se.

Alternativa c: Errada, já que no peculato culposo (art. 312, § 2º, do CP) a reparação do dano, se precede à sentença irrecorrível, extingue a punibilidade; se lhe é posterior, reduz de metade a pena imposta.

Alternativa d: Errada, pois o crime de concussão pressupõe que a vantagem exigida seja indevida, e não devida.

Alternativa e: Errada. O crime de excesso de exação está disposto no art. 316, § 1º, do CP: "Se o funcionário exige tributo ou contribuição social que sabe ou deveria saber indevido, ou, quando devido, emprega na cobrança meio vexatório ou gravoso, que a lei não autoriza".

36. (FGV - 2014 - TJ-GO - Analista Judiciário) A postura de profissional de advocacia que, atuando em causa própria de natureza penal, deixa de devolver processo para procrastinar o normal andamento pode configurar o delito de:

a) favorecimento pessoal;
b) favorecimento real;
c) fraude processual;
d) sonegação de papel ou objeto de valor probatório;
e) exercício arbitrário das próprias razões.

COMENTÁRIOS

Gabarito: d. Nos termos do art. 356 do CP, é crime "Inutilizar, total ou parcialmente, ou deixar de restituir autos, documento ou objeto de valor probatório, que recebeu na qualidade de advogado ou procurador".

37. (VUNESP – 2014 – TJ-PA – Auxiliar Judiciário) Sobre o crime de Falso Testemunho, é correto afirmar que:

a) o fato deixará de ser punível se, antes da sentença no processo em que ocorreu o ilícito, o agente retrata-se ou declara a verdade.
b) o mencionado tipo legal não se aplica a intérpretes e peritos, no curso do processo-crime.
c) o fato deixará de ser punível se, depois de transitada em julgado a sentença do processo em que ocorreu o ilícito, o agente se retrata ou declara a verdade.
d) o fato será punível mesmo se, antes de recebida a denúncia pelo juiz, o agente retrata-se ou declara a verdade.
e) o mencionado tipo legal não se aplica a contadores e réus, no curso do processo-crime.

COMENTÁRIOS

Gabarito: a. O fundamento está no art. 342, § 2º, do CP: "O fato deixa de ser punível se, antes da sentença no processo em que ocorreu o ilícito, o agente se retrata ou declara a verdade".

Alternativa b: Errada, pois o *caput* do art. 342 refere-se expressamente a testemunha, perito, contador, tradutor ou intérprete, em processo judicial ou administrativo, inquérito policial ou juízo arbitral.

Alternativa c: Errada, já que a retratação ou a declaração da verdade, para surtir efeito (causa extintiva da punibilidade), deve ocorrer antes da sentença no processo em que ocorreu o ilícito (art. 342, § 2º, do CP), e não depois.

Alternativa d: Errada, porque no caso citado o fato deixará de ser punível (art. 342, § 2º c/c art. 107, VI, CP).

Alternativa e: Errada, uma vez que o tipo se aplica a contadores e réus, no curso de processo criminal (art. 342, *caput*, CP).

38. (CESPE – 2014 – TJ-SE – Técnico Judiciário) Praticará o crime de corrupção ativa o funcionário de concessionária de serviço de energia elétrica que, para não interromper o fornecimento de energia para consumidor inadimplente, aceitar promessa de vantagem indevida.

COMENTÁRIOS

Gabarito: incorreta. De acordo com o art. 317 do CP, é crime "Solicitar ou receber, para si ou para outrem, direta ou indiretamente, ainda que fora da função ou antes de assumi-la, mas em razão dela, vantagem indevida, ou aceitar promessa de tal vantagem". Portanto, não há corrupção ativa (CP, art. 333), mas passiva (CP, art. 317). Mais: o agente é funcionário público por equiparação, na forma do art. 327, § 1º, do CP: "Equipara-se a funcionário público quem exerce cargo, emprego ou função em entidade paraestatal, e quem trabalha para empresa prestadora de serviço contratada ou conveniada para a execução de atividade típica da Administração Pública".

39. (VUNESP – 2014 – TJ-PA – Analista Judiciário) Concussão: ___________, para si ou para outrem,___________, ainda que fora da função ou antes de assumi-la, mas em razão dela, vantagem indevida. Assinale a alternativa que completa as lacunas adequada e respectivamente.

a) receber ... diretamente
b) receber ... direta ou indiretamente
c) solicitar ... diretamente
d) solicitar ... direta ou indiretamente
e) exigir ... direta ou indiretamente

COMENTÁRIOS

Gabarito: e. O fundamento está no art. 316, *caput*, do Código Penal: "Exigir, para si ou para outrem, direta ou indiretamente, ainda que fora da função ou antes de assumi-la, mas em razão dela, vantagem indevida".

40. (Aroeira – 2014 – PC-TO – Delegado de Polícia) Nos crimes praticados com abuso de poder ou violação de dever para com a administração pública, a perda de cargo, função pública ou mandato eletivo constitui efeito da condenação, quando aplicada pena privativa de liberdade por tempo igual ou superior a:

a) seis meses.
b) um ano.
c) dois meses.
d) três anos.

COMENTÁRIOS

Gabarito: e. O fundamento está no art. 92 do Código Penal: "São também efeitos da condenação: I – a perda de cargo, função pública ou mandato eletivo: a) quando aplicada pena privativa de liberdade por tempo igual ou superior a um ano, nos crimes praticados com abuso de poder ou violação de dever para com a Administração Pública".

41. (CESPE – 2013 – TJ-DF – Analista Judiciário) Maurício, advogado regularmente inscrito na Ordem dos Advogados do Brasil, deixou de restituir autos de processo, recebidos em carga, na qualidade de advogado da parte ré. Depois da regular intimação pessoal para a restituição dos autos e do decurso do prazo estabelecido para tanto, Maurício quedou-se inerte e, somente após comunicação do juízo ao órgão do Ministério Público, antes do oferecimento da denúncia, entregou os autos na secretaria da vara. Nessa situação hipotética, consumou-se o crime de sonegação de papel ou objeto de valor probatório, previsto no Código Penal.

COMENTÁRIOS

Gabarito: correta. Isso porque, "Para configuração do crime tipificado no art. 356 do Estatuto Penalista é imprescindível a intimação do advogado para a devolução dos autos" (STJ, 5ª T., AgRg no REsp 1319888/RS, j. 04/09/2012). Assim, se Maurício foi regularmente intimado e, no prazo fixado, deixou de restituir os autos, o crime do art. 356 do CP está consumado.

42. (CESPE – 2013 – SERPRO – Analista) Nos crimes de peculato, o funcionário que reparar o dano até a publicação da sentença condenatória fará jus à extinção da punibilidade.

COMENTÁRIOS

Gabarito: errada. A extinção da punibilidade em face da reparação do dano poderá ocorrer até o trânsito em julgado da sentença condenatória, e somente em relação ao peculato culposo (art. 312, § 3º, do CP).

43. (CESPE – 2013 – TRE-MS – Analista Judiciário) No âmbito da administração pública, o agente que

a) provoca instauração de investigação administrativa contra alguém, imputando-lhe falta de que o sabe inocente, comete o crime de denunciação caluniosa.
b) altera teor de certidão verdadeira, para provar fato que habilite alguém a obter cargo público ou outra vantagem comete o crime de falsidade ideológica.
c) pede dinheiro a pretexto de influir na decisão de juiz eleitoral incorre em crime de tráfico de influência.
d) solicita para si vantagem indevida em razão da função pública que exerce incide no crime de corrupção ativa.
e) altera parte de documento público verdadeiro pratica o crime de supressão de documento.

COMENTÁRIOS

Gabarito: a. O crime de ***denunciação caluniosa*** está previsto no art. 339 do CP: "Dar causa à instauração de investigação policial, de processo judicial, instauração de investigação administrativa, inquérito civil ou ação de improbidade administrativa contra alguém, imputando-lhe crime de que o sabe inocente: Pena – reclusão, de dois a oito anos, e multa".

Alternativa b: Errada, pois a conduta descrita configura o crime de ***falsidade material de atestado ou certidão*** (art. 301, § 1º, do CP).

Alternativa c: Errada, já que a conduta descrita configura o crime de ***exploração de prestígio*** (art. 357 do CP).

Alternativa d: Errada, porque a conduta descrita configura o crime de ***corrupção passiva*** (art. 317 do CP).

Alternativa e: Errada, pois a conduta descrita configura o crime de ***falsificação de documento público*** (art. 297 do CP).

44. (CESPE – 2013 – SERPRO – Analista) O funcionário público autorizado que inserir dados falsos em sistema de informações, visando causar prejuízos, cometerá crime qualificado de dano contra o patrimônio da administração pública.

COMENTÁRIOS

Gabarito: errada. O funcionário público, na hipótese descrita, pratica o crime de inserção de dados falsos em sistema de informações, descrito no art. 313-A do Código Penal.

45. (CESPE – 2013 – CNJ – Analista Judiciário) O agente, público ou particular que patrocina, direta ou indiretamente, interesse privado perante órgão público comete o crime de advocacia administrativa – um tipo penal que tutela a administração da justiça.

COMENTÁRIOS

Gabarito: errada. Isso porque o crime de ***advocacia administrativa***, previsto no art. 321 do Código Penal, tutela a Administração em geral (Capítulo I – "Dos crimes praticados por funcionário público contra a administração em geral"), e não a Administração da Justiça (Capítulo III – "Dos crimes contra a administração da justiça").

46. (FCC – 2012 – TRE-CE – Analista Judiciário) Rodolfo, empresário, presidente de uma empresa de engenharia, atua em parceria com Felipe, Prefeito de um determinado Município brasileiro, e ambos conseguem desviar em proveito próprio a quantia de R$ 300.000,00 da verba destinada à construção de uma escola do referido município. Rodolfo:

a) responderá por crime de peculato.
b) não responderá por nenhum delito, pois não é funcionário público.
c) responderá por crime de corrupção ativa.
d) responderá por crime de emprego irregular de verbas públicas.
e) responderá por crime de concussão.

COMENTÁRIOS

Gabarito: a. De acordo com o art. 30 do Código Penal, comunicam-se as elementares, mesmo as de natureza pessoal. Como a qualidade de prefeito é elementar, ocorre a comunicação. Assim, há concurso de pessoas, devendo o particular Rodolfo também responder por peculato. Na verdade, trata-se de modalidade de peculato prevista na legislação especial (Decreto-Lei nº 201/67, art. 1º, I)

Alternativa b: Errada, pois Rodolfo, tendo praticado crime em conluio com o Prefeito Felipe, não pode ficar impune.

Alternativa c: Errada, porque Rodolfo não ofereceu ou prometeu vantagem indevida ao Prefeito Felipe (art. 333 do CP), para determiná-lo a praticar, omitir ou retardar ato de ofício.

Alternativa d: Errada, já que os agentes não deram, às verbas públicas, aplicação diversa da estabelecida em lei, mas sim desviaram dinheiro público.

Alternativa e: Errada, pois os agentes não exigiram vantagem indevida (art. 316 do CP), mas sim, como dito, desviaram dinheiro público.

47. (FCC – 2012 – TRF5 – Analista Judiciário) Em audiência judicial, o intérprete que, dolosamente, traduz declaração de testemunha de modo contrário ao teor do depoimento, todavia que se retrata por escrito, depois de proferida a sentença, mas antes do trânsito em julgado,

a) não comete o crime de falso testemunho ou perícia por ocorrência de causa excludente da ilicitude.
b) comete o crime de falso testemunho ou falsa perícia no modo tentado.
c) não comete o crime de falso testemunho ou perícia, pois intérprete não é testemunha ou perito.
d) comete o crime de falso testemunho ou perícia, mas está isento de pena pela retratação.
e) comete o crime de falso testemunho ou falsa perícia no modo consumado.

COMENTÁRIOS

Gabarito: e. De acordo com o ***art. 342 do Código Penal***, é crime "Fazer afirmação falsa, ou negar ou calar a verdade como testemunha, perito, contador, tradutor ou intérprete em processo judicial, ou administrativo, inquérito policial, ou em juízo arbitral". Assim, na questão, o delito praticado pelo agente está consumado. Por outro lado, o intérprete não terá direito à extinção da punibilidade, já que a retratação ocorreu depois de proferida a sentença. A regra está no ***§ 2º do art. 342 do CP***: "O fato deixa de ser punível se, antes da sentença no processo em que ocorreu o ilícito, o agente se retrata ou declara a verdade".

48. (ESAF – 2012 – CGU – Analista de Finanças e Controle) Considerando as disposições relativas aos Crimes Praticados por Funcionário Público Contra a Administração em Geral e aos Crimes contra as Finanças Públicas, assinale a opção correta.

a) Comete o crime de condescendência criminosa o servidor que deixar, por indulgência, de responsabilizar subordinado que cometeu infração no exercício do cargo ou, quando lhe falte competência, não levar o fato ao conhecimento da autoridade competente.

b) Com as recentes modificações penais, o abandono de cargo público deixou de ser considerado crime, todavia manteve-se como hipótese punível com demissão na via administrativa disciplinar.

c) Comete crime contra as finanças públicas gestor que ordenar, autorizar ou executar ato que acarrete aumento de despesa total com pessoal, nos doze meses anteriores ao final do mandato ou da legislatura.

d) Comete o crime de valimento do cargo servidor que patrocinar, direta ou indiretamente, interesse privado perante a administração pública, valendo-se da qualidade de funcionário.

e) Retardar ou deixar de praticar, indevidamente, ato de ofício, ou praticá-lo contra disposição expressa de lei, para satisfazer interesse ou sentimento pessoal caracteriza o crime de advocacia administrativa.

COMENTÁRIOS

Gabarito: a. O crime de condescendência criminosa está disposto no ***art. 320 do CP***: "Deixar o funcionário, por indulgência, de responsabilizar subordinado que cometeu infração no exercício do cargo ou, quando lhe falte competência, não levar o fato ao conhecimento da autoridade competente".

Alternativa b: Errada, pois a conduta de "abandonar cargo público, fora dos casos permitidos em lei" ainda é criminosa, conforme previsão do ***art. 323 do CP***.

Alternativa c: Errada. De acordo com o ***art. 359-G do CP*** é crime "Ordenar, autorizar ou executar ato que acarrete aumento de despesa total com pessoal, nos cento e oitenta dias anteriores ao final do mandato ou da legislatura".

Alternativa d: Errada. "Patrocinar, direta ou indiretamente, interesse privado perante a administração pública, valendo-se da qualidade de funcionário", configura o crime de ***advocacia administrativa***, previsto no ***art. 321 do CP***.

Alternativa e: Errada. A conduta referida na assertiva configura o delito de ***prevaricação***, disposto no ***art. 319 do CP***.

49. (FCC – 2012 – TRF2 – Analista Judiciário) José percebeu que seu conhecido João havia cometido crime de desobediência e estava fugindo a pé, sendo perseguido por policiais. Em vista disso, despistou os milicianos e colocou João no interior de seu veículo, deixando o local e impedindo, dessa forma, a prisão em flagrante deste. Nesse caso, José responderá pelo crime de:

a) favorecimento pessoal privilegiado.

b) favorecimento real.

c) favorecimento pessoal em seu tipo fundamental.

d) arrebatamento de preso.

e) facilitar a fuga de pessoa presa.

COMENTÁRIOS

Gabarito: a. O agente praticou o crime de ***favorecimento pessoal***, descrito no art. 348 do Código Penal: "Auxiliar a subtrair-se à ação de autoridade pública autor de crime a que é cominada pena de reclusão: Pena – detenção, de um a seis meses, e multa". Como José auxiliou pessoa que havia cometido crime de desobediência (art. 330 do CP), o qual é punido com detenção, incide a ***forma privilegiada*** prevista no § 1º do art. 348 do CP: "Se ao crime não é cominada pena de reclusão: Pena – detenção, de quinze dias a três meses, e multa".

50. (COPESE – 2012 – UFT – DPE-TO – Analista) Sobre Crimes Praticados por Particular Contra a Administração em Geral tipificados no Código Penal, marque a opção INCORRETA.

a) Desacatar funcionário público no exercício da função ou em razão dela.

b) Entrar no exercício de função pública antes de satisfeitas as exigências legais, ou continuar a exercê-la, sem autorização, depois de saber oficialmente que foi exonerado, removido, substituído ou suspenso.

c) Solicitar, exigir, cobrar ou obter, para si ou para outrem, vantagem ou promessa de vantagem, a pretexto de influir em ato praticado por funcionário público no exercício da função.

d) Oferecer ou prometer vantagem indevida a funcionário público, para determiná-lo a praticar, omitir ou retardar ato de ofício.

COMENTÁRIOS

Gabarito: b. A assertiva descreve o delito de ***exercício funcional ilegalmente antecipado ou prolongado*** (art. 324 do CP), que é crime praticado por funcionário público contra a Administração em geral.

Todos os demais delitos – desacato (letra a), tráfico de influência (letra c) e corrupção ativa (letra d) – são crimes praticados por particular contra a Administração em geral.

2. QUESTÕES DE CONCURSOS

01. (CESPE / CEBRASPE – 2020 – MPE-CE – Analista Ministerial) No crime de favorecimento pessoal, a prestação de auxílio por irmão do criminoso configura hipótese de redução de pena.

02. (CESPE / CEBRASPE – 2020 – SEFAZ-AL – Auditor Fiscal da Receita Estadual) Auditor que, no intuito de obter vantagem econômica, inserir, no banco de dados da secretaria de fazenda local, informações falsas em relação a dívida de determinado contribuinte terá cometido o crime de falsidade ideológica.

03. (CESPE / CEBRASPE – 2020 – SEFAZ-AL – Auditor Fiscal da Receita Estadual) Funcionário público que é responsável pela fiscalização da entrada e saída de mercadorias no estado e deliberadamente não verifica o correto pagamento do imposto devido comete o crime de descaminho.

04. (IESES – 2019 – TJ-SC – Titular de Serviços de Notas e de Registros) Enzo, um particular que exerce a profissão de jornalista, resolve um dia se passar por Auditor Fiscal da Receita Federal, e, assim se apresentando e portando uma carteira de couro preta com a estampa do brasão da República, entra em um estabelecimento comercial e exige o exame dos livros contábeis, no que é atendido. Analisa os livros, por curiosidade quanto aos ganhos da sociedade empresária, e vai embora. A conduta de Enzo encontra adequação típica:

a) No delito de usurpação de função pública, art. 328 do Código Penal.
b) No delito de falsa identidade, art. 307 do Código Penal.
c) Na contravenção de uso ilegítimo de uniforme ou distintivo, art. 46 do Decreto-Lei nº 3.688/1941 (Lei das Contravenções Penais).
d) Na contravenção de simulação da qualidade de funcionário, art. 45 do Decreto-Lei nº 3.688/1941 (Lei das Contravenções Penais).

05. (VUNESP – 2019 – TJ-SP – Administrador Judiciário) O servidor público que, por indulgência, deixar de responsabilizar o subordinado que cometeu infração no exercício do cargo, cometerá o crime de:

a) peculato mediante erro de outrem.
b) prevaricação.
c) condescendência criminosa.
d) excesso de exação.
e) emprego irregular de verbas públicas.

06. (CESPE – 2019 – CGE-CE – Auditor de Controle Interno) Milton, valendo-se de sua condição de servidor público e cedendo a pedido de amigo íntimo, deixou de cumprir seu dever funcional ao não ter promovido ação para apurar infração de determinada empresa vinculada à administração pública. Nessa situação hipotética, apurada a conduta de Milton, ele deverá responder pelo crime de:

a) advocacia administrativa qualificada.
b) corrupção passiva privilegiada.
c) corrupção ativa.
d) concussão.
e) condescendência criminosa.

07. (INSTITUTO AOCP – 2019 – PC-ES – Escrivão de Polícia) São crimes cometidos por funcionário público contra a administração em geral, EXCETO:

a) peculato.
b) concussão.
c) facilitação de contrabando ou descaminho.
d) tráfico de influência.
e) advocacia administrativa.

08. (CESPE – 2019 – TJ-SC – Juiz Substituto) Joaquim, fiscal de vigilância sanitária de determinado município brasileiro, estava licenciado do seu cargo público quando exigiu de Paulo determinada vantagem econômica indevida para si, em função do seu cargo público, a fim de evitar a ação da fiscalização no estabelecimento comercial de Paulo. Nessa situação hipotética, Joaquim praticou o delito de:

a) constrangimento ilegal.
b) extorsão.
c) corrupção passiva.
d) concussão.
e) excesso de exação.

09. (CESPE – 2019 – SEFAZ-RS – Auditor Fiscal da Receita Estadual) É punido na modalidade culposa o crime de:

a) peculato.
b) falsidade ideológica.
c) condescendência criminosa.

d) violação de sigilo funcional.
e) supressão de tributos mediante omissão de informação.

10. (INSTITUTO AOCP – 2019 – PC-ES – Investigador) Em relação aos crimes contra a Administração Pública, é correto afirmar que:

a) não se equipara a funcionário público, para os efeitos penais, quem exerce emprego em entidade paraestatal.
b) o funcionário público que deixa de praticar, indevidamente, ato de ofício, para satisfazer sentimento pessoal, pratica o crime de condescendência criminosa.
c) no crime de corrupção passiva, a pena é aumentada de um terço, se, em consequência da vantagem ou promessa, o funcionário retarda ou deixa de praticar qualquer ato de ofício ou o pratica infringindo dever funcional.
d) pratica o delito de prevaricação o funcionário público que deixar, por indulgência, de responsabilizar subordinado que cometeu infração no exercício do cargo ou, quando lhe falte competência, não levar o fato ao conhecimento da autoridade competente.
e) não constitui crime contra a Administração Pública abandonar cargo público, fora dos casos permitidos em lei.

11. (VUNESP – 2018 – PC-SP – Agente de Telecomunicações Policial) O servidor público que exige para outrem, indiretamente, fora da função, mas em razão dela, vantagem indevida: A) comete o crime de concussão. B) não comete qualquer crime. C) comete o crime de corrupção passiva. D) comete o crime de prevaricação. E) comete o crime de corrupção ativa.

12. (INSTITUTO AOCP – 2018 – TRT1 – Técnico Judiciário) Determinado tipo penal previsto no Código Penal possui o seguinte enunciado: "Retardar ou deixar de praticar, indevidamente, ato de ofício, ou praticá-lo contra disposição expressa de lei, para satisfazer interesse ou sentimento pessoal". Determinado servidor público do setor administrativo da Justiça do Trabalho deixa de publicar edital relativo à intimação de um amigo pessoal, para que este ganhe mais prazo de tempo no processo em que responde. A esse fato criminoso cometido pelo servidor em questão dá-se o nome do tipo penal respectivo de: A) exploração de prestígio. B) tráfico de influência. C) abandono de função. D) condescendência criminosa. E) prevaricação.

13. (INSTITUTO AOCP – 2018 – TRT1 – Técnico Judiciário) Abelardo, servidor público lotado na Vara do Trabalho de Porto Real/RJ, aproveita para apropriar para si, enquanto os demais servidores estavam em horário de almoço, um dos microcomputadores do tipo "laptop" que haviam sido ali depositados em Juízo após penhora de bens de parte reclamada em processo trabalhista, embora tivesse ele (Abelardo) a função de zelar e conservar tais objetos. Esse servidor cometeu qual crime, em tese, de acordo com o Código Penal Brasileiro?

a) Apropriação indébita (art. 168, *caput*, CP).
b) Corrupção ativa (art. 333, *caput*, CP).
c) Corrupção passiva (art. 317, *caput*, CP).
d) Furto qualificado (art. 155, § 4º, CP)
e) Peculato (art. 312, *caput*, CP).

14. (FGV – 2018 – TJ-AL – Analista Judiciário) Jorge, de origem humilde, atua como Oficial de Justiça em determinado Tribunal de Justiça. Quando cumpria ordem de busca e apreensão na comunidade em que nasceu, viu, de longe, que seu irmão dispensou uma sacola plástica com grande quantidade de drogas, empurrou um policial militar e tentava empreender fuga e evitar o flagrante de crime de tráfico, crime este punido com pena mínima de cinco anos de reclusão. Diante disso, quando seu irmão corre em sua direção, o auxilia, escondendo-o dentro de seu veículo particular, enquanto continua a cumprir o mandado pendente. Descobertos os fatos, considerando apenas a situação narrada, o ato de Jorge configura:

a) crime de evasão mediante violência contra a pessoa;
b) conduta típica, mas não punível;
c) crime de favorecimento pessoal;
d) crime de favorecimento real;
e) conduta atípica.

15. (FCC 2018 – ALESE – Analista Legislativo) São, dentre outros, crimes contra a administração da Justiça:

a) resistência, desobediência, desacato e tráfico de influência.
b) advocacia administrativa, condescendência criminosa, violação de sigilo funcional e abandono de função.
c) auto-acusação falsa, exercício arbitrário das próprias razões, denunciação caluniosa e exploração de prestígio.
d) falsidade ideológica, falso reconhecimento de firma ou letra, certidão ou atestado ideologicamente falso e adulteração de sinal identificador de veículo automotor.
e) concussão, corrupção passiva, prevaricação e corrupção ativa.

16. (VUNESP – 2017 – TJ-SP – Escrevente Técnico Judiciário) Funcionário público municipal, imprudentemente, deixa a porta da repartição aberta ao final do expediente. Assim agindo, mesmo sem intenção, concorre para que outro funcionário público, que trabalha no mesmo local, subtraia os computadores que guarneciam o órgão público. O Município sofre considerável prejuízo. A conduta do funcionário que deixou a porta aberta traduz-se em:

a) peculato culposo.
b) fato atípico.
c) prevaricação.
d) peculato-subtração.
e) mero ilícito funcional, sem repercussão na esfera penal.

17. (CESPE – 2017 – PC-GO – Delegado de Polícia) Se uma pessoa, maior e capaz, representar contra um delegado de polícia por ato de improbidade sabendo que ele é inocente, a sua conduta poderá ser considerada, conforme o disposto na Lei nº 8.429/1992:

a) crime, estando essa pessoa sujeita a detenção e multa.
b) ilícito administrativo, por atipicidade penal da conduta.
c) contravenção penal.
d) crime, estando essa pessoa sujeita apenas a multa.
e) crime, estando essa pessoa sujeita a reclusão e multa.

18. (VUNESP – 2017 – TJ-SP – Escrevente Técnico Judiciário) O crime de "impedimento, perturbação ou fraude de concorrência", do art. 335 do CP, está assim definido: "impedir, perturbar ou fraudar concorrência pública ou venda em hasta pública, promovida pela administração federal, estadual ou municipal, ou por entidade paraestatal; afastar ou procurar afastar concorrente ou licitante, por meio de violência, grave ameaça, fraude ou oferecimento de vantagem." Incorre na mesma pena estabelecida para o crime citado, nos termos do parágrafo único do mesmo artigo, quem:

a) sabendo da ocorrência do fato não o denuncia às autoridades públicas.
b) sendo agente público homologa certame sabendo-o fraudado.
c) se abstém de concorrer ou licitar, em razão da vantagem oferecida.
d) sendo agente público deixa de inabilitar concorrente sabendo-o fraudador.
e) faz proposta em certame licitatório que, posteriormente, deixa de cumprir.

19. (IBADE – 2017 – PC-AC – Delegado de Polícia) Atendendo ao pedido do marido que se encontra preso, Silmara, durante visita, ingressa no presídio com um aparelho de telefonia móvel, entregando-o ao cônjuge. Saliente-se que o ingresso do aparelho só foi possível porque o agente penitenciário Ferdinando, ao se distrair, esqueceu de revistar a bolsa que Silmara trazia consigo. Dias depois, o detento Josimar pede ao marido de Silmara para usar o aparelho de telefonia, sendo certo que, durante a ligação, Josimar é flagrado pelo diretor da penitenciária, que apreende o aparelho. Considerando que o art. 180 do Código Penal incrimina a receptação; que o art. 319 do CP traz em seu bojo o delito de prevaricação; que o art. 319-A contempla a prevaricação imprópria; e que o art. 349 – A do CP prevê a conduta de favorecimento real impróprio, é correto afirmar que:

a) Silmara praticou o crime do art. 349-A do Código Penal; o agente penitenciário não praticou crime; Josimar praticou o crime do art. 180 do Código Penal.
b) Silmara praticou o crime do art. 349-A do Código Penal; o agente penitenciário e Josimar **não praticaram crime.**
c) Silmara não praticou crime: o agente penitenciário cometeu o crime do art. 319 do Código Penal; Josimar praticou o crime do art. 180 do Código Penal.
d) Silmara praticou o crime do art. 349-A do Código Penal; o agente penitenciário cometeu o crime do art. 319-A do Código Penal; Josimar praticou o crime do art. 180 do Código Penal.
e) Silmara praticou o crime do art. 349-A do Código Penal; o agente penitenciário cometeu o crime do art. 319 do Código Penal; Josimar praticou o crime do art. 180 do Código Penal.

20. (VUNESP – 2017 – TJ-SP – Escrevente Técnico Judiciário) Imagine que um perito nomeado pelo juiz, em processo judicial, mediante suborno, produza um laudo falso para favorecer uma determinada parte, praticando a conduta que configura crime do art. 342 do CP (falsa perícia). Ocorre que, arrependido e antes de proferida a sentença no mesmo processo, o perito retrata-se, corrigindo a falsidade. De acordo com o texto literal do art. 342, § 2º, do CP, como consequência jurídica da retratação:

a) o perito fica isento de pena criminal, mas deverá indenizar o prejudicado pela falsidade que cometeu.
b) o perito fica isento de pena criminal, mas deverá devolver os honorários recebidos em dobro.
c) o fato deixa de ser punível.
d) o perito, se condenado pelo crime de falsa perícia, terá a pena reduzida de 1/3 (um terço) a 2/3 (dois terços).
e) o perito fica impedido, por 5 (cinco) anos, de prestar tal serviço.

21. (IBADE – 2017 – PC-AC – Delegado de Polícia) Setembrino, oficial de Justiça, recebe ligação de um amigo, o qual solicita a protelação do cumprimento de certa decisão judicial. A fim de atender ao pedido do amigo, o funcionário público retarda o ato de ofício. Nesse contexto, é correto dizer que Setembrino cometeu:

a) Mero ato de improbidade administrativa.
b) desobediência.
c) corrupção passiva majorada.
d) corrupção passiva privilegiada.
e) prevaricação.

22. (VUNESP – 2017 – TJ-SP – Escrevente Técnico Judiciário) Certos crimes têm suas penas estabelecidas em patamares superiores quando presentes circunstâncias que aumentam o desvalor da conduta. São os denominados "tipos qualificados". Assinale a alternativa que indica o crime que tem como qualificadoras "resultar prejuízo público" e "ocorrer em lugar compreendido na faixa de fronteira":

a) Corrupção passiva.
b) Exercício arbitrário das próprias razões.
c) Abuso de poder.
d) Violência arbitrária.
e) Abandono de função.

23. (FCC – 2016 – TRF3 – Analista Judiciário) A respeito do crime de advocacia administrativa, considere:

I. Caracteriza-se mesmo que o interesse privado patrocinado seja legítimo.
II. Não se caracteriza se o patrocínio for feito por terceira pessoa que apareça como procurador.
III. Só pode ser cometido por advogado.

Está correto o que consta APENAS em

a) I e II.
b) I.
c) I e III.
d) II e III.
e) III.

24. (FAURGS – 2016 – TJ-RS – Assessor Judiciário) Considere as seguintes afirmações sobre os crimes em espécie.

I. O condenado pela prática de um crime de homicídio doloso qualificado, tendo sido reconhecido como reincidente pela sentença condenatória transitada em julgado, deverá cumprir, para fins de progressão de regime, no mínimo, 1/3 da pena imposta.
II. Para a configuração típica do crime de peculato, basta que a conduta de apropriação ou desvio de um determinado bem seja realizada por funcionário público que o tenha em sua posse em razão do cargo, não importando se o bem em questão pertença ao patrimônio público ou particular.
III. Segundo o atual entendimento jurisprudencial do Supremo Tribunal Federal, em se tratando dos crimes de lesão corporal praticados no âmbito da violência doméstica e familiar contra vítima do sexo feminino, a natureza da ação penal será pública, condicionada à representação da ofendida, quando os resultados atingidos forem leves, e pública, incondicionada, quando os resultados forem graves ou gravíssimos.

Quais estão corretas?

a) Apenas I.
b) Apenas II.
c) Apenas III.
d) Apenas I e II.
e) I, II e III.

25. (FGV – 2016 – MP-RJ – Técnico do Ministério Público) João foi aprovado em concurso público para ingresso no quadro de funcionários do Ministério Público, sendo nomeado e tendo tomado posse, e, apesar de não ter assumido sua função por razões burocráticas, já foi informado de que seria designado para atuar junto à Promotoria de Justiça Criminal de Duque de Caxias. Ciente da existência de investigação para apurar ilícitos fiscais que estariam sendo praticados por empresário da cidade, colega de seu pai, procura o advogado do investigado e narra que será designado para atuar na Promotoria com atribuição para o caso, passando a solicitar a quantia de 50 mil reais para, de alguma forma, influenciar naquela investigação de maneira favorável ao indiciado. Considerando a situação narrada, é correto afirmar que a conduta de João, em tese:

a) configura crime de corrupção passiva;
b) configura crime de prevaricação;
c) configura crime de advocacia administrativa;
d) configura crime de exercício funcional ilegalmente antecipado ou prolongado;
e) é atípica, já que nem mesmo havia iniciado o exercício de sua função.

26. (FGV – 2016 – MP-RJ – Técnico do Ministério Público) Caio ocupa cargo em comissão em órgão da administração direta, tendo se apoderado, indevidamente e em proveito próprio, de um laptop pertencente ao órgão por ele dirigido e do qual tinha a posse em razão do cargo. Diante do fato narrado, Caio deverá responder por:

a) crime comum, mas não próprio, já que não pode ser considerado funcionário público;
b) peculato-furto, com o aumento de pena em razão do cargo comissionado ocupado;
c) peculato apropriação, com o aumento de pena em razão do cargo comissionado ocupado;
d) peculato apropriação, com direito à extinção da punibilidade se devolvida a coisa ou reparado o dano antes do recebimento da denúncia;
e) peculato-furto, com a redução da pena pela metade se devolvida a coisa antes do recebimento da denúncia.

27. **(FGV – 2016 – MP-RJ – Analista do Ministério Público)** Paulo é chefe de uma repartição pública, onde também trabalha Julia, sob a sua supervisão e subordinação. Tomando conhecimento de uma falta funcional praticada por esta sua funcionária, deixa de tomar as providências próprias exigidas por seu cargo e de responsabilizá-la, pois sabendo que ela é mãe de três filhos, acredita que necessita continuar exercendo suas funções sem mácula na ficha funcional. Descoberto o fato, em tese, a conduta de Paulo:

a) é atípica;
b) configura crime de corrupção passiva;
c) configura crime de prevaricação;
d) configura crime de condescendência criminosa;
e) configura crime de advocacia administrativa.

28. **(FGV – 2016 – MP-RJ – Analista do Ministério Público)** O conceito de funcionário público para fins penais não se confunde com o conceito para outros ramos do Direito. Em sendo crime próprio praticado por funcionário público contra a Administração, aplica-se o artigo 327 do Código Penal, que apresenta um conceito amplo de funcionário público para efeitos penais. Por outro lado, o artigo respeita o princípio da legalidade, disciplinando expressamente em que ocasiões determinado indivíduo será considerado funcionário público para fins de definição do sujeito ativo de crimes próprios. Sobre o tema ora tratado e de acordo com o dispositivo acima mencionado, é correto afirmar que:

a) exige-se o requisito da permanência para que seja reconhecida a condição de funcionário público no campo penal;
b) somente pode ser considerado funcionário público aquele que recebe qualquer tipo de remuneração no exercício de cargo, emprego ou função pública;
c) aquele que exerce cargo em autarquias, entidades paraestatais ou fundações públicas, não é considerado funcionário público para efeitos penais;
d) o perito judicial não é considerado funcionário público para efeitos penais, já que apenas exerce a função transitoriamente;
e) é equiparado a funcionário público, para efeitos penais, aquele que trabalha para empresa contratada para a execução de atividade típica da Administração Pública.

29. **(FGV – 2016 – MP-RJ – Analista do Ministério Público)** Matheus, funcionário público, recebe em razão do exercício de sua função junto ao Ministério Público do Estado do Rio de Janeiro, diariamente, uma grande quantidade de dinheiro em espécie. Verificando que a vigilância não era significativa, decide se apropriar de parte dos valores, e, para tanto, solicita a ajuda de seu amigo Bruno, que não era funcionário público, mas tinha conhecimento de todo o plano delitivo de Matheus. Considerando a situação narrada e as características do delito de peculato, é correto afirmar que:

a) o crime de peculato somente pode ser praticado em sua modalidade dolosa;
b) por ser crime próprio, somente Matheus poderá ser denunciado pelo mesmo, já que funcionário público, enquanto Bruno não responderá por qualquer crime;
c) apesar de ser crime praticado contra a Administração Pública, no crime de peculato os valores ou bens apropriados podem ser públicos ou particulares;
d) se a apropriação for de dinheiro recebido, no exercício do cargo, por erro de outrem, o crime será comum e não especial de funcionário contra a Administração, já que o particular é quem foi lesado;
e) no crime de peculato-furto, o funcionário tem a posse do dinheiro em razão do cargo e o desvia em proveito próprio ou alheio.

30. **(FCC – 2016 – TRF3 – Analista Judiciário)** Lucius, funcionário público, escrevente de cartório de secretaria de Vara Criminal, apropriou-se de um relógio valioso que foi remetido ao Fórum juntamente com os autos do inquérito policial no qual foi objeto de apreensão. Lucius cometeu crime de:

a) apropriação de coisa achada.
b) apropriação indébita simples.
c) apropriação indébita qualificada pelo recebimento da coisa em razão de ofício, emprego ou profissão.
d) apropriação de coisa havida por erro.
e) peculato.

31. **(FCC – 2016 – TRF3 – Analista Judiciário)** A respeito dos Crimes contra a Administração pública, é INCORRETO afirmar que:

a) o particular pode ser coautor do crime de concussão.
b) comete o crime de excesso de exação o funcionário que emprega meio vexatório na cobrança de tributo.
c) o crime de prevaricação exige o intuito do agente de satisfazer interesse ou sentimento pessoal.
d) comete crime de corrupção passiva quem oferece dinheiro a funcionário público para determiná-lo a retardar ato de ofício.
e) o ato de desferir um tapa no rosto de funcionário público, em razão da sua função, sem causar lesão, pode caracterizar o crime de desacato.

32. **(FCC – 2016 – TRF3 – Analista Judiciário)** Cicerus, funcionário público, exercia suas funções na Circunscrição de Trânsito e recebeu quantia em

dinheiro de uma autoescola para aprovação e fornecimento de carteira de habilitação aos candidatos nela matriculados, sem os necessários exames. Cicerus cometeu crime de:

a) concussão.
b) corrupção ativa.
c) prevaricação.
d) corrupção passiva.
e) peculato.

33. (UFMT – 2016 – TJ-MT – Distribuidor, Contador e Partidor) Quanto aos crimes praticados por funcionários públicos, analise as assertivas.

I. O funcionário público retarda ou deixa de praticar ato de ofício, ou o pratica, violando dever funcional para satisfazer interesse ou sentimento pessoal.

II. O agente, em razão de sua função, mesmo que ainda não tenha assumido ou fora dela (ex. afastado), solicita ou recebe, para si ou outrem, vantagem indevida ou promessa de vantagem em virtude de fazer ou deixar de fazer algo.

III. O agente exige para si ou para outrem, direta ou indiretamente, vantagem indevida, em razão da sua função, da função que irá assumir (nomeado, mas não empossado) ou mesmo estando fora dela (suspenso ou de licença).

IV. O funcionário público subtrai, concorre para que seja subtraído, desvia, ou se apropria de dinheiro, valor ou qualquer bem móvel, tanto público quanto particular, para proveito próprio ou alheio por deter a posse deles em função do seu cargo.

Os crimes descritos acima, são, de acordo com o Código Penal brasileiro, os seguintes:

a) I – peculato; II – corrupção passiva; III – concussão; e IV – prevaricação.
b) I – prevaricação; II – concussão; III – corrupção passiva; e IV – peculato.
c) I – prevaricação; II – corrupção passiva; III – concussão; e IV – peculato.
d) I – concussão; II – prevaricação; III – peculato; e IV – corrupção passiva.

34. (CESPE – 2016 – TRT8 – Analista judiciário) Oficial de justiça que solicita determinada quantia em dinheiro a advogado, para deixar de cumprir diligência de que estava incumbido, comete o crime de:

a) tráfico de influência.
b) concussão.
c) prevaricação.
d) corrupção ativa.
e) corrupção passiva.

35. (CESPE – 2016 – TRT8 – Analista judiciário) Em relação aos crimes contra a administração da justiça, assinale a opção correta.

a) É atípica a conduta do agente que faz justiça pelas próprias mãos sem o emprego de violência ou com o objetivo de satisfazer pretensão legítima.
b) A configuração do crime de exploração de prestígio depende de a conduta do agente incluir a alegação ou a insinuação de que o dinheiro ou a utilidade também se destina ao juiz, jurado, órgão do Ministério Público, funcionário de justiça, perito, tradutor, intérprete ou testemunha.
c) O agente que acusa a si mesmo, perante a autoridade, de ter cometido infração penal que não ocorreu pratica o crime de comunicação falsa de crime.
d) Em se tratando do crime de falso testemunho, o agente que se retrata ainda durante o processo no qual testemunhou faz jus a causa de diminuição de pena.
e) É isento de pena, ainda que pratique o crime de favorecimento pessoal, o ascendente, o descendente, o cônjuge ou o irmão de criminoso que o auxilia a fugir da ação da autoridade policial.

36. (CESPE – 2015 – STJ – Analista Judiciário) A pessoa que exerça temporariamente cargo público, mesmo sem remuneração, poderá ser enquadrada em crime de advocacia administrativa.

37. (FGV – 2015 – TCM-SP – Agente) Por um período de 03 meses, Natan exerceu função pública, não recebendo, porém, qualquer remuneração pelo exercício dessa função. Durante o período, Natan concorreu culposamente para prática de um crime de peculato doloso por parte de Otávio, funcionário público estável que atuava no mesmo setor que Natan. Sobre a hipótese narrada, é correto afirmar que Natan:

a) não poderá responder na condição de funcionário público, pois apenas exerceu a função transitoriamente;
b) apesar de funcionário público para efeitos penais, não poderá ser responsabilizado pela prática de crime, pois não existe previsão de peculato culposo;
c) não poderá responder na condição de funcionário público porque não recebeu remuneração, apesar de a transitoriedade, por si só, não afastar tal posição para fins penais;
d) poderá ser responsabilizado na condição de particular, em concurso de agentes, pelo crime de peculato praticado por Otávio;
e) poderá ser responsabilizado como funcionário público pela prática do crime de peculato culposo, sendo que eventual reparação do dano, antes da sentença irrecorrível, extinguirá sua punibilidade.

38. (FGV – 2015 – TJ-RO – Técnico Judiciário) Caio, estagiário concursado do Tribunal de Justiça, no exercício dessa sua função, solicita de um advogado que realizava atendimento a quantia de R$400,00 para adiantar a juntada de determinada petição. Insatisfeito com a conduta de Caio, de imediato o advogado recusou a solicitação e denunciou o ocorrido ao Ministério Público. Considerando apenas a situação narrada, é correto afirmar que Caio deverá ser responsabilizado pela prática de um crime de:

a) corrupção ativa, consumado;
b) corrupção passiva, tentado;
c) corrupção ativa, tentado;
d) concussão, consumado;
e) corrupção passiva, consumado.

39. (VUNESP – 2015 – TJ-SP – Escrevente Técnico Judiciário) O peculato culposo:

a) é fato atípico, pois não está expressamente previsto no CP.
b) tem a ilicitude excluída se o agente repara o dano a qualquer tempo.
c) tem a punibilidade extinta se o agente repara o dano antes da sentença irrecorrível.
d) é punido com detenção, de dois a doze anos, e multa.
e) é punido com a mesma pena do peculato doloso.

40. (FCC – 2015 – TCE-AM – Auditor) O agente público que, possuindo atribuição legal, presta garantia em operação de crédito sem que tenha sido constituída contragarantia em valor igual ou superior ao valor da garantia prestada, pratica crime denominado:

a) prestação de garantia não onerosa.
b) prestação de garantia graciosa.
c) contraprestação em operação de crédito.
d) inscrição de garantia não empenhada em restos a pagar.
e) assunção de obrigação no último ano do mandato ou legislatura.

41. (FCC – 2015 – MP-PB – Técnico Ministerial) Tício e Caio são Policiais Civis do Estado da Paraíba, atuando na capital. No dia 14 de março de 2014, durante uma operação deflagrada pela Delegacia Seccional de Polícia para investigação de crime de tráfico de drogas em uma determinada favela na cidade de João Pessoa, Tício e Caio abordam Moisés em atitude suspeita, transitando por uma via pública. Moisés portava na cintura uma arma de fogo municiada sem autorização e em desacordo com determinação legal e regulamentar. Além disso, apurou-se que havia um mandado de prisão preventiva contra Moisés por crime de roubo cometido na cidade de Campina Grande. Tício e Caio, então, solicitam a Moisés a quantia de R$ 10.000,00 para ele ser imediatamente liberado. Moisés consegue o dinheiro e entrega aos policiais civis, que deixam de conduzi-lo ao Distrito Policial. No caso hipotético apresentado, Tício e Caio cometeram crime de:

a) concussão e estão sujeitos à pena de reclusão, de 2 a 8 anos e multa, sem qualquer aumento de pena, uma vez que o não cumprimento do ato de ofício é mero exaurimento do crime formal.
b) corrupção passiva e estão sujeitos à pena de reclusão, de 2 a 12 anos e multa, com aumento de 1/3 uma vez que os funcionários deixaram de conduzir preso o cidadão Moisés, com infração de dever funcional.
c) corrupção passiva e estão sujeitos à pena de reclusão, de 2 a 12 anos e multa, sem qualquer aumento de pena, uma vez que o não cumprimento do ato de ofício é mero exaurimento do crime formal.
d) prevaricação e estão sujeitos à pena de detenção de 3 meses a 1 ano e multa.
e) concussão e estão sujeitos à pena de reclusão, de 2 a 8 anos e multa, com aumento de 1/3 uma vez que os funcionários deixaram de conduzir preso o cidadão Moisés, com infração de dever funcional.

42. (FGV – 2015 – TCM-SP – Agente) Visando dar concretude à Lei de Responsabilidade Fiscal, foi introduzido no Código Penal o artigo 359-D, que prevê o crime de "ordenação de despesa não autorizada". Sobre esse tema, é correto afirmar que:

a) trata-se de crime próprio, logo nunca poderá ser praticado por particular, ainda que em concurso de agentes com o funcionário público;
b) trata-se de norma penal em branco, tendo em vista que independe de norma integradora para sua integral compreensão e aplicação;
c) o crime se consuma quando o funcionário ordenar a despesa não autorizada em lei, ainda que esta não venha efetivamente a ser realizada;
d) estará configurado o delito do artigo 359-D, CP, caso seja ordenada despesa não autorizada em regulamento interno, ainda que omissa a lei sobre tal vedação;
e) de acordo com o Código Penal, admite-se a modalidade culposa do delito.

43. (VUNESP – 2015 – TJ-SP – Escrevente Técnico Judiciário) O funcionário público que tem conhecimento de infração cometida no exercício do cargo por subordinado e que, por indulgência, não promove sua responsabilização e também não comunica o fato ao superior competente para tanto pratica:

a) corrupção ativa (CP, art. 333).
b) corrupção passiva (CP, art. 317).
c) fato atípico, pois não está descrito expressamente como crime no CP.
d) condescendência criminosa (CP, art. 320).
e) prevaricação (CP, art. 319).

44. (FCC – 2015 – TCM-GO – Auditor) No tipo do crime descrito no art. 319 do Código Penal "Retardar, ou deixar de praticar, indevidamente, ato de ofício, ou praticá-lo contra disposição expressa de lei, para satisfazer interesse ou sentimento pessoal", a expressão "para satisfazer interesse ou sentimento pessoal" constitui:

a) elemento normativo do tipo.
b) elemento subjetivo do tipo.
c) circunstância qualificadora.
d) elemento objetivo do tipo.
e) elemento descritivo do tipo.

45. (CESPE – 2015 – STJ – Analista Judiciário) Incorre em crime de peculato o servidor público que, embora não tendo posse de determinado bem, concorra para sua subtração, em proveito próprio ou alheio, valendo-se de facilidade proporcionada pelo cargo que ocupe.

46. (VUNESP – 2014 – TJ-SP – Escrevente Técnico Judiciário) Assinale a alternativa que contém apenas crimes contra a administração da justiça.

a) Falsificação de papéis públicos, falsificação de selo e falsificação de sinal público.
b) Advocacia administrativa, advocacia profissional no terceiro setor e posse antecipada de cargo público.
c) Coação no curso do processo, comunicação falsa de crime e falsa perícia.
d) Falsificação de papéis públicos, prevaricação e condescendência criminosa.
e) Advocacia administrativa, violência arbitrária e desobediência.

47. (VUNESP – 2014 – TJ-PA – Analista Judiciário) Funcionário que deixa seus afazeres na repartição acumularem, pois se dedica a questões pessoais não urgentes durante o expediente de trabalho, sem autorização de seu superior, comete o crime de:

a) enriquecimento ilícito.
b) peculato apropriação.
c) peculato culposo.
d) prevaricação.
e) peculato.

48. (IBFC – 2014 – PC-SE – Agente de Polícia Judiciária) No crime de favorecimento pessoal, previsto no título "Dos Crimes contra a Administração Pública" do Código Penal, algumas pessoas, pela sua qualidade pessoal, ficam isentas de pena em decorrência do auxílio prestado ao criminoso. NÃO se inclui entre elas:

a) O irmão do autor do crime.
b) O colateral até o segundo grau do autor do crime.
c) O cônjuge do autor do crime.
d) O ascendente do autor do crime.

49. (VUNESP – 2014 – TJ-PA – Auxiliar Judiciário) "Solicitar ou receber, para si ou para outrem, direta ou indiretamente, ainda que fora da função ou antes de assumi-la, mas em razão dela, vantagem indevida, ou aceitar promessa de tal vantagem". O tipo legal ora transcrito refere-se à descrição do delito de:

a) Corrupção Ativa.
b) Concussão.
c) Corrupção Passiva.
d) Peculato.
e) Prevaricação.

50. (FCC – 2014 – TRF4 – Analista Judiciário) Processado por roubo cometido contra empresa pública federal, Mélvio teve sua prisão preventiva legalmente decretada. Ao ser regularmente cumprido o respectivo mandado por Oficial de Justiça, Mélvio resistiu com violência à prisão e, ao final, foi absolvido da imputação de roubo, posto que afinal reconhecida injusta. Com base somente nesses dados,

a) caracteriza-se o crime de resistência.
b) inexistiu crime de resistência, qualquer que seja o fundamento técnico da absolvição quanto ao roubo.
c) inexistiu crime de resistência, desde que a absolvição seja pela negativa de autoria quanto ao roubo.
d) inexistiu crime de resistência, mas responde Mélvio, de qualquer modo, por outro eventual crime correspondente à violência.
e) inexistiu o crime de resistência, desde que a absolvição quanto ao roubo tenha afirmado a inexistência ou o atipicidade do fato respectivo.

51. (VUNESP – 2014 – TJ-SP – Escrevente Técnico Judiciário) O Código Penal brasileiro, em relação ao crime de denunciação caluniosa, dispõe:

a) acusar-se, perante a autoridade, de crime inexistente ou praticado por outrem.

b) inovar artificiosamente, na pendência de processo civil ou administrativo, o estado de lugar.

c) provocar a ação de autoridade, comunicando-lhe a ocorrência de crime ou de contravenção que sabe não se ter verificado.

d) dar causa à instauração de investigação policial, de processo judicial, instauração de investigação administrativa, inquérito civil ou ação de improbidade administrativa contra alguém, imputando-lhe crime de que o sabe inocente.

e) dar, oferecer ou prometer dinheiro ou qualquer outra vantagem a testemunha, perito, contador, tradutor ou intérprete, para fazer afirmação falsa, negar ou calar a verdade em depoimento ou perícia.

52. (UFMT – 2014 – MP-MT – Promotor de Justiça) Qual o tratamento penal para a conduta de Caio, médico servidor do Sistema Único de Saúde (SUS), que, em prejuízo do paciente Mévio, solicita "custos adicionais" para realizar um exame já homologado por órgão previdenciário?

a) Concussão

b) Estelionato

c) Conduta atípica

d) Corrupção passiva

e) Irrelevante penal

53. (VUNESP – 2014 – TJ-SP – Escrevente Técnico Judiciário) Assinale a alternativa correta em relação a funcionário público de acordo com o Código Penal.

a) A pena será aumentada pela metade se o agente for ocupante de cargo em comissão ou função de direção ou assessoramento de órgão da administração direta, sociedade de economia mista, empresa pública ou fundação instituída pelo poder público.

b) Considera-se funcionário público quem, embora transitoriamente, exerce cargo, emprego ou função pública.

c) Consideram-se funcionários públicos: vereadores, peritos judiciais, serventuários da justiça, defensor dativo e o auditor da Receita Federal.

d) Considera-se funcionário público, para efeitos penais, quem, embora transitoriamente e sempre com remuneração, exerce cargo, emprego ou função pública.

e) Equipara-se a funcionário público quem exerce cargo, emprego ou função em entidade paraestatal, e quem trabalha para empresa prestadora de serviço contratada ou conveniada para a execução de atividade típica da Administração Privada.

54. (CESPE – 2013 – CNJ – Analista Judiciário) O particular que, em conjunto com a esposa, funcionária pública, apropriar-se de bens do Estado responderá por peculato, ainda que não seja membro da administração. Peculato é crime funcional impróprio, afiançável e prescritível.

55. (VUNESP – 2013 – TJ-SP – Escrevente Técnico Judiciário) "O fato deixa de ser punível se, antes da sentença, no processo em que ocorreu o ilícito, o agente se retrata ou declara a verdade".

A previsão legal citada corresponde ao crime de:

a) fraude processual.

b) coação no curso do processo.

c) denunciação caluniosa.

d) comunicação falsa de crime ou contravenção.

e) falso testemunho ou falsa perícia.

56. (FCC – 2013 – DPE-SP – Oficial de Defensoria Pública) Guilhermino, funcionário público estadual estável, exige de Gabriel tributo que sabe ser indevido aproveitando-se da situação de desconhecimento do cidadão. Neste caso, segundo o Código Penal brasileiro, Guilhermino praticou crime de:

a) peculato culposo.

b) peculato doloso.

c) excesso de exação.

d) condescendência criminosa.

e) corrupção ativa.

57. (FCC – 2012 – MP-AP – Analista Ministerial) Manoel cometeu cinco crimes de homicídio em uma pequena cidade do Estado do Amapá e passou a ser procurado pela Justiça Pública, ainda na fase investigatória, após ter a sua prisão temporária decretada. Para que não seja capturado pela polícia, Manoel contratou seu amigo João, renomado cirurgião plástico, que realizou em Manoel uma operação plástica, alterando completamente o rosto do criminoso. Neste caso, João, ciente do intuito de Manuel, cometeu crime de:

a) inutilização de sinal.

b) favorecimento pessoal.

c) tergiversação.

d) fraude processual.

e) favorecimento real.

58. (VUNESP – 2012 – TJ-SP – Escrevente Técnico Judiciário) O crime de "fraude processual", do art. 347 do CP,

I. é punido com pena de reclusão e multa;

II. só se configura se a fraude se destina a produzir efeito em processo penal, ainda que não iniciado;

III. configurase se a fraude tem o fim de induzir a erro o juiz ou o perito.

É correto o que se afirma, apenas, em

a) I e II.
b) II e III.
c) II.
d) I.
e) III.

59. (FCC – 2012 – TRE-PR – Analista Judiciário) O crime de comunicação falsa de crime ou contravenção:

a) não admite a forma culposa.
b) não pode ser praticado por funcionário público no exercício de suas funções.
c) exige a formalização da falsa comunicação através de documento escrito.
d) só ocorre se a comunicação tiver sido dirigida a autoridade policial.
e) só se consuma quando tiver sido instaurado inquérito policial a respeito.

60. (FCC – 2012 – MP-PE – Analista Ministerial) Dar causa à instauração de ação de improbidade administrativa contra alguém, imputando-lhe crime de que sabe inocente:

a) configura o delito de comunicação falsa de crime.
b) configura o delito de denunciação caluniosa.
c) configura o delito de fraude processual.
d) configura o delito de autoacusação falsa.
e) não tem relevância penal, porque a ação de improbidade administrativa é ação cível.

61. (CESPE – 2012 – PC-AL – Agente de Polícia) O particular pode ser sujeito ativo do crime de peculato, se agir em concurso de agentes com servidor público, no caso de o particular estar ciente dessa condição do comparsa.

62. (FCC – 2012 – MP-PE – Analista Ministerial) No que concerne ao delito de contratação de operação de crédito, considere:

I. Se o agente público, com atribuições para ordenar operação de crédito, o faz sem prévia autorização legislativa, não chegando, porém, a se concretizar a contratação por circunstâncias alheias à sua vontade, deverá responder pelo delito na forma tentada.

II. O sujeito ativo só pode ser agente público, motivo porque é inadmissível a participação criminosa de pessoa que não ostente a qualidade de funcionário público.

III. O crime só é punível a título de dolo, não se caracterizando o delito em questão quando a conduta for decorrente de culpa, em quaisquer de suas modalidades.

Está correto o que consta SOMENTE em

a) I e III.
b) I e II.
c) III.
d) II e III.
e) I.

63. (CESPE – 2012 – TJ-RO – Analista) Assinale a opção correta, a respeito dos crimes contra a administração pública.

a) Os crimes praticados por particular contra a administração pública incluem o desacato, a corrupção passiva e a desobediência.
b) Considere que um ex-policial, valendo-se de uma arma, ao abordar um grupo de jovens, submeteu-os a revista pessoal com o intuito de encontrar drogas. Nessa situação, o ex-policial praticou o delito de exercício funcional ilegalmente prolongado.
c) Considera-se crime funcional próprio aquele em que a qualidade de servidor público é essencial à sua configuração, e crime funcional impróprio, aquele que tanto pode ser cometido por servidor público como por quem não detém essa condição.
d) O peculato-culposo se confunde com o peculato-furto: em ambos o servidor público, prevalecendo-se dessa condição, concorre para que terceiro subtraia o bem.
e) Considere que um servidor público, influenciado por sua namorada, tenha deixado de praticar ato de ofício, caracterizando infração de dever funcional. Nessa situação, a conduta do servidor se amolda à figura típica do tráfico de influência.

64. (FCC – 2012 – TJ-PE – Técnico Judiciário) No que concerne ao crime de corrupção ativa, considere:

I. Tício comentou com um amigo que estava decidido a oferecer dinheiro a um fiscal que iria examinar os livros de sua empresa no dia seguinte.

II. Tício ofereceu R$ 5.000,00 ao fiscal, objetivando determiná-lo a não multar sua empresa pelas irregularidades que apresentava.

III. O fiscal, aceitou a oferta de Tício e deixou de multar a sua empresa pelas irregularidades que apresentava.

Ocorreu a consumação do delito nas situações indicadas APENAS em

a) I e II.
b) II e III.
c) I e III.
d) II.
e) III.

GABARITO		FUNDAMENTAÇÃO
1	E	Art. 348, §2º, CP
2	E	Art. 313-A CP
3	E	Art. 318 CP
4	A	Art. 328 CP
5	C	Art. 320 CP
6	B	Art. 317, § 2º, CP
7	D	Art. 332 CP
8	D	Art. 316 CP
9	A	Art. 312, § 2º, CP
10	C	Art. 317, § 1º, CP
11	A	Art. 316 CP
12	E	Art. 319 CP
13	E	Art. 312, *caput*, CP
14	B	Art. 349, § 2º, CP
15	C	Arts. 341, 345, 339 e 357 CP
15	A	Art. 312, § 2º, CP
17	A	Art. 19 da Lei 8.429/92
18	C	Art. 335 CP
19	B	Art. 349-A CP
20	C	Art. 342, § 2º, CP
21	D	Art. 317, § 2º, CP
22	E	Art. 323 CP
23	B	Art. 321 CP
24	B	Item 1.1
25	A	Item 1.9
26	C	Item 1.1
27	D	Art. 320 CP
28	E	Art. 327 CP
29	C	Item 1.1
30	E	Art. 312, *caput*, CP
31	D	Arts. 317 e 333 CP
32	D	Art. 317 CP

GABARITO		FUNDAMENTAÇÃO
33	C	Arts. 319, 317, 316 e 312 CP
34	E	Art. 317, § 2º, CP
35	E	Art. 348, § 2º, CP
36	C	Art. 321 c/c art. 327 CP
37	E	Arts. 312, §§ 2º e 3º c/c art. 327 CP
38	E	Art. 317 CP
39	C	Art. 312, §§ 2º e 3º, CP
40	B	Art. 359-E CP
41	B	Art. 317, § 1º, CP
42	C	Item 5.4
43	D	Art. 320 CP
44	B	Item 1.11
45	C	Art. 312, § 1º, CP
46	C	Arts. 344, 340 e 342 CP
47	D	Art. 319 CP
48	B	Art. 348, § 2º, CP
49	C	Art. 317 CP
50	A	Art. 329 CP
51	D	Art. 342 CP
52	D	Art. 317 CP
53	B	Art. 327 CP
54	C	Item 1
55	E	Art. 342, § 2º, CP
56	C	Art. 316, § 1º, CP
57	D	Art. 347 CP
58	E	Art. 347 CP
59	A	Art. 340 CP
60	B	Art. 339 CP
61	C	Art. 30 CP
62	C	Art. 359-A CP
63	C	Item 1
64	B	Art. 333 CP

ANOTAÇÕES

ANOTAÇÕES

ANOTAÇÕES

ANOTAÇÕES

ANOTAÇÕES

ANOTAÇÕES

ANOTAÇÕES

EDITORA JusPODIVM
www.editorajuspodivm.com.br

Impressão e acabamento:

impress
gráfica e editora